公司战略管理

STRATEGIC MANAGEMENT

［英］理查德·林奇 著

钟含春 陈涛 译

（第 5 版）

中国市场出版社
China Market Press

图书在版编目（CIP）数据

公司战略管理：第 5 版/（英）林奇（Lynch, R.）著；钟含春，陈涛译. —北京：中国市场出版社，2011.8

ISBN 978-7-5092-0755-0

Ⅰ.公... Ⅱ.①林...②钟...③陈... Ⅲ.公司—企业管理：战略管理 Ⅳ.F276.6

中国版本图书馆 CIP 数据核字（2011）第 060353 号

书　　名：公司战略管理

著　　者：[英] 理查德·林奇

译　　者：钟含春　陈　涛

责任编辑：郭　佳

出版发行：中国市场出版社

地　　址：北京市西城区月坛北小街 2 号院 3 号楼（100837）

电　　话：编辑部（010）68033692　　读者服务部（010）68022950

　　　　　发行部（010）68021338　　68020340　　68053489

　　　　　　　　68024335　　68033577　　68033539

经　　销：新华书店

印　　刷：三河市华晨印务有限公司

开　　本：889×1194 毫米　1/16　　40 印张　　1300 千字

版　　次：2011 年 8 月第 1 版

印　　次：2011 年 8 月第 1 次印刷

书　　号：ISBN 978-7-5092-0755-0

定　　价：98.00 元

《公司战略管理》 （第五版）支持性资源

本书英文原版有教学辅助专用网站 www.pearsoned.co.uk/lynch，由于版权原因，中文版读者暂时无法获得该网址的登录代码。我们将其中的学习资料做成文件包，读者可从 www.thetopceo.com 上找到并下载。

CONTENTS

第三部分 战略发展

战略创新

关于第5版

读过本书以前版本的读者会发现，本书书名书作了更改（从《公司战略》改名为《公司战略管理》），这也说明本书的内容也有了很大的调整。但是，本书研究的依然是那些会指引组织未来的基本决策，以及这些基本决策是如何被确定、评估和实施的。本书展示了一种完整、结构化、严谨的战略管理方式。

本书的基调如同前版，不仅研究战略决策的理性方法，同时还要考虑这些决策的创造性层面——这正是本书的独到之处。本书认为，不论对于学生还是实践中的管理者们来说，要制定出成功的战略，这两个方面都至关重要。2007年出版的《战略管理月刊》上发表的一份战略调查报告，令本书作者倍感欣喜。该调查报告支持了作者提出的战略管理的理性方法。

本书第5版作了大量的修订和改动，章节的顺序更加简化。有的章节从以前版本中被删除，而有的内容，如财务及人力资源管理则被并入其他的课程中。有6章是新添加的或是作了大量修改。另外，有18个新案例。在本书内容的最后，有一个新的部分，里面包含了12个篇幅较长的案例。在后文有主要改动部分的概览。

为什么要作如此多的改动，而且连书名都要更改？实质上，本书于12年前第一次脱稿并首印后，题材已发生了很大的变化。特别是，本书以前的书名《公司战略》所表达的意思已不再能代表"战略管理"这一课题的广度及其本质。教材需要表述的不仅是一些常用的概念，它也需要引入一些新的概念。本书第5版《公司战略管理》将朝着这一方面不断努力。

目标

本书的创作目的是为了展示出一个完整的、结构良好的并令人感兴趣的战略管理，其中涵盖私营和公共事业部分。本书同时还特别提供了一种模式化的研究方式，既有主要研究领域的小结，同时也有更为详尽的资料，以方便那些希望更为深入研究这些问题的读者学习。

更详细地来说，本书的目标是：

- 完整地涵盖战略管理的主要研究领域。比如，本书既研究了组织的不同职能领域，同时还研究了一些重要的课题，比如创新、知识以及技术战略。

- 说明战略管理的一些实际问题。因此本书对于所选择的真实组织案例有所保留。每一章节所选择的案例研究都既说明了主要原理，同时也适合作为小组和班级讨论的课题。本书所研究的课题中还包括领导、公司监管和道德领域。

- 通过制定出行之有效的战略管理方案，帮助组织的资产增值。在组织的资源环境和限制中寻找最优选择是本书的永恒主题。

- 探讨制定战略管理的理性和创造性的方法。本书认为，传统的理性制定战略管理的方法，应该与近年来最新的基于实际条件的战略方法相结合。本书还研究了知识、技术、创新和企业领导等领域。

- 对主要理论进行严格评估，尤其是那些与组织实际应用息息相关的理论。本书首先描述了许多著名的概念方法，然后进行了严格评论。其目的是为了鼓励读者对这些理论进行审慎思考。

- 概括战略管理过程中的国际意义。很多案例都来自国际层面，大多数章节都有一个单独的部分阐述国际问题。本书还有一个特别章节，研究了在战略领域里国际化和全球化的问题。

- 探讨战略理论在特殊领域的运用。除了本书第4版中广受欢迎的公共事业战略之外，本书还增加了一些全新的章节，研究企业家战略及战略领导力。此外，关于如何建立凝聚性战略的内容也较大改动。

谁应该采用本书？

本书希望能够为战略管理领域的学生展示战略管理的概况。

- 学习商业研究、商业建模和其他课程的本科生会发现本书为学习这些课程提供了一条结构良好的路径。不需要预备知识。

- MBA的学生会发现本书的实战讨论和理论背景十分有用。他们也可以把这些和自己的实际经验联系起来。

- 其他专业的研究生会发现本书涵盖了极为众多的理论，同时兼备严格的评论，以及背景阅读，这些都有助于他们深入思考。

另外，本书还适合于那些实际制定战略管理的中高层管理人员阅读。本书的案例研究及检查表、结构化方法以及文章的完整性都为实际应用提供了有益的框架。

本书特色

双模式结构

多年来，对于在战略管理研究中究竟应该采用什么样的方法大家说法不一。理性模式——战略方案、选择和实施——已经受到那些青睐于更有创造性地制定战略的人的批评。由于对这两种方法缺乏统一的观点，本书同时采用了这两种模式。本书认为这两种模式都有助于制定出最优的战略：这是战略硬币的两面。根据2007年的调查，这种双模式方法已经被战略领域的著名学者们所接受。

清晰的章节结构

每一章节都按照相同的形式来安排：学习目标；简短引言；开篇案例研究；联系内容的案例研究；与案例研究相关的具体课题；重要战略原则小结；章节小结；复习和讨论问题；对该章节中关键问题的思考；进一步阅读；注释和参考资料。在本书最后还附有术语表帮助读者理解本书内容。最后，本书在最后部分选择了一些战略案例供更广泛的战略讨论。

战略课题的安排更简化、更流畅

与前几版不同，第5版的结构进行了调整，让读者能够在通读内容时，不必跳到前面或后面的章节。

集中的案例材料及本书最后部分的较长案例

本书共有73个较短的案例，并在书的最后专门有一个部分列举了12个较长的案例。较短案例的编写和改写都是为了探讨其所在章节中的相关内容。很多案例都有更为广阔的环境和背景，有一些案例很长——如后面所概括的。短一些的案例是为了供那些人数较多的班级设计的，这种情形在许多学院里盛行。第5版对许多案例进行了更新，并增加了12个新案例。此外，一些最受欢迎、综合性更强的案例被安排在本书最后的独立部分。

关键战略原则和章节小结

为了帮助读者学习和理解,在题为"关键战略原则"的部分中有一些主要的学习点小结。另外,在每一章最后还有一个该章节所探讨的领域的整体小结。

涵盖国际

本书涵盖了很多国际战略问题。为了便于教学和学习,国际理论通常放在每一章节的后面,但案例则贯穿始终。另外,本书还用一个单独的章节讨论了全球战略的具体问题。

公共事业和非营利机构战略

在上一版中,有关公共事业管理的新章节大受欢迎,因此,在第5版中保留了下来。作者对这一章带来的反响感到十分高兴。战略管理的原则几乎都是完全从公司业务角度来研究的,比如,竞争优势、客户驱动战略和公司监管。公共事业理论一直以来有着完全不同的思维基础,比如,公共利益的概念、政府的法律框架和公共行政机构的作用。这一章节研究了如何把这些内容整合到一起。对于那些公共事业领域管理出身、攻读商业本科和硕士学位的读者来说,这些尤为有趣。

企业家战略

本书自第1版开始,一直将重点放在战略发展的创造力上。最近,对企业家战略的研究越来越受到重视,为此,本书将这一战略独立编成新的章节。这一章特别探讨了高效的企业家战略中的个人因素。

思考和推荐深入阅读

每一章节的最后都有一个对该章节重要课题的简短思考。另外,每一章节还有一份进一步阅读书目清单。这样安排的目的是为了帮助读者,使之能够对该章节进行讨论,并为在课题、作业和论文中进一步深入研究打下基础。

战略课题

每一章都包含有一个战略课题建议。该课题与该章节中的案例有关,并提示出该案例可以和可能的进一步深入研究方向。可以从互联网上找到更多深入的信息。

FT 本书一个显著而且有用的特色就是选用了一些《金融时报》的案例资料。这些节选版权属于《金融时报》,本书获得许可加以改编。

教学指引

本书还为采用本书的教师准备了教学指引。其中包括对每一章节和案例的简短评论。

第5版最新特色

根据前4版的反馈,本书第5版在保留前面几版主要结构的同时,进行了大量的修订。主要的改动体现在三个方面——新的课题、教材和案例材料。

新的课题材料

- 新课题——在分析目标、选择和实施后,分析环境、竞争性资源及能力。以前版本中的三个章节——人力资源、财务及运营管理——被删除,但是,这些章节中的一些案例材料及部分内容被本书的其他章节采用。
- 本书有6个有关最新战略课题的新章节。
  - 第5章:战略的动态

- 第9章：公司战略，独立成章
- 第13章：资源的分配、控制和战略规划，这一章进行了很大的改动，结构更合理
- 第16章：战略领导力的全新章节
- 第17章：企业家战略的全新章节
- 第20章：建立凝聚性战略，进行了大量修订，并增添了内容

此外，有关常规性战略（本版第6章）的内容由两章缩减为一章。而关于顾客驱动战略（本版第14章）的内容则被编入实施部分，因为有关价格和沟通等方面的内容放在这一章更为恰当。总之，本书比自1997年第1版出版后的所有版本的内容更新。

新教材

本版对以前版本中的一些章节进行了删减，介绍了更多的战略教学的新方法，目的是让本书更好地配合本科生和研究生的主修课程。这本书自第1版出版至今已经超过12年。

同时，首次提供视频录像、播客材料及现成的幻灯片材料。这些材料均可从本书的网站上下载。

案例材料

本书所有的案例均被更新，有12个全新案例。在本书的最后，有一个全新的独立部分，列举了一些适用战略课题讨论的较长案例。

关于作者

理查德·林奇（Richard Lynch）是英国伦敦Middlesex University 战略管理学名誉教授。他曾经就读于曼彻斯特理工大学（UMIST）、利兹大学和伦敦商学院。毕业后，他在一些著名公司，比如J Walter Thompson、Kraft Jraft Jacobs Suchard、Dalgety Spillers工作了二十多年，从事营销和公司战略工作。在20世纪80年代早期，他是两家有限公司的总裁，之后成立自己的顾问公司，精于欧洲和国际战略。在90年代，他更多地参与了高等教育，最后在1999年开始全职从事高等教育。2004年12月，他从全职教学岗位退休，但仍然活跃在研究和写作领域。他曾经编写了4种关于国际营销和战略的书，并在研究刊物上发表了众多文章。他现在的研究方向之一是创新与全球战略，特别是有关中国和印度的战略。

本书指导

由于对于战略管理这个课题究竟应该包括哪些内容尚无定论，所以战略管理这个课题也就变得较为复杂。在更进一步深入研究本书内容之前，应该了解两种主要的战略方法，也就是常规性和突发性战略方法。这些在第1章中都进行了概述。由于在本书后面更为深入地讨论了这些内容，所以在进一步学习其他内容之前应在第1章中学习这些内容。如果你对这两个要素理解上有些吃力，可以参考第2章。第2章前面的部分较为详细地研究了这些内容。

每一个章节都遵循同样的形式：

- 学习目标和引言。概括了本章将要涉及的主要领域，对将会从本章学到什么进行了有益的小结。

- 开篇案例。这一部分是为了强调该章节中的关键战略问题，并为之后的研究提供了例子。因此，需要详读这些案例，利用案例问题确保自己理解了该案例的基础问题。你也可以通读完全篇后回过头来再重新阅读该案例。

- 关键战略原则。每一章节都研究了各课题的各个方面并对此进行了总结。这些关键战略原则可以用来测试你是否理解了文章内容，也可以用于之后的复习。

- 评论。概括完主要战略理论之后，可能还会有一个以此为题的部分解释了一些与该课题相关的理论和实践中的难点。这里的观点被故意设定为彼此矛盾，其目的是为了推动你对该课题的思考。如果你同意我所写下的所有观点，那就是我的失败！

- 案例研究。这些案例研究提供了更进一步的例子，并提出了其他的战略问题。这些问题值得研究。

- 战略课题。某一个案例研究被用作进行更进一步的战略课题。互联网上可以找到相关数据帮助你进行这一研究，你的老师或者导师将提供如何找到这些的进一步细节。

- 思考。每一章节最后都有一个简短的部分强调了该章节的重点，这有助于读者进行深入研究和讨论。比如，这可以构成一篇关于战略课题的论文的基础，或者是学期结束后学期论文的重点。

- 章节后问题。一些问题的设计是为了测试你对该章节内容的理解。其他的则可以作为可能的论文题目，要求你利用参考文献以及从该章节中学到的知识进行深入研究。一些问题的设计是为了鼓励你把该章节的内容与你的实际经验相结合：学生生活和你所属的组织外部的社会生活都可以与该章节中的概念联系起来。你也可以把该章节和你的工作经历或者是你的家庭或者朋友的经历相联系。所有这些都有助于你进一步理解和研究公司战略的概念和现实。

- 进一步阅读。这一部分的设计是为了帮助你的论文写作或者课题研究。为了保证这一过程的可行性，这一部分主要参考了主流刊物和书籍。

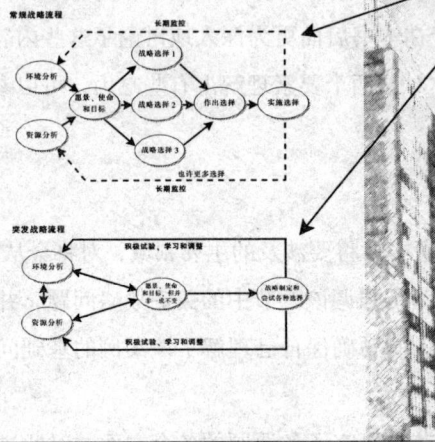

导言

本书这部分内容介绍了战略管理的概念。第1章概括了有关战略管理的一些知识要点及其重要性，阐述了战略管理在组织中所扮演的角色。该章还概括和探讨了形成战略管理的两种主要方式。第2章更全面地介绍了战略管理的形成过程，并且更深入地分析了形成战略管理的两种主要方式。

第一部分

双模式结构——贯穿于整本书籍的两种模式的战略管理思想——规范模式与紧急模式。这两种思想都已被认定对于最优战略管理的发展作出了贡献。

案例研究——在每一章节中都有所讨论，并被经常使用以展示战略原则在实际操作中的作用。在整本书中有80多个案例，且其中许多案例都是最新的。

关键战略原则——在规定时间，定期对主要学习点进行总结。

战略课题——在每一章节之中，以案例内形成的主题为基础，对战略课题提出建议，并提供机会去进一步研究相关内容

批判性反思——在每一章节的末尾处，都会对主要议题进行批判性反思

章节摘要——简明地概括并强化每一章节内的重要问题。

本书最后较长的案例研究——学生可在更深层次上分析某一公司的战略问题来探索理论与实践之间的联系。

章后习题——测试你对于每一章内的重要问题的理解程度。

推荐的深层次读物——鼓励学生进一步去研究课题，为其完成论文和作业奠定良好的基础。

重点案例

编号	案例	页数	覆盖主要区域						课题或者主题													
			全球	英国	欧洲	亚太	美国	非洲	突发性/常规性战略过程	竞争环境	竞争资源	文化和领导	发展目标	政府和社会责任	战略选择	国际和全球战略	公司层面战略	收购和联盟	学习与知识	管理变革	公共事业和非营利机构	SME和企业领导
10.1	联合利华冰激凌保卫自己的全球市场份额	285	◆		◆					✓	✓				✓	✓						
10.2	Eurofreeze公司战略选择的评估(1)	291			◆									✓	✓							
10.3	全球冰激凌市场:雀巢攻势	301	◆		◆				✓	✓	✓				✓			✓				
10.4	Eurofreeze公司的战略选择评估(2)	308			◆										✓							
11.1	本田摩托是如何在两大摩托市场领先的	317				◆				✓			✓						✓			
11.2	欧洲最主要的电信公司:过度扩张与竞争威胁	320			◆					✓			✓									
11.3	在线购买旅行产品——找到互联网时代的战略	326	◆							✓			✓		✓							✓
12.1	百事公司:整合收购	344	◆				◆										✓		✓			
12.2	皇家荷兰/壳牌公司——进行变革需要什么?	357			◆							✓		✓				✓				
12.3	ABB公司是如何向经理们授权并实现逆转的	366	◆		◆							✓										
13.1	欧洲足球:实施很糟糕的可行战略?抑或整体战略有待反思?	377	◆		◆							✓										
13.2	佳能在协作方式下的战略规划	384				◆												✓	✓			
13.3	雀巢公司内非正式的战略控制	387			◆												✓					
14.1	戴森现在的战略是什么?	402		◆	◆					✓	✓	✓										✓
14.2	在欧洲冰激凌市场上进行市场细分的两种方法	411			◆										✓							
14.3	Bajaj摩托车:是否应该进军汽车行业?	414				◆				✓	✓						✓					
14.4	空中客车的顾客战略:在大型喷气式飞机细分市场上的竞争	424	◆		◆		◆			✓	✓	✓					✓	✓				
15.1	BOC公司令人震惊的策略	432		◆	◆														✓			
15.2	指望卡莉:第1部分——首席执行官卡莉·费奥莉娜领导惠普进行战略革新	438	◆				◆												✓			
15.3	文化冲突席卷StanChart	443			◆	◆													✓			
15.4	EMI的战略变化是否风险太大?	448	◆	◆														✓				
16.1	Ann Mulcahy 是如何拯救施乐的?	459	◆				◆					✓										
16.2	福特汽车:战略、领导和战略变化	465	◆				◆			✓	✓	✓										
16.3	戴姆勒:三位领导对战略的影响	473	◆		◆							✓	✓									
17.1	巧克力生产商品尝甜点	481			◆														✓			✓
17.2	三大企业家的战略教训——比尔·盖茨、Luke Johnson和John Caudwell	487			◆		◆		✓			✓							✓			
17.3	eBay公司——跨越全世界的拍卖市场	492	◆																✓			✓
18.1	世界银行:玩转战略环境	499	◆										✓		✓						✓	
18.2	2012奥林匹克运动会:五大城市争夺举办权	509	◆										✓								✓	
18.3	"我们是否要关闭帝王剧院?"——朴次茅斯市市议会艰难的战略选择	516		◆											✓						✓	
19.1	MTV:本地化大于全球化?	525	◆				◆									✓						
19.2	Tate&Lyle股份有限公司:为了改善利润水平而实行全球化	530	◆	◆												✓						
19.3	Cadbury能在全球口香糖市场赢得领导地位吗?	538	◆															✓				
20.1	Novartis公司的下一步战略	556	◆		◆					✓		✓	✓						✓			
20.2	乐购的两种商业模式	563	◆	◆						✓	✓							✓		✓		
20.3	年龄的副作用给Roche带来动荡	567			◆					✓									✓			

			覆盖主要区域						课题或者主题													
		页数	全球	英国	欧洲	亚太	美国	非洲	突发性／常规性战略过程	竞争环境	竞争资源	文化和领导	发展目标	政府和社会责任	战略选择	国际和全球战略	公司层面战略	收购和联盟	学习与知识	管理变革	公共事业和非营利机构	SME和企业领导
1	欧洲领先航空公司面临的威胁和机会	574			◆				✓	✓	✓	✓			✓	✓		✓		✓		
2	SABMiller:南非悄悄开始国际化	579	◆					◆		✓	✓	✓	✓		✓	✓	✓	✓				
3	喜力(Heineken):最好的战略是什么? 是树立品牌还是收购公司?	583	◆		◆					✓	✓											
4	全球汽车——成熟市场的战略	585	◆							✓	✓		✓		✓	✓		✓				
5	全球汽车——福特与丰田之战	589	◆			◆	◆			✓	✓		✓		✓	✓				✓		
6	丰田领先世界的战略是什么?	592	◆			◆				✓	✓						✓			✓		
7	公司可以从"电锯艾尔"中学到什么?	596					◆					✓								✓		
8	惠普首席执行官卡莉·费奥莉娜的起落	597					◆			✓	✓	✓						✓		✓		
9	IBM的灾难和复兴:IBM的创新思考	602					◆		✓	✓	✓	✓							✓			
10	戴尔计算机公司——通过低制造成本和分销获得竞争优势	606			◆					✓	✓				✓							
11	伽利略是如何陷入困境的	608			◆					✓	✓	✓										✓
12	突发性战略:谁能阻止苹果成为音乐传送业的统治者?	610	◆						✓	✓	✓								✓	✓		

公司网站上的相关案例

			全球	英国	欧洲	亚太	美国	非洲	突发性／常规性战略过程	竞争环境	竞争资源	文化和领导	发展目标	政府和社会责任	战略选择	国际和全球战略	公司层面战略	收购和联盟	学习与知识	管理变革	公共事业和非营利机构	SME和企业领导
2.3	Prescriptive strategy to rescue Britain's ailing NHS			◆																	✓	
2.4	Emergent strategy at Spillers baking			◆					✓					✓								
2.5	The Rise and Fall of Dalgety			◆													✓					
3.3	Pan-European steel companies merge to cope with the new competitive environment				◆					✓								✓				
4.4	The call of Africa grows louder							◆	✓													
6.4	Xbox: the strategic battle for the home entertainment market has just begun		◆			◆	◆			✓	✓											
7.3	Industry groups in Korea, Hong Kong and Italy					◆										✓						
8.1	Heineken: how the company finances its global strategy		◆		◆								✓					✓				
8.3	SCA's financial objectives				◆								✓									
8.4	Improving shareholder wealth at LucasVarity, Burton and diageo		◆	◆											✓							
9.3	Cost reduction strategy at Bajaj, the India-based motorcycle maker					◆							✓									
10.2	DaimlerChrysler: what price a global strategy?		◆		◆											✓						
10.3	Leadership in action: Jurgen Schrempp of Daimler-Benz				◆							✓										
10.3b	Negotiation ethics at Portsmouth's new millennium tower			◆																	✓	
12.2	Objectives derailed on the Jubilee Line extension			◆																	✓	
15.2	Europe's leading telecom companies: overstretched and under threat				◆										✓							
15.4	Mobile Revolution: Vodafone's struggle to maintain it's success		◆																✓			
16.2	Cisco Systems: benefits of a highly structured organisation?		◆			◆														✓		
19.1	Globalisation at Giant bicycles		◆			◆										✓						
19.2	International strategy in the world pulp and paper industry		◆													✓						
19.3	What strategy now for SCA?		◆		◆							✓				✓						
20.3	Making an impact in only 100 days				◆															✓		✓
21.2	Owens-Corning reveals its strategies for change				◆															✓		
21.3	United Biscuits-a shadow of its former self		◆	◆																✓		

创作团队

第1版

在完成本书第1版的写作过程中，作者从Pitman出版社发起召集的专家研讨中获益良多。这些专家是：Gronigen大学经济系的Robert Bood和Vakgroep Bedrijfsecomomie教授；阿姆斯特丹大学经济系Maria Brouwer女士；西英格兰大学Bristol商学院的Stuart Bowie；South Bank University商学院战略学主任Bruce Lloyd；Sandika挪威管理学院战略与商业历史系Bente Rlowendahl教授；Brightong大学商业管理系高级管理讲师Richard Morland；Bath大学管理学院Martyn Pitt博士；丹麦Aarhus商学院组织与管理系Louis Printz教授；Rotterdam Eramus大学教授Jacob de Smit博士和Faculteit der Bedrijtskunde；以及牛津大学Templeton学院助教Bill Ramsay。

另外，本书的完成还得益于以下人员：伦敦欧洲商学院的Richard Gregson博士和Richard Cawley博士；伦敦大学Royal Holloway学院的Colin Haslam教授；伦敦城市大学商学院的Carol Vielba博士和David Edelshain博士；伦敦Westminster大学的Adrian Haberberg；东伦敦大学的Kazem Chaharbaghi教授；朴次茅斯大学的Laurie Mullins；以及Middlesex大学商学院的Dennis Barker博士。对于Middlesex大学能够接纳我为访问学者完成本书的部分章节表示万分感谢。

自从投身高等教育事业以来，我曾经在英格兰东南部的大学、新加坡等地任教。本书中的很多概念和案例都得益于在此期间与学生们之间的探讨、辩论，在此对他们表示感谢。

为了能够提供生动的案例，本书中引用了很多组织所提供的材料。尤其是，我要感谢朴次茅斯市议会和福特公司的Skandia。我非常感谢《金融时报》允许我采用了众多文章作为案例。还有很多其他的作者和组织允许本书中采用他们的资料和文章，本书中对此都表示了感谢。

注意第14章中一个案例中的两家公司：Eurofreeze和Refrigor。这两个都是为了便于案例研究而起的虚构名称。该名称与任何真实公司无关，如有雷同纯属巧合。如同案例中所述，文中的数据来源于几个真实的案例，并且出于保密的目的进行了改写。

本书的第1版得到了Pearson Education 公司的大力支持和鼓励。他们的专业、尽职尽责和经验知识都是无价之宝。感谢Catriona King在初期，以及后期Stuart Hay、Simon Lake和Mark Allin对我的支持。Elizabeth Tarrant在编辑阶段，Colin Reed的设计，以及Helen Beltran都极大地提高了本书的质量。最后，Penelope Woolf提供了本书的导言和支持工作。感谢所有人。

本书的时间跨度很大，其中涵盖了我作为一线经理和做行业顾问的近30年时间。感谢所有的我曾经的同事们，我从他们那里学到了很多东西。

第2版

本书第2版的出版还要感谢那些帮助我完成第1版的人们，上面已经对他们表示了感谢。另外，出版商还发起召集了多名专家对第2版进行了评论和建议，在此对他们表示感谢：RUCA Antwerpen 管理系的Greet Asselburgh；Masstricht 大学经济与商业管理系的Peter Berends；Cardiff 商学院的Andy Crane；Southampton学院的Steven Henderson；伦敦大学Royal Holloway的Tom Lawton；Oxford Brookes 大学的Judy Slinn。

除了以上人员之外，还有很多人对本书第2版的出版提供了很大的帮助：对本书部分内容提供了意见建议的学生们；伦敦商学院的Harold Rose教授、校长John Quelch教授；Middlesex大学商学院的Roger Lazenby；Ulster University 的Gerry Scullion；在1999年初参加两个金融时报公司战略工作站的参与者； 参加第1版学术会议的人员；利物浦John Moores大学的John Meehan以及他的一个学生团队。另外John 还负责了本书相关网站的制作，在此对他表示感谢。

很多公司和组织准许在本书中采用他们的资料，在书中对此都表示了感谢。

重要的是，在这里要对出版商Pearson Education帮助出版本书第2版表示衷心的感谢。他们在教育出版方面的高标准对于本书至关重要。他们利用大量资源促进了战略管理写作和研究方面的沟通，这对于本书第2版的完成起到了重要的作用。除了第1版中所列出的名字，在此尤其要感谢Jane Powell和Beth Barber在本书写作初期的指导和建议。后来，这项工作由Sadie McClelland和Jacqueline Senior 来接替完成，他们的专业化极大地推进了本书的完成。感谢David Harrison在Harlow所完成的书面编辑工作。

最后，我还要感谢我的两个侄子：Christian Lynch，他帮我选择了我的电脑软件；还有Stephen Lynch，他帮我选择了硬件。没有他们和其他人的帮助，第2版就无法完成。

第3版

Pearson Education再一次就第2版发起和召集了讨论，并对第3版的写作提供了很多有价值的意见。感谢以下人员： Swansea商学院的John Ball；牛津布鲁克斯大学的Jack Colford；东伦敦商学院的Sandy Cripps；南丹麦大学的Bo Eriksen；挪威经济与商业管理学院的Joyce Falkenberg；英国Stirling大学的Simon Harris；Coventry 商学院Paul Jackson； 赫尔辛基理工大学的Tomi Laamanen;赫尔辛基经济学院的Juha Laurila；索尔福德大学的Tim Moran；Aberystwyth威尔士大学的Robert Morgan； Luton大学的Colin M Souster；East anglia 大学的Barry Witcher。

第4版

与前面的几版一样，Pearson Education为本书第3版发起召集了研讨。感谢以下人员： Middlesex大学商学院的Paul Baines博士；Robert Gordon大学Aberdeen商学院的David Lal博士；伦敦女王玛丽大学商业管理中心的Celine Abecassis Moedas；格林威治大学商学院的Bruce Cronin;华沙经济学院商业管理委员会的Marcin Wojtysiak-Kotlarski；Heriot-Watt大学管理与语言学院的Philippa Collins；Sunderlan大学商学院James Rowe；爱尔兰Waterford理工学院商学院商业研究生中心的Denis Hrrington博士；Galway爱尔兰国家大学管理系的James Cunningham博士；Cork爱尔兰国家大学的Edward Shinnick博士；Hull大学Colin Turner ；Loughborough大学商学院的Paul Hughes博士；普利茅茨大学普利茅茨商学院的Jonathan Moizer博士；加的夫大学加的夫商学院的Robert E Morgan教授。

第5版

在此，我要向为本书及以前版本的出版作出杰出贡献的出版商，Pearson Education再次表示感谢。多年来，Pearson的员工以其专业精神、热忱帮助和推动了本书的出版。在前两版中，我列出了所有相关的Pearson的员工。但是，经过这么多年，这一名单已经太长了。因此，对每一位参与本书出版的人在此一并表示衷心的感谢。感谢以下第5版的评审专家：格拉斯哥大学的Andrew Muir；罗伯特戈登大学的David Lal；西英格兰大学的David Wornham；伦敦城市大学的Donald Nordberg；阿斯顿大学的Kyle Bruce；萨里大学的Laura Costanzo；艾塞克斯大学的Ian Hipkin；普利茅斯大学的Jonathan Lean；林肯大学的Dermot Breslin；利兹城市大学的William Sun。

第一部分

战略管理关键问题

第1章 | 战略管理

- 战略管理是什么？它为什么如此重要？
- 战略管理的核心内容是什么？这些核心内容是如何联系在一起的？
- 什么是"好"的战略管理？
- 公用事业组织与非营利性组织的战略管理之间有哪些不同？
- 战略管理的国际视角是什么？

第2章 | 理论与实践

- 有关战略管理的当前思想是如何演进的？
- 形成战略管理的主要方法有哪些？
- 什么是战略管理的常规性理论和突发性理论？
- 战略管理理论与公司实践如何联系起来？

导　言

本书这部分内容介绍了战略管理的概念。第 1 章概括了有关战略管理的一些知识要点及其重要性，阐述了战略管理在组织中所扮演的角色。该章还概括和探讨了形成战略管理的两种主要方法。第 2 章更全面地介绍了战略管理的形成过程，并且更深入地分析了形成战略管理的两种主要方式。

常规战略流程

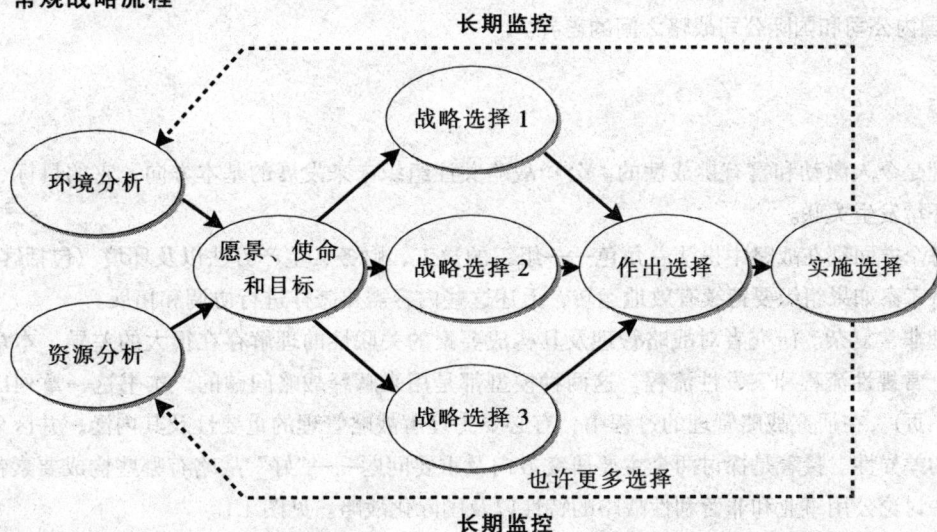

长期监控

环境分析

资源分析

愿景、使命和目标

战略选择 1

战略选择 2

战略选择 3

作出选择

实施选择

也许更多选择

长期监控

突发战略流程

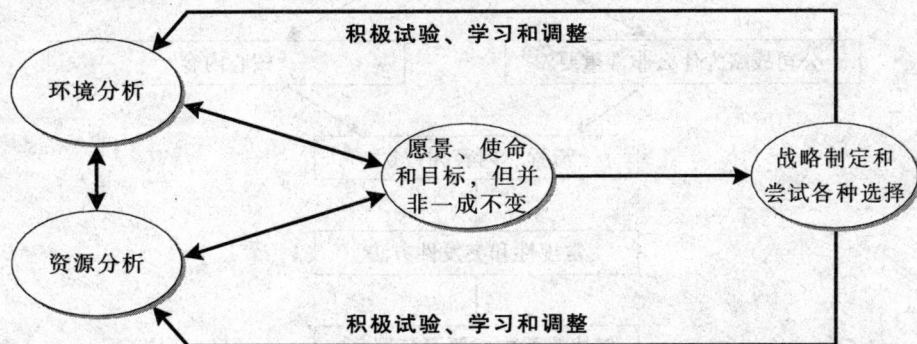

积极试验、学习和调整

环境分析

资源分析

愿景、使命和目标，但并非一成不变

战略制定和尝试各种选择

积极试验、学习和调整

第 1 章

战略管理

Strategic Management

学习目标

在学完本章后，你应该能够：

- 定义战略管理并解释它的 5 项特殊要素；
- 解释战略管理的核心内容以及相互关联关系；
- 区分战略管理的过程、内容和环境；
- 了解"好"战略的构成要素；
- 描述公用事业组织和非营利性组织之间的差异；
- 解释国内公司和国际公司战略之间的差异。

引言

战略管理是令人激动和富有挑战性的。公司战略关注组织未来发展的基本方向：它的目标、愿景、资源以及如何与环境发生关联。

组织的每个方面都在战略中扮演着角色——组织的员工、财务、生产方法以及环境（包括客户）。在这一章里，我们将考察如果组织要持续有效地运转，上述这些内容需要怎样进行协调和拓展。

战略管理非常复杂。研究者对战略管理及其构成要素的关联性的理解存在很大的差异。本章将从两个方向展开研究：常规性流程和突发性流程。这两种模型都是用来解释战略问题的。本书这一章列出了它们的逻辑图（见前一页）。在研究战略管理的过程中，有必要先理解战略管理的重要性及其内涵，并区分流程、内容和背景之间的差异性。接着是探讨两个主要研究方向及重要问题——"好"战略有哪些构成要素？最后，我们还要在本章中讨论公用事业和非营利性战略的特性以及国际化战略。见图 1.1。

图 1.1　分析公司战略

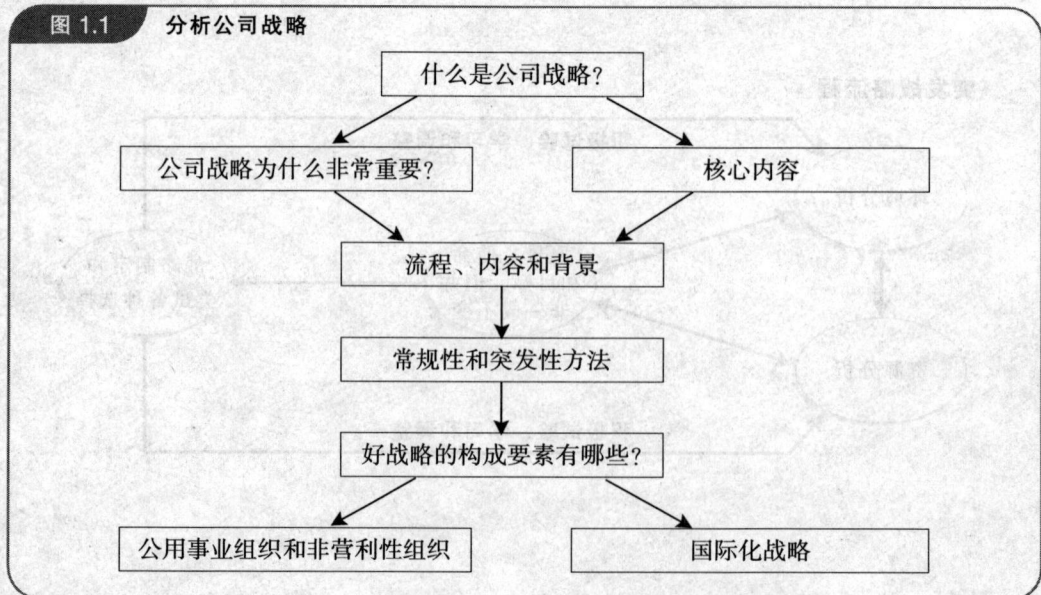

什么是公司战略？

公司战略为什么非常重要？

核心内容

流程、内容和背景

常规性和突发性方法

好战略的构成要素有哪些？

公用事业组织和非营利性组织

国际化战略

案例研究 1.1 谷歌（Google）搜索战略如何在网上拓展并最终为创始人带来财富

当拉里·佩奇（Larry Page）和谢尔盖·布林（Sergey Brin）于 1999 年创办公司时，他们可能并没有想到公司后来的发展。本案例旨在探讨他们的战略。这一战略过去是，今后仍然会是，一种真正的创新、试验和冒险的战略。

"不作恶"

自公司成立开始，拉里和谢尔盖就打算让公司成为一个有操守的公司。他们将"不作恶"这一信条作为公司经营的道德准则。公司的工作气氛也是对这一理念的反映：开放、轻松、创新。公司每周会举办多次开放式会议，所有的用餐由名厨主理，办公家具用的是豆袋，大厅的入口立着一个乐高的模型计算机。员工按70:20:10 的比例原则工作，即 70% 的时间用于处理眼前的工作，20% 的时间用来进行创新思考，剩下的时间可以自由支配。谷歌的名称来自一个常用的数学名词，代表一个极大的多位数字，公司的整个工作气氛充满创意、新奇和趣味性。

公司最初由两个合伙人和几位朋友及同事组成。1999 年，公司营业额为 220 000 美元。和一般的新办企业一样，也存在着负债问题。直到新的".com"公司开始进入到繁荣时期，新的互联网公司才实际上能够开始筹措到资金。评论家们开始期盼着互联网对商业生活的各个方面带来革命，但结果却不然（见案例研究 5.1 和第六部分案例研究 12）。更重要的是，谷歌拥有当时其他互联网新公司所没有的东西——它拥有非常创新的新技术。

谷歌的创新技术

在 1999 年公司创立的时候，拉里和谢尔盖还只有 20 出头。他们在 20 世纪 90 年代中期在斯坦福大学相识时，当时还只是研究计算机技术的学生。他们发现，他们两个对大量数据的搜索和处理有共同的兴趣。后来，他们开发了全新的在线搜索引擎，并把它商业化。这两位合伙人开发了新的搜索方法，在两个方面超越了时代。首先，他们开发了一种新的服务器设置，将现有的计算机联结了起来，取代靠一个大型计算机承担所有的搜索工作。这一创新使得搜索速度加快，从而减少了排队的时间。其次，在以前的搜索办法中，搜索仅限于个别的关键字，而他们的搜索办法却可以检索网页的整个结构，然后再去确定最重要的信息源。如此一来，搜索的范围更加广泛。因此，谷歌搜索从起步的时候就比当时雅虎（Yahoo!）、微软（Microsoft）和询问吉夫斯（Ask Jeeves）的搜索方法更好。

可是，虽然谷歌有创新的技术，但这并不代表它一定能带来商业利润。新的搜索引擎因比对手的更好而受到计算机用户的青睐。公司发现，它不需要做广告，因为随着计算机用户的不断增加，它的优势也在迅速地传播。但是，谷歌面临着一个问题：大多数用户都是免费使用它的服务，它需要找到一种商业模式来增加自己的营业额。

1999 年，谷歌从零开始，在创新和实验性战略的基础上创建了巨大的新业务。

谷歌新兴的互联网广告服务

在 2000 年，谷歌的规模还很小，但它开展的互联网广告服务为公司带来了大部分的收入。重要的是，公司通过战略眼光，花了许多年的时间才有了这些变化和发展，它的商业模式不是一蹴而就的。同样，公司的两位创始人认识到，他们只能模仿一般的商业经验，并想方设法聘请优秀人才加入他们的团队。特别是，他们在 2001 年引进了诺威勒（Novell）计算机公司的埃里克·施密特（Eric Schmidt），请他担任谷歌公司的总裁。埃里克成功地管理了公司，并给公司带来了各种商业技能。到 2006 年，公司的营业额达到了近 110 亿美元，税后利润超过了 30 亿美元。图 1.2 说明了公司的整个发展情况。

谷歌公司是如何获得如此巨大的成功的？原因何在？下面列举谷歌成功的七大原因：

1. 谷歌提供了市场迫切需要的两项服务。首先是叫作"关键词广告（Adwords）"的服务，可以在每一次用谷歌进行搜索时，为

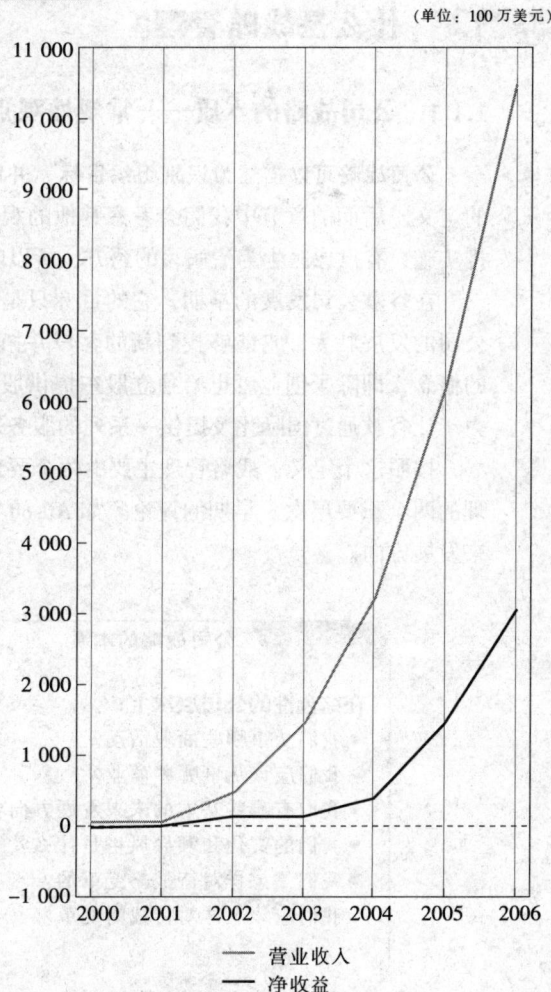

图 1.2 谷歌的急速成长

（单位：100 万美元）

图例：
— 营业收入
— 净收益

资料来源：公司账户

服务和产品提供广告机会。其次是叫作"互联网广告（AdSense）"的服务，为网页提供商，如报纸，提供量身定制的网上商业广告。

2. 虽然它的形象随意和独特，但谷歌一直大胆地利用自己的商业优势。例如，它把自己的"关键词广告"搜索服务的空间进行拍卖。而且，它与一些大出版商进行谈判并签署合约，给予财务上的保证，获得高额利润但是风险极低。

3. 在过去10年间，互联网的使用得到了快速增长，谷歌从中获利。

4. 谷歌将自己定位为全球领先的信息供应商。公司将其使命定为："整合全球信息，使人人皆可访问并从中受益。"因此，谷歌一直致力于与世界主要的图书馆接触，复制大量的书籍和论著。谷歌公司为这方面的工作大作声势，试图免费获得有版权的资料，这让出版商有些不快。

5. 谷歌成功地推出新的服务，从而保持领先的竞争地位，像谷歌地图（Google Map），让客户可搜索的内容提高到另一个层面。

6. 谷歌有十分优秀的高级管理人员。重要的是，在过去几年里，它懂得如何留住人才，如何激励他们，特别是那些给公司带来创新和创意的关键人物。

7. 谷歌的成功是天作之合，它有优秀的人才，而没有强劲的对手。

根据一般规律，谷歌要长期保持它的快速发展的势头将会出现困难。这就是它为什么要去寻找互联网上新的发展机会。在2006年10月，谷歌以16.5亿美元从互联网视频共享网站YouTube的两位创始人陈士俊（Steve Chen）和赫尔利（Chard Hurley）手里收购了该公司。YouTube公司当时才运营了一年的时间，总部设在加利福尼亚硅谷的一家比萨饼店的楼上。但是，谷歌对该公司热于将影音内容导入主要网络空间进行分享十分感兴趣。正如英国《金融时报》指出，YouTube的两位创办人也创造了在最短的时间里获得最大的财务收益的纪录。

不管怎么说，拉里和谢尔盖有能力收购YouTube。2007年，他们名列《财富》杂志评选的全球富豪榜100强——他们每人的资产达170亿美元。

© 理查德·林奇2009版权所有。保留所有权利。本案例由理查德·林奇根据公开资源编写[1]。

案例问题

1. 你认为谷歌的战略可不可以持续发展？如果由你来负责谷歌的话，下一步你会怎么做？

2. 其他公司可以从谷歌最近的战略中学到什么？战略发展中运气的重要性有多大？

1.1　什么是战略管理？

1.1.1　公司战略的本质——常规性观点

定义▶　公司战略可以描述为识别组织目标，并制订计划和相关行动来实现这个目标[2]。重要的是，这并非是唯一的定义。后面的章节中我们会考察其他的观点。这一定义清楚地表明可以事先规划战略，然后按着时间的安排实施，有点像医生为治病写的药方，所以叫常规性战略。

在谷歌公司发展的早期，它的目标只是给公司所有者、朋友和直接员工提供就业机会。但几年后，随着公司的发展壮大，它能够找到新的客户并拓宽产品线，所以，它的目标发生了改变。公司目标变成了更广泛的概念，即除了创业者也给独立股东提供股息，并为范围更广的客户提供服务。一直以来，谷歌的创办人致力于让谷歌通过国际化及提供一系列的服务来扩大经营，开拓新的商业机会。

按照这个定义，战略管理主要由两个要素构成：公司层次战略和事业层次战略。图1.3描述了关于战略管理的两个重要层次。早期的评论家如Ansoff[3]和Drucker[4]清晰地定义了战略：依据组织所拥有的资源勾画出未来发展方向。

图 1.3	公司战略的本质

在综合性的公司层次上：

- 我们从事哪些商业活动？我们应该从事哪些商业？
- 我们有哪些基本的未来发展方向？
- 我们的文化和领导风格是什么？
- 我们是怎样对待战略变革的？我们应该怎样对待战略变革？

组织的目标是什么？我们实现目标的战略是什么？

在个别的事业层次上：

- 我们是如何在竞争中获胜的？我们的持续竞争优势是什么？
- 我们怎样进行创新？
- 谁是我们的客户？
- 我们提供了哪些价值？我们提供的价值在哪里？为什么提供这些价值？如何提供这些价值？

- **综合性公司层次战略或总部层次战略**，基本决策是公司从事哪些商业活动或者应该从事哪些商业活动。组织文化和领导风格在这一综合层次上非常重要[5]。例如，在编写本书的时候，谷歌为了配合美国的运营正准备设立欧洲总部，要从公司的中心开展国际化。重要的是，谷歌决定在欧洲推行公司最初的精神。因此，公司将新的总部设在了瑞士的苏黎世，总部大楼色彩斑斓，摆满了豆袋。新的总部开始招聘创新人才以适应谷歌公司特有的企业文化。公司层面的战略见下面战略管理的定义：

> 战略管理是一系列重要目标、使命或目的，以及实现这些目标的基本政策或计划。可以用公司从事哪些商业活动或将要从事哪些商业活动、公司的类型是什么或将要成为哪种类型的公司来描述公司战略[6]。

- **事业层面的战略管理**与争夺客户、从资源中获取价值以及相对于竞争对手的持续竞争优势有关。例如，谷歌在 21 世纪早期在新的互联网服务方面投入了大量资金，如案例 1.1 中的谷歌地图。事业层面战略的含义见下面战略管理定义：

> 公司战略是使其内部能力与外部关系相匹配。它描述了公司如何应对供应商、客户、竞争者以及其中的社会经济环境[7]。

然而，能得到一致认同的战略定义并不存在[8]。例如，一些战略作家，如坎贝尔（Campbell）和其他人[9]，主要聚焦于公司层次活动。相反，大多数的战略论述和研究，如波特（Porter）[10]的论述，都聚焦于事业层面。本书将从两个方面进行探究。

1.1.2 关于战略的其他观点——突发性观点

一些战略学家对上述战略方法表示质疑[11]。一些作者，比如奎因（Quinn）强调未来的不确定性，认为想要找到一个战略并且试图制定出战略计划也许是徒劳无功的事情[12]。

定义▶ 他们认为战略管理主要是企业层面上的、动态的，并且是存在一定风险的。**战略管理的目标可以定义为寻找市场机会和获得长期竞争优势**。预设的战略目标可能在实践中并不一定会实现。这种定义与之前所描述的明显不同。例如，谷歌首次在互联网推出广告空间服务时，曾两度改变销售策略，公司从市场上获得了经验并改变其战略。这说明战略会因组织内外因素的改变而逐步变化，因此，就有了突发性战略。

1.1.3 什么是战略管理——现代一致的观点

以上是关于战略管理的相互冲突的两种观点。那么，关于这一论题有没有一种达成共识的现代观点？2002—2005 年，有三位战略学家对这一课题进行了调查。他们对 1984—2003 年[13]的资深战略作家和研究人员

定义▶ 的观点进行了研究。他们的结论是，这些杰出的研究人员和作家对战略管理定义的共识是：**"战略管理就是由企业的总经理们代表公司所有者所采取的包括意图和突发性的主要方案，其中包括利用资源提高公司在外部环境下的业绩。"**[14]

从根本上说，这一定义涵盖了前面的两个方法，它包含了意图（即本书中所指常规性）及突发性观点。本书采用了这一得到共识的定义。

同时，这一定义也被商界的领导人物所认可。他们认为战略的传统元素，如竞争优势、控制成本、保证质量以及寻找技术创新等是必须有的，但是对于成功来说还是不够的。例如，全球性跨国公司宝洁公司的总裁 A.J. Laffley 说："竞争就意味着创新。我们都在努力将创新变成战略并予以实施。"[15]

但是，在这个定义的框架里面，不可忽视常规性和突发性方法的不同之处。因此，本书对常规性和突发性的方法及其含义进行了探讨。但是，重点探讨的是前者，因为前者在文献中更受到关注。

1.2 战略管理的主要课题

若要进一步考察战略管理事业层面的行为，就第一种定义来讲，每个组织都需要从三个方面来进行战略管理：

1. 组织的内部资源；

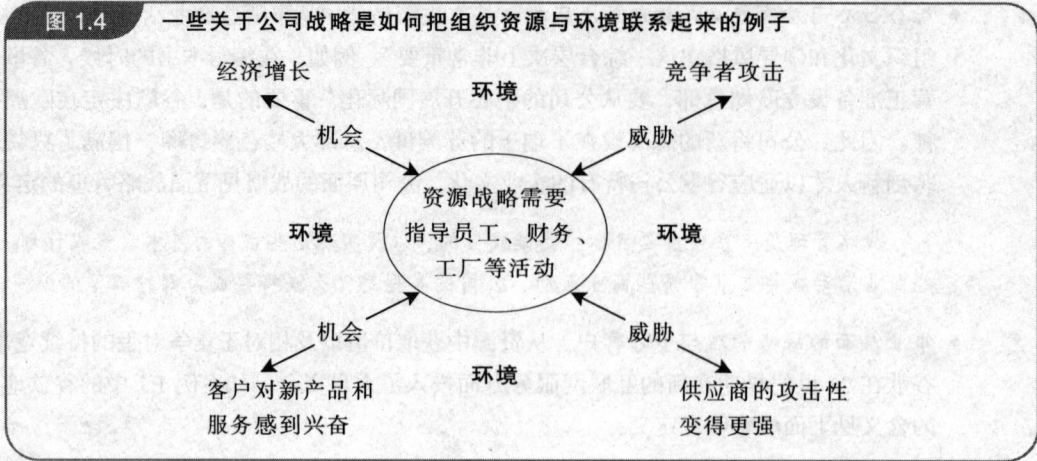

| 图 1.4 | 一些关于公司战略是如何把组织资源与环境联系起来的例子 |

2. 组织所处的外部环境；

3. 组织的增值能力。

战略管理可以看做是组织内部资源管理，和组织与外部的客户、供应商、竞争者以及所在的社会经济环境的关系协调[16]。组织依靠它的能力和资源来建立这些关系。因此，组织凭借自己的经历、技能、资源、知识和不同概念去进行未来的行动探索。图 1.4 列出了这个过程的一些案例。

对一些大型组织来说，总部的战略有一些特殊的方面。这就叫作战略管理的公司层面，它的课题包括筹措资金及管理下属公司的内容。本书第 9 章将会进一步讨论。

1.2.1 资源战略

组织资源包括人力资源、技术、投资以及组织中的资金。组织需要制定公司战略来优化这些资源。对于组织来说，尤为重要的是要找出能在激烈的竞争中持续生存并发展壮大的持续竞争优势。例如，谷歌公司在处理大量的计算机数据方面有独特的计算方法，并且能够建立满意的用户系统。它将大量资金用来塑造产品品牌并建立谷歌广告分销系统。所有这些都是它的一部分资源。

1.2.2 环境战略

这里的环境涉及组织外部的方方面面：不仅包括世界各地各不相同的经济和政治环境，而且还包括具有不同攻击性的竞争者、客户和供应商——在这里，客户和竞争者尤其重要。需要注意的是，战略中的"环境"并不仅仅是指"绿色、环保"，尽管这一点非常重要，而且包含在"环境"定义中。

因此，组织需要制定出与自身优势和劣势及其所处的环境相匹配的公司战略。例如，谷歌在推出它的第一个信息搜索引擎时，它的环境极具竞争性，它要面对强劲的美国对手，如 Yahoo!和 Ask Jeeves。此外，公司还要应付全球各个市场不同的经济增长速度，因为不同的经济增长速度会驱使客户去寻找新产品和新服务。

一些评论家，如 Ohmae[17]，认为战略仅在组织面临竞争对手时才真正需要：没有竞争对手的威胁就意味着不需要战略。这是关于战略及其环境的一个相当狭隘的观点：即使是没有竞争对手的垄断者，为了巩固自己的地位也需要制定战略。随着全世界垄断性的国有企业趋向私有化，公司战略越来越为这些企业所需要。同样地，慈善机构为赢得捐赠者的资助而展开竞争，有时为了使机构正常运作还要为了吸引志愿者而展开竞争。这种情况是非常需要战略管理的。

其他评论家，如明茨伯格[18]，认为环境具有不确定性，尤其在全球范围内不可能制定出长期的战略。战略往往需要精心构思，例如，在案例 1.1 中，谷歌公司懂得在开始的几年运用互联网战略。公司常规战略是通过有效地运营来使公司增值，但是快速变化的环境使得预先制订好的计划变得难于管理。这些评论家认为，面对不可预知的环境，战略不能只是对未来的预测，它必须切实可行。战略必须能适应这些不确定因素。

1.2.3 价值增值

这里需要超越环境变化的要求以及资源管理的范畴来进一步探讨公司战略的目标。实际上，这就要求组织能够使从供应商处购进的物品价值增值。组织从供应商处购得原料，通过生产运营，最后把商品或服务传递到客户手中。为了保证组织的长期生存，这一过程必须实现价值增值。

比如，谷歌公司买入软件、能源、技能和计算机设备等物资，然后利用自身的资源和专业把这些供应品制造成为产品，比如互联网信息服务或者 Google Map，这些比把制成产品的供应品简单地组合在一起的价值要高得多。谷歌增加了价值，然后把这些产品传递给消费者。

战略管理的目标就是创造条件，使组织能够产生至关重要的附加值。战略管理也必须保证组织能够适应变化的环境，从而使组织在未来持续地实现价值增值。价值增值的方式对于战略管理来说至关重要。

战略管理既是一门艺术，又是一门科学。没有哪一种战略可以适用于所有的情形。尽管大多数战略都倾向于建立在技术基础之上，但是组织会受过去的经验和文化的影响，并且还会受到背景、资源以及环境的束缚（就像我们的日常生活一样）。尽管如此，战略管理还是具有逻辑性，应采用科学方法，并以事实为根据。然而，在这一过程的最后，还是要利用商业判断。比如我们所举的谷歌的例子中，该公司通过商业判断认为视频共享是一个新兴市场，将会迅速发展，如果被人抢了先机将很难再进入，所以，谷歌在 2006 年收购了YouTube，尽管成本高达 16.5 亿美元。

1.2.4 战略决策关键因素

这里有 5 项战略决策关键因素，它们主要与组织价值增值能力和市场竞争程度有关。我们以 2007 年全球价值 300 亿美元的竞争激烈的视频计算机游戏市场为例来解释这些因素。

1. 持续一致的决策。持续一致的决策需要长期地坚持。组织若想获得长期的繁荣，保持战略的持续一致性相当重要，例如微软公司开发的新型游戏平台 Xbox。如果该游戏投放市场 6 个月后，没有多少消费者再对其感兴趣，那么开发此游戏将毫无意义。截至 2007 年，微软公司已经为开发产品投入了几百万美元，公司需要几年才能收回此成本 [19]。

2. 制定实施战略程序。战略至少有一部分内容是关于如何发展组织或使组织沿着常规性目标前进的。例如，微软公司所开发的 Xbox 于 2001 年秋季投放美国市场，于 2002 年初春投放日本市场，此后大约一个月又投放于欧洲市场。2006 年，公司投放了下一代产品 Xbox360。但是微软在 20 世纪 90 年代就作出了战略决策，准备在此市场上展开竞争，而且投入了大量资金来实现这个目标。

3. 提供竞争优势。持续一致的战略是指能比现有或未来的竞争对手产生更多持续竞争优势的战略。战略管理常产生于竞争环境中。即使是垄断性的政府组织，为了获取资金，也要与竞争性政府机构展开竞争。微软公司与其主要的竞争对手索尼和任天堂相比进入全球计算机游戏市场要晚许多。因此，微软公司制造的新型机器需要某种特殊的竞争优势来说服竞争对手的客户转向使用本公司产品。开始微软宣称其产品不仅具有最佳影像效果，而且可以在线玩游戏。随后，微软宣称可以提供比竞争对手更为优质的游戏和更为强大的计算能力。而微软的竞争对手——索尼游戏站 Playstation——之后在 2005 年发布了一款全新的计算芯片来与此抗衡。建立竞争优势的一种方式是创新，这也是本书永恒的主题。有些读者可能会发现，索尼的计算机芯片和相关的激光技术存在技术问题，所以 Playstation3 推出的时间较迟，落在了后面。这就是创新技术带来的风险。

4. 探寻组织与环境之间的联系。这种联系不能轻易复制，而且可以为组织带来卓越的业绩。战略必须探寻组织与环境之间的许多关联性。组织所处的环境涉及供应商、客户、竞争者和政府。这些关联性可能是契约式的和正式的，或者是模糊的和非正式的（仅仅是因为它们有法律约束，并不是它们不重要）。在电子游戏机的例子中，微软公司的产品可以提供良好的兼容性，并且可以与其他主流软件产品（如网页浏览器 IE、Windows XP/Vista 操作系统）之间互联互通，但这种互联互通并未带来很好的收益。

5. 愿景展望。愿景展望是指使组织在当前环境下以一种特殊方式向前发展的能力。它很可能涉及创新性战略。在竞争激烈的电子游戏市场上，展望未来的能力相当重要。这一过程可能要考虑环境，但主要是组织自身。比如微软要有关于电子游戏在未来 5~10 年内所面临的挑战以及所造成的直接影响的展望图。微软公司的 Xbox 产品使公司当前主要以办公软件为主的产品线转向了新型家庭娱乐应用软件，为公司带来了新的收入源。公司很可能会使用创新性的解决方案来应对该行业所面临的战略问题。任天堂在 2006 年推出创新的 Wii 游戏机时，它面临着不同的观点。本书案例 4.4 将对此进一步解释和探讨。

最后，战略管理与为组织带来长期的价值增值有关。微软公司 2006 年的报告中指出，Xbox 至今仍未能获得可观的利润，未能给公司带来多少增值。

天键战略原则

- 可以分两个层面来分析组织中的战略管理：公司层和事业层。
- 在公司层面上，战略管理就是一系列重要目标以及实现这些目标所需的政策或计划。这包括公司从事或应该从事何种业务活动。
- 在事业层面上，战略管理是关于组织的内部能力和外部关系，如客户、竞争对手等之间的匹配。
- 现代的一致观点认为，战略除了现有的观念之外，还有常规性和突发性战略。
- 制定战略需要考虑组织的资源、环境以及价值增值的首要目标，然后再将所增加的价值分配给各个股东。
- 战略有 5 项关键要素。它们主要是与价值增值需求有关，并为组织提供超越竞争对手优势的：持续一致性、执行程序、竞争优势、组织与环境之间的关系开拓，以及愿景展望。在这些要素当中，有许多要素都涉及使用创新方案来解决战略问题。

案例研究 1.2　IBM 公司的利润灾难

在 20 世纪 90 年代早期，世界最大的计算机公司国际商用机器公司（IBM）遭遇了公司历史上最严重的利润灾难之一。实际上，问题的根源是战略管理的失败。本案例主要考察了 IBM 是怎样陷入混乱状态的。本书最后部分的案例研究 9 会告诉我们 IBM 如何扭转局面而重新获得世界最大计算机公司的地位。

1991—1993 年，IBM（美国）遭遇了将近 160 亿美元的净损失（相当于爱尔兰共和国国内生产总值的 1/2）——见图 1.5。在这段时期内，管理表象上有很多良好的特征：领先的市场份额、卓越的员工政策、可靠的产品品质（如果不是创新产品）、与国家政府的密切关系、负责任的地区和国家政策、合理的财政政策以及遍布全球的现代化工厂。然而，所有这些都无关利润问题。利润问题来源于战略管理的失败。本案例考察了利润问题是怎样产生的，见图 1.5。这部分内容分析了造成巨大利润损失的主要原因，即公司所销售的产品成本太高，但由于竞争激烈又无法提高售价。

1970—1985 年，IBM 在市场上领先

20 世纪 70 年代和 80 年代早期，IBM 是许多世界一流的公司的首选计算机公司。它在全世界拥有巨大的市场份额——接近60％。公司所制造的计算机拥有自己的专利标准，因此与其他计算机互不兼容，这也使得公司一直雄霸市场。

实际上，IBM 所制造的大型、高速、性能稳定的机器能够承担以前根本无法由机器完成的任务，如结账、开发票以及发薪金。总之，客户选择 IBM 就意味着承担了极低的风险："没有人因为使用 IBM 产品而误事。"因此，IBM 在大型计算机市场成为市场领导者，而且大型计算机为公司带来的利润占总利润的 60％。

总结 IBM 成为全球计算机市场领导者的原因，非常重要的一

图 1.5　IBM 计算机——销售额和净收入 1989—1993（单位：100 万美元）

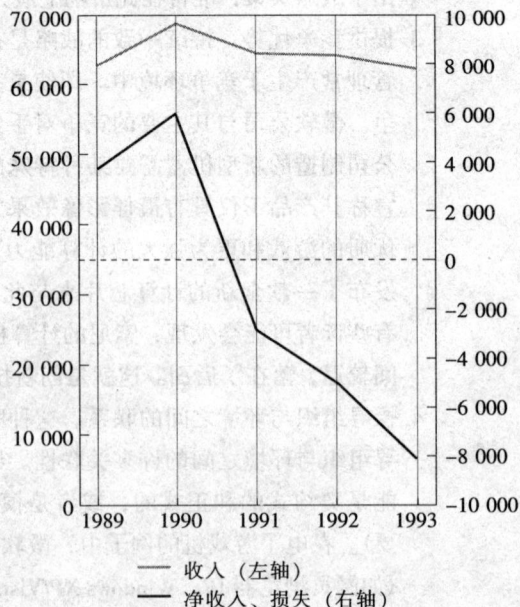

—— 收入（左轴）
—— 净收入、损失（右轴）

点是，IBM 的文化强调不拘一格，而且绝对相信自己的能力和资源。由于公司的规模过大且遍布全球，公司分拆成一系列基于各国的分公司，每个分公司的运作独立性相当高。这意味着总部对各分公司的管理控制程度相当低，许多关键决策都产生于各国的分公司。直到年末总结的时候，总部才能对各关键产品的实际情况有所了解。许多新的市场领域都是由 IBM 北美分部率先拓展的。在这段时期里，IBM 总部自满于过去所取得的成功，坐享大型计算机所带来的丰厚利润，并且注意到自己未涉及的小型计算机市场（即个人计算机市场）的快速增长势头。

个人计算机市场的发展

20 世纪 70 年代末到 80 年代初，个人计算机品牌 Osborne、Commodore 和 Sin-clair 迅速发展起来。其中一些品牌特别贴近用户，如苹果计算机。在这段时期内，IBM 还在崇尚技术领先。IBM 认为个人计算机市场很小，而且个人计算机根本无法完成大型计算机的任务。这些小型计算机也开始装配通用计算机芯片和软件。尽管这些小型计算机还没有处理大型计算机问题的能力，但是个人计算机市场增长迅速，有几年的年市场增长份额超过100%。在 20 世纪 70 年代末，IBM 正在探寻新的市场增长领域，并决定进入小型机市场。

1981 年，IBM 进入个人计算机市场

IBM 现有的公司规模非常庞大，并以各国为基础分拆成许多分公司，而且 IBM 的文化滞后缓缓。因此，IBM 决定成立一个新的公司来制造和销售自己的个人计算机。此外，IBM 没有使用拥有自主知识产权的半导体芯片和软件。它从中型计算机芯片制造商英特尔公司（美国）和小的软件公司微软（美国）购买芯片和软件。

IBM 认为它正帮助英特尔、微软以及所有的个人计算机用户融入 IBM 的全球性设计标准。确实，IBM 对于小型专业市场建立全球标准非常自豪，就像在大型计算机市场拥有领导地位一样。IBM 于 1981 年推出了自己的第一台个人计算机，其与英特尔公司和微软公司的产品完全兼容。这种新型个人计算机的成本达 3000美元。按照今天的标准来看，是相当低的。尽管"IBM 兼容"标语很快成为除了苹果计算机外几乎所有计算机的通用标准，但这为 IBM 公司带来了两种影响：

1. IBM 的个人计算机世界标准第一次使得竞争对手可以按同一种标准设计方案生产产品。
2. IBM 没有对英特尔公司和微软公司向其他公司供应同类产品施加限制。

IBM 认为这些问题根本不重要，因为它认为自己会像在大型计算机市场上一样主宰个人计算机市场。另外，IBM 认为小型个人计算机永远不会替代大型计算机。因此，个人计算机不会对公司的主营业务构成威胁。事实证明，公司在这两方面都犯了严重的错误。

20 世纪 80 年代末的技术进步和品牌塑造

尽管计算机市场是由新技术驱动的，但关键技术进步是以上提到的 IBM 所倡导的通用技术设计方案。这意味着 IBM 的竞争对手至少拥有一个削减成本的通用技术平台。IBM 不能或不情愿寻找一种能让该设计方案获得专利保护的方式。IBM 的战略失误是它认为自己的声誉足可以说服客户继续使用其个人计算机产品。然而，IBM 的竞争对手能够研究出新型 IBM 兼容个人计算机设计

方案。这使得他们利用 20 世纪 80 年代的先进技术以更快的速度、更可靠的性能和更低廉的成本生产机器。

IBM 和其他计算机公司继续在品牌塑造上投入资金。然而，他们的供应商如英特尔和微软也开始花费大量资金做广告宣传。微软的"Windows"于 20 世纪 80 年代末期投放市场，英特尔的微芯片"Pentium"也于 1993 年投放市场。两家公司在各自市场上注定要处于领导地位。

1986—1993 年，IBM 陷入灾难

在 20 世纪 80 年代，IBM 意识到来自微软和英特尔的竞争威胁。为了应对这种竞争威胁，IBM 于 1994 年推出了拥有自主知识产权的软件 OS/2Warp。IBM 还与苹果公司谈判建立一种新型的计算机芯片标准——Power PC Chip，目的是与英特尔展开竞争。尽管这两项措施都进行了创新，但是它们的创新太少，时间太晚。IBM 在概念上努力挣扎，但是它的软件并没有阻止微软公司前进的步伐，于是 IBM 于 20 世纪 90 年代中期放弃了芯片设计。

到 1993 年，IBM 不得不在其个人计算机广告中宣称自己采用了"Windows"操作系统而内部装有英特尔芯片。IBM 个人计算机只是小型计算机市场上众多的计算机品牌之一。

1991 年的新型组织构架

当意识到需要变革时，公司开始于 1991 年建立新型组织构架。直到现在，IBM 还非常重视下列两项内容：

1. 产品。公司的产品线相当完善，从大型计算机到电信网络，从个人计算机到计算机软件，每一项产品组合的销售都独立于其他产品组合。
2. 国家。公司在许多国家都是市场领导者，能够针对各个国家的特殊需求提供计算机定制解决方案，在每一个国家都肩负着特定的管理职责。

尽管公司针对当地的需求提供定制服务，但是这并不意味着客户可以从这个全球性国际公司的各国子公司和个性化产品中获得满意的服务。在 1991 年建立的新型组织构架中，公司成立了有完善产品线的世界性专项小组，专门负责全球重要行业的事务处理，如银行、保险、石油和天然气、制造、电信以及运输等行业。新型组织结构建立了行业解决方案单元（ISUs），每一个行业解决方案单元都拥有自己的专项管理小组。衡量专项管理小组的业绩不仅要考察销售额，而且要考察客户满意度。然而，各国分公司

尽管价格很高（超过 1000 美元），但性能优良，1985 型 Atari ST 表现出了良好的性价比。它可以兼容 IBM-PC 标准，但无法使用微软的视窗软件——该款计算机使用的是 GEM，这种系统现在已经消失了。Atari 公司在 1990 年前后倒闭。

和产品经理不愿放弃对行业解决方案单元（ISUs）的控制，而行业解决方案单元常常要跨国运营。结果使客户感到非常迷茫，而IBM内部也出现政治斗争。

IBM 的未来战略：1993 年的战略展望

　　在经历了 20 世纪 90 年代的利润危机后，IBM 非常需要在战略上作出重要转变。从公司外部新聘任的首席执行官 Lou Gerstner 先生面临着艰巨的任务。1993 个，传统的战略观点认为公司的规模太大。公司真正的优势在于拥有完全自治并能够根据各国市场状况作出反应的众多的分公司以及宽广的 IBM 产品线，但是拥有宽广产品线的各国子公司很难针对全球迅速变化的市场和技术变革作出及时反应。行业解决方案单元的成立就是为了解决这个总题，但是作用似乎不大。因此，IBM 解决战略问题的最佳方案应该是根据不同的产品领域把公司分拆成规模更小而且反

应更快的子公司一个人计算机公司、大型计算机公司、打印机公司，等等。

ⓒ 理查德·林奇 2006 版权所有。保留所有权利。本案例由理查德·林奇根据公开资源编写[20]。

案例问题

1. 使用战略决策的 5 项关键因素（见 1.1.4 部分的内容）来评价 IBM 的公司战略。从这些内容以及价值增值的角度出发，你可以得出哪些结论？

2. IBM 的优势和劣势各是什么？面对周围的竞争性环境，IBM 的机会与威胁又是什么？

3. 你会采用何种战略来扭转 1993 年 IBM 的局势？在作出选择后，你可以翻到第 2 章的末尾看看 IBM 实际上采取了哪些行动。

1.3　战略管理的核心领域

定义➤　战略管理的三个核心领域是：战略分析、战略制定和战略实施。

1. 战略分析。必须认真检查和分析组织的使命和目标。战略管理为组织的利益相关者——股东提供价值，但是公司的高层管理者常常会从最广泛的角度出发来全面考察组织的整体目标。他们考察这些目标以及组织与环境之间的关系，还需要分析组织的资源。这些内容会在第 3 章至第 7 章进行探讨。

2. 战略制定。制定了可供选择的战略后，接下来就是筛选战略。为了确保成功，战略应建立在组织的特定技能以及组织与外界如供应商、客户、分销商和政府之间的关系基础之上。对于众多组织来说，这样做就意味着获得比竞争对手更多的持续竞争优势。通常有多项可供选择的战略，可以从中选择一个或多个。这些内容会在第 8 章至第 12 章介绍。

3. 战略实施。已经选择好的战略现在要付诸实施。但是在激励、重要关系、政府谈判、公司并购以及其他方面可能会遇到许多困难。如果战略毫无价值，那么就不值得实施。这些内容会在第 13 章至第 15 章介绍。

　　如果要制定一个切实可行的战略，那么应该认真研究上述三个领域。为了清楚地说明问题，有必要把战略管理流程分解成以上顺次的三个核心领域。然而，仅仅按顺序思考这三个核心领域是错误的。尽管许多组织不可能去实施还未制定的战略，但他们与客户和供应商之间存在着常规性的良好关系，而与另外各方还未建立关系。即使是新型的小公司也要试着进行谈判。这意味着三个领域中的一些活动是同时发生的，例如在实施某些想法的同时又能分析和制定另外一些想法。

　　表 1.1 列举了应用于战略管理三个核心战略的专业术语，其中一些你也许已经很熟悉。为了区分这些术语之间的差异，该表还给出了一个雄心勃勃的年轻管理者的例子，以用来展示其职业晋升战略。表 1.1 中的例子强调了三个核心领域的两个重要限定条件：

1. 判断力和价值观的影响；
2. 在重大预测中高水平的推断。

　　在制定使命和目标的过程中，判断力和价值观所发挥的重要作用表明，战略管理不是一门精确的科学。例如在表 1.1 假设的职业案例中，那个人清楚地知道如果要实现看书的抱负，生活中的哪些事情非常重要。但是，另外一些人并不认同这些理想和抱负。我们会在第 6 章进一步探究价值观的判断作用。

　　而且，战略管理可能涉及高水平的推断和作出重要假设，以用来预测组织的未来。例如，在表 1.1 中职业晋升的后期阶段列举了许多困境假设，如结婚、家庭和健康。这些问题也许都未出现。的确，考虑到现实中的各种不确定性，如果不是把该案例当做一种理想状态，现实中的情况会更复杂，而且更加难以预测。同样，公司战略也可能出现重大失误或战略方向不切实际。

表 1.1	战略的三个核心领域所使用的术语定义 [18]	
	定 义	**个人职业发展案例**
使命描述	根据价值观和股东期望明确公司处于何种商业之中	成为欧洲一流的实业家公司的董事会成员
目标（或目的）	更精确地描述要实现哪些目标以及何时能实现，要经常量化（注意这里没有提出如何实现目标）	到42岁时在一家著名公司中担任领导
战略	把公司的主要目标中政策以及行动顺次整合成一体的模式或计划。通常要涉及实现目标的一般原则：组织为何要选择这条特殊路线	1. 在欧洲一流的商学院中获得 MBA 学位 2. 进入一流的咨询公司，并以此为跳板进入公司总部 3. 到 35 岁时，在选定的公司里担任重要职能部门领导
计划（或程序）	制定好战略之后就要采取特别的行动。为了实现主要目标，要逐步明确行动方案	1. 这一年要获得一流的荣誉奖赏 2. 随后两年在商业银行工作以获取经商之道 3. 从现在算起两年后的 12 月份选定三个顶尖商学院 4. 下一年的 1 月份开始申请这些学校
控制	在实施的过程中进行监督，必要时作出调整。战略实施的过程中可能要修改某些方面	结婚生子意味着对前两年计划的实施要延迟计划三年
回报	成功的战略会为组织和个人增加价值	高薪和职业满意度

关于战略管理的一些教材和研究资料并没有意识到这个问题，而且错误地认为战略管理可以预测未来，但现实情况并非如此 [22]。一些公司认同这一理念，并认为在一个时期里公司的战略应该是固定的 [23]。这并不是说我们不应该探索战略管理的未来发展方向，只是我们应该严谨地对待这些问题。

关键战略原则

- 战略管理的三个核心领域是战略分析、战略制定和战略实施。
- 这三个核心领域有两个重要的限定条件。判断力和价值观在确定战略目标和战略选择时发挥着重要作用。此外，还有一些基本原则是以需要推敲的推论和假设为基础的。
- 三个核心领域之间存着较大的重叠，为了清楚地说明问题，才把它们分开。但实际上可能会同时发生。

1.4 内容、背景和过程

研究 [24] 表明，在大多数情况下，战略管理不仅仅是作出战略决策然后实施。作决策本身以及实施前的拖延常常要花费大量的时间。这里主要有两个原因：首先，要涉及人，如管理者、员工、供应商和客户。所有这些人有可能是用自己的商业判断力来选择公司战略。他们可能会影响最初的判断以及随后战略实施所采取的行动。其次，战略执行中，环境可能会发生重大变化。这将会导致选定的战略无效，并要重新制定战略。

由于上述原因，需要区分战略制定过程中过程、内容和背景的重要差别。每一项战略决策都包含三个要素。不仅需要对这些进行独立分析，还需要对此综合思考。

每一项战略决策包括：

1. 背景——战略制定和实施的环境。在 IBM 案例中，20 世纪 80 年代的背景是个人计算机技术的飞速发展。本书第 11 章将对此进一步阐述。

2. 内容——选定的战略也包含的主要行动。IBM 公司战略的内容是决定推出新型个人计算机及在随后的市场中执行这项决策。本书第 10 章将对此进一步阐述。

3. 过程——当战略面临着变化的环境时各项活动是如何联系在一起的。IBM 案例中的过程是指 IBM 在应对竞争对手的攻击时，推出个人计算机的时间滞后，行动缓慢，公司内部各部门之间相互制衡。因此，过程是战略制定和实施的手段。本书第 10 章和第 11 章将对此进一步阐述。

这三个要素构成了战略管理三维立体图的三个轴线（见图 1.6）。本书第 10 章和第 11 章将对它们的区别作进一步阐述。

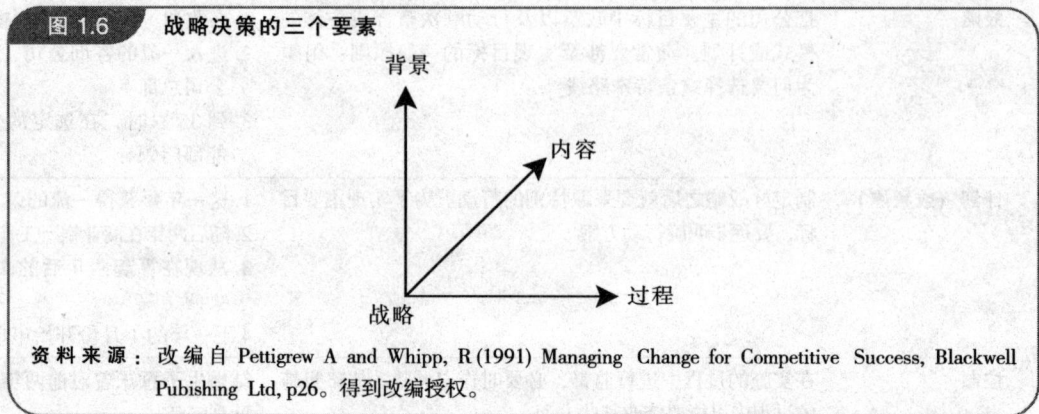

图 1.6   **战略决策的三个要素**

资料来源：改编自 Pettigrew A and Whipp, R (1991) Managing Change for Competitive Success, Blackwell Pubishing Ltd, p26。得到改编授权。

大多数战略管理的背景和内容都非常清晰。制定和实施战略的方式，即过程常常产生许多问题。过程需要调查，并且是模糊不清的，因为它涉及人员和迅速变化的外界环境。

在环境实施期间，过程可以影响到最初的战略决策，因此会困难重重。例如 IBM 的战略决策——竞争日趋激烈的外部环境迫使 IBM 不得不裁员，但是这项举措并不是最初战略内容的一部分。

在本书的不同部分之中，区分过程、内容和情景之间的差异对认清它们之间的关系是有帮助的。本书将重点论述过程要素，因为它是战略中较复杂的一部分内容。

关键战略原则

- 在战略管理的发展过程中，有必要区分三个要素：背景、内容和过程。
- 在大多数战略管理中，背景和内容一般非常清晰，而过程由于可能影响组织中的人员制定和实施战略的方式而出现问题。
- 过程是指在变化着的环境中实施战略时各项活动之间的联系方式，过程常常是战略中较复杂的一部分内容。

1.5 过程：连接三个核心领域

1.5.1 确定过程的两种不同方法

直到今天，战略管理已经被一致认为是一门值得研究的学科。因此，这里非常有必要解释和探究在评论家中普遍存在的关于公司战略发展方向的争议。公司战略的广泛性和复杂性使得人们对其内容、过程和性质的观点产生了差异。就目前来看，关于战略管理发展的不同观点可以被归纳为两种主要方法。

定义▶

1. 常规性方法。一些评论家认为战略管理实质上就是线性和理性过程。首先是明确我们身在何处，接着是为未来制定新战略（见 Jauch 和 Glueck[25] 以及 Argenti[26]）。**常规性公司战略的目标已经提前明确，并且在实施前已经确定好主要元素。**

2. 突发性方法。一些评论家认为战略管理是应人们的需要而出现的，并随时间的推移而不断地发展完善。公司战略具有发展性、增值性和持续性，因此不能轻易地总结在一个需要付诸实施的计划之中（见明

定义▶ 茨伯格 [27] 以及 Cyert 和 March[28])。突发性公司战略的最终目标模糊不清，随着战略的发展，其主要要素也在不断变化。支持这种方法的理论家认为长期的常规性战略价值并不高。

在第 2 章中我们会更详细地探究这些重要的差异性。例如，那些常规性战略过程是理性和线性的，但也存在着方法上的差异性。明茨伯格 [29] 指出了本质上的差异：

> 流行的观点认为战略家是一个计划者或梦想家；一些处于重要位置的人们向他人传授需要去付诸实施的战略。当我意识到在这个迂腐的世界里提前思考和创新性思维的重要性时，我把一些战略家当做模式识别者和学习者，并认为他们掌握着战略设计（和展望）的流程。

应该注意的是，明茨伯格看到了两种方法各自的优点（两种方法都有贡献，而且互不排斥。在许多情况下，它们有点像人脑，具有理性的左侧和感性的右侧相互协调配合，大脑才能发挥正常功能）[30]。公司战略也存在同样情况。因此，两种方法的讨论将贯穿全书。第 2 章关于公司战略流程的一系列方法会更详细地探讨该内容。

1.5.2 对三个核心领域的影响

1. 常规性方法认为这三个核心领域——战略分析、战略制定和战略实施——是按顺序联系在一起的。因此这就可能先分析制定战略，接着是实施该战略。公司战略是事先规定好的，见图 1.7 （a）。
2. 突发性方法认为三个核心领域实质上是交织在一起的。然而，人们通常认为战略分析更特别，并在其他两个核心领域之前发生。由于制定公司战略需要反复试验，因此，清楚地界定战略制定和战略实施阶段是不恰当的：它们紧密联系且受彼此结果的影响。图 1.7 （b） 显示了这些关系。

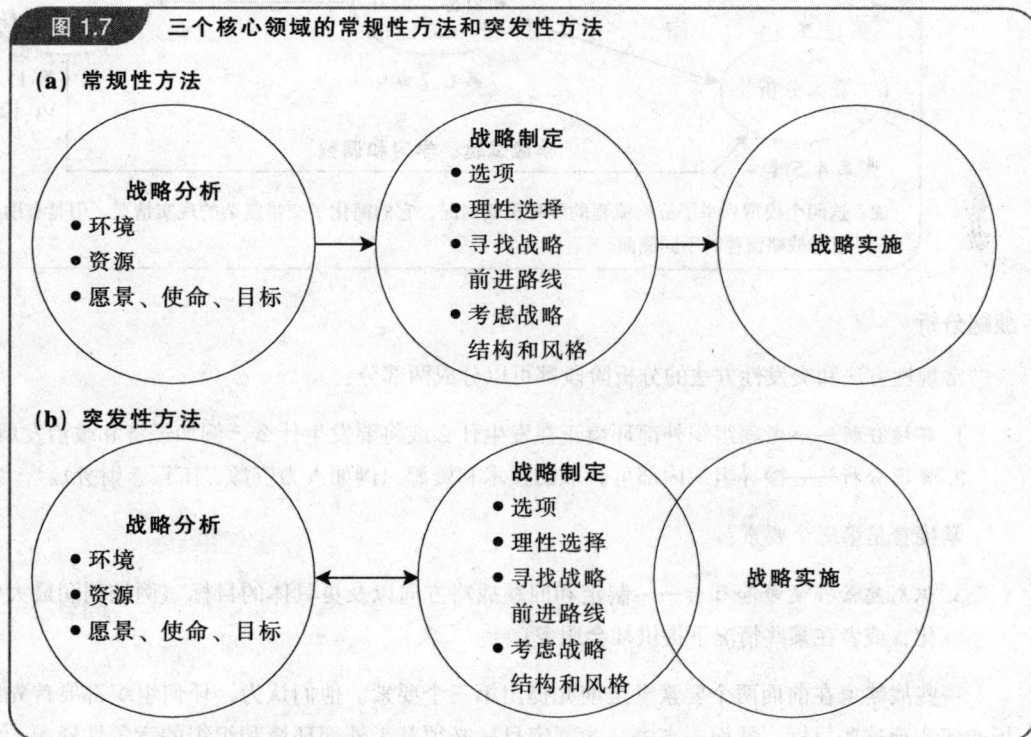

图 1.7　三个核心领域的常规性方法和突发性方法

(a) 常规性方法

战略分析
- 环境
- 资源
- 愿景、使命、目标

战略制定
- 选项
- 理性选择
- 寻找战略前进路线
- 考虑战略结构和风格

战略实施

(b) 突发性方法

战略分析
- 环境
- 资源
- 愿景、使命、目标

战略制定
- 选项
- 理性选择
- 寻找战略前进路线
- 考虑战略结构和风格

战略实施

1.5.3 建立战略管理模型

基于以上两种方法，建立一些模型来帮助理解战略管理运作方式是可能的。这里将介绍这些模型。为了优化战略管理的研究结构，这些模型将应用于全书。

图 1.8 对比显示了两种模型。本书后面的章节进一步深入讨论了该过程的每个要素。

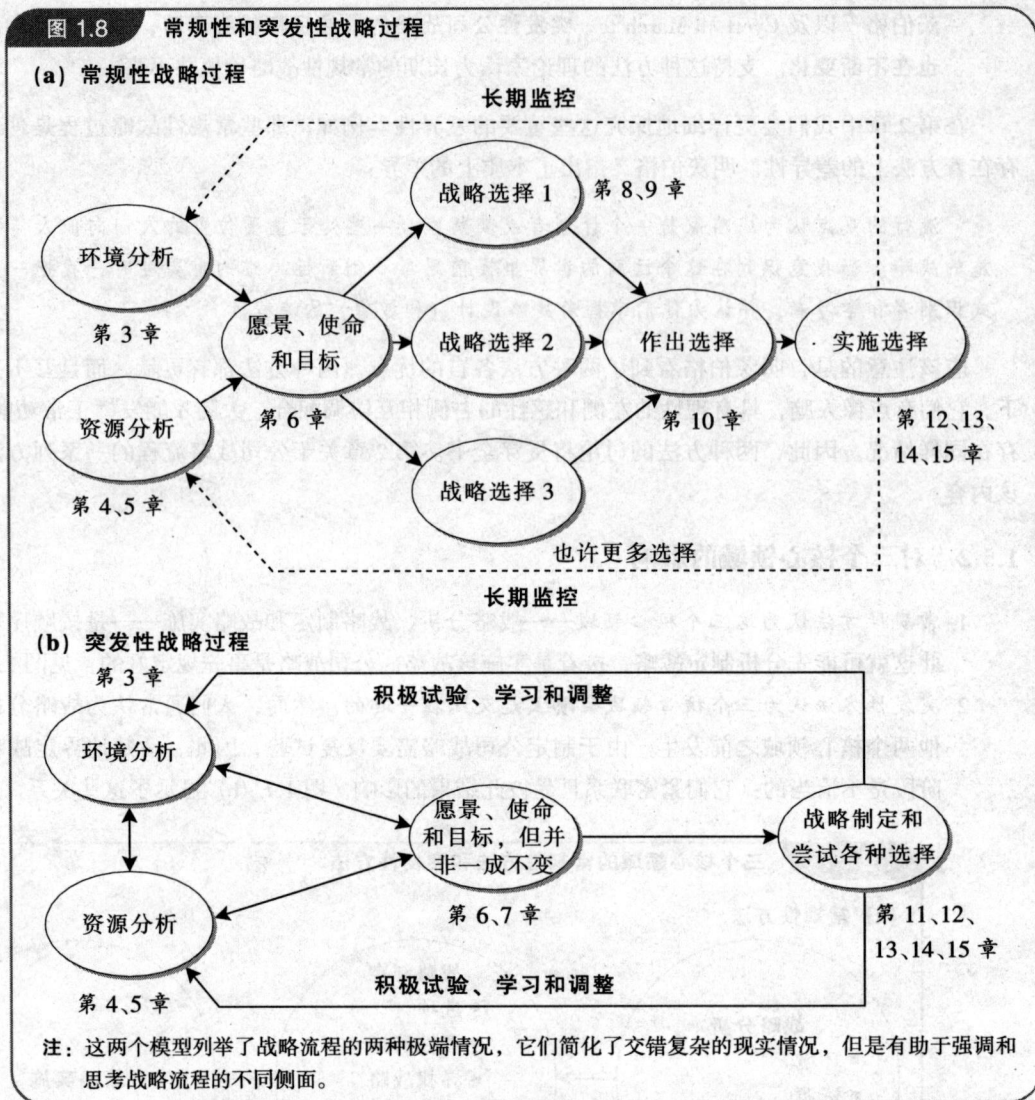

图 1.8 常规性和突发性战略过程

(a) 常规性战略过程

(b) 突发性战略过程

注：这两个模型列举了战略流程的两种极端情况，它们简化了交错复杂的现实情况，但是有助于强调和思考战略流程的不同侧面。

战略分析

常规性方法和突发性方法的分析阶段都可以分成两部分：

1. 环境分析——考察组织外部环境正在发生什么或将要发生什么，例如经济和政治发展形势、竞争。
2. 资源分析——探寻组织内部可获取的技术和资源（例如人力资源、工厂、财务）。

紧接着是第三个要素：

3. 识别愿景、使命和目标——制定和回顾战略方向以及更具体的目标（例如利润最大化或资本收益最大化，或者在某些情况下提供社会服务）。

一些战略家在前面两个要素[31]之前先提出第三个要素。他们认为，任何组织都要首先制定目标，然后分析如何实现这些目标。然而，本书认为制定目标必须基于外部环境和组织的竞争性资源。例如，草帽的制造商在制定目标之前需要考虑这种产品的有限需求量以及组织中有竞争优势的资源有限性。

因此，常规性方法和突发性方法都认同愿景、使命和目标，但是在愿景、使命和目标的看法上，两者存在着显著的差异。

战略制定和实施

根据常规性方法的观点，下一步就是正式考虑能够实现常规性目标的各种选项。接下来就是根据常规性标准对各种选项进行理性筛选。大多数情况下，应首先研究必要的组织、控制以及其他在实践中很重要的因素，之后才能实施所作出的选择。然后，把所作出的决策反馈给资源以及组织环境——比如，战略的"资源"应包括新工厂和新产品，并且"环境"应包含那些由于实行新的战略而被吸引到组织来的新的客户。这些都会对随后进行的战略决策产生影响，模块中将会用外部的反馈箭头把这些表示出来。

可以按图 1.8（a）的流程步骤制定战略。然而，需要强调的是，这个图仅仅显示了制定战略的一种方法。制定战略的方法有许多种，战略家在确定常规性方法上并没有达成一致意见——第 2 章深入探讨了这些问题。

战略制定和实施——突发性方法

实质上，这是一个关于战略选择和实施的试验性更强的方法。这种方式寻求通过试验和讨论来制定战略。这里不会存在达成最终一致意见的战略，而是形成了有待于进一步研究和制定的一系列实验性方法。在经过反复修改和试验之后，最终形成战略。

在突发性方法中，制定战略和实施战略两个阶段没有明显的界线。此外，突发性方法不需要把领导、文化和组织分开讨论，因此，在战略制定和战略实施阶段，这些内容随时会有所涉及。重要的是，这两个阶段与前面的战略分析阶段紧密联系。这使得环境和资源变化能迅速体现在战略之中。图 1.8(b)显示了这些内容。

从定义上看，组织内部对突发性流程的看法不止一种——每一个组织都不一样。图 1.8(b)显示了依据突发性方法制定决策过程的循环特性。固定的突发性路线不存在。

> **关键战略原则**
> - 制定战略管理的重要方法有两种：常规性方法和突发性方法，两种方法相互补充，并且都与战略流程有关。
> - 常规性方法认为三个核心要素是按顺序联系在一起的。突发性方法认为三个核心领域实质上是相互交错的。
> - 这两种方法都可以用来建立战略管理流程模型。然而，应当注意的是，每一种模型都是现实情况的简化，即无法反映出现实世界中的所有情况。

1.6 "好"战略的构成

制定成功的战略非常困难，这些困难可能与探寻"好"战略的构成有关。在一些人看来，这个问题可能很简单："好"战略能在战略的初始阶段告诉你组织目标。然而，这涉及几个重要的问题：

- 目标本身是否合情合理？例如，目标非常容易实现，以至于任何原有战略都能轻而易举地成功。
- 除了一些能够生存和成长的目标之外，在很难清晰地确定目标的情况下，我们该怎样做？由于目标的含糊暧昧，我们很难测试出是否制定了"好"战略。
- 由于战略的整体目标就是探寻我们未来应当做些什么，我们怎么能等到目标实现了再去检验它是否是一个"好"战略？

实质上，我们需要做更多有说服力的验证来检验"好"战略，主要应从两方面出发。第一，这些验证与现实中的组织及其所从事的活动相关；第二，这些验证与严格理论的一些基本原则相关：创意、逻辑思考和科学方法。可能有人认为，那些严格理论与现实世界没有关联。这种看法是错误的。所有组织都应该把这些基本原则应用于战略制定的过程之中。

1.6.1 验证"好"的战略：相关应用

至少有三种检验方法可以用来评估一个战略是否为"好"战略：

1. 价值增值法。一个好的战略将会带来更多的市场价值。这可以通过收益率来体现，也可以通过长期业务绩效指标如市场份额、创新能力以及员工满意度来表明。

2. 持续一致性检验法。一个好的战略无论任何时候在组织所处的环境中都会表现出持续一致性。组织要考虑其有效利用资源能力、环境变化的快慢以及对环境的适应能力。

3. 竞争优势检验法。对于大多数组织来说，一个好的战略将会提高组织的持续竞争优势。甚至那些传统上被认为不参与市场竞争的组织——如慈善机构或政府部门——为了得到较多的资金也在进行竞争。

在实践中，这些检验在任何时候都可以应用于战略制定之中。

1.6.2 验证"好"的战略：严格理论

我们还可以利用与上述方法相关的另外5种检验方法，但是与创意、逻辑思考以及科学方法的基本原则相比，它们显得更为基础。

1. 创意检验法。最佳战略常常产生于处理完全不同的任务。在理论上一种有效的检验方法就是创意检验法。然而，使用这种方法时要相当小心，否则就会产生与主题无关的不合逻辑的思想。

2. 目标检验法。即使在定义组织目标中存在困难，检验战略是否能为实现常规性组织目标而提供一些建议是合乎逻辑和恰当的。目标定义应当包括组织领导者和股东的热切期望与远大抱负。

3. 逻辑一致检验法。依据事实而提出的建议是否清晰和符合逻辑？我们对获得的事实资料有多少信心？这些事实资料可能因来自于竞争对手而不可靠，我们应当相信吗？

4. 风险和资源检验法。制定战略时考虑与组织相关的风险和资源是否明智？它们可能与组织总的目标一致，但由于涉及高风险而不得不放弃。此外，它们所需要的资源可能远远超出组织获取能力——不只是财务方面，还包括人力和技术。

5. 灵活性检验法。制定的战略是否应该把组织束缚于一个不考虑外界环境和资源变化的愿景里？或者随着竞争形势、经济情况、管理层、员工以及其他原材料因素的发展、改变，战略是否可以作出适当调整？

上述各种检验法都不是独立进行的。但是总的来说，它们为本书所提出的战略研究及众多案例提供了一种探索方式。

1.6.3 验证"好"的战略：苏门特拉·戈沙尔（Sumanthra Ghoshal）的忠告

在判断战略是否是"好"战略时，我们需要记住的是战略是一门社会科学，很难用自然科学，如化学或原子理论等方法，简单地进行判断。社会科学更加复杂，因为它们涉及一些模糊的数据、人的判断以及道德和信仰[32]。按苏门特拉·戈沙尔教授最新观点，"理论的选择更多地取决于学者个人的喜好，而不是通过对形式的、演绎的逻辑形式进行严格的经验评估来决定"[33]。换句话说，就是我们在判断是否是"好"战略时，必然会带有来自个人信仰和道德观的个人倾向。

关键战略原则

- 对战略管理的精确含义缺乏一致认同性导致理解什么是"好"的战略含义时存在困难。如果要想使战略切实可行，那么在流程的早期阶段仔细探寻和明确任务目标是非常必要的。可以从两个方面出发来进行战略验证：相关应用和严格理论。
- 相关应用又包括三个方面：价值增值、与环境保持持续一致性和竞争优势的传递。
- 严格理论包括5个方面：创意、明确的相关目标、逻辑一致性、风险和资源以及灵活性。
- "好"战略与在信仰及道德基础上形成的个人判断有关。

1.7 公用事业和非营利性组织的战略管理

1.7.1 公用事业组织

在许多国家里，公用事业组织是工业和商业活动领域的主要组成部分。例如，南非电信公司和法国政府控股的国家电力和天然气公司，尽管这些公司中的一部分现在已经私有化了[34]。由于这些公司要与私有企业展开国际竞争，所以许多战略原则共同适用于公用事业组织和私有企业。两者之间的主要差别在于政府所有机构的目标不是追求利润。目前，欧盟委员会认为各国的公用事业组织可能都不符合《罗马公约》的规定。公用事业组织面临着遵循商业规则的巨大压力[35]。欧洲有许多公用事业组织，例如一些国家的电力供应公司以及另一些国家的公众医疗健康机构，它们对战略的差异化需求取决于其本身特性。当然，那些私有化的公用事业组织也需要考虑这些问题。

除了西欧各国，许多国家的重要行业都是公有的。然而，目前世界上大多数国家的公用事业和电信公司逐渐迈向私有化。世界银行的多份年报中[36]提出支持所有权改革的观点。私有化对战略的主要影响取决于私有化所采用的形式。即使是一些私有公司也依然处于高度垄断地位。

公用事业组织的公司战略需要考虑以下因素：

- 政策与政治。欧洲和亚洲的一些国家，如印度和中国，都坚持认为公用事业公司是向公众提供服务的。因此，战略应当直接针对这个目标，政府的(政治)政策将会引导战略发展。
- 垄断供应商。公共权力部门通常是某项服务行业的垄断供应商。他们面临着提高运营效率的压力，而且他们不能花掉任何剩余利润。此外，他们还受政府政策的支配，结果导致其战略缺乏一致性。客户只能进行有限选择意味着这些供应商不会真正受到市场压力的影响，而市场压力又影响着公司战略。
- 官僚作风和反应迟钝。公用事业部门在这方面的特征将会影响管理风格以及管理者和员工的价值观，从而使其官僚作用更浓，并且对外界压力的反应更加迟缓。
- 从政府手中争取资源。欧洲多数公用事业组织的真正战略就是从中央政府争取资源。提高每年的预算额或缩减资金支出基本上都会影响公用事业组织的真正战略——从中央政府争取资源。提高每年的预算额或缩减资金支出基本上都会影响公用事业组织向公众所提供的服务水平和资产投资水平。上述因素与发展战略密切相关，但它们所根据的理由和逻辑各不相同。

本书第 18 章将对公用事业战略作了进一步探讨。

1.7.2 非营利组织

公用事业组织和私有组织都会在诸如慈善、教堂甚至教育等领域运营。非营利组织的成立通常是出于以下原因而非商业使命：例如保护鸟类和兽类、疾病研究、国际救援、减少贫困等。由于这些原因，公司战略首先应该意识到并反映出这些组织[37]所倡导的价值观。另外，还需要注意的是，这些组织所开展的活动多数都是义务性的，并且经常会收到不同来源的资金捐赠。

所有这些需要考虑的因素，都会对这些组织的战略产生深刻影响。决策的速度可能更慢，而且不确定性更高。各种基金机构的游说会影响到个人决策，相互矛盾的目标可能存在，从而使战略制定变得非常困难。战略过程还要考虑到组织风格和期望。本书第 18 章将会进一步深入研究这一课题。

关键战略原则

- 公用事业组织通常不会把赢利作为目标，因此，该组织的战略会受到更多的公共政策的影响。例如政治、垄断性供应、官僚作风以及从政府手中争取资源来为组织活动提供资金。
- 非营利组织的战略需要反映出该组织所持有的价值观。决策的速度会更慢，而且过程会更复杂。
- 在上述限制条件中，基本战略原则依然适用。

1.8 国际视角的战略管理

尽管战略管理原则可以适用于全世界，但具有国际视野的战略需要考虑下列一些特殊而重要的相关因素[38]：

- 国际经济形势及其对国际贸易的影响。1994 年关税和贸易总协定乌拉圭谈判的完成、北美自由贸易联盟于 1994 年的成立，以及欧盟于 2004—2008 年间的扩张这都是国际经济发展的例子。所有这些可能为企业战略带来了机会与威胁。
- 国际金融、货币和税收。例如，货币政策的不利影响会降低战略管理其他方面所带来的效益。
- 规模经济和生产。一些国家的低工资成本对战略管理产生了很大影响。
- 世界上不同的文化、信仰以及管理风格。对于国际性公司来说，这些内容构成了公司战略的重要组成部分。由于一些国际性公司在战略过程中没有及时考虑到这些内容，从而产生了许多重大战略问题。

这里并没有把应当考虑的问题全部罗列出来，但这足以说明战略管理所受到的独特影响。在国际环境中考虑战略管理问题会更加复杂，但是同样的战略原则依然适用。本书许多章节的末尾都会研究这些国际性问题。在第 19 章中会集中分析该问题。

关键战略原则

- 国际化视野使得战略管理变得更加复杂。
- 以上主题中需要认真考虑的有：国际化经济及其对世界贸易的影响、国际金融、来自于全球化生产的规模经济、文化和信仰差异。

案例研究 1.3 苹果赢利但充满风险的战略

当苹果总裁斯蒂文·乔布斯（Steven Jobs）在 2001 年发布苹果 iPod 的时候，他把公司从相对保险的创新性高端电脑的市场战略转变成了一个在竞争激烈的消费电子市场经营的战略。本案例研究了这一赢利但有风险的战略。

早期

为了了解任何公司的战略，回顾一下其起源都大有裨益。苹果成立于 1976 年，并迅速建立起了自己在创新性的个人电脑业界用户友好的名声，并可以借此定出比竞争对手都要高的价格。这一战略来自于公司创始人斯蒂文·乔布斯和斯蒂文·沃兹耐克在 1979 年参观施乐公司的 Palo Alto 研发实验室时激发的灵感。他们注意到，施乐已经开发出了带有下拉菜单的计算机界面，现在所有的个人电脑都在使用这种界面。而当时在 70 年代，大多数电脑还在使用复杂的技术界面，即使是像要完成打字这样的工作——当时这被称作是"文字处理"。

乔布斯和沃兹耐克把这一概念应用于苹果并开发出了他们自己的计算机——苹果 Macintosh，并采用了用户友好的这种界面。Macintosh 在 1984 年问世。但是，苹果并没有把软件或者是销售分享给任何的竞争公司。随后几年，这种不合作的战略被证明是苹果最大的失误。

与微软的战争

尽管 Mac 最初获得了成功，但是该软件还是遭遇到了来自竞争对手微软的视窗 1.0 面世的威胁，

苹果的专业计算机占领了台式印刷市场——这是一个意大利的设计室。

该公司总裁就是著名的比尔·盖茨。微软的战略是采用特许费用的方式让其他的电脑生产商都获得该软件——这与苹果大相径庭。由于视窗在屏幕上有很多和苹果类似的地方，苹果和微软之间爆发了法律纠纷。最终，微软同意苹果不再在视窗 1.0 上使用 Mac 的技术。但微软保留继续开发自己的类似于原始的施乐概念的软件界面的权力。

2001 年苹果从销售用于设计和台式出版的专业计算机开始转向主流的消费电子产品。这个位于日本西部 Fukuoka 的商店外墙就说明了苹果这一重大战略决策所需要面对的竞争的激烈。

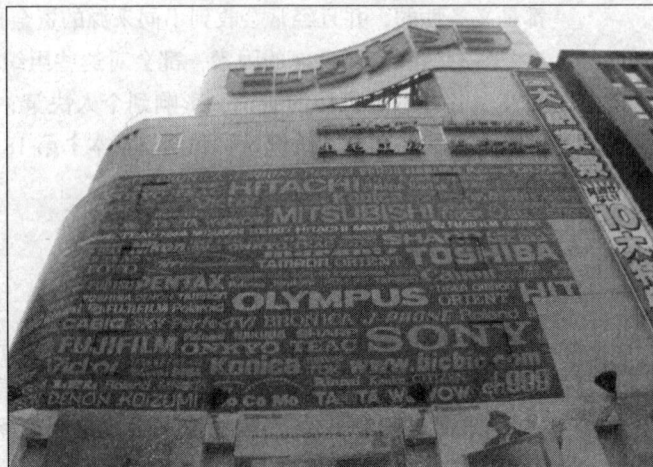

微软愿意把视窗免费提供给计算机生产商，法律协议允许微软可以开发其他的会产生同样屏幕效果的技术。这一结果已经是历史了。到 1990 年，微软开发并销售了可以在所有 IBM 兼容个人电脑上运行的视窗版本——参看案例 1.2。苹果的保持软件专有的战略是一个重大的战略失误。当 iPod 问世的时候，苹果吸取了这一教训。

苹果的创新产品

与微软专注于软件的战略不同的是，苹果仍然是一个计算机全线产品的制造商，不仅供应软件，同时还供应硬件。苹果继续开发各种不同的创新计算机以及相关产品。早期的成功包括 Mac 和 PowerBooks，以及世界上第一个台式印刷程序——PageMaker。后者今天在该领域仍占据统治地位。它被广泛应用于印刷和出版。该软件仍然专属于苹果，也就意味着公司有一个拥有真正竞争优势的专业市场，因而可以索要高价。

并非所有苹果的新产品都是成功的——牛顿个人数码助手就卖得不好。苹果的高价策略以及难以生产也意味着像 iBook 这样的创新产品在个人市场上难以取胜。

苹果转战消费电子

在 2000 年前后，苹果制定了一个新的公司战略来利用世界各地在个人电子设备方面的蓬勃发展机会——比如 CD 机、MP3 音乐播放器、数码相机，等等。苹果发布了自己版本的这些产品，增加了一些高价值、用户友好的软件。这些产品包括数码相机用的 iMovie 和 DVD 机用的 iDVD。但是只有 iPod 才可以说是大获成功。iPod 是可以储存上百张 CD 的个人音乐播放器。苹果选择进行行业合作而不是把产品独享。

iPod 在 2001 年下半年面市，随后，2003 年在美国和 2004 年在欧洲，iTunes Music Store 出现了。iTunes 实际上是一个和世界知名的五大唱片公司合作允许合法地以每首歌 99 美分的价格从互联网上下载音频的协议。这对于苹果是一次令人意外的举动，该公司设法说服了唱片公司采用不同的方式来处理音乐版权的问题。同时，这一革命性的协议对于苹果来说是相当独特的，要归功于斯蒂夫·乔布斯的高超的谈判技能以及他在业内的关系网。图 1.9 说明了苹果的新战略如何开始带来回报。iPod 是苹果产品线中获利最多的单一产品。

2007 年，苹果公司继 iPod 之后又推出了移动手机 iPhone。这款手机具有音乐手机的特点，它的设计也同样受到了用户的喜爱。为了对 iPhone 的销售进行扩张并保持控制地位，苹果公司在每一个主要国家只与全国性电话运营商签订合同，比如，美国的 AT&T、英国的 O2。它的移动电话最初制定溢价价格，如在北美定为 599 美元。但是，为了完成销售目标，尽管苹果仍高居在高端市场上，它仍然开始实施降价策略。这符合苹果高价位、高品质的长期战略。但是，公司正在进入的是一个巨大的正在扩张的全球性移动电话市场，这个市场已形成多年且极具竞争性（注意在图 1.9 中，iPhone 还是全新产品，它尚未对销售和利润造成影响）。

而移动电话的市场领先者，芬兰的诺基亚开始准备向苹果发起进攻。

那么，战略风险在哪里？

到 2007 年，苹果的音乐播放器 iPod 这一高档时尚的产品已经成为占据市场 60% 份额的市场领头羊（见图 1.9）。苹果的 iTunes 下载软件已经被更新，可以和所有的视窗兼容（大约 90%

图 1.9 iPod 是如何改变了苹果

苹果电脑：2007 年 2400 万美元销售额的组成

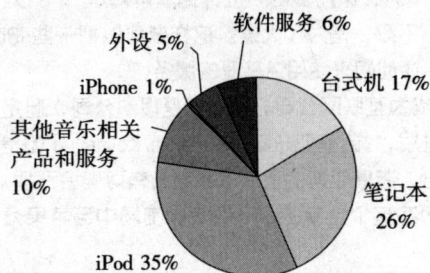

(a)

苹果电脑：2003—2007 年净销售额和净利润
（单位：100 万美元）

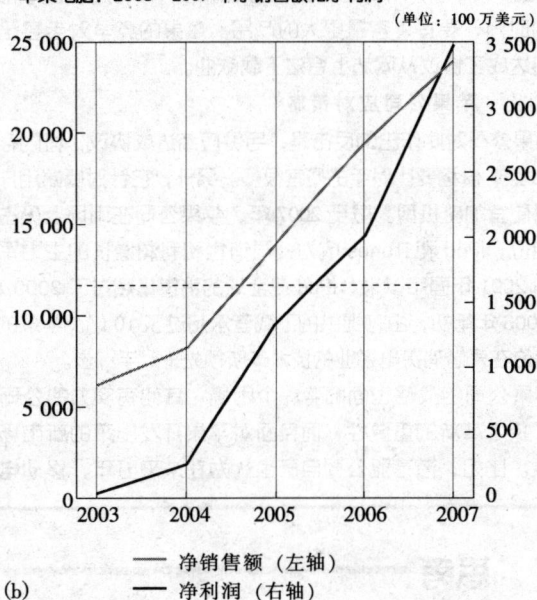

(b) 净销售额（左轴）　净利润（右轴）

的电脑用视窗），并且占据了世界音乐下载市场的 75%。每年带来的市场总值约 70 亿美元。但是，这只占录音市场 6% 的份额。这个市场的其他份额被一些主要唱片公司的 CD 和 DVD 所占领。

这时，苹果的移动电话 iPhone 才刚刚面市。第一年的销售目标定为 1000 万部，而全球市场的领先企业诺基亚（Nokia）的年销售量为 3.5 亿部手机左右。但是，苹果公司完成了一项重大的技术突破：触摸屏。这使得 iPhone 的屏幕不会像其他竞争手机一样受到固定按键和小屏幕的限制，从而使它与众不同。

但是，全球手机市场的领军企业诺基亚公司开始在三个方面予以反击：

1. 诺基亚推出了自己的触摸屏版本手机。
2. 诺基亚于 2007 年 8 月开始推出在线音乐服务，有 160 万音乐声带（苹果有 500 万）。
3. 诺基亚宣布从 2008 年（即编写此案例的时候）开始提供全新的下载服务。诺基亚已经与音乐市场的领头企业环球音乐公司达成协议：诺基亚的手机用户可以享有一年免费无限制下载其音乐，并进行保存，无需付下载费用或任何月订制费。一年以后，手机用户则需要付订制费。

关于这项新的下载服务，环球音乐公司的数码音乐副总裁罗 ▶

伯·韦尔斯（Rob Wells）说："这是一个飞越。我们相信这一产业将在三四年后走向终结，到那时，消费者会通过各种途径来获得这种工具。"同时，该产业的一位评论家解释说："（对诺基亚来说）这只是小不忍，是为了大谋。这样做可以把一些 iPhone 的用户偷偷转移，让他们来使用诺基亚的服务。"

"诺基亚将成为互联网公司。虽然它是移动公司，但是它正在稳步向互联网进军，"诺基亚总裁 Olli Pekka Kollasvuo 如是说。一些评论家也指出，诺基亚新的音乐下载服务有可能会亏损。但是，诺基亚公司决心在这个全新的、不确定的市场中与苹果公司决一雌雄。

以下列出了苹果所面临的战略风险。除了 iPod 经典的图标风格是其他公司无法复制的，所有的消费电子公司都可以复制出 iPod。到 2005 年，所有的大公司比如索尼、飞利浦和松下都发布了新的时尚、便宜、容量更大的产品。苹果的竞争对手甚至和唱片公司达成了协议从网站上合法下载歌曲。

迄今为止，苹果公司应对策略

苹果公司对此作出的反击是，与供应商达成协议，将闪存运用到 iPod 上，价格要比对手的便宜很多。另外，它针对低端用户推出了价格便宜的新机型。截至 2007 年，苹果公司在市场上仍占据着领先地位，iPod 和 iTunes 成为公司销售和利润增长的主力军。例如，自 2001 年面市以来，iPod 在全球的销售量超过了 3000 万部。截至 2006 年年初，由它提供的下载音乐超过了 10 亿。苹果的目标仍然定位在凭借消费电子业的技术革新领先于对手一步。

苹果公司的战略也面临着一个困境：其他有实力的公司也意识到了技术革新的重要性，而且面对苹果开发出来的新市场更有灵活性。比如，诺基亚公司自己也认为在未来五年，移动电话市场与录音产业将合并。诺基亚的总裁认为，这将促使战略具有更大的弹性，"五年或十年前，你可以制定一项战略，然后根据战略去实施。但现在行不通了。你现在必须每天都处于戒备状态，不断地更新你的战略。"

如果诺基亚的观点是正确的话，那么苹果将面临的问题是：它在录音市场的领先地位会被一些更灵活的对手所代替，也许 20 年前苹果与微软之战的败局又将重演。

案例问题

1. 运用本章的概念，对苹果和诺基亚之间的竞争进行分析，谁更强大？
2. 几年之后，市场及竞争形式将会出现什么样的问题？战略的发展将会如何？
3. 其他公司可以从苹果这些年来的战略中学到什么？

战略课题　苹果和国际音乐工业

你可以把苹果和国际音乐工业联系起来作为一个战略课题来进行思考——参看本书最后部分的案例研究 12。你会从本章末找到更多的参考资料，特别是在相关网页上。考察实际和潜在的竞争对手是十分重要的，比如诺基亚和索尼都发布了类似于 iPod 的产品。讨论的问题：苹果能否继续统治这一行业？苹果需要采取什么样的战略？如果你是诺基亚，那么你的下一步战略又会怎样？回顾苹果在过去的 10 年的时间里的利润记录，你就可以发现没有公司可以轻易成功。

思考

战略管理的性质

在过去的 20 年中，在战略管理领域中最主要的思考是围绕着战略流程当中常规性和突发性形式区别的。对竞争环境——销售、客户、新产品和服务——以及资源——财务和现金、人员、工厂——有一个"战略计划"，帮助公司能够在事前进行计划。其中一些要素要很多年才能制定出来和付诸实践。因此要有一个清晰的战略规划。实际上，这包含一个常规性战略制定流程。

一些公司对于战略有一个更为企业化和试验性质的方法。

知道在变化迅速的市场中正在发生什么，并且能够对此有所反应十分重要。另外，对于长期战略进行规划往往会被证明是错误的，会带来反向的结果。在制定战略的时候应该更有创造性，而在制定战略的过程中采用突发性方式。

你如何看待这些？哪种方式更好一些？

或者两种方法都很好吗？如果后者更好一些，那么你会如何处理公司内部这两种方式的不同？

小结

- 在本章中，我们探寻了战略管理的特点——组织与环境之间的关联——尤其关注组织价值增值能力、持续竞争优势以及创新需求。对于大多数公司来说，价值增值能力非常重要，但对于非营利组织和政府组织来说，这一点并不重要。

- 战略管理有三个核心领域：战略分析、战略制定和战略实施。尽管这三方面通常是按严格的顺序发生的，但在某些情况下它们可能会同时进行。这三个核心领域有两个重要限定条件：制定战略时的判断力和价值观的运用以及面对未来需要作一些投机性推测。除非认真对待，否则可能会导致组织未来发展的方向性错误。

- 在制定战略管理时，需要区分过程、内容和背景。过程就是导出战略的方法；内容就是随后作出的战略决策；背景就是组织所处的环境以及战略实施的环境。过程通常是最容易出问题的，因为它很难精确度量，而且它对于制定战略至关重要。

- 战略家们对于如何制定战略管理存在着根本的分歧。主要分为两种路线：常规性方法和突发性方法。常规性方法认为三个核心领域是按顺序联系在一起的；突发性方法认为这三个领域是相互交错的。在战略的早期阶段，这两种方法有一个共同点，如分析和确定组织的使命。除此之外，它们的观点背道而驰，而且建立了两种不同的战略管理流程模型。近年来，普遍认为两种方法均有其价值。

- 由于战略定义和发展中存在困难，因此，有必要研究在特定环境中"好"战略的含义。可以用两种方法来判断战略的好坏：一个方法是在实践中验证组织的目标，另一个方法是通过严格的理论来验证战略。重要的是，在实践中，我们都用自己的价值来判断什么是"好"战略。

- 在公共领域，即政府所有的组织中，战略通常受制于更广的公共政策而不是利润。在非营利性机构中，战略需要能够反映出特殊部门的价值观；基本战略原则依然适用。

- 在国际环境下，多种原因导致战略管理的制定变得更加复杂，包括对国际贸易的冲击、金融问题、生产全球化带来的规模经济问题以及文化和信仰的差异。所有这些都使得制定国际化的公司战略变得更为复杂。

问题

1. 概括 IBM 的主要战略。把你所概括的每一条都与 1.6 节中列举的成功战略标准相比较，它们相符吗？ IBM 拥有一个"好"战略吗？

2. 分析谷歌公司所采取的行动。要注意该公司过去如何领先于竞争者的。把你的答案与第 1.2.4 节战略决策的 5 个关键要素相比较。

3. 在说到战略的时候，Kay 教授认为，给雇员的激励实际上并不是真正意义上的公司战略的一部分。你是否同意这一观点。说明你的理由。

4. 利用战略管理的 3 个核心领域来考察你最近接触到的一个决策。比如，可以是对于学生活动的组织，或者是购买一台大型的设备。你是否会先分析实施、考察选择、然后再作出决策？这些数据是否为了，比如，有必要说服他人花钱而过于简化了战略过程？

5. 你多大程度上赞同明茨伯格教授认为的战略逐渐形成而非事先制定的观点？如果你赞同他的观点，你有什么证据来证明？如是你不赞同，解释你反对的理由。

6. 利用公司战略的三个核心领域内容解释下述各种类型公司的战略发展流程有何不同：一个全球性公司如 IBM；一个提供公共服务的公司如自来水供应商（也可能是垄断者）；一个非营利性组织如学生会或团体。

7. 如果战略管理是如此不确定，而且分析公司战略需要有极强的判断力，那么进行正规分析还有没有意义？本章使用了哪些论据来证明分析过程的重要性？利用你自己的价值判断准则，你认为它们有说服力吗？

进一步阅读

Professor Kay's book *Foundations of Corporate Success* (Oxford University Press, 1993) remains an excellent intro-duction to the nature of strategic management; read the early chapters. In addition, the well-known book of readings and cases by Professors Mintzberg and Quinn, *The Strategy Process* (Prentice Hall, 1991), has a useful selection of mate-rial on the nature of strategic management; read Chapter 1 in particular. The article by Professor Mintzberg on 'Crafting strategy' in the *Harvard Business Review* (July-Aug 1987) is also strongly recommended.

For the counter-argument to Mintzberg, a useful paper is: Miller, C C and Ireland, R D (2005) 'Intuition in strategic decision making: friend or foe in the fast-paced 21st cen-tury', *Academy of Management Executive*, Vol 19, pp19-30, which argues that intuition is troublesome in strategy.

See also Henry Mintzberg and Frances Westley (2001) 'Decision-making: It's not what you think', *Sloan Management Review*, MIT. Another interesting paper: R Duane Ireland, Michael A Hitt, S M Camp, and D L Sexton (2001) 'Integrating entrepreneurship and strategic manage- ment actions to create firm wealth', *Academy of Management Executive*, Vol 15, No 1, pp49-63.

For the most recent view on strategy definitions, see: Nag, R, Hambrick, D C and Chen, M-J (2007) 'What is strategic management really? Inductive derivation of a consensus definition of the field', *Strategic Management Journal*, Vol 28, pp935-955.

注释和参考资料

1. References for Google Case: Google Annual Reports 2000–2006 from Google website – see section on investor information. This is the best source because it has a clear description of the various parts of the Google business and because it clearly sets out the risks facing the company to year 2007. The newspaper material that follows is vague and imprecise on these important strategic matters. *Financial Times*: 30 April 2004, p31; 1 February 2005, p17; 20 August 2005, pM6; 4 February 2006, p10 – editorial; 6 March 2006, p19; 11 October 2006, pp14 (editorial) and 24; 8 December 2006, p26; 23 May 2007, p1; 26 May 2007, p9; 21 September 2007, p25; 27 September 2007, p16.

2. Adapted from Andrews, K (1987) *The Concept of Corporate Strategy*, Irwin, Homewood, IL, Ch2.

3. Ansoff, I (1969) *Corporate Strategy*, Penguin, Harmondsworth, Ch1.

4. Drucker, P (1961) *The Practice of Management*, Mercury, London, Ch6.

5. Leadership is sometimes ignored as part of the topic of strategy, but is actually extremely important. For example, where would Microsoft be without Bill Gates? It might be argued that 'strategy' should stand separately from 'leadership' but this is like trying to separate an orange from its juice.

6. Andrews, K (1971) *The Concept of Corporate Strategy*, Irwin, Homewood, IL, p28.

7. Kay, J (1993) *Foundations of Corporate Success*, Oxford University Press, Oxford, p4.

8. Further definitions are discussed in Quinn, J B (1980) *Strategies for Change: Logical Incrementalism*, Irwin, Homewood, IL, Ch1.

9. Campbell, A, Goold, M and Alexander, M (1995) 'Corporate strategy: the quest for parenting advantage', *Harvard Business Review*, Mar–Apr.

10. Porter, M E (1985) *Competitive Advantage*, The Free Press, Harvard, MA.

11. See, for example, Quinn, J B (1980) Op. cit.

12. He argues that strategic decisions are those that determine the overall direction of an enterprise and its ultimate viability in the light of the predictable, the unpredict – able and the unknowable changes that may occur in its most important environments. Quinn, J B (1980) Op. cit.

13. Nag R, Hambrick, D C and Chen, M–J (2007) 'What is strategic management really? Inductive derivation of a consensus definition of the field', *Strategic Management Journal*, Vol 28, pp935–955.

14. Ibidl, p944.

15. Quoted in Teece, D J (2007) 'Explicating dynamic capabilities: the nature and microfoundations of (sustainable) enterprise performance', *Strategic Management Journal*, Vol 28, p1320.

16. Kay, J (1993) Op. Cit. Ch1

17. Ohmae, K (1982) *The Mind of the Strategist*, Penguin, Harmondsworth, p36.

18. Mintzberg, H (1987) 'Crafting strategy', *Harvard Business Review*, July–Aug.

19. Harney, A (2002) 'Microsoft fired up for console wars', *Financial Times*, 7 February 2002, p28.

20. Case compiled by the author from the following pub– lished sources: Heller, R (1994) *The Fate of IBM*, Warner Books, London (easy to read and accurate); Carroll, P (1993) *The Unmaking of IBM*, Crown, London (rather one–sided); *Financial Times*: 7 Aug 1990, p14; 5 June 1991, article by Alan Cane; 8 Nov 1991, article by Alan Cane and Louise Kehoe; 5 May 1993, p1 7; 29 July 1993, p17; 14 Mar 1994, p17; 26 Mar 1994, p8; 28 Mar 1994, p15; *Economist*, 16 Jan 1993, p23; *Business Age*, Apr 1994, p76. Note that this case simplifies the IBM story by emphasising the PC aspects. There are further parts to the story that can be read in the references above.

21. Partly adapted from Quinn, J B (1991) *Strategies for Change*, Ch1, and Mintzberg, H and Quinn, J B (1991) *The Strategy Process*, Prentice Hall, Upper Saddle River, NJ.

22. For example, Gilmore, F F and Brandenburg, R G (1962) 'Anatomy of corporate planning', *Harvard Business Review*, 40, Nov–Dec, p61.

23. For example, the IBM Annual Report and Accounts for 1993 took a firm and inflexible view on what was required to recover from its major losses. It was only the arrival of a new chief executive – see Case 2.6 – that revised this picture in a more experimental way.

24. See, for example, Pettigrew, A and Whipp, R (1991) *Managing Change for Competitive Success*, Blackwell, Oxford. See also Mintzberg, H (1987) Op. cit.

25. Jauch, L R and Glueck, W (1988) *Business Policy and Strategic Management*, McGraw–Hill, New York.

26. Argenti, J (1965) *Corporate Planning*, Allen and Unwin, London.

27. Mintzberg, H (1987) 'Crafting strategy', *Harvard Business Review*, July–Aug, p65.

28. Cyert, R M and March, J (1963) *A Behavioural Theory of the Firm*, Prentice Hall, Upper Saddle River, NJ.

29. Mintzberg, H (1987) Op. cit.

30. This analogy was inspired by Professor Mintzberg's brief comment in his article: Mintzberg, H (1994) 'The fall and rise of strategic planning', *Harvard Business Review*, Jan–Feb, p114.

31. See, for example, Thompson, A A and Strickland, A J (1993) *Strategic Management: Concepts and Cases*, 7th edn, Irwin, Homewood, IL.

32. Hayek, F A Von (1989) 'The pretence of knowledge (Nobel Lecture)', *American Economic Review*, December, pp3–7. Quted and more fully explored in the paper by Ghoshal below.

33. Ghosal, S (2005) 'Bad management theories are destroying good management practices', *Academy of Management Learning and Education*, Vol 4, No 1, p87.

34. At the time of writing, the South African government had partially privatised its national telecommunications services carrier, Telekom, but it still held the controlling interest. Similarly, although the French government had privatised its telecomms, gas and electricity companies, it still held a controlling share interest and a strong influence over strategy.

35. For example, the EU Barcelona Summit in 2002 was unable to agree on the complete liberalisation of energy markets across the European Union – in spite of dis– cussing the matter for over 20 years and signing the Treaty of Rome in 1957!

36. *World Development Reports* are produced annually and published by Oxford University Press, New Youk. Note that the approach each year privileges privatisation in line with the basic economic philosophy of the Bank.

37. Whelan, T L and Hunger, J D (1991) *Strategic Management*, 2nd edn, Addison–Wesley, Reading, MA, Ch11.

38. Daniels, J D and Radebaugh, L H (1995) *International Business*, 7th edn, Addison–Wesley, Reading, MA.

39. References for Apple case: Apple Annual Report and Accounts for 2003. Website: www.apple–history.com/ history. This website provides much more detail than the case and would be good for student research. *Financial Times* reports: 29 April 2003, p31; 6 April 2004, Creative Business Section, p3; 30 April 2003, p22; 14 October 2004, p29; 19 November 2004, p13; 7 December 2004, p31; 11 January 2005, p26; 12 January 2005, p27; 21 January 2005, p12; 15 February 2005, p1. 16 February 2005, p27; 3 April 2006, p3 of global brands supplement; 4 December 2006, p11; 5 July 2007, p22; 29 August 2007, p21; 7 September 2007, p23; 26 September 2007, p27; 24 October 2007, p21; 5 December 2007, p28; 16 January 2008, p24.

第2章

理论与实践

A Review of Theory and Practice

学习目标

在学完本章后，你应该能够：

- 概括出战略管理的历史背景；
- 描述和评估常规性战略实践；
- 描述和评估突发性战略实践；
- 了解与常规性战略管理相关的主要理论；
- 了解与突发性战略管理相关的主要理论；
- 解释组织中利益相关者地位和道德观念的变化。

引言

本章总结了战略管理的理论和实践。在以后的章节中还要进一步详细地研究这些重要理论，因此，你现在可以跳过本章到后面章节学习这些理论，但这样你会错过纵览战略管理一般理论框架的机会。

为了给研究战略管理打下更坚实的基础，第1章提到的常规性方法和突发性方法值得进一步研究。研究促进和影响这两种方法的历史发展背景有助于进一步了解这两种方法。

即使在常规性和突发性战略方法的框架内，战略家们对于如何和应该如何制定战略都有着众多的不同意见。这两种方法都包含很多种不同的解释和理论。如果想要完整地了解战略管理，就有必要研究这些理论的不同之处。

最后，对于是否应该从道德的观点理解战略管理仍存在着争议。每一个组织的战略都要通过其所有人、经理人和职员的责任以及组织的社会角色来分析。

案例研究 2.1　向市场的领导者进攻：雀巢公司和通用磨坊公司的合资公司战略

凯洛格（Kellogg）公司（美国）主宰着世界谷物方便早餐市场。1989年，为了进入这个市场，雀巢公司（瑞士）和通用磨坊公司（General Mills）（美国）建立了一家合资公司。这家新公司的目标是，到2000年，全球销售额要达到10亿美元，并且在欧洲市场上的销售额要占其总市场份额的20%。本案例研究了这个新公司全球谷物联盟公司（Cereal Partners，CP）是如何实现这个目标的。

背景

1997年，凯洛格公司在美国的市场份额达到了32%，按零售价格计算，其市值达到了90亿美元，成为美国市场谷类早餐食品的领导者。到2002年，公司不再是市场领导者。它的强大竞争对手通用磨坊公司（GM）的市场份额达到了33%，而凯洛格公司的市场份额降到了30%。GM公司在15年内在市场上推出了一系列新产品，实现了重要的战略突破，而且该市场还在以每年大约2%的速度增长。但是，到了2004年，凯洛格又重新成为市场领头羊，其市场份额超过对手1%。这一胜利是凯洛格公司所采取的一系列正确的营销策略所带来的，并且GM受到了在2003年收购的另外一家食品公司Pillsbury的影响。

在美国市场之外，公司在全球市场上的市值在80亿~100亿美元之间，而且在许多国家以每年10%以上的速度增长。然而，这是按比美国人均消费量更低的国家为基础计算出来的。此外，凯洛格公司在美国之外的市场份额超过了40%。它之所以能获得这样的成绩，是因为它在国际上用40年的时间实施了强有力的战略。到1990年为止，其他公司没有一个能够在国际市场上占据如此重大的市场份额。于是一个新的合资公司在国际市场上出现了。

全球谷物联盟公司（CP）公司的发展

在单独进军国际市场中经过几次失败后，1989年，通用磨坊 ▶

网站上对应本文的录像探讨了早餐谷物市场之战。

公司（GM）公司找到雀巢提议建立一个合资公司（合资公司是一个独立的公司，每个母公司根据其提供的资源和技术占有合资公司相应的股份和收益；合资公司拥有自己的管理方式并在母公司适度的限制下制定自身的战略）。雀巢也打算推出自己的谷类早餐食品，但一直不太成功。这两个公司都被该品牌的高价值所吸引，因为该品牌曾经在消费市场上被大肆宣传过。

GM 公司向雀巢公司提出的建议是在合资公司中双方各占50％的股份。GM 投资其产品、技术和生产经验，例如在美国，它生产"Golden Grahams"和"Cheerios"产品。雀巢将注入其品牌、若干未充分利用的工厂和分销渠道，比如其生产的"雀巢"咖啡的资源。双方都认为这项合作非常具有吸引力，因此仅在三周之内就签署了协议。合资公司的名称是 Cereal Partners（CP），并且在北美之外的区域运营。在这些地方 GM 公司继续保持自己的独立性。

12 年之后，CP 在全世界 70 多个国家建立了分公司。在杂货食品超级市场的货架上可以见到诸如"Golden Grahams"、"Cheerios"和"Fibre1"品牌的商品。针对市场环境，CP 运用了混合战略：在英国和波兰进行并购，在欧洲其他地方、美洲南部和中部以及南非推出新产品，在东南亚替代了雀巢现有的谷类产品。为了不让凯洛格公司猜测出该公司下一步的市场计划并满足当地的不同口味，CP 在每一个国家也推出了不同的产品系列。与凯洛格公司相比，CP 还允许连锁超级市场用它们自己的商标出售CP 的食品。

到 2004 年，CP 正在向 10 亿美元的盈利性销售额目标迈进，并在欧洲市场上占有 20％的份额。凯洛格公司开始疯狂地还击，特别是在美国市场，并且重新获得了市场的领导地位。CP 正在思考其革新战略怎样在全球重演美国的经历：它可能代替凯洛格公司成为全球的市场领导者。

ⓒ 理查德·林奇 2009 版权所有。保留所有权利。本案例根据公开资源和理查德·林奇个人调研信息编写。

案例问题

运用第 1 章（如果需要的话，还可以参照本章的内容）中关于常规性战略和突发性战略的观点回答下列问题：CP 公司是采取常规性战略、突发性战略还是两者兼有？

注意： 与本章内容配套的网站录像对于凯洛格与CP 之间的竞争有更为详细的分析，有助于你找到这个问题的答案并进行探讨。

2.1 战略历史背景

在第 1 章，我们看到战略管理把组织从事的活动与组织所处的环境联系在一起。财富增长、工业革命和国家之间力量均衡的变化以及其他因素导致环境不断发生着变化。战略管理及其支撑逻辑都随着组织所处环境的变化而变化。在我们开始研究战略管理相关理论之前，有必要先分析一下这些理论的历史背景。

直到 19 世纪末，不属于国家所有的组织由于规模太小而不能称之为公司。为了与竞争对手相抗衡以获取生存，一些小型手工作坊也需要制定战略，但是正式的战略管理还不存在。表 2.1 列举了从那时开始情况是如何演进的。

表 2.1　世纪公司战略的发展以及重要环境的影响

时期	环境	战略和管理发展
1900—1910 年	• 殖民战争 • 全球商业贸易兴起	• 开始注意管理工作，例如 F.W.泰勒和亨利·法约尔
1910—1930 年	• 世界战争及其影响	• 大型组织出现，导致对其进行管理控制的需求增加
20世纪 30 年代	• 冲击：一些国家建立了贸易壁垒来自我保护	• 建立了正式的管理控制机制，如预算和管理会计，尤其是在美国 • 美国进行了早期的人力资源实验
20世纪 40 年代	• 世界战争及其影响	• 强大的美国工业以及正式战略诞生 • 组织理论出现
20世纪 50 年代	• 经济持续增长，并出现了第一个欧洲贸易和政治集团：欧洲经济共同体	• 在许多正式论文中首次论述了战略 • 管理工作中应用了组织理论

（续表）

时期	环境	战略和管理发展
20世纪 60 年代	• 十年来经济持续增长直到第一次石油涨价	• 开始研究公司战略技术 • 组织研究的各自平行发展
20世纪 70 年代	• 由于石油价格振荡，经济增长出现了周期性	• 开始采用正式的战略技术 • 首次出现了反对战略技术的研究作品
20世纪 80 年代	• 远东和全球经济发展 • 计算机的数据处理能力飞速发展 • 政府机构开始私有化	• 重大战略开始强调正式公司战略的竞争因素 • 强调人力资源共享的新型战略理论进一步深入，而不是仅仅局限于竞争因素
20世纪 90 年代	• 电信，跨国公司，环太平洋地区经济高速增长，但是日本出现了货币问题 • 90 年代后期出现互联网贸易以及商业机会	• 战略的全球观 • 更强调组织所拥有的资源共享而不是仅仅把竞争作为战略形成的基础 • 互联网带来商业机会，出现快速发展市场、超竞争和学习机制的概念
21世纪初	• 全球经济萧条以及复苏 • 亚洲经济，包括中国和印度开始快速增长 • 安然倒闭以及其他公司出现丑闻	• 强调创新 • 战略学家认识到在一些行业，比如汽车工业中，低工资加上成熟技术要求新的战略方法 • 公司的社会责任在战略中占据更重要地位

北美、欧洲和日本是 19 世纪末期开始工业化革命的地区。一些国家如中国、印度、韩国、马来西亚、新加坡、菲律宾、沙特阿拉伯、伊朗、伊拉克、尼日利亚和南非仍然没有成熟的工业；它们向世界市场提供商品和原材料，但是并没有开始工业化革命[1]。由于战略管理实际上与工业化的程度相关，因此，战略管理更有可能在欧洲、北美以及日本发展起来而不是在世界上的其他地方得以发展。

2.1.1 20 世纪早期的战略管理

20 世纪初，尤其是在美国和欧洲，管理者而不是学者开始探索和界定管理任务。美国的 F.W.泰勒和法国的亨利·法约尔是高层管理者，并开始研究和撰写一些管理的问题。泰勒和法约尔是实践家而非理论家[2]。他们任职高层管理者已有多年。与此同时，亨利·福特开始以更低廉的成本生产货物，并满足不断增长的市场需求。1908—1915 年[3]，他制定了至今我们仍然认可的战略，见文本框 2.1。亨利·福特并不认为车型需要改变，市场将会出现细分，然而，这与强大的竞争对手 Alfred P Sloan 所领导的通用汽车公司（General Motors）存在不同[4]。福特也不认为中层和高层管理者非常重要。他实际上解雇了许多高层管理者，当他去世后公司最终陷

文本框 2.1

今天还有价值的早期战略

1908—1915 年：亨利·福特

• 技术革新

• 机器代替人工

• 寻求新的质量标准

• 通过工厂的重新设计不断降低成本

• 成本降低导致 T 型车的价格降低

1920—1935 年：Alfred Sloan 及其同事

• 针对不同细分市场的需求量身定做不同型号的汽车

• 汽车型号的快速变化

• 结构化的管理团队和报告机构

• 把日常管理工作与制定长期战略任务区别开来

入了困境[5]。因此，他的对手通用汽车公司在 20 世纪 20 年代之后，实施了一些战略并取得了更大的成功。这些战略通用汽车公司至今依然保留着（见文本框 2.1）。

第一次世界大战之后的 20 世纪 30 年代发生了经济大萧条。这需要新的国际货币制度，同样地，人们也开始向往建立更大型的公司以获得规模经济。然而，所有这些情况大都发生在北美，而且竞争性战略依然处于幼稚阶段。

2.1.2　20 世纪中期的战略管理

第二次世界大战带来了对军用设备的大量需求，同时导致欧洲和日本受到严重打击；而南美和北美得以幸免。与此同时，中东和远东仍然没有被工业化。在这个时期内，战略管理几乎没有发挥作用。不过，英国追击德国人的潜水艇而制定的非常有效的海军策略也带来了战略游戏理论的出现。

20 世纪 40 年代末，北美出现了一些强大的工业和公司。战略管理也就是在这段时期真正开始发展，并且一直持续到 20 世纪 50 年代。当时整个欧洲开始了工业重建，亚洲尤其是日本逐渐发展起来。经济学家像 Penrose[6] 开始研究公司如何成长，人类行为学家如 Cyert 和 March[7] 认为理性经济行为简化了公司发展模式。

20 世纪 50 年代末，一些作者如 Ansoff 开始提出战略管理的概念，这种情形一直持续到 20 世纪 70 年代。20 世纪 60 年代期间提出的早期概念后来成为研究战略管理的主要方法——常规性战略管理开始逐渐成形。Ansoff[8] 认为，环境因素将会加速战略管理的发展。两种趋势应当注意：

1. 变化继续加速。战略管理提供了抓住新机会的方法。
2. 财富飞速增长。公司战略应当能够发现财富迅速增长所带来的机会，尤其是在欧洲。

同一时期开展的早期研究后来也成为战略管理研究的第二种主要方法——突发性观点的战略管理奠定了基础，尽管一直到 20 世纪 70 和 80 年代该理论的重要性才显现出来。

2.1.3　21 世纪的战略管理

20 世纪 70 年代，由于世界对能源需求的增加和中东地区成功地组建了石油价格卡特尔联盟，石油价格开始上涨，商业环境发生了迅速而且难以预料的发展变化。这使得一些公司战略学家开始重新考虑预测在战略管理中的作用。

20 世纪 80 和 90 年代环境发生了更进一步的发展变化，见表 2.1。这些变化趋势对战略管理具有以下影响：

- 自由市场竞争。根据联合国和世界银行的研究，在许多新兴发展中国家里，自由市场竞争成为支持和刺激经济增长的因素[9]。比如，在中国和印度这两大市场的竞争为这些国家增加了财富。
- 亚太地区市场的重要性不断增强。公司战略已经开始向北美和欧洲国家之外的地区扩散。在一些新兴的国家，如中国和印度，低劳动力成本和不断增加的财富迫使西方公司降低成本或移向这些国家。例如，在谷物早餐食品市场为了获得低劳动力成本优势，CP 已经在亚洲建立了工厂。
- 全球和当地的需求。除了经济增长因素之外，从文化和社会因素来看，世界市场变得更加复杂、更加国际化，因此有必要平衡全球需求和各地不同的需求。例如，在谷物早餐食品市场上，CP 的品牌在世界范围内推行，但其早餐食品适应本地口味。
- 战略决策中的授权和员工参与的需要。公司员工接受了较高水平的培训，拥有了较高的技能，他们可以为制定战略管理作出应有的贡献，尤其是在一些西方国家。
- 速度更快的变革以及新型通信方式的兴起。技术正在飞速发展。新型通信方式，如互联网，使得战略发生了变革。比如凯洛格和 CP 都已经建立了自己的网站。
- 一些公司因为道德原因而倒闭。一些公司员工职业道德缺失，比如美国的安然，使得公司在制定和执行战略管理的时候开始强调道德问题。

天键战略原则

- 战略管理可以反映出当前的环境及其变化。
- 20 世纪早期特征是人们越来越注意科学技术的应用。这一点可以通过更具有结构化的管理和战略反映出来。大规模生产高品质的产品成为可能。
- 20 世纪中叶，日趋加速的技术变革以及迅速增长的财富导致了对正式战略的新需求。
- 在 20 世纪末期，战略管理存在着六项显著的压力：自由市场竞争；亚太地区经济的重要性；全球竞争；管理者和员工的知识技能和培训水平的提高；日趋加速的技术变革以及新型通信方式的出现；对于战略管理中道德问题的进一步认识。所有这六项环境因素将会直接影响到环境的发展变化。

案例研究 2.2 斯派乐斯公司的常规性战略设计

在北美顶尖咨询公司的帮助下，斯派乐斯（Spillers）公司于 1978—1979 年引入了公司战略规划系统[10]。当时公司的营业额大约为 7 亿英镑（相当于 12 亿美元），并且当时几乎不存在任何形式的发展方向问题[11]。

斯派乐斯公司由下述运营公司构成：

- 面粉加工和面包焙烤（斯派乐斯 Homepride Flour）；
- 食品表面裹涂（Lucas Food Ingredients）；
- 动物屠宰与加工（Meade Lonsdale Group）；
- 品牌宠物食品（Winalot）；
- 连锁饭店（Mario and Franco Italian Restaurants）；
- 品牌肉类罐头和沙司（Tyne Brand）。

上述每个运营公司都要制定一份统一格式的年度计划，于是这些年度计划组成了新的战略规划，每项计划都必须符合斯派乐斯公司的使命和目标，如资本收益、市场份额、资本投资等。然后这些计划总结在一起，最后由各运营公司提交给斯派乐斯集团公司的董事会。

当然，这种常规性战略流程使斯派乐斯总部掌握了充分的信息并给出未来的发展方向，而这些在以前根本无法做到。这种流程使得总部与集团下属公司的高层管理者探讨公司面临的主要战略问题成为可能。另外，公司第一次可以根据公司业务的竞争需求在组织内部分配稀缺资源：

- 公司投资 200 万英镑给 Lucas Ingredient，用于在英国 Bristol 附近建设新的原料生产线。
- 投资 150 万英镑用来扩张 Mario and Franco 连锁店的业务。
- 扩大斯派乐斯公司在英国 Cambridgeshire 市的品牌宠物产品线和生产能力——估计需要 300 万英镑资金并且这个产品集团在两年内的净损失约为 200 万英镑。
- 用 3 年的时间在英国 Reading 市建立一个新屠宰场，耗资 2000 万英镑（当前的设备从长远来看不能满足欧盟较高的新标准，然而，斯派乐斯肉类集团超过一半的利润都是它制造的）。

该公司并没有充足的财务资源来满足上述规划。它必须进行筛选，可以采用例如投资组合矩阵（见第 8 章）之类的技术来分

斯派乐斯是英国 20 世纪 70 年代主要的食品和食品服务公司之一。但是，如本案例所述，尽管该公司采用了常规性战略规划，但它仍于 20 世纪 80 年代完全消失了。

图 2.1　1973—1979 年斯派乐斯公司的销售收入与净收入水平

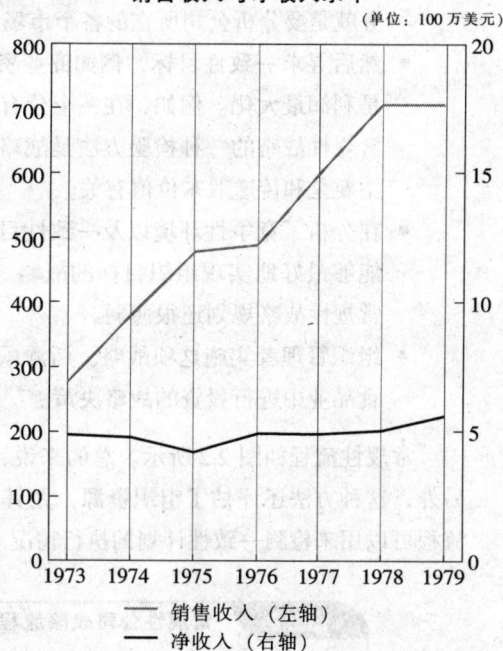

（单位：100 万美元）

销售收入（左轴）
净收入（右轴）

资料来源：Company Annual Report and Accounts.

析形势得出结果。然而，即使在新的战略规划系统下，各运营公司也很少向总部提交可供选择的战略。例如，美国肉类产品进口集团提交的建议可能仅是建立一个新屠宰场或根本不提出任何建议。尽管如此，董事会还是会考虑进行理性选择。此外，除了总部，股东们也可以了解公司的未来计划和发展方向，集团里的员工们对自己部门的成功同样感到骄傲。

斯派乐斯公司以前根本不进行集团的战略规划。斯派乐斯公司的运营公司能够成功地获得资金是因为，当集团发放资金的时候，该运营公司首先提出申请或提出有吸引力的财务预算报告。一旦公司在 1979 年间引入了常规性战略分析和理性讨论方法之后，公司董事会最终会充分了解每个主要运营公司的情况以及他们为实施自

Spillers

己的计划而申请的资金额。各个运营公司常常会有一些抱怨，因为他们认为评估系统过于严格。然而，总的来说，斯派乐斯公司的新系统变得更加公平，而且偏袒某些部门的现象也越来越少。

实际上1979年对于斯派乐斯公司来说，这个战略规划流程提出的常规性解决方案在实践中所起的作用很小，而且提出的时间较晚，公司已经出现了导致公司衰败的战略问题。

所有这些最终导致斯派乐斯公司于1979年被 Dalgety 公司并购。被并购的斯派乐斯公司的战略计划可以用做案例研究。对 Dalgety 公司来说，斯派乐斯的常规性战略规划还有价值。当然，

这肯定不是斯派乐斯公司最初的目标。

案例问题
1. 利用明茨伯格对常规性流程的批评分析，指出斯派乐斯公司的主要弱点是什么。
2. 了解了这些弱点之后，你认为斯派乐斯公司应当采取什么行动？

2.2　实践中的常规性战略管理

2.2.1　基本概念

定义▶　常规性战略是指预先定义公司目标并且在实施战略之前明确主要要素的战略。然而，应该注意的是，这种基本方法要经历许多变化。

- 在第1章中，常规性战略从竞争性分析和组织资源分析开始。比如案例2.2中斯派乐斯公司的首要任务就是要分析公司所在的各个市场的数据。
- 然后寻求一致性目标，例如商业资本收益最大化（Ansoff，Porter）[12]。应该注意的是，组织目标未必就是利润最大化。例如，在一个公有企业或社会合作企业里，社会服务标准就是它们的主要目标。关于常规性战略的一种检验方法是战略实施之前是否确定了清晰的目标。在斯派乐斯公司的案例中，目标主要是和传递股东价值有关。
- 在分析了竞争性环境以及一致性目标后，组织实现这些目标的战略可能有许多种选择。可以选择一种能够最好地实现组织目标的战略。在案例2.2中，斯派乐斯公司就没有完整的选择。从这一点来说，常规性战略规划还很薄弱。
- 组织管理者实施这项战略。斯派乐斯公司通过成立生产工厂，生产相应产品来实施公司在食品和宠物食品业中进行投资的战略决策。

常规性流程如图2.2所示。总的来说，常规性流程的优势是概括组织的全貌，可以比较组织的各个目标。另外，这种方法还评估了组织资源，尤其是指出了组织的竞争优势以及稀缺资源的分配方式。最后，常规性流程可以用来检测一致性计划的执行情况。

图 2.2　常规性公司战略流程是如何发挥作用的

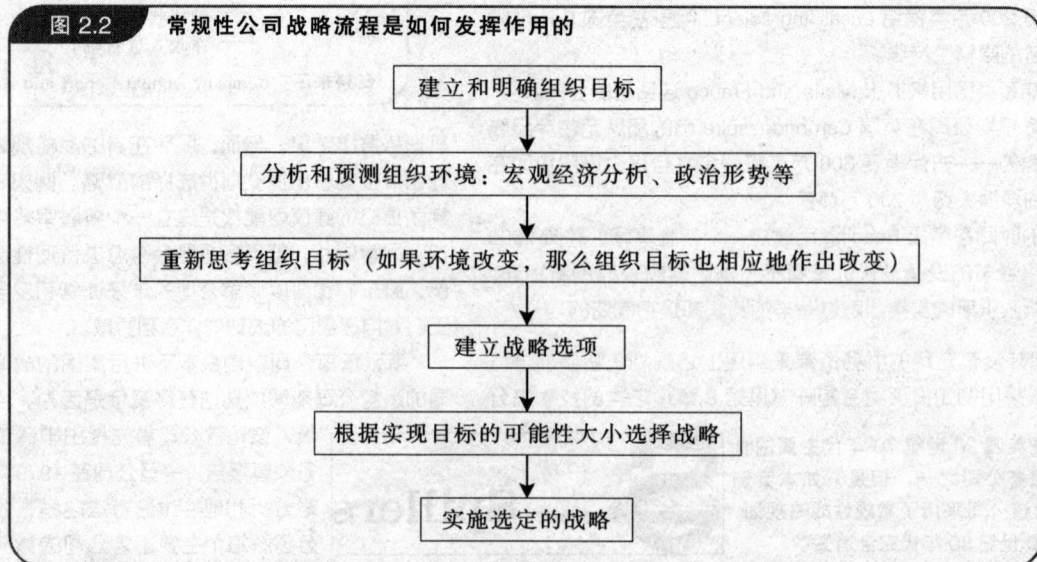

建立和明确组织目标
↓
分析和预测组织环境：宏观经济分析、政治形势等
↓
重新思考组织目标（如果环境改变，那么组织目标也相应地作出改变）
↓
建立战略选项
↓
根据实现目标的可能性大小选择战略
↓
实施选定的战略

关键战略原则

- 常规性战略以竞争性环境分析和组织资源分析为出发点。在此过程中，可以识别出战略的目标或目的。
- 如果环境或其他情况发生变化，那么目标可以进行调整。
- 为了验证常规性战略，有必要考察一个清晰而重要的目标是否已经明确。
- 常规性流程的优势包括纵览全貌、比较目标、总结资源需求、勾画出战略选项以及检测一致达成的计划。

2.2.2 常规性战略的基础

常规性战略的研究是与军事战略密切相关的，例如中国早期军事史上写作《孙子兵法》的孙子、19 世纪德国战略家 Clausewitz[13] 以及撰写关于第一次世界大战著作的 B.H.Liddell Hart[14] 中尉。所有这些人经常为公司战略家所提及 [15]。

常规性公司战略有时类似于派军队（员工）去打仗（攻击竞争对手），并且有一个由将军（管理者）制订的明确计划（常规性战略计划），然后才付诸实施（推出新产品等）。凯洛格公司与 CP 公司在谷类早餐食品市场进行战略争夺就是一个很好的例子——CP 公司在全世界范围内与凯洛格公司展开竞争。

常规性战略分析也借鉴了一些经济理论。18 世纪亚当·斯密（Adam Smith）的著作指出，人类本质上能够作出理性决策，在任何情况下都会受到利益最大化动机的驱使 [16]。此外，个体能够作出理性选择，尤其从长期的角度来看。亚当·斯密的观点得到一些现代战略家、经济学家和政治家的认同。然而，应当注意到，他生活在 18 世纪，他的著作问世时现代组织还没有诞生，那时只有手工业作坊 [17]。

随后，现代战略理论家如哈佛商学院的迈克尔·波特 [18] 教授把利润最大化和竞争概念解释为战略技术和战略结构。这些内容有助于常规性战略实践的发展。波特认为，对公司真正重要的是比市场上的竞争者获得更多的持续竞争优势：只有这样一个公司才能拥有成功的战略。

其他一些人对这个问题进行了深入的研究。例如，波士顿咨询集团使用市场数据建立了一个简易战略矩阵。该矩阵可以完成战略选择分析（我们会在第 3 章中研究这些内容）。当时研究公司战略的早期学者还有田纳西 Vanderbilt 大学的 Igor Ansoff 教授——他于 1966—1990 年 [19] 写了许多探索常规性战略实践的著作和论文。战略家如 Andrews[20]、Chakravarthy 和 Lorange[21] 沿用了关于战略计划系统的著作中的许多基本概念。目前，这些概念在全球的许多组织中还在广泛应用。

2.2.3 常规性战略批判

尽管常规性战略系统在组织中具有优势地位，但还是有许多关于该方法的评判意见。其中见解最为深刻的就是加拿大 McGill 大学的亨利·明茨伯格教授。明茨伯格与其他评论家 [22] 一起研究了公司战略层的决策，然后指出常规性战略方法以大量不安全的假设为基础，这些假设是关于组织如何在实践中运转的（见本框 2.2 中的总结）[23]。重要研究表明，这些假设并不总是正确的。例如，市场可能会发生变化，或者员工可能不喜欢所制定的战略，因为该战略可能会让他们失业，从而他们会设法阻挠该战略的实施。由于这些事实的存在，人们又建立了突发性战略方法，以此作为关于战略流程的另一种观点。

尽管正式的常规性战略规划遭到了强烈的批评，但是在近几年中明茨伯格改变了他观点，并认为一些战略规划可能有益于组织 [24]。

总之，20 世纪 70 年代是常规性战略规划盛行的时期。更深入的竞争性概念，如一般战略于 20 世纪 80 年代提出（见第 13 章），但基本流程分析、战略选择、战略筛选以及战略实施构成了许多公司的实践。英国重要的食品公司斯派乐斯就是采用常规性战略实战的公司之一（见案例研究 2.2）。另一个有关常规性战略的例子是新加坡航空作为一个世界领先的航空公司的发展，尽管取得结果并不总是和预期的相同（见案例研究 2.3）。

文本框 2.2

常规性战略流程面临的一些重大困境

在分析了常规性战略方法的六个重要假设后，明茨伯格认为它们完全或部分错误：

1. 未来的预测可以精确到使理性化讨论和选择成为可能。然而，一旦竞争者或政府做出意料之外的举动，那么整个流程都将失去意义。

2. 为获得长期收益而放弃眼前生产单位是明智的。这种假设可能不正确，因为长期收益很难确定。即使确实存在，相关人员也不愿意作出牺牲，例如工作上或投资上的牺牲。

3. 实践中提出的战略是合乎逻辑的，而且能够按所提出的方式进行管理。由于许多公司存在政治派别的现实，实践中的战略实施可能会遇到许多困难。

4. 首席执行官拥有丰富的知识和高超的技能，足以从战略备选方案中挑选出适合的方案。他或她不需要去说服任何人，也不用在决策中作出让步。这个假设在许多组织中可能显得过分天真，因为现实中的组织文化和领导风格都要求管理者与员工之间的协商解决问题。

5. 经过详细分析之后，可以明确地说明、总结以及提出战略决策；它们不需要做进一步的发展，也不需要因为公司外部环境发生了变化而改变。这个假设可能有一些道理，但并非总是正确的。

6. 战略实施是处于战略制定之后的一个独立而特殊的阶段：例如，关闭工厂的战略仅仅需要一个管理决策，然后再去执行。在许多复杂的战略决策中，这样做就显得过于简化了。

关键战略原则

- 常规性战略的目标预先已经确定好，而且在战略实施前已经制定出主要要素。

- 如果环境发生剧烈变化，目标也要相应地调整。

- 在明确了目标之后，接下来的流程是分析环境、制定战略备选方案以及筛选方案。最后是实施选定的战略。

- 明茨伯格分析了常规性流程的六个假设，并认为这些假设在实践中的现实性令人怀疑，因此，该流程是无效的。

案例研究 2.3   建设世界级航空公司的常规性战略——新加坡航空

成立于 1972 年的世界顶尖的航空公司之一新加坡航空公司，初建时仅仅是一家小的地区性公司。在新加坡政府的支持下，该公司选择采用常规性战略来建设自己的市场地位。但是结果并不像常规性战略所假定的那样一目了然。

当新加坡总理李光耀先生领导他的国家于 1965 年脱离马来西亚联邦后，意识到这个相对比较小、仅有 600 万人口的国家如果想要生存和成长的话，需要一个强大而清晰的战略[25]。它的政府允许当时的航空公司，也就是马来西亚新加坡航空公司继续运营到 1972 年。当时，新加坡政府和马来西亚政府都认为，如果两国的航空公司能够按照两国不同的路线来发展会更好一些。两家航空公司，马来西亚航空系统（现在的马来西亚航空公司）和新加坡航空就此成立了。本案例着重研究新加坡航空，但同时认为马来西亚航空到 2008 年为止同样也成长成为一家重要的国际航空公司。

自从成立以来，新加坡政府一直控制着新加坡航空的股份（通过一家名为 Temasek Holding 的公司持有 57% 的股份）。因此，新加坡政府成为制定航空公司战略的核心力量。1972 年，该航空公司拥有 10 架飞机和 6000 多名员工，以及飞往 18 个国家 22 座城市的航线网络。到 2007 年，该航空公司已经发展成为一家拥有 89 架飞机、飞往 40 个国家 90 座城市的世界顶尖航空公司。该公司已经订购了 16 架飞机，2008—2012 年期间还将有 45 架飞机交付使用。重要的是，该公司的业务是以新加坡樟宜（Changhi）机场为基地，该基地被认为是世界上最现代、运营最为流畅的机场。另外，以其现代化的飞机为基础，新加坡航空公司还因提供美味的飞行套餐和众多的飞行中娱乐服务而在旅客中享有盛名。那么，是什么样的战略带来了新加坡航空如此的成功呢？

以下就是新加坡航空的发展中所采取的常规性战略，它是以世界飞行业仍将持续发展的假定为基础的：

- 从一开始，新加坡航空就决定要比它的竞争对手提供更为优质的服务。因此，1972 年开始它就引入了免费饮料、热毛巾，以及耳机——这些礼仪相对来说比较廉价并且引入很迅速。最近的一些年里，新加坡航空成为最早为每一个座位甚至是经济舱座位提供飞行中娱乐屏幕的航空公司之一。

▶

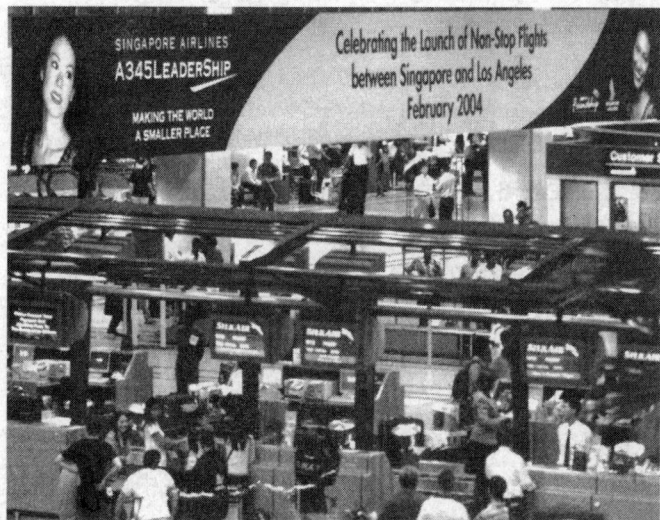

与竞争对手们一样，新加坡航空通常要用几年的时间进行谈判、购买和采用新的飞机和新的飞行路线。主要采用常规性战略。

- 在员工培训、员工福利和相关活动中投入巨资。新加坡航空认为在地面和相关的操作上，员工在提供优质的飞行服务和保证飞行安全上都扮演了重要的角色。同样，由于飞机的设计发生了变化，飞行服务也变得更为复杂，公司需要持续更新它们在这个领域的知识和经验。
- 公司采用技术最新的和设计现代化的飞机。比如，该公司在2004 年引入了新型的超远途空中客车 A340-500。这些飞机能够实现从新加坡到洛杉矶的无停留飞行。同样，新加坡航空还是首先采用 Jumb Passenger Jet——A380-800 的航空公司之一，参看案例 14.4（译注：原文有误），这种机型是远距离空中运输的变革，在 2007 年开始运营。这样的战略带来很大的风险，比如，这样的飞机设计真的好用吗？它能被乘客们所接受吗？能带来计划中的成本节约吗？
- 在主要基地新加坡建设一个现代化的机场——樟宜机场（Changhi airport），同时采用相关战略确保该机场为竞争对手们提供高效营运设施。这会激励其他的航空公司在世界各大洲之间长途飞行的时候，把樟宜机场作为他们的中转服务基地。
- 通过通用条例和安排机票营销与其他航空公司合作，使乘客的环球旅行更加便捷，从而吸引他们长期使用一些航空公司而不是其他的竞争对手。比如，新加坡航空公司和斯堪的纳维亚航空系统（SAS）在 1999 年就采用共用条例。之后，新加坡加入了星级联盟（Star Alliance），该联盟不仅包括 SAS，还包括占据统治地位的德国公司——汉莎航空（Lufthansa），以及重要的美国航空公司——联合航空（United Airlines）。合作甚至得到深入，他们试图购买与其竞争的航空公司——2000 年新加坡航空试图收购南非航空（South African Airways）以及澳大利亚的安捷航空公司(Ansett)，但没有成功。于是该公司在 2000 年花费了 9.6 亿美元收购了理查德·布来森（Richard Branson）的维京航空（Virgin Airlines）49％的股份——参看案例 2.4。

常规性战略假定环球旅行还会持续发展，而这一假定由于两

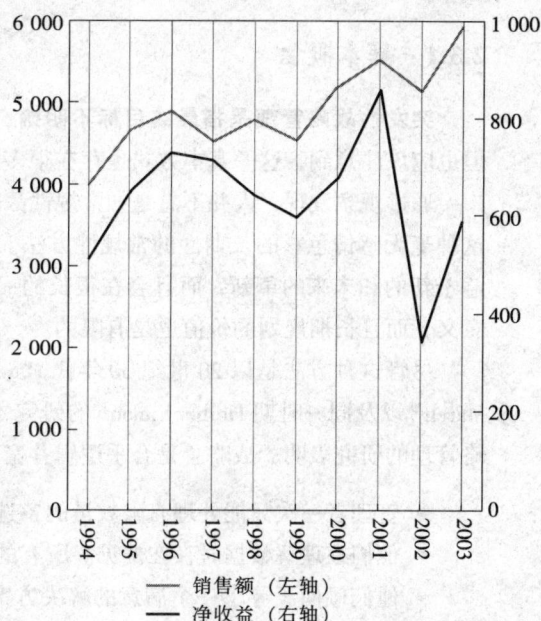

注：2003 年 SARS 所带来的影响并没有表示出来。编写本书的时候，还得不到该资料，因为该资料在2004 年的报表中才能显现出来。

个重大事件而蒙上了阴影，公司的收益也因此而两次遭受打击——图 2.3 是该公司第一次收益受损时的情况。2001 年，美国所遭受的 "9·11" 事件波及了全世界的飞机旅行。新加坡航空也不得不进行裁员——415 名地勤和 180 名飞行员失去了他们的工作。2003 年对于感染 SARS 的恐惧对飞机旅行造成了十分严重的影响，尤其是对那些最终目的地为亚洲国家的航线，包括新加坡。2003 年该公司不得不每周取消将近 360 个航班。

后来的十年间，有两个重要的因素对旅客的数量有了负面的影响。首先是燃油价格的大幅上涨，其次是公众越来越意识到空中旅行会影响到全球气候变暖。为此，欧洲和北美的客户更多地转移到公司主要的亚洲市场。

通常，由于存在公司无法控制的外部事件，以上所述的常规性战略的假设因受到不确定因素的影响就不成立了。这就带来了这样一个问题：在突发事件明显降低了公司的获利性、削弱了战略成果的时候，继续依赖常规性战略是否恰当？

案例问题

1. 是什么导致新加坡航空采用常规性战略而不是突发性战略？如果结果与常规性战略所假定的不同是否要紧？

2. 在航空公司采用常规性战略过程来发展战略是否存在缺点？可采用文本框 2.2 来回答这个问题。

2.3 实践中的突发性战略管理

2.3.1 基本概念

定义 ➤ 　突发性战略管理是指最终目标不明确，而且其要素是在战略发展过程逐渐丰富和发展起来的一种战略。但也应该注意到，这一基本方式也存在很多不同的形式。

　　通过观察发现，人并不总是如常规性战略所假设的那样，是理智的和具有逻辑性的[27]，许多评论家都反对这种毫无感情色彩的长期性的常规性方法。他们认为战略是逐渐形成的，并根据人们的需求不断地调整，受益于新的和未来的革新，而且会在很长的一段时期内持续地发展变化。因此，他们认为常规性战略没有多大意义，而且长期规划的价值也是有限的。

　　尽管这种方法是以 20 世纪 30 年代 Hawthorn 所作的研究[28]为基础而发展起来的，但直到 60 年代 Cyert 和 March[29]以及同一时期 Herber Simon[30]的研究才取得了真正的进展。有关公司和管理工作者在实践中如何制定战略管理的研究表明，战略总是合乎逻辑并富于理性的假设并没有考虑管理决策中的现实情况：

- 管理者一次只能处理有限数量的备选方案——这被称之为"有限理性"。
- 他们在理解数据时存在偏见。所有的数据都因为我们对现实生活的不同理解，而得到不同的解释。
- 他们倾向于寻求一个满意的解决方案而不是使组织目标利益最大化。也就是说，在现实生活中利润最大化的经济理论过于简单了。
- 组织是由许多权力派别集结而成的。决策和争辩取决于这些权力派别之间的谈判和妥协，也就是"政治协商"。研究者发现，独立的高层董事会所制定的战略常常与现实不符。
- 管理者作决策时受公司文化、政策以及传统风格的影响，而不是进行理性地分析与选择（和战略内容一样重要的是你了解什么以及你是如何提出战略决策的）。

　　最近，Pettigrew[31]、明茨伯格[32]、约翰逊[33]还有其他人进一步研究了战略中人的因素。经研究表明，战略管理的发展比常规性战略包含的意义更丰富：人员、政治以及组织文化都需要考虑。战略家如 Argyris[34] 和 Senge[35] 强调了战略的认知方法：鼓励管理者通过反复试验来设计最佳战略。

　　因此，这些研究者的观点认为最好把战略管理看做一个过程，即战略管理要进行反复试验而且是小步前进的：这就意味着战略管理是逐渐形成而不是事先计划好的。图 2.4 以简化的图表说明了战略逐渐形成的过程。然后这个过程随着市场条件的变化、经济的发展、公司中人员的变化等继续前进。很明显地，这个过程很难事先确定，因此也就很难用清晰而结构化的方法来分析和预测。例如，在案例 2.4 中当进入新的谷类早餐食品市场时，CP 需要针对特定的市场采用不同的战略。同样，维京集团也尝试提供不同的产品——航空、火车、婚纱，等等——有一些较为成功。

　　如果战略过程的突发性观点是正确的，那么公司战略的意义是非常深刻的[36,37]：

1. 战略是在混乱的环境中以模糊而无序的方式逐渐形成的：因此所形成的战略本身也是含糊不清而且难以完全解决的。
2. 常规的战略过程很难反映现实：战略备选方案不可能非常全面，而且筛选过程也存在缺陷。
3. 战略过程之后的实施阶段不能反映出常常会发生什么。
4. 管理者不会去寻求最佳的方法：它可能无法识别出来，或者它也可能不符合管理者的个人利益。
5. 在一个组织的传统和文化下工作，逐渐形成最理想的文化，而不是人为计划过程导致最理想的文化出现。

　　总之，突发性战略的优点在于，它与组织中的实际情况相吻合，尤其是在人员激励方面。该方法考虑到了领导风格、组织文化和政治因素。另外，该方法允许战略随着环境的改变而反复试验、创新和发展。

图 2.4 一种关于突发性战略流程如何运转的观点

```
                    ┌─────────────────┐
                    │ 识别问题和确认目标 │
                    └─────────────────┘
              ┌────────────┴────────────┐
      ┌──────────────┐          ┌──────────────────┐
      │ 与直接管理者    │          │ 与其他部门或集团    │
      │    讨论       │          │  里的其他公司讨论   │
      └──────────────┘          └──────────────────┘
              └────────────┬────────────┘
                    ┌─────────────┐
                    │  试行协商 A   │
                    └─────────────┘
              ┌────────────┴────────────┐
          ┌──────┐                  ┌──────┐
          │ 成功  │                  │ 失败  │
          └──────┘                  └──────┘
              │                          │
  ┌──────────────────────┐      ┌─────────────┐
  │ 识别相关的或随后应采取的行动 │      │  试行协商 B   │
  └──────────────────────┘      └─────────────┘
              │                  ┌──────┴──────┐
              │              ┌──────┐     ┌──────┐
              │              │ 成功  │     │ 失败  │
              │              └──────┘     └──────┘
              │                 等等
  ┌──────────────┐  ┌──────────────────────────┐
  │ 与直接管理者讨论 │  │ 与其他部门或集团里的其他公司讨论 │
  └──────────────┘  └──────────────────────────┘
      等等
```

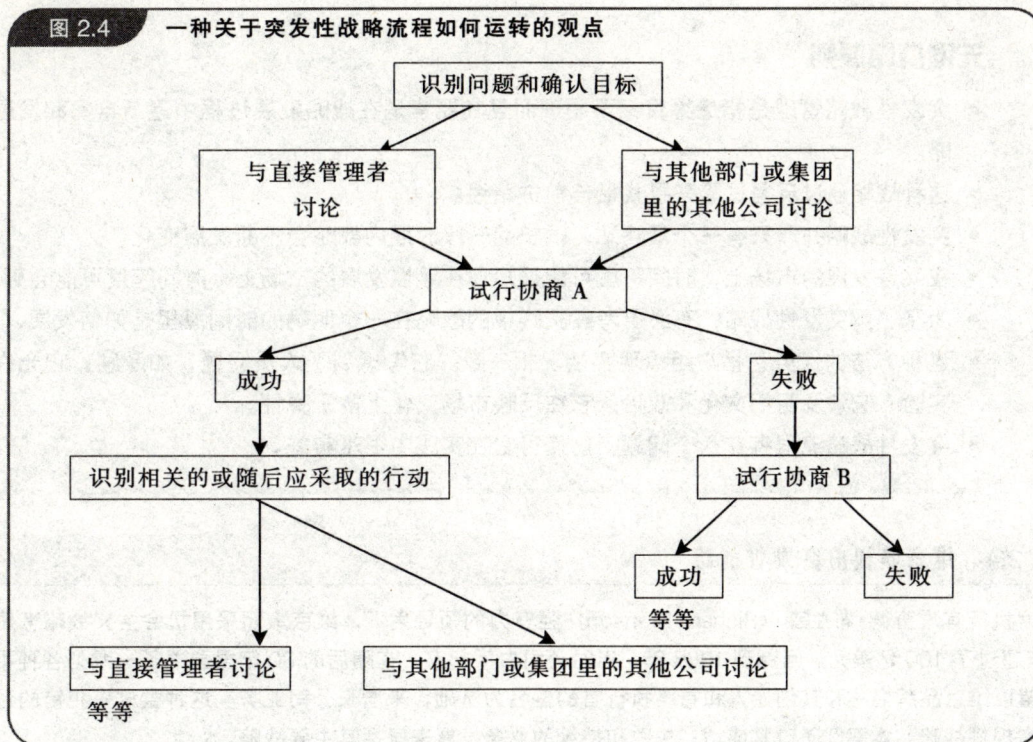

2.3.2 突发性战略批判

那些偏好常规性战略方法的人们对突发性战略提出了许多看法，这些内容总结于文本框 2.3[38]。

在实践中，许多组织把上述问题看做常规性战略方法的局限性，而不是难以克服的问题。我们可以通过本章末尾的案例研究 2.4 来弄清楚战略是如何逐渐形成的。该案例研究了维京集团 1968—2004 年较长的时间跨度内的战略。突发性的观点认为，必须要从更长远的角度来理解战略决策是如何形成的。本章 2.6 节会研究这些内容。

文本框 2.3

对突发性战略流程的看法

1. 期望公司董事会不采取任何行动而各运营公司任其所为是完全不现实的。总部由有经验的管理者所组成，他们对于组织应向何处发展有统一的前景描述。这个前景可能需要几步来完成，但组织应当取得明显的进步而不是得过且过。

2. 集团的资源需要在各运营公司之间分配，只有总部才有这样的权力。因此，这就需要有统揽全局的战略眼光。

3. 需要说服各个政治派别和个人相信某个战略是最优的观点完全正确。但把这个流程上升到公司战略的高度而不是作出最终的决策就是逃避责任的做法。

4. 一些行业在作决策时需要从长远的角度来考虑问题，且决策一旦作出就需要长期坚持，否则组织将会变得混乱不堪。例如，建立一个新的运输系统或一个电信网络可能要花费许多年的时间。试验也许在最初几年是有必要的，但是，对于时间跨度很长的工作来说，在此之后战略方针必须固定不变。

5. 尽管战略选择和筛选的过程会受到管理者偏好的影响，但这样做不一定出错。基于事实的理性决策与个人直觉和突发奇想相比成功的可能性更大。因此，尽管讨论是必需的，但应当依据事实和逻辑判断。

6. 如果活动已经预先计划好，那么管理控制会变得简单明了。

关键战略原则

- 突发性战略管理是指最终目标不明确而且其要素是在战略发展过程中逐渐丰富和发展起来的一种战略。
- 这种战略通过反复试验来寻找最佳前进路线。
- 突发性战略并非只有一个最终站，很长的一段时期内战略会不断发展变化。
- 在飞速发展的市场上，时间跨度可能很短；在缓慢发展的市场上，时间跨度可能会更长。
- 为了了解突发性战略，有必要考察实践中的战略在一个明确的时间段里是如何发展、变化的。
- 这种方法的优势包括与组织现实情况相一致。它考虑到了人员问题，如激励；它允许做有关战略的实验；它涉及组织文化和政治；它在反映市场变化上富于弹性。
- 突发性战略流程存在六个问题，这使得它在实践中很难实施。

案例研究 2.4 维京集团的突发性战略

在首席执行官理查德·布兰森（Richard Branson）强有力的领导之下，维京集团采用机会主义战略来建设公司，其销售额到 2007 年超过了 100 亿美元。回溯到 1968 年，当时公司白手起家，在随后的 30 年里尝试了一系列各种不同的战略。公司的目标是希望以维京品牌名称和其创始人和首席执行官的盛名为基础，来增长公司业务。这种尝试—犯错的过程主要是突发性战略而不是常规性战略。本案例通过其成功、失败和持续的业务发展来概括其主要战略。

早期背景

在尝试发行一本学生杂志之后，年轻的理查德·布兰森在 1969 年开始在英国进行小型唱片邮购业务，以获取差价。两年后他的第一家唱片商店开业，并随后把它发展成为维京大商店连锁（Virgin Megastore）[39]。同时，他还尝试通过签下当时的几个流行艺人来发展唱片品牌。所有这些业务都没有任何明显的竞争优势，尽管它对于一些签约音乐人有合同权利，维京品牌本身也有一些真正的价值。他继续使用维京品牌寻找商业机会，很偶然地，他遇到了一位希望进入航空领域业务的企业家。最终这导致了 1984 年维京航空公司的第一条航线——纽约航线的出现[40]。随后，公司涉足了几个不同业务——从维京新娘（Virgin Bride）和维京可乐（Virgin Coke）到维京铁路（Virgin Train）和维京移动电话——参看表 2.2。就其战略来说，维京集团宣称要仔细地筛选商业机会，找到一个"重建市场和创造竞争优势"的机会。

维京集团强调商业战略

该公司经过多年发展形成了自己的战略。基本上，维京认为对于饥渴的商业执行官来说总是存在各种机会的。因此布兰森自己总结其商业逻辑为：

> 商业机会就像是公共汽车……总有下一辆会开来[41]。

实际上，这就意味着维京会审视新的商业机会，看看该集团是否能提供比现有的公司"更好、更新鲜和更有价值"的东西，尤其是在那些客户得不到与他们所付出的金钱相匹配的价值，并且现有的公司已经开始变得有点自鸣得意的市场，例如铁路、银行和保险业务。新的互联网可能会提供更好的商业机会。这就意味着该战略的主要切入点就在于，在那些公司认为自己的品牌可以创造竞争优势的地方找到新的市场机会。"与人们所认为的相反，我们绝不是随意和不计后果地进行扩张。每一项新的业务都证明了我们寻找合适的市场和机会的能力。"维京的网站上这样说。

维京集团的商业活动遍布从唱片零售到航空公司到移动电话服务领域。

突发性战略的结果：维京注重版图的扩张

在过去的几年中，维京把它的注意力集中在它现有的产品的地理版图的扩张上，而不是增加新的产品。比如，该公司的移动电话在英国以外的其他国家获得了巨大的成功。但是，它在主产品领域仍有机会。它于 2007 年对英国北岩银行进行了投标。这种战略仍是突发性的，不仅针对新的国家，而且包括新产品领域。

案例问题

1. 维京在战略发展中的突发性方法并非总是成功的——比如，维京新娘和维京可乐的业务就一直规模较小。这很重要吗？是不是所有的突发性战略都必须是成功的呢？

2. 认真评估维京集团在本案例所述期间的集团战略。公司把大量时间花在如此众多的新产品领域是否明智？如果是你，你会怎么做？

▶

表 2.2	维京集团所选择的商业机会
年	商业机会
1968	第一次发行学生杂志——布兰森的第一个商业企业，后来关闭
1970	经营维京邮购——销售比唱片商店更便宜的唱片
1971	第一家维京唱片商店在英国伦敦的牛津街成立
1972	第一家维京唱片工作室
1973	开始采用维京唱片商标以及维京音乐出版公司——1977 年签下 Sex Pistols
1984	维京大西洋航空公司成立，经营美国和英国之间的航线
1985	维京假日成立（在英国的连锁旅行社）——随后在 1988 年成立维京酒店
1988	维京商场在英国成立——随后在 1990 年在日本设立商场
1991	维京出版社（书籍出版）成立
1992	维京唱片卖掉了主要的唱片公司 EMI
1994	大量宣传推出维京伏特加和维京可乐
1995	维京直接个人服务成立——在英国提供财务服务
1996	维京铁路成立，在英国部分地区提供长途的铁路运输
1999	维京移动成立——在英国通过租赁竞争对手的网络空间销售移动电话服务；维京新娘——新娘用品商场——以理查德先生穿着新娘礼服的图片进行宣传而开始
2000	维京汽车——汽车购买网站；维京酒类——酒类购买网站 维京化妆品——为英国男性和女性提供 500 多种产品 蓝色维京——在澳大利亚经营的低成本航空公司——在 2003 年首次公开募股获得巨大成功
2001	维京移动扩张到新加坡
2002	维京移动扩张到美国和南非
2000	维京集团决定只对现有产品和业务进行地理上的扩张战略，而在其国内确立新的产品和业务
2003	维京收购英国有线电视公司 NTL，重新命名为维京电缆（Virgin Cable）

2.4 一些战略管理的常规性理论

前两个章节中对常规性和突发性战略的区分过于简化了现实当中对战略的制定过程——实际上对此有很多种理论。下两节将研究基于这种基本区别而形成的一些理论。本节将会考察常规性战略理论，关于突发性战略理论的研究安排在 2.5 节。然而，我们应当注意到，这两个领域存在一些重叠部分。本章后边将会进一步研究这个问题。从广义上看，有必要识别常规性公司战略理论的四个主要领域：

1. 以行业和环境为基础的战略理论；
2. 基于资源的战略理论；
3. 基于博弈论的战略理论；
4. 以合作和网络为基础的战略。

2.4.1 以行业和环境为基础的战略理论

对于一些公司来说，赢利是显而易见的目标，而且公司战略的内容就是提出如何实现这个目标的方法；**以长远的眼光来看，它通常比其他目标更重要。以行业和环境为基础的战略理论强调利润是通过选择最具吸引力的行业并比行业中其他公司更具竞争力而获得的。** 重要的是，"环境"一词在这里并非意味着"绿色，可持续性"，而是那些影响组织、市场、竞争对手、政府等的外部要素。图 2.5 展示了常规性战略中的重点内容。

图 2.5   常规性战略流程：利润最大化，以竞争为基础的理论地位

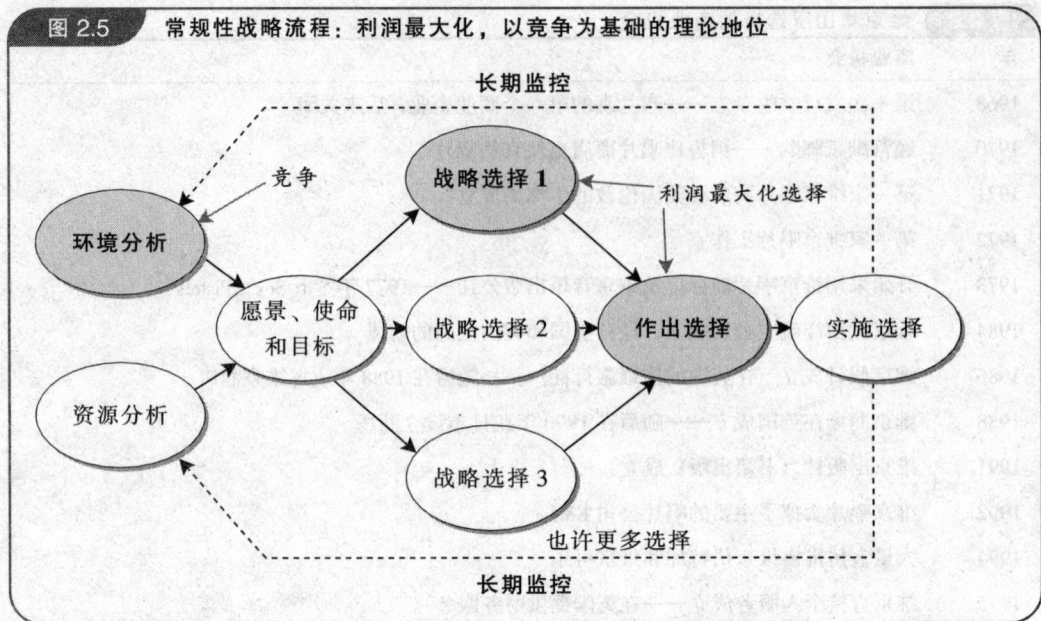

这些概念的假设前提为：组织是理性的、合乎逻辑的以及受利润驱使的。它们与以下 3 方面内容有关联：

1. 18 世纪苏格兰经济学家亚当·斯密认为，人是有理性的、合乎逻辑的以及被利润驱使的；

2. 本章前面的内容引用了军事战争的概念来说明竞争性战争是如何去获胜的；

3. 获得良好回报的工业组织模式来自于这样的概念：外部环境是公司赢利的最为重要的决定因素。

在战略理论的发展上，大部分资料是在 20 世纪 60 年代才真正出现的。Igor Ansoff[43]、Alfred Chandler[44] 和 Alfred Sloan[45] 对战略理论的早期发展都产生了影响，近期，如 Wheelen 和 Hunger[46] 设计了理性的、分析性的以及结构化的战略发展模型。20 世纪 80 年代，迈克尔·波特教授[47] 的研究对这方面做了重要的补充，在这段时期内，他对公司战略的发展带来了至关重要的影响。他的大部分研究工作都是以分析大公司和经济概念应用于战略为基础的，这些内容已为 Rumelt、Schendelt 和 Teece[48] 所认可。波特方法主要以公司所选择的进行竞争行业为主要获得长期利益的决定因素[49]。这些研究者的贡献将在本书后面内容做更深层次的分析。

实际上，应当指出的是，Ansoff 这样的研究者根本就没有想到他们的研究能够用如此规范的术语表达出来。例如，Ansoff 在 1968 年关于公司战略的一篇研究论文是赞同 Cyert 和 March 关于人力资源战略的突发性战略研究[50]，这将在本章后面的内容中进行分析。

对于所有的研究者来说，战略包括正式的、分析性的过程。这一过程的结果就是一系列详细的文件，这些文件都是由组织的董事会（或者相关公共部门）讨论通过的——为公司今后几年的发展提前制订一个可预期的公司计划。这个计划将包括对一般经济和政治形势的预测；竞争者分析以及他们的优势和劣势分析；组织所需资源的可获取性以及为满足所有这些需要而提出的一系列战略。

从长远来看，公司将主要（但不是唯一地）受到组织利润最大化的驱使（股东们尤其看重这些利润）寻求和利用某些特定行业的机会。维京集团就是例子之一——参看案例 2.4。理论家们主要争论的焦点在于制定战略的目的是要通过选择最为理想的行业[51] 获得可持续的竞争优势[52]，然后解决在该行业如何进行竞争的问题。

尽管这些观点已为著名的咨询公司麦肯锡在日本分公司的总裁 Kenichi Ohmae[53] 认可，但 Wilks 指出它们在定位上存在很大程度的西方和英美倾向[54]。它们主要关心利润，而不太注重社会、文化、政府以及其他因素。因此，这种战略观点不会受到那些要求公司战略包含更多社会因素的国家欢迎——例如，欧洲国家，像法国、波兰、荷兰以及北欧地区的国家。

在欧洲之外，印度多年来一直坚持公司战略中要包括大量的社会因素，直到最近几年才逐渐接受把市场因素与社会政策相结合的看法[55]。就像我们看到的那样，日本公司也有其他标准。马来西亚和新加坡的公司由于与各自政府的特殊关系会为其他目标而牺牲利润，例如占领市场或者为员工提供额外的培训——参看案例

2.3 中新加坡航空的例子 [56]。这些国家的公司战略内容会更广。

然而，这些单一民族组成的国家观点同样承认为了确保企业的持续生存和发展，需要创造长期利润。Hamel、Prahalad[57] 和 Kay[58] 对利润最大化理论做了更加严格的批判。他们认为，尽管竞争对手是重要的，但强调行业竞争和比较是这些理论的核心是不正确的：它仅仅指出了组织的弱点。这些理论并没有说明公司如何开发自己的资源和技能，但是在他们看来，这才是关键战略任务。此外，一旦所有的公司都掌握了波特的持续竞争优势理论，Hamel、Prahalad[59] 和 Kay[60] 认为这时优势将不复存在。

Hannan 和 Freeman[61] 持相反观点，认为市场是如此强大，以至于对大多数公司来说，寻求持续竞争优势是不现实的；只有那些拥有巨大市场份额的大公司才能获得并保持这样的优势。对于其他公司来说，制定复杂而详细的战略只能分散企业精力。

明茨伯格[62] 和其他人从一个不同的角度批评了这种方法，他们认为这根本不是实际生活中战略发展或应该发展的方式。因此，从人力资源的战略理论来看，通过一种单一、静态的战略计划来实现绩效最大化是错误的。公司不存在清晰的长期使命和目标描述，仅仅存在短期要实现的目标，而且需要不断修改。提供长远洞察力的技术过于简单化。利用这些观点，明茨伯格尤其对正式的战略规划方法进行了尖锐的批评。然而，后来他修改了自己的批判观点，并且认为一些战略规划方法可能会对组织有益[63]。

第 3 章将对基于环境的理论和行业中的概念及内涵进行详解。

2.4.2 基于资源的战略理论

定义➤　基于资源的战略理论把组织所拥有的关键资源及能力，特别是组织的竞争优势，当做战略管理成功的基础。竞争优势来源于组织掌握的资源而非公司经营所在的环境（见图 2.6）。这并不意味着一个组织所有的资源都能够产生竞争优势——比如说维京集团的小餐厅或者法律事务机构。但是如果一个公司想要在本行业中获得高于一般的利润，那么必然要有一些资源在市场上能够提供独特的竞争优势——比如，维京集团的名字是独一无二的、强大的资源，它使得该公司能够吸引和保持客户。

德鲁克[64] 在 20 世纪 60 年代的作品中指出，"……建立在强势之上……去寻求机会而不是寻找问题……"是重要的。许多经济类文章也强调了作为创造利润基础的资源的重要性。

20 世纪 60 和 70 年代，美国和日本的战略家尤其强调了基于资源的战略理论的某一方面，即运营（生产）战略以及全面质量管理。尽管亨利·福特在 20 世纪早期就开拓了这个领域，但重视程度不够。它们可能被认为太普遍化，并且也没有充分关注整个公司战略（许多关于战略的文章在 20 世纪 90 年代末期都没有提及它们）。Deming、Ishikawa 和 Taguchi[65] 研究质量问题，而 Ohno[66] 和其他一些人更关注生产战略问题。这些问题不是本书涉及范围，但在本章结尾提供了一些参考[67]。

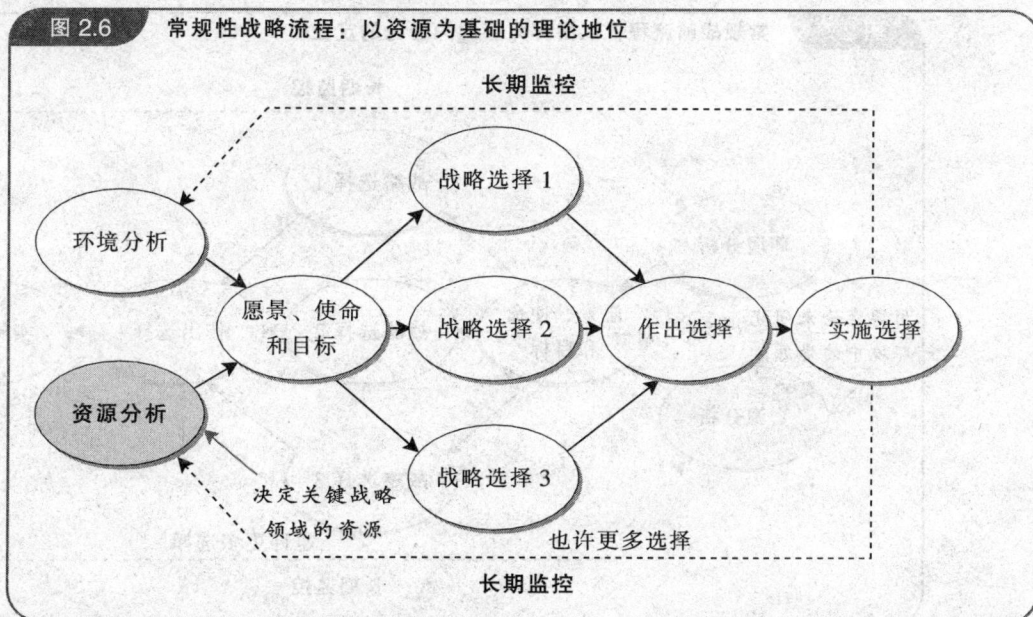

图 2.6　常规性战略流程：以资源为基础的理论地位

从一个不同的理论观点来看，基于资源的战略发展理论是最近这些年里重要的常规性战略方法之一。可能是为了反对 20 世纪 80 年代强调市场和利润最大化的观点（见前边 2.4.1 节），研究者们开始争论，组织拥有的资源比获取竞争优势更重要：

传统的竞争战略范例（如波特，1980 年）注重产品市场定位。这就好比仅关注技巧性很强的马拉松比赛中的最后几百码跑步[68]。

Wemerfelt[69]、Peteraf[70]、Dierickx 和 Cool[71]、Kay[72] 以及其他人都研究了众所周知的基于资源的战略发展理论。实质上，尽管这个方法分析了竞争，但重点还是组织本身所拥有的资源——有形资源，如厂房和机器；人力资源，如领导和技术以及这些资源在组织中相互关联的方式。这些资源的整合形成了竞争优势，因为这个整合过程要花费若干年，所以很难为其他公司所模仿。

在这种情况下。基于资源的理论把任何公司都可以获得的一般资源（如会计技能和基本技术）与那些组织特有的资源作了区分。它认为只有这些特有资源才能产生持续竞争优势。例如，雀巢商标名称对于 CP 公司的谷物早餐食品来说就是特有资源——见案例研究 2.1 和 2.4。基于资源的战略观点将会在第 4 章进一步探究。

最近的一个重要的理论发展就是把组织的知识看做关键资源[73]。人们认为组织拥有的知识——工作程序、技术诀窍以及与组织外界的关系——都会为许多公司带来竞争优势。一些战略家甚至认为这些知识是产生持续竞争优势的唯一源泉。这可能过分强调了它的作用，知识在战略发展中的重要作用将会在第 7 章中探究。

对于基于资源的理论的主要批判是，虽然这些理论可以较好地分析成功的竞争优势，但这些理论没有对公司发展竞争优势及对应对变化的竞争环境进行深入分析[74]。有关基于资源的理论的动态性的新理论和新概念尚在形成的过程中：它们的内容与组织不断寻找新的创业机会并应对竞争者所带来的资源变化相关[75]。这些理论将在第 5 章中进一步探讨。

2.4.3 基于博弈论的战略理论

定义▶ 　　基于博弈论的战略理论是常规性方法的一个重要部分——决策的制定主要围绕着如何选出最佳战略方案。博弈论在制定决策时试图探索组织和要素的关系（见图 2.7），而不是仅把它当做一个简单的筛选和抉择模型。这种方法以筛选和抉择数学计量选择模型以及机会理论为基础[76]。

博弈论最初研究了简单地选择一种最佳战略会对其他公司产生怎样的影响，如供应商和竞争对手。而组织当初作决策时并不知道会对其他公司产生怎样的影响。博弈论就是建立模型来预测决策所造成的影响以及在博弈论过程中修改决策方案。博弈论不仅仅涉及竞争对手，而且还考虑到那些愿意与组织合作的其他组织。因此，该理论认为筛选和抉择备选方案的常规性模型过于简单。该模型还应该包括与其他组织谈判、预期竞

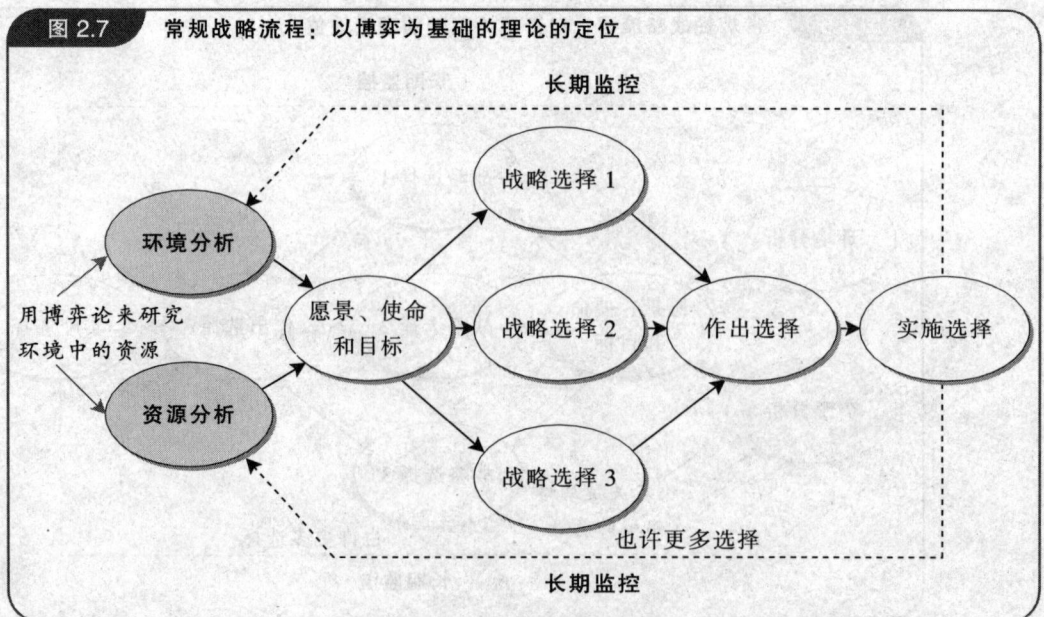

图 2.7　常规战略流程：以博弈为基础的理论的定位

争性反应以及寻找最优解决方案。这种方法可以使市场上的所有竞争者都获益。

维京传媒就是博弈论的一个例子。维京传媒是维京集团的子公司，它在 2005 年尝试收购英国电视频道 ITV。而它的对手，英国天空广播公司（该公司由新闻公司控股，见案例 8.4）购买了 ITV 的股份，阻止了维京的收购计划。维京不得不求助于英国的竞争事务处，试图改变这个局面。

尽管 20 世纪 40 年代就已经出现了博弈论，但把它应用于战略之中还是不久前的事情。因为战略决策是一个复杂的领域，所以用博弈论的基础——数学理论——去建立模型相当困难。最近几年来，战略家们在研究一些重要概念时，不再使用严格的数学分析来考虑建立模型的每一个细节问题。研究结果为第 5 章分析常规性战略流程提供了一些新思路，但也仅仅为常规性战略流程中的部分内容提供了有限的思路。

2.4.4 战略合作和网络理论

在合作战略中至少要有两家独立的公司共同协作来达到预定目标。网络理论强调分享从组织内外获得的个人关系、知识和影响所构成的网络。因此，网络理论涵盖的范围要比合作理论广。战略的合作和网络理论寻求有清晰的定义和常规性的战略，但同时也强调组织获得正式关系的机会的重要性。图 2.8 说明了这种战略在整体模式中的位置。

近年来企业越来越认识到，通过与其他公司进行合作，组织能够为顾客传递更好的价值，并且能够创造出竞争优势，所以就出现了这种理论。合作的形式可能是多种多样的。基本原理在于，通过发展组织外部的联系，这样的活动能够为企业带来增值。因此，外部战略可能包括战略联盟、合资企业和其他形式的合作。比如新加坡航空公司（参见案例 2.3）就是星空联盟的成员，与其他航空公司共享计算机订票、乘客预定联票和全面的航空服务。这就是一种公司外部的战略，可以为企业带来外部业务以及竞争优势，而这是在公司内部无法产生的。

Eisenhardt[77]、Inkpen[78]、Child 以及 Faulkner[79] 都认为这种战略理论会变得越来越重要。他们认为，这一理论由于如下三方面的原因显得十分重要：首先，它们可能会使得公司能够更快地摆脱市场的束缚；其次，因为它们可以让公司通过从外部公司(也许从其他国家)获得技术而比竞争对手更早采用新技术；最后，这样可以使联盟获得和提高市场能力。

一些合作形式出现在总部层面而不是事业部层面。为了把利益融入若干业务关系当中，这种合作可能会使企业脱离多元化的形式，而这种多元化存在于现有公司业务中，或者是与潜在伙伴的联盟网络中。一种应用越来越广泛的形式就是特许经营。**定义▶** **特许经营是一种合作战略形式，公司（特许商）建立起一种商务概念，然后把这些用合约的形式提供给那些受特许商来使用。**典型地，受特许商会得到一套经过考验的商业模式，并要把收入按照百分比支付给特许商，并在产品种类、定价等方面要受到特许商的严格控制[80]。案例 2.5 探讨

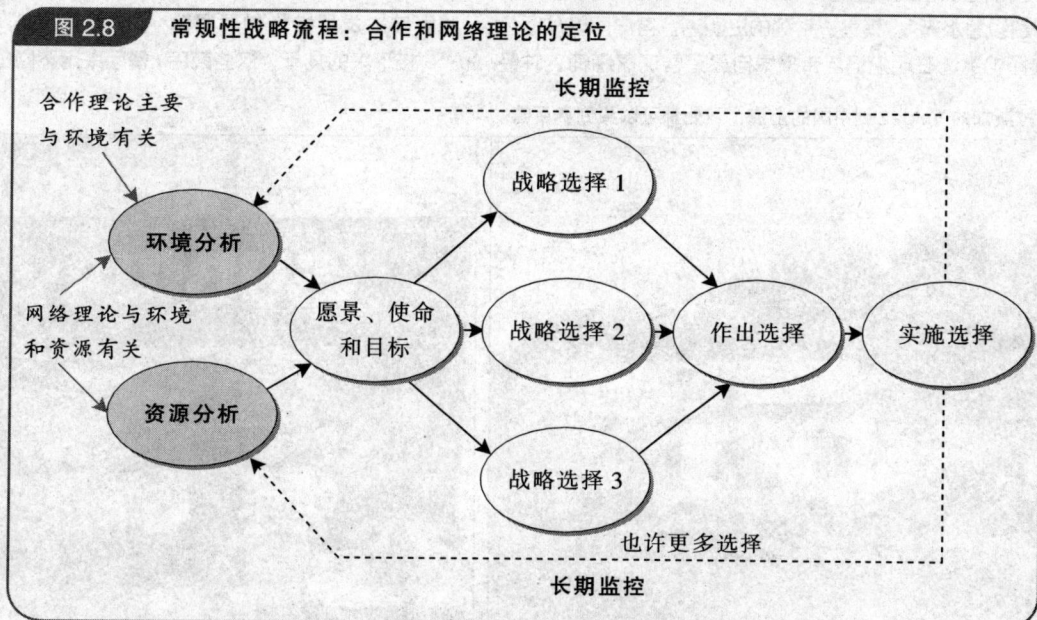

图 2.8　常规性战略流程：合作和网络理论的定位

了赛百味的这种运作模式。

对于合作和网络战略来说一个主要的问题是，如果合同条款没有经过仔细推敲或者某一个合伙人误传了合约所带来的收益的话，那么整个交易就有可能变得很脆弱和充满风险[81]。第5章进一步探讨了合作协议的问题。另外，还应该注意到，一些形式的合作在世界上许多国家是非法的。这样的非法活动包括共谋来减少市场中的竞争，从而提高销售商品的价格来增加利润。这样的行为不仅是非法的，而且也是不合乎道德的。这些并不是合作和网络战略的理论的组成部分。

关键战略原则

- 追求利润最大化、基于竞争的战略理论强调市场创造利润的重要性。战略应当寻求持续竞争优势。
- 基于资源的理论强调了组织资源在战略发展中的重要性。它需要识别公司的核心能力以及其他特殊竞争资源。
- 基于博弈论的战略理论关注常规性战略模型的筛选和抉择阶段。它们研究竞争者所作出的现实反应以及在寻求最优战略当中可能采取的针对性行动。
- 以合作和网络为基础的理论主要关注那些可能会影响公司战略的正式和非正式的关系，如战略联盟和合资企业。这样做的原因是公司有可能要通过与竞争对手的公司协同合作，建立起一定的关系来建设竞争优势。这一战略的主要问题是，由于各种原因，这样的合作很难长期进行下去。

案例研究 2.5 采用突发性和常规性战略过程建设赛百味特许加盟

时光倒流到 1965 年，17 岁的弗来德·德卢卡（Fred DeLuca）在美国达拉维尔（Delaware）开了一家三明治店取名叫"比特的超级潜水艇"（Pete's Super Submarines）（美国的读者可能会知道在北美因为形状相像，又长又宽的管状的食物被称作"潜水艇"）。到 2004 年，该企业成长成为连锁店——更名为赛百味（Subway），在全世界有超过 22 000 家店铺。这些都是通过执行突发性和常规性方法相结合的战略组合而获得的成果。

早期的赛百味

1965 年，为了赚些钱来支付大学学费，弗来德·德卢卡求教于他的一个家族朋友彼特·多克（Peter Duck）博士他应该做些什么。多克博士建议他尝试开一家三明治店，因为有一家店铺在当地经营得很成功。多克借给他 1000 美元，于是第一家店于 1965 年 8 月在美国康涅狄格的布里奇波特（Bridgeport）开业了。店名是"比特的超级潜水艇"，销售一系列的三明治。客户可以从柜台上的众多选择中挑选三明治馅。弗来德自己经营这家店铺，并经

常开车到市场购买新鲜蔬菜和肉——事实证明，以合适的价格购买到良好品质的原料对于一家成功的商店来说至关重要。之后的第二年第二家店铺开张了，然后在 1967 年第三家也开张了。重要的是，第三家店铺——现在实际上是一家"餐厅"——坐落于一个更为显著的位置。这证明地点对于成功来说是相当重要的，即使租金和相关开销要更高一些。

赛百味：发展特许加盟概念

接下来的几年，这些商店/餐厅采用不同的方法来改进它们的

从美国的阿拉斯加的 Valdez 到中国的上海，到处都可以买到赛百味。

产品、销售、新鲜农产品的采购和店内的加工。该公司的名称变为"赛百味"，并且形成了人们熟知的黄色标识。重要的是，创始人为他的三明治餐厅开发出了一种商业模式，其特点如下：

- 相对低的资本成本，8万~12万美元，而麦当劳、祖乐比（Jolly Bee）或者汉堡王餐厅大约需要100万美元（因为后者需要合适的煎锅和烤架）。
- 每个店面需要6~8名雇员，而典型的麦当劳餐厅需要15~20名雇员。
- 标识简单设计简洁有力——更名为"赛百味"。
- 店内的价格和产品展示清晰简单——卫生因素和培训对于确保所有的食物都是新鲜和干净至关重要。

这些是1974年赛百味开始连锁加盟的基础。在之后的30年里，赛百味主要通过加盟来拓展自己的业务。重要的是，它开始在不同的位置经营了。一般来说速食连锁，比如麦当劳，为了赢利都需要位于一个客流量较多的位置，比如商场，因为人们在这些地方会有较多的开销。赛百味发现，它的加盟店可以在更小并且更为专业性的地方经营——比如学校和工厂——因为公司本身的商业模式就是小型规模的。

赛百味在北美

到20世纪90年代中期，赛百味所拥有的店铺数量超过了麦当劳，尽管每一家店铺的收入要少于麦当劳。北美地区的赛百味所面临的问题是，销售额的增长已经开始变慢了。之前的增长主要来自于新店的开张，但是——如同麦当劳同样也发现的：参看案例12.3——最终一家连锁加盟企业，比如赛百味，可开设新店铺的位置越来越少。为了解决这个问题，弗来德·德卢卡重新开始审视他的客户。他了解到，越来越多的客户选择赛百味是因为他们提供低脂肪的食品，而不是汉堡包和薯条。1998年，弗来德利用这一点进行了一次营销活动，主要宣传七种低脂肪的三明治。该公司宣称，销售额因此迅速增长——没有准确的数据，因为这家公司是一家私营公司（到现在仍然如此）。2000年，该公司认为仍然需要吸引那些想要饱餐一顿热量食品的客户。于是该公司开发了一系列的巨无霸三明治——比如牛排奶酪三明治。这对于销售额同样也产生了积极的影响。到2004年，赛百味在美国和加拿大已经有大约20 000家店面。

赛百味的世界扩张

在1984年，赛百味在北美以外开立了第一家特许加盟店——在中东的巴林群岛。之后公司继续进行国际扩张，到2004年为止，在75个国家开设了2 000家店铺。这些店铺遍布于中国、印度、澳大利亚、新西兰、非洲、南美、墨西哥、德国和英国。2004年第2000家店的开张被认为是尤为重要的。"这一里程碑表明，我们正沿着正确的方向，朝着我们的世界战略计划目标，也就是到2010年达到7 500家餐厅前进。"赛百味国际商务总监帕里西亚·德马雷斯（Patricia Demarais）说。

© 理查德·林奇2009版权所有。保留所有权利。本案例由理查德·林奇根据公开资源编写[82]。

案例问题

1. 准确地说，是什么导致赛百味同时采用了常规性和突发性战略？
2. 一般来说，一家公司能否开始的时候执行突发性战略，然后执行常规性战略？能否在成立初期之后仍然执行突发性战略？公司在持续成长的时候能否继续执行这样的突发性战略？

2.5 突发性战略管理理论

当战略是产生于一个特定环境而不是预先制定时，它通常就不会包括一个长期的战略计划。这并不意味着这里不存在计划，而是指这些计划更富于弹性，即随着问题的澄清和周围环境的改变而摸索前进。计划是短期的，而且能更积极地反映出外界的变化，甚至更富于开拓性。

为了理解突发性战略理论的背景，有必要回顾20世纪70年代的情况。当时，包含详细的公司计划在内的常规战略得到了广泛应用。然而，由于一个新的、强有力的中东石油价格联盟的出现，石油价格飞速上涨。世界上许多工业公司在未曾预料的情况下受到了严重的打击；常规性规划完全处于混乱状态。不需要精确预测未来的突发性战略受到人们的青睐。2000年前后，新型网络经济所造成的经济泡沫使得环境更加动荡。因此，一些战略家认为常规性战略整个都是错误的。他们认为，在相对稳定的时期，如果把公司的战略考虑成一个突发性过程，那么组织将会获得较好的发展。

为了便于学习，我们提出了4种不同的突发性战略理论观点：

1. 基于生存的战略理论；
2. 基于不确定性的战略理论；
3. 基于人力资源的战略理论；
4. 基于创新和知识的战略理论。

2.5.1 基于生存的战略理论

定义▶ 基于生存的理论认为，公司战略的首要决定因素是适者生存。该理论探究公司如何在极具竞争和变化的

图 2.9　突发性战略流程：基于生存理论的观点

环境分析

适者生存发生在这里

积极试验、学习和调整

愿景、使命和目标，但并非一成不变

资源分析

战略制定和尝试各种选择

积极试验、学习和调整

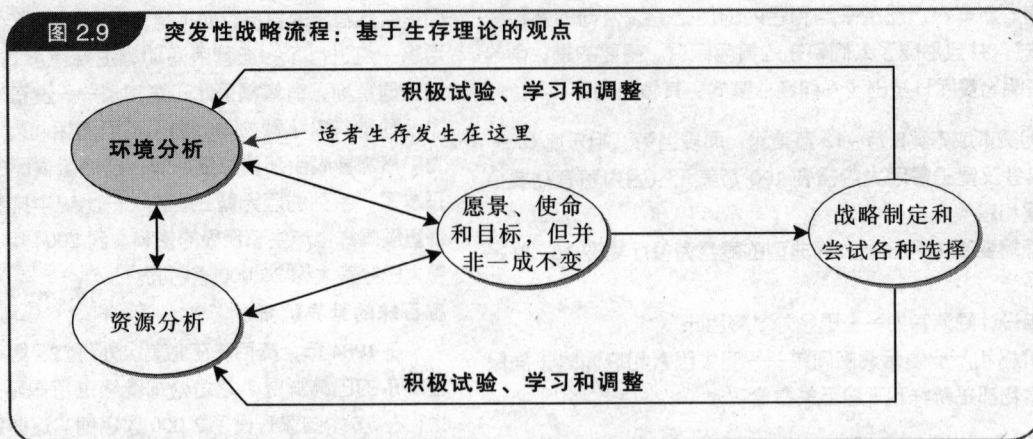

环境中生存。复杂的常规性方法没有多大意义：最好迎合市场变化，让战略逐渐形成于公司的发展过程中。图 2.9 显示了基于生存的战略理论所强调的重点。

就像 2.4 节论述的，以行业和竞争为基础的方法都注重选择一个能使组织利润最大化的最优战略，然后再去实施这个战略。批评家早已知道这个简单的经济模型与现实情况相差甚远。例如，20 世纪 30 年代末期，Hall 和 Hitch[83] 调查了许多公司后发现，这些公司并没有把产量定于理论上的最大水平，也就是说，边际成本等于边际收入的产量水平。其部分原因在于决策没有必要是完全理性的，另外，收入和成本的关系一直不清晰也是原因之一。

然而，这并不意味着公司仅仅是在混日子。市场上的生死搏斗将毫不留情地淘汰效率低下的公司，要想在这样的环境中获取成功，需要采用基于生存理论的战略。实质上，那些支持基于生存的战略理论家们认为，市场状况比一个特定的战略更加重要。因此，为了持续生存而制定的最优战略必须是真正高效率的。除此之外，公司只能依靠运气。

为了克服这些困难，Henderson[84] 认为，要想在竞争如此激烈的环境中生存，大多数公司都必须差异化。如果公司的产品或者服务是其竞争对手无法轻易模仿的，那么就会对公司起到一定的保护作用。但是，其他的战略学家怀疑真正的差异化存在的可能性，因为这会需要很长一段时间才能够获得，而环境变化却非常迅速。在这种情况下，理论家们认为基于生存的理论应该基于那些对环境变化作出反应的真正有效的运作。正如 Williamson 所述：

> 经济实惠就是最好的战略[85]。

如果环境比一个特定战略更有影响力，那么基于生存的战略家将会争论说，最优战略就是在任何时候都会提供大量的备选战略方案，然后让市场选择一个最优的[86]。因此，基于这个理论的观点进行战略选择是错误的。最好通过多种不同的方法进行实验，看看经过自然筛选之后哪个是最优的。例如，Whittington[87] 提到了 20 世纪 80 年代索尼的随身听战略。该公司在北美市场推出了 160 款产品样式，然后每一次只保留不超过 20 款的产品样式。最终，市场选择了最佳样式。更近一点的例子是维京集团——参看案例 2.4——考察大量不同的产品和服务，并让市场来决定哪一个能生存下去。

如果基于生存的理论是正确的，那么我们就需要仔细研究组织的环境(从第二部分开始研究这项内容)。除此之外，我们需要更加慎重地学习第 8 章、第 9 章和第 10 章有关战略选择过程的内容。

其他战略研究者认为基于生存的理论过于悲观，从头只需要小心仔细地研究战略中的实际问题，并让所有的备选方案保持公开。重大购并、新产品革新以及为从根本上改进产品质量而投资建厂都需要经过认真讨论，却极少具体实施。大胆的战略行为完全被排除在外[88]。也许维京集团如果实行了以生存为基础的战略，那么它们就永远也不可能获得维京大西洋航空公司的成功。第 11 章更进一步探讨了这一问题。

2.5.2　基于不确定性的战略理论

定义▶　基于不确定性的理论利用数学概率论来说明战略管理的发展是一个复杂的、不稳定的以及常常剧烈波动

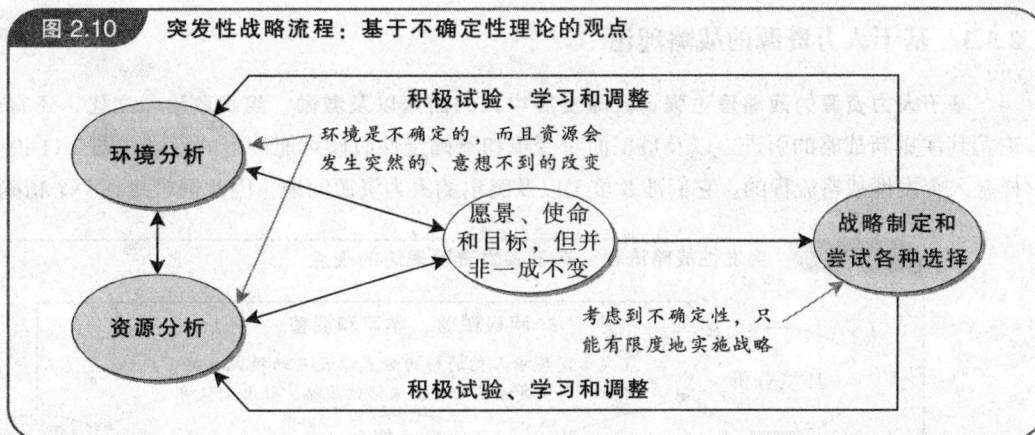

图 2.10　突发性战略流程：基于不确定性理论的观点

的过程。这使得提前作出任何有益的预测都不可能。如果预测是不可行的，那么为战略管理确定清晰的目标是毫无意义的。战略应当是逐渐形成的，并且会随外界环境的波动而发生变化。图 2.10 说明了这些理论的重点内容。

由于在 20 世纪 70 年代预测组织未来环境变化是相当困难的，于是一些理论家认为长期战略规划是徒劳无益的。战略规划仍然可以应用，但必须拥有更大的弹性，而且不再强调 20 世纪 70 年代的绝对精确性。这个战略方法导致基于生存的战略持续利用各种战略备选方案来寻求最后机会，最终导致基于不确定性的战略方法出现。

自 20 世纪 60 年代以来，混沌理论和数学模型已经应用于科学实验的结果预测。这些方法在商业领域没有获得进展，但在其他科学研究领域得到了应用，如天气预测的数学模型。实际上，这些技术可以证明，在某些不确定的环境中，处于过程早期阶段的小规模混乱状态可能会导致后期阶段的重大变化——就像宏观经济学中的乘数效应。这些环境的重大贡献变化（常常被称做混沌系统）表明非常精确地预测多年以后情况是完全不可能的（Gleick）[89]。

Miller 和 Friesen 进行的经验性学术研究为这种战略方法提供了一个变量[90]。他们发现重要的公司战略往往具有很强的革新性：公司在进入一个新的稳定状态之前，常常会在整体战略和组织结构上会产生重大改变。从数学的角度看，可以为这些系统建立模型来说明它们在稳定和动荡状态之间波动。Strebel[91] 持有同样的观点，他指出，技术的变化通常会为组织发展带来"突破点"。

公司被认为是一个混沌系统。Stacey[92] 认为许多公司所处的环境，尤其是那些高速增长的行业如计算机行业的公司，实质上是不稳定的，精确地预测一个新项目的 5 年或 10 年的收益情况根本不可能。因此，表面上准确的现金流量和现金规划预测几乎都是谬误的。公司战略是逐渐形成的，而不是以虚假的常规性战略为目标向前发展。

一些研究者如 Miller 和 Friesen[93]，对组织资源也持有同样的观点。他们认为创新对于战略的成功来说至关重要：如果组织资源能够经受剧烈的变革而不是渐进式的变化，那么组织创新就会实现。这种方法通常包含着混乱的、自由变化的因素，因而其结果不能靠战略进行事先规划或预测。第 7 章和第 11 章进一步研究了变革性的创新。

一些公司可能认为整个认识方法在某些情况下正确的，但这种想法有些过于悲观。尽管天气情况是一个混沌系统，并不能够准确预测，但是我们也确实知道撒哈拉沙漠酷热而干燥，新加坡要比伦敦温暖而湿润等。同样，也可以认为公司情况也存在一定的确定性，尽管我们不能够准确预测。此外，组织（尤其是大型组织）要想避免陷入混沌状态就必须建立一个非混沌结构。新加坡航空公司在 2003 年订购 10 架新型超音速飞机的时候，如果按照以不确定性为基础的理论，那么它可能无法承担由此所带来的后果——参看案例 2.3。

一些行为模式和趋势可能会发生变化，但在一定程度上还是能准确地预测。公司战略可能是逐渐形成并慢慢适应的，但并不是完全随机和不确定的。然而，战略的确需要识别和估计其风险（在第 10 章中我们将研究风险和风险管理问题）。

2.5.3 基于人力资源的战略理论

定义►   基于人力资源的战略理论强调战略发展中人的因素以及激励、组织政治和文化，还有个人欲望。这种理论尤其注重新战略的引进，以及员工面对变革和不确定性时候可能产生的困难，图 2.11 说明了这些理论是怎样融入突发性战略流程的。它们涉及员工以及突出的人力资源问题，因此很难找到一个精确的定位。

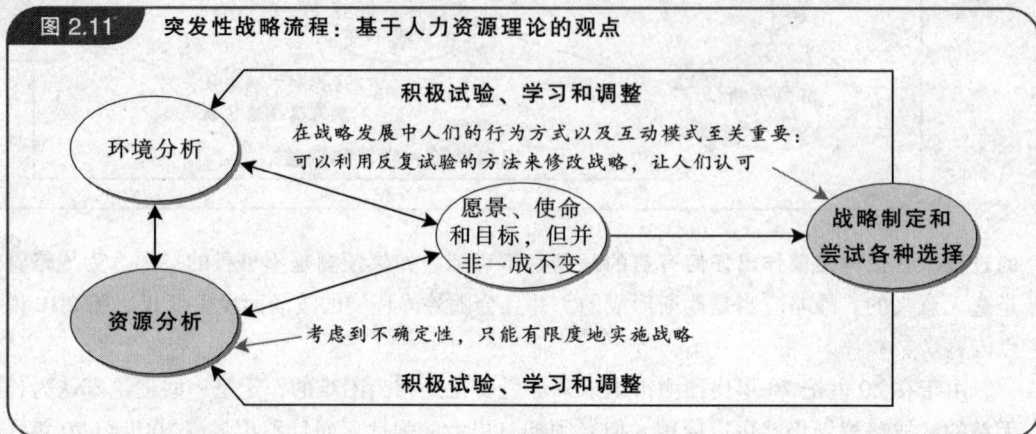

图 2.11　突发性战略流程：基于人力资源理论的观点

我们已经学习了研究者如 Cyert 和 March[94] 以及 Herbert Simon[95] 的重要研究成果——公司战略需要进行人力资源管理。组织是由个人和团体构成的，所有这些人都会影响战略或受战略影响。他们可能帮助、默认或不认同公司战略的制定与实施，但是他们一定会受到战略流程的影响。Nelson 和 Winter[96] 进一步研究了该领域，他认为常规性流程里的选择与筛选模型是完全错误的：

> 将组织的行为理解成在一个广泛的可供选择范围里，通过深思熟虑进行决策是不合适的，一些外部观察家通常把这些选择当做是组织可利用的机会。

在第 11 章、第 12 章和第 16 章中我们将会更加详细地探讨战略发展中的人力资源问题。然而，根据一些研究工作者的观点，这些问题不仅仅是战略实施的外围问题；它们对于战略过程的发展来说是十分重要的。Nelson 和 Winter[97] 认为组织在现实中只有有限的战略选择范围。可以选择的战略内容：

> 不是广泛的而是狭隘的和特殊的；它往往以公司的传统为基础，大部分"抉择"都是按照这些传统自动进行的。

战略逻辑受到战略流程和当前组织员工的限制。

明茨伯格[98] 也研究了这个问题。他认为战略是在组织持续适应外界环境变化中逐渐形成的。因此，战略实施不是整个战略流程末尾阶段的一个独立部分，而是与战略管理的发展过程交织在一起的。Quinn[99] 描述了这种渐进式方法，他认为这种合乎逻辑的渐进式方法仅存在有限数量的可行备选方案。明茨伯格的名言就是：

> 聪明的战略家赞同他们不可能事先周密地考虑到所有细节。

在第 15 章中我们会更深入地研究这些问题。

最近，人们越来越强调战略发展中的学习因素。明茨伯格强调了学习的重要性。在他之后，Senge[100] 和其他一些研究者又发展了学习概念。他们鼓励参与到公司战略之中的管理者们反复实验以获取最优战略（见第11 章）。

2.3 节列出了对突发性战略方法的重要批判，尤其是对基于人力资源的战略的批判。类似的评论可能会促使明茨伯格修改他的个人观点[101]。

2.5.4　基于创新与知识的战略理论

定义►   以创新和知识为基础的战略理论把产生新的思想和以知识的形式来分享这些思想作为战略制定中最为重

要的方面。在 20 世纪 90 年代，战略理论开始强调基于创新和知识的战略流程。这里的创新并不仅仅是指开创新产品或生产流程：创新是指以新颖的、革命性的方式开发组织的各种资源[102]。尤其是，组织可以运用其现有的知识创造出新颖的、革命性的战略解决方案。这种方式为战略发展作出了重要贡献[103]——这里的知识不是指数据，而是集体智慧，即组织中众人多年来形成的认知力。图 2.12 说明了为什么这样的一种方式属于突发性战略过程。

那些赞同创新和知识理论的人认为，这一理论的最大优势就是它开始解决其他战略理论中产生的问题。他们认为，对于现有理论进行广泛的研究和传播——比如以资源为基础的竞争优势——意味着每个公司都知道这样的想法，那么这些理论很难产生真正竞争优势了。由于知识和创新的革新和不断发展的特性，这些理论有助于解决这一难题。由于其最本质的特性，创新能够推动组织传统思想向前发展，因此就可能产生新的竞争优势。案例 2.4 说明了维京集团乐于开发新的理念，分享知识，并通过商业战略革新方式尝试新的商业活动。

在创新过程中，一个重要因素就是分享知识和思想。由于网络和通信技术的发展，这在最近十年里便捷了很多。这些内容已经成了战略中的重要论题，并有可能引起整个战略思维的革新。21 世纪初一些网络公司的崛起与衰落并没有对这一战略理论发展方向造成影响。第 7 章和第 11 章将更加深入地探讨这些概念。

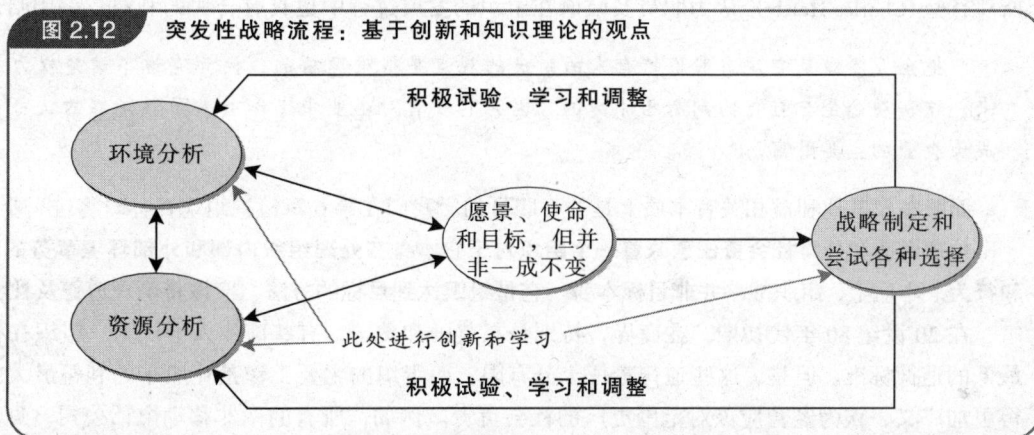

图 2.12 突发性战略流程：基于创新和知识理论的观点

关键战略原则

- 基于生存的战略理论是以公司在市场上以最适合的生存方式为基础的，积极地规划战略非常困难，在没有明确之前依靠差异化才有可能继续存活。
- 由于公司及其环境具有内在的不稳定性，所以基于不确定性的战略理论认为预测是不现实的，战略必须能够反映变化着的环境并逐渐形成于混乱的环境之中，一些研究者认为这是有关战略的一个悲观的看法。
- 基于人力资源的战略理论强调战略发展中人的重要性，注重激励、组织政策和文化以及个人欲望，还认为战略能够受益于员工的学习和实验授权。
- 基于创新知识的战略理论强调革命性新战略思维在超越竞争对手上的重要价值。互联网所带来的知识变革在战略流程中扮演着重要的角色。

2.6 组织的目标：利益相关者及伦理道德

有许多战略管理[104]将目标仅看做是"超过一般水平的回报"。也就是说有效的战略管理的作用就是能给投资者在类似的风险下比其他的投资带来更大的利润。换句话说，战略被认为只是为那些组织的投资者提供增加的财富。相反，其他作者认为这个观点过分简单化[105]。他们认为，一个商业组织对于所有利益相关者有更大的责任，而不只是针对股东。我们下面将进一步探讨这一观点。

除了利益相关问题，有许多公司出现了丑闻，因此导致战略管理再次强调伦理道德的价值。公共及私营组织在环境方面的压力也越来越大（"绿色问题"）。我们用"伦理道德和社会责任"来概括这两个问题。

定义▶ 　**利益相关者是指那些在组织中有利益并希望对组织的目标有所影响的个人或团体。**比如，利益相关者中包括股东，他们是组织的所有人；也包括职员、经理、有利益关系的外部供应商及政府机构等。第6章列明了所有利益相关者。从本质上来说，在制定组织目标时，这个定义将股东等于其他的利益相关者。

拉帕波特（Rapaport）[106] 在其关于股东颇有影响力的文献中强调说，20世纪80年代，经营的目标基本上是为了增加所有者也就是股东的财富。因而，所有的经营活动都是朝着这个方向去增加价值。拉帕波特引用一位财经记者的话说："任何一个管理层，不论它有多大的权力和独立性，如果不把股东利益最大化作为财务目标，那么它将会陷入困境。"但是，现在许多（但不是全部）战略家认为这一看法太过简化了。

如果经营的唯一目标是增加所有者的财富，那么其他的活动则会与这一标准相抵触。比如，为社会提供服务的努力、对保护环境所作的投入、额外的客户服务、出于伦理道德的就业政策，等等。除非能给所有者带来财富，它们无疑不会成为首先要考虑的问题。拉帕波特的方法的优势在于它为战略方案分析提供了一个简单方法：如果它们不能够带来"超过一般水平的回报"，它们就是失败的。

但是，另一些战略学家，虽然不是所有的，接受一个观点：组织目标的范围应该更广义。比如，查尔斯·哈迪（Charles Hardy）认为职员及政府在组织的发展过程中也具有合法的利益。引用哈迪的话说[107]：

> 把企业看做是它现有股份持有人的财产的观点是很难理解的，因为它说不清楚权力的归属。严格说来，这一观念是与自然的判断相冲突的，因为它没有对企业中工作的人予以足够的认可，而他们越来越成为企业的主要财富。

而股东及其他利益相关者本质上是关心职员的。我们在第6章检视组织目标时将进一步讨论这个问题。

定义▶ 　**伦理道德和公司社会责任意味着一个组织对于它本身在处理组织内部和外部环境事务的时候所设立的标准和行为。**本质上，组织战略并非目标本身。它是组织达到目标的方法，应该将伦理道德及社会责任考虑在内。

在20世纪80年代初期，在商界，特别是在英国和美国，有些商业人士认为，组织在社会中至少要达到最低的道德标准。但是，这些道德责任十分有限，而组织的主要工作是让股东的利益最大化。现在的观点变得更加广义，认为经营应该对范围更广的社会负责。例如，所有的南非移动电话公司（见案例2.6）在福利、雇佣及其他问题上，把全非洲社会看做自己的责任范围（而不只是南非）。

此外，对待社会责任的态度也有所改变。近年来，出现了一系列的公司丑闻，涉及对一些公司及经理的犯罪指控（如美国的安然公司和意大利的帕玛拉特公司），第6章将详细介绍。这些问题造成的结果是公司的合法性和伦理道德标准的改变。第6章将对这些问题作深入探讨。

总之，本书认为组织的目标是由组织的价值观、组织中利益相关者的权力包括股东的权力，以及组织对其赖以存在的社会的贡献所构成。这些贡献，至少应该有一部分由它的道德价值观及对公司的社会责任所组成。有效的战略管理寻求"超过一般水平的回报"，但这些回报并非仅指给组织的股东们带来利益。

关键战略原则

- 过去，战略被认为其目标主要是增加股东的财富。但现在认为这个观点过于简单化，因为它未能清晰地把组织中其他利益相关者考虑在内。
- 伦理道德和公司社会责任意味着一个组织对于它本身在处理组织内部和外部环境事务的时候所设立的标准和行为。这些政策问题将影响组织的战略。

案例研究 2.6 非洲的呼唤：移动电话带来新机遇

在过去的五年间，较先进的非洲国家在移动电话的使用方面有了长足的发展。本案例将解释其中的主要原因并探讨关键性战略问题——是否继续？如果继续，下一步如何行动？

非洲移动电话的增长

非洲是世界第二大洲，有 50 多个国家、8 亿人口。不幸的是，这个大洲在过去的 30 多年里，是世界上唯一一个个人财富真正减少了的地区。联合国的文件解释了其中的一些原因：战争和冲突、包括艾滋病在内的疾病以及政治动乱。但是，看到其他国家从新兴的移动电话技术中获得好处，非洲国家也开始迎头赶上。比如，在非洲最大的国家尼日利亚，移动电话的数量在 2002—2007 年间翻了一番以上，尽管它的基数较高，见表 2.3。

重要的是，这一增长主要来自非洲的本土公司，而非主要的国际移动电话公司，如拥有法国电信的 Orange、德国电信的 T-mobile 或美国的 AT&T。这几家公司和其他的公司认为这一地区的人均收入太低，政局太不稳定。总之，它们认为世界其他地方更有吸引力。唯一一家在一些非洲主要公司有少量参股的国际公司是英国的沃达丰（Vodafone）。一般情况下，都是由非洲的公司去开发非洲的各个移动电话市场。

非洲主要的移动电话公司

MSI 电话公司

最早进入非洲市场的公司是 MSI 电话公司。它于 1998 年在乌干达设立 Celtel 子公司。到 2001 年，它的经营范围已扩张到 11 个国家。截至 2006 年，该公司在 14 个国家拥有 850 万用户，在其中的 10 个国家中居领先地位。除了在苏丹的业务外，Celtel 在它的所有子公司中拥有大部分的股份。该公司总裁 Marten Pieters 解释说："原则上，我们要控制公司。这对我们的品牌、价值及战略都有好处。"

2005 年，科威特电信公司 MTC 用 34 亿美元购买了 Celtel 85% 的股份。Celtel 在 2000 年自身的年销售额只有 5800 万美元，这表明后来的几年中销售、利润及估价的增长程度。MSI 的创立者，Mohamed Ibrahim 博士解释说，公司的网络在 6 个月后就开始获得营业利润，两年内就实现了赢利。每年的资本收益率超过了 30%。他说，"不论用什么标准来衡量，这些项目的收益都要比欧洲的高。"

早些年，MSI 移动电话公司靠获得政府许可证获利，因为非洲国家市场均由政府控制。所以，它几乎没有什么竞争，运营商的目标只是在人口集中的地区设立基本的全国性网络。但是，在获得了基本的许可后，公司随后实施的战略是将业务的覆盖面向纵深发展，并开始尝试新的服务，如提供高品质的 3G 技术。

此外，Celtel 在 2006 年推出"同一个网络"服务，并将服务覆盖非洲大部分地区。这一服务被称之为全非洲无国界服务，使得一些国家的用户可以享受邻国之间自由漫游，无需支付漫游费，本地呼叫及接听全部免费。Pieters 解释道："非洲的边界都是殖民地构成的。它并不代表经济或语言的分界，所以存在许多国与国之间的交流。"截至 2007 年，Celtel 的"同一个网络"覆盖了 13 个非洲国家，包括肯尼亚、乌干达、坦桑尼亚、加蓬、刚果民主共和国、刚果、马拉维、苏丹、赞比亚、布基纳法索、乍得、尼日尔和尼日利亚。

表 2.3 部分非洲国家电话使用情况一览表

	人口 （单位：百万）	固定电话线 （单位：千）		移动电话 （单位：千）	
		2002	2007	2002	2007
尼日利亚	135	700	1 200	1 200	22 000
南非	44	4 800	4 800	14 000	33 000
坦桑尼亚	39	150	150	670	2 000
肯尼亚	37	300	300	1 300	6500
乌干达	30	55	100	400	1500
加纳	23	270	320	450	2800

固定电话：即将家庭、办公室及业务与电话交换机连接的固定线路。这些电话线路普遍老旧，在非洲地区的使用不可靠。

移动电话：即从 1998 年开始建设的网络，和世界其他地方一样，使用了 transmitter 和 GSM 技术。

资料来源：作者根据多方资料编写，包括世界银行及网上领先的三家非洲公司的资料。注意，世界银行的数据有时不连续，因而，不保证其数据完全可靠。

MTN 集团

MTN 总部位于南非，是非洲最大的移动电话运营商。它赢利最多的业务就在南非，但是它在非洲其他 11 个国家也有很大的利益，其中在尼日利亚有一间赢利的合资公司。2006 年，MTN 将移动业务渗透到中东，用 55 亿美元并购了 Investom 公司。这一举措使得它的特许经营权除 5 个西非国家外，增加了苏丹、塞浦路斯、叙利亚、伊朗、阿富汗和也门。通过这项并购，MTN 的总用户数由 2300 万增加到了 2800 万，而它主要的南非竞争对手 Vodacom（见后）的用户数为 1900 万。对任何一家电信运营商来说，用户基数是获得利润的关键：在公司投入建设网络及其他设施后，电话公司要想利润增长就需要更多地使用网络，不仅要靠增加用户的数量，还要靠用户对电话的使用量的增加。

对这两家南非主要的移动公司来说，它们都面临同一个战略问题，即南非作为一个国家而言，移动电话市场已经相对成熟。根据世界银行的数据，2005 年南非市场的移动电话占有率已达到 72%，而相比之下，尼日利亚仅有 13%。MTN 以其在南非市场的稳定地位为基础，开始向其他地方扩张。它的地位为它获得了有价值的现金流，更重要的是，为经营移动电话业务提供了培训和经验。公司靠它的经验和知识进行扩张，有的是通过收购的方式，有的是通过在其他非洲国家设立自有公司的方式。

MTN 向非洲其他地区及中东扩张的主要目的是要保持其增长势头。MTN 占领的新市场的移动电话渗透率很低。MTN 总裁 Phuthuma Nhleko 先生的说法是，"合并公司"的国家一般只有 9% 的渗透率，但上升的空间很大。

由于 MTN 进入了政治敏感的中东地区，无疑会让它因面临政治风险而受到批评。Nhleko 先生说："我们的任务是要成为提供 ▶

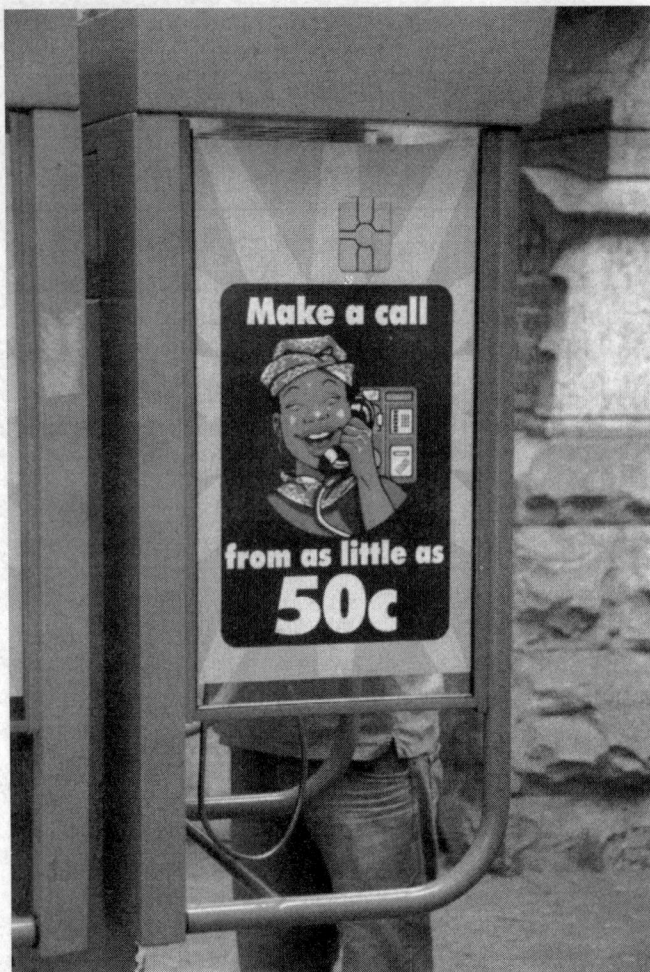

非洲电话服务发生了迅速的变化，从南非开普镇的公用电话亭发展到了遍及全洲的移动电话。

基础设施的移动运营商，而不是成为预言政治家。政治风险是政治意义上的用词。但是只要有国家存在，就自然会有挑战。"

Vodacom

Vodacom 也是南非的公司，它是南非最大的个人电话公司 Telkom 和英国的国际移动电话公司沃达丰按 50:50 的股份组建的合资公司。Telkom 多年来是南非主要的电话服务商，特别是在固话方面。它于 1993 年组建移动公司，沃达丰是当时的小股东。后来，英国公司看到了非洲市场的发展潜力，在 2005 年将股份增加到 50%。就在编写本案例时，沃达丰正试图用 100 亿美元收购 Vodacom 剩下的 50% 股份，但法律和谈判问题给它带来了困难。英国公司之所以对这一市场特别感兴趣，是因为它所在的欧洲市场，如英国市场，大多已相当成熟，不能再给它带来发展。

通过谈判，沃达丰发现 Vodacom 是它通向迅速扩张的非洲电话市场的大门。Vodacom 除了在南非市场占有主要份额，还在坦桑尼亚、莱索托、莫桑比克和刚果民主共和国都有移动业务。但是，Vodacom 的发展速度比它的竞争者 MTN 要慢，也许是因为 Vodacom 在成立初期签署的法律文件上同意不进入北半球市场。但是，Vodacom 的母公司是 Telekom，这家被公认为准公共、有工会联盟的官僚组织，也不利于其发展。总之，在 2007 年编写

本案例时，Vodacom 的情况很不稳定。甚至有猜测说，该公司有可能会与 MTN 的某些部门合并，以获得 MTN 非洲一流的移动网络。

其他非洲移动电话公司

在非洲的国家中，它们各自也有其他主要的电话公司。如，Safaricom，它是肯尼亚市场占主导地位的移动电话公司之一。该公司于 1997 年成立，是肯尼亚国有电话服务商肯尼亚电信公司的全资子公司。2000 年，英国的沃达丰公司获得了 Safaricom 40% 的股份，为它提供国际性经验，并利用其在肯尼亚的资源。

因为篇幅问题，非洲其他类似公司的情况就不在此赘述。这些公司主要特点是它们都在寻求未来几年发展网络及使用量的机会。它们均相信未来有很大的发展潜力。

非洲移动电话持续发展的原因

虽然移动电话的渗透率仍未达到全部人口的 10%，但非洲移动电话得到了快速的发展，主要有以下三个原因。

1. 政治的需要。非洲政府希望支持和鼓励新的通信方式。他们认识到在他们贫穷的人民中传播信息技术是可以获益的。他们也认为在农村地区架设固话线路费用太高，所以用移动电话总比什么都没有好。

2. 敢于冒险的公司。有些公司，像 MSI 及 MTN 冒着很大的风险投资移动电话的基础设施建设。比如，据记载，MTN 在 2004 年为建尼日利亚网络仅基础设施方面就支出了 9 亿美元。对这一项在非洲的早期投资，MSC 的董事局主席 Mohamed Ibrahim 博士评论说："只要有信赖的人支持，还是有资金愿意投入到非洲的。非洲电信业不是机会主义或是非专业人员可以进入的。要想生存下去，就必须有非常有经验的团队，有成功的经验和融资能力。"

3. 对通信的需求的增加。随着全球的一体化，非洲个人及跨国公司对于通信的需求量及及时性的需求在增加。固定电话不能提供足够的连接。公司和个人对联系的需求更大。举两个例子来说明：私人农场主可以通过移动电话了解价格行情，从而选择最好的市场；亲戚们可以用新的移动电话功能在家人之间划转资金。他们不需要花两小时坐车去银行办理。

更重要的是，这些原因表明了非洲移动电话市场在未来的几年内仍有很大的发展空间。但是也存在一些风险，包括政治、经济和社会方面的风险。

非洲数量较少的固话服务仍存在结构性问题。目前，因技术问题，互联网和网络仍依赖于固定线路，而不能靠移动电话。在现在的技术条件下，固定电话可以比移动电话贮存和传输更多的数据。由于固定电话线路太少，使得非洲有些地区的网络服务比世界其他地区的要落后。

但是，许多评论家认为，非洲仍有许多的发展空间，随着时间的推移，移动电话网络的速度将变得更快，容量更大，完全可以用来提供互联网服务。非洲大陆的移动电话服务仍存在许许多多的机会。

案例问题

1. 对于 MTN 和其他非洲电话公司的战略，你怎么归类——是常规性战略还是突发性战略？在这种战略下，何种战略理论能最好地解释公司的发展？

2. 非洲公司在国外的扩张有哪些风险和好处？靠品牌和地域的覆盖率所取得的竞争优势有什么风险？

3. 非洲主要的移动电话公司的扩张方法能带给公司什么样的教训？

战略课题

非洲移动电话公司仍有许多的发展机会。你可以去找一些主要的公司，特别是在你本国市场。然后，思考一下这些公司如何持续发展下去。比如说，它们是继续独立还是合并？有没有机会可以让它们与尚未登陆非洲的大型欧洲公司，如德国电信或法国电信进行合作？对双方来说，有什么利弊？它们如何面对已经成熟的市场，如南非市场？它们如何应对对互联网和网络服务的需求？

思考

常规性和突发性战略进程之间的界限是否过于简化，因而不具有任何意义？

本章讨论了在常规性和突发性战略之间存在基本的差别。但是，本文所作出的基本的区别十分简单（参看 2.4 节开头）。很多战略理论更加深入细致地探讨了这一问题。比如，"博弈论"或者"基于资源的理论"。2.4 和 2.5 节给出了具体理论的例子。这可能表明，在常规性和突发性战略之间所作出的这种划分还是过于简单，因而不具有任何意义。

为了探讨这一问题，你可能需要更加深入地考虑什么是一个"好"战略。第 1.6 节的内容可能会对你有所启发。然后你应该将这些内容应用到常规性和突发性战略的基本区别中去，也可以放到本书中所概括的其他更为具体的常规性和突发性理论中去进行讨论。

小结

- 常规性战略和突发性战略可以用明茨伯格所作的类比来进行比较：[109]

  常规性战略方法是《圣经》式的：它及时出现，是由一整套规则产生出来的，形式完整，适于实施。

  突发性战略方法是达尔文式的：在适应外界环境变化中逐渐形成并不断变化。

  一个组织需要制定战略管理，本章大部分内容实际上就是介绍如何实现这个战略流程。事实已经证明，实现战略流程的方式至今没有一致的看法。

- 一方面，常规性过程包括一个结构化的战略规划系统。这就需要识别组织目标，分析环境和组织资源，找出战略备选方案并从中进行战略选择。然后就是实施选定的战略。然而，有的研究者告诫说，这个战略规划系统过于严格并且在战略中没有考虑人的因素。

- 另一方面，突发性过程并没有确定出由特定战略实现的最终目标。它强调战略是不断发展变化的，而且最终的结果是未知的。管理利用反复实验的方法来获得最优战略过程。

- 当 20 世纪早期工业化快速发展时，常规性方法是受到组织欢迎的主要理论。但是当 20 世纪中期组织逐渐意识到人的因素以及人在战略发展中的重要性时，突发性方法得到了越来越多的重视。近几年来，人们开始强调在战略发展中采用基于市场的方法和基于资源的方法。当市场和生产变得越来越全球化时，社会和文化问题也越来越重要。新的通信技术比如互联网带来了新的机会和对新的战略概念的需要。另外，一些公司由于缺乏对企业伦理道德的认识而最终倒闭，这也使得人们更为强调在制定战略管理过程当中的伦理道德问题。

- 在常规性方法中，要明确 4 组重要的战略理论：

  1. 以行业和环境为基础的观点——市场在生成利润中扮演着重要的角色。

  2. 基于资源的观点——组织的资源在战略管理发展中具有重要意义。

  3. 博弈论观点——重点关注组织在与市场其他参与者进行协商和战略选择的方式方面。

  4. 基于合作和网络的观点——强调组织所能获得的正式关系的机会。

上面每一个观点都从不同的角度来思考战略发展。

- 在突发性方法中，也应当区别 4 组主要的战略理论：

  1. 基于生存的观点——强调市场的竞争遵循"适者生存"原则。

  2. 基于不确定性的观点——环境本身固有的不稳定性以及革新的需要导致不可能进行预测。

  3. 基于人力资源的观点——强调在战略发展中人的重要性。激励、政治、文化以及个人愿望都是相当重要的。为了尽可能做到全面，战略可能包括反复实验和不断学习。

  4. 基于创新和知识的观点——如果组织要想比竞争对手更聪明，那么就要强调开拓新思想和变革性的思维方式以及实现知识共享。

- 过去，战略被看做是主要用来增加股东财富的。现在这一观点被认为过于简单化，因为它未将组织中的其他利益相关者考虑在内。

- 伦理道德和公司社会责任意味着一个组织对于它本身在处理组织内部和外部环境事务的时候所设立的标准和行为。这些原则问题影响组织的战略。

问题

1. 对于组织来说，既采用常规性战略又采用突发性战略可能吗？或者说需要从中选择一种战略吗？

2. 分析在 2.2 节中对常规性战略以及 2.3 节中对突发性战略的批判。在某种程度上，你同意他们的观点吗？为什么？

3. 考虑在 2.5 节中描述的有关战略的三种突发性方法。你认为其中哪一种与案例研究 2.2 中斯派乐斯公司的战略描述最接近？你能从中得到关于斯派乐斯公司生存方法的什么结论？

4. 你怎样预测 10 年以后的环境变化？你的预测对于这段时期公司战略的发展有何影响？

5. 找一个你熟悉的组织作为例子，分析它是遵循常规性战略方法还是突发性战略方法，或者两者兼而有之。在这些战略类别中，根据 2.4 节和 2.5 节列出的分类特征，你能说出战略的哪些特点？

6. 如果让你为下面的公司制定战略，你可能会选哪一种战略管理理论作为评估的出发点：一个大型国际化汽车公司；一个全球广告代理商；一个政府机构；一个拥有 4 个分部的小型旅行社，假设它们都在同一个国家的同一个地区。

7. "当一个运营良好的重要组织在战略上作出重大调整时，它采用的战略方法往往是与在战略管理文献中经常吹捧的理性分析系统不一致（J B Quinn 教授）。"请针对此段话进行讨论。

8. "在混乱环境中，外界情况变化太快，以至于对此采取明茨伯格倡导的突发性战略方法的组织会出现生存危机。当公司向市场上推出一种新产品或服务时，他们会发现市场已经为那些提前进行了战略部署的有远见的竞争对手所占领（I Ansoff 教授）。"解释并分析他的观点。

9. 列出一个你熟悉的组织并研究它当前的战略在多大程度上受利益相关者及政府在伦理道德方面的观念的影响。利用 2.6 节的内容将你的答案归纳出来。

进一步阅读

For an alternative and interesting review of the way that the strategic management field developed, read the paper by Donald Hambrick and Ming-Jer Chen (2007) 'New academic fields as admittance-seeking social movements: the case of strategic management', *Academy of Management Review*, Vol 33, No 1, pp32-54.

Richard Whittington's earlier text *What is Strategy and Does it Matter?* (Routledge, London, 1993) is a lucid, well-structured and thought-provoking book. I have acknowledged some of its interesting research references as this chapter has progressed and it has certainly influenced some elements of the material. Read Chapter 2 of Whittington for an alternative view and structuring of strategy theories and practice.

Two major more recent books of strategy research topics are strongly recommended: Michael Hitt, R Edward Freeman and Jeffrey S Harrison, *The Blackwell Handbook of Strategic Management* (Blackwell, Oxford, 2001), Andrew Pettigrew, Howard Thomas, Richard Whittington, *Handbook of Strategy and Management* (Sage, London, 2002).

J L Moore's *Writers on Strategy and Strategic Management* (Penguin, London, 1992) has a useful survey of some leading writers and theories which would be helpful for essay references and revision.

The book by Edith Penrose, *The Theory of the Growth of the Firm*, 3rd edn (Oxford University Press, Oxford, 1993), represents a classic early study of strategy development. Moreover, its precision of language and clarity of thought represent a model for us all to emulate.

注释和参考资料

1. Kennedy, P (1990) *The rise and Fall of the Great Powers*, Fontana Press, London, Ch5. The historical description of this chapter draws on this well-researched and documented book.

2. Urwick, L (ed) (1956) *The Golden Book of Management*, Newman Neame, London. The book contains brief records of the lives and work of 70 of the early management pioneers, including their publications and a comment on their contribution. The historical material in this chapter draws on this work, which is no longer in print.

3. Williams, K, Haslam, C, Johal, S and Williams, J (1994) *Cars: Analysis, History and Cases*, Berghahn Books, New York, Ch7.

4. Abernathy, W J and Wayne, K (1974) 'Limits of the learning curve', *Harvard Business Review*, Sept–Oct, pp109–119.

5. Drucker, P (1961) *The Practice of Management*, Mercury Books, London, Ch10.

6. Penrose, E (1959) *The Theory of the Growth of the Firm*, Basil Blackwell, Oxford.

7. Cyert, R M and March, J G (1963) *A Behavioural Theory of the Firm*, Prentice-Hall, Englewood Cliffs, NJ.

8. Ansoff, H I (1969) *Business Strategy*, Penguin, Harmondsworth.

9. World Bank(1994) *World Development Report* 1994, Oxford University Press, New York, Ch3.

10. The evidence in this case comes from personal experience: the author was senior manager at Spillers plc corporate strategy headquarters and acted as liaison manager with the consultancy company.

11. Lester, T (1979) 'Slow grind at Spillers', *Management Today*, Jan, pp59–114.

12. Ansoff, I (1969) Op. cit. Porter, M E (1980) *Competitive Strategy*, The Free Press, Harvard, MA, Introduction.

13. Clausewitz, C von, *On War*, Routledge and Kegan Paul, London, quoted in Kotler, P and Singh, R (1981) 'Marketing warfare', *Journal of Business Strategy*, pp30–41.

14. Liddell Hart, B H (1967) *Strategy*, Praeger, New York, also quoted in reference 4 above.

15. See, for example, James, B G (1985) *Business Warfare*, Penguin, Harmondsworth, also Ries, J and Trout, A (1986) *Marketing Warfare*, McGraw-Hill, Maidenhead.

16. Whittington, R (1993) *What is Strategy – and Does it Matter?*, Routledge, London, p16.

17. Wiles, P J D (1961) *Price, Cost and Output*, Blackwell, Oxford, p78.

18. Porter, M E (1985) *Competitive Advantage*, The Free Press, Harvard, MA.

19. Ansoff, H I (1965) *Corporate Strategy: An Analytical Approach to Business Policy for Growth and Expansion*, McGraw-Hill, New York.

20. Andrews, K (1971) *The Concept of Corporate Strategy*, Irwin, Homewood, IL.

21. Chakravarthy, B and Lorange, P (1991) *Managing the Strategy Process*, Prentice Hall, Upper Saddle River, NJ. The first chapter is usefully summarised in: De Wit, B and Meyer, R (1994) *Strategy: Process, Context and Content*, West Publishing, St Paul, MN.

22. For example, see the following for an extended critique of prescriptive strategy, R (1998) *Strategic Management and Organisational Dynamics*, 2nd edn, Pearson Education, London.

23. Mintzberg, H (1990) 'The Design School: reconsidering the basic premises of strategic management', *Strategic Management Journal*, 11, pp176–95.

24. Mintzberg, H (1994) 'The fall and rise of strategic planning', *Harvard Business Review*, Jan–Feb, pp107–14.

25. Lee Kuan Yew (1998) *The Singapore Story*, Simon and Schuster (Asia) Pte.

26. References of Singapore Airlines case: airline website – www.singaporeair.com; Singapore Airlines Annual Report and Accounts 2004 and 2007.

27. Writing in the 1950s, Herbert Simon was amongst the first to argue that the unreliability and limitations of human decision making made Adam Smith's simple economic assumption that humans would usually take rational decisions somewhat dubious – see reference 30 below.

28. Mayo, E, *Human Problems in Industrial Civilisation*, along with other research on the *Bank Wiring Observation Room*, described in Homans, G (1951) *The Human Group*, Routledge and Kegan Paul, London, ChIII.

29. Cyert, R M and March, J (1963) *A Behavioral Theory of the Firm*, Prentice Hall, Upper Saddle River, NJ.

30. March, J G and Simon, H (1958) *Organisations*, Wiley, New York.

31. Pettigrew, A (1985) *The Awakening Giant: Continuity and Change at ICI*, Blackwell, Oxford.

32. Mintzberg, H (1990) Op. cit.

33. Johnson, G (1986) 'Managing strategic change – the role of strategic formulae', published in: McGee, J and Thomas, H (ed) (1986) *Strategic Management Research*, Wiley, Chichester, Section 1.4.

34. Argyris, C (1991) 'Teaching smart people how to learn', *Harvard Business Review*, May–June, p99 summarises his many earlier papers.

35. Senge, P M (1990) 'The leader's new work: building learning organisations', *Sloan Management Review*, Fall, pp7–22.

36. Lindblom, C E(1959) 'The Science of Muddling Through', *Public Administrative Review*, 19, pp79–88.

37. Whittington, R (1993) Op. cit. He repeats Weick's true story of the Hungarian troops who were lost in the Alps during the First World War but found a map which they used to reach safety. They then discovered that they were using a map of a totally different mountain range, The Pyrenees. Whittington makes the point that taking *some* action, any action, will constitute strategy in these circumstances, even if the particular choice of strategy is wrong. The issue is not whether the right strategic choice has been made and then implemented, but rather whether any choice has been made that will give direction to the people concerned.

38. These comments are taken from a variety of sources: the following is probably the best starting point: Ansoff, I (1991) Critique of Henry Mintzberg's 'The Design School', *Strategic Management Journal*, 12, pp449–461.

39. Jackson, T. (1995) *Virgin King: Inside Richard Branson's Business Empire*, HarperCollins, London, p66.

40. Jackson, T. (1995) Op. cit.

41. Jackson, T. (1995) Op. cit.

42. References for Virgin case: Virgin website (www.virgin.com); Jackson, T. (1995) Op. cit.

43. Ansoff, I (1965) *Corporate Strategy*, Penguin, Harmondsworth.

44. Chandler, A (1962) *Strategy and Structure*, MIT Press, Cambridge, MA.

45. Sloan, A P (1963) *My Years with General Motors*, Sedgewick & Jackson, London.

46. Wheelen, T and Hunger, D (1992) *Strategic Management and Business Policy*, Addison-Wesley, Reading, MA.

47. Porter, M E (1980) Op. cit. and (1985) Op. cit.

48. Rumelt, R, Schendel, D and Teece, D (1991) 'Strategic management and economics', *Strategic Management Journal*, 12, pp5–29. This contains an extensive and valuable review of this area.

49. Bowman, E H and Helfat, C E (2001) 'Does corporate strategy matter?' *Strategic Management Journal*, Vol 22, pp1–23.

50. Ansoff, 1 (1968) 'Toward a strategy theory of the firm', in Ansoff, I (ed) (1969) *Business Strategy*, Penguin, Harmondsworth, p39.

51. Porter, M E (1980) Op. cit.

52. Seth, A and Thomas, H (1994) 'Theories of the firm: implications for strategy research' *Journal of Management Studies*, Vol 31, pp165–191.

53. Ohmae, K (1983) *The Mind of the Strategist*, Penguin, Harmondsworth.

54. Wilks, S (1990) *The Embodiment of Industrial Culture in Bureaucracy and Management*, quoted in Whittington, R (1993) Op. cit., p160.

55. But problems remain: see Luce, E (2002) 'Investment in India "riddled with obstacles"', *Financial Times*, 19 March, p14.

56. See, for example, the leading article in the *Financial Times Survey on Singapore*, 24 Feb 1995.

57. Hamet, G and Prahalad, C K (1990) 'The core competence of the corporation', *Harvard Business School Review*, May–June. Their 1994 book *Competing for the Future* (Harvard Business School, Baston, MA) picks up many of the same themes.

58. Kay, J (1993) *Foundations of Corporate Success*, Oxford University Press, Oxford.

59. Hannan, G and Prahalad, C K (1990) Op. cit.

60. Kay, J (1993) Op. cit.

61. Hamel, M T and Freeman, J (1988) *Organisational Ecology*, Harvard University Press, Cambridge, MA.

62. Mintzberg, H (1987) Op. cit.

63. Mintzberg, H (1994) 'The fall and rise of strategic planning', *Harvard Business Review*, Jan–Feb, pp107–14.

64. Drucker, P (1967) Op. cit., Ch9.

65. Slack, N, Chambers, S, Harland, C, Harrison, A and Johnston, R (1995) *Operations Management*, Pitman Publishing, London, p812.

66. Williams, K, Haslam, C, Johal, S and Williams, J (1994) Op. cit., Ch7.

67. Slack, N, Chambers, S, Harland, C, A and Johnston, R (1998) *Operations Managements*, 2nd edn, Pitman Publishing, London, is a comprehensive text, clearly written and presented. This book explores manufacturing strategy issues in further detail. Another text is the book by Hill, T (1993) *Manufacturing strategy*, 2nd edn, Macmillan, Basingstoke. This is a clear, basic text that is well referenced and directed at exploring strategic management issues.

68. Hamel, G and Prahalad, C K (1994) *Competing for the Future*, Harvard Business School Press, Boston, MA.

69. Wernerfelt, B (1984) 'A resource–based view of the firm,' *Strategic Management Journal*, 5(2), pp171–80.

70. Peteraf, M A (1993) 'The cornerstones of competitive advantage', *Strategic Management Journal*, 14, pp179–81.

71. Dierickx, I and Cool, K (1989) 'Asset stock accumulation and sustainability of competitive advantage', *Management Science,* 35, pp1540–51.

72. Kay, J (1994) *Foundations of Corporate Success*, Oxford University Press, Oxford.

73. Nonaka, I (1991) 'The knowledge–creating company', *Harvard Business Review*, Nov–Dec.

74. Priem, R L and Butler, J E (2001a), 'Is the resource–based view a useful "view" for strategic management research?', *Academy of Management Review*, January, Vol 26, No 1 and Priem, R L and Butler, J E (2001b), 'Tautology in the resource–based view and the implications of externally determined resource value: further comments', *Academy of Management Review*, January Vol 26, No 1, pp1–45.

75. Helfat, C, Finkelstein, S, Mitchell, W, Peteraf, M A, Singh, H and Teece, D J (2007) *Dynamic Capabilities: Understanding Strategic Change in Organizations*, Blackwell, Oxford, UK.

76. For a useful and accessible review, see Dixit, A K and Nalebuff, B J (1991) *Thinking Strategically*, W W Norton, New York. In addition to the references in Chapter 15, it is important to note that writers like Professor Michael Porter also employed game theory in their work without specifically discussing its theoretical background. See Chapter 3 for references to Porter.

77. Eisenhardt, K M (2002) 'Has the strategy changed?' *MIT Sloan Management Review*, Vol 43, No 2, pp88–91.

78. Inkpen, A C (2001) 'Strategic alliances' in: Hitt, M A, Freeman, R E and Harrison, J S (eds) *Handbook of Strategic Management*, Oxford University Press, Oxford.

79. Child, J and Faulkner, D (1998) *Strategies of Co–operation: Managing Alliances, Networks and Joint Ventures*, Oxford University Press, Oxford.

80. Lafontaine, F (1999) 'Myths and strengths of franchising', *Financial Times Mastering Strategy*, Part Nine, 22 November, pp8–10.

81. Dyer, J H, Kale, P and Singh, H (2001) 'How to make strategic alliances work', *MIT Sloan Management Review*, Vol 42, No 4, pp37–43.

82. References for Subway case: Subway web pages 2005 – www.subway.com – (Incidentally, give a clearer idea of the business formula than is possible in a short case); Biddle, R (2001) *Forbes Magazine*, 9 March; web franchise site – www.entrepreneur.com.

83. Hall, R C and Hitch, CJ (1939) 'Price theory and business behaviour', *Oxford Economic Papers*, 2, pp12–45, quoted in Whittington, R (1993) Op. cit.

84. Henderson, B (1989) 'The origin of strategy', *Harvard Business Review*, Nov–Dec, pp139–43.

85. Williamson, O (1991) 'Strategising, economising and economic organisation', *Strategic Management Journal*, 12, pp75–94.

86. Hannan, M T and Freeman, J (1988) Op. cit.

87. Whittington, R (1993) Op. cit., p22.

88. Pascale, R (1990) *Managing on the Edge*, Viking Penguin, London, p114.

89. Gleick, J (1988) Chaos, Penguin, London.

90. Miller, D and Friesen, P (1982) 'Structural change and performance: quantum versus piecemeal –incremental approaches', *Academy of Management Journal*, 25, pp867–92.

91. Strebel, P (1992) *Breakpoints*, Harvard Business School Press, Boston, MA. A summary of this argument appears in De Wit, B and Meyer, R (1994) Op. cit., pp390–2.

92. Stacey, R (1993) *Strategic Management and Organisational Dynamics*, Pitman Publishing, London.

93. Miller, D and Friesen, P (1984) *Organisations: A Quantum View*, Prentice Hall, Englewood Cliffs, NJ.

94. Cyert, R and March, J (1963) Op. cit.

95. March, J and Simon, H (1958) Op. cit.

96. Nelson, R and Winter, S (1982) *An Evolutionary Theory of Economic Change*, Harvard University Press, Cambridge, MA, p34.

97. Nelson, R and Winter, S (1982) Ibid.

98. Mintzberg, H (1987) 'Crafting strategy', *Harvard Business Review*, July–Aug, pp65–75.

99. Quinn, J B (1980) *Strategies for Change: Logical Incrementalism*, Irwin, Burr Ridge, MN.

100. Senge, P M (1990) Op. cit.

101. Mintzberg, H (1994) Op. cit.

102. Major writers in this area include: Kay, J (1993) *Foundations of Corporate Success*, Oxford University Press, Oxford, Chapter S. Professor Kay also reviews the earlier work of Professor David Teece – see references at the end of Chapter 5. For a more recent view, Markides C A (2000) *All the Right Moves*, Harvard Business School Press, Boston, MA.

103. Nonaka, I and Takeuchi, H (1995) *The KnowledgeCreating Company*, Oxford University Press, Oxford. See also Davenport, T H and Prusack, L (1998) *Working Knowledge,* Harvard Business School Press, Harvard, MA.

104. See, for example, the opening paragraph of the textbook by Hitt, M A, Ireland, R D and Hoskisson, R E (2003) *Strategic Management: Competitiveness and Globalization Concepts*, Thomson, South Western, Fifth Edition, p7.

105. See, for example, the writings of Professors John Kay and Charles Handy referenced elsewhere in this chapter.

106. Rapaport, A (1986) *Creating Shareholder Value: The new standard for business performance*, The Free Press, New Yourk, Ch 1. An extract from the opening chapter of this book is also contained in De Wit, R and Meyer, R (1998) *Strategy: Process, Content and Context*, 2nd edn, International Thompson Business Press, London.

107. Handy, C (1997) 'The citizen corporation', *Harvard Business Review*, September–October, pp26–28.

108. References for African Mobile Telecoms case: *Financial Times*: 21 August 2001, p12; 30 October 2002, p16; 27 November 2003, p12; 4 November 2005, p19; 13 February 2006, p2 Digital Business Supplement; 3 May 2006, p28; 8 May 2006, p10; 13 June 2007, p7; 4 September 2007, p1; 9 October 2007, p16; 24 October 2007, p21; 29 November 2007, p26. *The Economist*: 28 October 2006, p93.

109. Mintzberg, H (1990) 'The Design School: Reconsidering the basic premises of strategic management', *Strategic Management Journal*, as adapted by De Wit, R and Meyer, B (1994) Op. Cit., p72.

第二部分 公司战略关键问题

战略分析及目标

战略管理的常规性方法和突发性方法都研究了组织适应环境的能力，环境包括它的客户、供应商、竞争对手、合作伙伴以及社会和经济因素对公司运营的影响。这些都是战略流程中的重要因素。本书的这一部分将介绍分析组织环境和资源的基本工具和框架。

此外，如果没有树立组织目标，就无法进行战略管理。在对组织环境和资源的分析的基础上，本书这一部分将探讨组织的方向。这一部分有两章从常规性观念，再到突发性方法来探索组织目标。

有些战略学家认为在对组织的环境和资源进行分析前，应先考虑组织的目标。但本书不采用这种方法。对于目标的现实观点应该将组织的外部环境和可获得的资源考虑在内，它们形成了组织的目标。也就是说，目标是在对环境和资源分析后设定的。

常规战略流程

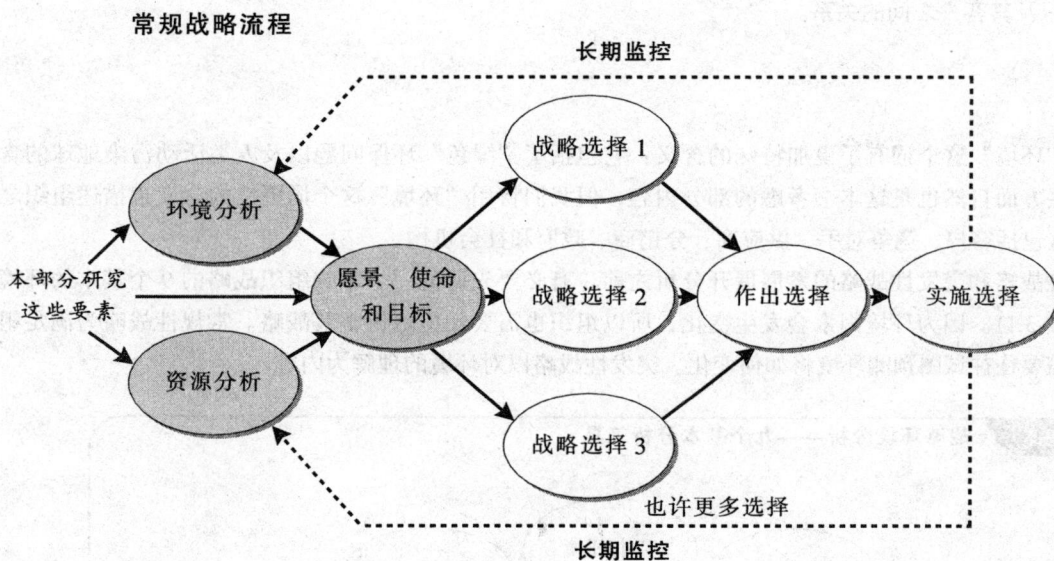

突发战略流程

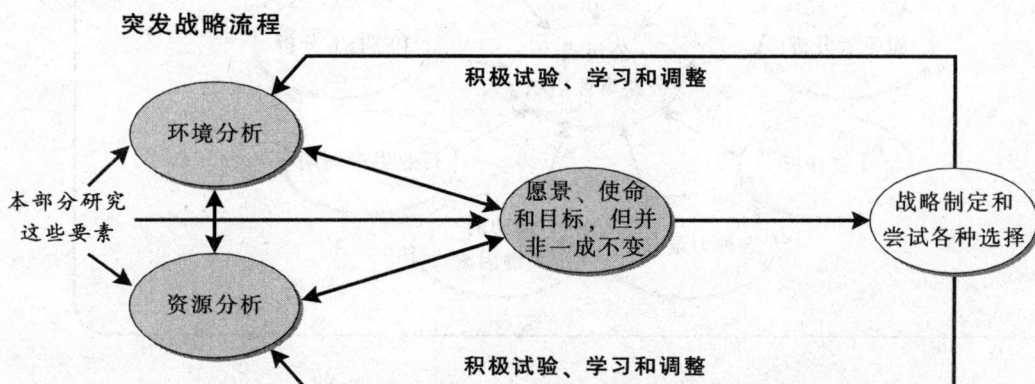

战略环境分析

Analysing The Strategic Environment

学习目标

在学完本章后，你应该能够：

- 解释组织环境研究非常重要的原因；
- 概括出组织所受到的主要环境影响并叙述常规性方法和突发性方法的变化程度；
- 了解 PESTEL 分析对组织的一般性影响；
- 理解市场增长和市场循环周期对战略管理的意义；
- 找出企业业务成功的关键因素；
- 明确 5 种力量分析对组织产生的特殊影响；
- 实施组织合作伙伴的 4 链分析；
- 对竞争对手描述并识别出竞争对手的优势；
- 研究组织及其客户之间的关系。

引言

近年来，"环境"这个词有了更加特殊的含义：它包括了"绿色"环保问题以及人类活动污染地球的含义。当然，这些方面自然也是这本书考虑的部分内容，但我们将用"环境"这个词更广的含义来描述组织之外的人和物，这包括客户、竞争对手、供应商、分销商、政府和社会机构。

在对常规性战略和突发性战略的发展展开分析之前，有必要先研究一下影响组织战略的9个基本的环境分析工具（见图3.1）。因为环境因素会发生变化，所以组织也需要相应地调整其战略。常规性战略为满足组织未来竞争的需要往往试图预测环境将如何变化。突发性战略以对环境的理解为内容。

图 3.1　战略环境分析——九个基本分析工具

案例研究 3.1　指环王的战略协商

在好莱坞竞争激烈和高风险的制片环境中，分析那些有能力完成影片的人士相当重要。本案例探究了有史以来最赚钱的一部电影的战略环境——这一交易和这部电影是怎样差一点就失败了的。

背景

这是电影历史上最大的一次博弈——花费 30 亿美元来拍一部史诗魔幻电影，而导演是一位几乎不知名，并且从来没有过好莱坞大片拍摄经历的人。而且，他是在 7000 英里以外来做这件事情，所以制片人们对于那里所发生的一切几乎无法控制。

近来从大量的例子中可以看到，一部看起来似乎肯定能火的大片最终遭遇滑铁卢，给制片商留下巨额债务——比如《水世界》、《天堂之门》，等等。但是，无论如何《指环王》在第一年仍获得了 50 亿美元的票房，并且获得了 4 项奥斯卡奖。人们很容易就会忘记拍摄这部电影的风险以及那些在开始进行拍摄第一个镜头之前所必须进行的反复的战略谈判。

对于彼得·杰克逊这位新西兰导演和他的经纪人, IGM 的肯·卡敏思(Ken Kamins)来说，《指环王》是一个险些就看不到天日的艰难作品。

竞争环境

当杰克逊和卡敏思 1995 年开始制作电影的时候，他们首先必须获得 JRR·托尔金（JRR Tolkien）的《友谊之戒》、《双塔奇谋》、《王者归来》的小说版权。制片人萨乌·兹安特兹（Saul Zaentz） 30 年前就从托尔金教授那里买下了版权，据称花了 15 000 美元，而他并没有要卖出的意思。而这个时候，杰克逊仅仅是因为他的低成本恐怖电影，比如《新空房禁地》（Brainhead）而稍有名气。但是，1995 年，他的 350 万美元投资的电影《罪孽

美国好莱坞的室外广告。即使是在谈判和实施战略之后，促销电影也是十分重要的。

天使》（Heavenly Creatures）为他赢得了奥斯卡的最佳编剧提名，这样，他就有了与迪斯尼有关联的独立工作室米拉麦克斯（Miramax）的总裁哈维·古德斯汀（Harvey Goldstein）接触的机会。于是，杰克逊和卡敏思就接近米拉迈克斯，试图说服他们拍摄《指环王》。

"当我们告诉哈维，萨乌持有版权的时候，他立刻就表现出了热情，"卡敏思说，"因为他曾经在《英国病人》这部电影中帮助过萨乌（米拉迈克斯在新闻集团福克斯公司开始拍摄前放弃这部电影的时候接手）。这就使得哈维从人情上有理由提出要求。但是，这件事情同时也并非是慈善事业。萨乌给哈维开了个好价钱——我听说大约是 300 万美元。"

新的谈判问题

获得电影版权之后，米拉麦克斯公司的老板让杰克逊和他的合作伙伴弗兰·威尔士（Fran Walsh）开始分别进行两部分剧本的改编工作，两部分都将要陆续拍摄完成。而制作调研也在新西兰开始了。正当一切似乎进展顺利的时候，另一个问题出现了。"很快，米拉迈克斯发现这将是一个非常昂贵的作品。"卡敏思说，"也许要比迪斯尼限定他们投入的范围昂贵很多。于是哈维到迪斯尼询问是否他们还想要一个合作伙伴。迪斯尼回答说不，于是米拉迈克斯开始担心成本问题了。当然他们开始问一些很明了的问题：如果第一部电影拍得不好结果会怎么样？"

面临着这样一个高风险和昂贵的项目，韦恩斯汀（Weinstein）开始要求杰克逊把三部曲拍成一部不超过 3 小时的电影。杰克逊拒绝了，同时，他和卡敏思开始接触另外一家电影公司寻求投资这一项目。韦恩斯汀于是同意了，尽管他同时还提出了一些非常苛刻的条件。卡敏思说："我们只有三个星期到其他地方布景。哈维还要求米拉迈克斯已经在制作上投入的 1200 万美元要在合同签订后的 72 小时之内还清。这样的做法在电影行业中来说是极为罕见的。通常，电影公司只不过要向前个电影公司付 10%的期权，或者一旦电影完成他们会就电影的预算制定出一份合约。最重要的是，他和一位合伙人坚持毛利的 5%，而不管最终这会是一部电影还是两部，甚至 8 部。"

如履薄冰的合约

要在 3 个星期内找到另外一家电影公司，杰克逊和卡敏思决定做两件事情。当卡敏思开始把两部改编的电影剧本给好莱坞的各家电影公司看的时候，杰克逊飞到新西兰用自己的 5 万美元制作完成了一部纪录片。这么做的原因是，不管是否有电影公司感兴趣，这一纪录片都会展现出米拉迈克斯的 1200 万美元花到了哪里，而且最重要的是要告诉大家为什么杰克逊会是这部电影最合适的导演。但是卡敏思几乎没有进展——除了两家公司，新院线（New Line）和宝丽金（Polygram），所有电影公司都拒绝了他。宝丽金在最后时刻退出了："所以我们意识到新院线是我们在沙漠里最后的一滴水，而他们并不知道这些。"卡敏思说。

在新院线他们的运气不错。杰克逊的老朋友，马科·奥德斯盖（Mark Ordesky）是决定性人物之一。于是新院线问："为什么你们要制作两部电影？这是 3 本书，应该是 3 部电影。"谈判于第 2 ▶

天开始。很多该行业的人都质疑这一决定的合理性，尤其是要制作3部电影，而不是2部。"但是彼特的演示表明，他对这部电影有着绝对强悍的控制能力……人们可能会对在电影行业中，在很脆弱的基础上一些此类的合约怎么能达成感到惊奇。"

到2002年，美国在线时代华纳公司被认为投资了一个电影历史上最大的烧钱影片。新院线和它的分销商们按照《星球大战》的模式在全世界进行销售，并且在各种各样的平台利用这一品牌名称——DVD、可视游戏、互联网、各种各样的商品。游戏开始了。

很大程度上由理查德·林奇改编自卡特加·霍夫曼（Katja Hofmann）发

表在2002年3月9日的 *FT Creative Business* 第10页的文章。ⓒ 2002 金融时报。保留所有权利。获得改编许可。

案例问题

1. 在这种战略环境中，谁有讨价还价的权力？谁有合作权力？找出并分析各方——3.7和3.8节中的概念可能会对你有所帮助。
2. 在分析本章的战略环境的时候，可以利用哪些有用的战略概念？不能利用哪些？为什么？
3. 如果说在商业决断的时候风险和评估都是重要的，那么能否采用既定战略分析？

3.1　研究竞争环境

3.1.1　为什么竞争环境研究非常重要

定义▶　　在战略研究中，环境就是组织外部的所有事物：竞争者、客户、供应商及有影响力的机构，如当地政府和中央政府，等等。战略家们一致认为在公司战略发展中，了解竞争环境是一个基本要素。然而，研究组织环境非常重要是由于三方面的原因：首先，大多数组织要与其他组织展开竞争，比如，像《指环王》这样的电影就要与其他的电影竞争获得制片公司的预算——参看案例3.1。因此，研究环境可以为组织提供一些竞争信息，从而组织可以以此来发展持续竞争优势[1]。可持续性竞争优势是竞争对手很难模仿的优势。其次，大多数组织会看到的可利用的机会以及同时所要面对的风险[2]。比如，《指环王》三部曲就曾被一些电影公司认为是风险大于机会。这些机会和威胁不仅仅来自竞争对手，还来自政府决策、技术变化、社会发展以及其他因素。最后，由于社会网络和其他关联关系会产生持续合作关系。比如，彼得·杰克逊在《指环王》最后进行谈判的时候得到了老朋友马科·奥德斯盖的帮助。这样的关系可能会通过彼此的支持增强组织在环境中的力量。

但如果要确定组织的战略管理和环境之间的联系，就要克服三个难题：

1. 常规性方法和突发性方法之争。关于不同战略管理流程问题的讨论首先在本书第一部分已经做了研究。一些持常规性观点的战略家认为，尽管存在各种各样的不确定性，但许多市场环境还是可以预测的。而另一些（但不是所有）持突发性观点的战略家认为环境是混乱无序的，以至于预测通常是不准确而且是没有意义的，每一种解释都针对该基本主题提出了完全不同的观点。3.2节将会进一步研究这个难题。
2. 不确定性。无论接受哪种预测观点，所有的战略家都认为环境是不确定的。新战略必须能够应对各种无法预料的事件，而且在发展战略的过程中还要克服出现的各种困难。例如在案例3.1中，对于投资《指环王》这样一部的电影所要承担的风险过高，几乎没有制片公司乐于投资。
3. 影响的范围。至少在理论上是可以想得到的，即组织环境的每一个要素都可能会影响到公司战略。解决由所有这些要素造成的问题的一个方法可能就是把每一个要素都罗列出来龙去脉。然而，这可能是一个战略性错误，因为无论组织还是个人都会发现列出并应对每一个要素是相当困难的。在战略管理中，如果不分主次地列出所有可能出现的情况就不具任何意义了。一个比较好的解决方案是找出影响行业成功的关键因素。然后针对这些要素进行环境分析。本章先简要地概述此问题，第6章会深入研究这些问题。

3.1.2　环境分析的主要要素

为了分析组织环境并解决3.1.1节中提出的三个难题，可以采用某些特定的基本分析程序（见表3.1）。

3.1.3　主动结果与被动结果的差异

在分析环境时，有必要认识一下分析会产生的两类结果之间的差异。

阶段	技术	阶段成果
1. 环境基础——定义并分析环境特征（见 3.2 节的内容）	评估一些与环境相关的基本要素： ● 市场定义和规模 ● 市场增长 ● 市场份额	基本战略分析： ● 确定战略机会的范围 ● 构建未来成长要素 ● 开始形成市场竞争
2. 考虑环境紊乱程度（参看 3.3 小节）	一般分析： ● 变化：快还是慢？ ● 未来是重复性的还是新奇的？ ● 可预测的还是不可预测的？ ● 对组织的影响是复杂的还是简单的？	一般战略结论： ● 环境混乱无序，以至于无法作出有用的预测？ ● 组织的机会和所面临的威胁是什么？
3. 影响竞争环境的背景因素（见 3.4 节的内容）	PESTEL 分析和情景分析	● 识别关键影响力 ● 预测，如果可能的话 ● 理解事件之间的关联性
4. 分析市场成长阶段（见 3.5 节的内容）	行业生命周期	● 识别成长阶段 ● 分析战略影响 ● 识别成熟阶段、生产过剩阶段和周期性问题
5. 影响行业的特殊因素：什么导致成功？（见 3.6 节的内容）	成功关键因素分析	● 识别战略相关因素 ● 关注战略分析和发展
6. 影响行业均衡竞争力的因素（见 3.7 节的内容）	五种力量分析	● 竞争力的静态和常规性分析
7. 影响行业合作的特殊因素（见 3.8 节的内容）	四种关联关系分析	● 研究分析组织当前和未来有可能与谁合作 ● 网络分析
8. 影响直接竞争对手的特殊因素（见 3.9 节的内容）	竞争对手分析和产品组合分析	● 竞争对手描述 ● 相关市场力量分析
9. 客户分析（见 3.10 节的内容）	市场和细分市场分析	● 针对当前和潜在客户所制定的战略

表 3.1 环境分析的 9 个基本阶段

1. 主动结果。环境分析将会识别出正面的机会或者负面的威胁，然后组织会制定积极主动的战略去适应外界环境。例如，在发现新的市场机会后，电影制片商可能会联合起来共同注资合作。
2. 被动结果。环境分析可能会突出战略变革的重要性，当变革发生时，组织只能被动地应对变化。例如，欧盟对文化产品的内容和投资的立法就可能会影响欧洲电影业的战略活动。

需要对这两种类型进行分析，它们各自的战略含义不相同。

关键战略原则

● 环境分析之所以重要是因为，它有助于建立持续竞争优势、识别机会和威胁以及提供组织与其他组织进行生产合作的机会。
● 在研究环境时会遇到三个难题：环境分析应该使用哪种方法；不确定性；应对各种各样环境所造成的影响。
● 环境分析可以用来提供一个主动战略结果，也可以指出一个需要给予关注的被动战略情形。

3.2 战略环境基础

为了进行环境分析，有必要明确一些基本的要素，在学术概念当中这些要素可能会被忘记，但是它们对于环境的战略分析是十分必要的[3]。可以把这些基础要素分为三个部分：

1. 市场定义和规模
2. 市场增长
3. 市场份额

3.2.1　市场定义和规模 [4]

在分析战略环境的时候，大多数的组织都希望找到一个基本问题的答案：市场规模有多大？回答这一问题是十分重要的，因为这会有助于定义战略任务。人们通常以年销售量来定义市场。从战略的角度来说，一个"大"的市场往往要比"小"市场要更富吸引力。对于"大"和"小"需要仔细分辨——比如，对《指环王》的导演彼得·杰克逊来说，"大"的市场机会可能是 2 亿美元——参看案例 3.1；对于最终投资该部电影并且有很多其他电影投资的华纳兄弟来说，一个大的机会可能就意味着 10 亿美元。尽管如此，尝试评估战略机会还是十分必要的。

衡量市场规模带来了一个问题——如何来定义"市场"。比如，被冠以魔幻电影之称的《指环王》的年市场销售额是不是价值 5 亿美元？或者说，每年所有探险电影的市场，包括《指环王》以及其他的电影，如詹姆斯·邦德系列和克林特·伊斯特伍德（Clint Eastwood）的电影值 100 亿美元吗？答案也许要取决于客户以及其他产品作为替代品的程度。尽管一些市场定义似乎看上去很明显——比如，"冰激凌市场"的定义看上去似乎很清晰，但仍需要谨慎对待：也许别的小食品可能会替代冰激凌，所以也应该被包含在这个定义里呢？

3.2.2　市场增长

在评估市场规模的时候，人们还常常会估计市场在之前的一段时期里，通常是前一年当中增长了多少。从战略的观点来说，市场增长的重要性与组织的目标有关。一个希望能够迅速成长的组织可能更容易受到一个增长迅速的市场的吸引。很明显，任何这样的预计都需要受到以上关于市场的定义的影响。

3.2.3　市场份额

尽管一些战略学家并不认同，但通常较大的市场份额被认为是战略上有益的 [5]。原因在于一个较大的市场份额可能使其影响价格，也可能会通过规模效应降低成本，从而增加获利性 [6]。很明显，这里有一个关于定义的问题——参看 3.2.1 节。但从战略的观点来说需要对市场份额作出一定程度的预计。在实践中，占有一定的市场份额可能很困难——比如，2002 年《指环王》的市场份额取决于其在发行之后的几个星期内的高票房和是否最受欢迎——但这也可能并不重要。从战略的角度来说，重要的是，《指环王》这部电影在细分电影市场中占有巨大份额。同理，还需要明确那些重量级的市场占有者所占有的市场份额——比如说，向住户供应家庭生活用水的公司所占有的市场份额，但并不需要准确地计算出其份额。第 4 章和第 14 章将会深入探讨这一问题。

关键战略原则

- 在开始进行环境分析的时候，有必要对市场的定义和规模、市场增长和市场份额作出一个基本的估计。
- 对市场的定义是十分重要的，因为这会决定战略机会的大小和规模。对市场的定义受到客户的想法以及可替代产品可得性的限制。
- 通常任何战略分析都会在初期对市场增长进行预计，因为这对于组织的增长目标来说相当重要。
- 通过对市场份额的基本估计，我们可以知道一个组织在这个市场上是否占有相当的份额。这也是分析其战略意义的起点。

3.3 分析环境的紊乱程度 [7]

在研究环境的问题时，有必要先来分析组织周围的基本情况。但要特别注意导致战略变化的因素的强度和性质，即环境的动态性。这样分析的一个重要原因是，如果这些因素异常混乱无序会使得本章后面讨论的一些分析过程，如波特的"5 种力量"变得异常困难。另一个原因就是环境的特征可能会影响组织在应对这些变化中所使用的方法。

可以使用两项指标来评估组织周围环境的影响力：

定义►
1. **可变性——环境发生变化的可能性。**例如，液体牛奶市场的变化程度较低，但是互联网行业的变化程度较高。

定义►
2. **可预测性——在多大程度上可以预测到这些变革。**例如，移动电话市场上的变革在一定程度上是可以预测到的，但是生物基因市场上存在许多不确定性。

以上每一项指标都可以进一步细分。可变性就包括：

- 复杂性——组织所处的环境受各种因素影响的程度，如国际化和技术、社会和政治因素。
- 新奇性——组织所处的环境给组织带来新情况的可能性。

可预测性可以进一步细分为：

- 环境的变化速度（从慢到快）。
- 未来的可见度，它是指在预测未来形势时信息的可获得性以及有用性。

以这些要素为基础，就可以对环境进行分类并提供紊乱程度的等级（见表 3.2）。

表 3.2 评估环境的动态性

环境的紊乱程度		重复性	扩张性	变化性	不连续的	令人惊异的
可变性	复杂程度	国家范围	国家范围	区域性	区域性	全球经济
	对事件的熟悉程度	熟悉	可推断		不连续熟悉	不连续新奇
可预测性	变革的速度	比被动反应速度更慢		与被动反应速度相似		比被动反应速度更快
	未来的可见性	重复发生	可以预测	可以预言	部分可预测	不可预测令人惊奇
紊乱程度		低 1	2	3	4	5 高

资料来源：Ansoff,本人和 McDonnell E：Implanting Strategic Management, FT Prentice-Hall.

当紊乱程度较低时，就可能准确地预测未来的发展趋势。例如，像华纳兄弟这样的电影公司就有可能利用它们在全世界的电影观众的数据，以及国际经济数据来预测未来不同种类的电影的需求。

当紊乱程度较高时，类似的预测将没有什么意义。这时影响组织的可变性指标的许多复杂的因素以及新奇事物就会出现在市场上。例如，新的服务、新的供应商、新的思想、新的软件以及新的支付系统都会随着互联网而同时出现。因此，在混乱度很高时，对发展过程特定结果的预测实际上是不可能的。

如果紊乱程度很高，一些战略家称之为"超竞争性"[8]，那么就很难进行环境分析，这时利用本章后边小节推荐的分析方法时就需要慎重。然而，对于快速变化的市场情况，包括互联网，努力去了解影响组织的主要环境因素至少是有益的。这时你可能无法作出正式的预测，但是它肯定会帮助你识别一些最重要的因素。第 5 章战略动态将探讨如何应对环境。

关键战略原则

- 在分析环境时，有必要先从环境的紊乱程度的一般性分析入手。如果紊乱程度高，那么就很难作出预测，而且在发展战略中所使用的常规性方法也会受到影响。
- 这里有两种紊乱程度衡量指标：可变性，也就是说环境发生变化的可能性；可测性，也就是说在多大程度上可以预测到变革。
- 这两项指标都可以再进一步细分：可变性可以分解为复杂性和新奇性；可预测性可以分解为变化速度和未来的可见性。所有这些因素都可以用于紊乱程度研究。

3.4 一般环境分析

在分析组织周围的环境因素时，可以使用两种技巧来研究一般环境：PESTEL 分析和情景分析。

3.4.1 PESTEL 检查表

显而易见，可用来进行组织分析的简单规则并不存在。每一种分析方法都需要与特定的组织联系起来。

定义▶ 然而，这个分析过程有必要从一个列表入手——常被称为 **PESTEL 分析，即环境的政治 (P)、经济 (E)、社会文化 (S)、技术 (T)、环境 (E) 以及法律 (L) 因素。**文本框 3.1 列出了在进行 PESTEL 分析时可能需要考虑到的一些主要方面。

评语

重要的是，PESTEL 检查表没有什么逻辑性，并不像其他的战略环境概念，就如上述的紊乱程度或市场份额以及增长分析。PESTEL 检查表只是一个用来提示的列表，可以有选择地使用。

文本框 3.1

PESTEL 分析方法列表

未来政治形势
- 本地、国家与欧洲联盟或区域贸易联盟
- 立法，如税法和劳动法
- 政府与组织的关系（在某种程度上可能会影响到以上项目，并成为未来战略管理的一部分）
- 政府对行业占有情况以及对待垄断和竞争的态度

未来社会文化形势
- 价值观和文化变迁
- 生活方式的改变
- 对待工作和休闲的态度
- "绿色"环保问题
- 教育和健康
- 人口变化
- 收入分配

未来经济形势
- GDP 总值和人均 GDP
- 通货膨胀
- 消费者的消费水平和可支配收入
- 利率
- 币值波动和汇率

- 国家、私企和外国公司的投资情况
- 周期性
- 失业率
- 能源成本、运输成本、通信成本、原材料成本

未来技术形势
- 政府和欧盟投资政策
- 已出现的新的研究趋势
- 新专利和新产品
- 变革速度以及新技术应用
- 组织竞争对手在研发方面的投资水平
- 可以利用的不相关行业的技术发展

未来环境形势
- 影响环境的"绿色"问题
- 能源消费的水平和类型，如再生能源
- 垃圾、废料及其处理方式

未来法律形势
- 竞争法和政府政策
- 就业法和安全法
- 产品安全问题

　　和许多列表一样，PESTEL 分析既可以用于个人，也可以用于团体。把所有可以想到的项目都罗列出来是没有多少价值的。因为这表明在战略流程中缺乏认真的思考和逻辑分析。最好有三四个经过认真思考，并经过事实研究和证明的因素。这样做比罗列出一长串内容要好得多。这就是为什么本书不推荐一些附带简短说明的加减符号之类的规则，尽管这样做将会为读者提供一个有益的总结。

　　对于持常规战略观点的战略家来说，尽管在 PESTEL 分析中的项目依赖于过去发生的事件和经验，但这种分析方法还是可以用来预测未来。虽然过去已经成为历史，而且战略管理关注的是未来的行动，但是公司在预测未来时还是要从过去发生的事件中寻求依据。常规战略学家认为这样做是值得的，因为许多新的重大投资都要以此为潜在的假设条件。例如，华纳兄弟投资数百万美元拍摄《哈利·波特》第一辑的时候所作的假设就是魔幻电影在市场上将仍受欢迎；这项预测也许完全可以通过一个结构化的 PESTEL 分析来完成，尽管结果是很难预测到的。

　　持突发性战略观点的战略家可能认为未来是如此不确定，以至于任何预测都是没有价值的。如果坚持这种观点，那么在解释过去发生的事件和它们之间的关系时利用 PESTEL 分析将会得到不同的结果。实际上，一些持突发性战略观点的战略家认为要小心谨慎，但还是要对将来作出预测。例如，持突发性战略观点的著名战略家 Herbert Simon 在 1960 年所写的一篇轻狂的文章中预言，"到 1985 年，我们将拥有利用机器运营公司的技术能力"[9]。持突发性战略观点的战略家认为在一些变化快速的市场上进行预测毫无价值，这一观点是正确的。如果合理地利用，PESTEL 分析方法在战略管理中将会起一定的作用。

3.4.2　政府角色分析

　　虽然在 PESTEL 分析列表中出现了"政治"这个词，但是它并未充分说明政府在战略发展的某些领域中的重要性。在政府政策层面，政治和经济是不可分割的。战略管理与政策制定无关，但是，战略管理需要考虑政策的影响。政府会刺激国家经济，鼓励新的研究项目，开征新税，并推行许多方案，影响组织公司战略的制定。要分析这些影响因素，就有必要搞清楚三个领域：国家环境、政府体系及其政策。所有这些因素在 E–S–P 图框中进行了小结，见图 3.2。

图 3.2　E–S–P 范式：政府角色分析

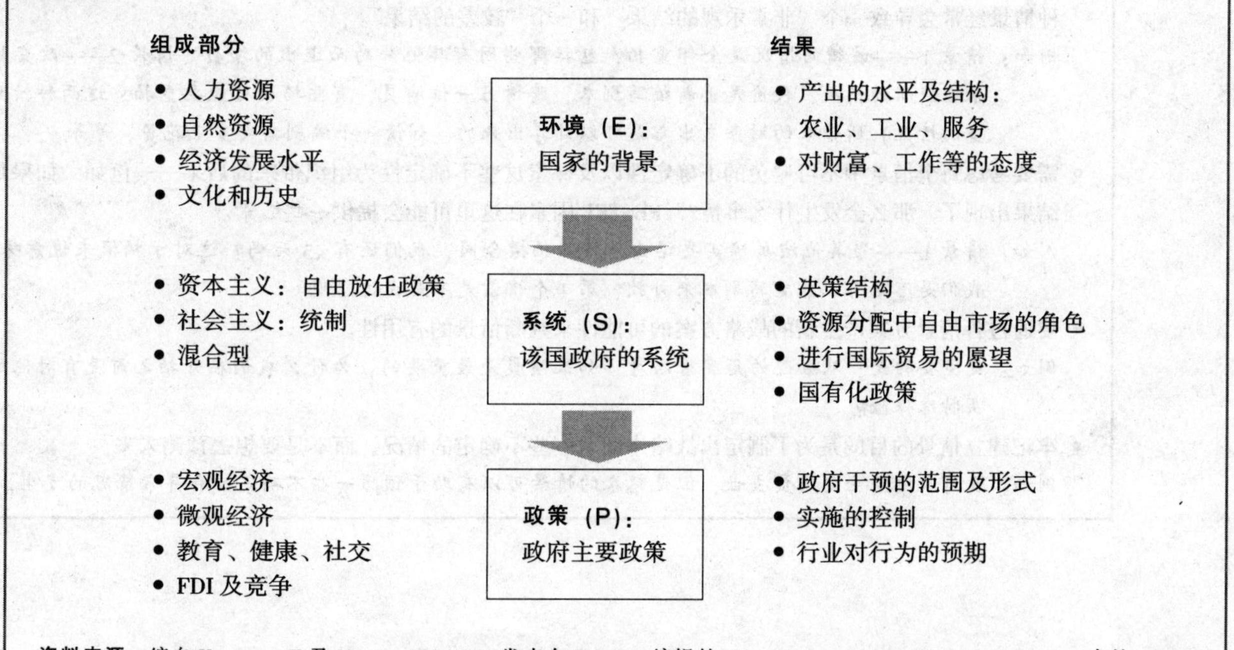

组成部分		结果
• 人力资源 • 自然资源 • 经济发展水平 • 文化和历史	**环境（E）：** 国家的背景	• 产出的水平及结构： 　农业、工业、服务 • 对财富、工作等的态度
• 资本主义：自由放任政策 • 社会主义：统制 • 混合型	**系统（S）：** 该国政府的系统	• 决策结构 • 资源分配中自由市场的角色 • 进行国际贸易的愿望 • 国有化政策
• 宏观经济 • 微观经济 • 教育、健康、社交 • FDI 及竞争	**政策（P）：** 政府主要政策	• 政府干预的范围及形式 • 实施的控制 • 行业对行为的预期

资料来源：编自 Koopman, K 及 Montias J M (1971)发表在 Eckstein 编辑的 Theoretical and Methodological approaches 中的 On the description and comparison of economic systems。加利福尼亚伯克利：加利福尼亚大学出版社。ⓒ加利福尼亚大学董事会。获得改编许可。

一般情况下，政治决策是工业发展的主要动因。因此，战略管理需要将由这些政策所带来的机会和困难考虑在内。对于政府所关心的其他领域，如公共开支、竞争政策和税收问题等，也需要进行分析。这些因素影响政府的决策，也会真正影响组织的战略：也许是因为组织是政府的顾客，也有可能是因为组织对政府的某些优惠政策，如税收，有很强的信赖性。最后，宏观经济条件，也就是国民经济的总体水平，对战略管理有着重大影响，所以，需要对其进行探讨和评估。

3.4.3 基于情景的分析

在基于情景进行分析时，情景就是组织未来可能会遇到的状况，通过此情景可以对组织的战略意义进行研究。比如可能会有这样的情景："如果到 2020 年宽带的发展使得人们可以在家里观看电影并且多维电影院的需求萎缩，那么会发生什么？这些对电影制片公司和连锁影院会造成怎样的影响？"

情景注重对未来的探索，而不是预测未来。预测是以当前形势为基础然后向将来推断。情景以不同的出发点，设计出不同的情形。它的目的不是预测而是去探索一系列的可能事件；通常是把一组事件聚集到一个情景之中，再分析这个组合体对战略的重要意义。然后组织分析其处理这些情况的能力，不一定是期待其发生。文本框 3.2 给出了关于情景发展的一些指导性建议。

文本框 3.2

建立情景的一些建议——以案例 3.1 中好莱坞大片为例

- 从一个与人不同的观点出发。例子可能会包括主要的竞争对手的立场、重大的技术变革、政府的巨大变化或者战争的爆发。

  例如：如果在拍摄过程中主要的男演员死了，会有什么样的结果？

- 定性地描述一组可能性发生的事件或者叙述事件的发展过程，这里通常不用定量的方案。

  例如：演员在第 45 天（计划拍摄时间为 90 天）的时候死了。媒体也在当天得到消息。制片人需要另找演员，但是，他面临的问题是，已经拍摄的镜头怎么办？是重拍？还是改变故事情节？还是另外创造一个角色？

- 通过建立两种或三种可能发生的情景来研究所描述事件的结果。超过三种情景的情况常常是很难处理的。两种情景经常会导致一个"非常乐观的结果"和一个"较差的结果"。

  例如：情景 1——最糟的情况是全部重拍，包括那些因有其他片约而退出的演员。情景 2——改变故事情节来适应新的情况，代价是重新编写剧本，聘请另一位演员，有些场景可能要重拍。这两种情形（或更多的情况）所带来的财务支出都是可以计算出来的，如请一个编剧需要多少花费，等等。

- 需要考虑每个情景中不可避免的不确定性以及探索这些不确定性为组织带来的后果——例如"如果最乐观的结果出现了，那么会发生什么事情？"PESTEL 因素在这里可能会提供一些线索。

  例如：情景 1——当其他演员确实要退出，按照拍摄合同，我们还有 45 天吗？这对于拍摄来说意味着什么？我们是不是可以靠重写剧本来补救？第 1 个情景是不是太过悲观？

- 要通过各情景方案产生新的战略方案的可能性来判断情景的有用性。

  例如：更重要的是，从激进的角度来思考，如果演员是最重要的，为什么我们在开拍之前没有对他的性命购买特殊保险？

- 牢记建立情景的目的是为了制定出战略来面对一些不确定的情况，而不是要想去预测未来。

  例如：没有人希望主要演员去世，但是想象的情景可以有助于预防一些不确定性和异常情况的发生。

关键战略原则

- PESTEL 分析——研究政治、经济、社会文化、技术、环境和法律因素——为一般环境分析提供了一个有利的着眼点。有必要从一般环境分析列表中筛选出重要因素然后深入研究，罗列出太多因素通常是没有意义的。
- 持常规性和突发性战略观点的战略家对 PESTEL 主要因素分析方法预测未来的价值有不同的看法。持常规性战略观点的战略家赞同这种方法，因为它们常常在许多事件中的一些重大战略决策中应用。持突发性战略观点的战略家认为环境的混乱无序使得该方法的价值有限。
- 在分析政府在战略方面的角色和影响时，ESP 图框，即环境、体系、政策分析法能够为此提供有价值的框架。政府政策的影响是构成战略的重要因素。
- 情景是对组织未来可能所处的环境的一种描述。以此为基础，组织再去研究战略的含义。它较少关注预测，更多的是考虑对未来发展的不同看法。其目的不是进行精确地预测，而是对事件发展的各种可能结果进行新的战略思考。

案例研究 3.2　生命周期对欧洲冰激凌市场的战略影响

一直到 2004 年，欧洲冰激凌市场发生了重大变革：一些细分市场已经相对成熟，而另一些细分市场还在高速增长。北美市场可能更为成熟，为更具优势的品牌细分。这个案例研究说明了由于行业革命，欧洲主要的细分市场是如何重组的（见图 3.3）以及这些细分市场的战略存在着什么差异。

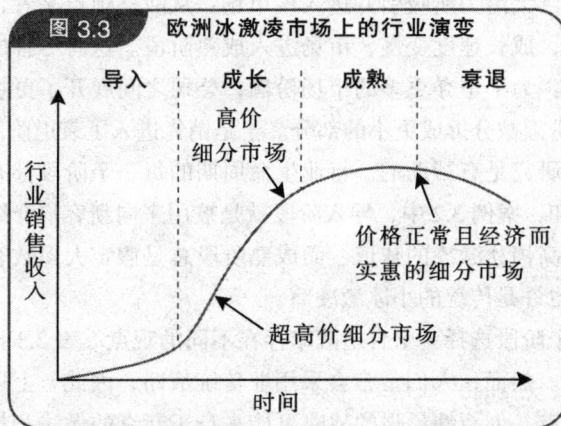

图 3.3　欧洲冰激凌市场上的行业演变

一些冰激凌产品——比如传统的盒装冰激凌——几乎不需要什么战略投资。一些冰激凌产品——比如哈根达斯和 Ben & Jerry's 的高端冰激凌是新进入市场的，需要重要的支持。

该市场可以分为 3 个不同的细分市场。

1. 超高价细分市场。以哈根达斯为代表。此时该公司还算早期的成长阶段，新的公司还在努力进入该市场，例如，美国的 Ben&Jerry 公司已经被联合利华收购，但是仍然在欧洲大陆市场上开展业务。该公司还采用了新的卡通形象推出新产品并定位为高价产品。

2. 高价细分市场。1989 年，高价细分市场由于出现高价格的火星冰激凌而获得重大发展。到 2000 年止，只有为数很少的新公司进入该市场。那些市场领导者已固定了冰激凌产品的基本品种；它们主要是在分销方式和品牌上展开战略竞争。

3. 价格正常且经济而实惠的细分市场。以联合利华散装的冰激凌为代表，它在欧洲市场上使用 Carte d'Or 商标来销售产品。这些细分市场已经存在了许多年，但还在继续以 5%~6% 的速度

增长（从某种含义上讲，这也可以认为是一个成长性市场）。这个细分市场还拥有其他众多的供应商，它们并非都是本国的，也不会是欧洲的。公司之间在价格上展开了激烈竞争。那些贴有自己商标的百货零售店的产品之间也存在着激烈的竞争。但相对来说，产品革新很少。

案例问题

1. 从行业生命周期的传统观点来看每一个细分市场应当采用什么样的战略（参考表 3.3）？
2. 以战略的非传统观点为出发点，你可能会怎样修改问题 1 确定的战略？

3.5　市场增长阶段分析

著名的战略作家、哈佛大学商学院的迈克尔·波特教授把行业生命周期描述为"预测行业演变的鼻祖"。它的基本假设就是，每一个行业，或者行业内部的一个细分市场都遵循4个发展阶段，每一个阶段对于战略

定义 ▶ 都有特定的含义——参看案例 3.2。这 4 个主要阶段可以简单描述为导入、成长、成熟和衰退，如图 3.4 所示。

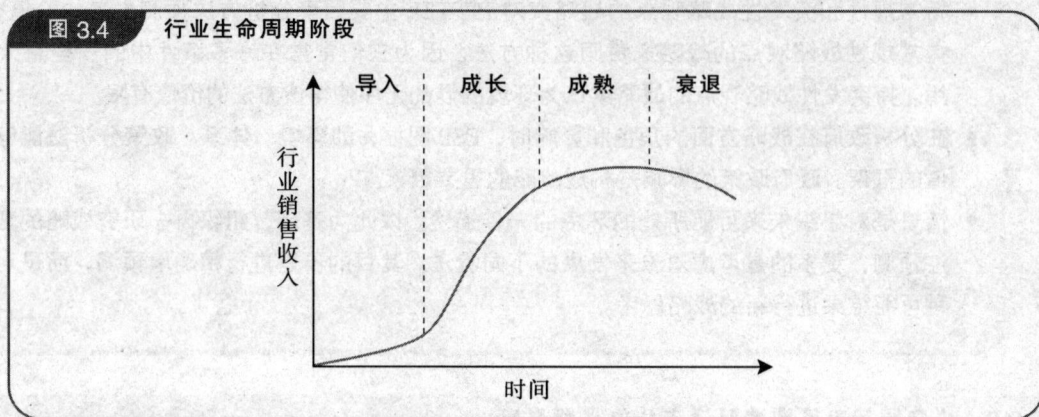

图 3.4　行业生命周期阶段

3.5.1　行业生命周期

战略管理的特征将会随着行业生命周期的发展而改变。在导入阶段，组织试图吸引客户对其产品的注意力。当行业发展到成长阶段，新的竞争对手为该行业的巨大潜力所吸引并进入该市场；从战略观点来看，市场竞争加剧了。当产品满足了市场上所有客户的需求时，成长速度变慢，市场进入成熟阶段。这时尽管成长速度有所减缓，但新的竞争对手还是可能会进入该市场：为了争夺更多的市场份额，公司之间展开了更加激烈的竞争。在此，市场会进一步细分，也就是说，市场份额被分拆成更小的部分。于是销售进入了衰退阶段。

为了研究战略意义，从识别行业处于何种阶段开始研究是有帮助的。行业生命周期的每一个阶段都有一系列为人们所普遍接受的战略备选方案（见表 3.3）。例如，案例 3.2 中，导入阶段就是被用来向新客户介绍产品或服务——也许是向那些从来没有品尝过的顾客介绍高档冰激凌的味道。而成熟阶段总是假定大多数客户已经熟悉该产品，因此不再需要做一些新产品实验——也许是传统的小冰激凌筒。

在战略管理的其他领域，人们对行业生命周期的各个阶段选择一个合适战略存在不同的观点。表 3.3 指出了在行业发展过程中某一特定阶段适合战略的传统观点。然而，人们常常会采用非传统战略，因此，上述表中列出的战略方法可以作为行业动态性分析的一个着眼点。创新性最强的战略可能来自于新奇的做法和打破传统模式。

根据这种分析方法的传统观点，行业生命周期认为行业发展的早期阶段有更多的机会进行革新性研发。当一个行业更加成熟时，研究与开发可能需要较少的投资[10]。然而非传统的观点认为，成熟的行业需要新的增长点，因此还要在研究与开发以及战略的其他方面采取行动。在冰激凌的案例中，投入更多的现代化设备以进一步削减成本会给一个传统冰激凌市场的领头羊带来利润。这表明在市场的成熟阶段，保持在市场上的竞争力往往需要进行大量投资。因此，行业生命周期成为成长性分析的理论基础。

在发展战略过程中需要注意的是，对行业产生巨大影响力的行业生命周期的两个结果。

1. 早期进入的优势。大量经验证明，首先进入一个新市场的公司往往有最大的战略优势。例如，Aaker[11]在调查了 500 家处于成熟行业的公司后发现，首先进入市场的公司平均占有 29% 的市场份额，最早跟随者的市场份额为 21%，而较晚进入该市场的公司仅占有 15% 的份额。尽管最早进入市场存在许多风险，但是这样做可能会为公司带来长期优势。因此，在战略发展中这样的做法值得认真考虑。

2. 行业市场份额趋于分散。前几年，成长较快的市场吸引了大量新进入者。这种情况是自然存在的而且是不可避免的。市场趋于成熟的结果就是，每一个新公司都为占有市场份额而竞争，因此市场份额变

表 3.3　行业生命周期及其战略意义——一种传统观点

	导入阶段	成长阶段	成熟阶段	衰退阶段
客户战略	• 早期的客户可能会试用产品并接受产品的不可靠性 • 需要解释创新特征	• 客户群增大 • 对于成长阶段而言,品质和可靠性非常重要	• 大众市场 • 几乎没有新产品或新服务 • 品牌转换	• 非常了解产品 • 基于价格而不是创新的选择
研发战略	• 高	• 竞争前寻求扩张	• 低	
公司战略	• 寻求主宰市场 • 为保证产品品质,研发和生产尤其重要	• 采取营销支出和营销活动来应对竞争	• 如果不是市场领导者,那么提高份额的成本可能很高 • 寻求降低成本	• 成本控制十分重要
对赢利能力的影响	• 高价格,但可能由于投资新产品而亏损	• 逐渐获利,但是价格可能会降低,竞争对手也进入市场	• 赢利性面临着继续投资、增加分销商以及竞争等方面的压力	• 价格竞争和低增长率可能造成损失,但为了保持赢利,可能需要大幅度降低成本
竞争对手的战略	• 对新品种非常有兴趣 • 尝试仿制新产品	• 市场进入(如果以前不在市场里) • 试图创新以及投资于新品种	• 竞争主要集中在广告和质量方面 • 产品差异较小 • 变化较小	• 主要在价格上竞争 • 一些公司可能会退出该行业

得更加支离破碎。同样,这种现象对于战略有重要的意义,因为它说明在成熟的市场上需要重新修改战略——该战略可能要与某个细分市场有关(见第 5 章)。

在战略目标上,可能也需要研究行业中不同的细分市场,而不是把市场看做一个整体。因为不同的细分市场可能处于行业生命周期的不同发展阶段,而且可能需要不同的战略(见案例研究 3.2 欧洲冰激凌行业的例子)。比如,有可能对一个全然不同的行业,比如全球旅游业采用同样的思维:近年来,尽管在阳光海岸度假旅游已经步入了生命周期的成熟阶段,但一些特别的度假方式,比如野外和摄影度假还处于强势的成长阶段。

3.5.2　行业生命周期批评

行业生命周期概念既有支持者也有批评者。Smallwood1[12] 和 Baker[13] 赞同其实用性并使用经验证据来支持这个基本概念。Dhalla 和 Yuspeh[14] 却对这个观点提出了批评,其中一些在一定程度上是当然正确的(见文本框 3.3)。

文本框 3.3

对产品生命周期的批评

1. 确定一些行业生命周期区间和精确识别行业所处的发展阶段是困难的。例如,在 20 世纪 30 年代 Mars 冰激凌推出以后,其市场肯定不是在衰退,但它是处于成长阶段还是处于成熟阶段呢?

2. 一些行业可能会跳过某些阶段或者不能清晰地识别处于哪个阶段,尤其是在技术变革的情况下。例如,自行车行业是进入了成熟阶段还是由于消耗汽油的汽车污染城市空气而进入了一个新的生命阶段?

3. 各家公司本身可以对其产品进行革新从而改变生命周期曲线的形状。例如,照相机行业由于引进了微型技术而出现了新的活力,而且最近由于采用电子储存技术而代替了胶卷。

4. 行业发展每一个阶段的竞争特征是不同的:无论处于生命周期的哪个阶段,一些行业只有很少的竞争者,而另一些行业存在数量众多的竞争者。这是决定采用何种战略的一个非常重要的因素。例如,相对细分的真空吸尘器市场及高度集中的民用航空器市场,而这两个市场相对来说都比较成熟(见第 16 章案例),战略管理是由其他因素而非生命周期来决定的。

当然，在行业生命周期方法中还存在一些难点，但是在公司战略层次进行这样的分析主要是为了识别影响行业发展的动态因素。行业生命周期理论可以帮助我们做到这一点，而且还可能把组织中的战略与这种分析方法相比较。

关键战略原则

- 行业生命周期——描述了市场发展从导入阶段开始，经过成长、成熟阶段，最后到衰退阶段——可以用来识别影响行业发展的动态因素，尽管其实用性受到人们的批评。
- 它还可以用来说明在生命周期的每一个阶段适合采用的传统战略观点，即使这些战略会因为一些合乎逻辑的原因而作出调整。
- 值得人们特别关注的生命周期理论包括：早期进入者优势；当市场进入成熟期时，市场份额会变得支离破碎；周期性影响及其对成熟市场的需求影响。

案例研究 3.3   钢铁公司会采取全球化战略吗？

在某些行业中，全球化运作成了主要的战略，但不包括钢铁行业在内。本案例探究当今世界钢铁行业战略中的环境及其他因素。全球化战略是否是这一行业解决利润率低的问题的办法？

在 20 世纪 80 年代，全球最大的 40 家钢铁公司，尽管新的资本设备有 750 亿美元的投资，但累计税前亏损 100 亿美元。在之后的 5 年中，虽然利润有所增长，但资本回报率仍比其他行业的要低。其中的一个原因就是，在初期政府把钢铁生产当做重要产业，很愿意提供补贴。后来，大多数的钢铁公司进行了私有化，利润情况仍然参差不齐。

后来原材料供应开始被接管，并向新的国家扩张。但钢铁公司仍在世界各地运营。钢铁厂需要高额的投资，而且属于明显的范畴及规模经济。这一切说明全球化战略将成为可能。但是，出于各种原因，这一战略仍未成形。下面将要检视 4 个方面的问题：

1. 世界钢铁市场
2. 顾客对世界钢铁市场的需求
3. 当今全球钢铁行业的公司架构
4. 当今主要钢铁公司的战略

世界钢铁市场：大规模和高周期性的行业

对大多数钢铁公司来说，钢铁是规模较大的产业。这个行业消耗大量的能源，需要有资金集约型的钢铁厂。钢铁公司需要维持高利用率以保持利润。如果世界上某个地方的需求下降了，钢铁厂就要想办法增加其他地方的销售以保持销售水平。如此一来，钢铁公司其实已经在世界各地销售。但是，这种方式并非是全球化，它是以一国的市场为主，因本国市场需求下降而走向世界市场的。个别国家或国家组织（如欧盟）设立了贸易壁垒，来保护本国钢铁公司的利润，限制国际贸易。但是，当价格太低的时候，这一办法也不能阻挡销售的全球化。

除了大规模生产外，世界钢铁行业还具有高周期性。钢铁的基本生产几乎没有什么竞争优势：比如说，热轧钢卷产品基本没有什么区别。这也就是说，商品市场上的基本产品的价格会比较，而且会根据市场需要变动。因此，如果一国的经济迅速下滑导致汽车业和制造业对钢铁的需求下降，那么钢铁的价格也会快速回落。由于这种行业规模效应的特点，钢铁公司的利润也会大

世界钢铁在几年后将发生巨大的变化：能源和原材料成本大幅上涨。

起大落，包括像低成本的 Arcelor Mital 和中国的钢铁公司。同样，在经济增长时期，钢铁价格也会迅速攀升，从而迅速带来利润，这就是这个行业的高周期性。

近年来，钢铁企业面临一个新问题：原材料价格的上涨。表 3.4 显示了原材料成本的上涨对钢铁企业总体成本结构的重要性。2005—2006 年，铁矿石的价格翻了一番，焦煤的价格上涨了 25% 左右。世界上有三家主要的铁矿石供应商——澳大利亚的 BHP Billiton、RTZ UK（它的矿也在澳大利亚）和 CSN（它的矿在巴西）。当全球的需要大增时，它们便可以抬高价格。世界最大的钢铁公司 Arcelor Mital 的铁矿石的需求量占它自有矿产量的 45%。

表 3.4   钢铁企业一般运营成本：原材料是主要成本项目

运营成本占全部成本的百分比

原材料	53
人工成本	18
其他外部费用	10
维护成本	9
折旧	4
其他成本	6

资料来源：作者根据公司年报所作行业预测。

但对于其他国家，如中国和日本，利润的压力则较大。它们很难将成本上涨的压力全部转移到顾客身上。

顾客对世界钢铁市场的需求：专业产品也未能实现全球化

如表 3.5 中所示，那些在过去十年间需求量有所增加的国家属于经济增长最快的国家，特别是中国。事实上，用户对钢铁的需求来自于对那些需要大量钢铁的产品的需求，像建筑物和道路的建造、家用电器和消费类电子产品，如计算机等。

对于基本产品如钢卷和钢筋，产品之间的区别是不大的，没有什么竞争优势。这些产品的市场属于基本商品市场，对于用户来说，价格和能否及时供应是主要的考虑因素。但是，一些钢铁产品需要特殊的涂层或特殊的矿物成分，使钢铁的成品具有不同的特性：

- 可轧成饮料罐的钢板
- 用于计算机和通讯设备的钢套管
- 耐内燃机高温的特硬钢

这些特殊钢材的特性在于它们需要特别的生产工序，因此价格和利润率较高，因为它们有较高的附加值。

这些产品中有的是有全球性公司的需求，像美国可口可乐公司的罐装饮料、法国的阿尔卡特公司的通讯产品、日本本田的汽车发动机等。但是，全球性顾客对钢铁产品的需求尚未出现。这些公司往往都是从本国的钢铁厂购进产品，而不是进行国际性谈判来订购。全球性顾客对钢铁的需求量规模还不大，但是这并不意味着这种情形永远也不会改变。

当今世界钢铁行业的公司架构：更加整体化

到目前为止，大多数的钢铁生产企业都有一个全国性或是地方性的基地，如世界第二大和第三大钢铁企业，日本的新日铁（Nippon Steel）和 JEE 公司，它们主要为日本工业服务。世界第四大钢铁企业，浦项钢铁（POSCO）也主要为本国，即韩国市场生产。同样，欧洲的三大钢铁公司 Arcelor Mital、Thyssen Krupp Stahl 和 Corus 之中，只有 Arcelor Mital 为国外市场服务。它在世界许多地区有公司或投资，不包括中国和俄罗斯。

事实上，世界上没有哪家钢铁公司的地域覆盖面超过 Arcelor Mital。世界上其他的主要钢铁公司，如表 3.6 中所示，主要为它们自己的国家或地区服务，虽然有一定的进出口。不论从哪种角度来说，这都算不上是全球性贸易和全球性战略。

全球化意味着国家地方性市场（如，欧洲、北美、中国、印度）由统一的世界市场所代替，有可能有几家公司为全世界供应。

例如，在全球塑料和铝市场，前 10 家制造商生产全球 50% 以上的产品。1997 年，在全球性钢铁市场中，前 20 家生产商仅供应了全球销量的 23%。但是，到了 2006 年，前 20 家生产商的供应达到了 39%。这表明有些联合体形成了，世界钢铁市场正在变得整体化。

但是，即使是在 2006 年，按产量排名的前 20 家钢铁企业中，无论从销售的范围还是从它在全世界的工厂的战略布局来说，大多数都还算不上全球化。如果钢铁市场是全球性的，那么，钢铁的生产、品质和服务必须要协调一致，有不同的钢铁厂满足各地不同的需求。目前的情形离这一步还差得很远。

当今主要钢铁公司的战略

因为大多数的钢铁公司主要为本国或区域市场服务，许多公司将战略聚焦于与本国和区域相关问题上。钢铁企业有一个战略问题就是它运输费用极高，使得它不愿意将钢铁产品运往世界各地，除非销售情况很不好，或是有更高利润的特种钢。

我们下面对一些主要公司进行详细分析。

- Arcelor Mital：这家公司由英国 / 印度的 Mital 公司与卢森堡的 Arcelor 公司于 2006 年合并成立，合并后 Mital 占主导地位。Arcelor 本身就是由法国公司 Usinor 和卢森堡的 Arbed，以及西班牙的 CSE 合并而成。Mital 在 1997 年时规模还相对较小，它被叫作 LNM 集团，当年排名第 11 位，年产量 10900 万吨。事实上，Mital 公司从 1997 年开始通过一系列的并购壮大了起来，这仍是它目前主要的扩张方式。例如，在 2007 年末编写这个案例时，它收购了一家中国公司的一小部分股份。这家公司所跨的地域范围比其他的公司要广。它在哈萨克斯坦、美国、墨西哥、巴西、印度和南非都有工厂，但是这些工厂主要向当地供应产品。
- 宝钢、唐山和鞍山钢铁公司：这些中国钢铁企业随着中国市场的扩张，生产能力也得到了很大的增长。这反映在 20 强的名单中有越来越多的中国企业。中国政府和私有股东拥有这些公司。中国政府将国外的股份限制在 50% 以下，而实际上国外的股份很少。
- 新日铁公司：这家公司近年来在国外有大量的投资。例如，它用 6 千万美元在巴西收购业务，目的是获得原材料。但是，它近期的投资目标是让它的成本比其他日本工厂的要低，而不是去新的领域进行收购。
- Tata 钢铁公司对 Corus 的收购：2007 年，印度公司 Tata 与巴西的 CSN 展开了一场收购英国 / 印度钢铁公司 Corus 的竞赛。

表 3.5　不同地区消耗量和产量——中国已经成为主导国家

世界钢铁消耗量(%)	1997 年	2006 年	世界钢铁生产量(%)	1997 年	2006 年
西欧	20	17	西欧	22	16
其他亚洲国家	18	14	北美	14	11
北美	18	15	中国	14	34
中国	15	31	日本	13	9
日本	11	7	其他亚洲国家	12	11
拉美	6	3	俄罗斯 / 独联体	10	10
俄罗斯 / 独联体	5	5	拉美	7	4
中欧	3	3	中欧	4	3
其他	5	5	其他	4	2

资料来源：索尼网站 – www.sony.net.

表 3.6　世界前 20 位钢铁公司——根据 2006 年产量排名

公司	国家	2006 年产量：百万吨原钢	2006 年排名	1997 年排名
Arcelor Mital	法国 / 卢森堡，美国，巴西，中欧，印度等(但总部在英国)	117.2	1	见案例
Nippon Steel	日本	32.7	2	第 2
JFE	日本	29.9	3	1997 年合并
POSCO	韩国	30.5	4	第 3
宝钢	中国	22.7	5	第 18
美国钢铁公司	美国	21.2	6	第 9
Nucor	美国	20.3	7	第 16
唐钢	中国	19.1	8	1997 年排在 20 名后
Corus Group	英国 / 荷兰	18.3	9	第 4
Riva Group	意大利	18.2	10	第 6
Severstal	俄罗斯	17.5	11	第 14
Thyssen Krupp	德国	16.8	12	第 3
Evraz Holding	俄罗斯	16.1	13	1997 年排在 20 名后
Gerdau	巴西	15.6	14	1997 年排在 20 名后
鞍钢	中国	15.3	15	1997 年排在 20 名后
江苏沙钢	中国	14.6	16	1997 年排在 20 名后
武钢	中国	13.8	17	1997 年排在 20 名后
Sumitomo	日本	13.6	18	第 13
Sail	印度	13.5	19	第 8
Techint	阿根廷	12.6	20	1997 年排在 20 名后

资料来源：索尼网站 – www.sony.net.

注意，这一收购行为是在编制表 3.6 之后发生的。Tata 以较高的出价以及对在欧洲就业的承诺赢得了这次竞标。实际上，Tata 急于将业务拓展到国外，在欧洲建立顾客基地。

Arcelor Mital 是一个管理良好的企业，公司有清晰的愿景，即为世界多个市场生产产品，其中包括印度。在印度，它将在今后的五年内建成新的钢铁生产能力。但是，即使是这家公司，它的战略重点也是为本国和区域顾客生产低成本和质量合格的产品。在编写本案例时，这家公司还算不上全球化经营：比如，它在世界最大的两个钢铁市场——中国和印度，没有生产能力。

也许近年来最具影响力的钢铁制造商应该是 Arcelor Mital 的大股东 Lakshimi Mital。他在 2000 年时说过这样一番话："我发现(钢铁)业很有意思。我们所做的一切表明在这个行业中你可以创造价值并加快增长的步伐。"他早年的思想已经超越了国界。例如，他因与世界上许多分支机构资源共享而享有盛名。每周一，他都主持长时间的电话会议，鼓励全球的员工交换思路与信息。但是，他在 2000 年说道，"我要经营的不是世界最大的(钢铁)公司，而是要经营最赚钱的公司"。

近年来另一个极具影响力的钢铁制造商是法国 Usinor 公司的总裁，Francois Mer。他策划了公司与大型的卢森堡 Arbed 和西班牙 Arcelor 公司的合并，组建了欧洲钢铁巨人 Arcelor。他在 2002 年初参与谈判。新组建的公司在 2003 年的成本节约及销售达 2.6 亿美元，在 2006 年达到了 6.1 亿美元。这三家公司主要通过裁员和生产能力重组来降低成本。

在 2002 年宣布 Arcelor 合并时，这些变化"被有意地掩饰了"。可以理解的是，这一合并让贸易联盟感到紧张，使节约成本不那么容易。同样，这三家公司的投资者只关注了之前的节约成本，但没有看到它所带来的利润。事实上，Mer 采用相当成功的合理化战略并实现了节约成本的目标。他后来于 2005 年离开了欧洲最大最强的钢铁公司，在法国政府部门任高职。

2006 年，Arcelor 与 Mital 合并，继续厉行成本节约。截至 2007 年 8 月，这家公司节约了 10 亿美元，并计划在随后的两年里再增加 6 亿美元。"在近几个月，我参观了 Arcelor 在世界各地的 25 家工厂，"Mital 说，"我观察到(员工)都情绪高涨。他们觉得我们都是同一家公司，不是两家人。我很高兴地说当初认为不该合并的人被事实证明是错的。"

我们对世界主要的 6 家钢铁公司的战略汇总如下。有些战略有国际性视角，但是几乎没有哪个是全球化战略：

1. 合并和收购公司，旨在进行地域扩张，扩大经济规模。
2. 通过裁员，以及对原材料和其他供应商进行合理化配置来节约成本。
3. 投资研发以提高现有产品生产及制造工艺。
4. 重点生产具有附加值和高利润的技术先进的专有产品。这些新钢铁产品可能会带来较高附加值，更独特，能带来更大收益，因此具有更大的竞争优势。
5. 与公司主要顾客保持紧密的联系。这些客户都是大客户，如汽车制造商，为他们提供更好、更个性化的服务。这样的战略可以更好地服务顾客，更好地保留他们。
6. 提供更多的员工培训并持续执行成本节约策略，从而让公司能够长期节约成本。

案例问题
1. 在过去几年中，影响钢铁公司利润的主要战略环境是什么？
2. 像 Arcelor Mital 和宝钢这样的大型钢铁公司会实行全球化战略吗？

3. 如果未来的全球化战略能带来更大利润，你是否会建议这些公司即刻开始实施，还是再等等？如果即刻开始，理由是什么？如果要再等等看，那么什么样的市场条件才能让他们改变观念？

3.6　行业的成功关键因素

在环境的战略分析中可能会存在大量问题，从而给许多组织带来了麻烦。前日本麦青锡管理顾问团负责人、日本战略家 Kenichi Ohmae[16] 建议通过识别使企业能够达成目标的成功关键因素（KFS）来解决这个问题。这些因素可以用来集中分析特别重要的行业问题。

定义▶　**行业中的成功关键因素（KFS）是指组织在行业中所拥有的资源、技术以及特征。它们对于组织在市场上取得成功是至关重要的。** Ohmae 认为，当资金、劳动力和时间资源变得稀缺时，就需要将资源集中运用在主要业务活动中，也就是说，它们是组织成功的最关键因素。

这种成功关键因素的概念与波特的观点 [17] 一致。波特认为这些因素决定了公司在行业中的相对竞争地位。此外，Kay 的方法的基调就是要将资源集中在最有可能成功的特定的业务之中。Amit 和 Schoemaker[19] 对这一论点提出了更广义的理论框架，称之为"战略行业因素"。这一切说明识别关键因素并不容易。

成功关键因素普遍存在于行业内所有的重要组织当中，而且这些公司之间没有差别。例如，案例研究 3.3 中提到的低劳动成本、一系列特殊钢产品等对于许多钢铁公司来说都是共有的特征。这些因素在行业之间存在差异。例如，香水和化妆品行业会包括品牌、产品分销渠道以及产品性能等因素，但它们通常不会把低成本这个因素包括在内。

当对环境进行战略分析时，识别出行业的成功关键因素是非常重要的。例如，包括"低劳动成本"成功关键因素在内的钢铁行业将会从以下几个领域进行环境分析：

- 一个国家的平均工资水平；
- 政府对员工冗余的管制态度，因为裁员可以降低工资成本；
- 反对裁员的工会实力。

在钢铁行业中，认真分析这些环境因素是有益的。但在香水和化妆品行业，上述这些因素可能有一些关联，但其关联程度远不如其他行业那么密切。

3.6.1　识别行业中的成功关键因素

关键因素不仅包括组织在行业中的资源，而且还包括组织在运营中的竞争环境。以下是需要分析的三大主要领域，即 Ohmae 的 3C[20]。

1. 顾客（Customers）。顾客的真正需求是什么？细分市场是什么？我们能否将战略导入？
2. 竞争（Competition）。组织如何去竞争或者如何在竞争中生存？它需要有什么样的资源和顾客才可能获得特别的成功？组织如何在价格、品质等方面进行比较？组织是否比竞争者有更强大的分销网络？
3. 企业（Corporation）。组织有什么特别的资源？这些资源与竞争者的相比，结果如何？公司在成本上与对手相比的结果如何？那么，在技术、技巧、组织能力和营销方面，谁更有优势？

文本框 3.4 更详细地列出了关键问题，所有问题同样重要。与资源有关的企业因素将在第 4 章进一步探讨。

3.6.2　关于概念的批判

对于成功关键因素的批判主要体现在下列四个方面 [21]：

1. 识别。很难将这些关键因素识别出来。
2. 因果关系。即使这些因素被识别了出来，但是不清楚它们是如何运作或互动的。
3. 泛泛而论的风险。从定义上说，单一组织的竞争优势是不可能靠行业里组织通行的成功方法来获得的。
4. 忽视突发性观点。成功来自行业的变革中，而并非是通过识别成功关键因素来获得。

此外，有些战略家更关注行业分析（下一节中将进行讨论）。一些批评意见相反，认为成功关键因素指导着战略的发展，而不是教条。但是，批评意见认为应谨慎看待成功关键因素，它们只不过是战略分析的起点，"最好的"战略可能会排斥这些关键因素，而反其道而行。

文本框 3.4

识别行业中的成功关键因素

注意：成功关键因素不仅用于某些公司的战略发展，而是针对行业中的所有公司。

1. **顾客**

谁是顾客？谁是潜在顾客？有没有特殊的细分市场？为什么顾客从我们这里买东西？为什么顾客会从竞争者那里买东西？

- 价格。市场是根据高、中、低价格细分的吗？比如，欧洲冰激凌市场。
- 服务。有没有顾客看重服务，而不只是简单的买个产品而已？比如，高端的时尚零售商与标准化的服装店的区别。
- 产品或可靠的服务。对顾客来说产品的功能是不是最关键因素，或者可靠性有用但是并不十分重要？比如，心脏起搏器和药物。
- 品质。一些顾客会因为实际的或所谓的品质区别付高的价钱。这是不是成功之路？比如，有机蔬菜。
- 技术条件。在某些工业和金融企业的服务中，技术细节对某些顾客来说最有吸引力。在这个行业中是否也是如此？比如，专业金融债券交易商。
- 品牌。对顾客来说，品牌有多重要？比如，可口可乐和百事可乐。

2. **竞争**

主要的竞争者是谁？市场中影响竞争的主要因素是什么？竞争的激烈程度如何？为什么要成为市场的佼佼者？竞争对手的哪些资源是我们所没有的，或者，正好相反？

- 成本比较。哪些公司的成本最低？为什么？比如说，20 世纪 90 年代以前的丰田。
- 价格比较。哪些公司的价格较高？比如，戴姆勒—奔驰公司不生产低价位汽车。
- 品质问题。哪些公司的品质最好？为什么？如何做到的？比如，施乐（美国）公司与日本公司，如佳能公司之间激烈的竞争。
- 市场统治地位。哪些公司占市场统治地位？比如，雀巢公司。它有全球最强大的咖啡产品线，占有最大的市场份额。
- 服务。这个行业中哪些公司提供一流的服务？比如，工业品市场，如 Asea Brown Boveri（ABB）的产品，它需要高水平的服务来操作和维护那些复杂的设备。
- 分销商。哪些公司有最好的分销网络？哪些公司的成本最低？哪些公司的分销速度最快？有能力的分销商是不是应该真正了解产品及其服务？比如，主要的玻璃公司，像 Gobain（法国）和 Pikington（英国）。

3. **企业**

我们和竞争对手有什么资源？这些资源能为顾客提供什么？行业的主要成本集中在什么方面？在全部成本中，占大比例的成本小幅削减，也会比占小份额的成本大幅度减少所降低的成本要更多。

- 低成本运营。低成本运营对我们和竞争对手来说是否重要？比如，Aldi（德国）和 Tesco（英国）都是低成本运营的超市运营商。
- 规模经济。行业中是否存在规模经济？规模经济有多重要？比如，大规模的石油化工炼油厂的运作，如皇家壳牌。
- 劳动成本。我们的行业是否需要靠低劳动成本来获得竞争优势？比如，菲利浦（荷兰）将生产转移到新加坡和马来西亚，利用那里的低劳动成本。
- 品质管理。顾客需不需要品质的一致性和可靠性？我们与行业中的其他企业比较的结果如何？如，麦当劳在全球的餐厅推行标准化。
- 创新能力。我们的行业是否要求我们具有不断的创新能力？比如，计算机硬件和软件公司，如苹果公司、爱普生公司和微软公司。

▶

- 劳动 / 管理关系。我们的行业需不需要好的关系？如果出现争议是否会带来麻烦？比如，欧洲大型的钢铁公司，如 Usinor/Arbed。
- 技术和版权。这个行业是不是要依赖专有技术，特别是那些专利技术，它们能带来竞争优势吗？比如，News International（澳大利亚），它有几种卫星电视解码卡的全球性专有控制权。
- 技能。这个行业中的组织是否需要特别的技能和人员？这些技能是什么？比如，广告代理商和主要的顾问公司。

关键战略原则

- 识别成功关键因素是战略分析的主要领域。
- 下列名词可更方便理解这些因素：顾客、竞争和企业。"企业"是指组织的资源。
- 组织的任何一个领域都可以找到关键因素。这些因素与行业中的组织的技能、竞争优势相关联，特别是专有技术和顾客关系。
- 对于关键因素的批判有四个方面：识别、因果关系、泛泛而论的风险和忽视突发性观点。因此，对它们的运用要谨慎。

3.7 行业竞争环境分析——波特的贡献

行业分析通常始于对影响组织的各种力量进行一般性研究。这样做的目的是运用此项研究建立组织的竞争优势，从而击败竞争对手。这项分析的框架主要是由哈佛大学商学院的迈克尔·波特教授提出的[22]。他的这项研究对于理解公司所处的竞争环境很有帮助。无论是私有组织还是公共组织都会从中受益。

这种类型的分析通常采用波特教授提出的框架，图 3.5 表示了他提出的基本模型。因为波特识别出了影响组织的 5 个基本力量，所以此模型通常被称为波特的 5 种力量模型。

1. 供应商的讨价还价能力；
2. 购买者的讨价还价能力；
3. 潜在新进入者的威胁；
4. 替代品的威胁；

图 3.5　波特五种力量模型

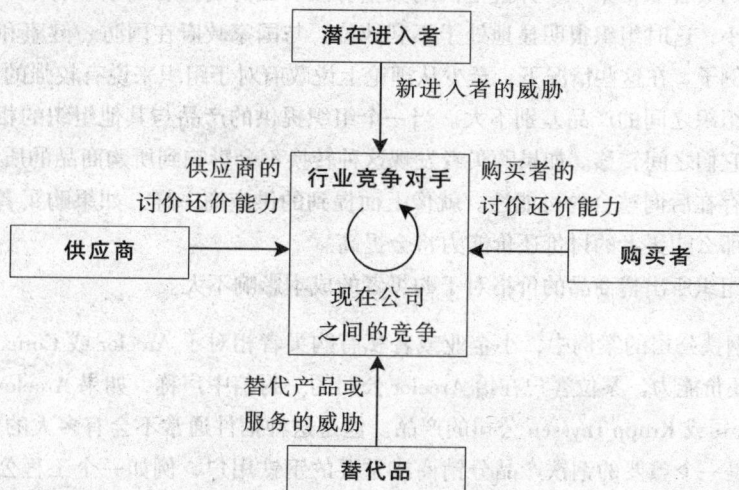

资料来源：来自 Competitive Strategy: Techniques for Analyzing Industries and Competitors by Michael E Porter. Copyright 1980 by Michael E Porter.

5. 竞争的激烈程度。

这项分析的目的就是研究组织如何制定战略，以此来抓住环境中出现的机会，并且保护自身免受竞争对手和其他因素的威胁。波特严谨地指出[23]自己的分析与"行业竞争驱动力"有关。然而，这些一般原则同样适用于公共服务组织和非营利组织。它们同样为获得资源而竞争，例如获取政府资助或慈善捐款，参看第18章对此的进一步讨论。

3.7.1　供应商的讨价还价能力

事实上，每一个组织为了获得最终产品或服务都有自己的原材料或服务供应商。波特认为在下列情形中供应商会有更强的讨价还价能力：

- 如果供应商的数量有限。这就意味着当供应商向组织施加压力时，组织转而选择其他供应商会是一件很困难的事情。
- 如果供应商提供的商品没有替代品。尤其是因为技术问题而导致这种现象发生时——可能它们提供了在生产中所需的关键原料或者它们提供的技术服务对于生产过程是必不可少的。
- 如果供应商的价格构成了组织总成本的很大一部分比例。在这种情况下，供应价格的任何一次上涨都会给组织带来利润损失，除非组织能够提高产品价格来弥补这种损失。
- 如果供应商能够介入组织的价值增值流程。如果供应商能够通过前向整合并从事与组织相同的生产工艺，那么它就有较强的讨价还价能力。这种情况对于组织的生存是一种真正的威胁。

在主要钢铁公司的案例中，供应商的讨价还价能力从某种意义上讲是比较低的。供应原材料，如煤的供应商有许多。但是在能源、铁矿石的供应上，供应商可能就有较高的讨价还价能力。例如，Arcelor公司对炼钢所用的能源非常具有依赖性。这些能源部分地来自于法国国家电力供应商（Electricite de France，EdF）。如果EdF提高电价，Arcelor钢铁公司别无选择，只有接受这个新价格，因为EdF是一个垄断性供应商。在英国情况就不同，由于这里有更加开放的市场，Corus钢铁公司在电力供应上通常可以与几个潜在供应商进行谈判。

同样，如案例中所说，世界上只有三家主要的铁矿石供应商。铁矿石是钢铁生产中非常重要的元素。在2004年末，三家公司开始向他们的日本客户大幅度提高价格，增幅达70%。欧洲和美国的钢铁生产商由于讨价还价能力较差，在2005年也被提高价格。

3.7.2　购买者的讨价还价能力

在波特的模型中，他使用购买者这个词来描述组织的客户。购买者在下列情形中会有较强的讨价还价能力：

- 如果购买者非常集中，并且他们的数量有限。因为购买者的数量有限，所以，组织进行谈判选择的余地很小，这时组织很明显地处于不利地位：与国家政府在国防、健康和教育方面签署的合同都是很明显的例子。在这些情况下，至少从理论上说政府对于组织来说有较强的讨价还价能力。
- 如果组织之间的产品差别不大。当一个组织提供的产品与其他组织的相同时，购买者就可以毫不费力地在它们之间转移。如果购买者发现这种转换不会影响到所购商品的质量，他更有可能会这样做。
- 如果存在后向整合的可能性。就像上面提到的供应商一样，如果购买者能够通过后向整合以取代该组织，那么购买者的讨价还价能力将会提高。
- 如果组织所出售商品的价格对于购买者的成本影响不大。

在世界钢铁公司的案例中，小企业或者私有购买者相对于Arcelor或Corus这种规模的公司来说通常具有较低的讨价还价能力。某位客户在给Arcelor公司的一封信中声称，如果Arcelor公司的产品价格不降，他将会转向Corus公司或Krupp Thyssen公司的产品。但是这种信件通常不会有多大的影响力——购买者的威胁较低。然而，如果是一个重要的钢铁产品分销商或重要的钢铁用户，例如一个工程公司出现了类似情况的话，公司就需要认真地对待，因为它们潜在地影响了组织的销售额。在后面这种情况下，威胁水平比较高。钢铁公司可以通过拉拢欧洲领先的钢铁产品分销商来降低这种威胁。

3.7.3　潜在新进入者的威胁

当边际利润较高而进入壁垒较低时，就会有新的竞争者进入市场。很明显地，高赢利水平存在着诱惑力，于是重要战略问题就是市场的进入壁垒。

波特认为这里存在 7 个 [24] 主要的资源进入壁垒。

1. 规模效应。如果每一时期内的绝对产量增加，那么单位生产成本将会降低。类似这样的成本降低在许多行业中都存在，它之所以成为进入壁垒，是因为新进入者为了获得与早期进入者同样低的成本就必须实现较大的生产规模：这样的大规模存在着风险。我们前面已经分析了对于计算机和钢铁行业来说，降低成本是至关重要的。

2. 产品差异化。通过品牌、客户认知、服务的特殊化及许多其他方面都可以建造进入壁垒，这使得新进入者必须花费大量资金或者更长的时间来抢占市场。真正的进入壁垒可以通过市场上具有这样能力的历史悠久的公司战略来形成（见第 4 章）。零售商，如宜家（IKEA）就是通过品牌、特殊产品线以及专门技术来实现产品差异化的。

3. 资金需求。进入目的市场可能需要在技术、厂房、分销渠道、服务场所以及其他方面进行重大的投资。能否募集到这些资金以及能否承担相关的费用风险将会阻止某些竞争者的进入。例如，本章案例 3.3 介绍的投资新的钢铁生产设备所需的高额资本成本。

4. 转换成本。当一个购买者对当前的产品或服务满意时，购买者自然就很难转向新进入者。转移成本于是就落在了新进入者的身上，因此也变成了进入壁垒。说服购买微软公司的 Windows 软件的客户去购买苹果公司的软件通常是要付出成本的，而且对于许多公司来说要克服许多困难。除了在说服客户转换品牌时存在成本以外，组织还希望现在公司为了阻止竞争者的进入而联合起来采取进一步的报复措施。例如，微软公司为了保留住原有的客户而不断地对其产品进行升级并且降低价格。

5. 分销渠道的通路。仅仅生产高质量的产品是不够的，组织必须把生产的产品通过渠道传递给客户，但这些渠道通常被市场上原有的公司所控制。许多年来，为了确保获得零售客户的心，领先的汽油公司建立了自己的汽油零售点。

6. 与规模无关的成本劣势。早期进入者更加了解市场行情，知道哪里有重要的客户以及为了服务于市场应该在何处进行重大投资并拥有了技术专长，所有这些都使新进入者要想在市场上占有一席之地面临巨大困难。韩国和马来西亚的公司在试图进入欧洲汽车市场时就面临着这些壁垒。这些壁垒主要来自于已经大规模占有该市场的美国公司，如福特、大众（Volkswagen）和雷诺（Renault）等公司。

7. 政府政策。许多年以来，政府为了保护公司和行业制定了相应的法律：垄断的电信业、健康主管机构以及天然气和电力公用事业等，这些行业都是很难进入的。欧盟委员会和欧洲各国的政府一起清除了某些管制，但是在过去的几年里并没有把所有的壁垒都清除掉。中国政府不允许外国的钢铁公司在中国的钢铁企业中控股。

在欧洲钢铁市场的案例中，小公司进入该市场是相当困难的，因为该市场存在重要的规模经济因素。对于这些公司来说，进入壁垒就很高。然而，现在技术越来越发达，小公司生产钢铁也可以更加节约成本，因此这些壁垒也许会减弱。

3.7.4　替代品的威胁

有时候，在行业产品过剩的情况下，替代品可能会取代原来的产品。例如，SmithKline Beecham 公司把治疗溃疡的药品 Tagamet 销售额的下降归因于出现了更有效的药品——在 20 世纪 80 年代，葛兰素公司首次推出了 Zantac 产品；在 20 世纪 90 年代瑞典的 Astra 公司推出了 Losee 产品。Tagamet 还一直作为非处方药在销售，即使其销售额已经停止增长。最近，由于受到来自印度等国家的低廉的基因类药物的影响，以及药品专利保护价格已经结束，Losec 的销售也开始止步不前。

通常，替代品不能完全代替现有的产品，但它还是引入了新的技术或者降低了生产成本。另外，替代品通过降低价格有效地限制了该行业的利润水平。

从战略的角度来看，一些需要认真分析的关键问题是：

- 过时商品可能造成的威胁；
- 客户转向替代品的能力；
- 为了防止客户转换品牌而提供额外服务的成本；
- 如果价格下降或保持不变，边际利润降低的程度。

在钢铁市场上，钢材与轻质金属如铝制品之间可能存在替代关系，这主要依赖于用途范围。因此，替代品的威胁可能会很高，但是这要看技术水平以及产品的最终用途。

3.7.5　竞争的激烈程度

一些市场的竞争要比其他市场更激烈。在下面这些情况中，竞争可能会更加激烈。

- 当竞争者的规模大体相同而且有一个竞争者决定抢占其他公司的所有市场份额时，竞争就异常激烈，并将最终导致利润水平下降。在一个市场上如果只有一个主导公司，那么就可能只有较少的竞争，因为较大规模的公司能够很快制止较小竞争者所进行的任何挑战性行动。在欧洲钢铁行业里，各家公司的规模大体相同，没有哪一家公司能够主导该市场——这就是该市场竞争如此激烈的原因之一。
- 如果市场增长非常缓慢而且有一个公司想获得主导地位，那么它必须从竞争对手那里抢市场份额——这就增加了竞争的激烈程度。
- 当固定成本或者一个行业的存货成本非常高时，各个公司为了达到盈亏平衡点或者获得较高的利润水平就可能会尽可能地抢占市场份额。纸张制造、钢铁生产和汽车制造都是类似的例子。为了达到设定的基本销售量，这些行业的生产商就需要降低价格——从而加剧了竞争。
- 如果一个行业的生产能力趋于过剩，那么各个公司就可能通过降低价格来充分利用这些过剩的生产能力，至少会临时采取这样的措施。例如，化工行业一般是通过建立新的工厂而不是在原来的基础上简单、小幅地增加生产能力。在钢铁行业中，新工厂不可能只建一半：要么建一个完整的工厂，要么不建。
- 如果产品和服务很难进行差异化，那么竞争实质上是基于价格的竞争，并且很难获得客户的忠诚。在基本的医药市场上，例如阿司匹林就出现了类似的情况。在钢铁市场各个制造商生产的平面钢板几乎都是相同的，所以竞争主要是基于价格的竞争。然而，独特的特种钢在产品性能上具有明显的差异，这时基于价格的竞争激烈程度就比较低。
- 当很难退出一个行业或退出的代价相当高时（可能是由于有关法律、法规对裁员或关闭污染工厂有规定，从而导致企业要承担一定的成本），这时行业内可能因为存在过剩的生产能力而导致竞争激烈。在最近几年里，欧洲钢铁公司就面临着这样的困境。
- 如果新进入者决心在市场上占据重要地位，那么进入成本就显得相对不太重要。在这种情况下，新进入者关心的是总成本以及在市场上的长期优势。欧洲汽车市场在 2000 年向日本汽车制造商全面开放后，日本汽车制造商丰田和尼桑所获得的优势早已弥补了建厂所花费的成本。

在钢铁市场上，一些地区的市场竞争非常激烈——例如，普通钢铁产品在价格和服务方面的竞争。总的来说，通过分析可以得出某些市场的竞争比较激烈，但是也要找出不同区域竞争激烈程度不同的原因及其他战略的影响。

3.7.6　一般行业和竞争分析的战略含义

在公司战略中，仅仅进行分析是不够的；考虑这些分析对于组织未来战略的影响具有重要的意义。从上述分析中可以得出以下问题：

- 改变与供应商的战略关系的情况存在吗？是不是可以与选定的供应商建立密切的合作关系而不是把他们看做对手？日本的汽车行业就一直寻求与供应商进行密切合作，最终双方都降低了成本 [25]（见第六部分关于全球汽车的案例研究 5）。

- 与大客户建立新型关系的可能性存在吗？在零售行业中用大客户的商标进行产品生产比直接进行自有品牌销售可以取得更低的边际成本。这已为欧洲一些领先公司证明是一种很成功的战略[26]。甚至 Cereal Partner（见第 2 章）现在也在采取这样的战略来建立厂房、扩大产量。
- 驱动行业进步并影响其战略发展的关键成功因素是什么？组织未来的战略管理发展应当从中吸取什么教训？我们还要在第 4 章中研究这些问题。
- 竞争对手是否在进行某些重大的技术开发而这些技术有可能会改变整个环境？公司进行类似的活动将花费多长时间？需要多少资金？如果有必要，我们应当采取什么行动？

3.7.7　对 5 种力量模型的批评

波特的 5 种力量模型通常应用于环境分析的早期阶段，但是它受到了某些评论家的批评：

- 这个分析框架实质上是静态的，而外界的竞争环境是在不断变化的。各种力量可以从大到小而发生改变。总之，环境比预测的模型变化得要快。
- 模型假定组织首先要获得自身的利益；对于一些慈善团体和政府机构来说，这个假设可能是不正确的。
- 模型假定购买者（在本书其他地方称为客户）并不比微观环境的其他方面更重要。其他的一些评论家例如 Aaker[27]、Baker[28] 以及 Harvey—Jones[29] 在这个问题上的看法与上述观点完全不同：他们认为客户比战略发展中的其他要素更加重要，并且客户在环境分析中不能被看做是与其他要素同等重要的。
- 通常把环境对组织的威胁作为研究的出发点，然后进一步分析供应商和购买者所构成的威胁。如上所述，一些公司可能发现与供应商建立密切的合作关系是有利的；但如果它们仅仅把供应商看做是威胁，那么它们就会采取排斥供应商的战略。在 3.8 节中将更加详细的分析这个问题。
- 波特的战略分析在很大程度上忽略了战略的人力资源方面：该理论几乎没有认识到，更没有说解决了可能会把人力与其自己或者其他相关组织相关联的微观环境层面。比如说，该理论并没有思考关于国家文化的问题，更没有探讨公司战略的管理技巧方面的问题（参看第 7 章）。
- 波特的分析建立在这样一个基础之上，即一旦组织进行了这种分析，它就可以制定出公司战略来解决问题：常规性战略和突发性战略。就像在第 2 章中提到的那样，一些评论家对此提出了质疑。

尽管针对 5 种力量模型存在这么多的批评，但本书提供的方法仍把波特模型作为环境分析的出发点，由于该模型提出了逻辑性和结构化的框架，它具有真正的价值，因此，它被推荐为发展战略管理的首用工具。

波特教授把 5 种力量模型分析作为战略分析和发展早期阶段的分析工具。随后他又进行了两方面的深入探讨：一个是行业发展分析——行业微观环境一直在持续增长还是已经进入了成熟阶段[30]；另一个是市场上的战略群体研究。

关键战略原则

- 行业和竞争战略分析的目的就是使组织能够形成竞争优势。
- 波特的 5 种力量模型为这种实用性分析提供了一个出发点。
- 当供应商可以以较高的价格卖出自己的产品而且他们供应的产品的交货时间或质量会影响到对方的最终产品时，供应商就会变得尤其强大。
- 当购买者（或客户）拥有相当强的讨价还价能力或者在价格、质量和服务方面存在较强的影响力时，他们就会很强大。
- 当新进入者能够轻松进入某个市场并用能够通过低价格或其他手段与现有公司展开激烈竞争时，他们就会产生相当大的威胁。
- 替代品通常靠技术或低成本手段来形成威胁。
- 竞争是这个分析模型的本质内容，有必要防御竞争威胁。
- 这个模型受到了某些批评，但它仍是进行实用性竞争战略分析的一个出发点。

3.8　合作环境分析

3.8.1　4 链模型

在与许多对手竞争的同时，多数组织还需要与其他竞争对手开展合作。例如，建立非正式的供货关系或通过正式和法律的规定建立合资公司。直到最近，战略发展才开始对这些关系进行分析——这种分析只进行波特的 5 种力量模型研究以及深入研究一个或两个竞争者（见 3.9 节）。然而，人们现在越来越清楚地认识到，组织与其他组织在环境中建立合作关系是非常重要的：

- 它可能有助于实现持续竞争优势；
- 它可能开发出新的市场并增加商业机会；
- 它可能产生更低的成本；
- 它可能会与其他组织维系长久的关系。

还应当注意一种极端的合作方式——为了占有市场，竞争者之间进行勾结——这在大多数国家都是非法的，因而这里对此不做深入研究。但是也存在许多种非常有益的合作，因此，该内容应当作为环境分析的一部分。例如，欧洲钢铁公司与巴西的钢铁公司建立了合资公司，这使得双方都从中获利。为了降低成本，Krupp Thyssen Stahl 与其能源供应商建立了合作伙伴关系。此外，所有重要的欧洲钢铁公司都与欧盟各国家的政府展开合作，共同制定影响该行业的政策。第 5 章讨论了合资企业、联盟和其他的正式合作方式——参看 5.7 节。

组织与环境之间的合作联系可以从以下 4 个方面进行研究：

1. 非正式的合作关系网；
2. 正式的合作关系；
3. 相互补充；
4. 政府关系网。

这种分析的目的就是建立组织与环境之间合作的优势以及特色，这可以通过 4 链模型进行分析，见图 3.6。

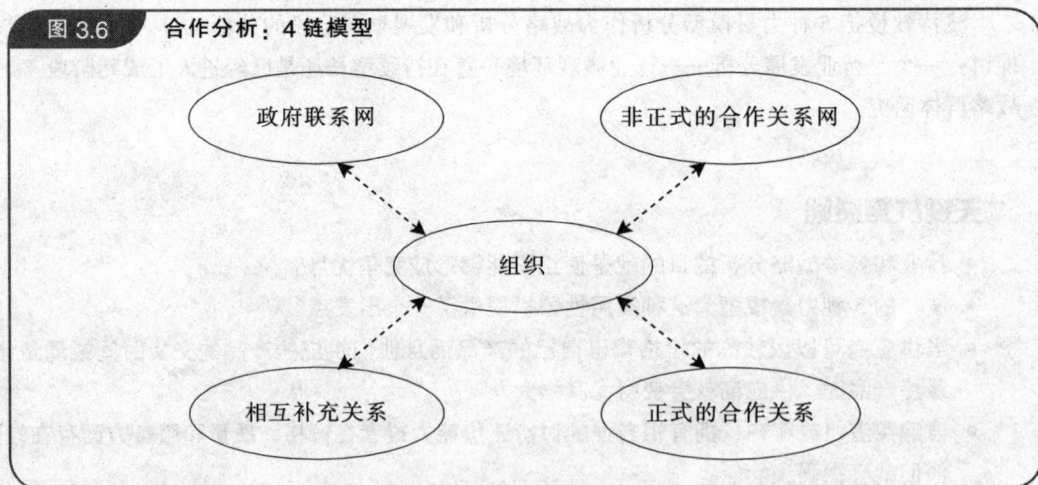

图 3.6　合作分析：4 链模型

3.8.2　非正式的合作关系网中出现的机会和威胁

非正式的合作关系网是组织之间为了寻求互惠或共同的目标而在不签署具有法律约束效应的协议下形成的，它们一直被认为是理解公司战略的一种手段[31]。从其性质来看，它们可能是偶然出现的，也可能是人为计划的。它们的关联方式有许多种，包括代表本行业与其他利益主体交涉的正式行业团体，例如，欧洲钢铁行业同盟；也包括来自许多行业、具有相同爱好的个人组成的非正式社会团体，例如，当地的商业洽谈会议。

这种分析需要评估当前非正式合作关系和网络关系中出现的机会，在这种关系中偶尔也可能出现威胁。在进行分析时要弄清楚这种关系的优势和劣势。例如，在世界上的一些国家里，如日本和韩国，这种网络关系分别称作 Keiretsu 和 Chaebol。它们对于各自的成员公司提供相互支持。在一些服务行业中，如国际银行业中，网络联系的优势在于处于其中的公司可以从中获得竞争优势并排斥外部成员[32]。

3.8.3　正式合作关系中出现的机会和威胁

正式的合作关系可以采取多种业务形式，但通常是以某种法律合同的形式出现。这种关系与上面描述的关系的不同之处在于，它更加正式而且关系更加长久。它们通常采用联合、合资公司、合股公司以及协议等形式，其目的是为了在未来几年内保持竞争优势和相互支持。5.7 节分析了这种链接的好处和问题。如英国零售商 Marks&Spencer、日本的汽车制造商丰田公司以及意大利的服装生产商贝纳通都有各自的这种关系，并以此形成其独特的战略。供应商、分销商和其他正式的合作者向这些公司以更低的价格、更高的质量水平提供关键性的产品和服务。而这种价格和服务水平都优于行业内其他的公司。实质上，正式的合作关系常常是经过多年的谈判和磨合而形成的，其他公司很难模仿这种关系[33]。因此，这种联系的优势和劣势常常用合作的深度、长期性以及相互信任度来衡量。尽管主要利益来自于这种正式合作关系提供的机会，但威胁可能来自于竞争对手的合作关系。

3.8.4　相互补充造成的机会和威胁

定义▶　**公司之间形成的相互补充关系使这些公司的产品增值[34]**。例如，如果没有软件，那么计算机硬件制造商将没有存在的价值——这两种产品之间是互补的。从战略角度来看，建立相互补充关系可以使双方获益，而这反过来又会进一步加深双方的合作关系。典型的相互补充往往来自于不同的行业、拥有的不同资源和技术。它们通过合作向客户提供新的、持续的产品。因此，这种关系所带来的优势和劣势需要进一步分析。尽管主要的利益是来自相互补充所提供的机会，但威胁也可能来自于竞争对手之间的相互补充。

3.8.5　政府关系网中出现的机会和威胁

政府关系网往往是指许多组织与一个国家的国会、地方性机构和政府管理部门之间的关系，像欧盟和其他国际性联盟这样的组织都超出了国家的界限。这些协约也许通过投资、法律和税收等方面的商务投资谈判而形成的正式协约，也许是代表政府进行投资和贸易而形成的非正式的关系。

在税收和法律上，政府关系网尤其重要，例如《竞争法》的解释。同样，政府也可能是组织的重要客户。例如在国防设备和药物采购方面，大多数组织都投入了大量时间和精力去培养这种关系，例如游说和其他相关活动。政府的性质和作用决定了它要在制定立法和规章时与外界组织保持独立性。然而，有必要恰当地评估政府与外部组织之间存在的合作或敌对的关系。因此，组织都希望分析出政府活动所产生的机会和威胁。这些内容构成了公司战略的重要组成部分，尤其是对于组织的高层管理者。

3.8.6　对于 4 链模型的评价

在一定程度上，这个模型不如 5 种力量模型和其他竞争者分析方法精确和清晰：网络关系中时有时无、相互补充的各方有可能出现分歧；联盟可能分崩离析；政府成员可能会改选。所有这些关系的研究都不如 5 种力量模型中讨价还价能力和竞争威胁分析等内容简明了。然而，4 链模型的确关注了组织之间的合作关系(见图 3.6)，它所关注的问题超出了简单的讨价还价关系。

建立这些关系通常包括制定一个突发性战略。这种关系可能会提供机会检验并建立起新的独特战略。它们可能会通过非同一般的变动来建立持续竞争优势。尽管它们不太精确，而且经济逻辑性非常简单，但仍值得我们去认真分析。

除了对合作的分析之外，现在公司已经意识到合作会提供新的战略机会。战略联盟、合资企业和其他形式的合作已经成为可能的战略开发。第 5 章研究了这一问题。

关键战略原则

- 除了与竞争对手展开竞争，大多数组织还与其他组织开展合作关系，这种合作关系能产生持续竞争优势。
- 4链模型概括了分析合作关系需要注意的主要要素:非正式的关系网、正式的合作关系、相互补充和政府关系网。
- 非正式的合作关系网是组织之间为了共同的目标而形成的一系列协议。正式的合作关系是以法律合同的形式出现的——例如联盟和合资公司。公司之间形成相互补充关系使这些公司的产品增值。政府关系网往往是指与国家以及国际组织与政府之间存在的关系，包括税收、立法以及正式的政府采购。
- 前三种关系的优势可以分析出来。在政府关系中，可以更轻易地分析出这种关系所带来的机会和威胁。与这种分析方法中关系相比，其他竞争对手分析方法中的关系可能结构更严谨，而且显得更正式。但是这些关系的建立意味着获得了长期竞争优势。

3.9 对一个或多个直接竞争对手的深入分析

在分析竞争对手以及它们与组织的关系时，有必要去研究一些直接的、与组织有紧密关系的竞争对手，人们通常称之为竞争对手描述。

3.9.1 持续竞争优势和战略资源

在战略分析中有必要进行广泛的竞争力调查。但为了进行更详细的研究，常常要少选几家公司。这样做的原因就是，如果进行特定的公司比较，那么持续竞争优势的分析才变得更加准确、更有意义。此外，竞争对手拥有战略资源——这些资源使它们与众不同并且变得如此强大，因此有必要识别出这些资源的特别之处。例如那些非常著名的品牌名称，如可口可乐和大众汽车；一些特殊技术，如日本佳能公司的激光打印机生产技术；还有一些旅馆和饭店的独一无二的地理位置，如麦当劳等。在第4章中我们会分析战略资源问题。

3.9.2 竞争对手描述

竞争对手描述通常是分析过程的起始点，也就是说，是对最重要的竞争对手的目标、资源、市场力量和当前战略进行基本分析。

市场上存在着众多的竞争对手，不可能全面地分析它们，因而有必要进行筛选——通常是分析一个或两个对公司形成最直接威胁的竞争对手。在公共服务组织之间的竞争可能是为了争夺资源而不是吸引客户，同样地，各个机构为了争夺资金而展开竞争。对小型企业来说，最困难的事情就是找出哪一个竞争对手会产生最直接的威胁，在这些环境里可能需要选拔一个典型的竞争对手。一旦作出选择，就要从以下几个方面来分析竞争对手:

- 目标。如果竞争对手以销售额增长或市场份额扩张为目标，那么它在市场上可能会表现出积极进取的姿态。如果公司要以利润增长为目标，那么该公司为了实现此目标可能会投资建立新的工厂或者使用其他手段，但是要耗费一段时间。如果公司真的这样做了，那么该公司对市场上的公司将不会有多大的直接影响，但建立新工厂意味着该公司获得了更低的成本，而且在长期内影响了产品的价格。公司的年度报告和新闻声明会明确地告诉我们竞争对手打算做什么。然而，这些信息都需要小心对待，因为这个公司可能会另有图谋或者使用一些其他的竞争技巧。
- 资源。公司的资源规模和强弱决定了其所具备的竞争威慑力。这些资源可能包括较高或较低的技术水平，也可能包括工厂员工的冗余程度，还可能包括财务问题。第4章列出了一个有关竞争优势的详细列表，第6章会更详细地研究资源问题。

- 过去的绩效报告。尽管这个报告对于未来没有什么指导意义，但它是从财务报表和股票经纪人报表中得到的最直接的资料。
- 当前的产品和服务。出于分析的目的，许多公司都会购买竞争对手的产品或服务，以分析其客户、质量、业绩、售后服务和促销资料。一些公司还会与竞争对手以前的雇员见面——这可能是不道德的，但是这种现象的确存在。
- 与其他组织的关系。合资、联盟以及其他形式的合作都有可能带来明显的竞争优势。
- 当前的战略。竞争对手对创新、最重要的客户、财务和投资、人力资源管理、市场份额、降低成本、产品范围、定价和品牌的态度都值得去研究。

虽然进行竞争对手描述是相当耗费时间的，但它对于发展公司战略是至关重要的。一些规模较大的公司还建立了一个单独部门，它的唯一使命就是监督主要竞争对手的行动。一些小公司也常常关注竞争对手的行动，他们通常是通过非正式渠道，如贸易洽谈会、社交场合、展览会等获得必要的信息。在战略管理中，获取对竞争对手的"感知"非常重要。

3.9.3　对于竞争的突发性观点

竞争对手描述所产生的主要危害之一是基本上把它当做静态的描述。在实践中，所有的公司都一直在变化。此外，竞争对手描述应当被认为是一个不断挖掘并且永不停止的过程。关于竞争对手分析的一个突发性观点就强调了解这种变化的特性，尤其当外界环境在迅速变化时，它会提出实用的见解。例如，在分析录音业的因特网竞争对手时，突发性的观点显得尤其重要——见第 6 部分案例研究 12。

3.9.4　竞争对手描述的结论

无论精确性程度有多大，组织针对竞争对手的竞争优势做一个清晰描述是很重要的。SWOT 分析概括了所有这些内容，见 8.1 节。

关键战略原则

- 在分析直接竞争对手的过程中，竞争对手描述是第一步。竞争对手描述将会寻找出竞争对手的战略资源。
- 一般来说，竞争对手描述会研究至少一个竞争对手的目标、资源、过去的业绩、当前的产品和服务以及当前的战略。
- 应该把竞争对手描述当做一项持续的任务开展。在瞬息万变的市场上注意到它的突发特性非常重要。

3.10　客户分析和市场细分

由于客户是组织得以生存和获得利润的基础，因此，客户在公司战略中起着至关重要的作用。在这样的情况下，如果只注重战略发展的竞争性而忽视客户的影响力可能会令人感到惊讶[35]。原因就是，客户在购买决策过程中关注的是在公司提供的不同产品或服务之间的竞争性差异。毫无疑问这是正确的，但是客户对公司战略的直接影响很容易被忽视。

我们可以从以下三个方面进行客户分析：

1. 识别客户和市场；
2. 市场细分及其战略意义；
3. 客户服务和质量的作用。

3.10.1 识别客户和市场

在 20 世纪 60 年代，莱维特（Levitt）[36] 写了一篇著名的文章，指出当时一些组织的业绩滑坡的主要原因就是，这些公司过于注重产品导向型战略，而对客户导向型战略没有给予足够的注重。结果是它们把客户定义得很狭窄。为了改善这种状况，需要从以下两个方面进行区分 [37]：

- 直接客户群——例如铁路乘客；
- 更广泛的客户群——例如乘坐公共交通运输工具的乘客，包括铁路、航空和公共汽车。

精确地定义环境的这个方面的重要性在于建立能够识别客户和竞争对手的公司战略。最后，如果不能正确进行市场环境分析，那么竞争对手在公司一无所知的情况下抢夺其客户，当公司意识到这一点时可能已经晚了。此外，公司未来客户分析与当前的客户分析同样重要。而且，Levitt 的观点也带来了一些问题，见第 14 章。

3.10.2 市场细分及其战略意义

现在许多市场都已经超出了大众市场营销的概念——把同一种产品出售给各种类型的客户——而转向了目标市场营销，即各个销售者把市场进行了细分。然后从中选择一个或多个细分市场，并为不同的子市场提供不同的产品或服务来吸引该市场上的客户 [38]——它是任何市场分析的一项重要组成部分。

对于战略来说，市场细分之所以重要，原因有以下几个：

- 一些细分市场相对于其他市场来说可能更加有利可图和更有吸引力。例如，规模较大的细分市场的边际利润可能较低，但是它们所具备的规模可能使其具有很大的吸引力，即使利润水平非常低。
- 一些细分市场可能比其他市场竞争更激烈，例如，一个专业性的细分市场可能只有数量有限的竞争对手。
- 一些细分市场比其他细分市场增长的速度更快，并且提供了更多的发展机会。

波特 [39] 使用市场细分理论描述了两种主要战略的差异：

1. 宽泛的目标市场细分包括数量众多的客户，例如，平板轧材市场就拥有众多客户；
2. 狭窄的目标市场细分包括市场上一些小型目标市场，例如，小型的特制钢产品由于其特殊的性能而以高价格出售给一小批客户。

结论是，认真分析细分市场及其特征是相当重要的（见第 14 章更为详细的论述）。第 14 章也讨论了与市场相关的原则，即市场定位。读者可以通过这一章进一步探讨战略问题，包括沟通和定价战略。

> **关键战略原则**
>
> - 在市场识别中，充分而宽泛地识别客户是非常重要的，可以根据产品的可替代性把客户区分为直接客户群与更广泛的客户群。研究未来的客户以及当前的客户也是相当重要的。
> - 市场细分是制定公司战略的根基：一些细分市场可能比其他市场更有吸引力。认真分析细分市场及其特征是非常重要的。

3.11 结论

这里存在着大量需要深入研究的问题，当前的艰巨任务是确认是否每一个研究问题都同样重要。尽管没有绝对的规则，但通常都是首先研究客户，然后再分析直接竞争对手，接下来才是分析组织所处的广泛的周边环境。换句话说，分析的过程可能与本章内容的顺序恰好相反。但是，最好把这视为一个循环的过程——参看图 3.7——并以突发性的观点进行分析。

从各种角度来看，分析环境时存在的真正风险就是把分析过程局限于过去发生的事件以及沿用陈旧的思

图 3.7　战略环境分析

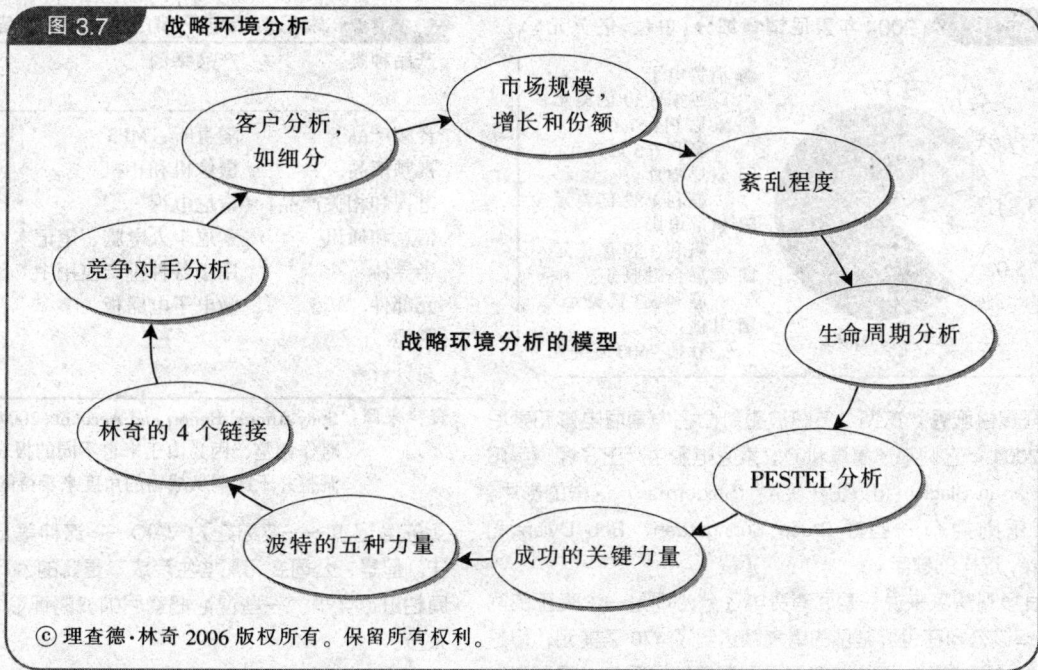

战略环境分析的模型

客户分析，如细分 → 市场规模，增长和份额 → 紊乱程度 → 生命周期分析 → PESTEL 分析 → 成功的关键力量 → 波特的五种力量 → 林奇的 4 个链接 → 竞争对手分析 → 客户分析，如细分

维方式。组织绝对有必要打破当前的模式并研究其他路线和思想，尤其在采取某些突发性的方法中更要坚持这种观念，因为这些方法对当前的形势只有很小的依赖性。正如 Egan[40] 所述：

> 突发性的方法在相对稳定的环境中常常是有利的，而在间断性的变化过程中通常不为人们所接受。Nixdorf 和王安计算机公司的迅速灭亡给 IBM 公司发出了一个突然的信号，即大多数战略在快速变化的计算机行业中不会一直适用。

在这样的条件下，世界顶级公司日本索尼——参看案例 3.4——在消费电子产业普遍利润迅速下滑的背景下所遭遇的困难预示着未来的艰辛。

案例研究 3.4　撼动索尼：恢复赢利和创新之火

2005 年初，日本的索尼公司做了一些在日本商界闻所未闻的事情。该公司任命了一位威尔士出生的美国人作为日本公司的主席，同时还任命了一位新的日本总裁。本案例探讨了索尼公司为了把公司重建成为世界上业绩最好的创新性的消费电子公司所做出的独特的震撼之举。

新的美国人和日本人的领导

1997—2005 年，出生于威尔士的美国人霍华德·斯普林格（Howard Springer）是索尼美国分公司的总裁。他通过一个重组、削减成本和再投资计划把索尼从严重的衰退中拯救了出来。2005 年他被任命为索尼的公司主席和执行官。

从 1975 年到 2005 年，日本索尼的执行官 Ryoju Chubachi 在公司中的职位发生了多次变化，最近他是日本生产工厂的负责人，主要负责提高公司的生产技术。Chubachi 很适合于这样的位置，他知道如何能够把索尼的不同部分整合在一起并变得更有效率。

2005 年上半年，斯普林格被任命为公司的主席及 CEO，Ryoju Chubachi 被任命为总裁——仅次于主席但是对于索尼的改革举足轻重。同时，前主席出井伸之（Nobuyuki Idei）以及七位董事会成员同意离职。只有公司的首席财务官、之前负责索尼爱立信合资的 Katsumi Ihara 还留在董事会中。这些根本变革的原因是什么？

索尼的利润问题

为了理解为什么会发生这样重大的变革，首先要回顾一下索尼在过去的 10 年里的利润状况。1995 年，索尼的税后利润是大约 23 亿美元。2004 年，同期利润只有 10 亿美元，销售额从 450 亿美元上升到了 720 亿美元。图 3.8 表明了一个主要的问题：消费电子部门的销售额在 2004 年超过了 470 亿美元，但是却净亏损了 3.39 亿美元。这样的一种处境并非只是一时的问题。下面说明了造成这种困境的原因。

索尼公司最为赢利的部门是游戏分公司，比如 PlayStation 销售额达到了 75 亿美元，销售利润为 6.5 亿美元。80 年代后期，索尼除了电子业务之外，还增加了银行和保险服务——当时很多日本公司都这么做。索尼的金融服务包括索尼的银行和保险，在 2004 年是公司的第二大利润来源。同时，随着索尼进入金融服务业，该公司收购了美国的 CBS 音乐和哥伦比亚电影公司。其战略逻辑是要建设一个垂直整合的公司——通过把电影和音乐整合，▶

图 3.8	2004 年索尼销售细分（单位：亿美元）

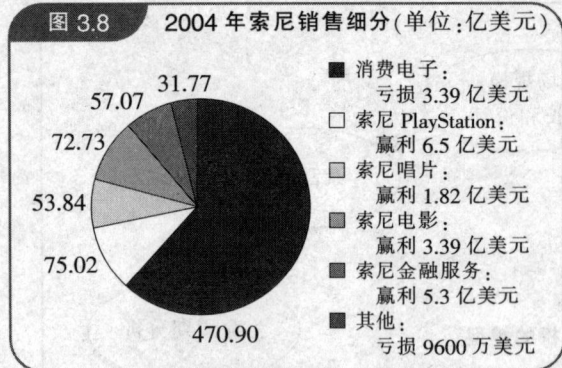

- 31.77
- 57.07
- 72.73
- 53.84
- 75.02
- 470.90

图例：
- ■ 消费电子：亏损 3.39 亿美元
- □ 索尼 PlayStation：赢利 6.5 亿美元
- ▨ 索尼唱片：赢利 1.82 亿美元
- ▨ 索尼电影：赢利 3.39 亿美元
- ■ 索尼金融服务：赢利 5.3 亿美元
- ■ 其他：亏损 9600 万美元

表 3.7	索尼消费电子部门 2004 年销售额细分	
产品种类	产品举例	2004 年销售额（百万美元）
音频产品	随身听、MP3	5 996
视频产品	摄像机和相机	9 116
电视和相关产品	索尼电视	8 819
信息和通讯	索尼个人电脑、笔记本	8 027
半导体	用于各种生产应用中	2 435
元部件	微电子电路板	5 998
其他		6 699
总计		47 090

资料来源：Sony Annual Report and Accounts 2004。注意：数据经作者略作调整，因为由于来自不同的报表有些不一致。但这些调整并不影响从战略的角度来看待问题。

给各个家庭提供服务。这两个部门被重新命名为索尼电影和索尼音乐：在 2004 年它们都还是赢利的。索尼电影生产出了像《黑超特警》（Man in Black）和《蜘蛛侠》（Spiderman）这样的影片，而索尼音乐则拥有一些像 Bruce Springsteen、Bob Dylan 和 Mariah Carey 这样的歌手。

对于很多观察家来说，索尼消费电子分公司是一个真正的问题。2004 年该公司在世界范围的销售额达到了 470 亿美元，但是却净亏损 3.39 亿美元。这样的业绩是无法持续发展的，需要进行根本性的战略变革。表 3.7 列出了该部门的销售额的下降：这包括很多著名的消费产品，比如索尼的随身听、索尼的数码相机和索尼电视。该公司并没有公布公司的哪些产品带来利润、哪些产品带来亏损的具体细节。但是，众所周知，公司的音频产品，比如随身听以及电视产品比如 WEGA 都要面对来自两个方面的强劲竞争：首先，成熟的技术加上低成本的劳动生产；其次，比如与电视和计算机用 LCD 有关的全新的数字技术。索尼在 LCD 产品方面并非市场领先者，对于这一市场的顾客需求的判断是完全错误的。

索尼曾经做了大量的尝试希望可以通过把生产转移到低工资的国家来降低生产成本，但是没有意识到一些新技术的重要性。比如，索尼的竞争对手日本公司夏普电子在开发 LCD 技术方面就比索尼要先进。另外一个例子就是个人电脑：索尼开发了一系列

新的笔记本——被称之为 VAIO——这种笔记本的显示器效果极佳。但是，公司要和那些生产成本更低的公司，比如戴尔和惠普\康柏进行竞争。一些评论把索尼的战略评论为太小、太晚和革新太少。

公司背景

为了了解索尼是如何一步步变成这样的公司，需要回顾一下公司的历史并了解公司的第一位主席盛田昭夫（Akio Morita）对公司的影响。1946 年盛田昭夫和他的朋友井深大（Masaru Ibuka）在东京成立了索尼。索尼的技术主要来自于井深大，而索尼的业务，尤其是全球扩张，则主要由盛田昭夫负责。很快，索尼就成为当时日本消费电子行业最具创新性的公司之一。盛田昭夫是优秀的领导者和创新者。1946—1994 年他一直是公司主席。在此期间，索尼在 1950 年生产出了第一台磁带录音机，1955 年出品了第一台晶体管收音机。之后，在 1960 年出品世界上第一台晶体管电视，1960 年出品第一台可视录音机。同时，索尼在 1960 年成立索尼美国、1962 年成立索尼香港、1968 年成立索尼英国、1973 年成立索尼法国来进行全球扩张。直到 80 年代，索尼才开始进入音乐和电影界：1988 年收购了 CBS 唱片，1989 年收购哥伦比亚电影公司。盛田昭夫在全世界由于他的远见、领导力和坚韧而备受推崇，并由于为各个国家之间搭建桥梁而获得了众多国际声誉。

盛田昭夫的继任者是 1995 年上任的出井伸之。直到 2005 年出井伸之在索尼任职达 10 年。期间他进行了几项新的举措，包括索尼初次开始削减成本。之后他选择了美国人霍华德·斯普林格在 2005 年成为他的继任者。因此，索尼公司从 1946 年成立至今也只有三位领导人——一个相当稳定的结构关系，但是也许这也使该公司显得过于内敛。

索尼赢利问题的原因

对于任何一个世界级公司来说，赢利性不够稳定会有各种各样复杂的原因。对于本案例来说，我们可以找到三个赢利下降的原因：

1. 从创新产品转移

对索尼来说，很多年来创新一直是其产品的特质，同时创新也给索尼带来了竞争优势。表 3.8 选择了一些索尼的创新。重要的是，很多创新都发生在 90 年代之前——该列表虽然经过了挑选，但也表明索尼在后期似乎失去了方向。无论如何，索尼多年来强有力的创新还是不可否认的。1990 年之后索尼也有一些比较

直到最近一段时间，索尼一直是日本最受尊敬的、最具创新性的公司之一。

表 3.8　索尼的一些创新

年度	产品
1968	三束彩显电视机——提供高品质可靠的电视画面，索尼为此定了高价（笔者还有一台已经工作了 23 年的该品种电视机）
1971	索尼随身听发布
1975	家用摄像机——Betamax 问世。随后被竞争对手的 VHS 系统的工业录像标准所取代
1982	世界第一台 CD 机问世
1985	8mm 可携式摄像机
1990	PlayStation 游戏机——仍然是市场领先者，参看案例 6.4

资料来源：索尼网站－www.sony.net.

小的成就，这些可以从索尼的网站上找到。但是很多人认为索尼的很多领先科技已经过时了。主要有两个原因：首先，由于竞争者可以很快追上电子产品的创新了；其次，随着技术日趋成熟，竞争者开始尝试用一些成本更低的资源来生产出类似的产品。

重要的是，即使是在那些锐意创新的时代，索尼公司的文化并非总是支持创新。2004 年，索尼最大的利润来源是索尼 PlayStation。据可靠报道说，索尼 PlayStation 是在 1990 年由公司的一个分公司开发出来的，但并没有汇报给公司总部：该分公司害怕总部会因为这样来浪费索尼集团的资源而停止这一开发。

在 90 年代后期随着数字技术的诞生，从创新产品转移进一步深化。索尼并非是该领域的领头羊，并且把这一领域拱手让给了竞争对手。比如，索尼最近完全失去了在 LCD 面板的产品主动权，而竞争对手日本夏普和韩国的三星则占据了该线产品的主动。索尼尝试在快速增长的手机市场上扳回胜局，但要通过与瑞典的爱立信公司成立合资企业来完成。

2. 涉足过多的不赢利业务

多年来索尼一直没能够从那些不够赢利的产品中抽身。在早期，索尼创新性的消费电子产品可以定价很高，因为它们的产品性能要比竞争对手更优越。但是近年来，索尼的竞争对手也能够用更低的成本生产出性能与索尼的产品相差无几的产品来。

因此索尼被迫把自己的一些标准化的电子产品的生产转移到低工资的国家。图 3.9 表明，在 90 年代后期它的一些工厂的位置分布，在亚洲国家大约有 2.5 万名员工（当时总员工数为 13.5 万）。传统的消费电子商品比如电视和 CD 机正面临着越来越激烈的竞争，价格也越来越低，赢利也随之减少。索尼需要削减一些产品范围，并且\或者外包给一些更为便宜的地方。2004 年公司的大部分员工都还是在日本这样一个高工资经济地区。

3. 大规模和矛盾的利益

当一家公司的员工超过 100 000 名的时候，常常在各集团内部就会有矛盾。对于索尼来说，随着公司被分为若干部分，而不同的部门又要寻求自己的利益，不愿为了集团的整体利益来进行合作。集团的一些部门还为了自己的短期利益变得过分保护自己。比如，索尼音乐为了保护自己的生意就不愿意提供因特网下载的服务。结果就是苹果在这一领域拔得了头筹——参看案例 1.1。随后，索尼音乐被迫又进入这一领域，而这时候苹果已经在该领域占据了主动（同样，这也提出了为什么会是苹果来开发 iPod 而不是索尼的战略问题。这要涉及以上标题 1 下的原因）。

公司两位新任领导的背景

2005 年索尼的两位继任者意识到了索尼在规模和利益冲突方面的问题。新的索尼主席霍华德·斯普林格由于在美国互联网索尼美国的业务而广受赞誉。他实施了"USA 项目"的计划，裁员 9000 人，每年削减成本 7 亿美元。新任索尼总裁 Ryoji chubachi 近年来也因扫除公司内壁垒而声誉卓著。比如，2004 年 6 月他被任命为一个监督索尼的国内电子生产部门的负责人，他成立了一个新的生产战略总部。他的新总部的首要目标就是要促进在全公司的技术和经验共享，并改变多年来的各自为政的局面。重要的是，与它的竞争对手相比，索尼在日本的生产和开发部门仍然有大量的员工，因此它的生产成本过高。

霍华德·斯普林格曾经在他被任命之前的一次内部管理会议上谈到过索尼的规模和结构的一些弱点。根据新闻报道，他警告说索尼因为庞大的高层管理结构而处于被抛在后面的危险之中。据一位当时参与者说："他说整个大厦开始变得像一个蘑菇，商业更多地成了一件管理上的事情，而不是生产和服务上的事。"

索尼的战略挑战

图 3.9　索尼的亚洲生产

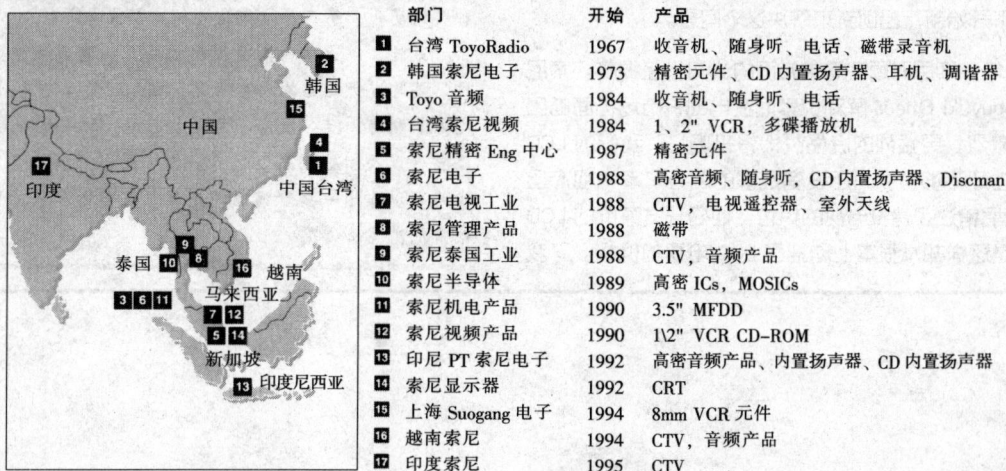

部门	开始	产品
1 台湾 ToyoRadio	1967	收音机、随身听、电话、磁带录音机
2 韩国索尼电子	1973	精密元件、CD 内置扬声器、耳机、调谐器
3 Toyo 音频	1984	收音机、随身听、电话
4 台湾索尼视频	1984	1、2" VCR，多碟播放机
5 索尼精密 Eng 中心	1987	精密元件
6 索尼电子	1988	高密音频、随身听、CD 内置扬声器、Discman
7 索尼电视工业	1988	CTV，电视遥控器、室外天线
8 索尼管理产品	1988	磁带
9 索尼泰国工业	1988	CTV、音频产品
10 索尼半导体	1989	高密 ICs，MOSICs
11 索尼机电产品	1990	3.5" MFDD
12 索尼视频产品	1990	1\2" VCR CD-ROM
13 印尼 PT 索尼电子	1992	高密音频产品、内置扬声器、CD 内置扬声器
14 索尼显示器	1992	CRT
15 上海 Suogang 电子	1994	8mm VCR 元件
16 越南索尼	1994	CTV、音频产品
17 印度索尼	1995	CTV

资料来源：《金融时报》，1995 年 11 月 15 日。

2004 年，索尼主席出井伸之说："从我成为总裁已经有 10 年了，我认为这是最好的时机（进行变革）。"因此，他进行了最为根本的变革，自己离职并且同时离职的还有一些董事会的其他成员。之后，他选择了霍华德·斯普林格做他的继任者。

在霍华德被任命之后，他向所有的索尼员工再次重申了索尼文化的精华："但是我们不能让这些妨碍我们——我们需要把这些精华发扬光大并且有所创新。我们会加速这种跨公司的合作……我们会把我们的重点重新放在进行世界级的技术创新上，同时，我们要生产出以顾客为中心的产品和服务。仅仅通过削减成本并不能获得成长。我们需要新的思想、新的战略和联盟，并且共享愿景。"一位新索尼团队的高级成员对此作了总结："关键是要激励东京的员工，并且控制他们的愤怒和自傲，并把他们的能量引向重建索尼的重任。"

经过一段时间的研究，这两位领导人宣布了一项大胆的行动计划。在总数为 13 万的员工中，裁员一万人，包括日本的 4000 人，在其他国家有 6000 人。有 11 处生产性公司重组，费用达到 12.5 亿美元，公司精减后组织更紧密。对于电视产品集中于 LCD 和半导体产品的生产情形——虽然这对于 PlayStation 来说十分重要——将重新进行审视。有些资产被出售，索尼电子产品线缩减 20%。

实际上，要采取的行动要更加细致周到，主要原因如下：

1. 用霍华德自己的话来说，"这里存在文化差异。日本的投资者的意见是不要去减员（来降低成本）。但西方的投资人认为减员不够……有些方面我是想做精减，但是大家都在说：'不行。这一块能带来利润。'我认为我已尽力在维护人际关系……他们想进一步推动……我要赢得人心和认可。我不能采取西方的高压手段。"他这样解释道。

2. 索尼公司成为分权式管理集团而非集权管理。比如，公司不同部门的软件工程师编写自己的程序，有的是公司其他部门的复制品或与其不匹配。有很多重复性工作或是欠缺协作的现象。索尼主席的意思要打破这种半自动的"孤岛"。到 2006 年，霍华德作如下评论："我们还有一些'孤岛'需要研究，但大多数的壁垒已经打破了。"

3. 索尼公司在创新技术方面十分出众。比如，它擅长于开发新的机器人玩具和高光学质量的视频摄像机。问题是，对于机器人玩具的需求很少，顾客更需要的是相机的防震功能而不是更高的光学质量。索尼开始与顾客需求脱节。因此，需要在考虑顾客需求的情况下开始新产品创新来解决这个问题。

即使在 2006 年，索尼对顾客需求方面的认知仍在提高。索尼的首席财务官 Nobuyuki Oneda 解释说索尼在电视机市场仍面临困境："竞争十分激烈，更猛烈的价格战即将来临……我们的 LCD 电视阵容的竞争力还不够。我们还没有足够的高分辨率电视产品线。"Oneda 说索尼错过了背投电视的销售。他们开发廉价的 LCD 电视替代品，但是这样却从根本上动摇了 LCD 电视的价格。"我

们失去了很大的市场份额……我们很快就会开始赔钱。"但是，为了应对这些困难，索尼公司推出新的 LCD 电视品牌 Bravia。它们在美国市场获得了成功，重新获得了市场的领先地位。

索尼未来的成功有一部分要靠 PlayStation 3。PlayStation 3 的重要性不仅是因为它的前两个版本均获得了 1 亿美元左右的利润，而且因为它所用的芯片让索尼公司在 2008 年在 DVD 格式战上胜了东芝，见案例 5.3。但是对索尼来说，同样重要的是它要对其他业务进行转型，例如：

- 它的阴极射线管，因技术陈旧正在赔钱；
- 它的 VAIO 个人电脑业务要与惠普和戴尔进行长期艰苦的竞争；
- 它先进的半导体公司无法与美国英特尔和 IBM 这些大规模的公司匹敌；
- 它的金融业务：索尼有银行和人寿保险业务，但电子业仍是它的核心。但是，这些业务为集团带来利润和现金流。

局外人士认为，新的索尼首席执行官和总裁至少还要三年才能让公司形势逆转。但是这不仅需要减掉收益不好的部门和业务，还需要进行创新，生产新一代的 Walkman 或是 iPod。索尼的困难在于它的对手也在不断创新。霍华德在 2005 年的时候说过："我告诉大家，别指望有什么是 iPod 的杀手，因为史蒂夫·乔布斯（苹果公司总裁）也在不断思索。"

资料来源：见"参考资料"[41]。

案例研究

1. 是哪些环境的变化导致了索尼所受到的压力？
2. 利用本章的 9 个概念来分析公司的竞争环境。你如何定位索尼的竞争地位？
3. 其他的公司从索尼的创新战略中能学到什么？

战略课题　是否索尼能够复苏？

本案例写于 2008 年上半年，当时索尼公司正处于巨大的变动之中。到你读到本文的时候，索尼公司应该有所动作了。公司是否能够复苏取决于其新的战略、新产品以及服务。首先，你可能会希望知道索尼具体都做了些什么——关于削减工作岗位、产品种类的变化、新产品发布这些领域都值得研究。

另外，以上的案例主要关注索尼，对其竞争对手只是一带而过。要想进行完整的战略研究，深入研究 1~2 个公司是很重要的，比如菲利浦、LG、夏普、松下和三星。研究竞争对手的产品种类、赢利性以及新的创新。之后，你可能会对新的索尼主席所发布的战略可以作出一些严谨的评论了。霍华德和他的同事是否能够重振索尼？

思考

分析战略环境的目的是什么?

本章有两个基本的前提假设。首先,战略分析假定从过去的经历当中有可能认识到一些东西。这种假定是非常重要的,因为战略主要是关于未来的行为。其次,这样的研究内在假定未来在某种程度上是可以预测的——否则这种分析就没有任何意义。这两种假定的基础都有些脆弱。

"从过去得到经验"可能会使得在探讨战略环境的时候采用不再适用的战略观点和定义:比如,传统的乘坐飞机旅行的市场含义已经和过去完全不同,现在乘坐飞机就像坐公共汽车那样简单,航班座位供应也很充足,并不需要漫长的订座过程。同样"预测未来"通常也要面临不正确的预测的风险:比如,15 年前谁能够遇见到今天互联网的发展呢?

也许在制定新的战略的时候,我们无法从过去得到很多经验。也许我们无法真正预见未来。那么,PESTEL 分析和波特的 5 种力量等理论分析的目的是什么呢?

小结

在分析组织所处的环境时,应当识别以下九项重要因素。

1. 对环境的分析通常从对市场进行定义和对市场规模、市场增长和市场份额进行分析开始。市场定义是非常重要的,因为这决定了战略机会的大小和规模。市场的增长通常在进行战略分析的开始进行,因为这对于一个组织的增长目标来说相当重要。对于市场进行基本的预计被用来估计是否一个组织在开始的时候有一个较大的市场份额,以此可以找出其战略意义。

2. 对环境特征的一般性分析,尤其是环境的混乱程度。当环境不确定而且容易发生突然的大的变革时,公司战略就需要更富于弹性,并制定出应对外界形势的措施。

3. 影响许多行业的因素的一般性分析。可以通过两种途径来进行分析:PESTEL 分析法和情景分析法。PESTEL 分析法研究了影响组织的政治、经济、社会文化、技术、环境以及法律等方面的因素。在进行此种分析时有必要找到影响组织的几项最为重要的因素,而不是罗列出每一个因素。在分析政府在战略中的作用和影响时,ESP 分析法,即环境、系统和政策分析法为此设立了一个有价值的结构。有影响的政府政策是制定战略的重要因素。在运用情景分析法时,应该注意到这种分析法为识别未来可能发生的事件提供了一种不同的方法,而不是预测未来。

4. 成长特性可以利用行业生命周期理论来研究。市场可以分为一系列的发展阶段:导入期、成长期、成熟期和衰退期,此外,成熟阶段可能还会受到与经济或其他因素有关的周期性变量的影响。而这些因素通常是组织无法控制的。

   生命周期的不同阶段需要采取不同战略。在早期阶段,为了设计和推出新产品可能需要在研发方面以及营销方面投入大量资金。按照生命周期的传统观点,后期阶段应该更加有利可图。然而,存在一种更加非传统思维方式:该项观点认为,在成熟阶段应该继续投资来保持持续增长。

5. 行业成功关键因素。识别出这些因素能够有助于将战略发展的重点集中在关键的领域。它们可以用三个词来概括:顾客、竞争和企业。"企业"是指组织的资源。在组织的任何方面都可以找到关键因素,并将这些因素与行业中的技能、竞争优势和组织的竞争资源联系起来。对于关键因素观点的批判有四个方面:识别、因果关系、泛泛而论的风险和忽视突发性观点。因此,对它们的运用要谨慎。

6. 5 种力量分析。5 种力量包括购买者、供应商、新进入者、替代品以及行业竞争激烈程度,其目的是分析各种力量之间的平衡以及行业中的组织。

7. 组织间合作关系的 4 链分析。这种方法包括分析组织与外界环境之间存在的互补关系、网络关系以及法律关系。目的就是分析这些关系链的相对而言强度及其对增强组织竞争优势的作用。

8. 有选择的直接竞争对手分析。目的是为了识别竞争对手所拥有的特殊竞争优势以及如何增加公司的战略资源——能比竞争对手产生更多竞争优势的独特资源。这种研究方法需要分析竞争对手的变化性和流动性特征以及他们的资源。

9. 客户分析。最后的研究领域是关注公司当前和潜在的客户以及他们对组织的重要性，市场细分来自客户分析，并在战略发展中扮演着一个重要的角色。

问题

1. 利用表 3.3 及你自己的判断来说明全球钢铁行业的混乱程度，并给出你的理由。

2. 使用 PESTEL 分析表格和情景分析找出的重要战略问题来分析你所选定行业的一般环境。

3. 在以下三个行业中找出并比较成功关键因素：计算机行业[第六部分中从 IBM 至惠普的案例（8 和 9）]、冰激凌行业（第 10 章）以及钢铁行业（第 3 章）。

4. 使用 5 种力量模型分析欧洲钢铁行业内部存在的竞争，然后再利用 4 链模型识别该行业中存在的任何形式的合作关系。

5. 基于你对上述问题的回答，你会为 Arcelor Mital 和 Corus 公司提出哪些战略建议？ 3.7.6 节将为你提供帮助。

6. 分析你所选定的行业的生命周期。如果可能的话，对该行业中的组织你会得出哪些战略结论？注意评价这种方法的使用难点。

7. 对你选定的行业准备一次全面详细的分析，并为其未来战略管理提出建议。

8. 为你的组织做一个客户分析。你能识别出哪些细分市场？客户服务和服务质量扮演着什么角色？对此低估会得出哪些战略结论？

9. 你同意稳定的环境倾向于采取常规性战略方法而混乱的环境常常需要采用自发性战略方法的观点吗？仔细考虑技术因素对稳定的环境以及在混乱环境中的长期投资问题所造成的冲击。

10. 竞争分析技术在多大程度上能够适用于公共领域和慈善机构？

进一步阅读

M E Porter's *Competitive Strategy: Techniques for Analysing Industries and Competitors* (The Free Press, Harvard, MA, 1980) has careful and detailed studies for analysis of the immediate competitive environment. Mona Makhija's paper (2003) 'Comparing the resource-based and marketbased views of the firm: empirical evidence from Czech privatisation', *Strategic Management Journal*, Vol 24, pp433-51 presents some useful comments on the Porter approach as well as a more general comparison relevant also to Chapter 4.

Professor Porter's article, 'How competitive forces shape strategy' (1979) *Harvard Business Review*, March-April, pp136-145, is probably the classic short analysis here but note that it says little or nothing about the importance of cooperation.

Finally, for a comprehensive review of the underpinning economic theory, read Sean Rickard's Chapter 5 entitled 'Industrial Organisation Economics Perspective' in the edited text: Mark Jenkins and Veronique Ambrosini with Nardine Collier (2007) *Advanced Strategic Management*, 2nd edn, Palgrave Macmillan, Basingstoke, pp61-82.

注释和参考资料

1. Porter, M E (1980) *Competitive Strategy*, The Free Press, New York.

2. Andrews, K (1987) *The Concept of Corporate Strategy*, Irwin, Homewood, IL.

3. Many strategy texts (including previous editions of this one!) set out in great depth various environmental concepts and forget that it is useful to begin with some basic data.

4. Levitt, T (1960) 'Marketing myopia', *Harvard Business Review*, July-Aug, pp45-56. Levitt's paper challenged the traditional definitions of the market.

5. There may be tautological problems here, but it is not appropriate to explore these at this early stage in strategy analysis. Suffice to say that it is possible to pursue this academic debate by starting with the well-known text by Buzzell, R D and Gale, B T (1987) *The PIMS Principles*, The Free Press, London. Follow this up with Baker, M (1993) *Marketing Strategy and Management*, 2nd edn, Macmillan, London.

6. Porter, M E (1980) Op. cit., Ch2.

7. The early part of this section is based on Ansoff, I and MacDonnell, E (1990) *Implementing Strategic Management*, 2nd edn, Prentice Hall, Englewood Cliffs, NJ.

8. D'Aveni, R (1994) *Hypercompetitive Rivalries*, Free Press, New York.

9. Simon, H 'The corporation: will it be managed by machine?', in Leavitt, H and Pondy, L (eds) (1964) *Readings in Managerial Psychology*, University of Chicago Press, Chicago, pp592-617.

10. Baden-Fuller, C and Stopford, J (1992) *Rejuvenating the Mature Business*, Routledge, Ch2.

11. Aaker, D R (1992) *Strategic Marketing Management*, 3rd edn, Wiley, New York, p236.

12. Smallwood, J E (1973) 'The product life cycle: a key to strategic marketing planning', *MSU Business Topics*, Winter, pp29-35.

13. Baker, M (1993) *Marketing Strategy and Management*, 2nd edn, Macmillan, London, p100 et seq. presents a short defence and interesting discussion of the main areas.

14. Dallah, N Y and Yuspeh, S (1976) 'Forget the product life cycle concept', *Harvard Business Review*, Jan-Feb, p101 et seq.

15. References for global steel case: *Metal Bulletin*, 12 March 1998, p17; *Financial Times* 24 January 1996, p23; 2 August 1996, p7; 15 November 1996, p27; 11 December 1996, p37; 20 March 1997, pp4 and 31; 11 June 1997, p4; 24 July 1997, p30; 30 July 1997, p35; 23 October 1997, p4; 13 November 1997, p6; 15 December 1997, p23; 7 February 1998, p17; 9 March 1998, p24; 18 March 1998, p43; 22 April 1998, p38; 27 May 1998, p27; 28 May 1998, p25; 4 June 1998, p23; 7 February 2000, p13; 25 September 2007, p25; 27 September 2007, p20.

16. Ohmae, K (1983) *The Mind of the Strategist*, Penguin, Harmondsworth, Ch3.

17. Porter, M E (1985) *Competitive Advantage*, The Free Press, New York, Ch7.

18. Kay, J (1993) *Foundations of Corporate Success*, Oxford University Press, Oxford, Chs5 to 8.

19. Amit, R and Schoemaker, P (1993) 'Strategic assets and organizational rent', *Strategic Management Journal*, 14, pp33–46..

20. Ohmae, K (1983) Op. Citl, p96.

21. Ghemawat, P (1991) *Commitment*, The Free Press, New York.

22. Porter, M E (1980) Op. cit. Note that Porter's work owes much to the writings of Professor Joel Bain and others in the 1950s on industrial economies. However, it was Porter who gave this earlier material its strategic focus. See also Porter's article, 'How competitive forces shape strategy' (1979) *Harvard Business Review*, March–April, pp136–145, which is a useful summary of the main points from the early part of his book.

23. Op. cit., p4.

24. Porter actually refers in his book to 'six' areas and then goes on to list seven!

25. Cusumano, M and Takeishi, A (1991) 'Supplier relations and management: a survey of Japanese, Japanesetransplant and US auto plants', *Strategic Management Journal*, 12, pp563–88.

26. Nielsen, A C (1988) *International Food and Drug Store Trends*, Nielsen, Oxford.

27. Aaker, D (1992) Op. cit.

28. Baker, M (1993) Op. cit.

29. Harvey–Jones, J (1991) *Getting it Together*, Heinemann, London, Ch14.

30. Porter (1980) Op. cit., Chs7 and 8.

31. Reve, T (1990) 'The firm as a nexus of internal and external contracts', *The Firm as a Nexus of Treaties*, Aoki, M, Gustafson, M and Williamson, O E (eds), Sage, London. See also Kay, J (1994) *The Foundations of Corporate Success*, Oxford University Press, Oxford, Ch5.

32. Kay, J (1994) Op. cit., p80.

33. Kay, J (1994) Op. cit.: Ch5 on architecture explores this topic in depth.

34. Nalebuff, B J and Brandenburger, A M (1997) *Coopetition*, HarperCollins Business, London.

35. For example, Porter, M E (1980) Op. cit.

36. Levitt, T (1960) 'Marketing myopia', *Harvard Business Review*, Jul–Aug, p45.

37. Davidson, H (1987) *Offensive Marketing*, Penguin, Harmondsworth.

38. Adcock, D, Bradfield, R, Halborg, A and Ross, C (1995) *Marketing: Principles and Practice*, 2nd edn, Pitman Publishing, London, p386.

39. Porter, M E (1980) Op. cit., Ch2.

40. Egan, C (1995) *Creating Organisational Advantage*, Butterworth–Heinemann, Oxford, p83.

41. References for the Sony case: Sony Annual Report and Accounts 2004 and 2006; website www.sony.net (note this is the global, Japan–based website but with an English version); website www.sony.com (note this is the Sony US website); *Fortune*, 12 Une 2006, p42; *Financial Times*: 15 November 1995; 8 March 2005, pp23, 30; 9 March 2005, p27; 28 June 2005, p32; 21 September 2005, p17; 23 September 2005, p26; 24 September 2005, p13; 26 September 2005, p11; 22 June 2006, p15; 26 August 2006, p19; 20 October 2006, p24; 15 November 2006, p28; 17 September 2007, p25; 29 October 2007, p30; 12 December 2007, p29; 8 January 2008, p22; 17 January 2008, p13.

第 4 章

资源及能力分析

Analysing Resources And Capabilities

学习目标

在学完本章后，你应该能够：

- 识别出组织的资源和能力，以及是否应该自制还是从外部购买的战略决策；
- 解释价值增值的概念；
- 分析组织的价值链和价值系统，并评价其战略意义；
- 概括经济租金的概念及其与持续竞争优势的关系；
- 解释资源如何为组织带来持续竞争优势；
- 识别并解释有关持续竞争优势的七个重要概念；
- 解释组织中不同资源的作用，并把它们与持续竞争优势关联起来；
- 概括出提高组织资源的持续竞争优势的三种方法。

引言

　　组织资源分析不仅要研究主要资源和能力在组织中所扮演的角色及其对组织的贡献，还要理解两个主要问题：首先，研究资源如何为私有企业带来利润以及为公共部门提供服务，即提供战略的价值增值；其次，哪些资源能够为组织提供竞争优势，这些资源如何逐步得到改善。因此，资源和能力分析有两条并行和互联的路线：价值增值和持续竞争优势。图 4.1 列出了相关因素。价值增值线路探究的是组织如何从供应商处取得物资，然后变成成品和服务卖给顾客。本质上，把从供应商那里获得的物资进行价值增值是任何一个组织的

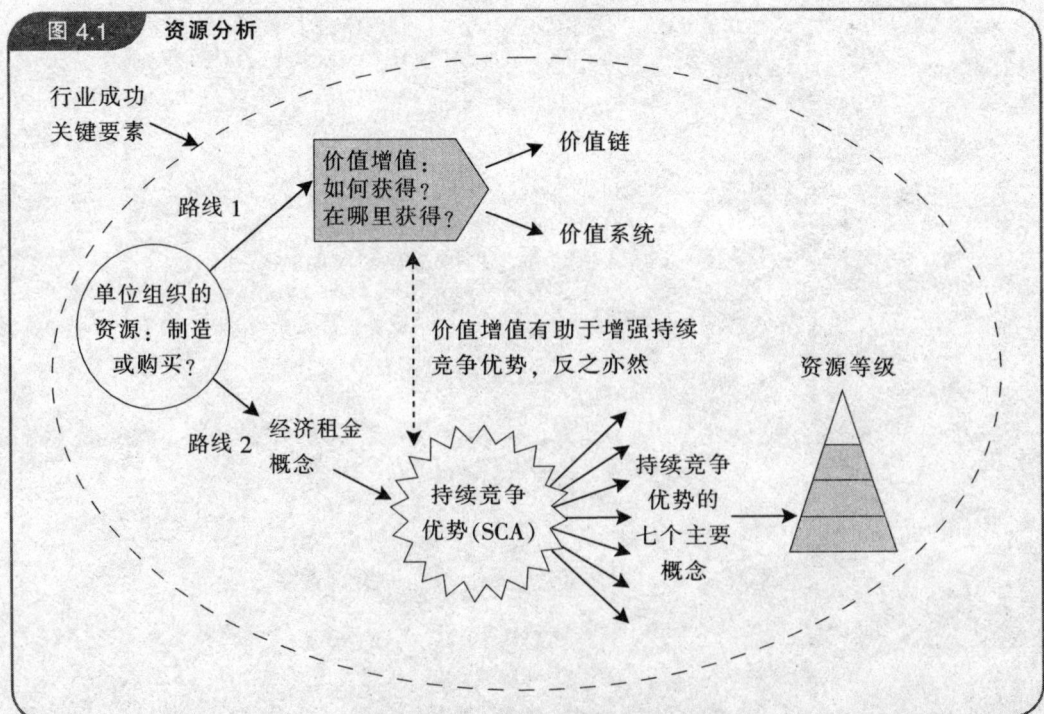

图 4.1　资源分析

重要工作。竞争优势路线是要寻找特殊资源让组织能够参与竞争：如何获得这些资源以及为什么这些资源可以提供持续竞争优势是战略发展的关键所在。

本章先从探讨资源和能力的确切含义入手。然后，研究为什么组织需要拥有这些资源，而不是从外部购进，再讨论价值增值路线。最后，研究竞争优势以及如何进行改善。

案例研究 4.1　GSK 的资源战略：合并谈判并使之起作用

在技术创新和全球药品市场上，GlaxoSmithKline（GSK）是世界最大的药品公司之———而且在这个行业里，规模是至关重要的。本案例研究了规模大的优势以及 GSK 是如何借此克服该行业所面临的两个重要的战略挑战的。

背景

在过去的 20 年里，药品开发成本高昂。一种重要的药品一般需要若干年才能开发出来，而且需要花费 5 亿美元的成本费用。这些药品开发出来以后还要向客户推销，如医生、医院和政府健康服务组织。例如，仅在北美市场就需要几千名专业销售人员来完成此任务。为了保证此活动的顺利进行，需要有充足的现金资源。另外，药品制造商之间的国际联盟和其他形式的联合是有好处的：药品公司可以利用这种方式来开拓势力范围较弱的地区，而且可以找出产品开发过程中的漏洞。

从规模角度来看，拥有大量的资源是有益的。但是这句话无法解释为什么大公司在过去的 5 年中规模变得更大。例如，1998—1999 年，瑞典公司 Astra 与英国公司 Zeneca 合并，法国公司 Rhone-Poulenc 整合德国公司 Hoechst 的部分资产之后成立了 Aventis 公司。在这一时期，世界上最大的药品公司里有一半都宣布合并或者接管同行业的公司。

一些战略家认为如果所有公司的规模都越来越大，那么任何药品公司都不会取得超越其他公司的竞争优势。优势不是简单地通过规模来实现，我们有必要考察每家公司的竞争性资源，以便找出哪一种规模可以产生竞争优势。为了研究这个问题，我们需要分别考察本案例讨论的两个合并公司——葛兰素威康（Glaxo Wellcome）和史克美占（SmithKline Beecham）。

葛兰素威康（Glaxo Wellcome）的竞争性资源

1980—1995 年，葛兰素公司高度依赖于其专利药品 Zantac，它是一种治疗胃溃疡的药物。例如，在 1994 年，仅该种产品的销售额就占了公司总销售额的 44% 以及利润的 50%。在 20 世纪 90 年代早期，Zantac 曾一度是世界上销售量最大的药品，因此，它是葛兰素公司的一种重要战略资源。

但这种优势面临着两个威胁。首先，1997 年该专利已经到期，所以任何公司都可以生产并销售这种药品，到那时葛兰素公司的边际利润将会降低。其次，1993—1994 年瑞士的 Astral 制药公司开发出了一种新型竞争性药物 Losec，并引入医疗界。该公司声称 Losec 比 Zantac 的疗效更佳。葛兰素公司深知竞争威胁的严重性，因为自己的产品 Zantac 在 20 世纪 80 年代中期就曾经险些被史克美占制药公司生产的一种叫 Tagamet 的药品击败。

由于面临着这两种威胁，葛兰素公司需要采用一种新的资源战略。考虑到开发新药品的时间滞后性，葛兰素公司使用现有资源优势——Zantac 的赢利能力——收购了两家药品公司，并于 1995 年以 135 亿美元的价格收购了威康（英国）公司。这使得葛兰素公司的产品组合中又增添了新的专利药品系列，包括抗艾滋病药品 Retrovir 和抗病毒药品 Zovirax。另外，葛兰素公司以 5.33 亿美元的价格收购了美国公司 Affymix，这家公司开发了一系列基

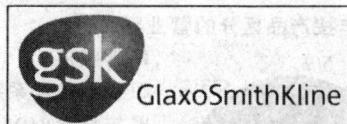

因产品。如果它成功的话，将会带来革命性的成果。

除了从两家新公司获得药品外，葛兰素公司还从这些收购行动中获得了其他资源优势。收购行动使得葛兰素公司把其研发团队与 Wellcome 合并在一起，从而节省了 1800 个研发岗位和相关劳动力成本。另外，由于不同的工厂合并，公司节省了 3000 个生产岗位和 2600 个营销管理岗位。总的来说，公司大约节约了 10 亿美元的成本费用。但是也有坏消息：销售状况良好的药品 Zovirax 的专利于 1997 年到期（从专利注册到专利期满的时间跨度为 10 年）。

史克美占的竞争性资源

史克美占公司的 Tagamet 药品出现了亏损，这使得它在 20 世纪 80 年代末期开始寻求与英国的 Beecham 合并。合并后的新公司在随后的 10 年里开发了许多新的专利药品，这种局面一直维持到 20 世纪 90 年代末期。它还开发了一系列品牌药品，直接销售给普通大众，而且获得了比其他药品更高的边际利润。到 1998 年，公司在抗抑郁病、疫苗、抗生素和糖尿病药品方面具有强大的实力。

1998 年两家公司合并失败，2000 年合并成功

1998 年，葛兰素威康研究与史克美占（SKB）进行合并。这样可以使两家公司相互利用各自的资源能力，因为它们在药品市场上各有不同的优势，而且一些设备和服务的重复可以就此取消。但是，合并并没有发生。两家公司在两件事上发生了冲突：谈判方式和新的管理结构。两家公司的文化是不同的，因此，合并谈判进展得异常艰难。例如，情况非常糟糕，以至于双方的谈判人员从来没有一起共进午餐。另外，两位首席执行官和其他高层管理者对自己将来在合并公司里扮演的角色也各抒己见，结果是合并没有实现，因此，巨大的资源优势也没有实现。

由于竞争激烈而且药品研发面临着巨额成本，合并的压力依然存在。使情况不同的是参与 1998 年谈判的一些高级管理者决定退休，从而这两家公司于 2000 年合并。结果，在 2002 年，合并公司把研发预算提高到 40 亿美元，并实现每年节约成本 7.5 亿美元：这比预期发生得要早。这家公司仅在北美的销售人员数量就达到了 7500 名。两家公司的产品系列相互补充，但也存在着一些空白。公司的全球市场份额 7% 多一些。这个数字看起来很小，但是公司已经在药品市场的某些细分市场上占据了领导地位，图 4.2 是集团活动的合并图。

▶

图 4.2　　GSK 的营业额

(a) 2007 年 GSK 按地理区分的营业额

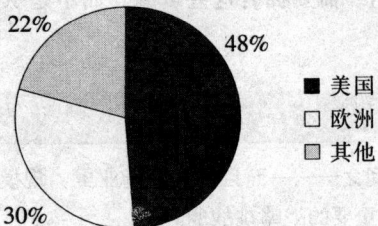

- 美国
- 欧洲
- 其他

48%
30%
22%

(b) 2007 年按产品区分的营业额

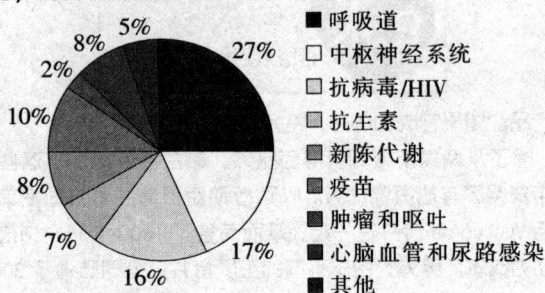

- 呼吸道
- 中枢神经系统
- 抗病毒/HIV
- 抗生素
- 新陈代谢
- 疫苗
- 肿瘤和呕吐
- 心脑血管和尿路感染
- 其他

27%
5%
8%
2%
10%
8%
7%
16%
17%

(c) 2000—2007 年 GSK 的营业额和经营利润

(单位：100 万美元)

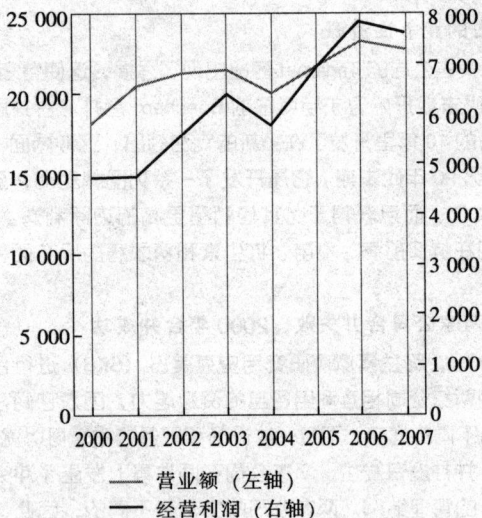

—— 营业额（左轴）
—— 经营利润（右轴）

新千年的两个孪生战略挑战

随着规模变大，公司可以在世界各地为客户提供更多品种的产品。但是公司在新千年还要面对两个重要的战略挑战：

- 公司一些先进药品的专利保护将会过期，这样就会有很多相同成分的药品以更低的价格进行销售。这对于像 GSK 这样的大公司来说是重大的威胁，因为它们为药品投入了巨资进行研发并且有赖于高利润率来支付药品研发的成本。随着药品的专利过期并且价格下降，容易以更低的价格被复制生产，制药公司会把逐渐把它们的主打药品淘汰掉。

- 新公司仅仅有优先的一些新专利药品的配方。所有的药品都必

须要经过几年的长期严格的测试过程。不可避免地，很多药品无法通过测试，所以拥有新药品的良好供应也是相当重要的。

在 GSK 的首席执行官在 2000 年上任的时候，他对公司的药品供应进行了详细的研究。随后他得出结论："我们原料库已经空了。"因此他着手开始制订一个新的、积极的研究和开发计划。他认为这对于任何一个大型的药品公司来说是至关重要的。这会抵消一般制药公司所带来的影响，并且会确保 GSK 的持续增长。他意识到对于像 GSK 这样的大公司来说，风险存在于它所进行的研发都是大型的并且可能会有一些官僚作风：小型的生物工程公司在近年来更为成功。因此，新上任的研发总监 Tachi Yamada 在欧洲和美国成立了 7 个"药品探索高级研究中心"（CEDD）。

"规模成为一种障碍，"Yamada 解释说，"在官僚主义机构中，传统的生物技术研究被遗忘了。几乎没有公司认为它们在 90 年代会失败。大多数仅仅是刚开始意识到这些。"GSK 的解决方案是成立了 7 个 CEDD 中心，每个中心都有不超过 300 个制药研究人员。每个团队都有自己的图书馆、研究设施甚至自己的财务总监。更小的结构意味着报告层面更少，这样研发就会启动和终止得更快一些。Yamada 的一位同事解释说："以前我们会在一个项目上耗费很久的时间才能发现其不可行，现在我们会在 6 个月内决定是继续还是放弃。而我们的很多竞争对手要花费两年的时间才能做到。"

但是这种大型的重组在 2005 年上半年还没有完全完成。公司的营业额还在持续上升，并且在新产品开发上取得了一定的进展：在新药品供应上，研发效率交出了令人满意的答卷。但是，正如同公司总裁 Garnier 所说："我们还没有夺取胜利。"

向 2008 年进军

也许 Garnier 的谨慎是明智的，因为 2007 年仍有一些问题存在。新的开发总监 Moncef Slaoui 成为 Yamada 的继任者。Slaoui 解释说，"主要问题不是公司结构的问题而是要改变公司文化。这是对价值观的改变。我们的结构是完美的，但是需要对行为做更高的要求。"他的首要工作就是缩小经理的控制权。过去，经理们太偏重于通过大规模的实验室实验来发现新药，而不是在新的 GSK 中去鼓励团队创新。

此外，在研究方面也有些变革。GSK 为将在 2008 年夏季离任的 Garnier 选定了接班人。新的 CEO 是内部提拔上来的 Andrew Witty，他将领导公司向前迈进。

案例问题

1. 在这个市场上关键成功因素是什么？你的答案对于大型和小型制药公司有何意义？

2. 葛兰素公司所具备的竞争优势的特征是什么？史克美占所具备的竞争优势的特征是什么？它们具有持续性吗？

3. 公司本身的成本节约是持续竞争优势吗？

4. 对于制药行业以外的公司在发展持续竞争优势时，如果可能的话，可以从本案例中得到什么教训？

4.1 资源及能力分析

分析组织的资源和能力有两个目的：识别组织的增加值，并探究和提高组织资源的竞争优势。大多数的战略家将组织的基本资源和组织的附加能力加以区分来对这些资源进行研究。比如，药品公司 GSK 如果没有向潜在客户销售的能力，那么这个组织拥有重要药品专利的意义也不大。

虽然在第 3 章中提到的环境分析需要与组织的资源和能力分析相结合[2]，但近年来这一观点有所改变。在20 世纪 70、80 和 90 年代，战略发展的重点放在对战略环境的研究上——例如，波特[3]的著述和第 3 章中列举的其他人的文献[4]。但是，这一研究重点反过来表明了行业研究从 50 和 60 年代有了改变，当时更注重广泛的研究，像 Penrose[5] 等。在 20 世纪 80 和 90 年代战略家的作品中，如 Wernerfelt[6] 和 Barnery[7]，重点转到了组织的竞争资源方面。

根据我们现在的观点，要对组织进行资源和能力分析需要明确 4 个关键问题：

1. 从战略的角度来看，组织的资源和能力是什么？
2. 为什么组织要有资源？
3. 为什么资源和能力重要？
4. 如何提升组织的资源和能力？

图 4.3 对一些问题进行了小结并给出了答案，本章将进一步探讨。

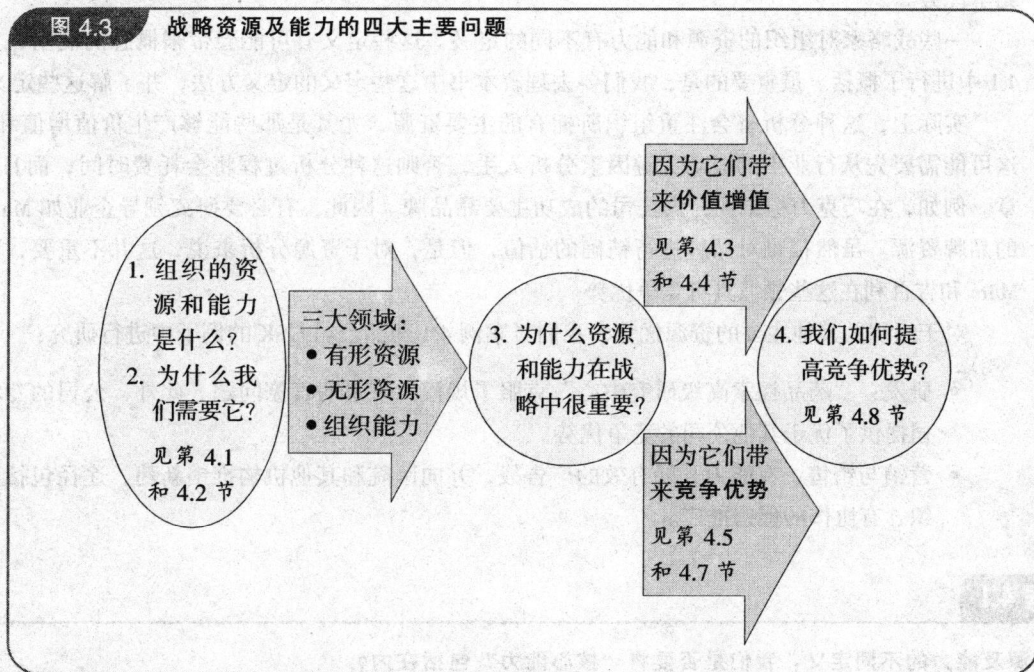

图 4.3　战略资源及能力的四大主要问题

4.1.1　分析组织的基本资源和能力

在分析组织的基本资源时，首先要调查一下组织有哪些资源。这项工作并不容易，因为有些资源很难衡量，甚至很难明确定义。例如，药品公司 GSK 的专利就是该公司的资源，但它们的未来价值却不能简单地用公司的会计账目来决定，原因就是这样的资产的价值会随着专利期限的临近而贬值，会计账目可能永远无法充分估算其价值。

同样，组织的能力，如它在协调活动中的特殊技能，可能没有明确的价格，但对于组织来说可能特别有价值。我们仍可以 GSK 为例：公司的首席执行官（2002 年，Jean-Paul Garnier）拥有一项重要的资源，即领导力。这种资源无法量化，但是对于战略发展来说至关重要。在战略分析中，可以从财务和管理系统的数据入手，但是意义不大。

因此，我们需要用更广义的方法来进行资源分析。我们将组织的资源和能力定义为有助于价值增值的资产。首先，有必要将资源分成三个大类[8]：

定义▶　1. **有形资源是公司拥有的、用于价值增值的物质资源**。德国化学巨人拜耳拥有的厂房和设备能够清晰地识别和估价。麦当劳餐馆处于繁忙的高速公路上而不是乡村小路旁，这样的地理位置很明显就是一种有价值的和有形资源。

定义▶　2. **无形资源是指那些没有物质形态但能为组织带来真正利益的资源**，如品牌名称、服务水平以及技术。Mars 公司（美国）的品牌不仅在巧克力市场上发挥作用，而且还进一步延伸到了冰激凌产品。由于夏普公司（日本）掌握着纯平技术，因此该公司在全球计算机的液晶显示器市场占有主导地位。这些资源在组织的历史中根深蒂固，随着时间的推移能不断积累。

定义▶　3. **组织能力是指组织的技术、规范、管理以及领导力**。光有有形资源和无形资源是不够的。组织必须能够调动和分享这些资源，将组织不同的部门联结起来并有效地协调组织的各项活动。更严格说来，这种资源是也是第二种资源，即无形资源。但是，因为它在人文组织中的重要性和复杂性，它从无形资源中分了出来。竞争优势的产生源自某些组织比其他组织拥有更多的组织能力。

我们从丰田汽车公司（日本）的例子中可以了解组织能力。这家公司的丰田生产系统以低成本、灵活生产以及比对手更快推出新车型而制造了传奇。公司通过一系列多年来积累的独有资产并不断地进步战胜了对手。本书最后部分的丰田汽车案例中会有更详细的介绍。这种能力靠多年的发展，代表了组织的一种重要的竞争优势。

一些战略家对组织的资源和能力有不同的定义。这些定义有可能会带来概念的混淆，为此我们在文本框4.1 中进行了概括。最重要的是，我们要去理解本书中这些定义的定义方法，并了解这些定义后面的原则。

实际上，这种分析将会注重组织所拥有的主要资源，尤其是那些能够产生价值增值和竞争优势的资源。这可能需要先从行业中的成功关键因素分析入手，否则这种分析过程将会耗费时间，而且一无所获，见第3章。例如，在巧克力糖果业，大公司的成功主要靠品牌。因此，有必要研究领导企业如 Mars 和吉百利的无形的品牌资源。虽然很难对品牌进行精确的估值，但是，对于资源分析来说，这并不重要，重要的是要认识到 Mars 和吉百利在这些领域具有竞争优势。

对于组织的其他主要的资源优势，我们对案例4.1 药品公司 GSK 的例子中进行研究：

- 研发："药品探索高级研究中心"克服了规模大带来的官僚问题。此外，公司的专利在有效期内给公司提供了优于其他公司的竞争优势。
- 营销与销售：有能力开展有效的广告战，并向医院和其他机构推销新药，途径包括直接的销售和有组织、有协作的促销推广。

文本框 4.1

战略资源及能力的不同定义：我们是否要将"核心能力"包括在内？

一些战略家和评论家将"核心能力"这个词用作他们对资源和能力的基本定义的一部分。这些战略家只简单地将资源分成有形和无形资源[9]。然后，将组织能力用本书的方法定义，但是将所有的能力包含在内，而不仅仅是竞争优势。他们使用"核心能力"这个词识别那些能提供竞争优势和价值增值的资源。

但是，"核心能力"的意思在这里已经背离了这个词的创造者 Hamel 和 Prahalad 的最初含义，见 4.7.3 节。因此，它会让读过该词原创著作的读者产生疑惑[10]。

此外，其他战略家认为公司的某些关键资源，如品牌或专利，是不能用"核心能力"的通用意义准确表达出来的。因此，像品牌和专利资源可能是这些能力的成果但是却随着时间的推移能够超越资源的发展进程，为组织增加价值。联合利华为它的品牌 Hellmans Mayonnaise 和 Knorr Soups 花了 200 亿美元，并不是为了建设联合利华已经拥有的品牌资产，见案例 9.2。

当前，战略家们没有一个统一的定义。重要的是，要根据这些定义的意思和对战略的影响准确地运用。

- 人力资源：有技能和知识去运营大型和复杂的药品生产厂。在这些工厂里，品质和安全是首要的，并且要接受外部政府机关的定期监管，如美国食品和药品管理局。
- 分销和物流：能够高效地协作、贮存和运输药品。经常需要跨国运作，因为有的药在一个地方生产，却销往另一个地方。

文本框4.2列举了服务行业的资源和能力分析时需要考虑的关键问题。

文本框4.2

假日酒店全球连锁店的资源和能力分析

	资源和能力
有形资源	• 处于机场、城市中心、度假胜地的地理位置 • 单个饭店的规模和设施：房间、餐厅、游泳池等
无形资源	• 假日酒店的品牌 • 管理层、接待、房间清洁等方面的雇员
能力	• 与食物、电话服务供应商等之间沟通的技巧 • 管理层培训以保持和提高服务水平 • 管理组织和领导使每家酒店提供细致、一贯的品质 • 组织的程序，使每家酒店可以顺畅高效地运作

4.1.2 进行资源和能力分析过程中管理上及其他方面的困难

虽然定义组织的资源和能力看似简单，但应该重视实际的困难。经理们需要在初级阶段便开始进行资源和能力分析，以确定组织的利润来源，识别和提高组织的竞争优势。主要有三个方面的困难：

1. 行业和竞争者行为经常存在不确定因素；
2. 许多因素使得分析变得复杂，并很难去理解其中的根本原因；
3. 组织中对于什么是竞争资源常常存在分歧。

特别是最后一点，对于竞争资源和能力的判断和选择对个别的经理和部门来说内涵是不同的。例如，如果资源被认定不是竞争资源，那么它可能就意味着组织会放弃这项资源和相关的经理。这是本书第15章"战略变化"中所探讨的主题。

4.1.3 资源问题的常规性和突发性方法

战略发展的突发性方法和常规性方法都认为资源是非常重要的。然而，它们各自的观点非常不同。

持常规性观点的战略家认为，有效地利用资源以及建立资源优势是重要的。资源在一定程度上被当做是没有感情的无生命物体。因此，为了使组织更有效率，公司战略可能会控制并创造资源。例如，GSK合并以后可以从岗位数量减少中获益，并使得公司每年可以节约7.5亿美元。持常规性观点的战略家认为最终该公司的实力会越来越强。

尽管持突发性观点的战略家没有达成一致意见，但是他们当然会质问资源的常规性观点的确定性。例如，一些持突发性观点的战略家主要质疑的是常规性战略家们所做的变化是可以预测的假设。与常规性战略家相比，持突发性观点的战略家可能更加强调人力资源的影响。例如，GSK削减了大量员工将会带来许多不确定性和忧虑。这肯定会影响公司执行变革的能力。一些持突发性观点的战略家认为人力资源不仅仅是物体，而且是有思想的人，他们可以促进或阻碍公司变革。

对于其他持突发性观点的战略家来说，环境变化是如此之快，以至于超出了组织的控制，因此，组织的资源要具有弹性并以生存为目标。从这种意义上说，如果GSK合并后生成的是一个规模更大而更加缺乏弹性的公司，那么合并就是不可取的。其他的一些持突发性观点的战略家还质疑在瞬息万变的药品市场上，专利在创造可持续竞争优势的过程所发挥的价值。

这些观点的差异反映在本书中的两个模型上。在常规性模型中，资源将会为公司及其未来战略带来明确的结果。在突发性模型中，资源和随后的战略更具有不确定性以及相互关联性。

本章将集中讨论常规性方法，因为它构成了战略发展的资源分析的基础。这是因为该理论已经相当成熟，而且拥有很多实用的见解。此外，那些怀疑其实用性的人们也首先需要了解它。

第 5 章以及随后的章节将会进一步研究突发性方法。

关键战略原则

- 资源和能力分析的目的是识别组织中哪些方面可以价值增值，哪些方面有持续的竞争优势。
- 在资源分析中，重要的是要全面分析组织的资源和能力：有形资源、无形资源和组织能力。这些资源超越了会计和财务的概念，涉及像专利价值和领导力这样一些领域。
- 在分析组织资源时经常会遇到实际的管理困难。这些困难表现在三个方面：环境和竞争的不确定性、复杂和不确定的因果关系、组织内部在明确什么是资源方面存在分歧。
- 常规性方法把资源当做是使战略利益最大化的物体。突发性方法对资源的看法不一致。然而，它倾向于更加注重人力资源：这方面内容实际上更难预测。同时，它也强调在环境与资源之间建立一种密切的关系的必要性。

4.2 为什么组织需要有资源——自制或外购决策

作为研究个别组织资源的战略角色的出发点，探索组织拥有和使用那些生存所需的最小数量以上的资源的原因是有帮助的。在一个有效率的市场上存在着许多专业的供应商，这些供应商向公司提供的产品或服务的价格往往要比公司自己生产这个产品或服务的成本低得多。例如，GSK 自己并不从事广告活动而是雇用公司外部的广告代理商。该公司也不亲自制造包装用的纸板箱、盒子以及金属箔片，而是从外边购买——为什么？因为从外部供应商购买要比自己生产更加便宜。这种利用外部"市场"购买产品和服务，而不是利用组织的内部资源生产这些产品的决策，在战略上被称为"外包"。然而，从外部市场购买也存在问题——见文本框 4.3，否则所有的公司都将购买而不生产任何产品。实际上，当公司从外部市场购买产品或服务的成本高于收益时，公司就会自己生产而不是从外部购买。

文本框 4.3

利用外部市场的好处和成本

好处

- 外部供应商能够获得规模经济，而公司的内部生产只是为了满足自身的需要，不能获得规模经济。
- 迫于市场竞争的压力，为了生存，外部供应商必须要有效率并经常创新。公司的总体成功将会掩盖公司内部的部门无效率和缺乏创新的事实。

成本

- 生产流程需要与组织的价值链协调一致。当从外部市场购买而不是公司自己生产时，公司可能会在这一点上做出相应的妥协。
- 当一项活动由外部独立的公司执行时，组织的信息系统可能会出现漏洞——这些信息对于公司产生竞争优势来说可能是至关重要的。
- 与外部公司交易可能会存在交易成本，而这些成本可以通过公司内部生产避免。

资料来源：Adapted from Besanko, D, Dranove, D and Shenley, M(1996), The Economics of Strategy, p73. Copyright © 1996 John Wiley & Sons, Inc. This material is used by permission of John Wiley & Sons, Inc.

生产或购买决策是从广泛的战略角度对资源重新评估的一部分。在过去的30年中，许多公司都重新定义了自己的资源界限——它们生产的东西仅仅是公司所拥有资源的一部分。例如，公司还拥有像品牌这样的资源。这些资源并不能在生产线上制造出来，但是它们对于价值增值是非常重要的。这种对资源性质及其所扮演角色的深刻反思是由 Coase、彭罗斯以及威廉姆森等人提出的。这种反思导致一些重要的战略资源决策的出现[11]。

像耐克运动服装公司（美国）和贝纳通服装公司（意大利）都通过大量的购买活动取得成功，而这些购得的产品以前都是由公司自己制造的：它们都利用了供应商网络，而且对于贝纳通来说，分销商能以更加便宜的价格制造和销售产品。耐克仅仅负责设计和营销新鞋，而制造过程都是由公司外部的亚洲供应商来完成——见案例研究 7.2。贝纳通也打算利用意大利北部的一些当地供应商实施类似的计划，这叫做供应外包。尽管看起来是贝纳通拥有着那些冠有公司品牌名称的商品连锁店的资源，但是实际上大多数连锁店都不是该公司所有。它们是在贝纳通的控制下运营，但所有权归其他各方所有，这叫做特许经营。品牌服装、特许服装店以及供应外包构成了 20 世纪 70 年代贝纳通的新战略基础。战略发展的出发点是分析组织当前所拥有的资源。这些内容会在本章后面进行分析。

关键战略原则

- 自制或外购决策是关于各个组织自己生产产品或服务还是从外部购买它们的决策。每一个组织都需要定期重新评估这方面的经营活动。
- 在过去的 30 年里，自制或外购决策使组织不得不重新评估它们拥有什么、为什么拥有。组织要重新定义它们所拥有的资源。

案例研究 4.2 三家欧洲公司是如何利用其资源的

本案例研究了三家完全不同的公司。目的是了解它们分别是如何利用资源并实现公司目标的。前两家公司分别属于制药行业和国家铁路服务行业。第三家公司是一家控股公司，它主要经营建筑、公共服务以及电视广播业务。

本案例关注的三家公司分别为英国的制药公司葛兰素公司、荷兰的国有铁路公司荷兰铁路公司（Nederlandse Spoorwegen）以及法国服务行业的控股公司布伊格集团（Bouygues）。每一家公司都拥有完全不同的资源、技能和工作方法，而且每一家公司都处于完全不同的环境之中，包括医药、运输服务以及道路建设。本案例的目的就是识别出关键战略资源，也就是说，那些可以使公司战略形成差异化的资源。

使命和目标

作为战略分析的出发点，研究这三家公司为什么正在利用其资源是非常重要的。它们想获得什么？从理论上来说，每家公司都希望实现自己的使命和目标。这些问题都值得识别和研究。

关键资源分析

每一家公司都在利用完全不同的资源、技能以及运营方法来实现公司目标。图 4.4 使用了最新年度报告中的数据和其他一些资料来描述本案例列举的三家公司的成本情况。公司每一项重要开支的成本都用销售收入的百分比来表示，同样地，税收和利息前收益也是以销售收入的百分比来表示。先计算出每一项开支的成本，然后除以销售收入，最后用百分比来表示。这种描述方式可以用来说明公司的每种资源对利润和销售收入的贡献。

葛兰素公司的资源

本章开始时 GSK 公司的案例研究介绍了有关葛兰素公司的信息。

荷兰铁路局的资源

- 对现有铁路线和全部车辆的利用率越来越高。对于多数公司来说，轨道和机车投资基本上已经完成。关键就是如何提高当前设备的利用率。
- 市场营销、销售以及特定的价格。这些内容可以鼓励客户优先使用铁路而不是竞争对手的服务：公路、飞机和公共汽车。对于拥有范围广阔、系统发达的交通基础建设的荷兰来说，这些内容是非常重要的。
- 高水平的服务。这些内容将涉及公司员工，以及向新的信息和信号设备的投资，以告诉客户我们能够更好地解决运输网络问题。

欧洲大多数国有铁路公司都主要是在各国内部开展竞争[12]。因此，第一阶段的资源分析就需要集中关注各国运输行业的竞争者。

由于铁路行业要在轨道、信号系统和机车方面进行大规模的固定资产投资，因此公司战略基本上就是如何提高现有设施的利用率——也就是上面提到的营销和销售活动。

对于许多铁路公司来说，另一个重要的战略问题就是与政府的良好关系。从获得图 4.4 所示的数据到目前这段时间内，荷兰铁路公司获得了荷兰政府的补助金，总额占其收入的9%。这些补助金被用来补贴车票价格以及运输费用，从而使得顾客选择铁路而不是公路。

图 4.4 **成本描述——成本占销售收入的百分比**

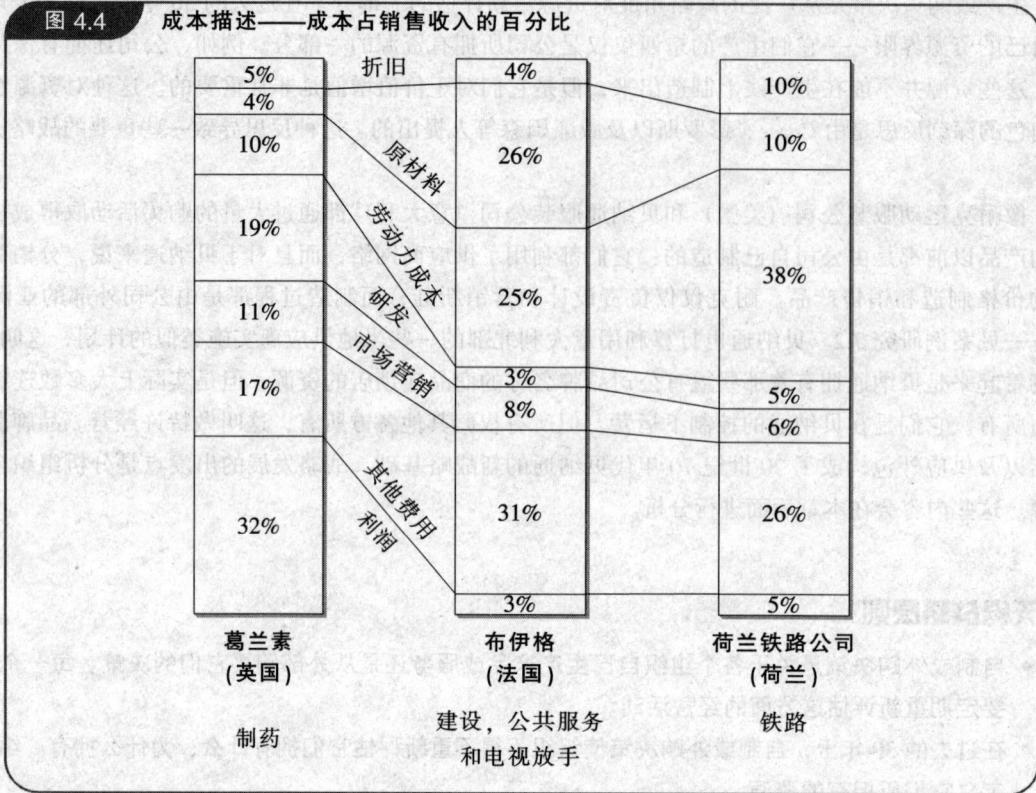

布伊格集团的资源

在这个案例中，资源可以通过公司所开展业务的具体特征来表示。理论上，我们需要研究集团内的几百个公司。但实际上，三项主要的业务已占公司销售收入的90%以上：

建筑物和道路建设　　　　63%
公共设施管理　　　　　　15%
媒体——电视台　　　　　14%

为了战略分析的目的，通常可以忽视该公司的其他业务。因为这不是对公司进行财务审计，只是简单地对公司业务的整体状况进行分析。如果忽视了评价其他业务领域也可能产生问题，尤其是当这些业务领域发生了巨额亏损或者公司可能向这一业务领域转移的时候。我们能识别出以下三项主要业务。

1. 建筑物和道路建设资源包括：
 • 建筑物和道路建设的原材料；
 • 劳动力建筑成本以及技能和效率；
 • 设计和工程成本。
2. 公共设施管理资源包括：
 • 提供服务的质量；
 • 与政府之间的管理联系；
 • 成本控制和技术监督。

3. 媒体电视台资源——法国国家频道 TF1 和移动电话服务：
 • 节目录制和采购；
 • 网络管理和成本；
 • 观众监督和评估；
 • 移动电话服务的管理和营销。

很显然对于一个多元化控股公司来说，资源分析是一项重要任务。但集中分析某些重要的业务领域是一种简化的方法。然而，这是一种折中的做法。

© 理查德·林奇 2009 版权所有。保留所有权利。本案例由理查德·林奇根据公开信息编写[13]。

案例问题

1. 通过对三家公司的成本分析发现，与其他两家公司相比，研究与开发（R&D）是葛兰素公司一个更显著的特征。这是为什么？在研发方面投资过多将会出现什么风险？这对于战略决策有何意义？
2. 葛兰素公司的营销及相关费用占销售额的百分比要远远高于荷兰铁路公司。原因是什么？你能解释荷兰铁路公司在营销上保持较高水平开支的战略原因吗？
3. 本案例说明在资源管理上，控股公司面临着更加艰巨的任务。你同意这种看法吗？

4.3 资源分析和价值增值

　　组织资源的基本功能就是使组织价值增值。所有的组织都应确保它们不会长期亏损，不然的话它们就无法生存下去。对于商业组织来说，增加价值对于它们的未来来说是至关重要的。对于非营利性组织来说，增加价值可能仅仅是它存在的一小部分原因，其他的目的应该是以社会、慈善或者其他目标的中心。通过把

定义 ▶ 购进的原材料送进工厂大门，然后把其加工成终端产品从而实现资源的价值增值。**增值价值可以被定义为产出的市场价值与投入的成本之间的差额。**

这是一个基本的经济概念，我们可以通过图 4.5 葛兰素公司的例子来说明。非营利组织也可以利用价值增值这个概念。非营利组织的投入与商业性组织的投入可能类似——如那些电力、电话费用等，但也可能存在很大的差异，尤其是那些使用自愿劳动力的非营利组织，其成本几乎是零。同样，产出可能也很难定义和衡量——例如，向社区提供的服务、帮助老弱病残等。但是增值价值的确够用了，只是它很难量化。为了弄清楚这些基本概念，本节仅使用商业性的解释。

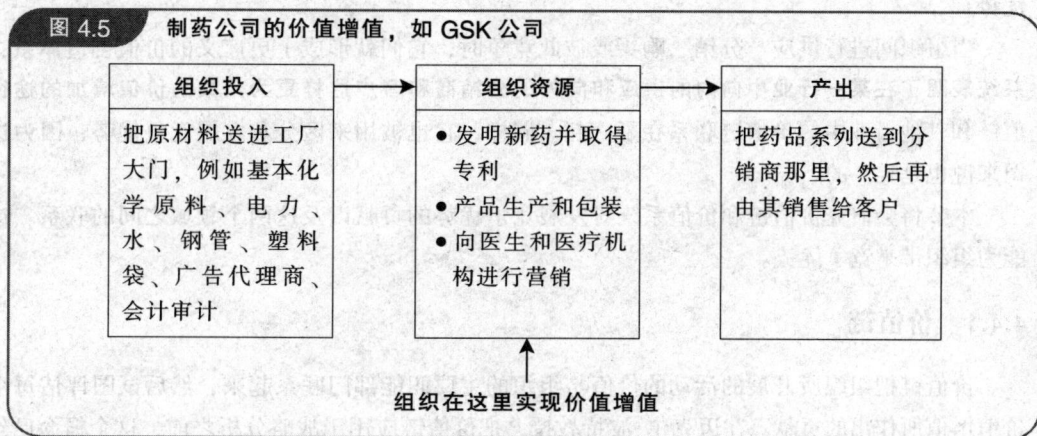

图 4.5	制药公司的价值增值，如 GSK 公司

组织投入	组织资源	产出
把原材料送进工厂大门，例如基本化学原料、电力、水、钢管、塑料袋、广告代理商、会计审计	● 发明新药并取得专利 ● 产品生产和包装 ● 向医生和医疗机构进行营销	把药品系列送到分销商那里，然后再由其销售给客户

组织在这里实现价值增值

从以上对价值增值的定义（也就是输出减输入），可以看出在组织中可以增加价值：

● 或者是通过增加传递给消费者的输出价值（销售）；
● 或者是通过降低输入的成本（工资、资本和原材料成本）。

可以同时采用两种方式。因此应该从两个方面来进行战略研究。

提高产出价值意思是或者是通过提高销售量，或者是通过提高单价来提高销售水平。两种方法都很容易表述，但都很难去做。两者都涉及成本——比如说广告促销的成本——这需要根据所得来设定。降低输入成本可能会需要进行投资——比如投资购买新机器来代替人工——同时降低成本。这两种战略方式都需要详细进行讨论。产出在第 3 章讨论过了，输入在本章后面将会进行讨论。

价值增值的战略分析应该是在组织所在的市场或者行业层面上，而不是在公司或者控股公司层面上进行的。如果这种分析在一般层面进行的话，那么企业各部分的表现就会被掩盖了。因此，价值增值是在各产品组的层面进行分析的 [14]。

关键战略原则

● 商业性组织的价值增值是指产出的市场价值与投入的成本之差。

● 非营利性组织的价值增值是指组织提供的服务与投入的成本之差。一些组织的人员是自愿者，因此投入成本为零。

● 所有组织都要确保其在长期内不会一直处于价值亏损状态，否则它就无法存活下去。对于商业性组织来说，实现价值增值对于其未来发展是至关重要的。对于非营利性组织来说，实现价值增值只是它们存在的原因之一，其他目标还包括关心社会、提供慈善服务以及其他使命。

● 原则上，只有两种战略可以用来增加商业性组织价值：增加产出价值（销售收入）或降低投入价值（劳动力成本、资本成本和原材料）。在实践中，这意味着认真分析销售收入和成本的每一个细节。

● 在拥有不止一种产品系列的公司里，价值增值分析最好通过单独研究每一个产品组合来实现。在价值增值上，一些产品组合可能会抵消其他产品组合，并不是所有的产品都会实现同样的价值增值。

4.4　增值：价值链和价值系统——波特的贡献

价值增值分析可以用来发展组织的持续竞争优势。这里有两种主要方法——价值链和价值系统。这些方法的大部分内容都是由哈佛商学院的迈克尔·波特教授在 20 世纪 80 年代提出的。

定义▶ 每一个组织所开展的活动都与增加公司的价值有关：从供应商那里采购、生产制造以及产品和服务的分销和营销。这些活动一起构成了组织的价值链。**价值链辨明了价值是在组织的哪一部分增加的，以及与组织的日常主要职能过程的联系。**由于这样的价值链对于一个组织来说是唯一的，因此它被用来发展组织的竞争优势。

定义▶ 当组织间进行供应、分销、购买或彼此竞争时，它们就形成了更广义的价值创造体系：价值系统。**价值系统表明了在某一行业中向内的供应和向外的分销商和客户这样更为广义的价值增加的途径。它把本行业价值链和其他行业中的价值链联系在了一起。**同样，它也被用来区分和发展竞争优势，因为这样的系统对于公司来说也是唯一的。

本节将会研究价值链和价值系统对发展竞争优势的贡献以及这两个领域之间的联系。这两个领域都有可能为组织带来竞争优势。

4.4.1　价值链

价值链把组织所开展的活动的价值与组织的主要职能部门联系起来，然后试图评估每个部门对公司总的价值增值所作出的贡献。在迈克尔·波特教授[15]把价值链应用于战略分析之前，这个概念已经在会计分析上应用了好多年了。实际上，他把这两个方向联系了起来：

1. 组织每个部门在价值增值上对整个组织作出的贡献；
2. 组织每个部门对组织整体竞争优势作出的贡献。

在那些拥有不止一种产品组合的公司里，迈克尔·波特教授指出，应当从产品组合角度而不是从公司总部的层面进行分析。然后把公司分解为主要的生产活动，例如生产过程本身以及相关辅助活动，如人力资源管理使得公司能够正常运行，但它不能与公司从事的其他活动一起分析。接下来要研究每一部分如何为公司创造价值以及在这些方面公司与竞争对手有何差异。

波特提出的分析方法如图 4.6 所示。他使用了"利润"一词来说明我们在 4.4 节中是如何定义价值增值的："利润就是公司创造的总价值与开展这些活动的总成本之差"[16]。

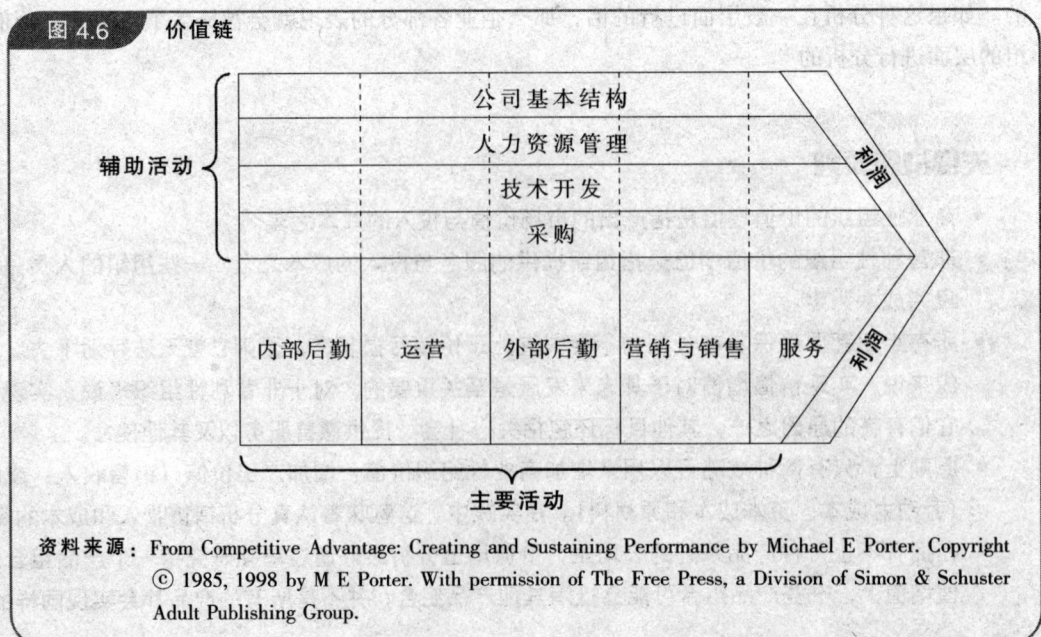

图 4.6　价值链

辅助活动：公司基本结构／人力资源管理／技术开发／采购

主要活动：内部后勤　运营　外部后勤　营销与销售　服务

利润

资料来源：From Competitive Advantage: Creating and Sustaining Performance by Michael E Porter. Copyright © 1985, 1998 by M E Porter. With permission of The Free Press, a Division of Simon & Schuster Adult Publishing Group.

根据波特的观点，公司从事的主要活动包括：

- 内部后勤。这是指从供应商处购买货物，然后在使用它们之前进行储备、搬运以及在公司内部运输的整个过程。
- 运营。这是指公司生产方面的内容。在一些公司内，这个过程可以进一步细分，例如，汽车公司会涉及喷涂颜料、发动机装配等；在酒店里会涉及接待、房间服务、餐厅等。
- 外部后勤。这是指把最终产品传递给客户。很显然，这个过程包括商品运输和货物储存，但在一个产品多样化的公司里还可能涉及产品筛选和产品包装。对于酒店或其他服务性公司来说，这个过程将包括如何把客户吸引到酒店或让客户对其提供的服务感兴趣。
- 营销和销售。这是指分析客户的欲望和需求以及吸引客户对公司销售的产品或服务的注意力。广告和促销活动也包括在此过程当中。
- 服务。在产品或服务售出前后通常需要售前安装和售后服务，还可能涉及客户培训以及提供客户咨询等活动。

上述每一项活动都将以独特的方式为公司带来价值。它们可能会比竞争对手做得更好或者更差：例如，更高的服务水平、更低的成本、更快以及更廉价的向外运输服务等。从这个意义上讲，它们能够为组织提供竞争优势。

辅助活动包括：

- 采购。在许多公司里都设有一个独立部门（或几个管理者），专门负责购买公司生产所需的产品和原材料。这个部门的职能就是以尽可能低的价格购买质量尽可能高的公司经营活动所需的产品和原材料，但他们仅对购买行为负责而不对随后的产品生产过程负责任。
- 技术开发。在公司中，这项活动可能对新产品开发非常重要。即使在一个更为成熟的行业中，这项活动会涉及当前的技术、培训以及组织所掌握的知识。这些内容会使得公司比竞争对手更有效率。
- 人力资源管理。在所有公司中，招聘、培训、管理以及薪金结构对所有公司来说都是非常重要的内容。
- 公司基本结构。这包括公司的计划和控制系统——例如会计等——这使得公司能够管理和指引自身的发展过程。这项活动还包括公司总部。

这些辅助活动像公司的主要活动一样也能为公司带来价值，但从某种程度上说它们很难与组织的某一特定部门联系起来。后面案例 4.3 关于路易威登和古琦就是一个很明显的关于价值链的基本组成部分的例子。

评论

战略发展中的价值链问题就是用来研究公司当前业务之间的关联以及价值增值问题。由定义可知，它是在公司现有的结构框架下发挥作用的。真正的竞争性战略可能需要超越公司现有的结构框架而实施变革。价值链可能不是实现这一目标的手段。

4.4.2 价值系统

除了分析公司自身拥有的价值链之外，波特认为还需要研究另外一种分析。组织仅仅是规模更大的价值增值系统的一部分。这个增值系统包括供应价值链、分销价值链以及客户价值链。这就是图 4.7 所示的价值系统。

除特殊的情况外，每个组织都要从事一些购买活动，广告、产品包装设计、管理咨询、电力都是大公司常常要涉及的购买项目。同样，许多组织并不直接把生产的产品或服务递送给终端用户：运输代理商、批发商以及零售商店可能会扮演着递送的角色。

竞争对手可能使用或不使用同样的价值系统：一些供应商和分销商可能比其他供应商和分销商做得更好，即他们能够提供更低的价格、更快捷的服务、更可靠的产品等。真正的竞争优势可能就来自于使用了最好的供应商或分销商。新的竞争优势也可能是因为使用了一种新的分销系统或者因为与供应商建立了新型关系。因此，这里需要进行价值系统分析。这里还将涉及组织之外的资源分析。

图 4.7　价值系统

(a)　处于一个行业的公司

供应商价值链 → 公司价值链 → 渠道价值链 → 购买者价值链

(b)　处于多个行业的公司（拥有不同的业务单元，每一个单元都拥有自己的价值链）

公司价值链

业务单元价值链

供应商价值链 → 业务单元 ↕ 购买者价值链 → 渠道价值链 → 购买者价值链

资料来源：From Competitive Advantage: Creating and Sustaining Performance by Michael E Porter. Copyright © 1985, 1998 by M E Porter. With permission of The Free Press, a Division of Simon & Schuster Adult Publishing Group.

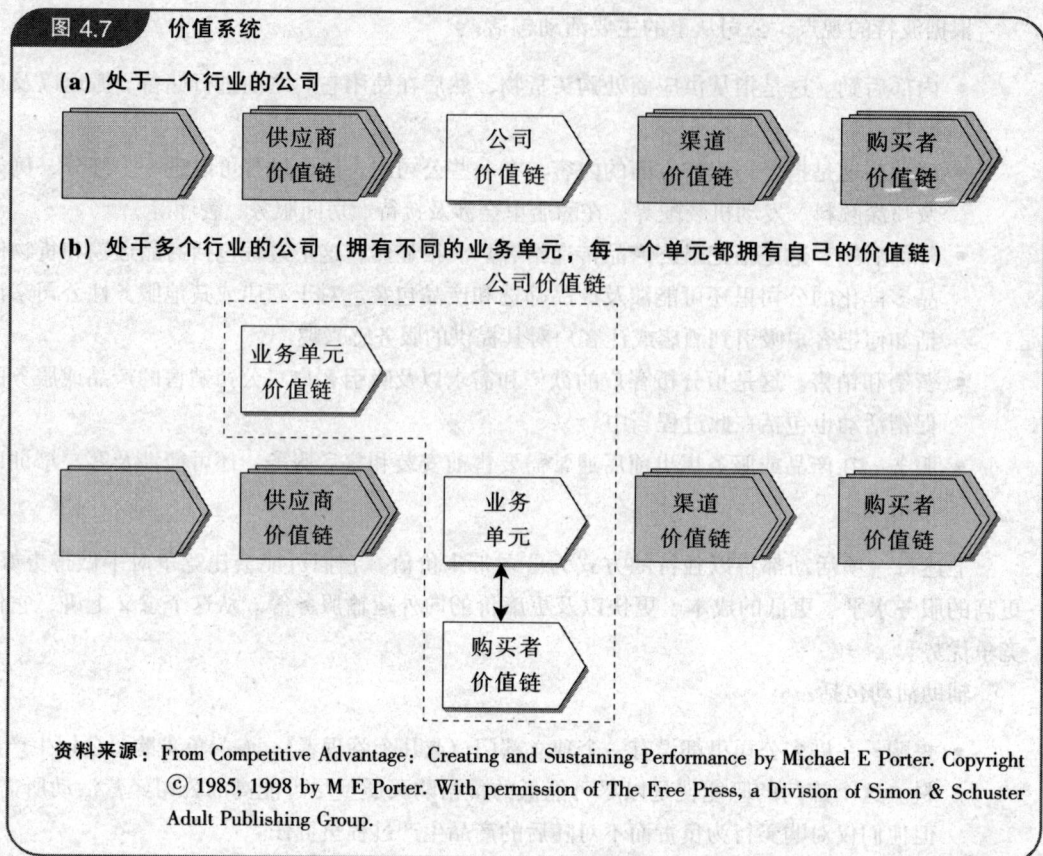

对于组织来说，价值链和价值系统分析既复杂且耗时。因此，可以使用上一章的成功关键因素。如果已经准确地识别出成功关键因素，那么接下来就可以集中分析价值增值。关键因素可能就是指那些能够使产品或服务增值的因素。

在 4.3 节中，我们知道价值增值仅仅可以通过增加产出（销售收入）或者降低公司的投入（成本）来实现。根据成功关键因素理论，提高价值增值的途径有两种，这为分析公司产生价值增值资源提供了一种分析方法。这项研究需要考察任何一种变革方案的成本以及收益。

在 GSK 公司的案例中，建议该公司把价值分析聚焦于识别成功关键因素的分析上：研究与开发、市场营销以及产品性能。实际上，公司最近这些年的战略就是在研究与开发方面进行大量投资，见案例 4.1。正如案例指出的那样，GSK 公司在 1995 年收购了英国制药公司 Wellcome，并于 2001 年与美国的 Smith Kline 合并[17]。这些活动的主要原因之一就是这些公司所拥有的一系列著名的新药将会完善葛兰素公司当前的产品组合——这是取得研究与开发发展的另一种途径。GSK 公司还认真研究了提高关键产出价值和降低关键成本的方法。对外公布的案例表明，这就是该公司所采取的战略行动。

评论

与价值链分析一样，价值系统也是主要关注组织当前业务之间的关联，但是这样有可能错过新的战略机会。

4.4.3　发展竞争优势与价值链和价值系统关联起来

价值链和价值系统分析会为公司实现价值增值提供一些必要的信息。对于那些仅仅拥有一种产品组合的公司来说，这种产品组合可能在产品或服务上存在着一些共性，例如：

- 一种通用的原材料（例如，糖可以应用于各种不同的食物）；或者
- 一个共同的分销商（例如，一个汽车配件分销商为某个集团的许多汽车配件制造公司销售产品）。

上述这些共性可能与发展竞争优势有关系。由于这些共性对于组织来说具有独特性，因此，这些关系对

于战略发展是非常重要的，拥有这些关系的组织相对于那些不具备或者很难发展这种关系的竞争对手有更大的优势。

波特认为[18]公司在发展战略时所需的竞争优势仅仅通过价值链和价值系统本身是无法实现的。他还说竞争对手通常能够模仿公司的行为；但是竞争对手很难模仿的是组织价值链和价值系统的要素之间特殊而独特的关联。

因此，除了利用价值链和价值系统进行资源分析之外，竞争战略还认为存在着第三要素，有必要去研究公司价值链和价值系统的要素之间现存的或者将来有可能出现的那种特殊而独特的关联。图 4.8 说明了这种情况。

这种关联的例子有：

- 各种终端产品利用了同样的原材料，例如，石化原料广泛应用于生产各种各样的产品。
- 共同的服务，例如电信或媒体购买，团购比向当地交易商单个购买可以取得更低的交易价格。
- 技术发展与生产之间的关联有助于为公司各个部门提供新的生产方法，例如，大型零售连锁店（如 Marks & Spencer）与供应商之间的直接通信联络。
- 计算机订票系统把航空公司与旅行票务代理商关联起来（这种关联是如此有力，以至于欧盟委员会对这种关联航空公司竞争的影响进行调查）。
- 合资、联盟以及合作等形式通常依赖于各个成员都能为这种关系带来不同的专业技术（见第 9 章）。

上述这些内容表明，有关提高价值增值能力的关联为公司改进其资源的利用方式提供了一个重要的途径。

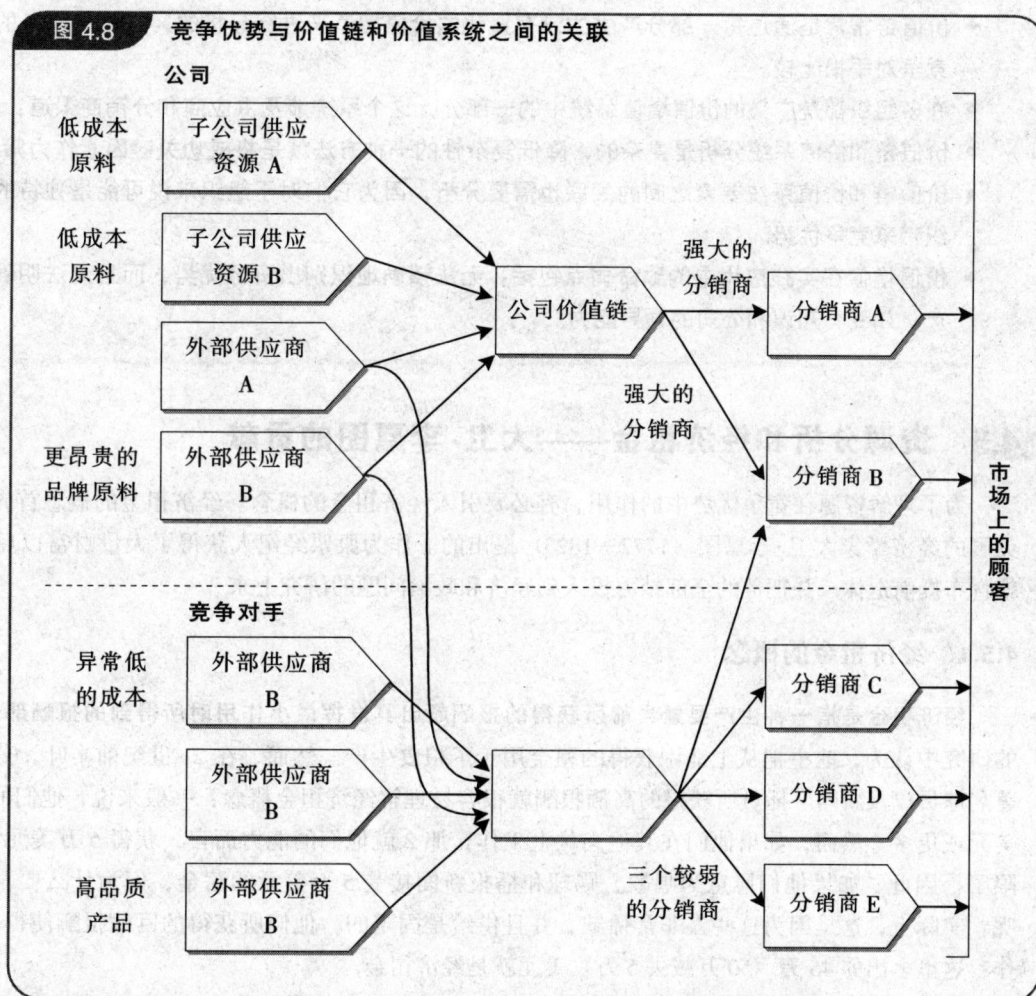

图 4.8　竞争优势与价值链和价值系统之间的关联

评论

　　有关价值链、价值系统以及它们之间的关联的一个基本问题就是，它们为考察公司的资源提供了一个广泛的视角。但在识别公司的资源相对于竞争对手所具备的精确特征以及优势范围时，它们是相当含糊的。获得持续竞争优势不是价值增值分析的主要目的。本章后边的内容将研究获得持续竞争优势的一些更加直接的方式。

　　价值增值分析遇到的另一个困难就是它仅仅聚焦于那些可以精确衡量的资产。这是一个致命的弱点，因为一些组织最有价值的资源往往是很难量化的——例如品牌或专有知识。此外，一些组织的重要资源是不可能估价的，尤其是人力资源，如领导和强大的团队建设。

4.4.4　提高价值增值

　　尽管存在一些困难，但在战略发展中，价值增值还是很重要的，尤其是本章经济分析中用到的有关价值增值的广义而不是狭义定义（产出减去投入）。其基本前提还是一样的，即组织必须使其投入增值，否则它的存在就值得怀疑。对于多数组织来说，一个重要问题就是如何利用组织的资源提高价值增值。在更加详细地分析了资源问题之后，在第13章中我们还会再次研究这个问题。

> **关键战略原则**
> - 价值链把组织的活动分成一些主要部分，接下来就可以评估每一部分对持续竞争优势的贡献。
> - 价值链常常是通过每一部分产生的没有量化的价值增值来进行分析的，它是从广义的角度出发并与竞争对手相比较。
> - 许多组织都是广义的价值增值系统中的一部分，这个系统涉及供应商和分销商渠道：价值系统。
> - 价值链和价值系统分析是复杂的，降低复杂性的一种方法就是将成功关键因素作为筛选的工具。
> - 价值链和价值系统要素之间的关联也需要分析，因为它们对于组织来说可能是独特的，而且会给组织带来竞争优势。
> - 价值增值在实践应用中的致命弱点包括：无法精确地识别出资源优势，而且无法明确地评估重要资产，如专有知识和公司的领导能力。

4.5　资源分析和经济租金——大卫·李嘉图的贡献

　　为了理解资源在竞争优势中的作用，有必要引入经济租金的概念。经济租金的概念首先是由19世纪早期英国的经济学家大卫·李嘉图（1772—1823）提出的。作为股票经纪人获得了大量财富以后，李嘉图在42岁就宣布提前退休，并把他的全部精力投入到经济和政治问题的研究上来[19]。

4.5.1　经济租金的概念

定义▶　　经济租金是指一种生产要素当前所获得的报酬超出其发挥最小作用时所得到的报酬部分。李嘉图在起初的研究中认为，地主把从土地中获得的租金用于了粮食生产。然而，在21世纪前半叶，分析那些超级明星、著名球员以及新闻广播员所获得的高额报酬就很容易理解经济租金概念：一般来说，他们的年薪达到了50万美元或更多。然而，如果他们在其他岗位上工作，那么就他们的能力而言，获得5万美元年薪就已经达到极限了。因此，如果他们愿意为唱歌、踢球和播报新闻接受5万美元的薪金，但为什么要付给他们50万美元呢？实际上，这是因为这些人非常稀缺，并且供给是固定的。他们所获得的巨额报酬使得他们不愿意再换工作：这里多出的45万（50万减去5万）美元就是经济租金。

4.5.2 两种类型的经济租金

除了一些稀缺资源之外，经济租金还可以从市场上获得——用战略术语表达就是公司在外界环境中的机会。李嘉图从没有考虑过后一种租金类型。经济租金主要有两种类型 [20]：

定义 ▶　1. 李嘉图租金（人们以大卫·李嘉图命名）。这些租金来自于组织资源。**它们产生于具有真正竞争优势的资源之中。这些资源也使得公司获得了大量额外收益。**例如，由于独特的地理位置而产生的优势，如位于柏林动物园门口的麦当劳快餐店或戴森真空吸尘器拥有的一项特殊专利。

定义 ▶　2. 垄断租金。这些租金来自于组织所处的市场，与公司在市场上的独特地位相关联。**这种独特地位能使公司获得额外收益。**例如，政府在电力和煤气供应上的垄断地位可能会带来超额回报。同样，一个私有化公司可以通过在技术方面的长期投资获得市场主导地位——例如，微软的 Windows 软件占有 90% 的市场份额。在这个例子中值得注意的是微软的资源没有什么特别之处——其他公司也开发了类似的软件，但没有公司能够撼动微软的垄断地位。

定义 ▶　经济租金还有其他类型。从战略角度看，最重要的类型是熊彼特租金。**熊彼特租金来自于组织所开发的创新性产品或服务，这些产品或服务可以使得组织为其制定出大大超出生产成本的价格直到它们被竞争者模仿。**这些租金通常会涉及冒险和创业活动——例如，在写作本书时人们研制出的数码影碟以及数码相机。由于美国著名的经济学家约瑟夫·熊彼特（1883—1950）广泛地研究了创新在市场上的作用，因此这种类型的租金就以他的名字命名 [21]。然而，熊彼特本人也承认，由于其他竞争对手也会进入这个市场来索取高价并获得高利润，因此，公司的地位本来就是不稳固的。很显然，新的进入者将会设法绕过进入壁垒。这样做的结果就是经过一段时间后，这种类型的租金会逐渐消失或者变成上面介绍的两种租金的一个子集。例如，在 20 世纪 60 和 70 年代，由于施乐（美国）对影印设备拥有专利，包括公司创新性技术，这使得公司赚取了超额利润。但在 1960—1985 年期间，佳能（日本）开发了一种并不依赖于施乐专利的新影印系统，从而损害了施乐在一段时期内所取得的竞争优势。

4.5.3 经济租金对资源分析的意义：稀缺性和选择性用途

除了分析环境之外，经济租金的概念对资源战略有两个重要意义：

1. 资源的稀缺性。经济租金认识到了这一点并提出要发展这种稀缺资源，从而可以获得大量经济租金。
2. 资源的选择性用途。这个概念是用来研究资源的当前用途之外的其他用途和更加有利可图的用途。特别是它注重研究如果把资源用于其他目的，那么就有产生更多的经济租金的可能性。

这些见解对单个公司的资源战略具有重大意义。组织各种资源的战略发展要直接考虑两个问题——稀缺性和选择性用途。例如，GSK 开发了一系列的专利药品。这一差异化的优势可以使公司为其制定高价——经济租金。同样，英国铁路公司在 20 世纪 80 年代把铁路服务用不上的土地卖给了其他制造和零售公司，这家公司利用资源的选择性用途提高了其经济租金。

就资源的选择性用途而言，它通常是战略正在关注的一个问题。实际上，在选择性用途上，一些资源可能比其他资源具有更大的弹性。例如，厂房一旦建成，就很难改变其形状、设计以及布局。但公司可能会发现它能够卖掉自己拥有的运输船队，然后把资金投资于稀缺资源，并从外部市场上以更加便宜的价格雇用运输服务。目前，研究资源的选择性用途战略资源理论还没有形成完整的体系。

可以带来巨额经济租金的稀缺资源的特性将会在 4.6 节进一步研究。

4.5.4 如何把经济租金与会计利润联系在一起？

会计利润是指在一定时期内（通常超过一年），总收入与产生这些收入所发生的成本的差额。经济租金是一个不同的概念，因为它是指总收入与生产要素的机会成本之间的差额。经济租金的核心是它不关心当前战略可以得到多少会计利润，而是强调如果把资源用于别处可以比当前利润多获得多少收益。会计利润可能没有对此进行统计。从更广的角度出发，经济租金研究与公司财产、资源利用或者市场主导地位有关的战略概念。会计利润并不涉及这些内容。在所有会计利润的战略讨论中，认识到会计利润的重大局限性是非常重要的——许多战略都是通过会计利润和资本收益来评估的，由此会出现很多问题。文本框 4.4 进一步比较了这两个概念。

文本框 4.4

经济租金*与会计利润的一些差异

经济租金*	会计利润
• 经济租金的概念基于资源的选择性用途	• 会计利润的概念完全基于资源的人为定义
• 没有时间限制	• 一定时期内，如一年
• 资源价值的评估以开放性市场和其未来带来资金的多少为基础	• 以历史成本量化资源而不是从更广的角度出发评价其当前的价值
• 经济租金与特定资源以及这些资源形成特定收入源的能力有关	• 除了简单的数字价值之外，识别出的资源数量没有任何现实意义
• 经济租金还与市场主导以及产生超额收益的能力有关	
• 经济租金是很重要的概念，但现实中很难衡量	• 测量和计算相对容易

*注：有时经济租金也被称作经济利润，它们指同一种东西。

4.5.5 对经济租金的评价

从战略的角度来看，尽管经济租金概念优于会计利润并为经济学家们所广泛使用，但它也遇到了一些难题：

- 经济租金很难评估，因为它存在着概念性问题，即所有的选择性用途都要涉及，而且还要进行准确的评估。
- 经济租金作出了一个简单的假设，即每一个选择性用途都可以实现，它并不考虑人力资源上的问题。
- 在战略分析的起始阶段，经济租金对于如何识别新型李嘉图租金或垄断租金没有提供多少见解。经济租金对于战略的事后分析（依据过去经济发展情形分析）是有帮助的，但对于战略的事前分析（事先预测）没有多大价值。

因此，它的战略意义只局限于概念上。图 4.9 用世界汽车行业的经济租金与资源之间的战略关系来表示事后分析的例子。

关键战略原则

- 经济租金指一种生产要素当前所获得的报酬超出其发挥最小作用时所得到的报酬部分。
- 经济租金主要有两种类型：李嘉图租金来自于组织的独特资源；垄断租金来自于组织的市场地位。
- 经济租金在战略分析中相当重要，因为它强调一些资源的稀缺性以及一种资源的选择性和更加有利可图的用途。
- 经济租金在概念上对战略决策的影响比会计利润更大，因为它更多强调一些相关的主要问题。然而，经济租金更难于计算。此外，经济租金还简化了一些战略要素，如人力资源方面和战略流程本身。

图 4.9 识别经济租金和资源之间的关系——全球汽车行业

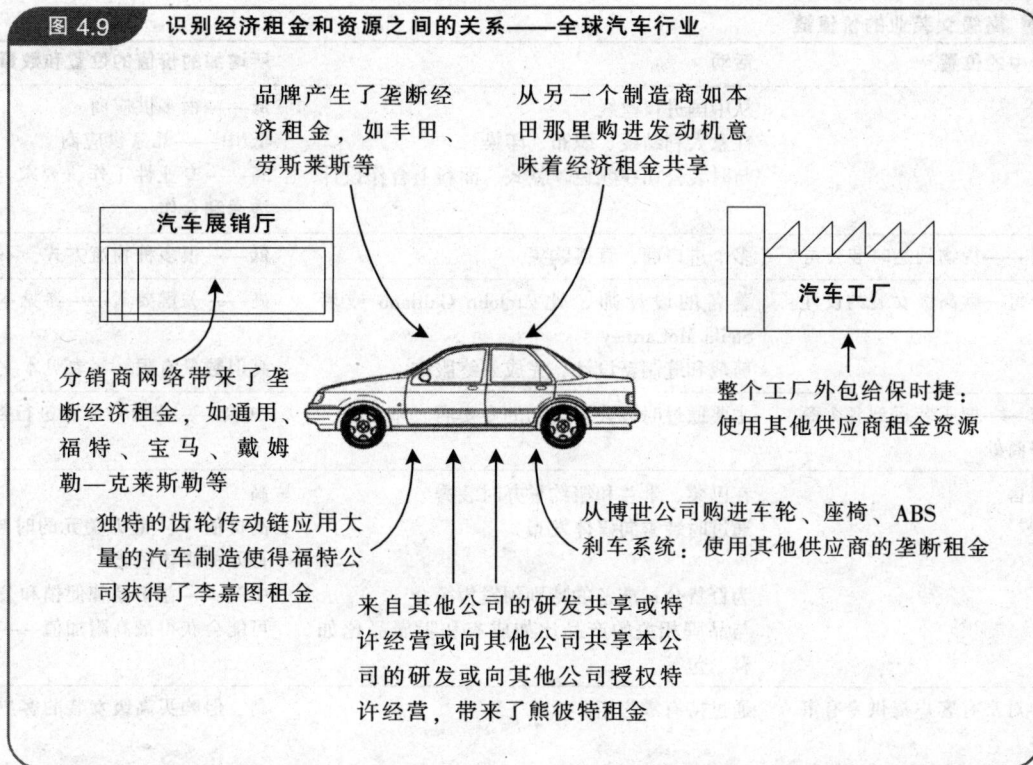

品牌产生了垄断经济租金，如丰田、劳斯莱斯等

从另一个制造商如本田那里购进发动机意味着经济租金共享

汽车展销厅

汽车工厂

分销商网络带来了垄断经济租金，如通用、福特、宝马、戴姆勒—克莱斯勒等

整个工厂外包给保时捷：使用其他供应商租金资源

独特的齿轮传动链应用大量的汽车制造使得福特公司获得了李嘉图租金

从博世公司购进车轮、座椅、ABS刹车系统：使用其他供应商的垄断租金

来自其他公司的研发共享或特许经营或向其他公司共享本公司的研发或向其他公司授权特许经营，带来了熊彼特租金

案例研究 4.3 路易威登和古琦的竞争优势

重要的奢侈品公司依赖于其著名品牌，比如路易威登（Louis Vuitton）和古琦（Gucci），获得了年销售额超过 1650 亿美元、毛利率超过 50% 的骄人战绩。但这些优势仅仅来源于品牌名称吗？也许还有其他的优势？本案例研究了世界顶级时尚奢侈品的竞争优势。

为了研究该行业的竞争优势，我们从探讨价值链开始——也就是该行业产生利润的地方。这是非常有用的开端，因为找出了那些特别能产生利润的地方，也就有可能与潜在的优势联系起来。本案例研究的第二部分就是利用价值链来研究奢侈品的竞争优势。

著名时尚公司的价值链

实际上在奢侈品行业价值链是一个有很多紧密关联部分的复杂事物。但是，对于大多数公司来说最关键的就是为一年两次的时尚表演做好准备，展示新的产品。为了研究这些，我们以一家巴黎时装公司为例，也就是法国公司 LVMH。它拥有众多著名品牌，比如路易威登、轩尼诗（Hennessy）、Loewe、高田贤三（Kenzo）、纪梵希（Givenchy）、汤玛斯派克（Thomas Pink）。时装公司的顶级设计师决定以绣花丝绸高级女装参加下一次春季女装展。这样的行为通过商业活动的价值链会产生利润。表 4.1 列出了价值链的基本活动。为了简洁，辅助活动并没有列出，但是监督整个过程的时尚设计师是整个结构的组成部分之一。

为了制造成衣，把中国供应的织线制成丝绸，并运到一家协作公司，通常是在意大利北部。该协作公司在该地区拥有一整套从丝绸的印染、纺纱，到织布合作公司的网络。重要的是，该协作公司将会与来自 LVMH 的设计师就与产品相关的颜色、款式和织物紧密合作直至完成设计。对于中国和意大利公司来说，设计、定价、和销售给顾客的真正动力来自于时装公司，而不是供应商。因此，主要的价值产生于时装公司，而不是价值链的起始部分。

回过头来再看看时装公司本身，对于价值是在哪里和如何增

加的各有各的不同。很明显，时装设计师，比如著名的设计师像 John Galliano、Stella McCartney、Giorgio Armani，在设计出新款丝绸服装上引领潮流。如果能够得到业务经理的支持，设计师的工作通常会完成得更好。业务经理要确保各项活动要符合时装公司的目标，并且设计师不会被一些不必要的行政事务所累。设计师不仅仅要专注于设计时装而且每年还要在各大时尚中心完成两次时装展，也就是在巴黎、米兰和纽约。设计师不仅要完成男装和女装的展示，还要为百货商店和其他的次级购买者做好时装展的简要介绍，并且要协助完成时装公司的装饰品的设计——也就是丝巾、包、鞋等。以上所提到的刺绣丝绸时装可能仅仅在某一次时装展中出现一次。

刚开始，设计师所拥有的只是一些简单的披在静止模特身上的织物和关于时装的初始想法。在这一阶段甚至可能都没有面料。设计的原始想法不断被修改，面料被选出来，并且提供给意大利供应商来生产出这种具体的面料——如上所述。当意大利供应商提供出这种面料之后，这些面料立即被剪裁来制作成衣。最后的步骤还

在时装行业里，竞争优势包括其品牌信誉。但是对于领先的时装公司来说，顶级的设计师可能更为重要。

表 4.1	高级女装业的价值链	
在价值链中的位置	**活动**	**所增加的价值的位置和数量**
供应商	从中国进口丝线	低——很多供应商
	在意大利纺线、织布、印染	低/中——几家供应商
	与时装公司在颜色、款式、面料上合作设计	高——专业性工作，要求与时装公司进行良好沟通和合作
内部后勤——货物到达时装公司	多个进口商，直接购买	低——很多种物流方式，不存在专有物流
运作——每一款高级女装的设计和生产	著名的设计师，比如 John Galliano 或者 Stella McCartney	高——关键要素——参见本文
	剪裁和缝制新设计，完成最终服饰	高但数量有限——参见本文
外部物流——把服装运到各个商店和特许商处	主要通过时装公司自己的专卖店	中/高——需要对品牌进行控制
营销和销售	在巴黎、米兰和纽约举办时装秀	高
	通过时装秀向媒体发布	高价值——50 万美元的时装秀成本带来价值上百万的媒体覆盖
	为百货公司准备的特别预发售简介	中等——益于品牌促销和公司目标达成
	与品牌相关的产品比如成衣和附属品比如鞋、包等	可能会获得最高附加值——参见本文
服务——对富有客户提供专有审慎的服务	通过持有零售店	高，但购买高级女装的客户数量很少
为希望购买高级女装的客户提供额外重要服务		购买成衣的客户数量多些

注：为了简单化，以上只列出了价值链中的基本活动。监督整个过程的时装设计师实际上参与了基本活动的每个步骤，而且，他们是次级活动的结构的组成部分。

资料来源：参见"参考资料"。

包括那些顶级时装公司极为重要组成部分，即具备极高水准的裁缝进行缝制。刺绣同样也需要极大的专业性。之后，结果就出现在了时装秀的 T 型台上，并在公共展演之后被放在展厅里出售。

所有的这些活动都会给成衣增加价值——参见表 4.1。即使不算手工完成的费用，最终成衣的价格也是很高的——可能高达 3 万美元——因此附加值似乎很高。但是高级女装的顾客相对来说很少——全世界大约只有 2000 人——她们能够负担得起这样的价格。因此刺绣时装所产生的"价值"按照绝对数来说还是比较低的。在时装公司所增加的价值至少来源于 3 个其他相关领域。

1. 同一设计商标的成衣：很多人也许无法承担 3 万美元的真丝礼服，但他们支付得起同一设计师的 2000 美元的成衣。
2. 鞋、丝巾和其他饰品：很多顾客愿意购买来自同一时装公司的 500 美元的鞋和其他饰品。这些东西一些可能是在同一时装公司制作，但很多被外包给供应商，然后由时装公司旗下的零售商店出售。
3. 其他相关和特许物品：消费者还可以购买 50~100 美元价值不等的与该品牌相关的香水和其他物品。这些东西可能不是在该时装公司生产的，但是得到特许可以使用该品牌。

因此品牌并不仅仅是为一场时装秀而准备的绣花丝绸礼服。时装公司会把它们的品牌特许给外包公司，但同时也出现了稀释品牌的危险。"品牌稀释"的一个例子就是 70 年代重要的高档时装品牌皮尔·卡丹（Pierre Cardin）。在 80 年代，有超过 800 种产品特许使用该品牌，其中甚至包括马桶坐垫。皮尔·卡丹品牌仍然是很重要很受推崇的品牌，但就本案例所研究的意义上说，它再也不是高端奢侈品市场的一部分了。

高端时装公司对它们的品牌十分谨慎，如果它们认为品牌会被稀释甚至会撤回特许。会导致品牌被稀释的活动包括以低于正常定价进行销售或者把品牌名用于不适当的产品。从较为积极的角度上看，把品牌特许给一些相关产品意味着一家时装公司采取一系列的行动来开发自己的主品牌。比如，世界上著名的香水公司欧莱雅从一家时装公司那里购买了特许使用权供几个欧莱雅的高档香水产品使用——包括乔治·阿玛尼（Giorgio Armani）、拉尔夫·劳伦（Ralph Lauren）以及 Cacherel——参见案例 5.2。

对于时装公司的价值产生来说，还有两个在单一的丝绸礼服生产和简单设计当中没有涉及的方面。

- 大多数的时装公司都在全世界设立了自己的零售店铺来销售自己的产品。比如，奢侈品市场的领头羊法国的 LVMH，该公司 80%的销售额来自于其拥有的 1 600 店铺。
- 时装公司还同时经营着众多品牌，每个品牌都有自己的设计师和时尚活动。比如，LVMH 拥有至少 50 个品牌，尽管并非所有的品牌都在时装领域。实行这样的战略的目的是为了分散风险：如果集团内的一个时装公司品牌出现暂时下滑，那么另外的品牌就会迎头赶上。LVMH 在全世界有 56 000 名雇员，其中的三分之二是在公司总部法国以外的地区工作。

奢侈品行业的竞争优势

尽管高利润率活动中存在着价值链，但也并不就意味着所有的这些活动都会给公司带来竞争优势。高利润率的活动对于所有的时装公司来说有可能都是一样的，因此也就不会给某一个时装 ▶

表 4.2　三家主要高端时装公司

公司	2002 年销售额	主要品牌——一些是配饰和香料的品牌	其他活动
路易威登 ● Louis Vuitton Moet Hennessy ● 总部在法国	● 120 亿美元 ● 自有商店销售了 80%——大约有 1600 家商店 ● 2004 年广告开支：2.2 亿美元	● Loewe, Ceine, Kenzo, Givenchy, Marc, Jacobs Fendi, StefanoBi, Emilio Pucci, Donna Karan, Thomas Pink	● 15 个酒类和饮料品牌，包括 Hennessy cognac ● 10 个香水和美容品牌，包括 Christian Dior 和 Guerlain ● 6 个手表和珠宝公司，包括 TAG、Heuer 以及 Zenith ● 7 家配饰公司
Richemont ● 总部在瑞士	● 36 亿美元 ● 自有商店销售 55%——拥有 3500 家商店 ● 2004 广告开支：7500 万美元	● Chloé, Cartier, Piaget Van Cleef & Arpels, Dunhill, Hackett ● 一半的销售额来自珠宝 Cartier，但公司计划扩张高端成衣品牌 Chloe	● 2 家钢笔公司——Mont Blanc 品牌 ● 6 家手表公司
古琦集团 ● 由一家法国连锁百货商店 Pinault Printemps Redoute (PPR) 控股	● 24 亿美元 ● 自有商店销售 50%——大约有 1500 家商店 ● 2004 广告开支：5500 万美元	● 古琦，Yves St Laurent, Alexander McQueen, Stella McCartney Balenciaga, Sergio Rossi	● 零售商店、百货商店、邮购业务

资料来源：参见"参考资料"。

公司带来竞争优势。无论如何，这种价值链还是一个有用的起点，因为竞争优势很有可能与高利润相关。对于奢侈品市场来说，很明显竞争优势只是在部分程度上与一个品牌名称比如古琦或者路易威登相关。表 4.2 研究了三个世界领先的奢侈品公司，并且描述了会产生竞争优势的方面。

我们可以考察价值链的各个要素，来看它们是否为一家领先的时装公司传递竞争优势。

● 品牌。这一关键要素把一家公司与其他公司区分开来。领先的公司都有一些知名品牌，但同时它们的竞争对手也是如此。在时装界很重要的一点是，需要有不断更新的广告来支持这些。因此部分竞争优势是在品牌支持上，包括以下两个方面：

广告花销的数量——在这方面 LVMH 是领先的；

作为该品牌的一部分的时装公司设计师——比如 Jean Paul Gaultier、Yves St Laurent。在这方面竞争优势十分明显。

● 设计师。设计师的名字、才干、技能和创造力对于发展和保持一个顶级时装品牌来说至关重要。设计师可以使一家时装公司获得新生——比如汤姆·福特（Tom Ford 设计师）和 Domenico de Sole（生意伙伴）就在 90 年代初期改变了古琦的面貌。现在他们在其被法国的商店集团 PPR 收购后离开了公司，但是他们的声誉仍然具有生命力。据报道 2005 年 3 月古琦集团福特的继任者负责女装的 Alessandra Facchinetti 由于"控制时装界的商业影响"而辞去职务。很明显，对于高档时装来说，设计师是一个很重要的竞争优势，但同时他们也需要能够传递出竞争优势。

● 品牌种类。LVMH 和 PPR 都认为它们真正的优势之一就是拥有很多品牌。如果一个品牌经过一段时间而衰弱了，那么会有其他的品牌顶上去。而且，这种品牌范围意味着它们能够为广大的消费者提供更多有竞争力的产品——也许是为一些顾客提供古典的设计，而为另外一些提供前卫的设计。但是，是否 LVMH 的品牌种类要优于其他著名公司的产品种类还不完全清楚。这并不是一个必要的竞争优势。

● 特许和转让。对所有的时装公司来说这都是一个重要的收入来源。如上所述，这也蕴含着很多风险，但是有所控制并进行监督而进行的此类商业活动则可以收获颇多。尽管这样的行为非常重要，但还没有证据表明有哪一家时装公司对此存在竞争优势——它们都很不错。

● 零售商店。那些著名的高档时装公司都直接控制着至少一半以上的销售。其理由如下：首先，它们可以获得利润；其次，因为可以对自己的品牌如何进行展示有所控制；最后，因为它们能够表现出恰当的氛围，并为客户提供适当而且独有的服务水准。但是对于该领域的 3 家著名公司来说，这一点上的竞争优势并不明显——它们都有强大而且位置良好的连锁店。

● 位置。巴黎、米兰和纽约对于高档时装来说其重要性不言而喻。（柏林、伦敦、马德里、新加坡也不错，但不如前边提到的城市那么重要）。部分原因是因为巴黎、米兰和纽约附近发展起来的支持时装工业发展的工业配套设施。比如，法国有 2000 家公司、20 万个岗位和工业总产值的 5% 与时装工业相关。这些数字还不包括与高档时装相关的纺织行业和媒体相关活动。但是场所并不能为一家著名的公司提供超越其他公司的竞争优势。

案例问题

1. 你是否同意以上关于奢侈品公司的竞争优势的评论和结论？这些公司的竞争优势是什么？

2. 以上所列出的竞争优势是否可以采用 Hamel、Prahalad 和 Kay 所提出的以资源为基础的概念重新进行分类？你可以参考后面的章节来探讨相关领域，并用总结性的图 4.9 分析。

3. 时装行业外的公司是否能够从该行业所采用的战略中得到有用的经验教训？从品牌、特许、零售店铺的控制、服务水平方面回答这一问题。

4.6 资源分析和竞争优势：基于资源观点

如果经济租金是来自于"独特"资源，也就是说那些拥有持续竞争优势的资源，那么现在的问题就是什么使资源变得具有独特性。1984—2007 年，战略家对这个问题给出了部分描述性说明。这段时期根本找不到完整的解释，而只能从各种书籍以及研究论文中找到零星的说明；文本框 4.5 总结了一些主要贡献 [23]。因此，

定义► 把所有贡献都归功于一个人是不合适的。这种方法可以总称为基于资源观点(RBV)的战略发展。**RBV 强调了在形成组织竞争优势过程中个别资源的重要性。**它意味着 20 世纪 80 年代和 90 年代早期迈克尔·波特教授和其他的一些研究者从注重基于市场的观点向注重组织拥有的各种资源迅速转移的过程——见第 3 章。

文本框 4.5

对 RBV 作出贡献的一些学者 [24]

作者	日期（年）	摘要
Wernerfelt	1984	公司被看做是资源的集合体而不是在战略发展中占有市场地位
Barney	1986、1991	竞争市场不完善、市场进入障碍以及其他的限制条件需要不同的公司资源以及资源的固定性来发展成功的战略
Rumelt	1987	资源在战略发展中的重要性
Dierickx 和 Cool	1989	战略资产是在公司内部发展起来而不是从外部购买来的，这些资产的获得需要花费时间
Schoemaker	1990	识别出重要资产的决定性因素。专业化技术、技术诀窍和声誉的原因使得一些资产不具有可交易性
Prahalad 和 Hamel	1990	关键资源：技能和技术被称作核心竞争力——见本书内容
Peteraf	1990	识别出资源的四个特征
Grant	1991	定义了资源、能力以及竞争优势
Connor	1991	资源是长期存在的，很难模仿
Amit、Schoemaker	1993	探索了获得资源的途径，如有限理性
Kay	1994	识别出了三种重要的资源，即公司创新能力、声誉以及内外网络联系（体系）——见本书内容
Teece、Pisano 和 Shuen	1997	研究了资源的变化特性
Makadok	2001	为形成协同效应，研究了以资源为基础的动态能力
Hoopes, Madsen 和 Walker	2003	《战略管理月刊》特别版上的 13 篇有关此题目的文章
Misangyi 等	2006	认为业务细分是最有意义的，但行业和企业环境也需考虑在内
Newbert	2007	对 RBV 进行经验主义研究，发现 RBV 仅接受有限支持，但是这也反映了早期 RBV 研究的数据。这些数据在关于 RBV 动态的最新理论中未予以考虑。

4.6.1 以资源为基础的观点（RBV）发展的原因

20 世纪 80 年代期间，像波特这样的战略家经过研究之后强调需要识别出可获利的市场；然后在这类市场上通过行业分析而寻求竞争优势——例如，第 8 章将研究他的"一般战略"。尽管这些分析方法受到了一些评论家的高度赞同，但事实与其相违背。例如，1991 年，Rumelt[25] 发表了一项关于美国主要大公司在 20 世纪 70 年代的获利来源情况的研究报告。该报告认为对整个公司赢利性贡献最大的是各个单独的公司，而不是比这些公司层次更高的上级部门或整个行业或行业周期性等。表 4.3 显示了这项研究成果。关于北美公司的研究成果表明，各个独立的公司要比行业因素更加重要。这项研究成果不知是否适合于其他国家的情况，因为其他国家的行业样本很难得到。但它的确认为用行业方法来分析资源问题通常不能找到主要的赢利来源，因此，它动摇了波特理论的根基。迈克尔·波特教授在 1997 年发表的研究报告中也得出了类似的结论[26]。但是，波特的理论表明，经济效应并不像 Rumelt 所认为的那么巨大，也许是因为波特采用了一个包含服务业和制造业在内的例子。后来，学者们作了进一步研究，得出的结论是个别的资源比行业的影响更为重要，但是情形较之前更为复杂[27]。事实上，真正重要的是组织让那些能够带来竞争优势的资源再生的能力。

表 4.3	公司业务单位对赢利能力变化的影响
公司内部来源	对公司赢利能力的总贡献
公司所有制	0.8%
行业影响	8.3%
周期性影响	7.8%
业务单位的特殊影响	46.4%
无法解释的因素	36.7%
总计	100%

资料来源：参见"参考资料"[28]。

与此同时，其他战略家对同一行业中不同公司的长期赢利能力的差异深感困惑。他们争论说，如果行业是利润的主要决定因素，那么该行业中所有的公司应当具有同样的赢利水平，但事实明显不是这样。例如，凯洛格公司（美国）的谷类早餐食品业务的利润出现了下滑，但通用磨坊公司（美国）的利润在持续增长——见第 2 章。在汽车行业中的丰田（日本）和本田（日本）都大胆地向全球市场扩张，而它们的扩张常常是以通用汽车公司（美国）和福特公司（美国）的利润损失为代价的，即使在美国本土也出现了这种情况——见本书结尾部分全球汽车案例。宏基公司（台湾）和戴尔公司（美国）在个人计算机市场都持续增长，但 IBM 和苹果公司正在为公司的生存而奋斗——见第 1 章和第 2 章。为什么会出现这种情况呢？显而易见，这并不是行业分析的错误：需要识别出持续竞争优势以及客户需求，只有行业分析是不够的。

以资源为基础的观点（RBV）的本质是注重公司所具备的各种资源，而不是注重在某行业中适合所有公司的一般战略。了解行业情况是很重要的，但组织应该找到适合自己特点的战略。持续竞争优势就是来自于公司与竞争对手相比所开拓的独特资源。独特性意味着识别出比竞争对手更具优势的资源，努力说服客户与组织保持密切关系。例如，GSK 的医药开发战略应当聚焦于那些比竞争对手更有效而且能为客户带来真正利益的药品，并与公司现有的药品领域即治疗哮喘、抗病毒等药品保持一致。公司不应当涉足一个非常新的技术创新领域，因为公司潜在的竞争对手像强生公司（美国）已经在这方面建立了良好形象，例如手术设备以及包扎用品。

在行业分析中，以资源为基础的观点（RBV）的出发点就是要仔细研究组织所拥有的资源——4.3 节对此进行了分析。但除了这种一般性分析之外，接下来还需要识别出为单个组织带来独特优势的资源特征。

4.6.2 竞争优势的来源

为了获取那些不易被竞争对手模仿的优势，不仅需要认真研究竞争对手，还要分析组织本身及其所拥有的资源，本书的第三部分将深入研究资源问题，但是这里有必要指出竞争优势的可能来源，以作为后面章节深入研究的基础：

- 差异化。这是指针对整个市场的某一部分发展产品或服务的独特特征或属性，品牌是这一来源的例子之一。
- 低成本。低成本生产使得公司可以以低价格为基础或者以与竞争对手同样的价格但提供更多的服务为基础来进行竞争。比如，在东南亚国家进行生产可能会获得比在西方国家进行生产低得多的劳动力成本[29]。
- 细分营销。一家公司选择小的市场细分部分，并集中精力在此市场细分中获得竞争优势。这样的市场细分以特殊的购买需求为特征。时装界的 Yves St Laurent 或者 Dunhill 都是以特定的专业细分市场为目标进行生产的。
- 高绩效或高科技。其他公司不能轻易模仿的特殊性能或服务的水平，例如，通过专利产品或者吸收有才能的员工。著名的全球性咨询公司和商业银行都采用了这种方式。
- 质量。一些公司提供其他竞争对手无法比拟的高质量产品。例如，至今西方汽车制造公司都很难达到日本汽车公司的高稳定性。
- 服务。一些公司往往向顾客提供其他竞争对手不能或不愿意模仿的高水平服务。例如，麦当劳对其快餐食品店制定了新的服务标准，许多年来其他公司都很难做到这一点。

- 垂直整合。通过向后收购原材料供应商或向前收购分销商可能会获得一些其他公司难以获得的优势。例如，在第 3 章中，Arbed 钢铁公司拥有一些钢铁产品分销商。
- 协同作用。这是指把公司的各部门整合起来以获得比各部门简单相加更大的绩效水平，也就是"2+2=5"。这是因为各部门可以一起分担固定成本、共享技术或者共享销售力量。当进行收购时，往往会有人提到这些好处，但在现实中协同作用不易获得。尽管如此，该主题一直是值得研究的领域。
- 文化、领导和组织风格。组织的领导风格、培训以及对员工的辅导往往是其他公司难以获得的优势。这会有助于创新产品、较高的服务水平的出现以及对市场发展的快速把握。该领域比上述其他领域更难量化，但具有独特的吸引力。有关战略的教科书不常提及这方面内容，它却是本书的一个主题。

一些组织和战略家非常注重前三种持续竞争优势源泉——波特的基本战略理论通常会以前三种源泉为重点描述对象——第 8 章以它为标题进行讨论。然而，仅仅专注于以上三点是不合时宜的，因为上述其他各点（以及很多没有罗列出来的）同样重要。实际上，波特教授的书上也同样详尽地探讨了很多可能的领域。也可能会有人认为以上所罗列出来的一些来源涉及某些形式的差异性。但是，如果把这些都规划到"差异性"的门类之下，那么就会忽略优势的特性并且否认这样的概念引发的各个战略领域的重要性。

一般来说，牛津大学商学院的英国籍战略作家 John Kay 教授认为，竞争优势更常见的是以组织不同部分之间的稳定连贯的关系为基础[30]。他认为，重要的优势不是在短时间内获得的或者通过某种特定的收购行动或者其他不可思议的战略得到的。相当多的竞争优势都是经过多年的积累而取得的，而且包括组织的整个文化和风格。在这个意义上，把优势概括成上述所列问题会误导读者。然而，这为进一步的研究提供了出发点。

重要的是，持续竞争优势的获取没有单一的途径。无论如何，特别从业务的形式中能够检验出已有竞争优势所在的领域。见表 4.4。下一节将研究这一概念的原则。

表 4.4　不同行业中一般的竞争优势

高科技行业	服务业	小行业	制造业中的龙头企业
技术优势	服务品质优势	品质	低成本
品质声誉	高水准员工培训	快速服务	大品牌
客户服务	客户服务	个性化服务	良好的分销渠道
金融资源	知名度高	价格低	产品质量好
低制造成本	客户为导向	本地化	性价比高

资料来源：见参考资料[31]。

4.6.3　基于资源的持续竞争优势的七个要素

长期以来，许多战略家都一直在研究单个组织为了实现竞争优势可能需要具备的一些优势。这些战略家对这些优势的确切来源的看法并不一致。例如，Prahalad 和 Hamel 都强调有一种关键资源[32]；Kay[33] 识别出了三种重要资源；Peteraf[34] 认为存在 4 种资源；而 Collis 和 Montgomery[35] 则描述了 5 种资源。当然，这些研究者以及其他一些研究者都对此作出了重大的贡献，并且他们一致认为在行业中单个公司所拥有的资源是非常重要的。所有这些观点对识别出以资源为基础的观点（RBV）的七个构成要素是有帮助的，见图 4.10。此外，应当注意到其中的几个要素还出现了一些附属性问题——这可能就是观点出现分歧的地方。

- 先前的或已获得的资源。如果价值创造是建立在组织已经获取的优势基础之上，而不是在一个全新的领域从零开始，那么价值创造更容易取得成功。虽然这样做并不能保证战略会取得成功，但可以提供一个有利的出发点。此外，基于现有优势将会有利于公司形成真正的独特性，因为组织在此领域中已经拥有了悠久历史，并进行了长期投资——经济学家称之为路径依赖。竞争对手若想形成同样复杂的资源是非常困难的。在第 2 章末尾有关战略历史的讨论中我们研究了这个问题。最后，另外一种先前形成的在发展未来战略中极其重要的优势是组织当前的声誉。例如，英国的零售商 Marks & Spencer 在声誉和品质方面都拥有一定的优势，这就构成了公司未来战略的基础。
- 创新能力。一些公司的创新能力比其他公司更强。创新是非常重要的，因为创新可能会使公司找到获

图 4.10　基于资源观点 (RBV)：七个主要要素

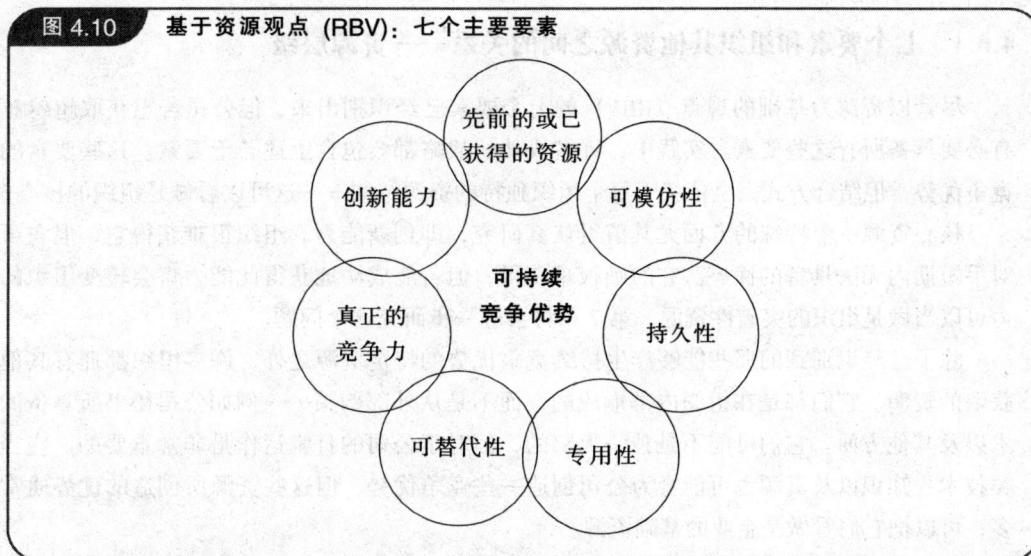

取竞争优势的真正突破点，而且还可以使得其他公司在长期内很难赶上。本书从各个角度研究了创新问题，尤其在第 11 章。例如，经过多年的努力，日本的电子消费品公司索尼形成了持续开发新产品的独特能力。稍后我们将继续讨论创新问题。

- 真正的竞争力。组织应当找出哪种资源比竞争对手更具优势，这就需要反过头来检验客户、竞争对手以及公司优势之间的相关性。4.7.1 节对此作了介绍，但该节仅强调了识别出具有真正优势的资源是不够的：资源必须比对手更具竞争力。例如，仅仅拥有"低成本、高品质"的工厂是不够的——还必须使成本比竞争对手的更低，品质比竞争对手的更高。例如，美国微软公司开发了一种计算机软件包，从而使得它的市场地位比世界上任何公司都强大。

- 可替代性。如果资源不具有可替代性，那么它通常就拥有更加强大的竞争力。有时独特的资源能够被全新的资源所代替。第 3 章中波特的 5 种力量模型对此进行了论述。该观点在以资源为基础的观点 (RBV) 中也是同样有效的。例如，市场上不存在能够替代美国沃特·迪斯尼公司米老鼠特性的产品。

- 专有性。资源必须能够把自身的优势传递给公司而尽量不让竞争对手及他人分享。资源具有竞争优势并不意味着它的所有者将会获得这一优势。由于要与组织中的许多股东讨价还价，因此，组织有可能被迫放弃一些收益给其他利益相关方——客户、员工、供应商等。我们会在第 12 章中研究利益相关者，在第 15 章的游戏理论中研究讨价还价。另一个保证专有性的方法就是为产品和生产工艺申请专利。无论采用哪种方法，公司必须保证资源能够获利。例如，意大利公司贝纳通进行了业务流程重组，从而拥有了制造车间和分销渠道，因此就能够保证从整个价值链中实现价值增值。

- 持久性。资源的实用性必须能够持续一段时间。识别出那些优势不能持续的资源是没有意义的。在未来一段时期内，所有具有竞争力的资源都会像本章开头约瑟夫·熊彼特所描述的那样，不再产生竞争优势。但资源优势能够保持的时间越长越好。照相机公司柯达的品牌名称就具有持久性。

- 可模仿性。如果资源想要具备竞争优势，那么就必须不易被模仿。尽管许多资源最终都可以被模仿，但可以通过下述措施延缓被模仿的过程：
  ◇ 真正的独特性。一些独特的差异，例如品牌或特殊的地理位置或专利保护，都将延缓被模仿的过程。
  ◇ 模糊因果关系。这指不让竞争对手清楚资源是如何具备竞争力的。一些复杂的组织流程是组织经历了许多年才建立起来的，对于竞争对手来说很难学到或实现。

- 投资障碍。当市场存在局限性或增长前景不明朗时，哪怕是小规模的投资都难以进行。如果这时公司实施新战略进行大规模投资，那么这就能够很好地阻止竞争对手进入该市场。尤其是当新产品和新服务需要大量资本或重大营销活动时就会出现这种情况。

例如，日本的汽车公司丰田就发展了一种不易被模仿的生产流程。它涉及许多人力资源因素，像团队合作。这就使得其他汽车公司很难复制丰田优秀的实践方式。

4.6.4　七个要素和组织其他资源之间的关系——资源层级

尽管以资源为基础的观点（RBV）的七个要素已经识别出来，但公司若想获取超越对手的竞争优势并没有必要具备所有这些要素。实践中，许多成功的战略都会包含上述若干要素。这些要素的完美结合将会产生竞争优势，但结合方式完全依赖于每个组织独特的资源结构——这可以看做是组织的核心资源。

核心资源一个特殊的方面尤其值得认真研究，即创新能力。组织很难获得它，但它可以为组织带来竞争对手短期内无法具备的优势。它的确很难获得，但若能成功地获得此能力将会转变组织的竞争优势。创新能力可以当做是组织的突破性资源。第7章将会进一步研究这个问题。

除了已经识别到的那些能够产生持续竞争优势的特定资源之外，许多组织都拥有其他更加低廉以及更易获取的资源。它们都是在组织内部形成的，而不是从外部购买——例如公司秘书所具备的特殊能力、信息技术以及其他方面。它们可能不是独一无二的，但对于公司的日常运作是非常重要的。应当注意的是，即使这类技术、知识以及资源也可能会为公司创造一些竞争优势，但这些资源所创造的优势通常不如上述七个要素多，可以把它们看做是企业的基础资源。

最后，由于便利和历史的原因，许多组织还会拥有或购买一些必需的其他资源。这些资源可能包括广告、餐饮、运输、法律服务等。对于公司来说，它们也是非常重要的，而且也可以带来竞争优势——可能是由于从外部购买的知识或服务的高品质。这些资源中的大多数都可以看做是组织的外围资源。

上述4个方面构成了组织资源层级结构——见图4.11。资源层级的显著特色是提高了公司发展更高水平的持续竞争优势的可能性。

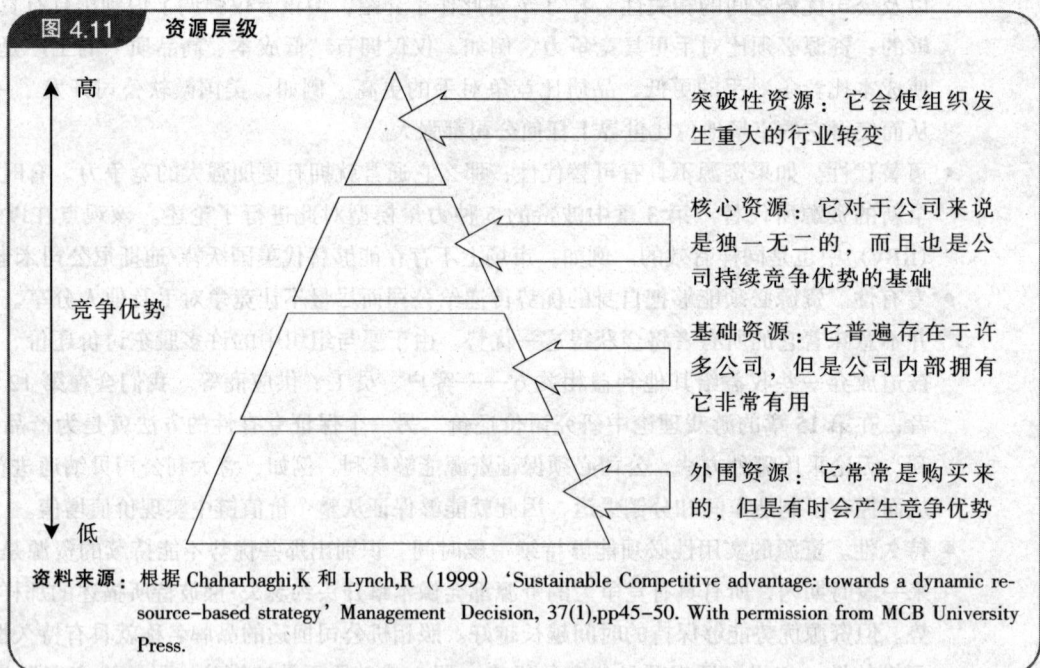

图 4.11　资源层级

资料来源：根据 Chaharbaghi,K 和 Lynch,R（1999）'Sustainable Competitive advantage: towards a dynamic resource-based strategy' Management Decision, 37(1),pp45-50. With permission from MCB University Press.

4.6.5　VRIO 框架——测试竞争资源的机制

虽然资源层级在进行组织所占有资源的初始评估上是有用的，但要找到那些最有可能利用公司的资源或者能为企业提供回报的那些资源仍然存在一定的困难。我们需要一种测试竞争性资源的机制。俄亥俄州立大学（Ohio State University）的杰·巴尼教授（Jay Barney）提供了 VRIO 框架这样一种方法——参看表4.5。这是一种顺序决策方式，以检查所有资源并且提问其是否有价值为开始。在回答完这一问题之后，然后会检查以下所示的稀缺性、可模仿性和组织能力。

- 价值。如果一个组织的资源可以使得该公司能够选用那些利用环境机会或者是能够抵消竞争威胁的话，那么这些资源就是有价值的。

表 4.5 VRIO 框架

有价值?	稀缺?	难以复制?	组织能够加以利用?	竞争含义	利用资源所能产生的经济效益比较
否	—	—	否	竞争劣势	低于一般
是	否	—	是/否	竞争均势	一般
是	是	否	是/否	暂时竞争优势	超过一般
是	是	是	是	可持续性竞争优势	超过一般

资料来源：Barney, Jay B, Gaining and Sustaining Competitive Advantage. 2 版，ⓒ 2002, pp173, 174. 经 Pearson Education Inc, Upper Saddle River, NJ 允许再版。

- 稀缺。组织的资源应该是稀缺的。如果竞争者也能得到这些资源并且加以利用的话，那么这些资源就不会产生竞争优势，企业的业绩也就不可能好于竞争对手。
- 不可复制。组织的资源应该是很难被复制的。如果该资源很容易被对手复制，那么竞争对手就会利用市场所产生的利润来复制稀缺资源。
- 组织能力。组织应该能够自己来利用其有价值的稀缺和不可复制的资源。从某种程度上说，这是对以上三个要素的平衡因素。

这些要素一起构成了一系列顺序进行决策的 VRIO 框架。它以资源是否有价值为开始，之后是稀缺性，然后是是否容易被复制、组织是否被组织良好来利用机会。表 4.5 完整地说明了这一框架。

关键战略原则

- 以资源为基础的观点（RBV）认为组织所拥有的各种资源能比行业分析为战略发展提供一个更坚实的基础。原因是以资源为基础的观点（RBV）将会识别出那些独特的资源，而且会带来持续竞争优势。
- 持续竞争优势（SCA）的来源有很多。其中包括：差异化、低成本、细分营销、高绩效或高科技、质量、服务、垂直整合、协同作用、文化、领导和组织风格。重要的是，SCA 发展很慢。我们在进行详尽研究时从这些资源入手。
- 基于资源的竞争优势有七个要素：先前的或已获得的资源、创新能力、真正的竞争力、可替代性、专用性、持久性和可模仿性。
- 为了获得竞争优势，组织没有必要拥有所有的七个要素。每一个组织都有一种独特的资源组合，其中的一些组合会带来持续竞争优势（SCA）。组织拥有这些资源之后可以按照这些资源带来持续竞争优势（SCA）的可能性从大到小进行排列：突破性资源、核心资源、基础资源以及外围资源。
- VRIO 框架——价值性、稀缺性、不可复制和组织能加以利用性——可以用来测试组织的资源是否有助于构建组织的竞争优势。

4.7 识别出哪种资源能产生持续竞争优势 (SCA)

我们现在来识别那些最有可能为组织带来持续竞争优势（SCA）的资源。然而，应当注意的是，这个过程涉及一定程度的判断。而且，该领域的战略思想仍然处于发展阶段。图 4.12 总结了持续竞争优势（SCA）的全部过程。

4.7.1 基本资源分析

在分析资源时，有必要先从分析组织的基本资源入手。我们在本章开始部分对资源定义时采取了这种办法，现在再次将这三个方面列举如下：

图 6.11　识别出产生持续竞争优势（SCA）的资源

为何组织要拥有资源？

- 有形的 SCA
- 人力资源 SCA
- 无形的 SCA
- 组织能力 SCA

- 创新能力
- 声誉
- 结构
- 核心竞争力
- 一些知识储备

- 未来技术：研发
- 从外界购买技术
- 联合资源开发

现在定义公司当前的 SCA，但是未来的 SCA 呢？

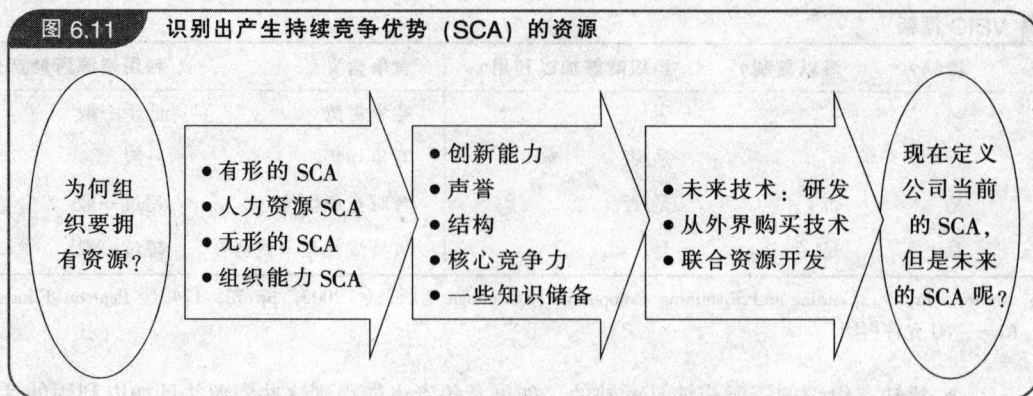

- 有形资源：组织的物质资源。
- 无形资源：那些没有物质形态但却是组织至关重要的其他资源。
- 组织能力：组织的技术、规范、管理以及领导。它们将组织的资产联结在一起并有效地互动。

虽然没有一个"程式"来识别能够产生竞争优势的特殊资源和能力，但有许多战略家认为有些方面值得考虑，即，特殊能力、核心能力和知识。我们将在下一节中进一步研究。

4.7.2　三种特殊能力的重要性：结构、声誉以及创新

如上所述，不同的研究者认为资源将以不同的方式创造持续竞争优势。有两个方面尤其值得进一步分析：特殊能力和核心竞争力。尽管它们也包括在上述涉及的内容之中，但它们也代表着特殊的兴趣和见解，同时还强调了不同的战略家将会重视不同的方面。例如，特殊能力方法认为"创新能力"与其他核心资源同样重要。本节将更深入地研究特殊能力，下一节将研究核心竞争力。

在资源分析中，John Kay 教授认为一个组织的资源所具备的特殊能力在创造竞争优势过程中是至关重要的。特殊能力与组织中可能存在的三个独特的资源领域有关：结构、声誉以及创新能力[36]。它们是非常复杂的，也未必能够进行定量分析，但是，无疑它们对于公司发展差异化战略是有益的。John Kay 教授通过解释组织拥有一系列的正式和非正式关系来提出并研究了这些问题：

- 与组织内部员工之间的关系；
- 与组织外界环境中的供应商、分销商和客户关系；
- 与公司所处行业内外一些公司可能存在的合作关系。

这些关系都是长期形成的。一些是正式的，而另一些是非正式的关系。它们与上面 4.5.2 节中研究的价值系统之间的关联是相似的，但涉及面更广。为了使组织的资源与竞争对手的资源相比更有特色，它们提供了三种主要途径。

定义▶ 1. 结构是指存在于公司内部和外部的网络化关系和合同协议。它的重要性就在于其能够带来知识和规范，以此来应对市场变化并满足组织内外的信息交换。与其他组织建立的长期关系可以创造竞争对手不能模仿的真正战略利益。这方面的例子包括：
- 主要建筑公司的合同，例如，布伊格集团与政府部门签署了大量合同；
- 铁路公司的协商，如荷兰铁路公司与工会在引入新技术以及成本降低的工作活动上的协商；
- 制药公司的企业协商，如 GSK 和 Merck 在新药品的价格结构方面与政府之间的谈判。

定义▶ 2. 声誉可以帮助组织向客户传递非常有利的信息。声誉尤其关注长期的关系，而且声誉的建立需要很长的时间。一旦建立，它就会提供一种竞争对手无法匹敌的真正差异化。这方面的例子包括：
- 声誉意味着高品质的工作、准时送货以及节约金钱。当建筑公司始终如一地努力建造声誉时，它就能够从中受益无穷。
- 对于高品质的服务来说，声誉通常是指准时和可靠。当铁路公司与替代性的公共运输方式如公共汽车运输开展竞争时，它们有可能获得或失去这个方面的优势。

定义 ➤ 　3. **创新能力是指组织拥有的发展和利用创新想法的特殊才能。**一些公司由于其组织结构、文化、程序以及奖赏制度的原因，使得它们更容易比竞争对手实现创新。它们可能会采取创新战略，但有时不能利用创新击败竞争对手。这是战略中值得仔细研究的一个重要方面。因此，这个问题将会在第 11 章中更加全面地讨论。

评论

有关资源的上述途径或多或少地适用于许多公司。就这些途径本身而言，它们的确很重要，但争议也是存在的。

上述三种途径通常需要花费几年的时间来发展。给前两种途径下定义要比在实践中开拓这两种途径容易得多：改进公司的结构和声誉时常会涉及大量有关这两种途径性质的问题。这些问题往往很难研究。改进结构和声誉可能是有价值的，但多数仅限于无意义的书面表述。Kay 也没有对这方面作出解释。在第 11 章中我们将会研究上述第三个途径创新。

真正的问题是如何理解它们并利用它们获得竞争优势。从这些途径出发进行资源分析时需要考虑在一段时期内持续发生的变化。不仅要研究途径本身，而且还需要关注它们是如何进一步开拓出来的。这就是以资源为基础的观点（RBV）的七个要素观点所能够作出的贡献。

4.7.3 核心竞争力的重要性

定义 ➤ 　在相关研究领域中，Hamel 和 Prahalad 探索了核心技术以及核心竞争力相关内容[37]。**他们把核心竞争力定义为能够使组织为客户带来特殊利益的一组生产技能和技术。**核心竞争力构成了公司已经建立或希望建立的超越竞争对手的领导才能的基础。

核心技术是组织的一种基础性资源。上面两个研究者列举了夏普（日本）和东芝（日本）两家公司的例子。这两家公司都把平面电子技术当做未来快速成长的领域。于是它们在平面显示器上投资了数亿美元来发展这项技术和技能，因为这项技术可以用于微型电视机、手提式电脑、数字手表、电子录影机以及其他的产品。重要的是，这项投资有可能会建立起一些独特的产品业务，这也是验证投资水平的标准。核心竞争力就构成了核心产品的基础。反过来，核心产品又构成了公司业务的基础。

核心竞争力涉及技能、知识以及技术的综合，这些方面的结合可以带来竞争优势。该领域的相关分析需要研究单个组织的构成。技术性分析需要详细到足够揭示出实用的战略见解，但又不能过于详细，否则难于管理。这两个研究者认为如果仅仅识别了 3 ~ 4 种技术，那么就有可能显得太宽泛；而如果识别出了 40 ~ 50 种技术，那么又会显得过于详细。他们提出了识别主要核心竞争力的三个方面：

1. **客户价值。**必须对客户如何看待公司以及它所提供的产品或服务产生真正的影响力。
2. **竞争对手差异化。**这种差异必须是独一无二的。如果整个行业的公司都掌握了这项技术，那么它就不会是核心技术，除非公司在这个领域确实具有特色。
3. **可扩展性。**核心技术需要具备使产品或服务超越当前水平的能力。技术也需要具备从当前产品中转移出来的能力。组织需要规划如何在整个运营领域中开发核心技术。

重要的是，核心竞争力是开展市场竞争并获取市场份额的一个重要先决条件：核心资源的开发要在开展市场活动之前完成而不是在活动中完成。应当注意的是，Hamel 和 Prahalad 把核心竞争力与组织的未来展望结合起来——第 6 章会进一步说明和研究这个问题。

核心技术方面的例子包括：

- GSK——GSK 不仅仅拥有药品专利，而且还拥有广泛的技术，并在药品市场上与顾客、分销商以及医疗机构建立了良好关系。
- 荷兰铁路公司在铁路系统运营上拥有核心技术。但是，从一个竞争性角度来看，更重要的是该公司在乘客服务、时间表以及服务时间安排等方面所拥有的技术能够超越公共汽车和飞机公司。
- 布伊格集团在道路设计和建筑上拥有核心技术，但许多公司都有类似的技术。该公司真正的能力是获得大量合同以及签署后管理这些合同的能力。它需要按合同中规定的标准准时提供服务，并把成本控制在常规性的预算范围之内。

评论

英国领先零售商的主席 David Sainsbury 认为上面包含的思想是有价值的[38]。但他还认为：

- 大公司要比小公司可能更容易应用核心技术，后者可能没有非常优秀的管理才能。当然，本书引用的核心技术的例子都是有关大公司的。
- 这个思想在电子和相关市场上已经实现了高度发展。这个思想还需要应用于其他方面，如中等规模的工程公司。

除了这些评论之外，与核心竞争力有关的一个实际问题就是，研究者从来就没有为其发展真正提供一个清晰的框架——它们都相当模糊。第 8 章的文本框 8.3 提供了基于资源的竞争力和能力的十个方针。

更为根本的是，尽管核心竞争力为资源分析和发展作出了贡献，但它忽视了以资源为基础的观点（RBV）所强调的一些领域。竞争优势可能恰恰就是通过一个强势品牌、一项独有专利或者一个独特地理位置获得的。这些资源以及其他资源与核心竞争力是没有多大关系的。

4.7.4　知识管理是竞争优势的主要来源？

近年来，一些战略家认为组织的知识管理是竞争优势的主要来源[39]。他们认为保持、开拓和知识共享对于公司保持领先的竞争地位是极其重要的。尤其是，组织内部知识管理和传播的方式代表了一种重要的优势，在跨国公司里尤其是这样的情况[40]。

知识就是指长期积累的影响组织在市场上生存和竞争状态的技术、规范和能力。此外，正如 Leonard 指出的那样，"组织的知识库不是静态的，而是源源不断地涌现新思想，从而使得公司的知识库永远保持着活力。"[41] 在第 7 章中，我们将会在创新的背景下研究知识的作用。

评论

显然，可以想象得出，在某些类型的组织中知识是非常重要的——例如，咨询公司、一些会计和法律事务所等。但是如果把知识作为所有公司获取竞争优势的主要来源可能就会夸大知识的作用。例如，荷兰铁路公司拥有独一无二的铁路运行线，而麦当劳利用巨无霸这一品牌来创造可持续的竞争优势。这些都与知识没有太大的联系。

4.7.5　以资源为基础的观点和中小型企业

尽管以资源为基础的观点（RBV）在表面上看起来非常适合于那些拥有众多资源的大公司，但是它也与小型和中型企业（SMEs）相关联。这些组织常常只拥有少量的资源，但它们通常富有弹性和开拓性。典型地，这种类型公司所采用的战略可能包括：

- 高水平的个性化服务；
- 专业技术；
- 设计技术；
- 当地知识；
- 预定解决方案。

这些内容可能都包括在以资源为基础的观点（RBV）的七要素之中。中小型企业（SMEs）的核心资源需要体现出这些战略——可能是特殊的员工、特殊的培训以及当地知识的娴熟运用等。在创业初期可能很难建立以资源为基础的观点（RBV）所论及的内容，例如独特的有形资源以及投资障碍。微软公司早期就是一个中小型企业，但现在它具备了开拓一些资本密集型资源的能力。原则上，这些要素可以为中小型企业提供一个有益的参考。

4.7.6 对以资源为基础的观点（RBV）的评价

尽管以资源为基础的观点（RBV）更加清楚地指出了战略发展方向，但它本身还有很大的缺点：

- 它还有一些因素需要考虑——没有给出这些要素之间的逻辑关系。从定义上看，这些要素之间可能根本不存在逻辑关系，因为它们之间的逻辑关系可能预示着一个行业解决方案。
- 除了创新概念［在许多有关以资源为基础的观点（RBV）的研究中都没有涉及这个方面］之外，它没有指出资源在长期中是如何发展和变化的。在战略中资源发展的动态性是一个重要因素，而以资源为基础的观点（RBV）并没有对此进行研究[42]。下一章中我们将会讨论这个问题。
- 它完全忽视了资源发展中的人力资源问题。在第7章中我们将探索这个问题。
- 最近一些评论家认为整个概念是同义语的重复，也就是说，识别关键资源的逻辑过程是有缺陷的，因为定义已经把解决方案列了出来[43]。
- 它很少或甚至没有强调资源发展的突发性方法，而且几乎没有考虑到战略发展的流程问题。它只作了一些必需的简单假设，因此，它肯定会过分简化战略发展的一些现实问题。

最后，对以资源为基础的观点（RBV）持有不同看法的研究者都会过分夸大它在解决许多战略问题中的作用。很明显地，以资源为基础的观点（RBV）有其先进之处，但是在全面理解战略分析的各种问题中它不能代替其他方法。

> **关键战略原则**
> - 人们对发展持续竞争优势（SCA）的最佳方法没有一致的看法。两种方法非常有用——Kay的特殊能力以及Hamel和Prahalad的核心竞争力。
> - 特殊能力识别出组织中的三种独特资源：结构、声誉和创新能力。
> - 核心竞争力是一些生产技术的组合，这些技术能够使组织为客户带来特定利益。
> - 以资源为基础的观点（RBV）有很多缺点：它还有一些因素需要考虑；它忽视了人力资源问题以及它没有注重战略发展的流程问题。

4.8 资源及能力分析：增强竞争优势

经过资源分析之后，组织通常发现它们具备的有竞争力的资源是非常有限的。这种情况是很正常的，因为组织拥有的大多数资源都与竞争对手的相似，而只有少数资源具有特色。在这种情况下，研究者在分析中列出了许多"核心竞争力"。这表明研究者不够严谨，而不是组织拥有众多具有竞争力的资源[44]。如果研究者基于本章提出的方法而识别出众多具有竞争力的资源，那么不管研究者列出多少具有"核心竞争力"的资源都是一种误导性行为，原因就是本章到目前为止所介绍的方法几乎都是静态的：

- 价值增值分析仅描述了某一时间点的情况；
- 以资源为基础的观点（RBV）的七要素识别通常是基于当前的资源。

尽管静态的方法是有用的，但基于某一时点的资源分析可能是对现实的曲解。组织的能力是随时间而发生变化的，组织的竞争对手也会在新领域中投资。例如，石油公司的资产在不断地消耗。变化快速的计算机公司的资产的生命是非常有限的。资源分析若想起到真正的作用，那就要从增强资源能力的分析入手。第5章将进一步阐述。

价值增值以及竞争优势的任何改进都需要通过一段时间的努力。这是一个战略过程，意味着组织人力资源、文化及领导风格方面的变革。这个过程可能是突发性的，也可能是常规性的。例如，它可能还包括对资源发展进行反复试验的方法（突发性方法），同时也包括进行以资源为基础的观点（RBV）分析的严格方法

（常规性方法）。如果想要探索增强资源的方式，那么我们必须详细地研究资源并明确组织的目标。这些内容将在第 6 章和第 7 章介绍。但下述三个要素的研究是有必要的：

1. 基准点；
2. 研究现有资源——杠杆作用；
3. 资源改造。

4.8.1　基准点

定义 ▶　评估组织内部相对绩效的一种方法是**基准点——为了能够找到组织中需要改进的地方就需要与其他组织的实践行为相比较**。但没有必要一定要与同行业中的公司相比较。这种比较仅需找到在特定业务领域被视为领导者的组织。

例如，福特汽车公司（美国）可能希望验证它与供应商之间关系的竞争力，它就会找到在供应商领域中处于世界领先水平的公司，例如非常著名的英国零售商 Marks & Spencer。然后福特公司可能通过咨询顾问或行业协会直接或间接地接触这个零售商。接着福特就会用自身在某一特定的职能领域中的绩效表现与 Marks & Spencer 在该领域的绩效表现相比较。接着再分析出在这些常规性的活动中，福特与这个零售商的差异，从而找到了福特公司资源改进的基础。这个结果应用在文本框 4.6 所示的序列中。

评论

有些评论家认为基准点在提高竞争优势方面有内在的弱点，因为它的目标仅仅将资源提升到与其他公司相当的水平——按这种说法，与其他公司相比也就没有什么优势。但是，它可能并没有全面表达基准的本质。基准的本质是要将公司资源水准与其他行业的公司进行比较。例如，汽车业的福特公司将基准与 Marks & Spencer 在英国的零售相比较。换句话说，如果福特能够达到基准，那么它可能会超越汽车业的其他公司。

文本框 4.6

基准点的典型序列

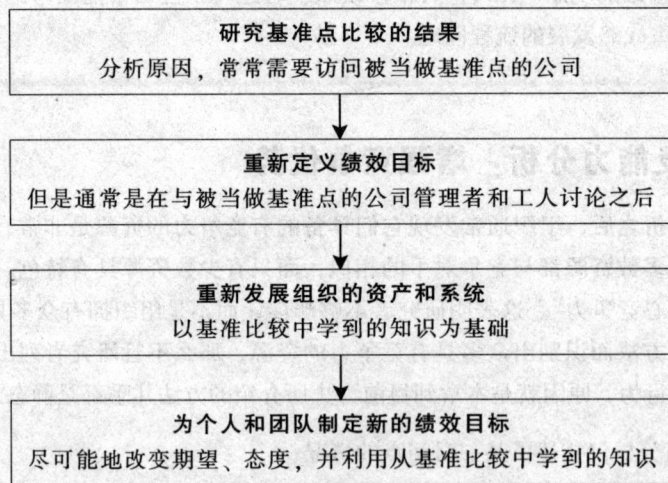

> **研究基准点比较的结果**
> 分析原因，常常需要访问被当做基准点的公司

↓

> **重新定义绩效目标**
> 但是通常是在与被当做基准点的公司管理者和工人讨论之后

↓

> **重新发展组织的资产和系统**
> 以基准比较中学到的知识为基础

↓

> **为个人和团队制定新的绩效目标**
> 尽可能地改变期望、态度，并利用从基准比较中学到的知识

4.8.2　开拓现有资源——杠杆作用

定义 ▶　**任何组织充分开发其现有资源是必需的——有时称之为资源杠杆** [45]。例如，Walt Disney 去世多年之后，他的公司还能继续拍摄出好电影，但并没有试图涉足其他媒体领域。Michael Eisner 在 20 世纪 80 年代担任迪斯尼总裁之后开始拓展迪斯尼的资源，并涉足酒店业、品牌销售以及出版业。更一般地说，可以从以下 5 个方面来拓展现有的资源：

1. 集中——把资源集中于组织的关键目标,尤其是那些对价值增值能产生最大影响的目标。

2. 保持——充分利用资源,如果可能的话也可以重复使用资源,目的就是充分发挥资源的功效。

3. 积累——努力挖掘组织拥有的各种资源,从而发现组织所积累的各项知识和技术以及从外部收购的合适的技术和经验。

4. 互补——从综合新要素的角度出发进行资源分析,例如市场营销和生产运营以及保证那些强势要素不受组织劣势的影响。

5. 回收——确保资源尽快生成现金,因而尽快实现现有资源和新资源的全部收益。

这些都是开拓现有资源的常规性方法,而且值得仔细去分析。在战略发展中,一个典型的例子就是在20世纪 90 年代早期,News Corporation 公司(澳大利亚)利用它在英国报纸业的现有优势发展并增强新的卫星电视频道的做法:这些卫星电视频道极大地提高了英国领先的报纸公司如《太阳报》和《泰晤士报》的地位——见第 8 章。

4.8.3 资源改造

不幸的是,竞争分析可能会得出组织具有很少或根本没有任何竞争优势的结果,尽管组织在持续实现价值增值。在某些行业中,这种情况是很普遍的,例如除价格之外几乎没有任何差异的商品——如农产品、矿产品以及金属。有三种主要方式来应对这种情况。

1. 添加新资源来支持现有产品或服务。一些组织尽力使其产品品牌化。例如,英特尔公司的"Intel Inside"以及它的奔腾计算机芯片。另一个例子是肯尼亚的农民,他们将原先价值较低的玉米地改种价值较高的商业花卉,向欧洲出口。他们保留了土地和耕种技能,并通过种植新产品得到了提高。一般情况下,产品开发也需要应用这种方式。

2. 直接增强受到竞争威胁的资源。可以通过购买新的、更有效率的机器设备或者建立一个合资企业。例如,1998 年合并成立的戴姆勒—克莱斯勒就是把两个中等规模的汽车公司的资源(至少是潜在的)整合为一个全球性大公司的资源。这一合并基本上是无法倒退回去的,因此,它与原则是相符的。

3. 添加补充性资源,从而使得组织在当前竞争中胜出。有时行业会显得没有吸引力,因而组织最好能发展一些超越竞争对手的资源。例如,一些农场主涉足休闲行业,建立了高尔夫球场,修建了旅馆以及其他类似的设施。这就使得他们从严重依赖于农产品价格的局面转移到了其他可以获取高利润的领域。

资源改造带来了组织如何向前发展的整体性问题,如需要考虑资源的处置、组织的目标以及竞争对手的行动。重要的是,它依赖于组织的战略展望——可能是涉足本领域中更多业务,但也可能是进入新领域。这就需要仔细研究组织的目标——见下一章。

关键战略原则

- 增强持续竞争优势至少有三种方式:基准点、开拓现有资源以及资源改造。

- 基准点是指与在某一业务领域做得最好的其他组织相比较的实践行为,基准点的目标是识别出组织资源需要改进的地方。

- 开拓现有资源——杠杆作用。有 5 种主要方法来开拓现有资源:集中、保持、积累、互补和回收。

- 资源改造。资源改造有三种主要方法:发展新资源、增强受到竞争威胁的资源以及添加补充性资源。

案例研究 4.4　任天堂的创新资源战略是如何扫荡对手的？

到 2005 年，日本计算机游戏制造商任天堂似乎就要垮台，被埋葬在家用娱乐市场之中。它的两个劲敌，微软公司的 Xbox360 和索尼的 PlayStation 3 似乎要将它打败。随后，任天堂全新的创新游戏机——Wii，让公司在 2007 年成为全球的市场领先者。任天堂是如何利用其资源打败强大的竞争对手的？是不是靠运气？

背景——早期

家庭视频游戏机市场上没有任何新事物。在 20 世纪 80 年代，加州公司 Atari 是早期的领导者。然而，它没有专利软件和硬件——竞争对手可以模仿它的机器，而且软件游戏开发商在获取它的游戏软件中也不存在任何限制。正如第 1 章中提到的 IBM 公司的个人电脑案例那样，因此公司无法取得成功。

于是日本公司任天堂出现了，而且它从竞争性资源中吸取了一些重要的战略教训。首先，它使用了一个品牌形象 Mario；其次，它以低价出售游戏平台并从专有的游戏软件中获利；再次，它确保游戏平台是独特的，而且不与其他游戏兼容；最后，它限制游戏软件开发商的数量，因此确保了游戏的质量。

20 世纪 80 和 90 年代，游戏战升温

这些成就吸引了日本另一家公司世嘉（Sega）。这家公司从任天堂公司学到了许多优秀的思想。例如，它开发自己的品牌形象——Sonic 和 Hedgehog。另外，它还推出了一种更先进的机器，并从增长迅速的市场上夺取了任天堂公司的市场份额。到 20 世纪 90 代早期，世嘉成为了市场领导者，其市场份额达 50%。接着索尼公司在 20 世纪 90 年代中期进入了这个市场。

20 世纪 90 年代末期，索尼公司成为市场领导者

索尼公司充分利用了它的竞争性资源。由于其涉足了电影业，它使用了自己在娱乐业务的品牌形象。另外，它还使用财务资源收购了一家擅长开发大众电子软件的开发公司，并开发出基于 CD-ROMS 的新一代游戏机。1998 年，世嘉用它的 Dreamcast 游戏机回击索尼公司，该游戏机具有优秀的图形效果。索尼公司接着用 PlayStation 回击它。PlayStation 具有更佳的图形效果，而且比世嘉的游戏机运行速度更快。同时，任天堂公司用 Gameboy 保持着自己的市场份额。

2001 年，世嘉决定在游戏机市场上认输——它已经 6 年没有赢利了。索尼公司在 PlayStation 及其升级品 PlayStation 2 上投资了 5 亿美元，因此它在全球市场上处于领先地位，占有大约 80% 的市场份额，而且年获取大约 200 亿美元的收益。在这段时期内，

任天堂利用其 Wii 游戏机的创新战略改变了企业，并使公司赢利，获得复苏。

游戏机成为整个公司的最大利润贡献者，接着微软公司于 2000 年也加入了个市场。

微软公司加入家庭娱乐业的竞争之中

自从 20 世纪 80 年代早期以来，微软公司就以其 Windows 系统成为个人计算机软件的市场领导者。微软公司占有绝对优势，以至于它成为了其母国，美国以及欧洲反托拉斯的诉讼对象。微软公司不否定它在全球市场上的主导地位，但是 Windows 系统主要应用于家庭办公而不是家庭娱乐。

2001—2006 年间的市场机会

如果你是一家勇于开拓的公司，如微软公司，你就能发现向娱乐业扩张的明显机会——尤其是当视频游戏平台市场价值大约 200 亿美元，而且到 2008 年为止会以每年 15%~20% 的速度成长。因此，比尔·盖茨于 2001 年末在美国本土推出了微软公司的新型游戏机——Xbox，并于 2002 年初在日本和欧洲推出了该机型。重要的是，这种新机器在某些方面很像一台专用家庭计算机，因而也说明了个人计算机和游戏机未来几年内在技术上可能会出现交叉。有争议的是，这种机器长期内可能会威胁到微软公司在家用个人计算机市场上的主导地位。当然，它也为微软公司提供了一个在短期内进入新的高利润市场的机会。

在开始的几年里，微软公司的目标不是超越索尼公司的市场份额。索尼公司的机器在技术上更加成熟，但是价格高昂——见表 4.6。索尼的 PlayStation 2 的性能大体上与 Xbox 相当。任天堂公司的 GameCube 在技术上更简单，但是价格非常低廉。索尼公司和任天堂公司在早些年里开发了大量的软件游戏，而微软公司的数量比它们要少得多。然而，微软公司宣布它的新机器在技术上可以让游戏者使用更快的宽带网络系统，因此，游戏者之间可以通过建立家庭链接来使用这种快速游戏。但是，在游戏推出时只有 4% 的家庭拥有宽带，所以在早期阶段无法指望这项技术成为一项重要的竞争优势。而且，在发行了 4 年之后，价格开始下跌，要远远低于在初始阶段的价格——参看表 4.6。

在早期阶段，微软公司的目标是销售 400 万~600 万台游戏机。到 2006 年为止的 5 年时间里估计要销售 2500 万台游戏机。这个数字与任天堂的相类似。任天堂公司也计划在这 5 年里销售 2500 万~3000 万台游戏机，而索尼公司计划销售 0.9 亿~1.1 亿台游戏机。由于 3 亿~5 亿美元的开发成本要在未来 7 年内才能回收，因此时间跨度是至关重要的——就像一个汽车制造商需要收回开发新型汽车的成本一样。

2006 年后的市场机会

2005 年 5 月，微软发布了带有新一代图像能力和新一代软件游戏功能的 Xbox360。在 2005 年 12 月开始面市，价格为 300~400 美元。几乎在同一天（如此巧合！），索尼也发布了 PlayStation 3。这会在 2006 年初面市，但这款游戏机包含一个新一代的功能更为强大的计算机芯片：根据早期的演示，这会使得游戏进入一个新的层次，要比 Xbox360 更为强大。

事实上，索尼公司在当时为新机器生产芯片时遇到了困难，▶

表4.6 竞争性产品					
游戏机	制造商	发布价格	2005年的典型价格	辅助设备	可以使用的游戏数量
Xbox——2001 年秋在美国推出，2002 年初在日本和欧洲推出	微软	英国价格是299英镑，随后降到了200英镑	99 英镑还附带游戏和其他附带产品	DVD ROM，8G 硬盘驱动器，以太网端口和宽带	在推出时可以使用20 种游戏，4 年后种类很多
GameCube——2002 年5 月推出，但通过一个调节器可与 GameBoy(1998 年推出)兼容	任天堂	英国价格是160~170 英镑，随后降到了140英镑	80 英镑，包含一个游戏	可选用 56k 的调制解调器与 GameBoy 连接。但是不能使用 CDs 或 DVDs	在推出时至少可使用20 种游戏，并且与以前的游戏兼容
PlayStation 2——2000 年11 月推出	索尼	英国价格是199英镑	100 英镑附带游戏等	DVD ROM，可选用硬盘驱动器以及宽带	许多游戏仍然好于Xbox

所以，新机器在 2006 年后期才面市，价格在 599 美元左右，仅在日本和美国销售。直到 2007 年春季，PS3 才登陆欧洲。因此，XBox 抢了先机，在第一年就销售了 1000 万台，而 PS3 只售出150 万台。

任天堂对竞争的回应

在整个竞争过程中，评论家认为任天堂会从游戏机市场上彻底出局，这一市场到此时已发展到 300 亿美元左右。任天堂没有微软公司的资金资源及统治地位，也没有索尼的新一代技术能力。市场观察家们讨论的是：微软是否会在游戏机市场上比索尼更胜一筹？顾客会等索尼新品面市吗？他们会买 Xbox 吗？

在 2006 年后期，任天堂的回应是一种叫 Wii 的全新游戏机，全面的创新产品。任天堂在屏幕上安装了动作感应杆。任天堂的首席执行官 Satoru Iwata 声称 Wii 创立了游戏的"模式转移"。它的目标是将不仅让迷上游戏的小孩子们玩，也让全家人可以一起娱乐。Wii 的定价也有优势，价格为 249 美元左右，比对手们的价格便宜许多。这款游戏机由任天堂的软件团队开发，负责人是总设计师 Shigeru Miyamoto。这个团队比索尼和微软的要强得多。索尼和微软的软件主要是外发。

对于任天堂来说，结果是很了不起的：三分之一的 Wii 游戏者是女性，而这个行业的平均数为五分之一。任天堂的使用者中大约有 23% 的年龄超过 25 岁，而在这款机器问世前的比率为 14%。重要的是，Wii 在 2007 年比 XBox 和 PS3 销售得更好。任天堂产品脱销，不得不停止做广告。

由于上市时间不同，Wii 卖了 1600 万台，XBox 卖了 1200 万台，PS3 大约为 200 万台。但是 PS3 很快赶了上来，主要原因是它的制造商把价格降低了 100 美元，降低了芯片的功能，安装了更多的计算机游戏。

专家们当时还测算了 XBox 和 PS3 的设计和功能，特别是 PS3里面一流的 DVD 机，认为它们最终都会超过 Wii。但是专家们错了，而且任天堂仍会带来更多的惊奇。

战略课题　任天堂能保持领先地位吗？

本案例写于 2008 年早期，当时任天堂刚刚在圣诞节销售期战胜了对手。根据一份报告，索尼的 PS3 仍在亏损。微软的 XBox 360 有赢利，但是没能像预期的那样实现销售突破。下一步会发生什么？三家公司均有自己的网站来吹嘘自己的游戏机的优点及自己所占有的巨大市场。但是，它们需要有进一步的战略行动。索尼的 PS3 会继续降价吗？任天堂会开发 Wii 的更新版吗？微软会重新审视战略吗，比如收购一家主要的计算机游戏开发公司？你有什么建议？

思考

基于资源的观点是否有用？

现在，以资源为基础的战略发展观点 (RVB) 是很多研发的重点。一些战略学家认为这种观点能够找到战略发展的核心。但是 RBV 同样也面临着至少三个方面的重要批判。

- **重复**：RVB 所寻找的事实是正在被寻找的定义的组成部分。RBV 被用来通过辨明哪些资源可以传递价值、稀缺并不可复制来寻找那些可以带来竞争优势的资源。但是竞争优势本身就被定义为是那些有价值的、稀缺的和不可复制的。从这种角度来说，RBV 只不过是在找那些已经知道的和应该要知道的！

- **产生模糊**：由 RBV 所定义出来的资源——核心竞争力、创新能力，等等——都是很模糊的。一些人认为这些都是如此的普通以至于几乎没有什么价值。如果要了解这些资源就必须要把它们放到所在的环境当中去。否则的话，这些也只不过是任何人都能使用的口号和希望而已。

- **获得竞争资源的方式**：RBV 对于组织如何能够发展和保持它们的竞争优势并不明确。对优势的竞争资源的终极目标要比如何能够获取它们说得更清楚一些。

▓▓▓ 小结

- 资源和能力分析的目的是识别组织哪些价值可以增值，组织拥有哪些可持续竞争优势。

- 在分析资源时，要从分析组织的全部资源和能力入手：有形资源、无形资源和组织能力。这些资源超越了会计和财务的观念，涉及专利价值和专利权。

- 常规性观点把资源看成是使战略效益最大化的物资。而突发性方法则没有关于资源的一贯性主题。但是，它们都强调人力资源的因素，从本质上，它不容易预料。这两种观点强调环境和资源需要有紧密的关系。

- 在分析组织资源时经常会遇到实际的管理困境。主要表现在三个方面：环境和竞争的不确定性、复杂和不确定的因果关系、组织中对于竞争资源的构成存在分歧。

- 每个组织面临的一个基本资源决策就是生产或购买，即自己生产产品还是从市场上购买产品。每一个组织都需要重新评估其领域内的经营活动。这个决策不仅依赖于简单的成本分析，还需要考虑与持续竞争优势保持有关的各个方面。

- 资源会为组织带来价值增值。公司从供应商那里获得投入，然后把它们转变成最终产品或服务。价值增值就是指组织产出的市场价值与投入成本之间的差额。对于整个公司来说，准确计算出增值价值是可能的，但对于组织的各部门来说就非常困难了。当组织的各个部门应用价值增值来发展竞争优势时，这个概念通常很难量化。

- 为了能够获得持续竞争优势，有必要考虑组织的各个部门以及它们实现的价值增值、在哪里实现的以及是如何实现的。价值链可以完成这项任务，利用它可以识别出组织的哪个部门实现了价值增值以及在哪里产生了竞争优势。

- 研究价值系统也是有必要的，即组织与更广义上的价值增值系统的其他方之间的关联。其他方包括供应商、客户以及分销商。价值系统要素之间的独特关联可能也会带来竞争优势。

- 资源也会因为稀缺而带来竞争优势。经济租金是指一种要素当前所获得的报酬超出其发挥最小作用时所得到的报酬部分。在战略分析中，经济租金是非常重要的，因为它突出了某些资源的稀缺性以及要为资源寻找一个更加有利可图的利用方式。

- 为了寻求持续竞争优势，以资源为基础的观点（RBV）认为，组织所拥有的各种资源相比行业分析来说为战略发展提供了更为坚实的基础。原因就是，以资源为基础的观点（RBV）会识别出那些独特的以及能够创造竞争优势的资源。

- 基于资源的竞争优势涉及七个要素：先前的或已获得的资源、创新能力、真正的竞争力、可替代性、专用性、持久性、可模仿性。对于一个组织来说要想实现一定的竞争优势，没有必要拥有所有这些要素：每个组织都有一个独特的资源组合，其中一些可能就会带来持续竞争优势（SCA）。

- 为了识别出真正的竞争性资源，资源分析中需要考虑三个主要方面。有形资源：物质资源；无形资源：没有物质形态但能带来真正价值的资源；组织能力：技术、规范以及组织领导力。由于这种分析具有广泛性，所以应当集中研究那些最有可能产生价值增值并与行业成功关键因素相匹配的资源。VRIO框架——有价值、稀缺、难以复制、组织能够加以利用——可以用来检验资源对竞争优势的作用。

- 人们对发展持续竞争优势的最佳方法并没有达成一致看法。有两种方法被证明是有用的——特殊能力（结构、声誉和创新）以及核心竞争力。

- RBV存在许多的不足之处：它只是简单地列举了需要考虑的因素，它的逻辑性存在缺陷。它忽视了人力资源因素，没有把战略发展考虑在内。

- 增强竞争优势至少有三个途径：基准点、开拓现有资源以及资源改造。

问题

1. 利用你的判断，说出下述行业中的成功关键因素：制药、快餐饭店、向无家可归的人们提供帮助的慈善机构以及提供货物运输服务的公司。

2. 描述你所了解的组织价值链，解释它对竞争优势的意义。

3. 找到有关葛兰素公司价值增值的例子以及相关数据，并描述该公司的价值链，概括公司所处的价值系统。你能得出什么样的战略结论？

4. 基于资源观点的七个要素对公司战略有何贡献？它们有何局限性？

5. 利用第 1 章和第 2 章中有关 IBM 公司的案例研究，识别出 IBM 公司竞争优势的主要要素。利用以资源为基础的（RBV）七要素观点把你的答案和资源层级分类，并解释这些内容与该公司其他资源之间的关系。

6. 以你所熟悉的一个组织为例识别出它的特殊能力，可以参考关键的原则。把组织与竞争对手相比较并评价其战略意义。

7. 识别一般制药公司的核心竞争力以及 GSK 具备的特殊核心竞争力。你的答案对 GSK 的公司战略发展有何意义？

8. 可以通过短期战略决策来购买核心竞争力吗？或者它必须经过长期发展才能获得？举一个例子来支持你的观点。

9. 微软公司的 Xbox（见案例研究 6.4）可以利用三种主要方式中的任何一种来改进其竞争优势吗？应当采取哪种方式？为什么？

10. 在战略管理发展中，与其他资源相比，你将如何评价人力资源？你认为利用价值链就能得出答案吗？

进一步阅读

For the value chain and value system: Porter, M E (1985) *Competitive Advantage*, The Free Press, New York. An interesting review of the value chain appears in: Channon, D (2005) 'Value chain analysis', in McGee, J and Channon, D F (eds) *Encyclopedic Dictionary of Management*, 2nd edn, Blackwell Business, Oxford.

For core competencies: Hamel, G and Prahalad, C K (1994) *Competing for the Future*, Harvard Business School Press, Boston, MA.

For distinctive capabilities: Kay, J (1994) *Foundations of Corporate Success*, Oxford University Press, Oxford.

Two useful summaries of the resource–based view are contained in chapters in two major texts. The first is: Cool, K, Costa, L A and Dierickx, I (2002) 'Constructing competitive advantage', in Pettigrew, A, Thomas, H and Whittington, R (eds) *Handbook of Strategy and Management*, Sage, London, pp55–71. The second chapter is: Barney, J B and Arikan, A M (2001) 'The resource–based view: origins and implications', in Hitt, M A, Freeman, R E and Harrison, J S (eds) *The Blackwell Handbook of Strategic Management*, Blackwell, Oxford, pp124–188.

For a more academic consideration of the problems with the RBV, see the critique by Priem and Butler in Priem, R L and Butler, J E (200la), 'Is the resource–based view a useful "view" for strategic management research?', *Academy of Management Review*, January, Vol 26, No 1 and Priem, R L and Butler, J E (2001b), 'Tautology in the resource–based view and the implications of externally determined resource value: further comments', *Academy of Management Review*, January, Vol 26, no 1, pp1–45. Then read the response by Jay Barney in Barney, J B (2001) 'Is the resource–based "view" a useful perspective for strategic management research? Yes', *Academy of Management Review*, Vol 26, no 1, pp41–56.

There are still substantial research projects on the RBV. Three suggested recent papers contain summaries of recent thinking and evidence: Lado, A A, Boyd, N G, Wright, P and Kroll, M (2006) 'Paradox and theorizing within the resource–based view', *Academy of Management Review*, Vol 31, No 1, pp115–131. Acedo, F J, Barroso, C and Galan, J L (2006) 'The Resource–based Theory: Dissemination and main trends', *Strategic Management Journal*, Vol 27, pp621–636. Newbert, S L (2007) 'Empirical research on the resource–based view of the firm: an assessment and suggestions for future research', *Strategic Management Journal*, Vol 28, pp121–146.

注释和参考资料

1. Sources for GSK Case: *Financial Times*, 7 Dec 1993, p22; 16 July 1994, p10; 24 Jan 1995, p17; 27 Jan 1995; 9 Mar 1995, p33; 24 Mar 1995, p27; 24 Apr 1995, p11; 8 Sept 1995, p15; 9 Nov 1995, p25; 27 November 1995, plV of Biotechnology Supplement; 17 June 1998, p25; 28 July 1998, p24; 14 April 1999, p14; 20 July 1999, p23; 17 January 2000, p15; 22 January 2000, p15; 16 February 2000, p25; 20 April 2000, p28; 23 February 2001, p26; 15 January 2002, p19; 12 March 2002, p28; 22 July 2002, p24; 24 July 2002, p16; 10 March 2005, p29; 18 March 2005, p15. Glaxo Wellcome Annual Report and Accounts 1997, pp2, 3, 8, 9, 86, 87. GSK Annual Report and Accounts 2004. Also GSK Analysts' Presentation in early 2005 – available on the web at www.gsk.com. The company also makes other presentations available on the same web site – useful source of company comment.

2. Some early articles on this shift in position include: Wernerfelt, B (1984) 'A resource–based view of the firm', *Strategic Management Journal*, Sept–Oct,
p171; Barney J B (1986) 'Strategic factor markets: Expectations, luck and business strategy', *Management Science*, Oct, p1231; Rumelt, R 'Theory, strategy and entrepreneurship', in Teece, D J (ed) (1987), *The Competitive Challenge: Strategies for Industrial Innovation and Renewal*, Ballinger, Reading, MA.

3. Porter, M E (1980) *Competitive Strategy: Techniques for Analyzing Industries and Competitors*, The Free Press, New York. But note that this was based on earlier work, particularly that of Bain, J (1956) *Barriers to New Competition: Their Character and Consequences in Manfucturing Industries*, Harvard University Press, Cambridge, MA.

4. In particular, many marketing strategy texts make no mention of individual resource analysis. From this per–spective, they should all be read with caution. However, many definitions of marketing have long recognised the importance of resources – one used at several universities in the UK makes

explicit reference to the resources of the organisation.

5. For example: Penrose, E (1959) *The Theory of the Growth of the Firm*, Basil Blackwell, Oxford; Ansoff, I (1965) *Corporate Strategy*, McGraw-Hill, NY.

6. Wernerfelt, B (1984) 'A resource-based view of the firm', *Strategic Management Journal*, September–October, p171.

7. Barney, J B (1986) 'Strategic factor markets: expectations, luck and business strategy', *Management Science*, Vol 32, pp1231–1241; Barney, J B (1991) 'Firm resources and sustained competitive advantage', *Journal of Management*, Vol 17, pp99–120.

8. Collis, D and Montgomery, C (1995) Ibidl, pp118–128.

9. See, for example, Hitt, M, Ireland, D R and Hoskisson, R E (2003) *Strategic Management: Competitiveness and Globalization Concepts*, 5th edn, Thomson, Ohio, Chapter 3.

10. Prahalad, C and Hamel, G (1990) 'The core competence of the corporation', *Harvard Business Review*, May–June, pp79–91.

11. See the pioneering work of Coase, R (1937) 'The nature of the firm', *Economica*, 4, pp386–405. Also Penrose, E (1959) Op. Cit., and Williamson, O (1975) *Markets and Hierarchies*, The Free Press, New York.

12. Lynch, R (1994) *European Business Strategies*, 2nd edn, Kogan Page, London, p43.

13. References for Case 6.2: Annual Reports and Accounts of GSK, Nederlandse Spoorwegen and Bouygues for various years.

14. For a more detailed example of value chain analysis, see Shepherd, A (1998) 'Understanding and using value chain analysis', in Ambrosini, V (ed) *Exploring Techniques of Analysis and Evaluation in Strategic Management*, Prentice Hall, Berkhamsted.

15. Porter, M E (1985) Op. cit., Ch2.

16. Porter, M E (1985) Ibid, p38.

17. Cookson, C and Luesby, J (1995) 'Glaxo Wellcome giant changes the drug mixture', *Financial Times*, 9 Mar, p33.

18. Porter, M E (1985) Op. cit., Chs9, 10 and 11.

19. Ricardo, D (1817) *Principles of Political Economy and Taxation*, J Murray, London. More detail on the origin of economic rent is contained in the following: Lipsey, R G and Chrystal, A (1995) *Positive Economics*, 8th edn, Oxford University Press, Oxford.

20. For a consideration of rent and its strategic implications, see: Mahoney, J and Pandian, J (1992) 'The resource-based view within the conversation of strategic man agement', *Strategic Management Journal*, 13, pp363–80. This gives a useful overall view. See also Schoemaker.

21. P (1990), 'Strategy, complexity and economic rent', *Management Science*, 36, October, pp1178–1192.

22. Schumpeter, J (1934) The Theory of Economic Development, Harvard University Press, Harvard, MA.

23. Many of these research papers are referenced elsewhere in this text. The remainder are: Dierickx, I and Cool, K (1989) 'Asset stock accumulation and sustainability of competitive advantage', *Management Science*, 35, pp1504–11; Connor, K (1991) 'A historical comparison of resource-based theory and five schools of thought within industrial organisation economics: Do we have a new theory of the firm?', *Journal of Management*, 17 (1), pp121–54; Amit, R and Schoemaker, P (1993) 'Strategic assets and organizational rent', *Strategic Management Journal*, 14, pp33–46; Grant, R (1991) 'The resourcebased theory of competitive advantage: implications for strategy formulation', *California Management Review*, 33, pp114–22. Makadok, R (2001) 'Towards a synthesis of the resource-based and dynamic capability views of rent creation', *Strategic Management Journal*, 22, pp387–401. Hoopes, D G, Madsen, T L and Walker, G (2003) 'Why is there a resource-based view? Toward a theory of competitive heterogeneity', *Strategic Management Journal*, 24, October, Special issue.

24. See also the special edition of the *Strategic Management Journal*, 24,

October 2003 which has an extended discussion and review of the concept.

25. Rumelt, R (1991) 'How much does industry matter?', *Strategic Management Journal*, Mar, pp64–75.

26. McGahan, A and Porter, M E (1997) 'How much does industry matter, really?' *Strategic Management Journal*, 18, Summer special issue, pplS–30.

27. See, for example, Newbert, S L (2007) 'Empirical research on the resource-based view of the firm: an assessment and suggestions for future research', *Strategic Management Journal*, Vol 28, pp121–146. See also Misagnyi, V F, Ems, H, Greckhamer, T and Lepine, J A (2006) 'A new perspective on a fundamental debate: a multilevel approach to industry, corporate and business unit effects', *Strategic Management Journal*, Vol 27, pp 571–590.

28. Rumelt, R (1991) Op. Cit.

29. For those obsessed with he generic strategies outlined in Professor Porter's two books, it should be noted that no mention has been made of a company being the lowest-cost producer. This book will argue that sustainable advantage may be achieved by having both low costs and other qualities that take the company beyond being merely the lowest-cost producer.

30. Kay, J (1993) *Foundations of Corporate Success*, Oxford University Press, Oxford, p367.

31. High technology and services columns developed from Aaker, D (1992) Ibid., p186; others from author.

32. Prahalad, C and Hamel, G (1990) 'The core competence of the corporation', *Harvard Business Review*, May–June, pp179–91.

33. Kay, J (1994) Op. cit.

34. Peteraf, M (1993) 'The cornerstones of competitive advantage: a resource-based view', *Strategic Management Journal*, 14, pp179–91.

35. Collis, D and Montgomery, C (1995) 'Competing on resources: strategy in the 1990s', *Harvard Business Review*, July–Aug, pp119–128.

36. Kay, J (1993) Op. cit., Chs5, 6 and 7.

37. Hamel, G and Prahalad, H K (1994) *Competing for the Future*, Harvard Business School Press, Boston, MA, Chs9 and 10.

38. Sainsbury, D (1994) 'Be a better builder', *Financial Times*, 2 Sept, p11.

39. Roos, J (1997) *Financial Times Mastering Management*, Pitman, London, Module 20.

40. Roos, J (1998) *Financial Times Mastering Global Business*, Pitman, London, Part 5, pp14–15.

41. Leonard, D (1998) *Wellsprings of Knowledge*, Harvard Business School Press, Boston, MA, p3.

42. See also Chaharbaghi, K and Lynch, R (1999) 'Sustainable competitive advantage: towards a dynamic resource-based strategy', *Management Decision*, 37(1), pp45–50.

43. Priem, R L and Butler, J E (2001) 'Is the resource-based view a useful perspective for strategic management research?', *Academy of Management Review*, 26, 1, pp22–40 and Lynch, R (2000) 'Resource-based view: paradigm or checklist?' *International Journal of Technology*, 3, 4, pp550–61. Professor Jay Barney is a strong supporter of the RBV. He responded to the Priem and Butler paper with the following: Barney, J (2001) 'Is the resource-based view a useful perspective for strategic management research? Yes', *Academy of Management Review*, Vol 26, no 1, pp41–56.

44. Collis, D and Montgomery, C (1995) Op. cit., p123, emphasise that lengthy lists of core competencies have sometimes become just a 'feelgood' factor.

45. Hamel, G and Prahalad, C K (1994) Op. cit., Ch7.

46. References for Xbox case: Brandenburger, A M and Nalebuff, B J (1997) *Coopetition*, Harper-Collins, London; The Economist, 19 May 2001, p83; *Guardian Newspaper* 12 March 2002, p21; *Financial Times*, 14 Oct 1999, p31; 19 Jan 2000, p28; 28 Aug 2000, p9; 6 Sept 2000, p3; 25Jan 2001, pp23, 29; 26Jan 2001, p24; 1 Feb 2001, p32; 18 May 2001, p11; 19 May 2001, p12; 23 May 2001, p36; 7 July 2001, p14; 21 Sept 2001, p34; 6 Oct 2001, p18; 8 Jan 2002, p30; 7 Feb 2002, p28; 8 March 2002, p1; 12 March

2002, p36; 10 April 2002, p30; 23 April 2002, p30; 10 Sept 2002, p27; 4 Oct 2002, p30; 13 May 2003, p31; 14 May 2003, p32; 24 July 2003, pp11, 27; 25 July 2003, p27; 5 Nov 2003, p26; 14 Nov 2003, p29; 30 March 2004, p30; S May 2004, p13; 12 May 2004, p30; 17 Sept 2004, p28; 22 Sept 2004, p23; 18 Feb 2005, p25; 25 Feb 2005, p26; 8 March 2005, p5; 11 March 2005, p21; 6 November 2006, p17; 10 November 2006, p27; 17 November 2006, p10; 23 March 2007, p24; 10 July 2007, p19; 13 July 2007, p20; 17 September 2007, p25; 6 December 2007, p25. See also the websites for the three main companies with the 'investor' links showing company results for each company.

第 5 章

战略动态
Strategy Dynamics

学习目标

在学完本章后，你应该能够：

- 识别组织目标中决定变化的两个关键问题；
- 研究竞争的强度并评估其战略意义；
- 识别应对不可预知环境的三种主要方法；
- 解释动态竞争优势以及评论它的本质；
- 研究不断变化的环境的动态性，特别是创新环境；
- 描述资源发展的三种主要动态性；
- 规划激进的竞争战略；
- 制定合作战略；
- 概述博弈论以及战略态势的含义。

引言

组织本身和它所追寻的战略都在不断地变化中。它们随着环境的改变，以及资源和能力的增长或衰退而变化。这些组织的结构因其复杂性而不能得到充分的理解，同时，我们对各种因素的了解也需要进一步提升。本章研究的是战略发展的动态性，分析当前的认知情况。

我们特别要从认识另外两个相关领域开始：解释性动态和预见性动态。第一个领域解释性动态重点描述的是组织如何应对组织内外的变化。它本质上是一个对组织外部的反应过程。第二个领域，预见性动态，寻求的是为组织制定战略规划以对组织的内部和外部施加影响[1]。这条路线更倾向行为导向，寻找影响因素而不是仅仅有反应。两条路线有些共同的地方，但是它们的本质区别能够帮助我们分析战略动态性。

在解释性动态中，重点被放在理解目标、环境和竞争优势的动态性，以及竞争资源的变化方式上。而预见性动态则更注重组织用来提高竞争优势及价值增值的行为。

图 5.1　探讨战略发展的动态性

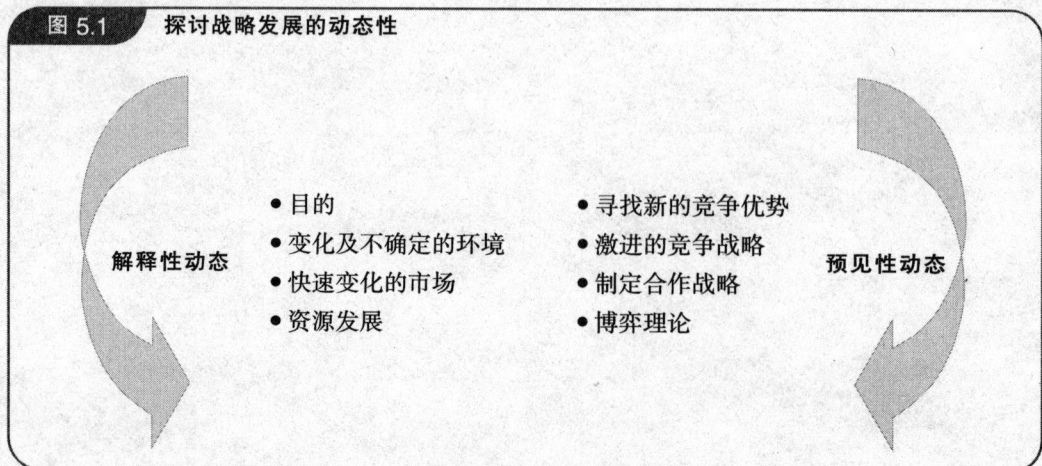

解释性动态	预见性动态
• 目的	• 寻找新的竞争优势
• 变化及不确定的环境	• 激进的竞争战略
• 快速变化的市场	• 制定合作战略
• 资源发展	• 博弈理论

案例研究 5.1　Boo.com 公司的网络战略——应该为其鼓掌还是喝倒彩

根据事后的认识，我们很容易对 Boo.com 运动服装公司的网络战略进行批判。本案例概括了该公司的简短历史并研究使 "dot.com" 续存的动力。

背景

在 20 世纪 90 年代末期，许多高级战略顾问和著名公司都热衷于互联网事业。这革新了整个商业局势，并基本上改变了整个竞争性市场以及持续竞争优势的内涵。例如 2000 年 4 月，著名的咨询公司 Arthur Anderson 的网站指出了网络所带来的利益以及电子商务的相关概念：

> 电子商务改变了整个商业前景。新成立的公司照样可以向市场领导者发出挑战。空前的市场效率使得中介人消失，而且更密切的供求关系带来了越来越高的生产效率。电子商务的发展改变了公司创新和改革的方式。它使得公司重新思考、重新定位以及重新审视价值观。在公司创业中，你基本上每三个星期就要把所有的假设前提推翻。

因此，不仅仅是大公司看到了其巨大的潜力，就连创业型的小公司也开始渗透到各个商业领域之中，而且可以获得大量的创业资金："这里存在着一种观点，即把资金投入到创业公司是非常容易的，任何人都可以做到这一点。"创业风险资金领域存在着大量现金，而且投资领域存在着大量现金，投资者正在争相投资。接受投资的这些公司之一就是 Boo.com。

Boo.com——开端

1999 年 1 月，一个新的创业公司 Boo.com 看起来非常有潜力。它的战略目标是成为流行运动服装在线销售的全球领导者。公司的三个瑞典创业者——Ernst Malmsten，创业家；Kajsa Leander，时装模特；Patrik Hedelin，投资银行家——其中的两个曾经做过《财富》杂志的封面人物，标题是："新潮公司" 99：12 创业公司——将会成为下一个雅虎？Malmsten 是公司的原动力，之前他已经成功地建立了在线书店。JP 摩根帮助他们引进了优秀律师、技术人员以及高级管理人才。

Boo.com 公司当然雄心勃勃。公司于 1999 年 6 月在 18 个国家同时启动。它的网站非常新颖，使用了多种语言，而且以高价格提供高档运动服装。在最后一点上它与普通网站有很大差异。后者标榜自己的价格低于街边商店——例如亚马逊（Amazon.com）书店。另外，Boo.com 打算在 18 个国家成立一个销售渠道网，这些销售网将在几天后就可以递送商品。从各种角度来看，公司意气风发——即使是公司的创业者从前也没有遇到过这种情形。

最初，公司从 18 个国家招聘了 400 名员工。另外，公司在广告和软件上花费了巨额资金。公司投入资金在洛杉矶做电视广告；公司还在 Barneys 服装品牌上投入了 10 000 美元，因而创业者上了《财富》杂志的封面；保留员工内部的小团体；使用 Concord 相机和私人飞机环游世界。因此，公司在 2000 年每周要花费大约 100 万美元。公司创业之初发生了 5 次大波动，共花费了 3000 万美元。在这段时间里，公司花费了 6 个月的时间才找到首席财务官，又花费了 4 个月的时间找到了一个优秀的技术主管。一位投资者解释道："缺乏财务控制成为公司的借口，因此公司认为投

> ### Boo 虽然遭到非议，但是人们对 Net 的前景仍然抱有很大的希望。
>
> 网络零售商公布了相应的数字，但是问题是这些赞助商能否等到欧洲赶上美国的时候？
>
> 资料来源：金融时报，2000 年 2 月 3 日。

> ### Boo 的下一步？
>
> 在线时装零售的失败使得一些投资者不得不重新评估在欧洲其他业务的长期生存能力。
>
> 资料来源：金融时报，2000 年 5 月 19 日。

Boo.com 的失败显示了在其变动最大的时期里，它的战略。

资进行宣传是非常重要的。公司的目标是卸掉各种包袱。"但让人不解的是，为什么公司要把钱用来推销根本销售不出去的产品？

1999 年 8 月，Malmsten 召集所有的员工在英国宣布新任管理者将在 1999 年 11 月启动一个项目。同时，黎巴嫩的投资公司又投入了 1500 万美元。该项目于 11 月份正式启动，并实现 25 000 个网络点击数——公司的目标是 100 万个。前 6 个月的销售额大约是 400 万美元。与此同时，公司在员工薪水、营销成本、律师费用、办公设计费用以及软件开发方面投入了 1 亿美元。公司里的一位投资人说："如果你打算把 Boo.com 当做一个全球性公司，那么用 1 亿美元的费用来建造这家公司并不算多。我们希望打造一家价值达 10 亿美元的公司。"

Boo.com 公司走向崩溃

Boo.com 主要从富有的私人投资家那里获得资金而不是公共领域。因此，公司从来没有公开自己的商业数据——直到公司灭亡的前一天它才被迫公布了上述的销售数字。在 2000 年 3 月，投资者仍然在讨论是否再向公司投入 3000 万美元。在 2000 年 5 月，投资者从公司里抽出资金，这家公司已经用尽了资金。

Boo.com 公司的结论

很明显，公司过于雄心勃勃。它在财务控制上非常松懈，而且不切实际，以至于没有打破各种规则限制。但是，它又致力于开垦处女地，这是一个可能会获得成功的实验。

ⓒ 理查德·林奇 2009 权所有。保留所有权利。本案例根据公开资源和理查德·林奇个人调研信息编写[2]。

案例问题

1. Boo.com 公司的竞争优势是什么？
2. Boo.com 公司的许多投资者都是富有的私人投资家，他们向该公司投入资金正确吗？你个人愿意向这家公司投入资金吗？
3. Boo.com 宣称取得了主动权并打破了规则限制。在什么样的环境下这样做有意义？

5.1 解释性动态：变化的组织目标

5.1.1 为什么目标会变化？

一个组织的目标能够并且可能会随时间的变化而发生改变——Boo 公司是展示企业怎样从一个简单的目标开始然后逐渐扩展出一个全新、全球化的流行观念，然后又转而为生存而挣扎的案例³。Boo 公司的案例也表明了目标是由管理高层的判断和优先设定的，在较长的时间范围内它们可能会发生改变，甚至可能有根本的缺陷。组织的目标实际上是各种因素之间的一种平衡关系，第 6 章将进一步研究。但是，从动态的观点来看，目标会因如下两个因素的不同而发生替换：

1. 组织内高层经理的主动选择与活动。例如，Boom.com 公司的早期战略是靠网上销售时尚的运动服装而成为全球的领先企业。

2. 组织对外部活动及其他选择的积极反应。例如，Reebok 和 Nike 在时尚运动服装市场上日益加强的竞争活动，包括网上的竞争，是对 Boo 全球目标的威胁。

一般而言，影响组织目标的一些动态性因素已经在文本框 5.1 中列出，但它们之间的关系以及对组织的战略方向的影响还没有全部列出。这就意味着我们目前的知识水平尚不能完全解释目标的动态性。

文本框 5.1

目标发生变化的原因

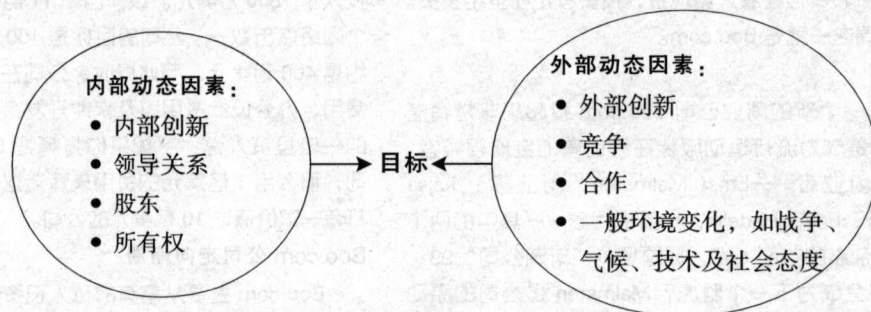

> 内部动态因素：
> - 内部创新
> - 领导关系
> - 股东
> - 所有权
>
> 目标
>
> 外部动态因素：
> - 外部创新
> - 竞争
> - 合作
> - 一般环境变化，如战争、气候、技术及社会态度

重要的是，虽然目标可能发生变化，但至少目标的部分动态性是由组织自身所控制的。从理论上讲，每个组织至少有改变其目标的选择。例如，它可以希望重新考虑对附加值及可持续竞争优势等主要问题的态度。这些都是关于会影响对目标及目标动态性的判断的问题。例如，企业家可能会从像第 9 章所讲的联合利华公司这样的大型、稳定的跨国公司的高级经理那里得到有关目标方向的不同结论。

同样，人们有时会说，每个组织都会发展它的部分目标。管理作家 Tom Peters 说过："任何一个公司不可能是静态的，它要么壮大，要么萎缩。"⁴然而，值得注意的是，这样一般化并非是每个组织的情况：这涉及对于成长重要性的创新判断，而这种判断是无法共享的。因而，每个组织都应该对作为目标的一部分的成长概念有自己的认识，这里没有绝对的标准。

更一般地，每个组织都会对目标的定义进行判断，为其赋予价值和追求。没有公众持股的小型企业的目标有更大的柔性。像 eBay 公司这样具有公众持股的中型企业可能发现目标缩小了其动作的空间。

由于目标有很强的复杂性，本书的战略发展研究主要集中在增值和可持续竞争优势两个方面展开。最重要的原因是，如果目标不够明确，就很难研究其发展的动态性。然而，我们必须承认，这是一个简化了的假设，剔除了那些次要因素。

5.1.2 影响目标变化的因素是什么？是否是"历史战略观点"？

定义▶　组织的历史是决定组织未来发展的关键因素。未来的目标和战略来自于它过去的资源。**根据历史战略观**

点，目标和它的结果一定或多或少会受到组织现有的资源、它过去的历史和它的进程的影响。

回到 1959 年，当战略还没有被当成一门独立的学科时，年轻的著名经济学家 Edith Penrose 改变了传统的经济学思想。她认为公司内部的变化和公司外部的变化同等重要[5]。那时，经济学主要专注的是市场供求的问题。此外，在研究公司如何发展的问题上，Penrose 认为它与公司的资源、它的历史以及进程有关。因此，公司以前的历史是影响它未来发展的主要因素，其中包括目标在内。

1962 年，美国战略家 Alfred Chandler 对 20 世纪早期的 4 家美国大公司的发展发表了一项重要的研究报告[6]：它的论点和论调与 Penrose 的相近。两位作家阐明了公司的发展对理解其战略十分重要。为了使战略切实可行，需要从三个方面考虑组织的历史，这最初是由 Teece、Pisano 和 Shuen 著名的战略研究报告提出来的[7]。

1. 过程：组织是如何发展它的组织结构、公司关系和领导力的，特别是在技术、机构资产和市场资产方面；
2. 地位：组织是如何对自己与竞争者目前和未来的地位进行定位的；
3. 途径：过去的发展历史以及未来的规划，包括它的特殊资源、创新能力和知识等领域。

就像人一样，组织是它的历史、资源和经验的创造者。战略目标需要考虑这些因素来理解未来的发展。组织的目标和战略很大程度上依靠领导力、文化和组织的风格，特别是组织的高层。有的是经过设计产生的，有的是偶然产生的。同样，目标和战略也要考虑如何获取资源及市场地位[8]。例如，收购会让被收购的公司将其历史带入到新的家庭中，包括新资源、新知识和组织文化好的方面和坏的方面。

关键战略原则

- 组织目标能够并将会随时间的变化而变化，用以定义和发展的目标的收益组合将受到组织内外双重因素的影响。
- 重要的是，组织目标至少部分地受控于组织自身。
- 虽然目标特别复杂，但在战略中它主要集中于两个重要因素：附加值和可持续竞争优势。
- 组织以前的历史决定其未来的发展。未来目标和战略来自于它过去的资源。
- 在分析目标和战略发展过程中，有必要考虑组织历史的三个方面：组织如何定位自己和竞争者、过去发展的途径以及对未来的设计。

案例研究 5.2 欧莱雅的美容产品——利用财务数据研究行业的战略动态性

世界市场的领导者欧莱雅是如何与它的竞争者相抗衡的？该公司是如何构建其美容产品事业的？在化妆品和香水业务上，什么样的战略是成功的？

本案例提供了一些答案，重要的是，所有数据都能够从公开资源得到——公司年报、网络和在图书馆进行的调查。由于篇幅有限，本案例集中讨论了欧莱雅的一个分支，以及这个分支的一个部门。在进行更为详细的战略分析的时候应对该公司的每个分支都进行研究。

欧莱雅与它的两个竞争对手相比较

我们从把欧莱雅和它的两个主要的竞争对手相比较开始，也就是雅诗兰黛（Estee Lauder）和资生堂（Shiseido）——参见表5.1。这些数据会告诉我们什么？很明显，欧莱雅在过去的 10 年当中一直在赢利。而且，从战略动态的观点来看，它比其他两个竞争对手都要赚钱。通过比较每个公司的净利润率我们可以看得更清楚——参见表5.1。净利润率是通过把年净利润，也就是利润取出利税和利率之后除以该年度的总营业额来计算，这样就可以得出一个百分比。

欧莱雅的全球业务战略——包括它的匈牙利品牌——可以从公司网站上的财务数据进行深度分析。其竞争对手，如美国的雅诗兰黛和日本资生堂的数据也可以从互联网上找到。

表 5.1	世界美容产品行业的三家公司					单位：10 亿美元
	法国欧莱雅		美国雅诗兰黛		日本资生堂	
年	销售额	净利润	销售额	净利润	销售额	净利润
2003	16.8	2.0	5.8	0.3	5.2	0.2
2002	15.0	1.5	5.1	0.3	4.5	(0.2)
2001	12.1	1.1	4.7	0.2	4.7	0.4
2000	11.9	1.0	4.6	0.3	5.6	0.1
1999	10.8	0.7	4.3	0.3	5.1	0.1
1998	13.4	0.8	4.0	0.3	4.7	0.1
1997	11.5	0.7	3.6	0.2	4.8	0.2
1996	11.5	0.7	3.4	0.2	5.2	0.2
1995	10.9	0.6	3.1	0.2	6.2	0.1
1994	8.9	0.6	2.9	0.1	5.3	0.1

资料来源：年报和财务报表——注意三家公司的财政年末是不同的，因此按照年度来说它们不具有严格的可比性。另外，欧莱雅和资生堂的财务数据被转化成美元，这不可避免地会产生误差。但是研究战略需要从更广义的层面来研究，而不是具体的准确的细节，因此似乎这也不是什么重大的问题。

Websites: www.loreal-finance.co; www.elcompanies.co-financials note 17; www.shiseido.co.jp/investorinformation.

欧莱雅是如何设法在过去的多年中把它的净利润率提高到了其他竞争者无法达到的水平的呢？为了完整地回答这个问题我们需要仔细考察这三家公司。本案例中，我们主要集中考察欧莱雅。

欧莱雅的年报和会计报表的详细审查

通过仔细审视欧莱雅的公司会计报表我们可以得出该公司销售的地理分布——参见图 5.2。数据表明西欧的利润率是最高的。而且，西欧还是最大的销售地和公司整个业务最能赢利的地方。我们也可以分析一下另外两个公司的数据，因篇幅有限不在此列举了。这表明欧莱雅在西欧比其他两个竞争对手有更多的销售额，

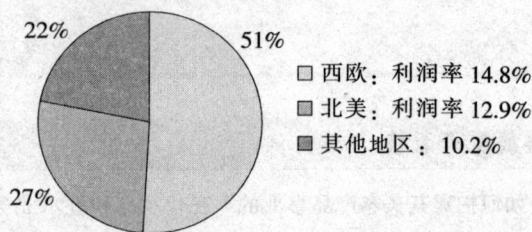

图 5.2 欧莱雅：2004 年销售和利润分布

22% 51% 27%

□ 西欧：利润率 14.8%
■ 北美：利润率 12.9%
■ 其他地区：10.2%

资料来源：公司 2004 财务报表，图表由作者编制。

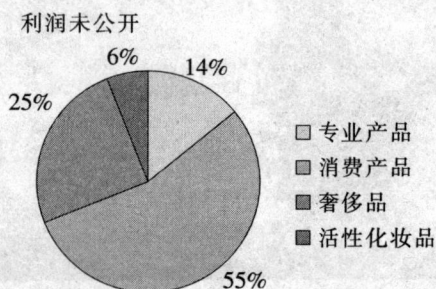

图 5.3 欧莱雅：2004 年按产品群区分的销售份额

利润未公开
6% 14% 25% 55%

□ 专业产品
□ 消费产品
■ 奢侈品
■ 活性化妆品

资料来源：公司财务报表，图表由作者编制。

这说明要么是西欧的市场能有更多的赢利，要么是欧莱雅在西欧的统治地位对于赢利特别重要。由于篇幅所限，本案例并没有继续探讨这一问题，但是，这一问题与化妆品市场的动态性及三家公司的全球性竞争相关。

考察一下哪种产品为公司带来最大的赢利也是十分有用的。我们从考察每种产品对欧莱雅整体销售的贡献开始——参见图 5.3 和表 5.2。

尽管该公司的财务报表显示了欧莱雅众多的产品，但并没有表明哪种产品是最能赢利的。但不管怎样，年报还是给出了每种产品更进一步的数据。考虑到我们的研究目的，我们主要考察最大的一个品类——消费产品。

2003 年欧莱雅的消费产品分化

该产品集团利用大众市场零售渠道进行销售。品牌包括巴黎欧莱雅、卡尼尔（Garnier Fructis）、SoftSheen Carson 和美宝莲。下面的两张表是从公司的年报和财务报表网络版本上截取的。这两张表格说明了在消费产品分支中按照地理区域和业务部门区分的销售额——参见表 5.3 和表 5.4。

读者可能会看到一些数字似乎不是很一致。比如，销售额在 2002 年和 2003 年间似乎在下滑，而网站上的表格却声称销售额

表 5.2	三家化妆品公司的净利润率：净收入除以年销售收入		
年	欧莱雅的净利润率	雅诗兰黛的净利润率	资生堂的净利润率
2003	11.9%	5.2%	3.8%
2002	10.0%	5.9%	–
2001	9.1%	4.2%	8.5%
2000	8.4%	6.5%	1.8%
1999	6.5%	6.8%	2.0%
1998	6.0%	7.5%	2.1%
1997	6.1%	5.5%	4.2%
1996	6.1%	5.9%	3.8%
1995	5.5%	6.4%	1.6%
1994	6.7%	3.5%	1.9%

表 5.3	欧莱雅：按地理区域分布的消费品分支的销售额

销售额按百万欧元计

	2002 年销售额	2003 年销售额	2003 年销售额的百分比	2003/2002 同比销售额增长(%)
西欧	3 837	3 991	53.2	5.3
北美	2 319	2 080	27.7	6.7
其他	1 445	1 434	19.1	16.4
总计	7 601	7 506	100.0	7.7

资料来源：公司财务报表。

表 5.4	欧莱雅：按业务细分的消费产品分支

销售额按百万欧元计

	2002 年销售额	2003 年销售额	2003 年销售额的百分比	2003/2002 同比销售额增长(%)
护发品	4 048	3 957	52.7	6.2
化妆品	2 100	1 983	26.4	5.9
护肤品	1 020	1 179	15.7	23.7
香水	151	128	1.7	−11.9
其他	282	259	3.5	−6.4
总计	7 601	7 506	100.0	7.7

资料来源：公司财务报表。

实际上同比上升了 7.7%。这里我们应相信财务数据——这些数据给出了 2002 年和 2003 年的实际销售数据。但是如果按照同比进行比较的话，这些数据会因为其他的因素而被调整——比如，也许某一产品不再生产，或者这一年某一分公司被卖掉，因此在财务报表上被剔除。

欧莱雅的消费产品分支对于 7.7% 的销售额增长表示满意，他们认为这是一个不错的增长。这一增长速度要比冰激凌业的市场增长高得多（比如——参看案例 9.3——那么这样的结论就并非不合理的）。该公司于是继续解释说它们如何通过以下的战略来获得了这样的增长：

- 每个国家的业务团队会把总部提供的产品组合进行调整——全球基础上的本土战略。"卡尼尔在美国销售洗发液的成功，和在亚洲销售护肤品和染发用品的成功就是很好的例子。"公司报告很好地说明了这一点。
- 集中于三个旗舰品牌——巴黎欧莱雅、纽约美宝莲以及卡尼尔——每一个品牌的目标顾客都是不同的细分消费者。该报告并没有实际提出公司的目标，但是自己观察商店内的产品就会找到这些信息。
- 发布总公司专利新产品然后在全球进行销售。
- 在"经济增长发动机"国家比如中国集中销售美宝莲化妆品，在俄罗斯销售护肤品卡尼尔来达到增长目标。
- 保持强有力的与当地伙伴的合作战略——该公司评价说"销售点"的展示对于销售能否成功是至关重要的，而这必须要通过与当地的合作伙伴和分销商才能够完成。
- 护肤品的销售额几乎增长了 24%。这是通过巴黎欧莱雅和卡尼尔品牌在全世界销售其专利产品而获得的。

公司宣称他们通过这样的战略成功超越了其他竞争对手。该公司在其他的产品领域也发出类似的信息。这些信息可以从欧莱雅的网站 www.l'oreal.com 上获得。

战略课题

1. 利用网络收集关于欧莱雅的数据并研究其采用的战略。

2. 与欧莱雅的竞争对手如雅诗兰黛、资生堂比，你会发现雅诗兰黛在英国的销售和资生堂在日本的销售更为强劲。你可以在 2003 年欧莱雅年报中找到关于北美市场的评论，这些会解释——至少在部分程度上——为什么雅诗兰黛的利润会更低一些。

3. 利用网络找出其他美容产品公司。你可能会了解到世界上第二大美容产品公司是美国的宝洁公司。该公司美容产品的年销售额超过 300 亿美元。它们通过前几年对 Wella 和 Clairol 的收购以及几年前购买的产品达到了这样的目标，这些产品包括玉兰油和潘婷。你可以在网络上找到宝洁公司的资料，但可能无法找到完整的资料——一些大的美国公司仅仅提供公司法所要求提供的关于它们的营业业绩的信息，有可能公司法并没有要求透露这些数据。另一个大型的化妆品公司是联合利华，它的品牌有多芬和夏士莲。我们将在案例 10.4 中分析联合利华。

4. 利用网站去寻找股票经纪人的报告来分析上述公司。这些报告能够提供公司财务报告中所没有的关于市场规模、发展和股票资料的数据。这样有助于进行财务分析，了解他们对公司的优势和劣势的评述。

5.2 解释性动态：组织中不断变化和不确定的环境

在战略中，影响战略的主要环境因素，包括一般性政策和事件像全球变暖、竞争者、顾客和供应商等，都在不断地变化，难以预测。外部事件之间是相互关联的，并对组织产生影响。虽然战略家像波特和 Rumelt 专注于竞争者的研究，组织的动态环境的影响的范围实际更为广泛，见第 3 章。例如，当欧莱雅在 2006 年收购了美体小铺的零售连锁店时，购买者需要考虑的是美体小铺反对用动物做实验的强烈的道德观。欧莱雅对这个问题完全支持，考虑的不仅仅是竞争。

虽然环境有诸多方面，但我们可以将其动态性地划分为以下四大类：

1. 行业竞争的性质和激烈程度。有几个基本因素影响动态性，如公司的数量及进入障碍。这些是首先要进行分析的内容。

2. 竞争者活动的动态性。尽管一般性的观点认为竞争者影响战略发展，但他们的活动从长远来看经常被看做是静态的。事实上，组织的战略和竞争者都在不断地变化。

3. 环境的可预见性。不论环境是在稳定发展还是衰退，它的动态性还是很容易预见的，如第 3 章所作的概述。但是，不是所有的环境都可以预测，因此需要进一步讨论。

4. 应对环境变化的资源惯性。即使环境的动态性是可以理解的，但这并不说明组织能够对这一理解采取行动。这两个领域之间的关系需要进行研究。

最后一个，即行业合作的程度，将在 5.7 节中进一步探讨。

5.2.1　行业竞争的性质和激烈程度

政府希望看到行业中存在一定程度的竞争。在认识到这一点后，以波特的 5 种力量分析模型为分析的出发点是有帮助的（见第 3 章）。这将为分析推动行业动态向前发展的任何重要因素提供一个基本的出发点。但是，有必要通过研究行业中公司的集中程度来进一步探讨这个问题。例如，在全球的化妆品业中，只有五个主要的化妆品竞争者，如欧莱雅等。但是，每一家公司都有很强的地域性——如在日本的资生堂。因此，集中性问题要从它在世界上所处的地区来研究，而不是从全球性为出发点。

在微观经济理论中，市场上公司的集中程度可以看做是处于两种极端情况之间的某个位置，每一种极端情况都会为公司带来战略性的影响：

1. 完全竞争；
2. 完全垄断。

在完全竞争的市场上，存在着无数购买者和销售者，而且任何一个公司都不可能影响市场的价格：此种类型的市场假定产品在各个方面都是一样的，而且公司接受由市场确定的价格水平。处于完全竞争市场上的公司把其产量定在利润最大化的水平。从战略的角度来看，这种公司要受到巨大的市场压力，因而可能是令人不愉快的。对于公司来说，更好的战略可能就是使其产品差异化，主导某个细分市场，从而影响该细分市场的价格——换句话说，就是获得持续竞争优势。

与完全竞争对立的另一种极端情况就是完全垄断。这种情况下不存在竞争，而且这种公司能够完全控制产品的价格；这为新进入者带来了进入壁垒，而且使得这种公司的利润和附加值最大化。但这种情况的确是以顾客的损失为代价的，然而从公司战略角度来看，可以认为公司对顾客不负有任何责任，并且为了追求利润和附加值最大化而不考虑顾客的利益得失，因此，战略就会包括在市场能够保证相应产量的情况下最大可能地提升价格。

实际上，许多公司所面临的市场环境既不是完全竞争，也不是完全垄断。例如，Boo.com 有许多的竞争对手，但是有一些对手是更为重要的。公司战略就需要根据行业结构的这种中间情况做出相应调整。实际上，那些存在规模经济的行业，企业较大可能对国家来说可能会更有效率，而对个别公司来说可能会更加有利可图——这就是供不应求的市场情况。因此，这种行业的公司战略可能就是如何获得并保持这种供不应求的市场情况。

行业结构和市场特征对公司战略有重要的影响。然而，公司采取的行动远远超出了微观经济理论所强调的定价活动——例如降低成本、产品差异化、与其他公司联盟以及合资创业。在 Boo.Com，定价显然很重要，但是吸引购买者的还有一系列其他的相关因素。

集中率通常用来衡量行业中附加价值或营业额集中在少数几个或某个大公司的程度。最大的 4、5 个或 8 个公司所控制的附加价值中营业额的百分比常常被定义为集中率，即分别是 C4、C5 或 C8 比率。典型的情况是英国制造业的平均 C5 比率大约为 55%，而美国的平均 C4 比率大约为 34%。在计算了这个比率之后，应当分析以下两个重要的战略领域：

1. 一个行业中公司的数量可能会影响到它们与供应商的讨价还价能力。如果只存在数量有限的公司，那么讨价还价能力将会提高；如果存在许多公司，那么讨价还价的能力会更低。化妆品行业有许多公司，但是领先的企业并不多。

2. 行业中公司的组合情况也将影响到公司的赢利能力。如果行业中只存在少数几个规模大致相仿的公司，那么它们之间可能需要默契从而使得利润增长。当公司的数量增加并出现一些巨型公司和一些较小的公司时，公司之间默契程度将会降低，利润也会因此而受到影响。在化妆品业中，有巨型公司，如欧莱雅和 P&G，也有一些小型的专门化公司，销售专有的香水品牌，如 Chanel No. 5。

3. 进入现有行业的障碍。经济学家划分了三种主要障碍 [10]：生产障碍或分销技术障碍、品牌或声誉障碍以及法律障碍。但战略家的观点认为还有其他同样重要的障碍，如知识障碍和商业联系网络。我们将在第 7 章和第 11 章进一步分析。在化妆品行业中，主要的进入障碍是品牌建设所需的巨大开支、产品创新的高额费用以及建立零售分销网的困难。

总之，公司战略通常会随着公司规模和市场竞争激烈程度的不同而发生变化。更小型的公司，如小型制鞋公司，采取的战略可能会与更大型的公司采取的战略完全不同，例如大型制鞋公司可以自己建立零售连锁店来出售其产品。那些高度竞争的市场可能需要采用与那些竞争激烈程度较低的市场完全不同的战略。这一点意义重大，因为它提出了公司战略将随行业的不同而发生改变 [11]。可能没有哪一个 "战略" 可以适用于所有行业。

5.2.2　竞争者活动的动态性

为绝大多数战略家所肯定的一个观点就是竞争优势是战略成功的基础。波特教授说道：

> 竞争战略就是在工业中寻找一种适当的竞争位置，竞争战略的目标在于建立一个针对工业竞争力的盈利的、可持续的决定性位置 [12]。

波特教授在这段论述中承认有两个困难存在：

1. 决定工业竞争的力量每时每刻都在变化；
2. 企业不仅要对这些因素作出反应，而且力图以一种自己认可的方式塑造一种环境 [13]。

换句话说，波特认为在竞争优势的动态性方面至少存在两方面的内容：

1. 竞争优势在工业运转中的自然属性；
2. 一个企业能够或愿意通过新的战略使竞争优势向自身方向转变的程度。

然而，根据 Gary Hamel 和 CK Prahalad 教授的研究，由于主要关注于目前的工业边界，这里漏掉了一个重要因素：

> 战略更多的是要在目前的行业框架内进行竞争的同时，为未来的行业结构进行竞争。在目前的行业框架下竞争带来了许多问题：新产品将加入哪些新的特征？我们怎么更好地获得渠道？我们以市场占有率还是效益最大化为目标进行价格决策？为未来行业结构进行竞争将出现许多更深层次的问题：谁的产品概念将最终胜出？联盟企业如何以及怎样决定每个成员的权利？最为尖锐的问题就是：我们如何提高我们的能力以影响即将出现的行业结构？ [14]

虽然 Hamel 和 Prahalad 正在把他们的观点重点应用于新的行业机遇，如卫星电视和互联网记录分配，同样的逻辑可以应用于现有的、成熟的市场。引用 Baden-Fuller 和 Stopford 有关成熟市场战略的理论："各种企业采用不同的手段进行真正的战役，特别是那些与过去理论相悖的手段" [15]。换句话说，竞争优势的动态性不仅通过现存企业间的战役，还要通过突破现存的竞争框架来予以评估。形成这样的动态性存在一定的困难，以至于还需要组织资源内部的管理。文本框 5.2 显示了一个三阶段进程，用它可以阐明动态性并识别其机遇 [16]。

文本框 5.2

> **竞争优势源动态性的研究**
>
> 三个可能的步骤是：
>
> 1. 为某一工业及相关领域找到一个有关未来方向的观点。例如，福特汽车公司采取了这样的观点，它认为，全球汽车工业的战将将包括分销商的控制、二手车、服务及汽车生产。这就是正在判断机遇的组织。
> 2. 管理服务于该观点的路径。这将包括先于竞争者之前建立起的诸如关键资源、新产品及其服务、相关的网络与联盟等相关领域。例如，英国零售商 Tesco 第一个在互联网上建立起销售服务之家，它需要网页及良好的用于传递服务的场所。这就是组织塑造战略。
> 3. 在选定的市场内为市场份额而竞争。包括服务水平、市场混合及通过运作战略降低成本。
>
> 　　关键点：最后一个阶段经常被描绘为可持续的竞争优势的传统战场。然而前面两个阶段可能包含最有用的动态性机遇。

5.2.3　环境的可预知性

　　从战略管理角度看，如果环境能够被预测的话，环境动态性可以被管理得更好。在这种环境下，可以预测环境发生的变化以及将要采取的战略。我们首先研究某些类型的预测来检验这样的问题。然后我们再研究明茨伯格关于这种预测活动是浪费时间的这一争论。

预测的目的

　　预测的目的就是更好地处理环境中出现的不确定性。虽然通常存在一些残留风险，但这种预测有助于降低风险并提高成功的可能性。换句话说，环境如果能够被预测的话，至少可以部分地控制环境的动态性。

　　根据一些战略家的观点[17]，处理战略预测的关键就是理解一些环境因素相对而言是可以预测的。例如，案例研究 9.3 和案例研究 9.4 中的冰激凌市场肯定是可以预测的。一些革命性的新技术可能使这些预测失去作用，但这种情形不太可能出现。案例研究 5.4 中的 DVD 格式战的结果不可能被轻易地预测，因为未来的市场方向充满了不确定因素。然而，虽然第二种情形更具开放性，但这里仍然存在一些能降低这种不确定性的技术，从而使得环境可以部分地被预测。

　　对我们来说，识别环境的三种类型及预测中可能使用的技术是有用的，如文本框 5.3 所示。本书在其他地方研究了主要的技术，这里不再重复。主要的一点就是，即使存在极大的不确定性，有关环境的预测在有限的范围内也是可能的。

预测谬论？

　　在这个结论中，我们将转向亨利·明茨伯格教授的评论，亨利·明茨伯格教授认为预测简直就是一件浪费时间的事[18]。他描述了传统的常规性战略计划如何对环境作出预测，然后在战略制定和实施战略时，希望世界能够按照这样的预测曲线发展。

　　明茨伯格引用了写过《公司战略》一书的早期公司战略研究先锋 Igor Ansoff 的话作为他认为预测特别荒谬的一个例子。"我们会指出企业能够在与计划边界上下浮动 20% 的范围内构建未来前景的时机。"明茨伯格评论道。

> 　　多么特别的声明！世界上的任何一个企业该怎样知道它能准确预测的时机？对于某种可重复的模式，如季节是可以预测的；而对于如技术革新或价格上涨等不连续问题的准确预测是不可能的。

　　明茨伯格认为，针对革新这样的环境预测是无意义的。他否定了市场未来前景的价值，认为它们实际上因不同的人及不同的方法而不同。

文本框 5.3

对不同水平的环境不确定性的处理

环境一	环境二	环境三
适当、可行的预测，除非出现突变	可能的结果很清晰，但难以确定精确的结果	在没有预兆的情形下出现多种可能

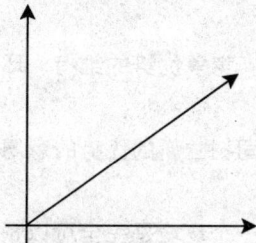

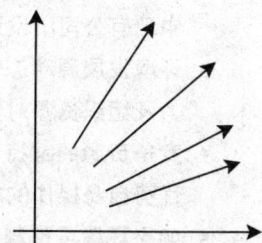

技术：市场及对竞争者的预测，见第 3 章和第 10 章

预测：具有上下单一方向的输出

举例：见案例研究 13.3 的雀巢食品市场

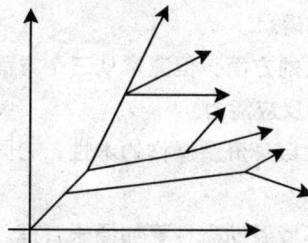

技术：市场预测、决策分析外加博弈论，见第 3 章和第 10 章

预测：围绕主要的可能概率的离散输出序列

举例：见案例研究 5.4 针对欧洲国防工业合并结果的预测

技术：市场展望、技术预测及前景规划，见第 3 章、第 10 章和第 11 章

预测：一些仅能提供一般认识的可能结果；也许仅为一些有限的数值

举例：来源于互联网记录工业的机会的结果，见本书末尾的案例部分。

评论

这些对于环境动态性的含义是什么？明茨伯格否定在极其不确定的领域精确预测的价值是正确的。有关未来 10 年时间内互联网记录工业的产业规模预测的 DCF 财务计算基本没有价值——参见本书最后部分的案例研究。然而，明茨伯格把他的观点进一步扩大，认为任何有关收益的前景、选择及一般预测都没有效用——如文本框 5.3 所示。实际上，对于那些较为稳定的环境，环境动态性是可以从预测中受益的。

5.2.4 应对环境变化的资源惯性

即使组织能够看到并理解环境的变化，它们也不能据此采取行动。组织中存在一个由于困难、成本以及这一变化所暗含的风险而引起的惯性，所以没有必要把环境动态性立刻转化为组织内部的行动，特别是在基于资源变化的情形下。经济学家 Richard Rumelt 教授提出这有五方面的原因 [19]：

1. 扭曲的感知。虽然组织中的个体能够清晰地看到环境，而组织作为一个整体则较难做到。原因有对短期确定性的依赖、对将来变化的担忧以及对目前习惯的选择性期望。
2. 迟钝的动机。即使组织理解环境，但它们也不会对未来的威胁有足够的感受，它们不能够对信息开展有效的行动。
3. 失败的创造性反应。即使组织明显地感受到威胁，它可能也不能发现一个创造性的路径来摆脱这种威胁。
4. 政治死锁。组织政治学可能使它不能开发出最好的战略以处理所感受的机遇或威胁。
5. 行动脱节。领导关系、组织路线及持股人收益可以使组织无法对环境变化作出反应。

我们在第 11 章已经对其中的一些领域进行了较为深入的研究，这里我们只要承认连接环境与组织资源的困难即可。

天键战略原则

- 在研究行业竞争强度时，有必要从研究市场的集中程度入手，它介于完全竞争到完全垄断两个极端之间。
- 集中率可以计算出来，即行业中的附加值或营业额的比率是由最大的几个公司控制。
- 有三个方面对战略有重大影响：行业中的公司总数、这些公司的数量和规模之间的关系，以及行业中现有公司所设置的进入障碍。
- 环境发展源动态性具有不同的方面，但通常从三个方面予以考虑：竞争优势的维持、环境的预测能力及组织资源对环境变化的反应能力。
- 竞争资源的维持依赖于工业自身资源操作的本性，它同时包括公司树立新的优势的意愿及未来竞争优势自身操作的本性。
- 如果环境可预测，就使得环境源动态性更加便于管理。虽然没有一个环境是完全可以预测的，但一些战略专家认为，预测的过程简直就是浪费时间。
- 虽然组织可能理解环境变化的实质，但也不能够采取相应的行动，主要存在五方面的原因，即扭曲的感知、迟钝的动机、失败的创造性反应、政治性死锁和行动脱节。

案例研究 5.3 为什么格式在战略中很重要？索尼与东芝之战

在过去的几年中，这两个日本电子巨头，索尼和东芝一直在为下一代的高清晰数码影像光碟（DVD）格式而战。为什么它很重要？为什么它不仅对这两家公司，而且对所有从事技术标准的公司来说都很重要？

为新 DVD 标准而战

"我们不会输的，一定会赢。这只是时间问题，笔记本电脑超薄 HD-DVD 将问世，价格会大幅下降。"日本电子产品巨头东芝首席执行官西田厚聪将公司新的数码影像光碟格式——HD-DVD 与其对手，日本另一个电子产品巨头索尼的产品 Bue-ray DVD 进行了比较。"在欧洲，有许多以 HD-DVD 冠名的产品，比索尼更容易买到。"

在过去的几年中，两家公司及其联盟一直在为开发 DVD 的新格式而战。新格式的 DVD 给顾客带来了三方面的好处：高质量的画面，特别是针对影片；每张碟更大的容量；更好的防止盗版（有人认为这其实对公司更有好处）。但是，DVD 的新格式要求顾客购买新的 DVD 播放机。对于顾客来说，问题是至少需要两项技术：东芝的 HD DVD 和索尼的 Blue-ray DVD。

当两种格式都存在的时候，顾客开始的时候不会购买新 DVD 播放机。这样会使采用新技术的步伐减慢。反过来，较低的市场销量意味着要取得规模经济会更加困难。规模经济是由高水平的生产、低成本和低价格产生。这也说明电影公司可能不得不用两种格式制作，从而增加了成本，或者它们只采用一种格式，降低销售量。

显然，在格式战中获胜会给直接参与的公司迅速地带来更多的利润，像索尼和东芝，以及行业内采用此技术的电影公司，像沃尔特迪斯尼和 20 世纪福克斯公司。但是高清晰的 DVD 之战并非是首次战略性的技术格式之战。

这是唯一的一次标准之战吗？

自从 QWERTY 键盘在 20 世纪初战胜了英文打字机键盘以来，在不同时期总会时常出现标准之战。最著名的当属 20 世纪 80 年代索尼和菲利浦与 JVC 在视频带录音机标准之战：索尼和菲利浦声称它们的 Betamax 的技术超越了对手 VHS 的技术。后者的格式

由日本公司 JVC 所有，并至少得到三家日本公司支持，包括 Matsushita（松下的品牌）、开拓者和东芝。两种格式不兼容，用于机电视录像机。几年后，VHS 格式取得了胜利。索尼和菲利浦放弃了 Betamax 格式并引入 VHS 格式机器。它们为 VHS 技术向 JVC 支付证书费。

那么其他例子呢？在 20 世纪 90 年代早期，索尼投放了 MiniDisc 与／数码光盘(DDC)进行竞争。DDC 是由 Matsushita 和菲利浦共同开发的微型盒式磁带。最后，索尼赢了，Matsushita 不得不在接受索尼的行业标准后大规模生产 MiniDiscs。后来，在 1999 年，索尼和菲利浦投放超级音频 CD，与对手 Matsushita 的 DVD 音频格式竞争。双方都未获得特别的成功，均未能取代通用的光碟机，这一技术一直保持到 2000 年，直到苹果的 iPod 问世。

现在，至少有两项未来标准之争在上演。第一项是关于电脑中的开放源码软件。对于大型商业企业和政府部门来说，商用软件对于它们运行的许多计算机系统来说十分重要。专业公司能够提供及维护他们自己专用的软件。"专用"在这里是指它由软件供应商所有，由它保留底层代码秘密，但是保证对公司软件的升级，微软和 Sun 就是这样运作的。相反，开放源码软件由许多公司的开发人员团队开发出来的，通过证书来分销，所以它的影响更大，而自更容易获得。

第二个例子是微软公司和它为获得新的视窗 Windows Office 软件，即 Open SML，的竞争。这一软件被国际标准组织（ISO）订为标准。2007 年 9 月 ISO 举行了特别会议，有多个国家进行了投票。这对于微软是有利的，因为许多大型公司和政府机构在签定大的软件合同时执行 ISO 标准。微软的申请受到了其他几家计算机公司，像 IBM 和 Sun 的反对，它们支持竞争标准 ODF（开放文件格式）。

公开的 XML/ODF 之战在编写此案例时仍在继续。例如，自由 ▶

索尼的 Blue Ray 格式在 DVD 战略之战中胜出。本案例解释了该公司如何战胜了与之竞争的东芝技术。

资讯基础基金会的非营利性基金首席执行官 Pieter Hintjens 正在开展反对微软申请的运动。他说："我们已经有关于系统性操作的投票过程的记录。我们发现意大利、葡萄牙和哥伦比亚有贿选。在瑞典和荷兰，类似的情况也有发生。微软付钱给他们的商业合作伙伴去参加投票。"对此，微软否认施加过不恰当的影响："我们的顾客希望要对此决定有所影响，而且我们也鼓励这件事。"微软的互通性和标准总经理 Tom Robertson 如是说。

公司如何赢得格式之战？

这样的活动带来了一个问题：格式受什么影响，如何获胜？有以下五种方法。

1. 开发一流的技术功效。HD-DVD 三层碟的容量为 45GB，而 Blue-ray 两层碟的容量为 200GB。
2. 建立行业支持。HD-DVD 设立了"DVD 论坛"，有 230 名会员，包括环球电影公司、华纳兄弟、微软和英特尔。Blue-ray 有"BD 协会"，有 100 名会员，包括沃尔迪斯尼和 20 世纪福克斯。
3. 廉价的制造成本。HD-DVD 可以利用工厂现有的 DVD 技术，同时也可生产目前的 DVD 碟片。而 Blue-ray 使用新的生产技术，与现有的工厂不匹配，因此成本更高。
4. 尽早让顾客接受。Blue-ray 有独特的优势，即它的技术通过新

的 P3 索尼游戏站推广，游戏站最后于 2006 年面市，里面含有少量的 Blue-ray 技术，见案例 4.4。

5. 组织备份的向后兼容性。HD-DVD 与现有的 DVD 技术有紧密的关系。Blue-ray 引入新的设计并且拥有新的生产场所。

格式之战在战略方面的重要性

这一切对于格式之战来说意味着什么？两家公司用了几年的时间和大约 20 亿美元的费用投入到高清晰 DVD 战役的视频格式之战。东芝的首席执行官在 2007 年 3 月评论说，"HD-DVD 的费用比 Blue-ray 的少些。在美国市场，HD-DVD 的价格是 499 美元，是 Blue-ray 价格的一半。"但是，索尼正准备降低 Blue-ray 播放机的价格至 599 美元，以保持它的领先地位。对于一种特殊的格式，定价对于大公司来说也是重要的。索尼公司有些重要的支持者，像迪斯尼和 20 世纪福克斯。但是东芝也在说服其他电影公司，像华纳，来支持它的格式。

在 2008 年初，华纳转移阵线，转而支持索尼格式。这一声明后的 48 个小时之内，东芝让步并称放弃 DVD 格式。索尼赢了。

从中期来看，这场战役使两家公司均因降价而受损。有一个问题要问的是为什么两家不能合作共享市场。事实上，索尼和东芝在 2005 年上半年曾有过认真的商业探讨，但是没能达成共同协议。每家公司都认为从长远来看，如果能获胜，则利益会更大。但是，如果失败了，失败的一方转向对方的格式的花费会更大。特别是，失败所带来的损失是很清晰的。东芝估计到 2008 年止，在开发、推广和补助方面的花费超过 10 亿美元。

结论：我们一定要"争战"吗？

最后，值得研究的是这种为了技术格式而进行的"争战"是否真的有必要。在编写本案例时，主要的移动电话制造商诺基亚、摩托罗拉、三星等，还有主要的移动服务商，沃达丰、Verizon Wirreless 和中国移动等就新的移动电话标准 4G 进行技术性探讨。这将使得电话可以全球使用，包括欧洲、北美、非洲和亚洲。目前，有竞争性的第二代、第三代移动技术使全球性通用变得困难。还有一些重大的技术和竞争问题需要解决，但是至少有些公司不再参与代价昂贵的格式之战。

案例问题

1. DVD 格式的两个竞争者的竞争优势是什么？
2. 利用 5.3 节关于创新流程的知识，分析两家公司的发展地位会是什么？在东芝技术变得更加成熟时，东芝能否会有新的版本？如果答案是肯定的，那么针对这一发展的战略会是什么？
3. 格式之战对战略动态性方面留下了什么教训？

5.3 解释性动态：快速变化的市场

快速变化的市场给战略家们带来了真正的机遇和挑战。DVD 行业的动态性仅仅显示了战略发展的广度，包括给中小企业带来机遇。快速变化市场的动态性主要通过创新的步伐及变化实现。

从本质上说，创新很难定义。因此，某些创新相对较小，而另外一些创新则能给整个行业带来变革。然而，这种全新的互联网技术改变了唱片分销方式，使这个市场更加开放，这种技术则既是创新也是变革。对于创新的动态性，有许多相关的领域需要研究，如图 5.4 所示。

图 5.4　快速变动市场战略的动态性研究思路

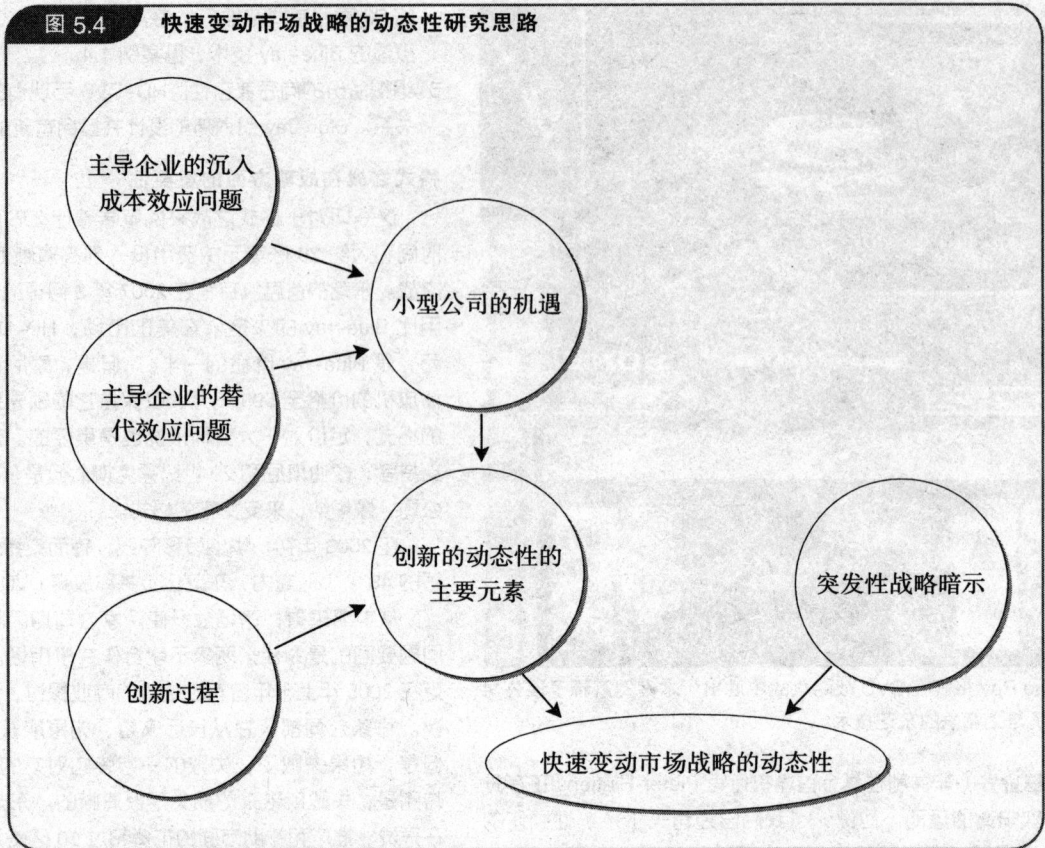

主导企业的沉入成本效应问题

主导企业的替代效应问题

小型公司的机遇

创新过程

创新的动态性的主要元素

突发性战略暗示

快速变动市场战略的动态性

5.3.1　快速变化的动态性：市场支配问题

对一个依赖技术快速变化的行业而言，这些行业的公司面临着两个问题，它们支配这个工业，同时也已经把其相应的资源投放到了特定的技术：

1. 沉没成本效应。那些把主要资源投放到特定技术的公司不希望变化。资源和组织能力都已经被用于特定技术的开发，对新技术则不太关注。这样资源所代表的成本就沉没到了技术方面。例如，五大唱片公司把巨大的投资投放到唱片零售店的销售网络建设上，但对互联网没有投资。在决定是否转向新技术时，应该忽略沉入成本，因为新技术的沉入成本已经发生。但毫无疑问，这些成本使像五大唱片公司这样的企业对创新产生了偏见[21]。

2. 替代效应。现有的大型公司对创新的热衷程度没有新兴公司那么高。原因就是新兴公司可以通过创新获得市场的支配权。而那些原有的大型公司通过这种途径不会进一步扩大份额。它们凭借某项技术获得的市场支配权会轻易地被另一项技术所取代，即所谓的替代效应[22]。

5.3.2　快速变化的动态性：小型企业的有利机遇

在快速变动市场中，那些没有占据市场主导地位的中小企业可以获得有利时机。它们的动作应该更快、更富有柔性，它们的文化应该更加的企业化并尽力地寻找市场的动态性所显现出的市场机会。例如，那些小型的、独立的唱片公司在过去的几年内发掘了多名艺术家，它们从这些艺术家的成长中获得了收益，这些也值得五大唱片公司借鉴。

创新既表现在过程中也表现在产品上。例如，唱片行业不仅仅包括艺术家和唱片，同时还包括互联网这种新的分销渠道。那些在现有过程中没有获益的小公司也可以通过互联网这一新的过程获益。

5.3.3　快速变化的动态性：过程的创新

很明显，重大创新为那些中小企业对行业的改变提供了重大机遇，并使其获得了新的巨大收益。麻省理

| 图 5.5 | 创新流程 |

```
┌─────────────────┐          ┌─────────────────┐
│   新的思考方法    │          │    现有资源       │
└────────┬────────┘          └────────┬────────┘
         │                            │
         └──────────┐      ┌──────────┘
                    ▼      ▼
          ┌─────────────────────┐
          │   以各种可能的设计    │        市场快速发展
          │     进行创新          │
          └──────────┬──────────┘
                     ▼
          ┌─────────────────────┐
          │    出现主导设计       │
          └──────────┬──────────┘
                     ▼
          ┌─────────────────────┐
          │  新公司加入，决定进行  │        市场开始成熟
          │  主导设计、降低成本等  │
          └──────────┬──────────┘
                     ┊
          经过长时间的活动，技
          术发生变化：新的创新
                     ┊
                     ▼
          ┌─────────────────────┐
          │  以各种可能的设计进行  │        市场快速发展
          │      创新            │
          └──────────┬──────────┘
                     ▼
          ┌─────────────────────┐
          │  出现主导设计，可能来  │        市场开始成熟
          │  自全新的中小企业      │
          └──────────┬──────────┘
                     ▼
              循环的自我重复
```

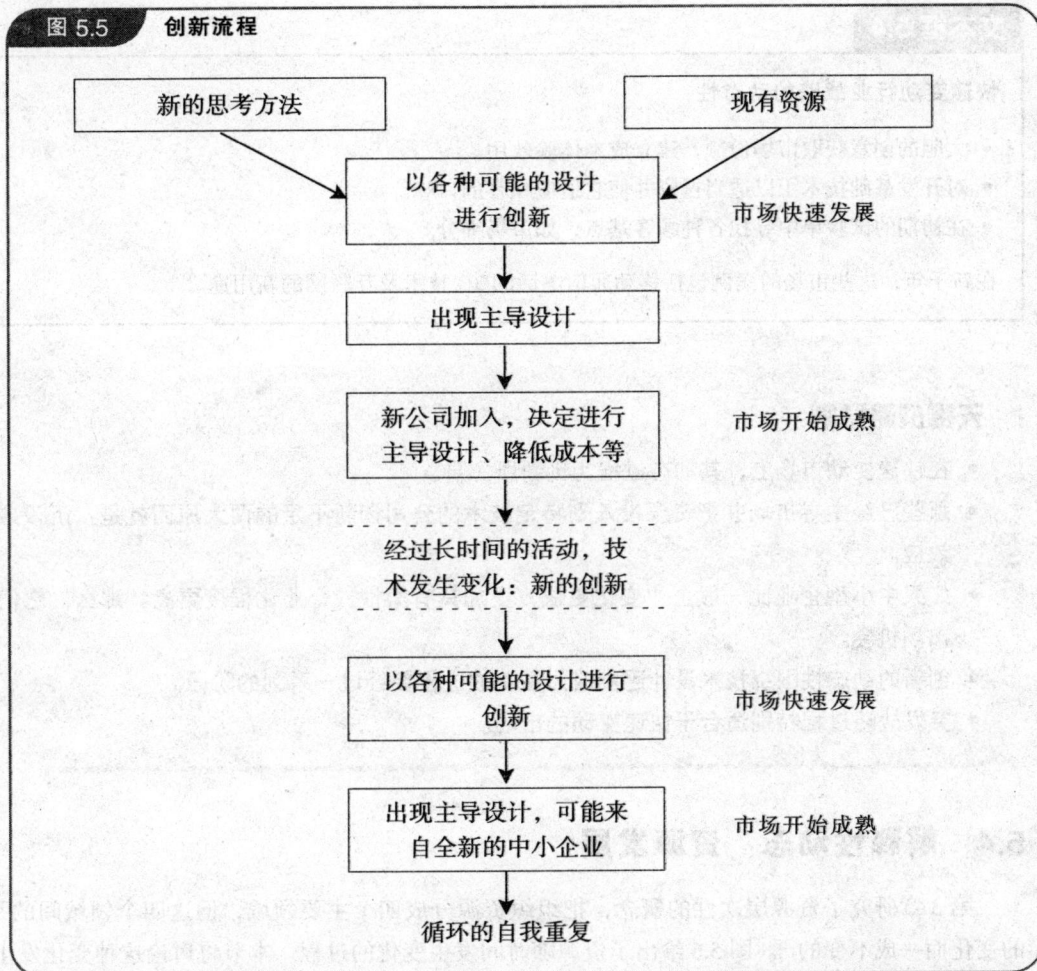

工学院的 James Utterback 教授研究了创新及创新的动态性。他特别研究了实质性的创新如何带来一系列的行业革命变化[23]。也有一些学者研究了创新对 IT 业机构变革的重要性，特别是那些新兴企业进入主流行业的途径[24]。

不同的实证研究表明，那些随时间变化给工业带来变革的元素是可以识别的，如图 5.5 所示。实际上，创新起源于组织的现有资源和从外部流入的新的想法。在早期阶段，它们没有主导技术和设计。这就具有让那些公司参与的好处，但同时也为设计成本的削减带来了困难。一旦一个主导设计出现，一些小公司就可能支配市场并开始削减成本。经过一段时间后，整个新技术就会出现，整个过程又重新开始。整个循环的意义就在为小企业带来了机遇。作为创新的结果，一些新兴公司将主导这个产业。典型的案例就是微软凭借视窗操作系统主导家用计算机，见案例研究 1.2。

5.3.4 快速变动市场的突发战略暗示

当一个市场处于全新的、快速成长的时候，很难判断它以后会如何发展。技术可能仍处于早期阶段，还没有形成行业的标准。公司仍处于经验曲线的低端（见第 13 章的 13.7.2 节），通过实施突发战略寻找自己的最佳出路。

由于市场的快速变化，主导市场份额已变得毫无意义。新的顾客正在进入市场，但需要进行引导。竞争者也正在经历销售的快速增长，为企业赢得足够的现金并推动企业进一步的研究。例如，本书第六部分的案例研究 12 中提到的一些小的唱片企业被五大唱片公司吞并，原因就是它们无法获得足够的现金，这就是为什么 U2 被并入环球、Oasis 被并入索尼的原因。文本框 5.4 对快速变动市场的战略动态性的战略性暗示进了总结。

文本框 5.4

快速变动行业战略的动态性

- 大胆的创意获取市场份额，建立成本体验效用。
- 对开发基础技术予以适当投资并使它适应顾客的口味。
- 在初期的试验单中寻找各种顾客基点，如市场细分。

在新千年，这些市场的案例包括移动通信电话的 3G 技术及互联网的新用途。

关键战略原则

- 在快速变动市场上，其动态过程为创新所主导。
- 那些已经主导市场并把资源投入到特定技术的公司创新不足的两大原因就是：沉没成本效应和替代效应。
- 如果中小型企业比一般企业变化更快，更加具有柔性，企业化程度更高，那么，它们将获得更多的市场机会。
- 创新的动态性围绕技术设计逐步成为主流的进程要经过一系列的阶段。
- 突发战略过程特别适合于快速变动的市场。

5.4 解释性动态：资源发展

第 3 章研究了资源层次性的概念，把组织资源分成四个主要领域，但这四个领域间的平衡并不是随时间的变化而一成不变的[25]。图 5.6 给出了资源随时间发生变化的过程。本节将讨论这种变化发生的原因。

当组织的目标改变时，资源也会发生变化。此外，资源还会受到外部环境变化的影响。例如，在索尼取得 DVD 格式的胜利后，它面临这样一个问题：为了向已选择东芝格式的公司发放技术证书而进行资源决策，索尼的制造能力不足以向全球供应这样的碟片。因此，竞争者的外部活动和 DVD 技术的未来发展也会影响竞争资源。

如果一个组织为提高附加值已经作出了常规的、合理的选择，可能就应该主要从如下三方面考虑其资源发展的动态性[26]：

1. 时间——资源构成随时间的变化而发展或破坏；
2. 先入优势——进入新的市场领域时的资源开发；
3. 模仿压力——相对于现有资源的资源变化。

图 5.6　资源如何进行动态变化

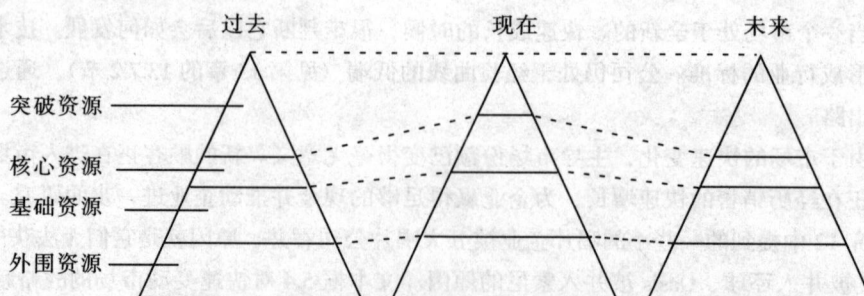

过去　　　现在　　　未来

突破资源
核心资源
基础资源
外围资源

资料来源：Chaharbaghi, K and Lynch, T. (1999) "Sustainable competitive advantage towards a dynamic resource-bsed strategy", anagement Decision, (37), pp45–50.

5.4.1 资源构成随时间的变化而发展或遭到破坏：四位主要经济学家的贡献

四位主要经济学家已经对资源的动态性进行了研究，他们各自从不同方面取得了相应的成就。

- Penrose：新资源增长的两个源泉；
- Nelson 和 Winter：公司日常路线的延迟效应；
- Schumpeter：资源随时间的变化而遭受破坏的机理。

在研究公司未来的增长时，Edith Penrose 教授的研究特别透彻，公司增长来自于公司目前所具备的资源，"当计划扩张时，企业要考虑两方面的资源：自己以前所获得的或固有的资源以及为了实施其生产与扩展计划从市场获得的资源。"[27] 很明显，这项声明暗示了资源最原始的动态性就是这两个方面。我们可以将这一观点扩展应用于任何组织，而不仅仅是企业。但同时也必须承认，组织也一定受到其固有资源的约束，这在本章的 5.1 节中已经论述过了。

Penrose 教授在 20 世纪 50 年代最初的写作中，只考虑了在公司成长过程中资源的动态性。二十几年后，Richard Nelson 和 Sidriey Winter 两位教授发展了一种进化经济学的观点。进化经济学研究企业怎样随时间而发生变化，可能而不是必须把增长看做企业的目标[28]。他们对企业发展路径进行了识别，并把企业发展路径看成是资源，把这种企业发展路径定义为企业内部活动的良好实践模式：例如，在本书结尾部分的全球汽车案例中描述的丰田生产系统以及第 10 章中联合利华公司针对冰激凌产品的欧洲品牌政策。企业的这些发展路径就是为企业提供一些独特的资源，从而也就提供了竞争优势。这种路径的概念对于资源的动态性来讲有三方面含义：

1. 许多路径只能通过学习获得，并且要花很长的时间来建立。这就意味着这些资源变化的较为缓慢，属于黏性资源。
2. 在一个组织中，就路径控制其活动的形式而言，它可能会限制企业开拓全新资源的创造能力。这种资源对企业的新发展来说属于一定的盲区。
3. 路径通常会采用人们默许的知识和非正式的网络，从而使外部难以模仿，但同时也使得这些路径难以在企业的内部进行复制。这些资源需要进一步投资，以使得它们能够得到学习而不至于消亡。

这种资源动态性观点的整个成果就是，资源构架随时间的变化而变化。它们受到企业历史的约束，如果要发展的话，就需要继续投资。可以这样认为，资源的开发可以永远以这种方式进行。而 Joseph Schumpeter 教授却认为，这种模式在较长时间范围内是不可能永远存在的。

Schumpeter 教授研究了资源发展的动态性[29]。特别是他识别了创新与企业家在较长时间范围内的运作方式。他说，市场中存在各种发展模式，在一段较平静的时期内，企业开发高级产品，削减生产成本，但随之而来的就是震荡或间歇时期。正是在后面的震荡时期内出现了新的技术、新的服务以及新的操作方式。他在 20 世纪 40 年代初的作品中写道，在第一次世界大战到第二次世界大战爆发的这段时间内，企业发展相对较为平静。他缺乏 1999—2000 年这段时间内 "dot.com" 发展与毁灭情形的知识，但这正是说明其理论的最新范例。他说，能够在这种动荡的年代发现市场机会的企业家将从随之而来的平静时期获益。索尼的高品质的新DVD 成功格式（见 4.3），意味着东芝的设计和发展将有可能会消失。Schumpeter 把这一过程叫做创造性破坏。

从资源动态性的角度来看，创造性破坏的意义在于所有的资源均具有自己的生命周期，它们不可能永远存在，总会被赋予创造性的新产品所超越。Schumpeter 同时还强调，比尔·盖茨及其微软的同事很可能在视窗式计算机操作系统中获取大批财富，但视窗式计算机操作系统最终将被一些新的事物所超越。随着时间的推移、创新及新的组织知识的出现，具有相对竞争优势的资源将不再具有竞争力。

如果 Schumpeter 的论点是正确的话，战略问题就是竞争性资源不可能永远不变的问题。战略的解决方案也就是在竞争之前开发新的资源，我们将在下一节验证这一结论。

评论

值得一提的是，微软花费了好几年的时间才看到网景网络浏览器作为提供计算机软件服务的替代方式的潜在威胁。微软毫不犹豫地对网络可能提供的机遇作出了强烈反应 [30]。从这一点出发 Schumpeter 有关创造性破坏的观点也同样适用于高技术市场。

然而，创造性破坏作为一种资源动态性并不太适用于与传统市场相关性较大的市场。例如，在诸如 Neshe's it Kat 公司或者是 Mars'Milky Way 巧克力公司这样的持续性全球产品市场，该理论就不太适用，而且到目前为止也没有与破坏性创造相关的迹象。对于某些产品类别而言，进化性资源可以进一步地促进市场持续发展而不具备破坏性。

5.4.2 先入优势：进入新的市场领域时的资源开发

在某些市场，某些在市场生命周期的早期阶段获得了竞争优势的企业发现，这种资源动态性的一系列运动在产品生命周期中将继续保持其竞争优势，即所谓的先入优势。例如，作为早期进入计算机操作系统的企业，通过与 IBM 这样的市场领袖企业的合作，微软公司能比其他企业更早地为其视窗系统建立起客户基础，见案例研究 1.2。同样，作为早期进入从事全球范围移动产品的生产企业，诺基亚公司已经把自己建设成为当时市场的领袖企业之一，并且在规模经济及产品设计方面也形成了可持续的竞争优势，见案例研究 9.1。

值得注意的是，并不要求早期新型市场进入者一定是第一个进入该市场的。那些最早进入的企业可能会犯一些错误，也许会使它们永远无法从落后的基础状态中翻身。对那些较早进入但不是第一个进入的企业，学习这些先进者的某些经验是有帮助的。

通过先入优势进入市场，起码可以获得如下 5 点资源优势。

1. 标杆技术形式的建立。创新可能使一些基础技术形成某些市场的标准，即使它们不是最有效的技术，但它们仍然可以提供优势。最著名的例子就是 QWERTY 打印机设计。该设计出现于 1899 年，而且在键盘中一直沿用至今。虽然这种字母的组合从技术的角度没有其他形式快，但它已成为主流设计 [31]。另一个例子是本章的 DVD 格式之战，见案例 5.3。

2. 建立供应网络。对一些产品，如计算机、计算机游戏及音像系统，它们要做的不仅仅是产品自身，还需要许多的合作者参与提供软件、新的游戏及新的录音设置。这些网络的建立需要花费时间，先进入者有一个稳固的供应商，在忠诚的用户方面具有一定的优势，因为它们的关系一旦建立就难以改变。例如，在 20 世纪 90 年代早期，世嘉和 Nintendo 视频游戏公司均对获取并保持它们游戏用户的坚实基础给予了高度重视。Nintendo 在 90 年代初引入 16 字节机器方面犯下了战略性错误，它们没有考虑对原先 8 字节机器用户的兼容 [32]。后来它于 2006 年东山再起，原因在案例研究 4.4 中讨论。

3. 先入优势降低了学习曲线。早期的生产经验使得企业比他们的竞争对手更早地学习，从而降低了其学习曲线，见第 8 章。

4. 买家犹豫时声誉的有用性。当产品被购买之前，新型产品不能够得到顾客的完全评价，于是公司的声誉就成了顾客的有效指南。例如，一种索尼出产的新型的数码相机可能比其他同类但品牌不够响亮的产品更使人信服。

5. 顾客更换产品的成本。当一款新产品上市时，如果该产品的成本较高，顾客可能不愿意对他们原有的产品进行更新。例如，更换零售银行账号过去是一项花费巨大的管理任务。而在电话银行业时代，竞争者通过新技术来降低这种成本，但这些对那些具有较好客户基础的银行而言仍存在资源优势。

因此，资源动态性受先入优势的制约。然而，作为先入者也存在一系列问题，绝大部分的公司将不得不在新技术方面投下赌注，在技术决策方面的失误将可能导致一系列的错误。例如，在案例研究 5.3 中，索尼认为 Beta 制大尺寸磁带录像系统（Betamax）技术将成为电视录像带机器的主流格式，但最终 JVC 获得了顾客的认可，而索尼不得不撤出它的系统 [33]。

此外，公司可能无法理解或支付其组织与管理备份，它对支持整个新技术的引入具有重要作用，通过它可以对系统进行全面的评价。例如，当第一次被引入时，EMI（英国）人体扫描仪从技术角度讲，在扫描人体方面是最为先进的仪器。但公司的资源主要在于录制音乐和电视出租，使它缺乏开发 EMI 市场的资源 [34]。EMI 不得不撤出市场，进而转售给在相关领域具有丰富资源的通用电气。

5.4.3 模仿压力：与现有资源有关的资源变化

对于现存的产品与服务而言，作为一个先入者是不能太奢侈的。资源动态性就是尽力阻止竞争者的模仿需求。获得并提高难以模仿的资源的动态性有如下 5 个方面。

1. 产品或服务的持续改善。阻止资源被模仿的最为广泛的方法就是产品的持续改进。例如，像生产 Ariel 等家用清洁剂的美国宝洁公司和生产 Walkers 以及 Frito—Lay 等快餐产品的百事公司这样的消费品公司，一直在采取为保持自己的产品永远领先于竞争对手而设计的活动。使这些企业保持竞争优势的不是任何一种资源的剧烈变化，而是它所表现出的真正的改进。其动态性是缓慢的、稳定的资源变化。

2. 给模仿设置合法的障碍。专利权、版权及商标权均能降低竞争者的模仿能力。例如，迪斯尼公司不仅具有像米老鼠这样迪斯尼角色的专有权，同时，也获得了像 Winnie the Pooh 等其他角色的权利。只要职员与顾客保持关联性，其资源动态性就是强大的、单一的。

3. 与顾客及供应商形成超级关系。有关顾客与供应商网络的设计我们在第 3 章、第 4 章、第 9 章、第 11 章已经进行了广泛研究。好的供应网络能够从供应商那里获得低成本、高质量。同理，强大的、忠诚的顾客网络能提高销售额，扩大利润空间。该资源动态性最可能被技术的变化及力量改变的均衡所打破。

4. 探究市场规模及规模经济。当利润全部或部分取决于产品销售的最低数量和规模经济时，模仿就变得难以进行。所以，像韩国大宇、马来西亚 Proton 这样的亚洲汽车公司很难转移到欧洲市场的原因就是需要提供足够的服务支持。所有这些方法均是围绕这个问题展开的，资源动态性趋于降低变化速度而不是完全终止变化。

5. 对模仿者设置无形障碍。在第 6 章和第 11 章中，我们研究了一系列的障碍，包括隐性知识，它们难以被代码化，更不用说被竞争者模仿了。又如创新能力，就很难定义，但对 3M 这样的公司而言确实是一种资源。因果含糊使得竞争者对公司怎样形成竞争优势难以理解。所有这些资源动态性能够给模仿者设置真正的、切实可行的障碍。

5.4.4 结论——描述性资源动态性的两个例子

研究资源动态性的目的就是识别能够给企业带来持续竞争优势、不断提供附加值的领域，以上的一些领域为这个任务提供了重要指导。然而，其弱点在于，它们仅给出了可能的领域，而不是提供具体的明确的战略结论，同时它们也与组织所处的变化环境以及为此类关系的复杂性而设立的模型有关。

目前，我们不能完全理解资源的动态性：2003 年的《战略管理期刊》对这一特殊问题有详细的阐述[35]。但是，最近对两个例子的研究也会有所帮助：

- 例 1：动态资源管理模型
- 例 2：能力动态化的双过程模型

例 1：动态资源管理模型

图 5.7 是资源动态性的一个模型，用来解决这些问题。这一模型由 Sirmon、Hitt 和 Ireland[36] 创立，开始是用来建立组织现有资源的结构。按照作者的观点，也就是去获取、积累和出让组织现有的资源。下一步是捆绑资源以营造能力。这一过程有三个组成部分：通过增加变化稳固现有资源、让资源实现突破从而提高其能力，以及作为新资源的引领者。第三个过程是将能力进行平衡后为顾客创造价值，为所有者创造财富。这一步骤有三个部分：运用资源去利用市场机会；进行协作将分散的资源进行整合；调动实际的资源去支持选定的平衡战略。

此外，除了三个主要的领域——架构、捆绑和平衡外，还需要认识到组织环境的不确定性以及动态过程中反应机制的重要性。

图 5.7 价值创造的动态资源管理模型

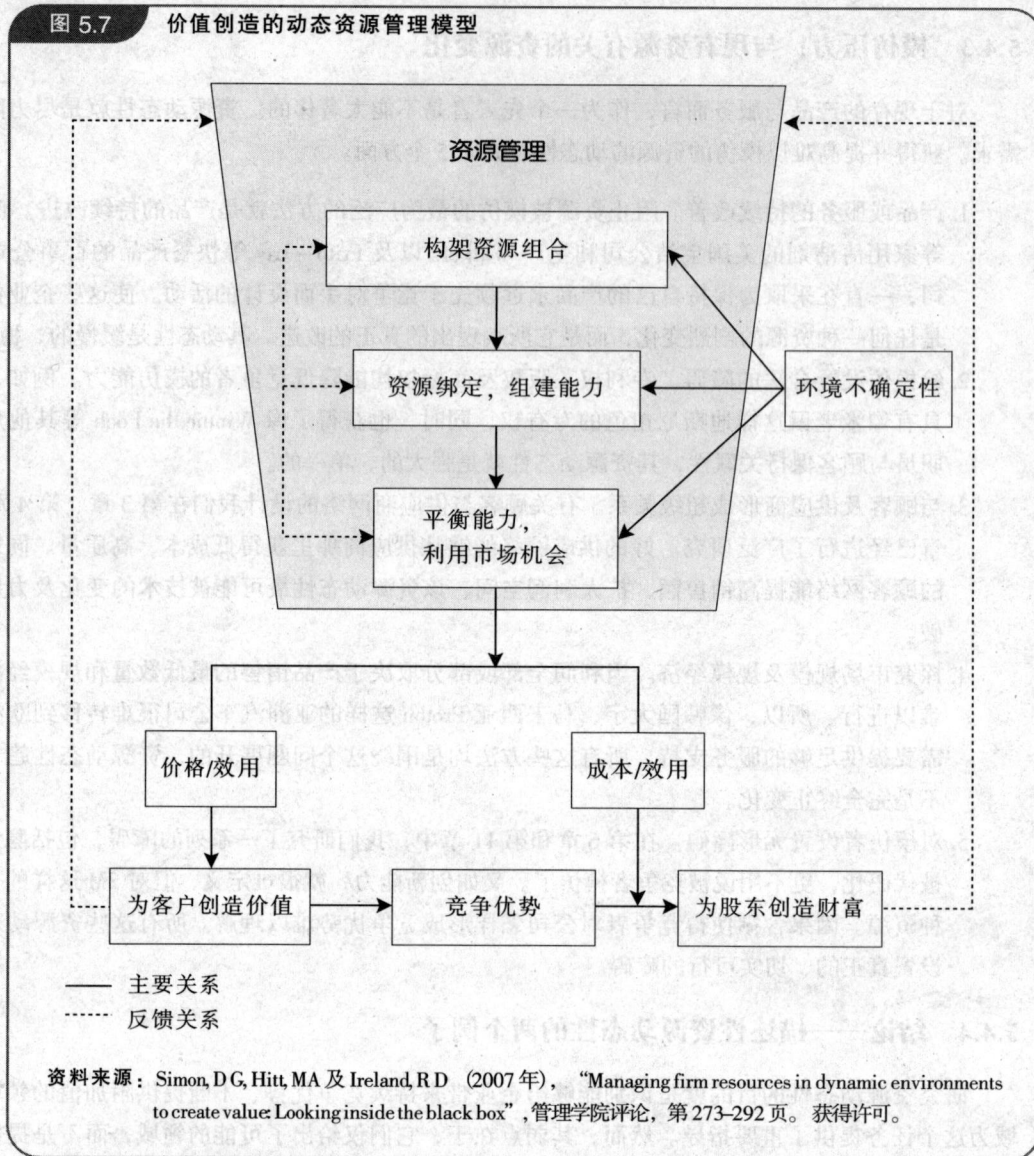

资料来源：Simon, D G, Hitt, M A 及 Ireland, R D（2007 年），"Managing firm resources in dynamic environments to create value: Looking inside the black box"，管理学院评论，第 273–292 页。获得许可。

评论

读者可以对这类模型的价值得出自己的结论。但是，有必要参考本节前面的评论：这些模型的弱点是它们更适合去识别资源发展的动态性，而不是用它们去识别资源问题。

例2：能力动态化的双过程模型

这一模型由 Schreyogg 和 Kleisch-Eberl 创立 [37]。这个有趣的方法从研究资源动态性的基本矛盾开始。如果竞争优势能够持续，那么，从定义上讲，它就很难改变。但是，正如 DVD 格式战案例所说明的，资源能力会因重大改变而受影响，特别是技术的发展。换句话说，资源的动态性，根据定义，会很难甚至不可能保持竞争优势。根据作者的观点，"动态性 [38] 有可能会破坏组织最初思路以及营造能力的力量。最终，从资源为基础的观点来看，组织能力会失去其拥有的战略性威力。"作者们提出了一个新的模型来解决这个问题：资源变化的双过程模型。

1. 发展持续的竞争优势，本书中另有阐述。
2. 在竞争优势已完全建立后，增加另一项独立的功能进行深化。这个新功能就是"能力监测"，目的是在必要时进行重新评估，根据环境的动态性调整资源优势。

评论

为了对作者公平起见，他们的论文以"建立双过程模型……"为标题。这说明了他们并没认为他们论文代表了一个彻底的解决方案。建议读者去阅读作者的原作。原作并不难懂，有助于读者的进一步理解，并让读者得出自己的结论。

关键战略原则

- 就动态性而言，组织的资源随时间的变化而发展或遭受破坏。这里有三个主要领域，即时间、先入优势及模仿压力。
- 在研究时间领域时，要考虑三方面的内容：新资源增长的两种源泉、公司路径的延时效用及破坏资源的机理。
- 在先入优势方面要考虑五方面的内容：标杆技术形式的建立、建立供应网络、先进入降低了学习曲线、买家犹豫不定时的声誉有用性和顾客更换产品的成本。
- 模仿现存产品与服务的压力来源可以在五个方面予以反击，即产品或服务的持续改善、给模仿设置合法的障碍、与顾客及供应商形成超级关系、探究市场规模及规模经济和对模仿者设置无形障碍。

案例研究 5.4   GEC Marconi 如何利用博弈理论获得 30 亿美元的超额利润

经过一系列的谈判，英国的 GEC Marconi 公司于 1998 年以 120 亿美元的价格卖掉了其军工部门，这个价格比几个月前高出了 30 亿美元。本案例将分析它是如何利用战略博弈理论促成了这桩交易。

背景——全球军工行业的合并

20 世纪 90 年代初期，随着冷战的结束，很多国家都热衷减少国防开支。而且，研制新国际武器的成本在持续增长。销售量下降与成本增强迫使世界上主要的军工公司进行合并，以分担开发和生产费用。最早的合并活动是从美国开始的，并于 20 世纪 90 年代中期在美国形成了三大军工公司：洛克希德·马丁，波音和雷声。1997 年，美国最主要的军工公司与政府的订单情况如表 5.5 所示。需要注意的是，大多数公司除了军工产品订单以外还有民品（非军用）订单，这些没有在表中反映出来。

欧洲的军工行业：政治背景

尽管一些欧洲的军工公司在美国也有市场，但它们的主要市场还是在欧洲和南美以外的地区。所有的军工公司都需要在本国

以外的国家开拓市场，因为国内的收入不足以弥补高昂的研发成本。由于军工行业的主要消费者是政府，欧洲的军工公司往往需要将满足政府需要与开发新的武器装备结合起来。例如，英国、德国、意大利和西班牙的政府就参与了新型欧洲战斗机的研制。在法国，它们的古老传统是政府与军工产品的生产和销售之间保持独立，而瑞典政府则不参与军工投资的银行团。

20 世纪 90 年代后期，欧洲的主要三国即德国、法国和英国积极寻求军工行业的合并。主要原因有以下三个：

1. 美国新的大型军工行业的合并意味着美国的军工公司走到了欧洲公司的前面，因为合并后的公司有了节约成本的可能，并使军工行业合理化发展。

表 5.5   1997 年美国军工合同

（与美国国防部的合同，十亿美元）

公司名	合同价值
洛克希德·马丁	12.4
波音	10.9
雷声	6.5
Northrop Grumman	4.1
GEC	2.2
通用动力（General Dynamics）	2.1
联合科技（United Technologies）	1.9
Litton 工业	1.8
科学应用（Science Applications）	1.1
ITT	0.9

资料来源：Government Executive Magazine.

现代国防军备成本数量相当巨大，比如说英国海军军备生产成本。所以只有那些最大的军备生产商们才有能力获得足够的资源来竞争获得国防军备合同。

2. 欧洲政府以政策的形式规定，要确保欧洲的国防装备都是欧洲的制造商生产的。否则它们就必须依赖美国，这样做显然是不可靠的。因此，保证欧洲的军工产品能够持续生产是至关重要的。

3. 欧洲的军工生产仍然雇用了大量的工人——整个欧洲大约有100万人，保护这些工作机会也是非常重要的。

然而，我们还要注意到存在一些跨大西洋的合作。例如，GEC于1998年以14亿美元的价格收购了美国的军工公司Tracor，从而成为美国政府的第五大军工产品供应商。同样地，美国的主要军工公司都在欧洲设有生产基地，尽管这些公司仅仅生产民用产品而不是军工产品。

1997年，德国、法国和英国开始对国家的军工公司施加压力，促使它们合并。但由于法国政府并不拥有自己的军工公司，因此，政府指导意见的作用非常有限。

欧洲的军工行业：军工公司的观点

很自然地，军工公司对于合并也有自己的看法。在它们看来，问题不在于是否应该进行合并，而在于如何进行合并。1997—1998年，各大主要的军工公司之间进行了一系列的讨论和谈判。事实上任何公司之间的合并都是可能的，但有些公司已经拥有了其他公司的部分股份，或者一些公司之间的技术联系非常紧密。它们之间的这种关系显然有利于合并，当然这也并不是决定性的。在表5.6中我们列出欧洲的几大主要军工公司。提到欧洲军工公司的合并就不得不提这三个公司：英国航空、Dasa和Aerospstiale。

表 5.6	欧洲军工部门合同
公司名	**国家**
英国航空	英国
GEC Marconi	英国
Dasa	德国
Aerospatiale	法国
Dassault	法国
Thomson—CSF	法国
Matra（Lagardere 的子公司）	法国
Casa	西班牙
Alenia	意大利
Agusta	意大利
Saab	瑞典

英国航空、Dasa 和 Aerospstiale：欧洲军工行业合并的核心？

这三家公司已经与欧洲的空中客车公司存在合作关系——参见案例研究14.3，它们已经适应了相互之间的协同发展。从表5.7中可以看出，在航空方面三家公司几乎拥有同样的销售额和员工。但是它们各自的组织结构有很大的不同，从而使得合并非常困难。英国航空公司在很多年前就已经私有化，它的股份已经广泛地被人们所持有。Dasa公司仍然是戴姆勒—克莱斯勒汽车公司（德国和美国）的附属子公司，它甚至根本就没有单独的股票价格。Aerospatiale公司主要由法国政府所拥有，但它也正在准备进行私有化，因此，它可以成为欧洲大型军工公司的一部分。但是这种所有权的变更所造成的影响使得谈判复杂化，进而使整个进程变慢。

不管怎样，英国航空已经于1998年就同Dasa公司进入了细节讨论的阶段。这两家公司的合并是众望所归，而且已经在很多方面达成一致，包括合并后的股权划分：英国航空占60%，Dasa占40%。到1998年12月，关键的问题在于，股权的划分部分方案实际上将有效的控制权交给了Dasa公司：英国航空公司内部股份分散，因此，Dasa实际上就是最大的股东。

然而，有意利用这种悬而未决的问题正是GEC Marconi公司战略的一部分——该公司有自己的目标。

GEC Marconi 公司：英国

当George Simpson在1996年出任GEC集团的首席执行官的时候，他就决定为一些产品在全球更加广泛的市场上寻求更多的份额。在那个时候，公司所经营的产品非常广泛，其中一些是赢利的，但总体上并不尽如人意。例如，当时公司还生产石油自动赎买机、电脑打印机以及发电设备。同时，公司还拥有最大的军工电子设备公司GEC Marconi。Simpson与他的同事们认为，公司需要将力量集中于某些领域，于是就决定处理一些子公司的股份而将资源都集中到其他的业务上，例如通信设备的生产。

在这一系列的行业活动中，集团决定集中发展GEC Marconi。1998年，作为战略的一部分，GEC集团以14亿美元的价格收购了美国的军工企业Tracor公司。这一举动使得GEC成了美国政府最大的军品供应商之一（参见表5.5），而且更加激起了公司进一步扩展的野心。于是，它开始同法国的军工电子公司Thomson—CSF谈判，但是最终的合并受到了法国政府的阻止。除了在全球范围内寻求市场外，公司还作出了一个重要的战略决策：要么继续膨胀，要么以一个好的价格卖掉公司。到1998年中期，它又开始与Thomson—CSF公司进行谈判，而且与英国航空公司、Northrop Grumman（美国）公司以及洛克希德（美国）公司的谈

表 5.7	欧洲合并中的三个主要公司	
Dasa：德国	**Aerospatiale：法国**	**英国航空：英国**
所有权：100% 母公司戴姆勒—克莱斯勒	所有权：法国政府48%、Lagardere 30%，其余为私有股份	所有权：私有，伦敦股票市场上市，三家公司中利润最好的
1997年销售额：77亿美元	1997销售额：116亿美元	1997年销售额：128亿美元
员工数量：43 500	员工数量：56 000	员工数量：43 000
是空中汽车、Eurofighter 的合作伙伴。同时也生产其他的军用和民用飞机、航空系统、卫星和电子系统	空中汽车的合作伙伴，但不参加泛欧洲防御体系。也生产卫星、导弹、太空系统等。拥有 Dassault 46% 的股份，该公司生产 Mirage 和 Rafaele 战斗机。	空中客车和 Eurofighter 的合作伙伴。也生产其他军用和民用飞机、导弹、电子系统、军需品；占有瑞典萨伯36%的股票。与意大利的 Alenia 也有关联。

判同时进行。

至少可以说 GEC 正在与这些公司进行磋商，这为它的讨价还价提供了一个筹码。GEC 这么做的真正目的是使得英国航空和 Thomson—CSF 都急于与之达成一致。实际上，到 1998 年末，GEC 集团正在利用博弈理论实施一项名为 "Project Superbowl" 的特殊的战略计划，其目的是出售 GEC Marconi。当时，该子公司的市价在 90 亿美元左右，因此，所有的谈判都是以这个价格为底价。

通过 GEC Marconi、英国航空和 Dasa 的三方谈判，GEC 清楚地看到英国航空和 Dasa 打算做这笔交易。GEC Marconi 集团意识到它谈判地位将大大地削弱，因为 GEC 的分量将会变得很微弱。因此，George Simpson 决定趁着尚有谈判优势的时候，将 GEC Marconi 卖给出价高的公司。于是它在《金融时报》上刊登了这样一则消息：

BAE 给 Marconi 下了最后通牒：GEC 必须在一周之内结束竞标，因为有其他公司正对军工电子感兴趣。

在经过进一步的商讨后，GEC Marconi 被以 120 亿美元的价格出售给了英国航空。

英国航空：也是游戏的一个玩家

GEC 集团所不知道的是，英国航空在合并谈判的过程中也利用了战略动态和博弈理论。英国航空认为，如果它与 GEC Marconi 合并，那么在接下来的任何进一步的整合当中将会处于优势地位。而且，英国航空希望随后进行的整合的范围得到进一步限制。所以，它愿意以比 GEC Marconi 原价值高出 30 亿美元的价格收购 GEC Marconi。

结果——博弈理论也并非总能预测一切

在谈判达成一致后，欧洲的政府并非都很高兴，因为这纯粹是英国人的游戏。但是英国航空认为问题很快就能解决，因为通过收购，它在市场上的地位得到了加强，尽管付出的价格多了额外的 30 亿美元。

将军工公司出售后，GEC 集团重新命名为 Marconi。2001—2002 年，GEC 继续它收购电信设备公司的活动，而那时正好是电信设备进入急剧衰退之前。到 2002 年中期，GEC 在花完了那额外的 30 亿美元后陷入了深深的危机——包括总裁 George Simpson 和他的高级同事都被迫辞职。

而结果对英国航空是有利的。它利用其英国国防的地位以及英美之间的关系，开始收购美国的军工企业。截至 2007 年，该公司成为美国最大的军工承包商。

英国航空的战略是集中于国际军工工业及机会。但当它在 20 世纪 90 年代初因与沙特阿拉伯政府的战斗机合同因可能牵涉腐败行为而受到调查，从而受到了打击。但是，英国政府十分注重政治后果，所以当看到它与国家利益无关时，决定不再调查下去。英国航空一直强调它在这些合同中并未有任何腐败行为。但是，从竞争动态的观点来看，英国航空的竞争对手会在这个问题上继续给它以压力。在编写此案例的时候，据报美国政府将继续调查这宗交易。

案例问题

1. 利用战略的动态性进行战略竞争有哪些优势和不足？
2. 在谈判中博弈理论运用到什么程度？还运用了战略动态性的其他什么方面？
3. 有关战略动态性在战略制定中的应用，通过这个案例我们可以得到什么样的经验和教训？

5.5 预见性动态：制定动态业务框架

在第 4 章关于资源战略的内容中，可持续竞争优势被看做是战略管理的重要因素。显然，竞争优势是不可能永远保持静态的：竞争者、技术、经理人、顾客和其他许多因素都会随着时间而变化。有些战略家[40]，特别是那些研究先进技术行业的战略家认为静态竞争优势的观点会错失重要的战略机会。他们建议把竞争优势看成是不停变化的事物，战略在管理这一过程中可以更加主动。

重要的是，从战略动态性的观点来看，组织应该努力去管理和构成环境的动态性。换句话说，战略是一个动态的概念，不断为组织提供新的机会和威胁。

5.5.1 动态过程——结构化还是动态化

根据一些战略家的观点，对于公司来说，重要的问题是长期维系持续竞争优势，同时又保持不断地发展、变化。这种公司最初要识别出一些结构化、支持性以及明确的持续竞争优势。例如英特尔公司维系其 "奔腾" 品牌名称，并把新开发的计算机芯片投放市场，像 2006 年的奔腾双核。然而，公司开展了其他一些无序的、与现有优势无关的活动。例如，英特尔公司在实验室里实验某种新技术或计算机软件。但是，这些技术或软件与公司当前的竞争优势并无密切关联，而且可能会使公司走向灭亡，因此，战略过程既是结构化的，例如打品牌广告；同时也是动态的，例如开发一项全新的技术。

5.5.2 动态业务发展——一些指导方针，而不是规则

很明显，这种动态的战略过程可能潜藏着巨大的利益，同时也可能是难于管理的。因此，战略家认为应该遵循一些指导方针来获取这种方法能带来的真正利益。Brown 和 Eisenhardt 指出：

处于竞争激烈、不断变化而又无法预测的行业中的成功公司常常使用边缘战略进行竞争，这种战略的目标一般不是追求效率最大化。它的目标是相当富有弹性的，也就是说不断适应当前环境的发展变化，积极应对挫折，并寻找不断地变化的优势源。最终这也就意味着不断进行变革 [41]。

在实践中，这些组织寻求在结构化与混沌无序之间保持平衡。组织常常使用严格的财务控制系统，但是管理者有充足的时间来形成自己的想法。因此，这个过程可能会无效且失败。我们应该保持积极的态度，即在进行新的尝试时要接受尝试过程不可避免地会出现失败现象的心理。这个过程可能会受到组织目标的驱动，而组织目标可能来自于新产品的销售百分比——第 1 章的谷歌案例和第 8 章的 3M 案例更详细地研究了此内容。

这个过程的指导思想基本上是，组织的竞争优势是动态的而不是静态的。很明显，是一种突发性而不是常规性的战略发展方法。这怎么可能呢？

5.5.3 构建动态业务——一种可能的框架

根据现在对战略所掌握的知识，我们还没有一个清晰的概念如何去构建具有动态性战略的业务。根据 David Teece 教授的观点，目标是很清晰的："开发一项能够持续发展且适合组织创新的业务 [42]。"当然，不可能有一个模型来说明具体如何进行运作，在图 5.8 的框架中，列出了当前的一些主要思想。

定义▶ 在动态的三步骤方法中，有一个 3S 框架 [43]：

1. 感知 (Sensing) 环境的变化；
2. 抓住 (Seizing) 当前变化中的机会；
3. 研究 (Sruveying) 这些变化的结果，不仅是为了思考，而是要为未来进行规划。

感知：从广度和深度中寻找机会十分重要。显然，这些机会是从组织内部和外部的技术和知识的发展过程中得来的。但是，新的机会也可能来自供应商、互补企业、顾客和竞争者。对组织来说，不断寻求这些变

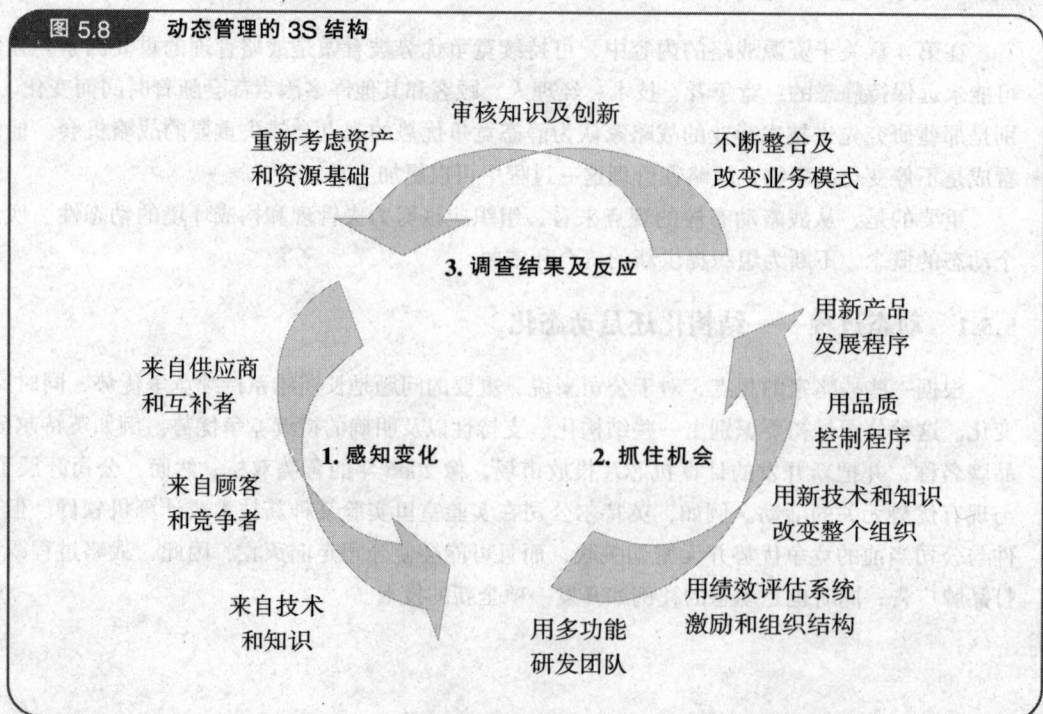

图 5.8　动态管理的 3S 结构

重新考虑资产和资源基础　　审核知识及创新　　不断整合及改变业务模式

3. 调查结果及反应

来自供应商和互补者

用新产品发展程序

用品质控制程序

1. 感知变化　　**2. 抓住机会**

来自顾客和竞争者

用新技术和知识改变整个组织

来自技术和知识

用绩效评估系统激励和组织结构

用多功能研发团队

化十分重要。

　　抓住：对于所有的新的机会，组织都需要用持续的观点，对它们进行评估、发展和架构。对于这项工作有不同的方法。一种方法是集中进行研发，特别是那些多功能的团队，他们能够带来不同的新观点。事实上，全面质量管理过程和绩效管理系统对于开发新领域是有所帮助的。此外，通过市场营销和网络对新知识的广为传播和发展新产品也能够提供更多机会。也许发展的重要方面就是愿意去尝试，也就是说能够接受失败的可能性和相关的成本："无责"文化在这里十分关键，这样才能确保那些失败的人不会受到打击，能够在将来继续尝试。

　　研究：特别是对高层管理人员来说，这一过程最重要的环节就是研究已经发生的情况并得出相关的经验教训，包括对所拥有的知识及相关的创新领域进行评估。需要对组织的资产重新审视，如第4章开头部分所说的对什么由组织自己制造、什么从外部购进进行决策。这项研究本质上是要去考虑可以为业务增加什么价值（见第4章价值增值和价值链），以及业务的未来发展将会如何。

5.5.4　对这种思想的批判性评价

　　这种方法有一些明显的缺陷：

- 这种方法可能会适用于高科技行业，但是对其他行业就很难适用或者根本不相关——见案例研究10.1，联合利华的竞争优势确实存在，但并不依赖其技术优势。联合利华的技术，其竞争对手也可以获得，只是它们可能无法形成并获得规模效应弥补其投资。
- 分清有灵感的想法与混沌状态是非常困难的——见案例研究5.1，该公司的发展方向令人质疑。
- 其他一些重要的竞争优势，如品牌，可能会在追求技术利益的时候受到损害。这意味着这些优势可能由于没有得到组织的重视和支持而丢失。

关键战略原则

- 一些战略家的观点认为，应该把竞争优势看做是不断变化、发展的，而且公司应该采取行动来推动竞争优势向前发展，尤其是在高科技行业中。从某种意义上讲，竞争优势是动态的而不是静态的。
- 竞争优势的发展过程既以现有的优势为基础——结构化，又探寻令人兴奋的新领域——混沌状态。
- 这个过程的主要指导方针是寻求结构化与混沌状态之间的平衡。
- 有可能建立一种制定动态战略的框架：3S框架就是根据我们现有知识构建的。它包括感知环境的变化、抓住现有机会和为未来发展进行结果研究。
- 对这种方法的批判主要集中于该方法与高科技行业以外的更加传统的行业之间的相关性问题，认清这个过程的混沌部分的困难性以及忽略现有优势而去追求新的优势领域的可能性。

5.6　预见性动态：激进的竞争战略 [44]

　　这里列出了竞争者可以采取的一系列进攻性战略，分析这些战略的原因有两个：

1. 为了了解竞争者可能采取的战略；
2. 有助于设计恰当的应对措施。

　　这个领域中有关实践者的文献甚至一些学术味更浓的文章的语言和风格常常具有很强的"军国主义"味道[45]。例如："找到领导者的优势和弱势并攻击之。""应当阻止一切激烈的竞争行为。"波特教授回避使用这些更华丽的语言，但毫无疑问，他也认为这个领域非常重要。来自于美国西北大学的菲利普·科特教授在他非常著名的营销著作《营销管理》[46]中研究了这个领域，而且他还同Singh一起撰写了一篇关于此论题的非常有影响力的文章[47]。图5.9概括了这个分析的过程。

图 5.9	竞争者采用的激进战略分析

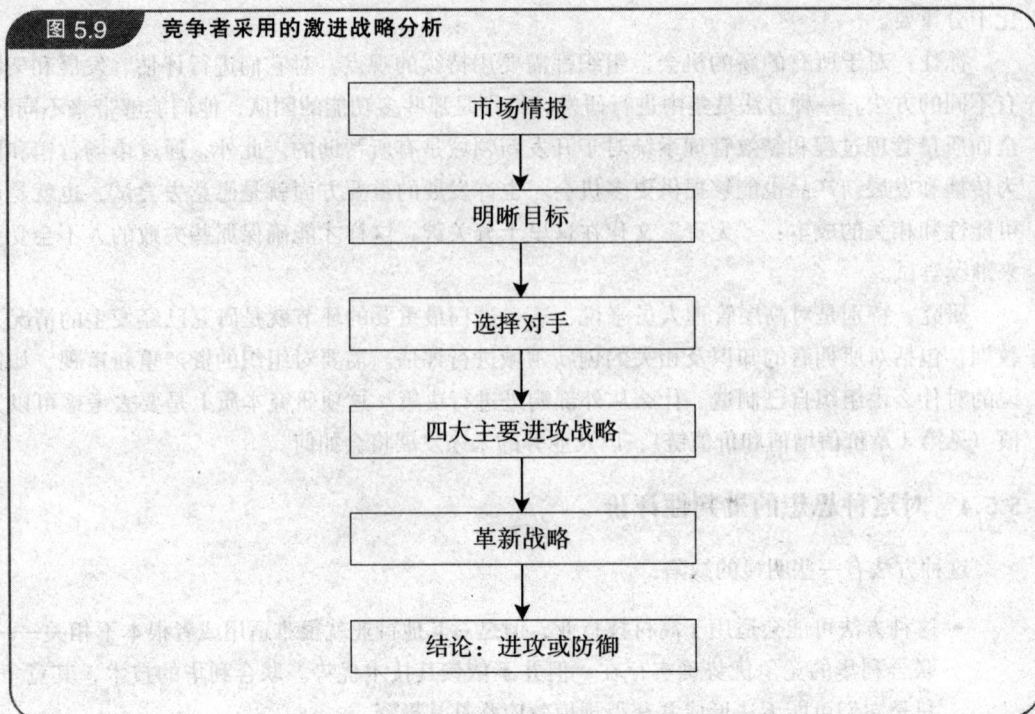

市场情报

↓

明晰目标

↓

选择对手

↓

四大主要进攻战略

↓

革新战略

↓

结论：进攻或防御

5.6.1　市场情报

根据"知识就是力量"这句非常有名的谚语，许多公司都要不断观察其竞争对手所采取的行动。一些公司可能偶然会采取一些窥探或偷听行为，这可能是非法的或不道德的。尽管这种行为无法宽恕，但对公司来说，分析竞争对手的战略是完全正确的。有许多完全合法的手段可以用于该领域，例如：

- 检索公司的年报；
- 新闻文章；
- 股票经纪人的分析；
- 展览会和商业活动。

5.6.2　辨明竞争对手的目标

在军事战争中，目标通常是完全击败敌人。但是在公司战略中，这样做就不合适了。主要有以下几方面原因：

- 这样做可能会违反《垄断法》，尤其在欧洲、美国以及世界上许多其他的国家。
- 努力占有尽可能多的市场份额所付出的代价通常会很高。
- 与市场上存在的一个较弱的对手相处可能要比与一个进攻性的新进入者竞争更容易。
- 一个被击败的竞争对手可能会被一个有实力的新进入者廉价收购。

即使是一些军事上的战略家也已经认识到，把战争的目标定位于某种形式的相持状态或彼此友好相处会更好。就像 B.H.Liddell-Han 上校说的那样：

战争的目标是寻求一种更好的和平方式。即使是从你自身出发[48]。

为了达到这个目的，有必要了解竞争对手的目标，尤其是竞争对手在市场份额和销售额方面确立的目标。接下来，组织本身也需要发展自己的目标。

最优公司战略可能会把其理想的目标定义为一种新的市场均衡，也就是说，一个使得所有竞争者都获得足够的利润并且市场份额保持稳定的均衡状态。这可能是一种比采取持续进攻战略更有利可图的方法，尤其是在所有竞争者为了追求更多的市场份额而展开价格大战的情况下。即使是在国家有关竞争法律的严格控制之下，竞争者也可能会建立这种均衡态势[49]。

例如，在英国零售行业中，领先的超级市场很少参与价格战，它们更愿意在保证所有的零售企业都获得较高资本收益的情况下争夺市场份额。相比之下，欧洲另外一些零售商一直在持续发动进攻性价格战，尤其进行价格折扣，例如 Aldi 和 Netto，都是主要参与者。结果使得德国以及其他国家零售商的资本收益低于英国零售商。这种情况下，激烈的竞争可能对各方都没有好处：所有公司的利润都降低了[50]。

所以说，从战略的角度来说，找到该行业中竞争对手的真正目的是相当重要的。

5.6.3 选择对手

并不是所有的竞争者都是相同的：一些竞争者可能会由于拥有数量众多的财务资源、相对消极的股东、占有市场份额的长期目标以及强大的决策力而呈现出非常强的进攻态势。一些著名的日本公司就是这方面的例子。这些公司并不是进攻的目标，尽管有时公司可能会无法避免地与它们展开竞争。

同样地，直接向市场领导者发起攻击也是一种高风险战略，即使回报非常丰厚，因为这种竞争对手拥有强大的实力。军事战略家认为如果要取得成功，在发动进攻之前，人员和器械方面要拥有 3：1 的优势。由此来看，向市场领导者发起攻击取胜的把握并不大。

由于这些原因，组织最好去分析规模相当的竞争对手并把其作为目标，它们的劣势可能就构成了公司进攻的焦点。公司还可能接管这样的公司。

5.6.4 4 种主要的进攻性战略

在有关竞争者的任何分析中，有必要识别出可以用来互相攻击并防止新进入者的 4 种主要战略。还应当注意的是，当谈到进一步发展公司战略时，这些战略列举了第五部分论述的战略选项（见第 8 章）。

文本框 5.5 显示了 4 种主要的攻击型战略，它们以下述三个主要军事战略原则为基础[51]：

1. 需要集中力量进行攻击，从而形成势不可挡的气势，由此就更容易取得成功；

2. 在竞争对手还处于恢复状态时以出其不意的方式取得成功（可能包括修改竞争规则）；

3. 通过一段时期内的持续投资来巩固进攻成果（快速撤退和减少损失的情况除外）。

文本框 5.5

4 种主要的攻击型战略

1. 正面进攻市场领导者
   - 除非拥有足够的资源，否则攻击者通常会失败。
   - 攻击领导者的弱点。
   - 从某一点展开攻击。
2. 侧面进攻或市场细分
   - 选择防御相对较弱的侧面进行攻击。
   - 目的是占有重要的市场份额。
   - 期望在几年内持续在这方面进行投资。
   - 成功的侧面进攻往往要区分定价和货币价值策略。
3. 完全占有新市场，也就是说，不存在该种产品或服务的市场领域
   - 如果可能的话进行革新。
   - 寻找小的细分市场。
4. 游击战，也就是说，迅速出击以获取短期赢利机会
   - 利用信息识别机会。
   - 快速反应，在成功后迅速撤退。
   - 重要的是，不要攻击领导者而是寻找新的市场机会。

这些原则都是从军事战略理论中得出的：

- 为了实现一个有益的、可实现的目标要使用残忍的暴力。
- 集中力量以便于获得最佳效果。
- 要通过长期的战略持续行动加强效果，以保证长期获得优势地位。

由于上述这些原因，正面战略很少能取得成功。

应当强调的是，对于失败者来说，其他一些战略也可能非常重要。这些战略通常包括在竞争性环境中采用某种创新形式。

5.6.5　创新战略

创新有许多种形式，但应当识别出为 4 种不同目的而出现的 4 种创新形式：

1. 改写竞争规则。
2. 技术创新。
3. 高水平的服务。
4. 合作。

这些创新形式大多适用于规模较小的公司，因为它们没有充足的资源。

改写竞争规则

在竞争战略中，市场上现有的竞争者之间根据已有的默契参与竞争，即游戏规则。例如，生命和家庭财产保险由代理人出售时，他们往往向顾客提出建议，让顾客选择最适合自己的产品。为了能够做好这项工作，所有主要的大公司都投入巨额资金招聘和培训员工。它们的巨额投资意味着各家保险公司都不提供任何可供选择的服务。随后出现了规模较小的保险公司，它们开展电话保险销售业务。这就改变了游戏的规则，即销售产品不再需要大量的销售人员因而可以制订出更低的价格。目前，欧洲保险行业正在进行着此类改变。在战略管理中改写竞争规则是非常重要的。

技术创新

尤其是对于那些规模较小的新公司来说，为了获得市场份额而引入某种形式的创新是至关重要的。这并不是说技术创新是进入市场和获得生存的唯一途径。但在某些特定的行业中，它的确是一种可行的方法。例如，互联网改变了音乐的传播方式——见第六部分案例研究 12。规模较小的公司可以更加便捷地散布它们的音乐产品。

高水平的服务

在某些行业中，技术可能并不是决定性因素，但是服务水平可能会非常重要。例如，制鞋行业一直发生着技术变革，但是一些公司因为提供了高水平的个性化服务以及独特样式而得以存活。甚至在零售行业中，小商店之所以能够生存，是因为他们在当地社区中营业时间较长。

合作

最近几年，正式的合作关系或者一些其他合作形式被证明是有益的创新战略。合资公司、联盟和其他形式的合作都可以用来成功地击败规模更大的竞争对手(见 5.7 节)。

5.6.6　结论：攻击或防御

在一个静态市场上，一家公司识别出市场机会对于另一家公司来说可能就意味着一个市场问题。因此，进攻性战略会引来防御性的反应，但它们的确是同一硬币的两面并且需要在战略管理里这样对待。

对于竞争对手而言，进攻性战略分析的确是公司战略发展的一个有益的出发点。然而，Kay[52] 认为用军事作类比时要非常谨慎。这主要是由于以下两方面原因：

1. 它可能会过于注重公司的大小和规模。财务资源和市场份额带来了"残忍力"。Kay 指出，公司的成功是来自于差异化能力而不是击败竞争对手。因此，认识到公司的大小和规模是重要的，但这不是战略问题中的决定性因素。

2. 它过多地强调了领导、愿景和攻击的重要性。将军所谋划出的策略是成功的军事战略的重要核心。Kay 还指出，许多成功的公司都依赖于团队的力量，而不是某个具有超凡魅力的领导者——这一主题贯穿全书。

在许多方面，事先详细计划好的进攻策略最适合于用常规性战略观点来解释。更实用的突发性战略方法却不适用，尽管军事家肯定会在战争中用到这种方法。因此，创新战略扮演了一个重要的角色。

关键战略原则

- 在评估竞争对手的进攻性战略时，有必要从监测竞争对手的行动开始分析。
- 尽管在军事目标中采取全面击败的方式是合适的，但在商业活动中这样做通常是不可行的。一个新的市场均衡可能更有利可图，包括稳定的市场份额、不存在价格战以及可接受的赢利水平。
- 一些竞争者可能天生就比其他竞争者更具有攻击性，并且拥有更多资源。如果要选择竞争对手，那么要尽量避免与这种竞争对手进行竞争。
- 选择一个可以成功击败的竞争对手是非常重要的。攻击市场领导者通常是不明智的选择。
- 4 种主要的进攻性战略是：正面进攻、侧面进攻、完全占据一个新的市场领域以及开展游击战。
- 创新战略可能是非常重要的，尤其是对于那些失败者而言。这些战略包括改写竞争规则、技术创新、更高水平的服务以及合作 (进一步分析见第 11 章)。

5.7 预见性动态：制定合作战略

合作战略就是组织和竞争对手或者其他的相关公司合作共同获得双赢。并非一定要与其他公司共同工作：合作可能是另外一家公司提供相关的产品，比如戴尔与微软的合作就是微软提供视窗在戴尔的计算机上使用。

定义▶ 因此一个合作战略就是至少有两个组织共同合作达成一个共同的目标[53]。另外一个例子就是欧盟国家同意合作在 2006 年发射伽利略卫星系统——参看第六部分案例 11。最近的一些商业迹象表明由于其他的一些内部增长方式，比如那些与组合矩阵有关的方式，变得越来越昂贵，合作战略变得越来越重要了[54]。

5.7.1 合作形式

存在许多种合作形式，其中包括以下各种。

定义▶
- **战略联盟**：就是组织共同组合或者共享他们的一些资源[55]。比如，汽车公司通用与菲亚特和铃木公司结成联盟从供应商那里购买汽车零部件。这种联盟的好处是这些公司从它们的供应商那里获得了比各自分别谈判更低的价格。

定义▶
- **合资企业**：就是两个或者更多的组织建立起一个单独的共同拥有的子公司来进行合作[56]。比如，雀巢和 General Mill 共同成立各占 50% 股份的合资企业来争夺世界早餐麦片市场——参看案例研究 2.1。

定义▶
- **特许**：是特许商的合作企业战略概念，特许商和特许加盟商合作来获得双赢[57]。比如赛百味和麦当劳餐厅——参看案例研究 2.5 和 6.2。

定义▶
- **串谋联盟**：就是多个公司通过分享信息减少竞争和 / 或者提高价格的战略。比如，欧盟曾经对过氧化氢和 PVC 塑料市场做过调查，并对在这些市场中串谋定价的公司作出了惩罚。这种合作形式在很多国家是非法的，因为这种方式从本质上说是反竞争的。因此本章并不会过多地讨论这个问题。

5.7.2 合作战略的好处

基本上合作战略会给进行合作的双方或者更多的参与组织创造附加价值[58]。"价值"意思是从合作中得到的利润一定要超过进行合作所需要的成本。从合作中获得的好处可能会有很多种方式，这主要取决于具体的组织所处的环境（有时被称为"战略环境"）以及它们进行运作的市场。实际上，这就意味着难以概括出某一合作协议的具体的好处。但是，了解可能会影响到合作所产生的好处的两种战略环境的形式还是十分必要的[59]。

- 增长环境——在此环境中，技术投资可能是巨额和有风险的，行业技术标准会不够发达，但仍存在市场机会。合作战略所带来的好处包括：
  - ——共同进行技术投资
  - ——行业标准的发展
  - ——进入新的市场

  以下会对此进行详细分析。
- 成熟环境——这里竞争有时可能更为稳定，降低成本的机会可能会作为增加获利的方式之一更为引人注目。好处包括：
  - ——竞争优势
  - ——降低成本
  - ——分享知识和优先投资

以下会对此进行详细分析。

共同进行技术投资：通过共同整合资源，各公司可以为新的投资注入超过它们本身能力的更多的资金。除了分担成本之外，这样的合作还会分担新技术发展的风险和不确定性。比如，第六部分案例11所描述的伽利略系统对于各方就有明显的好处。

行业标准的发展：在一些市场中，尤其是那些与电信和电子有关的市场中，在市场发展的早期并不存在行业标准。这就意味着，制造成本可能会因为没有规模效应而很高。比如，在个人电脑发展早期——在IBM个人电脑出现之前——并没有在设计上标准化，因此生产成本就会很高：参看案例研究1.2。对于单个公司来说很难制定一个行业标准，除非它们在市场中占据了统治地位，比如IBM。因此另外一种合作战略就是制定出行业标准。比如，在关于DVD格式的案例研究5.3中，两家竞争公司进行了合作并与其他有兴趣的公司联合，从而影响了竞争的结果。获胜的合作方将可以从失败一方那里获得专利补偿费用。

进入新的市场：一家公司通过与另外一家公司的本地知识资源进行国际整合，那么两家公司在本地市场上的合作可能会给双方带来在本地市场上的双赢[60]。另外，这样的合作可以克服那些可能存在的国际公司进入当地市场的贸易壁垒。比如，很多汽车公司通过与当地的知名公司合作成立合资公司进入了未来市场潜力巨大的中国市场。

竞争优势：通过整合资源，合作公司可以获得比竞争对手更多的竞争优势[61]。比如在世界航空市场，新加坡航空、Lufthansa和西北航空公司共同成立了星级联盟网络来提供更为优良的订票和航空转运服务，为乘客提供了比竞争对手更为优良的服务。

降低成本：通过整合资源，各公司可以获得降低成本的机会，而这对于单个公司而言可能是十分困难的[62]。比如，欧盟和多家公司共同成立各种各样的采购公司来购买农产品，他们所获得的采购价格要比各自分别采购便宜很多。

分享知识和优先投资：通过合作协议，各公司可以从商业活动的相互结合中获得增效价值[63]。比如，赛百味的特许经营就涉及特许分享赛百味在食品成分和准备方面的专业知识。另外一个例子就是丰田在发展Prius车的时候所进行的投资。该公司对油电两用发动机的专利就与通用和福特这样的公司通过特许协议进行分享，这也就构成了一种合作形式。

5.7.3 合作战略的管理

合作战略涉及需要进行管理的成本和风险。就此来说存在两种广义方式[64]：

1. 成本最小化——正式的合同具体规定合作如何进行和被监督。目的是为了合作成本最小化，并确保每个相关方面都能够按照规定的方式遵守合约。
2. 机会最大化——是一种更为非正式的管理，允许合作者能够利用市场机会并能在合作的进程当中从彼此那里学到知识。

在这两种彼此独立的方法中进行选择并没有明确的准则——这取决于参与各方的目标、机会的性质和各方的风险承受能力。不管怎样，研究表明两种主要的因素会决定多数合作协议的成功与否：

1. 明确各方目标和期望，并确保各方在协议开始就同意和了解这些。
2. 合作各方彼此信任并坚持。

最后，有时候当双方不得不借助于双方之间的详细的合同来解决一些突发问题的时候，合作协议本身就会失去效用，应该予以终止。在这种情况下，应该注意到很多合作协议是很脆弱的，需要经过很长一段时间才能获得成功[65]。

关键战略原则

- 合作战略包括与竞争对手或者其他相关公司共同工作获得双赢。
- 至少存在4种合作类型：战略联盟、合资企业、特许和串谋联盟。最后一种在世界上大多数国家是非法的。
- 合作所能得到的好处取决于发生合作所处的战略环境。区分成长型和成熟型市场环境是十分必要的。在成长型市场环境当中，合作可能会是共同投资项目、制定行业标准和进入新市场。在市场环境中，合作可能会带来竞争优势、降低成本并使得双方可以分享知识。
- 合作战略的管理包括两个彼此独立的方式：降低成本和机会最大化。降低成本主要取决于书面的合约、谨慎的谈判和对进程的监督。机会最大化是更为非正式的，目的是在机会出现的时候能够区分并且利用这些商业机会。彼此的信任是合作协议能否成功的关键要素。

5.8 预见性动态：博弈理论的运用

基于博弈理论的方法指的是和消费者、供应商和组织的竞争者之间进行讨价还价的时候所采用的架构方法，这种架构包括对战略决策过程中的每一个阶段可能出现的结果进行量化。比如，案例研究5.4中就描述了英国航空利用博弈理论完成对GEC Marconi的收购。这种方法通过把在竞标和谈判过程中的不同阶段所可能出现的不同结果加以量化，来决定对于在每个阶段英国航空应该如何进行竞标。

在20世纪40年代，首次有人利用数学模型来处理商业决策问题，这就是大家所知晓的博弈论[66]。博弈论处理的是直接谈判问题，与策略有关：它只关心谈判的过程，很少甚至根本不涉及策略的实施阶段。在战略制定方面，博弈论有两个明显的优势：

1. 它阐明了谈判的本质，明确参与游戏的各方并设定它们的方案，分析各个方案的结果和后续应该采取的策略。
2. 它能够预测一些游戏的最优结果，尤其可以通过控制参与者之间的决定性要素来预测。博弈论通过分析游戏双方的本质关系，包括合作和竞争的关系，来获得最后的结果[67]。

博弈论试图预测竞争对手在谈判过程中的反应。整个环境可以通过下棋游戏来模拟，对手的每一步动作都是重大挑战。在博弈论中，首先明确组织可支配的稀有资源，然后确定每一步骤或者几个步骤的组合所能够为组织创造的收益（在博弈论里收益被称作均衡[68]），最后通过数学方法进行建模。

- 在零和的情况下，最终没有均衡，因为一方的收益被另一方的损失中和了，总体收益是零。
- 在合作的情况下，收益可能叠加起来给所有各方带来积极的回报。
- 在正和的情况下，对参与者来说，收益都是正的。在负和的情况下，各方的行为不仅损害了对方，也损害了自己。

尽管博弈论为指导谈判过程提供了良好的基础，并且分析了每个步骤的结果，但是它使战略方案和战略决策都变得非常复杂而难以操作。或许博弈论所提供的最引人关注的见解是关于谈判过程中各个阶段的结果。例如，英国航空在谈判过程中就运用了博弈论，并分析出它收购 GEC Marconi 的两个原因：

1. 增大公司规模，有助于提高它在欧洲军工行业合并过程中的影响力；
2. 与 GEC Marconi 的收购可以减少军工行业的收购对象，从而减少完成最终合并的步骤。

尽管博弈论有很多优点，但问题是如何有效地运用博弈论来分析和指导战略的游戏。

我们在文本框 5.6 中列出了六个关键的步骤，这六个步骤是运用博弈论的通常方法。

更常见的情况是，有很多理论介绍是有关博弈论的机制和决策逻辑的，但它们很少提及战略谈判的另一个重要方面，那就是有关团队领导的个人风格以及文化习惯，还有组织本身的历史、目的等。此外，谈判所处的战略环境所导致的结果有可能超出博弈论的逻辑。例如，以欧洲军工行业为例，首席领导和其他相关人员的性格特征就影响了博弈的最终结果：George Simpson 决定缩减 GEC 集团，而戴姆勒公司的 Jurgen Schrempp 则热衷于要和克莱斯勒合并。

为了把握在实际谈判过程中的一些复杂的问题，我们在本章的最后列了一个问题清单。读者应该注意到，这个清单不仅适合有关收购的谈判，也适合很多其他场合，甚至包括私人谈判。关于博弈论，有四个方面需要强调一下：

1. 博弈的观点。非常重要的一点是不能从单方面来预测谈判的结果，而要揣摩对方的目的，并根据对方的目的选择相应的对策。
2. 改变游戏规则。在有些博弈中可以通过改变博弈的方式，即使是单方面的改变来完全改变博弈的结果。从这个意义上讲，博弈与下棋或者足球不同。变化能够产生真正的机会。
3. 重新评估。博弈过程是否值得坚持下去？重新考虑这个问题往往是非常有意义的。因为有些谈判过程只不过是在浪费时间和资源。
4. 打消对最终结果的疑虑。在任何博弈中，即便是多赢的局面，还应该提醒人们，最终的结果就是能够达到的最好结果。

尽管博弈理论在某些条件下是有用的，但它主要研究了战略过程中很小的一部分——常规性过程中选择和决定方案。博弈理论对于之前的分析阶段或者是之后的实施阶段都没有什么作用。表 15.10 与常规性过程进行了比较。

评论

在基于谈判的战略方法中，关于博弈论有三个主要的问题[69]：

1. 数学模型的复杂性使得结果有用但也很有限。而且，博弈理论假设通过一系列静态均衡可以得到动态的、能够与环境进行交互的模型，实际上这是一个很危险的简单近似。
2. 博弈理论的很多结论，尤其是关于纳什均衡的结论非常模糊；而且结论的基础也非常狭隘。例如，它从很大程度上将心理学的观点排除在外。到目前为止，博弈论很难在很多复杂的形势下运用。
3. 重要的是，博弈论只集中于战略过程的一小部分。例如，它不涉及组织竞争资源的开发，也没有为如何实施谈判的结果作一点指导。

文本框 5.6

博弈论：欧洲军工行业战略游戏的六大步骤

第一步

明确参与对象。在所有的博弈中，首先要明确实际参与者和潜在的参与者。对于欧洲军工行业来说，主要的参与者我们在前面的案例中已经列举出来了，但是美国的公司没有包括在内（或许，这样做并不明智）。

第二步

分析参与博弈的公司的优势和不足，包括与外部竞争者之间潜在的联系——参见第 3 章的内容。对于欧洲军工行业而言，在案例分析中已经列出了一些要点，但是在实践操作中还需要更多的信息。

第三步

要分清楚在博弈过程中，在多大程度上是同步的，在多大程度上是顺序的。实际上，多数的博弈过程都会兼有两种方法。这种分析的意义在于不同方法有不同的结果：

- 顺序的博弈意味着一方行动，而另一方作出相应的反应，例如，高尔夫或者网球比赛。
- 同步博弈过程意味着在不知道对方行动的情况下作决策，也就是说参与博弈的人同步行动，例如游泳比赛。

在欧洲军工行业，有同步的谈判——例如，在 Dasa、英国航空与 GEC Marconi 之间的谈判就是同时进行的。但是，当英国航空收购 GEC Marconi 公司的方案敲定之后，其他公司就会退回，紧接着又是顺序的博弈过程。

第四步根据是顺序博弈还是同步博弈而有所不同。

第四步 A：顺序博弈

对于顺序博弈，需要根据每一步决策的结果画出博弈树，然后选择最好的结果，再根据最好的结果向上寻找出最优的路径。

在编写欧洲军工行业的案例的时候，英国航空公司最好的结果已经得出了。但是，其他公司应该根据这个结果作出下一步决策——例如，Dasa 已经表示要考虑与美国公司之间的合作，但这也有可能是虚张声势。

第四步 B：同步博弈

对于同步博弈，应该在一张表中画出所有可能的选择和结果——这就是人们常说的均衡表。然后依次完成下面步骤：

1. 挑选最有优势的策略，也就是说一个明显优于其他的策略，如果能够找到就按它执行。
2. 如果没有找到优势策略就寻找最被动的策略，也就是明显比其他对手差的策略。如果能够找到，就排除它。
3. 如果上述两者都没有，那么就寻找另一个结果——所谓的纳什均衡，也就是说，博弈的每一方都能够根据自己的利益作出正确的判断。从本质上讲，纳什均衡就是在每个参与者都了解对方策略的条件下，没有别的选择能够改善当前的状况，这时候就达到了纳什均衡。更详细的说明请参见本章的附录。

在英国航空公司一例中，它最有优势的策略就是使自己变得比竞争对手大。通过这个途径就能够改善它在后面谈判中的地位。而对于 Aerospatiale 来说，它最好的策略也许是通过与法国对手合并，例如，Thompson—CSF 或者 Dassault，从而使自己变得和英国航空同等庞大。需要注意的是，对于一个公司来说最好的策略对于另一个公司来说未必也是最好的策略。

第五步

考虑将自己的意向传递给其他人。最好的博弈未必是开放式的，因为这样可能导致过激的行为，那么成本就太高了。但即使是在同步的博弈过程中，如果参与者不作简单、盲目的选择，那么最终结果可能更好——很多原以为不可能解决的问题，通过相互了解对方的信息，最终都得到了解决。

编写本书的时候，在欧洲军工行业有很多信息在公司之间传递。例如，有些公司会向对方表示自己考虑进一步合作的意愿。

第六步

开始行动。非常重要的一点是，在这个时候应该对形势进行重新估计，因为在发展过程中可能有重大的变化发生。

本章附录中提供了更多的一些细节。

关键战略原则

- 博弈理论试图预测消费者反应的结果，或者在某些情况下，试图表明只有探讨双方都意识到了他们的行为的结果，谈判结果才会产生积极的解决方案。
- 博弈理论对于谈判来说是有用的，但是也要面对三个障碍：数学的复杂性、模糊的结论和只是战略过程的一小部分。

思考

攻击还是合作？

很多关于战略管理的理论都强调了获得对其他组织的可持续性竞争优势的重要性。假定这种竞争对于战略发展来说是重要的。但是一些战略学家认为近年来合作作为一种战略来说是更好的选择——成本更低、产出更多、更加互惠，因此出现了众多的组织间各种形式的合作联盟。

也许与竞争对手进行合作要比攻击他们更好一些。当竞争不可避免的时候不应该出现非法的合谋。但是是否会出现合作是更为优越的战略的战略环境呢？

小结

- 组织目标随时间的变化而变化。定义与发展目标的收益组合将受到组织内外因素的影响。重要的是，组织的目标至少部分地为组织自身所控制。

- 虽然目标很复杂，但其战略往往注重两个因素：增值和可持续竞争优势。组织过去的历史是决定它未来发展的关键因素。未来的目标和战略取决于它过去的资源如何随着时间发展。

- 在分析目标和战略发展过程中，有必要考虑组织历史的三个方面：组织如何定位自己和竞争者、过去的发展途径以及对未来的设计。

- 在研究某行业中竞争的激烈程序时，从研究市场的集中度开始是有益的。市场集中度应该介于完全竞争和完全垄断两个极端之间。集中比率本身也可以计算出来，即最大的四个、五个或八个公司营业额或价值附加值占行业总值的百分比。

- 有三个领域对战略有重大影响：行业中公司的数目；这些公司的数量规模的比例；行业中现有公司设置的进入障碍。

- 环境发展源动态性具有不同的方面，但可以从三个方面予以考虑：竞争优势的维持、环境的预测能力及组织资源对环境变化的反应能力。竞争资源的维持依赖于工业自身资源操作的本性，它同时包括公司树立新的优势的意愿及未来竞争优势自身操作的本性。

- 如果环境可以预测，就使得环境动态性更加便于管理。虽然没有一个环境是完全可以预测的，但有些战略专家认为，预测的过程简直就是浪费时间。组织可能理解环境变化的实质，但也不能够采取相应的行动，这主要存在5方面的原因：错觉、缺乏动力、没有创造力、政治僵局和行为脱节。

- 在快速变动市场上，其动态过程为创新所主导。那些已经主导市场并把资源投入到特定技术的公司创新不足的两大原因就是沉没成本效应和替代效应。

- 如果中小型企业比一般企业变化更快，更加具有柔性，企业化程度更高，则它们将获得更多的市场机会。

- 从动态性角度看，组织的资源随时间的变化而发展或遭受破坏。这里有三个主要领域，即时间、先入优势及模仿压力。在研究资源随时间变化的方式时，要考虑三方面的内容：新资源增长的两种源泉、公司路径的延时效用及破坏资源的机理。

- 先入优势体现五个方面的内容：建立技术模式基准、建立关系网、学习曲线、声誉的作用和买方转换的相应成本。

- 模仿现有产品或服务的压力包括五个方面的活动，即产品或服务的持续改善、给模仿设置合法的障碍、与顾客及供应商形成超级关系、探究市场规模与规模经济以及对模仿者设置无形障碍。

- 一些战略家认为竞争优势是动态的。从这个意义上讲，可以把竞争优势视为是持续发展、变化的。公司应该接受这一事实并促其发展，尤其是在高科技行业。从这个意义上讲，竞争优势是持续变化而不是静态的。动态竞争优势的发展过程一方面以现有的优势（结构化）为基础，另一方面要努力开拓令人兴奋的新领域（混沌的）。这个过程的主要规则是在结构化与混沌状态之间保持均衡。

- 有可能构建一个框架来制定动态战略：3S框架来源于我们现有的知识水平。它包括感知环境的变化、抓住机会以及用发展的眼光来研究结果。

- 对这一观点的批评主要集中在它与除高科技外的传统行业之间的关系、在过程中管理混乱局面的困难以及在追求新的优势领域过程中忽视了现有的优势的可能性。

- 在评估竞争者的进攻性战略时，很重要的一点就要监视常规的竞争活动。全面击溃作为军事目标是合适的，但在商业中很少见。新市场的平衡可能会带来更多的利益，包括稳定的市场份额、没有价格战和切实可行的利润水平。

- 某些竞争者会更具进攻性，并拥有更多的资源。如果可能，要避开这些竞争者。在选择对手时，能不能带来最终的胜利很重要。攻击市场领先者往往是不明智的。

- 4个主要的攻击性战略是：正面进攻、侧面进攻、完全占有一个新领域以及游击战。创新战略意义十分重大，特别是对瘦狗类。这些战略的内容包括改写竞争规则、技术创新、高水平的服务及合作。

- 合作战略就是公司与竞争对手或者其他的相关公司共同工作获得双赢。存在4种形式的合作：战略联盟、合资企业、特许和串谋联盟。最后一点在大多数国家是非法的。

- 合作所获得的好处主要取决于合作发生的市场。区分市场环境是成长型还是成熟性是十分必要的。在成长型市场中，合作可能是共同投资项目、建立行业标准以及进入新的市场。在成熟的市场环境下，合作可能会带来竞争、降低成本和分享专业知识。

- 产品组合分析研究了与市场特点有关的产品或产品组合。为了分析组织主要的产品组合，BCG矩阵把市场信息增长率与相对市场份额联系起来。它识别了4类产品：明星类、现金牛类、瘦狗类和问题类。它考虑到了这些产品类别对组织的贡献并进行了竞争比较。另一个矩阵——方向策略矩阵分析了行业吸引力以及行业竞争地位，该矩阵试图克服BCG矩阵存在的弱点。

- 管理合作的风险涉及两个彼此独立的方式：降低成本和机会最大化。降低成本取决于书面合同、谨慎的谈判和对进展的监督。机会最大化是更为非正式的，目的是要在机会出现的时候发现和利用这些商业机会。对于合作的成功与否来说，彼此的信任是一个关键要素。

- 博弈理论战略试图预测顾客的反应或者，在一些情况下，试图表明，除非谈判双方意识到他们的行为所可能产生的后果，谈判才有可能产生最优的解决方案。博弈理论已经在一些谈判中证明了其价值，但是也面临一些困难：数学的复杂性、模糊的结论、仅仅是战略过程的一小部分。

问题

1. 参照文本框5.1。在一个组织中，目标识别是如何改变你的选择的?解释为什么会发生这些变化? 组织战略暗含着哪些方面的内容?

2. 组织中资源变化的原因是什么?它们如何影响可持续竞争优势及增值?通过案例说明你的解释。

3. 从战略发展的角度来看，先入优势与成熟市场的关系就像巧克力与啤酒一样。它们之间存在一定的关联性吗?

4. 如果你企图保卫现存的药品不受竞争对手所具有的功能相似的新药的竞争威胁，你将采取哪一种基于资源模仿的战略? 使用5.4.3提供的内容，给出你的理由。

5. 为什么组织有时对环境的变化显得无能为力?应该如何克服?请通过案例说明你的观点。

6. "成功的商业战略受许多放大的反馈过程的影响，管理人员无法控制这些反馈，它们能产生管理人员意想不到的效果"。根据环境动态性来评论这句话。

7. 采用一种你熟悉的快速变动市场，如通过万维网提供服务，研究可能有助于进入该市场的战略。如果有的话，识别那些可能带来可持续竞争优势的战略。

8. 军事理论和战略并不能代表整个竞争战略，但通过这些理论，公司的确可以发现成功击败竞争对手需要做些什么或者如何有效地对付攻击者（菲利普·科特勒和Ravi Singh）。你在多大程度上赞同这个观点?

9. 波士顿咨询集团的奠基人布鲁斯·亨德森认为："劝诱你的竞争对手不要在你非常期望投资的产品、市场以及服务领域进行投资……这是战略的基本原则。"简要解释这个观点，并指出它的价值所在。

10. 用你所熟悉的一个行业为例评估其集中的程度。例如，你可能会选择某一特定国家高等教育市场上的大学和学院作为研究对象。你能得出哪些一般性结论？（提示：市场可以看成细化的市场，但是，如果你再进一步研究，会发现由一些机构团体构成的细分市场更具有集中化的特点。）

附录

两方博弈谈判一览表

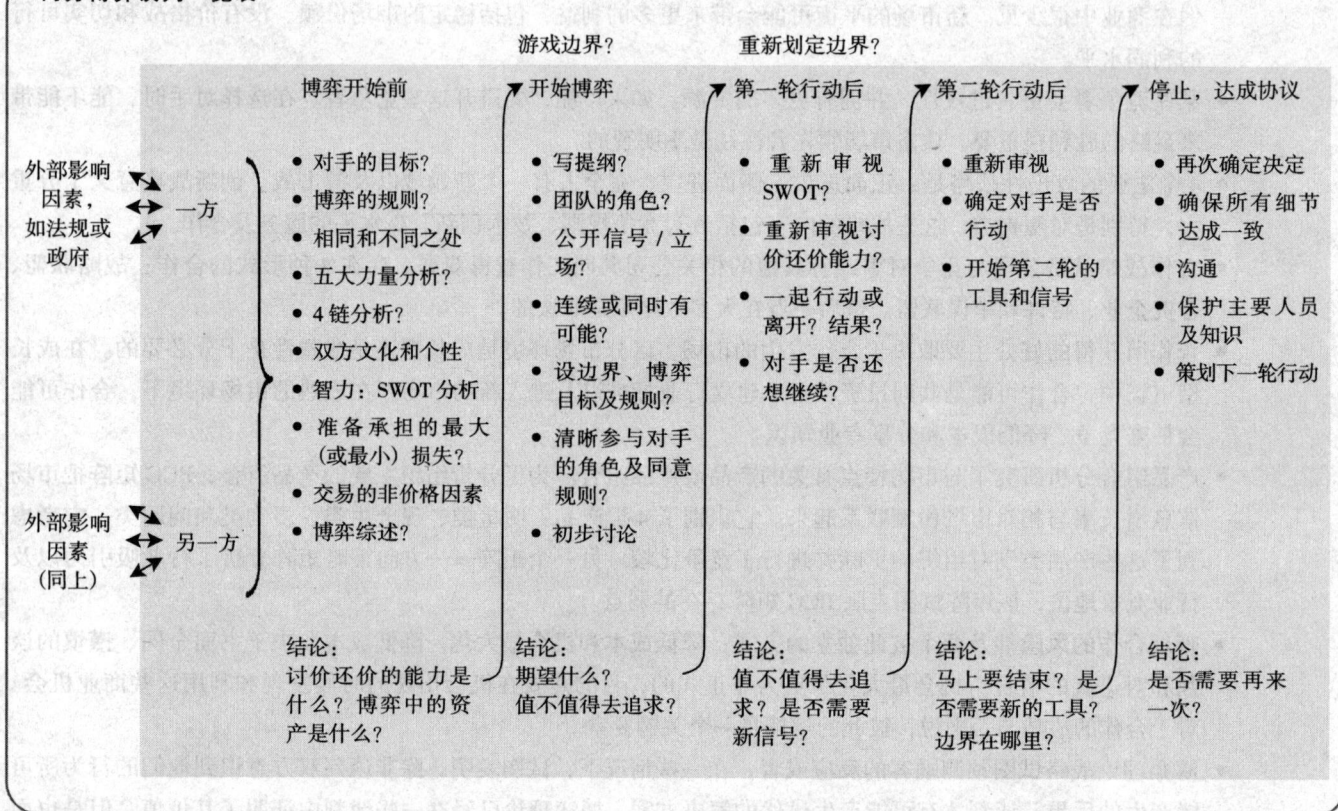

	博弈开始前	开始博弈 游戏边界？	第一轮行动后 重新划定边界？	第二轮行动后	停止，达成协议
外部影响因素，如法规或政府 ←→ 一方	• 对手的目标？ • 博弈的规则？ • 相同和不同之处 • 五大力量分析？ • 4链分析？ • 双方文化和个性 • 智力：SWOT分析 • 准备承担的最大（或最小）损失？ • 交易的非价格因素 • 博弈综述？	• 写提纲？ • 团队的角色？ • 公开信号/立场？ • 连续或同时有可能？ • 设边界、博弈目标及规则？ • 清晰参与对手的角色及同意规则？ • 初步讨论	• 重新审视SWOT？ • 重新审视讨价还价能力？ • 一起行动或离开？结果？ • 对手是否还想继续？	• 重新审视 • 确定对手是否行动 • 开始第二轮的工具和信号	• 再次确定决定 • 确保所有细节达成一致 • 沟通 • 保护主要人员及知识 • 策划下一轮行动
外部影响因素（同上）←→ 另一方					
	结论： 讨价还价的能力是什么？博弈中的资产是什么？	**结论：** 期望什么？值不值得去追求？	**结论：** 值不值得去追求？是否需要新信号？	**结论：** 马上要结束？是否需要新的工具？边界在哪里？	**结论：** 是否需要再来一次？

进一步阅读

Utterback, J M (1996) *Mastering the Dynamics of Innovation*, Harvard Business School Press, Boston, MA is an interesting read that has some excellent examples.

Peter Drucker's text might be old–Drucker, P (1961) *The Practice of Management*, Mercury Books, London–but it still has many valuable insights. It was the subject of a retrospective by the *Academy of Management Executive* in 2003. Equally, Tom Peters is always stimulating–Peters, T (1989) *Thriving on Chaos*, Pan Books, London–if somewhat over the top on occasions.

Rita McGrath's chapter–McGrath, R G (2002) 'Entrepreneurship, small firms and wealth creation' in Pettigrew, A, Thomas H and Whittington, R, *Handbook of Strategy and Management*, Sage, London–provides a useful structure on entrepreneurship.

There is a special issue in *Long Range Planning* on Boundaries and Innovation–six papers covering topics from resource allocation to acquisition: guest editors–Gibbert, M and Valigangas, L (2004) Boundaries and Innovation: Special Issue, *Long Range Planning*, Vol 37, No 6, pp493–601. *See* Day, G S and Schoemaker, P (2004) 'Peripheral vision: sensing and acting on weak signals', *Long Range Planning*, Vol 37, No 2, pp117–23 plus many other well–known strategy writers for this special issue including Sidney G Winter and C K Prahalad.

Two chapters are useful from Mark Jenkins´ and Veroniqu Ambrosini´s edited text with Nardine Collier (2007) *Advanced Strategic Management*, Palgrave Macmillan: Chapter 3 'Military Strategy Perspective' by Sylvie Jackson and Chapter 6 'Game Theory Perspective' by Stephen Regan.

Finally a recent text has the insights of another distinguished group of scholars: Helfat, C, Finkelstein, S, Mitchell, W, Peteraf, M A, Singh, H, Teece, D J and Winter, S G (2007) *Dynamic Capabilities: Understanding Strategic Change in Organizations*, Blackwell, Oxford.

注释和参考资料

1. Note that this distinction is not the same as that between theory and practice: Markids, C (2007) 'In search of ambidextrous professor', *Academy f Management Journal*, Vol 50, No 4, August, p705. Both interpretive and proactive dynamics have theoretical underpinnings.

2. Case reference for Boo.com case: *Economist*, 17 March 2001, p85; *Financial Times*, 19 May 2000, p26 and website of Authur Andersen. Also the fascinating book by Ernst Malmsten with Erik Portanger and Charles Drazin (2001) *Boo Hoo*, Random House, New York.

3. Drucker, P(1961)*The Practice of Management*, Mercury Books, London, p74.

4. Peters, T (1989) *Thriving on Chaos*, Pan Books, London.

5. Penrose, E (1959) *The Theory of the Growth of the Firm*, Basil Balckwell, Oxford , Oxford. Note that a third edition of the text was published in 1993 with a new preface by Professor Penrose: it has a historical perspective that is relevant to strategy development.

6. Chandler, P (1962) *Strategy and Structure*, MIT Press, Cambridge, MA. Chadler later developed this perspective further in his 1990 text: *Scale and Scope: Dynamics of Industrial Capitalism*, Harvard University Press, Cambridge, MA.

7. Developed by the author from the concepts outlined in: Teece, D J, Pisano, G and Shuen, A (1997) 'Dynamic capabilities and strategic management', *Strategic Management Journal*, 18(7), pp509–33.

8. The arguments here are not dissimilar to those used by the human–resource–based strategists outlined in Section 2.5.3. See in particular the views of Nelson and Winter.

9. Sources for L'Oreal Annual Report and Accounts; Estee Lauder Annual Report and Accounts; Shiseido Annual Report and Accounts; Much of the detailed L'Oreal market commentary is available on www.loreal.com/enww/press-room; the L'Oreal financial data is available on www.loreal-finance.com

10. Saloner, G, Shepard A and Podolny J (2005) *Strategic Management*, Wiley, NY, p138.

11. See Porter, M E (1980) Op. Cit. For an extended discussion of this topic.

12. Porter, M E (1985)*Competitive Advantage: Creating and Sustaining Superior Performance*, The Free Press, New York, p1.

13. Porter, M E (1985) Op. cit., p2.

14. Hamel, G and Prahalad, C K(1994)*Competing for the Future*, Harvard Business School Press, Boston, MA, p42.

15. Baden–Fuller, C and Stopford, J (1992)*Rejuvenating the Mature Business*, Routledge, London, Ch2.

16. Based loosely on Hamel, G and Prahalad, C K (1994) Op. cit., p47.

17. Courtney, H, Kirkland, J and Viguerie, M (1997)'Strategy under uncertainty', *Harvard Business Review*, Nov–Dec, pp67–79.

18. Mintzberg, H (1994) 'The fall and rise of strategic planning', *Harvard Business Review*, Jan–Feb, pp107–14.

19. Rumelt, R (1995) 'Inertia and transformation', in Montgomery, C A (ed) *Resource–based and Evolutionary Theories of the Firm: Towards a Synthesis*, Kluwer Academic, Boston, MA, pp101–32.

20. Sources for the DVD format wars case: *Financial Times* 29 September 1998, p8; 19 May 1999, p6; 28 July 2004, p11; 14 October 2004, p19; 22 April 2005, p30 (the announcement that the rivals were negotiating); 27 May 2005, p24 (the announcement that the deal was breaking down); 26 August 2005, p17 (still talking but no agreement); 28 September 2005, p26; 30 November 2005, p21; 15 March 2007, p23; 7 January 2008, p1 and p25; 8 January 2008, p16 (Lex) and p22; 18 February 2008, p25; 20 February 2008, p29; 6 March 2008, p26; 31 August 2007, p19; 5 September 2007, p24 (last two references on Microsoft format fight).

21. Besanko, D, Dranove, D and Shanley, M (1996)*The Economics of Strategy*, Wiley, New York, p581.

22. Concept originally developed by Professor Kenneth Arrow: Arrow, K (1962) 'Economic welfare and the allocation of resources for inventions', in Nelson, R (ed) *The Rate and Direction of Inventive Activity*, Princeton University Press, Princeton, NJ. Concept outlined in Besanko, D, Dranove, D and Shanley, M (1996) Op. cit., p584.

23. Utterback, J M (1996) Op. Cit.

24. For example, see the references in the discussion on innovation in Chapter 11.

25. Chaharbaghi, K and Lynch, R (1999)'Sustainable competitive advantage: towards a dynamic resource –based strategy', *Management Decision*, 37(1), pp45–50.

26. Parts of this section have benefited from Chsl4 and 1S of Besanko, D, Dranove, D and Shanley, M(1996)*The Economics of Strategy*, Wiley, New York.

27. Penrose, E (1995) *The Theory of the Growth of the Firm*, Oxford University Press, Oxford, p85.

28. Nelson, R R and Winter, S G (1982) *An Evolutionary Theory of Economic Change*, Belknap Press, Cambridge, MA.

29. Schumpeter, J (1942)*Capitalism, Socialism and Democracy*, Harper & Row, New York.

30. At the time of writing, Microsoft is the subject of a US Federal and State Government investigation into its competitive reaction against Netscape's browser success.

31. Utterback, J M (1996) *Mastering the Dynamics of Innovation*, Harvard Business School Press, Boston, MA, pp10, 30.

32. Nalebuff, B J and Brandenburger, A M (1997) *Coopetition*, HarperCollins Business, London, p241.

33. Utterback, J M (1996) Op. cit., p28.

34. There is a Harvard Business School case that explores this well.

35. Hoopes, D G, Madsen, T and Walkers, G (2003) 'Why is there a resource–based view: Toward a theory of competitive heterogeneity', *Strategic Management Journal*, Volume 24, Special Issue, pp889–1068. There are 12 papers in this special issue–not all of equal quality in my judgement.

36. Sirmon, ,D G, Hitt, M A and Ireland, R D (2007) 'Managing firm resources in dynamic environments to create value: looking inside the black box', *Academy of Management REview*, Vol 32, No 1, pp273–292.

37. Schreyogg, G and Kleisch-Eberl, M (2007) 'How dynamic can organizational capabilities be? Towards a dual–process model of capability dynamization', *Strategic Management Journal*, Vol 28, pp913–933.

38. The authors use the word 'dynamization' in place of dynamics but it means much the same thing in this chapter.

39. References for GEC Marconi case: General Electric Company plc Annual Report and Accounts for 1998; *Financial Times*, 27 June 1998, p6, Weekend Money section; 24 July 1998, p21; 4 September 1998, p11; 5 December 1998, p21; 9 December 1998, p26; 10 December 1998, p15; 19 December 1998, p6 Weekend Money section; 14 January 1999, p31; 19 January 1999, pp1, 25, 27; 21 January 1999, p21; 23 January 1999, p2; 26 February 1999, p19.

40. See, for example, Brown, S L and Eisenhardt, K M (1998) *Competing on the Edge*, Harvard Business School Press, Boston, MA and Hamel, G and Prahalad, C K (1994) *Competing For the Future*, Harvard Business School Press, Boston, MA. For two more accessible papers, the following are worth reading: Eisenhardt, K M and Brown, S L (1998) 'Time pacing: competing in markets that won't stand still', *Harvard Business Review*, 76 (March–April), pp59–69; Eisenhardt, K M and Brown, S L ((1999) 'Patching: restitching business portfolios in dynamic markets', *Harvard Business Review*, 77 (May–June), pp72–82; Eisenhardt, K M and Brown, S L ((2000) 'Dynamic capabil-

ities: what are they?', *Strategic Management Journal*, October –November Special Issue, Vol 21, pp1105–1121; Helfat, C, Finkelstein, S, Mitchell, W, Peteraf, M A, Singh, H and Teece, D J, Winter, S G (2007) *Dynamic Capabilities: Understanding Strategic Change in Organizations*, Blackwelll, Oxford; Teece, D J (2007) 'Explicating dynamic capabilities: the nature and microfoundations of (sustainable) enterprise performance', *Strategic Management Journal*, Vol 28, pp1319–1350.

41. Brown and Eisenhardt (1998) Op. Cit.

42. Teece, D J (2207) Ibid., p1322.

43. This framework has been developed by the author and inspired specifically by the research papers of Teece, D J (2007) Ibid. And Eisenhardt, K M and Martin, J (2000) Ibid. However, the framework remains essentially an attempt to make sense of a whole group of recent research activity presented at the Strategic Management Society and Academy of Management Annual Conferences in 2005 and 2006 attended by the author. The work of Professors Sidney Winter, Sidney Finkestein, Margaret Peteraf, Connie Helfat and Will Mitchell– who presented their work at AOM –is also acknowledged.

44. This section is based on the work of Professors Porter and Kotler (see refs 14 and 15) and on a lecture given by Professor Ken Simmons at the London Business School in 1988.

45. For example, see Ries, A and Trout, J (1986) *Marketing Warfare*, McGraw-Hill, New York.

46. Kotler, P (1994) *Marketing Management: Analysis, Planning, Implementation and Control*, 8th edn, Prentice Hall, New York.

47. Kotler, P and Singh, R (1981) 'Marketing warfare in the 1980s', *Journal of Business Strategy*, Winter, pp30–41.

48. Liddell–Hart, B H (1967) *Strategy*, Praeger, New York.

49. Kay, J (1993) Op. cit., pp236–8 provides an interesting discussion of the circumstances under which such an understanding can emerge without contravening monopoly legislation.

50. Lynch, R (1994) *European Business Strategies*, 2nd edn, Kogan Page, pp119–21 supplies some evidence here.

51. Liddell–Hart, B H (1967) Op. cit.

52. Kay, J (1994) Op. cit., p364.

53. Barney, J B (2002) *Gaining and Sustaining Competitive Advantage*, 2nd edn, Prentice Hall, Saddle River, NJ, p339.

54. Hitt, M A, Ireland, R D, Camp, S M and Sexton, D L (2002) 'Strategic entrepreneurship: Integrating entrepreneurial and strategic management per-

spectives', In: Hitt, M A, Ireland, R D, Camp, S M and Sexton, D L (eds) *Strategic Entrepreneurship: Creating a New Mindset*, Blackwell, Oxford, Ch8.

55. Doz, Y L and Hamel, G (1998) *Alliance Advantage: The Art of Creating Value Through Partnering*, Harvard Business School Press, Boston, pxiii.

56. Inkpen, A C (2001) 'Strategic alliances', In: Hitt, M A, Freeman, R E and Harrison, J S (eds) *Handbook of Strategic Management*, Oxford University Press, Oxford.

57. Shane, S A (1996) 'Hybrid organizational arrangements and their implications for firm growth and survival: A study of new franchisers', *Academy of Management Journal*, Vol 39, pp216–34.

58. Inkpen, A C (2001) Op. cit.

59. Williams, J R (1998) *Renewable Advantage: Crafting Strategy Through Economic Time*, Free Press, NY.

60. Lord, M D and Ranft, A L (2000) 'Organizational learning about new international markets: Exploring the internal transfer of local market knowledge', *Journal of International Business Studies*, Vol 31, pp573–89.

61. Harrison, J S, Hitt, M A, Hoskisson, R E and Ireland, R D (2001) 'Resource complementarity in business combinations: Extending the logic to organizational alliances', *Journal of Management*, Vol 27, pp679–99.

62. Dyer, J H (1997) 'Effective interfirm collaboration: How firms minimize transaction costs and maximize transaction value', *Strategic Management Journal*, Vol 18, pp535–56.

63. Doz, Y and Hamel, G (1998) Op. cit.

64. Dyer, J H (1997) Op. cit.

65. Inkpen, A C (2001) Op. cit.

66. Useful introductory texts include: Nalebuff, B and Brandenburger, A M (1997) *Co-opetition*, HarperCollins Business, London: Schelling, T C (1980) *The Strategy of Conflict*, 2nd edn, Harvard University Press, Cambridge, MA; also Dixit, A and Nalebuff, B (1991) *Thinking Strategically: the Competitive Edge in Business, Politics and Everyday Life*, W W Norton, New York.

67. Nalebuff, B and Brandenburger, A M (1997) Op. Cit., Ch2.

68. Dixit, A and Nalebuff, B (1991) Op. Cit.

69. Amongst the critical comments on game theory, it is worth consulting: Camerer, C F (1991) 'Does strategy research need game theory?', *Strategic Management Journal*, 12, Winter, pp137–152. Postrel, S (1991) 'Burning your britches behind you', Strategic Mnagement Journal, Special Issue, 12, Winter, pp153–155. See also Fisher, F M (1989) 'The games economists play: a noncooperative view', *RAND Journal of Economics*, 20, pp113–124.

第 6 章

使命、目标和伦理道德形成的常规目标

Prescriptive Purpose Delivered Through Mission, Objectives And Ethics

学习目标

学完本章后，你应该能够：

- 总结组织目标发展过程中的主要思想；
- 研究面向未来的组织愿景和它的战略意义；
- 分析组织中利益相关者权力的平衡；
- 确定组织使命；
- 确定组织战略目标；
- 概括公司监管主要内容对组织中心的战略和决策所产生的影响；
- 说明伦理道德和组织的社会责任如何形成组织的目标。

引言

战略目标是在识别和定义组织的使命和目标的过程中产生的。但是，我们需要退一步思考组织为何存在、组织的服务对象是谁、组织的附加值是如何在利益相关者之间产生与分配的——即组织本质上的广义目标。除此之外，超越当前对组织的认识，从组织愿景的角度去研究组织未来面临的机遇与挑战也是非常重要的。一些人可能认为，未来非常动荡，难以预测，因此，推断的结果也毫无意义。但是，在许多战略环境下，即使在波动的市场上，事实也并非如此。在组织形成使命和目标的时候，组织的目标和愿景将划定组织的边界并扩大组织的内涵。

除此之外，还有三个领域将有助于形成组织目标，并在目标形成过程中进行早期的检验，它们就是：组织的领导、管理者监管组织的方式，以及组织所应该承担的社会责任。组织方方面面的利益相关者——股东、职员、顾客等——是影响组织目标的关键。企业监管在最近几年里已经成为一个非常重要的问题，因为一些公司在这方面的失败，使得更为严格的法律、法规出台。伦理道德检视组织标准设立方法及其社会行为，这

图 6.1　由愿景、利益相关者及道德问题构成并由使命体现的目标

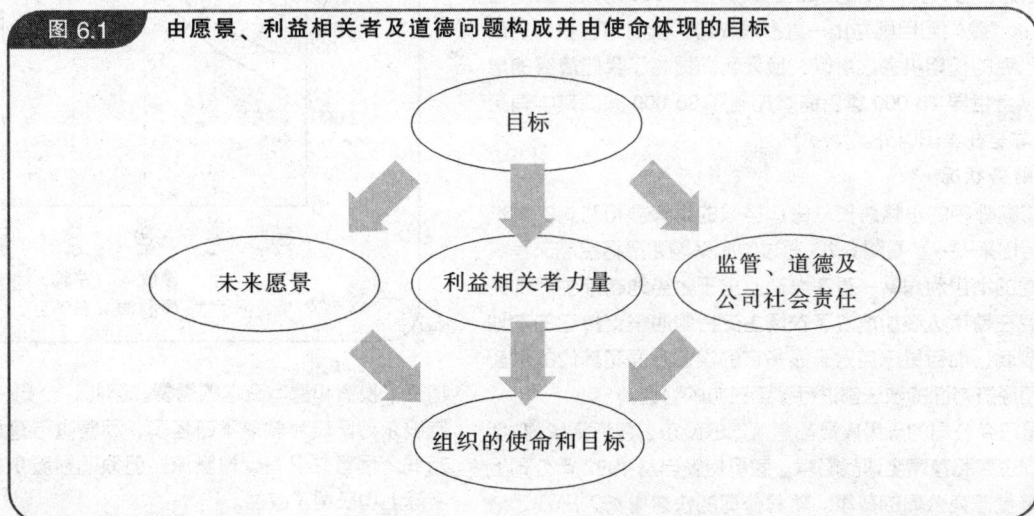

些方法和行为会对目标有明显的影响。企业的社会责任可能包括组织在"环保"、贫困、艾滋病和工作环境等问题上所采取的政策。

在考虑这些问题的基础上，我们研究组织的使命并更准确地定义其目标。这些领域的关系如图 6.1 所示，并概括了本章的结构。同时，组织战略领导力也十分重要，这一内容将在第 16 章阐述。

案例研究 6.1 星巴克——为全球性增长牺牲股息

大多数年销售额超过 50 亿美元的公司都希望给它们的股东支付年息。但是请注意咖啡连锁店星巴克没有这样做。星巴克的使命是让公司获得成长，所以它保留了所有的利润来达到这一目的。本案例研究了星巴克战略的背景和意义。

星巴克的历史

星巴克起初是一家咖啡烘焙公司，1985 年在美国西雅图第一家咖啡馆开业。1982 年进入公司的年轻的霍华德·斯瓦兹（Howard Schulz）是公司的营销经理，他说服了创始人采用公司烘焙的咖啡豆并采取"意大利咖啡吧"的概念进行尝试。早期咖啡吧获得了成功，所以斯瓦兹说服了更多的本地支持者帮助他在 1987 年收购了该公司。星巴克之后在芝加哥和加拿大的温哥华开立了新的咖啡馆。不久以后就扩张到了 17 间店。到了 1992 年公司公开上市的时候，分店的数量已经扩张到了 165 家。

星巴克的业务

星巴克销售新鲜咖啡、茶和其他饮料，以及一系列的小吃和点心。它主要在一些来往人流量大、很醒目的地方营业，在北美主要自己拥有店铺。公司的美洲咖啡店在 2007 年几乎占据了整个市场，大约有 7000 家分店（2004 年为 4300 家）。在美国有大约有 4000 家星巴克（2004 年为 1800 家），而在其他一些公司没有分店的地方则特许其他的经营者销售星巴克咖啡，比如一些较小的邻里商店，以及高速路路边店和一些农村地区。星巴克的战略是选择那些创新的口味、产品甚至是音乐来帮助咖啡店的运营："星巴克经历与每个人都有着丰富的情感联系，我们希望能够为全世界越来越多的顾客创造出"第三地"（除了家和办公室）。"

在国际上，星巴克在 1997 年开张了自己第一家北美以外的咖啡厅。到 2007 年末，全世界 40 多个国家有 1800 多家（2004 年为 1000 家）公司自有的和 2800 多家（2004 年为 1500 家）特许加盟咖啡店。比如，在日本有 748 多家，中国有 591 家，韩国有 231 多家，新加坡 50 家，在英国超过 614 家，德国 113 家，法国只有 41 家。在中东和南美有很多特许加盟店，但非洲还没有。公司将继续迅速扩张，预计每周的顾客数将达到 4000 万人。公司在 2004 年说："我们到目前为止一直都很成功，我们相信我们之前低估了星巴克的长期机会。所以，最近我们提高了我们最终的增长目标，从全世界 25 000 家店铺增加到了 30 000 家。其中有至少 15 000 家是在美国以外。"

星巴克的财务状况

星巴克咖啡店的迅猛增长从每年类似的销售额和利润的增长上可以看得出来——参看图 6.2。通过中心采购和严格控制流程成本，该公司的销售利润率一直在增长。出于对当地咖啡生产的关注，星巴克在哥斯达黎加成立了农场主支持中心来支持它的本地的咖啡供应商，而且星巴克对于很多它的农业方面和其他的供应商的社会和经济方面的做法都进行了第三方的验证。

很多星巴克公司的高级雇员都是公司的股东，包括霍华德·斯瓦兹，公司主席和首席全球战略官。雇员持股自从 1992 年公司上市开始就是星巴克公司的政策。随着公司的快速增长，出现了增

日本 Kyoto 的星巴克店也遵循着与它的创造者相同的愿景——在世界各地提供相同的质量和标准的服务。

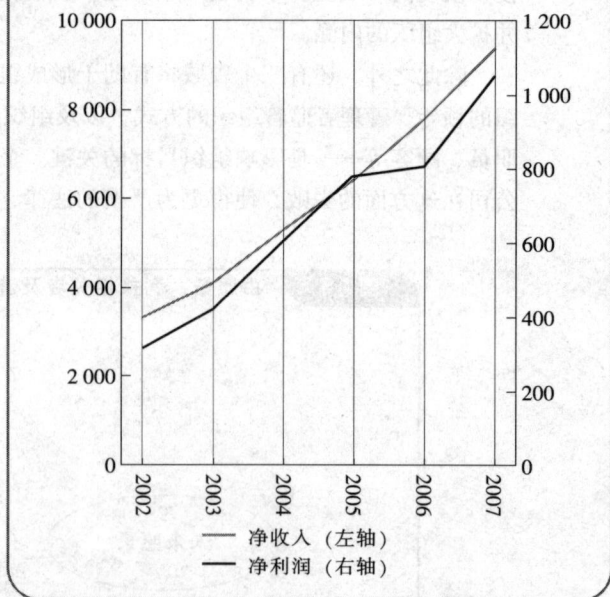

图 6.2　星巴克：增长在持续但营业利润在减少

（单位：100 万美元）

净收入（左轴）
净利润（右轴）

加资本投资和营运资本的需要。因此，公司一直到 2007 年都没有向股东分配股息就毫不奇怪了，尽管进行这样的扩张也还有其他方式。尽管并没有支付股息，但很明显股东们由于股票价格上涨实际上也获得了收益。

2008 年星巴克公司解雇首席执行官

尽管公司到 2004 年为止一直业绩极佳，但此后的利润增长放慢了速度。公司的创立者霍华德·斯瓦兹认为问题严重，需要重新考虑形势，并于 2008 年除了担任董事局主席外，再次担任首席执行官，前首席执行官 Jim Donald 离开了公司。

斯瓦兹认为公司的发展方向不对，特别是在北美。过去的经验已经不适用了。斯瓦兹在一份邮件中写道，连锁经营淡化了它的品牌，有太多没有个性、俗气的店，它们缺乏星巴克的特点和灵魂。该备忘录以"星巴克经验的商品化"为题，认为 2007 年之前的 10 多年，公司由 1000 家店扩张到 13000 家损害了品牌形象。"我们十分需要照照镜子……做必要的变革来再现传统和激情，这才是我们所知道的星巴克。"

但是，星巴克的问题不仅仅是在走下坡路。麦当劳餐厅已经开始在自己的店里开咖啡店，见案例研究 6.2。竞争在加剧。2008 年初披露的这一新闻使星巴克的股价大跌。这意味着公司不仅不会分股息，而且股价上涨的可能性也不大。

有的分析家质疑：星巴克改变目标还要多久？

案例问题

1. 把增长作为组织的唯一使命会有什么样的好处和危险？
2. 其他的公司能够从星巴克公司学到什么？或者说，星巴克公司是独特的吗？

6.1　形成组织的目标

在第 1 章中，公司战略的主题被定义在组织目标的范围内——战略仅仅是达到结果的一种手段，而结果就是组织的目标。随之而来的是，如组织的目标还不清晰，根本不可能制定战略。令人惊奇的是，在战略的文献中，研究组织目标的屈指可数；组织目标经常被简化为"利润最大化"，就像迈克尔·波特教授[2]写的那样，或者是 Oliver Williamon[3] 教授提出的"生存"，或者其他简单的假设。例如，星巴克的目标是"实现公司的盈利性增长"。但是，这有可能会让星巴克的目标缺失关键因素。

简化目标的定义往往是由目标的复杂性和多面性造成的，目标不仅包括利润和生存，同时也包括人的动机以及组织与社会、社区之间的关系。例如，星巴克的所有者仍致力于建立更大更成功的企业，而不仅仅是简单的利润最大化。更进一步地说，每个组织的目标都是不同的。虽然目标具有复杂性和唯一性，但是，如果接下来制定战略是有意义的，那么我们也要理解形成目标的一般原则和方法。

对许多学者而言[4]，目标仅在经营性组织范围内研究或定义。但是许多非营利组织，如政府机构、慈善团体和公共服务部门，也会产生价值增加的活动，这些活动也有一个清晰的目标，并且需要战略实施达到这一目标。对目标的研究需要拓宽到包括这些团体。因此，对目标研究的范围要更广泛，要将这些团体包括在内。不论私营公司还是公共团体，每一个组织都需要形成它的目标，并对主要因素达成共识。

事实上，组织的目标不仅是实现赢利。人们往往由于需要确定和概括组织要素，而忽略了这种方法的复杂性。这一过程要花费大量时间，并且最好被描述为"形成"组织目标的过程。主要包括以下 6 个主要问题，如文本框 6.1 所示。

文本框 6.1

形成组织目标的 6 个主要问题：

1. 我们的活动范围是什么——或者应该是什么样的？
2. 我们希望组织是哪种类型的？
3. 股东和利益相关者孰轻孰重？
4. 我们希望组织增长吗？
5. 我们和周围的环境以及社会的关系如何？
6. 我们如何将这些问题进行组合？

但是，这些问题在方法论中总是常规性的：这些问题假定所有的答案都是清晰的，随后采取的行动也都处于制定组织目标之人的掌控中[5]。事实上，这两个假设并不是完全正确的。例如，过于清晰地定义活动的领域可能非常困难，而且也并非明智之举，因为这可能会将一些机遇排除在外。更进一步地说，有关组织类型、依赖外部力量的增长与社会环境，如政府和经济增长等因素作出的

决策并没有在这些问题的控制当中。如果组织打算成功地制定其目标，那么就需要考虑权变的方法。但是，作为目标形成的出发点，研究这些问题也是很有必要的。

6.1.1　我们活动的领域有哪些——它应该是什么样的

对目标而言，最为重要的是检查我们所从事活动的领域——公司从事经营的行业或者非营利组织提供的服务。这一点对我们在第1章提到的定义组织战略具有非常重要的作用。例如，从事后来看，我们可以得出结论：霍华德·斯瓦兹把星巴克的目标集中在意大利咖啡吧概念上也许是对的。其他许多成功的公司，如微软和英特尔，同样也只是集中关注一个狭窄的行业。但是星巴克只关注增长的概念的确也存在着一定的风险，这可能难以在长期维持下去。同集中目标相对比的是，一些公司的目标涉及方方面面，也取得了成功：例如，美国的通用电气集团涉足了从电子涡轮机到电视广播的各个行业。

因此，有关目标的第一个问题就是定位——我们应该集中关注还是让目标分散一些？这个问题没有显而易见的答案，我们需要通过组织集中化和多元化赢利情况的对比结果才能得出目标应该集中还是分散的结论[6]。但是，小型公司很有可能通过集中成功，否则这些小型公司就要承担没有什么竞争优势的风险，因此，它们只能在特定的行业中胜出。更为普遍的一种情况是，目标既需要很狭窄，保证具有一定的可操作性；同时，又要足够宽泛，为发展留下相应的空间。

战略的学者彼得·德鲁克教授从各个角度研究了活动领域的问题。在研究中，他排除了刚刚起步的组织。他提出，组织应该通过考虑客户来检验活动的领域[7]。他还指出，正是组织的客户定义了组织的本质，因此也就形成了目标的范围。

最近，一些战略学家又丰富了德鲁克的结论。他们提出，组织的资源优势也能够定义其目标[8]。例如，星巴克的咖啡店和技能资源会使得公司很难把自己的目标定义为进行汽车生产。基于资源的观点（见第4章）认为，选定的活动领域应当和组织的竞争优势相关。在实践中，我们需要在客户和资源之间进行平衡。

不管是有关客户还是资源的思考都没有研究组织应当在哪里定位它们的活动。目标是组织未来的方向，就像现在一样。任何组织都有机会在未来重新修订或改变它们的活动。如果组织的生存现在正受到威胁，或者组织看到一些特别的非常吸引人的机遇而需要重新定义组织目标的时候，这一点尤其重要。

6.1.2　我们希望组织是哪种类型

假定个人向组织贡献一定的时间和努力，组织的目标能否为这些人的活动提供存在的空间还是值得怀疑的，至少在一定程度上是这样。所有的组织在下面两个领域中都有一些选择可供发展：

1. 文化和风格——它们的组织文化；
2. 向组织成员提出的挑战。

文化和风格

例如，一些选择是精明的，具有很强的竞争力；而另一些选择可能需要慎重、仔细考虑和合作。要知道，绝对自由的选择在组织文化中是不可能出现的，这有以下原因：组织文化在很大程度上依赖于组织以前的历史，而且在大多数情况下，文化的变革只能缓慢进行[9]。尽管如此，如果认为组织不能进行任何文化方面的变革而只能在常规性目标下研究问题也是一种误导。

行为更能反映出组织文化的特性。例如，当一个人加入一个新的组织时，他会有一段时间的适应期让自己融入到新文化中。过了这段时期后，只有在特殊情况下，他们才会意识到他们所在的组织文化。这些特殊情况之一就是围绕组织使命和目标而进行的发展和讨论。行为方式会体现在这些重要问题的发展过程中。例如，星巴克的文化独具一格——公开、友善、个人责任、发展、集中——这也体现在公司的目标之中。2007年在星巴克首席执行官的突然离任后目标变得更加激进。

在某种程度上，我们可以根据组织的环境决定组织的类型[10]：例如，在一个快速发展、冒险性很强的市场上，譬如移动电话，以稳定、镇静为目标和文化的组织可能并不能提供优秀的服务。但是，选择还有一些方面与目标和文化相关，这些方面需要仔细考虑。我们在第7章研究了组织文化的4种类型——权力型、角色型、任务型和个人型——从某种程度上，这 4 种类型也是组织选择的结果[11]。因此，组织的目标可以从使用特定工作向个人提供的员工满意度，一直到新产品发布遇到挑战时的群体目标。

向组织成员提出的挑战

除文化之外，组织目标同样也可以定义为目标向组织成员提出的挑战[12]。这种方法对组织的工作风格还具有一些影响。

> 没有一个组织只是依靠天才就能生存：天才的出现少之又少，而且总是无法预测。但是，对组织来说，使普通人做得更好，释放组织成员中蕴藏的所有力量，并使这种力量激发员工做得更好，这的确是个考验。

显然，组织在这里可以选择不提出任何挑战。但是，一些战略学家也指出，愿意提出挑战的组织更有可能成功，因为它们"使一般的人做出不一般的事"，贝弗里奇解释说。

6.1.3　股东和利益相关者孰轻孰重 [13]

对许多公司而言，组织目标最根本的是要提升所有者，通常是股东的利益。具有典型意义的是，这意味着目标被定义为增加股东财富。另一些增加股东财富的途径包括：鼓励提高股价和短期内增加股息。对那些关心长期的战略家来说，还包括一些衡量长期利润增长的方法。这些方法都可以称之为"股东角度"的目标。

用这种方法处理组织目标，问题经常出现在股东所有权和高级管理人员实际控制权的分离。从 20 世纪 30 年代以来，人们已经认识到这种问题。随着公司规模的增长，出现了两种趋势[14]：股权开始越来越分散，而且模糊不清，因此，个人股东的权力越来越小；与此同时，管理人员控制大量资产，获得高额报酬，掌握大量权力。根据这种观点，组织目标开始偏离对所有者的关注，因为这些人已经丧失了影响事件的权力；而高级管理人员也在追求其他的利益，只要他们能够保证股东满足于稳定增长的股利和持续上升的股价。

另一种对组织目标认识迥然不同的观点仅仅把组织的所有者看做是它持续发展的一个投入[15]。在这种观点支配下，股东所提供的资金只是增加了组织高层管理者的管理经历，提高了其他工人的劳动力投入、供应商的经历和技能等。从这个意义上看，组织是一系列参与者的风险结合体，每个参与者在组织的目标方面都存在着风险，这被称之为组织目标利益相关者的观点。

显而易见，股东和利益相关者的观点都考虑到潜在的冲突。例如，股东较高的股利可能需要支付给管理者和工人较低的工资。本章 6.3 节将进一步研究这些问题。

6.1.4　我们希望组织成长吗

一些学者指出，组织需要看到成长，至少作为目标的一部分如此。例如，管理大师汤姆·彼得提出："一个企业绝对不是静态的——它不是增长就是衰退"[16]；战略学家 Gertz 和 Baptista 也宣称："没有一家曾经收缩公司能够壮大。"[17] 对一些人而言，这些话都是老生常谈，在经济学著作中，常规性的传统是假定组织希望成长。例如，广受尊重的经济学家伊迪丝·彭罗斯（见第 2 章）在其著作中也把组织希望成长[18]——它们可能更乐于在现阶段持续下去——这样的假设作为基础。有关增长的决策非常重要，但是它完全取决于组织及其周围的环境——这种选择并不是自发而为的。

6.1.5　我们和直接接触的环境之间以及和社会的一般关系是什么样的

如果没有考虑到组织运作的环境，那么根本无法建立组织目标。我们可以很方便地考虑下两个方面，即组织直接接触的环境以及一般意义上的社会环境。尽管在实践中也可以采用其他方法。

在组织直接接触的环境中，影响组织目标的主要问题有可能是通常意义上的波动和较强的竞争行为。可能会出现以下情况：环境非常混乱无序或者竞争异常激烈，以至于生存成为唯一明智的目标。组织目标的所有方面都要服从这一点，甚至可能出现难以维持生存的局面，在这种情况下，一般意义的存在应当成为目标。

在更为广义的一般社会环境中，有必要定义出企业在压力环境中的目标以及该社会的需求。比如，政府政策可能会有意被调整。同样，社会可能会对一家公司施加压力要求其改变其目标，比如绿色环保的政策要被写进组织的目标和使命当中去。这样的组织正在变得越来越重要，这将会在本章后面的公司社会责任部分进行讨论。

一般来说，从组织运作的环境这种观点出发，一些战略学家提出，任何一个组织都会采用它们的目标来反映这种社会的价值和压力。

6.1.6　我们如何将这些因素进行组合

组织常常会将自己的目标用几句话来概括。如，组织会描述自己的目标是股东财富最大化、实现增长目标、获得市场份额或是类似的说法。事实上，目标会更复杂，具有多面性，包括许多重要因素。要将这些因素全部考虑在内，就可以构成图 6.3 所示的目标多边形。多边形是指一个多边的图形，图形中的每一边都同等重要。这正是目标发展的情形。在这一过程中，有许多因素，每一个因素都同等重要。以星巴克为例，多边形的主要因素列举如下：

- 时间。长期目标还是短期目标，会对目标产生重大影响。星巴克用五年战略来监管海外的发展，而对美国却设立年度目标。
- 时机。当要进行一项改革时，什么时候开始或什么时候结束。它反过来受到周期性及环境因素是动态的还是静态的影响。星巴克于 2008 年因美国不能实现增长目标而被迫改变战略。
- 创新。产生新思路并加以利用。这些新思路将对组织的目标有深远的影响，见第 7 章。星巴克在初期的产品线及员工方面有许多创新策略，近年来这些方面却落后了。
- 价值增值。对每一个组织来说，为了组织的存续，有些价值必须实现增值。价值不仅是指经济租金，它也可以用来指服务或是与目标其他方面相关的概念。对于经营性组织来说，它指的是利润和相关问题。星巴克在北美的运营就是 2007 年目标的体现。
- 生存。生存的欲望。在某些环境中，这一因素特别关键，特别是对长期目标而言。星巴克在 2008 年没有迫在眉睫的威胁，但是本章后面讲到的麦当劳进军咖啡店生意将对星巴克的生存产生影响。
- 增长。持续增长的欲望。虽然这并不适用于所有的组织，却是一些组织的目标。在大数情况下，增长是星巴克多年来的主要目标。
- 领导力。领导组织的风格及力量。它对组织目标的影响很大，见第 16 章。霍华德·斯瓦兹对星巴克公司发展的判断起了关键作用。
- 利益相关者。为利益相关的各方确定和实现价值增值，特别是那些最具影响力的利益相关者。在星巴克，利益相关者中大到股东、小到职员影响了公司。

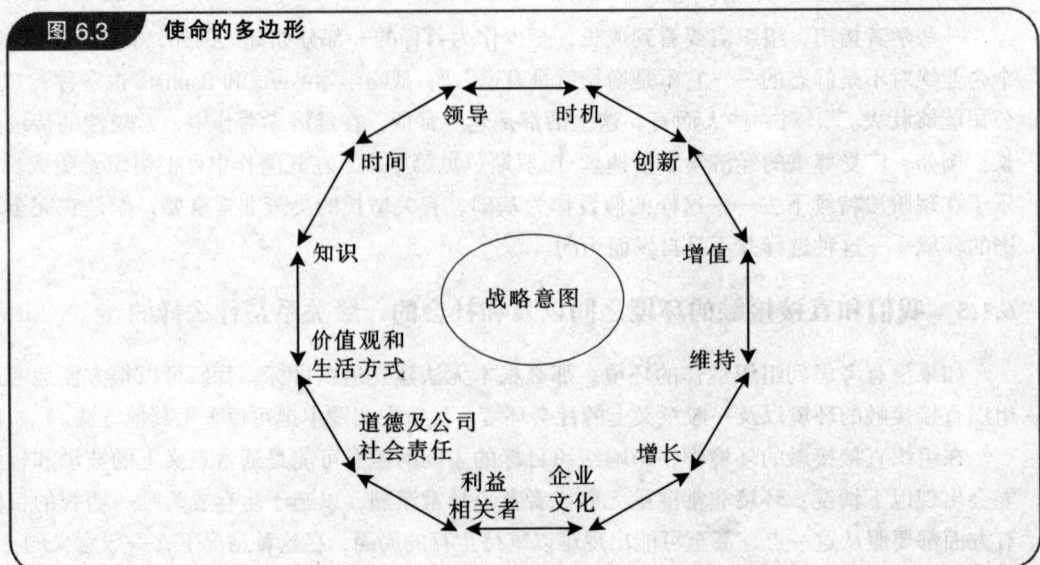

图 6.3　使命的多边形

- 价值观和生活方式。不同的组织对于生活质量和活动方式的原则是不同的。在星巴克,价值观和生活方式激励了员工,并推动他们在发展自己的同时也为公司发展。
- 伦理道德和公司监管。这也是我们要考虑的一部分内容。星巴克对于当地的咖啡豆供应者有相当特殊的政策。
- 知识。经验、价值观、相关信息和专业的见解都在不停地交织和变化,见第 7 章。知识能够创造目标的新元素。在星巴克,不仅要有卖咖啡的知识,而且还懂得如何经营咖啡厅让它赢利。

定义▶ 在目标的多边形的中心是最初由 Hamel 和 Prahalad 于 1989 年 [19] 提出的战略意图。**战略意图就是对组织目标本质的描述。它最初是指要战胜竞争者的概括性短句。**比如,日本佳能公司与施乐在复印机方面的竞争中的方针就是"战胜施乐";可口可乐公司的目标是使可乐"让全球的顾客伸手可及"。有的战略家认为战略意图的描述将目标的多面性变得过于简单化。折中的方法是在这里将简化的战略意图放在目标多边形的中心。

目标多边形对于概述目标的本质是有价值的。但是,它并不是结论。有些因素未包含在内,但是对于某些组织来说却是更为重要。例如,公共服务性公司所提供的服务、企业家需要树立权威和创造财富等。因此,我们称之为多边形,而不是如图 6.3 实际所绘制的 12 边形。

关键战略原则

- 研究目标最重要的一点是定义组织的行为。它既需要足够狭窄,保证具有一定的可操作性,同时,又要足够宽泛,为发展留下相应的空间。我们可以从组织的客户以及优势出发定义目标。
- 组织有一些机遇可以对其希望成为的组织类型产生影响,这在组织的文化中有所反映和定义。但是,文化受到组织历史的局限,而且很难变革,因此,这点也限制了对目标可能的选择。
- 不同的利益相关者——股东、员工等——对组织目标的看法各不相同。在组织目标的背景下,需要认识和研究这些看法。
- 任何要求组织增加的愿望以及研究组织赖以生存的环境需求同样也可以定义目标。
- 组织是多角度的,不可能只有一个目标。但是,由于关注某些特定的目标,并在组织中传达这些信息,通常还要制定一个简明的目标定义。
- 目标多边形反映了在制定和明确组织目标时需要考虑的多方面因素。

6.2 为未来制定战略愿景

愿景可以被定义为"一种组织未来可能和理想状态的精神象征"[20]。在明确组织目标的时候,存在两种对于明确组织未来愿景上不同的观点:第一种,这是无关紧要的;第二种,这是有价值的。下面我们会逐一探讨。

6.2.1 战略愿景无关紧要的观点

如果短期的需要有限的话,那么为组织制定一个战略愿景就可能不合适了。一个著名的大公司的案例就是 1993 年的 IBM——参看第六部分案例研究 9。该公司任命了新总裁 Lou Gerstner 来处理公司的重大利润问题。他说:"IBM 现在最不需要的就是愿景。"他的意思是,IBM 周围的战略环境使得那些与扭转局势没有直接关系的战略变得无关紧要。从这种意义上来说,战略愿景在一个短期需要优先的战略环境中是不合时宜的。

由于未来愿景并非总是合适的,所以要对组织所面临的战略问题进行正确的定义就变得困难了。并没有完成这一艰巨任务的简单方法,这也是所有战略学家们所面临的最为困难的事情之一。比如,麦当劳餐厅案例——参看案例研究 6.2——表明公司在 2004—2008 年所面临的困难就是要明确应该集中在公司战略的哪一方面,是复兴没有增长的北美市场? 增加海外业务的利润率? 介入迅速增长的咖啡店市场? 还是更多地投入到健康食品中,远离汉堡包?

6.2.2　战略愿景的价值

定义►　愿景的定义要比本节所述的更为完整。**愿景是一个组织在未来所面临的挑战和想象的蓝图和目标，并远远超出了目前的环境和竞争地位。**尽管存在众多困难，一些战略学家相信至少有 5 个理由制定组织愿景[21]：

1. 愿景是指组织准备超越未来的雄心壮志，以及探索这种愿景的决心和打算。即使是非营利组织或者那些公共部门，通常也需要争取慈善事业或政府的资金支持，因此常常希望增加所提供服务的数量。同样，这些组织也会从它们对将来希望的愿景中受益。

2. 从一个新愿景出发的战略方案能够以积极的方式推进组织的使命和目标。

3. 研究新的、超越现有的市场壁垒和组织资源领域的发展情况，从中可以发现重要的战略机遇[22]。这要求愿景必须经过认真研究和规划。

4. 对未来几年市场和资源的简单预测有可能使组织错失由各种新颖的可能发生的事情带来的机遇，如新信息技术、生物技术、环境问题、新材料和产品生命周期的改变。事实上，每个组织都会感到这些重大发展的重要性，仅仅推断当前的情况是远远不够的[23]。

5. 愿景向高层以及中层管理人员提供了一种理想的挑战。

因此，愿景成为组织目标和战略发展的背景。

说得更明白一点，愿景和目标并不是一回事：愿景是未来的图景，而目标则是在当前情况的基础上，组织选择定义的、更加直接和广泛的职能和任务。但是，也可以说，愿景产生了目标：例如，星巴克的愿景是成为全球性咖啡酒吧公司，这一愿景直接引导公司在世界上各个国家进行发展。

愿景同样也可以带来目标的改变。例如，一家小型的杂货店和新开张的超市竞争可能会把它的愿景定为与新开张的这家超市不断升级的竞争。接下来，它可能会把目标改变为地域的移动，而不是在两年内被大店铺驱逐出去。哈默和 Prahalad[24] 曾经提出 5 条原则以用于判定愿景的相关性和恰当性，我们可以在表 6.1 中看到。这些内容非常重要。它们过于简单，以至于在将组织和资源、可能的市场以及竞争优势联系起来以前无法形成一些初步的、有价值的愿景。星巴克太过注重它在海外的发展，反而忽视了它要确保在本土北美市场的增长，这一后果于 2007 年后期开始显现。

从研究愿景中可以产生一些重要的行动要点，主要有：

- 特殊的资源。我们是否具有达到愿景的技术和能力？
- 市场机会。这对于市场发展意味着什么？我们如何在机遇出现的时候抓住它？

同时也有必要考虑到组织的愿景是如何形成的，它有可能是重要的管理人员指导的结果。为此，我们引用 Warren Bennis 和 Burt Nanus 有关领导的那本著名的教科书中的话：

> 为了选择方向，领导者必须首先形成一种组织可能的、理想的未来状态的精神象征……最重要的是，愿景要清楚地为组织表明一种现实的、可信的、吸引人的未来景象，一种在许多重要方面比当前更优的条件[25]。

表 6.1　判断组织调查愿景的五条原则

原则	调查的指示性领域
前瞻性	想象中和实际的愿景是什么样的？多长时间形成？
幅度适宜	愿景涵盖了多少行业中可能发生的变化？愿景会产生动力推动变革吗？
唯一性	是否包含组织在未来独一无二的特征？它是否能够让我们的竞争者瞠目结舌？
一致性	组织对未来是否达成了一致的意见？如果没有，假设当前提出的愿景存在很多不同观点的话，就会出现问题。
可操作性	我们当前的活动是否考虑过未来？在需要采取的步骤上是否基本达成一致？是否明确了必要的核心竞争优势和未来的市场机遇？

但是，其他的战略学家可能会指出，这不应当仅仅是领导者的任务，而应该涉及组织中更多的人。这里有一个非常具有说服力的例子，在例子中使用了多职能的团队，而这些团队组织到一起调查行业某一领域。然而，这种精确的安排有赖于组织流行的文化——第12章将详细研究这一重要领域。

评论

尽管愿景作为一般目标制定过程中的附加产物发挥了很大的作用，得到了广泛的接受，但是存在一个问题：愿景必须成功地传达给组织中的每一个人，而且这些人必须明白它，否则愿景就会变得毫无意义。通常假设愿景会受到组织上下的欢迎。几年前，亨特对此提出了质疑，他指出，许多公司中的工人的忠诚度并没有达到这种程度[26]。他以兼职工作人员、已经签订契约的供应商和那些并不想遵从愿景的临时工为例。"这产生了一个问题，即试图建立共享愿景的价值有多大，为不同的贡献者分别建立愿景又有多少价值。它强调了许多基于平均员工的人力资源政策活动的谬误"。作为例子之一，荷兰皇家/壳牌石油——见第12章——展现了一家全球公司高层管理者的愿景和中层管理者的看法相左产生的问题。

关键战略原则

- 战略愿景在一个短期需要优先的战略环境中可能会是不合时宜的。困难在于如何来准确地定义组织所面临的战略问题。并没有完成这一艰巨的任务的简单办法。
- 在制定目标的时候，需要形成组织运作的未来愿景，其主要原因是确保不放过任何机会。
- 愿景和组织的目标并不是一回事，尽管这两者具有一定的联系。
- 有5个原则帮助组织形成愿景：前瞻性、幅度适宜、唯一性、一致性和可操作性。

案例研究 6.2 麦当劳：如何战胜星巴克，保持活力

在经历了20世纪90年代后期的成长问题之后，麦当劳在2005年坚定地执行了增加销售额和利润的策略。但是，这一成功也带来了新的战略问题：进军咖啡酒吧市场，挑战星巴克。

90年代：国际扩张之后的收购

尽管在全球价值600亿美元的快餐市场中占据了统治地位，但麦当劳在90年代后期在销售额和利润目标上也面临着严重的问题。麦当劳竭尽全力想要达到之前向股东们承诺的每年双位数即10%~15%的利润增长目标。每年利润增长10%就需要年销售额增长14亿美元，这在快餐这样的成熟市场中是充满挑战性的，所以麦当劳所表现出来的踟蹰不前也就不足为奇了。

90年代早期，麦当劳通过从饱和了的北美市场如欧洲向亚太转移而完成了它野心勃勃的增长目标。实际上，麦当劳在全世界的新店铺迅猛增长。到1998年，这种增长战略都颇有成效。但在开店数额上也有所下降，因为有一些新店并不赢利。

在1999—2001年，麦当劳认为很难从现有的餐厅链中获得更多的增长，公司应该寻找其他机会。传统的汉堡和煎炸食品市场在北美的增长已经趋于饱和，而且公司要面对来自 Burger King 和 Wendy's 的有力竞争。因此麦当劳开始了收购其"伙伴品牌"的新战略。实际上，麦当劳买了一些餐饮业其他细分市场中的一些公司——比如，麦当劳收购了 Chipotle 墨西哥女孩餐厅、Donato 的比萨连锁店，以及以英国为基地的 Pret a Manger 三明治连锁点。

2002：重点从煎炸食品转移了

不幸的是新的收购战略在1999—2002年并没有产生预期的增长。这一政策是公司的首席执行官 Jack Greenburg 制定执行的，

在2002年他被迫因此辞职，59岁的 James Cantalupo 走马上任。Chrlie Bell 这位比较年轻的运营官负责协助新 CEO 的工作。他之前是麦当劳欧洲业务的负责人，再以前是澳大利亚分部的 CEO。新的运营团队采用了一套完全新的战略。他们认为，战略本身是有缺陷的，不仅仅因为新的店铺减少赢利增长的动力，而且新战略会影响到麦当劳餐厅传统的业务。甚至有迹象表明，麦当劳最为基本的服务、品质和清洁程度在这一时期都受到了影响，因为公司对于新的扩张战略过分重视。Cantalupo 的备忘录中有这样的话："我们的重点从煎炸食品上转移了。"因此，在2002年左右，麦当劳决定需要重新返回到公司核心的餐厅优势上去。

2003：良好转折，回归基本

由于从90年代开始一直难以达到公司目标，麦当劳开始重新考虑其早期制定的每年10%~15%的销售增长目标。公司认为，这有点不太现实，所以在成熟的市场比如美国和西欧制定1%~2%的增长目标，而在增长快速的市场——比如亚洲和东欧则制定2%~3%的销售增长目标。如此之低的销售增长数字转换成利润增长目标就是6%~8%。通过削减成本、提高工作效率和提高生产力这样的新战略，可能会完成更具挑战性的利润增长目标。但是，尽管公司意识到麦当劳需要专注于其基本业务，但仅仅简单地重复同样的事情并不足够。公司还需要进一步改善自己的战略。

麦当劳最大的业务和最大的赢利来自于美国：2006年美国提 ▶

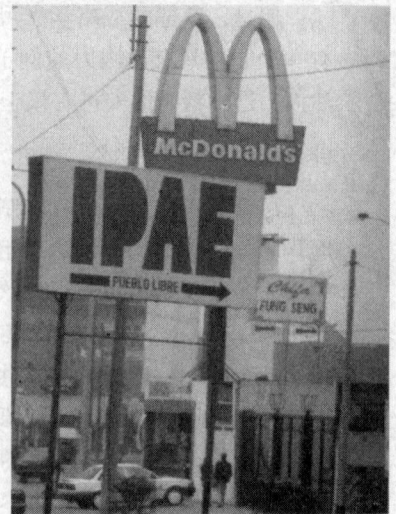

麦当劳已经成为世界上最大的餐厅连锁店——日本的东京、中国的上海和秘鲁的利马。但这之后麦当劳会去向何方？

供了公司35％的销售额和60％的利润——参看图6.4。困难在于，美国的快餐市场并没有显著的增长。另外，这一市场会还存在着大量的竞争，Burger King 和 Wendy's 的增长势头都不可低估。另外，还有一些顾客——并非全部——批评麦当劳的食品热量过高，脂肪含量过高，比如说巨无霸汉堡和奶昔。2002—2004年，麦当劳对此的回应是在所有的餐厅发布了新的沙拉主餐以及水果系列。而且，公司还着重在其传统的顾客群之外关注健康的群体中促销这些产品。在菜单战略中这样的转变并非看起来那么简单。为了发布新的产品系列，麦当劳需要重新建构自己的供应商，还有包装。重要的是，还要削减现有的菜单上的产品范围。快餐食品的条件就是有限的菜单品种。引进这些新的产品意味着一部分现有的产品需要被削减，因此这些产品所带来的销售和利润也会同时消失。

尽管存在诸多困难，麦当劳的新战略还是获得了成功，如图6.5中所示2004年公司业绩。不幸的是，2004年后期 Cantalupo 由于心脏病而病倒。他的助手 Bell 接替了他的职位。而在接替该职位5个星期之后，Bell 被诊断为癌症，并于2005年去世。从某种程度上，公司财务状况的改善是他们留给公司的遗产。而且，两位 CEO 都关注于麦当劳的增长目标。他们通过引进新的主餐沙拉在传统的北美市场上获得了重大的业务增长。他们通过一个新的监督系统，也就是视察员视察每一个特许餐厅的机制，加强了食品服务和清洁的基本标准。他们还首次向全世界发布了全球麦当劳的营销计划，其中一句很经典的标语是："I'm Lovin' it."

两位执行官都认为，尽管面临着对高层的重压，但革新必须要继续下去。在2005年上半年有迹象表明，公司想要卖掉 Chipotle 墨西哥连锁店。新的公司总裁 Jim Skinner 解释说："我们相信通过包括在公开市场和私营市场中筹集资金这些其他战略，Chipotle 的价值和潜力能够得到最大化。"公司还计划进一步对其

图6.4 麦当劳销售和利润来源

(a) 2006 麦当劳按照地理区域的销售收入

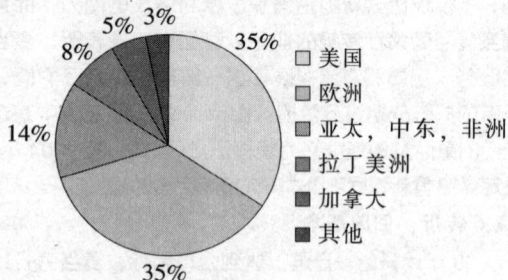

- 35% 美国
- 35% 欧洲
- 14% 亚太，中东，非洲
- 8% 拉丁美洲
- 5% 加拿大
- 3% 其他

(b) 2006 年麦当劳按照地理区域的利润

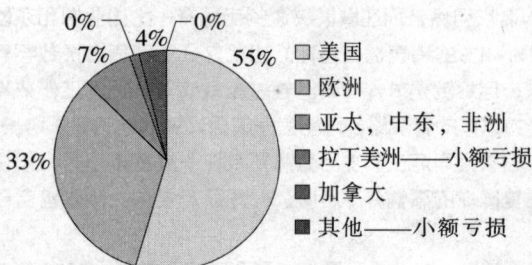

- 55% 美国
- 33% 欧洲
- 7% 亚太，中东，非洲
- 4% 拉丁美洲——小额亏损
- 0% 加拿大
- 0% 其他——小额亏损

图6.5 麦当劳恢复了可观的利润记录

（单位：100万美元）

—— 收入（左轴）
—— 营业收入（右轴）

注："营业收入"可有效地体现该公司的营业利润。
资料来源：Company annual report and accounts.

主餐厅和更为健康导向的食品菜单发动更强大的广告攻势。但是，公司面临着全球性的利润增长的压力。

新增长——麦咖啡的概念

2005 年，麦当劳，特别是在欧洲和美洲，已经没有什么增长空间。公司过去（包括现在）的业务模式是在全球出售同样的产品，如"巨无霸"和"鱼柳"汉堡，而且连设计也类似，如柜台后面的菜单显示板、固定的塑料桌椅等。但是，全球的饮食习惯有了新的趋势，更倾向于本地化的服务内容以及餐厅的设计。麦当劳的股东开始施加压力要求在这些更加成熟的市场创造新的增长。因此，公司开始开发更本地化的菜单，如在台湾有米饭汉堡，在澳大利亚有放上一片甜菜的 McOz。麦当劳鼓励区域总监们尝试新的口味，为他们的区域提供新的菜单。同时，各国总监们离开美国总部搬到所辖国家以便更好地了解当地的品味和风格。但这些举措也有风险，会偏离麦当劳全球餐厅的基本理念。

此外，还有更为激进的变革：麦咖啡的出现。麦咖啡最初是澳大利亚的前首席执行官 Charlie Bell 开发引进的。它原本是麦当劳餐厅内设立的咖啡厅，供应咖啡师服务项目，如卡布奇诺和蓝莓松饼，咖啡厅四周是一袋袋的危地马拉咖啡豆和舒适的座位。为什么要这样做？实际上，麦当劳的普通咖啡售价为一杯 50 美分，而在麦咖啡里，一杯要大约 2.5 美元。咖啡厅的利润高很多，环境也好得多，这从星巴克中可以看到。

2005 年，麦咖啡的概念开始扩展至欧洲。欧洲的餐厅发现它有很高的利润，能够与品牌形象保持一致。同年，这一经营方式开始在美国 5 家餐厅试运营。到 2008 年早期，麦当劳宣布，它将在美国约 14000 个地点开始经营咖啡厅。显然，要想把顾客从更具休闲风格的星巴克吸引到像麦当劳这样的快餐店是有风险的。但是，公司打算投资数百万美元对餐厅的一些部分进行重新设计，

来吸引咖啡厅的新顾客。但是，一些战略家质疑麦当劳的利润增长压力是否值得用麦咖啡来冒险。

案例问题

1. 显然，2005 年公司新餐厅和健康品的发展开始减缓，你会继续坚持吗？或者，你会降低增长目标吗？
2. 麦当劳是否为了实现 2008 年增长目标而在麦咖啡上承担的风险过高？公司是否应该继续更本地化的食品菜单？
3. 麦当劳在 2000 年上半年通过"回归基本"并引进新的健康食品而解决了其战略问题。其他的公司是否可以采用同样的方式？这样的战略是否有局限性？

战略课题

麦当劳从新的沙拉主餐产品中获得了新的增长。但麦当劳今后会采取什么样的战略？麦当劳是否应该回归到以前的收购其他餐厅连锁店的道路上来？如果是，应该收购什么样的餐厅？如果不是，那么快餐食品概念上还可以获得多大的增长？这对于一个股东们要求获得持续股利增长的公司来说是一个真正的战略问题。也许公司应该尝试一个全新的方式？除了进一步探讨麦当劳的案例之外，还可以研究之前的赛百味的案例。可以从这些公司的网站上找到相关信息。有两个要考虑的因素是环境的持续一致性和提供更有营养的食品。麦当劳近年来在这些方面有了很长足的改善。是否它应该更加主动一些？

6.3 利益相关者权力分析

6.3.1 确定利益相关者

定义▶　　利益相关者就是那些在组织中存在利益关系的个人和集团，因此，他们可能会希望能够影响组织的使命、目标和战略。例如，麦当劳的利益相关者包括股东、经理和职员。此外，还包括麦当劳的连锁店，这些独立的公司和个人以母公司的品牌经营着麦当劳全球各地的餐厅。连锁店对麦当劳总部及其战略有着巨大的影响，因为麦当劳的战略是由这些连锁店来执行的。事实上，如果经营得好，利益相关者也可以拥有竞争优势 [28]。

制定组织的使命和目标时需要牢记两个方面的利益：

1. 实施活动的人的利益——例如经理和员工等。
2. 和产出有利益关系的人——例如股东、政府、客户、供应商和其他利益群体。

这些群体共同形成了利益相关者。

利益相关者的利益有可能会有冲突。例如，麦当劳的股东希望保证高利润以获得合理的分红。而麦当劳的职员则希望降低利润，提高工资。组织的目标并非一夜之间形成的说法就不奇怪了。组织内部通常要花几个月的时间去平衡各方利益。即使是在与总监、经理、职员们经过讨论后制定的目标，也并不说明合理所当然地被接受：当他们意识到个人必须要更加努力地工作、承担新任务或者面临离开公司的压力，那么就会对使命提出异议。例如，麦当劳餐厅于 2008 年宣布它将在美国的许多餐厅引入咖啡厅。这就需要新的设备、对职员进行新的培训以及新的菜单展示，这一切都对利益相关者有影响，包括职员、经理和总监们。

利益相关者的概念已经扩展到在组织工作的人之外。上市公司的股东、向组织贷款的银行、与就业相关

的政府、投资和贸易也和公司有利益关系。客户和供应商也同组织有利益牵连。这些关系可以是非正式的，比如政府对私人公司的干涉；也可以是正式的，比如通过公司的股东。可以预料，这些群体都对组织未来的方向利益攸关，并且希望尽可能对其产生影响。并非一定要持股才会利益相关。

6.3.2　利益相关者之间的利益冲突

如上所述，问题是利益相关者的利益有冲突。表 6.2 对这些冲突进行了总结。因此，组织首先需要解决的是利益相关者问题，也就是说需要分析利益相关者的力量对比。

表 6.2　利益相关者和他们的期望

利益相关者	期望	
	第一位	第二位
所有者	财务上的回报	价值增加
员工	工资	工作的满意度，培训
客户	提供产品和服务	质量
债权人	信誉	及时偿付
供应商	付款	长期关系
社团	安全和保障	对社团的贡献
政府	服从	提高竞争力

资料来源：Adapted from Cannon，T（1994），Corporate Responsibility，Pitman Publishing.

重要的是，在许多组织中，组织理所当然的所有者——股东不再具有绝对的权力。例如，自 20 世纪 30 年代开始，已经有迹象表明，大公司的股东和高层管理人员之间的裂痕越来越大。Berle 和 Means[29] 对美国的高层管理者进行调查并得出结论：高层管理人员的期望，如更多的职权和更多的津贴，与股东的期望，如增加利润和分红，二者之间的差异正在扩大。

相对于利润，经理人员可能更看重规模：当公司增长的时候，他们可能得到更多的保护，免于被接管的厄运，同时，高层管理人员还能得到更多的收入和尊敬[30]。与此相反，所有者可能更关心利润最大化，适中的增长已经足够了。如果大公司的管理人员没有受到接管的威胁或者巨大的财务压力，他们就能比股东从更为宽泛的角度认识组织的目标[31]。例如，股东的分红和高层管理人员的权力威望相比就次要得多，因为大公司的股权比较分散，这样，经理人员就具有相当大的权力。

6.3.3　利益相关者力量的分析和应用

从企业战略的角度来看，主要的问题是确定利益相关者的权力对组织未来方向的影响，尤其是组织的使命和目标。更重要的是，利益相关者的分析既有积极的一面，也有消极的一面——许多组织都会对位高权重的人的意见非常欢迎，经常与之讨论。例如，福特的股东最终于在 2001 年运用他们的力量迫使领导下台——见案例研究 16.2。

图 6.6 画出了一些主要的利益相关者，这些利益相关者的相对力量可能因不同的国家而各异。此外，还可能因行业而不同：大规模汽车行业可能和零散行业具有不同的形式。在后一种行业里，比如纺织服装业，这些公司的规模一般比较小，而且由家族控制。所有的情况很难归纳，但是我们还是能够在文本框 6.2 中列出一张清单，它可以为特殊组织的分析提供有益的指导。

但是，组织对贡献的重视可能是流程发展的需要，而事实上利益冲突仍然存在。因此，更需要认真对待那些具有相当权力的人。我们需要对利益相关者的力量进行研究。见文本框 6.3。

文本框 6.2

利益相关者力量分析的核查表

管理人员

- 大公司还是小公司？相关的报酬有多少？员工有多少？
- 中层管理人员支持或反对既定使命的力量有多大？
- 公司在招聘和解雇方面的风格是什么样的？
- 公司在行业中的利润率？

员工

- 工会是否合法？
- 工人代表在高层董事会中的比例有多大？
- 整个公司内，工人的广泛性和包容性如何？
- 工人的协作性如何？
- 工人的联合和影响力在国内的环境如何？

政府

- 自由放任还是干预统治？
- 股东和所有者的政策是否超越国内的制度？
- 对偏爱的行业是否予以支持？是否鼓励注册成为

公司的股东？

- 赞成全球贸易还是坚持保护主义？

银行机构

- 参股还是仅仅有债务关系？
- 在高层董事会中的参与情况。

股东

- 是否有完全的投票权？
- 向高层董事会中选送管理人员吗？
- 他们是否持有大宗股票还是反对持股？
- 家族的影响强大吗？
- 他们能否对公司不良的绩效提出控告（在美国，股东就可以如此）？

客户和供应商

- 见第 3 章的五种竞争力分析。

图 12.4　利益相关者力量分析：力量的平衡

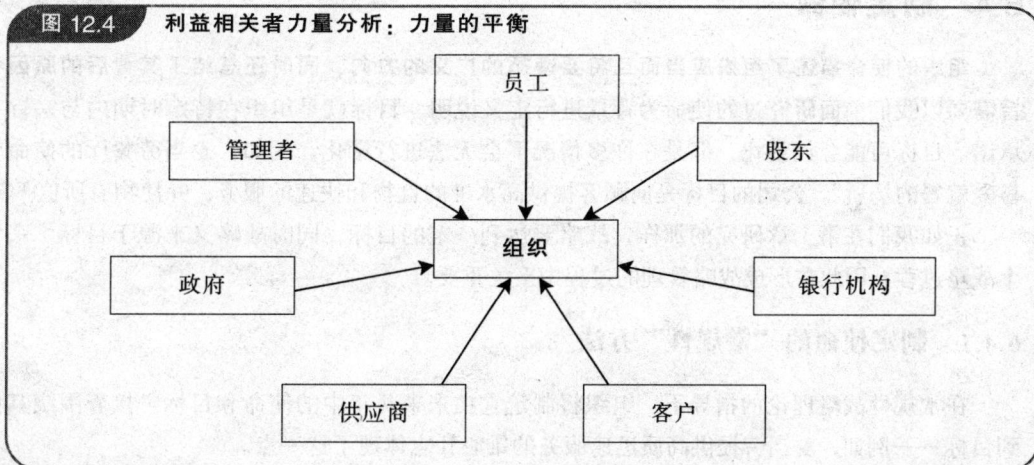

文本框 6.3

利益相关者力量的研究

有六个主要的步骤：

1. 确定主要的利益相关者。

2. 确定他们的利益和要求，尤其是在一个新战略刚刚制定的时候。

3. 确定每个群体持有权力的大小，可以通过他们对新战略制定过程中所施加的压力或者对变革的影响进行估计。

4. 制定使命、目标和战略，所采用的先后顺序能够使力量冲突减到最小。

5. 思考如何通过与关键的群体谈判，从而在矛盾出现之前就将其转化。

6. 确定有哪些已经认可的事项。如果有可能，使用这些原则确保使命的制定，并达成一定的妥协结果。

作为利益相关者力量分析的一部分，需要直接调查特定利益相关者群体是否可能会有利益重合的部分。这些调查可以确保发生利益冲突的时候能够有解决的方案。这种分析可能是不同的群体之间的讨价还价过程的起点。在利益相关者群体力量以及他们希望达成一致意见的基础上，利益相关者之间也会有一些妥协。但是，也不排除使用制裁等手段对某些群体施加压力。这种谈判过程可能会用到我们在第 15 章中谈到的博弈论。

关键战略原则

- 利益相关者是那些和组织具有利益关系的个人和群体，因此，他们希望能够对组织的宗旨和目标施加影响。
- 关于利益相关者的关键问题在于组织在制定使命和目标的时候，应当把他们的需求考虑在内。
- 利益相关者的利益经常是冲突的，这是个难题。组织需要解决利益相关者的先后次序；需要对利益相关者的力量加以分析。当冲突存在的时候，可以采用商讨的方法达到妥协。重合利益构成这一过程的一部分。
- 对利益相关者力量的研究可以分成六个阶段：确定主要的利益相关者；估计他们的利益和要求；确定每个群体持有权力的大小；在制定使命的时候区分先后次序；与关键的群体谈判；找到利益一致的部分。

6.4 制定使命

定义▶　组织的使命描述了组织应当而且将要遵循的广义的方向，同时还总结了其背后的原因和价值观。这一宗旨需要以我们前面研究过的使命为背景进行定义说明。目标就是组织在特定时期内与宗旨一致的更为具体的承诺。目标可能会数量化，但是在许多情况下会无法进行量化。例如，麦当劳餐厅的使命就是："成为顾客喜爱就餐的场所"。公司的目标是向顾客提供高水准的食物和快速的服务，并使物有所值[32]。

正如我们在第 1 章研究的那样，战略要达到一定的目标，同时战略又来源于目标。宗旨和目标定义了整个战略过程，因此在形成战略管理的过程中至关重要。

6.4.1 制定使命的"常规性"方法

在常规性战略理论的指导下，组织将制定它在未来几年中的使命和目标，接着围绕其使命制定战略以达到目标——例如，麦当劳提供高质迅速服务的雄心壮志体现了这一点。

制定组织的使命和目标需要对环境和资源加以分析，然后形成常规性的使命，确定组织一段时期的使命。

6.4.2 制定使命的"突发性"方法

和常规性方法相对应的是，一些突发性学说战略学者提出，目标性很强的计划概念与组织中出现的战略思想格格不入。他们认为，按照定义目标不会产生。

对另一些突发性学说的战略家而言——基于第 2 章中不确定性的战略理论——整个组织目标的理念在很大程度上都难以理解。例如，他们可能认为，麦当劳靠新的咖啡厅来增长利润简直是在浪费时间，太多的偶然事件都会使公司偏离原来选择的路径。这些学者可能还反对这一章和使命及目标有关的其他部分，他们可能会接受本章中有关利益相关者部分的内容，但是这些人会把上述观点作为对不确定性的一个支持，由此他们就可以得出结论：得出组织清晰的目标是非常困难的。

对另一些持突发性观点的战略学家而言——基于生存观的理论家和第 2 章以人力资源为基础的理论家——情况更不明朗。当然，他们还会怀疑宗旨的形成并没有考虑到外部的力量，同时也没有考虑组织外部不同利益群体的力量。但是，他们也没有完全将目标的概念拒之门外——他们只是有保留地接受。麦当劳服务和品质的野心可能会符合他们的标准，因为这些是在充分考虑了外部力量的变化，并且在高层管理人员中进行了讨论之后才形成的。

一些持突发性观点的战略家可能会希望让业务中的利益相关者之间的复杂关系成为目标的一部分——这些利益不仅仅是股东利益，而且还包括高层管理人员和员工利益。他们可能会对西门子尝试把获利目标传递给所有的员工印象深刻。

但是，我们在最后一节中也看到，利益相关者也会有相互冲突的利益——例如，麦当劳股东希望获得利润，而员工希望哪怕没有赢利的时候，也能得到长期雇用。因此，对人力资源理论学者而言，组织的使命需要各相关群体之间的妥协予以调节。

6.4.3　使命的作用是什么

如果使命概括了组织应当遵循的各项原则，那么使命的作用就是向组织内外所有的利益相关者传达以下的信息：公司代表了什么？前进的方向在哪里？因此，这些需要用语言以及所有相关各方都能够理解并感觉与其各自环境相关的承诺来表达出来 [33]。

在战略学家中，对使命的定义也有一些争论 [34]。实际中也没有形成一致的定义。公司和从业者对此有浓厚的兴趣，但定义相对有限，研究也偏重学术化。除此之外，一些研究者已经对宣言冗长的形式和内容提出了质疑，一些人 [35] 甚至指出，公司应当把它们的"战略意图"浓缩成简洁准确的语言，如第 6.1 节前面的概述。

有关这种宣言的形式、目标以及宣言内容方面的观点更加迥然不同，而且许多北美和欧洲的公司都制定了使命，并在年报和会计报表汇总中加以引用。就算使命没有形成一致的定义，公司仍然可以发现，制定宗旨的过程是十分有益的，因为它能够在组织内部鼓励讨论和参与。

6.4.4　如何系统地陈述使命

因为没有任何两个组织具有相同的所有者、资源或环境，因此，每个组织的使命也是独一无二的。一般来说，使命包括以下五种要素。

1. 思考组织所经营业务的"本质"是什么。典型的问题包括："我们所在的行业是什么？我们应当经营什么业务？"
2. 需要从客户的角度而不是组织本身的角度去思考有什么反响："我们的业务就是出版书籍，告诉读者什么是战略，并教会读者"，而不是"我们正在写一本有关战略问题的教科书"。
3. 使命应当反映组织的基本价值观和信仰 [36]："我们坚信，最为重要的是，尊重环境，提供不带有任何文化、信仰、种族歧视的就业机会。"
4. 在可能的情况下，使命应当反映可持续竞争优势的要素 [37]："我们的目标就是成为这个行业的领先者"。在形形色色的公司中，这可能有点不太现实，把这调整为反映出组织没有直接的竞争对手的差异性可能更为合适，例如一家慈善团体。
5. 使命需要总结组织在选择某种行为方式时的主要理由："我们是一个团队，我们信赖并尊重每一个人。"文本框 6.5 的福特的使命就是一个很好的例子。

所有这些因素都以业务判断为基础，这一点并不精确，而且难以定义业务的确切本质。业务判断通常是由公司的高层经理人员作出的。

文本框 6.4

判断使命的原则

使命应当：

- 具有针对性，足以对业务中个人的行为产生影响；
- 反映出组织特有的优势，并且以客观认识组织的优势与劣势为基础；
- 具有现实性和可实现性；
- 具有柔性，考虑到环境的变迁。

由于使命在总结组织使命的同时也要传达使命，它需要字斟句酌，需要以一种通常能够被人理解的语言表达。在文本框 6.4 中我们列举了一些用于判断宗旨的原则[38]。

严格和认真的分析是制定宗旨中必不可少的一部分。作为完整的宗旨的例子，文本框 6.5 描述了福特汽车公司 1996 年的使命，特别是给出了公司在制定使命时传达给所有利益相关者的基本内容。

文本框 6.5

福特汽车公司——20 世纪 90 年代后期的使命、价值观和指导原则

使命

福特汽车公司是全球汽车、金融产品和服务领域的领先者。我们的宗旨就是不断提升产品和服务水平以满足客户的需求。让我们的业务蒸蒸日上，同时给我们的所有者——股东以合理的回报。

价值观

我们如何完成使命与使命同等重要，公司成功的根本是这些基础的价值观。

- 人：我们的员工是力量的源泉。他们向公司奉献力量，决定了我们的名誉和获利。参与和团队合作是我们核心的人力价值观。
- 产品：我们的产品是努力的结果，它们在服务世界各地客户的表现是最佳的。我们的产品受到重视。因此，我们也受到尊重。
- 利润：利润是一种手段，它最终衡量我们按照需要向客户提供的最佳产品这一过程是否有效，利润需要维持并不断增长。

指导原则

- 质量第一：为了达到客户满意，我们的产品和服务的质量必须是首要的优势。
- 客户是我们经营的核心：我们在做每件事情时都要把客户放在心上，提供比竞争对手更好的产品和服务。
- 持续改善是成功的必经之路：我们必须努力将每件事情做到最好——我们的产品的安全性和价值、服务中的人际关系以及在优势和利润率各个方面都是如此。
- 员工参与是我们的生存之道：我们是一个团队，我们必须信任并尊重每一个人。
- 销售商和供应商是我们的合作伙伴：公司必须和销售商、供应商以及其他业务伙伴保持互惠的合作关系。
- 正直就是从不妥协：整个公司的行为必须追求这样一种形式：具有社会责任感，以正直和积极的态度为社会作贡献。我们的大门永远向那些没有因种族、个人信仰而歧视他人的人敞开。

关键战略原则

- 组织的使命描述了组织应当而且能够遵循的各个方面，同时还总结了其背后的理由和价值观。
- 目标是组织在特定时期内围绕使命的具体承诺。目标可以是量化的，但在有些情况下，量化目标并不合适。
- 常规性的方法强调组织需要为未来几年制定宗旨和目标。
- 一些突发性的方法对使命和目标的有用性提出了质疑，因为未来是不确定的。另一些突发性的方法接受了使命和目标的必要性，但是更为强调管理人员和员工的发展需要。
- 使命旨在向组织内外所有的利益相关者传达公司要做什么以及前进的方向在哪里。
- 使命的形成有 5 个要素：组织的本质；客户的观点；价值观和信仰；竞争优势和独特性；方式的主要原因。
- 使命依赖于对业务的判断，但也可以制定一些标准对结果进行评价。

案例研究 6.3 可口可乐：降低目标泡沫

可口可乐是世界上最大的软饮料公司，该公司在 2002 年和 2005 年降低了公司的重要赢利目标。本案例探讨了降低赢利目标的原因以及公司如何在 2007 年去实现它较低的目标。

可口可乐的目标设定

对于大多数在类似软饮料这样相对成熟的市场中经营业务的公司来说，从前它们通常都会设定公司未来目标的起点。从 1991 年到 1997 年可口可乐为股东们赢得了每年 15%～20% 的年增长率。之后在 2001 年反弹之前，经历了连续三年赢利明显下滑。该公司的业务收入直到 2004 年为止几乎止步不前——参看图 6.7。公司净收入曾有一次上扬（图 6.7 并没有表示出来），但这是例外情况并且没有再出现。

图 6.7 **可口可乐公司如何实现 2007 年目标**

（单位：100 万美元）

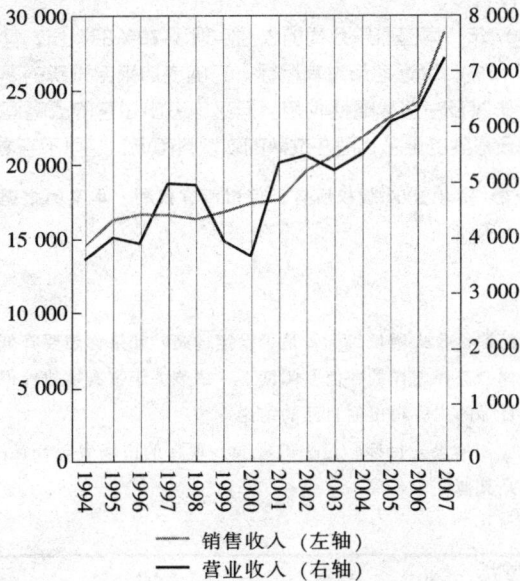

—— 销售收入（左轴）
—— 营业收入（右轴）

资料来源：Company accounts 2007 and various previous years with some adjustments by the author for perfectly proper changes in accounting reporting for earlier years.

在这种背景下，该公司需要重新定位它们的目标，以及销售和赢利目标。2001 年，公司的首席执行官道格拉斯·达夫特（Douglas Daft）把之后的业务收入增长率设定为他认为比较合理的年 11%～12% 的增长额。该目标在 2003 年减少为 10%，因为很明显该公司无法达到设定目标。新的公司总裁诺尔·艾斯戴尔（Noel Isdell）在 2004 年下半年把这一数值改为 6%～8%。"我接收了一个棘手的问题，"他解释说，"要努力去完成在下一期不太可能达到的数字。"

但是，那个时候对于现在这一新的目标是否能够达成还存在至少 4 个疑问。

软饮料市场的增长

首先是该市场的低增长。碳酸软饮料市场在 2001 年全世界的销售量仅仅增长了 2%。2005 年在可口可乐领军的市场北美销售仅仅增长了 1%，但次年又降低了一个百分点。可口可乐占领了碳酸软饮料市场，该公司从这一市场获得总销售额的 87%。该市场增长如此缓慢，而且该公司极度依赖该市场，如果没有采取其他措施的话，那么该公司很难能获得超越市场增长的速度。

饮料市场包括瓶装水、果汁和运动饮料的市场增长要比这迅猛。可口可乐的主要竞争对手百事可乐，在这些市场中要比可口可乐强大得多，它们在开发可乐市场之前就已经认识到并获得了高增长。可口可乐在 2002 年试图进入该市场瓶装水市场，并发布了 Dasani 品牌，该品牌在一些国家获得成功，但后来一塌糊涂并最终在英国不得不召回该品牌。在 2005 年和 2006 年，在公司所拥有的软饮料市场之外区域，公司的新品种和品牌获得了一些成功。但是，可口可乐在一些软饮料市场中表现疲软的境况还在继续。

可口可乐和其灌装公司

第二个问题是可口可乐赢得利润的方式。该公司并不仅仅在市场中销售产品。该公司通过其遍布世界的当地灌装公司来运作。一些灌装公司是该公司所有，一些则不是。公司主要从当地的灌装商那里收取总公司配送的原汁的费用——灌装商把原汁兑上碳

可口可乐是世界上最著名的全球品牌之一 —— 一辆印度的运输车和墨西哥的擦鞋亭。

酸水，装瓶，然后销售最终产品。在 90 年代，可口可乐据说收购了世界上一些小的灌装公司并把它们以更高的价格卖给了当地更大的灌装公司，并把销售中获得的收益划归可口可乐的利润[39]。该公司对其浓缩液还收取更高的费用，并收取利润的一部分。

这样的战略并不会必然引起灌装公司的损失，也不会必然带来可乐瓶价格上涨。原因在于把小灌装厂整合给大一些的地区性灌装商会带来规模效应，因此会降低成本。但是可口可乐现在认识到这样的过程不应该无限期地进行下去，它们必须要把部分收益与灌装商分享，尽管一些公司归本公司所有。因此，该公司降低了后期收益增长目标。

新产品开发

第三个怀疑的原因是因为收益增长目标与是否能够成功引入新产品密切相关。可口可乐在这方面的记录让人沮丧。该公司的强大对手百事可乐在世界上大多数地区的市场份额都要比它小。但是它们在新产品引入方面有着非常好，甚至可以说是卓越的记录——百事可乐是第一家引入减肥可乐和 2001 年第一家引入柠檬可乐的公司。可口可乐曾和百事竞争推进草莓可乐，但这是 1985年的事情了，并且这一产品的销售量也仅仅是传统可乐的 3%。另外，消费者、员工和灌装商都还记得 90 年代当可口可乐尝试用更为现代的产品来代替古典可乐的时候所受到的强烈抗议，并最终不得不收回了这一创新。

到 2005 年可口可乐发布了一些新产品，获得了一些成功。但是并没有重大的突破，而且似乎没有一种产品可能会出现重大突破。该公司的战略是集中销售公司的主品牌可乐："除非我们有一个健康的可口可乐品牌，我们才会有一个健康的可口可乐公司。"公司新上任的总裁诺尔·艾斯戴尔说。

通过收购获得增长

第四个问题是该公司不愿意通过收购来获得增长，而收购可能会带来收益的增长。可口可乐 1999 年从 Cadbury Schweppes那里买下了其在部分地区的 Schweppes 混合饮料品牌，近年来还收购了一些灌装厂。但是可口可乐的董事会并没有支持当时的总裁 Douglas Daft 2001 年收购 Quaker Oats 公司的计划。该收购的卖点之一就是 Quaker 的运动饮料品牌 Gatorade。这样，可口可乐就可以坚定地进军当时新兴的增长迅速的市场。但是，董事会认为 160 亿美元的价格太高了。百事可乐在 2001 年收购了 Quaker。

2007 年——成功了但能保持多久

公司管理层剧变——公司首席执行官诺尔·艾斯戴尔在退休后重新获得聘用——后三年，该公司仍然在苦苦寻求销售量的增长。被修改的收益增长目标 11%~12% 在 2003 年悄悄修改为 5%~6%。之后在 2004 年新执行官上任之后进一步减少为 3%~4%。销售增长目标和本案例前面提到的业务收入增长一样变为 6%~8%。据艾斯戴尔所说，要通过集中注意于管理和销售世界上最大的品牌中的"成千上万的小事情"来达到销售收入目标。比如，该公司开始进行全球广告，而不是依赖于进行全国性的广告；研究推进更为复杂的定价结构，并在其核心碳酸软饮料产品进行更多的产品开发。

2007 年，可口可乐公司的收益实现了 20% 的增长，营业收入增长了 15%，远远地超过其目标。它的成功来自于新的品牌、品牌的延伸以及一些战略性收购。但这也突出了它的战略问题：股东们想要得到的更多，而在成熟的软饮料市场，这可不容易获得。

案例问题

1. 你如何评价收入增长目标？是否设定过高？如果你想要降低这一数值，你会选择怎样的数值？阅读下一章节关于富有挑战性但能够达到的目标的内容得出你自己的结论。
2. 组织应如何设立目标？过去的经验？现在的市场表现？挑战目标？或者是其他？

6.5 制定目标

定义▶ 　　**目标把宗旨的普遍性转变成更为具体的承诺。**通常目标包括要做什么以及在何时完成，目标还可以包括一些量化的要求，例如，市场份额的显著增长或者某些产品质量的改善。比如，可口可乐公司降低了 2001—2005 年收入增长的量化目标，如案例研究 6.3 所示。但是营业目标并不一定必须量化。例如，可口可乐可以设定有关高级职员的职业满意度的相关目标，这些目标则相当个人化和非量化。

因此，目标的作用是：

* 在任务管理中强调获得具体的成果；
* 提供一种评价手段来衡量努力是否取得成效。

6.5.1 不同种类的目标

在 20 世纪 60—70 年代，一些学者热衷于将目标量化，以便使得目标可以衡量[41]。现在，人们一般认为，一些目标很难轻易量化：例如，那些和商业道德相关的目标或者与员工满意度相关的目标。但是，这些目标可能代表了公司活动中极其重要的方面。

尽管如此，一家具有宗旨但没有量化目标的公司终归会陷于毫无意义的空洞陷阱之中。公司通常制定两类目标。一个是量化的，另一个则是部分量化的：

1. 财务目标，如每股收益、股东投资回报、现金流量；
2. 战略目标，如市场份额的增长（量化）；较高的产品质量（量化）；较高的顾客满意度（部分量化）；员工工作满意度（根据调查研究结果但不一定要量化）。

上述所有方面均同等重要。各公司会根据其自己的参与人、文化、领导团队、宗旨与未来方向来设计自己的清单。

6.5.2 目标之间的冲突

有一些目标确保了组织的生存，例如充足的现金流、基本正常的财务经营状况。这些需要在流程中尽早表现出来。但是，对许多组织而言，生存并不是未来的主要问题。例如本章中提到的这两个组织，通用电气和可口可乐并不会在明天就消失。对这些组织而言，一个重要的问题是发展和增长——例如，文本框 6.5 中福特的使命中就包含了这样的字眼——"生存并增长"。同样，本章麦当劳的案例也与达到增长目标相关。

发展和增长需要花费时间并投入大量的资金。公司向增长方面投入资金，就不能给股东分红，增长目标就可能潜在地与公司的所有者——股东短期回报的要求相矛盾。今天从业务中获得的资金如果进行分红，就不能够确保未来有足够的投资。因此，公司需要在长期和短期目标之间找到平衡。正是由于这个原因，福特的宣言中提出"合理回报股东——我们的所有者"。这句话可以从麦当劳或是可口可乐制定多个支付红利目标中反映出来——在满足股东的同时也要满足对投资的需要。

在周围环境非常复杂的时候，就像今天的轿车行业，认识到以下的问题尤为重要，那就是，今天分红所用的资金，往往使公司很难保持较高的绩效水平，从而在未来战胜竞争对手。对任何一个需要分配附加值的公司而言，短期和长期的目标之间总是会存在或明或暗的冲突。

6.5.3 股权结构的含义

在一些国内市场，当股东的力量非常强的时候，短期和长期之间的冲突更加尖锐。北美和英国的股票市场比较看重"短期法则"[42]，即公司需要保持一定的分红记录，否则就会面临被收购的威胁。其他欧洲、日本和东南亚公司的压力就小得多，因为这些地区的股票通常被政府和银行机构持有，而它们能够采用长期的观点。例如德国汽车公司大众和戴姆勒—克莱斯勒都有很多股份被大银行持有。与此相反，福特和通用汽车很大一部分股票是通过欧洲和北美的证券交易所被公众持有。因此，美国公司比德国公司面临更多股东方面的压力。这些因素必然在初始阶段设计公司目标以及如何在事后如何进行监控方面有所体现。

6.5.4 具有挑战性但能够达到的目标

在制定目标的时候，有一个关键的问题就是：具有挑战性的目标应该是什么样的。我们能仅仅制定一个轻易就可以达到的目标，然后炫耀自己的成功吗？还是我们应该去制定一个更具有挑战性，但是仍然可以达到的目标？如果我们制定的是后者，这些目标在多大程度上可以开诚布公地和那些需要对目标负责的人商讨？我们是否需要制定合同？回报呢？

这些问题很难解决，而且有赖于组织的文化和高级管理人员的风格以及组织宗旨和竞争的性质来决定。一些组织会按要求制定目标，并且据此评价绩效；另一些组织则会在要求达到的目标和容易实现的目标之间权衡，取得一致看法（而非制定）。尽管彼得·德鲁克乐观地认为，截至 20 世纪 90 年代末[43]，上述做法取得了极大的成功，但是目标制定在这个方面仍需相当敏锐的业务判断能力。

6.5.5 在大型组织中制定目标

在具有稀缺资源的大型组织中，情形可能更加复杂。在很多情况下，这种组织分成不同类型的业务：本章后面案例中的花旗集团有许多团队，每个团队分别负责不同的金融产品，这种群体经常被称为事业部或者战略业务单元（SBU）。每个 SBU 都有相当的规模，拥有自己的首席执行官和职能经理。在这种情况下，公司战略需要得到每个 SBU 的检验。除此之外，公司实际上并不是拥有无限的资金，而是会把各个 SBU 拥有的资金进行合理的分配，当某个 SBU 没有获得所需的资金支持时，对总部而言，就不能制定和其所要求一致的目标。

由于这些原因，公司的目标不必对每个 SBU 都相同。例如：

- SBU 的财务资源可能非常有限，而且在 SBU 之间有一定的比例。那么，期待每个 SBU 都完成既定的目标是不现实的。
- 一些事业部可能位于快速增长的市场，需要大量的资金支持，但可以很好地贯彻整个公司的目标；而另一些事业部可能处于下降阶段，不管它们获得多少资源，可能只是处于努力达到公司目标的平均水平。

在大型组织中，我们需要清晰地区分公司整体需要达到的目标和每个事业部达到的目标之间有什么样的差别。公司战略需要转化成事业部或 SBU 的目标，事业部的目标也要从属于公司的目标——见图 6.8。

图 6.8 把公司目标分解成战略业务单元和职能目标

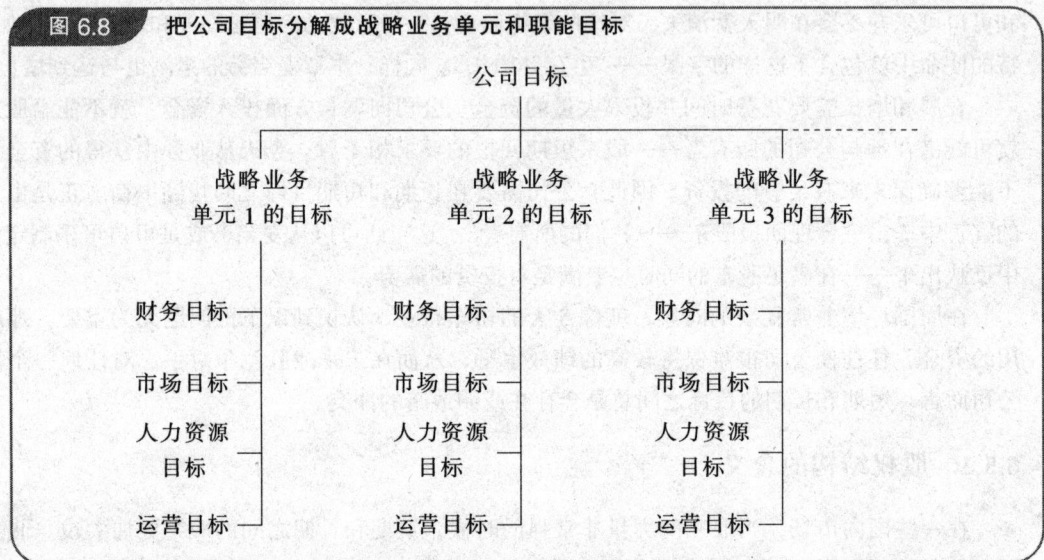

关键战略原则

- 目标把宗旨的原则变成更加具体的任务：通常目标包括要做什么以及目标在何时完成。
- 不同种类的目标都是有可能的。一些目标是量化的，另一些则不是。
- 目标之间可能存在冲突，尤其是在组织的长期和短期目标之间。
- 股权结构将影响组织目标。英国和美国公司通常会承担更大的短期绩效的压力。
- 目标要具有挑战性，但是也要能够达到。
- 在具有稀缺资源的大型组织中，目标需要考虑到环境的因素以及组织不同部门之间的经营状况。

案例研究 6.4 花旗集团——重建公司监管制度

花旗银行是世界上最大的金融机构之一，每天来往的银行金融工具比如货币、股票和证券等的数额高达几十亿美元。花旗银行是世界上管理众多重要资本项目的知名银行，其客户多达 2 亿。但是，最近花旗银行卷入了一系列的金融丑闻，这使得该公司开始下大力气重建公司的监管制度。本案例描述了这一切是如何开始的以及现在的进展情况。

花旗集团的成长

200 多年前在纽约从一家银行开始的花旗集团，在过去的 20 多年中已经通过各种手段在世界各地完成了一系列野心勃勃的并购。重大的变化发生在 1998 年，花旗集团和旅行者集团合并，希望"能够为金融客户服务创造出一种新的模式"来满足"金融需要"。另外，该集团在 1995—2003 年期间还在世界各地收购了众多的小公司。到 2004 年，该公司是世界上最大的金融机构，在世界上 100 多个国家都有业务经营，并在所有的重要金融中心都有业务往来。

1998—2004 年，花旗集团的净收入翻了一番，净收入则增长得更快——参看表 6.3——这些发生在一个按照国际标准来说已经很大的公司身上。重要的是，花旗银行的雇员数量从来没有增加得过快，也就是说，其员工在这一段时期所创造出的价值和利润在增加。实际上，当时所进行的收购都对营业额作出了贡献，但

表 6.3	花旗集团：年收入和净收入显著增长，但员工人数并没有随之增加						
	1998	1999	2000	2001	2002	2003	2004
总净收入（十亿美元）	45.00	54.80	63.60	67.40	71.30	77.40	86.20
净收入（百万美元）	6950	11243	13519	14126	15276	17853	17046
员工数	202400	212500	233000	268000	250000	253000	287000

资料来源：Company Annual Report and Accounts 2004.

是多数交易对象的"幕后办公室"——行政、系统、金融、IT支持等机构都大大减少，并且被花旗银行自己的系统所取代。这样所节约出来的大量成本抵消了公司的很多收购成本，但是这样也有两个其他的副作用：

1. 减少了能够在新的分支机构中进行监管活动的人员；
2. 使得对于一个大型集团进行的中心监管更加复杂——没有足够的人员。

2003 年，新的更大的花旗集团是一个经营多种金融业务的混合体。该集团包括投资银行、信用卡业务、零售银行和借贷。重要的是，银行行为的大范围带来了两个问题：

1. 这意味着在各个不同的业务之间的利益可能会存在冲突，而这会影响到监管。比如说，投资银行的业务可能会在宣传进行一项新的收购，而同时花旗银行的一个私人银行却正在考虑向被收购者投资。
2. 银行的各个部分所需要的知识和技能会有很大的不同——比如说，投资银行和信用卡处理是极为不同的。这使得花旗银行很难对公司的各部分之间的人员进行调换——如果花旗银行想要发展一种新的公司组织文化的话这倒是有用。

花旗集团打破规则

1998—2003 年，花旗集团以首席执行官森福德·威尔（Sanford Weill）风格为主宰。威尔促成了带来花旗集团规模翻倍的多数交易和合并。尤其是，威尔对他的同事们施加压力，要他们更为经济地完成交易——他对经营分支机构的利润目标设定非常苛刻，然后他会给予各机构很大的自主权来完成这些目标。根据《金融

通过一系列的收购和兼并，花旗银行成为世界上最大的银行，然而这也最终导致了公司重新定义其道德规范和公司监管制度。

时报》对花旗银行的评论，"那些完成季度利润指标的经理们会得到可观的业务奖金"[44]。金融类杂志《商务周刊》的记者阿梅斯通与威尔合作出版了一本书，他说："他是一个喜欢亲力亲为和控制的经理人，他监督着很多业务。他的确有一种侵略性的风格，他强调利润，他对各个机构能否带来利润非常苛刻。我想伦理道德这样的问题实际上在他心目中并没有太重要的位置。"[45]

暂且不论会对员工带来多少压力，花旗银行开始着手进行一系列打破规则的金融交易：

- 花旗集团预计要支付大约 50 亿美元来处理由于电信公司 WorldCom 破产所引发的法律纠纷——参看文本框 6.6[46]。"对于安然的问题花旗银行也面临着类似的窘境。"——参看文本框 6.6[47]。
- 花旗集团将要支付 2000 万美元来解决与美国联邦监理机构的指控，因为该公司向顾客隐瞒了其经纪人收受贿赂向客户推荐一些基金的事实。还有，美国证券经纪人联合会披露说花旗银行、美国联邦快递公司和 JP Morgan Chase and Co 统一支付总额高达 2125 万美元的罚款，因为他们在销售基金的时候串谋违反了相关的法律规定——其中，花旗集团要支付 625 万美元[48]。
- 花旗集团计划要在进行佣金支付的调查之后，向美国证券和交易委员会支付大约 2 亿美元[49]。
- 花旗集团同意支付 7500 万美元来解决关于它在电信网络供应商 Global Crossing 的破产当中所起的作用的纠纷[50]。
- 花旗银行被迫在"反复违反当地法令"之后关闭其在日本的私营银行[51]。

此外，花旗集团正在面临意大利的食品集团 Parmalat 行政人员的指控——参看文本框 6.6。但是，重要的是，还应注意到花旗集团否认了其行为有任何失误的地方。另外，德国的金融市场也对 2004 年 8 月份的欧洲政府证券的证券交易中所发生的事情作了澄清："如同任何的欺诈案一样，要付诸起诉必须要有进行欺诈的证据。"据说银行在此交易中获利 1750 万美元[52]。重要的是，花旗集团得到美国中央储备银行的许可可以在 2005 年接手私营银行得克萨斯银行，联邦政府被要求建议花旗集团延缓接手计划"直到加强内部控制和了解执行一些美国和外国的规定问题"[53]。

实际上，花旗银行已经决定在实践中做出重要的变化："2004 年对于我们来说并不是一个好年头。我们的确做了一些原本不应该做的事情。我们需要纠正并且表达我们的悔意。我们需要继续前进并确保我们从中学到了一些东西。"花旗集团的首席财务官萨里·克劳切克（Sallie Krawcheck）说。

花旗集团的新的公司监管方式

2003 年，花期集团任命了新的首席执行官查尔斯·普林斯（查 ▶

克）。2004 年他在公司进行了一次重要的调查并得出结论认为集团需要进行根本的变革。在 2005 年 2 月份给员工的讲话中，他说："我想我说得很清楚：要想成为最受尊重的公司并不需要对我们的文化进行重大的改变。花旗集团已经在金融服务业有了备受尊敬的声誉，我们拥有值得骄傲的其他公司几乎无法企及的成就。但是我们的一些行动使得我们最值得珍惜的资产处于危险的境地——客户对我们的信任、员工的耐心和股东的信心。"

该公司制订了一个 5 点计划来加强花旗银行的监管。

1. 增加培训：每年对所有员工进行培训，并对高层的 3000 多经理人进行特殊培训。

2. 改善沟通：在首席执行官和高层经理们之间每两个月进行一次直接对话；董事会也有与全体员工的沟通渠道，包括一条"道德热线"。

3. 对于人才和发展更为关注：执行训练，对于高级经理们的匿名评估反馈，发展项目扩展。

4. 业绩奖励和补贴平衡：与高层经理们的目标相应进行奖励；对中层经理进行评估；按照花旗集团的总体业绩进行补贴——而不是某个人的业绩。后一点尤为重要——业绩奖励以集团的业绩为基础，而不是某个人完成了某一特定的利润目标。

5. 加强控制：独立的全球职能；风险控制评估；扩大审计范围；对于控制职能的经理比如财务审计人员不断进行教育。几乎存在着某种威胁："如果风险控制评估、审计或者是定期的检查结果不够好的话，那么很有可能你要受到查克·普林斯和鲍伯·维拉姆斯塔德本人的讯问。"

除了这 5 点计划之外，花期集团还制定了一个 13 页的对于公司监管尤其是董事会董事们的监管条例。这些包括董事会的三分之二应该是独立董事；要确保董事会成员拥有足够的技能和经验；坚持董事会董事们如果在其他组织中有了新的职位应该辞职；对于董事们的业绩进行年度审核；定期参加董事会议；直接与高级经理们接触探讨重要问题；对于内部交易和其他的商业关系方面的规则[54]。

对于这些变化，《金融时报》得出结论说："那些提供金融服务的公司发现它们不断卷入金融丑闻当中。由于该行业的性质，那些多元化的公司尤其难以避免这样的腐败。普林斯的计划受到了欢迎，但是这也要求有雷厉风行的执行才能看到效果。"[55]

次级抵押贷款问题出现了……

2007 年秋季，花旗投资银行宣布有 14 亿美元的利用贷款资产减记，另有 10 亿美元的按揭证券，2.5 亿美元的担保放款债权以及 6 亿美元的其他信用贸易损失。"如果出现问题，我们肯定会受到冲击，而且冲击很大。我们反应太慢，"花旗集团的一位高级执行官说。是年后期，公司披露潜在的抵押相关的损失达到 110 亿美元。在编写此案例时，这一问题带来的全部后果尚不明确。

有一点可以确定的是，花旗的主席和总裁，查尔斯·普林斯于 2007 年 12 月由于这些损失而辞职。Bikram Pandit 接替了他的工作，担任总裁，宣布要精减银行的结构，重组业务。显然，他的任务十分艰巨[56]。

案例问题

1. 你如何评价花旗集团在公司监管方面做出的变化？它们会成功吗？

2. 其他的公司能否从花旗集团的改变中学到什么？或者说该公司的案例仅是特例，没有什么有用的结论？

6.6 公司监管和组织目标

如同花旗公司的案例中所表明的，公司监管在战略管理中的地位日益重要。公司总裁可以影响到组织的所有方面，包括公司如何对待员工、顾客、股东和其他的利益相关者。总裁和其他的执行经理代表利益相关者进行战略决策。**一般来说公司监管指的是利益相关者控制组织战略方向的影响和权力，特别是组织的总裁和其他高层的权力。**

定义▶

公司监管与高级管理人员被赋予的影响组织未来目标的机会战略息息相关。高层通常指的是组织的经理，但是，也有可能包括工人的高级代表和外部对战略制定并没有日常责任的高级顾问。在一些欧洲国家比如德国、瑞典和荷兰，会成立一个监督委员会来监督经理的工作。

很多公共团体同样会采用公司监管结构。非营利组织可能也会遇到和公司监管类似的问题，包括监督公共服务的质量，以及为纳税人和慈善捐赠者提供价值。

对于大多数组织来说，公司监管并不仅仅是选择、给报酬和评价高层的行为。公司监管还包括对公司管理层所制定出来的公司主要战略进行评价和表决。典型地，这样的过程可能会每年进行一次。从知名的国际石油公司——英国石油[57]公司监管的例子来看，还可能会有检查"达到公司业绩目标的预计或者风险以及对战略和政策的考察"。这样的政策近年来在不断出现的公司丑闻过程中不断得到加强——参看文本框 6.6。

战略课题

你可能会想要继续对文本框 6.6 给出的例子深入讨论；本书的网站上会有参考资料。这些极端的例子是否是不常见的？公司采取了哪些措施防止这些行为再次发生？其他公司的目标、成本和战略产生了什么样的影响？

文本框 6.6

一些公司监管的极端问题的例子

公司	状况
安然——美国能源交易公司	安然 2000 年价值 600 亿美元，但是在 2001 年破产。2001 年下半年，该公司承认虚报利润。大批高层被指控腐败——本文编写时，还有部分未被定罪。公司的财务审计公司安达信当时是世界 5 大审计公司之一：它的财务审计并没有发现安然的问题，它由于此次丑闻而倒闭。
WorldCom——美国电信服务公司	WorldCom 的首席执行官 Bernie Ebbers 在 2005 年被发现达 110 亿美元的会计欺诈以保住 WorldCom 的高股价并试图抵消自己总额超过 4 亿美元的借款。完成本文的时候，Ebbers 可能要受到 25 年监禁的判决。
Vivendi——法国公司，收购了世界上最大的娱乐公司 Universal	2003 年 12 月，Vivendi Universal 的总裁 Jean-Marie Messier 被美国证券交易委员会判处罚款 100 万美元。他对一笔 2500 万美元的开支推诿否认，他被禁止 10 年内担任任何美国上市公司的职位。他被指控利用会计报表伪造现金流和流动性来符合赢利目标并且没有披露巨额资产负债表以外的融资。
Skandia——瑞典公司，斯堪的纳维亚和美国从事保险服务	2002 年，由于通过虚报股价假报利润，公司损失了 60 亿美元，被迫出售了其旗舰美国业务。据说在 1997—2000 年期间一家小型公司的总裁从该公司提走了 1 亿美元作为红利，并且还在 Stockholm 市中心得到了几套豪华住宅。Skandia 利用保险单持有人的资金进行这样的活动遭到了强烈的批评："Skandia 的麻烦是一个强势管理者受到一个弱势董事会监管会导致什么样的后果的很好的例子。"（《金融时报》，2003 年 12 月 2 日，P31）
Parmalat——意大利公司，在世界上 40 多个国家从事牛奶处理、奶产品和相关的农产品业务	2004 年 1 月，该公司确认 Parmalat 资产负债表上有 130 亿美元的资金丢失。在本文完成的时候，调查仍在进行中，但似乎可以确定有涉及 100 亿美元的欺诈，公司创始人兼主席 Sig. Calisto Tanzi 正在接受调查并受到监禁。

应该强调的是，大多数公司并没有表现得如此腐败。但是，几家公司发生严重的丑闻使得近年来对公司的监管力度加强了。以下的章节对此有所描述。

6.6.1　所有权和控制权分离

由于公司高层负责进行战略决策并且执行这些战略，所以他们是那些利益相关者的代表。从这种意义上说，利益相关者所代表的组织的利益和经理们对组织的控制是相分离的。由于近年来利益相关者的利益并非总是与经理们的利益相一致，所以对公司的监管就变得越来越重要了。比如花旗银行，公司高层一直希望为了壮大公司走一些捷径，但不得不接受巨额罚金，这些不得不从股东红利中扣除。

大的公司现在将所有权和控制权分开。例如，BP 石油。在下文，公司将管理公司事务的执行董事和监管管理活动的独立董事明确地分开了。

6.6.2　公司监管的权力

公司监管的重要性在于赋予高层管理者以处理组织事务的权力。最近，为了股东、员工或社会的利益，这种权力很少被使用。谴责该权力的例子不胜枚举，英国公司巨头罗伯特·麦克斯韦的故事就是对该问题的说明。20 世纪晚期，他是一家大型出版传媒集团的董事长。据众人所说，他早就贪污腐化，但是多年以来没有受到惩罚，直到 1993 年他死于划艇事故之后，真相才得以天下大白。其他例子见文本框 6.6。

近年来，更多的公司监管事件可能并没有这么极端。这些事件经常和工资以及其他特权相联系，董事会成员已经意识到了他们自己的这些特权损害了组织内外的利益——例如英国煤气和电力公司的领导："肥猫"

型的公司领导在 20 世纪 80 年代后期和 90 年代早期的私有化过程中就给了自己很大部分的期权，结果在退休的时候获得了一大笔财富，损害了国家的利益。

这些和其他很多事件的结果就是，专业人士(尤其是那些会计专业的人)制定标准去对组织的高层领导进行伦理道德和专业方面的监管，这些标准会产生一系列的报告。例如，英国的 Cadbury、Greenbury 和 Hampel 委员会、法国的 Vienot 报告与荷兰的政府委员会。在美国，一些公司的腐败行为最终使得 Sarbanes-Oxley 法案在 2002 年出台。这一法案使得所有在美国运作的公司（包括外国公司），必须保证一份有关公司决策的审计纪录。因此，一些公司被迫引入新的流程。这是一个烦琐并且费时、费用很高的程序。

6.6.3　监管和信息流

权力集中在组织的核心管理中就会产生一些问题，即在使用权力的同时需要承担责任。如果传达给组织其他利益相关者的组织绩效信息并非确凿，那么事情就会变得很糟糕——只要信息不为人知或者没有被披露，错误的行为就会在没有监督的情况下一直延续。然而，公司监管的一个重要方面就是信息以及信息的有效性——良好的信息能够起到促进责任的作用。Sarbanes-Oxley 法案就是为此而设计的。

我们可能会想到，确保监管的简单方法也可以保证人们可以自由获得组织主要活动的信息。这里的困难在于，一些信息可能在商业上比较敏感，因此很难传递到组织外部，甚至在组织内部也不能完全传播。但是，没有将信息充分传播的危险在于，这会给那些并不希望披露事实真相的人一个借口去掩藏当前的交易。

解决冲突的起点就是确定通常状况下存在于组织内外之间的信息流。文本框 6.7 列举了一些规定发布给不同利益相关群体的典型信息流。最终，利益相关者通常会相信独立的专业顾问在可信的基础上给予的调查信息——就像年度审计报告一样——对需要承担责任的行为加以证实。

另一项重要的检查由一些具有半独立身份的主要董事会成员进行，也就是说这些人主要的职责和活动在其他地方。他们经常和组织联系，但没有经济或者任何利益关系，他们有对组织的事务发表意见的资深经验。这些人通常被称为非行政董事，表明他们没有日常管理组织的责任。在最近几年，对这些独立董事的任命被看做是一种用以衡量组织行为的手段是无可厚非的。这种体系的风险在于，由哪些人担任非行政董事一职的选择仍然受到公司的控制。但是，如果非行政董事在其领域内非常杰出，那么利益相关者就能够相信他们判断的独立性。花旗银行的案例就表明了公司愿意建立一些程序来确保独立董事的独立性。

文本框 6.7

对公司不同的利益相关者有用的典型信息

利益相关者	规定获得的信息	注释
股东	年度报告和账目	受限于组织打算让股东知晓何种内容
投资分析，如股票经纪公司、新闻记者等	通常更新进度，有时也进行面对面会议	是一种较好的通知方式，但仍有可能使组织受到误导
主要的公司董事会	相对充足的信息，但是有可能受到误导；有法定义务得到完整的信息和通告	非执行董事的特征和独立性有助于完全揭示所有的问题
高层经理	在某些领域的信息十分详细，但是仅仅依靠经理向他们提出问题，引起注意——请想想巴林银行的 Nick Lee Son	很有可能没有主要董事得到的公司全面的信息；可能没有伦理道德、非法或不恰当行为的"告密者"，但是他们也有可能参与这种行为
经理	具有一些信息，但通常是不完全的	可能有的时候是"告密者"，但是会受到遵守公司规章制度的压力
员工	通常只有有限的信息，除非员工是监督委员会的代表	新员工工会政策使高级代表可能提供更多保护

6.6.4 监管和公司行为

除了信息有效性这一问题，公司监管与其说是处理公司事务的方针，倒不如说是严格的规章制度。监管关注的是确保通过在利益相关者中恰当分配组织资源而产生附加价值。组织的高级职员在监事或监事会之下，对这一任务承担基本的责任。更为重要的是，公司监管通常坚持董事长和组织的首席执行官分立。

- 董事长。组织中地位最高的人，但不负责组织的日常运作。董事长通常关注组织外部的关系，例如和银行、政府以及股东的关系。
- 首席执行官。地位最高的经理，对日常运作承担责任，包括制定和实施战略。除了独立董事，所有的董事都要向此人汇报工作。首席执行官通常关注组织内部的关系。

一些组织把这两种角色合二为一，但是最近的公司监管审查并不赞成这种做法，如 Hampel 和 Higgs 的报告。然而，这种两权分立可能对一些小公司而言过于复杂。控制公司监管任务的主要方法一般都是，让一系列委员会对组织的特定领域负责——例如文本框 6.8 中列举的例子。这些委员会中有很多都会对领域内的政策制定产生影响，这些领域可能和战略管理直接相关——例如，那些对组织效率负责或者考虑组织商业风险态度的委员会。

文本框 6.8

英国石油的公司监管：董事会的主要委员会

英国石油是世界上最大的石油公司之一，在各大洲都有业务。英国石油的委员会成员们不仅要负责监管业务，还对于在下一节有所讨论的伦理道德和社会责任的问题上负有责任。每个委员会的成员包括一名非执行董事，他对行政事务和组织战略的制定没有日常责任。但是，他有相关的外部经历和其他类似组织的知识，因此，他可以提出一些难以回答但恰到好处的问题。

委员会	职责
董事长委员会	检查集团组织的结构和效率，以及集团首席执行官的整体绩效。该委员会还关注计划的连续性和集团是如何进行组织的。
审计委员会	系统监督并确保公司按照法定要求标准进行信息披露，并且监督财务事务上的执行权限。还会监督 Sarbanes-Oxley 的执行。该委员会责任重大。
伦理道德和环境委员会	监督与环境、健康、安全、保障和道德行为相关的管理流程。
薪酬委员会	站在董事会利益的角度确定集团首席执行官和进行管理的董事完成任务情况和薪酬。
提名委员会	为公司的经理或者公司重要人员，尤其是那些与公司的工作计划和退休事务有关的任命和续任提名和评估。

资料来源：BP Annual Report and Accounts，2004. Available on the web at:www.bp.com/investors.

关键战略原则

- 公司监管一般是指利益相关者对组织的战略方向控制的影响力，特别是对组织的首席执行官和高级管理人员的影响力。
- 公司监管要与组织高级管理人员的选择、薪酬和行为相关。它还与组织的所有者、员工和其他的利益相关者有关。高级管理者实际上是组织利益相关者的代表。
- 公司监管的重要性在于组织赋予高层人员处理组织事务的权力。这种权力带来的问题是：运用权力需要承担责任。

- 公司监管的重要性之一就在于它赋予了公司高层处理组织日常事务的权力。权力的问题就是它需要被负责任地使用。
- 对组织行为的责任之一就是传达给所有利益相关者的信息——良好的信息将强化有责任的行为。问题在于，这种信息可能在商业上比较敏感。秘密的独立顾问，例如审计所里的会计，可能是检查公司行为的另一种手段。
- 检查公司行为的另一种方法是通过任命一些和公司没有商业联系的非行政董事。
- 除了信息有效性这个问题，公司监管与其说是一种行为方针，倒不如说是简单的规则。它的主要目的就是通过在利益相关者之间恰当分配组织资产以保证价值的生产。

6.7 伦理道德目标和企业的社会责任

定义▶ 　对于伦理道德和公司社会责任方面的决策是战略管理的关键。它们尤其会影响组织的目标。**伦理道德和公司社会责任意味着一个组织对于它本身在处理组织内部和外部环境事务的时候所设立的标准和行为。**

伦理道德尤其与商业事务的基本标准有关，比如，与诚信、健康和安全以及腐败有关的政策。公司社会责任所涉及的范围更广泛，它包括了组织对于员工的责任之外还有对外部环境的责任。对于每一个组织来说它们的社会责任都不尽相同，但可能会包括环保问题、如何对待员工和供应商的问题、慈善和其他与当地或者国家社会有关的问题。

定义▶ 　公司社会责任常常用缩略词 CSR 代表。为了清晰地表达上面的简单定义，CRS 进一步定义为**组织中的经理人应予以考虑的社会责任方面的问题及其与利益相关者的关系、它们在共同利益中所担任的角色，以及为完成这些任务的行为规范和相互关系**[58]。这样的定义也带来了很多问题："共同利益"是指什么？谁来决定社会的"共同利益"？是政府、个人、经理们、总监们？为什么所有的业务都要考虑社会的共同利益？为什么组织要投入资源来实现共同利益？我们将在本节中探讨与回答与这些问题相关的价值判断。总之，这些问题从经营的角度带来一个问题："要如何经营才能成为好的企业？"

在实践中，伦理道德和公司社会责任是相关联的，因此被放到同一个章节里进行讨论。这样的课题不仅与英国石油和花旗银行这样的组织有关，还和大众和非营利性组织相关。在新千年中，不管是商业组织还是非营利组织，在其内部和外部都有相当大的权力。因此，现在绝大多数人都接受下面的观点：正式的伦理道德标准应当能够控制并指导他们的行动。我们有大量的例子可以说明这一问题的重要性：例如，Exxon Valdez、皇家荷兰 / 壳牌在北海油田的处理事件、全球的象牙贸易、美国公司的安然事件等[60]。可能并没有一个合适的时机来介绍这种标准，但是，在形成组织目标的时候考虑这些标准无疑是合适的。

6.7.1 伦理道德和企业社会责任：基本问题[61]

研究这一问题就是要确定哪些是组织内部符合伦理道德规范的行为。对组织而言，考虑伦理道德行为主要基于以下 4 个原因：

1. 在任何一个社会，这种考虑都是不可避免的，例如对行为的法律限制[62]。
2. 这种考虑对社会中的行为非常重要，例如对"绿色问题"在环境中的重视程度超出了法律的限制[63]。
3. 对伦理道德的考虑是行业专业化的一部分，如工人待遇和伦理道德团体[64]。
4. 组织最好在伦理道德问题变得尖锐之前就形成一种利己主义态度。如，不当行为遭受谴责的结果造成了组织恶劣的公共关系。

文本框 6.9 列举了一些现实中产生伦理道德问题的各种类型的例子。任何一个例子都是对伦理道德行为的研究。这些例子提出，在形成目标和战略的背景下，我们要仔细研究下面三个基本领域：

1. 伦理道德和社会责任考虑的范围；
2. 考虑的成本；

文本框 6.9

伦理道德和公司的社会责任问题

一些可能影响目标的伦理道德问题的例子

- 间谍。一家公司如何找出竞争对手？那些可信的调查是在哪里进行的？能够提供补充数据的进攻性的研究是如何着手的？是否还有其他的事情发生？
- 暴力统治。公司是否向那些暴力统治或不恰当地使用武力以及歧视人权的国家销售武器或者医疗设备？总之，争论点在于能否挽救那些国家的生命以及在出售企业的过程中能否保留相当的工作岗位。
- 贿赂和腐败。是否所有的组织在任何情况下都应该拒绝参与这种活动？是否可以为少数人保留职位或为极少数人的利益而签订合同？另外，组织本身并不希望成为这种行为的接受方，那么为何组织会转身参与到贿赂之中？进一步说，也许在社会中根本不可能接受这种活动？
- 半真半假的陈述以及误导谈判的战术。如果在一般情况下，这种活动不能被接受，那么在商业谈判中是否也不能被接受？或者商业运作应该采用不同的规则？

可能会影响公司目标的公司责任问题的一些基本例子

- 对供应商的态度。一些全球制衣公司由于允许其在亚洲和非洲公司的制衣厂雇用童工，并且支付给他们相对于卖给最终顾客的价格来说十分低的工资而饱受批评。
- 环保问题。一些公司由于为了满足客户对于高品质木材比如红木的需求，而没有能够防止对世界林木的破坏而饱受批评。其他的公司由于为了满足顾客对于鱼类产品的需求，而不顾对环境的长期影响过度捕捞而饱受批评。
- 教育。更为积极地，一些公司认为它们有义务对它们所生存的环境中的人们进行教育和指导，以此来为社会作出贡献。

3. 责任的可接受性。

更详细的分析如下：

- 范围。在最低法律限度上，组织在商业经营中希望在什么范围内考虑伦理道德道德问题？它是否希望在任何范围内都愿意考虑或者放弃一些基本的原则，让一部分个人自己找寻恰当的做事方式？
- 成本。一些行为必然需要组织投入成本。许多实际的冲突也源于此，因为如果这些行为不花费成本，那么实施起来也就相对容易。事实上不存在绝对的规则，但是每一个组织都需要考虑这一领域。
- 可接受性。我们需要考虑组织是否对政府负责？还是对当地社团、个人或特殊利益的群体负责？这些问题在特定的组织环境下都需要认真考虑。

从这些问题可以看出，建立和保持社会道德规范并非易事[65]。它需要时间、资源和警觉。在大多数情况下，树立道德规范很容易，但要确保组织中的每一个人去遵守较为困难。实质上，这意味着公司正式和非正式的经营行为和企业文化要与这些规范相一致。"与多方利益相关者之间的信任和长期关系所传递的文化信息是最应引起注意的最基本信息。员工的道德行为是通过绩效管理和奖励制度来进行控制。"[66]经营不是要不计成本获得利润。

除此之外，伦理道德因素可能在下面几个层次上影响公司战略——我们将在文本框 6.10 中解释。组织价值需要在目标以及可能的使命阐述中有所反映，即使使命阐述中缺乏价值观，但它本身也是对组织及其对社会角色认识的一种表述。虽然带有随之而来的责任，很多事情还是能够反映出组织如何看待自己在社会中扮演的角色。

6.7.2　企业社会责任问题的解决方法

近年来出现的几件公司丑闻，引起了对企业社会责任（CSR）和伦理道德问题的大规模研究。解决方案涉及如下三个主要因素：

> **文本框 6.10**
>
> **伦理道德和社会责任因素与战略管理**
>
> - 国家和国际层次——组织在社会和国家中扮演的角色。政治、经济和社会问题，例如我们在第3章中讨论的问题都将对此产生影响：自由放任主义和国家干预主义、贸易壁垒的力量和日益紧密的经济联盟。组织有资格对这些问题持有自己的看法，同时，如果这些看法是非常理想化的，组织还希望能够影响社会。
> - 公司层次——伦理道德以及组织直接控制的一些问题。这些问题包括环境保护、对政党的政治捐助、对国家立法议会的责任等，都是公司需要着手的直接活动的例子。
> - 管理者个人和员工层次——组织希望对管理者个人以及员工行为制定标准。这些内容在某种意义上说并不是战略的一部分，因为它们不能影响组织未来的总体方向，而是影响个人的未来。但是，还有一些一般性的相关政策，如宗教、伦理道德和平等的问题，不仅与个人有关，而且还是与组织方向有关的事情。这些一般性政策问题应当尽可能处理，因此也属于战略管理的范畴。

1. 利益相关者。在这一方面，CSR 是为了回应来自组织外部利益相关者的压力。例如，消费者游说团体或政府组织要求采取措施解决全球变暖现象及降低艾滋病药物价格方面的压力。

2. 行为。这个方面主要关注组织目标中 CSR 行为的有效性，及其对外部环境的影响。例如，对获利性的影响。

3. 动机。这个方面研究的是为什么企业要承担 CSR。例如，企业的经营是要提高企业的声誉、降低风险并带来顾客的忠诚度。但是企业在经营过程中，在伦理和道德的层面也有一些根本的责任。

总之，这三个方面表明了这个问题的复杂性和重要性。在我们看来，最重要的是它必须成为组织目标的一部分，而不是事后添加的内容。

6.7.3 企业社会责任问题：股东和利益相关者的观点 [68]

应当注意的是，并不是所有的商业组织都认为它们具有超越自身业务的责任。它们的观点是，社会可以更好地顾及自身的利益，而企业最基本的责任就是对股东负责：这种观点在 20 世纪 90 年代末股票市场繁荣时期尤为盛行。Michael Douglas 在《华尔街》这部电影里所扮演的狡猾的金融家 Gordon Gecko 这一角色就深刻地反映出了这一观点。这种观点可能意味着，公司的目标不可能包括任何有关商业伦理道德的直接表述。应当强调的是，这并不是说这种公司的行为就没有伦理道德。它仅仅表明，商业伦理道德没有必要反映在组织的意图中，它的基本责任也仅限于公司的利益。实际上，这和我们在本章开始时提到的股东观点相关。

另一些公司则持以下的观点：不管是公司还是股东，他们的长期利益对社会有很大作用，而且远远超出法律描述的最低限度。外部给予的赞助、向员工提供的福利、强烈的伦理道德信仰以及标准等都是从这种观点出发，而且可以反映在与目标相关的注释或者使命阐述之中。这是我们在本章开始时提到的利益相关者的观点。

还要说明的是，除此之外，还有一类组织，它们的存在基本上或者完全是因为它们在社会中的功能。例如，参与提供公共服务的组织。显然，对于后一种组织来说，详细的说明与社会的关系异常重要。这些群体可能非常希望在整体目标以及使命阐述中介绍一些关于信仰或价值观的东西。

作为一个企业如何在社区工作同时又关注显著商业热点的例子，英国社区中的慈善机构提供了一个有用的模型。实际上，该模型允许那些相信自己能够在社区中占有一席之地的公司在关注商业的同时也能够在社会活动中有所作为。无疑其他国家也有类似的组织存在，包括从商会到一些特殊的行业立法提案权。

评论

尽管本书需要反映对于伦理道德和公司社会责任方面更多的观点，但是这并不意味着本书对于这些问题毫无观点。公司的确要肩负起股东责任之外的义务，因为它们生活在社会当中，要为某个或多个国家的顾客服务，并且与它们所存在的那个国家或者地区有着或多或少的联系。那种认为组织的使命就是要满足业主和高级管理人员自私的利益的观点从道德和伦理上讲是错误的。此外，"芝加哥学派"认为，对个人至关重要的道德在伦理道德和社会方面已经垮掉了[66]。这并不会使制定公司战略的时候公司使命的问题变得更为复杂。但为了能够在这个社会中共存，并作出自己应有的贡献，这是应有的代价。当然读者也有权利不同意这种观点。

关键战略原则

- 商业伦理道德和企业社会责任指的是组织在内外环境中处理问题时对自身标准和行为的界定。商业伦理道德需要反映在对使命的陈述之中。
- CSR 研究主要有三个方面：来自组织外部利益相关者的压力、集中于 CSR 结果的行为，以及探究 CSR 政策背后原因的动机。
- 在形成商业伦理道德时需要考虑三个基本的方面：考虑伦理道德的范围、成本和责任的可接受性。
- 对于哪些事物应该涵盖在伦理道德的范畴之中，各个组织之间有很大的差异，这从根本上反映出不同的经营手段。

思考

目标是否过于复杂？

本章已经评述认为战略目标是复杂和多层面的。它需要考虑比如像领导、公司监管、伦理道德和公司社会责任这样的问题。问题是所有这些使得目标变得难以分析、定义和与员工、经理、股东和其他利益相关者相沟通。而且，没有一条清晰可见的道路用来制定目标，还有一些模糊的像"管理层的判断"这样的东西被用来调整部分目标。

由于这些定义和逻辑上的困难，也许把事情简化到只关注一个领域，比如像利润最大化这样的事情，一切会变得容易一些？或者只关注股东权益最大化？或者是在支付给股东们最小红利之后使组织对社会的贡献最大化？

目标的复杂和多层面有什么好处吗？

小结

- 组织活动的定义对研究目标至关重要。它需要足够狭窄便于实施，同时也要足够宽泛，为发展留下空间。除此之外，组织同样也有一些机遇去影响组织希望成为的组织类型，这在组织文化中有所反映和定义。但是文化受到过去的限制很难改变，因此，这将限制目标背景下可能的选择。不同的利益相关者——股东、员工等——对组织目标的认识也不同。这些需要在组织目标的背景下认识和研究。

- 任何对组织成长特定的愿望以及对组织所在环境需求的研究都可以定义目标。组织是多维的，不可能只有一个目标。但是，对组织的简化定义需要经常发展，原因在于此举使得组织关注特定的目标。目标多边形列举了在制定和定义组织目标时需要考虑的诸多因素。

- 利益相关者是同组织有利益关系的群体和个人。当然，它们也希望对使命和目标产生影响。根据利益相关者的观点，关键的问题在于组织在制定使命和目标时考虑到他们。利益相关者的利益可能产生冲突，这是一大难题。因此，组织需要解决利益相关者的优先问题，需要对利益相关者的力量进行分析。当冲突存在时，需要进行谈判以求达到妥协。

- 组织的使命概述了组织应当而且会遵循的各个方面，并概括了原因以及隐藏其后的价值观。目标是特定时期内围绕宗旨形成的特定的任务，它可以是量化的，但是在一些情况下这样做也有些不合时宜。

- 使命的作用就是向组织内外所有的利益相关者传达公司代表了什么以及方向在哪里。使命有 5 个要素：组织的实质；客户的观点；价值观和信仰；竞争优势或者独一无二的特性；采用该方法的主要原因。使命有赖于商业判断，但是在评价结果时也有一些原则。

- 目标采纳了使命的原则，并把它们转化成特定的任务。通常情况下，目标包括做什么样的事情以及何时达到目标。目标的种类可以有所不同，其中一些是量化的，另一些则不能。目标之间可能存在冲突，尤其是组织的长期和短期目标之间。目标需要有挑战性，但是也要能够达到。在一些大型组织和有稀缺资源的组织中，它们的目标需要将环境及组织不同部门间的交易形势考虑在内。

- 公司监管一般是指利益相关者对组织的战略方向控制的影响力，特别是对组织的首席执行官和高级管理人员的影响力。公司监管要与组织高级管理人员的选择、薪酬和行为相关。它还与组织的所有者、员工和其他的利益相关者有关。高级管理者实际上是组织利益相关者的代表。公司监管的重要性之一就在于它赋予了公司高层处理组织日常事务的权力。对这一权力的审查包括传达给所有利益相关者的信息、对保密的独立顾问及非执行董事的利用。最后，公司监管不仅是制定严格制度的问题，它是一个原则问题。

- 企业的伦理道德和社会责任（CSR）指的是组织在内外环境中处理问题时对自身标准和行为的界定。商业伦理道德需要反映在对使命的陈述之中。对商业伦理道德进行研究时需要考虑三个方面：来自组织外部利益相关者的压力、集中于 CSR 结果的行为，以及探究 CSR 政策背后原因的动机。

- 在形成商业伦理道德时需要考虑三个基本的方面：考虑伦理道德的范围、成本和责任的可接受性。对于哪些事物应该涵盖在伦理道德的范畴之中，各个组织之间有很大的差异，这从根本上反映出不同的经营手段。

问题

1. 找一个你熟悉的组织尝试定义它的目标：在 6.1 节中描述的因素，包括环境、资源、文化和股东如何对其产生影响？目标如何随着时间改变？这些变革为何发生？

2. 大约在 2000 年，星巴克宣称未来的愿景是一个意大利风格的全球咖啡连锁店。采用哈默和 Prahalad 提出的分类法对这一愿景进行批判性的评价（见 6.2 节）。

3. 是组织具有愿景还是组织内部的管理人员本身具有这种愿景？你的答案对制定战略有何意义，尤其是在组织沟通方面？

4. 在什么样的战略环境下领导者应当是权威型的？在什么样的情况下领导者应当在共同愿景下工作？请举出一些例子支持你的观点，同时指出其他一些因素如何影响领导风格。

5. 无论成本大小，公司的行为总是需要符合伦理道德吗？

6. "绿色"环境问题应当成为商业伦理道德的一部分吗？如果是的话，你的答案如何对公司战略产生影响？

7. 公司监管如何与战略管理相联系？对麦当劳公司来说，需要建立一个什么样的机制确保战略和公司监管问题相一致？可以以花旗银行为例。

8. 找一个熟悉的组织，在公司监管问题方面，对其提供给利益相关者的信息进行评价。是通过自己的标准和那些可能的利益相关者的标准把这件事情做好的吗？

9. 目标的概念和竞争优势能够运用到整个戴姆勒—奔驰公司吗？把你的答案和书中公司的不同评论进行比较。

进一步阅读

On purpose: read Drucker, P(1961) *Practice of Management*, Mercury, London. For a more recent review of mission and goal literature, see the early part of Slater, S, Olsen, E and Hult, T (2006) 'The moderating influence of strategic orientation on the strategy formation capability -performance relationship', *Strategic Management Journal*, Vol 27, pp1221–1231.

On vision: see Tregoe, B B *et al.* (1989) *Vision in Action*, Simon & Schuster, London. See also Hamel, G and Prahalad, C K (1994) *Competing for the Future*, Harvard Business School Press, Boston, MA. Both books are at the practical end of the subject.

On leadership: Bennis, W and Nanus, B (1997) *Leaders: Strategies for Taking Charge*, HarperCollins, New York is a readable text with some useful insights. See also the special issue of *Academy of Management Executive* (2004) Vol 18, No 3, pp118–42, on leadership including: Conger, J A, 'Developing leadership capability: What's inside the black box?'

On ethical issues: a good basic text is Chryssides, G D and Kaler, J H (1993) *An Introduction to Business Ethics*, International Thomson Business Press, London. The special issue of *Academy of Management Executive*, (2004)

Ethical Behavior in Management, pp37–91 with guest editor, John F Veign constitutes a substantial review with thoughtful papers on various current topics. There was also a special issue on the same topic in *Academy of Management Learning and Education*, September 2006, Vol 5, Issue 3 co-editors Robert Giacalone and Kenneth R Thompson that will provide more discussion.

For a more general and critical commentary on ethics and management theory including a critique of shareholder theory, you should read the late Professor Sumantha Ghoshal's aper written in 2005, 'Bad Management Theories are Destroying Good Management Practices', *Academy f Management Learning and Education*, Vol 4, No 1, pp75–91. Not a 'difficult' paper to understand and containing some profound and well-argued positions.

On corporate social responsibility a more recent accessible paper is that by Basu, K and Palazzo, G (2008) 'Corporate Social Responsibility, A Process Model of Sensemaking', *Academy of Management Review*, Vol 33, pp 123–136. This paper has a useful summary of recent research literature and would make a good start for project work.

注释和参考资料

1. Starbucks Annual Report and Accounts 2004 and 2007; www.starbucks.com; has extensive and useful financial and other data, including statements on the company's mission and CSR policies; Rubinfeld, A and Hemmingway, C (2005) *Expanding Your Business around the Comer or across the Globe*, Wharton School Publishing, PA. *Financial Times*: 29 March 2005, p11; 15 December 2005, p29; 3 April 2006, p3; 26 February 2007, p25; 9 January 2008, p28; *The Times*: 11 December 2006, p44. The Starbucks website that exposed the Schulz memo quoted in the case was at: www.starbucksgossip. com;

2. Porter, M E(1980) *Competitive Strategy*, The Free Press, New York.

3. Williamson, O(1991) 'Strategizing, economizing and economic organization', *Strategic Management Journal*, 12, pp75–94.

4. For example, see Drucker, P (1961) *Practice of Management*, Mercury, London, p5.

5. The comments of one of the anonymous reviewers of the 2nd edition are acknowledged in this section of the text.

6. Whittington, R (1991)*What Is Strategy and Does It Matter?*, Routledge, London, p99. Hucknman, R S and Zinner, D E (2008) 'Does focus improve operational performance? Lessons from the management of clinical trials', *Strategic Management Journal*, Vol 29, pp173–193.

7. Drucker, P(1961)Op. cit., Ch6.

8. For example, see Prahalad, C K and Hamel, G (1990) 'The core competence of the corporation', *Harvard Business Review*, May–June, pp79–91.

9. Handy, C(1993)*Understanding Organisations*, 4th edn, Penguin, Harmondsworth, Ch4.

10. Lawrence, P R and Lorsch, J W(1967) *Organisation and Environment*, Harvard University Press, Cambridge, MA.

11. Handy, C (1993) Op. cit., Ch4.

12. Drucker, P (1961) Op. cit., Ch13.

13. For an extended exploration of this area, see De Wit, B and Meyer, R (1998) *Strategy: Process, Context and Content*, 2nd edn, International Thompson, London, Part V, pp805–86. But note that the purpose of the organisation is a much broader concept than that explored in this text. For a more recent exploration of the fundamental issues, see Ghoshal, S (2005) 'Bad management theories are destroying good management practices', *Academy of Management Learning and Education*, Vol 4, No 1, pp75–91.

14. Berle, A A and Means, G (1932) *The Modem Corporation and Private Property*, Macmillan, New York. See also for more recent arguments in favour of shareholders: Rapaport, A (1986) *Creating Shareholder Value: The new standard for business performance*, The Free Press, New York, Ch1.

15. Handy, C (1993) Op. cit., Ch4.

16. Peters, T (1987) *Thriving on Chaos*, Pan Books, London.

17. Gertz, D and Baptista, J P (1995) *Grow to be Great*, The Free Press, New York.

18. Penrose, E (1959) *The Theory of the Growth of the Firm*, Oxford University Press, Oxford.

19. Hamel, G and Prahalad, C K (1989) 'Strategic intent', *Harvard Business Review*, Vol 67, No 3, pp63–76.

20. Bennis, W and Nanus, B (1997) *Leaders: Strategies for Taking Charge*, HarperCollins, New York, p82.

21. Bennis, W and Nanus, B (1997) Op. cit.

22. Hamel, G and Prahalad, C K (1994) *Competing for the Future*, Harvard Business School Press, Boston, MA, p31.

23. Hamel, G and Prahalad, C K (1994) Ibid, p29.

24. Hamel, G and Prahalad, C K (1994) Ibid, p122.

25. Bennis, W and Nanus, B (1997) *Leaders: the Strategies for Taking Charge*, Harper and Row, New York.

26. Hunt, J (1998) 'Questions of commitment', *Financial Times*, 20 May, p18.

27. Sources for McDonalds Case: McDonalds Annual Report and Accounts 2004 and 2007. *Financial Times*: 3 September 1998, p20; 13 December 2000, p14; 15 April 2002, p13; 26 April 2002, p21 (Burger King); 23 October 2002, p21; 1 March 2003, p3; 29 August 2003, p15; 26 November 2003, p7; 5 February 2004, p11; 9 March 2004, p31; 9 January 2005, pM6; 18 January 2005, p29; 13 October 2005, p29; 1 February 2006, p27; 7 February 2006, p26; 9 February 2006, p9; 22 February 2007, p12; 21 August 2007, p22; 8 January 2008, p16. McDonald's websites have extensive and useful information–www.mcdonalds. com.

28. Hillman, A J and Keim, J D (2001) 'Shareholders value, stakeholder management and social issues: what's the bottom line?', *Strategic Management Journal*, Vol 22, pp125–139.

29. Berle, A A and Means, G C (1967) *The Modern Corporation and Private Property*, Harvest, New York (originally published in 1932).

30. Marris, R (1964) *The Economic Theory of Managerial Capitalism*, Macmillan, London.

31. Holl, P (1977) 'Control type and the market for corporate control in large US corporations', *Journal of Industrial Economics*, 25, pp259–73; Lawriwsky, M L (1984) *Corporate Structure and Performance*, Croom Helm, London; Whittington, R (1993) *What is Strategy and Does it Matter?* Routledge, London.

32. From McDonald's Restaurant UK website: www.mcdonalds.co.uk

33. Christopher, M, Majaro, S and McDonald, M (1989) *Strategy: a Guide for Senior Executives*, Wildwood House, Aldershot, Ch1.

34. Bart, C K and Baetz, M C (1998) 'The relationship between mission statements and firm performance: an explanatory study', *Journal of Management Studies*, 35, No 6, pp823–54; Hooley, G, Cox, A and Adams, A (1991) 'Our five year mission to boldly go where no man has been before', *Proceedings, Marketing Education Group Annual Conference*, Cardiff, pp559–577.

35. Prahalad, C and Doz, Y (1987) *The Multinational Mission*, The Free Press, New York; Hamel, G and Prahalad, C (1989) 'Strategic intent', *Harvard Business Review*, May–June, pp79–91.

36. Campbell, A and Nash, L (1992) *A Sense of Mission: Defining Direction for the Large Corporation*, AddisonWesley, Workingham.

37. Christopher, M et al. (1989) Op. cit.

38. Adapted from Christopher, M et al. (1989) Op. cit., p8.

39. Tomkins, R (2002) 'Added spice', *Financial Times* 5 April, p16 and Hope, K (2002) 'A worldwide bottling empire looks to Athens', *Financial Times*, 19 April, p13.

40. Sources for Coca-Cola Case: *Financial Times*: 19 June 1999, p11; 22 July 1999, p2; 29 January 2000, p15; 27 March 2000, p20; 1 August 2000, p15; 15 March 2001, p20; 15 March 2001, p20; 5 April 2002, p16; 17 April 2002, p29; 19 April 2002, p13; 15 May 2002, p25; 17 April 2003, p24; 18 June 2003, p31; 11 December 2003, p18; 24 February 2004, p32; 10 March 2004, p17; 25 March 2004, pl; 20 April 2004, p27; 5 May 2004, p21; 11 May 2004, p31; 23 June 2004, p31; 16 September 2004, p33; 28 September 2004, p28; 12 November 2004, pl; 6 January 2005, p20; 12 February 2005, p19. Coca-Cola Annual Report and Accounts for 2001 and 2004, available on the web at www.coca-cola.com.

41. Ansoff, I (1968) *Corporate Strategy*, Penguin, Harmonds-worth, p44.

42. There are many papers on this controversial topic: *see*, for example, Williams, K, Williams, J and Haslam, C (1995) 'The hollowing out of British manufacturing and its implications for policy', *Economy and Society*, 19(4), pp456–490.

43. Drucker, P (1961) *The Practice of Management*, Mercury Books, London, p54.

44. Editorial (2005) *Financial Times*, 18 February, p16.

45. Cooper, L. (2005) Scandal-hit Citigroup rebuilds its image, *BBC World Service Report* on the worldwide web, 14 March.

46. Cooper, L. (2005) Ibid.

47. Reuters (2005) 'Citigroup completes Texas deal that alerted Fed', 31 March.

48. Associated Press (2005) 'Citigroup, Putnam pay SEC fines over funds', 23 March.

49. Cooper, L. (2005) Op. cit.

50. Cooper, L. (2005) Op. cit.

51. Cooper, L. (2005) Op. cit.

52. Associated Press (2005) 'German prosecutors won't probe Citigroup', 21 March.

53. Reuters (2005) Op. cit.

54. Available on the web at www.citi.com/citigroup/

55. Ibid. Editorial (2005).

56. *Financial Times*: 9 October 2006, p13; 13 Decembe2006, p26; 2 October 2007, p26; 12 Decebmer 2007, pp1 and 29 (interview with new chief executive) The Economist: 28 October 2006, p89.

57. British Petroleum (2004) *Annual Report and Accounts*.

58. Basu, K and Palazzo, G (2008) 'Corporate social responsibility: a process model of sensemaking', *Academy of Management Review*, Vol 33, No 1, pp 122-136. This paper is a useful starting point in researching this area.

59. Carroll, A B (1998) 'The four faces of corporate citizenship', *Business and Society Review*, Vol 4, pp 497-505.

60. Useful survey of Enron ethics: Chaffin, J and Fidler, S(2002)*Financial Times*, 9 April, p30.

61. This section has benefited from Chryssides, G D and Kaler, J H (1993) *An Introduction to Business Ethics*, International Thomson Business Press, London.

62. Dickson, T (1995)'The twelve corporate command-ments', *Financial Times*, 11 Oct, p18.

63. *Financial Times*(1998)*Visions of Ethical Business*, Volume 1, October. Various authors.

64. Dickson, T(1994)'The search for universal ethics', *Financial Times*, 22 July, p11.

65. Trevino, L K and Brown, M E (2004) 'Managing to be ethical: Debunking five business ethics myths', *Academy of Management Executive*, Vol 18, No2, pp69-81

66. Trevino, L K and Brown, M E (2004) Ibid, p80.

67. Basu, K and Palazzo, G (2008) Ibid.

68. For a fuller discussion, see Chryssides, G D and Kaler, J H (1993) Op. cit., ChS. See also Badaracco, J L and Webb, A (1995) 'Business ethics: a view from the trenches', *California Management Review*, 37, Winter, pp8-29, and reply in *California Management Review*, 39 Spring 1997, Letter to the Editor, p135. See also Reich, R B (1998) 'The new meaning of corporate social responsibility', *California Management Review*, 40, Winter, pp8-17.

69. You can read more about the 'Chicago School' and its views in Ghoshal, S (2005) 'Bad management theories are destroying good management practices', *Academy of Management Learning and Education*, Vol 4, No 1, pp751 -91. Essentially, Professor Ghoshals arguments are correct, in my judgement.

第 7 章

从知识、技术和创新中获得目标

Purpose Emerging From Knowledge, Technology And Innovation

学习目标

在学完本章后，你应该能够：

- 对隐性和显性知识进行定义和研究；
- 解释如何从知识创造中产生目标；
- 解释技术发展对组织目标和战略的意义；
- 明确和目标相关的主要创新过程；
- 说明目标如何与创新一起变革；
- 解释为何组织的目标有时是突发性而非常规性的。

引言

我们在第 6 章集中讨论了用定义和确切的方法制定目标。从本质上说，这是一种描述性的方法。具有代表意义的是，许多组织寻求从这方面定义目标——例如，它们可能制定出一套定义型的语言描述道德行为、每股收益的目标、投入资本回报的额外增长、市场份额，等等。采用这种方法制定明确目标的结果之一，就是定义带来了排外性，它排除了未知的结果或尚未明确的结果，还有那些预测结果与定义描述的原则不符的战略和目标。这种方法致命的缺陷在于，它可能忽略了从长期来看有更多回报的目标和战略，而这些战略和目标是在制定战略早期就应该研究的。这一章的目的就在于重新调整两者的平衡。

在开放式调查研究中，目标更多是经验性的，而且是由流程本身形成的——这是一种研究目标的突发性方法，该方法的问题在于如何开展这项工作。当然还存在很多种路径，我们在本章研究三种方法：知识创造、技术进步和创新。最终，这三个过程都需要和组织相联系，尤其是它们在创造附加价值和增强可持续竞争优势方面的能力。在采用这种开放式方法制定目标时，这两方面是很有用的指标——见图 7.1。

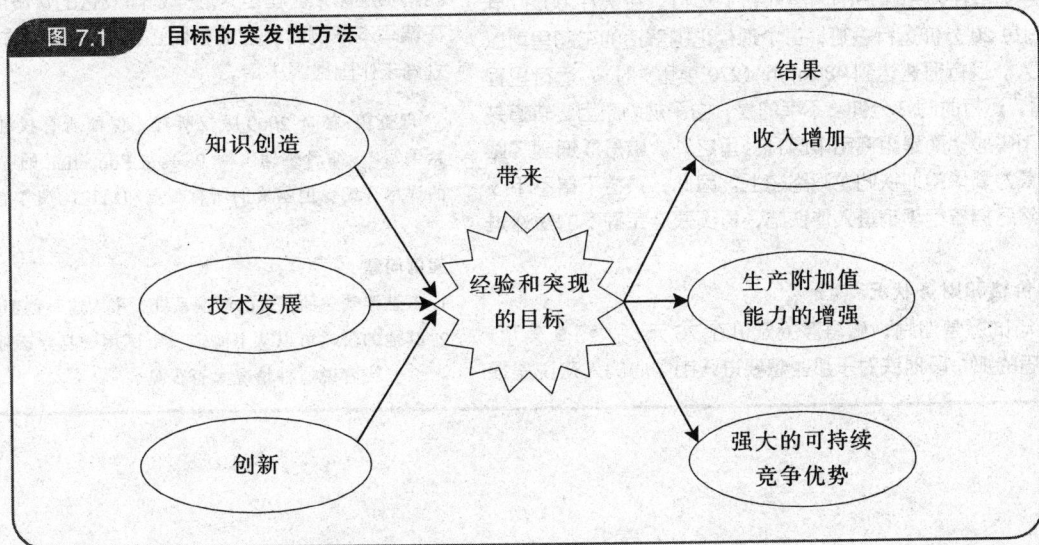

图 7.1　目标的突发性方法

案例研究 7.1   磁悬浮：上海的新式运输系统

2002 年 12 月在中国总理和德国大臣参加开通典礼之后，世界上最快的公共运输系统磁悬浮铁路正式在上海开通了。上海磁悬浮铁路连接着浦东机场和上海市区，但是，不幸的是，这一铁路的乘客并没有期望的那么多。创新的意义何在呢？

磁悬浮背景

磁悬浮的意思是电力磁浮，指的是一种在类似铁路的轨道上运行的公共运输车。磁力会支持车厢悬浮在轨道上方运行，这样在轨道和车厢之间几乎就没有什么摩擦力——这与在轨道上运行的普通车厢有所不同。这种系统的动力在轨道上，而不是要携带在车内，车体本身要比普通车体轻多了。低摩擦力使得更大的加速、更快的速度以及更为平稳的运行成为可能。磁悬浮要比日本的"子弹头火车"——新干线快得多，也比法国和德国的高速火车 TGV 和 ICE 快得多。但是，这一系统需要特殊的轨道和车厢，这些在全世界其他地方还没有得到普遍的商用。磁悬浮来自于英国的专利技术，但是被德国公司加以商用，并在 2000 年说服了中国政府首次采用这种新系统。

中国上海

上海是中国最大的城市之一，拥有大约 1500 万人口，是中国东部的商业金融中心和主要的商业港口。为了为今后的经济增长提供更大的空间，上海在 20 世纪 90 年代早期就决定开发城市东部的一片泥泞之地。十年之间浦东变成了一个有着摩天大厦、电视塔、公寓和酒店的繁华地区。毫无疑问，这一发展有点出乎那些当时的领导者和开发者的意料，但同时也带来了城市日益增加的财富以及城市的日新月异。

上海现有的机场位于城市的西南部，对于日益增加的国内和国外的飞行需求逐渐变得捉襟见肘。因此，上海决定在城市的另外一个地方兴建新的机场，也就是在浦东旁边，距离市中心 30 公里（19 英里）的地方。新机场将会通过一个新的快速运输系统与城市相连。磁悬浮被选中，该项目的成本达到 12 亿美元，并会在相对于一个这样复杂的项目的较短的 2 年半的时间内完工。除了磁悬浮，上海市政府还决定建一条汽车高速公路以方便公共汽车和出租车往返。到机场的单程的士需要花费 10~15 美元，根据时间不同大约要花费 1 小时——上海黄浦江的隧道和立交桥在高峰期会十分拥挤。

磁悬浮列车在特别建造的高架双轨上运行。每天在 08:30 到 17:30 之间每 20 分钟运行一班，每个现代化的舒适的车厢里可以容纳 440 人。运行时速达到 430km/h（270 英里/时），运行里程是 30 公里，运行时间 8 分钟。不幸的是，由于规划原因，轨道并没有铺到市中心，而是距离市中心几公里之外。磁悬浮铺到了距离上海市最为繁华的地铁站龙阳路边上。因此，乘客不得不下了磁悬浮，然后拖着行李箱进入地铁站，再买票走完剩下的短途进入市区。

磁悬浮的价格和财务状况

2003 年试运营期间，磁悬浮的票价在 75 元（大约 9 美元）一程。最后的那一段地铁对于那些想要进入市中心的人来说是很

当到达上海机场站的时候，磁悬浮与其他的火车看起来并没有什么不同，但是它采用了非常先进的技术。

小的额外的开销。不幸的是，磁悬浮第一年每次运行平均只有 73 名乘客。所以在 2004 年票价降到了 50 元。即使是这样，2004 年单程乘客也只达到 8000 人。年收入只有 1.3 亿元——"比银行每年 30 亿元人民币贷款的利息的一半还要少。"实际上，这就意味着磁悬浮无法收回资金成本，需要得到市交通部门的补贴。

未来前景如何？

随着 2008 年北京夏季奥运会的即将开幕，上海市政府希望对北京和上海之间的现有铁路进行升级。最开始，上海市政府希望能够采用磁悬浮系统，因为这会缩短整个路程达 14 小时。但是，其他的系统，包括新干线、TGV、ICE 也在考虑之中。在本文完成的时候，还没有得到最后的确定消息。但是磁悬浮不大可能被选中：这一技术仅仅在短途中得以应用，而且 300 亿美元的成本也过高。但是，上海计划 2010 年在市中心兴建一个新的国际化的开放式展览馆。然后，在市中心周围将上海的另一个机场与城市的西南部连起来。但是，这一延伸线路的建设用地需要拆掉居民楼。在编写本案例时，当地居民正在抗议这个项目，磁悬浮的延伸计划尚未作出最终决定。

© 理查德·林奇 2009 版权所有。保留所有权利。本案例根据公开信息编写[1]。编者感谢上海 Pearson Education 的 Edward Zhang 对磁悬浮的详尽介绍，但本文的所有观点和结论均属作者本人。

案例问题

1. 磁悬浮是一种新式的运输系统，采用这种创新的风险和回报是什么？
2. 其他的公司可以从上海市决定试用磁悬浮运输系统的决策中学到什么？或者说这种情况是否少见？

7.1 开创新知识

随着时间的流逝，城市的管理当局比如上海市政府就会具备相当多的关于新技术、顾客和他们的偏好方面的知识：这就是为什么他们会投资在磁悬浮这样的实验性系统当中的原因。同样，商业公司也可以获得很多关于新技术、顾客、供应商和各种生产过程的其他方面的种种知识，这些对于公司的目标是重要的。从这种意义上说，知识是一种组织资源，应该与第三部分的其他资源一起进行分析——见第三部分第 4 章。但是，知识同样也可以从另外一个角度进行考察——也就是创造未来知识——正是这种方式带来了新的机会。我们在本章将会集中探讨第二个观点。很明显，这样的观点对于组织的未来目标会产生相当大的影响[2]。

为了明确知识的创造过程，有必要在开始的时候探讨组织知识的性质并且分析现有的知识源。在探讨了这两个领域之后，我们就会继续探讨知识的发展问题，主要是其突变过程。最后，我们把知识的发展与组织的目标联系起来并探讨了这种方式的意义。

7.1.1 知识：它的战略起源和定义

多年以来，在战略制定中，知识这一主题从来没有得到人们哪怕是表面上的足够重视[3]。一些早期的战略学者认识到了它的重要性，但是只有德鲁克投入相当的精力来研究知识的重要性。他在 1964 年写道：

> 知识对商业的重要性就如同客户对商业的重要性一样。物质产品和服务只是客户购买这一交换过程的载体——实际上都是商业知识的较量[4]。

但是，除了指出每个行业都可能在各自的领域内具有特定的知识之外，德鲁克并没有给出清晰的定义。即使进入了新世纪，从战略角度来看，人们对知识主要方面的定义还没有达成广泛的共识。但是，如果我们打算在战略制定中运用知识，那么我们需要对知识有所认识，因此，一些形式上的定义非常重要。为了达到该目的，我们采用了 Davenport 和 Prusack 提出的对知识的定义[5]：

定义 ▶ 知识是一种混合的流体，它汇集了经验、价值、相关的信息以及专家的观点，提供了评价以及综合的新经验和信息的框架。知识产生于知识工作者的脑海中，并在这些人的脑海中得以应用。在组织里，它不是被湮没在文件和仓库中，就是湮没在组织路径、流程、实践和标准中[6]。

在这个冗长却非常有用的定义中，关键点在于这样的语言之中，如"流体的汇集……湮没……实践"。在许多组织中，最有用的知识经常是最难理解、记录和复制的，就像很难简单地定义知识一样，组织对知识的识别也是有问题的。在本章案例研究 7.2 里，我们将用耐克公司的例子来分析这一点。更重要的是，上述定义同样也告诉我们：

- 知识不仅仅是数据———系列不连续的、显而易见的事件的描述，例如，在案例中引用的耐克公司的市场份额数据。这些数据的缺陷在于，它仅仅描述了发生在耐克事件中的一小部分，很少能向公司提供确保成功的主张。

- 知识不仅仅是信息——信息资料，这通常都会在文件或者一些交流的表格中出现。当然它们都是有意义的，但是缺乏深度。从战略的观点来看，知识需要深度。例如，耐克的定位就被总结在短语"just do it"中，了解到这一点是非常重要的。但是，有意义的部分就是理解为何在此选择这种字句以及如何形成这样的话。

更一般地说来，耐克公司对付客户和供应商的做法并不能成功地总结在静态的数据和信息中，尽管这可能形成知识整体的各个部分。耐克公司的知识主要有两部分：

1. 一系列长期建立的制造合同、程序和实践活动——知识的"路径和程序"部分；
2. 工作经验、个人友谊以及其他活动的整个系列经过长期发展也可以形成知识，而且很难总结出来——上述定义的"经验框架及价值"部分。

由于很难对知识下定义，绝大多数组织都采用更广泛的观点囊括应当纳入其中的知识范畴。这也可能出现信息冗余的缺点，但是避免了在制定新目标时，个人先入为主地判断哪些信息对自己很重要。

不管对知识采取哪种观点，信息时代自然意味着这是战略管理的核心。知识的范围已经超越了基本的市场份额、财务数据、管理会计信息以及所涉及的人和财产。将加里·哈默教授的话意译过来就是 [7]，麦当娜可能是个实实在在的女孩，但是使她卓尔不凡的是无形资产——以知识为基础的版权、录音带、电视电影合同，等等。除此之外，她的名誉、生活以及和观众的联系都是非常重要的资产。在这些资产中很多难以衡量，但的确能在全球信息环境的中心代表财富和知识。这些都是麦当娜的可持续竞争优势。

7.1.2　知识：隐性和显性知识之间的差异

采用事后的观点来看，一些知识资产显然是很丰富的。但是，对未来产品发展而言，公司本身可能并不确定哪些知识是必需的。更进一步说，一些知识——被称为显性知识——可能较为清晰，而另一些知识可能含混不清但相当有价值——被称为隐性知识。

定义▶　**显性知识就是用正式、系统的语言编纂并能传播的知识，通常情况下，但不是必须，用文字书写下来。隐性知识是个人的，有上下文含义，并不太容易正式化和传播，通常情况下，但不是必须，被隐藏起来且不能正式记录。**

Nonaka 和 Takeuchi[8] 首先采用了这两种类型的知识用来研究知识战略，这是非常有用的。他们在 1985 年研究了日本本土的松下公司的经历。公司打算开发一种本土面包烤箱，它们花了几个月的时间分析面团和 X 射线，研制出原始的机器，但是做不出一片面包。这些面包有的没有被烤到，有的焦了，有的烤得不均匀，有的直接就干了。最终，软件开发人员 Ikuko Tanaka 提出了一个实际的解决方案：找当地最好的面包师，观察面包是怎样做出来的。她发现，可以用不同的方法，如拉伸和挤压面团改变做面包的方法。通过一年的研究和试验之后，松下开发出新型面包烤箱，它生产的面包质量优良，销售状况很好。Nonaka 和 Takeuchi 通过这个例子以及其他的研究 [9]，就知识的本质得出两个特殊的结论：

1. 一些知识很难详细描述。它经常是模糊不清的，非常复杂，而且难以记录，这些被称为隐性知识。
2. 这种知识经过仔细分析之后，经常可以给出清晰的定义，它们被称为显性知识。

所有的组织都具备显性和隐性知识。正是隐性知识传达出可持续竞争优势，因为这部分是竞争对手最难以模仿的。例如，在美国丰田汽车制造厂的某个管理人员从来不会对邀请竞争对手参观而犹豫不决，他知道这些人肯定不会发现给予丰田主要竞争优势的丰田生产系统（TPS）的真实秘密，因为这里的大多数知识都是隐性知识，不可能通过一次快速参观就能观察出来。

但是，显性知识有时也能提供可持续竞争优势——例如，公司的专利可以记录下来为其他公司所用，但发明公司也持有排他性的所有权。尽管显性和隐性知识都可以为组织提供可持续竞争优势，但是隐性知识尤为重要，因为竞争对手很难理解和复制。文本框 7.1 列举了某家公司的显性和隐性知识。

文本框 7.1

一家公司中显性知识和隐性知识的举例

隐性知识	显性知识
• 解决阻碍生产的实际的、不成文的过程	• 会计手册中整理出来的计算成本的流程
• 销售订购过程的信息网络和流程	• 通过正式检查公司流程而开发出的新产品
• 多功能团队从事签订信息合同的新项目	• 公司专利和法律合同
• 长期品牌建设的工作经历	• 公司过去成文的事件和历史，不管是成功还是失败——通常非常有限
• 公司在管理会计一些细节方面的处理方法	• 培养教育最佳活动的培训方案和学徒项目

最为重要的是，从显性和隐性知识之间的相互关系的描述中可以看出，这两种知识可以相互派生。以上述的面包制作为例，松下能够把面包师的隐性知识写下来并将其变成显性知识用来制造面包机。这就是为制定突变战略所提供的机制。

7.1.3 知识审计和管理

如果说知识创造对目标非常重要，那么问题就在于能否拟出现有知识和重置财产的清单，作为未来发展的起点。用瑞典保险公司 Skandia 的话来说就是，我们能否度量一个组织的智力资本？这家公司在该领域进行了前驱性的探索。在 20 世纪 90 年代早期，人们提出，第二次世界大战之后的许多会计法律和准则都已经过时，因为它们无法衡量一个公司的智力资本，只能衡量实物资产，如土地、设备和原材料。

Skandia 把智力资本的运作定义为：

比（财务报告中）描述的更深层、更广泛、更人性化的未来利润率。它包括员工，还有客户、商业关系、组织结构以及组织复兴的力量。描绘和解释这些内容可以在早期阶段更好地透视未来的发展[10]。

公司接着把智力资本的基本概念划分成一系列的组成部分，每一个部分都对市场价值创造有所贡献。公司指出，在传统经济中，这些部分中只有一个方面可以衡量——财务。但是，在现实中，智力资本可以包括许多对公司未来利润率有所贡献的其他部分。文本框 7.2 列举了这些因素。

智力资本有两个值得注意的部分：人力资本，这一点和在前一节中总结的隐性知识类似；结构资本，类似于显性知识。结构资本可以进一步分成两个部分：客户资本和公司的组织资本。组织资本又包括信息系统、数据库、信息技术解决方案以及其他与知识相关的领域。接着公司可以形成一种研究知识评估应用的方法，这种方法尤其强调知识在未来的价值。

在过去的几年中，许多其他类型的组织已经采取了类似的知识评估以及知识转移的方法[11]。这些方法并没有集中于组织知识总量的计算——智力资本的方法，而是关注组织周围知识的搜集和分享——知识管理的方法。但是这两种方法应用的领域类似。

文本框 7.2

Skandia 的价值图

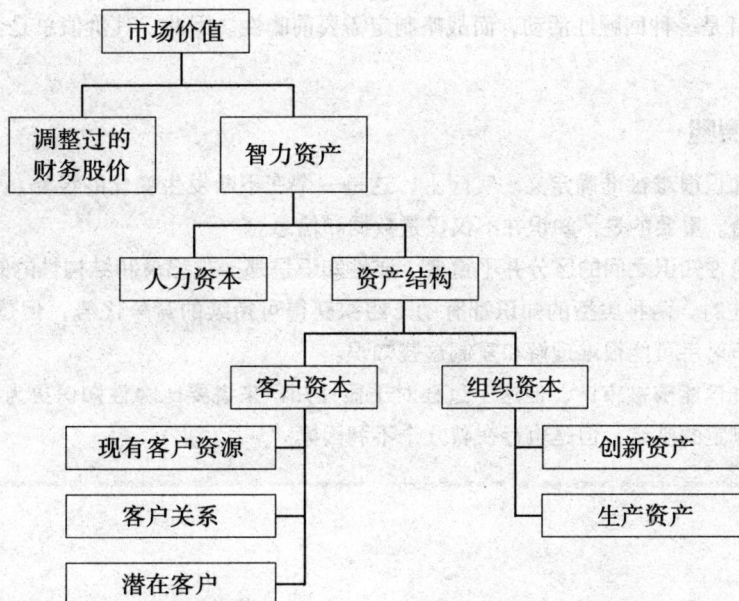

资料来源：Skandia Annual Report and Accounts 1997. Courtesy of Skandia Insurance Company Ltd，Stockholm，Sweden.

尤其是在服务和咨询组织中，知识管理一直被看做是形成竞争优势的最根本的资源，因此，对组织周边进行知识的搜集和传播成为战略的头等大事。评估已经成为知识管理成功与否最重要的因素[12]，见文本框7.3。第一点尤其重要，因为对组织中的一些群体而言，"知识就是力量"[13]。这些群体可能并不愿意分享知识，并且把知识网络当做一种威胁。因此，在介绍这种新方法时要采取小心、谨慎的态度。

文本框7.3

知识管理成功的动因

- 在组织内建立知识分享的传播体系，包括技术团队和分享知识的愿望；
- 知识对经济绩效和价值的贡献，例如利润和成本节约；
- 需要大范围继承下来的技术和组织的基础结构；
- 既需要搜集很难记录的隐性知识，也需要搜集比较容易记录和传播的显性知识；
- 明确知识如何传播的背景资料、资料内容与其他领域的相互关系以及由此产生的组织学习；
- 认识到搜集和传播知识所需的渠道；
- 高层经理的支持和鼓励。

在最近几年中，知识管理已经用于分享组织内的最佳活动。例如，联合利华在南美的子公司经历了80年代高通胀之后，具备了大量关于通货膨胀经济下管理公司的知识。当公司在20世纪90年代后期面临类似的问题时，公司就采用知识管理的内部网络把相关的管理实践传递给亚洲的分公司。

评论

从战略角度看，知识管理越来越重要。但是，至今还没有形成一个概念或流程抓住知识管理所有主要的方面[14]。对知识的审计和应用还有很大的发展空间。进一步说，尽管人们对知识审计抱有很大的热情，但在制定战略时还有三点缺陷：

1. 该方法本身可能易于审计和传播——显性知识，隐性知识同样也可以带来竞争优势，但是就定义而言，隐性知识仍然很难定义和审计。
2. 审计人员很少试图区分哪些知识只是有趣而哪些知识对制定战略至关重要。公司可能要承担以下风险，就是在以知识管理的名义下陷入无关的困境之中。
3. 知识审计是一种回顾性活动，而战略制定需要前瞻性。因此，其价值总是会受到一定的局限。

关键战略原则

- 组织的知识很难被准确定义。实际上，这是一个在不断发生变化的经验、价值、环境信息和专业观点的组合。重要的是，知识并不仅仅是数据和信息。
- 显性和隐性知识之间的区分并不重要。显性知识是那些被记录和结构性的知识。隐性知识是模糊的、很难陈述的。两种类型的知识都有助于组织获得可持续的竞争优势，但是隐性知识可能更为重要，因为竞争对手可能很难理解和复制这些知识。
- 组织的知识能够被审计，但这一过程对于显性知识来说要比隐性知识更为容易一些。审计可能会构成战略制定的基础，但是也存在着几个不利因素。

案例研究 7.2　在耐克公司培育新知识

当菲尔·耐特用 500 美元在 1964 年创立耐克公司的时候，如果他把意图定义为建立世界上最大的运动服装公司，可能没有一点真凭实据。但是在 2008 年，这的确成了公司的现实。该案例研究了公司成长的基础，尤其是公司长期以来的内部知识的培育和保持。

早期的学习阶段：20 世纪 60—70 年代

回首 1958 年，菲尔·耐特还是俄勒冈大学田径队的一名中长跑运动员，他的教练是后来训练美国奥林匹克队的比尔·鲍尔默。是鲍尔默认为现有的跑鞋太沉，而设计并做出了自己的新型跑鞋。从俄勒冈大学毕业后，耐特到斯坦福大学学习工商管理，并在这里受到鲍尔默的启发写了一篇有关软运动鞋产业的文章。尔后，耐特开始了他的世界之旅，并且来到了日本，在这里他发现了一个非常有名的制鞋品牌 Tiger。他认为这是一个非常好的产品，并成立了一家进口公司，将 Tiger 跑鞋进口到了美国，这时，他还是一名会计师。1964 年，他与鲍尔默各投资 500 美元成立耐克制鞋公司，这是希腊胜利之神的名字。第一个办公室是耐特家的洗衣间。

公司刚起步的时候，耐特利用他在运动界的关系在田径赛场上用货车销售 Tiger 跑鞋。他从日本购进跑鞋，但他和鲍尔默总是感觉生产美国设计的鞋子大有潜力。并且鲍尔默设计了一款 Waffle Trainer 运动鞋。到了 20 世纪 70 年代初期，市场的需求充足，公司可以考虑开办自己的制鞋工厂。但是，他习惯使用日本生产鞋的经验。1972 年，他和日本签订了第一个合同，开始生产全部是美国设计的耐克鞋。

接下来的两年中，日元对美元升值，日本的劳动力成本持续上升，这使得日本生产的鞋子价格昂贵。除此之外，耐克本身也获得了很多跨国生产的经验，并与更多的国际制鞋商进行了接触。为了降低成本，1975 年耐克转变了经营方式，从日本撤出，进入两个新兴工业化地区——韩国和中国台湾，在当时，这两个地区的工资成本异常低廉。耐克的成本急剧下降，公司投资产品发展和营销的规模进一步扩大。在低工资国家进行国际化生产，耐克公司的制鞋方法在当时是革命性的突破。公司意识到，运动鞋生产需要大量的劳动力投入，因此，劳动成本占有很大部分，这说明应当在工资较低的国家进行生产。但是，海外生产确实具有风险，因为地域宽广，不同国家的文化差异加大了生产和质量控制的难度。因此，公司只有确信新的生产合作方能够达到耐克的质量标准时才签订大规模生产合同。在这种背景下，公司必须学习如何操作海外生产、如何向生产商下达新设计和模型的命令以及如何制定并维持质量标准。

困难和复兴的 10 年：20 世纪 80 年代

截至 20 世纪 80 年代，耐克公司一直赢利，而且不断强化它的角色——在本土没有生产工厂的美国专业运动鞋制造商。这时锐步公司出现了，它是运动鞋制造的竞争者。从 1981 年起步开始，锐步公司就在其创立者兼总裁保罗·弗明曼的带领下与耐克公司竞争。锐步公司推出了设计优良的运动鞋，并取得了巨大的成功。到了 20 世纪 80 年代中期，锐步公司和耐克公司的年销售量大体相当，竞争进入了白热化阶段。1987 年．锐步公司显然成为市场的领头羊。销售额为 9.91 亿美元，市场份额为 30%；相比之下，耐克的销售额只有 5.97 亿美元，市场份额为 18%。

为了还击锐步公司，耐克公司开始把大量的资金投向运动鞋的设计创新。最成功的是 20 世纪 80 年代后期耐克公司推出的太空鞋。"这是一项直观上看似非常简单的技术，很容易理解"，《运动产品情报》——美国行业时事通讯的出版商 John Horan 说，"显然，对顾客而言，如果你把一个气垫放在脚下，就会产生缓冲作用。"但是，直到 1990 年耐克太空鞋才面市，为耐克公司带来成功。因此，80 年代是困境中的 10 年，同时也是复兴时期。耐克公司领教了竞争的白热化以及对创新的要求，并从此开始在鞋子的设计方面投入研发。

90 年代的新高度——赞助及品牌建立

耐克公司进行新太空鞋营销推广时请迈克尔·乔丹作为广告代言人。乔丹是美国篮球明星，他是那一项运动的顶尖人物，耐克花了几百万美元签约这位明星推广新产品，在运动赞助商中增加新成员。营销活动在耐克和乔丹的运动才能与形象之间建立了联系。锐步公司采用了自己的设计进行反击，它推出了轻便舞鞋，但是他们只能请 Shaquille o' Neal，另一位篮球明星做广告，但是后者显然不如乔丹，因此大约其后 10 年，耐克公司的市场份额从

作为世界运动品市场的领先企业，耐克的起点也是很普普通通的：用小货车在北美卖运动鞋。

1989 年的 25% 上升到 1990 年的 28%，而同期锐步公司的市场份额从 24% 下降到 21%。

在成功的基础上，耐克公司意识到，这种推广对品牌提供了强力的支持。在接下来的几年中，耐克公司准备大量资金投资以强化这种行为。例如，在 1995 年，耐克公司在运动营销方面投入了 10 亿美元，与之相比的是，锐步公司仅仅花费了 4 亿美元。

除此之外，耐克还开始进行运动赞助活动，包括高尔夫球星老虎·伍兹以及巴西足球队。在 1996 年，耐克公司签订了一个 10 年的合同，耗资 2 亿 ~4 亿美元，耐克公司还打入了足球赞助商之列。重要的是，公司进入了一个全新的运动产品领域。老虎·伍兹使得耐克进入了利润丰厚的高尔夫运动装和高尔夫鞋领域，与其他竞争对手竞争。同样，赞助巴西足球队使得耐克进入了另一个全新的市场，与竞争对手竞争足球鞋和其他成套产品。赞助活动使耐克在新的领域里获得了良好的声誉，并积累了相应的知识。例如，足球鞋的技术与运动跑鞋就不尽相同。

但是不仅仅只有耐克的赞助活动如此重要。同时，品牌和信息也很重要。在 80—90 年代，公司对目标市场的认识日渐清晰——年轻、酷、进取的年轻人。所有的产品都强调了 "swoosh" 的标识，打上公司的品牌。它所传达的主要信息 "Just do it" 能够向目标群体表达对个性的诉求。与之相伴的口号 "走自己的路" 成功地抓住了签约球星进取、竞争、成功的形象。但是，耐克公司也受到了一些谴责，说它在一些国家使用廉价劳动力，耐克公司不得不采取措施解决这个问题。公司在这件事情上的做法至今仍然激怒了某些目标群体。

进入运动装、运动器材和所有健身领域

在过去的 10 年里，耐克公司一直在两个相关领域中快速发展。公司通过参与新的体育领域的活动，逐渐进入了运动装、运动器材领域，并以耐克为品牌名。有时还进行了收购活动。同时，公司还开始了快速的国际扩张。例如利用对巴西的赞助，进入拉丁美洲；通过对阿森纳足球俱乐部的赞助，提高了其在欧洲的地位。它正利用其与资源相关的竞争优势，进入相关的市场。

到 2007 年，耐克已经成为世界上最大的运动和健身产品公司，产品的销售遍布世界各地，见图 7.2。请注意在总销售额中的 "其他" 一项的数据与 2002—2004 年耐克对几家运动产品公司的收购有关。

20 世纪 90 年代末，亚洲经济的衰退对公司造成了沉重打击。公司在美国的零售贸易中还有大量存货，公司在 2000 年及其之后受到重创，见图 7.3。在 2004 年，利润又回到了原来的水平。在 2007 年，耐克竞标足球运动公司阿迪达斯，获得了阿迪达斯的合约，在全球销售品牌足球鞋。这个标的大约 5 亿美元，对于一家资源较少的公司来说价值不菲。

2004 年，菲尔·耐特成为公司的董事长，汤姆·克拉克接手成为首席执行官，克拉克非常清楚：

你增长得越快，你就需要一段并不是那么繁荣的时期，来思考一下什么应该做，什么不应该做……请记住，我们具有自我批判精神。我们从长远观点经营公司，并不满足于人们的一时兴起。

在 2005 年，菲尔·耐特宣布退休。从他与其朋友比尔·鲍尔默在 1964 年开始利用货车销售轻便运动软鞋开始，40 年已经过去了。由于竞争性资源的不断发展、所承受的风险的变化、获得的

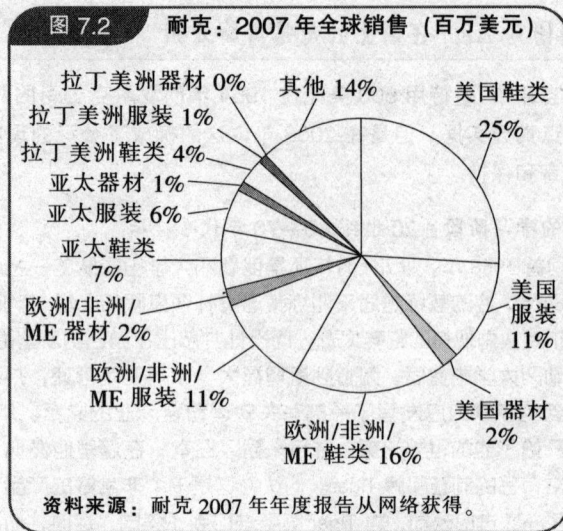

图 7.2　耐克：2007 年全球销售（百万美元）

拉丁美洲器材 0%　其他 14%　美国鞋类 25%
拉丁美洲服装 1%
拉丁美洲鞋类 4%
亚太器材 1%
亚太服装 6%
亚太鞋类 7%
欧洲/非洲/ME 器材 2%
欧洲/非洲/ME 服装 11%
欧洲/非洲/ME 鞋类 16%
美国服装 11%
美国器材 2%

资料来源：耐克 2007 年年度报告从网络获得。

图 7.3　耐克在 10 年间营业收入和净利润翻了一倍多

（单位：100 万美元）

改变会计原则，导致单年利润减少 2.66 亿美元

—— 净收入（左轴）
—— 净利润（右轴）

资料来源：Company Annual Report and Accounts 2004.

商业成功，以及知识的不断积累和分享，耐克的目标同时也在不断地改变。

案例问题

1. 多年来耐克公司获得了什么样的知识？采用这一章对知识的定义进行更深层次的理解。

2. 除了知识之外，公司还有哪些资源可以提供持续的竞争优势？

3. 从这一案例的思考中，你能得出有关耐克公司与其知识突现过程的什么结论？

7.2 知识的产生和目标

上一节我们已经探讨了现有的知识，现在我们可以来继续研究新知识的发展。知识创造可以被认为是新知识在组织内的发展和传播。尽管知识审计可以帮助人们在开始的时候定义知识，但是它的作用在本质上是静态的。据称，创造需要更多动态的方法，而且可以提供新的战略机遇，因此，人们需要掌握整个知识创造的机制。但我们也可以判断出一些创造知识的关键要素：

- 组织学习机制；
- 知识创造和获取过程；
- 知识传播的过程。

7.2.1 现有知识的转化和传播

研究组织中新知识的产生常常是从探讨组织内部现有的知识基础开始，尤其是要研究这些知识是如何在组织内被转化和传播的。一个有用的方式就是采用 Takeuchi 和 Nonaka 的知识转化模型——参看图 7.4。这一概念假定所有组织都有两种主要类型的知识：显性的和隐性的——如前文所示。如果是这样，那么就会得出这两种形式的知识被传播和分享的 4 种途径。

1. 从隐性到隐性：社会化。公司分享非书面知识的途径之一就是通过社会化分享经验和信息，也许是通过非正式的会议或者通过共同工作。比如，耐克公司与所赞助的运动明星和耐克的营销和广告商之间达成了非正式协议，这一协议被用来发现具体的赞助机会、在一些顶级的运动会上共同合作，等等。这些都没有必要被写下来，但是对于提高耐克的品牌知名度和忠诚度有一定的帮助。
2. 从隐性到显性：外部化。公司可以把没有进行记录的知识和其他的一些模糊的概念更为正式化。这可能意味着一些概念性和模型性的想法——也许还是通过会议，但是这次会尝试记录并组织那些之前隐含的信息。比如耐克，这种方式可能会使一个新的训练鞋的创意被转变成为一个实验性的模型或者是被画下来进行市场调研。
3. 从显性到显性：综合化。公司可能还会把之前进行记录的显性知识在组织内部进行更加广泛的交流——可能会采用一个内部系统或者是其他的全公司范围内的沟通方式。比如在耐克，该公司利用网络沟通方式来在世界各地的分支机构之间传递耐克的客户数据。
4. 从显性到隐性：内部化。公司还可以利用书面的和已记录的信息作为进行更进一步共享行动的开始，而这是不需要记录下来的。比如在耐克，这可能会涉及对在耐克商店内部采购所用到的培训手册，利用这些来明确在独立的耐克零售店应该采用什么样的非正式的课程。

图 7.4　知识传播的 4 种模式

	成为隐性知识	成为显性知识
从隐性知识	社会化	外部化
从显性知识	内部化	综合化

资料来源：'Fig 3-2: Four Modes of Knowledge Conversion', from The Knowledge-Creating Company: How Japanese Companies Create the Dynamics of Innovation by Ikujiro Nonaka and Hirotaka Takeuchi, copyright©1995 by Oxford University Press, Inc. 引用得到允许。

评论

尽管上面所涉及的 4 个领域是很有用的，但这些内容更多地依赖于一个相当简化了的关于显性、隐性性质的假定。信息和知识的种类和范围多种多样，但是它们都可以被归纳到以上的 4 个方面。在知识的创建上，对非书面和记录知识的分享、概念化和传播是比较有用的概念。

7.2.2　知识创造和获取过程

除了利用和分享组织内已存在的知识之外，还存在着一个创造知识的过程。除了这个过程，Davenport 和 Prusak 还介绍了知识创造中以下六个有用的手段[16]。

1. 获取。新知识并不一定来自组织内部。据 Davenport 和 Prusak 的报道，英国石油公司设立了一个名为"年度最佳小偷"的奖项，专门奖励那些从其他公司"偷来"应用技术创新的员工。
2. 租赁。由于组织外的机构，如大学或者咨询公司可以提供并开发一些知识，从这个意义上说，知识也可以被借用或租赁。在这个案例中，对发起组织而言，最为重要的就是保持使用知识的所有权。
3. 专有资源。一般在许多组织之中，当建立特定群体或任务团队时，也要建立相应的目标或特定领域内的一般性的新知识。例如，耐克公司可能用一支团队开发赞助商中的新领域。
4. 融合。面对一些特殊的问题，一些组织会把来自不同部门、不同背景以及性格各异的人组织到一起。为了得到解决问题的全新的办法，让这些人相互沟通。从这个意义上说，这些人被"融合"到一起。例如，松下面包烤箱需要烘焙师、机械师和软件开发人员。这被证明是知识开发中非常有用的方法[17]。
5. 调整。许多外部的压力也会迫使组织适应新的现实，否则就无法生存。本章后面提及的案例研究 7.3 描述了如果银行打算生存的话，在银行市场中就必须引入新知识。
6. 网络。正式和非正式知识分享传播途径存在于每个组织之中。这样的知识网络由诸如因特网这样的电子设备提供支持，这是一种组织内为知识交换而建立的正式计算机网络。例如，喜力在"知识就是力量"的指引下，1998 年在整个公司建立了新网络[18]。

7.2.3　知识传播过程

如果新知识仅仅停留在组织中最初创造它的人那里，就不可能发挥出完全的潜力——它需要传递给其他人。知识的传递与上文所提到的知识的转化和传播相关。但由于分享知识的决策使得这一进程要比后两者更为深入。

知识的传递并不是一个简单的任务，因为这个过程涉及很多人和群体。人们可能并不相互了解，许多人还受到新发展的威胁，可能不愿容忍错误；或者在传递的过程中，人们对需要确定的事情含糊不清。除此之外，有些群体的人可能认为，由于他们掌握了某种类型的知识，因此，把知识与他人一起分享就会降低自身的地位[19]。但是，如果想要知识传播的过程取得成功，就要注意这些问题。解决这些问题可能包括改变组织的文化，这不应一蹴而就。

除了存在的上述困难，还存在其他一些有助于知识传播的机制。3M 公司就是其中一个著名的非常成功的代表者。因此，读者可以参考本章的案例研究 7.4 对这些机制的描写。

7.2.4　结论——知识的创造和目标

如果新知识的影响非常重要，那么它就有可能改变组织的目标，或者提供了全球市场领先的机遇，就像耐克公司的情形；或者事关行业生存的威胁，就像世界上大多数地方，打字机被个人计算机所取代。

这里最重要的一点是，只有新知识已经得到开发而且清晰地表现出来之后，公司的意图才可能改变。在这个意义上，目标新定义的出现来自于所获取的新知识，很难事先轻易下定论。但这些并没有阻止公司在取得重大的知识突破之前定义目标：惠普（美国）、3M（美国）和葛兰素威康（英国）都可作为借鉴。但是这些定义目标的尝试经常关注的是公司内部的精神和动力，而非更加具体的东西。公司的成功会受到综合影响——就像本章后面研究的 3M 案例，2000—2002 年，公司坚持设立创新增长的目标，而且一直为之奋斗，但是它的增长率实在太低。

如果注意到目标本质的突变性，知识管理的方式对组织目标的贡献可能更加清晰。这本书已经指出，组织的目标从根本上使价值增值，而且有助于形成可持续竞争优势。因此研究知识在这两个方面有怎样的贡献非常恰当。知识是组织必不可少的一项资源，因此我们可以采用基于资源的观点研究组织中的这两个问题，这一点我们在第 4 章中已经总结过了。Teece 曾经指出，知识可以通过下面两点特性对竞争优势产生贡献[20]：

1. 可复制性。正如上文总结的那样，只有当知识传达并复制到组织的其他部分，才能充分发挥其作用。这在隐性知识占知识的绝大部分时尤为困难。即使知识完全显而易见，但是如果它非常复杂，而且依赖于当地的文化或者面临其他阻碍的时候，组织也很难进行知识的复制。

2. 可模仿性。这仅仅意味着竞争对手复制组织知识的能力。如果知识最初的所有者很难进行知识的复制，竞争对手肯定也很难模仿。但是，如果知识变得清晰或者已经公开，那么就可能被模仿。如果组织没有通过获取知识产权，如专利等手段对知识加以保护，更有可能发生模仿行为。

最终，知识通过循环机制增加了价值，这种循环将对目标形成的各个阶段产生影响。要了解这一点，最好参阅 Dorothy Leonard—Barton 的知识创造和传播模型——见图 7.5。它清晰地区分了组织当前和未来的任务：在当前，组织可以解决问题，尽管在未来我们所做的事情可能并没有一个清晰可见的成果。该模型指出，知识获取也分为两种机制：内部通过讨论、实施和一体化机制，外部通过知识获取。

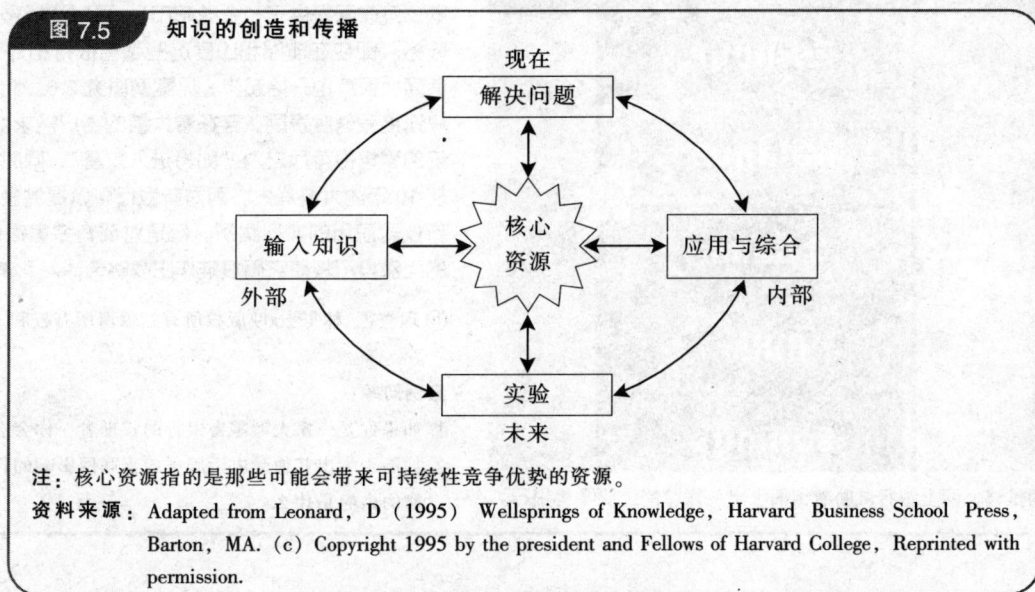

| 图 7.5 | 知识的创造和传播 |

注：核心资源指的是那些可能会带来可持续性竞争优势的资源。

资料来源：Adapted from Leonard, D (1995) Wellsprings of Knowledge, Harvard Business School Press, Barton, MA. (c) Copyright 1995 by the president and Fellows of Harvard College, Reprinted with permission.

关键战略原则

- 对现有知识的转化和传播会通过 4 种方式进行：社会化、外部化、综合化和内部化。所有的这 4 个进程都和组织的显性和隐性知识的区分有关。
- 知识创造——新知识的形成和传播——提供了动态的战略机遇。知识创造有三种机制：组织学习、知识的创造和获取、知识传播。
- 如果新知识对组织非常重要，那么它有可能改变组织的目标。更重要的是，只有当新知识形成并发展之后，目标才会改变。在这个意义上，组织的目标是从知识创造中产生的。

案例研究 7.3　在网上银行和电话银行的新技术冲击下，传统零售银行能否生存？

在新千年中，世界范围内的零售银行受到了新技术的两大战略威胁：网上银行和电话银行。该案例研究了这个竞争问题。显然需要采用一些措施。但是，我们是否对威胁有点夸大其词？或者，传统的零售银行会大量消失[21]？

回顾 1994 年，微软公司的总裁比尔·盖茨颠覆了银行系统，他嘲笑这些银行是"笨拙的恐龙"，宣布自己的公司可以"对此视而不见"。随后，他解释说，他指的不是整个银行的基础系统，而是说银行的软件系统都已过时。但是，他最终可能嘲笑的是自己，因为一些银行重新考虑了如何与客户进行交易。随着计算机应用的飞速发展，这个问题开始变得尖锐起来，电话信息越来越便宜，而且更加可靠，互联网也表现出强劲的增长势头。移动电话已经让远离零售银行的非洲人和欧洲人得以从事银行业务，见案例研究 2.6。

传统的零售银行要求客户进入他们装修豪华的银行大厅签支票、付现金以及商谈债务问题，银行经理对待客户可能非常友善，但是始终保持一定的距离。现在这种交易越来越多地通过呼叫中心的电话或者互联网进行，根本不需要人的参与。尽管还存在一定的安全隐患，但是这些问题在未来都可以克服。现代生活的节奏加快，新客户的忠诚度降低，许多新的领导人物正在改变银行交易的法则，这进一步使竞争加剧。在这种情况下，银行是否需要采用新技术？作出转向互联网的决策可能比较容易，但是更困难的问题在于，是否需要关闭现有的网点，主要通过电话和网站提供服务？

一些人认为，这并非根本性的战略问题。实际上，所有主要的银行都能迅速提供电话和网上银行的服务，因此，这一举措并没有竞争优势。而且，在支付现金、筹资和许多需要和人打交道的复杂交易方面，零售银行还是非常有用的。最后，他们指出，只有客户改变了账户，才有可能得到真正的好处，而这是一个长期且单调的过程，让很多人望而却步。

另一些人则认为，革命性的变革即将到来。新客户都熟悉电脑，互联网提供了"金融超市"，可以选择多种财务服务和一站式服务。即使在非洲和印度这些零售银行相对薄弱的地方，移动电话网上银行也开始起步，见案例研究 2.6。此外，人们对新服务的快速接受速度表明，存在着大量的客户需求。加里·哈默教授把传统的零售银行斥之为"即将进入坟墓"，同时还指出，这些银行将在 10 年内大量消失。因为新银行可以提供金融服务，这将是一个新技术应用的典型案例。但是对现有零售银行而言，对这些网点的巨额投资将使它们很难作出战略选择。

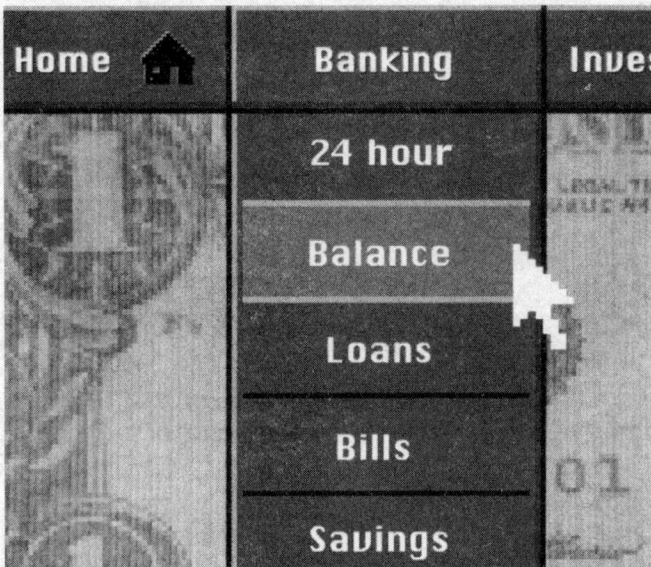

随着时间的推移，网上银行威胁着街面上出头露脸的主要零售银行。

案例问题

1. 如果你是一家大型零售银行的管理者，你会选用什么样的战略？
2. 你能否举出其他受电话服务或互联网影响的行业或市场的例子？战略的内涵是什么？

7.3　使用技术形成目标和竞争优势

7.3.1　技术和竞争优势[22]

假定变革的速度和过去的 20 年差不多，那么技术在形成可持续竞争优势方面的作用就显得十分重要。即使在比较成熟的行业、非营利组织和小企业也是如此，正是技术这一要素为不同的组织增加了特有的禀赋。由于这些原因，我们需要认真调查、研究技术战略。

新技术的发展和其他方面一样，不仅有可能改变组织的目标，它们也可以扩展或增强公司现有的地位。但是，需要注意的是，这些工作可能要花费一定的时间和资源——它对战略的影响不是一朝一夕形成的。解决这项任务需要两个主要的阶段：

第一阶段：调查现有的技术
第二阶段：制定技术战略

第一阶段：调查现有的技术

这一阶段有 4 个部分。

1. 在组织范围内现有技术的调查。我们应当详细调查每个角落，而不是进行广泛总结，这可以保证我们不会放过任何机会。这将形成一个审核结果，表明组织使用了哪些技术以及这些技术分别用在哪里。审核的数据可以分为三类。
   - 基础技术：许多公司内的一般技术。
   - 核心技术：组织本身所特有的，可能形成真正的竞争优势。
   - 外围技术：这些技术非常有用，但不在组织中心。
2. 对组织内部相关领域调查。例如，专利和知识产权可以形成竞争优势中重要领域的基础。一些公司具有特殊的技能，也许它们从来也没有过什么专利，而是来自多年积累的经验和教训，这些正是超越竞争对手的真正优势。
3. 扫视组织外部的技术。这将找到组织以后考虑事情时可以抓住的机遇。
4. 技术/生产组合。我们可以构建一个有关产品和技术的矩阵（见图 7.6）。

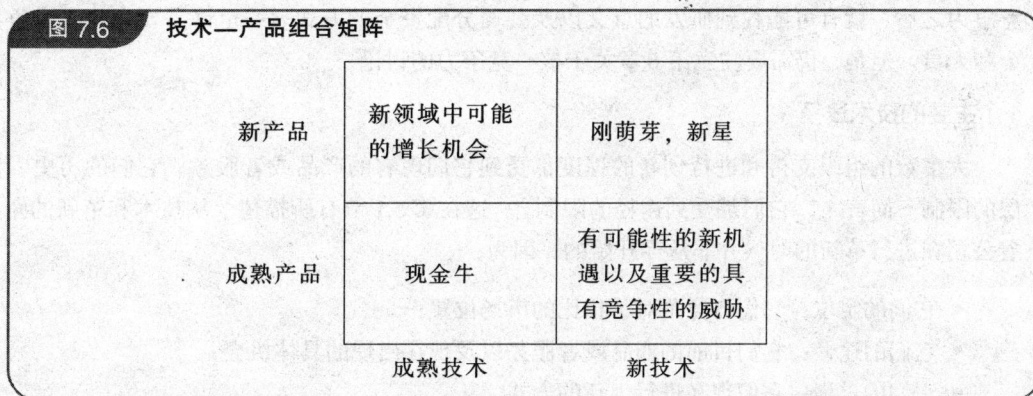

图 7.6　技术—产品组合矩阵

	成熟技术	新技术
新产品	新领域中可能的增长机会	刚萌芽，新星
成熟产品	现金牛	有可能性的新机遇以及重要的具有竞争性的威胁

第二阶段：制定技术战略

为了制定技术战略，很重要的一点就是把一项技术搁置一段时间，否则就要承担混乱和模糊不清的风险。当然，同时制定技术和运行（制造）过程也很重要，因为这两个过程是相辅相成的，而且从订货到交货的时间正在大大缩减。

开始制定技术战略时需要从下面两个方面分析：

1. 组织和其他竞争对手相比现有的技术。
2. 和所用的时间相比，未来开发技术的成本（这里总是需要平衡的）。

除了这两方面的内容，还有重要的一点是要考虑到获取新技术的可能性——可以通过公司收购、合资企业或者购买专利来使用新技术，甚至可以从公司的国外市场获得。

我们需要考虑两个财务问题：

1. 模仿的速度。估计到竞争对手模仿新技术的速度是非常重要的。
2. 全球化的问题。可能需要我们在世界范围内探索新领域，因此也要增加商业提案的吸引力。

对于一些小型组织和非营利组织，上述过程可能过于精雕细琢，但是，小公司可以从它们的技术特长获得先动优势。大型公司也许很难考虑清楚从技术开发中获得的好处，当公司处于成熟产业中时尤其如此。在这里需要慎重考虑战略潜在的重要性。

从需要明确目标的意义上说，技术开发基本上都是一些描述性的方法。但是，新技术可能出现在具体过程中，这也是试验过程的必然产物。

7.3.2 技术和创新战略

由于各个公司和行业之间差别很大，因此很难把所有的技术和所有的创新战略包含在一个单独的框架之内。比如，民族医药需要通过新的专利药品进行产品创新，而零售服务业近年来更多的是依赖与通过信息技术系统的过程创新来改善比如仓储和库存控制。尽管存在这样那样的困难，但还是可以把技术和创新战略归结到两个核心的领域：

- 核心竞争力；
- 5 个主要的技术途径。

核心竞争力

Prahalad 和 Hamel 认为，核心竞争力主要关注的是能够给公司带来竞争优势的竞争技术资源。"真正的优势在于管理层把技术和生产技能进行整合，从而使得公司能够尽快进行调整以利用不断变化的基于技术的能力。"[23] 在制定技术战略的时候需要明确和利用核心竞争力。核心竞争力不仅仅就是组织所直接采用的技术——核心竞争力的例子包括小型影音、飞利浦在光学媒体和 3M 在涂料和黏合剂方面的优势。找到这些核心竞争力之后，就有可能找到研发的意义以及公司分配资金的方式——也许需要在核心竞争力上分配更多的资金和人员。但是，仍需要注意第 6 章关于核心竞争力的讨论。

5 个主要的技术途径

大多数的组织支持和进行创新的程度都受到它们现有的产品或者服务、它们的历史、资质文化以及管理层的限制。简言之，它们都受到途径的限制[24]。这在第 5.1 节有所描述。从技术和革新的角度来说，这就意味着公司在进行革新的时候并非从零开始的，因为：

- 它们的定位：它们与竞争对手相比的市场位置；
- 它们的途径：它们目前的产品或者服务以及现在出现的具体机会；
- 它们的进程：它们现在进行创新的方式。

这三者将会指导和限制创新的过程。在这些条件的限制下，现在的一些研究[25]认为存在以下 5 个主要的技术途径可以引导具体的行业分类。它们是：

1. 供应商占统治地位的公司。这样的例子是农业公司、传统的比如纺织和其他服务的生产商。技术的变化主要来自于这些公司的供应商。因此，这样的公司在采用技术革新的时候需要与供应商建立起更为紧密的联系。
2. 规模密集型的公司。这类的例子是那些消费耐用品、汽车和大宗的化学品。技术创新来自于建立其复杂的车间和产品。由于此类工厂的建立成本很高，以及相应的失败会带来的高风险，所以创新常常是分阶段进行的。因此，技术创新常常是对工厂效率的少量的经常性的改善——本书最后部分讲述的丰田汽车就是很好的一个例子。
3. 科技公司。这样的例子包括医药和电子公司。技术革新通常来自于一个核心的研发机构或者是来自于一个大学的特别课题组。创新常常与新的发现和新的专利有关。因此，创新的任务就是要找到和利用这些新技术——可能是通过在公司外部进行寻找。
4. 信息密集型公司。这样的例子包括印刷、银行、电信和旅行订票。技术创新可能是大公司的内部系统和大公司和小公司的购入系统的革新。两种情况的目的都是为了更好地处理大量的数据信息并且使得这些系统变得更为用户和顾客友好。也可能会产生新的服务。
5. 专业供应公司。这样的例子包括一些小型的专业供应特殊的、高性能机器设备和专业软件的公司。这些公司的技术革新主要是对理解顾客的需求、竞争对手的活动以及业务专业领域的最新发展。这样的公司主要会通过对新技术的不断研发来获得创新——也许是进行国际性的研发，以及来自于与顾客保持紧密联系。

7.3.3 三种具体技术和它们对战略管理的影响

在今后十年中有三种技术可能会对创新的发展产生影响[26]。这些技术是:

- 生物和保健技术的发展——人类基因图谱和在医药技术的发展使得保健品领域将会在今后 20 年内发生重大的革新。这样的变化已经导致飞利浦和 3M 这样的公司重新定义了它们的企业目标来利用保健品领域的新机会——参看案例研究 7.4 和 7.5。并非所有的公司都希望从这些科技进步中获利,但它们都会采用某种程度上的创新战略。

- 在芯片技术上的发展——一些产品的嵌入式芯片越来越小型化。很多公司生产那些需要交付给顾客的产品——一个嵌入式芯片可以使这些公司和客户知道交货的状态。芯片的小型化也会从根本上改变一些生产过程和一些产品。移动电话就是技术创新的例子,这改变了上百万人的生活。一些潜在的变革需要得到充分的利用。

- 信息技术的进步——由于采用新的 IT 系统可以获得更多的信息,尤其是在当今这样一个全球环境中。我们正处在所谓的第三次工业革命的中期——信息时代。而且,信息是全球性的,并不是局限在某个地区或国家。例如,英国某大型公司地处英国、美国和印度的机械设计团队现在拥有不间断的三向通信连接。在相互沟通时利用美国团队专业的机械知识、印度同伴成本相对较低的技术,英国总部进行整体协调和营销。这种活动非常简单,但在多年以前是无法想象的。新的信息技术还使得对公司进行更为广义的战略控制成为可能。同样,这些技术创新可能会为公司提供持续的战略机会。

评论

综上所述,应注意到所有这些竞争优势只能够持续优先一段时间——比如,传统的银行和保险公司已经开始在必要的地方采用电话销售。除非公司获得某种形式的专利保护,技术的优势并不是可持续性的,即使专利是在一段时间之后才过期。

关键战略原则

- 审视组织内外的技术对战略管理的发展十分重要。技术可以改变组织一段时间的目标。
- 技术分为基础技术、核心技术和外围技术。基础技术领域在许多公司都类似;外围技术领域在组织内并不占有主流地位;核心技术领域通过专利和特殊技能最有可能实现竞争优势。
- 每一项技术都应当分别与竞争对手进行评价,可以从未来所花费的成本和时间方面进行比较。应当认真考虑模仿的速度和全球化扩张的可能。
- 核心竞争力——技术和生产技能可以构成技术革新的新领域的基础。
- 组织受到它们目前的产品、竞争者和组织文化的限制。可以找到 5 个主要的技术途径限制因素:供应商主导型、销售密集型、科技基础型、信息密集型和专业供应型。
- 今后十年三个新的技术领域可能会给公司带来重要的机会:生物和保健品、微芯片技术以及信息技术的发展。

案例研究 7.4 3M 的创新问题

美国跨国公司 3M 自 20 世纪中期发明了"苏格兰胶带"和"即时贴"以来,一直致力于成为创新增长的楷模。但是,3M 一直存在着问题,因为近年来的创新并没有带来利润和销售额的显著增长。该案例研究了 3M 著名的创新流程以及 3M 怎样才能恢复增长。

早年岁月

公司的全名可以揭示出其来源。明尼苏达矿业和制造公司——一般被称为 3M,它最开始的起步是因为 1902 年一家投资集团持有一些矿石,这些矿石被认为是非常珍贵的,萃取量很高。当发现这些矿石只是一些很低级的矿石的时候,集团就决定打入其他利润更高的产品。这些方法昭示了公司现在的一些精神,而 ▶

恰恰是这些精神造就了公司从各种产品中寻求利润的目标。

2000 年，产品范围扩大

到 2007 年为止，3M 的营业额为 244 亿美元，它的产品范围非常广，包括苏格兰胶带（清洗灰尘的胶带）、清洗海绵、牙齿填充材料、微型电子电路和更换 CFC 药物。图 7.7 列出了公司涉及的主要产品领域。

和这种产品幅度相关的公司发展风格和投资标准是：

- 新产品的提案能否带来高额利润？
- 新产品的提案能否提供创新增长的机遇？

最为重要的是，公司并没有要求产品的范围只停留在核心资源之内——基于资源的战略概念似乎受到抵制。新产品似乎随处都可以冒出来。公司以外的一些人士甚至认为公司就像一团混凝土，在"核心竞争力"的背景下（见第 6 章）显得有些不合时宜。但是，3M 的高层领导坚决捍卫他们的 5000 余种产品："本公司的产品中绝大部分都含有胶，不管是谈到即时贴还是办公胶带或者工业用焊压传送带，显然，这些东西都是有黏性的，" Livio DeSimone 先生说，"我们拥有的知识（让我们）使得那些（基础产品）更有价值。"

3M 的创新流程：两个例子

公司在创新流程方面久负盛名。公司 2000 年年度报告提出："在 2000 年，公司度过了历史上最佳的创新时期，一共创造了 56 亿美元的利润，接近总销售额的 35%——来自于过去 4 年中引入的新产品，共有 12 亿美元的产品是 2000 年引入的。"从本质上说，创新就是这个企业的战略，整个组织都鼓励并支持创新。

为了解释 3M 创新的方法，这两个 3M 的例子非常具有说服力——苏格兰胶带和即时贴。这两个产品的面世都是公司对个人创新支持的结果，产品的经理分别是 Dick Drew 和 Art Fry。其中，Dick Drew 开发了前一种产品，而 Art Fry 发明了后者。这两种产品的开发方法对研究 3M 的创新是非常重要的。

Dick Drew 是 3M 砂纸的销售人员，他有一些客户在汽车行业。一天，他注意到客户喷双色漆的汽车非常困难：很难把一种颜色和另一种颜色区分清楚。他想出了一个办法，用胶带先把一种色块保护起来。他把这种情况报告给公司，而公司在当时并没有生产胶带，但是公司同意 Dick Drew 进行该项目，并提供了一些保障。在第一阶段，他取得的进展非常小，曾被总裁中止他在 3M 的部门在该项目上的工作，但后来在一些压力之下，他还是继续工作。项目最终相当成功，并且 5 年之后的苏格兰胶带打下了基础，其后苏格兰胶带在北美市场上遥遥领先。

而 Art Fry 在当地教堂里的唱诗班唱歌，需要在赞歌的书里放

3M 公司由于其创新纪录而十分自豪，并将其写入了其在加拿大的公司简介里。

些不容易掉出来的书签。他想用可重复使用的黏合剂贴在书签的背面，早在几年前，3M 的研究实验室就开发出了这种可重复使用的黏合剂。书签用起来不错，于是 Art Fry 提议能否将该产品商业化。他的建议得到批准，经过一段时间后生产流程形成了，但是营销团队很失望。他们指出，对消费者的研究表明，如果黏合效果不佳的话很难销售。Art Fry 却决定，不管怎样也要做出产品，他把样品送给公司的同事，结果大获成功，这就是众所周知的即时贴。

3M 提倡创新的公司文化

上面的这两个故事非常重要，因为它们揭示了 3M 的风格："自由地追求你的梦想。"现在的员工可以用 15% 的工作时间实现自己的梦想。他们可以获得高额的支持，尤其是来自上级的支持。上级是教练和良师，而非法官和领导。作为流程的一部分，失败在公司内是可以被接受的，完全不用担心受到责备。新想法不会受到限制，公司经常召开例会和知识交流会让研究人员交流思想。公司的在线知识库被人们广泛使用，整个公司的文化就是支持新思想。这种创新管理的风格带领 3M 成为该领域最佳实践的典范。公司经常跻身《财富》杂志评选的美国最受尊敬公司的前 10 位。

近年来增长减缓，如何改变现状？

由于众多 3M 创新活动的缘故，公司已经不能维持它的增长速度：1994—1995 年的增长速度大约是每年 11%。到 2000 年为止，增长速度已经跌到每年 6%，利润最多也就是持平。增长放缓的部分原因是亚洲 90 年代末的经济危机：公司 25% 的销售在这个地区，因此公司的毛利率也受到很大压力。同样地，这也导致了公司在母国——美国的衰退，公司在该地区的销售额相当于公司营业总额的 45%。无论如何，公司 2007 年的销售额和利润都开始回暖，见图 7.8。

3M 如何做到了在 2007 年扭转局势？该公司认为是公司在锐意进取、引进新的成长方式上做出的努力所带来的回报。这被称为六西格玛方法。六西格玛源自全面品质管理的统计概念中关于任何生产过程中的可接受的缺陷数量的概念：这些不是本书要探讨的内容。要了解这些方法对于 3M 创新的贡献并不需要过于深入地了解这些。而且，该公司还把六西格玛作为两个更广义的概念的名称，而第二个与 TQM 几乎没什么联系：

- DMAIC——定义、衡量、分析、改善、控制。这一结构化的方式用来指导 3M 的项目团队来改善生产过程中的产品质量（换句话说，也是 TQM 的一种形式）。
- DFSS——为六西格玛进行设计——创造和加速新产品进入市场的标准化了的机制（与 TQM 几乎没有什么联系）。

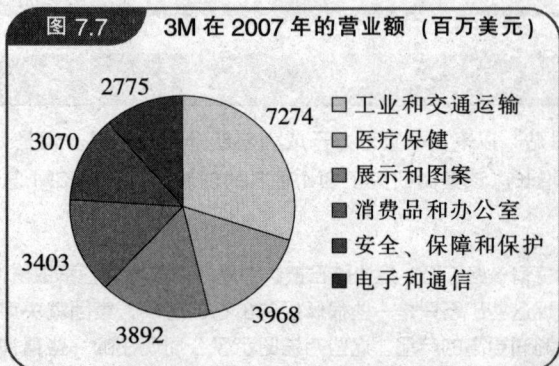

图 7.7　3M 在 2007 年的营业额（百万美元）

2775
7274
3070
3403
3892
3968

- □ 工业和交通运输
- ▨ 医疗保健
- ▧ 展示和图案
- ▩ 消费品和办公室
- ■ 安全、保障和保护
- ■ 电子和通信

图 7.8
3M 的销售额和利润：7 年的数据

（单位：100 万美元）

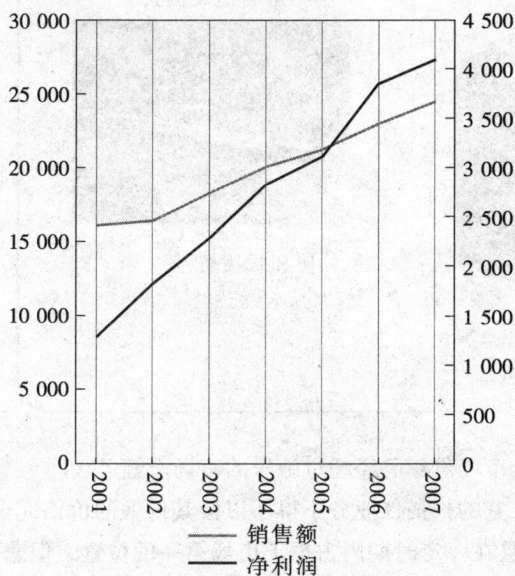

销售额
净利润

资料来源：Annual Report and Accounts 2004.

3M 从 2001 年开始对公司的高层引入这两个六西格玛概念。到 2004 年，公司所有的员工都接受了这两个方法或流程的培训。3M 所引入的这种结构包含了六西格玛等级"经理、冠军、大黑带、黑带、绿带和六西格玛教练"来实施这一系统。六西格玛正迅速成为 3M 的公司文化的一个基本组成部分。

对 3M 来说，这种分析和构建创新方式的优势在于提供了一种一般的整个公司全球通用的方法——这对于一个在很多国家经营的公司来说相当重要。这一方法改善了领导技能，鼓励了有形的可衡量的结果，并专注于顾客的满意度，尤其是 DFSS。最终，3M 认为，DFSS 能"更快捷地生产出更好的产品"。尽管 2002—2007 年该公司的销售和利润的上升部分归功于外部因素，但结果证明，六西格玛的方法对公司产生了积极的影响。

© 理查德·林奇 2009 版权所有。保留所有权利。根据公开信息编写[27]。

案例问题

1. 3M 公司的创新流程主要有哪些因素？其他公司能效仿它吗？这样做是否理想？
2. 你如何评价六西格玛？其他公司是否也可以采用它？
3. 在制定组织目标的时候，创新的重要程度如何？

7.4 创新和目标

本书第 3 章和第 4 章描述的分析过程可能会带来下面三个潜在的问题：

1. 关注历史。毋庸置疑，历史的数据形成了未来行动的起点。但是，无论战略是准备建立在过去成功的基础之上还是改弦更张，战略都不能仅仅依靠过去解决目前的问题，人们需要下决心向前。
2. 毫无结果。过多的分析可能扼杀了许多创造性。解决问题的新思想、新方法都有可能被过于重视分析和收集数据而淡化[28]。
3. 对必然性的错觉。因为过去的事情都已经发生，因此，它总是会被认为具有一定的必然性。但是，用同样的方法看待未来可能就是错误的[29]。

创新是解决这些实际问题的一剂良方。在公司战略中，我们需要从那些显而易见和轻松制定的习惯中解放出来，进入一个全新而有趣的境地。在案例研究 7.4 中，3M 的例子就说明了公司如何试图通过成熟的创新流程——六西格玛方法——达到组织的目标：创新和持续的利润增长。

7.4.1 创新的战略角色

定义▶ 就定义而言，创新带领产品、市场超越了现有的疆界，使生产过程突破了现有能力的框架。**创新就是产生和探索新的想法**，它同样可以使组织走在竞争对手的前列。因此，创新可以为战略管理提供三种无价之宝：

1. 未来持续的增长；
2. 竞争优势；
3. 超越竞争对手的能力，甚至是实力强大的竞争对手。

但是，这三点并不能自然而然地为创新公司带来未来的收益——见图 7.9。以佳能（日本）和 EMI（英国）为例，这两家公司在 20 世纪 70 年代都进行了创新突破。

- 佳能发起了同施乐公司（美国）在世界图片复印市场上的竞争，并最终取得了胜利。佳能开发了一系列新的工艺流程，这些流程并没有侵犯施乐的专利权，但所生产的产品使得佳能跻身全球领先的图片

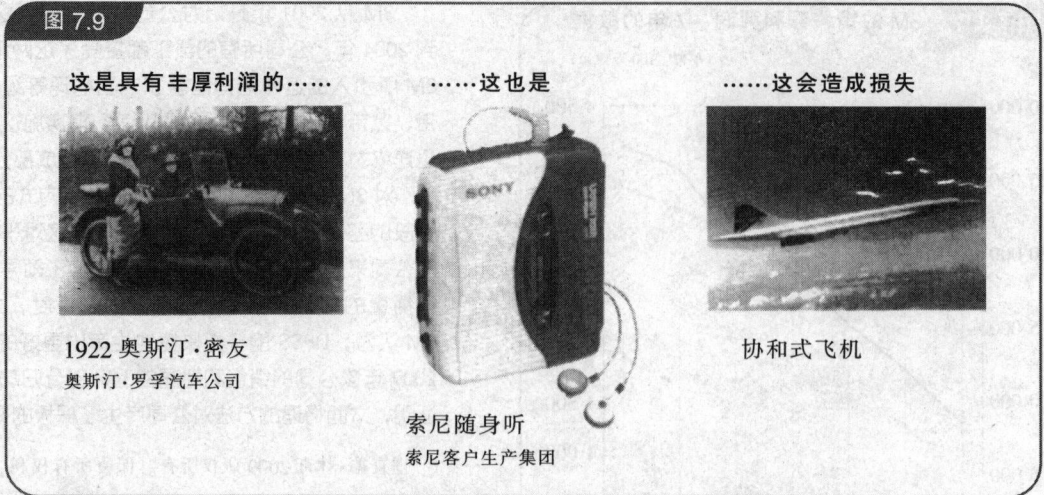

图 7.9

| 这是具有丰厚利润的…… | ……这也是 | ……这会造成损失 |

1922 奥斯汀·密友
奥斯汀·罗孚汽车公司

索尼随身听
索尼客户生产集团

协和式飞机

复印和打印公司。到 20 世纪 90 年代中期，佳能的市场份额已经超过施乐的市场份额 [30]。

- EMI 由于贸然进入医疗电子行业受到巨大的挫伤，它的扫描仪业务不得不以极其低廉的价格完全出售。尽管事实上 EMI 的产品是完全意义上的创新，而且在一定时期内占据了市场第一的位置，但悲惨的事情还是发生了 [31]。

创新并非没有风险。然而，一旦创新取得成功，回报是非常可观的。创新有两个重要的资源需要认真研究，这两个资源没有孰轻孰重之分：

1. 客户需求分析——市场的拉力；
2. 技术发展分析——技术的推力。

7.4.2　客户需求分析：市场的拉力

Baker [32] 提出，当公司发现新的市场机遇或者一个细分市场被忽略的时候，创新就发生了。事实上，从更概括的方面讲，按照服务于客户需求的说法来看，创造这种机遇更为重要。比如运输公司、便利设施等，不是看现有的产品怎样以及这些产品如何满足需要。例如佳能创新的图片复印机就是满足了一般性的图片复印的需求，而非现有客户基础——这些客户群主要是大公司。公司设计的新机器减少了保养和维修次数，可以售给更大范围内的客户——中等规模以及小企业。这个过程就是众所周知的市场拉力——见图 7.10。

正如 Whittington 所指出的 [33]，市场拉力在成功创新中的重要性已经得到研究充分的证实。它依赖于对市场需求的判断以及能够满足其要求的先进技术。实际上，这是战略管理的常规方法。它通常应用于研究和开发新型药物、消费电器和其他由市场驱动的技术领域。

但是，应用常规性的方法研究市场需求可能会带来一定的风险，客户的观点常常会受到当前经历和知识带来的局限，许多经验型的方法在用于市场需求研究方面也是相当不错的。

7.4.3　技术发展的分析：技术的推力

但是，市场的拉力并不足以描述许多创新发生的实际原因 [34]。创新可能产生于小公司，这些小公司通常与

图 7.10　创新的两个重要资源

技术的推动　→　创新　←　市场的拉力

开创型新技术
的发展

客户需求分析

它们的客户——也许是大公司，进行双向的交流。因此，创新可能始于一个解决特定问题的狭窄方案。例如，IBM 公司的总裁汤姆森·沃森就说，公司于 1947 年生产了一款新型计算器（选择程序电子计算器），它可以解决世界上许多科技难题，却没有商业用途。这被证明是 IBM 公司的第一代计算机。

成功的技术通常要花很长的时间扩散到其他行业中。紧接着，除了掌握客户需求之外创新公司应当调查其他行业对新技术的继续开发，对技术与公司的相关性予以评价——实际上，这是一种突现型的公司战略。有时，这种过程被称为技术的推力——见图 7.10。

案例研究 7.5 描述了荷兰的飞利浦电子公司如何开展技术推动的工作。更为重要的是，案例揭示了公司如何组织起来以及如何处理技术中人这一方面的问题，这些工作与技术推动的新产品一样重要。

7.4.4 颠覆型创新——顾客拉力和技术推力多样化

定义▶ 在 20 世纪 90 年代中期哈佛商学院的 Clayton Christensen 提出存在着另外一种形式的创新，也就是他所说的"颠覆型创新"[35]。**颠覆型创新发生在已有的市场中，利用现有的技术来提供比之前更为简单、更便宜的产品和服务**。这可能会带来现有的一些顾客转而购买那些更便宜或者成本和价格更低的新产品。颠覆型创新可能并不是那些突破性技术带来的，而是对现有技术的重新利用，从而为市场提供更新、更便宜的产品或者服务。这样的产品或者服务的顾客可能是那些之前不会购买该种产品，或者是那些对于产品的较低一级版本更为青睐的顾客。比如，那些之前没有购买昂贵的发烧音响的人可能会对那些价格更低、有足够的功能，但采用更为成熟的技术、更便宜的标准化元件、在像中国这样低工资成本国家的劳动力装配的产品有兴趣。这种方式的重要性在于现有的公司可能不会认为这样的一个细分市场值得注意，因此这就使得这些颠覆型公司能够进入新的细分市场。

颠覆型创新与主流技术的区别就在于后者涉及领先新技术的发展。而且，就顾客拉力来说，颠覆型创新并不会寻求找到一个全新的顾客需求领域，而是寻求吸引到那些目前不是现有市场需求的需求。区分颠覆型创新的方法之一就是分析产品或者服务的价值链——参看第 4 章。价值链中具有最高价值的地方可能就是要发起攻击的领域。

关键战略原则

- 创新可以带来增长、竞争优势以及超过竞争对手的可能性。但是，创新也是有风险的，可能会导致公司重大的损失。
- 创新有两个主要的动力：客户需求分析（经常被称为市场的拉力）和技术发展分析（经常被称为技术的推力）。
- 颠覆型创新利用现有的市场需求，并利用现有的技术来提供比现在更为简单、更便宜的产品和服务。

案例研究 7.5 飞利浦公司如何打造技术利器 **FT**

飞利浦公司是总部位于荷兰的电子巨人，过去在将科学智慧转化为收入和利润的记录不尽如人意。本案例研究了公司如何进行变革。

背景——从荷兰总部到全球化

2000 年，飞利浦公司的员工超过 250000 人，销售额为 360 亿美元。到 2004 年，公司拥有 160000 名员工，销售额达到 330 亿美元。到 2007 年，它的员工人数有 124000 人，销售额为 350 亿美元左右。重要的是，经过几年的亏损之后，公司 2007 年开始赢利。实际上，公司进行了重建，出售了盈利不高的业务，收购了一些可以增加全球产品优势的其他产品。

飞利浦的产品遍布世界各地，但是其主要的利润来源是其在欧洲的运作，见图 7.11。公司的战略是利用其技术基础来提高其在全球的利润。

飞利浦是一家来自于荷兰的知名的全球集团公司，其产品涉及照明、消费电器、小型家用设备、半导体元件、医疗技术、光存储器和显示器等。公司总部位于荷兰的 Eindhoven，就是从这里公司进行全球业务的指导。一些年来，飞利浦的战略问题是在其成熟的、有竞争优势的产业里，如照明和电视机生产，它非常的强大。其在欧洲保持着高销售额，特别是在这些产品领域。毫无疑问，飞利浦的竞争优势在于其强有力的研发队伍和成果。它的战略机会是把这些有竞争力的、创新性资源推广到世界各地。为 ▶

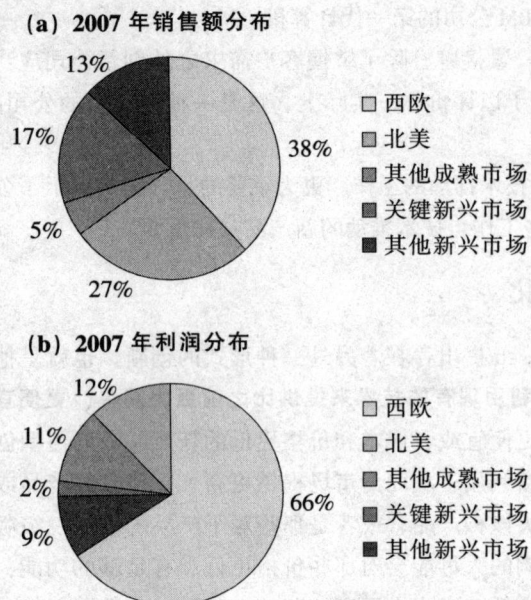

图 7.11　飞利浦——全球销售但是主要利润
来自于欧洲

(a) 2007 年销售额分布

- 西欧 38%
- 北美 27%
- 其他成熟市场 5%
- 关键新兴市场 17%
- 其他新兴市场 13%

(b) 2007 年利润分布

- 西欧 66%
- 北美 9%
- 其他成熟市场 2%
- 关键新兴市场 11%
- 其他新兴市场 12%

注："关键新兴市场"主要包括亚洲市场，
"其他新兴市场"涵盖非洲和拉丁美洲。

资料来源：公司年报。

由于其新技术和领先的电子消费产品，飞利浦在印度是一家非常重要的公司。

了完成这一任务，它需要走出其成熟的产品领域，进入到有领先技术收益的领域，并在世界其他地方，而不仅仅是欧洲，进行这些产品的销售。

飞利浦的技术基地

飞利浦公司大概有 1500 个"创造"研究人员，主要的科研人员分布在 13 个实验室，他们得到研究预算的资助为 2.5 亿美元。它 2007 年的研究预算总额将近 20 亿美元。公司拥有 65000 项专利，还有一系列出色的发明记录——见表 7.1。大约 25% 的研究人员都在 Eindhoven 总部，其他的人分布在英国、法国、德国、中国台湾和中国大陆。除此之外，公司在产品开发上的花费大概是研究预算的 6 倍——主要是公司的 6 个产品部门。

研究记录——发明性的研究，但是探索性还不够

尽管公司有很多发明记录，但是许多观察家还是认为，飞利浦公司在最需要研究的方面是失败的，例如医疗器械、家用录像机和磁盘驱动技术。一位技术顾问认为，公司并没有很好地将研

表 7.1	飞利浦的创新
1926	五极管收音机
1934	高压水银灯
1968	双充电遥感器
1968	机械中的螺旋槽轴承
1972	录像慢播系统
1976	镍氢电池
1980	压缩唱片的调制系统
80 年代	通信中的低频射线
1995	用于移动电话的高速晶体管
1997	塑胶半导体

究人员和外界联系起来，阻碍了这些人迸发最有创意的想法。他说："公司的规定都是内向型的，而且还有些骄傲自大。"虽然公司并没有接受直接的批评，但飞利浦公司主持全球研究的领导 Ad Huijser 先生还是认识到，公司的确存在着一些问题。他给自己规定了一项任务：加快飞利浦公司将科学灵感转换为利润的速度。"当风险投资家向一个新项目投资时，他需要得到回报"，Huijser 先生说："我们必须也要形成同样的思想"。

到了 2004 年，飞利浦与其他主要公司发展了 5 个合作联盟：

1. 与 Epic Systems 公司的保健软件；
2. 与 InBev 在家庭酿酒机器上——见第 8 章；
3. 与 Douwe Egberts Coffee 公司（Sara Lee 公司的一部分）在咖啡机方面；
4. 与 Visa International 在信用卡芯片方面；
5. 与 Yahoo 在网上家庭娱乐设备和内容方面。

为创新而组织关系

在这样一家大型公司里，对研究的管理非常复杂，但是，最重要的是能否使新发明产生商业价值。Huijser 先生的办法之一就是把公司的科研人员和 6 个部门联系起来。他让部门为研究支付费用完成该项工作：合同规定，部门为其发起的研究支付费用，这种费用占到研究总费用的 2/3。部门为定向的研究领域付费，如软件、材料、集成电路设计、电子存储器和通信技术等。其他 1/3 费用的解决是通过飞利浦研究团队批准的"蓝天"研究项目。产品部门和科研人员之间的联系中的核心部分是在每个部门中工作的主要技术人员。他们的工作是搜索新技术，无论是在飞利浦公司的内部还是外部，这些技术必须能够带来商业价值。

Huijser 先生的第二项工作就是让"市场推力"推动飞利浦公司。他招聘了 10 名业务开发经理。他们以公司全球的研究实验室为基础，他们的任务就是对研究的思想提出批评的意见，也可以考虑研究人员提出将研究商业化的建议。Huijser 先生说，这些人比研究科学家具有更好的商业背景，"他们提供了完全不同的视角。他们为研究室提出了孜孜不倦的追求目标，同时也为实现这些潜在商业价值提出了时间表。"

业务开发经理还为飞利浦公司的研究人员和其他业务人员提供了信息传达的通道。有了这样一个通道机制，公司就可以实现商业化的合作关系。按照 Huijser 先生的话就是，这种信息联系迅速增长，现在已经是过去的十几倍。Huijser 先生说，飞利浦公司必须更加"灵活"地处理一些想法，因为这些想法是其他公司的优势所在，由它们实现远比飞利浦公司自己实现的效果更好。

Huijser 创新的第三个方面，尝试将飞利浦公司研究人员的产出量化。这一行动引起了不小的争议，因为衡量研究成果包括许多事关成功要素的难题。即便如此，许多人认为这种方法只关注了研究中获得利益的一部分——仅仅是如何支出的问题。Huijser 先生小心翼翼地试探，寻找像特许收入、专利注册、科技论文的出版这样的因素。更多情况下，Huijser 都会询问飞利浦的产品部门有多少利润是来自过去 12 个月中研究人员的科学新创意。Huijser 先生承认，这项活动并不完善或客观，所以结果尚未公布。

更激进的解决之道

针对 Huijser 先生的工作，飞利浦公司的批评家可能会说，公司还有其他的解决方法。根据这种观点，Huijser 先生的想法——仅仅是增加了现有管理系统中的官僚等级层次——比如，解散飞利浦公司的研究部门，让研究工作不是在组织外部的支持之下就是直接处于产品部门的掌控之中——似乎公司的高层人员都不会从事此项工作，而恰恰是这些人树立了公司过去几年的保守主义形象。Huijser 先生认为，改良措施已经取得了一些成效，公司正在朝着研究成果日益尖端的目标前进。"我们有更好的组织，浪费情况已经得到抑制"，他说："我相信，我们至少和世界上的其他公司一样优秀。"

ⓒ 理查德·林奇根据《金融时报》2001 年 3 月 22 日 Peter Marsh 的文章改变。本文得到授权。开头和更新部分由理查德·林奇编写。

案例问题

1. 公司采取了哪三种方法对基础研究加以改善？这些方法的成效如何？
2. 飞利浦如何进行所谓的"市场推动"？这些是本章定义的、真正的市场推动，还是事实上带有商业眼光的"技术推动"？
3. 在进行技术创新的时候，寻找其他公司有可能存在哪些问题？
4. 假定研究成果很难量化，你会像案例所提供的那样寻找更极端的方法吗？这些方法存在哪些好处和问题？

> **战略课题 苹果和国际音乐工业**
>
> 从战略角度来看，飞利浦是一家非常值得关注的公司，因为其正在开始变革。许多年里，该公司在技术方面取得许多极具创新性的成就，但是在营销方面它们就不是那么成功了。这种情况正在改变，在 www.philips.com 有一个非常好的介绍，并解释了公司这一变革的进程。一个计划是一年以后重新评估一下飞利浦，分析其取得了怎样的进步。在制定技术战略方面，它采用了什么样原则？你认为可以成功吗？

7.5 如何创新："思想"的过程

7.5.1 创新的过程

创新经常发生在扩散过程之中[36]。在开始的时候，人们接受比较慢，接着接受速度越来越快，直到只有最后几个接受的人还在进行这一过程。因此，扩散遵循 S 型曲线，见图 7.12。

有时，早期的先行者抱怨说无法获得利润，这是由于只有极少数购买者，而且在开发过程中投入了大量的资金。在这一阶段，最有可能发生类似于 EMI 扫描仪的商业失败情况。真正的利润只有在曲线上升的阶段产生，这时需求增大，价格居高不下，反映出这是真正的创新，或者由于技术突破导致成本急剧下降。

因此，在许多方面，公司战略可能更好地服务于那些"第二速度"进入市场的人：曲线仍在上升，最初的创新者还没有完全控制市场。例如，在抗溃疡药物的市场中，Zantac（葛兰素威康公司，英国）是继

图 7.12 创新过程的 S 型曲线

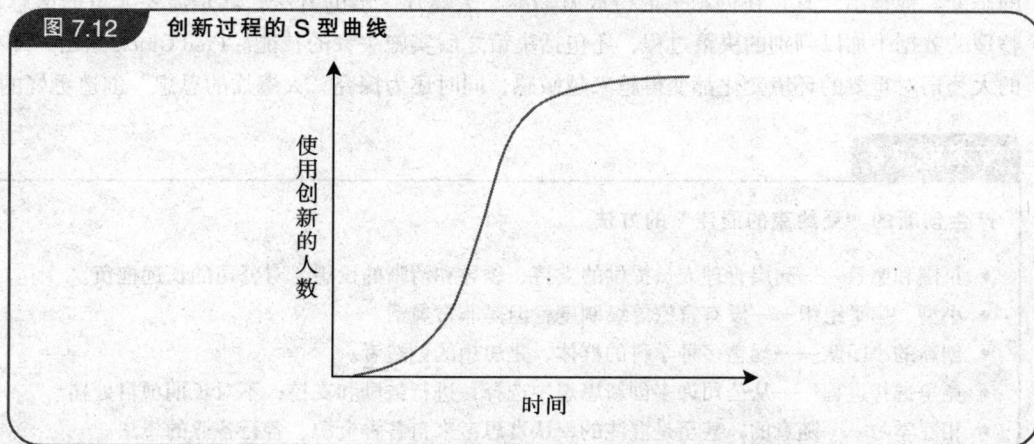

（纵轴：使用创新的人数；横轴：时间）

Tagamet（SmithKline Beecham 美国／英国）之后第二个进入市场的公司，然而该公司控制了市场，最终为葛兰素公司获得了巨大利润。飞利浦的创新——见表 7.1——同样也支持了这一点，就是最先进入市场并不一定带来利润。

Mansifield[37] 的研究也支持这个发现，Mansifield 回顾了过去 30 年间的创新。他估计说，从平均来看，第二个进入市场的公司在制造新产品时，所花费的时间和成本往往是最先创新公司的 2/3。战略问题就是如何正确判断真正的创新以及迅速作出反应——这可不是一件容易的事。Utterback[38] 曾经找出个体创新中的三个阶段，可以用来帮助确定创新的流程：

1. 流动阶段。这是创新的早期岁月，市场处在不断蓬勃发展之际；产品也没有标准化。经常只有极少数小规模的生产人员和制造设备进行多功能和小规模的生产。竞争非常有限，非常依赖于生产的进一步发展和创造。创新来自于新产品的开发。

2. 传播阶段。经过一段时期以后，需求有了大幅增长，改进生产设备也是必要的举措。此时，公司至少完成了一种产品的设计，使之可用于大规模生产。越来越多的竞争者进入市场，但随着某种占据控制地位的设计出现，其他一些公司采取该设计超越竞争对手时，竞争者进入的速度开始逐渐下降。这时可能出现第一次竞争威胁，可能表现为更低廉的成本或过硬的质量。创新更有可能来自于生产过程的发展。

3. 特殊阶段。再过一段时间，创新的速度减慢，创新点很多，但都是小的改动。只有几个大规模的制造商控制着市场。它们制造产品的规模相当大，采用了特殊的专门设备。竞争更多是以价格和品牌为基础，直到崭新的、真正的创新再次出现为止。

我们将在第 20 章回顾讲述创新的动态性。从现在开始，我们应当注意到，上述描述以两个假设和一个基本的现象为基础：

1. 行业中可能存在着规模经济，其主要的作用是降低成本。
2. 标准化产品也可以满足客户的需求。

这些假设并非在所有行业都正确——见第 14 章客户／竞争者矩阵以及第六部分丰田案例的灵活性生产方式。

7.5.2　创新传播的路径

假定创新对组织很有价值，那么真正的问题就在于如何将创新释放、传播出去。

对于最初的创新者，一旦产品对路，回报是丰厚的。美国达特默思大学的 James Quinn[39] 教授调查了各种公司的创新过程并得出结论，大型公司需要像小企业那样敢于承担风险才能取得真正的成功。他建议，理想的改革型公司应当遵从他所谓的"受约束的混沌"过程（见文本框 7.4）——这也不是件容易的事。

Quinn 教授坚持认为，创新战略是个突发性的过程。在同一时期，麦肯锡咨询公司的 Fred Gluck[40] 持相反的态度。他指出，真正在创新上取得成就需要"大爆炸"般的方法，就是需要大量的信息，能够在这些未被整理的数据中加以判别的决策过程，还包括决策之后实施决策的技能。Fred Gluck 指出，那些在他评论中提及的大公司对重要的环境变化都变得越来越敏感，同时还为探究"大爆炸的思想"创造更好的氛围。

文本框 7.4

产生创新的"受约束的混沌"的方法

- 氛围和愿景——高层管理人员提供的支持、领导和清晰的设想、对公司的长远抱负。
- 小型、扁平组织——没有官僚等级制度，但是非常灵活。
- 创新的小团队——涵盖多种学科的群体，是思想的创造者。
- 竞争选择过程——从公司许多创新思想中选择，进行鼓励和支持，不对长期项目处罚。
- 相互学习——随意的，甚至是混沌的，认真思考来自各种资源、各行各业的想法。

这种有关最佳创新路径的相左观点对日本的研究人员来说似乎相当正确。一项研究 [41] 表明，日本的经营活动基础就是对 8 家大公司的产品进行调查，包括本田、NEC、爱普生和佳能等。该研究发现，创新的过程是非正式的、多功能的，所用到的信息量远远超过最初解决问题的需要。研究的结论就是，最成功的创新过程通常包括多余的信息，这些信息通过一些偶然甚至混沌的过程相互影响，继而产生了创新的成果。与此相反，另一项日本的创新 [42] 过程研究得出的结论是，在许多情况下，可能会用到更多的分析方法。

上述的结论可能说明，创新并没有唯一的路径：不管是描述性方法还是突发性方法，都可以获得成功。但是，创新过程中也有一些基本指导性的原则可能会派上用场 [43]。

1. 针对现有经营战略和市场定位的问题。一旦对现有战略进行了定义，就要对每个方面提出具体问题。从新定义和新方法中获得的利益是有一定限度和范围的。对许多组织而言，真正的问题在于，组织受到多年来形成的先入为主的观念，以及在遇到新观念时产生的现实问题的影响。

    例如，重新定义的市场和客户不是宽就是窄。这就可能导致竞争者的重新定义，机遇和威胁也由此而生。反过来，这也可能表明，组织对具备竞争优势的领域有了新认识——市场中超越他人的优势。沃特·迪斯尼公司在 20 世纪 70 年代把市场重新定义为：以米老鼠和唐老鸭这样的主题形象提供娱乐。公司采用这种传递娱乐的方式开辟了一条新路，第一次在加利福尼亚州的阿纳海姆建立了迪斯尼的主题公园。

2. 认真考虑当前产品和服务所提供的目标。仔细研究当前提供的产品所支持的目标可能会带来什么样的未来。新方法或者更加令人满意的手段可能在最后也只是殊途同归。像一些钢琴制造商没有办法使年轻人抵御计算机游戏的诱惑，比如任天堂和 Sega。雅马哈公司有了新想法，它把钢琴重新定义得像键盘一样，同时还增加了新设计，改变了尺寸和技术，能够提供和游戏差不多的娱乐方式。

3. 研究外部的时机选择和市场机遇。经常会有一些战略的机遇出现，如果抓住这些机遇，就可以获得丰厚的利润。公司需要将资源集中到这个领域，以确保行动迅速获得回报。时机也是非常重要的。例如，Asea Brown Boveri(瑞士 / 瑞典)和 Deutsche Babcock（德国）就抓住了机遇，过去的几年中，它们在环境控制机械领域开发产品，引起了一些政府部门的注意，尤其是在北欧和美国。

4. 寻找竞争者的弱点。绝大多数组织都有自己不擅长的领域。这些地方可能会给其他人扩张的机会。但是，这种方法会招来竞争关系，因此需要仔细考虑。例如，微软公司曾经用 Windows 系统控制了全球计算机软件市场很多年。公司并没有注意到网景公司针对互联网的浏览器市场迅速开发了软件系统，并且到 1995 年控制了这一领域。微软花费了昂贵的代价才收购了该公司，重新恢复该领域的地位。

5. 为金钱传递更新、更好的价值。公司有时会陷入这样的假设，未来有可能会降低成本或提高质量。但是，有些市场中设计和技术的开发速度和新机遇出现的速度相当。例如，所有的日本汽车制造商在 20 世纪 70—80 年代获得相当的市场份额，它们不仅通过价格竞争，更多的是提供高性能的质量和标准化的服务。

6. 宽度和深度搜索。认真研究以下领域可以获得重大的机遇：像生活方式、技术、体制调整和人口统计等。例如，摩托罗拉公司(美国)和诺基亚公司(芬兰)都从移动电话的兴起获得巨大的利润，在过去的 10 年中研究了该市场的专有技术。同样地，夏普(日本)是开发口袋型计算机领域处于领先地位的一家公司，因为公司认识到了这一趋势，即人们繁忙和更加复杂的生活需要管理。

7. 向传统观念提出挑战。如果认可当前的市场和资源状态，那么公司根本不可能进行大的创新。我们需要挑战市场中每一个曾经被视为理所当然的观念。这可能包括对以下领域的挑战，如关键的成功要素。也许寻求一个全新的方法就能带来新产品和服务。一些管理者在挑战阶段可能胜过其他人，那么这些人在完成这一任务时需要得到鼓励和支持。例如，在 20 世纪 80 年代末期，通过电话销售个人汽车保险似乎是不可能的：因为销售过程过于复杂，客户很难接受。但是，事实证明这完全是个错误。到了 20 世纪 90 年代中期，电话销售已经成为欧洲最大的市场中销售的首要模式。结果，Direct Line 公司（现在是苏格兰皇家银行的子公司）接手成为英国的市场领先者。

这些足以证明，没有一个传统的战略理论可以促进创新发展，但是战略在这些过程中的收获是巨大的。

7.5.3 以国际视野看待创新

世界各国之间的差异对创新提出了严峻的挑战，这是由于创新的基础是产品系列。例如，创新的比重在生物技术领域非常高，但是在食品生产中就很低，就是因为在这两个领域中，技术发展的阶段不同。各个国家在不同的产品系列中的优势是不一样的（见第 19 章对该领域的研究）。因此，如果没有对所涉及产品系列的评价，很难对各国作出一般性的结论。

尽管如此，在 20 世纪 80 年代[44]，为什么一些国家的创新流程要远远高于其他国家呢？我们认为可能是由于以下三类相互联系的因素：

1. 影响创新过程中投入的因素。如国家科技团体的水平，尤其是教育机构。
2. 影响需求的因素，如能够接受创新和对创新感兴趣的客户。
3. 产业结构可以支持激烈的竞争，以促进增长；同时还能够为公司提供一些手段去铺开科学研究的成本和结果，如通过联邦机构。

这些结论和波特的结论类似，我们将在研究国家竞争优势时再次提及（见第 19 章）。

政府的角色非常重要。在法国、英国和美国等国家，它们都采取"自上而下"的指导特殊行业的方式，如国防等，同时还采用特殊的衡量标准。在另一些国家，如瑞典、瑞士和德国，政府更倾向于采取一种"扩散导向"的方式。政府对市场信号作出反应，提供教育和培训，制定行业标准提升质量，同时还传播技术。

在竞争优势方面，很多国家不依靠所拥有的原材料，这些可以通过国际贸易获得。这些国家也很少强调和市场的距离，因为运输成本也已经大幅下降。现在国家非常依赖科学技术，不仅仅是产品的发明，而且还包括制造业的发展。反过来，这些发展需要素质很高的熟练工人以及国家对教育的投资。在寻找创新资源的过程中，组织需要考虑到国家所扮演的角色，要对未来的劳动力进行投资。像新加坡和马来西亚等国家已经认识到投资教育的重要性，这是创新过程的基础结构。

7.5.4 创新如何产生目标

如果组织的目标主要定义在维持生存方面，那么值得讨论的是，目前大部分组织中的这种目标领先于任何一个创新的过程。从这种意义上，不能说目标来源于创新，而只能说是领先于创新。然而，如果用更加宽泛的方式去定义组织的目标，目标就包括很多方面如实现附加价值、提高质量或服务等，那么创新的角色也就完全不同了。

假定环境和人员都没有问题，创新可以在组织的任何地方发生。创新并不局限于公司的技术专家或营销经理。因此，创新可以提供新的机遇，做到在本行业中超越当前的地位。但是，如果创新的研究和应用的范围不够，那么就无法估算创新的实际潜力。从这一点来说，组织最根本的创新完全可以代表新的目标——比如生物技术或互联网等方面——这些新目标不能事先定义，必须在创新过程出现之后。如果创新的过程能够摆脱目标严格定义的束缚，那么目标就能更好地服务于战略管理。

关键战略原则

- 创新的过程是复杂的，而且伴随着风险——早期的创新先驱并非总是能够从它们的工作中获得足够的经济利益。
- 创新的发展通常遵循 S 型曲线，在最初的发展之后的增长阶段才可以获得真正的利润。
- 在行业创新中有三个阶段：流动、传播和特殊阶段。第一个阶段到第二个阶段之间的变化是，产品设计开始占据主导地位；而第二个阶段到第三个阶段之间的变化是进行大规模生产。
- 创新过程可以是突发性的，各种资源都可以产生想法；它也可以是描述性的，人们可以用更多分析和指导的方法完成此项工作。

▶

- 针对创新的过程并不是意味着复杂，有七个指导原则。这些原则的中心思想就是需要向传统的理解和理念提出挑战。
- 针对创新的国际观点建议，强大的国家教育体系是非常重要的。
- 如果组织的目标包含了增长要素，那么让这种目标从创新机遇中产生可能是更好的选择，人们事先无法充分认识到目标的潜力。

思考

创新：突发性还是常规性的？

本章讨论了以知识、新技术和寻求在组织的所有领域寻求创新为基础，实验性的突发的方式。严格来说，组织采用这种方式的目的值得推敲。

困难在于，这种对目标的开放方式与很多组织运作的形式完全相反。它们承诺它们的股东要达到成长目标；它们以能否从活动中获利为目标来分配研究资金；它们以销售量和利润目标完成情况为基础管理员工。换句话说，它们对于创新和研发采用的是高度常规性的方式。

这两种方式是否应该调和？它们能够被调和吗？如果能，如何调和？

小结

- 组织的知识可以用于产生和维持竞争优势。知识很难准确定义，但是它可以被看做是经验、价值、背景信息和专业视野不断变化的混合体。有证据表明，组织的知识领域具有良好的排他性，并且能够向组织提供从竞争中脱颖而出的能力。
- 知识需要区分显性和隐性的形式。显性知识能够被记录和组织起来。隐性知识通常是模糊的，很难阐述。这两种知识都可以增强组织的可持续竞争优势，但是隐性知识可能更为重要，因为竞争者很难理解并复制这些知识。组织的知识可以用战略发展作为基础进行审计，但是对知识的审计具有一些缺陷。
- 知识创造——新知识的形成和传播——提供了动态的战略机遇。知识创造有三种机制：组织学习、知识的创造和获取、知识传播。
- 如果新知识对组织非常重要，那么它有可能改变组织的目标。更重要的是，只有当新知识出现并形成之后，目标才会改变。在这个意义上，组织的目标是从知识创造中产生的。
- 环视技术的内外组成部分对战略管理来说至关重要。它在长期内能够改变组织的目标。技术分成基础知识、核心知识和专业知识。正是这个核心领域能够产生核心竞争优势。每一项技术都需要从估计所用的开发时间和成本与竞争者进行比较。
- 新技术革命(IT)使得组织中更有效的战略控制成为可能。实施战略控制需要超越组织现有的财务数据和人员范围。与此同时，IT 可以代表新的机遇去形成持续竞争优势，但是除非 IT 有专利支持，否则很可能是短命的。
- 创新对增长、竞争优势和交叉竞争都有很重要的作用。但是，创新同样是有风险的，而且容易带给组织巨大的损失。驱动创新主要有两方面的力量：客户需求分析(市场的拉动)和技术发展分析(技术的推动)。创新过程既有描述性的，又有突发性的。
- 在行业创新中有三个阶段：流动、传播和专门化阶段。第一个阶段到第二个阶段之间的变化是，产品设计开始占据主导地位；而第二个阶段到第三个阶段之间的变化是进行大规模生产。第一阶段主要关注产品创新，第二和第三阶段主要和生产流程的创新有关。
- 如果组织的目标包含了增长要素，那么让这种目标从创新机遇中产生可能是更好的选择，人们事先无法充分认识到目标的潜力。

问 题

1. 以一个你熟悉的组织为例，找出组织的显性和隐性知识。如果两者都有的话，在什么情况下，流程和公司的可持续竞争优势相关？

2. 类似于耐克这样的公司使用何种方法进行"知识盘点"，并把它作为战略制定的一部分？这种方法存在什么样的问题？你是否能够推荐一种方法？

3. "在只有不确定性是可以确定的经济中，持续性竞争优势的源泉就是知识。"（Ikijuro Nonaka）你是否同意 Nonaka 教授关于知识无可替代重要性的言论？

4. 以一个你熟悉的组织为例，把它的技术分成基础、核心和专有知识三类。你可以从组织战略的可持续竞争优势中得出什么结论？

5. 随着互联网的介入，下面这些话可能是有争议的："客户增长会带来面临越来越多可供选择的产品，但是也会造成供应链中利益相关者的利益的重构和再次分配"。(Robert Benjamin 和 Rolf Wigand)分别从一家大型零售商和一个向中等规模供应商供货的当地小型建筑服务商的角度出发，讨论这句话的战略重要性。

6. 你认为对 IT 技术日益广泛的使用会影响到所有组织的平等吗？是否还有一些组织没有受到计算机和互联网的影响？你对此该如何实践战略？

7. 找出最近的一些创新，并把它们分成市场拉力和技术推力两个部分。解释每种创新是如何转化为市场的，使用 S 型曲线说明这个过程。

8. Quinn 指出，大型企业需要像小企业那样进行真正的创新。Gluck 指出，重大的创新只能来自"大棒"的推动，这需要很多资源。那么这两种观点能否协调统一？(见参考资料 38 和参考资料 40。)

9. "创新或者落后：事实上，当代所有的商业竞争法则就是简单化。"（Dorothy Leonard 和 Susan Straus 教授）这句话是否正确？创新对所有的商业战略都至关重要吗？

进一步阅读

On knowledge: Davenport, Thomas and Prusack, Lawrence (1998) *Working Knowledge*, Harvard Business School Press, Boston, MA, is comprehensive and insightful. Nonaka, I and Takeuchi, H (1995) *The Knowledge-Creating Company*, Oxford University Press, Oxford, is one of the leading texts. Leonard, Dorothy (1995) *Wellsprings of Knowledge*, Harvard Business School Press, Boston, MA, is also about innovation. A good compendium of interesting papers is Morey, D, Maybury, M and Thuraisingham, B (eds)(2002) *Knowledge Management: Classic and Contemporary Works*, The MIT Press, Cambridge, Mass. See also Krogh, G, Nonaka, I and Aben, M (2001) 'Making the most of your company's knowledge', *Long Range Planning*, Vol 34, No 4, pp421-40. Read the chapter in Mark Jenkins' and Veroniqu Ambrosini's edited text with Nardine Coller (2007) *Advanced Strategic Management*, Palgrave Macmillan: Chapter 11 'Knowledge Perspective' by Spender, J C.

On technology and strategic management: Contractor, F-J and Narayanan, V K (1990) 'Technology development in the multinational firm', *R&D Management*, Basil Blackwell, Oxford, republished in Root, F R and Visudtibhan (eds) (1992) *International Strategic Management*, Taylor and Francis, London, pp163-83, is well developed, thoughtful and comprehensive. Although the paper's title does not suggest technology, the following paper has precisely this focus along-side the more general topic of intelligence: March J (2006) 'Rationality, follishness, and adaptive intelligence', *Strategic Management Journal*, Vol 27, pp201-214. A thoughtful and interesting paper.

On IT and corporate strategy: Porter, M E and Millar, V E (1985) 'How information gives you a competitive advantage', *Harvard Business Review*, July-Aug is useful. See also Benjamin, R and Wigand, R (1995) 'Electronic markets and virtual value chains, on the information superhighway', *Sloan Management Review*, Winter, p62.

On innovation: Tidd, Joe, Bessant, John and Pavitt, Keith (2001) *Managing Innovation*, 2nd edn, John Wiley, Chichester, is comprehensive, with a useful academic foundation. For a more recent academic review, see Stieglitz, N and Heine, K (2007) 'Innovations and the role of complementarities in a strategic theory of the firm', *Strategic Management Journal*, Vol 28, pp1-15. Finally, Utterback, James (1996) *Mastering the Dynamics of Innovation*, Harvard Business School Press, Boston, MA, is an excellent text with strong empirical research base. A more recent text is Lester, R K and Piore, M J (2004) *Innovation – the Missing Dimension*, Harvard University Press, Harvard, MA.

注释和参考资料

1. Sources for Maglev case: Visit by author to Shanghai, June 2004 and April 2007. *Financial Times*: 28 June 2003, p8; 5 July 2003, p MS; 7 August 2003, p7. www.shairport.com/en. *China People's Daily* 31 December 2002 'World's first commercial Maglev line debuts in Shanghai'. *Shenzen Daily*: 15 April 2004 'Shanghai Maglev ticket prices cut by 1/3'. See also http://englishpeople.com.cn 'Rail track beats Maglev in Beijing-Shanghai high speed railway.' www.cnn.com/2004/TRAVEL/Shanghai Maglev - 30 November 2004 'Shanghai to extend Maglev rail.' http://en.ce.cn/Industries/Transport/200412/15/ 'German Maglev technology abandoned?'

2. Nonaka, I (1991) 'The knowledge-creating company', *Harvard Business Review*, Nov-Dec.

3. Nonaka, I and Takeuchi, H (1995) *The Knowledge-Creating Company*, Oxford University Press, Oxford, Ch1. This chapter traces the development of knowledge as a topic area and clearly demonstrates that it was tangential to strategy development for many strategy writers. It should also be noted that many strategy texts make no significant reference to the subject even to the present time.

4. Drucker, P(1964)*Managing for Results*, William Heinemann, London, Ch6.

5. Davenport, T H and Prusack, L (1998) *Working Knowledge: How Organizations Manage What They Know*, Harvard Business School Press, Boston, MA, pp2, 3.

6. Davenport, T H and Prusack, L (1998) Ibid., p5.

7. Hamel, G (1995) Foreword, *FT Handbook of Management*, Financial Times, London. See also his article in *Financial Times*, 5 June 1995, p9, for an abridged version of the article (highly entertaining phraseology but somewhat confused argument).

8. Nonaka, I and Takeuchi, H (1995) Op. cit., pp109–111. As they point out themselves, they did not invent the important distinction between tacit and explicit knowledge. That distinction comes from the Hungarian philosopher Michael Polanyi.

9. Nonaka, I and Takeuchi, H (1995) Op. cit., p27.

10. Skandia, Annual Report and Accounts 1997, p62. See also Edvinsson, L (1997) 'Developing intellectual capital at Skandia', *Long Range Planning*, 30 (3), pp366–73. Mr Edvinsson has made a significant contribution in this area at Skandia. For a more recent paper: Miller, K D (2002) 'Knowledge inventories and managerial myopia', *Strategic Management Journal*, Vol 23, pp689–706.

11. For example, see Davenport, T H and Prusack, L (1998) Op. cit., pxv.

12. Davenport, T H, De Long, D W and Beers, M C (1998) 'Successful knowledge management projects', *California Management Review*, 39(2), pp43–57. See also Norman, R and Ramirez, R (1993)   'From value chain to value constellation', *Harvard Business Review*, July–Aug, p65 (which explores knowledge and elements of key resources). Chan, Kim W and Maurborgue, R (1997) 'Fair process: managing in the knowledge economy', *Harvard Business Review*, July–Aug, p65 (which explores the impact on employees). Evans, P B and Wurster, T S (1997) 'Strategy and the new economics of information', *Harvard Business Review*, Sept–Oct, p70 (which discusses the internet).

13. This is actually the headline in the 1998 Annual Report and Accounts of Heineken NV (see Chapter 8) introducing its new knowledge management world network. It is not clear whether the company was aware of the political significance of this phrase and its impact on some groups within the company.

14. Boshyk, Y (1999) 'Beyond knowledge managment', *Fin-ancial Times Mastering Information Management*, 8 Feb, pp12–13.

15. References for the Nike case: Nike Annual Report and Accounts 2004 available on the web www.nike.com *Financial Times*, 15 July 1996, p9; 15 Dec 1996, p9; 22 Dec 1996, p18; 2 Apr 1997, p22; 11 Oct 1997, p17; 17 Jan 1998, p6; 16 July 1998; 20 March 1999, p19; 20 March 2001, p6 of Creative Business Supplement; 4 November 2003, p19; 19 August 2004, pp10, 25; Seth, A (1998)*Marketing Business*, Feb. *Guardian*, 17 June 2003, p15 – interesting interview with Phil Knight.

16. Davenport, T H and Prusack, L(1998)Op. cit., Ch3.

17. For example, see case studies quoted in Davenport and Prusak, and Nonaka and Takeuchi above. But also see researchers like Kanter R(*Changemasters*) and Quinn explored in Chapter 12.

18. Heineken Annual Report and Accounts 1998.

19. For an extended discussion of this important area, see Davenport, T H and Prusack, L (1998) Op. cit., Ch5. The author (RL) will never forget the months of negotiation with his fellow finance director on one such knowledge issue.

20. Teece, D (1998) 'Capturing value from knowledge assets', *California Management Review*, 40(3), pp55–79.

21. References for the internet retail banking case study: *Financial Times*, 2 Oct 1996, Information Technology Supplement, p1; 15 Oct 1996, p18; 14 Mar 1997, p21; 30 Apr 1997, p27; 15 Sept 1997, p15; 7 Apr 1998, p29; 9 Apr 1998, p32; 15 Apr 1998, p19.

22. This section has benefited from Contractor, F J and Narayanan, V K (1990) 'Technology development in the multinational firm', *R&D Management*, Basil Blackwell, Oxford, republished in Root, F R and Visudtibhan (eds) (1992) *International Strategic Management*, Taylor and Francis, London, pp163–83. Well developed, thoughtful and comprehensive.

23. Prahalad, C K and Hamel, G (1990) 'The core competencies of the corporation', *Harvard Business Review*, May–June, pp79–91. Prahalad, C K and Hamel, G (1994) *Competing for the Future*, Harvard Business School Press, Cambridge, Mass.

24. Teece, D, Pisano, G and Shuen, A(1997) 'Dynamic capabilities and strategic management', *Strategic Management Journal*, 18 (7) pp509–33.

25. This section has benefited from Tidd J, Bessant, J and Pavitt, K(2001) *Managing Innovation*, 2nd edn, Wiley, Chichester, Ch5.

26. Ibid. Tidd J, et al. (2001)

27. Sources for the 3M case study: Annual Report and Accounts 1997 and 2000; Takeuchi, I and Nonaka, H (1995)Op. cit., pp135–40; Davenport, T H and Prusak, L(1998) Op. cit., pp104–6; *Financial Times*, 7 Sept 1998, p14.

28. Hamel, G and Prahalad, C K (1994) Op. cit., p274.

29. Stacey, R (1993) *Strategic Management and Organisation Dynamics*, Pitman Publishing, London, p115.

30. Harvard Business School (1983)*Canon (B)*, Case 9–384–151 plus note on world photocopying industry.

31. Harvard Business School (1984) *EMI and the CT Scanner (A) and (B)*, Case 383–194 and the *Economist Survey on Innovation*, 11 Jan 1992, p21.

32. Baker, M (1992) *Marketing Strategy and Management*, 2nd edn, Macmillan, London, p28.

33. Whittington, R (1993) *What is Strategy and Does it Matter?*, Routledge, London, p82.

34. *The Economist* (1992) Loc. cit., p21.

35. Christensen, C. (1997) *The Innovator's Dilemma*, Harvard Business School Press, Boston, Mass.

36. Baker, M (1992) Op. cit., p110, and *The Economist* (1992) Loc. cit., p22.

37. *The Economist* (1992) Loc. cit., p22.

38. Utterback, J M (1996) *Mastering the Dynamics of Innovation*, Harvard Business School Press, Boston, MA, pp94–5.

39. Quinn, J B (1985) 'Managing innovation: controlled chaos', *Harvard Business Review*, May–June, p73.

40. Gluck, F (1985) 'Eight big makers of innovation', *McKinsey Quarterly*, Winter, p49.

41. Nonaka, I (1990) 'Redundant, overlapping organisations: a Japanese approach to managing the innovation process', *California Management Review*, Spring, p27.

42. Kawaii, T (1992) 'Generating innovation through strategic action programmes', *Long Range Planning*, 25, June, p42.

43. Developed principally from two sources: Hamel, G and Prahalad, C K (1994) Ibid., Ch4, and Day, G S (1987)*Strategic Marketing Planning*, West Publishing, St Paul, MN, Ch6.

44. Ergas, S, quoted in *The Economist* (1992)Survey on Innovation, 11 Jan, p23.

战略发展

在分析了组织的环境和资源，并对其目的进行了定义后，便可以开始制定战略。对于战略学家来说，尚没有一个达成共识的方法。本书的这一部分将首先研究战略制定的常规性方法：它会产生许多战略选择，然后，根据一致同意的战略标准，在这些选择之中合理地进行取舍。

其次，我们探讨调整基本常规性建议的突发性战略。同时，我们也会更多地考虑激进的突发性抉择，因为有些战略学家们拒绝常规性方法，只信赖突发性路线。

最后，我们还要研究组织折结构和公司管理风格。这些因素可能会对战略产生重要的影响，甚至有可能使你的工作前功尽弃。因此，这两个方面都值得探讨。但是，一些研究战略的学者把组织结构看做制定战略之后才需要解决的问题。因此，在制定战略阶段并不包括对组织结构的考虑。我们将在第 12 章对这一问题进行解释。本书主张的观点是：同时考虑战略、组织结构和管理风格是大有裨益的。

常规战略流程

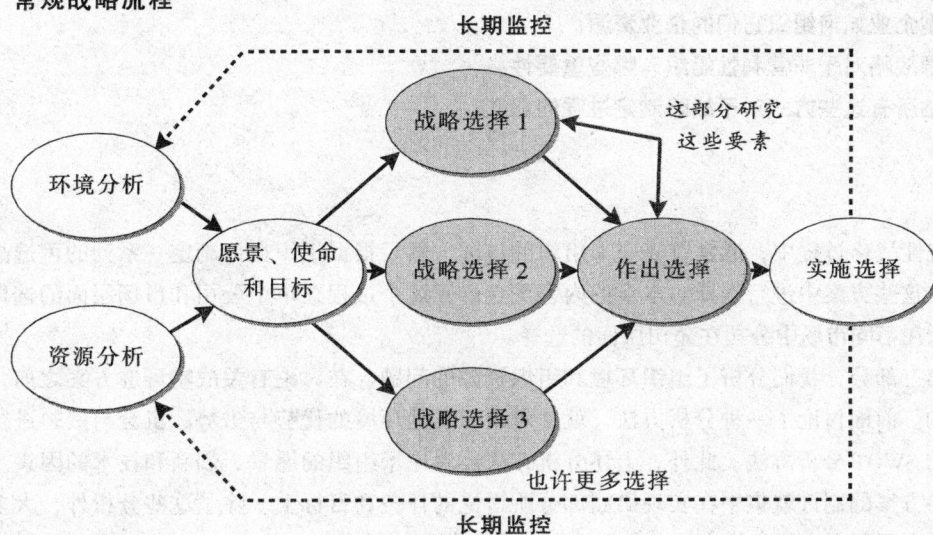

长期监控

- 环境分析
- 资源分析
- 愿景、使命和目标
- 战略选择 1
- 战略选择 2
- 战略选择 3
- 作出选择
- 实施选择

这部分研究这些要素

也许更多选择

长期监控

突发战略流程

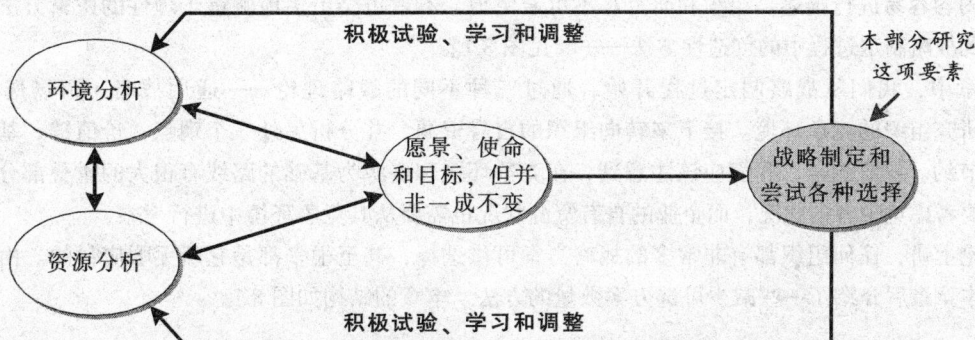

积极试验、学习和调整

- 环境分析
- 资源分析
- 愿景、使命和目标，但并非一成不变
- 战略制定和尝试各种选择

本部分研究这项要素

积极试验、学习和调整

第 8 章

制定经营层面战略选择

Developing Business-level Strategy Options

学习目标

学完本章后，你应该能够：

- 学会进行 SWOT 分析；
- 制定基于环境的战略方案；
- 探究常见的战略方案，并评价它们的潜力；
- 总结市场战略选择矩阵，并解释它对制定基于行业的战略方案有哪些贡献；
- 能够对扩展矩阵方法所产生的战略方案进行研究，并指出它们对于基于行业的战略有什么意义；
- 根据组织资源制定相关战略；
- 在依据资源制定战略的过程中，运用价值链的相关理论；
- 根据组织的核心竞争力和特殊能力制定组织战略；
- 从降低组织成本的角度识别资源；
- 说明小型企业如何组织它们的企业资源；
- 概括资源战略对于非营利性组织有哪些重要性；
- 严格评估所有这些方式对于战略制定过程的意义。

引言

在很多常规性战略过程中，通常首先定义组织的目标，然后根据组织目标制定一系列的可选战略方案[1]，接下来就是要从这些方案中进行选择。本章的内容重点研究这个过程在单个公司和市场层面的选择。在接下来的章节中讨论在不同市场中公司在公司层面的选择。

在本书的第三部分，我们分析了组织环境和组织资源的问题。在讨论有关战略可选方案之前，作一个总结是很有必要的。前面讨论了一种分析方法，就是对组织所处环境的优势与劣势、机会与威胁进行分析，这就是人们常说的 SWOT 分析方法。此外，上述分析方法还考虑了组织的愿景、创新和技术的因素。考虑了这些因素后，战略方案的制订就集中在实现第四部分所讨论的任务和目标上。除了这些分析外，大多数组织还会对组织目标的主要要素进行总结，并以此作为制定战略方案的起点。

要制定战略可选方案，既可以运用理性的逻辑思维方法，也可以运用富有想象力的创造性思维方法。由于很难为创造性思维方法建立模型，因此，有关战略研究的论文和书籍都往往更多地侧重于逻辑推理方面，因为这些内容容易进行描述、组织和研究。不可避免地，本章也会更多地侧重于理性的逻辑方法，但同时我们要认识到战略制定过程中的创造性方法——参见图 8.1。

在本章中，我们从战略制定过程开始，通过三种不同的战略理论——通用战略、市场选择和扩张方法——来研究组织的竞争环境。接下来转向组织的自身资源，并分析另外三个观点：价值链、基于资源的观点和成本节约。重要的是，我们应该注意到，在竞争环境和资源为基础的路线有很大的重叠部分。例如，市场环境需要考虑竞争者的状况，而企业的自有资源状况也需要从其竞争环境中进行考察。

从理论上讲，任何组织都有非常多的战略方案可供选择，甚至很多都是它所无暇应付的。由于这种问题的存在，本章最后介绍了一些减少可选方案数量的方法。本章的结构如图 8.1。

图 8.1	制定战略选择

如果加上更多基于概念的方法，那么就很难建模。我们将在第 11 章详细讨论

在本书中的位置

SWOT 分析 —— 本章

关键的组织目标 —— 从第 6 章和第 7 章开始概述

基于环境的选择
● 通用战略
● 市场选择战略
● 扩张方法矩阵

基于资源的选择
● 价值链
● 基于资源的观点
● 成本节约

本章：产生商业选择

第 9 章：产生公司选择

识别主要选择 —— 本章：总结选择

从方案中挑选战略：常规性方法 —— 第 10 章：常规选择

将选择开公化：突发性方法 —— 第 11 章：公开突发性选择

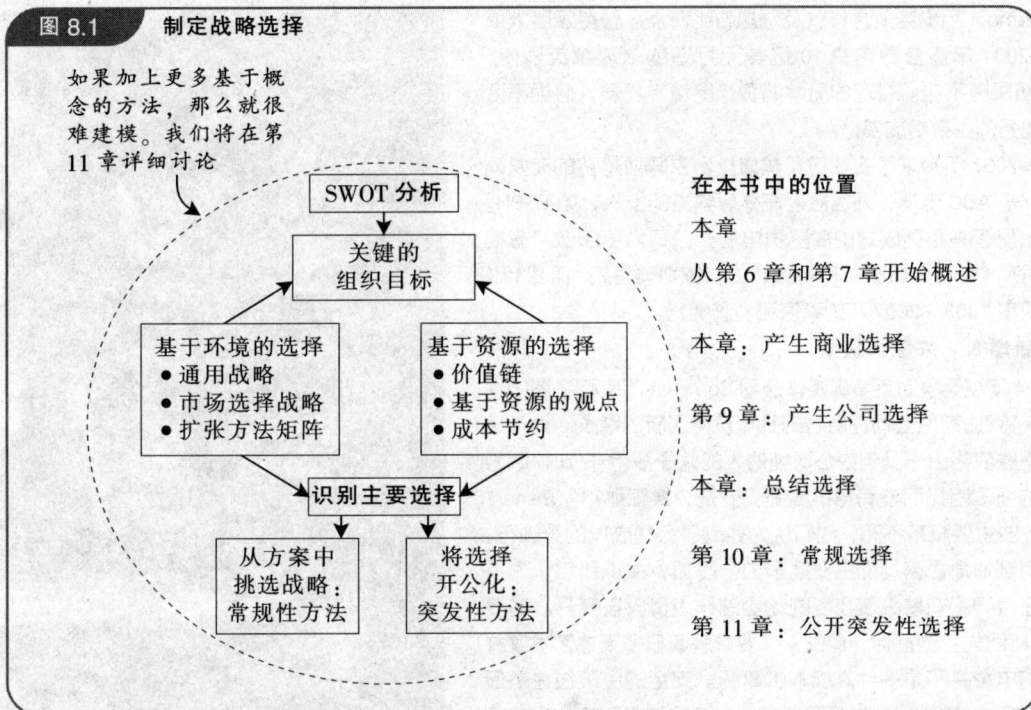

案例研究 8.1 沃特·迪斯尼：为米老鼠制定战略方案

尽管沃特·迪斯尼有着强大的竞争力，但在 20 世纪中期该公司还是面临着进一步增长的压力。该公司最为著名的形象和战略资源——米老鼠的经历就颇有代表性。本案例探讨了该公司所作出的一些战略抉择。

沃特·迪斯尼公司

由沃特和他的兄弟罗伊（Roy）共同创办的沃特·迪斯尼公司在 20 年代和 30 年代凭借其聪明和创新性的动画卡通人物而闻名于世。除了著名的米奇和米妮之外，公司还有著名的《白雪公主和七个小矮人》、《幻想曲》和《小鹿斑比》等作品。1952 年在加利福尼亚第一个采用这些人物形象的主题公园开幕。随后该公司把业务拓展到了其他的娱乐业中，并获得了美国重要的电视广播公司 ABC 电视网络的所有权。到 2005 年，该公司是世界上第二大媒体集团。该公司的利润来源包括 70 家广播公司、付费有线电视频道比如 ESPN（拥有 80％ 股权）、A&E 电视（拥有 38％ 股权）口沃特·迪斯尼电影口试金石影业（Touchstone）和 Miramax。该公司还在美国口日本（经授权）、欧洲（占主要股权）以及 2005 年 10 月在中国香港建立了迪斯尼主题公园。该公司拥有一系列重要和有价值的品牌，尤其是米老鼠和小熊维尼这样一些与儿童密不可分的形象，该公司利用这些形象在主题公园、迪斯尼商店和其他直销活动中促销商品。图 8.2 所示为该公司的销售和利润的主要方面。

赢利需要

多年来沃特·迪斯尼为股东们获得了稳定的赢利增长。但是近年来，各种各样的问题层出不穷，利润开始停滞不前。该公司的媒体网络在美国面对着来自所有其他主要电视公司的竞争，尽管在 2004 年曾有较大的复苏但总体来说其广告收入下降。公园和旅游业受到各种问题的影响——佛罗里达公园受到 2004 年飓风影响，尽管损失不大，但游客们却不愿意再参观；欧洲的主题公园自从 1992 年开始开业以来就几乎没有赢利：该地点远远不能达到全年阳光普照，并且还和在弗洛里达的公园形成竞争；日本的主

题公园是赢利的，但迪斯尼仅仅是小股东；新的香港公司尚处于早期阶段。

但是，迪斯尼成功地开始了一个新项目——到加勒比度假地的家庭游船——作为一个假日度假组合的一部分。也许 2004 年最大的转折点是电影业：公司在 2003 年凭借《海底总动员》

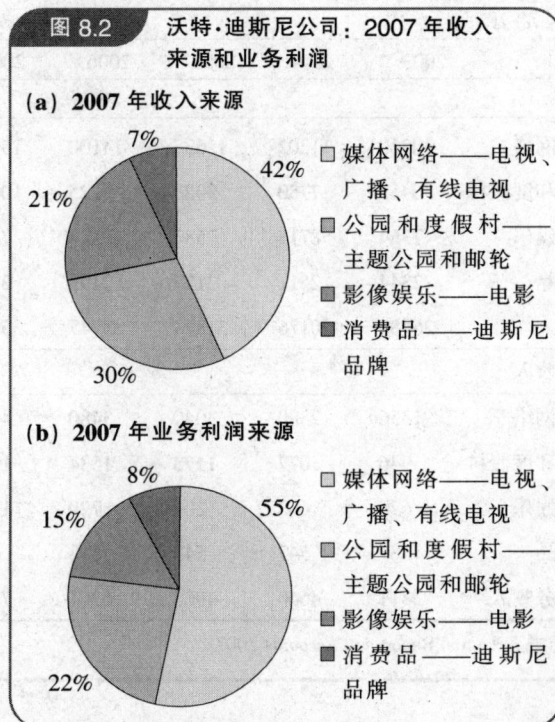

图 8.2	沃特·迪斯尼公司：2007 年收入来源和业务利润

(a) 2007 年收入来源

7% 42% 21% 30%

□ 媒体网络——电视、广播、有线电视
■ 公园和度假村——主题公园和邮轮
■ 影像娱乐——电影
■ 消费品——迪斯尼品牌

(b) 2007 年业务利润来源

8% 55% 15% 22%

□ 媒体网络——电视、广播、有线电视
■ 公园和度假村——主题公园和邮轮
■ 影像娱乐——电影
■ 消费品——迪斯尼品牌

（Finding Nemo）与皮克斯合作以及《加勒比海盗》获得了巨大成功。但是 2004 年该公司花费 10 亿美元打造的《边城英烈传》（Alamo）却票房不佳。公司的品牌消费产品稳步发展，但绝不会成为公司业务的主要组成部分。

2005—2007 年带来了主要的利润增长。主阵地是它的传媒网络，不仅仅是 ABC 电视，还包括它在体育频道的投入，如 ESPN。此外，它出品了一系列成功的高品质电影，公司内部叫做"影视娱乐"，包括《加勒比海盗》和高赢利的《歌舞青春》。表 8.1 说明了该公司在 2003—2007 年的销售和利润情况。

迪斯尼的新增长：来源和抉择

在 2004 年从竞争对手美国媒体公司 Comcast 的收购企图中生存下来的沃特·迪斯尼公司在随后的几年获得了新的增长。近年来该公司的一些战略由于受到由公司创始人的儿子罗伊·E.迪斯尼为首的股东的强烈阻挠而没有得以实施。但是，埃森那尔（Eisner）与公司的一些主要股东不和，他们认为他成了公司成长的绊脚石，他没有认识到迪斯尼公司的主要竞争力。比如，埃森那尔认为那些仍然待在公司的有着高度技能的动画制作人员应该离开。他受到罗伊·迪斯尼先生的批评，他说："要想解雇很多天才艺术家并生产普通的电影并不是一件高成本的事情。安全的决策往往是最为危险的决策。"迪斯尼先生甚至建立了一个网站来攻击公司的管理：www.SaveDisney.com。争论的结果是 2004 年埃森那尔被解除了迪斯尼的主席职务：他宣布 2005 年 9 月他将离开公司。

迪斯尼公司的竞争资源是强大的：电影素材库、媒体传输形式所有权、主题公园，以及在影像娱乐业的经验。公司尤其在家庭娱乐方面有着强大的竞争力，因为迪斯尼品牌本身在该领域极其有竞争力。很多年来，该公司一直和动画公司皮克斯合作来销售公司的电影——比如《海底总动员》等，最后于 2007 年收购了皮克斯。虽然 2004—2007 年有了很大的增长，但是迪斯尼公司仍存在压力，要做的更好，它需要新的战略。

表 8.1　沃特·迪斯尼公司：5 年记录

美元：百万

	2003	2004	2005	2006	2007
收入					
媒体网络	10360	11202	12637	14100	15046
公园和度假村	6412	7750	9023	9925	10626
影像娱乐	7364	8713	7587	7529	7491
消费品	2344	2511	2127	2193	2347
总收入	26480	30176	31374	33747	35510
业务收入					
媒体网络	1356	2380	3040	3480	4285
公园和度假村	946	1077	1178	1534	1710
影像娱乐	620	662	207	729	1201
消费品	389	547	543	618	631
总业务收入	3311	4666	4968	6361	7827

资料来源：Annual Report and Accounts 2007.

沃特迪斯尼公司充分利用和开发了米老鼠的潜力，但仍需要找到新的增长点。

迪斯尼未来的战略方案包括：

- 进一步开发主题公园。他们正在和中国上海方面谈判。主题公园的问题是这是一个资本密集型的项目，需要一段很长的时间来进行开发，比如，香港的大屿山主题公园是在 1999 年达成协议的。

- 开发媒体网络。在饱和的美国市场这是很困难的，公司正在越来越细化的欧洲市场尤其是英国寻找机会。

- 电影业。这是一个风险很高的业务。如果判断正确，这是一个回报很高的业务，但如果电影不卖座，那么对公司的损害也相当巨大。

对于战略方案，迪斯尼应该以更为宽广的眼光来看待其战略——也许新的媒体会给公司的发展带来新的机遇？也许公司应该利用其品牌力量来为旅游业和旅游者开发新产品？

案例问题

1. 迪斯尼集团的竞争优势是什么？哪些是可持续的？

2. 采用本章的概念分析今后 5 年迪斯尼的方案可以有哪些？

3. 媒体和旅游业公司，比如电视台和主题公园是否可以仅仅通过提供新产品就获得和保持竞争优势？或者它们需要对其战略的其他方面重新进行思考？如果是这样，那么其他方面又是什么？

8.1　目标与 SWOT 分析——安德鲁斯（Andrews）的贡献

作为战略选择理论的起点，肯尼斯·安德鲁斯（Kenneth Andrews）首先强调，应当将组织的任务和目标与战略方案及其后续活动联系起来。"组织的目标、策略以及组织的各种活动是相互联系、相互依赖的，它们对于确定组织战略的特性和识别组织的竞争优势至关重要。"[3]我们在本书中的第二部分对组织的目标进行了研究，因此，我们在这里假定我们的定义是一致的。

肯尼斯·安德鲁斯进一步指出，对组织的未来进行理性的分析是制定战略的本质部分。作为进一步研究的

定义▶ 起点，有必要对当前的情况加以概括。一个有用的方法就是组织的 SWOT 分析法。SWOT 也就是对组织内部的优势和劣势，以及组织外部所面临的机会和威胁进行分析。这种分析方法源于安德鲁斯所提出的有关组织两个方面的研究：

1. 优势和劣势研究——在本书第 4 章的资源分析过程中已经讨论过；
2. 机会和威胁研究——在本书第 3 章的环境分析过程中已经讨论过。

由于组织是多种多样的，因此，上述的每一种分析（过程和结果）都是不一样的。但也存在一些共同的地方，我们在表 8.2 中列举了一些常见的分析要素。

在各种各样的 SWOT 分析过程中，需要注意以下几个问题，这样可以提高这些分析的质量：

- 简明扼要——要知道，有很多的分析往往都是不需要的；

表 8.2　SWOT 分析中的常见分析要素

内部分析

优势	劣势
市场主导优势	劣势共享
核心实力	缺乏核心实力和关键技术
规模经济	比竞争对手的工厂旧，成本高
低成本状况	缺乏财务实力，现金流量小
领导和管理技能	缺乏领导和管理技巧
财务和现金资源	缺乏创新和新思想
生产能力和设备年龄	组织结构不合理
创新过程和成果	产品质量低下，社会声誉差
结构网络	产品缺乏多样性，对少数几个产品依赖性大
产品多样性	产品多样性
产品或服务的质量	产品或服务的质量

外部分析

机会	威胁
新的市场机会	新的市场进入者
新产品	竞争增加
多元化的机会	消费者和供应商的压力增强
市场成长	替代品的威胁
竞争对手的劣势	市场增长缓慢
战略空间	经济周期的低迷时期
人口的变化和社会的变革	技术威胁
政治、经济环境的有利变革	政治或者经济环境的不利变革
兼并或新的合伙人	人口统计学的变化
国际性增长	国际化中的贸易壁垒

注：参看文中关于这些列表的关键点。

- 尽可能将组织的优势和劣势与成功的关键因素联系起来；
- 如果可能的话，组织的优势和劣势应该与竞争者作比较，不仅仅要分析组织的哪些方面是"好的"，而且要分析组织的哪些方面"比竞争者好"；
- 分析的陈述应该详细而明确，避免含糊和模棱两可——也就是说，应该尽量减少对众所周知的问题的分析；
- 在分析过程中要明确哪些是公司所希望的，哪些是现实中的，要坚持从实际出发；
- 无论是对自己，还是对竞争对手，都应该本着实事求是的原则，这一点非常重要。

在 SWOT 分析过程中，人们常常犯的最大错误是认为所有的分析都是"正确"的，因为它们所包含的内容都是不难想象和可以理解的。事实上，这种认识的产生是由于缺乏深入的思考和对什么是组织真正重要的战略问题的判别。

另一个常见的错误是，SWOT 分析过于细化和全面，使得分析结果非常冗长，而且缺乏逻辑、论据和证明。实际上，一个简短而论证充分的分析更有可能让人信服。由于表 8.2 中仅列出了要点而没有任何的解释，因此往往会误导上述这个常见的错误。关于 SWOT 分析，Whittington 写了一篇非常有用的批判性概述，详细内容可以参考相关文献[4]。

8.2　基于环境的战略选择：通用战略——波特的贡献

定义 ▶　　我们以通用战略作为基于环境的战略选择方案的开始。**通用战略是任何企业都可以采用的三个基本战略，包括成本领先、差异化和集中（有时称之为细分）。**通用战略首先是由哈佛商学院的教授迈克尔·波特提出来的。波特教授的理论是从前人的行业经济学[5]，也就是研究企业竞争的经济学的基础上发展起来的。他提出一个大胆的论断：只有三个基本的战略可以被任何企业所采取，这也正是它们被称做通用战略的原因。在 20 世纪 80 年代，它们被认为是战略的前沿思想。即使是到如今，它们对于战略选择的发展也有重要贡献。然而，对于那些资源论的战略学家而言，通用战略理论只不过是具有历史意义而已。在这一部分的最后，我们还会返回来讨论它们的价值。

通用战略的概念首先是在波特教授的两本书中提出来的：1980 出版的《竞争战略》[6]和 1985 年出版的《竞争优势》[7]。在第二本书中，作者对第一本书中所提出的概念作了一些修改，我们在这一部分要讨论通用战略概念的原始版本。在讨论了通用战略的基本要素之后，我们要在一个案例的基础上探讨通用战略在理论上和实践上的有效性。波特教授在他书中的所有讨论都只限于企业机构，而不涉及非营利组织。

8.2.1　三种通用竞争战略：三种战略选择

波特教授认为，有三种基础的战略是对任何企业都是适用的：

1. 成本领先战略；
2. 差异化战略；
3. 集中战略。

按照这个理论，每个企业必须从中选择一个战略以参与市场竞争并获取和保持一定的竞争优势。这些战略都各自代表了不同的目标领域，这些领域是值得所有企业甚至一些非营利组织去开发和探索的。上述这三种战略选择可以从竞争环境的如下两个方面进行解释：

1. 竞争优势的来源。竞争优势的根本来源只有两个，那就是产品差异化和低成本。我们将在接下来的部分探讨这两个方面的内容。
2. 目标顾客，即竞争范围。对于一个组织来说，既有可能将产品的目标定位在覆盖整个市场，也有可能只是瞄准一个细分的目标市场或某个特殊的领域。

波特教授将这两个方面融合在一起就形成了著名的通用战略理论，如图 8.3 所示。

波特教授在他的第二本书中对理论的概念进行了一些修改，将目标市场分为两个部分：

图 8.3 通用战略选择

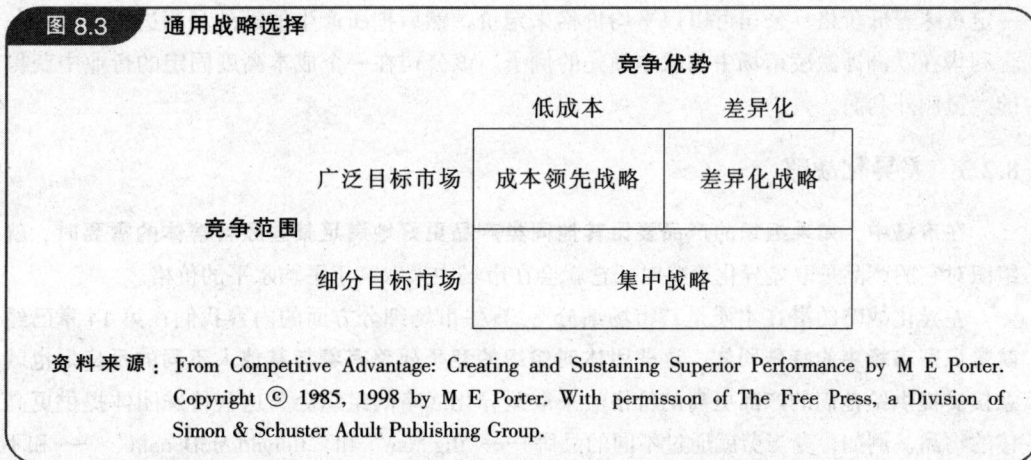

	竞争优势	
	低成本	差异化
广泛目标市场	成本领先战略	差异化战略
竞争范围 细分目标市场	集中战略	

资料来源：From Competitive Advantage: Creating and Sustaining Superior Performance by M E Porter. Copyright © 1985, 1998 by M E Porter. With permission of The Free Press, a Division of Simon & Schuster Adult Publishing Group.

- 分化目标市场；
- 低成本领先。

有时这一改良过的模式中可以找到一些数据。

8.2.2 低成本领先

定义▶ 作为一个行业的低成本领先者，它必须创造并维持其成本最低的地位，这里的成本包括工厂、设备和劳动力的成本以及生产过程中所发生的成本。

在本章后面的 8.7 节，我们将要讨论一些战略选择，组织可以通过这些战略来降低成本。问题的本质在于，如果企业在其所在行业中的成本最低，那么它就具有明显的竞争优势，而且这种优势很可能是持续拥有的。当然，为了降低成本，低成本战略的生产者必须发掘和利用所有的成本优势来源。一般地，低成本领先者生产的是标准化产品，而且从战略的高度强调生产的规模和各种绝对的成本优势。在实践中，低成本领先者通过降低价值链上每个要素的成本达到这一目的——这种战略来自于对细节的追求。麦当劳餐厅通过标准化的产品和从整个国家集中采购等一系列手段降低成本。

低成本领先者的利润优势来自于以下原理：低成本领先者应当能够在市场上以平均价格销售产品——见图 8.4 中的线 A—A。如果消费者并没有意识到这种产品的同等性，或是没有认识到产品的性能，那么成本领先者为了获得销售额，就必须打折，制定低于竞争对手的价格。

与低成本领先者相比，竞争对手的成本较高——见图中的线 Y—Y。在成功地制定战略方案之后，根据定义，相对于竞争对手，低成本的厂商可以进一步降低价格——见图 8.4 中的线 X—X。这可以使低成本领先者获得高于平均利润率的收益。

如果想要采用这种战略，组织就要在其运作过程的每一部分强调降低成本。应该注意到成本优先并不就

图 8.4 低成本领先如何产生超额利润

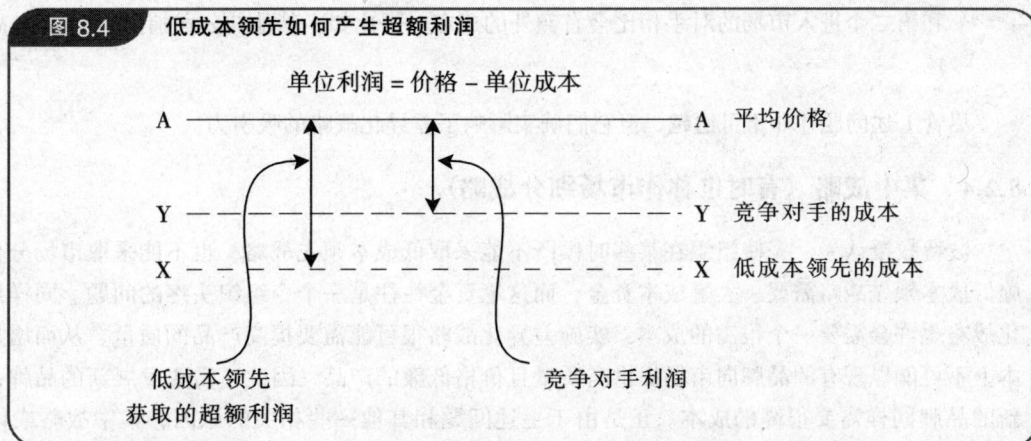

单位利润 = 价格 - 单位成本

A ———————————————————————— A 平均价格

Y — — — — — — — — — — — — — — Y 竞争对手的成本

X — — — — — — — — — — — — — — X 低成本领先的成本

低成本领先
获取的超额利润

竞争对手利润

一定意味着低价格：公司可以以平均价格来定价，然后把所产生的额外利润进行再投资。请参考第 9 章中联合利华在欧洲冰激凌市场中的成本领先的例子。该公司在一个成本高度固定的行业中获得了作为市场领先者的大量额外利润。

8.2.3　差异化战略

定义▶　在市场中，如果组织的产品要比其他同类产品更好地满足某些顾客群体的需要时，就发生了差异化。当组织对它的产品采取差异化策略时，它就会在市场中采取高于平均水平的价格。

定义▶　差异化战略的潜在本质是"市场细分"，有关市场细分方面的内容我们在第 14 章已经讨论过：**市场细分就是识别市场中的特殊团体，这些团体对组织的竞争战略有着与其他人不同的反应**。也就是说，有些顾客愿意接受提供给他们的产品更高的价格。采取差异化战略的组织会为这些特殊团体提供更高水平的服务和更奢侈的物品。例如，麦当劳就通过不同的品牌——"Big Mac"和"Ronald McDonald"——和不同的形象标志来体现不同的服务，从而实现差异化战略。另一个例子是欧洲的冰激凌行业，Mars 系列的冰激凌就会因为其好的品牌和好的质量而能够卖更高的价格。

波特教授认为，如果要对某个产品实施差异化战略，那么生产厂商就必须要为此预先支付额外的成本，例如花大量的经费为产品做广告从而形成一种品牌，然后对之采取差异化策略。因此，与竞争对手相比，这种产品的成本会比较高，如图 8.5 中的 Z—Z 线所示。理所当然地，差异化的产品会由于其独特性而能够实行一个较高的定价，从而获得多于竞争对手的回报，如图 8.5 中的 B—B 线所示。

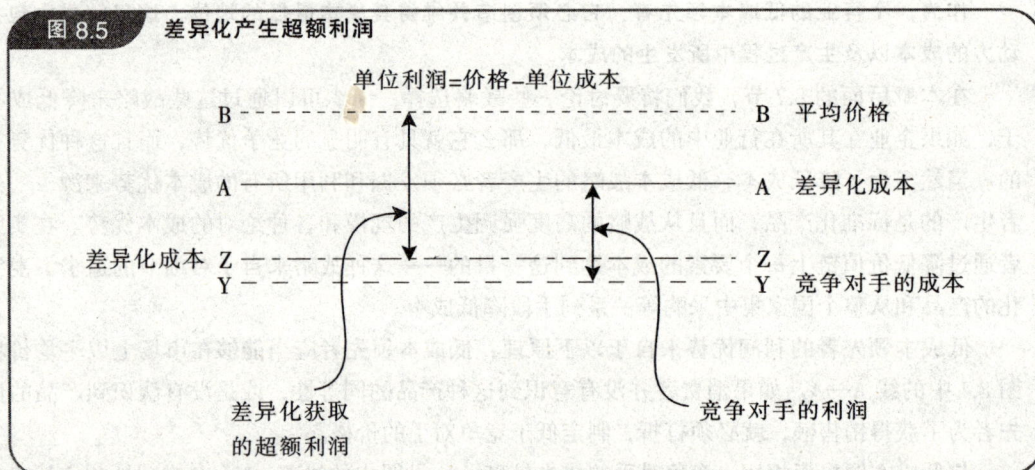

图 8.5　差异化产生超额利润

但是，差异化战略有两个问题：

1. 很难估计是否差异化所带来的额外成本能够从高价中收回。
2. 成功的差异化会吸引竞争对手来复制产品并且进入细分市场。第一个进入一个市场也会有成本，所以和第二个进入市场的对手相比会有额外的成本——比如，其他的公司追随麦当劳和 Mars 冰激凌进入市场。

尽管上述问题并非不可逾越，但它们确实影响了差异化战略的吸引力。

8.2.4　集中战略（有时也称作市场细分战略）

波特教授认为，一些组织在某些时候既不能采取低成本领先战略，也不能采取市场分化战略。例如，实施低成本领先战略需要一大笔成本资金，而这笔资金往往是一个令组织头疼的问题。同样地，采取市场差异化战略也许会需要一个很高的成本：实施差异化战略很可能需要提高产品的质量，从而增加投入。而且，基本上不可能以现有的品牌向市场提供高质量且价格低廉的产品，因此还需要发展新的品牌，宣传和支撑一个新的品牌同样需要很高的成本。正是由于上述问题和其他一些相关的原因，集中战略或许是一个更好的选择。

定义▶ 所谓集中战略，就是组织瞄准一个目标市场，并为这个目标市场提供专门开发的、具有竞争优势的产品或服务。

因此，集中战略会选择行业中的某部分或者某几个部分的市场，制定专门的战略为这些市场服务。通过战略优化，采取集中战略的组织能够在目标市场上获得竞争优势，尽管它在整体上并不具有什么优势。在后来发展的理论中，波特教授还指出，企业为了实施集中战略，或许会以低成本领先或者市场差异化为手段：

- 企业可能会以成本优势占领其瞄准的目标市场；
- 在其目标市场中，企业还可以通过市场差异化的办法来实施集中战略。

当企业将目标锁定在一个小规模的、特殊的消费团体的时候，因为顾客为优越的质量支付了额外的价格，或者企业向市场提供了成本低廉、价格也相对较低的产品，所以企业往往可以赚取高于平均水平的利润。以欧洲的冰激凌市场为例，有两种不同的集中战略：

- 市场差异化形式的集中战略——目标市场是上等的、价格昂贵的冰激凌；
- 低成本形式的集中战略——目标市场是经济实惠的冰激凌。

在全球的小轿车行业中，劳斯莱斯和法拉利很明显就是采取了集中战略——它们在全球范围内所占的市场份额非常小。它们集中的目标市场就是：高贵的产品、高昂的价格。

同样地，集中战略也有其自身的不足：

- 按照定义，集中的目标是一个小范围的市场，这样的小市场或许不足以值得关注；
- 对于有些行业，例如汽车行业，经济规模是一个非常重要的因素，因此，要想采取低成本的集中战略是很困难的；
- 很明显，集中战略的目标市场从本质上都具有特殊性，然而，这样的特殊性总会随着时间的流逝而消失。

上述的这些问题实际上并无大碍，很多中小型的公司都发现这种集中战略很有用，非常具有研究价值。

8.2.5 陷入中庸观点是危险的

分析了通用战略理论之后，波特教授在书的结尾指出，如果企业盲目地尝试每一个战略而又不能成功实施，那么这种情况确实很危险。因为这个时候：

> 如果其他低成本领先的企业、实施市场差异化的企业或者实施集中战略的企业在市场中占有一席之地，那么企业在竞争中将处于劣势……这种企业的赢利能力远远不如那些已经成功实施了三个战略之一的竞争对手。

后来有一些评论家反对这种分析的观点，例如 Kay[8]、Stopford、Baden—Fuller[9] 和 Miller[10]，他们列举了一些经验的例子，这些企业都是采取了一个以上的战略，但它们都获得了成功，例如丰田汽车公司和贝纳通制衣公司，它们既采取了市场差异化战略，又实施了低成本战略。

8.2.6 有关波特通用战略理论的评论

Hendry[11] 和其他一些学者从逻辑上对通用战略理论提出了一些质疑，并列举了一些经验事实。我们可以从以下几个方面概括一下。

低成本领先战略

- 如果很多企业都选择低成本领先的战略，那么市场上是不是就可以有多于一个的低成本领先者？从这个角度讲，低成本领先的战略选择或许存在自相矛盾之处。
- 从长远看，竞争对手也会不断降低它的成本，因此，企业通过低成本领先战略来保持它的竞争优势是不是有很大的风险？

- 低成本领先企业应该削减单位产品的成本，然而正如在 8.7 节将要讨论的那样，这种观念有很大的局限性。

- 低成本领先战略选择有一个前提假设，那就是当技术发生变化的时候，企业能够预测。事实上，在高科技、高变化的市场上，技术的变化往往是难以预料的，因此，这个假设只能在一个很有限的范围内适用。

- 只有当消费者能够进行价格比较的时候，削减产品的成本才能够给企业带来竞争优势。这就意味着，低成本领先的企业必须不断降低产品的价格，否则竞争对手就会跟上，尽管竞争对手可能需要花费数年的时间和不得不降低边际利润。但是，长期的削减价格对于低成本领先企业来说是非常危险的，这种价格变化会影响其产品或服务在市场中的地位。

案例研究 8.2　通用战略选择分析：欧洲的冰激凌市场

我们对通用战略选择进行以下分析，包括它们的优点和不足。根据第 4 章的一些数据，我们可以分析欧洲的冰激凌行业在 20 世纪 90 年代中期可能的战略选择，如图 8.6 所示。

尽管欧洲的冰激凌市场仍然在不断地增长和变化，但是认定几个主要的公司还是相对容易的事。例如，雀巢公司和 Mars 就是非常引人注目的公司，尽管雀巢已经向全球扩张，但是仍然远远

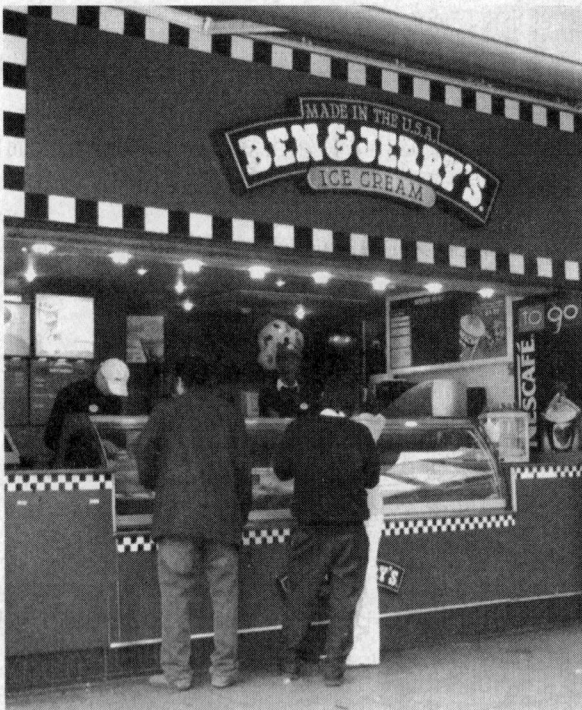

图 8.6	欧洲冰激凌行业的通用战略	
	竞争优势	
	低成本	差异化
广泛的 目标市场	**低成本领先战略** 联合利华	**差异化战略** ● 雀巢 ● Mars 冰激凌
细分的 目标市场	**低成本 集中战略** 由当地小型公司生产的经济实惠的冰激凌产品	**差异化 集中战略** 高价产品，如哈根达斯、Ben & Jerry's

竞争范围

小于低成本的领头羊联合利华。但是，雀巢现有的冰激凌品牌种类众多，使得雀巢也可以定高价。Mars 的产品品种多样化，也有着自己的强势品牌，但是份额较低：该公司仍然被分在了差异化细分补缺这一种类当中。

案例问题

1. 如果你是欧洲冰激凌市场上的雀巢公司，那你会追求什么样的战略选择？

2. 假设你是哈根达斯公司，如果有人向你推荐低成本战略选择，你的反应会如何？

3. 在欧洲冰激凌市场上，利用波特的通用战略理论来制定基于市场导向的战略会有哪些不足？在回答这个问题之前请认真阅读前面的内容，并理解理论的内涵。

为了提供一些新的选择，冰激凌公司可以进入补缺战略领域，比如 Ben&Jerry's 的外卖冰激凌

差异化战略

- 实行差异化战略的产品常常被认为具有较高的价格，这种想法或许太简单了。并非所有的差异化形式都会导致产品的高价格。

- 企业的目标可能是增加它的市场份额，在这种情况下，企业会采取差异化战略来降低某区域市场上的产品价格。

- 波特教授在讨论差异化战略的时候认为，在所有的市场上采取差异化的形式应该是显而易见的。但事实上，真正的问题并不在于确定是否有必要采取差异化战略，而是在于寻找一种有效的形式，使得这

种差异化形式能够吸引消费者。可惜的是，通用战略理论没有认识到这个问题，它只是简单地指出，一旦选定了差异化战略，就需要确定如何实现差异化。

竞争范围

- 宽泛的目标市场与细分的目标市场之间的区别有时候并不是很清楚。是通过市场的地域大小来区分，还是通过消费者的类型来区分？如果这两者之间的区别真的不明显，那么区分这两者又有什么价值？

- 对于很多企业来讲，选择集中战略是非常合适的。放弃被市场领先企业所占领的宽泛市场，转向追求小范围的目标市场反而更有价值。其实这一点并不难理解，而实际的困难在于，如何认定这个"小范围"的目标市场？怎样才能够确定它是有价值的？在这一点上，通用战略理论根本就没有提供任何有用的指导。

- 随着市场分割越来越细化，产品的生命周期越来越短，宽泛目标市场的概念也显得越来越多余。

陷入中庸

正如前面所指出的，现在确实有经验实例证明，有些企业同时追求市场差异化和低成本领先战略，而且取得了成功。它们通过低成本来实现差异化，然后将获取的利润重新投入到降低成本的过程。这样做的公司有意大利的贝纳通公司、日本的丰田汽车公司以及德国的宝马汽车公司等。

基于资源的观点

在第 4 章中，我们已经讨论了支持战略分析的一些观点和论据，它们也同样可以适用到战略选择上来。依据行业特征还不如根据企业的特性来进行战略选择，按照企业自身资源的特点制定战略更具有竞争优势。在本章后面的部分我们还要回到这个问题上，但目前的结论是，基于资源的观点确实给波特理论中的很多方法造成了冲击。

迅速前进的市场

在如今的动态市场中，例如在由互联网技术驱动的市场中，通用战略的应用几乎无一例外地会错过新的市场机会，因为通用战略的方法无法辨识和利用这些机会。

结论

面临着这些对通用战略理论的批评，人们不免会想到，波特教授应该适度承认他所提出的概念存在一些缺点，但实际上并不是如此。1996 年，波特教授对那些批判性的评论给予了回击。他指出，在基本战略与他所谓的"经营效果"之间有着重要差别——前者是关于组织的重要战略决策，而后者更偏向于诸如总体质量管理（TQM）、外购、组织重组等此类的问题[13]。波特教授不仅没有做一点让步，反而将他的方法做了进一步的延伸：企业如何在通用战略概念的基础上进行市场定位——这个问题我们在第 14 章讨论。

上述的这些批判所能得出的结论可能只有一个，那就是通用战略的观念没有任何价值。然而，如果仅仅将它当做一个分析工具，那么在战略分析过程中对于形成基本的战略选择是很有用处的。它至少促进了人们对公司战略中两个重要方面的关注，即在与消费者和竞争者的关系中，"降低成本"和"产品差异化"的角色和用途。然而，这仅仅是制定战略的起点而已，当市场快速发展时，或许这个分析工具就真的一点用处都没有了。有关这个问题的更多思考我们将在第 10 章中讨论。

关键战略原则

- 对于一个组织来说，通用战略是生成基本战略选择的一个途径，它的出发点就是在市场上寻求组织的竞争优势。

- 有三个主要的通用战略：成本领先战略、产品差异化战略和市场集中战略。

- 成本领先战略目标在于使企业置身于生产成本最低的行列。但低成本并不意味着低价格，正因为成本低，在平均水平的价格上才能获得比平均水平高的利润。

- 差异化战略的目标是，为一个主要的细分市场开发新的产品。由于这种产品是专门为这个细分市场开发的，因此，产品的价格会比平均水平高出一部分。差异化战略需要一定的成本，但价格的差额部分足以补偿这些成本。
- 采取集中战略的企业将目标锁定在一个小范围的市场。在这个目标市场上，企业既有可能采取低成本策略，也有可能采取差异化策略。
- 按照波特的理论，对于企业来说，从三种战略中进行选择是至关重要的，这样可以避免因为盲目性而陷入困境。然而，有些战略学家则举出了相反的例子，对波特的这种观点提出了质疑。
- 关于通用战略的理论有很多的批评意见，有些是从理论逻辑上，有些则从经验实证的角度提出反例。毫无疑问，这些批评都是有道理的。然而，通用战略的理论仍然是制定战略方案有效的着手点。

案例研究 8.3 全球电视行业市场的战略：迅速扩张的市场带来振奋人心的机会

在过去的 15 年里，电视行业成为全球商业机会的重要源泉。在本案例中，我们将要展示电视行业的这种机会是如何形成并被一些公司有效利用的。本文概括了新千年中对于本土和全球公司的未来机会。

行业形势的变化：新技术和新政策带来新机遇

世界各国报纸行业的竞争也是直到最近才变得火热的，但电视行业到目前为止还没有出现这种情况。由于电视台的频道要占用通信宽带资源，而且电视对观众的影响范围广泛，因此，电视公司往往都是由政府掌控，即使存在商业化的电台也只是少数几个商业集团。到了 20 世纪 90 年代末期，全球的媒体市场迅速增长。新的利润增长机会主要有两个来源：新技术和新政策。

- 新技术——技术方面的因素包括新的卫星频道和电视有线的大量增长。在 21 世纪伊始，数字电视技术又被商家炒得沸沸扬扬。从本质上讲，技术的发展对电视媒体行业的影响是使得开播的频道数目大量增加。
- 新政策——政府的新政策允许原来归政府所有的频道私有化，或者允许私有的商业电视频道开播。

媒体行业利润的两个主要来源：节目制作和节目播放

对于媒体公司来说，生财之道主要有两个，其一是电视节目制作，其二是节目播放。

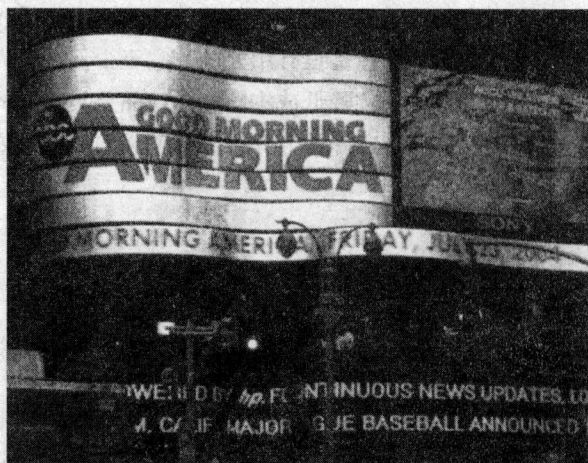

ABC 电视台的早安美国节目在纽约制作，但采用了来自世界各地的画面——这是在过去 10 年中所发生的根本性的变化。

- 节目制作——制作用于播放的电视节目。在节目制作过程中，创意、明星和强烈的娱乐效果都能够为公司创造利润，增强公司竞争优势。为了降低成本，电视制作的设备如摄影棚则可以租赁，以避免自行购买所需的高昂费用。节目制作的成本有高有低，如制作游戏演示的节目成本就比较低，而制作舞台戏曲的成本就很高。节目制作阶段是一个耗费成本的过程，制作完成后，将节目出售出去就可以回收成本并赚得利润。
- 节目播放——按照传统的做法，播放节目是一个竞争相当激烈的过程，因为在播放节目的过程中都需要占用微波的通信宽带。但是到了科技发达的今天，新的通信方式已经使得可用频道急剧增加：有线电缆、卫星通信以及其他新的通信手段。但是这些技术的应用成本也是非常高昂的，尤其是将有线电缆接入用户家中。对于媒体公司来说，播放节目的收入有两个：其一是广告收入，其二是用户收看有线频道（和／或卫视）所付的费用。

事实上，很多公司既制作电视节目，也从事电视节目的播放。但是仍然有很多的公司仅仅从事节目制作，因为进入电视制作行业的门槛要比进入电视播放行业低得多。一般地，创建一个电视节目制作的公司要花费大约 10 万美元；但是要成立一个从事电视节目播放的公司，也就是要创建一个电视台的话，费用则要高出 10 倍以上，一般在 100 万～1000 万美元之间。在与消费者讨价还价的时候，从事电视节目播放的公司属于强势的一方，因为它所拥有的观众成千上万，而电视观众所能做的最多是关掉电视。因此，从企业战略的角度看，播放电视节目的公司更具有竞争优势。

实际上，很多优秀的公司还拥有多种娱乐收入来源，比如，迪斯尼的主题公园和时代华纳的 AOL 在线服务。

跨国电视市场：尚未真正全球化

尽管有些电视节目——这些节目包括从星际旅行到足球世界杯——能够合法地在全球播放，电视观众可以看到来自全球各地的节目，可以领略到各种节目的不同风格。一些专项的节目，像奥运会和一级方程式比赛也是全球性。在这些领域里，大型国际 ▶

传媒公司，如新闻公司和迪斯尼就有机会利用它们覆盖全球的网络进行更为有利的谈判，比如，体育赛事。

但是，从很多方面来讲，目前还没有一个真正的全球市场。按照市场规模的大小，目前的电视市场主要分布在三个地区：

1. 北美：美国和加拿大；
2. 欧洲：欧盟国家；
3. 亚太地区：中国和印度最大。

当然，我们也要意识到还存在其他一些重要的市场，例如中东和南非地区。本文主要关注以上 3 个地区。

美国：市场的重新划分促进了新的行业联合

在美国，三大商业电视频道——美国广播公司（ABC）、国家广播公司（NBC）和哥伦比亚广播公司（CBS）——所播放的节目可以免费收看，因为这些节目的费用都是由广告收入来支付的。从战略的角度看，随着新电视网络的建成，各个电视频道之间的竞争已经达到了白热化。就拿我们即将在案例研究 8.4 中讨论的"新闻公司"（NewsCorporation）来说，从该公司又分离出了一家 FOXTV 电视媒体公司。因此，传统的电视网络不得不为争夺观众（重新分割市场）而展开激战。它们的竞争对手主要来自有线频道和卫星频道。这些新兴的频道为其观众用户提供体育直播、电影新片以及音乐专辑等特别服务，吸引了大批本来属于传统三大频道的观众。

为了在竞争中取胜，在几家主要的传统电视公司和六家大的电影公司之间结成了联系紧密的联盟，参见表 8.3。对于一家媒体来说，如果它能够独家播映一些受欢迎的电影，例如詹姆斯邦德系列和迪斯尼卡通等，那么它的竞争优势将是很明显的。实际上，在 20 世纪 90 年代，所有大的电视播放公司都被电影公司或其他公司所收购。

为了在激烈的争夺战中取得更大的胜利，一些电影公司还收购了其他竞争对手：有线频道和卫星频道。华纳兄弟公司（WarnerBrothers）、迪斯尼公司（Disney）、20 世纪福克斯公司（TwentiethCentury-Fox）、派拉蒙公司（Paramount）都已经引进了新技术，开办了新频道。在表 8.3 中列出了一些企业间的联合关系。

下面是有关互联网的不同论点。

欧洲电视传媒市场上的竞争：来自有线电视、卫星频道和互联网的主要威胁

在欧洲，一直以来占主导地位的电视播放机构就是有限的几家国有电视公司，例如英国的 BBC 和 ITV 公司、法国的 TF1 和 Antenne 2 公司、德国的 ZDF 和 NDR 公司、意大利的 RAI 公司等大型国家媒体公司。然而在欧洲，电视播放公司与电视节目制作公司和电影公司之间并没有什么紧密的联合，因为电影几乎都被美国的几个大型制作公司所垄断。因此，电视节目的制作大多都是由播放公司自行完成。但近来的发展趋势也是将制作任务外包给独立的制作公司。

此外，欧洲的国家电视公司在 20 世纪 90 年代都见证了一系列有线频道的大量增长。这些有线频道一般都是采取用户订购的方式为观众提供服务。有些有线频道单纯依靠电缆传播，而有些节目则利用卫星直接将信号发送到观众家中，观众通过机顶盒装置进行解码收看。在最近 5 年中，这种方式得到了极大的发展，国家广播电视越来越边缘化。也就是说，现在欧洲市场正在经历市场细分化。

亚洲和远东市场：国家电视台受到卫星频道的威胁

在亚洲和远东市场上占主导地位的仍然是国家电视台，卫星频道和有线频道仍然处于发展的初级阶段。然而，卫星传播确实具有很强的发展潜力。发射一颗卫星可以覆盖一个大地理范围，而在这样一个地理范围内，如果通过构建昂贵的有线网络来替代卫星进行信号传播，那么代价远比发射卫星高。这个原则已经被印度的国家电台 Doordarshan 所采用。但是，目前在很多地区，传统的电视节目仍然占有主要的电视市场。例如，中国香港电视台、马来西亚电视台和新加坡电视台等就是传统电视节目的代表。

一些新卫星被本地的公司所垄断，例如在菲律宾的一些从事卫星服务的公司。但是，"新闻公司"凭借着中国香港、日本和印度的卫星仍然开辟了很多卫星频道。当然，这些新的卫星频道并不总是受到相关国家政府的欢迎，甚至往往还受到竞争对手的排挤。例如，中国政府就一直对卫星电视非常谨慎，但是也已经允许"新闻公司"在华南地区开播新频道了。全球的媒体公司都积极争取中国的授权，以获得相关的通行证，因为在中国还有很大的潜在观众市场。

媒体新挑战：互联网的点对点

也许对所有电视播放和有线电视来说，最有意思、最刺激的新威胁来自互联网。这项宽带新技术利用电话线进行通信，至少在下列三个主要方面改变了电视：

1. 它使更多的频道进入家庭变成可能，因此，它能够与传统的电视播放一分天下。为了进行补救，这些电视播放机构已经开始开发节目来渗透这些频道。此外，它们利用以前的广受欢迎的

表 8.3	美国的主要影视公司		
控股公司	**电影公司**	**电视网络：广播，有线、卫星**	
时代华纳	华纳兄弟	定向广播；有线新闻网：广泛的有线服务	
沃特·迪斯尼	迪斯尼	ABC 国家电视网——见案例研究 8.1	
新闻公司	20 世纪福克斯	Fox 国家电视网同时拥有英国 BSKYB 较大股份——见案例研究 8.4	
索尼	索尼	没有电视网络；销售电视节目和电影节目——收购了 MGM	
Viacom	派拉蒙	MTV，Nickelodeon，自动点唱机有线电视网络，CBS 国家电视网，同时拥有美国最大的无线电网	
通用电气	MCA、Univeral Studios	NBC 国家电视网及全球制片和主题公园	

资料来源：Author from various studies.

节目库，如电影、戏剧等，来吸引观众。但是，通过现有的有线频道进行市场割据已经开始而且还将继续。

2. 它可以让观众在观看节目时进行选择，可以利用数字技术保存节目。也就是说，广告的影响减少了。

3. 点对点渠道，像 Facebook，能够创造与我们以前媒体不同的新渠道。我们已经看到了谷歌是如何从现有的媒体供应商中获得巨大的广告收益，见案例研究 1.1。这一发展道路的潜能还有待开发。

总之，全球媒体具有潜力去开发现在仍未知的传播方式。这表明，突发性战略将更适用于这一市场。

电视媒体企业的战略：硬件和软件之间的选择，创新和谈判技巧

对于媒体行业来说，什么样的企业战略是最有效的战略？对于这个问题，在 20 世纪 90 年代，媒体行业中的领头企业各自有着不同的看法。美国的 Viacom 公司认为，最好的战略是通过"软件"上的方法，例如争取一些电影和电视节目的独家播映权等，以此来获得企业的竞争优势。但其他的一些公司则不以为然，例如"新闻公司"和迪斯尼公司，它们都在"硬件"上下了不少工夫：对发射和传送电视信号的设备都进行了更新或扩充，包括卫星和有线电缆。由于这些策略投资成本高，对于很多公司来说，上述两种途径都是行不通的。

但是，互联网已经开始改变其较高的壁垒，因为建网站相对容易，费用也很低。宽带的迅速引进使得更多更复杂的图像能够输入到单个家庭。这就使得获取电视节目的内容本身更重要，而不是获得它的途径：软件开始战胜硬件。

还有其他的一些市场战略：

- 播映具有吸引力的节目，例如现场直播体育节目或独家报道一些节目和新档期电影。

- 限制性接收策略。也就是说，观众没有选择，不得不购买电视网。通常的做法是，电视信号通过专用电缆传播或者将电视信号加密，然后在电视终端通过专门的解码盒接收信号。

- 专门播放老的经典影片，这样往往也会获得独特的竞争优势。

- 在新的有线电视和卫星频道上不惜重金投资。例如，在美国，有线电视公司的投资动辄百亿美元。在英国差不多也是这个数字。

- 企业收购或者合资。例如，迪斯尼公司就收购了 ABC 公司的电视网和其他一些资产，价值约为 190 亿美元；Viacom 则花费了 350 亿美元收购了 CBS。

- 不同媒体形式之间的相互转换，例如将书拍成电影，或者将录像转换成卫星频道的节目。

因为必要的投资数目很大，常常需要数十亿美元，因此，很多公司或许没有足够的资源同时采用两个或者两个以上的战略，它们必须作出选择。迅速变化的环境已经证明，在更多的情况下，

除了上述的战略以外，企业必须首选两个战略：

1. 创新——不论是电影、体育节目、新频道还是新技术，都必须抓住机会，大胆创新。

2. 谈判技巧——很多新的战略都需要处理好与政府之间的关系，还有与竞争对手、体育相关的实体、技术公司之间的关系，因此，谈判技巧对于企业来说至关重要。

电视媒体行业成功的关键因素：如何实现持续的竞争优势和价值增值

由于在行业内部，大家对战略管理的认识意见不一，因此，对企业成功的关键因素也就不能很准确地进行概括。但是，从全球范围来说，关键的因素应该包括如下一些：

- 具有创造性和创新精神的人员，以便能够制作具有高质量内容的节目；

- 强大的财务基础，以此作为高速增长的市场需求的后盾；

- 在目标市场中的真正优势，这种优势的获取可以有很多途径，例如通过体育转播合同、媒体合约、强大的电影库等，甚至是对其节目购买者的完全控制；

- 具有克服行业进入壁垒的能力，包括进入节目制作行业或者电视节目播放行业，也许还要包括互联网。

- 商业上敏锐的洞察力以及做生意的技巧。

案例问题

1. 波特的通用战略理论对于全球电视行业的战略构建有什么样的参考价值？在回答这个问题之前请你仔细思考批判波特理论的相关观点。

2. 如果让你为一个小企业制定企业战略，你会考虑什么样的战略选择？你将会面临什么样的困难？

3. 假定给你一个任务，让你构建一个真正的全球电视网，你将会考虑什么样的战略选择？实现这样的战略有前途吗？

4. 关于制定战略，我们从全球电视媒体市场的案例中可以吸取什么样的经验教训？

战略课题

本案例仅仅是研究了在过去的十年中世界各地所发生的各种媒体方面的变化。对一个国家各种媒体的潜力进行更为详细的研究可能是更具挑战性也是更令人感兴趣的。这需要从研究一家全国性的广播公司开始，然后再扩展至其竞争状况，市场如何越来越细分、哪些频道更受欢迎等。网站上和广播杂志中可以找到这些相关信息。探讨在未来可能实行的战略是相当有趣的，因为未来很有可能会发生更为深刻的变化。

8.3 基于环境的战略选择：市场选择矩阵

定义► 　　市场选择矩阵能够描述可供组织选择的产品和市场。将市场定义为消费者，将产品定义为出售给消费者的商品，我们通过这两者来衡量不同选择之间的差别。这样一来，一个消费者随着他的需求不同可能会购买几种不同的产品。

　　与简单的市场/产品矩阵（在有些书中也被称做安索夫矩阵）相比，市场选择矩阵从一个更加广泛的战略视角来考察组织所面临的选择。因此，市场选择矩阵不仅要考虑发布新产品或开发新市场，而且还要考察从某个市场撤回的可能或者转向另一个不相关的市场。尽管如此，但我们仍然采取市场/产品矩阵的表达形式，如图 8.7 所示。"产品/市场选择"的基础表明这样的选择主要是在组织的业务层面上的问题。实际上，一些选择方案可能会需要在组织的公司层面上进行考虑：因为一些决策比如说退出或者差异化可能会因影响到业务的其他领域，同时也会使得集团总体难以利用其核心竞争力、阻碍竞争活动，等等。这样的决策需要根据实际情况进行考虑。

　　下面我们将逐个讨论这些战略选择。

8.3.1 市场退出战略

　　我们在刚开始就讨论这种退出战略似乎有悖常理。但事实上，要获取竞争优势的战略必须总是首先考虑不确定因素的。在下述情形中，这种战略或许具有优势：

- 当产品的生命周期处于衰退阶段，而生产成本又不能削减时。例如全球的电视媒体市场，在未来的 20 年里，数字电视将逐渐替代模拟电视，因此，老的电视节目产品必将逐渐退出。

图 8.7　市场选择矩阵

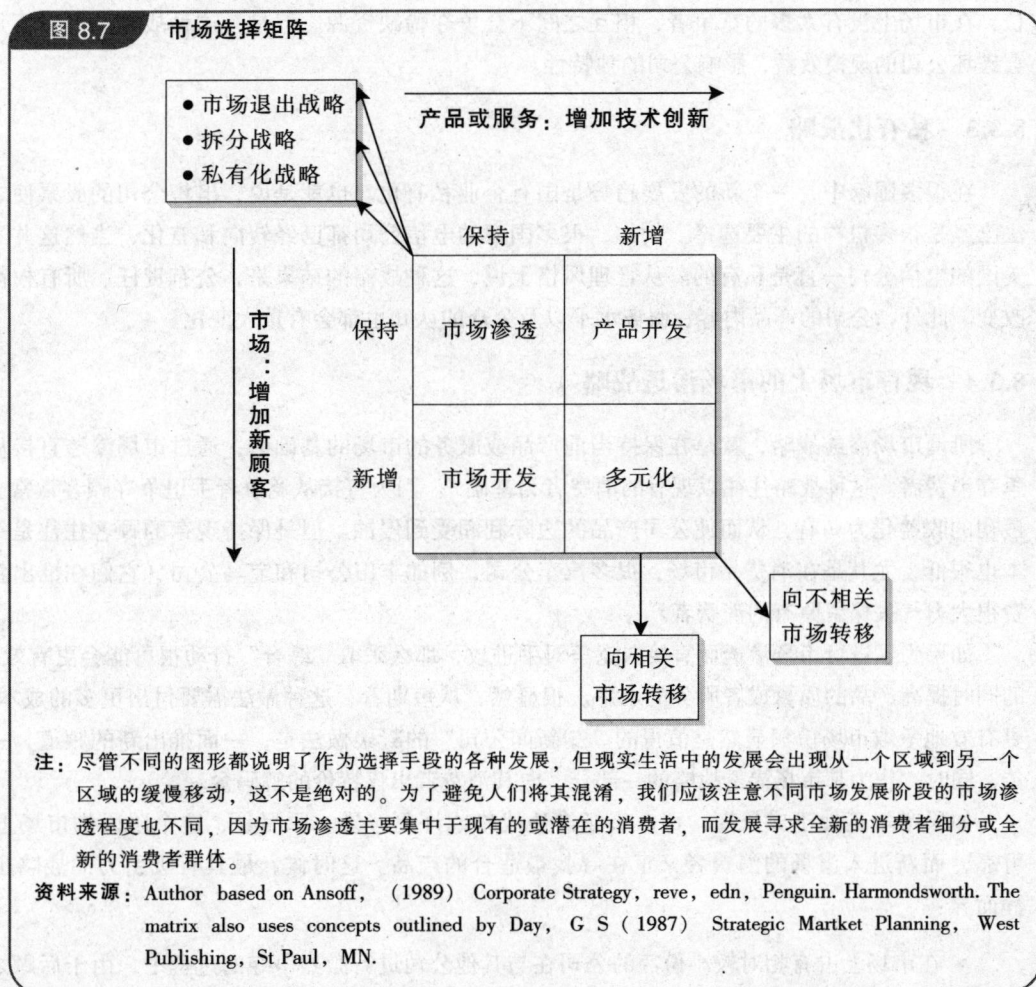

注：尽管不同的图形都说明了作为选择手段的各种发展，但现实生活中的发展会出现从一个区域到另一个区域的缓慢移动，这不是绝对的。为了避免人们将其混淆，我们应该注意不同市场发展阶段的市场渗透程度也不同，因为市场渗透主要集中于现有的或潜在的消费者，而发展寻求全新的消费者细分或全新的消费者群体。

资料来源：Author based on Ansoff, (1989) Corporate Strategy, reve, edn, Penguin. Harmondsworth. The matrix also uses concepts outlined by Day, G S (1987) Strategic Martket Planning, West Publishing, St Paul, MN.

- 产品系列过多，解决的办法只有取消一些产品。在电视媒体行业中，有些频道的节目观众非常少，以至于它们根本不值得保留。
- 出售附属公司。在很多行业中，一些公司将它们的附属公司看做自己的部分资产，因此，在适当的时候会出售附属公司以赚取一定的利润。在美国，电视媒体公司常常会因为财务状况、公司目标的变化而出售某地区的电视台并从当地的市场退出，也可能因为转向其他地区的电视市场而出售另外一些地区的电视台。
- 为了筹集投资资金而退出一部分市场。如果组织打算从某地区的市场退出，它就可以出售相应的资产，从而取得一定资金。就算没有资产可出售，它也可以将原市场上的运作资本和其他管理资源撤回，以用于产出更高的其他市场。尤其是一些国有公司，由于从外部筹集资金受到一定的限制，这种市场撤回战略就显得很有用。

8.3.2　拆分战略

从某种意义上讲，这也是一种市场退出战略，但是它还有一些其他特殊的含义。对于那些在市场上公开销售公司股票的公司来说，它们的潜在资产或许比其股票反映的价值要高得多。例如，1993 年，英国的化学公司 ICI 向公司股东发行了两种股票，从而将原公司一分为二。这样一来，两个公司的股票在伦敦股票交易市场上的价格就大大高于公司拆分以前的股票价格，原来，拆分后的两个公司一个专门从事基本的化学药品生产，而另一个从事农药和其他化学制剂的生产，后者对于股市来说具有非常高的吸引力。ICI 所采取的战略就是公司拆分战略。第一步，一个公司仍叫做 ICI 公司，另一个命名为 Zeneca 公司。接下来，另一个化学公司——例如德国的 Heochst 公司——也采取了类似的战略。

这种战略越来越多地用于实现股份制公司的潜在价值。拆分战略的好处在于，拆分后的公司各自都有专长，在市场上没有太多的竞争者，相互之间不会争夺稀缺资源。但是，这种战略也有它不足的地方，那就是会破坏公司的规模效益，影响公司的独特性。

8.3.3　私有化战略

在很多国家中，一个新的发展趋势是国有企业私有化，也就是说，出售公司的股票使之私有化。这种做法已经是很多机构的主要选择。例如，很多国家的电信公司都已经转向私有化，当然这并不包括美国，因为美国的电信公司一直是私有的。从管理风格上说，这种战略的结果是，公有责任、所有权都发生了根本性的改变。此外，公司的产品内容、服务水平以及公众的认知也都会有重大变化。

8.3.4　现存市场上的市场渗透战略

所谓市场渗透战略，就是在保持当前产品或服务的市场的基础上，通过市场渗透直接从竞争者的市场上争夺消费者。这种战略往往以现有的消费者为基础[15]。因为直接从竞争者手里争夺顾客常常会招致报复，使得最初的收益化为乌有，从而使公司产品的边际利润受到侵蚀。但是保持现存的顾客往往是一件容易的事，成本也很低，尤其是在消费品市场，很多汽车公司，例如丰田公司和宝马公司，它们在推出新产品的时候会花费很大力气去保留原有的消费者。

如果为了进行市场渗透而直接向竞争对手进攻，那么采取"综合"行动很可能会更有效[16]，例如，在促销的同时提高产品的质量或者服务的水平。很显然，从短期看，这种做法需要付出更多的成本，但是从长期看，更有效地争取市场份额显然是值得的。"新闻公司"的凝聚做法是，一面推出新的频道，一面大肆做广告宣传，同时，作为其市场渗透战略的一部分，向其消费者出售特价的解码盒。

如果市场正处于成长期，那么市场渗透战略或许更容易。原因是，这个阶段的市场上顾客忠诚度还不可靠，而新进入市场的消费者又正在寻找最适合的产品。这时候，最具有吸引力的战略也因公司的市场份额而异：

- 在市场上占有相对较小份额的公司在与其他公司进行激烈争夺的过程中，由于后顾之忧相对较少，往往能在处于成长期的市场上取得令人满意的成绩。例如，英国的一个小公司 Burger King 曾在最近几年给麦当劳公司造成了很大的冲击，并取得了一定的成功。

- 在处于成长期的市场上，占有份额较大的公司具有一定的潜在优势，但是这种优势很容易失去。大公司常常采取具有掠夺性的价格战，以便将新的进入者拒之门外。只要公司的生产能力足够，这种价格战略就能够取得良好的效果，并且能够使公司的经验曲线下降。例如，美国的英特尔公司在发布新芯片产品的时候就会采取这种战略，以保持它相对于 Cyrix 公司和 AMD 公司的优势。

8.3.5 利用现有的产品开拓市场

所谓利用现有的产品开拓市场就是组织超越现有的消费者，集中精力为现有的产品吸引新的消费者。在这种情况下，组织往往会寻找新的细分市场，例如开辟新的地理区域、开发产品或服务的新用途，从而寻求新的消费者。

在为现有产品吸引全新消费者的扩张活动中，公司常常会稍微改变一下产品的包装，并在新的细分市场上采取一些促销活动。这些公司的凝聚做法是，将现有的产品拿到一个新的国际市场上去销售——在本书中有很多这样的例子。利用核心竞争力，加上一点点灵活性，为现有的产品寻找一些新用途是可能的。例如英国的葛兰素制药公司，在西欧和南美的市场日渐成熟的时候，它就开始为其溃疡类的药物 Zantac 寻找新的市场。于是，它就将 Zantac 拿到更多的国家去销售。同时，该公司还生产药力较弱的 Zantac 作为非处方药用于胃病的治疗。

我们将要在下一个部分探讨这种开拓市场的方法。

8.3.6 为现有的市场开发新产品

在这里，为现有的市场开发新产品指的是开发"全新的"产品，而不是仅在现有产品上做些小的变化。我们有如下一些理由 [17]：

- 充分利用剩余的生产能力；
- 可以有效抵制竞争者的入侵；
- 更好地利用新技术；
- 保持公司作为产品创新者的形象；
- 保护所有的市场份额。

理解上述原因对于选择这种战略很重要。最具有潜力的市场很可能与创新密切相关：产品创新既是对现有产品的一种威胁，也是从竞争对手那里争夺市场份额的机会。有时候，产品创新也并不仅仅针对现有的市场，而往往将企业带到一个新的市场，从而使企业获得前所未有的消费者。这是很多组织自然成长的一部分。

8.3.7 多元化战略：向相关市场转移

如果一个组织采取多元化战略，就意味着它将改变目前的产品和市场现状，进入新的领域。很显然，这必将带有很大的不确定性，因而也具有非常高的商业风险。但是，如果多元化战略是向其相关的市场（所谓相关的市场，就是与组织所在的价值链有密切关系的市场）发展，那么必然能够有效地减少风险。根据第 4 章讨论的价值链概念以及第 9 章讨论的公司战略的内容，按照多元化方向与组织价值链的关系可以将多元化战略分为三个类别：

1. 向前一体化战略。以生产性的企业为例，在采取一体化战略前，企业只从事产品的生产活动；而采取一体化战略后，企业就要将产品的销售、运输和后勤等活动都包括进来。例如欧洲的两大玻璃制造商——法国的 StGobain 公司和英国的 Pilkington 公司就采取了向前一体化战略 [18]。

2. 向后一体化战略。这种战略就是要将企业的活动扩展到企业的"输入"，例如原料的供应、厂房以及生产机器等。法国的 Elf 石油公司收购南洋的石油开采股份就是实施了向后一体化战略 [19]。

3. 横向一体化战略。横向一体化就是直接将企业的活动扩展到相关的领域,既有可能是由于竞争的需要,也有可能是对现有活动的补充。例如德国的宝马汽车公司于 1994 年收购英国的 Rover 汽车公司。

"新闻公司"通过购买电缆和卫星频道直接向电视观众播放节目,因此,它采取的是一种向前一体化战略。它还实施了向后一体化的战略,即收购电影制片公司。同时,"新闻公司"还通过横向一体化战略将其业务从报纸扩展到了书籍、电视和其他电子媒体。

协同优势是采取这些行为的最主要原因[20]。这就意味着,一个整体的价值大于各个部分的简单加总:占有和控制价值链中更多的部分就意味着更多的元素之间能够相互配合、相互协调,因此会产出更大的价值。这种观点很容易理解,但要想精确地分析很困难。这也就是说,我们很难确定一体化的战略对企业的贡献到底有多大。这与我们在第 4 章中讨论的价值链中"联合"这个概念相关,或许,在这里我们可以通过这些概念对一体化战略的价值作一个精确的评估。

8.3.8 多元化战略:不相关的市场

当企业实施多元化战略向一个陌生的市场转移的时候,它所掌握的成功所必需的知识是非常有限的,因此将承担很高的经营风险。基本上,这种战略都是通过控股公司的形式来实施的。曾经有一些成功的例子,最著名的或许就是英国的 Hanson 股份公司和美国的通用电气公司。按照相关定义,它们都是向不相关的市场进行了扩张,因为它们开拓的目标市场与组织当前的领域没有什么关系。这并不意味着这种多元化战略没有任何优点,原因有两点:

1. 目标市场与组织现有的业务存在其他财务上的联系,因此,采取多元化战略是需要的。
2. 也许,并不存在这种财务上的联系,但是如果控股公司能够紧密而清晰地控制其子公司,那么仍然能够取得多元化战略的成功。

显然,这些战略与我们在第 9 章中所讨论的战略培育有着直接的联系。然而,我们还要指出的是,就当前而言,不相关市场的多元化战略并不多见:因为它与基于资源的观点背道而驰。

评论

市场选择矩阵是一种非常有用的方法,它可以用来构建各种可供选择的战略方案。然而,对于在特定环境下应该如何评判各种战略方案,它并没有提供相关的评判指标。因此从这个意义上说,它的价值在于如何构造问题,而不是如何解决问题。此外,通过公开的争论,市场选择矩阵理论还可能对当前的思想提出挑战,并产生战略理论的新见解。

这些方法可能需要一笔专门的资金,用于新产品开发、研究、广告等相关事项上。因此,它们往往受到具有雄厚财务资源的组织的欢迎。其中的很多战略选择只有那些赢利的公司才可能考虑,而那些正在试图从重大亏损中恢复元气的公司在这些战略选择面前显得力不从心。然而,基于市场的战略选择实际上也需要通过处置一些资产来获得一定的资金,以此给予组织中的其他部门更多的自由空间。通常的做法是出售公司的某些部门。

与国有企业相比而言,非政府部门、商业部门更适合应用市场选择矩阵,因为国有企业往往具有比较固定的角色,很难超越限制开拓新的领域。

关键战略原则

- 通过考察市场和组织的产品,就可能构建组织可以采纳的战略选择:这个整体的结构就是市场选择矩阵。
- 可选择的战略方案既可以是开拓新的顾客,也可以是生产新的产品。由于新顾客或新产品需要进一步的发展,因此,组织可能会从原有的市场上拆分一些必要的资源。

- 向相关市场采取多元化战略，其背后的主要原因是协同优势：整体大于部分的简单加总。这与价值链中"联合"的概念有些联系。
- 市场选择矩阵的方法是一种构建战略方案的方法，但是没有提供对战略方案进行评判和选择的相关指导。此外，市场选择矩阵理论还可能通过公开争论的方式对当前的思想提出挑战，并产生战略理论的新见解。

8.4 基于环境的战略选择：扩张方法矩阵

定义▶ 　扩张方法矩阵通过结构化方法将基于环境的观点应用到战略选择中去。通过考察组织内部和外部的扩张机会，并结合组织的地域扩张活动，就可以构建多种有价值的战略选择方案。

　　除了要考察制定战略选择的过程，考察如何实施战略的方法也是非常重要的。举例来说，推出新产品的方法就很多，既可以通过原有公司生产，也可以通过收购、兼并或者与其他公司合资的方法来达到推出新产品的目的。如果公司已经扩张到了海外，这些方法可能还会更多。据了解，"新闻公司"就通过各种各样的契约安排，在世界各地推广它的产品。在图 8.8 中我们列出了全部基于环境的战略选择清单。

8.4.1 收购

　　通过收购的方法来进行市场扩张的最重要原因可能就是公司的某种特殊的资产：著名品牌、突出的市场份额、核心竞争力以及专有技术等，这些都有可能成为收购的原因。在 1990 年，"新闻公司"就通过收购一家公司来获取其编码技术。但是，明显的不足之处在于，如果一家公司确实拥有一定的资产，那么在收购它时就需要一笔巨额的费用来为它的资产买单。例如，雀巢公司在 1989 年收购 Rowntree 巧克力公司的时候，其收购价格是该公司在证券市场上价值的两倍。

　　收购的另一个原因是竞争的需要。在一个静态的市场上，如果通过从头开始的方法进入，那么不仅费用高昂，而且速度缓慢。例如，在增长缓慢的咖啡市场上，Philip Morris/ 卡夫通用食品公司就通过购买一系列的公司来加强它的 Maxwell House 品牌：CafeHag 和 Jacobs Coffee。在高速增长的市场上，收购也许是一种快速进入的途径。例如，瑞士的 Roche 公司通过收购 Biogen，就从一个传统药品公司快速地进入了一个全新领域：生物科学。

8.4.2 合并

　　从某种意义上讲，合并战略与收购战略非常类似，因为它们的结果都是两家公司合二为一。然而，当两

图 8.8	**扩张方法矩阵**	
		公司
		内部	外部
	国内	• 内部发展	• 合并 • 收购 • 合资 • 联盟 • 特许代理
地域	国际	• 出口 • 海外办公机构 • 海外生产 • 跨国经营 • 全球化经营	• 合并 • 收购 • 合资 • 联盟 • 特许代理 • "交钥匙"合作 • 许可证

注意：为了证实自身的价值，以上方法必须能为组织增加价值。

家公司都没有足够的规模来收购另一家公司的时候，合并就是一个很好的选择。合并的潜在优势在于，合并的公司之间关系非常友好，但也需要特殊的处理方法。另外，合并与收购的相似之处在于，它们都是重大的战略事件。

8.4.3 合资和联盟

如果一家公司是合资企业，那么就意味着它的股份由两家合资的母公司所持有。合资企业往往可以分享两家母公司的资产和技术。Cereal Partners 公司就是雀巢和 Generl Mills（美国）的合资企业，这两家公司各占50%的股份。它们创建合资公司的目的就是对付克洛格早餐麦片在南美以外的全球市场——参见案例 2.1。

联盟是一种关系比较弱的契约形式，或者是两家母公司之间互相持有对方少数股份联盟，是一种短期的行为。例如，为了进行国际扩张，欧洲的一些电信公司就组成了联盟。

8.4.4 特许代理

特许代理是发放许可证的一种形式，签约的授权方向被许可方提供许可证，使被许可方能够从事预先确定好的一组活动。许可的内容可能包括商标名称、技术指导和一些广告援助等。被许可方则需要按照营业额的一定百分比向授权方支付报酬。麦当劳餐馆是最典型的代理的例子。

在表 8.4 中，列出了各种市场扩张方法及它们的主要优缺点。

表 8.4　不同扩张方式的比较：优势与不足

优势	不足
收购	
• 相对较快	• 收购过程的费用昂贵。
• 能够从竞争对手那里获取竞争优势。尽管这种行为往往会受到政府竞争法规的制裁。	• 如果收购了不恰当的公司，那么风险将非常高。
• 可以因为规模经济而节约成本，还可以节省管理的一般费用。	• 最好的目标可能已经被收购了。
• 能够保持公司的技术独特性。	• 被收购公司的不良资产往往难以处理。
• 向新的地理区域扩展。	• 在收购后，人际关系常常会出现问题：这种问题往往会导致收购的失败。
• 增加市场规模和市场份额。	• 当被收购的公司是国外企业时，就可能会出现文化冲突问题。
• 可以低价购置资产，并高价转让。	
合资	
• 快速地形成规模。	• 在一定程度上会失去一些控制权。
• 快速获取专门的技术。	• 只有当双方各有优势的时候，合资才会取得很好的效果。
• 与收购相比，费用低廉。	• 合资公司往往难以管理，因为母公司之间的意见不一，而且还会进行干预。
• 当彻底的收购不可行的时候，合资可能是一种不错的选择。	• 利润需要与合作伙伴分享。
• 当产品相似的时候，可以选择合资的方式。	
联盟	
• 能够与合伙人结成紧密的契约关系。	• 谈判的过程缓慢而枯燥。
• 可以联合技术，共担义务。	• 需要有恒定的目标以保持紧密的联盟关系。
• 联盟者之间可以相互学习。	• 对整个联盟的成功，各个联盟者都只承担有限的义务。
• 将其他竞争者拒之门外。	
许可	
• 比起彻底的收购，这种方式的投资少。	• 对许可的特性依赖很大。
• 许可方式的投资风险比较低。	• 部分利润被许可者所占有。
• 某个领域的独占性、排他性能够得到承认。	• 业务开展和许可存在撤销的风险。

资料来源：Adapted from Lynch，R（1994）European Business Strategies，2nd edn，Kogan Page，London. ⓒ 理查德·林奇 2000。保留所有权利。

8.4.5 国际化方式的选择

尽管在整个欧洲，企业收购几乎家喻户晓，但是在英国和南美以外的地区，企业收购则相对较少[21]。而且在东南亚的一些国家和日本，收购活动也显得相当保守。主要原因有两个：第一，与欧洲其他国家和亚洲相比，盎格鲁—撒克逊国家的股票市场更加健全，股票交易的公开程度也更高。相反地，在其他一些国家，政府和银行的控制则比市场重要。第二，一些国家的传统观点使得彻底的收购活动变得非常困难，甚至是不可能的。

除了这些基础的问题，随着全球贸易的进一步发展，在一些西方国家被应用的那些战略也渐渐在世界各国得到了广泛的应用。下面是向海外扩张的两种重要的选择：

1. 承包。海外的签约方全权负责整个建设工作，甚至是大规模的工厂的建设，完工后就可直接投入使用。投资方的付款方式则可以是多种形式。

2. 许可证。通过技术或其他资产的许可证，实现向海外的扩张。而常见的收益形式有两种，一种是特许权费用，另一种是按照销售额的一定百分比收取。

更普遍的是，很多公司的海外扩张都是经过以下步骤[22]：

- 向外扩张的第一步可能是出口。
- 接着在海外设立办公机构，以便进行持久的经营。
- 然后在海外进行生产制造。这显然会增加费用和风险，例如汇率风险。
- 建立跨国的经营机构，以提高重大的国际活动能力。
- 最后是建立全球性的经营公司。这一阶段与前一阶段的主要区别在于：首先，国际化程度大大提高；其次，更重要的是，后者能够从世界各地获取有价值的生产资源和廉价的原料，这种优势使得公司具有更强大的获利能力。

上述所有的经营战略都会有各种各样的风险，同样也会有各种各样的机会。其中，汇率的变化可能是最重要的一点，也就是说，当现金交易难以进行的时候，汇率的变化就有可能带来难以预计的、巨大的损失。

评论

扩张方法矩阵与前面的市场选择矩阵一样，存在同样的缺陷。也就是说，它们都只是讨论了战略方案的构建方法，至于如何从这些战略方案中进行选择则涉及甚少。

最后，下一章将就战略管理选择中的主要扩张方法进行更深入的探讨：为什么这些选择实际上是来自于大型组织的中央机构而不是个别的业务层面。

关键战略原则

- 扩张方法矩阵探究了获得市场选择的方法。通过对组织内部和外部的扩张机会进行考察，结合组织地域上的分布特点，获取各种各样的、有效的市场选择方法是可能的。
- 在国内，有 4 种主要的扩张途径：收购、合资经营、联盟以及特许。每一种方法都有其缺点和优点。
- 除了在国内的 4 种扩张途径外，还有一些国际化扩张的手段，包括贸易出口、设立海外办公机构以及在海外建立制造工厂。与海外扩张紧密相关的是汇率波动给组织带来的风险。

案例研究 8.4　新闻公司如何成为全球性的媒体企业

在过去的 20 年里，新闻公司从一家经营报纸的小公司发展成为一个综合性的媒体企业，并从澳大利亚／英国走向了全球。本案例就要对这个成功的案例进行分析，概括它所应用的战略，包括那些挑战传统战略选择的方法。

公司背景：以报纸起家，勇于创新和冒险

在董事长兼首席执行官默多克（Rupert Murdoch）的带领下，新闻公司在过去 20 年中稳健发展。默多克以年轻和具有反叛精神而闻名。他出生于一个富裕的家庭，并在他 21 岁的时候继承了父亲在澳大利亚的报纸公司，从此开始了他雄心勃勃的事业计划。

默多克首先进行激进的改革，将他的报纸一部分定位在高档市场，另一部分定位在低端的消费市场。在第一步获得成功之后，在 20 世纪 60—70 年代，他又将他的公司从澳大利亚扩张到英国，新闻公司的报纸既包括简单而又轻松愉快的"Sun"，也包括大名鼎鼎的"The Times"。人们对默多克的印象是：进取心强，说话坦率，善于用人。他清楚自己想要什么，并且能够很好地抓住公司的主要要素，把握公司的未来。在 20 世纪 70 年代，他毫不犹豫地向英国的印刷贸易协会挑战，以打破该行业的控制——结果当然是默多克赢了这场战斗。他的公司总是勇于承担风险，敢于创新，从战略上领先于其他企业。但是，在公司实施国际化战略和进入电视行业以前，新闻公司仍然只不过是一个规模很小的公司。

新闻公司：进军电视媒体——起死回生

在 20 世纪 80 年代，新闻公司是最早看到卫星电视潜力的公司之一。在大踏步向英国进军之后，它就开始了电视服务，而这比它的竞争对手——由政府投资的官方电视台——要早 18 个月。公司早期的经营是非常困难的，因为整个公司的资金都差不多为此消耗殆尽。在 20 世纪 90 年代新闻公司几乎走到了濒临破产的边缘。最终，默多克的公司与其竞争对手的电台一起合并成立了英国天空电视台（BSkyB），其中新闻公司占 50％ 的股份（后来又削减到 35％）。当 BSkyB 在 1994 年上市的时候，其总市值达 87 亿美元。

在 20 世纪 80 年代后期，默多克意识到，美国具有很大的潜在的电视市场，于是在 1985 年他收购了 20 世纪福克斯电影公司。

30 年间，鲁伯特·默多克在澳大利亚建立起一家全球性的新闻媒体组织。

路易·菲霍由斯（Louie Psihoyos）/考比斯（Corbis）

紧接着，他又持续大步前进：宣称即将建立美国第 4 个国家电视台，以与现有的 3 个对手——ABC、CBS 和 NBC 竞争。他以"福克斯工作棚"作为发展基地，经过 4 年的扩张，逐渐在美国购买或者安装起有线电缆，还发射了专用卫星，建立了地面发射站。当他被告知，只有美国人才能够拥有美国的国家电台的时候，他就放弃了澳大利亚的国籍并申请成了一名美国公民。像他这种电视战略以前还从未有过，是一个伟大的创新。

到了 20 世纪 90 年代，新闻公司开始进军远东，在远东建立电视网络。公司以收购香港的星空卫视为基础，开始向中国扩张。它还购买了远东其他一些国家的卫星频道，以使其节目覆盖到亚洲的大部分地区。到 2007 年，新闻公司已经成为一个国际化的媒体集团，并且在税收和公司净利润方面都创造了惊人的业绩。如图 8.9 所示。

新闻公司：激烈的竞争与骄人的成绩

在快速变化的全球媒体市场上，在竞争对手面前保持竞争优势是非常困难的。新闻公司在各个方面都面临着激烈的竞争。这种状况在一定程度上是因为它参与了与南美公司的竞争，而竞争

图 8.9　新闻公司 2007 年主要商业活动

(a) 2007 年收入来源（100 万美元）

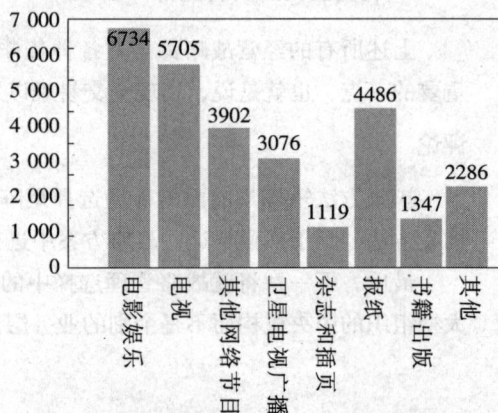

电影娱乐	电视	其他网络节目	卫星电视广播	杂志和插页	报纸	书籍出版	其他
6734	5705	3902	3076	1119	4486	1347	2286

(b) 2007 年利润亏损来源（100 万美元）

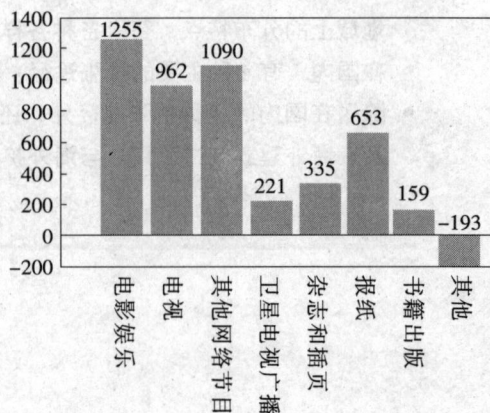

电影娱乐	电视	其他网络节目	卫星电视广播	杂志和插页	报纸	书籍出版	其他
1255	962	1090	221	335	653	159	−193

▶

本身就是南美的文化。新闻公司所面临的激烈竞争还由于领头公司对未来 5 年发展机会的判断：它们都认为现在正是巩固自己地位的时候，很多公司都已经为此准备好了相应的资金。例如，美国和欧洲的一些大公司，包括 Viacom 公司（美国）、迪斯尼公司（美国）、Bertelsmann 公司（德国）以及 Mediaset（意大利）等都为新闻公司的进一步扩张设置了很多竞争障碍。一些国家政府也通过坚持某些形式的国家媒体所有权而限制公司扩张。

新闻公司：未来的愿景和核心资源

要理解新闻公司的电视战略，关键的一点是理解它对未来的愿景："我们要从起初的一个报纸发行商转变为电子媒体的动力站。"这句话概括出了新闻公司的发展目标。新闻公司还认定 4 ~ 5 个电视媒体公司将成为全球的领头企业，新闻公司应该是其中之一。

在 2007 年以前的 20 年间，新闻公司在发展和管理其全球的电视媒体服务的过程中，大大增强了公司的核心资源。尤其是如下的这些：

- 娱乐节目制作和新闻收集的技术，以及电视制作知识。
- 充足的娱乐节目库，尽管这一点在远东、拉美和非洲还有所欠缺。当然，新闻公司的娱乐节目库与美国的超大公司如迪斯尼、Viacom 以及时代华纳（华纳兄弟电影公司）还是存在很大差距。
- 按计划和预算进行节目制作的管理技术。
- 覆盖全球的一系列卫星频道和有线频道（见下文）。
- 为获取有吸引力的节目如体育转播等，与其他人进行谈判的技巧。
- 对具有革命性和有前景的新媒体机会的识别技巧——参看本案例后文所述的 2006 年和 2007 年的两项收购。
- 卫星加密技术（下面将作出解释）。

在 80 年代后期，新闻公司在英国开始开展卫星电视业务。新闻公司获得英超联赛独家转播权成为该公司发展的里程碑。它利用这一权力促进了卫星电视在英国的覆盖率，但同时也并没有仅仅停留在卫星电视单一服务上。通过各种各样的促销和绑定，新闻公司在获得和维护用户方面成绩卓然：Sky 的营销机器令人敬畏，《金融时报》这样评价。另外，新闻公司在 21 世纪初首先开发增强型数字机顶盒技术。该公司花了数百万英镑免费为用户更换旧机顶盒。如今，新闻公司有一整套复杂的覆盖全世界的卫星广播系统，后来该公司决定把这些都应用于北美。

2003 年新闻公司最终收购了美国一家卫星广播公司 DirecTV 的控股权。收购后默多克评论说："DirecTV 会改变新闻公司在美国的整体运营模式。"2004 年，新闻公司向美国引入了与其在英国同样的技术。2005 年 DirecTV 网站出现了新的供美国用户使用的互动节目——www.directv.com。"全国领先的增长最快的数字多频道电视服务供应商"对现有的美国和加拿大的有线电视频道构成了强有力的威胁。最近，新闻公司在售出美国卫星电视的股权后，开始与另一家美国卫星公司展开了竞争。后来，新闻公司更多与互联网联合，见下文。

新闻公司是首家意识到卫星加密技术重要性的公司。来自卫星的电视型号在传播的过程中是经过编码的，在接收端，通过解码器或者智能卡对信号进行解码。智能卡可以按月或者按年从新闻公司定购，新闻公司对该技术享有全球专有权。到 1995 年，在发达国家的市场上如英国和美国，新闻公司在出售智能卡方面的

收入达到了其广告收入的 5 倍。然而，新闻公司并不独有加密行为的权利，因此，这不是保持其竞争优势的途径，还存在其他一些加密的形式。此外，有线电视公司也具有类似的权利，也就是说，有线电视公司对通过电缆传送到家庭的电视信号享有独占权。但它不需要加密，因为只要断开连接就可以确保不交费的人收看不到有线节目。

2006 年，新闻公司用 5.6 亿美元收购了第五位最受欢迎的点对点网站，Myspace。有的评论家认为这笔交易对于收购一个主要的网站来说很划算。新闻公司的这项收购的战略性原因是它认为网络新闻和广告是未来的媒体形式。公司认为传统的报纸业已经成熟，受到新媒体的威胁。对于新闻公司来说，报纸之所以重要是因为它是传统意义上的现金牛。

新闻公司在 2007 采取了两项进一步的举措。首先，在美国投放了商业新闻频道，叫做 Fox News，与商业新闻市场的领导者 CNBC 展开竞争。后来，在 2007 年末，成功竞标著名的金融报纸—华尔街日报（WSJ）以及它的相关新闻服务，道琼斯。公司为这项著名的品牌收购支出了 50 亿美元，原因有二：首先，WSJ 为新的 Fox 商业频道增加了内容。其次，新闻公司认为，专业的金融市场的诸多新业务迟早可以通过服务进行收费。新闻公司对 WSJ 的收购是公司认识到为未来发展采取新战略的重要性的典型代表。在本案例中，它代表的是全球性层面。

新闻公司：机会主义的公司战略、创新和实施

从 20 世纪 80 年代中期开始，新闻公司就建成了全球最大的电视网络。公司的很多战略起源于全球电子媒体的高速发展，这些战略都是基于谈判的战略。从某种意义上讲，新闻公司的主要战略都是机会主义的。正是通过这些战略，新闻公司抓住了最近几年所出现的市场和技术机遇。例如：

- 收购星空卫视的时候，中方所有人正有意出售它；
- 新的卫星数字技术为更为高级的服务提供了机会；
- 卫星加密技术所依靠的技术在当时正好有所发展；
- 通过 Myspace 进军网络。

新闻公司同时还在全世界主流媒体中谋求地位。除了上述讨论的例子以外，另一个例子就是和 KirchGruppe 所掌管的德国电视公司之间的交易。2002 年，德国正在进行媒体行业的整顿，新闻公司因此损失了 8 亿多美元。新闻公司认为，为了能够进行新的买卖，必须承担必要的风险。但是，新闻公司从未放弃德国市场。2007 年，公司用 4.25 亿美元收购了德国付费电视频道 Premiere 的 20% 的股份。有传言说，公司有意向想完全控制。

除了控制英国的付费电视外，新闻公司在意大利也获得了成功。该公司在 2002 年收购了电视台 TelePiu，并由此成为意大利卫星付费电视的垄断供应商。但是，很多年来，新的意大利 Sky 卫视一直在亏损，并且不会很快获得盈亏平衡。

新闻公司认为，有 5 个基本的战略为企业带来了机遇。

1. 纵向一体化。公司的经营范围囊括了从电影制作到直接向消费者发送电子信号。为此，公司收购了 20 世纪福克斯电影公司，同时投资于 BSkyB 卫星广播。
2. 节目内容创作。不仅通过创造性的技术来制作节目，还通过谈判来获得体育新闻的独家转播权。例如，在南半球橄榄球赛事中，公司就独家承揽了主要球队比赛的转播；公司还买断了在美国转播美国式橄榄球比赛的转播权。正是通过这些有效途径，▶

为公司培养了新的、忠实的观众。当这种排他性的合同持续下去的时候，它们就给公司带来了持久的竞争优势。最近，对 WSJ 和 MySpace 的收购增加了公司在这一领域的优势。

3. 全球化。公司的节目在地理上覆盖了全球，这一点对于新闻节目和体育节目而言格外重要，而对于娱乐节目，其重要性则相对弱一些，因为娱乐性的节目有很强的文化背景。例如，在 1995 年，新闻公司宣称将利用英国的新闻频道开发一个全球性的新闻网，以对抗 CNN 公司。但是这种战略有一定的竞争风险——参见下面。

4. 聚集了报纸、书籍和电视等各种媒体形式，这样不同的媒体之间就可以相互支持、相互促进。例如，在公司的报纸上为其电视频道做广告，由于在早期，报纸有着相当广泛的读者，因此，这种交叉的促销方式为新闻公司的成功作出了很大的贡献。

5. 从印刷转向电子媒体。公司认为报纸业已经成熟，迟早要被网络新闻代替。更重要的是，广告也会从报纸转向网络。

在实际的操作过程中，新闻公司还利用了另外两个战略来增强公司的竞争优势：

1. 数字卫星技术。新闻公司是该技术的领导者。

2. 联盟与合资。为了扩展全球电视网络，新闻公司在很多国家和地区通过联盟或者合资的方式与当地的公司进行合作，参见图 8.10。

最后，我们不得不提到的是，默多克他本人其实并不信奉媒体行业的规模经济："规模越大，回报越小。"但这并没有阻止他的竞争对手不断膨胀企业的规模。

© 理查德·林奇 2009 版权所有。保留所有权利。本案例由理查德·林奇根据公开信息编写[23]。

案例问题

1. 在传媒行业，各家公司对哪种类型的战略管理是最好的战略看法不一，有的认为"软件"途径好，而有些则认为"硬件"方式的战略好。在你看来，新闻公司的观点是偏向哪一方？从长远看，你认为新闻公司的战略是最成功的吗？

2. 新闻公司在哪里以什么样的方式为其服务增加附加值？它是怎样获取竞争优势的？为了克服行业进入的壁垒，它对公司战略作了哪些修改？

3. 在变化如此迅速的市场中，是否存在永远跟踪有前景的战略开发方法和战略选择方法？能不能给新闻公司一些更好的建议，以便在其不断成长的过程中也能够抓住商业机会？

4. 新闻公司为什么会如此成功？从现在开始，它应该朝着哪个方向发展？

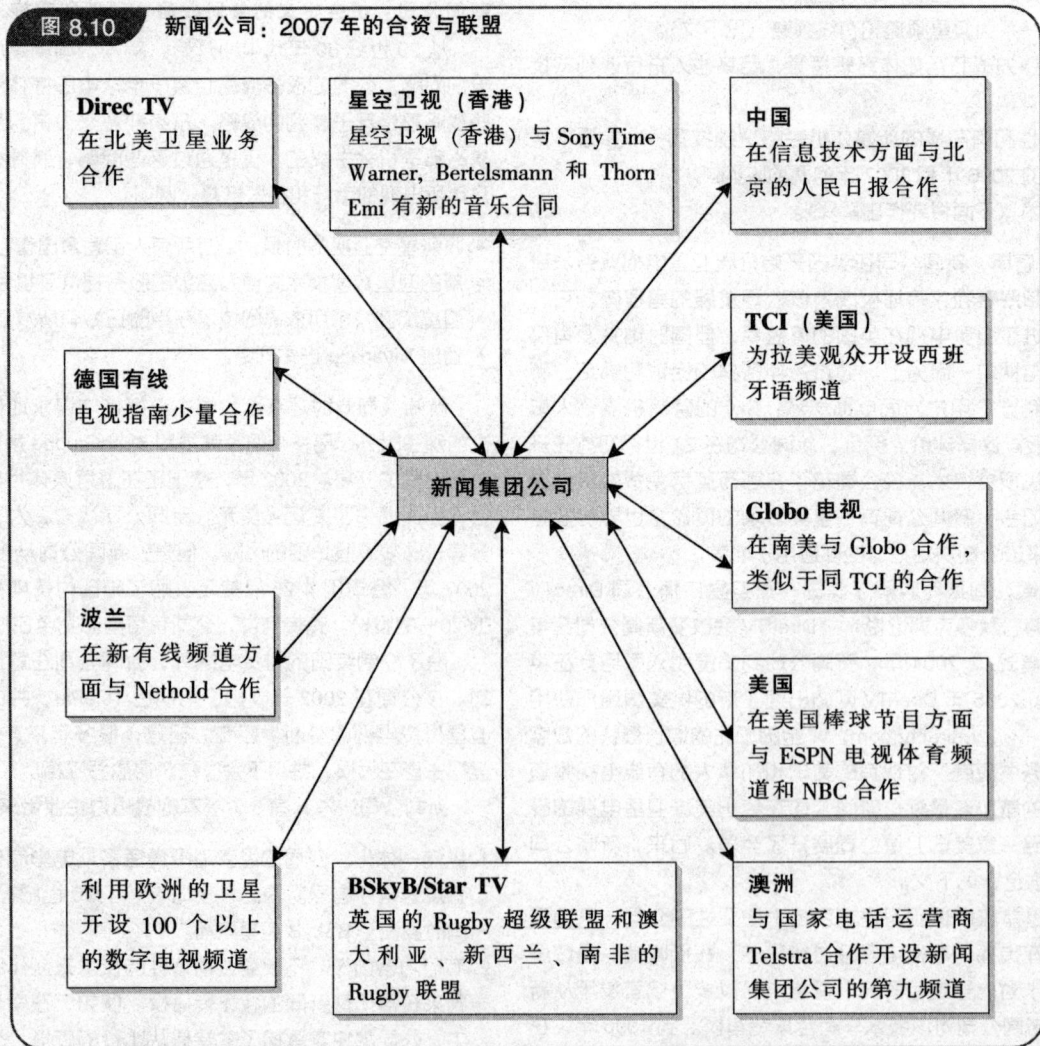

图 8.10　新闻公司：2007 年的合资与联盟

Direc TV
在北美卫星业务合作

星空卫视（香港）
星空卫视（香港）与 Sony Time Warner, Bertelsmann 和 Thorn Emi 有新的音乐合同

中国
在信息技术方面与北京的人民日报合作

德国有线
电视指南少量合作

TCI（美国）
为拉美观众开设西班牙语频道

新闻集团公司

Globo 电视
在南美与 Globo 合作，类似于同 TCI 的合作

波兰
在新有线频道方面与 Nethold 合作

美国
在美国棒球节目方面与 ESPN 电视体育频道和 NBC 合作

利用欧洲的卫星开设 100 个以上的数字电视频道

BSkyB/Star TV
英国的 Rugby 超级联盟和澳大利亚、新西兰、南非的 Rugby 联盟

澳洲
与国家电话运营商 Telstra 合作开设新闻集团公司的第九频道

8.5 基于资源的战略选择：价值链[24]

从 Penrose[25] 到 Hamel 和 Prahalad[26]，基于资源观点的战略选择理论发展得相当成熟。在这一部分，我们仅仅讨论价值链，在接下来的两节里我们还要讨论另外两种基于资源观点的战略选择。

在本书的第 4 章，我们曾经考察过一些组织，基于资源的战略选择正是从这些组织的分析中发展而来的。20 世纪 70—80 年代，理论又发展到了基于环境的战略选择（在本章的前面已经讨论过），现在基于资源观点的战略选择理论作为制定战略的方法又开始吸引人们的视线。如果市场发展缓慢，或者组织的资源有限，这时候的市场机会也就非常有限。在这种情况下，基于资源的战略选择尤其有用。例如公共部门，由于政府的投资有限，对于它们而言，基于资源的战略选择就比基于环境的战略选择更有吸引力。

8.5.1 识别增加值的来源：上游和下游

价值增值既可能产生于价值链开始的时候，例如在价值链的上游；也可能产生于价值链的末端，例如在价值链的下游。要考察组织的资源在哪里以及以什么方式产生增加值，这样便产生了组织的战略选择。

- 上游——产生增加值的活动发生在价值链开始的时候。这样的活动包括原材料预处理和生产过程。为了获取增加值，可以大规模购进，并且尽量少地改变生产过程，这样就可以保持低成本，维持产量恒定。如果组织生产的是标准件，那么这一点就更有效。正如我们在第 7 章中探讨的，通过低成本、高效的生产过程和创新过程，价值增值就产生了。另外，价值增值还产生于经济的原材料采购过程和其他原材料预处理过程。

- 下游——产生价值增值的过程发生在价值链的末端。这样的增值活动一般需要依赖产品的差异化，以便可以获得更高的产品定价。这种产品的多样化过程就意味着需要整顿某些生产线，并采取一些变革措施，而这些都需要花费额外的成本。为了促销差异化的产品，组织还可以利用的资源包括广告或者专家服务等。此外，价值增值的过程还有研发、专利发明、广告以及市场定位等。

价值链本身既可以与上游活动相联系，也可以与下游的活动相关——参见图 8.11。

当然，很多组织既可能在价值链的开始也可能在价值链的末端产生价值增值。例如，很明显的，新闻公司在下游的资源比较丰富，因为它的杂志和书籍都是面向特殊的消费群体。然而，它仍然发行大量非差异化的报纸以及其他刊物，这些都是在价值链上游产生增加值的。

然而，也有一些组织要么将资源定位在价值链的上游，要么定位在价值链的下游。我们在表 8.5 中列举了一些例子。

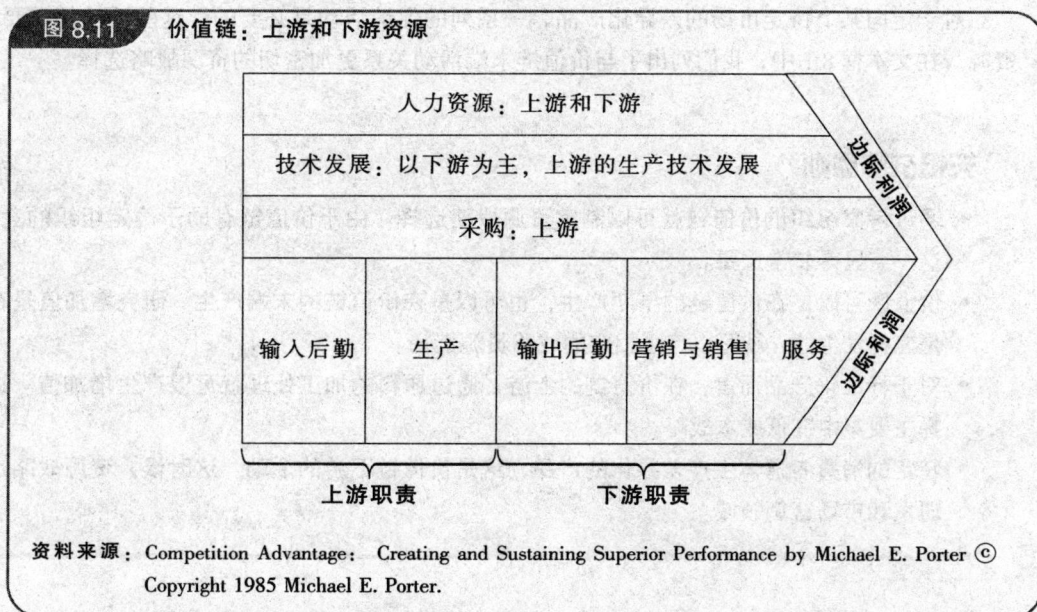

图 8.11 价值链：上游和下游资源

资料来源：Competition Advantage: Creating and Sustaining Superior Performance by Michael E. Porter ©
Copyright 1985 Michael E. Porter.

表 8.5	在各种单产品行业中，增加值的主要资源定位	
主要资源	**行业举行**	**定位：上游还是下游**
原料提取	原煤、石油、钢铁矿石	上游
标准化产品的初级制造	纸或纸浆、钢铁、初级化学品	上游
初级装配生产	卡通纸品、钢管、简单的塑料品	上游
通过更加复杂的生产、专利或特别的过程产生增加值	品牌包装、汽车、特殊的塑料产品	下游
市场营销和广告	品牌产品	下游

8.5.2 资源对上游增加值和下游增加值的意义

利用上游增加值和下游增加值的概念，就可以制定基于资源的战略选择。例如，如果是生产标准化的产品，那么就可以选择规模经济。还有其他一些选择值得我们研究，它们能够以更低的成本生产标准化产品——参见文本框 8.1 中的上游活动。

文本框 8.1

与价值链上游和下游活动相关的资源战略选择

上游的资源战略选择包括：

- 增强产品的标准化程度；
- 为降低生产成本而增加投资；
- 为降低生产成本或者提高产品质量而进行经营创新；
- 提高增加值的资本投资；
- 在缺乏多样性的通用产品行业，从一个宽广的范围寻求更多的消费者。

下游的资源战略选择包括：

- 为特定的目标市场生产不同的产品；
- 通过研发和产品创新来创造增加值；
- 广告投资和品牌策略；
- 增加新的服务来提高增加值。

对于定向某个特定市场的差异化产品，一系列的促销活动是必要的，这些活动都需要利用价值链末端的资源。在文本框 8.1 中，我们列出了与价值链末端活动关系更加密切的资源战略选择。

关键战略原则

- 通过考察组织的价值链就可以制定资源战略选择。由于价值链有助于确定组织的竞争优势，因此，这一点显得非常重要。
- 价值既可以是在价值链的早期产生，也可以是在价值链的末端产生。研究增加值是在什么地方以及是怎样发生的，就可以产生相应的战略资源选择。
- 对于标准化产品而言，在价值链的上游，通过原料的加工处理就可以产生增加值。这时候，资源选择主要集中在低成本战略。
- 特定的消费者群体生产差异化的产品，这是价值链下游的活动。这时候，资源战略选择主要集中在研发和市场营销领域。

8.6 基于资源的战略选择：基于资源的观点

正如我们在第 4 章里所分析的那样，在考虑基于资源的战略选择时，必须要分析基于资源的观点所认为的机会。首先，我们要识别那些对于竞争优势来说非常重要的资源，这是制定战略选择的起点，例如组织的品牌、独特的地理位置以及专利技术等，这些都是非常重要的资源。新的资源还包括其他公司的许可证或者通过收购所获得的资源[27]。

8.6.1 寻找基于资源的选择：结构、声誉和创新

基于资源的观点认为，组织应该有一些不同于竞争对手的形式。为了寻求我们的战略选择，一种方法是以组织的机构、声誉和创新为标准来分析组织的资源[28]。这样就要将焦点集中在对当前资源和将来需要的资源的处理过程。下面以新闻公司为例，看看它是如何利用上面三个概念来制定这方面的战略的。

- 组织的结构就是在组织内部和组织周围的关系网络和契约关系。新闻公司创建了一系列的公司，它们的经营领域都是新闻、体育和娱乐。它们与迪斯尼和时代华纳有明显的不同。很显然，这是公司经历多年发展所积累的资产。
- 声誉是指新闻公司在它的消费者中间树立了良好的形象。在这一点上，新闻公司是一个非常成功的典型。它积极进取、开放和敢于打破陋习的风格使得人们很容易将其与竞争对手区分开来。显然，这也是组织的重要资产。
- 创新是组织开发新产品和服务的能力。有关新闻公司创新能力的例子可以从案例分析 8.4 中找到。这对于组织来说，既是核心竞争力的一部分，也是资源的一部分。

8.6.2 寻找基于资源的选择：核心能力

所谓核心能力，就是组织所具有的一些技巧和技术，它们能够给组织的消费者带来特别的利益[29]。我们在第 6 章已经探讨过有关核心能力的问题，现在要用它们来指导制定战略选择。不关注核心能力的选择几乎不可能成为战略的一部分。这也就是说，在制定战略的过程中，仔细考察组织的核心能力是非常值得的（请参考前面章节有关这方面的讨论）。

以核心能力为基础，生成战略选择的一种方法是，把组织的所有能力按不同层次组织起来，从较低层次的个人技巧开始分析，逐层向上，直到组织的复合知识和技巧。在这种方法背后隐藏的一个基础假设是，有些能力是通过整合其他的专业能力而获得的[30]。在文本框 8.2 中展示了能力的基本层次结构。

8.6.3 基于资源观点的战略选择

除了上述的两种方法，没有更详细的指导框架，因为每个组织的情况都不一样。需要对组织的资源作深入的调查，分析它们的作用范围。这样做的目标是研究它们的作用，对于价值增值和组织的竞争优势有什么样的贡献。

我们在文本框 8.3 中列了一个清单，它们可以帮助寻找关键的资源选择。但是，这样的一个清单并不是没有风险——有关的阅读文献可以参考本章开头关于对 SWOT 分析的评论。此外，对资源进行机械地组合往往会忽略一个重要的问题，那就是组织独特的资源可能起源于隐含的知识，而这样的知识几乎不可能通过一个清单来发现[31]。

文本框 8.2

能力层次图

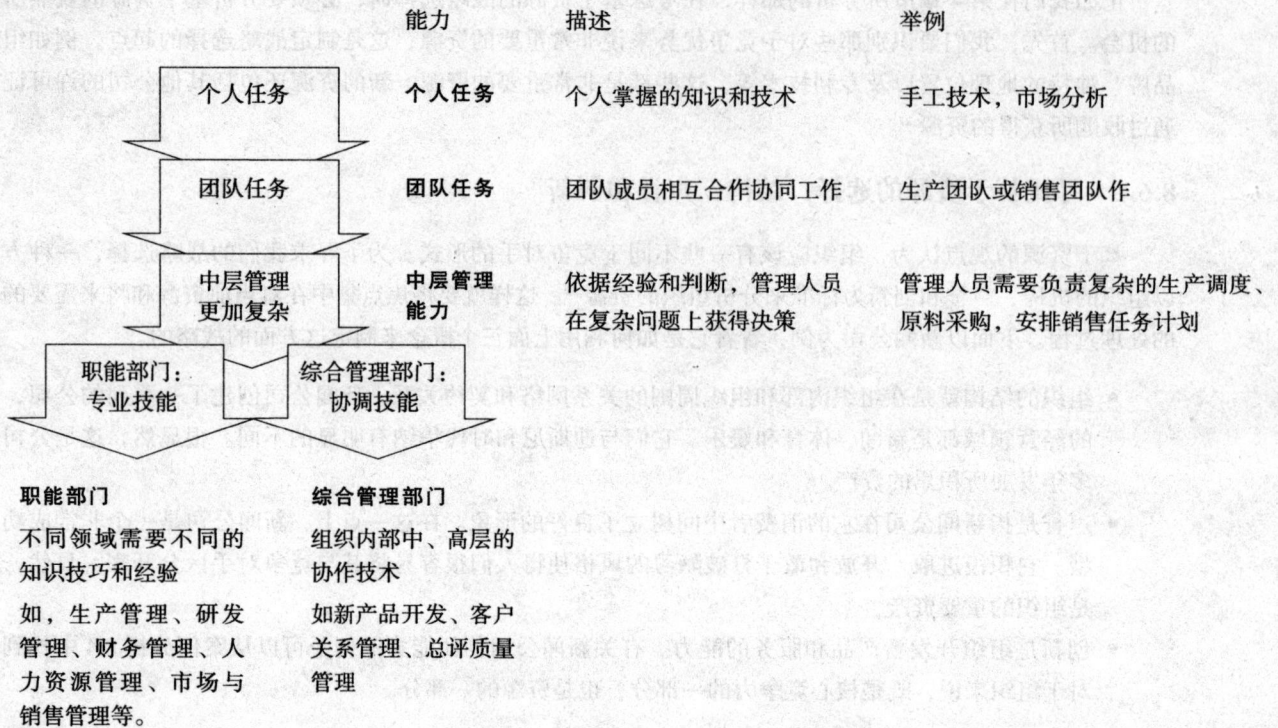

	能力	描述	举例
个人任务	个人任务	个人掌握的知识和技术	手工技术，市场分析
团队任务	团队任务	团队成员相互合作协同工作	生产团队或销售团队作
中层管理更加复杂	中层管理能力	依据经验和判断，管理人员在复杂问题上获得决策	管理人员需要负责复杂的生产调度、原料采购，安排销售任务计划

职能部门：专业技能　　综合管理部门：协调技能

职能部门

不同领域需要不同的知识技巧和经验

如，生产管理、研发管理、财务管理、人力资源管理、市场与销售管理等。

综合管理部门

组织内部中、高层的协作技术

如新产品开发、客户关系管理、总评质量管理

文本框 8.3

基于资源观点的战略选择的十条方针

1. 我们拥有什么样的技术？它们具有排他性吗？它们具有一定的竞争力吗？或者更好？

2. 在我们制造的产品之间或者在我们提供的服务之间存在什么样的联系？它们具有什么样的共同点？

3. 价值增值是如何产生的？与竞争者相比，我们有什么不同的地方吗？在主要的区域里，我们的哪些创新可以带来价值增值？

4. 我们拥有哪些大家共有的技术？它们对我们的能力有什么样的贡献？它们对我们的组织资源有什么样的深远影响？是不是存在一些关键的员工？如果要替换他们会有什么样的困难？我们有什么特别的价值吗？我们在地域上覆盖了怎样的范围？

5. 我们具有什么样的财务资源？对于我们的愿景来说，它们足以应付我们的长远计划吗？我们对组织具有什么样的利润记录（或者对于非营利性组织来说，有什么样的财务记录）？凭借这样的利润记录能否募集新的资金？我们有新的筹集资金计划吗？或者是否存在一些税务和现金问题？

6. 从我们的组织能力和资源当中，消费者获得了哪些好处？他们获得的真正利益是什么？我们对自己的产品质量了解吗？我们的技术表现优于竞争对手吗？

7. 我们还有哪些与消费者相关的技术？又有哪些是核心技术？这些技术是我们独有的还是很多其他组织也都具有？它们可能会发生什么样的变化？

8. 在接下来的几年里，我们需要获得哪些新资源、技术和能力？它们与组织的愿景有什么样的关系？

9. 环境正在发生什么样的变化？对于我们的核心技术和资源而言，这样的变化将会产生什么样的影响？

10. 在资源、技术和能力领域，我们的对手们正在采取什么样的行动？

注：利用这张表的时候应谨慎——参看本章。

关键战略原则

- 基于资源的观点认为，识别和开发组织的关键资源是非常重要的，例如那些能够产生价值增值的资源和能够维持竞争优势的资源。

- 从制定战略选择的角度看，有些资源显得比其他资源更加重要；那些与组织结构、声誉和创新相关的资源也许可以成为一个很有用的起点。

- 从组织的基本技能、知识和技术出发，根据组织的能力制定选择，或许这也是一种构建新战略的途径。可以将组织的能力用层次的形式表现出来，以此来探索新选择的潜能。

- 由于对不同的组织来说，这些资源都是独特的，因此，不可能提出一个通用的形式用于生成新的选择。但是可以将一些关键的领域列成一个清单，尽管在使用这个清单的时候需要很小心。

8.7 基于资源的战略选择：成本节约

战略选择不仅仅与新资源的潜能和组织的核心能力相关，组织还需要考虑削减当前的生产和经营，以便降低成本。在某些市场上，由于全球性的竞争加快，一些生活费用低的国家例如泰国、马来西亚以及菲律宾等，很可能将会具有较强的竞争能力。这就意味着，西方国家的公司如果不大规模地降低成本将很难生存下去（例如 9.2.3 小节有关 Fila 的例子）。因此，就必须要考虑降低成本的战略选择。降低成本的主要途径有如下一些：

- 低成本的设计。在很多行业，大规模地降低成本不是依靠工厂中的生产活动，而是来自产品未进入工厂之前。通过巧妙地设计产品——例如，减少产品的部件数量或者简化部件的设计等——来降低实际的生产成本。

- 改善与供应商的关系。如果一个供应商能够而且愿意在保持质量的情况下降低价格，显然组织就可以达到降低成本的目的。

- 规模经济。对于一个大型生产工厂来说，产品的单位成本是随着生产规模的增大而减小的。另外，不同的产品可以分摊一些职能性的成本。

- 经验曲线。随着一个公司的成长，其生产经验越来越丰富，也就越具有降低成本的能力。

- 发掘潜能。如果一个工厂设备的成本很高，而且是固定的，那么就可以让其不停地运转，连续地生产，这样就可以降低成本。

8.7.1 降低成本的设计

在许多情况下，一个产品的 70%制造成本都是在设计阶段，也就是说，是在产品未进入工厂之前[32]。原因是部件、工厂和生产过程的成本节约主要靠设计阶段来实现。如果产品经过工厂生产出来了，就很难再降低成本，因为已经安装的机器设备很难调整，调整也会带来高额成本。

此外，设计过程的效率在这一过程中也十分重要。有些产品的设计需要几年的时间，这本身也是一种成本。如果可以节省时间，也就能降低此项成本。例如，雷诺汽车（法国）为了将 2000 年新车上市时间由 58 个月缩短至 38 个月，在 1995 年宣布一项新的厂房设计和改造，花费了 12.2 亿美元[33]。现在每款车，根据车辆的款式，其工厂成本为 10 亿~50 亿美元。如此一来，每款车的成本因设计的时间缩短，降低了 2 亿美元。

8.7.2 供应商关系

在制造业和服务业中，降低成本的一个方法就是与组织的供应商进行降价谈判。可以采取以下两种方式[34]：

1. 与供应商保持紧密的联系。丰田的方法就是共享技术与开发信息，从而降低成品成本。这说明了丰田与供应商之间有多年的密切合作，而且主要供应商的数量不多。显然，制造商也为供应商带来了价值增值。它能够整体性降低成本，提高质量。

2. 与供应商保持更直接的关系。这包括进行更激进的谈判，在保持质量的情况下降低价格。例如，萨博汽车（通用汽车在其中拥有股份）在两周内隔天就给供应商打电话谈车的镜子的价格，要求以更低的价格来定价[35]。在这件事情上，供应商关系保持距离从而达到降低成本的目的。

最近有事例表明，前面两项正在成为战略的首选[36]。

8.7.3　规模经济和范围经济

定义▶ **规模经济就是由于更高产量的生产使得单位成本被降低而获得的额外的成本节约。**如果可以大规模地运营，那么由于规模所增加的效率就可以降低成本。规模可以降低成本——例如石油化工厂、纸浆和造纸厂等。

在这里，我们要区别规模经济与充分利用工厂设备潜能的不同。对于后者来说，在达到设备生产潜能的过程中，成本是不断下降的，但当生产能力达到饱和后，即使再创建更大的车间也不能够继续降低成本。但是对于规模经济来说，工厂的规模越大，成本越低。

定义▶ **范围经济就是由于不同产品共用一些设施而获得的额外的成本节约。**例如，不同的产品可以分享相同的零售渠道，可以利用相同的运输。

另外，规模经济还可以在生产以外的领域应用，例如下面一些领域：

* 研究与开发。在有些情况下，只有大的研发规模才值得，或者说才可能享用特别的服务和专门的设备。
* 市场营销。规模相当大的公司广告费用高，并且可以有单独的广告预算。此外，大公司在与广告媒体谈判时可以获得额外的折扣，而这些对于小规模的公司来说几乎是不可能的。
* 产品配送。规模大的公司在产品运输方面也有一定的优势。产品可以实现批量运输，在距离固定的情况下，能够充分发挥运输工具的可运用率，最大限度地节省成本。

规模经济是资源分析的一个组成部分。如果可能的话，对至少一个竞争对手进行评估是非常重要的。需要分析的要素不仅包括工厂的规模，还包括设备的年限和效率等。

尽管有些学者对于规模经济的基本好处很清楚，例如波特[37]，但是他们对能否通过规模经济来降低成本仍然持怀疑的态度——参见 Kay[38]。他们怀疑的根据集中于，是否工厂的规模越大生产成本就越低。受上述观点的驱使，亨利·福特于20世纪30年代创建了大型 Baton Rouge 汽车工厂。实际上，他遇到了很多的问题[39]，主要包括：

* 有关机器的问题——由于工厂的规模非常大，各种机器的复杂度大大提高了，机器与机器之间的相关性加强了，整体的灵活性下降了。
* 有关人的问题——在这种工厂中，工作往往由于缺乏个性而趋于机械化，这大大影响了它们的吸引力和工人的兴趣，使得工人难以发挥他最大的潜能。

尽管对于相对失败的工厂来说还有其他一些管理上的原因，但上述的问题才是最主要的原因。到了20世纪90年代，尽管为降低成本而创建大规模钢厂的现象仍在继续，但是新的技术已经使得小规模的经营也能够获得同样的利润。

此外，对于大型工厂来说，如果市场被细分，也就是说，有一些高成本的工厂为了更好地满足消费者需求而生产多样化的产品，如此一来，大型工厂的竞争优势会受到重大损失。汽车市场和消费品电子市场就是这样的例子，那些四轮驱动的汽车和专用的高保真系统虽然生产价格并不低，但是它们都有各自的市场需求。

因此，我们可以得出结论，规模经济固然重要，但仍只是获取竞争优势的途径之一。

8.7.4　利用经验曲线

定义▶ **经验曲线就是一个产品的单位成本和曾经生产的该产品的总成本之间的关系**，用图表的形式表现出来，

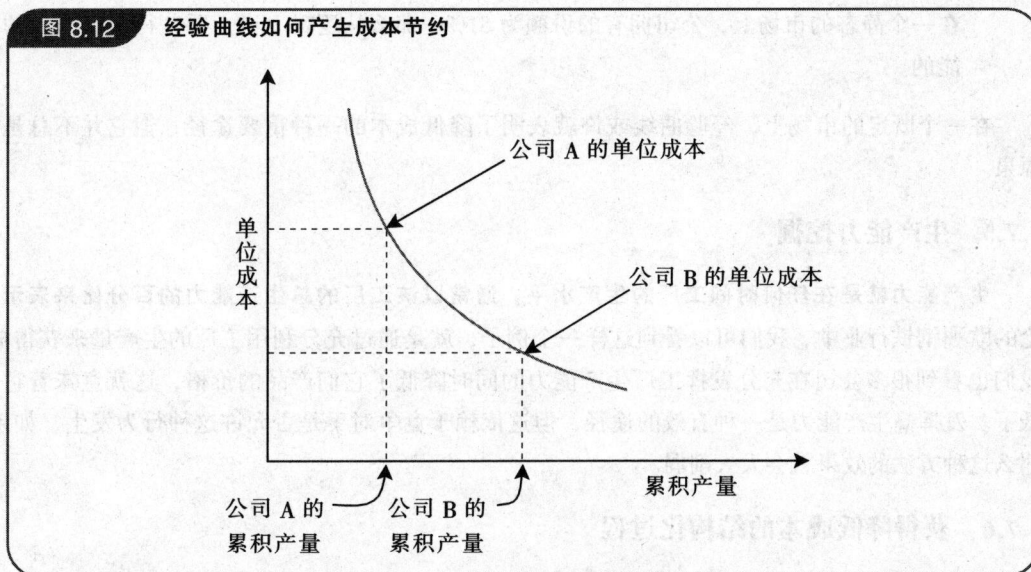

图 8.12 经验曲线如何产生成本节约

从生产的第一天开始累积。

在 20 世纪 60 年代，人们曾对一些不相关的行业作过调查，研究它们的成本和曾经生产过的累积产品（注意，这里是累积产品，而不是某一年中的产品）。调查结果表明，在成本降低和积累产出之间存在一定的关系。而且，这种关系在一系列的行业中都存在：从保险行业到钢铁生产行业等。生产的成本有急剧下降的迹象，特别典型的是，每当产出翻倍，成本会下降 15%，参见图 8.12。可以这样解释该现象：除了规模经济以外，还可以通过其他途径节省成本，例如：

- 技术进步；
- 有关生产方法的知识积累；
- 随着时间的推移，在生产过程中会发现更多的技巧。

成本经验这个概念可以从公司和行业这两个层次来考察。

- 从公司这个层次上讲，根据相关定义，市场的领头公司比其他任何公司拥有更多的积累产品，因此，它具有最低的生产成本，而其他的公司都处于相对劣势。
- 从行业层次上讲，随着整个行业的产出增加，成本逐渐降低。行业中的所有企业都会从行业内众所周知的知识中获益。

如果公司从事不相关的多个行业，这种成本曲线关系仍然是相似的，即使它所从事的行业之间的差距就像飞机制造与烤鸡之间一样大，这种关系仍然成立。但是对于战略管理而言却很少有共同之处。正如 Kay[40] 所指出的那样，飞机和烤鸡之间的共同点仅仅是，它们都有"翅膀"；成本曲线形状非常相似，从表面上看似乎有某种关系，但真正的原因完全不一样，因此，战略的含义也完全不一样。飞机制造从本质上讲就是全球化的——参见案例研究 14.4。而鸡肉加工则主要依靠本地的市场，而且相对而言，鸡肉加工不需要什么复杂的技术。与飞机制造相比，它是一种完全不同的投资形式。仅在一个行业内部考虑经验曲线这个概念是非常必要的。

即使是在行业内部，也存在很多影响经验曲线的途径，最显而易见的就是新技术。另一个方法是从经验更加丰富的公司内部吸引员工加盟组织。同时，Ahemathy 和 Wayne[41] 指出，从经验曲线中获益也存在一些限制：

- 由于市场的分化，导致市场需求的变化，而生产革新和新产品的要求并不总是容易达到，因为为了获得规模，生产的灵活性就被牺牲掉了。
- 技术创新可以以一种更加根本的方式进行学习，一种新的技术或许可以彻底改变目前的成本利润率。
- 每当成本显著下降都需要市场需求成倍增长。在一个缓慢增长的市场上，要满足这种要求只有通过不停地扩大市场份额。但是随着市场份额的增长，继续实现成倍增长的要求日益变得困难和昂贵。如果在一个静态的市场上，公司拥有的份额为 51%，那么从逻辑上讲，要获得市场需求的成倍增长是不可能的。

在一个既定的市场上，经验曲线或许就表明了降低成本的一种重要途径，但它并不总是成本优势的重要源泉。

8.7.5　生产能力挖掘

定义▶　生产能力就是在任何时间工厂的生产水平，通常以该工厂的总生产能力的百分比来表示。从第 3 章所讨论的欧洲钢铁行业中，我们可以看到这样一个例子，就是通过充分利用工厂的生产量来获得成本优势。然而，我们也看到很多公司在充分发挥工厂生产能力的同时降低了它们产品的价格，这就意味着它们的边际利润降低了。发挥高生产能力是一种有效的途径，但这依赖于竞争对手是否允许这种行为发生，如果竞争对手阻拦，那么这种方法的效果就会大大削弱。

8.7.6　获得降低成本的结构化过程

上面我们探讨了降低成本的基本问题。Ohmae 曾提出一种模型，该模型从逻辑和功能的角度将降低成本的过程结构化组织起来。这个模型在本领域有重要的意义，因此值得研究，我们在图 8.13 中作了描述。从整

图 8.13　获得成本节约战略的结构化方法

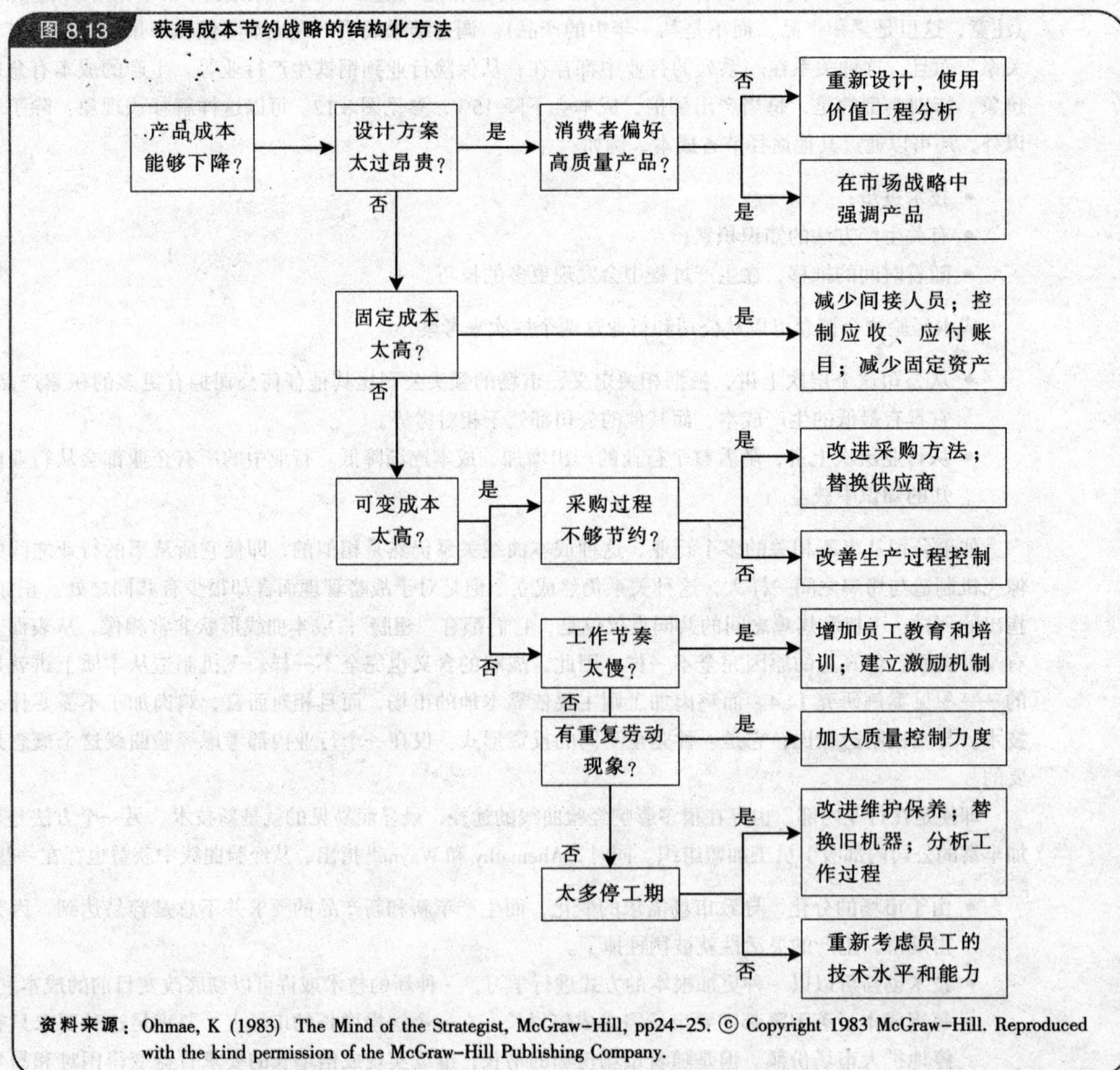

资料来源：Ohmae, K (1983) The Mind of the Strategist, McGraw-Hill, pp24-25. © Copyright 1983 McGraw-Hill. Reproduced with the kind permission of the McGraw-Hill Publishing Company.

体上看,这个模型并不复杂,也并非包罗万象,而是从实用的角度出发列出了一些可用的选择,图中还描述了各个要素之间的逻辑流程和联系。举例来说,新闻公司在过去的 5 年里为了保持竞争力,就曾非常重视降低成本,它还引入了一些成功的规划过程。

关键战略原则

- 至少存在六种降低成本的途径:低成本设计、供应商关系、规模经济、经验曲线、生产能力发掘以及协同作用等。
- 人们一般认为,规模和范围经济可以降低成本和提高增加值,但是在追求规模的过程中会降低生产的灵活性,并损失工作的个性化特征,因此,这种方法具有严重的不足。
- 经验曲线表明,随着公司或者行业的产出增长,成本就会不断下降。成本的下降与积累的生产有关,而不是与某一年的产品有关。
- 经验曲线的成本降低源自一系列资源,而这并不是能够自动获得的,需要去寻找和探索。
- 从组织战略的角度看,比较行业之间的经验曲线并没有什么意义。
- 充分发挥现有工厂的生产能力,这是降低成本的一种重要方法。
- 在研究降低成本的战略选择过程中,可以借助于结构化的模型,便于将各种方法有效地组织起来。

8.8 在一些特殊的组织中基于资源的选择

除了一般的基于资源的战略选择,我们还应该考虑一些特殊的组织,从管理资源的角度看,它们常常具有一些特殊的机会和问题。我们考察以下两种组织:

1. 小企业;
2. 非营利组织。

8.8.1 小企业的资源

按照定义,小企业不可能拥有和大企业一样的资源。它们的员工数量更少、财务能力更有限等。因此,企业战略问题就是要如何管理这种特殊的资源状况。下面介绍三种主要的方法。

1. 聘请外部顾问,例如咨询公司的顾问。虽然这种方式的费用昂贵,但对于那些需要特殊的专门技术的企业是非常合适的。
2. 将资源集中在一些特殊的任务上,以最大可能地产生增加值和竞争优势。但这种做法的问题是,它必须忽略组织的其他一些领域,因此如何选择这些"特殊的任务"就是至关重要的了。基于上面的原因,企业往往将资源集中在具有长远利益的目标市场或细分市场。有限的资源得到了集中利用。
3. 提供高级服务。这或许是小企业战胜大型竞争对手的一种途径。相比较而言,大型公司的决策过程迟缓,而小型组织能够快速、灵活地对消费者作出反应。这时候,小型企业就可以向消费者收取稍微高于大型竞争对手的价格。在这种情况下,资源战略可能包括额外的培训,甚至在一些案例中还包括雇用特殊的服务职员。

8.8.2 非营利组织中的资源

这里的非营利组织包括从小型慈善组织到大型的政府资助的机构,它们需要区分对待。

慈善组织

在慈善组织中有两种特有的资源:

1. 信仰。正是信仰驱动着组织以慈善为目的的向前发展。这就意味着,组织中的每个人都可能具有高度的动力和激情。对于人们偶尔需要完成的额外工作来说，信仰确实是一种资源。

2. 志愿工作者。志愿工作者可以为企业提供额外的努力并承担大部分的工作。然而，志愿者的本质决定了在处理这种资源的时候必须非常小心，因为这些人很容易丧失动力。与一般商业组织中的员工相比，一些志愿者需要有更大的自由度。

政府出资机构

在政府资助的机构里往往具有非常专业的资源，但是可能会有很强的官僚气氛。对于这种组织，在制定资源选择的过程中，必须将企业文化考虑进来。组织的资源较多而不实用，而且对于外部事件，组织的反应迟缓。

天键战略原则

- 从管理资源的角度看，一些特殊的组织具有特殊的机会和问题。
- 小企业几乎不可能具有和大型企业相当的资源。然而，这种不足可以通过雇用外部的顾问或者通过资源集中的方法克服。更加灵活的服务或许能够为小企业提供真正的竞争优势。
- 慈善组织可以从额外的资源当中获益：信仰和志愿者。不过，组织需要给予这些人更多的自由以保持他们的动力。
- 政府出资机构通常都具有非常专业的资源，但它们的工作方式很官僚。它们的资源可能并不实用，而且对外界事件的反应迟缓。

思考

战略选择过程是否过于复杂？是否过于缺少创造性？

本章主要讨论了制定战略的两种主要方法——一种与战略环境有关，另外一种与战略资源相关。一些战略学家尤其强调环境——比如波特的通用战略理论，而其他的更为强调资源——比如 Hamel 和 Prahalad 的核心竞争力。更一般地，本章还研究了在这两个总体框架内的其他方式。

尽管很明显这样的方式由于其完整性而存在其价值，但一些战略学家把这个当做是明显的缺陷。他们认为整个概念过于僵化、要考虑所有可能的选择所以范围过广。他们认为完整很容易就会使得人们难以找到什么才是重要的。从这种意义上说，因为缺少真正的创意，抉择的产生可能会成为一个僵化的过程。

你对此作何评价？战略选择过程是否过于复杂？是否过于缺少创造性？

小结

- 在常规性的战略过程中，制定战略的选择方案是非常重要的一部分。从本质上讲，制定战略选择的过程就是探究哪些可用的战略选择能够实现既定的目标。尽管人们常常使用一些理性的方法制定战略的选择方案，但实际上仍然需要从多个方面考虑如何制定具有创造性的战略选择。本章的内容主要集中在更加理性的方法，因为它们更适合用于分析。

- 制定战略选择有两大主要方法：基于市场的方法和基于资源的方法。本章前面的结构就是从这两个方面进行分析的。在基于市场的方法中，又有三个主要理论：通用战略、市场选择矩阵和扩张方法矩阵。

- 按照波特教授的观点，对于任何组织来说都只有三个基本的战略选择——他称之为通用战略，它们是：

1. 成本领先战略。这种战略的目标是将组织定位在最低成本的生产商行列。

2. 差异化战略。该战略的目标是开发与竞争者有着重要差别的产品，将产品投放于目标市场。

3. 集中战略。这种战略将组织的目标定位在某个细分市场，这种战略可以通过低成本策略或者差异化策略来占领目标市场。

按照这种理论，组织应该从上述战略中进行选择，而不是盲目地追求全面性，以防陷入困境。然而，一些有影响力的战略家对这一点提出了质疑，并提供了相关论据。实际上，不论是从逻辑的角度还是从经验的角度看，对上面的观点都存在很多的批判。毋庸置疑，这些批判性的评论都是有道理的，但是通用战略的理论仍然代表着制定战略选择的一个有用的起点。

- 通过对市场的考察以及对可用产品的研究，就可以构造能为组织所用的战略选择：这种构造方法被称做市场选择矩阵。这种矩阵提供了产生选择方案的方法，但是并没有为如何从选择方案中进行选择提供任何指导。通过公开的讨论，市场选择矩阵方法可能对当前的战略思想提出挑战并产生深远影响。

- 市场扩张方法矩阵以结构化的方式探索获取市场选择的方法。通过考察组织内部和外部的扩张机会以及组织其活动的地域分布，就可能构建各种可用的方法。

- 除了基于市场的战略选择以外，还有一系列的基于组织资源的选择。有三种主要的方法制定这类战略选择方案：价值链、基于资源的分析方法以及成本节约等。这三种方法在选择制定方面都可能有用：

  1. 价值增值可以在价值链的初期（上游）产生，也可能在价值链的末期（下游）产生。上游的活动通过将原材料加工成标准化产品而产生价值增值；下游的活动则主要通过产品的多元化来实现价值增值，即生产面向特定市场的特定产品。

  2. 基于资源的观点认为，从资源的角度看，每个组织都是独特的。这就意味着，没有普遍的规则能够确定不同组织的战略选择。但是由 Kay 提出的三个判断标准能够为我们提供一定的指导：组织的结构、声誉和创新。此外，Hamel 和 Prahalad 的核心能力理论也可以提供一些战略选择方案。通过将组织的能力按层次组织起来，就可能为组织识别和发展新的能力。

  3. 成本节约战略方案也值得探讨。在很多组织的内部都存在降低成本的机会，这些成本往往是由资源利用引起的。有 6 个降低成本的主要方法：降低成本的产品设计、通过特殊的供应商关系、规模经济、经验曲线以及工厂潜能的充分利用及协同作用等。

- 在制定战略的选择方案过程中，一些特殊类别的组织需要特殊对待：

  1. 小企业几乎不可能具有和大型企业相当的资源。然而，这种不足可以通过雇用外部的顾问或者通过资源集中的方法克服。更加灵活的服务或许能够为小企业提供真正的竞争优势。

  2. 慈善组织可以从额外的资源当中获益：信仰和志愿者。不过，组织需要给予这些人更多的自由以保持他们的动力。

  3. 政府出资机构通常都具有非常专业的资源，但是它们的工作方式很官僚。它们的资源可能并不实用，而且对外界事件的反应迟缓。

问题

1. 从通用战略理论中获得的战略选择对于小型的公司来说有什么值得学习的吗？

2. 研究一下新闻公司在通用战略矩阵中的位置，你能从中得出有关该公司未来战略的一些结论吗？

3. "通用战略理论完全是谬论，它将误导最好的公司把所有的时间都花费在恰恰相反的努力方向上"（Charles Baden-Fuller 和 John Stopford）。讨论这句话。

4. 找一个你熟悉的组织，例如一个小的志愿团体，运用市场选择矩阵和扩张方法矩阵两种工具，思考一下它扩张的可能性：关于这个组织将来的扩张战略你能得出什么样的结论？

5. "对于战略计划行为的批评中一个反复出现的主题就是所考虑的战略抉择的陈旧。"（George Day 教授）如果可能的话，可以采用什么样的方式来克服这种可能的缺陷？

6. 选择一个你所熟悉的组织，并识别该组织价值链中的上游活动和下游活动。对于这个组织来说，价值链的哪个部分最为重要？或者说它们的重要程度是对等的？

7. 试着鉴别哪些资源是下述组织的关键资源：慈善机构例如联合国儿童基金会；一个大型的消费电子产品公司；假日旅行公司；跨国的耐用消费品公司。

8. "在 20 世纪 90 年代，所有的高层执行官都面临着能力考验，他们必须能够识别组织的核心能力，并且能够培养和利用这些为组织带来增长的核心能力。"（Gary Hamel 教授和 C.K Prahalad 教授）请讨论在 21 世纪，这种考验还在继续吗？你认为在 20 世纪这种做法是否合适？

9. 如果说关键的竞争资源是重要的，那么它们可以在数月

内获得吗？还是需要通过数年的发展才能获得？你的答
案对于提升组织竞争优势来说有什么样的含义？

10. 研究一个你所熟悉的学生团体或者慈善机构，它制定了
什么样的基于资源的战略选择？

11. 在本章中曾讨论过，通过提供高等级的服务，小企业也
可能获取超过大型公司的竞争优势。你认为这种方法可
能存在什么样的问题？

进一步阅读

The two books that need to be read on environment–based options are Porter, M E (1980) *Competitive Strategy*, The Free Press, New York, and Porter, M E (1985) *Competitive Advantage*, The Free Press, New York. It should be noted that they also provide a much broader view of strategy than this single topic.

The market options matrix and expansion method matrix are covered in many marketing texts in a more limited form. Professor George Day's book is probably the best at providing a breadth of viewpoint beyond the marketing function: Day, G S (1984) *Strategic Marketing Planning*, West Publishing, St Paul, MN.

On distinctive capabilities, the book by Professor John Kay represents an important, well–referenced text on the topic: Kay, J (1993)*Foundations of Corporate Success*, Oxford University Press, Oxford.

On core competencies, you should read Hamel, G and Prahalad, C K (1994) *Competing for the Future*, Harvard Business School Press, Boston, MA. See also by the same authors, 'The core competence of the corporation', *Harvard Business Review*, May–June, 1990.

注释和参考资料

1. Many of the popular texts take this approach.

2. References for the Walt Disney Company case: Annual Report and Accounts 2004. Available at http://corporate.disney.co.com. *Financial Times*: 28 October 1998,p26; 3 November 1999, pp14, 35; 16 March 2002, p18; 2 August 2003, pM4; 9 October 2003, p16; 30 October 2003, p14; 29 April 2004, pp21, 27; 21 January 2005, p18; 27 January 2005, p30; 19 February 2005, pM6. BBC News Website–15 March 2005–'How Mickey Mouse made Disney a giant.'

3. Andrews, K (1987) *The Concept of Corporate Strategy*, Irwin, Homewood, IL.

4. Whittington, R (1993) *What is Strategy and Does it Matter?*, Routledge, London, pp73–4.

5. Bain, J (1956) *Barriers to New Competition: Their Character and Consequences in Manufacturing Industries*, Harvard University Press, Cambridge, MA.

6. Porter, M E (1980) *Competitive Strategy*, The Free Press, New York.

7. Porter, M E (1985) *Competitive Advantage*, The Free Press, New York.

8. Kay, J (1993) *Foundations of Corporate Success*, Oxford University Press, Oxford, Ch1.

9. Stopford, J and Baden–Fuller, C (1992) *Rejuvenating the Mature Business*, Routledge, London.

10. Miller, D (1992) 'The generic strategy trap', *Journal of Business Strategy*, 13(1), pp37–42.

11. Hendry, J (1990) 'The problem with Porter's generic strategies', *European Management Journal*, Dec, pp443–50.

12. References for global ice cream case: see data sources for Cases 4.1 and 4.4.

13. Porter, M E (1996) 'What is strategy?', *Harvard Business Review*, Nov–Dec, pp61–78.

14. References for the global TV case: *Financial Times*, 16 Feb 1994, p32; 20 Feb 1995, p16; 28 Mar 1995, p21; 21 Apr 1995, p27; 1 Aug 1995, p17; 3 Aug 1995, p19; 31 Aug 1995, p11; 11 January 2000, p1; 7 October 2000, p18; 8 January 2001, p31;17 January 2002, p19; 28 March 2002, p25; 27 April 2002, pl0; 30 July 2002, pp14, 22; 16 September 2002, p30; 12 April 2003, p26; 30 April 2003, p19; 15 May 2003, p16; 6 June 2003, p31; 3 July 2003, p27; 8 July 2003, p10 Creative Business Supplement; 6 September 2003, p13; 9 October 2003, p34; 11 December 2003, p23; 14 February 2004, p13; 23 April 2004, p28; 2 June 2004, p30; 30 November 2004, p17; 11 January 2005, p26; *Sunday Times (UK)*, 6 Aug 1995, p2.3; News Corporation Annual Report and Accounts for 1995 and 1997. The direct quote comes from the 1995 document.

15. Day, G S (1987) *Strategic Market Planning*, West Publishing, St Paul, MN, p104.

16. Buzzell, R and Wiersema, F (1981) 'Successful sharebuilding strategies', *Harvard Business Review*, Jan–Feb, pp135–44.

17. Kuczmarski, T and Silver, S (1982) 'Strategy: the key to successful product development', *Management Review*, July, pp26–40.

18. Lynch, R (1994) *European Business Strategies*, 2nd edn, Kogan Page, London, p208.

19. Lynch, R (1993) *Cases in European Marketing*, Kogan Page, London, p31.

20. Synergy is explored in Ansoff, I (1989) *Corporate Strategy*, rev. edn, Penguin, Harmondsworth, Chl, p22.

21. Kay, J (1993) Op. cit., p146.

22. More information on international expansion is available in Lynch, R (1992) *European Marketing*, Kogan Page, London, Ch8.

23. References for Case study 13.4: News Corporation Annual Report and Accounts 2004 and 2007 plus webcast for financial analysts all available on the web: www. newscorp.com There are hundreds of articles on this company so the following list reflects only some of the sources used to develop the case. *Financial Times*, 4 Sept 1993, p6; 5 Mar 1994, p11; 3 Aug 1994, p22; 10 Aug 1994, p14; 6 Jan 1995, p15; 24 Jan 1995, p23; 13 Feb 1995, p3; 14 Feb 1995, p25; 3 Apr 1995, p13; 7 Apr 1995, p1; 11 Apr 1995, p17; 27 May 1995, p8; 14 June 1995, p1; 18 June 1995, p9; 27 July 1995, p25; 2 Aug 1995, p15; 19 Aug 1995, p17; 30 Aug 1995, p15; 8 Nov 1995, p33; 30 Nov 1995, p8; 5 July 1999, p21; 16 January 2001, p24; 31 May 2001, p35; 19 March 2002, p18; 11 June 2002, p30; 2 October 2002, pp25, 30; 9 January 2003, p27; 12 February 2003, pp15, 23; 11 April 2003, p27; 12 April 2003, p5; 22 April 2003, p11 Creative Business Supplement; 20 May 2003, p9 Creative Business Supplement; 22 July 2003, p18; 25 August 2003, p25 (Star India restrictions); 8 November 2003, pM3; 7 April 2004, p24; 7 May 2004, p21; 19 May 2004, p20:27 October 2004, p18; 4 November 2004, p30; 12 November 2004, p32; 25 January 2005, p28; 16 February 2005, p1; 18 February 2005, p25; 9 May 2005, p23; 16 July 2005, pM6; 25 February 2006, p21; 26 February 2006, p26; 23 February 2006, p25; 11 December 2006, p27; 2 August 2007, p12 and 5; 9 August 2007, p17; 8 January 2008, p23; 16 January 2008, p16 (Lex); 24 January 2008, p22; 22 February 2008, p28. *USA Today:* 1 August 2007, p28.

24. This section has benefited from the paper by Galbraith, J R (1983) 'Strategy and organisational planning', *Human Resource Management*, Spring–Summer, republished in Mintzberg, H and Quinn, J (1991)*The Strategy Process*, Prentice Hall, Englewood Cliffs, NJ, pp315–24. Galbraith's concept has been applied to the value chain, although he did not use this terminology.

25. Penrose, E (1959) *The Theory of the Growth of the Firm*, Oxford University Press, Oxford.

26. Hamel, G and Prahalad, C K (1994) *Competing for the Future*, Harvard Business School Press, Boston, MA, Chl.

27. Stalk, G, Evans, P and Shulman, L (1992) 'Competing on capabilities', *Harvard Business Review*, April–May. Hamel and Prahalad make no reference to this paper and its criticism of core competencies in their book published in 1994. However, their letter to the *Harvard Business Review* in 1996 stated that they could see no essential difference between core competencies and core capabilities.

28. Kay, J (1993) Op. cit., p64.

29. Hamel, G and Prahalad, C K (1994) Op. cit., p221 and Chl0 that follows.

30. Grant, R M (1998) *Contemporary Strategy Analysis*, 3rd edn, Blackwell, Oxford, pp122–3. I am grateful to one of the reviewers of the second edition for suggesting this approach to options generation.

31. I am grateful to one of the reviewers of the second edition for making these important points.

32. Whitney, D (1988) 'Manufacturing by design', *Harvard Business Review*, July–August, p83.

33. Ridding, J (1995) 'Renault unveils plant to speed launches', *Financial Times*, 17 February, p24.

34. See, for example, Cusumano, M and Takeishi, A (1991) 'Supplier relations and management; a survey of Japanese, Japanese–transplant and US auto plants', *Strategic Management Journal*, 12, pp563–588. Also Macduff, J P and Helper, S (1997) 'Creating lean suppliers: diffusing lean production throughout the supply chain', *California Management Review*, 39(4), pp118–151.

35. Marsh, P (1995) 'Car mirror rivalry turns cut–throat', *Financial Times*, 14 June, p10.

36. *Econimist* (2002) 'Incredible shrinking plants', *Special Report on Car Manufacturing*, 23 February, pp99–101.

37. Porter, M (1985) Op. cit., Ch3.

38. Kay, J (1993) Op. cit., pp170–5. It is difficult to convey fully the interesting data that Kay brings to this discussion in summary format in the text.

39. Abernathy, W and Wayne, K (1974) 'Limits of the learning curve', *Harvard Business Review*, Sept–Oct, p108.

40. Kay, J (1993) Op. cit., p116, where he reproduces the two charts.

41. Abernathy, W and Wayne, K (1974) Op. cit., p128.

制定公司层面战略选择

Developing Corporate-level Strategy Options

学习目标

在学完本章后，你应该能够：

- 定义和解释公司层面战略的两个要素；
- 概述公司层面战略选择的好处及成本；
- 识别公司战略的多元化水平及其对战略选择的意义；
- 描述公司总部的角色并识别其对战略发展的意义；
- 运用产品特性矩阵选择公司层面战略；
- 概述公司总部用来制定公司层面战略的主要工具。

引言

在上一章中，我们研究了经营层面的战略选择，现在我们要讨论的是公司层面的战略选择。经营层面主要关注的是单个行业中的个别市场和个别公司。有些公司会选择多元化领域，并在几个市场上同时经营，每个市场有自己的战略、经营团队和利润中心。在这种情况下，就要求公司战略能够与每个经营领域及外部组织，如银行和股东，进行协作、管理和沟通。这就是本章要集中讨论的公司层面战略。

例如，案例研究 8.3 中的新闻公司有不同的业务，包括报纸、电视和电影制作等。每一项业务在经营层面都有它的竞争者和战略决策。新闻公司总部对各公司的决策就属于公司层面决策，例如，在互联网的投资以及在卫星传播方面的退缩。这样的公司决策与开展新业务、实现公司多元化有关，也可能会涉及公司现在有没有多元化的业务。例如，将新闻公司中英国报纸的高现金流投入到德国的付费电视台。

定义▶ 公司层面战略在字面上有两层相关但不同的意思。首先，公司层面战略是指领导公司从一个业务领域转向其他领域的战略决策，这些领域有可能相关也可能不相关。其次，公司层面战略是指公司总部在公司多产

图 9.1 可供企业选择的发展战略

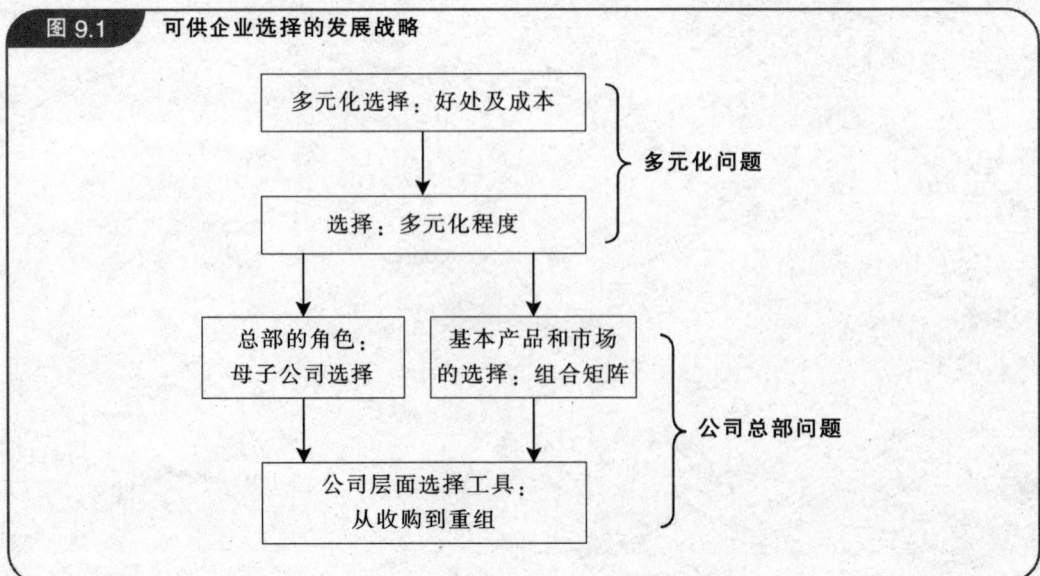

品集团中指引和影响战略的角色。

有些战略文献和研究把这两个领域弄混淆了，把它们当成同一个问题来讨论。但它们实质上并不相同。本章将它们分别加以讨论。本章第一节从多元化的角度来研究公司战略的好处和成本。事实上，这些好处和成本也会随着公司战略多元化的程度而改变。本章的下一节则研究多元化的程度及可能存在的机会。

本章第三节研究公司总部在战略选择中的角色和作用，称作"母公司"。第四节研究的是公司总部在每个分公司的不同产品和市场中的决策方法，称作"组合矩阵管理"。最后，本章研究了在公司层面的各种战略工具，从收购到组织的重建。这些工具为大型公司的战略发展提供了战略选择。图 9.1 展示了本章的结构。

案例研究 9.1　两大跨国公司的公司战略——美国通用和德国西门子

人们通常认为跨国公司能够利用它们的国际资源和外部市场地位获得更多利润。但是通过对两大知名公司的比较，我们会发现在实践中追求利润远不是那么简单。

通用电气

通用电气是世界上最大的跨国公司之一，并在全世界范围内进行各种商业活动，包括为媒体公司提供金融服务到大型工程项目——参见图 9.2。实质上，这些毫不相关的业务活动却能相互协作并由高度集权的公司总部进行管理。多年来该集团的两个目标一直是要获得高现金流和降低成本。杰克·韦尔奇（Jack Welch）于 2001 年从集团总裁的位置上退休，他被认为是美国杰出经理人之一。他领导该集团通过并购和剥离朝着高获利性稳步前进。重要的是，为了达到公司的目标，必要的时候他会同意裁员，并对高级经理们的表现极为重视。

西门子

西门子是德国最大的跨国公司之一，在发明尤其是工程类有着悠久而辉煌的历史。实际上，多年来该公司的高级管理人员都是主要以工程师为主，也就意味着他们会更加关注公司产品在工程方面的卓越性。根据《金融时报》报道，该公司有着 19 世纪的管理方式以及相应的收益回报。该公司很多生产都以严格的生产过程为基础，很难适用于新产品 [1]。但是西门子 1992—2004 年的首席执行官西恩里奇·万·皮埃尔（Hienrich von Pierer）带领公司朝着更为市场导向的方向前进。

西门子总部由他的继任者克劳斯·克雷恩菲尔德（Klaus Kleinfeld）继续执行这一思想直到他于 2007 突然辞职。不幸的是，西门子发现 2006 年有一笔高达 19 亿美元的付款有问题，有可能涉及公司贿赂。在编写本案例时，该事件仍在调查中。但是，克

雷恩菲尔德认为他应该辞职。新的总裁，Peter Loscher 上任了。"我们利用危机和积极的态度来进行改善，"Loscher 说。"有一点很清楚，这是公司在领导责任和文化方面的失败。"事实上，公司总部派出的小组开始处理对公司腐败的指控，同时还要让各国的分公司发展并获得赢利。

此外，自从 90 年代中期西门子的利润发生严重下滑开始，该公司似乎就一直处于重组的状态。西门子在 90 年代后期卖掉了一系列业绩不佳的业务，并在 1999 年引入了新的三部概念来提高集团的运营，这一过程被称做 Top。这一概念主要的三个支柱——降低成本□增长和革新——的主要目标是获得公司长期利润增长。降低成本对于西门子来说尤为重要，因为西门子的很多产品的成本要比它们的竞争对手高出 20% ~30%。增长被视为是额外的目标——"经理们并没有把这些视为一个战略目标，而是一个动态的，并考虑到了竞争对手们可能发生的变化。"负责 Top 的董事会重要成员爱德华·克鲁巴斯克（Edward Krubasik）说。西门子各部门的高级经理们对此有所抱怨，因为这意味着他们必须要与竞争对手们相比较。第三个部分是通过引入能够在世界市场上更好地进行竞争的新产品来进行革新。

即使是在进行了 Top 以及类似的首创活动 7 年之后，西门子在可以与通用进行比较的领域与之相比仍有很大的距离——参见表 9.1。尽管两家公司的整体产品组合不同，但它们仍有一些类似的产品，尤其是在重型工程方面：可以对通用在能源和运输部门和西门子在发电□电力输送和运输系统的类似产品的利润率进行

图 9.2　通用和西门子——国际大企业集团

(a) 通用在 2004 年的 1520 亿美元营业收入的主要部分

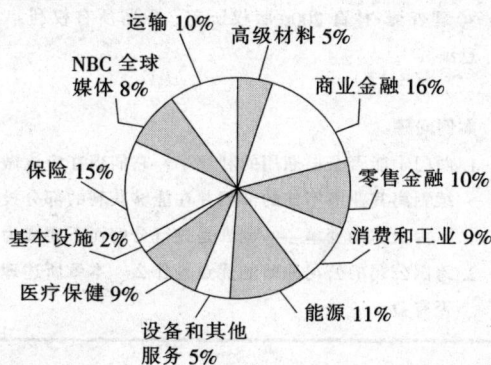

- 运输 10%
- 高级材料 5%
- NBC 全球媒体 8%
- 商业金融 16%
- 保险 15%
- 零售金融 10%
- 基本设施 2%
- 消费和工业 9%
- 医疗保健 9%
- 能源 11%
- 设备和其他服务 5%

(b) 西门子在 2004 年 980 亿美元的主要部分

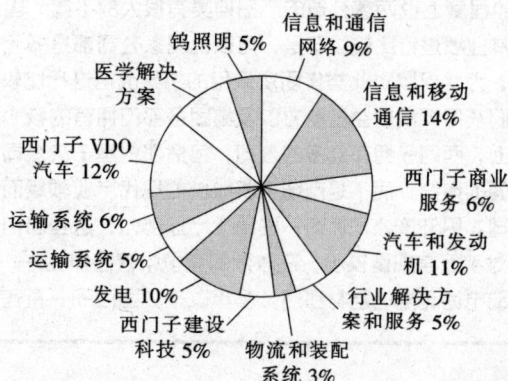

- 钨照明 5%
- 信息和通信网络 9%
- 医学解决方案
- 信息和移动通信 14%
- 西门子 VDO 汽车 12%
- 西门子商业服务 6%
- 运输系统 6%
- 运输系统 5%
- 汽车和发动机 11%
- 发电 10%
- 行业解决方案和服务 5%
- 西门子建设科技 5%
- 物流和装配系统 3%

耐人寻味的战略问题是为什么德国企业集团西门子公司比它的美国对手通用电气的收益要低。

表 9.1 2004 年销售利润比较

通用		西门子	
• 2004 年总收入：1520 亿美元		• 2004 年总收入：980 亿美元	
• 2004 年全球员工总数：227 000		• 全球总员工数：430 000	
部门	销售利润率%	部门	销售利润率%
高级材料	8.6	信息和通信网络	3.2
商业金融	19.0	信息和移动通信	3.1
消费金融	4.6	西门子商业服务	0.8
消费和工业	20.7	汽车和发动机	12.2
能源	16.4	行业解决方案和服务	2.2
设备和其他服务	7.1	物流和装配系统	0.1
医疗保健	16.9	西门子建设科技	2.5
基础设施	16.3	发电	12.8
保险	2.5	电力运输和分配	6.6
NBC 全球媒体	1.8	运输系统	-10.1
运输	20.6	西门子 VDO 汽车	6.2
		医学解决方案	14.8
		钨照明	10.5

注：销售利润率的定义是各部门的业务利润除以各部门的收入并以百分比表示。两家公司的部分业务活动是不同的。但是，以上主要是通用和
　　西门子的可以直接进行比较的活动。以上的对比表明在相似领域通用的销售利润率要高于西门子。

资料来源：Annual Report and Accounts with sales margins calculated by author.

比较。

通用和西门子

从某种程度上说两家公司的产品种类有很大的不同，因此并不适合对其业绩进行比较。但是，可以说两家公司都是多元化的企业集团，因此可以对此类集团所采用的特殊战略进行比较——比如，它们获得规模效益的能力以及集团各部门拥有的核心竞争力。实际上，西门子拥有众多的公司，包括那些基于该公司早期的工程方面的传统，而不是市场不断增长的现代产业领域而建立起来的公司。另外该公司拥有一些现代产业部门，这些部门相对于其竞争对手而言规模较小，在激烈的竞争中苦苦挣扎——比如公司的移动电话和电信器材部门。多年以来，西门子一直在不断

剥离集团中业绩不佳的业务，但在 2007 年与通用相比仍然表现欠佳。

案例问题

1. 西门子能否获得通用的利润率？它们现在应该做什么——是否是继续剥离其业绩不佳的部门并在能够获利的部分投资？或者需要进行更为根本的变革——也许是进行分解而不要成为大集团？

2. 跨国公司的公司战略的优点是什么？本章所述理论对回答此问题是否有益？

9.1 公司层面战略：多元化的好处及成本

公司层面战略很重要，因为多元业务公司为世界主要国家的经济作出了重大贡献。在美国和西欧，这些公司占了工业产值的 60% 左右。即使是在发展中国家，"集团"也正成为工业产值的主力军[3]。这些公司在它们领域内可能属于跨国公司，在国外有很大的业务，如案例研究 9.1 中的通用公司和西门子公司。但是，这里有一点很重要，就是这些公司通常也是产品多元化的公司，有多方面的业务。因此，这些经济发展的重要贡献者，不论是在主要国家还是在多个国家，它们都有多项业务，都需要制定公司层面的战略。

在多元产品公司中，每一个分支机构都与集团的其他部门有着或多或少的业务往来。例如，在通用公司，顾客金融部与媒体部的联系十分有限，因为这些部门没有多少共同的顾客和资源。相反，顾客和工业部与能源部却有共同的利益，因为他们拥有共同的工业顾客。

在多元产品公司中，每一个分支机构都有自己的资源和市场，从而有自己的战略。例如，通用公司媒体部的资源中有 NCC 电视节目制作，通用顾客金融部有与银行和其他金融机构的关系网。在此基础上，公司总部形成公司层面战略[4]。例如，通用的总部位于美国康狄涅克的布里奇沃特，从这里指挥全球的业务。公司总部的活动包括：

- 集团业务的选择
- 管理和领导集团内各项业务
- 选择、鼓励和激励各项业务的高级经理人
- 由中央向各独立业务部门分配资源

集团总部的公司战略选择是为了将价值增值和附加竞争优势最大化。更重要的是，公司总部要想续存必须为集团增值。

9.1.1 公司层面战略多元化的好处

从定义上来看，多元业务的公司是指不只在一个市场上有生意的公司，每个市场都有相对独立或分离的运营公司，这种运营模式就叫多元化。在过去的 30 年间，关于多元化的好处的观点发生了巨大的变化。过去认为，从事不相关的几个行业能够全面降低风险，因为一个市场的上升（如通用的保健业务）可以抵消另一个市场的下降（如通用的运输业务）[5]。此外，也有观点认为，某些多元化公司之间在基本技术上的联系意味着它们能够相互提供技术支持，见第 8 章 3M 的案例。在 20 世纪 60 和 70 年代，有的公司拥有上百个半独立的分支机构[6]。我们在本节中将看到，这种遍地开花的方法在 20 世纪末的西方国家有所改变。但是，即使今天，仍有许多公司，包括韩国的三星公司和印度的 Tata 公司仍采用这种范围很广的多元化，半独立经营模式。

近年来，有观点认为，公司战略的好处在于组织中一个部门的竞争资源和强有力的市场地位可以为另一个部门提供支持[7]。比如说，一项业务的竞争优势有可能向另一项业务转换。最明显的例子就是维京集团，见案例研究 2.4。强大的维京品牌从化妆品业转向支持其毫不相干的航空业。

公司战略的好处也体现在公司集团内一系列相关业务可以共享资源。例如，美国消费品集团公司宝洁公司 (P&G) 是纸巾和纸尿裤（帮宝适）的市场领先者。这两类产品都是用纸生产的，由公司的合资工厂生产，从而能够获得规模经济，共同降低成本。此外，这两组产品也可以利用同一分销渠道进行营销，也就是说，两项业务可以用同一运输公司和销售部门，从而进一步降低成本。实际上，这些不同的公司能够获得类似宝洁公司的规模经济效益。

再者，公司战略也给金融经济带来好处。金融经济能够从下面两个方面降低成本：

1. 由于这些分支机构结合后规模较大，公司总部便能够获得比单个分支机构更低成本的资金。
2. 由于总部是组织的中心，在相互竞争的单个业务中，资金分配有更大的优势。因此，可以更有成效地利用有限的金融资源。

组织总部的一项工作就是寻找和管理金融和其他资金资源[8]。例如，通用公司的规模及其与银行的特殊关系（见案例研究 9.1）使通用总部能够以很低的利息获得资金。这对于集团公司来说是真正的竞争优势。此

外，通用公司的总部十分积极地审查其主要业务并给那些最有可能带来增长的业务分配资金。

另外一种观点是，对于集团公司来说，丰富的知识、技能及技术能够用来构建公司的资源[9]。例如，在通用公司，每一个部门都要在自己的领域内进行研发。但是，有的集团总部认为，研究和知识主要集中在三个与许多部门相关的领域：环境影响问题、纳米技术及安全问题。这些知识和技术的发展能够使通用集团各部门共享。

在多元化的集团中，公司战略收益应该大于集团总部所带来的特殊贡献，以及单个公司的收益的单纯累加。这就意味着由多个公司构成的多元化集团应该比单个公司累加更有价值。比如通用，理论上其商业金融分公司要比一般的商业金融公司更有价值，因为该公司还生产涡轮机和向全美国播放 NBC 电视节目。一些人可能很难理解和相信把这些不同的要素联系在一起可以获得更多收益。但是根据公司战略理论，这是可能的——比如在通用，公司总部可以提供更为便宜的金融资本和更为低廉的资本成本，而这在单个的公司是无法想象的——比如通用的商业金融子公司、涡轮机公司和电视台。

一般来说，这样的中心总部的收益与该集团的多元化程度有关。这样的收益可能来自于三个主要领域：内部、外部和金融方面。文本框 9.1 对此作了小结。

文本框 9.1

公司层面战略带来的好处

集团内部的好处

定义▶
- **范围效应**：对于一个紧密相关的多元化集团，有可能在集团内部获得范围效应[10]。**范围效应就是在集团通过在各部分之间共同分享职能活动或者传递其能力而获得的成本节约。**比如说，两个不同的公司可能会分享同一个销售团队或者分享类似的技术。
- **核心竞争力**：对于远相关和紧密相关的集团来说，有可能在集团内部各公司之间传递其核心竞争力。
- **共享活动**：对于远相关集团来说，有可能共享集团的某些活动。比如，如果要采用类似的原材料各公司可以共享采购，或者如果有类似的顾客则可以共同进行销售活动。这样的活动常常在一些消费产品公司进行，比如在联合利华，公司的多个消费品公司共同采购蔗糖以及在超级市场中联合进行销售活动。

集团外部的好处

定义▶
- **垂直整合**：当公司自己生产自己的输入产品（后向整合）或者是拥有销售自己产品的店铺（前向整合）时即为垂直整合。由于不必支付给分销商或者市场强势集团，而直接面向顾客，所以这样会节约大量成本[11]。一家类似于美体小铺这样的天然化妆品连锁店会生产很多种产品，然后通过自己的店铺对外销售。这就意味着，它对特定的产品销售范围有着更多的控制，并且对于市场潮流能作出更快的反应，而不需要和那些囤积自己产品的零售商进行任何谈判。戴尔公司是另外一个例子，它控制着销售戴尔计算机的渠道——电话和因特网。
- **市场强势力量**：在集团内部紧密相关的多元化公司之间进行的合作也会产生一些外部利益，比如与客户的谈判权力增加或者分销成本下降。那些由于这样的合作而获得低成本和优势竞争地位的公司就成为市场强势力量[12]。
- **屏蔽竞争者**：市场强势力量可能会通过在其紧密相关的多元化集团内部提供更广范围的产品，来支持屏蔽那些竞争性活动。这会屏蔽掉那些提供此类产品的竞争者，因为这些市场强势力量很有可能会以更低的成本来生产产品。

金融收益——常常适用于不相关多元化集团[13]

- **资本的低成本**：中心总部可以利用自己比单个公司更为强大的谈判能力为各公司融资。
- **业务重建**：面对那些超过单个公司资源能力的竞争压力的时候，中心总部可以帮助推动和注资进行业务重建。
- **高效的资金分配**：由于可以根据需要和各公司的回报率来分配融资，所以整个集团的资本分配效率得到提高。

9.1.2 公司层面战略多元化的成本

对于这些可能的好处，有些战略家认为公司战略的成本高过它带来的利益。他们特别强调进入完全不相关领域的多元化的风险会更高，会使管理这些业务变得困难[14]。与多元化高风险相关的主要成本有三个方面：

1. 总部员工的规模和成本；
2. 多元化公司的复杂性和管理；
3. 缺乏集中的竞争资源。

总部员工的规模和成本

经营多元化公司最不利的一方面就是要有一个总部。对总部规划的正式调查不多，但是有一项调查发现"公司总部的绝对规模差别很大"[15]。这项涉及 536 家公司的调查发现，总部的人数可以从智利公司的 2 个人到德国公司的 17100 人。一般情况下，总部人员包括总经理、法律部、财务部、汇报部和控制部门以及税务部门。

多元化公司的复杂性和管理

如前所述，20 世纪 90 年代，多数公司相信多元化能够降低单一经营的风险。但是，在 20 世纪 80 年代，公司开始认识到这样的多元化会带来多元化战略的内部管理成本。有些大型公司因管理太复杂，根据其结构进行了拆分，至少是部分拆分[16]。此外，有些业务与其作为公司的一部分，不如作为独立的事业部更有价值。也许是因为集团中经营不好的部门拖累了公司的股票价格，因此，集团将高赢利的事业部出售。

复杂性也会增加公司的成本。这些增加的成本很容易衡量，比如，定期向总部汇报的官僚做法。其他的成本虽然不太容易看到但一样重要。例如，经营的范围要求经理们资源共享，但这一点却很难做到。同样，总部对分支机构不公平的资源分配也会导致经理们认为他们没有受到公平对待而相互之间产生冲突[17]。

缺乏集中的竞争资源

在 20 世纪 90 年代，公司资源为基础的观点（RBV）（见第 4 章）在战略制定过程中越来越突出。从公司常规角度来看，这说明高度多元化的公司缺乏集中的竞争资源，因此也就没有什么竞争优势[18]。根据这个观点，公司最好拆分。RBV 理论积极的一面就是，它为想要以现有的实力进行多元化的公司提供了建议。

总之，我们关于成本和好处的研究，可以参考 Alfred Ahandler 关于公司中心的著作[19]。他认为多元化公司的总部基本要从事两项活动：通过"创业"使公司增值以及通过"管理"来防止损失并保证有效地使用资源。如果多元化得当，那么与这两个领域相关的成本必须比经营多元化集团所带来的好处要少。

天键战略原则

- 公司层面多元化的好处体现在三个方面：集团内部、集团外部以及金融益处。内部的好处包括范围效应、核心竞争力和共享活动；外部的好处包括垂直整合、市场力量和屏蔽竞争者；金融的好处包括资本的低成本、业务重建和高效的资金分配。
- 公司层面多元化的成本主要在三个方面：总部员工的规模和成本、多元化公司的复杂性和管理和缺乏集中的竞争资源。

9.2 公司的选择：多元化程度

在研究公司多元化的好处和成本之后，我们要研究公司集团多元化的程度[20]。无论在理论上还是在实践中，公司都可以随时选择从原有业务进行多元化的程度。

定义▶ 多元化战略就是组织从单一产品或主营业务领域转向其他与原来业务相关或不相关的业务领域的战略。有些多元化集团中的各部门似乎没有多少关联。然而，有些多元化集团的不同部门之间却明显有关联。例如，作为跨国公司的雀巢公司，它在全球的冰激凌业务用同一个品牌（见案例研究 10.3）——至少在一个方面与雀巢咖啡的业务有关联。两家公司在超市的目标顾客是相同的。为了制定战略，有必要区分多种化的三种主要形式：

　　1. 紧密相关的多元化；

　　2. 远相关多元化；

　　3. 不相关多元化。

9.2.1　紧密相关的多元化

定义▶　　在紧密相关的多元化集团中，不同的公司有不同的产品或者服务，却有着某种形式的密切关系，比如共同的顾客、共同的供应商，或者共同的管理费用。比如，联合利华集团包括 Magnum 冰激凌、Flora 黄油、Hellmans 蛋黄酱和 Knorr 汤这样的业务——参看案例研究 9.3。每个业务都有自己的竞争对手、自己的市场和自己的品牌。每个公司都面对着类似的超市顾客、一些共同的供应商和一些共同的竞争对手。对于这些公司来说，在适当的地方采取合作符合其商业利益。但是，如果由集团总部按照经理们所在部门的业绩来对他们进行评判，那么，就不能激励他们相互合作，共享竞争者和供应商的信息。这会给紧密相关的多元化带来压力。

9.2.2　远相关多元化

定义▶　　在远相关多元化集团中，虽然其内部不同公司可能会有相当不同的产品和服务，有可能会采用完全不同的技术，但是，它们有可能分享相同的内在核心竞争力，或者通过中心总部在其他领域的技术或服务方面进行合作，从而获益。比如，3M 有很多的不同的业务，但是其在黏合剂和涂胶方面的核心竞争力被广泛用于整个集团——参看案例研究 8.4。另外一个例子就是日本的佳能公司，它在光学方面的核心竞争力被广泛应用于一系列的从摄像机到影印机方面的产品上——参看案例研究 11.2。

9.2.3　不相关多元化

定义▶　　在不相关多元化集团中，集团内的多家不同公司彼此的产品、顾客和技术上几乎没有任何联系。但是，它们都从集团总部获得低成本融资、高质量的管理方针或者其他相关事宜中获益。比如案例研究 9.1 中的通用和西门子。

9.2.4　选择何种多元化

　　公司应该选择哪一种多元化形式？多元化到什么程度？对于这些问题没有一个简单的理论性答案。答案恐怕要取决于公司总部的战略内容、组织的领导力及管理风格，以及当时的机会和资源[21]。

关键战略原则

- 多元化战略就是组织从单一产品或主营业务领域转向其他与原来业务相关或不相关的业务领域的战略。这样的公司有三个层面的多元化：紧密相关、远相关和不相关。每种形式的多元化对于评估公司层面战略的收益都是很重要的。

- 紧密相关的多元化是指与原有的业务着某种形式的密切关系，如共同的顾客或供应商。远相关多元化是指有可能分享相同的内在核心竞争力或其他基本条件。不相关多元化是指其利益只与总部管理相关的业务，如低金融成本。

- 如何选择多元化可能要取决于公司总部的战略内容、组织的领导力及管理风格，以及当时的机会和资源。

9.3 公司战略和中心角色——母公司原则

公司战略之中，总部如何看待和确定它的角色以及与子公司之间的关系十分重要，即某些文献中所说的"母子公司关系"。

公司总部的角色包括以下几个方面：

- 公司职能和服务，比如国际资产管理和中心人力资源管理；
- 公司发展动力，比如核心研发和新的收购；
- 为增长或者是问题领域提供额外的资金支持，遵照本章所概括的产品组合原理；
- 发展各业务之间的正式联系，比如技术转让或者各子公司间的核心竞争力。

比如，在新闻公司，公司的主要股东和发起人鲁伯特·默多克参与所有子公司的主要战略决策，见案例研究 8.4。此外，在案例中，新闻公司的子公司，20 世纪福克斯公司，它的胶片馆也可供其他分公司采用，包括美国和英国的电视台，尽管这些电视台的运营时间表完全不相同，是完全独立的公司。另外，新闻公司中心是其主要增长来源，比如新的互联网和媒体公司 MySpace、《华尔街日报》等，以及新的专有运动频道（福克斯电视）等的主要资金提供者。

很明显，如果妥善加以利用，这样的母公司实力不可小觑。每个集团就业务组合和相关战略问题来说，都有自己的资源组合。但是，公司总部也存在一定的成本。母公司的使命是要为它所服务的分公司增加价值，否则母公司的成本就不能被平衡掉[22]。子公司需要比它们各自独立运作的时候表现出更好的业绩。

9.3.1 公司总部的性质

为了收获公司战略所带来的收益，公司总部仅仅提供一些附加的服务是远远不够的。这就意味着母公司要发展自己的核心技能；这被称做是公司特征或者是总部的母公司特征[23]。

要做好子公司的"母公司"，需要下面特质：

1. 理解或熟悉每个子公司所参与的各种行业的成功关键因素。
2. 除了管理子公司之外，还有能为子公司做其他事情的能力。这些可以形成在这一节开始时列出的 4 种服务（如研发、财务等）。
3. 除了以上两点外，需要能够定义总部的角色。事实上，如果多元化的集团定位较高，那么总部就需要强有力的战略与之相适应；如果集团高度多元化，则总部需要与银行家有紧密的联系，为子公司确定战略，为集团筹资并评估子公司的业绩。下一节将对此作进一步研究。

9.3.2 规模的决定因素和公司总部的角色

在多元化产品公司中，有三个主要因素决定公司规模和总部的角色：

1. 集团的总体规模。由于大型公司在信息加工方面都形成了规模效应，最大的集团公司不需要在总部保留大量的人员。
2. 集团的监管。股东结构会影响总部的活动，总部的地理位置也十分重要。如果股东数目较少，就不需要大量的人员处理这项工作。如果集团属于国有，总部的规模则往往会比较大。有些国家，如日本，它们的总部规模要比其他国家的更大。
3. 集团的公司战略。这是决定公司规模和总部角色的最重要因素。如果集团属于相关多元化，如案例研究 9.3 中的联合利华，那么总部一般需要与子公司讨论战略并施加影响。为此项工作的总部人数将很多。相反，如果集团是由一些不相关公司组成，如案例研究 9.1 中的通用公司，那么总部的工作更像是一个银行，并不参与战略的细节讨论。这样的活动需要总部参与人数较少，总部的作用也有限。

总之，没有一种简单的方法来确定公司总部规模和角色。高级经理们需要从整体上来仔细考虑总部对集团的贡献，然后再提出关于政策、职员人数及子公司的汇报关系。"最终的结果应该是：总部为选定的公司战略提供了价值增值，但是，这可能出现看起来相似的公司采用相似的战略。"[25]

9.3.3 公司总部的主要活动是什么

为了研究和进一步明确母子公司关系，我们要识别公司总部的主要任务。这些任务分为五个方面，如图9.3所示。有些方面在第6章已经概述过，在这里不再讨论。

公司总部活动的五个主要方面有：

1. 伦理道德和公司社会责任问题，见第6章。
2. 利益相关者管理及沟通，包括股东，见第6章。
3. 对子公司的控制和监管。控制的程度取决于多元化的程度。如果集团属于高度多元化，则主要进行财务和利润控制。如果属于紧密相关多元化，则它极可能需要总部与子公司就某些方面如市场、顾客和竞争优势等进行讨论。诺基亚和联合利华的总部都与子公司有紧密的联系，见案例研究9.2和9.3。
4. 薪酬、激励及人员评估：对许多多产品集团及公司来说，如案例研究9.1中的通用公司，这就是总部的关键角色。每一个公司都有自己的方法，但是任何一个看重员工的公司都会重视这一点，特别是本章中所说的四大主要公司。第12章和第16章将对此有进一步讨论。
5. 法律及资金：总部要求所有公司在税收及汇报工作方面进行合作，这是法律问题。此外，许多公司的经费由总部控制。这是为了管理集团现金，并根据需要为集团提供新资金。这是战略中很重要的金融因素，但不属本书讨论范围。

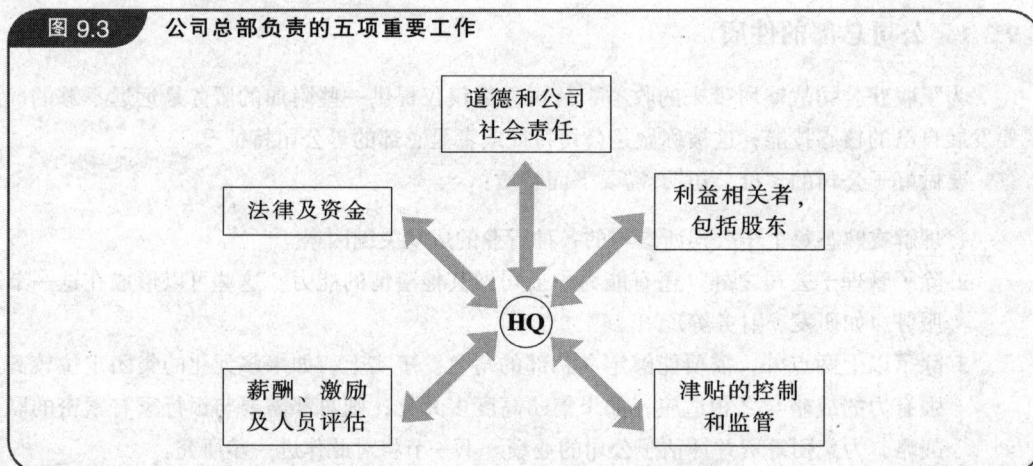

图9.3 公司总部负责的五项重要工作

关键战略原则

- 母公司指的是一群业务彼此独立的子公司的总部。这些独立的业务需要定义自身的使命，并制定相应的宗旨和目标。当业务活动非常分散的时候，上述工作就非常困难了。
- 公司总部的作用就是增加组织中子公司的价值，否则就很难证实公司总部的运行成本是合理的。
- 公司总部的母公司资源可以提供以下4个方面的好处：公司的职能；公司发展的动力；增长或者问题领域中所需的额外的资金；业务之间形成正式联系。
- 公司总部的有效运行需要具备两个特质：理解或熟悉每个子公司所参与的各种行业的成功关键因素以及作出特殊贡献的能力。
- 公司总部的主要活动一般有五个方面：伦理道德和公司社会责任问题、利益相关者管理及沟通、对子公司的控制和监管、薪酬、激励及人员评估、法律及资金。

案例研究 9.2 诺基亚——利用移动电话的全球机遇

在过去的 15 年中，芬兰公司诺基亚成了世界移动电话市场的领军者。本案例探讨了该公司的战略决策和所面临的风险。

背景

在 20 世纪 80 年代，诺基亚公司从事的业务范围相当宽泛。例如，它不仅生产电话，还生产其他消费性电子产品，并且声称要做"欧洲老三"。它还生产工业电缆和机器，而且生意兴隆。此外，诺基亚公司还从事众多的行业，包括从森林伐木搬运到轮胎生产。自从 20 世纪 60 年代以来，诺基亚公司就开始了迅速的膨胀，公司经营产品的范围也大幅度增加。但悲哀的是，就在这时，诺基亚的首席执行官 Karl Kairamo 由于不堪重负而自杀。战略上的压力如此巨大确实很罕见，但是，这个事件对战略评估和选择的影响是产生压力的一个重要因素。

20 世纪 90 年代早期

在 1991 年和 1992 年，诺基亚在其主要的商业活动中损失了约 1.2 亿美元。公司必须寻找新的战略以弥补这种状况。于是，诺基亚开始裁减公司的业务，但仍然保留了电话业务、不赚钱的电视和录像制作业务以及强大的工业电缆生产业务。诺基亚开始选择新的集团首席执行官。最后公司选择了曾经执掌当时一直在亏损的较小的诺基亚移动电话部门的卓玛·奥利拉（Jorma Ollila）。"我的主要任务是决定是要继续保留还是卖掉。经过几个月之后我认为我们还是应该继续保留。我们有很好的员工，我们有专有技术，同时也存在市场成长机会。"奥利拉解释说。

1992 年，诺基亚决定大力发展现有的两个部门：移动电话和电信通信设备（通信交换机）。接着，它又意识到，公司还应该更加集中力量于某项业务，于是诺基亚公司就将目标锁定在移动电话市场。

在挑选这个战略的过程中，诺基亚公司应用了 4 条标准：

1. 诺基亚认为，移动电话市场在全球范围内具有非常强大的发展潜能，而且增长迅速。
2. 诺基亚公司在该项业务上已经是赢利的。
3. 在全球范围内，国家对电信市场的干预逐渐减少，而且允许通信行业私有化，这为诺基亚带来了特殊的机会。
4. 技术的快速发展——尤其是全欧的 GSM 移动通信系统日趋完善——为竞争者之间平衡的根本性改变创造了条件。

显然，上面的这些判断都冒着很大的风险。另外，公司的战略还会受到其有限资源的制约。对于诺基亚来说，整个集团的重

在过去的 20 多年来，诺基亚通过公司战略的巨大改变，已经成为全球移动电话的领先者。

大损失就是一个很严重的财务限制。而且，诺基亚公司还不能像它的两大竞争对手——摩托罗拉（美国）和爱立信（瑞典）那样，在研发上花费大量的开支。尽管诺基亚公司拥有内部的技术，而且通过 20 世纪 70 和 80 年代在北欧市场上的打拼拥有了一些与电信运营商合作的经验，但是，如果它要发展更多的市场机会的话，仍然需要大量的员工。不过，诺基亚在卖掉它的很多子公司之后，将所有的精力都投入到移动电话上，这样一来，上述问题都能够克服了。

回头再看看当时的情况，奥利拉（Ollila）说："我们的理解能力要比其他人都快一些……为了能够获得真正的成功，你就必须把组织全球化并且要关注你的业务组合……我们一直在成长并且已经全球化，同时保持了我们的活力和敏锐的反应。"奥利拉没有说的是芬兰是一个小国家，所以要想建立起庞大的商业帝国，就不能局限于本国来进行思考。

1992—2000 年：领军全球

奥利拉的首要任务之一就是建立起一支管理团队。他选择了两位新的年轻的经理作为他的团队的成员：萨利·宝道夫（Sari Baldauf）作为诺基亚网络的领导人，马蒂·阿拉哈塔（Matti Alahuhta）作为诺基亚移动电话的领导人。阿拉哈塔曾经在瑞典的 IMD 商学院任教，在那里完成了一本关于如何将一个中小型技术公司转变成为世界级的大企业、与那些拥有更多资源的大公司进行竞争的书。他很清楚诺基亚应该如何与像瑞典的爱立信、荷兰的飞利浦、法国的阿尔卡特、美国的摩托罗拉这样的公司进行竞争，所有这些从金融和技术知识上来说都拥有比诺基亚更多的资源。阿拉哈塔明确了三个可以帮助诺基亚的因素：首先，新技术可以改变游戏规则，使得所有的竞争对手都成为气泡；其次，在国际上行动更为迅速是相当重要的；最后，公司必须要估计和传递出顾客真正从移动电话中想要的东西。

阿拉哈塔并没有特别找到一种可以在早期被证明是真正有价值的技术。欧盟内部国家的移动电话都采用 GSM 技术标准。这就使得像诺基亚这样的公司获得了进入市场的机会，因为在这里技术已经被标准化了，因此获得规模效应是可能的。这样的进步是非常重要的，因为 GSM 标准后来被推广到世界各地，到 2000 年世界上 7 亿部手机中有 5 亿部采用的是这一标准。这对于像诺基亚这样的公司来说是幸运的："好运总是青睐那些有准备的人。"多年之后阿拉哈塔说。

战略的利与弊

实际上，诺基亚的扩张十分成功。该公司设计出了真正性能可靠、使用方便的手机，吸引了全球的顾客。这就意味着该公司对于软件开发投入了巨资并且形成了与英国公司 Symbian 的战略联盟，之后为了确保研发的顺利获得了该公司的主要份额。诺基亚还为了能够获得规模效应，一心在工厂上投资，降低成本，增加利润率。

诺基亚尤其善于解读顾客的需要，之后迅速开发新的电话进入市场：公司意识到现在移动电话几乎成为一种时尚装饰品，所以诺基亚的手机设计上就要反映出这些变化。诺基亚作出重要判断，认为 90 年代的手机市场正在从一个高科技市场向一个大众化

▶

市场转变，这一市场是一个更为便宜的需要初级电话的市场。这与诺基亚的竞争对手爱立信的判断大相径庭，爱立信还在继续高端电话的战略："我们的产品组合出现了失误。"爱立信的总裁 Kurt Hellstrom 后来说。到 2000 年，爱立信开发出了一系列外观精美的采用新数字技术的手机。结果是到 2000 年诺基亚成为世界移动电话市场中的佼佼者，占有了全球市场 35％的份额。

2000—2005 年：面临新挑战

把资源主要集中在移动电话之后，诺基亚还要面对 2000—2002 年由于以下主要三个原因所引起的世界市场的恶化。首先，世界部分市场已经饱和——比如，欧盟的 80％的人口都已经拥有手机。其他的市场也已经开始饱和——只有美国因为该市场的移动电话标准的混乱还没有出现饱和。即使在中国和印度这样的国家，也大约有 30％的人口拥有手机，而在像新加坡、澳大利亚、日本这样的国家由于发展了自己的技术标准而不适用 GSM 系统，他们的手机占有率更高——参见图 9.4。

第二个原因是因为 90 年代后期的技术泡沫开始在 2001 年破灭。这使得一些世界领先的电信公司背负重债，希望能够大幅降低它们的成本——参看案例研究 11.2。诺基亚的电信设备分部——与移动电话相关但是与电话的附件、天线这样的设备关联更大——三年内销售量下降了 50％。诺基亚为了渡过这一难关不得不裁员 7500 人。

在诺基亚的移动电话分部，还存在着第三个问题。电话服务供应商，比如 Vodafone 和 Orange 在引入新一代移动电话技术方面反应缓慢——参看案例研究 15.2——因为技术可行性的问题和由于支付给特许商过多而导致资金匮乏。3G 数字技术会产生新的电话服务市场，而这需要全新的产品设计。反过来，这也需要像诺基亚这样的移动电话生产上有新的过程。这就导致所有的移动电话生产商，包括诺基亚，在 2001—2002 年的利润遭受重创。

3G 技术的早期市场是在日本和韩国，在那里并没有采用 GSM 标准。另外，一些亚洲国家的电子生产商，比如三星和索尼意识到，新技术会给它们带来进入全球移动市场的新机会，尤其是如果它们已经错失了 GSM 标准所带来的机会。索尼联合爱立信成立了一家新的合资企业，三星在 3G 技术上投入巨资。结果是，三星到 2005 年获得了全球市场的 14％，索尼爱立信获得了 6％的市场份额。不过，摩托罗拉仍然保持在第二的位置，获得了 17％的市场份额。因此，对于诺基亚来说竞争变得更加激烈了。

图 9.4 **2006 年移动电话的覆盖率**
占所在国家和地区人口的百分比

新的挑战和新的管理

这个时候，诺基亚的损失还很轻微。该公司在 2003、2004 年没有能够正确地读懂顾客的需求。新的"贝壳"翻盖设计和中档价格的屏幕在市场上备受欢迎。诺基亚并没有继续迎合这些而是停留在现有的"棍状"设计。有人说这可能部分原因是因为诺基亚的规模效应更多的是从现有的设计中获得的。当然，诺基亚从这样的业务中获得最高的利润率并且不愿意减少这样的产品。最终，诺基亚决定公司在世界市场中的统治地位更有价值，所以宁愿降低价格，损失部分利润率，引进了新的"贝壳"设计。到 2004 年底，公司的份额开始再次上升，并且市场占有率再次回到了 35％。

在 2004 年，诺基亚意识到公司需要重新审视自己的市场地位。诺基亚受到了竞争对手的打击，并没有完全读懂市场的变化。重要的是，由于 3G 数字技术已经被作为媒体技术而被接受，公司已经开始要面对由此所带来的新的挑战。实际上，这会带来一些不很清晰却十分有潜力的机会——电视直播到手机、手机的新游戏、快速的网络登录等。所有的这些在技术上都是可行的，但是仍然没有被充分利用。新一代手机应该是多媒体的，而且应该考虑其他的电子消费品的集成度，比如非常成功的苹果 iPod——参看案例研究 1.3。

还存在着另外一个诺基亚需要掌控的新趋势。世界移动电话供应商变得日益集中。像 Vodafone、Orange、Telecom 和其他的一些公司都曾经是诺基亚的重要客户。手机服务的客户购买了世界上移动电话的 65％~70％，之后它们会销售或者免费提供给顾客。日本的电子公司夏普曾经在 2000 年通过与 Vodafone 订立供应一些机型的合同而进入移动电话市场，而之前夏普在这方面毫无经验。这对于诺基亚来说是一个非常严重的事件，因为这样大的客户需要的不仅仅是标准机型：像 Vodafone 这样的客户想要客户化了的电话，这样它们才能够创造出竞争优势，而大的订单就意味着真实的讨价还价的权力。诺基亚需要为这样的客户引入一个全新的客户管理体系。"这从管理需求、技能、专有知识、建设客户关系来说是一个非常不同的领域。"诺基亚的总经理奥利拉说。

以上所有的事件和趋势所带来的结果就是诺基亚在 2004 年 12 月引入了新的管理。"从管理的角度来说，当我们在 2003 年春夏管理团队开始讨论组织更新的必要性的时候这一切就已经开始了。"奥利拉说。在一个业内不断发生变化的时候，诺基亚需要进行调整并且重组其管理团队。结果，萨利·宝道夫和马蒂·阿拉哈塔都离开了公司。阿拉哈塔进入了另外一家芬兰公司成为那里的高层，宝道夫在从事一些"完全不同的事情"。在诺基亚面临新的挑战的时候，它需要一个全新的组织结构和一个新的管理团队。奥利拉说："更新换代并不是容易的事情……这是一个巨大的变化。但是变化可以使你重新定位、重新进行思考。"诺基亚的赢利在短期内还是比较稳定的——参看图 9.5——但是该公司需要谨慎思考新技术、新趋势、新的战略选择所带来的一切。

2005 年，诺基亚宣布备受尊敬的总裁奥利拉将于 2006 年 5 月离职，但仍担任非执行主席。带领公司成为全球领先企业的诺基亚管理团队大部分人员离开了公司。

但是，新的团队决定继续保持诺基亚的全球市场领先者的地位，他们发现这家芬兰公司的战略在过去的 20 年间发生了巨大的变化。新总裁是 Olli-Pekka Kallasvuo。他为公司制定了新的战略：▶

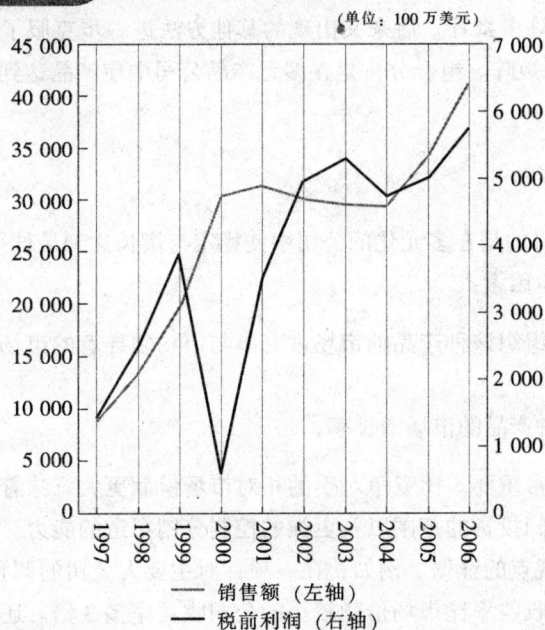

图 9.5　诺基亚十年销售和利润
（单位：100 万美元）

销售额（左轴）
税前利润（右轴）

资料来源：Nokia annual report and accounts for various years.

式的通信技术组合所推动。

© 版权说明：理查德·林奇版权所有 2009。本案例根据公开信息编写[26]。

案例问题

1. 为什么诺基亚公司只选择了一个领域作为发展方向？从四个领域中选择一个，这样的战略蕴藏了什么样的风险？

2. 对于诺基亚公司选择战略来说，新的 GSM 系统出现有什么样的重要意义？是不是企业都需要这样的新技术才能够确保其战略的成功？如果是，是什么样的技术？

3. 管理团队对于战略选择的重要程度如何？2004 年公司的确需要进行变革吗？

战略课题

　　诺基亚一直受到三星、摩托罗拉和索尼爱立信的战略攻击。在编写本文的时候，诺基亚发布了一个新的产品类型，但是已经失去了一些市场份额。全球市场上出现了一个重要的新的竞争者：中国公司以低价位移动电话进军发展中国家，目标为低收入人群。这一新的威胁对于诺基亚来说会有多大影响？此外，还有高价位和高性能的移动电话，如苹果的 iPhone、黑莓以及新的诺基亚手机 N96。这些竞争对诺基亚有什么威胁？从战略的角度来说，探寻今后几年的市场会是十分有价值的。考察价格、机型和市场领先者会有助于更深地了解战略的制定。这些都可以从网络上找到。

为移动电话提供上网服务，像 2008 年上市的 "Comes with Music" 的服务，见第六部分案例研究 12。他把这描述为诺基亚在过去几年中最激进的战略。它受到成熟的移动电话市场多种形

9.4　公司战略：公司多元化产品组合

定义▶　　多元化公司在不同的市场中为许多顾客提供不止一种产品或服务。这样做的战略原因是：如果仅依赖于一种产品或一个顾客，风险将会很大，因为由于种种原因，产品或服务可能会出现问题，顾客也有可能会转向别的公司。

　　战略决策通常包括在一定范围的市场上推出一系列的产品，即"平衡产品组合"。但是，读者也许马上能够发现关于产品多元化组合的观点与基于资源的战略观点相冲突。这一观点在第 4 章中进行了讨论，现在在制定战略过程中受到高度重视。读者将了解到战略制定过程中有各种冲突的观点，这也是本书的主题之一。本章旨在让我们接受多元化的前提并研究"平衡产品组合"的概念。

　　当一个组织其组合中有大量的产品种类时，它们通常就会处于发展阶段的不同位置：一些相对年轻而另一些则较老。如案例研究 9.2 中的诺基亚，几年后将会有更简单、技术含量更高的移动电话出现。同时，也会有利用最新的 3G 技术的手机，尽管还在起步阶段，但它们的增长潜力更大。

　　许多公司都不希望把其所有的产品置于同一市场或处于产品生命周期的同一发展阶段。通常公司的一些产品只保持有限的增长势头，但能从中获得稳定的利润，同时其他一些产品拥有真正的增长潜力但可能还处于增长的早期阶段。实际上，那些可以获得稳定收益的产品可以用来资助那些正在增长并且未来可以获取收益的产品的发展。

　　按照这种观点，关键战略就是建立一个平衡的产品组合——一些具有较低风险但增长停滞的产品，而另外一些产品存在较高风险且未来潜力巨大、回报较高。产品组合可以过利润和现金来划分（在理论和实践中之所以使用现金作为衡量标准，是因为公司虽然在商业活动中可能依然赢利却不得不宣布破产，这是因为公司没有获得足够的利润现金再投资于公司增长事业，理解这一特点非常重要）。公司总部的关键战略问题是如何在稳定和增长之间达到平衡，首先要作的就是产品组合分析。

　　组合分析最初是由波士顿咨询集团(BCG)在 20 世纪 70 年代提出来的，因此，这种方法有时也被称作 BCG

定义▶ 或组合矩阵。**这一矩阵分析了一个组织所拥有的产品种类（组合），这主要根据两个标准：相对的市场份额和市场增长，所以它有时也被称为市场份额矩阵，并受到许多批评。**后来又出现的其他方法进一步克服了 BCG 矩阵方法的弱点——例如，在 9.4.3 节中出现的方向策略矩阵。组合分析是在多元产品公司中使产品达到最佳平衡的方法之一。

9.4.1 BCG 增长份额矩阵

这个矩阵是分析组织的产品组合平衡的一种工具，目的是在多元化的公司中使稳定与增长达到最佳平衡。在这个矩阵中，确定产品在市场上的战略地位有两个基本因素：

1. 相对市场份额——对于每一种产品来说，它是指组织该种产品的市场占有率与市场领导者的市场占有率之比[27]。

2. 市场增长率——对于每一种产品来说，它是指该种产品的市场增长率。

相对市场份额由于市场上存在的激烈竞争而显得非常重要。比竞争对手的相对市场份额更大意味着拥有更多的优势：这就为组织提供了施展拳脚的空间、更广阔投资的范围以及更强的控制分销渠道的能力。一些研究者，如 Buzzell 和 Gale[28]，宣称已经发现了支撑这些观点的证据。例如，在一项针对主要大公司的调查中，这两位研究者发现那些市场份额超过 50% 的公司获得的收益率比市场份额较小的公司收益率多 3 倍。还有其他一些证据来支持这个结论[29]。然而，Jacobsen 和 Aaker[30] 对这种关系提出了质疑。他们指出这种紧密的关系也可能源自公司之间存在的另外一些差异。拥有较高市场份额的公司不仅仅在市场份额上与众不同，而且还表现在其他方面，例如，它们可能拥有较高的管理水平，而且更幸运。然而，Aaker 本人在他最近的作品中[31] 也承认，尽管产品组合理论具有一定的局限性，但它的确很有用。

市场增长率也很重要，因为高速增长的市场比增长速度缓慢的市场能够提供更多的机会。市场份额的高速增长通常不包括从竞争对手那里夺取的市场份额而是吸引新的购买者进入市场。这可能会给适合的产品带来许多新机会。然而，这里也会存在着许多困难，主要问题是高速增长的市场的赢利水平往往不如增长速度较慢的市场。为了促进高速增长，通常还需要进行投资，而这笔资金往往来自于利润。

增长份额矩阵综合了相对市场份额和市场增长率，如图 9.6 所示。应当注意的是："矩阵"这个词容易引起误解。现实中并不存在如此图所示的划分明确的四个区域。它们之间存在相互融合的关系。为了说明它们各自在战略上的重要性，我们给这四个区域赋予了各不相同的名称。

定义▶ • 明星类。图中左上象限包括那些在高增长率市场上拥有高市场份额的产品。增长率将意味着它们需要巨额投资，因此，它们是现金的使用者。然而，由于它们占有较大的市场份额，因此，可以假定它们将会带来规模经济，而且在未来能够产生大量的现金。总之，可以断定它们在现金方面将会存在不确定性——这是一个在现实中未必会得到支持的假设，而且也没有充分的验证。

图 9.3 **增长—份额矩阵——按市场增长和市场份额划分的单个产品或产品组合种类**

	相对较高的 市场份额	相对较低的 市场份额
高市场 增长率	**明星** 现金中立	**问题** 现金使用者
低市场 增长率	**现金牛** 现金产生者	**瘦狗** 现金中立

定义➤
- 现金牛类。图中左下象限表示那些拥有高市场份额却只处于低市场增长率的产品。该业务已经成熟，而且它需要的投资水平较低。在这种情况下，它通常会产生大量的现金和利润，这些利润又可以转而用于支持明星类业务。然而，这里存在真正的战略危机，即现金牛类得不到充分地支持而开始逐渐丧失其市场份额[32]。

定义➤
- 问题类。图中右上象限包含了那些在高增长率市场上拥有低市场份额的产品。然而，这类产品在高速增长的市场上并没有获得主导地位，或者说由于竞争越来越激烈，它们的市场份额不再占有统治地位。市场的高增长率意味着这类业务通常还需要数额较大的投资，而低市场份额说明这类业务在生成大量现金方面存在困难。因此，从这种意义上说，这类业务通常是现金使用者。

定义➤
- 瘦狗类。图中右下象限代表了那些在低增长市场上拥有相对较低市场份额的产品。这类产品将会需要较少的投资，并且它们通常不是利润的主要产生者。因此，应当在这两个方面找到平衡，而且它们在获取现金方面存在不确定性。在实践中，为了保持它们的市场地位而需要进行投资。从长期来看，它们常常被认为没有吸引力，而且经常被清算。

总之，一般战略应当是把从现金牛类业务中获得的现金资助明星类业务，并且投资于未来的甚至不包括在矩阵当中的新产品。还可以有选择地把现金投资于某些问题类业务，从而使它们转换成明星类业务。另外一些问题类业务就可以采取收缩战略或者出售以获取支持其他领域发展的资金。在许多组织中，瘦狗类业务通常占有最大比重，而且给公司提出了最难解决的战略问题。是否应当卖掉它们？是否应当把它们重新定位于一个规模更小的细分市场从而占据主导地位？它们所产生的现金流是否真的具有不确定性？或者它们还需要现金支持？如果它们是现金的需求者，那么应当采用什么样的战略？

显而易见，这种方法所提出的战略问题在分析和发展战略中具有重要的意义。在第 10 章中，我们将进一步分析这些战略选择的背景。在确定各种产品在矩阵中的位置时应当格外小心，第 10 章有一个实践中的例子来说明这个问题。

9.4.2　BCG 增长份额矩阵的问题

增长份额矩阵存在着许多问题。最明显的问题就是，战略定义仅仅依据两个简单要素而忽视了其他要素，进一步的问题包括：

- 市场增长的定义。什么是高市场增长和低市场增长? 传统的观点认为年增长率以高于或低于 5% 为界，但并不存在正式规定。

- 市场的确定。市场通常不容易界定清楚。我们常常把一种产品占主导地位的市场定义为一个狭义上的市场。例如，如果我们以欧洲的整个钢铁市场为基础，Usinor 公司只会占有很小的市场份额；如果我们只考虑法国市场，Usinor 公司的市场份额将会较高。这会完全改变我们的结论。

- 相对市场份额的确定。一个较高的相对市场份额以及一个较低的相对市场份额如何确定？传统观点认为比率应该确定为 1.5(组织产品的市场份额与市场领导者的市场份额之比)。但为什么如此界定呢？

因此，尽管 BCG 矩阵的优点是非常简洁，但它的确存在一些重大的缺陷。因此，人们又提出了其他一些产品组合分析方法。

9.4.3　其他一些产品组合分析和方向策略矩阵

为了弥补 BCG 矩阵所存在的明显缺陷，人们提出了其他一些新的产品组合分析方法。实质上这些方法并不是简单地（但很容易测量）以市场增长率和市场份额为基础。这些方法使用了关于战略成就的更综合的测量手段。有三个例子足以说明这一点：

1. 在由著名的管理咨询公司麦肯锡提出的矩阵中，两轴分别代表市场吸引力和商业竞争力[33]。
2. 在重要的石油公司皇家荷兰 / 壳牌公司的战略规划案例中，矩阵的轴分别是行业吸引力和商业竞争地位[34]：壳牌把该矩阵称作方向策略矩阵(DPM)。
3. 与此同时，美国大型集团公司通用电气也提出了非常类似的矩阵，并称之为商业规划战略方格。

图 9.7	方向策略矩阵			
		行业吸引力		
		高	中	低
商业竞争地位	强			
	中			
	弱			

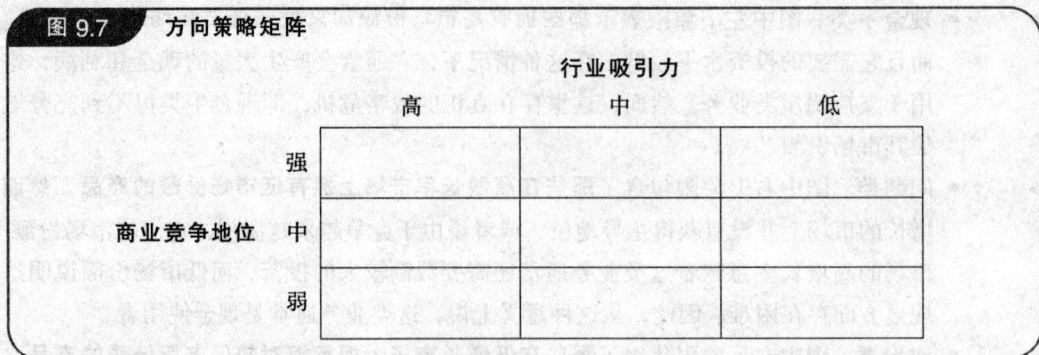

这些矩阵有许多共同点，因此我们的分析主要局限于方向策略矩阵。以方向策略矩阵为例，该方法的轴是：

- 行业吸引力。除了市场增长外，矩阵的轴还包括市场规模、行业赢利能力、竞争的激烈程度、市场集中程度、季节性以及需求周期。每一个要素都划分了等级，并综合以数量索引。多产品组合的各部分的行业吸引力可以很方便地用高、中或低来衡量。
- 商业竞争地位。除市场份额之外，矩阵的轴包括公司的相对价格竞争力、声誉、质量、地域优势、顾客以及市场知识等。另外，这些因素还划分了等级，并综合以强、中和弱来表示商业竞争地位的重要性。

这个复杂的矩阵可以通过图 9.7 的形式来体现。很明显，如果一家公司在一个富有吸引力的行业中拥有很强的竞争地位，那么它就应当进一步投资。例如，最近几年联合利华继续向世界冰激凌行业投资扩张，它在美国、中国和巴西实施了重要的收购战略。相反地，如果一家公司在一个缺乏吸引力的行业中处于竞争劣势地位，那么就应当好好考虑如何尽快从这些产品领域剥离。例如，1997 年，联合利华剥离了它的化学专业分公司。因为该公司相对于其他公司来说处于劣势地位，而且该市场遭遇了赢利周期性下滑的局面。

处于该矩阵其他位置的产品需采取不同的策略。例如，在一个吸引力较弱的行业中拥有很强的竞争地位，那么就可以采取尽量从中获取现金流的战略，因为在缺乏吸引力的行业中继续进行投资没有太大意义，但凭借公司很强的竞争地位可以获得大量的现金。在有关联合利华的案例中，处于该位置的类似产品组合可能就是油脂业务。它在许多国家都占据很大的市场份额，但该市场的发展前景并不像大众化妆品业务那么乐观。

很明显，所有这些在战略发展中都具有很高的参考价值。在确定矩阵的两个轴时遇到的第一个问题是：你如何准确找到代表市场增长、市场规模、行业赢利能力等方面的等级指标？即使能够做到这一点，但也可能需要花费大量时间，并带有主观判断性。这就意味着这个过程将涉及管理政策、影响以及谈判，而并非像 BCG 矩阵那样简单的理性过程。除了这些之外，下一节中将讨论所有的产品组合分析矩阵存在的一些其他问题。

9.4.4　所有的产品组合分析矩阵都遇到的问题

尽管这些产品组合矩阵存在许多优势，但所有这些矩阵都遇到了一系列的问题：

- 可疑的建议。当瘦狗类业务相对于其他业务表现得更好时，我们真的能忍心放弃这些业务吗？如果在有价值的现金牛类业务领域投资不足而把部分资金转而投向问题类业务，那么我们是否会遇到危险？DPM 也遇到了同样的问题。
- 创新。创新性的新产品应该在矩阵中位于何处？它们是否在一个小型细分市场上占有较小的市场份额？那么是否要在启动这些新产品之前就放弃它们？在这种市场环境中，"竞争地位"的含义是什么？
- 剥离多余的产品领域。在许多西方国家里被剥离的业务可能因为存在巨额冗余成本而使得其不具有吸引力。如果情况不是这样，那么其他公司是否可能会按照公平的市场价格购买此类剥离产品业务同样值得怀疑。
- 具有主观色彩的市场增长率和行业吸引力。关于市场增长率和行业吸引力的划分并不适用于所有行业。某些行业可能会通过较低水平的市场增长率来获得更高的长期利润。

- 关于竞争对手会允许公司进行变革的假设。竞争对手也可以对自己以及对手的产品进行产品组合分析。竞争对手的反应可能会打消公司在产品组合上的变革。

尽管产品组合分析在提出和研究战略问题时是一个有用的工具，但它并不是解决公司战略问题的一剂万能药方。为了克服上述提到的一系列问题，人们又提出了不同形式的产品组合分析方法。Aaker[29]最近对此提出了一个有用的观点。在 1977 年，Day[30] 得出了产品组合分析是战略研究的一个有用出发点的结论。今天人们依然还在坚持这样的观点。

关键战略原则

- 产品组合分析为拥有一系列产品的公司提供了一种分析工具。
- BCG 组合分析仅仅使用了两个变量：相对市场份额和市场增长率。没有把其他变量包括在内明显是该方法的不足之处。
- 接下来把产品组合分为四个区域：明星类、现金牛类、问题类以及瘦狗类。这种分类方法可以用来建立一个平衡的产品组合。它仅为战略选择过程提供了一个有用的出发点。
- 因为 BCG 矩阵存在的不足之处，人们进而提出了其他的矩阵分析方法，例如，基于行业吸引力和竞争地位的策略方向矩阵。但这些方法仍然不很清晰，而且缺乏实证研究。

案例研究 9.3　联合利华的"成长之路"战略现在去向何方？

联合利华是世界上最大的食品和消费品公司之一。1999 年，该公司引入了新的"成长之路"战略，目标是致力于主要领导品牌以获得新的利润增长。这是一种传统的产品组合战略——削减在低增长市场中的弱势品牌。但是联合利华在 2004 年的利润几乎不比 2000 年高。为什么会有这样的结果？现在联合利华的处境如何？

新千年的联合利华

联合利华在某些领域具有非常强的市场优势，其产品包括冰激凌、茶饮料、人造黄油、食用油，还包括一些肥皂产品，联合利华在这方面是全球最大的生产商。见文本框 9.2。它的竞争对手非常多，包括宝洁（美国）、雀巢（瑞士），而这两家公司在相关领域几乎都处于统治地位，联合利华紧随其后。尽管联合利华在过去几年中经营非常成功，然而，它所在的相对成熟的市场受到了经济低迷气候的影响。不良影响的结果之一就是，在 20 世纪 90 年代末期，联合利华公司执行委员会决定退出一些业绩不佳的领域而集中于优势产品。为了更好地理解是什么导致了这种战略决策，我们首先从联合利华的历史开始研究。

文本框 9.2

联合利华的关键战略

- 2004 年总营业额 402 亿美元，营业利润 26 亿美元
- 在世界 100 多个国家超过 230000 名员工
- 知名食品品牌包括 Flora/Becel，Knorr，Hellmanns，lglo/Birds Eye/Findus，Rama/Blue Band，Bertolli，Slimfast 以及冰激凌"心"形标识
- 知名个人护理和清洁品牌包括 Rexona，Dove，Lux，Pond's，Axe/Lynx，Sunsilk，Omo，Radion
- 自从 1999 年开始成长之路战略以来，联合利华的品牌从 1600 种减少到了 400 种主品牌以及 250 种小一些的品牌

背景——历史上的战略

第一次世界大战后，多家公司合并成立了联合利华公司。这些被合并的公司包括：英国肥皂公司、清洁剂生产商 LeverBrothers、食用油生产商 VanDenBergll 公司和 Jurgens 公司。在此之前，其母公司已经拥有非常广泛的国际业务，它们希望通过新的合并来寻求巩固和进一步扩张。但是，由于一些民族的敏感问题，使得联合利华公司具有一些特殊的特征，在一定程度上影响了公司在 2I 世纪的运营。联合利华公司拥有两个全球总部和两个主席——2000 年的两个主席是 AntonyBurgmanms（荷兰）和 Niall Fitzgerald（爱尔兰 / 英国）。在 20 世纪的 70 和 80 年代，公司内部半自治的各国公司之间还有非常好的国际合作和人力资源合作的传统。

在早些年，各国的公司都被允许自行管理自己的事务。20 世纪 60 年代，联合总部提出了在某些产品（例如清洁剂）领域实行全球"同等并存"。也就是说，各国的公司仍然保持自己的品牌、战略和生产设施。这一来，1965—1990 年，联合利华公司的某些产品例如清洁剂就是各国品牌的混和并存——英国的 Persil，法国和葡萄牙的 Skip，荷兰、奥地利和部分非洲国家的 Omo。而且，每种产品均各自为政。相反地，它的竞争对手宝洁公司则采取了一种集中的战略，在整个欧洲都使用统一的品牌"Ariel"，在这个品牌下进行所有的生产和经营。因此，宝洁的边际利润就显著地高于联合利华。不过，联合利华的一些新产品则更加统一，例如 Dove 护肤系列、立顿茶以及冰激凌产品，像 Cometto 和 Magnum，它们都在全球范围内生产。

联合利华的常规性方法

在 20 世纪 90 年代后期，那些相对独立的各国公司开始向全　▶

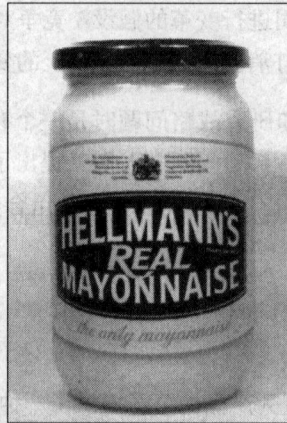

联合利华收购了 Hellmans Mayonnaise 和 KnorrSoups，包括其俄罗斯部分，使得联合利华进一步增加了其主导品牌产品。但是，竞争十分激烈并且零售压力很高。一些战略学家认为，联合利华如果收购一些利润率更高的私人护理产品公司可能会更好一些。

球协调一致发展，并采取全球战略。至少在一部分的产品领域是这样的。执行委员会通过两个主要的创新来驱动这一变革。

在 1997 年，联合利华宣布了一种新的组织结构，它有如下一些特定目标：

- 明确全球管理的任务，并促进其发展；
- 向虽有价值但沉闷的公司文化注入新的生命力；
- 增加产品的全球协调一致性，促进整个集团内部的职责和创新。

1999 年，公司将组织结构重组与一个新的、大胆的战略——"成长之路"——结合在一起。该战略将公司的所有资源集中在 400 个最主要的品牌上，同时出售或者逐渐放弃其他 1200 个品牌。市场营销研发以及人事管理也都集中到主要的优势品牌上。战略的目标就是到 2004 年前，实现销售额每年增长 6%，同时将边际利润从 11% 提高到 15%。此外，通过简化经营和减少供应商，每年节约成本 10 亿美元以上。销售增长主要通过对营销和广告的更多投资来获得。

随后，尽管公司宗旨陈述显得委婉和沉闷（"联合利华的使命是要在所有地方满足人们每天的需求"），但这个处于核心的小小的执行委员会后来还是作出了一些大胆的战略决策：

- 以 46 亿美元的价格出售了专业化学产品部门。
- 放弃一系列的外围活动，例如，德国的 NordSee 餐厅、英国的 JohnWest 鱼产品、美国的 Mazola 食用油，还有一系列的欧洲汤类食品：英国的 Batchlors、法国的 Royco 和 Lesieur、德国的 HeisseTasse。一些品牌在该国市场中是市场领头羊。
- 从巴西、美国、墨西哥和中国购买新的冰激凌公司——包括以 1.25 亿美元高价收购美国的 Ben&Jerry 冰激凌公司。
- 以 23 亿美元收购了瘦身食品公司 SlimFast；不久以后与 Slimfast 完全不同的 "AtkinsDiet" 开始流行。如果从收回成本这一角度来说，这一收购并不成功。
- 以 200 亿美元收购了全球食品公司 Bestfoods。该公司拥有 HellmansMayonnaise、KnorrSoups 和 Sauces 品牌。联合利华的收购是成功的，因为已经收回了资金成本。但是回过头来看，一些评论认为该公司可以对一些成长性更好的产品种类进行投资，而不是投入到增长缓慢的食品产业当中。

同样地，公司还决定对其整个的业务经营进行重组，从而更加强调重要的产品和品牌。公司的全球化战略就意味着各国的公司再也不能像以前那样各行其是了。2000 年联合利华公司公布了新的公司结构，包括以下几个方面：

- 整个集团公司按照"产品组"进行分工；尽管各国的公司仍然单独运营，但产品组更加突出。
- 被认为有重大发展潜力的七个产品系列首次被确认：洗衣类、冰激凌、黄油、洗浴产品、茶饮料、名优产品和护肤产品。这些都被认为具有真正的发展潜力，因此也应该优先投资。
- 另外还有三种产品被确定为全球产品：洗发水、口腔卫生产品和除臭剂。虽然这些产品的发展潜力没有上述产品潜力大，但也应该进行适当投资。
- 每个公司都委任专门的创新办公人员。
- 联合利华公司将在 8～10 年内按照它的基本产品计划运作。

2004 年的状况和另外的重组

如图 9.8 所示，"成长之路"战略在 2004 年给公司带来了和 2000 年差不多的利润。有一些公司无法控制的理由——2004 年给冰激凌销售带来影响的坏天气和 AtkinsDiet 的暂时成功严重打击了联合利华的 SlimFast 品牌。但是其他的一些领域也表现糟糕，尤其是立顿茶系列和一些北美产品。

应该承认，销售利润上升了，一些领先品牌的销售也上升

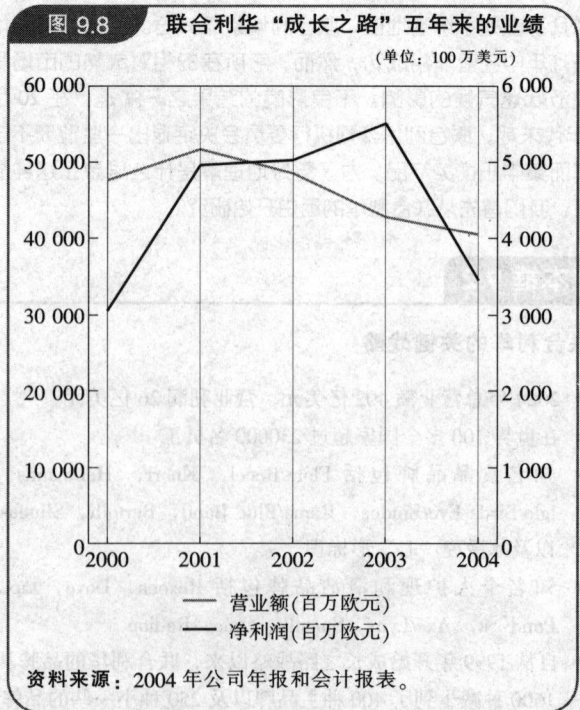

图 9.8　联合利华 "成长之路" 五年来的业绩

（单位：100 万美元）

营业额(百万欧元)

净利润(百万欧元)

资料来源：2004 年公司年报和会计报表。

了——参看图 9.9。但是，整体的表现表明"成长战略"是一个"产生高利润率"的战略，而销售目标远远没有达到。困难不在于该公司没有撤去其品牌，而在于对于剩余品牌的关注没有带来这样的结果。联合利华的战略扩张并没有完全失败。但是该公司宣称要审查一下到底是哪些地方出了问题。

图 9.9 **联合利华"成长之路"战略的结果**

(a) 联合利华：运营利润率

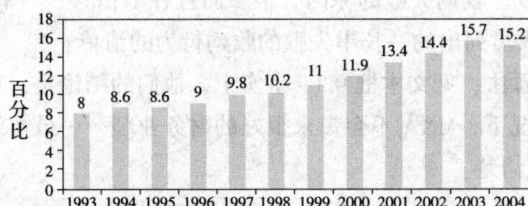

(b) 联合利华：主导品牌 2002—2004 年的销售增长——年变化比率

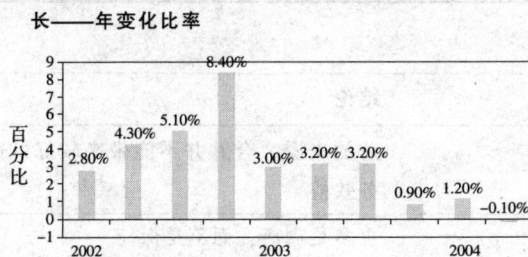

资料来源：公司年报和会计报表。

2005 年联合利华宣布进行重组。一个新的更加精干的团队代替了以前的执行委员会、两个部门和 11 个业务团队。这个新的团队有三个地区总裁，分别负责欧洲、美洲和亚\非洲。新管理团队由财务总监、人力资源总监和一个执行团队（不包括前面的两个）构成。新首席执行官 Patrick Cescau 说："很荣幸我得到了信任来面对这样的挑战。这些挑战可以让我们在新的市场中更具竞争力。我们在三个地区总裁名下三个业务区业务的融合可以让我们能够真正提升销售规模和使我们能更有效地为顾客服务，两个产品门类的总裁会集中关注品牌管理以及受消费者需求驱动的活动。"

一些评论认为该公司仍然有很多事情要做。该公司开始要面对向主品牌投资所带来的挑战，这些主品牌从创新的角度来说更具生产力并且要面对发达经济体中超市日益增强的讨价还价能力。尽管新的联合利华的战略似乎还缺少之前的"成长战略"的那些细节，但也是经过深思熟虑的。Cescau 解释说："（成长战略）把我们限制在了一个圈圈里。我们想要变得更为透明。但是，在这样做的过程中，我们为我们自己创造了一条新的路径。"

© 版权说明：理查德·林奇 2009 版权所有。保留所有权利。本案例根据公开信息编写 [37]。

案例问题

1. 为什么说联合利华公司的战略规划过程是常规性的？
2. 联合利华公司的战略决策过程从什么程度上讲是历史的结果？
3. 在既定的业务规模条件下，你会对联合利华公司的战略决策过程做什么变动吗？

9.5 公司层面选择工具：从收购到重建

在研究了公司总部的作用以及组织中部门对产品组合的决策后，我们现在要研究制定公司战略的工具。公司战略家们有什么样的战略选择？通常，这些战略选择叫做"总部交易决策"。其实，多元产品集团中的总部在公司重大问题上有最终决定权，如收购及多元化。我们在上面联合利华的案例中可以看到，这些交易包括出售子公司以及子公司的排序。

联合利华的事业部参与战略的制定，但是由总部作出最终决定。

定义▶ 在任何一家多事业部的公司中，**总部的交易决定权是指对收购及其他重要重建工作的最终决定权**。主要是因为只有组织的中央机构才掌握全局，了解业务发生重要变化时带来的影响。其中可能出现的问题有：这一变化的资金如何解决，对人力资源的影响，更为重要的是，对竞争地位和价值增值带来的影响。例如，案例研究 9.3 中，联合利华花了将近 200 亿美元收购 Hellmann 和 Knorr 两个品牌，但这并不仅仅是为了增加相关产品组。这个收购行为给集团带来了变革和金融方面的扩展。这也意味着有许多新的经理和工人从世界各地加入到集团中来，给人力资源带来了影响。同时，为了保持垄断，集团的其他部门有的品牌，像 Oxo 和 Batchelors 品牌被出售，也就是说，有些联合利华的人离开了公司。同时，还要考虑到对股东和其他利益相关者的重大影响。联合利华总部是这个决定的决策人。

定义▶ 因此，**总部交易的战略决策能够改变产品多元化集团**。这样的决策范围包括收购和多元化 [38]。在集团所有的原则下，这些交易的连续性代表了组织有一系列的选择：它一方面可以有百分之百的所有权，另一方面可以通过撤资使所有权变为零。在这两个极端之间，会有各种联合的形式，包括合资或其他联合形式让集团拥有部分所有权。图 9.10 列出了集团所能获得的主要选择机会。

战略家对公司交易进行了广泛的研究，特别是它们对公司赢利性的影响 [39]。但是，这样的战略多数不能成功，特别是那些收购战略。资金的转移失败的可能性较小，因为公司总部更容易对它进行全面控制，总部能

| 图 9.10 | 公司总部处理流程 |

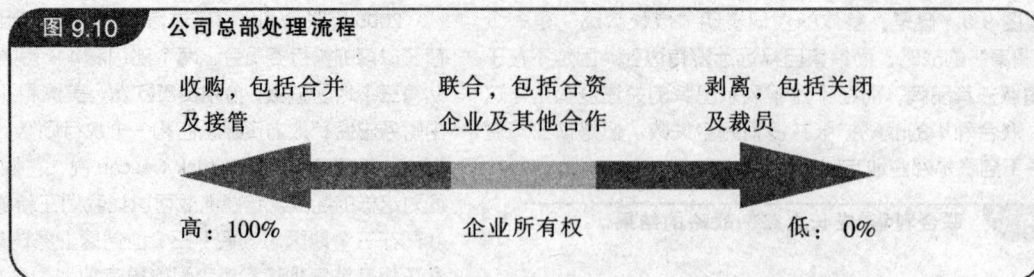

| 收购，包括合并 | 联合，包括合资 | 剥离，包括关闭 |
| 及接管 | 企业及其他合作 | 及裁员 |

| 高：100% | 企业所有权 | 低：0% |

够更清楚地看到这项交易所带来的影响，因为它有所有权。收购失败的原因有很多而且各不相同。不幸的是，没有简单的逻辑可以解释失败的原因——有的只是研究人员列出的一长串失败的收购行为的清单。

这一结论有些让人失望。不同的研究人员有不同的看法，见文本框 9.3。事实上，他们的结论是："公司合并和收购（M&A）行为都有文件记录，而且，一般情况下，M&A 不会带来很好的财务业绩……虽然经过了几十年的研究，但是公司对 M&A 后的财务业绩仍很难说清楚。"[40]

文本框 9.3

合并行为

评估方法	案例研究	结论
1. 对研究发展进行累积研究	King 等（2004）	总的来看，合并并不能带来较好的财务效益
2. 从长远来看，收购的业务是否能够保持	Datta（1992）	更多是剥离，而不是保持
3. 收购带来的影响仍处于"无定论"	Ravenscraft 及 Scherer(1987)	没有明显的证据证明其所带来的好处
4. M&A 给收购者带来的好处一般为资源方面或市场方面	Roll（1988），Haspeslaugh 及 Jemison（1991）；Sirower（1997）；Anand 及 Singh（1997）；Ahuja 及 Katila（2001）；Hayward（2001）	可能有好处，但并不能完全证明：注意基于资源（第 6 章）和基于环境（第 3 章）的关系

资料来源：由作者编自多份研究论文。可从下列两份论文中找到参考资料：（1）King, D R, Dalton, D R, Daly, C M 及 Covin, J G（2004）"When do Firms Learn from their Acquisition Experience?" Strategic Management Journal, Vol 23, No 1, pp21–40. Michael Hitt, R Duane Ireland 及 Jeffrey S Harrison 在第 12 章及 Hitt, M A, Freeman, R E 及 Harrison, J S（2001）的 Handbook of Strategic Management, Blackwell Business, Oxford, 对于 M&A 行为更广泛的研究作了有价值的总结。

对于收购较为积极的看法是，有可能为成功收购制定一些指导原则——如文本框 9.4 所列的清单。但是，事实说明这个清单并不能保证成功。

关键战略原则

- 在多元化公司中，总部交易决策是指总部在收购和其他主要的重建工作中起最终的决定作用。这样的决策包括从收购至对子公司的撤资的交易连续性。
- 有明显的证据表明，收购并不能成为高层次的成功，有些原因尚不明确。撤资更有可能成功，因为总部对这些子公司更了解。
- 有可能设计一个检查清单，列举如何从收购中获得赢利。但是，这并不能保证成功。

文本框 9.4

成功收购所需完成任务的清单

- 友好收购：当要出售的公司接受被接管，那么收购的过程则会更顺利，成本更低。
- 附加资产：在完成收购后，被收购的公司还有附加资产，可以为规模扩大的集团增效并提供更大的机会来增加竞争优势。
- 收购前仔细核查：虽然这项工作是理所当然要做的，但是确有许多收购行为失败的原因是收购公司没能理解或是认识到它的收购目标的主要问题。用收购的行话来说是"尽职审查"。
- 能够获得足够的低成本资金：有些公司发现在收购之后资金需求增大，特别是收购那些负债高的公司或高额资金成本的收购。
- 保守的收益评估：有些公司对于收购后带来的成本节约或是收购后在既定时间框架内的销售额过于乐观。
- 过去成功的收购经验：有些公司将收购看做是多年来获得增长的主要办法，而且在如何从中充分获利有广泛的经验。在某种程度上，这是一种自我满足，但有助于对成功的可能性进行评估。

思考

公司战略能够与以资源为基础的观点共存吗？

倾向于公司战略的主要观点认为产品多元化的公司在不同的市场获利，一个市场的利润下降，会被另一个市场利润上升而抵消。但是，这与以资源为基础的战略观点相反，即建立在竞争资源基础上的战略会更有可能获得成功。

公司战略的这种风险有可能与以资源为基础的观点相冲突。

你如何看待？哪种理论更有价值？

小结

- 公司层面多元化的好处体现在三个方面：公司内部、公司外部及金融方面的好处。内部的好处，包括范围效应、核心竞争力和共享活动；外部的好处，包括垂直整合、市场强势力量和屏蔽竞争者；金融的好处，包括资本的低成本、业务重建和高效的资金分配。
- 公司层面多元化的成本主要在三个方面：总部员工的规模和成本、多元化公司的复杂性和管理、缺乏集中的竞争资源。
- 多元化战略就是组织从单一产品或主营业务领域转向其他与原来业务相关或不相关的业务领域的战略。这样的公司有三个层面的多元化：紧密相关、远相关和不相关。每种形式对于评估公司层面战略收益都是很重要的。
- 紧密相关的多元化是指与原有的业务着某种形式的密切关系，如共同的顾客或供应商。远相关多元化是指有可能分享相同的内在核心竞争力或其他基本条件。不相关多元化是指其利益只与总部管理相关的业务，如低金融成本。
- 母公司指的是一群业务彼此独立的子公司的总部。这些独立的业务需要定义自身的使命，并制定相应的宗旨和目标。当业务活动非常分散的时候，上述工作就非常困难了。
- 公司总部的作用就是增加组织中子公司的价值，否则就很难证实公司总部的运行成本是合理的。
- 公司总部的母公司资源可以提供以下 4 个方面的好处：公司的职能；公司发展的动力；增长或者问题领域中所需的额外的资金；业务之间正式联系的形成.
- 公司总部的有效运行需要具备两个特质：理解或熟悉每个子公司所参与的各种行业的成功关键因素以及作出特殊贡献的能力。
- 公司总部的主要活动一般有五个方面：伦理道德和公司社会责任问题、利益相关者管理及沟通、对子公司的控制和监管、薪酬、激励及人员评估、法律及资金。

- 产品组合分析为拥有一系列产品的公司提供了一种分析工具。
- BCG 组合分析仅仅使用了两个变量：相对市场份额和市场增长率。没有把其他变量包括在内明显是该方法的不足之处。
- 因为 BCG 矩阵存在的不足之处，人们进而提出了其他的矩阵分析方法，例如，基于行业吸引力和竞争地位的策略方向矩阵。但这些方法仍然不很清晰，而且缺乏实证研究。
- 在多元化公司中，总部交易决策是指总部在收购和其他主要的重建工作中起最终的决定作用。这样的决策包括从收购至对子公司的撤资的交易连续性。
- 有明显的证据表明，收购并不能带来高层次的成功，有些原因尚不明确。撤资更有可能成功，因为总部对这些子公司更了解。
- 有可能设计一个检查清单，列举如何从收购中获得赢利。但是，这并不能保证成功。

问题

1. 思考本章开头关于联合利华的案例，"增长之路"战略是仅适用于联合利华的战略选择，还是也可以让其他公司获利的方法？

2. 以西门子为例（见案例研究9.1），为什么该公司选择收购其他公司而不是采用从内部发展？这样的公司战略有什么好处和问题？

3. 本章提出公司总部应该在收购行为和其他主要活动中起最终决定作用。你是否同意这个观点？这种方法的难点在什么地方？

4. 选择两个你比较熟悉的组织，一个从商业角度选择（也可以是你工作或学习的地方），另一个你可以自愿选择（可以是爱好、运动或者参加的社团）。它们是否采取了公司战略？是否与组织的总体方向或是多元化相关？它

们是否应该采取这样的行动？

5. 小公司是否可以从本章所讨论的公司层面战略中获得好处？如果不能，是否意味着小公司不能多元化？

6. 非相关多元化的好处和问题是什么？产品多元化公司是否需要在子公司中寻找相关性？

7. 以诺基亚为例（见案例研究9.2），集中于一个产品（如移动电话）的好处和成本是什么？你认为诺基亚在未来是否需要多元化？

8. "一个优秀的公司总是不断寻求能够提高经营绩效的方法。"（MichaelGoold）母公司干涉其子公司的战略是否明智？

9. 既然突发性的方法对公司战略非常重要，那么在什么情况下要采取公司战略？

进一步阅读

On corporate strategy see Markides, C (2002) 'Corporate strategy: the role of the centre', Chapter 5, in: Pettigrew, A, Thomas, H and Whittington, R (eds) *Handbook of Strategy and Management*, Sage, London. This is a very useful summary of the background theory with useful references. See also Collis, D, Young, D and Gould, M (2007) 'The size, strure and performance of corporate headquarters', *Strategic Management Journal*, Vol 28, pp383–405.

On parenting strategy read Campbell, A, Goold, M and Alexander, M (1995) 'Corporate strategy: the quest for parenting advantage', *Harvard Business Review*, Mar–Apr. See also their book: *Corporate-level Strategy: Creating Value in the Multibusiness Company*, Wiley, New York, 1994. Michael Goold has also written a useful article: Goold, M (1996) 'Parenting strategies for the mature business', *Long Range Planning*, June, p359.

On corporate strategy, see also Bergh, D D (2001) 'Diversification strategy research at a crossroads', Chapter 12, pp362–383, in Hitt, M, Freeman, R E, Harrison, J S, *Handbook of Strategic Management*, Blackwell, Oxford.

On corporate transactions, see the readable Chapter 5, Markides, C (2002) mentioned above, which also addresses this topic. See Hoffmann, W H (2007) 'Strategies for managing a portfolio of alliances', *Strategic Management Journal*, Vol 28, pp827–856. See also Lavie, D (2007) 'Alliance portfolios and firm performance: a study of value creation and appropriation in the US software industry', *Strategic Management Journal*, Vol 28, pp1187–1212. Finally, a useful cross-comparison research paper is Villalonga, B and McGahan, A M (2005) 'The choice among acquisitions, alliances and divestitures', *Strategic Management Journal*, Vol 26, pp1183–1208.

注释和参考资料

1. Marsh, P(2000)'Engineering a recovery', *Financial Times, August*, p10.

2. Sources for GE/Siemens Case: GE Annual Report and Accounts 2004–available on the web at www.ge.com. Siemens Annual Report and Accounts 2004–available on the web at www.siemens.com. *Financial Times:* 21 September 1998, p28; 13 October 1998, p27; 18 June 1999, p33; 5 November 1999, p32; 8 August 2000, p10; 27 November 2000, p18; 12 July 2001, p9; 18 Oc-

tober 2001, p28; 21 January 2002, p10; 30 June 2003, p26; 9 August 2004, p24; 19 August 2003, p10; 2 March 2004, p9; 8 July 2004, p29; 3 August 2004, p10; 8 November 2004, p26; 26 January 2005, p28; 25 March 2005, p26; 26 April 2007, p30; 10 December 2007, p30.

3. Collis, D, Young, D and Gould, M (2007) 'The size, structure and performance of corporate headquarters', *Strategic Management Journal*, Vol 28,

pp383–405.

4. Markides, C (2002) 'Corporate strategy: the role of the centre', Ch5, in Pettigrew, A, Thomas, H and Whittington, R (eds) *Handbook of Strategy and Management*, Sage, London. Many reasons are given for corporate –level strategy: Markides provides a useful and structured argument of the main areas in this summary chapter. See also: Chatterjee, S and Wernerfelt, B (1991) 'The link between resources and type of diversification', *Strategic Management Journal*, 12, pp33–48. Farjoun, M (1998) 'The independent and joint effects of relatedness in diversification', *Strategic Management Journal*, 19, pp611–30.

5. See, for example, Heller, R (1967) 'The legend of Litton', *Management Today*, Oct, pp60–7. But note that the claim is made in the article that subsidiaries were interconnected. It was only later that this proved to be overstated and Litton was broken up.

6. Bergh, D D (2001) 'Diversification strategy research at a crossroads', ch12, pp362–383, in Hitt, M, Freeman, R E, Harrison, J S, *Handbook of Strategic Management*, Balckwell, Oxford. This chapter is a thoughtful review of research on diversification within corporate strategy–useful for essays and research.

7. Hamel, G and Prahalad, H K (1994) *Competing for the Future*, Harvard Business School Press, Boston, MA.

8. Williamson, O E (1975) *Markets and Hierarchies: Analysis and Antitrust Implications*, Free Press, NY.

9. Markides, C C and Williamson, P J (1994) 'Related diversification, core competencies and corporate performance', *Strategic Management Journal*, 15, Special issue: pp149–65.

10. Williamson, O E (1975) Op. cit.

11. Williamson, O E (1996) 'Economics and organization: a primer', *California Management Review*, 38, No 2, pp131–46.

12. Shepherd, W G (1986) 'On the core concepts of industrial economics', in deJong, H W and Shepherd, W G (eds) *Mainstreams in Industrial Organization*, Kluwer, Boston, MA.

13. Williamson, O E (1975) Op. cit.

14. Bergh, D D (2001) Ibidl, Ch12.

15. Collis, D, Young, D and Goold, M (2007) Ibidl, p385.

16. Bergh, D D (2001) Ibidl, Ch12. This topic is reveiwed and applied using transaction cost economics.

17. Author's personal experience working at the corporate centre. Also described in various strategy texts.

18. Bergh, D D (2001) Ibidl, Ch12. The chapter has an extensive review of this topic.

19. Chandler, A D (1991) The functions of the HQ unit in the multibusiness firm, *Strategic Management Journal*, Vol 12 Winter Speical Issue, P31.

20. Rumelt, R P (1974) *Strategy, Structure and Economic Performance*, Harvard Business School Press, Boston, MA.

21. While there is no formula, Chandler's study of multinationals that are often engaged in multi–product companies arguably provides the best evidence and guidance at the present time: Chandler, A D (1962) *Strategy and Structure*, MIT Press, Cambridge, MA.

22. Goold, M (1996) 'Parenting strategies for the mature business', *Long Range Planning*, June, p359.

23. Campbell, A, Goold, M and Alexander, M (1995) 'Corporate strategy: the quest for parenting advantage', *Harvard Business Review*, March–April.

24. Collis, D, Youg, D and Goold M (2007) Ibidl, pp400–403. The author acknowledges the value of this paper in developing this section.

25. Collis, D, Youg, D and Goold M(2007) Ibidl, p403.

26. References for Nokia Case: Carnegy, H (1995) 'Scared of growing fat and lazy,' *Financial Times*, 10 July, p11. See also *Financial Times*, 30 Oct 1998, p18; 24 March 1999, p12; 9 July 1999, p21; 31 July 2000, p28; 8 December 2000, p16; 13 March 2001, p32; 29 May 2001, p29 (Ericsson interview); 14 June 2001, p18; 20 June 2001, p13; 22 June 2001, p13; 20 November 2001, p29; 7 December 2001, p32; 26 September 2002, p27; 18 November 2002, p21; 29 October 2003, p17; 27 September 2003, pM6; 6 December 2003, pM1; 16 December 2003, p29; 5 February 2004, p10; 10 February 2004, p26; 8 April 2004, p25; 20 April 2004, p21; 29 April 2004, p1; 15 June 2004, p30; 28 August 2004, p23; 1 October 2004, p14; 6 December 2004, p30; 20 December 2004, p11; 28 January 2005, p21; Nokia Annual Report and Accounts 1997, 2000 and 2004. For earlier data and comment on Nokia see Lynch, R (1994) *European Business Strategies*, 2nd edn, Kogan Page, London, p151.

27. Readers may care to note the wording used here. It is not the *absolute* market share that matters according to the BCG matrix. It is the market share relative to the market leader, i.e. relative market share is a ratio not an absolute percentage number. The appendix to Ch14 shows how to calculate relative market shares.

28. Buzzell, R D and Gale, B T (1987) *The PIMS Principles*, The Free Press, New York.

29. Aaker, D (1992) Op. cit., pp160–61.

30. Jacobsen, R and Aaker, D (1985) 'Is market share all that it's cracked up to be?', *Journal of Marketing*, Fall, pp11–22. A vigorous debate still continues in the academic press on the benefits of portfolio analysis. For example, a research paper from Armstong and Brodie in the *International Journal in Research in Marketing* (11 (1), Jan 1994, pp73 ff.) criticising such matrices produced a strong defence from Professor Robin Wensley in the same journal and a further reply from the two authors.

31. Aaker, D (1992) Op. cit., p176.

32. See McKiernan, P (1992) *Strategies for Growth*, Routledge, London. Ch1 has an excellent discussion of some of the problems that can arise.

33. Covered in many marketing strategy texts. For example, Kotler P, Armstrong G, Saunders J and Wong V, (1999), *Principles of Marketing*, 2nd European edn, Prentice Hall Europe, pp98–9.

34. Hussey, D E (1978) 'Portfolio analysis: Practical experience with the directional policy matrix', *Long Range Planning*, Aug, pp78–89.

35. Aaker, D (1992) Op. cit., p167 ff.

36. Day, G S (1977) 'Diagnosing the product portfolio', *Journal of Marketing*, April, pp29–38.

37. References for the Unilever case: Unilever press release 10 February 2005 available on the web at www.unilever.com Unilever 1997, 2001 and 2004 Annual Reports and Accounts. *Financial Times*, 10 June 1997, p26; 1 July 1997, p27; 27 Sept 1997, p19; 3 Oct 1997, p24; 23 Dec 1997, p9; 6 Jan 1998, p18; 11 Feb 1998, p28; 12 Mar 1998, p1; 15 Mar 1998, p22; 17 Mar 1998, p25; 22 Apr 1998, p10; 28 Apr 1998, p14; 15 May 1998, p15; 4June 1998, p15; 10 July 1998, p33; 19Jan 1999, p32; 24 Feb 1999, p31; 22 September 1999, p25; 24 September 1999, p27; 25 November 1999, p25; 11 December 1999, p15; 23 February 2000, p27; 30 May 2000, p29; 30 October 2000, p28; 22 January 2001, p1; 30 January 2001, p27; 9 February 2001, p24; 27 April 2002, p13; 8 May 2003, p25; 30 October 2003, p25; 29 April 2004, p21; 29 July 2004, p21; 23 August 2004, p15; 11 February 2005, p21.

38. Villalonga, B and McGahan, A M (2005) 'The choice among acquisitions, alliances and divestitures', *Strategic Management Journal*, Vol 26, pp1183–1208.

39. There are a number of reviews of the literature. For example: Hitt, MN, Ireland, D and Harrison, J (2001) 'Mergers and acquisitions: a value creating or value destroying strategy?' in Hitt, M, Freeman, R E and Harrison, J, *Handbook of Strategic Management*, Blackwell, Oxford.

40. King, D R, Dalton, D R, Daly, C M and Covin, J G (2004) 'Meta–analysis of post –acquisition performance: indications of unidentified moderators', *Strategic Management Journal*, 25, pp187–200.

第 10 章

战略评估和发展：常规性战略过程

Strategy Evaluation And Development: The Prescriptive Process

学习目标

在学完本章后，你应该能够：

- 区分常规性方法的内容与过程；
- 确定用于评价战略选择方案内容的六大标准；
- 概括从战略的选择方案中进行挑选的步骤和技术；
- 为了挑选最合适的战略方案，对战略的挑选方案进行评估；
- 将经验依据和指导应用到各种方案，以辅助挑选过程；
- 论述常规性战略过程中的主要原则；
- 评论常规性战略过程的不足之处，并就此提出改进建议。

引言

在确定了可用的战略选择方案之后，传统公司战略理论接下来的任务就是从这些方案中进行挑选[1]。挑选的过程就是本章的主题，它紧随第 8 章和第 9 章的制定战略方案之后。

战略选择包含了两个方面，我们首先要区分它们：内容与过程。

定义▶ 1."内容"就是指为实现组织的目标而最终被选择的实际战略。也就是说，内容意味着挑选计划都包含了些什么。

定义▶ 2."过程"则需要确定由哪个经理及其他人员来完成这个挑选任务，并制定相关纲要，以指导他们在选择战略过程中如何与其他人进行交流和讨论。也就是说，过程要处理的问题是由"谁"来指定挑选计划、他们"如何"完成任务以及他们在组织中处于什么样的"位置"。

本章的第一部分是关于内容的，第二部分是关于过程的。

为了确定战略的内容，这一章从 10.1 小节开始讨论一些常用的标准；在 10.2 小节，我们将要探讨在挑选过程中应用的主要步骤和相关技术；在 10.3 小节还将概括一些通用的指导方针和经验依据来挑选最适合的战略方案。

在 10.4 小节，将要介绍制定"挑选过程"的经典方法。最后，在 10.5 小节我们还要探讨一些有关国际化的问题。在下一章将讨论一些其他的过程，并分析它们的含义。

除了在章节内部的一些案例之外，在本章的结尾还要分析一个长的案例（案例研究 10.4），在案例中列了某公司可用的多种战略选择方案，并请读者利用学习过的技术和过程从中挑选一个（也可以是全部否决）。本章的结构如图 10.1 所示。

| 图 10.1 | 从战略方案中进行选择 |

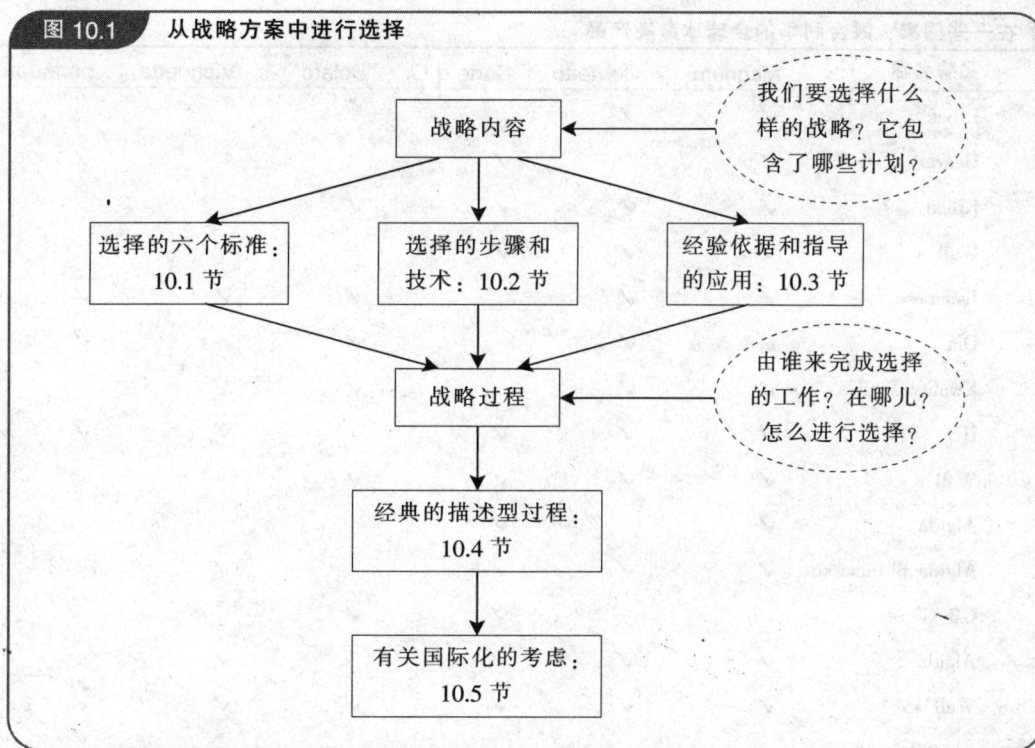

案例研究 10.1　联合利华冰激凌保卫自己的全球市场份额

联合利华大约拥有全球冰激凌市场 17% 的份额，其销售额达到了 80 亿美元。该公司通过创新和收购战略建立起自己市场的领军地位。

荷兰/英国重要的跨国公司联合利华在全世界很多国家销售知名的品牌商品比如 Dove 香皂、Hellman's 蛋黄酱、Flora 黄油、Knorr 汤以及 Faberge 个人用品。总销售额达到了 600 亿美元——参看案例研究 9.2。

在联合利华的冰激凌业务中，该公司通过众多的本土品牌进行销售，但在全世界任何地方都会统一使用心形标志。该公司在冰激凌市场采用的是全球和本土活动相结合的战略。联合利华的全球活动还涉及一些共同产品：Magnum 冰激凌、Cornetto 蛋卷冰激凌、Carte d'or 外带冰激凌等。这样众多的产品是联合利华历经 15 年通过不断创新发展而来的。为了获得规模经济效应，这些产品并非必须要在销售地进行生产——相对于本地生产来说，运输成本只不过占了总成本当中很小的一部分。根据本地的需求以及冷藏柜空间多少而选择出某些产品。表 10.1 列出了联合利华在所选定国家的一些领先产品。

对于联合利华来说，本土的冰激凌产品也是非常重要的。主要有两个原因：首先，为了满足本地对于冰激凌口味和价格预期的需要——并非所有的国家都会喜欢某一种口味并且能够负担得起昂贵的原料价格；其次，为了利用一些国家中一些本土品牌多年来所进行的投资——通过建设本土品牌还可以获得很多利润。一个简单的本土活动的例子就是南非联合利华的心型标识和本土的"Ola"品牌的联合。之后，联合利华利用"Ola"品牌销售各种冰激凌产品比如 Magnum，但是也同时为南非市场开发了一些本土产品。

联合利华最为复杂的本土活动的例子就是联合利华在美国的活动了，这也是世界上最大的冰激凌市场——参看案例研究 10.3。

联合利华有 4 个品牌——Good Humor、Klondike、Breyers 和 Ben&Jerrys。这四种品牌中的每一个都代表着联合利华在美国的一段历史——通过收购、通过在本土的发展和地区力量。从地理上说，美国是一个有着地区品牌发展悠久历史的大国。仅有 Good

联合利华试图通过心形标识，统一其全球众多冰激凌公司的品牌体系。

表 10.1　在一些国家，联合利华的全球冰激凌产品

国家	品牌名称	Magnum	Cornetto	Carte d'Or	Solero	Viennetta	ben&Jerry's	本地品牌
阿根廷	Kibon	✓	✓					✓
澳大利亚	Heart	✓		✓			✓	✓
巴西	Kibon	✓	✓	✓	✓			✓
中国	Wall's	✓	✓	✓				✓
德国	Langnese	✓			✓	✓	✓	✓
荷兰	Ola	✓	✓		✓		✓	✓
印度	Kwality Wall's	✓	✓					✓
爱尔兰	HB	✓	✓	✓	✓	✓	✓	✓
马来西亚	Wall's	✓	✓	✓	✓			✓
波兰	Algida	✓	✓	✓				✓
俄罗斯	Algida 和 Inmarko	✓	✓	✓		✓		✓
瑞典	GB Glace	✓	✓		✓			✓
土耳其	Algida	✓				✓		✓
英国	Wall's	✓	✓	✓	✓		✓	✓
美国：由于历史原因有 3 个品牌	Klondike、Breyers 和 Good Humor						✓	

资料来源：来自联合利华全球网站及《中国日报》。注意，俄罗斯的冰激凌公司 Inmarko 被联合利华于 2008 年早期收购。该公司为俄罗斯最大的冰激凌公司，其年市场增长率为 11%。

Humor 一个品牌——至少目前是这样——使用其全球母公司的心型标识。但是一些 Breyers 产品在澳大利亚联合利华旗下销售。另外一个美国联合利华的例子是 Ben&Jerry 的超优价冰激凌。联合利华在 1997 年从两个创始人那里购买了这家公司。由于之前独特的所有权和小公司哲学，Ben&Jerry 在联合利华的战略是允许该公司在联合利华内部作为一个半自治单位而存在——该公司的活动不受联合利华公司的统一约束，并且不使用心型标识。这对于大型的跨国公司来说无疑是个创举。

联合利华进入冰激凌市场多年，该产品种类占据了总利润的 10%。在 20 世纪 80 和 90 年代，该公司面临着来自两家竞争对手雀巢和 Mars 的威胁。尤其是雀巢通过采用不同的收购和创新战略组合，其世界市场份额直逼联合利华。本章后面的案例研究 10.3 对此有所描述。

多年来联合利华已经和零售商建立起了强大的分销联系，尤其是一些小到只能放得下一个冷藏柜的小店。所有冰激凌战略的重要因素是冰激凌需要存储在冷藏柜中。通过频繁的送货和把冷藏柜租赁给小店的方式，联合利华有力地确保了自己的产品能够获得最大数量的冷藏柜空间。联合利华就是利用这样的方式把 Mars 的产品排除在欧洲市场的小型商店之外很多年。但是在 2003 年，欧洲法院判定联合利华的战略是反竞争的，联合利华被迫允许 Mars 的产品也进入到自己的冷藏柜里。

联合利华巨大的市场份额使得公司可以获得规模经济效应，这是新进入者无法企及的，也使得他们无法获得同样的低成本结构。因此，联合利华一直是大型的冰激凌公司中最为赚钱的。Mars 冰激凌创始于 1989 年，但是很长一段时间内并不赚钱。雀巢冰激凌在过去的 15 年里同样得到了发展，但是其并不是雀巢公司的主要收入源——参看案例研究 10.3。

联合利华最大的劣势可能就在于它一直没有像雀巢和 Mars 公司那样涉足糖果市场。因此，在 20 世纪 90 年代各个竞争对手纷纷在冰激凌市场中采用糖果品牌，比如 Mars 冰激凌时，联合利华陷入了困境。最后，联合利华开发了自己的全球性品牌，比如 Magnum 和 Cornetto。但是投资于这些新的品牌也是一个昂贵的战略。

为了弥补这些弱点，联合利华在 2005 年开始了一项新的战略。联合利华从两个其他的生产商那里获得了特许权。在 Carte D'Or 的产品系列中又增添了联合利华开发的 Toblerone 冰激凌——该品牌名字来自于 Kraft Jacrobs Suchard 的特许——以及品牌名称特许自意大利冰激凌公司的 Lavazza 咖啡冰激凌。特许所带来的问题是利润的一部分要交给品牌所有人而不是全部属于联合利华。

案例问题

1. 与竞争对手相比，联合利华的优势源自哪里？
2. 联合利华的主要优势在哪里？它的劣势又在何处？如果可能，你会就其劣势提供哪些建议？
3. 联合利华是市场中的佼佼者，如果你要进入冰激凌市场的话，你会采取什么样的战略？你会如何攻击一个占统治地位的竞争对手？

10.1 常规性战略的内容：基于六条标准的评价

在常规性方法中，首先对战略的所有选择方案进行理性的和结合实际的分析，然后得到最有可能成功的战略；对于挑选战略来说，逻辑分析和事实依据最为重要。所以，战略方案的内容都需要经过评价，考察它们对组织的贡献。我们必须以一种结构化的方式理解这样的评论："似乎是合理的……但并没有很大的可能"[3]，因此，我们需要借助评价标准。

实际上每个公司都有其自己的标准——例如，诺基亚的标准便是在上面的案例中标出的。然而，在开始阶段，我们可以找到六个标准[4]用于评价战略选项：一致性、适用性、有效性、战略方案的可行性、商业风险和对利益相关者的吸引力。在这一小节中，将对每一标准进行审视。

10.1.1 标准1：一致性，尤其是与宗旨和目标的一致性

如果公司的主要目的为增值，则将根据公司的宗旨与目标定义战略管理的目的——将在10.6节中就此问题进行详细的讨论。如果为非营利公司，可将其主要目的定义为提供一些形式的服务。无论公司的目的是什**定义▶** 么，在判定战略时首先要判定其连贯性。**在任何条件下，连贯性均应与公司目标相一致。**

在商业背景下，一致性的评判就是要检验战略的任务及其能否产生与组织目的相一致的结果。如果某战略方案不能满足一致性标准，那么：

- 如果这太难或者不合适，那么就改变任务和目标，或者
- 抛弃这个选择方案。

如果任务和目标都是经过仔细考虑的，那么抛弃选择方案就应该是理所当然的。例如，欧洲的消费品公司 ReckittBenckiser 就规定按固定汇率计算的净收入增长率不能低于 5%~6%[5]。这就意味着，如果战略方案从长远看不能给公司带来这个水平的利润率，就会被该公司否决掉。之所以要求长期的回报率，因为有些方案可能在早期会有所损失，但是在经过一个较长的时期后，它仍能够为公司带来预期的回报率。

10.1.2 标准2：适用性

另外，与其他的组织相比，有些战略方案可能更适合某个组织：各种选择方案是怎样与环境、资源相匹**定义▶** 配的？它是怎样为组织带来竞争优势的？**适用性意味着适合于组织内外部的战略环境。**

在考察环境的时候要结合两个方面考虑：要抓住的机会和要避免的威胁。竞争优势可以在组织优势的基础上创建，尤其是在组织的核心能力的基础上，或者通过克服不足来获取。

在第8章的开始介绍了 SWOT 分析方法，SWOT 方法中概括了主要的分析要素。我们可以通过考察战略方案与 SWOT 各要素的一致性来检验战略的选择方案。例如，诺基亚公司在通过欧洲的主要电信分销商来销售其移动电话产品方面就具有优势。如果一个新的战略方案忽略这个优势，并追求新的销路如杂货超市，这样的选择方案可能就需要仔细研究，而且很可能（但不是必须）遭到抛弃。事实上，这种方案已经被当做一种市场渗透的方法，最明显的例子就是联合利华对 Ben&Jerry 品牌的收购，从而进入高档冰激凌品牌市场。

10.1.3 标准3：有效性

大多数的战略选择都会对未来作一些假设，需要对这些假设进行检验，以确保它们都是正确的、合理的。**定义▶** 例如，它们听起来是否合理、与现有的一些研究结构是否一致等。**有效性意味着计划所依据的计算和其他假定有充分的理由和意义。**

此外，战略的选择方案会用到一些商业信息，这些信息既有可能是有材料根据的，也有可能是从根本上值得怀疑的。例如在诺基亚公司，一些有关竞争对手的信息是确信的，如市场份额；而有些信息则值得怀疑的，如摩托罗拉公司的未来计划和目标。

基于上述两个原因，我们需要对每个方案的假设条件和使用的信息进行有效性检验。在实践中，适用性和有效性之间存在重叠的地方。对于这些问题的判别通常都是在企业的判断标准和指导方针下进行。

10.1.4　标准 4：战略方案的可行性

定义▶　可行性的意思是所提出的战略能够被执行。即使战略与组织的任务和目标一致，也可能存在其他一些困难限制战略成功的可能性。在实践中，一个战略选择方案可能在三个方面缺乏可行性：

　　1. 组织内部的文化、技术和资源；
　　2. 竞争者的反应和组织外部的其他问题；
　　3. 缺乏管理者和员工的参与。

组织内部的限制

　　事实上，一个组织可能没有相应的文化、技术或资源来实施战略方案。例如，有的组织文化能够适应战略所带来的渐进式的变革，而不能接受激进的、突然的改革。举例来说，在集权制的 Metal Box（英国）公司，当它与非集权制的公司 Camaud（法国）合并的时候就产生了很大的问题，这就是由于组织的文化与组织战略不相适应所造成的[6]。

　　同样地，组织还可能缺乏战略所需要的某项技术，而这项技术会因为种种原因不能通过招募新员工来获得。

　　此外，还有一些组织没有足够的财务能力来完成某个战略方案。举例来说，法国的电脑公司 Groupe Bull 在 20 世纪 90 年代中期，受到早期野心太大的战略所带来的影响，该公司在财务能力上遇到了很大困难[7]。

　　在文本框 10.1 中，我们总结了在进行内部可行性检验的时候需要考虑的问题。

文本框 10.1

内部可行性的 10 个关键点

1. 投资需要的资本：我们是否拥有这么多的资金？

2. 利润预测：是否有足够的利润可图？

3. 运转资金需求：是否具有足够的资本供运转的需求？

4. 税收和股息负担：有什么样的影响，尤其是在时间限制方面？

5. 员工数量的要求，如果需要解雇冗余的员工，要付出什么代价：国家在解雇员工方面有什么样的法规限制？这样做会带来什么样的成本？

6. 新技术、新工厂开发以及关闭旧工厂的成本：我们是否拥有这样的技术？是否需要雇用或者解雇临时的专家？

7. 新产品的开发以及如何开发：对开发新产品是否有足够的把握？这些新产品完全属于新突破还是仅仅追赶竞争对手？

8. 市场营销方面的投资和时间及对专家指导的需求：我们是否有这方面的资金？什么时候需要专家？我们自己是否具有这样的专家团队，足以完成战略所需要的广告和促销策略？

9. 收购、合并与其他公司合资的可能及影响：我们是否充分研究过其他的战略选择？

10. 与所有相关的人交流思想：这项工作该怎样进行？我们能够得到相关经理和员工的参与吗？

组织外部的限制

　　从组织的外部看，主要有四个方面的限制可能使得战略选择缺乏可行性：消费者的赞同、竞争对手的反应、供应商的认同以及政府或者其他管理实体的批准。

　　由于是消费者来购买新产品和服务，所以我们发现消费者需要看到新战略的吸引力。此外，竞争对手会对组织的新战略作出反应，还可能为战略的实施设置障碍。举例来说，美国的软件公司微软的 Windows 操作系统占有全球个人电脑软件市场的 90%。该公司就曾遭受竞争对手的起诉，遭起诉的原因是它故意提前宣布其新产品以妨碍竞争对手软件产品的销售[8]。因此，竞争对手可能的反应是必须要考虑的。

　　在组织的外部，还可能存在其他制约会给战略方案的实施带来困难，甚至是使得该方案变得不可能。举例来说，前面讨论的诺基亚公司，就必须考虑政府对电信市场减少控制所造成的影响。这不仅仅是一个机会，也同样是一个问题，因为政府对国家在这个方面的利益仍然很敏感。

需要探究的外部问题我们在文本框 10.2 中作了总结。

文本框 10.2

外部可行性的 4 个关键点

1. 消费者会对我们提出的战略作出什么样的反应？

2. 我们的竞争对手会有怎样的反应？我们有对他们作出回应所需的资源吗？

3. 我们能否争取到供应商的必要支持？

4. 是否需要获得政府或其他管理机构的批准？我们的把握有多大？

缺乏管理者和员工的参与

如果组织中的重要成员没有参与战略，那么这样的战略几乎不可能成功实施。举例来说，美国的玩具零售商 Toys 'Я' Us，1995 年在瑞典实施它的商业战略时就遇到了严重的问题，因为当地的管理人员和员工认为它们的方案不符合瑞典人劳资关系的观念，因此，战略的实施得不到他们的参与[9]。

在有些组织内部，战略制定由高级经理完成，而日常的管理活动则由中层经理负责，而且两者的界限分明[10]。在这种情况下，制定战略往往会引发上述问题。在这种组织中，中层经理和普通员工几乎不可能参与到战略制定过程中：从本质上讲，他们最后会得到结果的传达，然而，他们或许不会觉得自己对这样的战略负有责任。

有些战略决策则需要高层管理者以集权的方式作出。例如，诺基亚公司剥离子公司的决策。尽管诺基亚公司具有芬兰的开放文化，但是新战略的重大决策仍是由高层管理团队作出的，并没有和其他管理者以及普通员工商议。因为需要剥离诺基亚的部分公司，所以这么做也就并不让人感到奇怪了。

10.1.5 标准 5：商业风险

最值得选择的战略往往都具有一定程度的商业风险，在这样的环境中，**风险意味着战略并没有使组织面临一些不必要的灾害或者是不合乎常理程度的风险**。这需要仔细评估。或许，最终组织并不能接受这样的风险。

有很多这样的例子，组织战略承担风险，然后逐步地克服困难。举例来说，德国最大的工业公司——戴姆勒—奔驰在 20 世纪 80 和 90 年代就冒着很大的风险进行扩张战略（参见第 16 章）。在 1998 年，公司选择与美国的汽车公司克莱斯勒合并，这个战略在利润方面就存在巨大的风险[11]。

人们很容易将商业风险看做只是对战略的一项主要制约。日本的战略专家 Kenichi Ohmae 评论说，这样做就可能阻碍了公司突破常规和改变现状[12]。因为在最值得实施的战略中很可能就包含某种程度的商业风险：对于奔驰收购克莱斯勒的意向，我们是不是真的要大肆批判呢？而重要的方面是：

- 对风险进行明确的评估；
- 研究当事情出现不利局面时，减少困难有多大可能；
- 判断这样的风险是否能够被组织所接受。

没有专门评估组织风险的方法，但是有很多技术可以辅助这一过程。下面将介绍两种——财务风险和灵敏度分析。其他的一些方法将在 10.2.4 和 10.2.5 小节中讨论。

财务风险分析[13]

对于大多数战略提案来说，不管是私有还是公有部门，对战略方案中所包含的财务风险进行某种形式的分析都是非常重要的。可以采纳如下一些类型的分析：

- 现金流分析。这是基本的分析。一个组织可以在报告正常水平的收益率的同时宣告破产，因为缺乏现金。每一个方案都应该分析它对组织的现金流会产生什么样的影响。

- 收支平衡分析。这常常是一种很有用的方法。收支平衡分析要计算出当组织有多大销售量的时候才能够填补早期的投资。这个结果的重要一点在于，计算出来的这个销售量能否达到——参见文本框 10.4。在后面章节中还要讨论收支平衡分析，这种方法很有用。

- 公司借款需求。某些战略可能会强烈影响到来自财政金融机构和股东的资金。这是战略分析的真正风险，是组织内外金融家们需要研究的领域。

- 财务比率分析。流动性、资产管理、持有股票的状况以及其他类似的分析都应该仔细进行。或许有人认为，因为公司都知道这方面的详细情况，所以这些分析是不必要的。但是，主要的供应商呢？主要的消费者呢？他们的情况如何？当其中之一破产时，应该考虑其对组织的影响，首先要进行现金流分析，见 10.2.4。

对于组织在国际间的活动，还有另一个重要的问题：货币分析。货币汇率的一个大的浮动就可能在顷刻之间将海外战略所带来的利润化为乌有（当然，乐观一点说，也可能增加利润）。在前几年，很多大公司都注意到了这方面的影响，必要时可以寻求专家的帮助。

灵敏度分析

灵敏度分析是一种最有用的分析，在很多组织中可以看做是基本战略提案的一部分。从本质上讲，它回答的是当组织按照战略计划投资的时候，"如果发生……那么就会……"的问题。在每个战略方案背后的基础假设，例如，经济增长、价格、货币波动、原材料价格等，都是在不断变化的，这些变化的影响是通过资本回报、现金等组织目标来衡量的。获得成功的关键要素或许才是需要考虑的重点。

这些因素的灵敏性，也就是说当任意的变化发生时，对它们的变化方向和程度应该进行仔细的评估，以确定哪些才是至关重要的。那些特别灵敏的变量在战略被采纳之前应该进行多次仔细的分析，而且在战略实施后还要进行跟踪监控。

举例来说，诺基亚公司在采取移动电话扩张战略之前，可能就仔细考虑了如下情况：

- 如果诺基亚公司在实施战略的时候没有按进度投资，将会产生什么样的影响？这一点应该非常明确，结果可以用来评估战略提案。

- 如果因为新的计划限制了诺基亚公司节约成本，那么将会有什么样的影响？或许 10%的成本节约替代了原先预期的 20%的成本节约。在这里，可以通过很精确的计算来检测这种变化的灵敏度。

- 如果诺基亚损失了它的市场领先地位，将会有什么影响？或许，最简单的计算方法可以假设只有三家主要的公司——诺基亚、摩托罗拉和爱立信——它们具有均等的市场份额。这样就可以有计算结果，然后对市场份额变化的灵敏度就能够估计出来了。

很明显，所有灵敏度分析的结果都可以提供给那些进行战略挑选的人员，将它们看做是对风险的评估是非常有用的。

10.1.6 标准 6：对利益相关者的吸引力

定义 ▶ **对利益相关者的吸引力是指战略对于那些公司需要满足其需要的人的吸引力。** 正如我们在第 6 章探讨的，每个组织都有其利益相关者，例如股东、员工和管理者等。他们都将对组织正在考虑的战略方案感兴趣，因为他们都将会受到战略的影响。但是，利益相关者所关心的内容和观点未必都一致。例如，某一战略方案可能会增加股东的价值，但同时会损失组织内部员工的利益。因此，相关者们可能不会发现各种战略选择具有同样的吸引力。

解决这个问题的一种办法是给所有的利益相关者排优先次序——例如，将股东的利益放在首位，其次是提高红利、节约成本，甚至是解雇部分员工。有些学者和公司可能会毫不犹豫地追求这些目标。当然，上面的排序简化了战略管理。

关键战略原则

- 对战略选择方案的评估依赖于选择过程所采用的标准。有六个主要的评估标准：一致性、适用性、有效性、可行性、商业风险和对利益相关者的吸引力。

- 战略与组织目标的一致性检验是战略评价和挑选过程中最基本的评估。

- 战略与组织所在环境之间的相宜性显然是非常重要的。

- 有效性是指战略方案中所隐藏的假设和所应用的数据是否合理、有效。有效性的检测也是必不可少的。

- 在检验方案的可行性的时候，有三个方面需要考察：首先是组织内部，内部的制约通常主要是由于缺乏资源引起的；其次是组织外部，例如消费者的接纳和反应；最后，特别要考虑的是，员工和管理人员是否接受和参与。

- 战略方案给组织所带来的商业风险也是需要评估的，因为它可能是高得不能接受。这种风险可以用两种方法来辅助分析：财务风险和灵敏度分析。

- 组织的利益相关者对于主要战略的反应也是需要估计的。有可能需要对利益相关者进行优先次序排列：股东既可以排在首位，也可以不是。利益相关者的反应可以从五个方面进行估计，每个方面都与我们正在讨论的利益相关者的基本利益相关。

案例研究 10.2　Eurofreeze 公司战略选择的评估（1）

2003 年 Eurofreeze 公司的销售额高达 10.5 亿美元，从而跃居欧洲最大的冷藏食品企业之一。但是它仍然受到两大方面的竞争压力：一个源自它的最大竞争对手 Refrigor 公司；另一个源自使用其商标的杂货超市在欧洲变得越来越广泛。对于 Eurofreeze 公司来说，是对公司战略重新全面思考的时候了，公司集团的总部正面临着巨大的压力。

本案例首先从公司的目标开始，然后分析 Eurofreeze 所处的环境和所拥有的资源。在本章的后面还会继续讨论该案例，分析 Eurofreeze 公司的战略选择。

公司的宗旨与目标

在研究战略选择之前，Eurofreeze 公司首先从重新思考它的公司宗旨和目标开始。Eurofreeze 仍然希望做欧洲冷藏食品市场的强者，于是将公司的宗旨定义为："在欧盟做冷藏食品生产的领头企业。"这个宗旨是基于它的核心优势、基于其欧洲市场的第二巨头的地位、基于它对自己技术优势的展望：公司的冷藏技术将在未来 5 年内保持它在市场的位置。在这种背景下，Eurofreeze 公司重新审视自己当前的收益率、股东回报和市场份额，然后将公司未来 5 年的目标确定为：

- 提高资本回报率，每年提高 0.5%，在今后 6 年内将回报率从现在的 12% 提高到 15%；

- 提高每股收益率，并在一段时间内保持一定的水平，当然，允许因短期投资带来的波动；

- 保持市场份额，同时逐渐从低附加值产品（例如冷藏蔬菜）转向高附加值产品（例如精制的碟装比萨）。

为了全面理解这些目标的意义，Eurofreeze 公司必须仔细研究冷藏食品市场的环境以及竞争的发展趋势。

冷藏食品与附加值

早在 20 世纪 40 年代，用于商业目的的冷藏食品是蔬菜和鱼。很多年以来，高质量的冷藏食品如罐头、果酱及其他形式的果脯，都能够卖出高额的价格。但是到了 2000 年，冷冻技术已成为过时的技术——利用这种技术已经没有什么竞争优势可言。尤其是冷藏蔬菜、冷冻肉，不论是否全国驰名的品牌，在进入销售环节前都只有非常低的附加值。

因此，一些大型超市都通过谈判来从供应商，例如从 Eurofreeze 那里获得低价的产品，然后将它们转换成具有自己品牌的商品出售。到了 20 世纪 90 年代中期，蔬菜和其他一些小商品的边际利润已经非常低：附加值下降到了最低。

然而在同一时期，整个欧洲的家庭收入有所增长，家庭用的

在一些地区，冷冻食品越来越成为一种商品，厂家几乎没有什么竞争优势，主要的竞争都是以价格为基础。

冷藏装置也逐渐得到普及，而且食物也变得越来越国际化。例如，欧洲人渐渐喜欢更多的新鲜食品和国外的食物产品，从意大利比萨到双层奶油巧克力等。这些产品都具有非常高的附加值，它们往往都是以品牌商品销售，这些品牌在这些年来都得到了很好的认可并为人们所熟知，例如：BirdsEye、DrOetker、Heinz Weight Watchers、Findus 等。这些品牌被用于公司的所有产品，这是一种群体品牌策略：让处于弱势地位的产品随着做过很好宣传的强势产品一起销售。

成功的关键因素

在冷藏食品行业，下面的一些因素被认为是成功的关键所在：

- 经验丰富的、具有天分的采购人员能够通过谈判购买性价比高的低附加值产品；
- 快速有效的冷冻处理过程以及很好的冷藏设备和良好的冷冻运输能力；
- 与大型连锁超市有良好的关系；
- 强大的、稳定的群体品牌；
- 有活力的、具有创新能力的新产品开发程序。

Eurofreeze 的核心资源

由于历史的原因及其目前在市场中的地位，公司的核心能力主要在以下几个方面：

- 购买原材料例如蔬菜时的讨价还价能力，包括采购职能优势；
- 冷藏技术；
- 调制新的冷冻食品的配方；
- 冷冻食品的运输；
- 与超市的谈判和提供的服务；
- 开发品牌的食品（已经有一个驰名欧洲的品牌）。

在上述这些资源当中，领先于竞争对手的最重要的优势是它的品牌和母公司。在欧洲的市场上，它的品牌肉和鱼产品一直处于领先位置。而其母公司是世界上发展最快的日用品公司之一，具有广阔的财务资源。

竞争

在 20 世纪 90 年代，像 Eurofreeze 这样的公司都在寻求一种避免价格战的恶性竞争——因为具有自己品牌的超市销售蔬菜等低附加值的产品确实带了来很多问题。利润的压力导致 Eurofreeze 公司曾一度考虑是否逐渐停止它的蔬菜生产。

此外，很多大型杂货连锁店都希望只有一个市场领先的品牌，这样它们就可以放弃它们自己的各种各样的品牌。在这种背景下，Eurofreeze 公司面临一个特殊的难题。按照欧洲的有些产品分类，

它的产品并不是市场领先的，而是略逊于其竞争对手 Refrigor 公司，处于第二的位置。

Refrigor 公司曾在冷冻食品品牌上做了很大的投资，过去几年里，Refrigor 在生产、分销方面的增长都超过了 Eurofreeze 公司，但是它的利润水平相当低。Refrigor 公司的消费者数量与 Eurofreeze 公司相当。两家公司都生产全系列的冷冻食品，并且同时以自己的品牌向杂货连锁店供货。

从整体上讲，Eurofreeze 公司面临着四大竞争威胁，而其中前两个最为严重：

1. 市场领先者 Refrigor 公司，是一个低成本领先者。
2. 在很多超市中，例如英国的 Sainsbury 和荷兰的 AlbertHeijn，它们都使用自己的品牌来替代生产者的品牌。越来越多的冷藏柜的空间都被分给了超市连锁的自有品牌，也就同时挤占了制造商的品牌产品。
3. 在其他一些廉价超市，例如 Aldi 和 Netto，当地的冷冻食品占了很大的空间，尽管这些产品没有全国性的广告和促销，但它们的价格便宜。
4. 对于某些特殊产品，例如炸薯条，则被那些专门的公司如 McCain（美国）和 Sarakee（美国）占去了相当大的份额。

总体来说，在市场上大家都在追求市场份额，竞争变得越来越激烈。此外，在支持品牌的广告和促销方面的投资也变得更加困难。

案例问题

1. 你对 Eurofreeze 公司的任务和目标有何评价？它们是如何应付高度竞争的市场的？它们的要求是否过于苛刻？
2. 公司的目标是不是还应该进一步扩展？请以品牌产品和非品牌产品为例分别加以说明：是不是应该更清楚地定义竞争威胁？进一步描述财务目标，例如与总部的精确的关系？是否应该设计其他一些问题，例如生态环境以及员工满意度等？你如果对上述问题持肯定的答案，那么你认为当 Eurofreeze 公司在解决这些问题的时候应该考虑什么？如果你的回答是否定的，那么它们对战略选择有什么样的意义？
3. 对于 Eurofreeze 公司制定战略选择来说，消费者和竞争趋势的变化可能会有什么样的影响？在回答这个问题的时候，请你仔细分析一下第 13 章的内容。

10.2　常规性战略的内容：评估步骤和方法

我们在考察众多评判标准的时候，如果能够进行一下比较，考虑是否有一些标准比其他的更加重要，很有可能这时无法采取任何的优先次序。

10.2.1　商业组织中的评价标准

对于大多数组织来说，评价标准的有限次序是由组织的任务和目标决定的。在这些组织中，需要考虑如下三个方面的问题：

1. 每个战略选择方案都与组织的目标和任务相一致吗？它们将实现何种目标？举例来说，Eurofreeze 公司在评价战略方案的时候就要考察各个选择方案如何满足资金回报率达 15% 以上的目标。它们是怎样帮助组织向高附加值的产品转变？

2. 每个战略选择方案都有利于增强组织的优势吗？它们能够利用确定的机会和增加组织的核心资源吗？因此，对于 Eurofreeze 公司来说，有必要考察一下每个选择方案对增强组织的冷藏技术和利用市场机会有什么样的贡献。如果它们不能增强组织的优势，那么这样的选择方案就可能要遭到否决。当然，我们应该注意到，这样的"否决"并非是必然的。

3. 每个战略选择方案都能够避免甚至克服组织的不足之处吗？它们对组织确定的威胁是否也有同样的功效？对于 Eurofreeze 公司而言，如果某个方案要积极推动其蔬菜业务的发展，那么必将导致组织的弱势区域进一步扩大，这样的战略应该建议否决。

在上述三个方面的问题中，第三个的优先权应该低于前两个[14]。因为实现组织的目标和任务、增强组织的优势远比担心组织的不足要重要得多。但是，有时候，组织的弱点不能被忽略，这时每个战略选择方案就必须考虑第三个问题。

如果仅仅考虑那些有限的几个标准，那就大错特错了。例如，有很多组织会注重消费者的特性和满意度，而其他一些组织则重视向更加广泛的群体提供服务。因此，它们所参考的标准往往是不同的，很难对这些标准进行限定，但是这一点并不影响它们的重要性。在进行战略选择的时候都需要考虑这些标准。从另一个角度看，这个问题就强调了精心定义组织目的的重要性。

10.2.2　非营利组织中的评价标准

对于非营利组织，任何量化的评价标准在战略选择过程中并不合适。所有的非营利组织都需要创造附加值，但是，除了这些，评价标准还应该反映组织的特殊任务：服务质量或者向社会提供的价值。

非营利组织所采用的评价标准还应该考虑其独特的决策过程和组织信仰。对志愿者支持的依赖、组织运转过程中强烈的责任感和信仰以及组织的风格等特点不允许它们自己简单地从一系列方案中进行挑选。

非营利组织可能对组织宗旨具有非常高的忠诚度。组织的宗旨常常很清楚，但组织有可能会被分权，决策本地化。如果是这种情况，一种集权式的方案评估过程往往难以奏效。在文本框 10.3 中列出了非营利组织与商业组织之间的目标对比。非营利组织的战略方案的评估过程可能更加冗长和开放。

文本框 10.3

商业组织与非营利组织的评价标准比较

商业组织	非营利组织
• 定量的	• 定性的
• 不变的	• 变化的
• 一致的	• 不一致的、有冲突的
• 单一的	• 复杂的、综合的
• 有效的	• 模糊不清的
• 清晰的	• 无效的
• 可衡量的	• 不可衡量的

10.2.3　选择的第一步

在研究与战略选择相关的问题之前，通常的惯例是进行一次初选。在有些时候，初选的评估要取决于组织的类型。在商业背景下，挑选的依据可能就是投资的赢利能力。而在一个非营利组织中，其他的一些因素例如提供服务的能力可能更加重要。因为某些原因，仔细研究组织的任务和目标非常重要。有时候，可以将明显不会取得长远成功的选择剔除掉，这样做很有用。我们在文本框 10.4 中总结了初选评估的几个步骤。

文本框 10.4

初选战略方案的评估步骤

1. 剔除早期没有希望的选择方案，也就是那些根本不可能实现组织目标的选择方案。
2. 对于其他的选择方案，在市场份额、价格、促销支持以及竞争者反应的基础上，估计销售情况。
3. 估测每个方案的成本。
4. 估计每个方案所需要的资本和其他资金。
5. 计算各选择方案的资本回报率。
6. 计算各选择方案的收支平衡情况。
7. 计算各选择方案对组织净现金流的影响。
8. 估算预期的销售水平是否需要额外的市场份额或者更低的成本，这些要求是否合理？战略的缺陷是不是在这儿就能显现？
9. 估计竞争对手最可能作出的反应以及它们对战略方案实施的影响。
10. 评估每个战略选择方案的风险。

10.2.4　评估方法：财务方法 [15]

在剔除不满足初选评估的战略方案之后，接下来的步骤是对其他的方案进行财务上的评估。对于商业组织中的大多数评估过程而言，第一步是分析投入资金的利润。在这种情况下，我们必须注意到，在大多数组织中 [16]，销售增长的时候都需要额外的资金，而不是仅仅在建设新工厂的时候才需要。因此，由于资金需求，新的商业活动就产生了新的债务关系，就需要向新的债务人支付债务费用。通常，有五种财务方法可以用于战略方案的评估：

1. 所用资本的回报率（ROCE）；
2. 净现金流；
3. 回收期；
4. 按现值计算的现金流量（DCF）；
5. 收支平衡。

在战略选择过程中应用财务评估方法时需要注意一些重要的问题，我们在文本框 10.5 中总结了这些注意事项。

所用资本的回报率（ROCE）

定义▶　**所用资本的回报率标准用于衡量战略方案的赢利能力。所用资本的回报率定义为：利润与新战略投资资金的比率。**利润一般都是按照税前计算，因为税收的问题与单个的战略方案无关。

这个比率通常用于对战略的评定。预期的营业利润多指战略实施后的若干年，一般是在税收和计息之前。所用资本的回报率的分母是战略方案所用的投资，通常使用年平均投资，因为资金可能在一年之中有所变化。

其中的一个主要困难在于，如何定义哪些资本是纯粹为战略实施而投入的。如果是新建了一座工厂，这很容易辨认；但是，如果新的战略利用了已有的工厂或者服务设施，而在此过程中，新投入的资金很难从原有的活动中区分开来。

对于当前的商业投资，多数公司常常会设置一个所用资本的回报率标准，也就是说如果新的投资达不到这样的标准就很可能会遭到放弃。这样的所用资本的回报率标准一般情况下是与公司的资本费用相关的：如果资本成本低廉，那么公司就会设置一个比较低的所用资本的回报率门槛。

净现金流 [17]

定义▶　**净现金流就是提取折旧前的收益减去资本运营的定期投资。**计算现金流之所以非常重要，是因为负的现金流具有迫使一个公司破产的能力。尽管很可能存在远期收益，而且是一个非常可观的收益，但是，公司仍

文本框 10.5

使用财务分析标准的注意事项

根据第 8 章的讨论，在战略方案的评估过程中运用这些财务分析方法要注意如下一些问题：

- 资金的成本在上述两种计算中是非常关键的要素，有关它的计算的难点问题在第 8 章已经研究过。尤其是对于一个长期投资来说，估算是非常困难的。
- 如果估测 10 年后的销售量，确实会存在一些问题。但在 DCF 计算过程中，时间跨度往往会大于 10 年，即使是在消费品公司也有可能会这样。不过，直接成本一般可以估计，但是计划的部分能否合理测算就值得怀疑了。这时候，使用回收期分析方法或许更好。
- 对于生命周期短、容易报废的产品，例如计算机，DCF 分析也许没有回收期方法合适。事实上，日本的一些公司已经证明了这一点。
- 大家知道，将新增加的投资与当前经营活动的投入分开是非常困难的。这一点不仅适用于 ROCE 计算，而且也适用于所有类似的评估。
- 因为过于强调项目本身所产生的现金，评估过程往往集中在量化的财务收益分析上，而忽略了更加广泛的、难以量化的一些收益，例如，协同优势、价值链连接等。
- 按照 ROCE 的定义，它分析的是项目的过去而不是将来的潜力。或许，它并不适合用于战略分析。

有可能遇到短期负现金流的情况。也就是说，即使资本的回报（远期）看起来非常好，但是由于公司在等待远期收益的过程中不能支付当前的账单，从而导致崩溃。对于某战略而言，其近似的现金流可以这样计算：新战略所获取的税前收益加上折旧，再减去新一轮投资所需的资金。

在战略投资评估中，下面两个方面会给现金流带来困难：

1. 初期阶段，项目一般都要使用现金，而不是产出现金；
2. 回报期长的项目在获得大的收益前有可能在几年内都需要大量现金。

现金流分析在一些不确定时期特别重要，比如全国性经济衰退或是货币不断动荡。这些情况会给本来已经紧张的现金带来更大的压力，造成重大的问题。因此，除了常规性的现金流分析外，通常还要有针对性地进行敏感性分析或作最坏的分析，也就是说，针对可能出现的最坏的情况进行现金流分析。

回收期

如果战略方案需要一笔巨大的或者专门的投资资本，那么就需要考虑回收期的问题。在实施战略的早期，要为之投入资金。随着公司从这个投资中赚取利润，它将会填补早期的投入资金。而**回收期就是用来衡量从早期资金投入到投资得到弥补的时间间隔，一般以年为单位**。

定义▶

典型地，汽车行业项目投资的回收期一般是 3～5 年。因为汽车行业的投资都涉及大规模的资金（一般数目都非常庞大），再加上行业的竞争本质，使得投资的边际利润非常低；对于消费品，回收期也许就要短。这倒不是因为市场缺乏竞争，而是因为有些产品的边际利润非常高，例如流行服饰和化妆品等。相比而言，那些资金密集型的行业回收期则更长，例如在通信基础设施、道路交通行业，回收期也许是 20～60 年。

折现现金流（DCF）

定义▶

折现现金流是在对每个现金流按照现在的价值，采用组织的资本成本来重新评估所得出的总量。这些现金流是未来的战略所用到的现金流。现在，DCF 标准广泛地应用于对战略选择方案的评估上。从本质上讲，DCF 考虑了这样一个因素：5 年后的现金其价值少于现在的现金价值，这一点与上面讨论的回收资金的角度有所不同。首先，在投资的生命周期内估算每年的净现金流量。这里的现金通常是减去支付给政府的税金之后的。然后，将每年的现金按照组织的资金成本（参考第 8 章讨论的内容）折算到当前。在早期，由于投资的扩大，现金流可能是负值；但是随着战略实施导致销售的增长，逐渐就会变成正值。现金流量按现值计算可以利用折算表，也可以利用现成的计算机程序，因此，折算过程相对简单。净现值（NPV）就是将未来的现金流量折算成现值后加总。在案例分析 10.4 中，我们展示了 Eurofreeze 公司某些战略方案的处理过程——这种分析过程是被很多组织在研究战略方案预期结果的时候所采取的。

毫无疑问，如果市场是不断变化的，那么准确预测未来的现金流就会有很大困难。即使是稳定增长的市场也会有不确定性，如技术革新、政府政策的变化、社会价值和意识的变化、战争等，最大的难题就是按现值计算。

收支平衡分析[18]

定义▶ **收支平衡定义为采取新战略的总成本与总收益相等的点**。或者说，为弥补固定成本而必须销售的产品数量。

收支平衡分析集中于收支平衡点，例如，固定成本及可变成本的总和与总收益相等的点。这种分析以一系列的假设条件为基础，使得应用于战略分析过程的收支平衡分析非常粗糙。主要的假设条件有：

- 成本可以轻易地被分成固定成本和可变成本两大部分；
- 固定成本是不变的；
- 在一定的范围内，可变成本与收入之间保持线性的关系；
- 在既定的限制条件下，可变成本按一定比例随着销售量变化而变化；
- 可以根据价格来预测销售量。

尽管存在这些问题，收支平衡分析仍然有其优点：它容易理解，也容易和组织中的其他人交流这方面的问题。因此，遵从相关注意事项来使用收支平衡分析这个工具，在战略选择评估过程中还是很有用的。

10.2.5 评估方法：股东价值增值（SVA）[19]

尽管很多西方国家的公司在战略评估过程中继续运用 DCF 技术[20]，但是在 20 世纪 80 年代，人们逐渐意识到忽略其他的问题使评估变得困难。后来在这方面的发展主要有两个：

1. 迈克尔·波特教授强调价值链及其在战略制定过程中的应用——参见第 6 章。
2. 其他一些学者[21]开始怀疑寻求股东价值的稳定增长是否明智。股东的价值可以通过公司股票的价格来衡量。经验表明，股票的价格更接近于公司远期的现金收益，而不是接近每股的收益。

如果认为公司的目标是追求股东价值的最大化，那么股东价值增值（SVA）就可以通过 DCF 方法计算。由于最终的目的是制定战略，是"使每个战略职责单元（SBU）的长期现金流最大化"[22]，因此 SVA 评估方法与前面讨论的收益性方法有所不同：

- SVA 方法也采用了现金流的概念，但不同的是，SVA 方法可以应用到企业整体的经营活动中，而不是仅仅针对某单个的战略方案。
- 该方法还考虑了公司的资金成本因素，并且以此为基准衡量股东的收益。
- SVA 方法还特别强调成功的关键因素，并认为最关键的因素也就是产生现金流和价值增值的重要因素，它将这些关键因素称之为"价值或成本的驱动器"。这种关键因素与我们在第 6 章所讨论的"行业的成功要素"也有一定的关系。不过，"价值或成本的驱动器"还是有些不同，因为它们与具体的某个企业有关，而不是整个行业。
- 这种方法支持"价值或成本的驱动器"与现金生成之间的相互联系。从这个意义上讲，它不同于 DCF 方法中的孤立观点。

评论

尽管 SVA 比相对简单的 DCF 技术有一定的优势，但它仍然依赖对战略计划的一种惯例做法，也就是需要对长期的收益作预测。此外，它还作了一个根本性的假设，就是认为制定战略的基本目标是追求股东价值的最大化。这一点在英国或者美国的公司中或许是正确的，但是对于其他一些工业国家未必是这样。

10.2.6 评估方法：成本／收益分析[23]

定义▶ **项目成本/收益分析主要通过量化项目的广义社会收益对公用事业组织项目进行评估，可能会有未被量化**

的商业收益之外的公共服务要素。到 20 世纪 60 年代，成本／收益分析首次在伦敦维多利亚地铁项目的论证中得到应用。自那以后，当投资的收益超出了简单的财务收益范畴时，成本／收益分析就成了一种受欢迎的评估方法。例如，这种收益可能是低水平的污染，或者原料的高度回收利用等。在公共投资部门作决策的时候，常常会用到它。这种分析方法所涵盖的"收益"的范围远远超过了简单的"销售"、"利润"以及"成本"。

当某些形式的公共服务收益超出了简单的财务评价时，成本／收益分析或许有用。如果投资项目使得没有参与直接投资的人受益，这时的成本／收益分析方法格外有价值。举例来说，在评估伦敦新维多利亚地铁项目的时候就分析了：

- 乘客可以享受方便快捷的地下交通；
- 由于路面的拥挤缓解了，道路的运输能力和速度也提高了。

当然，除了考虑收益，还要对社会成本进行评估。在维多利亚地铁这个例子中，社会成本包括在地铁修建过程中所带来的各种不便。

成本／收益分析方法中的关键一点是，尽管考虑的成本和收益范围更加广泛了，但衡量的标准仍然是钱。很多有关这方面的研究都与成本和收益的量化有关。直接的投资及其相关要素通常很容易确定，但还存在其他一些困难。

成本／收益分析的难点在于，如何界定可能的收益和成本。例如，维多利亚地铁会带来更便利的交通，减少空气污染，从而给人们的健康带来收益，因此就需要对人们的健康收益进行量化。或许，还有需要量化的，如它还会给人们带来更加轻松的生活节奏，等等。尽管对无形收益进行量化存在困难，成本／收益分析在公共项目和战略创新方面还是得到了很好的应用。

关键战略原则

- 在进行方案的初选时，弄清楚初选的基础非常重要。根据组织的宗旨和目标对选择方案进行评估非常重要，如果是为了获取利润，那么评估过程就应该严格和精确。对于非营利组织来说，组织的目标一样是重要的。
- 其他的评估标准包括：增强组织优势和核心能力，避免组织的不足之处。一般来说，在评估过程中增强优势比避免不足要重要得多，但有时组织的弱点也不可忽视。
- 组织的不同部门，例如总部、战略职责部门以及其他需要自己投资项目的部门等，它们各自有不同的评估过程。在进行战略选择的时候需要认识到这一点。
- 对非营利组织来说，评价标准应该反映它们更广泛的特性，例如它们对社会的服务和贡献。此外，还需要考虑这些组织的不同决策过程和不同的信仰，这使得非营利组织的战略评估过程更加冗长和开放。
- 对于商业组织而言，在进行评估前，将成功机会很小的方案淘汰是非常值得的。接下来，通常的步骤是开始计算每个选择方案的收益性、收支平衡点和净现金流。
- 除此之外，可以采取十个步骤对战略选择进行评价。从战略的角度看，对每个方案的预计销售水平应该做一个检测，检测为了达到这样的销售水平是否需要额外的市场份额或者需要更低的成本。如果有这种要求的话，那么就意味着该方案确实存在不足。
- 战略评估过程一般会采用通用的、经过组织内部协商的标准，例如对价值增值和对组织收益性的影响，不论是正面影响还是负面影响都需要考虑。
- SVA 方法考察的范围不局限于投资方案的本身，而是在"战略职责单元"的背景下确定投资方案的收益。不过，SVA 分析是基于这样的前提假设：股东总是组织的主要受益人。
- 成本／收益分析常常能够在公共部门中得到成功的应用。在公共部门里，对广泛的、不可量化的收益进行评估非常重要。而主要的困难在于，如何界定这样的收益和成本。

10.3　经验依据和经验指导的应用

前一小节从逻辑的角度讨论了战略制定的过程，除此之外，还有一些经验上的依据被其他组织所采纳，这些组织或者成功了，或者失败了。这些经验上的依据也为我们从可选的战略中挑选最佳的方案提供了指导。接下来，我们从以下三个方面进行讨论：

1. 总体的行业环境；

2. 收益性和三个重要战略问题之间的联系；

3. 合并与收购。

10.3.1　总体行业环境 [24]

通过逻辑分析，有些战略方案比其他方案具有更大的成功机会，而行业环境分析有助于我们进行战略方案的挑选。关于这方面主要概念的考察和理解被称做"总体战略环境"研究[25]。**总体行业环境的观点认为，战略的挑选应该基于它们应付独特的市场和竞争环境的能力。**有关总体行业环境分析最有名的一个例子是 ADL 矩阵。在 20 世纪 70 年代，著名的管理咨询顾问 Arthur D Little（ADL）提出了这种矩阵方法。ADL 矩阵方法将组织自身在市场中的优势和弱势与市场生命周期的不同阶段进行匹配，尤其强调如下两个方面：

（定义▶）

- 行业的发展阶段——从年轻、高速增长的市场到成熟、下滑的市场；
- 竞争优势地位——从一个占绝对优势、能够控制行业的公司到处于绝对劣势、仅仅能够维持生存的公司。

如果简单地认为，可以被采纳的战略依赖于公司所处的竞争优势地位，那就错了。在图 10.2 中我们列出了一个矩阵，阐明了在特定情况下可以选择哪些战略。例如，如果一个公司在一个成熟的市场上处于很强的竞争优势，那么根据矩阵，公司就应该：

- 寻求低成本领先，或者
- 更新它的集中战略，或者
- 从当前的竞争中寻求差异化

同时，随着行业一起增长。

因此，在上述这种市场和竞争环境下，如果战略方案不能满足这三个建议，那么就可能遭到淘汰。不过，从本书中有关技术变革的案例来看，如有关诺基亚的案例研究 9.3，如果有重大的技术变革和市场创新，这种分析就存在一定的缺陷。

10.3.2　收益性和三个重要战略问题 [26]

一些研究表明，商业组织中的收益性与三个重要的战略问题相关联：

1. 作为战略决策的一部分，质量的角色是什么；

2. 作为对战略制定的支持，市场份额的重要性以及市场营销的花费；

3. 战略创新所需要的投资资本。

这方面的证据来自于位于美国的战略规划研究所（SPI）。在过去的 20 多年里，SPI 收集了大约 3000 家公司（其中 600 家公司位于欧洲）的数据，搜集的信息内容包括三个主要方面：

1. 战略的最终结果（利润、市场份额等）；

2. 公司在这个活动中的投入（工厂投资、财务、生产力投入等）；

3. 公司运营的行业环境（市场增长、消费能力以及其他变革等）。

SPI 所收集的数据常被称做 PLMS 数据库（PLMS 就是 Profit Impact of Market Strategy 的缩写，即市场战略对

图 10.2	运用生命周期投资组合进行评估			
竞争 优势地位＼成熟度	形成初期	成长期	成熟期	衰退期
绝对领导地位	保持市场地位 尝试着提高市场渗透能力 投资步伐略快于市场要求	保持市场地位 保护市场份额 持续投资（抢先于潜在的竞争者）	保持市场地位 随着行业一同增长 如果必要可重复投资	保持市场地位 如果必要可重复投资
强烈优势地位	尝试着提高市场渗透能力 按照市场要求尽快投资	尝试着提高市场渗透能力 投资加快发展速度（改善竞争优势地位）	保持市场地位 随着行业一同增长 如果必要可重复投资	保持市场地位 如果必要或者投资规模小，可重复投资
有利地位	尝试着有选择性地提高市场竞争地位 全面地或者有选择性地进行市场渗透 有选择性地投资	试着提高市场竞争地位 有选择性地渗透市场 有选择性地投资以提高市场竞争地位	维持市场地位 定位细分目标市场并维持它 进行最小的投资和/或者进行选择性投资	收获、退出或放弃 如果必要，可进行最小规模投资或缩减投资
防守地位	尝试着有选择性地提高市场竞争地位 仅仅有选择性地投资	定位细分目标市场并维持它 选择性地投资	定位细分目标市场或者退出 如果必要，进行最小规模的投资，或缩减投资	退出或者放弃 缩减投资或者撤销投资
弱势地位	改善市场竞争地位或者退出 投资或者撤销投资	回转或者放弃 投资或者缩减投资	回转或者退出 选择性地投资或者缩减投资	放弃 撤回投资

注：该表格依赖于公司的生命周期和市场份额的战略。这些战略可以用来促进公司的战略选择，评估提出的选择方案，从而确保它们与公司的战略地位相一致。

资料来源：Reproduced with permission from Arthur D Little. ⓒ Copyright Arthur D Little 1996.

公司利润的影响），该数据库是一个非常独特的有关战略管理的数据库，可以输入和输出数据。它采集数据并计算各种变量之间的静态联系，这些联系是否有实际的意义成为学术界激烈争论的话题[27]。本书认为，它们对于经验主义战略研究有一定的贡献。数据库的所有输出结果都已经发表了，下面我们将讨论一部分重要的发现。此外，SPI 还将更详细的、秘密的内容反馈给相关的公司，用于帮助它们对自己的业绩进行评估并作出相关结论。从这个昂贵的研究当中出现了三个关键因素，那就是：质量、市场份额与市场营销费用以及投资资本。

质量

按照 PIMS 数据库的结果，从长期看，影响企业业绩最重要的因素是产品或者服务的质量。也就是说，与其竞争对手相比，其产品或服务质量的高低决定企业的长期业绩。对于战略来说，那些寻求提高质量的战略比那些不追求质量的战略更有可能获得成功。这一点支持了第 12 章讨论的全面质量管理（TQM）中的大多数活动。如果战略方案将质量与产品的价格联系起来考虑，那么将有更大的可能取得成功。

市场份额与市场营销费用[28]

在第 3 章中，我们考察了在市场中具有重大影响的公司的重要性。所谓重要的市场影响力，通常是通过市场份额来衡量的。而且，这种影响力与该公司用在产品或服务的市场营销上的花费相关，至少是部分相关的。HIMS 对市场份额进行了监控，发现市场份额与投资回报之间有很强的关联性。PIMS 还检测了市场营销的支出，发现这方面的花费依赖于公司已经具有的或高或低的市场份额。

PIMS 的数据表明，在高水平的市场营销活动与市场份额之间有很大的相关性[29]。因为对于那些已经拥有大份额的公司来说，它有能力维持高水平的市场营销开支。这种关联性还表明，对于市场份额低的公司来说，花费资金用于市场营销活动以增加市场份额的战略方案不是最好的战略方案。如果公司通过额外的市场营销活动来"购买"市场份额，那么这样的投资只能得到很低的回报。

但是我们还应该注意到，上述这种关联关系存在一个循环。也就是说，如果拥有高市场份额的公司能够获得高利润，那么它们就会有更多的资金投资于节省成本的设备，或者投资于高质量的、更多的市场营销活动，而这又反过来会进一步增加它们的市场份额和收益性。而且，这样的迹象对于大多数只占有很少市场份额的公司来说，在制定战略方面并没有多大的帮助：它们要怎么做才有可能赶上来呢？用于市场营销和工厂建设的投资昂贵得使它们难以承受。然而，日本的汽车和电子行业的公司在 20 世纪 60 年代就处于低市场份额的位置，但如今已经发展成为世界范围内的大公司。创新和市场领先者犯的错误为它们提供了机会。

投资资本[30]

在第 8 章介绍的经营战略中，对额外的资本设备进行投资被认为是值得的，因为它可以降低成本，增加投资回报。但是 PIMS 数据库分析则表明，这种逻辑并非总是成立。因为高水平资本投资占用了销售收入的很大百分比，所以公司的收益能力往往很低。即使这样的投资能够产生高水平的生产能力，也未必能够完全补偿损失。

这主要是因为如下一些原因：资本密集型企业一般需要通过高生产能力来获取利润，就像第 3 章介绍的欧洲钢铁行业的例子那样。这种生产需要稳定的或者不断增长的销售收入来产生利润。尽管我们认为这样的假设可能是值得怀疑的，但仍然存在众多的诱惑：保持生产能力、向消费者提供特别的产品、从竞争对手那里夺取销售量，等等。所有这些都会减少公司的收益。相反的，直接劳动更加灵活，在需求产生波动的时候能够向其他地方转移。而且，如果公司决定离开现在的行业，固定资本的投资会成为重要障碍，就像我们在第 3 章欧洲钢铁行业的案例中看到的那样。这样的公司可能会为了生存而试图降低产品价格，而这反过来又降低了整个行业的获利能力，即使是那些刚刚投资资本密集型设备的公司其结果也是一样。

应该仔细考虑依靠资本扩张产生利润的战略方案。在有些行业，或许没有别的选择，但应该认识到，并不是所有的资本扩张都会带来高收益。

10.3.3　合并与收购[31]

在公司经营改革的战略中，常常会运用合并与收购方法。在第 9 章中已经概括了公司采取这种战略管理的原因。尤其是在进入新市场的时候，这种方法很有效。然而，合并和收购活动主要局限于英国、法国和美国，而在欧洲其他国家和远东地区并不常见。尽管进行合并或收购活动的原因很明显，但有迹象表明，通过这些活动并不能为公司创造多少价值。

在第 9 章中，我们看到有证据表明合并与收购往往不能成功。但这并不表明并购不能带来价值增值。虽然有事例说明多数并购不能带来增值，主要原因是太过乐观、目标不清晰而并非是深层的内在缺陷[32]。一般情况下，如果双方的规模相当，成功的可能性会更大些。此外，降低成本以及资产规模缩小并不能有效地提高业绩。考虑如何转移能力和利用收益增效会更有价值[33]。此外，这些选择在提供价值方面并没有显著的成功案例。

关键战略原则

- 在进行战略选择的时候需要进行方案评估，因为没有人能够确定战略提案会有什么样的结果。
- 通过对行业总体环境的分析可以为战略评估提供一些指导。这种分析方法基于两个方面：行业发展阶段和企业在市场中的竞争地位。将企业的实际情况与二维的矩阵相匹配，就可以得到简单的战略选择建议。

▶

- 除了这些一般性的研究，还有一些研究根据不同类型的行业形势，为选择最恰当的战略方案提供了指导。行业的发展阶段包括：不成形的市场、新兴的市场、成熟的市场、衰退的市场。
- 基于 PIMS 数据库的经验数据，从收益能力和其他标准的角度，显示了战略活动与战略结果之间的关联性。
- 根据 PIMS 的结论，高质量和大市场份额能够提高企业的收益性。而该结论在高资本密集型行业则可能不适用，有些研究人员对这种因果关系持怀疑态度。
- 人们还研究了收购和合并对企业收益性的影响。有证据表明，在最好的情况下，收购和合并结果也是好坏参半；在最坏的情况下，大多数都是不成功的。

案例研究 10.3 全球冰激凌市场：雀巢攻势

联合利华（Unilever）是全球冰激凌市场的佼佼者。但是它也经受了来自雀巢利用跨国杂货连锁所带来的竞争冲击。那么，联合利华还会是冰激凌市场的领军者吗？

全球冰激凌市场：部分地区在增长

2005 年，冰激凌全球市场按照生产商的销售价格来说，大略是 600 亿美元。不同国家中的消费有很大的不同。比如，据预计美国人每年平均要消费掉 19.8 夸脱的冰激凌，荷兰人是 7.2 夸脱，而中国人只有 0.9 夸脱，印度人仅消费掉 0.1 夸脱。这也反映了全球冰激凌销售的地理分布——参看图 10.3。因此一些地区是成熟的市场，尤其是北美和欧洲。像联合利华和雀巢这样的公司都把它们的主要成长战略重点放在了开发亚洲和其他市场上。

冰激凌的全球市场规模以每年 3% 的速度在递增——这一比例对于那些有较高生活水准和较高的经济增长的国家来说还是比较低的增长速度。甚至直到 2010 年，全球市场大约还是会在这一水平上增长。这样的增长是吸引人的，因为与其他的食品市场相比，该市场规模已经很大，而且这样的增长在食品行业来说已经是很不寻常了。食品市场已经是基本成熟的市场，其增长很大程度上会随着人口的变化而变化。冰激凌市场相对较高的增长率其原因至少有以下两个：

1. 增加的财富：随着人们的收入增加，人们会消费更多的冰激凌；

雀巢认为其进入冰激凌市场是一个绝佳的战略机会。

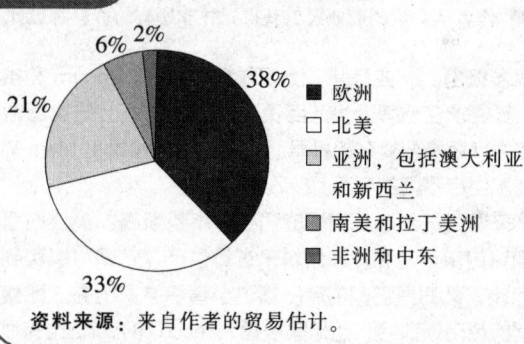

图 10.3 **2005 年冰激凌销售地**

- 38% ■ 欧洲
- □ 北美
- □ 亚洲，包括澳大利亚和新西兰
- ▨ 南美和拉丁美洲
- ■ 非洲和中东

资料来源：来自作者的贸易估计。

2. 更为便利：更为繁忙的工作生活和对于更多休闲时间的渴望意味着，消费者喜欢那些快捷食品，比如冰激凌。

在北方国家，寒冷的天气意味着冰激凌的消费在一年当中会随着温度不断变化。热天的时候会吃掉更多的冰激凌。这样的变化对于公司盈利性来说有着重大影响，但并没有给某一公司带来竞争优势，因此本案例并没有更深入地探寻这些。但是，应该注意到，一些大公司一直在开发那些一整年都可以吃的冰激凌产品，比如沙漠冰激凌外带装，这样不管天气怎么样，他们都会有机会进行销售。

全球冰激凌市场：联合利华占据统治地位，但这又能持续多久呢？

2007 年，联合利华占据了大约 19% 的市场份额，是该市场的龙头老大——参看案例研究 10.1。但联合利华的竞争对手雀巢正在通过一系列的收购迎头赶上，并且获得了大约 16% 的市场份额——参看表 10.2。

除了这些巨头之外，整个世界冰激凌市场被众多厂商瓜分。比如，在中国有超过 4 000 家冰激凌公司，印度也差不多。很多公司生产众多品种的产品，包括雪糕和冰棒。有一些公司采用简单的产品成分、简单的生产和较少的日常管理开支，来降低成本和价格。也有一些生产高品质高价位的专业公司。

进入壁垒：品牌、工厂技术和零售分销

进行小规模生产冰激凌并不难：把各种成分混合然后冷冻起来。但是，如果生产商有更大的野心的话，想要进入这个市场就 ▶

表 10.2　世界领先公司按价值的市场份额

公司	2001 年世界份额	2001—2007 年战略	2007 年世界份额
联合利华	17%	致力于发展世界级品牌——参看案例 10.1——加上在某些特定地区覆盖范围不同的品牌的收购	19%
雀巢	9%	收购和技术革新——参看本文	
美国 Dreyer	2%	Dreyer 是美国市场领头羊，雀巢 2002 年收购了其主要业务	16%
美国哈根达斯	1%	2002 年被雀巢收购	
Scholler/Movenpick	2%	欧洲重要冰激凌生产商，之前主人是 SudZucker，一家德国甘蔗种植公司，雀巢 2003 年收购	
其他地区哈根达斯	1%	仍由美国的 Genreal Mills 控制，2001 年被 Pillsbury GM 收购	1%
Mars	1%	美国主要的独立家族公司——参见本文	1%
Baskin Robbins	1%	独立——美国总部	1%
其他	66%	高度细化——很多地区性、当地品牌，以及超市自有品牌	58%

注：表中的市场份额是按价值定义：这提升了领先的全球公司，比如联合利华和雀巢的份额。如果按照数量来定义，"其他"这一分类的市场份额可能会更高，因为它们销售出了大量的低价产品。

资料来源：作者从大量的商业渠道获得，并非所有的资料都彼此一致。

会遇到很多壁垒。一些产品，比如联合利华的 Magnum 和雀巢的 Extreme 都要求在品牌上投入巨资以在这个市场上站稳脚跟。这些产品的生产还需要复杂的机器。联合利华、雀巢和 Mars 都在利用现代技术生产不同的产品上投入了巨资。

　　一般来说，进入这一市场的门槛并不是很高：小公司可以很容易地通过简单混合和冷冻原料来进行生产，它们可以买到外包装进行包装，然后把它们的产品通过小售货亭卖出去。即使对于那些大型的超市连锁店，比如家乐福、Tesco 和 Aldi，也有很多本地的冰激凌厂商能够为其进行生产和包装冰激凌。因此，表 10.2 中"其他"这一门类所占的份额就很高——冰激凌市场上存在着大量的小生产商。

　　把冰激凌市场和其他的食品市场，比如糖果店，相区别开来的显著特征就是这一市场要求有一个特殊的分销设备：冰激凌需要低温保存。因此一个专门的分销网络要包括冷品店、特殊的运输车辆，以及拥有冷冻柜的零售商。

　　在全球的冰激凌市场上，龙头制造商们所遇到的最为困难的进入壁垒恐怕就是分销了。雇用货车把冰激凌送到各个商店很容易并且也不是很贵，但是要保证零售店的分销就要困难得多。对于那些拥有大量的冷藏冷冻柜的大型超市来说这些都不是什么问题。但是对于只有一个小冰箱的小型商店来说，如果你的竞争对手（通常是联合利华）已经占有了冰柜并且坚持竞争对手的产品应被拒之门外的话，想要在这里销售产品就变得很困难了。在这些零售店建立并保持分销对于早期的 Mars 来说是个重要的战略问题。

顾客和市场细分：在品牌和奢侈品细分市场中的显著增长

　　购买冰激凌通常可以被细分为 2 个领域：冲动消费和外带，前者是为了马上消费，而后者通常是为了之后消费而购买回来。典型的冲动购买通常会发生在小型的商店，比如海滩的售货亭、报刊亭，而外带产品通常是在大型零售商和超市里购买。但把二者划出严格的界限是错误的：零售商购买大包冰激凌来满足那些冲动需求；而冲动型的产品比如多包装的巧克力棒也可以在回家之后慢慢品尝。

表 10.3　对冰激凌购买意向的顾客划分

场所	美国	南非	中国	英国	德国
冲动型购买	40%	80%	90%	30%	50%
家庭消费型购买	60%	20%	10%	70%	50%

资料来源：作者根据各种商业文章估计。

　　实际上，尽管可以得到某些国家市场的细分数据，但是无法找到任何全球研究的出版物。表 10.3 中说明了来自各种渠道的估计信息。

　　最近一些年以来，采用昂贵的原材料、高价和口味奇异的冰激凌越来越多：一些顾客（但不是全部）对于口味上更加勇于尝试，也更加富有，对于品质的要求也越来越高。还出现了一种按照价格和品质对顾客进行划分的尝试。如表 10.4 所示。

雀巢冰激凌的目标：建设全球业务

　　雀巢是联合利华的全球竞争者之一，但是雀巢进入欧洲冰激凌市场较晚：直到 80 年代后期才进入该市场。雀巢主要采用以下几个增长战略：

1. 收购现有的当地冰激凌公司；
2. 引入强势品牌产品系列；
3. 开发专利和知识产权产品以区别于其他的竞争对手；
4. 灵活开发和供应适合当地口味并符合当地价位的冰激凌产品。

收购

　　1996 年，雀巢总销售额超过 500 亿美元，其中有大约 10 亿美元来自于冰激凌产业。到 2005 年，该公司总销售额 600 亿美元中有 76 亿美元来自于冰激凌产业。销售额的增长很大一部分来自于收购当地公司。从 90 年代到 2000 年，雀巢在 30 多个国家收购了冰激凌公司。2002 年公司进行了重要收购；也就是，美国市场的领军企业 Dreyers，以及重要的欧洲冰激凌公司 Scholler，该公司涉足了众多的欧洲市场。

　　这些收购计划都是基于这些公司是可收购的。在北美，雀巢收购了市场的领头羊 Dreyers，并把现有的冰激凌业务整合到了 ▶

表 10.4 　按价格和质量的消费者细分

细分	产品和品牌	定价	2005 年度市场增长
超一流	高品质，异国风味，比如哈根达斯的薄荷巧克力片、Ben&Jerry 的巧克力软糖	非常高的单价：高附加值	从很小的市场基础上增长到 6%——一些国家仅仅因为其高价
一流品牌	良好品质，知名品牌定位，比如 Mars、Magnum、Extreme	定价高于普通和经济类，但没有超一流品牌高：高附加值	基数要比超一流大，增长达到 3%
普通	标准成分，品牌依赖于制造商的名气而不是单一产品，比如 Walls、Scholler	标准价格：适当附加值，大规模市场	发达国家基数较大但保持平稳——领先品牌在很多国家都可以买到
经济	由小生产商按照标准品质成分制造，有可能是为超市自有品牌生产	较低的价格，较高的竞争价格：低附加值，但市场较大——也有可能是高品质的成分	基数较大保持平稳尤其是在像英国这样的地方——很多本地品牌

资料来源：作者根据商业文章估计。应注意表 4.4 的细分，因为还没有关于这四个市场细分的出版物。

Dreyers 中。重要的是，雀巢允许 Dreyers 的管理层经营雀巢的业务，并宣称，就工作岗位、管理层和业务范围来说，Dreyers 才是赢家。但这种办法的缺陷就在于 Dreyers 变得更难融入到雀巢中了。

并非雀巢所有的收购都是成功的。为了进入成熟的英国市场，雀巢在 1993 年收购了克拉克斯冰激凌公司（Clarkes Foods）。克拉克斯销售 Lyons Maid 品产品，是英国第二大冰激凌制造商，排名仅次于联合利华，占据英国市场 40% 的份额。由于该公司刚好投资建立了新的生产工厂（并在此过程中破产）雀巢才得以收购该公司。雀巢也因此买下了英国冰激凌市场很重要的份额：大约总数的 15%。雀巢在 1993 年解释说，他们买下了分销机构和管理人员以便于在随后的几年里继续巩固这一份额。

2001 年，雀巢以 1000 万美元把它的英国子公司克拉克斯卖给了英国本土的冰激凌制造商里奇蒙德（Richmond）。雀巢承认说他们在收购了该公司之后就没有赚过钱：比如，2001 年销售额达到了 7000 万美元，但是亏损了 1800 万美元。新东家里奇蒙德是英国超级市场连锁如 ASDA/ 沃尔玛、特易购的主要供货商。里奇蒙德同意继续以雀巢的特许生产商的身份生产冰激凌——但是雀巢能够在英国市场上出现的所有收益只来自于特许费用。

高度品牌化的产品

如同其主要竞争对手联合利华一样，雀巢也决心发展一系列高度品牌化的产品。它采用了和联合利华类似的措施，也就是利用本土公司的名称和雀巢自己的商标。之后开发了一些全球性的产品——主要是一系列的 Extreme 冰激凌蛋筒——来发展自己在国际市场中的地位。很重要的一点，这样的产品的标识是跨国公司的，但通常是在本土地区生产出来的。这么做的目的是为了能够利用大规模的生产来获得规模效应。联合利华也采用这一战略。

除了自己的专有品牌之外，雀巢还利用特许的方式开发了很多产品——比如迪斯尼的米老鼠，这是为了吸引具体的细分市场。由于有一部分利润要支付给其他的公司，这样的战略会减少利润。但是该战略对于雀巢成为知名制造商并获得更多的知名度起到了一定的作用。

专利和产权产品

作为其全球战略的一部分，雀巢还建立起了两个研究实验室———个在北美，另外一个在欧洲——来开发冰激凌领域的新技术。这主要是在生产技术领域——比如，在冰激凌的饼干层和冻冰层加上一些弯曲折叠。成立实验室的目的是为了利用那些雀巢独有的受欢迎的产品与竞争对手之间形成可持续的竞争优势。这样的例子包括雀巢的 Maxibon 冰激凌曲奇三明治和 Itzakadoozie 卷曲水果冰棒。这样的产品的劣势是可能会缺少那种一般的香草或者巧克力口味的冰激凌的那种广泛的吸引力。

在本土口味、成本和价格方面的灵活性

除了提供全球性的产品，雀巢的全球 / 本土战略还允许其各国的公司开发符合当地消费水准的本土风味产品。比如，中国雀巢的产品及就包括低至 1 元（约 12 美分）的产品，口味包括红豆、绿豆口味的冰激凌，该产品是特别为上海销售设计的。像雀巢这样的公司所面临的问题是它们至少在部分程度上要和当地的低成本公司抗衡。这对于冰激凌市场的冷冻分销来说尤为重要，任何游离于主要的核心人口之外进行冰激凌分销的成本是有很大风险的，因为在核心人口中建立起冷冻分销网络才是比较经济的。

雀巢的优势和劣势

在收购之后，雀巢开始成为冰激凌市场上的有力竞争者。另外，它还在糖果品牌上优于冰激凌市场的领军企业联合利华，因为雀巢在巧克力市场上有着超过 20 多年的产品经验——雀巢拥有自己的品牌，比如 Kit Kat 和 Lion Bar。在 90 年代早期，雀巢从 Mars 那里借鉴了这样的战略：重新整合糖果品牌为冰激凌品牌并开发拓展一些新的产品系列——比如，Nesquik Dairy 冰激凌和 Dairy Crunch。如上所述，雀巢还从迪斯尼这样的公司获得一些特许品牌来开发了自己独有的冰激凌产品，比如 Extreme 冰激凌蛋筒。

重要的是，雀巢在技术开发上有着良好的强大声誉。它利用其在瑞士 Vevey 的总部和两个技术开发部门进行了一系列冰激凌领域的技术革新。雀巢开发了众多的专利冰激凌产品，这些产品需要复杂的生产，是那些小型的地区性的制造商们无法企及的。为了获得规模效应，雀巢还对世界范围内的生产地的数量进行了限制。

尽管进行了不懈的努力，但雀巢仍然存在一些重要的问题。首先，雀巢是通过收购来发展自己的业务的，这样收购的同时也收购了所有的风险。另外，在单价已经非常低廉的很多市场上，雀巢还要面对来自日常管理成本很低的当地公司的竞争——低价 ▶

竞争的市场已经使得该市场成为很难获利的市场了。而且，雀巢还要面对来自于超级市场连锁店在更为成熟的市场上的竞争——参见以下所述。

最后，在雀巢收购市场领头羊的地方，雀巢已经开始赢利。但是在那些雀巢仅仅收购到占据市场相对较小份额的公司的地方，公司不得不努力赢利。原因就是，开发和分销冰激凌的费用很高，也就是说高利润需要有高销售额：拥有较高的市场份额才更有可能做到这些。

超市——新的竞争者

超市连锁——比如很多欧洲地区的阿迪（Aldi）和特易购，北美的沃尔玛，欧洲的家乐福——通过两种机制在冰激凌市场中的竞争也越发激烈。首先，他们通过与雀巢和联合利华讨价还价得到其品牌冰激凌的优价和促销。其次，他们与一些公司接触，比如在英国的里奇蒙德，来生产那些在品质上和技术上与雀巢和联合利华都十分类似的冰激凌，但其价格就要低很多了——也就是所谓的超市自有品牌。这样的竞争行为导致主要的跨国冰激凌制造商们的利润率降低。

在更为成熟的欧洲和美国市场，联合利华和雀巢因此被迫为他们的产品寻找其他的终端——比如百货商场、售货亭和电影院——他们自己要承担所有的分销和其他的费用。进入这些市场需要有很高的固定成本来执行其战略。对于小公司来说还存在着一些门槛。因此，获得较高的市场份额，比如像联合利华，在早期就投入巨资发展市场份额，就会获得领先优势。

案例问题

1. 雀巢在冰激凌领域的战略的主要特征是什么？这些战略如何与联合利华的战略相区分？
2. 为什么雀巢采取了获得大市场份额的战略？你认为这是可行的吗？雀巢还可以采用什么战略？可参考 4.3 节。
3. 对于低门槛进入但是对于领头羊来说存在高成本的市场，我们可以学到什么样的战略教训？

10.4 古典的常规性公司战略模型：战略过程研究

在选择了战略规划的内容之后，我们将要把注意力转向另一个相关问题：谁将作选择，如何作选择——也就是战略过程。很显然，在实践中，过程和内容这两个问题是相互连接的，但就我们的探讨来说，将它们分开会更好一些。本节的目标并不是仅仅描述战略过程，还要评价它的益处，因为这个问题（战略过程）非常重要。下面我们分三个方面进行考虑：

1. 公司战略的常规性过程；
2. 常规性战略过程的一些问题；
3. 这些问题的常规性的解决过程。

10.4.1 常规性的公司战略过程

Wheelen 和 Hunger[34] 在描述他们对古典模型的观点的时候指出，战略管理的过程包含五大要素：

1. 环境扫描——SWOT 分析中的外部机会和威胁；
2. 内部扫描——SWOT 分析中的组织优势和不足；
3. 战略形成——组织任务、目标、战略和政策；
4. 战略实施——包括实施纲要、预算和其他步骤；
5. 评估与控制——确保战略过程按照预定的轨迹发展。

举例来说，在联合利华内部，公司会持续扫描它的主要竞争对手如宝洁（美国）和雀巢（瑞士）的各类信息——这就是环境扫描。它还会分析自身的资源——这就是内部扫描。然后，公司就会考虑它的商业目标并制定相应的战略，例如投资全球的冰激凌市场——这就是战略形成。接下来，公司就会实施这样的战略，就像案例研究 10.1 中描述的，创建或者收购冰激凌公司——这就是战略实施。在战略开始实施之后，公司就会不断监控利润情况，确保能达到战略的目标，如果必要的话还会采取适当的纠正措施——这就是评估与控制。

有些评论家例如 Jauch 和 Glueck[35] 则认为，在古典模型中，应该把组织的任务和目标移到环境扫描之前。但本书还是按照前面的安排那样，将组织目标放在环境扫描和内部扫描之后，原因已经在第 1 章里有过介绍。然而，在实践当中，上述过程是循环的，因此，在这一点上没有严格的界定。表 10.5 列举了古典模型的典型顺序，其中，组织的目标放在第一位 [36]。

表 10.5 战略管理过程的常规性模型		
由谁完成常规性模型中的哪些内容	**战略管理过程中……**	**在本书中的位置**
首席执行官	组织任务和目标	第 6~7 章
公司的规划团队加上相应产品或服务的战略职责部门（SBU）	环境分析	第 3 章
战略职责部门（SBU）加上公司的规划团队	内部要素分析	第 4
战略职责部门（SBU）	战略选择生成	第 8~9 章
团体与战略职责部门（SBU）合作	选择战略方案	本章
战略职责部门（SBU）	实施	第四部分——第 13~15 章

注：这个过程主要是线性的，但在不同的点上都有不同的反馈机制，从而确保目标、分析与战略之间的一致性。这可以根据箭头的指示方向表现出来，我们在第 11 章中讨论另一种过程时，其重要性就变得比较明确了。

在战略过程当中，与"事件顺序"同样重要的问题是：谁来完成它们。尤其当组织的成员属于不相关的行业的时候，这个问题就变得尤其突出了。在这种情况下，很可能由一个公司的中心部门来承担一些任务，而由战略职责部门（SBUs）来完成其他任务。但是，又由谁来完成什么样的任务呢？对于这个问题没有唯一的答案。举例来说，在案例研究 9.3 中描述的联合利华公司所采用的方法只有在其当时的机会、历史以及产品等条件下才是合适的。

尽管将上述过程进行一般化有一定的风险，但一些评论家还是分析了哪些类型的公司最有可能采取上述各个步骤[37]。在大型跨国公司例如联合利华中，集团的 SWOT 分析通常都是在公司总部层次上进行，而且公司的总体目标和任务也是由公司总部确定。原因是，只有公司总部才能够纵观全局，从而指导总体战略和安排支持战略的资源。然后，公司将结果传递给战略职责部门（SBU），由它们制定战略选择方案。在联合利华公司，有一些战略职责部门（SBU）被赋予特权——例如冰激凌部门的 SBU 和茶饮料部门的 SBU，而其他一些则相反，它们的权限受到更严格的控制。战略挑选的任务可能是由公司总部来完成的。公司总部会咨询战略职责部门（SBU）的意见，并依据集团可用资金进行方案的挑选。最后，战略职责部门（SBU）实施经过同意的战略。

因此，战略过程常常都是由公司总部推动的。事实上，公司总部也仅仅是组织的一个部门，但需要考虑整个公司的所有方面。不过，附属公司一般都会被给予相当的自由，它们自己可以在公司总部的指导方针限定范围内制定自己的战略，就像联合利华公司那样。

早在 20 世纪 20 年代，美国的通用汽车就采取了这样的公司总部与 SBU 之间的关系形式。Alfred Sloan 担当起了挽救和重组通用汽车公司的重任。Alfred Sloan 原来在通用汽车的附属公司工作。他为通用汽车公司带来了总部与战略职责部门（SBU）的这种合作关系，从而使得公司后来成为全球最大的公司之一。Alfred Sloan 是提出这种战略过程的最早战略先驱之一，他的工作记载在他自己的著作[38]和 Alfred Chandler[39]的作品中。Chandler 除了研究通用汽车公司以外，还指导了一项具有历史意义的调查，研究了 20 世纪初期美国的另外 3 家大型公司，目的是为了揭示美国工业发达的秘密。

战略规划也可以自下而上形成，但是通常来说，实施过程中所需要的资源只有总体部门（例如公司的总部）才能够提供。由总部这样的部门确定宽泛的政策限制后，再由其分配相应的资源，然后由较低层的执行人员（例如，日常管理人员）来贯彻战术决策。

但是，需要指出的是，在 20 世纪末期，附属公司被赋予了更多的战略决策权，而不像 Chandler 所描述的那样。尽管世界上大多数公司都采取了古典的常规性过程，但这种过程存在很多明确的问题，下面我们开始讨论。

10.4.2　常规性战略过程的一些问题

在常规性过程中隐含了一些假设或者简化，而实际上这样的假设或者简化可能并不正确。下面我们主要总结四个方面的问题，当然还有其他一些已经明确的困难，这里不一一讨论。

1. 环境。在常规性战略过程中，认为环境是可以预知的，因此，有一个明确的方向可以发现组织的机会和威胁。实际上有很多的事例表明，一些重大变化使得环境的可预测性变得难以维持。

2. 清晰的计划过程。在常规性战略过程中，主要的战略决定通过简单而清晰的决策点——战略挑选——就可以获得。但在很多公司中，计划过程非常复杂，因为需要说服管理人员去执行某些特定的战略，但他们往往会因为各种原因而不情愿：或者因为手中的权力被削弱，或者因为个人利益冲突等。

3. 自上而下的过程。从公司总部到战略职责部门这种自上而下的模式代表了制定和改革战略的最有效途径。在这个过程中，假设前提是，公司总部能够应付外部的环境，并且能够获得管理人员的参与及实施战略。但很多的研究结果表明，管理人员发现这样的过程很容易让人消极。相反地，日本本田汽车公司的做法则非常有效：与日常管理人员的频繁商讨和对话。

4. 文化。另一个假设前提就是，公司的文化应该允许古典模型的实施。这里的文化包括两个方面：一个是组织自身的风格、信仰和惯例；另一个则更加广泛，即组织所在国家的文化。这两个文化都被假定为能够与自上而下的管理模式相符合。事实上，很显然，有些文化比另外一些更加适合组织严密的管理方式。在第 16 章讨论的 ABB 公司的案例中，我们将会看到公司的文化是怎样变革的。

总而言之，上述的这些假设条件都存在严重的缺陷。

Marx[40]引用美国通用电气公司总裁杰克·弗尔奇先生的话（见案例研究 9.1），说明在 20 世纪 60 年代该公司在战略规划过程中采用古典战略过程所遇到的问题：

> 当我们的战略规划体系第一次提出时，确实引起了轰动。该思想非常新颖，形式则无关紧要，它是以思想为导向的。然后我们就聘用了一位规划总经理，接着他又雇了两名副总经理……然后是一些规划人员……接着相关书籍变得越来越厚，出版物也变得越来越复杂……会议规模也变得越来越大。事实上，当与会人员达到 16 人或者 18 人的时候，没有人能够说什么有效的话。

韦尔奇变得越来越关心公司的整个规划过程，并且开始改变它。韦尔奇主要关心三个方面的问题：

1. 古典的战略过程可能滋养的官僚氛围；
2. 判断需要决策，而作出这些选择并非像决策过程理论所阐述的那样简单和合理；
3. 应该培育一种有思想的企业文化，而不是古典战略过程中所要求的自上而下式的管理模式。

10.4.3　问题的解决之道

为了更好地探讨如何解决常规性战略过程中的问题，我们首先总结一下所遇到的困难。20 世纪 80 年代早期的一项调查发现，常规性方法的模型已经变得过分理性、官僚和拘泥于形式[41]。有很多方法可以克服这些问题：创造一个更加开放的战略规划文化氛围、尽量少地强调量化数据。在战略过程中要强调两个方面：

1. 考察提出战略方案时所依据的假设条件，如果假设条件不正确，整个战略就应该受到怀疑。
2. 在讨论会期间，要求主要的提案都做一个简短的口头概述。如果这样都做不到，提案本身就应该受到质疑。

制定战略的整个过程和制度也应该定期进行检测：这就是对规划过程的检查。这么做的目的是扫除长时间所形成的障碍。正是这样的检查使得联合利华公司在 1996—1997 年间重新考虑它的战略决策过程。后来公司发现需要对公司的发展方向重新调整，强调重要的商业领域，并且澄清连接它们的过程。值得注意的是，这些都与新的联合主席 Niall Fitzgerald 的观点相一致。他的两个特定目的是：第一，使附属公司获得更大的战略决策权；第二，更加强调创新。还应注意到，在 21 世纪早期，"成长之路"踯躅不前的时候，该公司对管理团队和组织结构以及产品都作出了改变——见案例研究 9.3。

10.4.4 结论

总体来说，很明显的，大家都意识到了由古典模型的常规性方法所带来的问题，而且人们试图通过修改和更新战略过程来克服这些问题，还有可能采取更加彻底的方法以改变公司的文化。但仍然还存在一些问题，而且有些战略学家更喜欢激进的方法，我们将在第 11 章讨论这个问题。

天键战略原则

- 在古典模型中，常规性战略过程在很大程度上是一个直线过程。它在各个点都有反馈机制，以确保组织的目标、战略方案和战略选择之间保持相互一致。
- 常规性方法主要有四个方面的问题：环境的不可预测性、规划过程的复杂性、集权驱动的自上而下式的管理和组织的文化与古典模型的相容性。
- 批判认为，应该更多地进行对话和思想交流，以更好地适应环境。
- 或许这些问题都可以在常规的过程内部得到解决，但是有些战略学家持有更苛刻的观点。

10.5 跨国公司的战略选择 [42]

跨国界的战略选择更加复杂，因为有一些额外的因素，例如，汇率、民族文化、关税壁垒等问题需要考虑。这些方面的问题已经在前面章节中讨论过。

从选择战略的角度，最重要的一个方面或许是弄清楚进行国际化扩张的"目的"何在。因为这将为制定和挑选相关国际化活动指明方向。当然，实际上会存在很多变化因素。在文本框 10.6 中举了两个例子，说明在国际化目标与战略选择之间的联系。

文本框 10.6

国际化目标与战略选择之间的联系的两个例子

例 1

- 目标：因为国内市场已经成熟，需要进行国际扩张
- 成功的关键因素：规模经济
- 建议：保持国内的产品，以获取经济规模的增长
- 战略选择：选择低成本战略。以国内工厂和产品规模为基础，进行出口生产
- 案例：宝马汽车公司仍然以德国国内产品为主，同时在国际上销售

例 2

- 目标：因为贸易壁垒太高，所以进行国际化扩张
- 成功的关键因素：在贸易壁垒内部销售，同时需要获得规模经济
- 建议：需要在贸易壁垒内部建立生产机构
- 战略选择：在贸易壁垒后面选择一个国家作为进入点，但是该国应该允许与国内进行货物交流
- 案例：日产和丰田汽车公司就在英国和西班牙设立了经营机构，目的就是绕开欧洲的贸易壁垒

国际化战略的难点在于，组织目标与战略选择之间的联系比一般的更加复杂。而海外附属机构的出现因拥有自己的文化、历史和资源而使得国际化战略的难点更加突出。这些公司之间或许在目标、战略选择和战略实施的观点上存在抵触的地方。笔者清楚地记得一家食品公司国际化的例子，位于美国的总部要求英国的附属公司——生产橙汁饮料的公司，该饮料在英国称作 Apeel，在欧洲其他地方称作 Tang——进行国际化。实际上它仅仅是"欧洲范围内战略"的一部分，后来却被推广应用。直到造成了重大损失，公司的总部才认识

到自己的战略选择是错误的 [43]。因此，公司总部将战略强加于海外附属结构是非常危险的事情。有关战略选择，尤其是在全球背景下的战略选择，我们将在第 19 章作进一步讨论。

关键战略原则

- 国际化战略选择更加复杂，首先应该弄清楚组织进行国际化的目标和原因。
- 在组织的不同（海外）附属公司之间，对于目标的看法、资源和文化之间可能存在冲突。这些问题使得战略选择更加困难。公司总部将它的战略选择结果强加于附属结构是非常危险的。

案例研究 10.4　Eurofreeze 公司的战略选择评估（2）

在确定了公司任务和目标之后。Eurofreeze 公司开始对其战略选择方案逐一进行评估，然后进行重要的战略决策。在本案例中，战略方案是通过一种常用形式表示的，这种形式也是很多公司在进行战略决策的过程中所用到的。

Eurofreeze 公司的战略选择方案

现在，Eurofreeze 公司开始考虑它的一系列选择方案了。公司花费了 9% 的资金用于基本分析。首先，Eurofreeze 收集了关于自身产品的一些市场数据，还有关于其主要竞争对手 Refrigor 的信息。信息面覆盖了主要的欧洲市场，如表 10.6 所示。在产品内部

对速冻食品的选择进行评估，首先是受欢迎的食品有更多的增加值及更高的利润，就如比萨饼和糕点，而遭到放弃的产品利润低，如简单的速冻蔬菜。

几乎没有什么其他有用的信息：虽然每种产品的销售数据都可以获得，但是由于不同国家、不同存储链之间的差异太大，从这些数据中基本上得不到什么有意义的信息。

Refrigor 在蔬菜和水果方面是市场的领头公司，在品牌肉和鱼方面 Eurofreeze 则位居第一，Refrigor 紧随其后。但在开胃食品（包括比萨和奶油蛋糕等产品）方面，两者都不是领头公司。McCain 公司占有开胃食品市场的 30% 份额，位居第一；SaraLee 公司在奶油蛋糕市场上占去了 25% 的份额，位居第一。

2003 年，Eurofreeze 公司对业务量进行了分析，结果如图 10.4 所示。相关市场份额的计算参见本章的附录。

接下来，Eurofreeze 公司进一步考虑它的每个选择方案，我们在下面总结了分析的结果（有些方案还可以进一步结合，但是下面的结果也可以反映公司主要过程）。

Eurofreeze 公司的战略方案

在表 10.7 中我们列出了 Eurofreeze 公司可用的选择方案，它们对公司财务方面的影响将在后面分析。

战略方案 1

停止供应所有的基本品牌冷冻产品，包括放弃拥有自己商标的（例如，可以利用零售商的商标）蔬菜。放弃这些产品就意味着，由它们给公司带来的日常管理费用就再也没有了。该方案对

表 10.6　欧洲冷冻品市场 1999 年的有关数据

	Eurofreeze 公司		Refrigor 公司		市场增长	
	销售额（百万美元）	市场份额（%）	销售额（百万美元）	市场份额（%）	2003	2012
品牌蔬菜和水果类	400	10	800	20	+2%	–
自有商标蔬菜和水果类	200	5	300	7.5	+2%	–
品牌鱼肉类	300	30	200	20	+4%	+6%
自有商标的鱼肉类	150	15	100	10	+4%	+6%
品牌开胃食品类（包括比萨）	30	6	80	16	+7%	+5%
自有商标开胃食品类（包括比萨）	none	–	40	8	+7%	+5%
品牌商标奶油蛋糕类	25	12	25	12	+8%	+6%
自有商标奶油蛋糕类	none	–	20	9.6	+8%	+6%

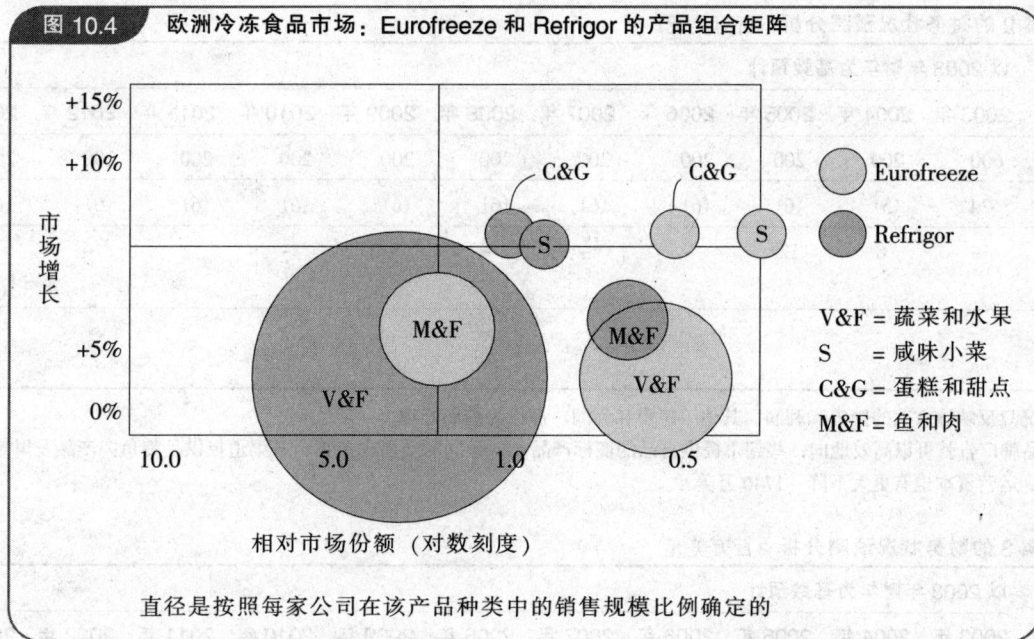

图 10.4　欧洲冷冻食品市场：Eurofreeze 和 Refrigor 的产品组合矩阵

直径是按照每家公司在该产品种类中的销售规模比例确定的

表 10.7　Eurofreeze 公司战略方案概括

选择方案	对销售的影响
1. 停止销售品牌蔬菜和水果，并放弃自己的商标	第一年销售额将减少 4 亿美元，第二年将减少 2 亿美元
2. 停止销售品牌蔬菜和水果，但不放弃自己的商标	第一年销售额将减少 4 亿美元
3. 增加具有专门品牌的食品，例如，比萨和奶油蛋糕	每年可获得 5000 万美元的收益
4. 前两年削减产品种类，从第 4 年开始重新创建专门的领域	第一年销售额将下降 2.05 亿美元，第 2 年、第 3 年下降 3 亿美元；第 4 年收益增加 0.5 亿美元，从第 5 年起，每年收益 1 亿美元
5. 通过大量投资成为最低成本生产商	每年的费用至少为 1 亿美元

公司财务方面的影响如表 10.8 所示。

战略方案 2

放弃当前的一些冷冻产品，例如蔬菜，但仍然生产拥有自己商标的产品。这样做可以维持由这些产品给公司创造的日常管理费用，但是附加值很低。同时，公司开拓高附加值的品牌产品的速度会很缓慢（对公司财务方面的影响参见表 10.9）。

战略方案 3

努力开发和拓展一些专业品牌，例如，冷冻蛋糕和奶油蛋糕及其位于市场领先地位的肉、鱼类产品等。这将花费很多的时间和资源，但能够产生高附加值。该战略方案将继续保持公司广泛的品牌产品，包括低附加值产品，只要它们能够分担日常管理费用（对公司财务方面的影响参见表 10.10）。

表 10.8　方案 1 的财务状况预测分析　（百万美元）

	以 2003 年财年为基数预计											方案 1
	2003 年	2004 年	2005 年	2006 年	2007 年	2008 年	2009 年	2010 年	2011 年	2012 年	2013 年	NPV[a]
销售额	600	200	—	—	—	—	—	—	—	—	—	—
利润增量影响	24	(5)	(8)	(8)	(8)	(8)	(8)	(8)	(8)	(8)	(8)	(48.6)[b]
资本影响：经营资本	—	10[c]	20[c]	—	—	—	—	—	—	—	—	26.0[d]
资本影响：固定资本												

注：本期财务状况只反映该方案的销售和利润，其他（销售和利润）都作为前期处理。

(a) NPV 净现值=2003 年资本金×90%= （5）×0.917+ （8）×0.842+ （8）×0.7721……

(b) 销售下降的影响。但其他产品仍需冷藏、运输和存储，不再需要营运资本支持销售。

(c) 经营资本不再需要支持销售。

(d) 折回到 2003 年，可节省 2600 万美元的经营资本。

表 10.9　方案 2 的财务状况预测分析（百万美元）

	以 2003 年财年为基数预计											方案 2
	2003 年	2004 年	2005 年	2006 年	2007 年	2008 年	2009 年	2010 年	2011 年	2012 年	2013 年	NPV[a]
销售额	600	200	200	200	200	200	200	200	200	200	200	–
利润增量影响[a]	24	(5)	(6)	(6)	(6)	(6)	(6)	(6)	(6)	(6)	(6)	(37.6)
资本影响：经营资本	–	8[b]	12[b]	–	–	–	–	–	–	–	–	17.4
资本影响：固定资本	–	–	–	–	–	–	–	–	–	–	–	–

注：本期财务状况只反映该方案的销售和利润，其他（销售和利润）都作为前期处理。

(a) 不需要品牌广告就可以高效地向一些超市提供自己的商标产品。但是同时要考虑持续为各渠道提供品牌鱼肉产品及风味产品的需要。

(b) 相应地，运营资本也有更大下降：1740 万美元。

表 10.10　方案 3 的财务状况预测分析（百万美元）

	以 2003 年财年为基数预计											方案 3
	2003 年	2004 年	2005 年	2006 年	2007 年	2008 年	2009 年	2010 年	2011 年	2012 年	2013 年	NPV[a]
销售额	1105	1105	1200	1250	1350	1350	1400	1450	1500	1550	1600	–
利润增量影响[a]	80	(5)	(5)	4	6	8	10	12	14	14	14	35.7
资本影响：经营资本	–	(2.5)[b]	(2.5)	(2.5)	(2.5)	(2.5)	(2.5)	(2.5)	(2.5)	(2.5)	(2.5)	(16.0)
资本影响：固定资本[c]	–	–	(5)	–	(10)	–	–	–	–	–	–	(11.3)

注：在这里，需要考虑总体的销售和利润，因为它们都会受到战略的影响。

(a) 销售的增加减去品牌营销的花费。

(b) 销售的稳步增长，需要更多的运营资本。

(c) 在工厂和设备上，由于销售的增长需要新的资金收入。

战略方案 4

　　成为一个专门产品的生产商。该方案将放弃几乎所有的低附加值产品，关闭大量的冷冻工厂，外包冷藏运输，同时大量投资于专门的产品领域，并且只宣传这些产品。显然，这是一种非常激进的方案，它仿效了很多美国公司在欧洲成功的经验，包括 McCain 和 SaraLee（对公司财务方面的影响参见表 10.11）。

战略方案 5

　　成为低成本领先的生产商。这种方案可以在现有的基础上实施：主要是投资兴建工厂、仓库以及新的运输网路等。这个过程需要主要生产过程（很大程度上还是未知的）的创新，主要目的是降低生产成本，以便低于其竞争对手 Refrigor 公司。该战略虽然从理论上是可行的，但是它的一些假设条件存在一定程度的风险：

表 10.11　方案 4 的财务状况预测分析（百万美元）

	以 2003 年财年为基数预计											方案 4
	2003 年	2004 年	2005 年	2006 年	2007 年	2008 年	2009 年	2010 年	2011 年	2012 年	2013 年	NPV[a]
销售额	1105	900	600	600	650	700	800	850	900	1000	1200	–
利润增量影响[a]	80	(50)	(100)	(40)	(20)	10	30	100	225	250	300	258.7
资本影响：经营资本	–	10	30	–	(2.5)	(2.5)	(5)	(2.5)	(2.5)	(5)	(10)	19.0
资本影响：固定资本[b]	–	(50)	(100)	(50)	–	(50)	–	–	–	–	–	(201.1)

注：在这里，需要考虑总体的销售和利润，因为它们都会受到该战略的影响。

(a) 很难确切计算利润方面的影响：因为需要考虑在各个产品领域的投资细节，由于空间的原因我们没有在上面列出来。

(b) 需要提供关闭工厂的费用，以及 2008 年投资工厂的成本。

1. Refrigor 公司会逐渐低当前的投资速度，使得其他公司的可能会赶上该公司。
2. 对于该行业而言，当前的成本还存在下降 20% 的空间。
3. 通过低成本的方式能够实现市场领先。

该战略方案还认识到，为了保持和创建品牌，还需要大量的、额外的广告和促销的支持。从总体上说，这个方案需要的投资最多（参见表 10.12）。

ⓒ 理查德·林奇 2009 版权所有。保留所有权利。本案例由理查德·林奇根据真实公司案例编写，但改变了名称以保护隐私。市场份额和财务数据被变更。

案例问题

1. 对于每个选择方案而言，它们有哪些优点？同时又有哪些问题？
2. 如何有效地利用市场分析矩阵来辅助战略讨论？但它又会怎样误导战略决策？
3. 考虑一下还有哪些战略分析工具能够帮助获得有用的见解，以辅助战略决策？你可以回顾一下前面章节的内容，如：PESTEL 分析、通用战略理论、市场选择矩阵、价值链和创新清单（第 11 章）等。
4. 你会推荐 Eurofreeze 采用哪一种选择？给出你的理由，并解释其优点和缺点。

表 10.12 方案 5 的财务状况预测分析（百万美元）

以 2003 年财年为基数预计											方案 5
	2003 年	2004 年	2005 年	2006 年	2007 年	2008 年	2009 年	2010 年	2011 年	2012 年	2013 年	NPV[a]
销售额	1105	1400	1500	1600	1800	2000	2200	2400	2600	2800	3000	–
利润增量影响[a]	80	5	5	10	12	20	30	40	50	60	70	160.0
资本影响：经营资本	–	(15)	(5)	(5)	(10)	(10)	(10)	(10)	(10)	(10)	(10)	(60.7)
资本影响：固定资本[b]	–	(100)	(300)	(150)	(50)	(50)	–	(200)	–	(200)	–	(729.4)

注：在这里，需要考虑总体的销售和利润，因为它们都会受到影响。

(a) 利润部分考虑了高附加值产品的增加，却很少将额外的广告和促销费用计入在内，尤其是早期的费用。

(b) 需要新工厂、新设备的重大投资。

思考

公司是否应该出现在战略计划当中？

本章主要研究了广泛应用于很多公司的常规性战略决策。本章研究了这样的战略方式的优缺点，并指出了很多存在的困难。一些战略学家认为，这种常规性战略计划的方式存在很多问题，不值得采纳；换言之，它对于制定一个"战略计划"是起反作用的。你怎么看这种观点？公司是否应该出现在战略计划当中？

小结

- 在评价战略方案的时候，应该区分方案的内容（我们应该选择什么样的战略方案？）和选择过程（我们如何完成选择任务？）。

   有关战略方案的内容，本章回顾了经典的常规性评估方法。这样的方法取决于制定选择起点的标准。但需要注意的是，这些方法是因为组织性质的不同而不同。例如，商业组织和非营利组织就很明显需要用不同的评估标准。

- 在商业组织中，常用的评估标准有六个：一致性（尤其是与组织任务和目标之间的一致性）、适用性、有效性、可行性、商业风险和对利益相关者的吸引力。
1. 战略与组织目标的一致性检验是战略评估和挑选过程中最基本的评估。
2. 战略与组织所在环境之间的相宜性显然是非常重要的。
3. 有效性是指战略方案中所隐藏的假设和所应用的数据是否合理、有效。有效性的检测也是必不可少的。
4. 方案的可行性主要依赖两个方面的因素：来自组织内的制约条件，例如，技术水平和财务状况等；来自组织外部的制约条件，例如，竞争者的应对措施等。

5. 战略方案给组织所带来的商业风险也是需要评估的，因为它可能是高得不能接受。

6. 从利益相关者的角度考虑战略方案的吸引力也是非常重要的：有些方案对某些利益相关者的吸引力就要比对其他的吸引力要大。

- 评估标准还会因为国与国之间的不同而有所变化。主要考虑的因素是利益相关者和政府的角色及价值观。

- 在进行初步选择的时候，必须弄清楚这么做的基础和依据是什么。虽然按照组织的任务和目标进行评估非常重要，但是如果涉及真正的利益，还应该非常严格和精确。

- 财务方面的分析标准也可以作为选择战略的依据。股东价值增值（SVA）评估方法的视角则更加宽广，它根据组织的奖金成本来衡量假定战略方案所能够为组织带来的收益。但是这种方法的最大不足在于，它假设股东的利益总是组织最基本的利益。此外，它作了一个并不可靠的假设：组织可以精确预测未来几年的收益和利益。

- 成本／收益分析常常能够在公共部门中得到成功的应用。用公共部门里，对广泛的、不可量化的收益进行评估非常重要。而主要的困难在于如何界定这样的收益和成本。

- 除了辅助战略选择的评估标准以外，商业判断也非常重要，通过很多途径都可以获得这方面经验上的依据。ADL矩阵对决策过程所参考的一些因素作了总结。矩阵的二维分别是行业的发展阶段和组织在市场上所处的竞争地位。根据组织自身的情况，在矩阵中找到相应的位置，然后就可以获得简单的战略选择建议。

- PIMS数据库收集了大量的经验数据，并建立了战略行为与结果之间的对应关系，结果的衡量主要通过收益率等指标。根据PIMS数据库的结果，如果组织拥有高质量的产品并占有高份额的市场，那么就有助于提高组织的收益率。如果组织属于资本密集型，则不利于提高收益率。但是一些研究人员怀疑这种因果关系。此外，本章还研究了收购与合并对组织收益率的影响，经验表明，在最乐观的情况下也是好坏参半，否则，大部分都是不成功的。

- 国际化战略的决策过程更加复杂。首要的问题是要弄清楚进行国际扩张的目的和原因。对于国际化战略选择来说，很难寻找一些基本模式或方法来辅助选择的过程。由于竞争压力不同、国家之间的文化和习俗不同，并且在公司总部与海外的营业结构之间还可能存在冲突，这将导致总部的决策在下属公司的执行过程中会遇到困难。

- 在讨论了要选择的战略内容之后，接下来应该考虑如何完成这个选择的过程。在常规性模型中，战略过程基本上是线性的，它在每一点都会有反馈机制，以便在组织目标、战略方案和战略选择之间保持一致。

- 常规性方法所遇到的问题主要有四个方面：环境的不可预测性；规划过程的复杂性；集权驱动的自上而下式的管理；组织的文化与古典模型的相容性等。此外，批判学家认为，应该更多地进行对话和思想交流，更好地适应环境。或许这些问题都可以在常规的过程内部得到解决，但是有些战略学家持有更苛刻的观点。

问题

1. 根据10.1小节，假设你要对下列组织的战略选择方案进行评估，你认为哪种评价指标是最重要的：小规模的连锁加油站；大型跨国公司，正要制定全球化战略；一个政府的通信公司，该公司正要进行私有化；某学生职业规划服务中心。

2. 一家只有50名员工的小型公司，年营业额约为500万美元。如果你要为该公司制定战略，你会运用10.1小节中所有的评估标准吗，还是只选择其中的一部分？解释你为什么这么做。如果你是选择其中一部分，请说明你要选择哪些。

3. 在战略评估过程中，日本的公司往往会青睐"成本收回"标准，而美国和英国的公司则更倾向于DCF标准。这两者各有什么优点？你能说明为什么它们会有不同的偏好吗？

4. "折现技术对组织收益率、资产折旧和外部投资机会的假设条件有很大的依赖性。"（Robert Hay教授）请你解释这句话对战略评估的意义，并评价它在战略选择中的应用。

5. 在战略选择过程中，运用定量的、精确的评估标准有没有什么危险？如果有，会有什么样的危险？

6. "战略评估过程就是，忽略企业短期的、显而易见的因素而评价更加本质的因素和趋势，因为这些本质因素和趋势将左右投资的成功与否。"（Richard Rumelt教授）请讨论上述这段话。

7. 一家著名的德国公司，其主要业务是生产汽车配件，例如，汽车上的收音机、方向盘等。它的产品主要面向在欧洲的汽车公司，例如，福特、本田等。目前，它正在考虑收购一家中等规模的美国公司，以作为公司在海外的第一家基地。对于这家发展成熟而又处于竞争激烈的行业中的公司，你有什么样的建议？

8. 在新兴的、迅速增长的市场上，例如，手机市场上，ADL 矩阵表明，处于弱势和处于主导地位的公司所面临的机会在问题有很大的不同。在市场变化如此迅速的情况下，这一点还是正确的吗？

9. "合并与收购是进入新市场的最常用的手段"（John Kay 教授）。这种方法能够获得成功的依据是什么？你的答案对于那些考虑合并或收购的组织来说有什么样的意义？

10. "大多数公司都很少采取明确形式的战略评估……实际上，它们的战略是一个连续的、难以区分阶段的过程，几乎很难将规划、报告和控制从中区分开来"（Richard Rumlet 教授）。讨论这段话对本章讨论的评估标准有什么样的意义？

附录

案例 10.4 组合分析中的有关市场份额的计算

Eurofreeze 公司

蔬菜和水果：（10% + 5%）÷（20% + 7.5%）= 0.54

（注意这些可以被重新作为单独品牌和自有产品种类进行定义。由于从这两种方式中所获得的附加值很低，所以这里并没有列入。并没有明确的规则）

肉类和鱼类：（30% + 15%）÷（20% + 10%）= 1.5

开胃食品：6% ÷ 30% = 0.2

（注意 McCain 是该种类产品市场领头羊）

蛋糕和奶油蛋糕：12% ÷ 25% = 0.48

Refrigor 公司

蔬菜和水果：（20% + 7.5%）÷（10% + 15%）= 1.1

肉类和鱼类：（20% + 10%）÷（30% + 15%）= 0.67

开胃食品：（18% + 6%）÷ 30% = 0.8

蛋糕和奶油蛋糕：（12% + 9.6%）÷ 25% = 0.86

进一步阅读

On criteria for selection, see Day, G S (1987) *Strategic Market Planning*, West Publishing, St Paul, MN; Tiles, S (1963) 'How to evaluate business strategy', *Harvard Business Review*, July–Aug, pp111–22; Rumelt, R (1980) 'The evaluation of business strategy', originally published in Glueck, W F, *Business Policy and Strategic Management*, McGraw–Hill, New York, but republished in two more recent texts: De Wit, Bob and Meyer, R (1994) *Strategy: Process, Content and Context*, West Publishing, St Paul, MN; Mintzberg, H and Quinn, J B (1991) *The Strategy Process*, Prentice Hall, New York.

On financial evaluation, Glautier, M W E and Underdown, B (1994) *Accounting Theory and Practice*, 5th edn, Pitman Publishing, London, is a useful summary of the main areas. See also Arnold, G (1998) *Corporate Financial Management*, Financial Times Pitman Publishing, London, which provides an excellent review of the topic.

For a rational view on the use and abuse of investment criteria: Hay, R (1982) 'Managing as if tomorrow mattered', *Harvard Business Review*, May–June, pp72–9.

Feasibility is explored along with other criteria in Professor Richard Rumelt's article on 'The evaluation of business strategy' mentioned above.

For a more recent view of the problems of planning versus autonomy see Anderson, T J (2000) 'Strategic planning, autonomous actions and corporate performance', *Long Range Planning*, Vol 33, pp184–200, which contains some interesting empirical data.

注释和参考资料

1. See, for example, Gilmore, F and Brandenburg, R (1962) 'Anatomy of corporate planning', *Harvard Business Review*, Nov–Dec, pp61–9.

2. The two case studies of the global ice cream market in this chapter are based on data from published sources. These include: Unilever Annual Report and Accounts 2004, Nestlé Annual Report and Accounts 2004, General Mills Annual Report and Accounts 2004. Websites of these three companies plus individual country websites accessed from www.unilever.com. UK Monopolies and Mergers Commission (1994) *Report on the supply in the UK of ice cream for*

immediate consumption, Mar, HMSO, London Cmd 2524; *European Court of First Instance Ruling* – Case T–65–98 R, Van den Bergh Foods Ltd. v Commission, Order of the President of the Court of First Instance, July 7 1998; Final ruling report in *Financial Times* on 24 October 2003, p8; *Financial Times*, 19 May 1993, p24; 17 Mar 1994 and 13 Jun 1995, p18; 23 November 1997, p10; 30 July 1998, p26; 31 July 1998, p23; 18 August 1998, p5; 15 February 1999, p6; May 1999, p9; 10 June 1999, p19; 20 July 1999, p12; 21 July 1999, p7; 24 February 2000, p3; 17 March 2000, p8; 17 August 2001, p1Y; 12 September 2001, p25; 18 June 2002, p30; 5 March 2003, p31; 7 March 2003, p23. *Dairy Industry International*, May 1994, p33; Aug 1994, p17 and Sep 1994, p19; *Food Manufacture*, June 1994, p24 and July 1994, p28; *Sunday Times*, 7 June 1992, pp1–8. Nestle press release on acquisition of Dreyers 'Strategic move to gain leadership in the US ice cream market' on the Nestle website, http://applchinadaily.com.cn/star 3 March 2005; www.checkout.ie/ Market Profile on ice cream; Hindu Business Line – Hot battles on ice cream, 17 April 2003; *Beijing Youth Daily*, 19 March 2004; Competition Tribunal of the Republic of South Africa, Case no 61/LM/Nov01; 'Nestle cutting back ice cream capacity,' *Quick Frozen Foods International* 1 October 2002.

3. Used with some effect to dismiss options by the late Professor 'Mac' Macintosh in 1967 in London Business School MBA lectures and case discussions.

4. Different commentators have employed other criteria. Those used here have been developed from Day, G S (1987) *Strategic Market Planning*, West Publishing, St Paul, MN, Tiles, S (1963) 'How to evaluate business strategy', *Harvard Business Review*, July–Aug, pp111–22; Rumelt, R (1980) 'The evaluation of business strategy', originally published in Glueck, W F, *Business Policy and Strategic Management*, McGraw-Hill, New York, and republished in two more recent texts: De Wit, Bob and Meyes, R (1994) *Strategy: Process, Content and Context*, West Publishing, St Paul, MN; Mintzberg, H and Quinn, JB (1991) *The Strategy Process*, Prentice Hall, New York.

5. Reckitt Benckiser Presentation to Financial Analysts 9 February 2005, available on the web at www.reckitt.com.

6. See Lynch, R (1993) *Cases in European Marketing*, Kogan Page, London, Ch16.

7. See *Financial Times*, 15 Apr 1995, p9; 13 Oct 1994, p2; 1 Mar 1994, p29; and Lynch, R (1994) Op. cit., p84. Groupe Bull is a company with some real strategic problems that would make an interesting strategy project.

8. Kehoe, L (1995) 'Restrictive practice claims put Microsoft back in firing line', *Financial Times*, 6 Feb, p6.

9. Carnegy, H (1995) 'Bitter Swedish dispute to end,' *Financial Times*, 3 Aug, p2.

10. See Chapter 2 for details.

11. Munchau, W and Norman, P (1995) 'Planes, trains and automobiles,' *Financial Times*, 7 Nov, p19.

12. Ohmae, K (1982) *The Mind of the Strategist*, Penguin, Harmondsworth, p86.

13. For a more detailed treatment of this topic, see Arnold, G (1998) *Corporate Financial Management*, Financial Times Management, London, Chs2–6.

14. This is consistent with the emphasis on core competencies in Chapter 13.

15. Further detailed exploration of the financial techniques outlined in this chapter is contained in Glautier, M W E and Underdown, B (1994) *Accounting Theory and Practice*, 5th edn, Pitman Publishing, London and Arnold, G (1998) *Corporate Financial Management*, Financial Times Pitman Publishing, London.

16. The main exceptions are the large grocery multiple retailers which sell for cash to the general public and buy on credit from the manufacturers. Retailers have relied on their suppliers to fund increased sales for many years, but they do need careful stock control procedures to handle the situation.

17. See Arnold, G (1998) Op. cit., Ch3.

18. This section is based on the example in Chapter 31 of Glautier, M W E and Underdown, B (1994) Op. cit., p540.

19. This was essentially proposed by Rappaport, A (1983) *Creating Shareholder Value*, The Free Press, New York. See also Rappaport, A (1992) 'CEO and strategists: forging a common framework', *Harvard Business Review*, May–June, p84. A clear and careful discussion of this area is also contained in Ellis, J and Williams, D (1993) *Corporate Strategy and Financial Analysis*, Pitman Publishing, London, Ch10.

20. It is not true of some Japanese companies according to the work of Williams, K, Haslam, C and Williams, J (1991) 'Management accounting: the Western problematic against the Japanese application', *9th Annual Conference of Labour Progress, University of Manchester Institute of Science and Technology*. The authors examined car and electronics companies only and made no claim to have extended their research to the *whole* of Japanese industry. Professor Toyohiro Kono also comments that 'DCF is not used very often' in his interesting survey of Japanese practice, which is more broadly based: Kono, T (1992) *Long Range Planning of Japanese Corporations*, de Gruyter, Berlin, pp277, 281.

21. Rappaport, A, quoted above, and Woolridge, G (1988) 'Competitive decline and corporate restructuring: Is a myopic stock market to blame?', *Continental Bank Journal of Applied Corporate Finance*, Spring, pp26–36, quoted in Ellis, J and Williams, D (1993) Op. cit.

22. Quoted from the UK chemist retailer Boots plc definition of strategy: Buckley, N (1994) 'Divide and thrive at Boots', *Financial Times*, 4 July, p12.

23. See, for example, Rowe, A, Mason, A and Dickel, K (1985) *Strategic Management and Business Policy*, 2nd edn, Addison-Wesley, New York.

24. This section is based on Porter, M E (1990) *Competitive Strategy*, The Free Press, New York, Chs9 to 13. The comments on leaders and followers also draw on Kotler, P (1994) *Marketing Management*, 8th edn, Prentice Hall International, Englewood Cliffs, NJ, ChlS.

25. Porter, M E (1990) Op. cit., p191.

26. This section relies heavily on Buzzell, R and Gale, B T (1987) *The PIMS Principles*, The Free Press, New York, and other researchers who are individually acknowledged below.

27. Described in Buzzell, R and Gale, B T (1987) Ibid.

28. Described in Buzzell, R and Gale, B T (1987) Ibid.

29. PIMS (1991) 'Marketing: in pursuit of the perfect mix', *Marketing Magazine*, London, 31 Oct.

30. Described in Buzzell, R and Gale, B T (1987) Op. cit.

31. This section relies essentially on the work and data in Kay, J (1993) *The Foundations of Corporate Success*, Oxford University Press, Oxford, Ch10.

32. Ghemawat, P and Ghadar, F (2000) 'The dubious logic of global mega-mergers', *Harvard Business Review*, July–August.

33. Capron, L (1999) 'The long-term performance of horizontal acquisitions', *Strategic Management Journal*, November, 20, pp987–1018.

34. Wheelen, T and Hunger, D (1992) *Strategic Management and Business Policy*, 4th edn, Addison-Wesley, Reading, MA.

35. Jauch, L R and Glueck, W F (1988) *Business Policy and Strategic Management*, 5th edn, McGraw-Hill, New York.

36. The prescriptive model presented in this chapter is shown in a number of texts in one format or another. In addition to references 2 and 3 above, similar versions of the model are also to be found in the well-known text by Thompson, A and Strickland, A (1993) *Strategic Management*, 7th edn, Irwin, Homewood, IL. The leading and well-respected European text is that by Johnson, G and Scholes, K (2002) Op. cit., and is also essentially built around the options–and–choice model of prescriptive strategy with implementation of the agreed strategic choice.

37. See, for example, Andrews, K (1987) *The Concept of Corporate Strategy*, Irwin, Homewood, IL; also Chakravarthy, B and Lorange, P (1991) *Managing the Strategy Process*, Prentice Hall, Englewood Cliffs, NJ.

38. Sloan, A P (1963) *My Years with General Motors*, Sedgewick and Jackson,

London.

39. Chandler, A (1962) *Strategy and Structure*, MIT Press, Cambridge, MA.

40. Marx, T (1991) 'Removing obstacles to effective strategic planning', *Long Range Planning*, 24 Aug. This research paper is reprinted in De Wit, Bob and Meyer, R (1994) *Strategy: Process, Content and Context*, West Publishing, St Paul, MN.

41. Lenz, R T and Lyles, M (1985) 'Paralysis by analysis: Is your planning system becoming too rational?', *Long Range Planning*, 18 Aug. This is also reprinted in De Wit and Meyer (1994) Op. cit.

42. This section is based on Porter, M E (1990) Op. cit., Ch13; Thompson, A and Strickland, A (1993) Op. cit., pp136–7; Lynch, R (1994) Op. cit.

43. Such a record did not stop the US president moving several years later to a well–known pharmaceutical company, where he made a real contribution to its international development.

第 11 章

战略推进方法：主要的突发性战略

Finding The Strategic Route Forward: Mainly Emergent Approaches

学习目标

在学完本章后，你应该能够：

- 理解环境在制定战略过程中的重要性；
- 能够解释传统常规性方法之外的五种战略制定方法；
- 在组织的特定环境中，识别寻求生存的战略及其适用性；
- 能够概括基于不确定性的战略的重要性，并针对组织环境评论其适用性；
- 能够解释在基于网络的方法中两个主要的要素，并严格评论其实用性；
- 能够认识基于学习的战略在多大程度上属于组织战略过程的一部分；
- 当组织进行国际化经营时，评价战略过程的意义。

引言

　　尽管在战略开发过程中，应用最为广泛的是传统常规性模型中的方法，但是它过于简化了假设条件，人们早已意识到这种假设的不足。在本章中，我们将要探讨其他的战略开发方法。其中有些方法也属于常规性的方法，但是大多数都具有突发性的特征。

　　在第 10 章中，我们已经区分了战略开发的内容（是什么）和战略开发的过程（为什么、谁和如何）。在这一章，我们还要加入第三个要素，以推动常规性方法中简化的假设：战略制定的"背景"要素。

定义▶ 　　所谓"背景"，即战略实施和开发所在的环境，它能解释战略开发和实施的方式。在古典的方法中，认为**战略背景就是一种变化缓慢、较为稳定的环境，它能够很容易地被预测**[1]。实际上，这种观点过于简化了战略的真正形势。举例来说，战略的背景或许包括了市场巨变或者高速成长时期。因此，在本章的开始部分将进一步发掘战略背景问题，研究现实形势及其不确定性。我们将讨论五种制定战略的途径，每一种都取决于不同的背景，每一种都包含了不同的战略方法。但它们都包括了复杂的战略背景的观点，同时还考虑战略过程和内容的其他方面，这五种途径如图 11.1 所示。

　　在这五种途径当中，我们认为，为了找到适用于所有组织的战略推进方式，基于学习的方法完全可以被运用到第 10 章中的战略制定过程中。而根据制定战略的环境不同，其他的途径在特定的环境下也非常有用。

11.1　战略背景的重要性

定义▶ 　　**战略背景就是影响组织制定战略和事实的周围环境。**正如案例研究 11.1 所表明的那样，本田摩托公司在美国摩托车市场上所取得的胜利源自三个战略要素，这些要素之间相互联系、相互影响：

1. 战略内容——本田公司以小型摩托作为进入市场的起点，然后逐渐转向大型摩托车市场。
2. 战略过程——也就是制定战略的过程。这实际上要综合依靠运气、产品性能以及在起初遇到困难时在管理上的坚持。
3. 战略背景——由于美国制造商历史的优势，导致了本田摩托起初进入战略的失败，但是由于该行业在小型摩托方面的相对不足，为本田摩托的进入创造了条件。

图 11.1 寻找战略推进方法

战略背景的重要性（11.1 节）

传统常规性战略的替代方法

基于生存的战略（11.2 节）　基于不确定性的战略（11.3 节）　基于网络的战略（11.4 节）　基于博弈的战略（11.5 节）

结论：基于学习的战略方法的重要性
（11.5 节和第五部分）

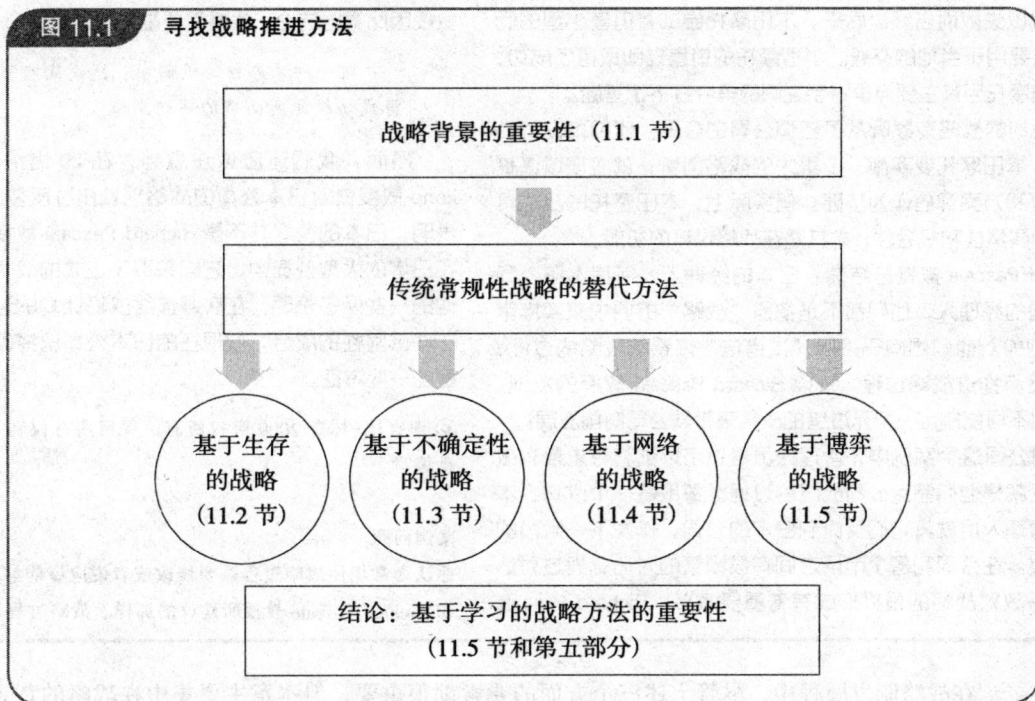

案例研究 11.1　本田摩托是如何在两大摩托市场领先的

　　本案例讲述了本田摩托是如何在美国和英国的市场上占主导地位的。尽管其战略方法开始看起来也是常规性方法，但在发展过程中又具有了突发性的特性。

　　在 20 世纪 60—80 年代，本田摩托（日本）逐渐主导了美国和英国的摩托车市场。Richard Pascale 教授对本田摩托在这期间的战略作了相关研究，并指出本田摩托公司在战略过程中应用了两种常规性的方法[2]。这些战略使得本田摩托从零市场份额发展到以美国和英国市场为主，而在本国市场上却仅占有一个非常小的细分市场。

　　1975 年，波士顿顾问集团曾为英国摩托车行业作过研究日本本田成功原因的课题。Richard Pascale 教授参考了研究的结果，发现本田摩托在战略上取得成功的两个关键因素是：

1. 本田摩托公司在技术、销售和生产方面的规模经济，使得公司占有很大的优势；
2. 由于本田摩托公司的竞争，其他公司市场份额和利润的丢失。

　　这个分析似乎就是传统模型和常规性的结果的范例。

　　后来，Richard Pascale 教授采访了本田摩托的一些经理，是他们将本田摩托首先带到美国，然后带到英国。通过采访，

多年来，本田通过整合各细分产品，高品质和有竞争力的价格，赢得了日本本国以及世界各地的摩托车市场（本图为日本）。

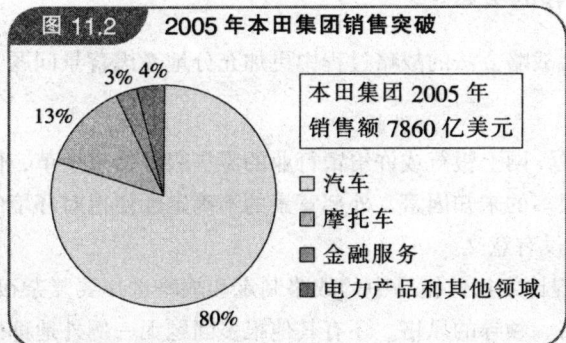

图 11.2 **2005 年本田集团销售突破**

本田集团 2005 年销售额 7860 亿美元

- 汽车 80%
- 摩托车 13%
- 金融服务 3%
- 电力产品和其他领域 4%

Richard Pascale 教授发现，起初本田摩托的战略失败了，然而正是这种让他们起初极其绝望的战略，后来取得了巨大的成功。出口到美国市场的摩托车型号很全，从低座小摩托到大型的摩托应有尽有。所有的这些品种与美国的其他竞争对手相比都有良好的可靠性和优越的性能。

　　起初，本田摩托想通过它们的大型摩托来与美国主要的竞争者进行正面竞争。但是日本的摩托车在美国缺乏可信性，即使日本的摩托车质量要好，也难以与美国的知名品牌相抗衡。因此，▶

最初的尝试以失败而告终。后来，本田摩托尝试着销售小型的低座摩托，主要用于当地的交通。小型摩托的销售立即取得了成功，为后来本田摩托与其主要竞争对手之间的争夺打下了基础。

如果公司的战略专家听从了咨询公司的意见，他们或许就会得出结论：本田摩托要实施一个重大的战略创新，就应该以谨慎的战略分析和方案评估作为基础。但实际上，本田摩托的战略具有非常大的偶然性和机会性，尤其是在战略过程的初期。

Richard Pascale 教授总结说，日本的经理人，包括本田公司和其他公司的经理人，他们都不是按照"战略"的要求来实施常规战略计划的。他们倾向于采用"试错法"来看待战略的过程，从实验中逐步推进战略过程。按照 Richard Pascale 教授的发现，日本的公司不可能制定一个无过错的战略来带领公司向前发展。

在本田公司这个案例中，管理人员通过市场试验寻求最有效的战略，这就是他们制定公司战略的过程。每取得一个成功，本田公司的管理人员就将它们反馈到日本的公司，作为下一阶段的计划和建议。在公司和各个市场之间有很频繁的对话，通过对话所达成的一致对战略的最终形成有着重要意义。Richard Pascale

教授因此得出结论，战略需要重新定义为：

> 在一种适应性的机制中，所谓战略，就是组织为获得成功机能所必需的一切事情。

然而，我们还应该注意到，在 20 世纪 80 年代，Toyohiro kono 教授曾对日本公司的战略规划作过反复的调研[3]，他的结论表明，日本的公司并不像 Richard Pascale 教授所说的那样。至少在日本的大型公司中，它们采取了正式的战略规划过程。还有其他的一些例子表明，在获得最终战略计划的过程中，尽管还存在一些试验性的成分，但现在的日本公司已经吸收了常规性战略过程的一些特征。

案例问题

你认为常规性战略过程需要修改或者说应该能够更好吗？或者说，正如 Richard Pascale 教授所建议的那样，战略过程就应该重新定义？

在战略制发展程中，尽管上述三个方面的要素都很重要，但本章主要集中在战略的背景上（其余两个方面我们已经在第 10 章讨论过）[4]。所谓"背景"，即影响战略实施和制定的环境。根据定义，背景主要包括三个方面的因素：

1. 组织外部的因素——主要包括消费者和竞争对手，还有其他一些也很重要的方面；

2. 组织内部的因素——包括组织的资源，尤其是领导、组织文化和管理决策相互之间的影响方式；

3. 历史的因素——也就是组织在战略决策的时候所看到的自己的境遇：生产过程、发展方向、组织文化和历史等。

为了考察背景的重要性，我们首先考虑在第 14 章（此处原文似乎有错，应该是第 10 章）所讨论的传统常规性方法，探讨一些与背景相关的难题。然后，我们还要讨论背景与其他两个方面要素——战略过程和内容之间的联系。最后，根据不同的背景来确定四种战略发展方法。

11.1.1　常规性战略模型中有关背景方面的问题

在有些环境中，传统常规性方法能够很好地发挥作用。但是，这种方法假定增长过程和下降过程都是线性的、连续的，而且是可预知的。正是在这种简化的假设条件下进行新战略的制定和实施。不幸的是，在很多环境中，尤其是在动荡和不确定性的背景下，这些假设都不是正确的。如果在这些环境中采用常规性战略方法，其结果是，在最好的情况也不过是个次优，在最坏的情况下就会得出不恰当的结论。在文本框 11.1 中总结了传统常规性方法中所遇到的背景相关的典型问题。这并不等于说经典的模型就是"错误的"，但就像其他所有模型一样，它有其不足之处：过于简化了战略的背景。

11.1.2　背景的重要性及其与战略过程和战略内容的关系

战略背景非常重要。实践表明，如果在替代常规性战略方法的战略过程中更加充分地考虑背景问题，那么就会取得更好的效果。主要原因有以下两个[5]：

1. 外部背景。外部的环境尤其不确定——举例来说，网上银行或许给银行业的零售服务带来变革，但是到本书编写时为止，这种变革的方式仍然存在很多的未知因素。外部背景的不确定性使得对环境的可预测性依赖很大的常规性方法在很大程度上变得没有意义。

2. 内部背景。很显然，组织内部的资源和决策过程比常规性模型中的战略制定和战略选择要复杂很多。例如，组织的策略、正式的和非正式的关系网络、领导的风格，还有其他很多问题无一例外地都破坏

文本框 11.1

背景因素是怎样影响常规性战略过程的

典型的背景因素	在传统常规性方法中的假设和特征	背景带来的一些问题
组织的宗旨和目标	• 应该也可以事先明确目标	• 在快速变化的市场上，组织目标可能需要更加灵活
环境分析	• 环境是可以充分预测的	• 技术、战争以及经济灾难都有可能使得这个假设无效
资源分析	• 组织资源应该而且也能够预先明确	• 隐含的知识需要发掘（参见第 11 章） • 领导的改变可能从根本上改变组织的资源（参见第 10 章）
战略方案的产生	• 有必要找出选择方案 • 有可能明确选择方案	• 在背景还不明朗的情况下，或许战略方案不能一次确定 • 竞争者的反应可能是未知的，战略的背景还会发生变化
战略方案的选择	• 只能选择一个方案 • 在战略方面之间可以作出一个明确的选择	• 为什么只选择一个方案？很明显，这取决于时间因素和组织资源等
战略实施	• 在战略开发过程中，只有在最后阶段才需要考虑实施的问题	• 背景因素或许使战略的实施过程变得高度不确定（参见第六部分和第 17 章）

了经典方法中的假设前提。

战略所处的背景同样影响战略的发展过程。例如，一个不确定的背景就可能使得简单的决策过程变得不适用。因此，战略的内容也许不同于古典战略模型所描述的那样。例如，当背景仍然有很多不确定因素的时候，就很难确定战略的内容是什么。总的来说，我们要结合战略背景、过程和内容来寻求战略制定方法。

11.1.3 战略制定的替代方法

战略管理与研究火箭的科学不一样——在将战略背景、过程和内容相结合的过程中，需要作一些判断，这些判断可能要超出传统常规性方法中的简单逻辑。如何寻找战略开发方法，到目前为止还没有一种公认为有效的科学规则。因此，就存在很多可选的战略方法。

有些方法在很大程度上仍然沿袭了常规性方法的思想，但是其他一些方法在处理战略问题的时候则采取突发性的观念。问题是在于如何研究各个战略学家所提出的众多战略开发方法。出于对比的需要，本书从中挑选了四种主要方法，因为这每种方法对战略开发过程都有深刻的见解[6]。

1. 基于生存的方法。这种方法强调组织在一种敌对和高度竞争背景下的生存能力。它通过一种突发性的战略过程，从战略中寻求机会，从而使组织获得生存的能力。
2. 基于混沌的方法。这种方法强调战略的背景，并将环境看做是不确定的，认为战略过程有很强的机会主义特性，要经过很多转换过程。因此，这种方法也是突发性的。
3. 基于网络的方法。这种方法有两个相关要素：外部网络和合作网络。第一个要素考察了一个产品网络自我巩固和惠及其他产品的方式。第二个要素探讨了市场、行业和公司建设合作网络的能力。这两个方面都是突发性要素，因为它们都涉及过程当中的未知要素和结果。
4. 基于学习的方法。这种方法非常强调战略的背景，战略过程源自组织现有的知识和经验。本质上，这种方法是从过去和当前进行的学习过程。历史的背景和当前的过程都会影响战略的内容——因此，这个过程从本质上讲也是突发性的方法。

在本书中，我们特别强调基于学习的方法，因为大多数的组织都会从它的思想中受益。当然，这四种方法（也包括本书中没有讨论的）在一定的环境下也能够发挥很好的作用，为组织找到最适当的战略。

关键战略原则

- 在战略制定过程中，区分三个不同的要素非常重要：战略的内容、获取战略的过程以及战略发展的背景。

- 在经典的常规性方面模型中，假设战略背景基本上是线性发展的，而且是可以预测的。实际上这并非总是成立，尤其是当背景动荡和不确定的时候。因此，需要探索其他的战略开发方法。

- 战略的背景、过程和内容是相互联系的，它们的组合对于战略制定来说非常重要。

- 有很多替代经典模型的战略开发方法，在本章后一部分将主要研究其中的五种，但可能也会涉及其他一些方法。

案例研究 11.2　欧洲最主要的电信公司：过度扩张与竞争威胁

2007 年，所有欧洲主要的电信公司都受到新技术带来的压力及其给未来的收益带来的潜在威胁。本案例将要研究其战略影响。

20 世纪 80 和 90 年代的私有化——老的电信公司仍然主导本国的市场

直到 20 世纪 90 年代，大多数欧洲国家还只有一个垄断的电信服务商，它们归政府所有。即使是在英国，电信公司在 1984 年已经私有化，但是该公司以 90% 左右的市场份额仍然垄断着国内的电信服务。后来，到了 20 世纪 90 年代中期，欧洲政府决定将它们的电信公司私有化。然而，每个国家的运营商继续主导它们国内的市场，因此能够产生高额的利润、良好的现金流和稳定的业绩。而且它们往往还能够保持设备和服务的现代化，例如投资新技术数字电话交换机设备等。

从 1992 年开始，欧盟开始关心数据电话服务（即通过电话线提供数据传输服务）的自由化。到 1998 年，它又开始声讯电话服务的自由化。这也就意味着将欧洲的电话市场向真正的竞争开放。实际上，欧洲仍然是一个封闭的市场，因为每个国家的公司都试图将其他的竞争者拒之门外。而更加具有野心的公司，如英国电话还到处寻求扩张，尤其是在美国市场上。20 世纪 80—90 年代，英国电信在南美收购了一家移动电话公司、一家电信设备公司，而且与美国的一家大电信公司——MCI 结成了联盟。但是所有这些都没有产生真正的利润，到 2000 年，英国电信 90% 的利润仍然源自本国的业务。只有在斯堪的纳维亚半岛才有国家电信公司与移动公司之间成功合作的例子，即便如此，由于背后国家的利润，两个电信公司之间的合并提案仍然不能付诸实施。

移动电话服务的扩张——新的竞争威胁

在 20 世纪 90 年代，国家电信所面临的新的竞争威胁浮出水面：移动电话许可证授予了小型竞争公司，这些小公司在通信领域往往拥有很少的经验。例如在德国，一个新的许可证授给了德国工程公司 Mannesmann。同时，另一个许可证授给了德国的电信公司德意志电信，最终，两家公司之间产生了竞争。重要的一点是，尽管移动电话的通信收费很高，但消费者还是青睐移动电话。人们不再受固定电话的约束，移动电话更加便利和流行，而且在紧急的情况下更有用。到 2002 年，欧盟委员会估计移动电话服务已经占据欧洲通信市场的 38%，而 1998 年这个比例才只有 23%。在葡萄牙、荷兰、奥地利以及西班牙，移动电话服务比固定电话为国家创造了更多的财政收入。

从根本上讲，移动电话是前面提到的国家电信公司的主要竞争威胁。国家电信公司长期以来为它们的线路系统投入了巨额的资金。有线电话通信的消费者是这些公司竞争优势的主要源泉，但现在正受到移动通信公司的破坏。竞争危险可能远不止这些，因为与固定电话不同，移动电话服务更有潜力从可得性、工程和带宽的规模经济

在手机行业中技术是如何发生变化的：1990 手机还需要有额外的充电器；1998 年的手机不需要额外的充电器，但没有 3G；2005 年的手机带有 3G 数字功能。

中节约成本。

几乎每个欧洲国家的电信公司都是通过提供自己的移动通信服务来解决这个竞争威胁的，只有英国是一个例外。英国政府意识到鼓励竞争的重要性，通过竞争可以降低通信的成本。到20世纪90年代后期，英国政府开始不允许英国电信完全垄断这一服务。

到2002年，以前的国家电信控制了国家的移动通信市场，市场份额超过了60%。而且，最主要的欧洲电信公司开始主导整个欧洲的移动通信服务市场，而不仅仅是国内的区域：它们通过一系列的收购活动（下面将要介绍）来获得这种强大的战略优势的。在表11.1中列出各大公司份额——其中唯一一非国有的欧洲运营商是英国的Vodafone公司，该公司也主要通过收购获得市场份额。

无节制收购的后果——巨额的债务

1998—2001年，欧洲最主要的八大电信公司通过一系列的收购进行了扩张。例如，法国电信在英国购买了Orange公司，英国电信收购了德国的Viag公司等。这种大型购买活动的结果是，1998—2002年，欧洲八大电信公司相互之间拆借资金达8000亿美元，这么高水平的债务是无法承受的。

除了收购，另一导致高额债务的原因是第三代移动通信服务——简称"3G"——将能够向消费者提供充分的网络和动态图像服务，因此，通话者可以看到对方。欧洲电信总的费用为1000亿美元，但比我们前面提到的收购费用要低。除了资金以外，还需要进行开发、安装和维护3G网络新设备。仅在德国、意大利和英国，这些费用就高达360亿美元。随着"3G"服务的投放，这些费用将在2001—2008年间分摊。

当所有的债务同时发生的时候，仍然没有足够的证据表明消费者确实需要"3G"服务。也就是说，上述投资存在一定程度的风险，具有实验性质，这将是对一些战略专家的巨大挑战。

市场增长前景——互联网和网络服务

尽管基本的声音和移动服务市场开始成熟，但是数据服务却被认为会有持续的增长。因为互联网和网络服务保持着每年10%的增长。这一增长不仅出现在欧洲，有许多国家都开始增加了这些新的服务，参看图11.3。

竞争加剧——移动电话及有线电视运营商

虽然互联网的快速发展给国家电信公司带来了新的机会，但

图 11.3　各国的互联网使用率

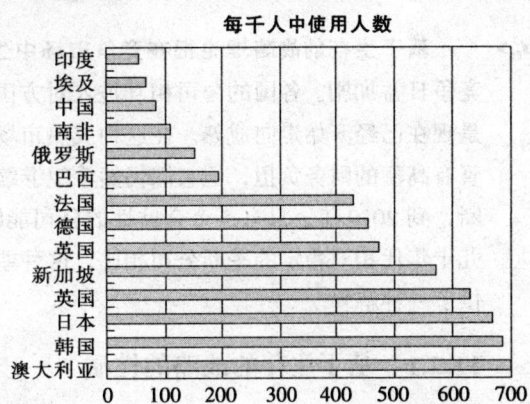

每千人中使用人数

是，移动及有线运营商也带来了更剧烈的竞争。国家电信公司真正的问题是它们的持续竞争优势正在被削弱。前几年，国家电信公司利用固定的线路垄断了家庭终端信号的接入市场。这意味着每家电信公司都能用各种手段将竞争者拒之门外，如拒绝为它们传输信号，或用高价或使用不方便来设置障碍。到2007年年初，欧盟对这一现象十分不满，给国家电信公司施加压力，要求开放，于是，竞争开始加剧。

此外，新的3G牌照以及更高端的移动电话，如iPhone和诺基亚的N96，也意味着移动电话运营商能够提供网络服务。同时，国家电信公司面临着有线电视运营商带来的新竞争，许多有线电视运营商能够输送网络数据信号。更重要的是，许多有线电视运营商利用光纤提供比传统电信公司速度更快的互联网连接。到2007年，欧洲大多数的有线电视线路开始提供这种快速的接入服务。

根本的问题是，通信技术带来的战略性难题总是处于不断的变化中。也就是说，宽带的新技术很可能不久就会被一些新的技术代替。目前，亚洲和北美部分地区已经引入WiFi和其他技术。但是，这些技术的安装成本十分昂贵，适用于某一专用技术，尽管这一技术已经被证实并非是最好的。

案例问题

1. 如果市场发展水平比较低，那么对于国家电信公司来说，采取传统的战略过程来制定战略有什么样的优势和问题？

2. 一些战略学家认为，预测未来要发生什么是毫无用处的，因为技术发展具有不确定性。如果在欧洲的通信市场采纳这个建议，也就是说，在战略过程中不进行任何预测，那么会有什么样的结果？你的答案对需要做预测的常规性战略方法来说有什么样的含义？

3. 试图在通信市场上寻找机会的小公司也采用了常规性战略过程，如果它们采取更加激进和创新的方法是不是会取得更好的效果？如果是，那么你对于它们应该采什么样的过程有什么样的建议？

表 11.1　六大移动电话运营商在全欧的市场份额

公司	国家	在全欧市场上的份额（%）
Vodafone	英国	24
法国电信——Orange	法国	12
O₂	英国	12
意大利电信——TIM	意大利	10
德意志电信	德国	8
Telefónica公司	西班牙	6

资料来源：McKinsey analysis-See references.

11.2 寻求生存的战略方法

定义▶ 基于生存的战略理论把在竞争市场中生存作为主要的战略决定性要素。随着欧洲移动电话市场的发展，竞争日益加剧。各国的公司相互进入对方国家的市场，并进行高额投资。市场曾显示出合理的增长速度，但是现在已经开始走向成熟。在这种成熟市场上的销售增长率很难满足大公司的要求。此外，还有一些公司尽管有高额的财务负担，但它们仍然希望继续扩张。一些战略专家由此对欧洲的电话行业作出了一个重要的判断，到2010年，只有5个全球性的公司能够幸存，其余的将会因为行业的市场震动而被吞并。与20世纪八九十年代相对稳定的垄断公司相比，这种差别是惊人的。寻求生存的战略过程为自由化后最有可能的结果提供了一种解释。

11.2.1 基于生存的战略的性质

从根本上说，寻求生存的战略过程起源于"自然选择"的概念。这个概念首先是由19世纪的达尔文用来解释生物的生存与进化的。他认为，生存的过程就是与自然环境之间永恒斗争的过程。根据这种理论，我们将自然环境改为商业背景，就得到"战略需要在特定的商业背景中才能产生和发展"。不能实现迅速变革的组织就只能是选择自我灭亡[8]。适者生存，最合适的公司将会幸存下来——因为它们的产品和服务存在需求，因为它们具有获利能力[9]。

寻求生存的战略过程有两个重要机制：

1. 适应环境；
2. 选择与淘汰。

利用上述两个过程，再结合社会学的标本原理和概念研究人员分析了一些工业公司发展的方式[10]。他们注意到，在1955年《财富》杂志上出现的世界500强企业里，只有其中的268个仍然出现在1975年《财富》排名上：46%已经消失、合并或者在这20年里衰落了。研究人员认为，大多数公司更喜欢"适应环境"机制，因为它比被淘汰的痛苦小。但是现状的改变受到组织内在惯性的影响（参见文本框11.2）。

文本框 11.2

有关组织环境"惯性"的一些例子

内部惯性

- 在工厂或者设备方面现有的投资
- 公司以前的经验和历史

例如，在欧洲的电话公司内部存在严重的官僚气氛，这是由于长期以来受政府控制的影响而形成的，这种气氛很难改变。

外部惯性

- 进入和退出一个行业的障碍
- 收集有关环境自身变化的信息不仅需要成本，而且常常是个难题

例如，1998年以前，欧洲电话公司已有的证券投资和电话设备投资，再加上外部的政府限制，都可以有效地防止新公司的进入。这些都是该行业的外部惯性。

很多有关战略的文献用一种适应的观点开始战略方案的制定。重要的是，一些有关寻求生存的战略专家转变为这么做可能还不够，应该还要加上选择的观点。总会有一天，一些组织不会或者不能快速地适应环境的变化，确切地说是行业的惯性使然。不过，谁被淘汰还有一定的偶然性因素。例如，一些欧洲的电话公司可能在20世纪90年代就已经通过变革适应了环境的发展；而有公司在行动上则相对迟缓一些，巨大的压力迫使它们不能以现有的形式生存，它们不得不与其他更加高效

或者幸运的企业合并。

从战略选择的角度看，行业的环境是战略开发和生存的主要决定因素。只有很少的公司能够在环境变化到来之前做好准备。只有那些拥有巨大的市场能量而且能够影响市场发展方式的公司才会不采用"环境决定"论。然而，即使是这样的公司，它们也可能被一些偶然性的灾难所压倒——例如，在欧洲的电信行业，新的通信技术，如 3G 移动通信技术的出现或万维网的产生，就属于这样的"偶然性的灾难"。

11.2.2 公司战略过程的重要性

从上面的论述可以看出，公司战略对环境的影响能力是非常有限的，而且组织可能不具备足够的适应变化的能力。除此以外，常规性战略过程所推荐的技术都早已为人所知，所以不能为公司带来竞争优势。因此，对于那些没有真正具备市场势力的公司而言，Williamson[11] 认为最好的战略就是尽可能发展具有最高成本效益的业务，这也被称做"经济可行"。他还将此与其他的战略方法（他称之为"战略规划"）相区分。

> 我认为，在"经济可行"和"战略规划"之间，前者更加重要……"战略规划"只在生产、运输或组织上要负担大量成本时才有可能奏效。但是，所有的公司资源和员工的所有的聪明的举动和定位，都无法挽救首先在"经济可行"方面存在严重缺陷的计划[12]。

那么人们应该做什么呢？如果上述观点正确的话，就可以采用表 11.2 中总结的战略方法。当然，要非常谨慎。组织必须从环境中寻找变化的迹象和征兆，并探索怎样维持生存。最后，制订足够多的战略选择方案非常有用，不论环境发生了什么样的变化，组织都可以选择一个战略来使自己适应这个变化。

表 11.2　寻求生存的战略过程与常规性战略过程比较

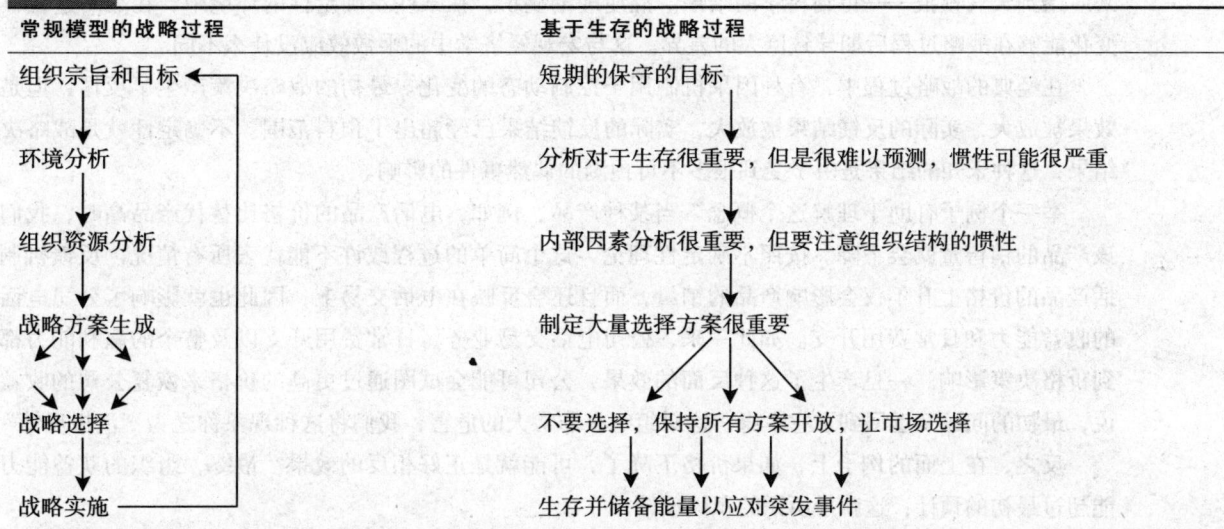

常规模型的战略过程	基于生存的战略过程
组织宗旨和目标	短期的保守的目标
环境分析	分析对于生存很重要，但是很难以预测，惯性可能很严重
组织资源分析	内部因素分析很重要，但要注意组织结构的惯性
战略方案生成	制定大量选择方案很重要
战略选择	不要选择，保持所有方案开放，让市场选择
战略实施	生存并储备能量以应对突发事件

总的说来，如果战略过程的这种观点正确的话，那么组织在其战略方面就受到了严重的限制。正如我们在前面案例中所看到的，由于无法对未来进行清晰的预测，欧洲电话公司通过相互支持的战略进行联盟和交叉持股，以寻求对自己的最好保护。

评论

这是对公司战略的观点，它认为组织决定自己命运的能力有限，并否定了常规性战略过程的做法。在迅速变化和动荡的环境中，这种寻求生存的战略方法比较有用，但是其他情况下则用途有限。

11.3　基于不确定性的战略方法

定义▶　基于战略不确定性理论的观点认为，要制定一个常规性的能够得以定义的战略是不可能的，因为战略过程是无法预测、不稳定和取决于纷繁复杂的结果的。按照有关持不确定性战略的专家的观点，欧洲电话公司为了应付"新千年"问题而制定专门的战略简直就是在浪费时间。不确定性的战略观点认为，环境变化太无

关键战略原则

- 寻求生存的战略观点强调改变战略使之适应环境的变化，其最终的目标是使组织能够生存下来。
- 寻求适应的方法通过制定大量的战略方案来应付环境的变化，追求低成本的战略方案尤其有用。
- 除了在制定战略方案的过程中要小心谨慎以外，需要组织去做的事情就很少了。当然，组织能否生存还有一定的偶然性因素。

常了，结果基本上是未知的，即使是努力地寻求生存也无济于事。为了理解这种方法背后的原因，我们需要考察这种方式的起源及其背后的思想。

11.3.1　基本原理

理解基于不确定性战略方法的关键在于其有关大多数组织结果的假设：组织的成功来自于它生存的能力，这种能力是通过创新和自身变革来获取的[13]。基于不确定性的战略认为，对于多数组织来说，简单地与其他组织共存是不够的。在如今变幻莫测的世界中，朝着新的方向不断地进行更新和改革是战略管理的重要任务。在移动电话公司 Orange 内部，从战略总监的角度看，战略在一定程度上是关于一个未知世界的"假象学和未来学"[14]。

按照成功的定义，获得成功的战略过程不可避免地包含了不确定性。然而，不确定性可以通过数学的方法进行建模，并根据"混沌理论"[15]——混沌理论是一种模型体系，起初应用于科学过程，如流体试验等，后来应用到天气预报——得到科学的结果。混沌理论显示，在某些不确定性的环境中，在战略过程早期的细小变化能够在战略过程后期导致巨大的差异。这与宏观经济学中的乘数效应没什么不同。

在经典的战略过程中，有种因果机制用于控制动态的变化。最初的战略决策产生了反馈，但是由于影响效果被放大，实际的反馈结果被放大，实际的反馈结果已经超出了预料范围。不确定性就是战略决策未知的结果，这种未知的结果是由于受到很多不可预测的偶然事件的影响。

举一个例子有助于理解这个概念。当某种产品，例如，电话产品的价格比替代产品高时，我们可以预测该产品的销售量就会下降。按照不确定性理论，这个简单的过程或许不能代表所有情况。反馈机制表明，电话产品的价格上升不仅会影响产品的销量，而且还会反映在电话交易上，因此也就影响了公司电话交易业务的收益能力和日常费用开支。如此一来，公司电话交易业务、日常费用开支以及整个的赢利能力都因此而受到价格决策影响。一旦产生了这种反面的效果，公司可能会试图通过更高的价格来恢复公司的收益，也就是说，最初的问题又返回到了它本身，这对组织有非常大的危害，我们将这种现象称之为"消极反馈"。

反之，在上面的例子上，如果价格下降了，可能就是正好相反的效果。最终，组织的获益能力的提高可能超过最初的预计，这就是所谓的积极反馈。

不确定性理论又增加了另外一种可能。可以通过数学的方法证明，如果存在消极反馈和积极反馈的机制，那么这两种状态之间就可以相互转换。但重要的是我们不可能提前预测最终是三种状态——消极反馈、积极反馈、翻转反馈——中的哪一种状态出现。因此，远期的结果是未知的，也是不可预测的。

11.3.2　公司战略过程的结果

基于不确定性的战略专家认为，预测未来是没有什么用处的，因为实际上所有的战略都包含了反馈机制，同时也包含了不确定性，因此，最终的结果是不可预知的。如果未来是求知的，那么长期的战略行为的结果也就是未知的，因此，经典的常规性战略过程也就没有什么意义了。

这并不是说基于不确定性的战略专家认为无事可做。他们的观点是，组织应该尽量采取短期的行为，然后通过不断的学习来适应环境的变化。这样一来，组织中的工人和管理人员都可以评价其行为的结果——例如，在上面的例子中，他们可以评价电话产品价格上升或者下降的结果。他们可以通过学习来处理不同的情况。一般的是，他们可以进行试验和创新，并评价其工作的结果。

不确定性理论对战略管理的影响深远。在 21 世纪这个越来越动荡的时代，大多数组织都需要进行改革以寻求生存。然而，基于不确定性的战略学家还认为，人们无法预测怎样进行的改革就可以取得长期的成功。但是，这些战略学家都认为，新的思想和新的方向是生存和发展所需要的，因此，组织应该通过上述的学习机制来不断完善战略，以便适应迅速变化的环境。

下面来看一个基于不确定性战略的例子。1990 年，新闻公司在创办天空电视台的时候并没有预测到，若干年后天空电视台会成为英国在数字电视广播方面的统治者。这一结果在刚刚创办的时候是无论如何也无法想象的。根据不确定性方面的理论学家的观点，比如说按照常规性方法而制定的公司战略在这些环境中都是不合适的。

对于持不确定性理论的专家来说，长期战略是一种自相矛盾的说法。唯一可能的目标只有短期战略，或许这样的目标包括了重大的创新成分 [16]。对环境进行分析毫无意义，因为从本质上讲，环境都是不可预知的。但是应该了解组织所拥有的资源，在此基础上可以分析它们对创新过程的贡献。至于战略选择，它们与实际的战略过程没有多少关联。最重要的是公司组织学习的方式及其对动态环境的反应；宽松的组织环境、管理者之间非正式的关系网络是比较理想的；相反，严格死板地划分功能部门，则不利于应对环境的变化。Stacey 提出了一些关于不确定性方面的建议，如文本框 11.3 所示 [17]。

总体来说，与常规性战略过程不同，基于不确定性的战略方法没有清晰的流程——只有对环境的不间断监控，以抓住随时出现的机会。在表 11.3 中，我们对常规性方法和基于不确定性的方法作了比较。

文本框 11.3

不确定性理论对公司战略过程中的实际意义

基本目标：形成新的战略指导和创新活动。

与不确定性方法相一致的八大措施如下：

1. 宽松的控制——让该发生的事情发生。
2. 在不同群体之间重新分配权力，使他们少一些竞争，多一些合作。
3. 允许灵活地进行团队组织，并制定自己的目标和过程。
4. 鼓励形成新的组织文化，促进形成新的组织愿景。
5. 设立开放式的挑战（"在某方面进行创新……"）而不是规定目标（"你的任务是使得我们……利润翻倍"）。
6. 严格要求组织的经营活动，勇于挑战。
7. 花费时间和资源发展组织的学习技巧。
8. 给管理者以时间和空间，允许他们进行试验。

表 11.3　基于不确定性战略的方法与描述型过程的比较

描述战略的典型过程	基于不确定性的战略过程	流程
明确组织任务和目标	仅仅关注短期目标：或许把创新列为战略意图	↕ ?
环境分析资源分析	不可预测性：浪费时间。尽管内部因素很重要，但是常规性方法中的预测不起作用	没有清晰的流程 ↕ ?
产生战略选择方案	因为最终结果不可预知，所以所制定的选择方案各不相关	无序，只有不间断地检测环境 ↕ ?
选择战略	各个战略选择方案也各不相关。但是在短期战略中，会涉及自发性小团体和学习机制	
实施战略	非正式的、不稳定的关系网络非常有用。还有必要预留一些资源以应付未知事件	利用非正式团体，对各种机会作出灵活的反应

评论

当市场环境激烈动荡的时候，这种基于不确定性的方法或许有用，但该理论在战略决策的某些领域并没有什么见解。例如，当组织面临短期的利润压力或者服务压力的时候，该理论并没有为我们提供指导。这种基于不确定性的战略方法还处于发展的早期阶段，还有很多需要完善的地方。

关键战略原则

- 创新改革是战略最重要的内容。它们不可避免地包含了不确定因素，但这种不确定性可以通过数学的方法进行建模。战略的长期结果是未知的，也不能有效地预测。
- 因此，基于不确定性的战略方法采取缓慢的前进方式。组织管理需要逐步地学习，并相应地进行适应性改革。
- 因为未来存在不确定性，按照常规性战略方法制定的战略方案和进行的战略选择都不合适。

案例研究 11.3 在线购买旅行产品——找到互联网时代的战略

互联网技术正在变革全球高达 1000 亿美元的旅行订票市场。本案例研究了这些变化和不确定性因素。本文还提出了在制定战略中所要选择的战略路线，尤其是那些小型旅行公司。

旅行社和背包旅行

在过去的 50 年中，很多旅游者都选择独立的旅行社来为他们的国内和国际旅行订票和住宿。这些旅行社有它们自己相关的网络，并与酒店、航空公司、铁路、汽车运输公司以及其他提供旅行服务的公司等保持紧密联系。它们在要求复杂的旅行安排上经验丰富，可以免除旅行者在进行为期 2 个星期的度假或者是一周的商务旅行中所可能遭遇的麻烦。旅行社通常位于城市的购物中心或者是通过电话来联系。最近，旅行者可以通过互联网联系到它们。

在北美，旅行社通常是提供旅行路线的某一方面产品——比如机票、酒店，等等——的独立性很强的公司。在亚洲、非洲和中东，旅行社也是相当独立的。但是欧洲的旅行社通常和那些提供具有竞争力的背包度假产品的特定旅行组织有关。这些背包产品包括飞行、运输、酒店和其他活动——这种办法通常被称为"背包旅行"。这种背包旅行在一些欧洲国家比如英国和德国相当流行。在中国和日本这种形式也相当重要。这也是一些知名的欧洲旅行公司——比如 Thomas Cook、My Travel 和 Kuoni 的主要业务。

甚至在今天背包旅行公司都是一项很大的业务。因为它们能够提供较高的性价比，尤其是对那些想要去非知名旅行目的地的旅行者来说尤其如此。比如，英国 2003 年背包旅行占据了所有度假旅行的 49％。但是该数字比 5 年前的 1998 年还是有所下降。这说明独立旅行在增长，但还没有达到北美占该业务 80％的水平。较高的比例的原因是北美人拥有更多的假日：国内的旅行者对于独立订购要比那些在不同语言、不同法律和旅行设施的国家度假的人更有信心。

虽然欧洲背包旅行的经营者们希望几年后背包度假还能够生存下来，但他们需要使他们的产品从适合个人向有组织、包括儿童活动、涵盖全面的旅行保险和保证酒店质量，也许要通过向经营者自营酒店而转变。这样才能够追随独立度假订购的发展为其

不论你是要到印度的泰姬陵、美国拉斯维加斯的 Harrah's Casino，还是到中国上海浦东去旅行，互联网在线订购都可以为你服务。

提供保证。那些独立的旅行者更愿意使用互联网。通常，这些旅行者们包括以下两类：

1. 时间和金钱都有限的年轻旅行者——也许综合工作和旅行方面处于一个"差距"的年龄；
2. 退休人群，他们有大量的时间而不是大量的钞票。

一般意义上说，独立旅行是互联网旅行订购的主要焦点。

独立旅行者与互联网

对于独立旅行者来说——也许是短途旅行，也许是长途商务旅行，也许是环游世界——他们通常都会有各自的旅行计划。但是，并不是说每个旅行者都会上互联网来寻求服务——STA 学生旅行社和 Trailfinders 就是提供适合个人一般旅行的供应商。旅行社、电话订购和邮寄仍然占据旅行服务的重要部分。比如 2005 年在英国据估计通过互联网订购的数字仅仅占了独立旅行者总数的 20%。但是这一数字增长迅速，预计在 3 年内会增长到总数的 40%。在德国这一数字偏低，但在斯堪的纳维亚地区互联网的使用和在英国类似。法国的互联网订购已经运作了很多年——French Minitel 服务——而且还将继续扮演很重要的角色。

在北美，互联网订购已经占据了总订票数量的 30%~40%，但是这取决于是否有良好的互联网连接。对于那些互联网私人接入并不普遍的国家来说——比如非洲部分地区、中国和印度——旅行社仍然是安排旅行的主要方式。尽管存在这些壁垒，互联网还是在全世界成为一种重要的订购方式。尽管互联网订购仅仅开始于 12 年前，但据估计全世界旅行订购的市场份额在 2005 年达到 50 亿~100 亿美元。

在某种意义上，通过电信来订购旅行服务并不是什么新的东西。旅行社一直在利用直拨电话与中心计算机连接来在线订购机票，这种做法已经持续了 20 年。比如，法国航空、Lufthansa 和 Iberia 成立了 Amadeus 航空计算机订票系统，英国航空、KLM 以及 Sabena 在 20 年前都利用伽利略系统帮助旅行社和旅行经营商们代表顾客和团体购买机票。很多酒店连锁、汽车租赁公司和火车公司一直以来都在采用类似的电话订购系统。

在过去的 10 年中所发生的变化是互联网使得这样的联系可以在单个的顾客身上发生：旅行社被删除在价值链之外。另外，计算机软件的发展使得此类操作对于个体旅行者来说更为简单。互联网订票始于订购机票，但现在发展到汽车租赁、酒店预定和旅行服务的其他方面。独立在线订购应经被互联网从根本上变革，但并没有全部变革：比如，一些人还不能接入互联网、由于各种原因一些人不愿意或者没有时间用互联网，等等。

2005 年，互联网订购旅行产品还仅仅占所有旅行订购的 5%~10%，但这种方式增长十分迅速。比如，互联网订票占了经济型航空公司比如 Ryanair 和 EasyJet 业务的 90%。一些公司实际上对于那些不愿意使用互联网的顾客还施加了惩罚。甚至一些老牌航空公司的互联网订票都至少占据总订票额的 40% 以上，而且这一份额还在上涨。因此旅行公司需要制定新的战略来面对这一机遇。

互联网旅行市场——在线订购

随着互联网旅行订购市场逐渐增长和变大，很难得到那些各种服务和订购代理的一个全貌。而且，它们的状况也在不断发生变化和发展着。为了集中观察互联网上的活动，把互联网旅行服务供应商们分为三个大类是十分必要的：主要供应商、在线旅行社和多搜索旅行网站。每一门类都有自己不同的运作方式——参看文本框 11.4。文本框 11.5 试图列出 2005 年全球领先的在线订购公司，但几乎可以肯定的是，这一列表还会发生变化。

来自互联网旅行订购的利润

一些像 Accor、Peninsula 酒店、洲际酒店（Intercontinental）这样的连锁酒店为在线旅行社提供折扣价格——比如 Expedia 和 Travelocity，在线旅行社会把这些房间的价格加价 20%~30%，然后提供给单个的旅行者。从某种意义上说，酒店经营者们在损失利润，但是，如果酒店房间空置化，那么任何收入都是有用的额外收益了——实际上，这在酒店行业被称之为收益管理。但是，酒店公司现在开始意识到它们可以通过自己的网站为消费者提供房间，绕过旅行社和代理公司，收回这部分收益。

比如，洲际酒店制定了几个互联网战略来抵消在线旅行社所带来的影响。2002 年，该酒店开始在互联网商提供房间最低保证价格。该酒店还开始从那些想要在自己的网站上使用该酒店品牌名称的运营商那里收取相当数量的费用——这些品牌包括 InterJContinental口美国的皇冠广场（Crowne Plaza）和假日酒店。洲际酒店还注册了发音上很明显是独立旅行的互联网代理名称，来帮助搜索者找到酒店的网站。最后，该公司开始建设一些外语的网站——德语、法语、西班牙语、日语、汉语等——为了使这些国家的旅行者能够更加便利地订到洲际酒店。其他的一些酒店集团比如 Sofitel 和 Novotel 酒店现在都作出保证它们在网站上提供的价格是最低价。

大型的国际航空公司，比如美国、英国航空和法国航空、

文本框 11.4

互联网在线旅行服务的主要提供商

- 主要供应商：包括主要航空公司、经济航空公司、主要酒店连锁、主要汽车租赁公司和主要铁路公司。对于个人来说，在互联网商来搜寻这些价格、是否能买到和一些细节很是浪费时间。但是，一些领军企业在搜索引擎比如雅虎和谷歌上都购买了搜索头条。
- 在线旅行社：包括提供众多旅行服务的公司——比如 Expedia、Travelocity、Orbitz——以及那些主要经营某一特定业务的公司，比如 Opodo，由航空公司设立销售机票（但现在也通过链接提供酒店和租车服务）。文本框 11.5 给出了一些该业务方面的领头羊。
- 多搜索旅行网站：这些都是相对较新的网站，它们利用复杂的搜索引擎技术来获得所有价格并进行价格比较。文本框 11.5 列出了一些重要的品牌酒店以及旅行地多搜索活动。

文本框 11.5

一些专业互联网公司

所有经营互联网订购业务网站的主要酒店、航空公司和火车公司：这些并没有在这里列出来。

母公司	互联网旅行公司	旅行公司的互联网分公司	备注
Sabre 控股	Travelocity	Travelchannel.de，编写本文时，Sabre 正准备收购 Lastminute.com	Blocks 元搜索
领先的欧洲公司——参见本文	Amadeus 航空订票	Opodo	
交互式公司	Expedia Hotwire	Hotels.com	60%的美国市场。收购价6.65 亿美元
Cedant	Days 酒店和 Ramada 酒店，Avis 汽车租赁，经济型汽车租赁 Orbitz 伽利略航空订票 eBookers		Cedant blocks 元搜索 美国市场份额的 25% 收购价12.5 亿美元
Lastminute.com	Lastminute.com	近年来收购了 7 家公司	
Priceline	Active 酒店		
元搜索公司	SideStep Mobissimo Kayak——AOL 占少数股份 英国 Cheapfights		

资料来源：见本文。

KLM 只要可能都会直接售票，其目的是为了拿回被在线旅行社拿走的利润。除了发展自己的网站之外，一些航空公司还联合起来在欧洲成立了一家名为 Opodo 的网站。这些航空公司还开始尝试利用经济型航空公司所采用的复杂的计算机定价系统——参见下文。

对于经济型航空公司比如 Ryanair 和 EasyJet 来说，它们有着强烈的降低成本到最低的欲望，因此这些公司在它们的网站是仅仅提供座位。但是，它们有一个十分复杂的计算机定价系统来在每天甚至每小时改变价格。这样那些早订票的独立旅行者就会很划算，但并不是所有的旅行者都有提早进行选择的灵活性。

多搜索互联网的运作与这些有所不同。它们通过直接与酒店或者旅行网站链接收取小额费用来获得收入。另外，它们还从在网站上销售一些酒店连锁和互联网旅行社的赞助商链接而获得更高的收入——或者说至少它们希望这样。

所有的这些表明，互联网业务的收益依赖于该业务的状况：

- 对于像酒店和航空公司这样的主要供应者来说，互联网为空置的酒店房间或者是飞机座位提供了找到客户的机会。如果旅行者是通过互联网直接从供应商那里订购的话，就会有不错的收益，因为供应商直接获得了收益，而不是被旅行社拿走。
- 对于那些在线旅行社来说，利润来源于超过旅行服务基本成本之外的收费。这些超出部分可能会数额很小——并不总是前面

提到的 20%~30%。
- 对于多搜索旅行公司来说，从每笔实际交易中获得的利润很少，但是从网站上进行赞助广告的供应商那里获得的收入就很可观了。另外，大量的搜索——即使每次搜索的利润很低——也会产生总量巨大的收益。

互联网旅行订购对于小公司的机会

对于建立旅行订购网站，新公司有什么样的看法？注册和维护一个新的互联网网站的成本实际上很低。但是这并不是互联网旅行订购战略的关键。真正的成功是能够吸引到足够多的顾客来产生足够数量的交易。Lastminute.com 的首席执行官布兰特·霍波曼（Brent Hoberman）说："这是一个规模游戏，你一直要面对国际竞争。我常常说你需要 10 亿英镑（19 亿美元）的订购量才能够承担相应的技术、销售和品牌上的开销。"但是，霍波曼也必须要承认他自己的公司就很年轻，仅仅开业几年，那时他们也没有 10 亿美元的业务量。

而且，互联网在旅行业中存在三大优势。首先，小型互联网旅行业务在早期的固定成本很低——虽然布兰·霍波曼那么说。并不需要昂贵的办公写字楼，也不需要大型的彩色打印和宣传册成本，以及与顾客直接接触的成本。这样的特性对于那些小型、刚刚起步的公司来说相当理想。因此，出现了很多小型的旅行公司——尤其是一些针对特定休假类型的公司——专门为瑞士滑雪

度假、专门冒险旅行度假等提供服务。

互联网的第二个优势就是互联网的触角可以十分广泛，甚至可以通达全球。这使得一家小公司在特定的领域找到大量的客户、通过为他们提供跨国界服务以获得利润变得更为容易。

第三个优势是，所进行的商业活动可以在价格、包装和其他服务上进行变化，来反映游客流量。比如，Ryanair 和 EasyJet 这样的经济型航空公司就通过采用计算机模式监控互联网订票来调整价格。

互联网已经敞开了新的机会，但是小公司应该采取什么样的战略呢？

案例研究

1. 如果一家小公司想要进入互联网旅行订购市场，那么应该采用本章所描述的 5 条途径中的哪一个？你也可以参考采用传统常规性战略。

2. 是否存在小公司绝对不应该采用的战略？为什么？

3. 如果你是一家知名互联网供应商，你会选择哪一条战略途径来发展业务？为什么？尽可能提供目前采取的做法的例子。

4. 互联网将会怎样影响未来的旅行？采用应急战略是否会更好——如果是这样的话，应采用和如何采用何种战略？

战略课题

互联网可以为公司，无论大小，提供众多的机会，这样互联网在线战略就显得尤为具有挑战性。由于可以在网上获得定价、产品、演示和市场定位方面的信息，所以进行这方面的研究是可能的。研究方式之一是从研究本案例中的公司开始，然后探讨它们是如何进行发展的。另外一种方式是研究旅行业的某一领域，比如冒险旅行或者漂流，并研究它们采用互联网和未来的可能的战略。还有一种方式是研究未来互联网可能发升的变化——文字传输信息、移动电话订购、更为复杂的演示技术，等等——并研究它们对于旅行公司战略的影响。

11.4 基于网络的推进战略

定义▶ 基于网络的推进战略研究了与组织和行业有关的联系和合作程度，并强调了合作程度的价值。从战略的角度来看，本节所述网络主要有两个主要方面：

1. 网络外部化
2. 网络合作

为了理解这些，有必要对英国航天的案例从这两个方面来进行研究。

网络外部化[19]

定义▶ 当组织是某一外部网络的一部分，而该网络寻求把某一行业的某一部分操作标准化的时候，就出现了网络外部化。当完成标准化的时候，所有网络中的组织都会受益，而它们会继续寻求更多的组织采用这种标准。对于网络中的单个组织来说，这种收益是外部性的。比如，旅行社的网络服务可以从航空公司的标准订票网中获益，这方便了旅行社预订机票，也方便航空公司卖座位。这样的一个网络需要就订票信息达成协议。这对那些参与该协议的组织来说是一种真正的收益，因为这些组织可以以该标准为基础来开发新的设备。这样的一个协议标准可能会带来各组织共同分担开发费用，并且可能会带来生产中的规模效应。如果其他组织加入这一网络并采用这一标准，那么所有网络中现有的各组织会得到更多的收益。11.4.1 中探讨了战略发展中这一比较新的层面。

网络合作

定义▶ 当公司为了双方利益而与其他公司签订正式或者非正式的协议的时候就出现了网络合作。比如，即使是在一些旅游公司开始发展合作性网络，从战略的角度来看，也有必要把这仅仅看做是行业联盟新阶段的开始。要进一步的发展就需要与像 Expedia 公司和其他涉及旅游业的公司达成协议。目的是在发展扩张了的英国航空公司可持续性竞争优势的同时，从接管中攫取完整的价值增加并发展其他形式的合作。之前我们已经在第 5 章对合作的分析中探讨了一些。但现在我们是在寻求新的战略，所以有必要在这里研究网络合作。11.4.2 进一步探讨了这些。

11.4.1 网络的外部化[20]

定义▶ 网络外部化指的是网络整体标准的发展使得那些属于该网络的各组织能够从其他组织加入该网络中获益。

这被称之为外部化，因为这一概念并不是受到某一公司的内部活动所驱动，而是受到所有那些属于该网络的外部成员的驱动。也许最著名的例子就是微软：全世界有 90% 的个人电脑用户采用了视窗操作系统。由于很多其他的用户也采用了同一个系统，那些采用这种计算机系统的人或者组织所获得的收益因此会增加。也就是说，由于可以被其他同一外部组织成员分享，所以系统的价值增加了。

重要的是，随着使用者总数增加并达到相当大众化的程度，网络会产生一种收益——有时候这被称作是"翻转点"。实际上，当大多数该网络使用者转向某一个供应该网络的公司而远离其竞争对手的时候就出现了翻转点。这和宏观经济中一般的供求关系中，产品或者服务的价格和销售与其他购买是相互独立的假定不同。在网络外部化中，某种产品被购买的越多，这种产品就会越有价值。

评论

尽管这是一个很有用的概念，但主要被应用于那些有较高级和正式的合作内容的组织，比如消费电子公司需要有一个 DVD 播放机的一般标准——见案例研究 5.4。一旦该标准被制定，那么通常就会产生胜者和败者，但之后会需要进一步利用其他层面的战略。也就是说，网络外部化有一定的作用，但这种作用通常仅仅应用于产品的技术生命中，对于那些单一技术标准在战略发展中没那么重要的情况下具有更多的局限性。

11.4.2　网络合作

定义▶　**网络合作指的是组织在自己的组织内部和在外部与其他组织之间所形成的增值关系**。比如，欧洲电信公司有它们自己的电话交换机资源和能够带来收益的员工。另外，它们在一些欧洲国家的电话机市场上彼此进行竞争，同时在全球市场上与其他的电话公司发展合作关系。这是一个内部和外部活动为组织带来价值增值的复杂网络。

从战略的角度上看，问题是如何把这些内部和外部活动的价值增值进行优化。我们可以回顾以下第 4 章的两个基本原理：

1. 拥有和管理资源，而不是从外部购买资源的好处[21]。这可以被用来辨明组织内部和外部的重要关系。
2. 价值链和价值联系[22]。价值链提供了组织内部网络以及组织与外部关系联系的状况。

为了制定以网络为基础的战略，需要利用这些一般标准来勾画出组织内部现存和与每个组织之间的网络关系。文本框 11.6 说明了完成这一任务的基本常规性方式。

通过优化增值，网络合作还可以影响到可持续性竞争优势。比如，在欧洲的电话公司中，那些采取先进的增值服务、以吸引人的低价和高品质服务相结合的公司很有可能具备了与其他公司进行竞争的强大实力：高赢利很有可能与可持续竞争优势有关。但是，这样的价格和服务的结合有可能会来自于，至少是在部分程

文本框 11.6

网络如何为组织增加价值

在内部网络中，价值可以通过以下方式来增加：

- 规模和范围效应；
- 发展先进的甚至是唯一的知识和技术；
- 在客户服务、营销和声誉方面进行投资；
- 在现金处理、金融交易和其他金融工具方面的技能、知识和专业性。

从外部网络中，价值可以通过以下方式来增加：

- 节约成本的物流、仓储和其他外部交通设施；
- 从供应商那里获得采购优惠；
- 新技术发展、新技术许可和其他的技术进步带来的专业性外部采购；
- 与政府和其他有影响力的组织之间牢固而稳定的关系。

注意这些只是组织内部和组织之间存在的众多网络的例子。

度上，这些公司与其他公司之间的有价值的合作关系。

从更为一般的经济术语来说，市场竞争这一"看不见的手"会驱动公司利用它们的内部资源来提高其效率。同时，合作联系这一"看不见的手"会给组织带来真正的，甚至是唯一的外部网络和价值。从某种程度上说，网络依赖于看得见和看不见的产生和维护关系的指针——这是一种更类似于"持续握手"的关系，而不是断断续续的握手[23]。

因此在网络合作战略中，增值和发展竞争优势是通过精确地结合组织与其他组织之间的竞争和合作而完成的。所以，组织会建立起内部和与外部关系的一个独特的网络。比如，经过一段时间，销售人员可能会与顾客之间建立起联系，采购经理和供应商之间等也是如此。与外部组织的长期关系可能会使公司战略的重要组成部分，就如同在航天、军工、电信设备和其他行业中如果与政府之间建立起了长期的关系，那么谈判就有可能会很快获得成功。

谈判是此类关系的一个重要的方面，谈判进程成为影响成功与否的关键因素。因此，比如说在移动电话行业中，在购买和具体实行此类项目的时候政府扮演了十分重要的角色。一般地说，政府可以通过信用优先、合资，以及威胁要引入新的供应商，或者分配研发合同以及在出口方面提供帮助来进行控制[24]。不与政府进行谈判而制定战略管理可能会付出昂贵代价。而在这样的谈判中组织所具有的讨价还价的能力可能要取决于市场的成熟度以及所涉及的技术。

因此，从很多方面来说，组织可以被看做是与内部和外部存在众多协议的网络[25]。而且，如果这些协议对于战略的制定是很重要的，那么为了制定出最优的战略，理解这些网络的动态就是十分重要的[26]。由于这一任务的复杂性，所以最好主要把精力放在这一过程的重要方面（参看第 3 章）。

评论

一些战略学家认为，重要的并不是把竞争与合作网络结合起来，而是其一的优先性：

1. 或者竞争关系是首要的：波特教授认为，形成战略的实质是应对竞争[27]。
2. 或者合作网络代表着战略发展的主要方面："人们越来越认识到在今天的管理界很多成功来自于合作。"J Carlos Jarillo 说[28]。

这样的选择从根本上说是一种误导[29]。所有的组织既会进行竞争同时也会有合作，在这两者之间并不存在需要解决的"战略矛盾"。唯一需要解决的问题是在两者之间找到平衡。这取决于制定战略的环境。比如 90 年代后期欧洲电话公司中，竞争是主要的驱动力。在像英国和德国这样的国家，竞争越来越激烈，尽管合作在提供国际电话网络方面也同样重要。相比之下，90 年代后期的欧洲国防业中，为了能在全球市场中与美国军工企业的竞争更加成功，欧洲公司在泛欧洲的基础上进一步发展了合作关系。

11.4.3 公司战略所有这些层面带来的结果

实际上，网络是流动而且可能会发生变化的。这样的网络的成员可以毫无成本地离开。从这种角度上说，没有任何事情是固定的，所有的一切都不是确定的。因此，目标可能会需要修正，选择也可能会由于需要说服团体加入或者停留在网络当中而需要妥协。从某种程度上说，实施过程本身现在是选择过程的一部分，也是战略的一部分。

表 11.4 说明了这样的一个基于网络前行的战略的意义。应该注意到任何战略变更的时间有可能会需要加长以容纳这一过程。在这一表格中完整地表现这一过程是不可能的。

评论

网络是很多不论大小的组织的组成部分，对于这一点几乎没有人会怀疑。但是，还是有必要推进这一战略过程。这里需要领导力的推动。基于网络的战略不大可能自身就代表一种完整的路径，而是需要与常规性战略和基于学习的战略进程同时发生。

表 11.4　基于网络的过程与常规性过程比较

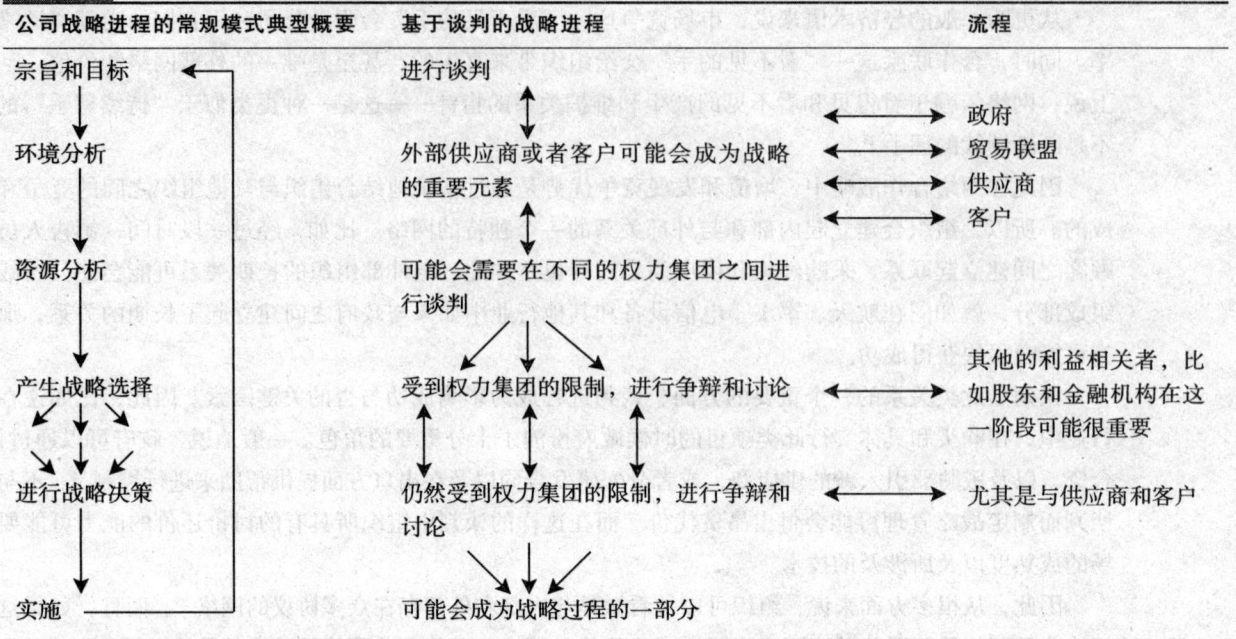

公司战略进程的常规模式典型概要	基于谈判的战略进程	流程
宗旨和目标	进行谈判	
		政府
环境分析	外部供应商或者客户可能会成为战略的重要元素	贸易联盟
		供应商
		客户
资源分析	可能会需要在不同的权力集团之间进行谈判	
产生战略选择	受到权力集团的限制，进行争辩和讨论	其他的利益相关者，比如股东和金融机构在这一阶段可能很重要
进行战略决策	仍然受到权力集团的限制，进行争辩和讨论	尤其是与供应商和客户
实施	可能会成为战略过程的一部分	

关键战略原则

- 基于网络前行的战略研究了与组织和行业相关的合作程度和联系，并强调了合作程度的重要性。这种途径有两个方面：网络外部化和网络合作。
- 网络外部化指的是一种架构的全面标准的发展，这种架构允许那些属于网络的组织能够从其他组织加入同一网络中获益。
- 在这样的外部化中，关键时刻是"翻转点"，也就是，随着使用者总数增加并达到相当大众化的程度，网络会产生一种收益，这个时候被称作翻转点。
- 网络合作探讨了在相关组织和行业中的合作程度和联系，并强调了合作程度的重要性。
- 在网络合作战略中，增值和竞争优势是通过精确地结合组织和其他组织之间的竞争和合作来完成的。这样的一种战略方式可能也需要放在与强势顾客和供应商进行讨价还价和交易的谈判环境下来研究。

11.5　基于学习的推进战略

定义▶　　基于学习的推进战略强调把学习和演练作为制定出成功的公司战略的重要方面。学习可以发生在个人层面上，也可以发生在团体层面上：战略管理主要集中于团体学习，因为这在组织发展的时候是最为相关的一方面。当存在大量的不确定性的时候，比如说在欧洲的移动通信市场，就不可能制订出今后几年的固定不变的计划。找出一些基本的商业目标，可能甚至是未来的愿景（参看第 10 章），但也需要经过实验并对市场事件作出反应。这可能要包括竞争对手的消失或者出现。采用一个灵活的、监督事件作出反应并利用机会的过程是以学习为基础的战略的核心。

11.5.1　学习在组织中的作用

　　1987 年，明茨伯格在一篇很有说服力的论文中指出，对诸如市场和公司资源的理性分析不可能产生高效的战略。而一个更加有效的过程是"将规划过程和实施过程融合到一个可变的学习过程，以此产生具有创造性的战略统一"[30]。明茨伯格并不怀疑战略需要计划和设计，但他极其强调战略的灵活性，他认为，在战略开始实施以后，还应该根据学习的结果来修改战略。这一点尤其重要，因为战略有时候需要根据市场或者组织内部的情况进行重大改变。在这个时候，那些已经知道组织是如何运转的战略专家更能够意识到变革的必要性以及对变化迅速作出反应的必要性。

下面举例说明这个过程。我们看一下世界上最大的石油公司之一——荷兰皇家壳牌公司。在 20 世纪 80 年代，该公司就提供了一个战略飞跃和学习过程的范例[31]。1984 年，那时候的原油价格大约为每桶 28 美元，在这种背景下，公司的中心计划部门提出了一个投机设想。该设想仅仅是一个演练：它假设原油的价格下降到每桶 16 美元，然后要求高级管理人员就此思考对策。一些高级管理人员认为这是不可能的事，但他们还是愿意进入演练的角色。出人意料的是，1987 年，原油的价格真的下降到了每桶 10 美元。而荷兰皇家壳牌公司对此早已是未雨绸缪。

后来，荷兰皇家壳牌公司一个最主要的规划人员总结说：

> 在组织的学习过程中，管理团队需要改变他们关于公司、市场和竞争者的思维模式。由于这个原因，我们认为，计划的过程就是学习的过程，公司的规划过程就是组织的学习过程。

这里的关键词是"改变他们共同的思维模式"和"学习"的过程。很多公司在探讨战略事务的时候不仅把它看做是个人问题，而且是管理团队的问题。正是这样一个团队提出了有关公司及其环境的设想：这些设想需要得到明确和共识。而且，这些设想需要根据环境的变化而改变——例如，上面提到的战略飞跃。

11.5.2 学习与知识之间的关系——阿基瑞斯与格温的贡献

学习可以被看做是组织的知识的扩展。这包括一个行为环路，这个环路囊括了获得新知识、在现实中验证新知识、结果反馈——比如，从温度计上读出室内温度，估计室内温度来确保舒适，然后如果需要的话要调整温度。学习过程可能要涉及学习、教授和实践过程。在商业和非营利组织的复杂世界，学习可能要涉及所有三种过程，因此也就变得十分复杂。

对于组织来说，学习更为困难，因为组织可能需要定期回顾审查是否学习符合组织的目标和目的。这回就需要组织的管理者问一些困难的问题并且跳出单纯的数据收集之外，把学习放到现实中进行检验。这就是哈佛商学院的克里斯·阿基瑞斯（Chris Argyris）首先提出来的双环学习，该术语说明了这种额外的复杂性。除了上面所说的学习环之外，还有第二个环，这个环对第一个环确定的整个机制提出了疑问。还是利用前面段落所采用的例子，他进一步探讨了是否真的需要一支温度计，是否一种完全不同的温度控制机制可以产生更好和更为便宜的结果[32]。这种基本的回顾对于公司战略和公司在组织内的学习过程是相当重要的——参看图 11.4。

定义▶ 因此，双环学习包括考察业绩是否符合标准并进行必要调整的第一个环，以及回顾是否预期的标准是适宜的第二个环。

由于第一个和第二个环存在某种程度上的不准确性，因此并没有对于学习组织的一致定义就毫不奇怪了。大多数人认为组织能够从经历当中学习，并且增加的知识会带来更好的业绩，但是除此之外的过程值得商榷。

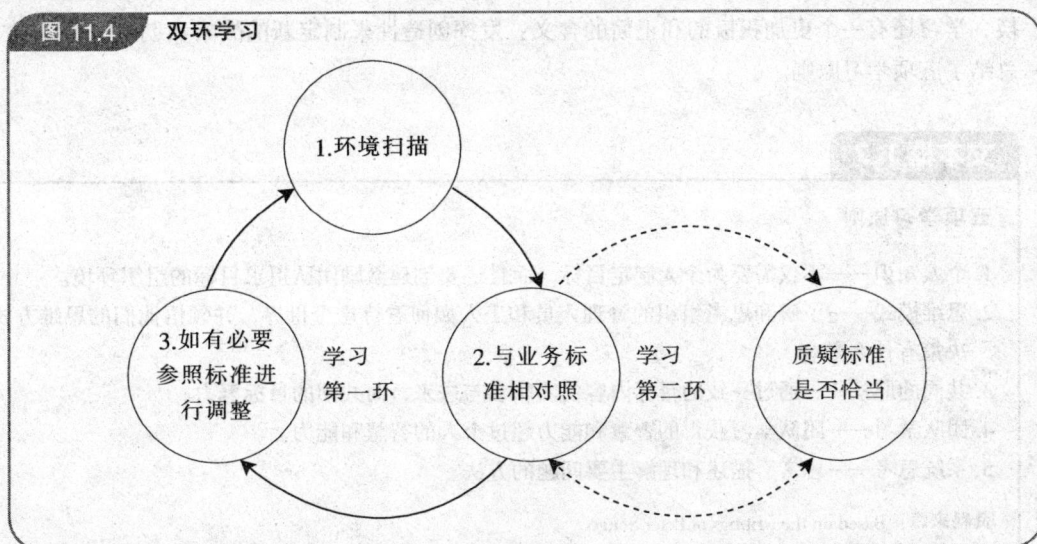

图 11.4　双环学习

一些人认为，组织必须要改变它们的行为方式以真正进行学习，而另外一些人认为只是简单地获得新的思考方式就足够了。认识到了这些困难，哈佛大学商学院的丹尼尔·格温（Daniel Garvin）教授提出了下面的定义[33]：

> 一个学习组织就是一个善于创造、获得和传授知识，并且善于修正自己的行为以反应新的知识和观点的组织。

该定义的第二部分"修正自己的行为"构成了第二个学习环。这种定义机制——知识的创造、获得、传授和修正——在第 7 章中关于知识的创造部分有所叙述。重要的是，后者，也就是组织只有在修正和变更了自己的过去的行为之后才表明他们真正学到了知识，这也是比特·赛恩泽（Peter Senge）的观点。

11.5.3 集体如何能更好地学习——赛恩泽的贡献

比特·赛恩泽的贡献在于他把学习的概念从个人行为扩展到了集体的学习单位。为了了解他的这一贡献，我们从回顾突发性战略过程和学习理论的要素开始。

如上所述，"双环学习"的概念对战略开发过程中的学习方法有非常大的影响[34]。从本质上讲，这种学习过程不仅包括与公认的标准作比较，还包括质疑公认的标准本身。麻省理工学院的教授、组织体制与学习方面的专家比特·赛恩泽认为最有效的学习是团体学习或者团队学习，而不是个人学习。1990 年，他运用学习原理，再加上反馈机制将团体学习的概念应用到战略开发上。他指出：

> 在学习型的组织中……人们持续不断地提高他们获取自己想要的结果的能力；人们能够培养开阔的新思维方式；集体的理想得到释放；人们不断学习集体学习的技巧[35]。

重要的是，赛恩泽对两种学习作出了重要的区分。这些区别在于：

1. 适应性学习——了解外部环境的变化并适应这些变化；
2. 原生性学习——创造并利用新的战略在组织本身内部进行积极扩张。

这两种学习都来自于组织内部的实验、讨论和反馈。那种严格的、正式的、等级森严的组织不大可能会产生这种学习过程。赛恩泽认为需要有新型的更为灵活的组织结构。有趣的是，在日本，70 和 80 年代，以及东南亚 90 年代高增长的经济环境下，一个重要的区分特征就是是否参与到计划过程，以及这个计划是否具有灵活性和适应性，而不是死板的正式的计划[36]。

赛恩泽认为，通过设定有吸引力和具有挑战性的目标并鼓励相互交流，就能够使团体获取最好的知识。这些思想推动了战略制定方法的发展。在赛恩泽的论文中，关键的一点是战略制定过程包含了知识创造的过程，而知识的创造由团体来完成。知识创造的目的是产生新的"思维模式"。

在学习过程中，有很多众所周知的机制能够改进思维模式[37]。其中最有名的或许就是赛恩泽的五项学习原则[38]，它们主要用于帮助组织和个人学习。不过，这里的"学习"并不是指简单的记忆和简单的应付环境变换，学习还有一个更加积极的和正面的含义：发挥创造性来制定新的战略和创造机会。在文本框 11.7 中我们总结了五项学习原则。

文本框 11.7

五项学习原则

1. 个人知识——不仅需要为个人制定目标，而且还要创建激励团队追求目标的组织环境。
2. 思维模式——了解和思考组织的管理人员和工人如何看待这个世界，并领悟他们的思维方式对组织的行为和决策有什么影响。
3. 共同的愿景——通过一致的目标内容使团队参与进来，向共同的目标努力。
4. 团队学习——团队学习获得的智慧和能力超过个人的智慧和能力。
5. 系统思考——思考、描述和理解主要问题的方法。

资料来源：Based on the writings of Peter Senge.

为了在当今激烈动荡的商业氛围中生存，有人认为，组织的战略必须包括这样的机制，它能够将个体的学习转化为团体的学习 [39]。团体学习和整个组织的学习有三大优点：

1. 通过学习产生关于组织经营的新鲜思想和新观点。
2. 不断地更新能够提高适应能力，从而使组织保持永不衰败。
3. 促进组织对外保持开放，使得组织能够对外部事件作出迅速反应——例如，原油价格的急剧震荡、欧洲移动电话市场的迅速发展等。

在这个学习过程中，遇到最大困难的往往是那些受过良好教育、高度负责的高级职业人士 [40]。他们可能会错误地理解"学习"，并将它狭隘地解释成是"纯粹的解决问题"。这些人可能还不理解学习的过程不仅仅是按照老师的指导或者上级的指令行事。战略管理应该从中受到的启发是，学习过程应该是一个双向的过程，而且是无限广阔和开放的。

11.5.4 将学习变成启发式学习

定义▶ 启发式是一种非正式经验法则，提供简单的决策原则，对组织某一部门的学习成果进行了解和总结，然后与组织其他部门进行沟通 [41]。它们对制定新战略十分有价值，特别是面对新的商业机会时。例如，互联网旅游公司也有可能制定一种简单的方法，让各个国家可以用他们的经验来提供服务。例如，"一次一个国家"，"以打高尔夫球的顾客为目标"，"让新的酒店网站与新的航空线路同时发展"。许多类似的启发法来自过去学习的经验，也就是，通过试验和失败来找到最佳方法。但是，启发法的关键并非是组织中的初探性学习，而是一种通过总结将学习扩展的决策原则，这一原则适用于整个组织。

启发式的作用体现在以下三个方面 [42]：

1. 它们能够集中精力，节约时间。许多组织没有时间从事基础的学习，不可能每次要制定新战略时都去学习。
2. 它们能带来改善，或者说，它们应该具有弹性，而不是一些指导方针或是刻板的规定。启发对特别的机会有价值，这一点很重要。
3. 它们可以控制失误。它们为个体提供应对未来的指导方针和初步方案，从而减少纯粹的"试验和失败"的学习 [43]。

启发式的问题就是它会成为僵化的主导逻辑，见下一节 [44]。

11.5.5 学习以及主逻辑问题

学习模式实质上就是要广泛地没有任何偏见地对某一战略问题进行研究、对它进行实验并尝试各种选择。经过一段时间，某一个或者多个选择会被证明要比其他选择更为成功。然后，资源就会根据这些实验的结果来进行分配。这成为组织进行一般决策的基础，也是组织如何开展业务的一般模式。这种模式就是主逻辑。

定义▶ 主逻辑就是"管理者对组织业务概念化，并进行重要资源分配决策的方式" [45]。

尽管学习型组织可能会要求很高，但也有迹象表明有时候学习可能会很僵化并且依赖于过去的知识 [46]。管理者依赖于他们对于某项业务如何才能获得利润，或者是在公共组织中某一过程如何才能提供良好的服务逐渐形成了他们自己的思维模式。困难在于，这样的思维模式可能导致管理者无法觉察到那些以后会影响到组织的新的环境变化。这样的模式主要基于过去并且为过去的战略决策提供了一整套的答案。

当一种逻辑成为占上风的逻辑，那么就会成为组织继续学习的障碍。困难在于，这种逻辑不仅仅是不合时宜的，而且会内嵌到组织的各种日常活动和日程当中去。甚至有可能管理者因为他们传授其主逻辑的能力而受到嘉奖。于是组织有可能会回到单环学习过程中，只有当组织的生存受到威胁、业绩大幅下滑的时候才有可能幡然醒悟。所以一个新的学习是很必要的 [47]。

11.5.6 学习短视——列文陶和马池的贡献

列文陶和马池（Levinthal，March）[48] 在赛恩泽和其他人的理论的基础上研究了学习的短视问题。他们认为，学习有很多价值，但是学习的过程也会存在很多的限制。他们认为，学习必须在发展新知识，以及同时利用现有能力之间保持一定的平衡，因为在组织的学习过程中，他们经常会偏向一方或者另一方。他们找到了对组织学习的三个限制条件：

1. 时间短视。学习常常会牺牲长期利益而专注于短期利益。当我们获悉新的能力和市场细分，我们同时就会专注于这些，而不去理会这些竞争和市场细分之外的事情。很明显，如果组织无法在眼前获得生存的话，就无法在未来长期获得生存。但是对于学习来说并非如此。
2. 空间短视。学习者常常会倾向于学习那些能给他们带来就近收益的东西。组织常常会关注在近期获得生存的问题，而不是那些帮助组织在长期获得成长的更广义的问题。
3. 失败短视。组织更倾向于学习那些成功的例子，而不是失败的例子。就其性质来说，学习常常会忽视失败而专注于成功。实践中要纠正这种偏差是不容易的，这种偏差也可能会使组织对于未来的成功过于自负。

因此，学习有时候可能并不会像所预期的那样有用。学习型组织也很难保证有足够的研究。组织应该对学习期望有所保留："奇迹当然很好，但不容易发现。"

11.5.7 提高组织学习能力

很明显，组织的领导者应该确保了解主逻辑的危险进而避免掉入泥沼。赛恩泽本人就很注意强调领导者在构建共享愿景、挑战思维模式和帮助那些组织成员通过多种不同方式来改善集体学习中所起的所用。

以下三种方法可以克服主逻辑所带来的困难：

1. "总是"。构建某种场景，使管理者远离他们日常的规范来对他们的业务进行基本的反思。
2. "讲故事"。也就是，把制定战略转变成为系列故事，这样通过强调学习的创造性层面，强调制定战略的更为动态的方面，并展示把关系生动化以及去除那些妨碍知识分享障碍的详细细节 [49]。
3. "不责备"文化。建设一种"不责备"的文化，鼓励和支持进行批评。

所有这些方式以及其他方法都是基于这样的认识：如果组织质疑现有的思维方式，并提供一个支持"无责备"的完成任务的环境的话，组织就会改善它们的战略决策。我们将会在第 16 章进一步探讨这一问题。

11.5.8 战略过程的结果

在学习过程中，自上而下式的集权管理显然是没有价值的，因为它向高级管理人员和普通员工传递的都是"半成品"式的目标。具有繁殖能力的学习需要更多的合作和讨论。在合作和讨论的过程中可以获得很多有用的分析，尽管这种开放的、有更多人参加的战略过程难免会耗费更多的时间，但是就能够获得更多人的参与和团队成员提供的见解而言，这样的付出是很值得的。虽然仍可以得到战略方案和战略选择，但这个过程与常规性的战略过程相比也许更加复杂和费时。然而，很明显的是，这样制定出来的战略在实施阶段能够节省时间，因为人们对战略更加了解，也更乐意执行他们自己参与制定的战略 [50]。

表 11.5 概括了基于学习的战略过程的主要要素。其中重要的一点是，学习过程本身也是战略的一部分，而不是在战略制定好以后再增加上去的。这就意味着，充分完善的战略只会在随着时间发展的过程中才能出现。

评论

基于学习的方法对于制定战略管理确实很有价值。但是，不得不指出的是，有时候它的建议非常含糊，可操作性不强，这对于需要咨询的人来说是他们所不希望的。而且，在有些环境中，高层经理不得不在没有协商的情况下作出决策（参见关于诺基亚的案例研究 9.2 和关于 Asea Brown Boveri 的案例研究 12.3）。一般情况下，回答如何以及何时采用基于学习的方法这个问题是合理评判这个方法的基础 [51]。尽管存在这些不足，该方法仍然在通常的战略过程中得到了应用。在本书后面的章节里，我们还将进一步讨论基于学习的方法。

表 11.5　基于学习的过程与常规性过程之间的比较

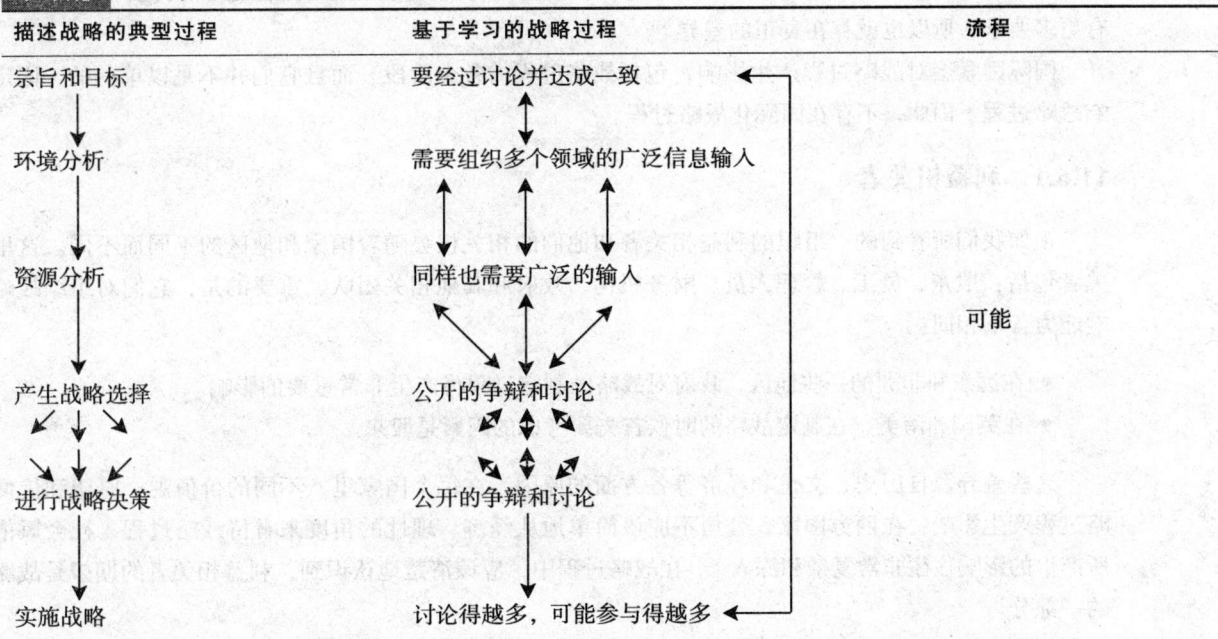

描述战略的典型过程	基于学习的战略过程	流程
宗旨和目标	要经过讨论并达成一致	
环境分析	需要组织多个领域的广泛信息输入	
资源分析	同样也需要广泛的输入	可能
产生战略选择	公开的争辩和讨论	
进行战略决策	公开的争辩和讨论	
实施战略	讨论得越多，可能参与得越多	

关键战略原则

- 基于学习的推进战略强调把学习和技能作为制定成功的公司战略中的重要方面。尤其是，它强调尝试和反馈机制在制定独特战略中的重要性。学习与记忆活动无关，而与在制定新的战略机会的时候所采用的积极的创造性思维有关。
- 双环学习包括第一环，即把业绩与预期标准相对照并在必要的时候进行调整；同时还有第二环，即对于预期标准是否合理重新进行评估。
- 在制定战略的时候，团队的动能要比个人在制定新的实验性战略的时候更为重要。团队学习有五项原则：个人掌控、团队思维模式、共同的愿景、团队学习和系统思考。
- 与学习有关的一个风险就是在过程后期所得到的"成功的解决方案"成为"主逻辑"，这会阻止组织进一步进行学习。有一些方法可以克服这一问题，比如良好的领导、讲故事以及组织进行对组织战略的全面的重新评价。
- 在学习概念中，很难在学习那些新知识的发展和从那些利用现有竞争中学习做到平衡。在学习这样的概念中存在三个问题：时间短视——牺牲长期利益关注短期利益的学习；空间短视——倾向于学习那些会在学习者较近的地方发生的知识；失败短视——倾向于学习成功的案例，而较少学习失败的案例。
- 学习可以通过启发式传达给组织某些部门。启发式是一些简单的决策方法，对组织某一部门学习的成果进行了解和总结，然后传递到组织其他部门。
- 作为一个概念，基于学习的方法确实很有价值；但它的有些建议非常含糊，在实践中缺乏可操作性。

11.6　国际因素

　　世界上各个国家的风俗、社会价值观和经济惯例都不相同，因此，在一些国家如果可以引入和管理战略过程的话，这一过程会变得有些困难。例如，在 11.5 小节里讨论的，学习过程需要一个宽松环境，在管理者与下属之间需要开放的关系，这种要求在北欧的一些国家很容易达到，但在马来西亚和印度则很难[52]。有些学者提出了"无边界的世界"和"全球合作"的概念。毫无疑问，从消费者的体验和产品资源的角度来说，在全球范围内确实存在很多的共性。但是，就战略过程而言，存在很多的困难。因为这一战略过程更为细致，有更多要求，所以也就存在真正的差异[53]。

国际因素会对战略过程产生影响，包括战略过程的各个阶段；而且它们并不是以单一的、固定的方式影响战略过程。因此，不存在国际化战略过程。

11.6.1 利益相关者

正如我们所看到的，组织的利益相关者和他们的相关权势随着国家和地区的不同而不同。这里的利益相关者包括：股东、员工、管理人员、财务机构、政府和其他相关团队。重要的是，它们对组织战略过程的影响能力各不相同：

- 在远东和非洲的一些地区，政府对战略的制定过程将产生非常重要的影响。
- 在英国和南美，在制定战略的时候首先要考虑的因素是股东。

这些差异源自历史、文化和经济等各方面的原因。在每个国家里，不同的价值观、愿望和信仰都会对战略过程产生影响：在西方国家，公司不应该简单地从经济、理性的角度来看待战略过程。社会风俗和价值观所产生的影响往往非常复杂和深入[54]。在战略过程中，应该清楚地认识到，利益相关者的期望是战略非常重要的一部分。

11.6.2 组织使命和目标

战略目标和战略过程很可能反映了一个国家的社会体制。因此，应该在特定的国家发展历史背景下看待公司的使命和目标。不过，我们还应该意识到，即使是在一个国家的内部，思想和价值观也会有所不同。因此，也不要过分强调社会文化的重要性。正如 Whittington 所说的：“社会太复杂，人类太自私，因此很难寻求一致和统一”[55]。

11.6.3 环境

从某种意义上讲，国际化的环境对于所有的公司来说是相同的：在全球这个市场上，它们所面临的经济增长趋势是相同的，重大的政治变革是相同的，整个社会的发展是相同的，技术的进步也是相同的。但是，由于组织的利益相关者所在的国家不同，他们对环境变化的反应以及对环境变化的期望也不同，因此对公司战略产生的影响也就不同。例如，在 20 世纪 90 年代中期，日元对美元的汇率产生了重大波动，但环境的这种变化对世界上小汽车行业产生的影响完全不同，主要是利益相关者所在的国家不同。日本的汽车公司因此而蒙受重大损失，美国的汽车公司却因此受益[56]。

11.6.4 战略方案与选择

“从战略方案中进行理性的选择”，这整个的概念可能都来自西方国家，甚至是来自有盎格鲁血统的美国人。例如，在有些风俗中，更重视“命运注定”，包括商业事务也是一样。如果要发生的事情都是由命运决定的，那么它必将对战略方案和选择过程产生深远的影响[57]。

在制定战略方案和进行战略选择的过程中，需要在讨论“方法”和判断“标准”上取得基本的一致。而这些也是与特定的文化环境相关的，正如一个研究学者所描述的[58]：

- 盎格鲁—撒克逊人的风格非常适合公开地辩论不同的见解，并且从不同意见中寻求最好的折中方法。
- 日耳曼人和高卢人都喜欢辩论，但是他们偏向与相同社会背景的人进行辩论。这样的辩论能减少对抗，但反映不同观点的能力也有限。日耳曼人在辩论中追求严格，而高卢人则相反，他们更偏好辩论过程中美的本质，而不看重结论。
- 日本人从不辩论；在一定程度上是因为他们没有这个传统，另外是因为他们没有勇气，害怕扰乱已经确立的社会关系。

所以跨国公司在战略决策过程中遇到的各种困难，丝毫不会让人觉得意外。

天键战略原则

- 国际化有很多因素会对战略过程产生影响，包括战略过程的各个阶段。由于历史、政治和文化背景的原因，不同国家的利益相关者对战略过程产生的影响是不同的。

- 组织的任务和目标可能源自所在国家的社会体制和文化习惯。环境因素从另一个方面影响战略的开发：组织的所在国不同，其国际化战略的制定方式和管理方式也会不一样。一个组织的母国会影响到其如何制定和管理国际战略。

- 战略方案和战略选择过程受到参与人员所在的社会环境的控制，包括社会文化和社会体制的影响。

思考

基于学习的战略真的有用吗？

本章研究了基于学习的常规性战略有着一定的优势。这种方式在制定战略的时候有着一定灵活性，尤其是如果再加上集团动力的话，组织可能会获得强有力的对新战略的洞察力。

但是，这种概念已经受到了批评，有人认为这种概念过于模糊，并且缺乏操作上的指导。那些需要在重要事物上作出决定的公司无法等待经过一个漫长的学习过程来获得一个清晰的结果。你的看法呢？这种基于学习的方法真的有用吗？

小结

- 在本章的开头，我们探讨了战略背景在制定战略过程中的重要性。战略开发的常规性模型认为战略的背景是线性的，而且是可以预测的。但事实上，战略的环境可能是动荡和不确定的。因为这些困难，新的替代方法被提出来了。在众多的新方法中，本章只讨论了其中的四种，尤其是强调了基于学习的战略方法，因为它是联系常规性方法和突发性方法的纽带。

- 寻求生存的战略强调战略的适应性，以应对环境的变化，而最终的目标是寻求组织自身的生存。寻求生存的方法制定了很多的选择方案，用于应付环境的各种变化，追求低成本的方案尤其有用。除了在制定方案过程中保持小心谨慎以外，对于公司来说就没有其他事可做了。当然，公司能否生存还有一定的偶然性因素。

- 基于不确定因素的方法关注战略管理过程所处的动荡环境。对这样的战略来说，不断的更新和变革是非常关键的方面，环境难免会包含不确定性，这种不确定性可以通过数学方法进行建模。但是，战略的长远结果是未知的，也是不能预测的，至少是不能有效地预测。因此，基于不确定性的战略方法采取"逐步"前进的形式，逐步推进战略。在这个过程中，组织的管理者需要不断学习并做适应性调整，因为未来是不确定的，所以有人认为，用常规性的战略方法来制定战略方案和指导方案挑选是不合适的。

- 基于网络的战略方法研究了与相关组织和行业之间的联系程度并强调了合作程度的重要价值。这种方式有两个方面——网络外部性和网络合作。

- 网络外部性指的是一个网络的整体标准的发展，这一网络使那些属于这一网络的各方能够从加入同一网络而日益获益。在这样的网络外部性中，关键时刻是"翻转点"，当所有的该产品网络的用户都涌向供应产品的同一个公司而远离竞争对手的时候，就出现了"翻转点"。

- 在网络合作中，通过准确地结合竞争和组织与其他组织的合作可以增加价值和竞争优势。这样的战略方式同样也需要考察与那些可能会与之进行讨价还价和交易的大客户和供应商的背景。

- 基于学习的战略方法强调把学习和技能作为制定成功的公司战略的重要组成部分。这种战略尤其强调在制定独特的战略过程中的尝试和反馈系统。学习与记忆过程无关，但与在利用新的战略机会的时候的积极的创意有关。双环学习包括，第一个学习环检查与预期的标准相比的表现，如有必要就会进行调整；第二环会对预期的标准重新进行评估，看这种标准是否适宜。

- 在制定战略的时候，集团动力要比个人在制定新的实验性的战略时重要得多。有5个集团学习的原则：个人知识、思维模式、共同愿景、团队学习和系统思考。
- 学习可以通过启发式传达给组织某些部门。启发式是一些简单的决策方法，对组织某一部门学习的成果进行了解和总结，然后传递到组织其他部门。但是，与学习有关的一个风险就是在整个过程的最后，"成功的解决方案"变成了"占统治地位的逻辑"，这会阻止组织继续学习。有很多种方法可以克服这种风险，包括优秀的领导、讲故事和组织机会来对组织战略进行全面的重新评估。
- 在学习的概念中，很难把从新知识中学习和从现有各种能力中进行学习相平衡。对于学习这一概念来说有三个基本的问题：时间短视——试图牺牲长期利益获得短期利益；空间短视——倾向于学习那些影响会发生在离学习者比较近的事物；以及未来短视——倾向学习那些成功的例子，而轻视失败的例子。
- 集团和个人的学习作为概念来讲具有真正的价值，但是在实践中可能会模糊和缺少运作的原则。
- 国际因素会对战略过程产生影响，包括战略过程的各个阶段，由于历史、政治和文化背景的原因，不同国家的利益相关者对战略过程产生的影响是不同的。组织的任务和目标可能源自所在国家的社会体制和文化习惯。环境的因素从另一个方面影响战略的开发：组织的所在国不同，其国际化战略的制定方式和管理方式也会不一样，战略方案和战略选择过程受到参与人员所在的社会环境的控制，包括社会文化和社会体制的影响。

问题

1. Charles Handy 教授认为，全球的技术发展是"跳跃式"的。他说："跳跃式的变化需要跳跃式的思维方式来处理，即使想法看起来很荒谬。"常规性的战略方法能够处理这种跳跃式的变化吗？其他突发性的战略过程呢？

2. 为什么背景因素在战略开发过程中很重要？在欧洲通信市场，什么是战略背景的主要因素？它们是怎样影响战略过程的？

3. 以你所熟悉的一个组织为例，看看它从多大程度上进行了提前规划？它们是怎样完成这个规划任务的？它们的规划是很有效还是纯粹在浪费时间？在多大程度上，它们的规划过程依靠"人"的因素和谈判？在本章讨论的模型中，有没有与它们的过程很接近的方法？如果有，是哪一个？

4. 常规性战略过程可能具有创造性吗？

5. 有人认为，基于生存的战略方法过于乐观，你同意这个观点吗？

6. 有些公司，例如通信公司，它们需要作一些长期投资决策，这些投资需要实施很多年。而基于不确定性的战略方法却以小步形式推进战略过程，它能为这类的公司提供有用的指导吗？

7. 为什么谈判过程对战略管理很重要？有些强硬的领导将他/她自己的意愿强加给组织，这样的领导为什么不是很好的选择？

8. 基于学习的战略方法强调战略过程中创造性，为什么创造性很重要？怎样能够获得创造性？

9. "至少是在管理者当中，管理理论是通过它所产生的结果来判断的，"这是引自 Colin Egan 教授的话。请你将他的评论应用到本章所讨论的战略方法中，并概述你的结论。

10. 如果让你为20世纪90年代的丰田摩托的公司战略提些建议，你会采用哪种或者哪几种方法的组合？给出你的理由。

进一步阅读

For an early comparative review of strategic approaches, the book by Dr Richard Whittington remains one of the best: Whittington, R (1993) *What is Strategy-and Does it Matter?*, Routledge, London. For a More recent paper, see Farjoun, M (2002) 'Towards and organic perspective on strategy', *Strategic Management Journal*, Vol 23, pp561–594.

For a discussion of survival-based approaches, see Rumelt, R, Schendel, D and Teece, D (1991) 'Strategic management and economics', *Strategic Management Journal*, 12, pp5–29. This is a very useful general review and would provide a good link for those who have already studied economics. An interesting paper: Wiltbank R, Dew N, Read S and Sarasvathy, S D (2006) 'What to do next? The case for non-predictive strategy', *Strategic Management Journal*, Vol 27, pp981–998.

For a description of the uncertainty-based approach, see Stacey, R (1996) *Strategic Management and Organisational Dynamics*, 2nd edn, Pitman Publishing, London. See also Professor Robert Grant's paper (2003) 'Strategic planning in a turbulent environment: evidence from the oil majors', *Strategic Management Journal*, Vol 24, pp419–517.

On network based approaches, one of the most useful sources is the *Academy of Management Executive* special issue on building effective networks: Vol 17, No 4, November 2003.

For a useful discussion of learning approaches, see Senge, P (1990) *The Fifth Discipline: the Art and Practice of the Learning Organisation*, Century

Business, London. For a critical examination of learning, Professor Colin Egan's book is strongly recommended: Egan, C (1995) *Creating Organisational Advantage*, Butterworth–Heinemann, Oxford.

One of the best papers on learning is Levinthal, DA and March, JG (1993) 'The myopia of learning', *Strategic Management Journal*, Vol 14, Special Issue, Winter. Don't be put off by this academic journal. Unlike some of its research papers, this one is easier to read and it has some major insights. It won the SMJ best paper prize 2002.

An interesting more recent paper is one comparing strategic planning (prescriptive) and learning (emergent) processes: Brews, PJ and Hunt, MR (1999) 'Learning to plan and planning to learn: Resolving the planning school/learning school debate', *Strategic Management Journal*, Vol 20, pp889–913. A particularly interesting paper on learning versus performance goals: Seijts, GH and Latham, GP (2005) 'Learning versus performance goals: When should each be used?', *Academy of Management Executive*, Vol 19, No 1, pp124–31.

注释和参考资料

1. Thus, for example, classic prescriptive strategy might explore 'Gap analysis': see Jauch, L R and Glueck, W F (1988) *Business Policy and Strategic Management*, 5th edn, McGraw–Hill, New York, pp24–6.

2. Pascale, R (1984) 'Perspectives on strategy: the real story behind Honda's success', *California Management Review XXVI*, 3, pp47–72. This article was extracted in Mintzberg, H and Quinn, J B (1991) *The Strategy Process*, 2nd edn, Prentice Hall, Englewood Cliffs, NJ, pp114–23. This is well worth reading to illustrate the problems of the classical model.

3. Kono, T (1992) *Long Range Planning of Japanese Corporations*, de Gruyter, Berlin.

4. See Chapter 1 for a basic discussion on context, process and content. Also Pettigrew, A and Whipp, R (1993) *Managing Change for Competitive Success*, Blackwell, Oxford, Chi.

5. For a fuller exploration, see Chaharbaghi, K and Lynch, R (1999), 'Sustainable competitive advantage: towards a dynamic resource–based strategy', *Management Decision*, 37(1), pp45–50.

6. These four routes were identified and set in the context of other strategic approaches in Chapter 2.

7. References for European telcos case: Isern, J and Rios, M I (2002) 'Facing disconnection–Hard choices for Europe's telcos', *McKinsey Quarterly*, No 1; Annexes to Seventh Report on the implementation of the telecommunications regulatory package, Commission Staff Working Paper, SEC (2001) 1922 Brussels–26 November; *Financial Times*: 1 August 1998, p5 Weekend Money; 24 April 1999, p21; 27 January 2000, p1; 3 February 2000, p24; 1 May 2000, p11; 3 June 2000, p15; 28 March 2001, p23; 3 April 2001, p26; 2 May 2001, p15; 11 May 2001, p22; 13 June 2001, p27; 7 September 2001, p13; 13 October 2001, p16; 17 October 2001, p23; 18 December 2001, p23; 11 January 2002, p20; 12 January 2002, pl 1; 6 February 2002, p19; 8 February 2002, pp20, 24; 13 February 2002, p16; 23 February 2002, p19.

8. Alchian, A A (1950) 'Uncertainty, evolution and economic theory', *Journal of Political Economy*, 58, pp211–21, first proposed this.

9. Hofer, C W and Schendel, D (1986) *Strategy Formulation: Analytical Concepts*, 11th edn, West Publishing, St Paul, MN. This book used the same approach in the 1970s and 1980s.

10. Hannan, M and Freeman, J (1977) 'The population ecology of organisations', *American Journal of Sociology*, 82, Mar, pp929–64.

11. Williamson, O E (1991) 'Strategizing, economizing and economic organisation', *Strategic Management Journal*, 12, pp75–94.

12. This represents one particular view of the relationship between economics and strategy. For a more general discussion, see Rumelt, R, Schendel, D and Teece, D (1991) 'Strategic management and economics', *Strategic Management Journal*, 12, pp5–29.

13. Stacey, R (1993) *Strategic Management and Organisational Dynamics*, Pitman Publishing, London, p211.

14. Roberts, D (2000) 'Orange renegade', *Financial Times*, 3 June, p15.

15. Gleick, J (1988) *Chaos: the Making of a New Science*, Heinemann, London.

16. Lloyd, T (1995) 'Drawing a line under corporate strategy', *Financial Times*, 8 September, pl0. This provides a short, readable account of some of the consequences of this strategic approach.

17. Stacey, R (1993) 'Strategy as order emerging from chaos', *Long Range Planning*, 26(1), pp10–17.

18. References for on–line travel case: *Financial Times*: 16 November 2001, p24; 21 May 2003, p15; 6 August 2003, p21; 19 April 2004, pl0; 21 May 2004, p28; 25 June 2004, p28; 3 September 2004, p26; 30 September 2004, p30; 9 November 2004, p13; 9 February 2005, p11.

19. Katz, M and Shapiro, C (1985) 'Network externalities, competition and compatibility', *American Economic Review*, Vol 75, pp424–40.

20. This section has benefited from McGee, J, Thomas, H and Wilson, D (2005) *Strategy–Analysis and Practice*, McGraw–Hill, Maidenhead, Ch 12.

21. This refers to the work of Coase and Williamson described in Chapter 6, Section 6.3.2.

22. This refers to the work of Porter.

23. Gerlach M (1992) *Alliance Capitalism*, University of California Press, Berkeley, CA. Quoted in De Wit, R and Meyer, R (1998) *Strategy: Process, Content and Context*, 2nd edn, International Thomson Business Press, London, p512. But note my rephrasing of this relationship.

24. Doz, Y (1986) *Strategic Management in Multinational Companies*, Pergamon, Oxford, pp95, 96.

25. Reve, T (1990) 'The firm as a nexus of internal and external contracts', in Aoki, M, Gustafsson, M and Williamson, O E (eds), *The Firm as a Nexus of Treaties*, Sage, London.

26. Johanson, J and Mattson, L–G (1992) 'Network positions and strategic action', in Axelsson, B and Easton, G (eds), *Industrial Networks: a New View of Reality*, Routledge, London.

27. Porter, M E (1985) *Competitive Advantage*, The Free Press, New York.

28. Jarillo, J C (1988) 'On strategic networks', *Strategic Management Journal*, June–July.

29. This choice is presented as the prime focus of the 'debate' in De Wit, R and Meyer, R (1998) Op. cit., Ch7.

30. Mintzberg, H (1987) 'Crafting strategy', *Harvard Business Review*, July–Aug.

31. De Geus, A (1988) 'Planning as learning', *Harvard Business Review*, Mar–Apr, p70.

32. Argyris, C (1977) 'Double loop learning in organisations', *Harvard Business Review*, Sept–Oct.

33. Garvin, D (1993) 'Building a learning organization', *Harvard Business Review*, July–Aug. The precision and care of its wording make this article particularly valuable.

34. Argyris, C (1977) 'Double loop learning in organizations', *Harvard Business Review*, May–June, pp99–109.

35. Senge, P (1990) *The Fifth Discipline: The Art and Practice of the Learning Organisation*, Century Business, London, Ch1.

36. Pucik, V and Hatvany, N (1983) 'Management practices in Japan and their impact on business strategy', *Advances in Strategic Management*, 1, JAI

Press Inc, ppi03–31. Reprinted in Mintzberg, H and Quinn, J B (1991) Op. Cit. World Bank (1994) *World Development Report 1994*, Oxford University Press, New York, pp76–9.

37. *See The Economist* (1995) 'The knowledge', 11 Nov, p107.

38. Senge, P (1990) 'The leader's new work: Building learning organisations', *Sloan Management Review*, Fall, and Senge, P (1990) *The Fifth Discipline*.

39. Quinn, S, Mills, D and Friesen, B (1992) 'The learning organisation', *European Management Journal*, 10 June, p146.

40. Argyris, C (1991) 'Teaching smart people how to learn', *Harvard Business Review*, May–June, p99.

41. Bingham, C B, Eisenhardt, K M and Furr, N R(2007) 'What makes a process a capability?' *Strategic Entrepreneurship Journal*, Vol 1, pp27–47. Note that the authors draw a distinction between learning and cognition in their interesting paper towards the end (p40) but then confuse this by combining the two concepts earlier in the paper (p31). For the purposes of this book, this discussion is ignored and the topic treated as the one subject of learning.

42. Bingham, *et al.*, Ibid., p31.

43. Bingham, *et al.*, Ibid., p31.

44. Bingham, *et al.*, Ibid., p31. Note that the research evidence mainly covered firms at the beginning of their lives and therefore did not explore such rigidities – as acknowledged by footnote number 2 on p31.

45. Prahalad, C K and Bettis, R A (1986) 'The dominant logic: a new linkage between diversity and performance', *Strategic Management Journal*, Vol 7, pp485–501.

46. Bettis, R A and Prahalad, C K (1995) 'The dominant logic: retrospective and extension', *Strategic Management Journal*, Vol 16, pp5–14.

47. Bettis, R A and Prahalad, C K (1995) 'The dominant logic: retrospective and extension', *Strategic Management Journal*, Vol 16, pp5–14. See also: Cote, L, Langley, A and Pasquero, J (1999) 'Acquisition strategy and dominant logic in an engineering firm'; *Journal of Management Studies*, Vol 36, pp919–52.

48. Levinthal, D A and March, J G (1993) 'The myopia of learning', *Strategic Management Journal*, Vol 14, Special Issue, Winter.

49. Shaw, G, Brown, R and Bromiley, P (1998) 'Strategic stories: how 3M is rewriting business planning', *Harvard Business Review*, May–June, pp41–50.

50. Burgoyne, J, Pedler, M and Boydell, T (1994) *Towards the Learning Company*, McGraw-Hill, Maidenhead.

51. Jones, A and Hendry, C (1994) 'The learning organisation: adult learning and organisational transformation', *British Journal of Management*, pp153–62. See also a thoughtful critique of the learning approach in Egan, C (1995) *Creating Organisational Advantage*, Butterworth–Heinemann, Ch5. Finally see the major review of learning: Levinthal, D A and March, J G (1993) Op. cit.

52. See Hofstede, G (1991) *Gultures and Organizations, Software of the Mind*, McGraw–Hill, Maiden head; especially his evidence on the Power/distance aspect of national cultures.

53. Hu, Y S (1992) 'Global or stateless firms with international operations', *California Management Review*, Winter, pp115–26.

54. Granovetter, M (1985) 'Economic action and social culture: the problem of embeddedness', *American Journal of Sociology*, 91(3), pp481–510.

55. Whittington, R (1993) *What is Strategy—and Does it Matter?*, Routledge, London, p37.

56. *Financial Times* (1995) 'Hollowing out in Japan', 28 March, p21; Nakanoto, M (1995) 'Knocked off the road again', *Financial Times*, 20 April, p25.

57. Kluckhohn, C and Strodtbeck, F (1961) *Variations in Value Orientations*, Peterson, New York.

58. Furnham, A (1995) 'The case for cultural diversity', *Financial Times*, 8 December, pll. The author was Professor of Psychology at University College, London, at the time the article was written.

- 由于组织的认知和员工的参与需要一个过程，因此，迅速地引入根本性的变革是不可能的。
- 为了制定所要求的战略变革，管理人员可能需要参与变革过程，了解变革并为拟定战略提出相关建议。

Quinn 认为，战略变革应该渐进式进行，例如，分成小的阶段逐步推进。他将这种渐进的过程称作"合理的渐进主义"。也就是说，明确最终的组织结构或许不太可能，因为组织的结构要随着战略的推进而逐步发展。Quinn 为高级管理者提出了一些战略发展步骤，如文本框 12.2 所示。重要的一点是，Quinn 还意识到了在获取战略变动认同方面非正式组织结构的重要性（参见第 7 章）。如果上述论点正确的话，单一的、最终的组织结构都是不可靠的。

评论

对变革过程的描述与其他研究人员的证据显然是一致的。正式的组织结构对于日常的任务和工作来说是很重要的，但是如果涉及复杂的、有争议的战略变革的实施过程，上面论述的有效性依赖于激进变革的必要程度。Quinn 假定需要彻底进行变革，然后得出结论：最终的组织结构在这一阶段结束应该形成。

文本框 12.2

Quinn 的渐进式战略步骤及具体内容 [7]

战略阶段	对组织来说的含义
1. 觉察变革的需要	利用非正式的组织
2. 明确战略领域，缩小战略选择范围	多与人交流：可能利用正式的组织
3. 通过可变的标志来标明可能的变化	与那些可能无法直接沟通的人进行联络：利用正式的组织
4. 留出一定的时间，让选择方案供人讨论，使大家熟悉新的方案	鼓励相关的人进行讨论：利用正式的和非正式的组织
5. 明确新战略的总体方向但是细节部分通过试验逐渐获得部分解决，不是死板地一成不变	内部进行讨论，如果可能的话，在此高层管理者之间进行讨论。采用正式的管理组织结构
6. 为新的发展争取广泛的基础支持	在现存的正式组织之外，成立委员会、项目小组和研究团队。关键在于仔细挑选团队成员和安排日程
7. 巩固过程	成立专门的项目研究和巩固战略的总体方向：利用更多的高级管理人员和现有组织相关的团队成员
8. 在树立新目标之前征求多数人的一致意见，经过一段时间，可能是许多年	利用组织中非正式的网络。识别和管理那些对未来战略方向有重要影响的人
9. 一方面要获得多数人一致同意，另一方面要避免因为当前战略的成功而产生的僵化、刻板，寻求两者之间的平衡	引入新的成员，注入新的活力产生新的思想和发现新的问题
10. 新的组织	最后，重新设计组织的结构，巩固变革

12.1.4　对于战略先于结构的批判

按照一些现代战略学家的观点，战略与组织结构之间是相辅相成的。对于组织来说，先制定战略、后规划组织结构并不是一个明智的做法。它们之间的关系事实上要更复杂：

1. 战略和与战略相关的组织结构，或许需要同时以试验的方式逐步完善：随着战略的发展，组织结构不断完善。组织通过学习的方式来适应环境的变化。
2. 如果战略过程是突发性的，那么，组织学习和试验过程都需要更加开放和非正式化的组织结构。

在最近几年，有人认为[8]战略过程和组织本身对战略的影响作用没有得到充分的重视。员工在活跃组织气氛、促进创新方面的贡献往往被低估。此外，管理质量和组织结构本身都会对战略产生影响，甚至它们本身就是竞争优势。从这个方面上讲，我们就不能说有关员工和过程的问题是在对战略问题达成一致之后。

还有人指出，尽管有些公司在资源上非常相似，但市场上的表现不一样。导致这种差异的原因与公司的组织形式和管理有关，而不是由于战略不同。先确定战略后设计组织结构的方法主要存在五个主要的不足，如文本框 12.3 所示。

文本框 12.3

有关"先战略后结构"方法的五大批判

1. 在应对 20 世纪 90 年代新的价值观和环境的新变化的时候，这种结构往往显得过于僵化、等级化和官僚化。
2. 在制定组织战略的过程中，组织结构的类型与业务领域同样重要。组织结构限制、引导和形成战略选择。或许需要学习型的组织，权力需要下放给初级的管理人员。从这个方面上讲，战略和组织结构是同步发展的。
3. 价值链的配置可能引起成本下降，或者市场的新机会可能导致组织结构的改变。
4. 复杂的战略变革需要进行管理，这就意味着组织结构将更加复杂。例如，从职能式结构向部门式结构转变仅仅是复杂变革的开始。
5. 在战略形成过程中，中、高级经理的角色或许需要重新评估：钱德勒认为，战略决策仅仅由高层领导完成，这种观点已经受到了挑战。尤其是对于新式的、具有创新的战略而言，中层的管理、组织的文化和组织结构非常重要。将职权向中级管理人员下放后，需要新的领导方式——学院式的领导风格。

12.1.5　战略和结构相联系的意义——战略适应的概念

尽管可能会无法定义出究竟哪一个先出现，但需要确保战略和结构彼此应该是一致的。比如，百事公司把它的北美业务进行重组以确保公司在非碳酸饮料市场的成长能够惠及其公司所有的饮料市场——参看案例研究 12.1。如果一个组织希望获得经济上的高效，就需要有一个在组织战略和结构之间的匹配过程：这就是

定义▶ **战略适应的概念**[9]。**战略适应就是在战略和结构之间进行匹配的过程。**

从本质上讲，组织应该采取内部一致的一系列实践过程，以高效地实施战略。应该说，这不仅仅要依赖组织的结构，而且还要依赖：

- 战略规划过程（参见第 13 章）；
- 员工招募和培训（参见本章后面）；
- 员工和管理人员的薪酬体系（参见本章后面）；
- 将要进行的工作（参见本章后面）；
- 信息系统和信息处理过程（参见第 13 章）。

也就是说，仅仅通过考虑战略与组织结构来解决战略适应问题是远远不够的。或许，在正式考虑实施过程的时候，我们还有必要重新考虑战略内容（参见第 13 章）。

不论是钱德勒还是赛恩泽，他们都提供了大量的经验依据，表明在战略和组织结构之间确实需要一定的

战略适应过程。

尽管环境永远在变化，但组织或许只能缓慢地变革，以至于跟不上外界的步伐。实际上这也就是说，在战略与组织结构之间不可能达到完美匹配。经验表明，对于组织来说，战略与组织结构之间至少需要一定程度的符合，组织才能生存 [10]。实践表明，在战略开发过程中，战略匹配得越早，战略的结果就越好。但是，随着环境的变化，战略与组织结构之间的匹配关系也会发生变化。

天键战略原则

* 根据现代战略学家钱德勒的观点，战略先于结构被制定，然后制定结构来实施战略，这种观点未免过于简化了真实状况。对此有 5 种批评。
* 20 世纪后半叶商业环境和社会价值的变化表明，除了企业高层，其他人也可能会对企业战略产生影响。这被称作是中高层经理人的授权。这在组织结构最后定型的时候最容易发生。
* 新的制定战略的过程是适应性的关乎学习的机制。这些过程也需要开放的、灵活的，而不是简单的职能机构来配合。
* 如果发生根本性的战略变化，那么就不可能很清楚地定义出最终的组织结构。有必要在战略发生变化和制定的时候，同时考虑组织结构的问题。
* 如果战略和结构是彼此联系的，那么实际上它们是彼此一致的——战略适应的概念。

12.2 建设组织结构：基本原则

12.2.1 保持宗旨和目标的一致性

从本质上说，组织的结构可以用来传达组织的宗旨和目标。因此，创建组织结构必须以此为基础。在考虑组织结构的细节问题之前，研究一些我们在第 6 章中提到的分析和创建背景这样的基本问题是非常有用的。

* 我们的组织是什么类型？是商业组织，还是非营利机构？或者是以服务为导向的组织？政府机构？（当然还有其他类型）
* 主要的利益相关者是股东、管理人员还是员工？
* 我们的使命是什么？
* 广义来说，使命告诉我们组织的结构应该是如何创建的？

对最后一个问题没有简单的"对错"之分，这需要认真考虑。每一个组织在规模、产品或服务、人员、领导和文化方面是独一无二的，文本框 12.4 列出了一些可能用到的含义。在组织进行结构设计之前，从非正式的一般性角度来进行思考是非常有用的。

12.2.2 组织设计的主要因素

在进入组织设计过程之前，有必要记住许多组织都有既定的结构，组织设计的根本任务通常不是发明一个全新的组织，而是对现有的组织进行修改。在组织设计中有以下 9 个根本性的决定因素。

1. 历史。历史较长的组织一般会更加正式，例如第 7 章中的 Greiner。
2. 规模。实际上，随着组织不断成长，组织越来越需要更加正式的沟通方法，对协调的要求也不断增加，这表明组织需要更加正式的结构。
3. 环境。在组织运行的五种竞争力环境中，快速的变革需要组织的结构能够迅速作出反应（见第 3 章）。如果组织的工作过于复杂，那么，组织为了对环境作出反应而进行的组织协调的工作就更加困难 [11]。
4. 集权和分权的决定。从某种程度上说，绝大多数组织都希望从中心对组织进行控制。总结起来，我们需要研究四个主要的领域：

文本框 12.4

目的和组织设计之间联系的例子

目的	在组织设计中的应用
"理念工厂"，比如广告或推广机构	松散、流动的结构，非常有限的正式联系。但是当公司规模增大时，正式的机构是必不可少的
名牌产品跨国公司	联系和资源的主要问题都需要配合默契的协调结构，比如，和一般的供应商或者超市客户建立单独的产品联系
政府服务	对程序和权威严格控制。使用强大的正式结构进行政策指导，解决法律问题
非营利性慈善事业，具有强烈的使命感	依赖于志愿者及其自愿服务，这就要求有灵活并对参与者负责的组织
大型服务公司，比如零售银行或者电力	正式的结构，但是需要柔性支持，以便快速满足多元化
试图维持并增长的小型组织	希望简单地实现一些业务功能，如销售和生产主要依靠短期的环境
健康服务机构，具有强烈的专业服务	具有正式的结构，以反映组织成员的资深的专业地位，提供专业复杂的服务
控股公司，子公司参与各种市场	小型核心化总部更大程度上相当于一个银行家。主要的战略管理由单个公司来完成

- 业务的本质。例如，规模经济很可能需要集权。
- 总裁的风格。具有统治性的领导可能更喜欢集权。
- 对当地的响应的需求。
- 对当地服务的需求。

5. 将要进行的所有工作。显然，贯穿组织的价值链活动（见第 6 章）需要协调和控制。在组织成长和需要更大动力的时候，协调和控制就更加重要了，这时需要职能型和矩阵型组织。具体的细节可以根据组织的战略和需要而定。

6. 工作的技术方面。在标准化大规模生产中，组织需要对工人及其行为加以控制[12]。但是，最近日本的一些生产方法表明，在大规模的生产活动中，柔性的生产方式可能更加理想。

7. 组织不同部分的不同任务。显然，在不同的销售和营销领域中，经营任务肯定是不同的。不同的组织对这些职能有着不同的平衡——比如，在大型的制药公司研发扮演着很重要的角色，而在一些媒体公司则是卓具创意的人才的作用至关重要：组织任务的不同需要反映在组织结构的设计当中。

8. 文化。组织对变革的接受程度、组织的雄伟蓝图和对未来尝试的愿望都是我们要考虑的因素[13]。

9. 领导。领导者的风格、背景和信仰对组织设计具有重要的影响。这对我们在本章中研究的创新型组织和使命型组织尤其如此。

把所有这些因素综合起来，我们思考和争论的东西难免有过于复杂之嫌。我们的原则应该是"追求设计的简单化"，因为在达成一致意见之后，组织结构需要得到理解并加以贯彻。我们在本章末尾再回来讨论这个问题。

通常情况下，可以使用这种分析的方法来思考组织中重要的个人和群体的责任和权力，虽然在某些组织结构中上述这些人很难辨识。责任和权力需要控制和监督，这些内容也要嵌入组织结构中。但是，人们一般都会认为，在解决了目的结构之后，就可以开始考虑组织的控制系统（见第 13 章）。

12.2.3 外部环境和内部组织——明茨伯格的贡献

明茨伯格 [14] 认为影响组织结构的环境有四个特征（见文本框 12.5）。

文本框 12.5

环境类型以及它们对组织结构的影响

环境的类型	变化的范围		对组织结构的影响
变化的速度	静态 ←——→ 动态		随着变化增多，组织需要保持灵活性
复杂的程度	简单 ←——→ 复杂		复杂程度越高，更需要正式的协调机制
市场的复杂性	只涉及单 ←——→ 涉及多个		随着市场多元化，建议采用事业部的形式
	一市场 不同市场		
竞争形势	积极友善 ←——→ 敌对竞争		对于敌意越强，可能更需要集权的保护

---

1. 变化的速度。当组织处于一个非常动荡的环境时，它需要对快速的变革作出迅速的反应。在稳定的环境中，变革非常缓慢，而且还可以预测到，组织并不需要对这部分变化非常敏感。而在动荡的环境中，组织结构和人员都需要具有柔性，要有良好的协调能力，可以对外部的影响快速作出反应。动态的环境需要更加柔性化以及有机的结构。

2. 复杂的程度。一些环境可以很容易地通过改变几个关键数据加以控制。但是还有很多环境具有高度的复杂性，影响因素很多，而且以非常复杂的方式对组织施加影响。将复杂问题简单化的一个方法就是在特定的领域内分权决策。复杂环境通常可以从分权结构中获益。

3. 市场的复杂性。一些组织只生产一种产品或者一系列产品。另一些组织销售的产品系列之间只有非常有限的联系，而且在本质上是多元化的。当市场变得越来越复杂时，只要协同作用和规模经济不受影响，通常需要采用事业部型的组织结构。

4. 竞争形势。当竞争对手比较友善时，通常不需要对中心进行特别的保护。但是在深层次竞争的环境下，对特殊的资源采取法律保护的手段都是非常必要的：这些手段通常由公司总部提供较为容易。当市场竞争更加激烈时，组织通常需要更为集中化。

利用上述六个组织部分和六种协调形式，明茨伯格提出了六种主要的组织结构类型。不同类型的组织结构是四个要素的不同组合：

- 环境；
- 组织的内部特性（规模、历史），前文讨论过；
- 实现目标的关键部分；
- 将这些部分结合起来的关键的协调机制。

明茨伯格为六种不同的组合定义了不同的名称，这些名称反映了它们的主要特点。见文本框 12.6。

明茨伯格理论的价值在于，他强调了不同类型的组织会导致不同类型的战略。下面的两个例子可以说明这一点：

1. 机械化生产组织。工作过程标准化是该类型组织的典型特征。它们或许并不追求高附加值的战略，因为这样的目标与其当前的资源和生产方法不一致。

2. 创新组织。在创新型的组织中，员工之间的协调方式更多地是通过相互配合而不是工作过程、输出结果或者技术的标准化。这样的组织几乎不可能将其产品标准化，除非要进行彻底的变革，进行全新的投资以及学习新技术。

因此，将组织结构从广义上进行分类时，不同的组织结构将会对战略选择产生导向作用。这样，战略得

文本框 12.6

明茨伯格对组织结构和经营模式的分类

明茨伯格的战略配置	背景：参见本书的第二部分		结构和联系		例子
	环境分析	资源分析	组织关键部分	关键协调机制	
创业型组织	简单或者动态变化	规模小，不成熟，工作重复	战略顶层：老板或者所有者	直接监督	小型计算机服务公司
机械化生产组织	高速成长或周期性发展期	规模大，历史久，固定的任务技术型结构	技术组成	工作过程的标准化	计算机装配或者小汽车生产厂
专业性组织	稳定，复杂，进入门槛高	由管理人员进行专业控制	生产核心	技术标准化	管理咨询公司或者医院
部门结构式组织	多样化	规模大，历史久，依据规范的标准进行资源分配	中间层	输出结果标准化	迅速变化的消费品公司
创新型组织	复杂，动态	通常比较年轻，工作复杂，需要专家资源	支持部门	相互配合	广告代理
宗教组织	简单，静态	意识驱动小群体合作	意识形态	行为规范标准化	慈善组织或社会工作组织

注：创新型组织在一些文章中也被称之为"专案组织"。

资料来源：Mintzberg, H, Lampel, J B, Quinn, J B and Ghoshal, S, The Strategy Process, 4th Edition, © 2003, pp209–225. Adapted by permission of Pearson Education, Inc., Upper Saddle River, NJ.

以与结构相联系。

我们会注意到，大多数的组织都很难与明茨伯格的六种类型非常吻合，但是，这六种分类确实能够提供组织早期特征与它们战略之间的联系。而且，明茨伯格的分类还可以用于分析组织变革的影响——例如，当产品范围变得复杂时，组织规模也会变得庞大。

评论

明茨伯格的分类显然简化了现实中的多种可能，以下是一些主要的批判意见。

- 有人认为，明茨伯格所说的部门式结构非常含糊，因此价值也有限：或许部门式结构的组织类型实际上包含了很多种不同的类型。也就是说这个概念缺乏区分能力，会包含很多其他的品类，需要进一步进行判别和划分。

- 还有人认为，有些公司并不仅仅对上述一种变量（例如，工作或过程）进行标准化，而是对多种变量进行标准化。因此，明茨伯格通过不同的标准化来区分组织结构并没有反映真实的情况。也就是说，不存在单个的关键协调机制。

- 或许在创新型的组织与创业型的组织之间存在紧密的联系：一个处于创业阶段的公司，其成长过程或许就包含了创新战略。

- 生产制造方面的创新在过去几年产生了很大的影响。然而，在明茨伯格的分类中，生产制造只不过是机械化生产的一部分，并不算创新的组织。

- 本书的观点是，所有的公司都应该将创新作为其战略的一部分。至少把创新限制在某一类组织的做法是值得怀疑的。

总而言之，虽然明茨伯格的分类方法在组织结构与战略关系方面为我们提供了非常有用的指导，但我们还必须谨慎对待。

12.2.4 所要实施的战略

在某种程度上，每个组织都是独一无二的——它过去的成果、资源以及地位。此外，关键的成功要素（见第 6 章）和主要的战略方案都依赖于当时的环境。因此，很难采用清晰明了的规则将战略详细而准确地细化为有关组织结构和人员的流程。汤姆森和 Strickland[15] 向我们推荐了五个非常有用的步骤，可以对这个过程有所裨益，但是这些步骤也不是必不可少的：

1. 确定任务以及对战略实施至关重要的人员。
2. 考虑如何将这些任务和人员与组织现有的活动和规则联系起来。
3. 运用成功的关键要素确定围绕这些要素建立的结构中，哪些是最重要的领域。
4. 评估那些执行确定战略的职权水平。
5. 对完成战略的组织单元之间的协调水平加以评估。

上面的这些内容与其说是总结，还不如说是从组织唯一性特征出发所引申的必然结果。

12.2.5 雇佣和士气的结果

我们必须清楚，既不是工厂机器，也不是财务资源，而是人在实施战略。因此，新型组织结构能够向管理人员和普通员工提供新颖有趣的机会。反过来，组织结构在某种程度上也能够对人员的工作甚至职位产生威胁。制定新战略的时候，如果没有考虑到这些结果，对那些会受到影响的人来说，显然是不舒服的。因此，对任何一个战略来说，这都是个非常重要的任务，我们将在第 15 章单独讨论这个问题。

天键战略原则

- 在创建组织结构的时候，必然要以思考组织的使命为起点。使命会对所需结构提供一些基本的指导原则。
- 在组织设计方面有八个主要的因素：历史、规模、集权与分权、所有的工作、技术背景、组织不同部分中的任务、文化和领导。所有这些因素和组织的战略都是相互影响的。
- 环境因素，比如，市场的变化和复杂程度都会对组织结构产生影响。总之，随着变化和复杂程度的提高，组织的结构更加柔性化，更加分散。主要有六种类型的组织结构——企业家型、设备型、专业型、分支型、创新型和任务型，但是应谨慎对待这些结构类型。
- 每个组织都是独一无二的，因此，在战略实施中的组织结构和人员方面很难形成准确清晰的规则。
- 战略变革对员工和管理人员的影响应该引起重视，它需要单独考虑，而且是一项非常具体的工作。

12.3 选择管理风格和文化

与组织目标和设计随之而来的，还有关于组织文化管理的风格的选择问题。在第 16 章所涉及的领导和文化也与此有关。因为这些都会对战略的制定产生潜在的影响，这里我们来重新回顾一下。

12.3.1 背景

在最近几年，学术界的讨论主要集中在战略与组织结构之间的关系，关于这一点我们已作了介绍。但除此之外，有关管理风格和文化的讨论也很热烈，频繁地在书籍和学术期刊上出现。彼得·德鲁克教授是其中早期的学者，他从 20 世纪 50 年代就开始出版著作，直到 90 年代仍然笔耕不辍[16]。在 20 世纪 80 年代，Perters 和 Waterman 推出了他们的力作《追求卓越》，尽管后来 Tom Peters 也否定了其中的一些见解，但这本书仍然具有非常大的影响力[17]。另外，Charles Handy 的文章也具有重要影响[18]。它们中的大多数不仅是好的读物，而且还代表了公司管理方面的研究，尤其是在公司文化和管理风格方面。

12.3.2 文化、风格、领导及其与战略之间的关系

尽管每个组织都是它自身历史、产品及其成员之间共同作用的产物，但是它们仍然有周期性的机会进行自我更新。换句话说，组织具有改变管理文化和风格的能力，而这必然会对组织的战略产生影响。这种影响不仅有显性的，例如，对承担风险的态度；也有更微妙、更隐性的，例如，公司的创新能力。

在一定程度上，组织在持续变化的环境中不断发展。而且，领导和高层管理的变化无疑会对组织文化和管理风格产生影响。当然，作为战略变革的一部分，组织也可以通过有意识的战略选择来改变它们的文化和风格。问题在于：

- 组织需要改变其文化和风格吗？
- 如果需要的话，应该怎样改变？

需要注意的是这不仅仅是战略实施的问题，而且应该是影响战略选择过程的一个基本因素。

刚才提到的那些学者和研究人员当中的大多数都认为，当组织实施重大变革的战略时，管理风格和文化也应该相应地改变。主要有如下三个原因：

1. 重大的战略变革不仅会对组织的决策过程产生影响，而且也会影响组织的成员。而组织成员的问题从本质上说就是组织文化和风格问题。
2. 对于重大的变革来说，领导通常是非常重要的。事实上，变革往往包含了管理风格的变化，有时候还会包括领导的更换。
3. 文化和风格的改变是组织中相关变革的有力象征。

12.3.3 选择新型文化和风格的内容

在探讨这个问题之前，需要记住的一点是这个领域的变化很慢。此外，最终的风格选择与采取的战略变革有关，因此，在战略与组织风格之间也需要一定程度的"战略适应"，就像前一节讨论的战略与组织结构之间的关系一样。从一般的角度看，Hart 提出了一系列可供选择的风格类型：从专制型到学院型，如文本框12.7 所列。风格的内容应该与组织在战略期间如何看待自己的发展相匹配。

评论

当然，我们还应该认识到，文化和风格的变化不是一蹴而就的：在很多情况下，还需事先采取一个新的

文本框 12.7

战略与管理风格选择

管理类型	命令型	象征型	理性型	交易型	生产型
管理风格	君主式 战略由领导或者小规模的高层团队驱动	文化式 由任务驱动战略	分析式 由正式组织结构和计划体系驱动战略	程序式 由内部过程和相互配合驱动战略	有机式 组织内有能力创新的人驱动战略
高层管理的角色	指挥官 提高指令	教练 促进和激励	老板 评价和控制	推力器 分配权力，培养能力	赞助商 认可和资助
组织成员的角色	士兵 遵从命令	运动员 相应挑战	下属 按章办事	参与者 学习与提高	企业家 试验和冒险

资料来源：Adapted from Hart, S (1992)'An integrative franmework for strategy-making processes', Academy of Management Review, Vol 17, pp327-351. Copyright 1992 by Academy of Management. Reproduced with permission of Academy of Management in the format Textbook via Copyright Clearance Center..

战略。组织的文化和风格需要发展的过程，而战略适应同样也需要时间。因此，引入新型组织风格需要谨慎考虑。

12.3.4 处理来自变革的压力：新的组织领导风格

在处理战略制定的不确定性的时候，领导组织的管理者就需要扮演关键的角色：引导、控制、发动并利用大家普遍接受的价值判断来推动战略过程向前发展[19]。领导的工作在战略制定和规划过程中都至关重要。独裁的领导将继续独自决策，并设计组织结构来实施战略。但是对于有学院式[20]风格的领导来说，战略和组织结构之间具有非常复杂的相互影响关系。

引用赛恩泽[21]的话就是：

> 像 Henry Ford、Alfred Sloan 以及 Tom Watson（IBM 的创始人）那样依赖个人学习的时代已经过去了，如今的世界更加变化多端、相互依赖和不可预测，对于任何人来说，都不可能独木挑大梁。像以前"上层思考，下层执行"那样的模式已经不再适用，现在必须是"全体思考，整体行动"。当然，尽管挑战很大，但潜在的回报同样也很高。

如果这段论述正确的话，那么在 20 世纪早期的组织结构都不再适用。在战略和组织结构最终确定之前，或许需要一个讨论的过程。

赛恩泽[22]认为，在战略变革过程中，学院式的领导风格主要体现在三个方面：

1. 创新的压力。这种紧张状态表现在，他 / 她会不断努力，使得组织当前状态与其对未来的愿景之间差距越来越小。

2. 新型的领导角色。在新千年里，领导仅仅充当决策权威是远远不够的。新型的领导角色应该包括：

   - 创建组织的核心价值和目标；
   - 允许战略突发形成（参见明茨伯格、Handy 及其他人的观点）；
   - 推动组织发展、自我更新的过程；
   - 激励、鼓舞和指导组织中的其他成员；
   - 充当组织员工和组织目标的监护人、勤务员。

3. 新技术。如果不采用新技术，不论是组织中的领导者还是其他人都不可能实现上述目标。新技术主要有四个方面：

   - 构造组织共同的愿景，使得所有成员都朝着未来的目标努力；
   - 挑战理所当然的假定（设想），同时又要避免引起人们的反感，促进新兴思想浮出水面；
   - 明确组织成功的关键因素以及内在关系（见第 3 章）；
   - 从影响组织的重要事件中区别复杂而不重要的细节，这些细节实际上会决定组织战略的形态。

新型的领导角色和新的技术反映了领导与组织之间更加灵活的关系。这样的变化不仅包括组织内部的联系，也包括了相关的战略：任何人不可能既是一个好的倾听者，同时又是一个固执的、对战略结果保持成见的领导。因此，战略与组织结构和领导之间有更加复杂的关系。一个独裁的领导可以独自确定组织的结构，可以实施他 / 她的战略计划，但是对于其他风格的领导来说，问题就复杂得多。

评论

尽管上述观点和评论与新千年的管理思想看起来非常一致，但是还应该注意如下三个方面的问题。

1. 从一个独裁的组织结构向学院结构的转变并非易事，而且也未必一定恰当。如果告诉中层的管理者，他们将会有更大的权限和自由，那么必将使得这些老式的管理人员感到困惑：因为他们在新的领域里缺乏经验、知识和技巧。在这种转变过程中需要组织成员（包括领导和所有员工）的态度和技术的改变，他们需要时间来适应新的角色和新的关系。

2. 按照 Hofstede 的观点 [23]，在有些国家的文化传统中，领导就应该占优势地位。对于这样的环境而言，学习型的和适应性战略并不恰当。这种问题甚至要比利润更重要。

3. 基于资源的观点以及其他的一些战略理论并没有完整考虑组织结构对战略制定的影响 [24]。

12.3.5　缩小战略、结构和风格的差距——Miles 和 Snow 的贡献

由于管理的战略、结构和风格之间的关系存在复杂性，有必要去分析一些更简单的模式，去研究其主要因素。最初的研究开始于 20 世纪 70 年代，R E Miles 和 Charles Snow 提出的四种战略组织类型经过了时间的考验，到今天仍然很重要。

Miles 和 Snow[25] 提出了四种主要的战略类型：

1. 防守型组织提供产品和服务的目的是要成为市场领导者。它们可能通过集中于某一细分市场，通过差异化和低成本来实现这一目的。这类组织可能倾向于选择成熟、稳定的市场。组织有能力应对突如其来的战略变革，但它们更希望有一种稳定的战略变革。组织的类型更有可能成为命令型或是理性型，见文本框 12.7。

2. 进取型组织常常处于成长型市场之中。它们通过革新积极寻找新机会。一般而言，这类组织比较灵活，在市场上常常采取分散经营的方式，能够快速适应市场的变化。它们的目标在于寻找新机会。对这类组织而言，战略变革毫无问题。这种类型更倾向于象征性或生成性，见文本框 12.7。

3. 分析型组织寻求扩张，但同时希望保住自己的既得利益，它们等待着其他组织首先创新。直到其他组织证实存在新的市场机会，它们才会进入该市场。无论是大型组织还是小型组织都有可能采用这种方式，或是通过大规模生产降低成本，或是依靠诸如营销这类领域使自己的应变力和灵活性更强。该类组织在进行战略变革之前常常会仔细地分析和评价。这种类型更倾向于命令型、交易型或理性型，见文本框 12.7。

4. 反应型组织是指那些无法对竞争对手和一般环境作出恰当反应的组织，它们很少主动出击。从某种意义上讲，该类组织根本没有战略：它们总是对其他组织的战略作出被动反应。即使它们有战略，该战略也完全不能适应环境的需要。因此，反应型组织的产生本身就是一种失误，战略变革对它们而言是困难重重。这种类型更理性，见文本框 12.7。

表 12.2 对主要因素进行了小结并对组织的每一种类型的战略过程进行了评价。通过研究这四种类型，读者可以考虑组织如何在当今社会生存。有一种可能性就是 Miles 和 Snow 的分类过于简化，需要慎重看待。但是，它对这些复杂的问题提供了一些指导方针。

关键战略原则

- 当组织进行战略变革的时候，它们都有机会转变组织文化和管理风格。
- 在很多情况下，组织提出重大变革的时候，管理风格的转变往往是必需的。
- 组织文化和管理风格的内容取决于战略。在战略和管理风格之间需要一定程度的战略适应。重要的一点是，组织文化的转变需要一定的时间，或许这个时间比战略变革过程还要长。
- 由于管理的战略、结构和风格之间的关系存在复杂性，有必要去分析一些更简单的模式，去研究其主要因素。Miles 和 Charles Snow 为此提出了四种不同的组织类型。这四种组织类型是：防守型、进取型、分析型和反应型。

表 12.2 四种战略类型及其战略方法

	战略环境	战略方法	资源战略	简化程序的方法
防守型	稳定	保护市场份额 保持现在地位	高效生产 强力控制 中央集权 通过制度管理	常规
分析型	变化缓慢	通过创新保持市场份额 在保护现有领域的情况下， 　寻找市场机会	高效生产但在新领域有一些灵活性 在现有领域的控制较强，但在新产品 　上的控制较低	常规
进取型	发展，平稳，动态	发现新机会 利用和采用风险	灵活生产 分散控制进行创新	应急
反应型	发展或缓慢	仅对其他公司反应 经常反应太迟且不恰当	混乱，中央集权 缓慢	常规

资料来源：根据 Miles, R E et al. 的 Academy of Management Review。1978 Academy of Management 版权所有。通过 Copyright Clearance Center 获得 Academy of Management 同意复制。

案例研究 12.2　皇家荷兰/壳牌公司——进行变革需要什么？

为了加快成长和提高赢利性，世界上最大的石油公司之一——皇家荷兰/壳牌石油公司在 1995 年宣布了一项激进的重组计划。这项计划声称要"将贵族们清除出他们的封地"。到 1999 年，公司的情况并没有得到改善，那些贵族们——各国分公司的常务董事——仍然身在其位。2004 年，该公司遇到了严重的问题，这迫使该公司最后采取行动。但是这些行动能够带来真正的变化吗？

背景

皇家荷兰/壳牌石油公司是世界上最大的石油公司之一。1907 年，公司在英国壳牌运输公司和荷兰皇家石油公司合并的基础上成立了。合并企业在经过多年发展之后，若以营业额来衡量它已经在 1998 年成为世界上最大的石油公司。然而，在 1999 年公司就失去了全球领先的地位——见后文。

皇家荷兰/壳牌石油公司并没有像其他石油公司一样变得越来越集权。一直到 1998 年，英国和荷兰之间的利益仍然维持着一种微妙的平衡状态。皇家荷兰/壳牌石油公司没有设总控股公司，但是所有子公司均只有两家股东：荷兰皇家拥有每家子公司 60% 的股份，壳牌公司拥有其余的 40% 的股份。双方在 1907 年公司成立之初就达成了这种方式的持股协议。公司没有强大的中央控

荷兰皇家壳牌一直以来给予其分公司——如图片所示的在日本长崎的分公司——很大的自由，进行战略决策。

制核心，也不存在一个联席董事会。公司中能发挥最高协调作用的方式是一个被称为"讨论会"的中央管理论坛，这是两家运营公司管理层之间的会议。但这一会议的召开在公司内部也没有成文规定。很显然，这个巨大的石油公司的战略劣势是它不能利用其股份——因为这是不存在的——去收购另外一家公司。

虽然管理者和员工都声称自己是皇家荷兰/壳牌公司的成员，但他们实际上是各自所在子公司的成员。这就意味着所有的决策制定均是缓慢、费力和谨慎的——这对于投资周期往往是 30 年的石油行业而言并不一定是件坏事。公司的高级人力资源经理 Enst van Mouvik-Boekman 说："公司有一种委员会文化。"合作的风格延伸到了世界各地的子公司中，包括北美、澳大利亚以及许多其他地区。多年来，公司以其"塑造了恰当的公司类型和培养了合作的公司氛围"而备受尊重。但股票经纪人 BT Alex Brown 评论道，到 1998 年，这种结构"出现了一些问题——削弱了会计核算能力、模糊了职责，并增加了成本"。

1995 年提议的战略及组织变革

公司协商风格的一个后果是没有一名首席执行官来最后拍板。虽然公司有一个常务董事委员会，但决策是通过少数服从多数的投票机制达成的，常务董事委员会的主席仅仅是"多张平等选票中的第一张"。关于资本开支的决策常常是临时作出的。公司位于各国家的子公司是法律实体并要求分享资本预算，而不管是否能够作出最佳战略决策。到 1995 年为止，常务董事委员会的学院派作风限制了公司拒绝此类要求的能力。

在实践中，这意味着公司关键的战略决策要么需要花费很长的时间才能产生，要么就是由荷兰皇家/壳牌石油帝国下面的强大的各国子公司（也就是上文所谓的贵族们）作出。这还意味着，▶

| 图 12.3 | 皇家荷兰/壳牌公司 1995 年的重组 |

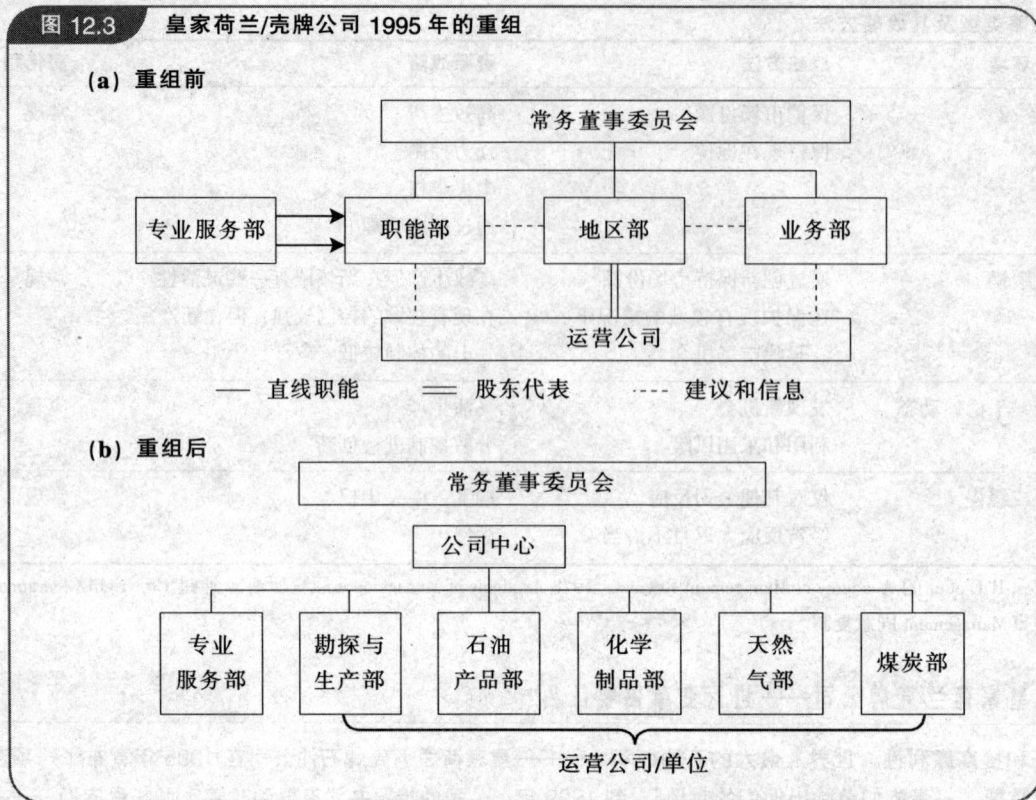

(a) 重组前

(b) 重组后

在伦敦和鹿特丹有大量的员工，他们的工作任务是协调当地贵族们作出的政策。多年来，这一决策机制在公司内运行良好。然而，到了 20 世纪 90 年代中期，公司的资本收益率一直处于 10% 以下，并且有进一步下降的趋势。

1995 年的重组计划的目标是清除这种将子公司利益置于皇家荷兰／壳牌石油总公司全球利益之上的低效投资决策机制及其导致的后果。重组后，各国子公司将要向一系列的全球运营公司进行汇报，而且在公司总部将设有大约 1170 个协调性岗位。这样做的目的在于节约成本，并在公司地区层面和全球层面来关注决策问题。图 12.3 显示了自 1995 年来公司实施的变革。

但是重组的努力很快就化为泡影。虽然只有大约 900 个工作岗位要取消，但是变革的阻力还是相当大。公司一贯的协商文化使得公司与员工展开了一轮艰苦的谈判，尤其是在荷兰。此外，贵族们通过他们在新的业务委员会中的关系，权力仍然很大，而且重组后的公司赢利能力甚至呈现出下降的趋势（如图 12.4 所示）。许多外部观察者认为，皇家荷兰／壳牌石油公司需要更加激进的战略变革。

1998/1999 年的战略重组

到 20 世纪 90 年代末，所有的石油公司均比以往的 10 年来更难获利，这主要是出于以下四个主要原因：

1. 更高的环保标准意味着在石油精炼上的资本投资要比以往更多。
2. 石油价格从 20 世纪 90 年代早期的 15 美元每桶下降到 20 世纪 90 年代末的 10 美元每桶。
3. 一些主要产油国的政治不确定性非常高，如俄罗斯和印度尼西亚。
4. 竞争对手像 Esso（美国）、BP（英国）和 Total（法国）了获得更大的规模经济，正在实施收购或合并：Esso 收购了 Mobil；BP 收购了 Amoco、Atlantic Richfield 和 Castrol—Burmah；Total

| 图 12.4 | 皇家荷兰/壳牌公司的经营业绩 |

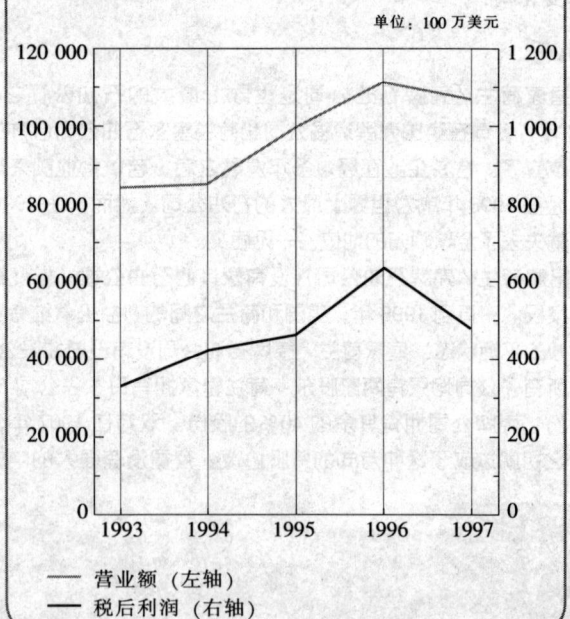

单位：100 万美元

与 Fina 合并，接着又与 Elf 合并。所有这些活动使得皇家荷兰／壳牌石油公司的战略显得很薄弱。

皇家荷兰／壳牌石油公司意识到公司需要新的、更加激进的战略，于是它宣布了以下的措施：

* 撤销英国、德国、法国和荷兰各国的公司总部；
* 注销 45 亿美元的资产；
* 出售业绩不佳的子公司，尤其是 40% 公司化学制品业务；
* 资本投资由每年的 150 亿美元减少至 110 亿美元；

▶

- 公司于 20 世纪 90 年代早期在世界范围内收购的大量资产交付出售；
- 常务董事委员会主席将得到资本开支的最后决策权，而且公司计划经过一段时期后，该职位将演变为具有支配地位的首席执行官。

皇家荷兰／壳牌石油公司在 2001 年通过重组每年为公司节约了 25 亿美元的成本。公司常务董事委员会主席 Mark Moody-Stuart 先生说："我坚决相信，投资者与我们这个团队的荣誉是一致的。"他还提出了过去几乎很少在皇家荷兰／壳牌石油公司的高级决策层听到的短语：他在谈论 1998 年公司重组时强调了"执行责任"的重要性。他还声称公司拥有巨大的财力和灵活性来承受石油价格的进一步下滑，即使每桶石油的价格低于 10 美元。

2004 年的战略问题

在 2004 年，公司的主席退休，首席财务执行官被迫离职，并且皇家荷兰／壳牌石油公司成为美国安全与交换委员会调查的对象，这家世界上最大公司之一遇到了难以想象的困境。2004 年，公司被迫砍掉了 23%的已探明储量的原油和天然气。

在 1998 年机构重组和节约成本的时候，问题已经产生了。1996—1999 年该集团决定每年投资 60 亿美元探测新的石油和天然气产地，实际上应该是 80 亿美元。到了 2000 年，皇家荷兰／壳牌石油公司将这一投资提高到了每年 90 亿美元，这基本与其竞争对手相近。

2001 年，新的主席 Philip Watts 接管了该集团。据报道，2002 年因其在年报里虚报皇家荷兰／壳牌石油公司的石油和天然气储量，而遭到警告。这一情况非常严重，并且影响了该公司的市值。然而，直到 2004 年，投资者才知道这件事情。2004 年 3 月，Philip Watts 和他的生产开发总监 Walter Van de Vijver 先生被迫离开公司。Van de Vijver 先生指责 Philip Watts 在公司新的石油储量方面过于激进和不成熟。首席财务官，Judy Boynton 因执行不力，也丢掉了工作。Judy Boynton 的职责的一部分是记录储量的信息，并遵循相关的法律。

2004 年 4 月，应 SEC 监管人员的要求，美国的 Davis、Polk 和 Wardwell 律师事务所提交了一个长达 450 页的问题报告。下面的评语和直接引用话语来自此书时这一报告已公开的部分，报告的其他部分由于法律程序的原因，还没有公开。报告表明皇家荷兰／壳牌石油公司的一些员工对这种情况非常不满。例如，2003 年 12 月在一份来自生产开发部门员工给其上司 Walter Van de Vijver 的备忘录里，认为 2002 年 SEC 的文件存在重大的错误，不揭露会触犯美国的证券法，将会不得不在美国内外承担很大的法律责任。Walter Van de Vijver 立即回复说："这绝对是一枚定时炸弹，并不是我所期待的，需要马上拆除掉。"这一评语并没有被员工拆除，而且最后被美国律师事务所发现。

报告还调查了公司的首席财务执行官，Judy Boyton 女士。报告认为由于这段时期公司的混乱状况，她确实面临着巨大的困难。报告指出其作为合规部门的职责并没有有效地发挥出来，因为直到最近，没有一个部门的财务执行官向其报告。储量问题是她的责任，但是她却没有这么大权力。如果这是正确的，她不了解，也没有能力去揭发这种情况。因为甚至到了 2003—2004 年这个公司也还是像一盘散沙。

2004—2005 年的结果

2004 年 3 月，Jeroen Van der Veer 先生被任命为皇家荷兰／壳牌的执行委员会的主席。他有两个主要的任务。第一是如何恢复由于上述问题而受损的公司的声誉。第二是如何重组公司，使其成为一个利于管理的整体。2004 年 10 月，皇家荷兰／壳牌宣布公司重组为一家公司，总部设在荷兰。在伦敦的总部被取消。此外，首席执行官和主席都是荷兰人，但是应该注意的是随后的任命都是根据员工的贡献，而不是根据国籍进行的。新成立的皇家荷兰／壳牌公司将主要在伦敦上市，并且只有一个董事会。在写本文的时候，这一结构还没有得到股东们的同意。还有一些法律和税收问题有待解决。然而 Van der Veer 先生非常乐观："如果你有一个更为简单的结构，你花在与各级执行官们开会的时间就越少，就越容易作出决策。"

可能最后我们应该提一提员工。在储量危机发生的一年以后，只有不到一半的员工对公司的组织方式表示满意。这是 2005 年初进行的一次内部调查而得出的结论。而 2002 年同样的调查里，有 67%的员工认为公司组织得很好。2005 年的调查时，这一数据降到了 47%。士气问题在生产开发部门尤为严重，这一部门对储量的虚报负责。一位员工提到："我担心的是真正变的东西太少了。因为负责变革的人本身就与旧的文化有着千丝万缕的联系。"

换句话说，我们还不知道皇家荷兰／壳牌所面临的压力是否带来必要的战略变革。但是，在其后的两年中，形势发生了变化，公司开始摆脱这些问题。

© 理查德·林奇 2009 版权所有。保留所有权利。本案例由理查德·林奇根据公开信息编写[26]。

案例问题

1. 为什么我们可以预料到 1995 年皇家荷兰/壳牌石油公司的重组和 90 年代末的变革会失败？

2. 你认为 2005 年的管理变革会更加成功吗？为什么？可以采用 Miles 和 Snow 分类来分析。

3. 从这个案例中，我们可以从战略分析的人力资源方面得到什么启示？

12.4 组织结构类型

皇家荷兰／壳牌公司案例说明，组织结构的改变会很慢而且十分复杂，有可能会有意想不到的结果。但是，不同类型的组织结构的基本原则也不同，本节将对此进行研究。事实上，我们可以确定六种基本的组织结构类型，这些类型的结构可以应用于既定的战略：

- 小型组织结构；
- 职能型组织结构；

- 事业部结构（有时也简称为 M 型结构）；
- 控制公司型结构（有时也简称为 H 型结构，第 9 章称之为公司总部）；
- 矩阵型组织结构；
- 创新型组织结构。

以下详细讨论了这些组织结构。

12.4.1　小型组织结构

定义▶　**小型组织的结构包括公司所有者 / 经营者以及其周围的受直接领导的小团队。**在小型组织中，资源往往非常有限，需要个人非常灵活，能够从事各项工作，由此非正式的结构才能对市场机遇和客户的服务需求作出快速的反应。但是，多种角色也会带来一些问题，造成职责模糊不清，决策糊里糊涂。在这种情况下，制定一个清晰的组织结构似乎有些不现实。在所有者（或领导）的管理风格基础之上，很多人或者只有领导者对组织的战略有所贡献。这种公司的例子就是小型家族公司以及专门针对地方的计算机服务供应商。

12.4.2　职能型组织 [27]

定义▶　**职能型组织是以组织所进行的主要活动为基础而设计的结构，比如说生产、销售、人力资源、研发、财务和金融。**当组织从小型公司成长起来之后，职能型的组织结构通常是它们首先采用的结构（见图 12.5）。它把专业人士分成不同的职能领域，而且开始发挥规模经济的作用。例如，生产单一产品或提供单一服务的公司，像地区公交公司，就很可能具有职能型结构。文本框 12.8 就向我们展示了这种类型组织结构的优势和劣势。

图 12.5　**职能型组织结构**

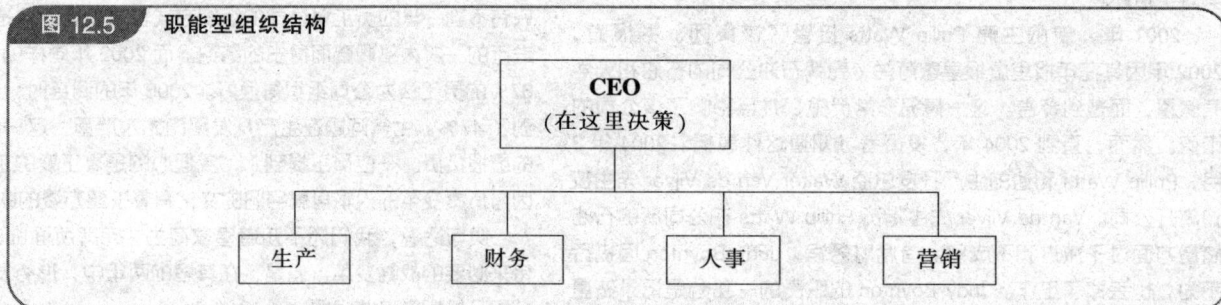

文本框 12.8

职能型组织结构的优势和劣势

优势	劣势
• 责任清晰明了	• 合作困难
• 核心战略可控制	• 强调战略发展中的狭小领域而不是整个公司全局
• 职能状态可辨识	• 激发职能部门之间的竞争
	• 战略变革可能会很缓慢

12.4.3　事业部结构

定义▶　**事业部结构是围绕着构成产品、市场或者地区而形成的若干职能部门而形成的结构。**这种组织结构出现在 20 世纪 20 年代早期的通用汽车公司内，据阿尔弗雷德·钱德勒记载，是由 Alfred Sloan 制定的 [28]（见 12.1.1 节）。

当组织增长的时候，它需要对活动进行细分，以便处理大量各式各样的活动，提升产品质量，扩展地域

图 12.6	事业部组织结构

CEO

总部
由中心提供服务
例如，人力资源管理、
财务（现金管理）、一些研发

部门 B

生产职能　　营销职能　　财务职能　　等等

部门 A

生产职能　　营销职能　　财务职能　　等等

部门 C

生产职能　　营销职能　　财务职能　　等等

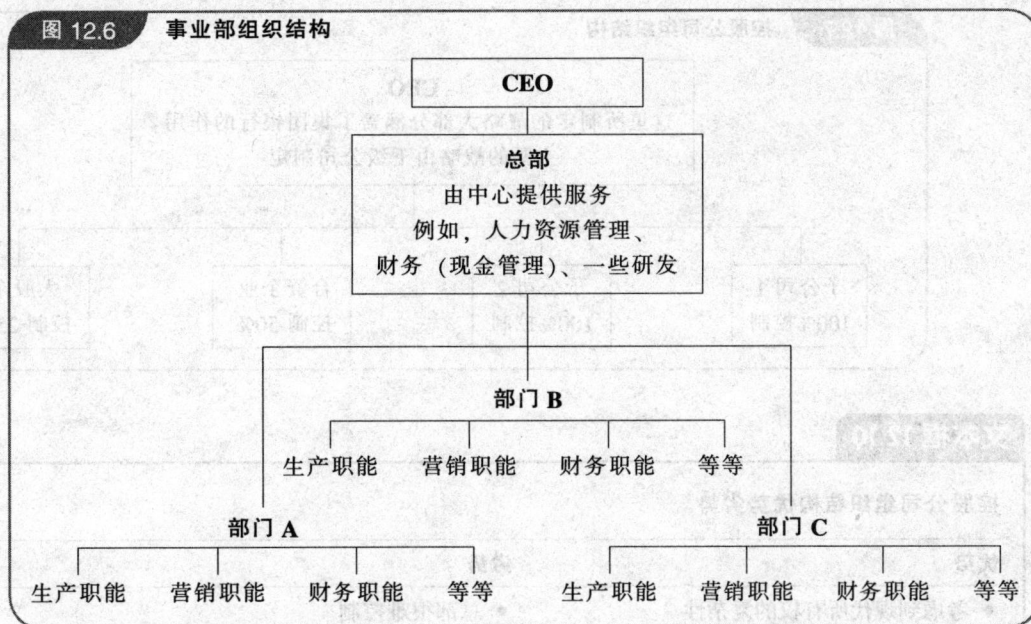

或者业务的其他方面（见图 12.6）。例如，在案例研究 12.1 中，百事可乐把北美快客食品与百事可乐国际分公司合并，这两个公司拥有不同的客户、工厂和生产方法，战略也完全不同。此举并没有给百事可乐带来什么收获。钱德勒指出，战略是由总部决定的，但是在现代公司中，战略部分的决策权也在部门。然而，总部确实可以对战略施加影响力来配置资源，同样优势与劣势分析见文本框 12.9。

文本框 12.9

事业部组织结构的优势和劣势

优势	劣势
● 关注业务领域	● 昂贵的职能重复
● 很容易解决职能协调问题	● 部门之间可能会相互竞争
● 可以衡量部门的绩效问题	● 职能专家之间的相互交流减少
● 可以培养未来的高级经理	● 和总部的关系方面会出现问题

12.4.4　控股公司结构

定义▶　　控股公司是拥有若干独立的公司并通过股权在每个企业中投资的公司。控股公司战略常常被看做是一种跨越不同业务的公司战略。——参看第 9 章。

随着组织的继续成长，组织各个部门之间以及组织和外部公司之间的安排可能更加复杂。例如，组织和集团以外的新公司成立合资公司、子公司、合作企业以及其他形式的协作都将成为可能。结果是，原始的公司在这一系列的安排中可能担任中心控股的角色：它成了控股公司（见图 12.7），它的角色就成为向大量的、极具吸引力的赢利机遇提供资金。控股公司自 20 世纪 70 年代以来已经成为最为重要的形式，威廉姆森对这种结构进行了研究。同样，优势与劣势分析见文本框 12.10。

西门子和通用（见案例研究 9.1）就是著名大型公司的例子[29]：它将自己涉足的领域扩展到新的市场。一些小公司也越来越多地采用这种战略，以便快速发展，探索新的机遇。这种情况在日本、中国香港、东南亚的大型联合企业中也很常见。

图 12.7 控股公司组织结构

CEO
这里所制定的战略大部分涵盖了集团银行的作用；
主要的战略由下级公司制定

| 子公司 1 100%控制 | 子公司 2 100%控制 | 合资企业 控制 50% | 大股东 控制 25% |

文本框 12.10

控股公司组织结构优势劣势

优势	劣势
• 考虑到现代所有权的复杂性	• 总部很难控制
• 得到专家的见解，获得新的合作	• 没有群体超越"控股/银行"的角色为组织作出贡献
• 加强进入新市场的力量	• 如果两方没有合作好，或者一方失去兴趣，就会出现问题
• 分散联合企业的风险	• 协同或者规模经济的效应非常有限

12.4.5　矩阵组织结构

定义▶ 矩阵组织是两种组织的合并——比如产品和地理结构——来共同进行主要决策。在某些情况下，大型公司设立独立的事业部可能会有劣势。当组织仍然需要已经形成独立部门的各个实体之间紧密协作的时候，这种劣势就会更加明显。例如，荷兰皇家壳牌石油公司在制定战略的时候，不仅需要考虑到石油、天然气、化工产品，而且还要考虑到产品地域的角度，比如英国、德国、美国和新加坡。这种双头负责决策的组织结构就是矩阵组织。划分组织的两个维度并不一定是地域和产品：我们可以选择任何两个相关的领域（见图12.8）。读者可能更愿意以案例研究 16.3 中关于 Asea Brown Boveri 公司的案例为例，研究矩阵结构中的问题。同样，优势与劣势分析见文本框 12.11。

图 12.8 矩阵型组织结构

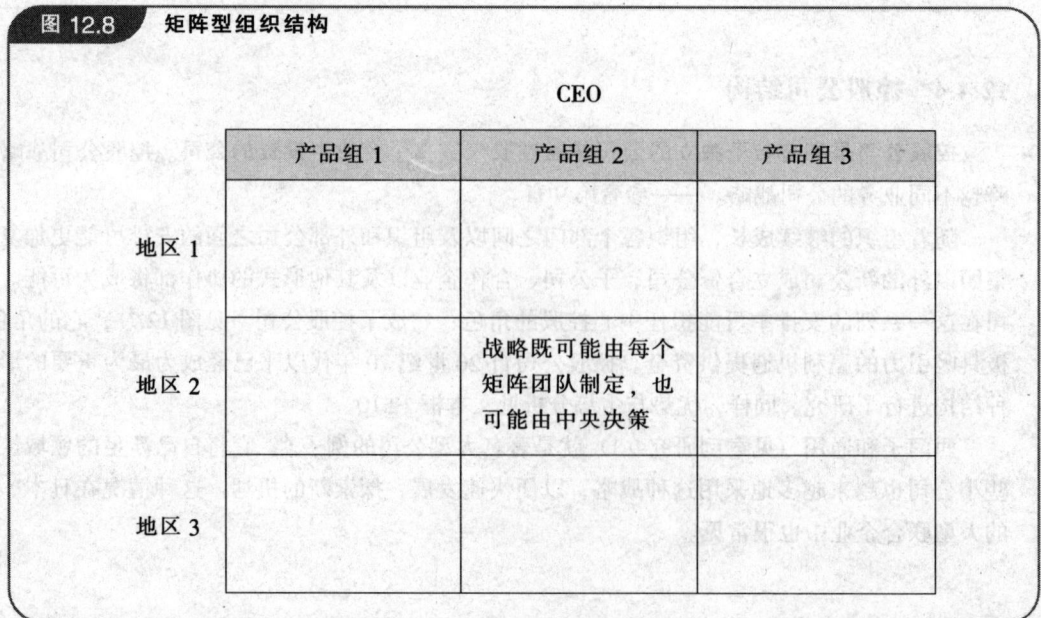

CEO

	产品组 1	产品组 2	产品组 3
地区 1			
地区 2		战略既可能由每个矩阵团队制定，也可能由中央决策	
地区 3			

文本框 12.11

矩阵组织结构的优势和劣势

优势	劣势
• 在决策可能冲突的情况下进行紧密合作	• 决策非常复杂，缓慢：需要所有的参与人员取得一致意见
• 适应特殊的战略形势	• 职责定义不清楚
• 官僚被直接的讨论所取代	• 如果一些团队的工作很糟糕，那么相关人员的关系就会紧张
• 增加了管理人员的参与程度	

12.4.6 创新型组织结构

定义 ➤ 创新组织结构的特征是创造性，缺少正式的报告关系和非正式性。在一些情况下，大型组织可能特别需要强调它们的创造性和发明成果：例如，广告代理、服务公司和创新设计公司。在这些环境下，就需要一个强大的团队，把各个职能领域中的专家集中起来，进行开放性的工作。在制定战略的某些方面，这种群体自由流动的特征和它们的想法是非常重要的。实际上，组织在任何情况下都需要制定战略。没有一个简单的组织范式可以到处适用。

12.4.7 战略和结构的联系

对于大多数组织来说，具备一定的组织结构——即使是像一些小公司那样很脆弱的和定义错误的组织结构都是必要的；这种选择取决于组织现有的和将来可能发生的战略变革。

简言之，在组织的企业战略和最合适的组织结构之间存在着一定的联系[30]（参看文本框 12.12）。

文本框 12.12

企业战略和组织结构的性质

企业战略性质	可能的组织结构
单一业务——企业的主要战略	职能型
产品范围扩展到单一业务之外——每个产品领域有各自的战略，但企业会作为一个整体运作，可能会有一些共同的职能	职能型但盈亏报表分开
在集团中有若干个联系不大的企业——假定每个企业都是不相关的和在不同的市场中运作	事业部型
集团内若干联系紧密的企业	矩阵（或者有合作的事业部型，如果矩阵型难以管理的话）
思想工厂——这种战略需要极强的试验性	创新型
无关企业—— 一系列的企业，每个有自己的战略问题	持股型
相关企业，由主要股东拥有——若干企业，每个都需要有自己的战略，并分别管理	持股型

关键战略原则

- 组织结构有六种主要的类型，每种类型都有自己的优势和劣势。
- 小型组织的资源非常有限，但是结构是非正式的，这使组织能够灵活作出反应，但是它的责任不是非常清晰。
- 职能型组织一般应用于小型到中型组织，它只有一条主要生产线。
- 当组织进一步发展，拥有多条生产线的时候，通常必须将它们划分成不同的事业部。每个事业部都拥有它自己的职能结构，如营销、财务、生产等。
- 当组织在产品上越来越多元化的时候，公司总部就只承担控股公司的角色。
- 对拥有几条生产线的组织而言，另一种可供选择的结构就是矩阵结构。两种不同的结构要素担负着关联责任，例如，在产品部门和组织的另一种结构要素组合，像地域或者职能部门。这种组织类型具有一定的优点，但是它管理起来很难取得成功。
- 创新型组织可能拥有跨职能团队。
- 制定战略的形势依赖于组织的结构。

12.5 支持创新的组织结构

我们在前面的章节中介绍了创新结构和流程，但是创新对整个公司战略如此重要，以至于人们认为它只能适用于特定的组织，其实任何组织都需要创新的要素。因此，每个组织都需要建立相应的结构，为创新提供生长的土壤，哪怕这些结构仅仅是暂时的，例如，为特定的项目形成某个团队，而一旦工作完成就解散该团队。

12.5.1 创新需要具有商业吸引力

在研究组织如何建立最好的结构进行创新之前，非常重要的一点是，我们需要研究一下组织都需要什么。在竞争的市场上，只有创新是不够的：新产品和服务必须要对潜在客户具有商业吸引力，例如，它和现有商品及服务相比，具有价格优势。Gilbert 和 Strebel[31] 称之为完全竞争规则。

除了创新本身之外，完全竞争规则还可能包含着更多的好处。通常的情况是，真正的突破并不是随着技术的发展出现的，而是伴随着各种各样的推广、配送、支持和客户服务而来的。所有这些因素都为创新良好的界面和商业吸引力做了铺垫。这需要组织结构跨越所有的业务职能，成为一个整体。例如，在过去几年中，万维网在互联网上风行一时的原因之一就是出现了良好界面的新型软件，如网景公司推出的软件。但是，对公司而言，通过某些计算机软件杂志上介绍的个人应用软件实现免费送货时，这才实现了真正的突破。结果是，在我们写作这本书的时候，网景公司已经成为这种增长迅速的新媒体中的老大。从组织的观点来看，如果想要获得创新的成功，就要跨越所有的职能，进行合作，使组织成为一个整体。

12.5.2 创新过程的特征

在第 7 章中，我们使用了 Quinn "可控的混沌"这一概念来描述创新的过程。创新具有灵活性、开放性，并且可能并没有一个事先定义清晰的固定目标。这个过程没有各种框框的限制，而且还需要检验。在这里，我们有必要区别下面两个概念[30]：

- 简单的创新。这种创新可以在任何组织中出现，一般依赖某个人或者一个小群体。
- 复杂的创新。它需要从各种业务功能中抽出一些专家来形成一个项目团队。这种创新可能需要大量的资源和非常复杂的组织结构。

明茨伯格对创新过程的评价（见第 16 章）主要是针对复杂创新而言的，我们尤其要记住的是他总结到，在组织项目团队时需要遵循三条指导意见，见文本框 12.13。

文本框 12.13

对组织创新项目团队的指导意见

1. 如果想让专家不只是发挥他们的技能，而且还可以打破传统的界限，进入全新的领域，就需要灵活性高的组织结构。
2. 团队中的具有相同技术背景的专家需要相互合作，而不是通过外部的、上级的权威来控制。
3. 团队中的权力需要在专家中恰当分配。很多组织活动涵盖了在专家有了创新想法之后，所有的专家能够相互联络、传播这种想法。

总之，从创新过程中派生的战略可能还是有些含糊不清，定义也有些问题。但是它同时也具备了灵活、快速反应、试验性的优点。这种战略的缺点是，缺乏清晰的定义可能无法满足需要立即得出准确结果的组织文化。

12.5.3 创新型公司的结构和流程

Kanter[33]调查了 20 世纪 70—80 年代的众多美国公司，希望找出那些最能创新的组织结构和流程。他的结论如下：

- 矩阵结构的重要性。在创新型公司中，矩阵结构更为常见。矩阵结构可以打破边界，带来更为开放的报告体系，这对于创新流程非常重要。矩阵结构的决策可能比较缓慢、复杂，但是它可以向个人提供一种网络，使他们跳出现有的位置进行思考，为创新作出有益的联系和交流。
- 对平行组织的需要。在现有正式的等级结构中，相互独立群体之间的合作非常有价值。相互独立的群体常要承担寻求创新解决问题途径这样特殊的任务，尤其是在矩阵结构中很难运作的组织中。团队可以独立活动，而不需要经历现有结构中日复一日的压力和政治斗争。对现有组织来说，剩下的事情就是定义工作程序、名称和汇报关系。平行结构没有自上而下的联系和权力，因此有利于新观念的产生。
- 平行组织的工作。平行组织的工作主要是解决问题，可能会致力于单一的业务问题并且围绕团队工作而进行。平行组织的工作就是将工作集中、灵活，尽量减少等级。这个团队的作用就是要经常反复检验现有的程序和系统，尤其需要注意那些未知和带有挑战性问题的领域。这常常使得向组织下层授权成为可能[34]。
- 参与和协作的管理风格。这一点通常用于鼓励创新。它经常用引导的方式，而不是命令来征求建议意见或者分享成功创意的好结果[35]。

从他的研究中，Kanter 推荐了五点行动，以鼓励弱势组织中的创新[36]（见文本框 12.14）。那些最成功的全球组织，如丰田和麦当劳在运用这种政策方面尤为成功。

评论

Kanter 的思想在北美的公司中得到研究和推崇。在其他国家的文化中，其中一些可能根本无法实现，需要

文本框 12.14

鼓励创新的五点建议

1. 对现有成就加以公布，并以此为荣。
2. 对创意提供支持，可能是通过高级管理人员，也可能是通过项目团队。
3. 通过创造跨功能团队的活动和把人们组合到一起的方式改善整个企业的交流状况。
4. 降低组织中等级制度的层级，下放更多的权力。
5. 更加广泛和频繁地宣传公司未来活动的计划，给公司底层的人以更多机会发挥他们的聪明才智，参与到组织创新的活动中。

作根本性的修改，而且创新团队中所反映出的一些问题在其他国家可能不尽相同。必须要说明的是，至少对战略创新而言，首先需要建立灵活的开放组织结构，随之而来的才是创新战略。

关键战略原则

- 所有的公司都要把创新作为战略流程的一部分。
- 如果创新可行，就必须具有商业吸引力。如果组织结构能够集中所有的职能，并加以协调，那么这种组织结构就是理想的。
- 创新具有开放性，而且非常灵活，因此，创新流程应当具有实验性，整个创新组织都要有灵活的结构、紧密的协调机制和授权。
- 在组织结构方面，矩阵组织可能更有效率，因为它更加具有综合性.在一些情况下，相互平行的独立组织在开展创新活动中更加有益。

案例研究 12.3　ABB 公司是如何向经理们授权并实现逆转的

ABB 是世界上最大的电气工程公司，成立于 1987 年。该公司最早的战略之一是进行重组，将权力向业务经理分散，即授权。在本案例中，我们将要分析这个重大变动的原因及其结果。2001 年，ABB 又采取相反的战略，我们要分析其中原因。

ABB 公司的沉浮

2004 年，ABB 公司的总收入为 207 亿美元，全球员工 10 万人，是名副其实的最大的传统电气工程公司之一。它的产品包括电能传输和配送、建造技术以及自动化等。ABB 公司的业务遍及全球，其竞争对手有通用电气公司（美国）、威斯丁豪斯公司（美国）、西门子（德国）、Alsthom（法国），也包括日本的三井和三菱。但 ABB 公司在最近的一段时期内并没有赢利。

继 20 世纪 90 年代在销售上获得成功之后，ABB 公司的销售和利润在 1999 年到达巅峰。公司在 2001—2004 年实际上是亏损的，尽管到这一时期末亏损已经很小。由于一些子公司关闭和某些销售停止，该公司减员 57 000 人。下降一方面是因为激烈的竞争，另一方面是因为世界经济的衰退。一家分公司不得不承担由于对石棉产品药品依赖性引起的巨额成本。但是，ABB 公司成本也要比其他竞争对手高：一些评论家认为，ABB 公司的整个组织结构需要简化，并应进一步减少成本。图 12.9 显示了整个艰难的过程。

ABB 的历史

1987 年，瑞典的 ASEA 公司和瑞士的 Brown Boveri 工程公司共同创办了 ABB 公司。1988—1990 年，公司的董事会主席 Percy Barnevik 对公司进行了彻底的重组。位于瑞典的公司总部人数精简到 150 人，并采用了应用广泛的管理矩阵结构。公司被分成两个部分，一个是 1300 人的小公司，另一个是 5000 人的利润中心，它们之间尽可能地独立运作。同时取消了中间的一些管理层，而且总部的董事也被安排到大区域的公司。这么做并没有降低多少成本，因为每个分公司不得不重复中心总部的职能。

当时 ABB 公司正在进行一些收购计划，目的是使公司的订单

图 12.9　ABB 公司的销售和利润记录

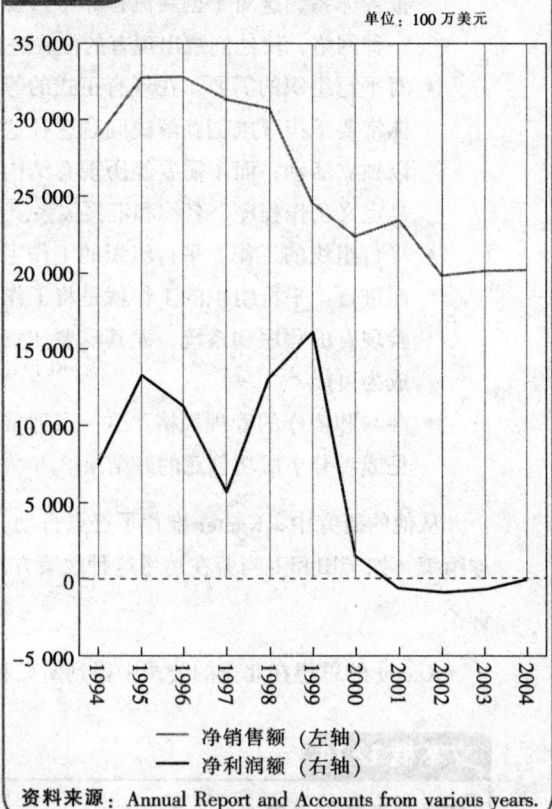

单位：100 万美元

净销售额（左轴）
净利润额（右轴）

资料来源：Annual Report and Accounts from various years.

量在两年间从 160 亿美元上升到 250 亿美元。收购的对象主要集中在美国、西班牙、意大利、英国、法国以及德国。这些重大决策的协商过程都是在总部进行。合并过程主要发生在 1991—1993 年期间。

公司的授权战略

在首席执行董事 Percy Barnevik 的指导下，ABB 公司采取了重大的改革，将整个公司划分为 1300 个事业部，每个事业部都有 ▶

相应的利润职责。很快公司成为各大商学院的案例教材。从根本上讲，改革的目的是通过向管理人员授权，使他们能够更接近他们的客户，并激励其发挥主动创造精神。甚至连研发都分散到各家公司，它们控制了整个集团 23 亿美元研发预算中的 90%。不过，财务和现金的核心管理不在授权之列，公司通过集中的财务和现金管理来对全球各家公司的业绩进行监控。

Barnevik 认为，像 ABB 这样大规模的公司，最大的战略挑战在于激励中低层的管理者和改变根深蒂固的价值观。他解释说，当有可能实现 5% 的边际利润的时候，以前的管理人员更乐意只承诺 2%，因为他们缺乏相应的激励。

到 1991 年，在 ABB 公司内部，授权已经成为大多数管理人员的行为规范。但是，仍然需要强化这样的信息："现在的问题在于，当他们看到利润翻番的时候，他们太过沉溺于兴奋当中：他们认为 4% 的边际利润已经是不可思议的，你应该告诉他们，美国的竞争对手能够达到 10%。"因此，核心管理层经常花费很多时间来向下层灌输这种思想。

然而，问题依然无法避免。ABB 公司最高层一位成员 Goran Lindahl 承担了一项重要工作，他的任务是识别 ABB 公司管理人员在哪些地方表现出色，在哪些地方表现不佳，他还被授权创建学习环境。过了几年，公司内出现了另外的五个问题：

- 在有些情况下，ABB 公司的小单元模式不能适应需求。因为一些大的全球化公司希望同具有集中谈判和决策权的公司打交道。
- 在东欧和亚洲，很难找到训练有素而又经验丰富的管理人员。
- 对于高层管理而言，管理一个复杂、分散的全球公司存在很多困难。
- 在很多小公司中设置重复的管理职位造成了额外的成本。
- 小的公司不能获取规模经济，而对于大型、集中式的组织来说，规模经济是一大竞争优势。

新的领导和新的组织结构——1997 年

1997 年，Percy Barnevik 的首席执行董事的位置由 Goran Lindahl 接替。这两个人领导风格截然不同：Barnevik 雄辩、理性，喜欢从宏观上指挥；而 Lindahl 则更加务实，具有感性，对问题的细节感兴趣。不管怎样，Barnevik 继续留任，担任一个非执行主席的职务。

1998 年，Lindahl 宣布了两项重大的战略变革。首先，加速雇用亚洲劳动力。在欧洲和美国的 10 000 个工作机会将由亚洲同样多的工作机会代替，这项战略的成本估计约为 10 亿美元。其次，他放弃了矩阵式组织结构，并在集团的管理委员会起用一些年轻的新人担任执行董事。在接下来的 18 个月里，两个非赢利部门——发电和电力传输被卖掉了。2000 年，Lindahl 突然辞职。他的解释是，应该由那些懂得如何利用 IT 革命的人来领导 ABB 公司，而他并非合适人选。他的突然半途离职在外界确实引起了震惊。

新的领导和新的组织结构——2000 年至今

对于 2000 年新任的首席执行董事 Jorgen Gentermann 来说，

完成 ABB 公司的结构改革余时不多。Gentermann 将全球的客户市场划分为四个部分，每个部分对应一个市场部门，外加两个后备产品部门。他将公司的附属机构从 1000 个减少到 400 个，也就是说，他放弃了早期的"授权"战略。Gentermann 给出了三个原因：

1. 公司需要将精力集中在全球主要的客户身上；
2. 公司需要降低成本，尤其是为了分散的需要而设立重复管理的成本；
3. 要充分发挥互联网的力量。

此外，Gentermann 还任命了两个新的董事，其中一个负责"公司过程"，另一个负责"公司信息传播"。很明显，他的目的是要将 ABB 变成一个"灵活的、基于知识的公司"，并将"知识就是力量"作为公司的座右铭。

Gentermann 认为 ABB 无法在电力相关领域获得成功，所以他逐渐减少了这些业务。他还卖掉了 ABB 的核能发电公司给英国的 Nuclear Fuels。2002 年，Gentermann 与美国的通用谈判卖掉了 ABB 的金融服务部门。所筹到的这些资金帮助了之前陷入金融危机的 ABB。公司受到世界经济下滑的沉重打击。着手进行这些重组之后，Gentermann 认为他可以退休了。新总裁 Jurgen Dormann 走马上任。2001 年时 Dormann 接管了当时处于危机当中的 ABB 总裁的职务。这时舆论风暴已经过去，Messrs Barnevik 和 Lindahl 返还了他们从 ABB 那里得到的 8200 万美元的养老金。

Dormann 到困难的 2004 年仍然是公司总裁。他亲自促成了公司的复兴，之后把位置传给了直到现在仍是公司总裁的 Fred Kindle。随着一系列的高层的变动，该公司显然在经历着动荡。但是，ABB 在 2004 年末宣称，"公司现在运转良好。"之前的分散结构已经在很大程度上被瓦解了，决策权重新回到了公司中央。

案例问题

1. 一个复杂的财务控制体系对于授权战略而言有什么样的重要性？中央监控（例如 Lindahl 的职责）又有什么样的重要意义？
2. 如果全球化进一步发展，你认为 ABB 的分散管理仍然能够把握成功的机会吗？
3. 对于大型的、全球化的公司来说，可以从多大程度上对管理者授权？你的答案对于制定公司战略——集中管理还是分散管理——有什么意义？

战略课题

这是一个很有趣的公司，因为它在 90 年代以新式组织而著称。你可以利用本案例来回顾公司是如何发生变化的。你可能还会思考现在公司应该如何前进的问题。ABB 仍然面临着巨大的困难，这需要所有员工的不懈努力和技能。

12.6　在战略实施中的激励和人员配置

如果说有哪家公司采取激励经理们的方法（如，通过人员配置战略），那就是 ABB 公司。但是有证据表明，公司并不成功，它的人员配置战略最终被放弃，重新采取中央集权的战略。但是，有能力和有积极性的人员是战略实施的关键，特别是高层管理人员。这一节研究了为了做到这些所需要的正式组织体系：

- 可以增加激励的报酬系统；
- 对成功战略必不可少的人员配置和选拔的程序。

这一节的非正式方面涉及战略实施的其他方面，如领导者和文化，我们将在第 15 章讨论。

12.6.1　报酬体系

定义▶　**报酬体系就是支付给那些为战略的实施增加了与其目标相一致的价值的人或者团队以结构性的利益。** 对成绩的衡量以及对实现组织目标方面所取得的优秀绩效加以回报，就可以强有力的推动战略实施。过去的几年中，人们已经深入研究了报酬和激励之间的关系，并且建立了相应的联系[38]。我们不能把报酬简单地看做是支付工资，它有更宽泛的含义：报酬可以包括其他形式的直接酬劳，而且还包括晋升和职业发展的机遇。

要想使报酬体系的设计达到战略目标，我们需要考虑下面几个因素：

- **战略目标。** 战略目标具有长期性的特点，然而管理者可能更加需要短期的回报。因此，战略目标要求的成就和个人对短期报偿的愿望之间就存在冲突。而且，不是所有的战略目标都很容易衡量，因此要作出准确的判断更加不易。在某种程度上，解决这些问题的方法之一就是可以把个人的报酬和持有企业的股份联系起来，但是，这种激励的方法不是对所有的组织都适用，而且也受到很多因素的限制。
- **关注个人绩效的报酬系统。** 当团队目标对战略更为重要的时候，这种方法可能就不大适用。因此，还需要认真考虑报酬体系的影响。
- **鼓励创新和承担风险的报酬。** 这些问题可能会需要不仅仅是对绩效进行量化考核，比如说资本回报的增加或者提高每股净收益，这样一些基于所采取措施的数字和品质的量化评估。可能会需要更大程度上的人为评判，而这反过来也可能招致一些受到不公平待遇的人的指控，因此，必须谨慎处理。

最近几年，绩效合同这一概念的引入成为报酬体系新的重点。一些公司已经制定了一系列的体系，它们把战略实施分成可以量化的标志。个人指导和高层管理人员围绕目标签订合同，据此评价个人的绩效成果。案例研究 15.1 就描述了英国 BOC 集团使用这一过程的情况。

12.6.2　正式的员工评价、培训和选择流程

新战略可能更加需要新的商业运作方法、新技能和新知识；现有的人员可能并不一定具备这些素质。因此，必须引入正式的结构和程序培训现有人员，或者招聘新人，从而保证战略的成功实施[39]。

从激励原理出发，从现有人员出发，评价他们对新岗位的适应性是非常恰当的。但是，他们可能并不具备所需的知识，也没有达到相应的技术水平，在这种情况下，就必须考虑从外部招聘。

在战略管理中，人员问题上要考虑组织中身居高层的管理人员。在一些战略危机的案例中，那些 CEO 本来就是需要替换的：在 20 世纪 90 年代，无数的例子表明，这种替换对战略变革非常重要。但是，应当说，这并不是新战略的起点，而是战略的实施。当 IBM 经历了 1994 年重大的利润问题之后，郭士纳受命掌管 IBM，他接手的基础就是，他可以完全自由地对主要的战略问题加以鉴别和处理，包括制定战略。在这个例子中，IBM 新战略的第一步就是招聘一个外部人。但是，应当指出的是，前任 CEO 同样也认识到了困难和变革的必要性。一般说来，我们有理由相信，招聘到一个天才来实施既定战略应该是组织未来成败最关键的要素。

许多公司可能并不会经历这么大的危机，那么合理的绩效评价系统将对战略的成功实施发挥重大作用。这些可能伴随着人员培训和更加广泛的人员开发活动，从而在战略管理中提高人员的水平，这是公司中人力资源管理战略的一部分。加上招聘和报酬体系，它们一同揭示了战略管理最高层次的职能是何等的重要。

关键战略原则

- 衡量成就，继而对优秀的绩效进行回报是指导公司战略的强有力的方法。
- 由于各种原因，很难使制定出来的报酬体系切合组织的战略目标。
- 人员问题，比如，招聘、考核和培训对战略实施都非常重要。正式的程序需要考虑采用新的人力资源管理方法，或者对以前的方法加以改进。

12.7 跨国组织中的战略和结构——公司总部的角色

随着公司国际化程度的加深，其组织结构就变得越来越复杂，国家和地区部门开始影响到组织结构中的产品和职能方面。在制定跨国战略的过程中，我们需要考虑到跨国组织结构等方面的问题：我们将在下一章讨论这些问题。但是，既然本章的案例研究涉及总部在指导子公司时的作用，那么我们就先思考这一问题。从历史、领导者和跨国文化的态度这些原因来说，不同的公司有不同的境外运作方式。这一点可以通过研究组织在各种经营方式中总部所发挥的不同作用表现出来。在 20 世纪 60 年代后期，Howard Perlmutter 教授得出了四种不同的关系类型，这一观点也经历了时间的考验[40]：

1. 种族中心论。在这种情况下，总部的角色就是要体现出母公司制定战略的方法。组织文化、管理风格和战略形成的过程基本上都在总部决策。以本土经营为主，国外生产的产品主要流回本国。
2. 多中心论。在这种情况下，总部的作用较弱。每个国家的经营只处理自己的业务，制定自己的战略。因此，国家文化非常重要，在总部定义目的的框架内，基本上由各个国家决定自己的经营目标。
3. 地区中心论。在这种情况下，总部开始和国外的子公司就相互可接受的目标方面进行谈判。子公司的活动大部分是地区活动，例如，欧洲和南美地区。
4. 全球中心论。在这种情况下，总部是全球网络活动的中心。总部不仅协调全球的生产和营销，而且还鼓励相关的地区生产进行革新。我们将在下一节对此作进一步的研究。尽管这些特征在现实中可能过于简单，但是它们的确非常有用。因为这些特征帮助我们认识到在跨国经营中一些重要的管理层面。同时，这些特征还有助于战略的实施，因为它们提出了一些关于怎样在跨国组织中寻求变革的问题。

关键战略原则

- 总部和子公司的关系可以分成四种主要类型：种族中心论、多中心论、地区中心论和全球中心论。
- 每种类型都包括总部和子公司之间不同的工作关系以及子公司不同的自主程度。

思考

组织是否应该在制定战略的早期更强调人力资源的问题？

本章探讨了围绕着组织文化、领导风格和结构的问题，前面一章探讨了组织战略的制定。本章认为战略和结构彼此是相联系的，从这种意义上说，组织人力资源应该在制定战略的早期被考虑。

但是，很多知名的战略理论学家似乎认为战略主要与竞争和顾客的问题有关，而并非一个人力资源问题。但是也许人力资源要比这重要呢？应该在制定战略的更早期考虑这一问题？你所采取的制定组织战略的方式会有什么样的后果？

小结

- 根据现代的战略思想，钱德勒关于先战略后结构的概念过于简化了实施。他们对钱德勒的观点的主要批判包括：首先，20世纪下半叶商业环境和社会价值已经发生了一些变化，企业高层之外的人员可能也会对企业战略的成功作出贡献，这被称之为向中低层管理者授权。这在组织结构最后形成之前最容易发生。其次，新型的战略开发过程是指适应的过程，包含学习机制。这样的战略过程需要开放的、灵活的组织结构，而不是简单的功能式结构。最后，这一过程同样需要一个开放的变化的结构，而这并不是简单的职能结构所能满足的。当发生根本性的战略变革时，几乎不可能明确定义最终的组织结构。或许最好的办法是让组织的结构随着战略变革的推进一同发展。

- 如果战略和结构是内在相关联的，那么它们彼此相一致就变得非常重要——这就是战略适应的概念。

- 在建设组织结构的时候，有必要在一开始就回顾组织目标。这常常会为组织提供所要求的结构的指导方针。另外，组织的设计有8个主要元素：历史、规模、集权、分权、所有工作、技术背景、组织不同部门的任务及文化和领导，所有这些因素都是互相影响的。组织类型主要有六种——企业家型、设备型、专业型、分支型、创新型和任务型，但这些都需要谨慎使用。每个组织都是唯一的，所以很难找到在组织结构和人员问题上的一个实施战略规则。战略变革在员工和管理人员上的影响值得深思和细致研究。

- 在组织的战略发生变化的时候，每个组织都可以选择变化组织文化和风格。大多数情况下，如果可能会发生战略的根本变化，那么很有可能会发生管理风格上的变革。文化和风格的内容取决于所要采取的战略。这需要在两个领域作一定程度的战略适应。重要的是，文化和风格的变化需要一定的时间，并且可能要比计划的战略的变化更为缓慢。由于管理的战略、结构和风格之间的关系存在复杂性，有必要去分析一些更简单的模式，研究其主要因素。Miles和Charles Snow为此提出了四种不同的组织类型。这四种组织类型是防守型、进取型、分析型和反应型，每一种类型都与管理和领导的风格相关。

- 组织结构有六种主要的类型，每种类型都有自己的优势和劣势。小型组织的结构非常简单，职能型组织一般应用于小型到中型组织，它只具有一条主要生产线；当组织进一步发展，拥有多条生产线的时候，进行部门划分就非常必要了。每个事业部都拥有自己的职能结构——如营销、财务、生产等，当组织在产品上越来越多元化的时候，公司总部就只承担控股公司的角色。对拥有几条生产线的组织而言，另一种可供选择的结构就是矩阵结构、产品结构和另一种组织形式，如职能结构共同承担相应的责任，这种组织类型具有一定的优点，但是它管理起来很难取得成功。

- 在建立最适合的组织结构时，最重要的是持续关注组织对小型、节约成本型结构的需要；环境因素，如市场的变化和复杂程度都会影响既定的结构；一般来说，变化和复杂程度的提高都需要更为灵活、分散程度更高的结构。

- 所有的组织都必须把创新作为战略中非常重要的一部分。但是，如果要使创新是可行的，就必须具有商业吸引力。一个具有集中的并能协调所有职能的组织无疑是理想的结构，因为创新是不可预期、非常灵活的，创新的过程也需要检验。因此，需要灵活的组织结构、紧密的协调以及在整个创新团队中充分授权。

- 就创新结构而言，矩阵型组织可能更有效率，因为它更加综合。在一些情况下，可以考虑使用独立的、平行的团队进行创新活动。

- 衡量成就，继而对优秀的绩效进行回报是指导战略管理的强有力的方法。但是由于各种原因，很难使制定出来的报酬体系切合组织的战略目标。人员问题，比如，招聘、考核和培训对战略实施都非常重要。正式的程序需要考虑到采用新的人力资源管理方式，或者对以前的方式加以改进。

- 在跨国组织结构中，总部和子公司的关系可以分成四种主要类型：种族中心论、多中心论、地区中心论和全球中心论。每种类型都包括总部和子公司之间不同的工作关系，以及子公司不同的自主程度。

问题

1. 采用 12.2、12.3 节中总结的因素作为指导，对你熟悉的一个组织结构进行分析解释。

2. 你认为下列组织应该采取什么样的结构：

   a) 仅在一个国家内经营的小型管理咨询公司。

   b) 一个志愿者团队，其中的志愿者一般会拜访长者和家庭妇女。

   c) 一家规模中等的公司，有 1500 名员工、两家工厂和独立的总部。

   d) 由一个家族企业控制并经营的休闲公园项目。

   e) 一家规模中等的计算机公司，有 80 名员工为游戏机编写程序。

3. "如果组织结构确实符合战略，为何要推迟一段时间才去构建需要满足新战略的新组织结构呢？"（阿尔佛雷德·钱德勒）你该如何回答这个问题。

4. 如果要求你增强思科系统的创造性，你会怎么做？在回答这一问题时，你应当考虑到组织现有的文化。

5. "每个组织都需要创新因素"（见 16.4 节）（注：此处原文有误，应该是 12.4）。这句话是否正确？

6. "任何一家公司都必须挖掘自身的潜力，使其更具创新能力，可以把管理人员和员工召集起来，让他们解决某个特定的问题，对出现的情况进行观察。"（R.M.Kanter 教授）对此加以讨论。

7. 为何制定一套针对组织目标的报酬系统非常困难？在一家小型经营企业中如何克服这一困难？

8. 一家生产自行车的大型企业的管理者对公司销售增长乏力忧心忡忡，他认为公司失去了早期创新的锐气，现在向你请教，你会如何建议呢？

9. "许多成功组织的特点就是重视人的因素。"著名的《管理与组织行为》一书的作者 Laurie Mullins 这样认为。人的因素比竞争战略更加重要吗？

进一步阅读

Professor Henry Mintzberg has a useful discussion on organisation structure and strategy in 'The structuring of organisations', in Mintzberg, H and Quinn, J B (1991) *The Strategy Process*, 2nd edn, Prentice Hall, New York, p341.

Laurie Mullins (2006) *Management and Organisational Behaviour*, 7th edn, Pearson Education, Harlow, can be consulted for an extended discussion on organisational issues.

Professor Gerry Johnson's paper (1989) 'Rethinking incrementalism', *Strategic Management Journal*, Jan–Feb, is worth reading. It is reprinted in De Wit, B and Meyer, R (1994) *Strategy: Process, Content and Context*, West Publishing, St Paul, MN.

Professor Rosabeth Moss Kanter (1985) *The Changemasters*, Unwin, London, has a useful empirical study of innovative practice. Note there was a major and timely retrospective on Kanter's work in *Academy of Management Executive* (2004), Volume 18, No 2, pp92–110.

There was a special issue of *Long Range Planning* in 2000 on executive pay and recruitment: five papers including the editorial, Vol 33, No 4, pp478–559.

注释和参考资料

1. Sources for PepsiCo Case: Tropicana website 2002 and 2004; PepsiCo Annual Report and Accounts 2001 and 2004; *Financial Times* 22 July 1999, p2; 28 February 2000, p25; 15 March 2001, p20; 5 April 2002, p16.

2. Chandler, A (1987) *Strategy and Structure: Chapters in the History of the American Industrial Enterprise*, MIT Press, Cambridge, MA, pp8–14.

3. Chandler, A (1987): Op. cit., pp13–14.

4. Pugh, D (1984) *Organisation Theory*, Penguin, London. This book brings together various papers, including those of other influential theorists of the early twentieth century such as Taylor and Fayol.

5. This section has been adapted from the ideas of Kanter, R M (1983) *The Change Masters*, Unwin, London, pp42–3 and pp398–9. This is a well-researched, thoughtful and provocative book.

6. Quinn, J B (1980) 'Managing strategic change', *Sloan Management Review*, Summer. Reprinted in Mintzberg, H and Quinn, J B (1991) *The Strategy Process*, Prentice Hall, New York and De Wit, B and Meyer, R (1994) *Strategy: Process, Content and Context*, West Publishing, St Paul, MN.

7. *Source:* Lynch, R, based on reference 6.

8. Prahalad, C K and Hamel, G (1994) 'Strategy: the search for new paradigms', *Strategic Management Journal*, Summer Special Issue, p11.

9. Galbraith, J R and Kazanjian, R K (1986) *Strategy Implementation*, 2nd edn,

West Publishing, St Paul, MN, Ch7.

10. Galbraith, J R and Kazanjian, R K (1986) Op. cit., p113.

11. Laurence, P R and Lorsch, J W (1967) *Organisation and the Environment*, Richard D Irwin, Burr Ridge, IL, contains a full discussion of this important area.

12. Mintzberg, H (1991) 'The structuring of organisations', p341 in Mintzberg, H and Quinn, J B (1991) Op. cit.

13. Johnson, G (1989) 'Rethinking incrementalism', *Strategic Management Journal*, Jan–Feb. Reprinted in De Wit, B and Meyer, R (1994) *Strategy: Process, Content and Context*, West Publishing, St Paul, MN.

14. Mintzberg, H (1979) *The Structuring of Organisations*, Prentice Hall, New York.

15. Thompson, A and Strickland, A (1993) *Strategic Management*, 7th edn, Irwin, Homewood, IL, p220.

16. Examples: Drucker, P (1961) *The Practice of Management*, Heinemann/Mercury, London, and (1967) *Managing for Results*, Pan Books, London.

17. Peters, T (1992) *Liberation Management*, Macmillan, London.

18. Handy, C (1989) *The Age of Unreason*, Business Books, London, and (1991) *The Gods of Management*, Business Books, London.

19. These comments arise directly from the writings of Quinn quoted in refer-

ence 6. They are also consistent with the conclusions of Chandler earlier in the century.

20. See Hart, S and Banbury, C (1994) 'How strategy making processes can make a difference', *Strategic Management Journal*, 15, p254 and Ch17.

21. Senge, P (1990) 'The leader's new work: building learning organisations', *Sloan Management Review*, Fall. Reprinted in De Wit, B and Meyer, R (1994) pp132–41.

22. Senge, P (1990) Op. cit.

23. Hofstede, G (1991) *Cultures and Organisations, Software of the Mind*, McGraw–Hill, Maidenhead, and *Images of Europe: Valedictory Address* given at the University of Limberg, 1993.

24. Moingeon, B, Ramanantsoa, B, Métais, E and Orton, J D (1998) 'Another look at strategy–structure relationships: the resource–based view', *European Management Journal*, 16(3), June, pp297–305.

25. Miles, R E and Snow, C C (1978) *Organisational Strategy, Structure and Process*, McGraw–Hill, New York. See also Miles, R, Snow, C, Meyer, A and Coleman (1978) 'A strategy typology of organisations', *Academy of Management Review*, July, and reprinted in De Wit, R and Meyer, R (1994) *Strategy: Content, Context and Process*, West Publishing, St Paul, MN. There is clearly some overlap here with the classification developed by Handy on types of culture. It is hardly surprising that the two areas are consistent; it would be alarming if they were not.

26. Sources for the Royal Dutch/Shell case: Annual Report and Accounts 2004. *Financial Times:* 1 September 2003, p20; 14 January 2004, p12; 4 March 2004, p23; 20 April 2004, p25 (contains quotes from the explosive emails between Mr van de Vijver and Sir Philip); 30 July 2004, p23; 23 September 2004, p23; 29 October 2004, p21; 16 December 2004, p25; 2 February 2005, p19 (the employee survey).

27. Mintzberg, H (1979) Op. cit.

28. Chandler, A (1962) *Strategy and Stntcture*, MIT Press, Cambridge, MA. See also Channon, D (1973) *The Strategy and Stnwture of British Enterprise*, Macmillan, London, for evidence in the UK.

29. Bouygues moved from construction into media and mobile telephones in the 1990s.

30. Developed from Galbraith, J R (1987) 'Strategy and organisation planning', *Human Resource Management*, Spring–Summer. Republished in Mintzberg, H and Quinn, J B (1991) Op. cit., pp315–24.

31. Gilbert, X and Strebel, P (1989) 'From innovation to outpacing', *Business Quarterly*, Summer, 54, pp19–22. Reprinted in De Wit, B and Meyer, R (1994) Op. cit.

32. Mintzberg, H (1991) 'The innovative organisation', Ch13 in Mintzberg, H and Quinn, J B (1991) Op. cit., pp731–46.

33. Kanter, R M (1985) *The Changemasters*, Unwin, London, p146.

34. Kanter, R M (1985) Ibid, p205.

35. Kanter, R M (1985) Ibid, p237.

36. Kanter, R M (1985) Ibid, pp361–2.

37. ABB Case study references: Ghoshal, S and Bartlett, C (1995) 'Changing the role of top management: beyond structure to process', *Harvard Business Review*, Jan–Feb; *Financial Times*, 15 Nov 1989; 21 Mar 1990, p27; 5 Apr, 1991, p11; 15 Nov 1991; 20 Aug 1993, p15; 25 Aug 1993, p19; 15 Mar 1994, p32; 12 Aug 1994, p17; 18 Aug 1994, p18; 13 Aug 1998, p27; 24 Aug 1998, p8; 24 March 1999, p26; 1 March 2000, p28; 26 October 2000, p28; 30 October 2000, p16; 12 January 2001, p24 (Lex) and p29; 18 January 2001, p13; 25 April 2001, p24 (Lex); 25 July 2001, p28; 19 September 2001, p30; 25 October 2001, p28; 22 November 2001, p22 (Lex) and p28; 23 November 2001, p28; 31 January 2002, p30; 14 February 2002, p30; 21 February 2002, p29; *ABB Annual Report and Accounts*, 1993, 1994 and 2001; video interview with Percy Barnevik on Tom Peter's 1993 video film: *Crazy Times Call for Crazy Organisations*. See also reference 17 above and the interview with Mr Barnevik.

38. Galbraith, J and Kazanjian, R (1986) Op. cit. Chapter 6 contains a thoughtful review of the evidence.

39. Hunger, J and Wheelen, T (1993) *Strategic Management*, 4th edn, Addison Wesley, Reading, MA, Ch9.

40. Perlmutter, H V (1969) 'The tortuous evolution of the multinational corporation', *Columbia Journal of World Business*, 4(1), pp9–18.

战略实施

　　本书的这一部分强调了实施过程，组织在这一过程中选择战略并以此为基础来运营。该过程可能包括计划新的活动、制定控制实施的方法以及考虑用来评估战略的基准。

　　然而，实证研究表明，实施过程本身可能会对组织战略产生影响。换言之，实施过程和战略方案之间的差异可能被夸大了。但是，很多组织自战略产生之日起就开展了相对独立的计划和控制。与此同时，它们也认识到了二者内在的相互联系。这些问题在以下章节都得到了充分的论述。

　　作为实施过程的一部分，这一部分另外探讨了两个课题：首先是顾客导向战略的制定和实施；其次是战略变化及其对战略结果的影响这一重要课题。

第四部分

常规战略流程

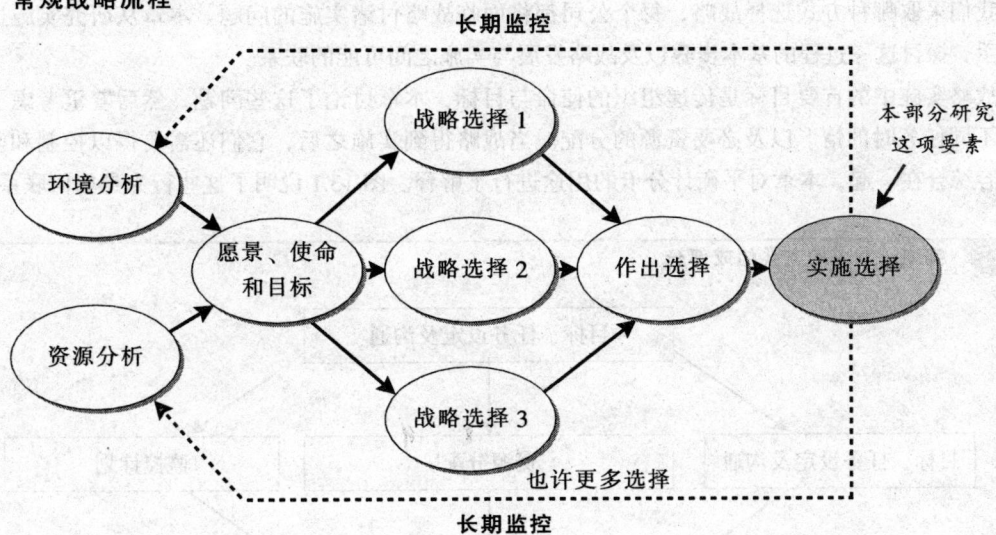

突发战略流程

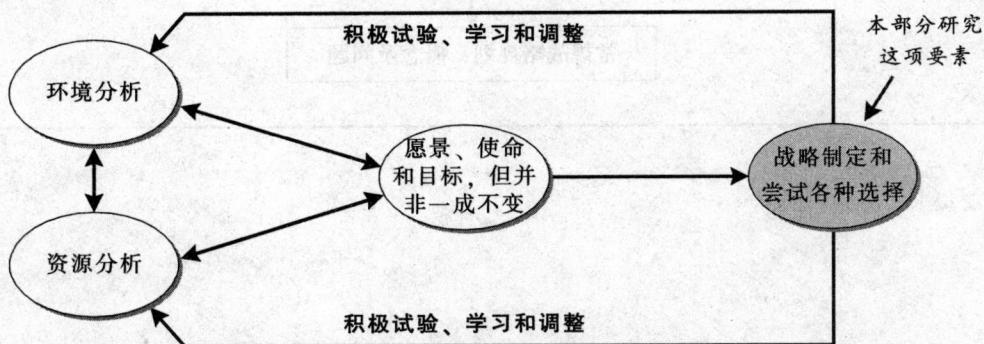

第 13 章

战略实施与控制

Implementing And Controlling The Strategic Plan

学习目标

在学完本章后，你应该能够：

- 了解实施过程的性质及其局限性；
- 理解目标、任务与找到时机是如何得以进行的；
- 描述资源是如何在公司内部得以分配的；
- 了解控制与监控的主要因素，并研究这些因素对于战略管理实施的重要性；
- 说明平衡计分卡是如何将实施过程中的不同因素结合在一起；
- 研究如何开展战略规划，并对其优点加以评价。

引言

不管我们采取哪种方式选择战略，每个公司都将面临战略付诸实施的问题。本章从研究实施过程的含义及限制着手，探讨这一过程的基本步骤以及战略发展与实施之间可能的联系。

由于战略实施中的首要目标是传递组织的使命与目标，本章讨论了这些问题，然后着重考虑了对于不同公司执行不同任务时的情形以及必要资源的分配。当战略得到实施之后，它们还需要得以控制和监控。为了将这些内容综合在一起，本章对平衡计分卡的用途进行了解释。图 13.1 说明了这些行为是如何联系在一起的。

图 13.1	实施过程中的主要组成部分

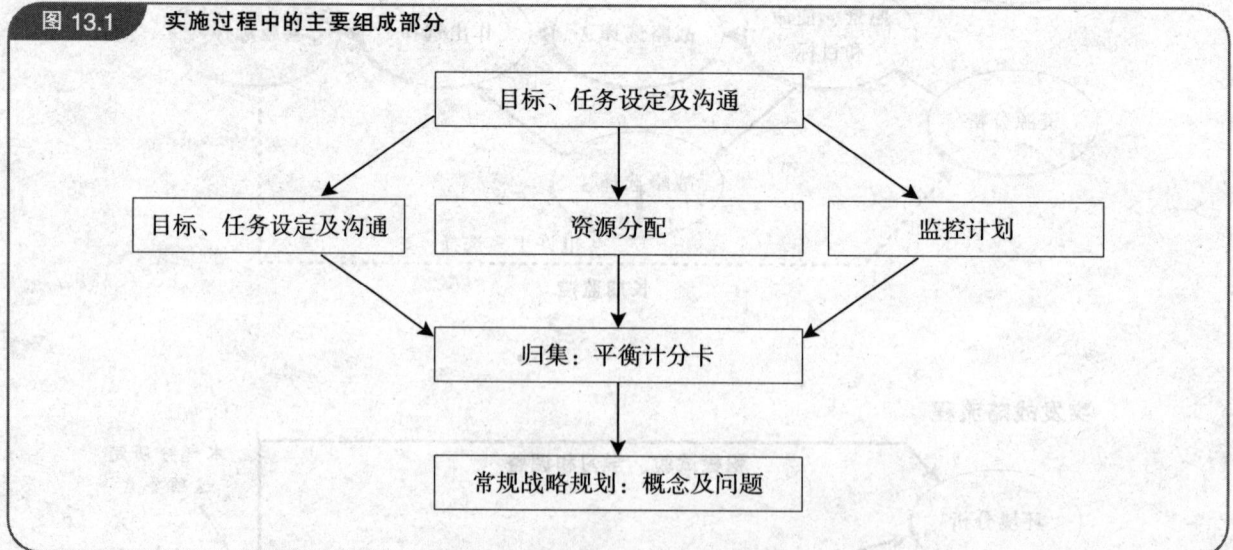

```
            ┌──────────────────────┐
            │  目标、任务设定及沟通  │
            └──────────────────────┘
         ↙            ↓             ↘
┌──────────────┐ ┌──────────┐ ┌──────────┐
│目标、任务设定 │ │ 资源分配 │ │ 监控计划 │
│   及沟通      │ │          │ │          │
└──────────────┘ └──────────┘ └──────────┘
         ↘            ↓             ↙
            ┌──────────────────────┐
            │   归集：平衡计分卡     │
            └──────────────────────┘
                       ↓
            ┌──────────────────────┐
            │ 常规战略规划：概念及问题│
            └──────────────────────┘
```

案例研究 13.1 欧洲足球*：实施很糟糕的可行战略？抑或整体战略有待反思？

某些欧洲杯的足球俱乐部一直受到过去 20 年来不断变化的足球战略的影响，纷纷陷入了财务困境。然而同期一些著名的俱乐部获得的资金注入却突飞猛进。本案例探讨了这一战略问题。

欧洲足球面临着真正的难题：例如，知名的意大利俱乐部拉齐奥、2002 年欧洲冠军西班牙俱乐部皇家马德里，还有英国最棒的球队利兹联队近年来都宣告了巨额亏损。甚至像曼联这样的俱乐部在 2004 年底的利润都不容乐观，但是 2005 年和 2006 年形势要好些。那些不知名的俱乐部的状况则更加糟糕。近年来，有 30～40 家英国足球俱乐部都被接管，或是面临着很棘手的问题。

基本的战略问题是什么？

即使是非常富有的足球俱乐部，如曼联都不得不关注它的收益。但是从战略的眼光来看，它们无法单靠自身生存——它们需要与其他俱乐部配对比赛。如果这是个有趣的博弈，那么这样一个配对不可避免地会产生赢家与输家。这就意味着足球俱乐部将会有成功时刻，也会经历前途未卜的时候。阿森纳是 2004 年英超联赛的冠军，但是在 2005 年受到切尔西队的成功狙击。在失败时，战略博弈理论将可以用来分析可能产生的财务结果。

如果这是正确的，那么就意味着足球俱乐部将一直面临着战略上的不确定性。但这是否意味着失败的俱乐部会永远失败，而且无法走出这一困境？举例来说，英超俱乐部 Bradford City 自 2001 年起就被接管。在接下来的 2001—2002 年度中，Bradford 在电视以及其他途径的收入损失高达 4500 万美元，而他们又无法行之有效地迅速降低成本。另一个战略就是该年度从银行融资以渡过难关，以待在 2002 年之后的下一赛季能升级，从而取得资金。事实上，最终结局是，2002 年 5 月球队被行政挂牌行将消失。不过该俱乐部还是生存了下来——至少在短期内如此——但仍然面临财政困难。更一般的，不仅仅在英国，整个欧洲其他的俱乐部也面临着类似的财政问题。

对于现阶段欧洲足球战略来说，这是地方特有的现象吗？还是那些没有认识到必须小心执行战略的少数足球俱乐部的问题？为了回答这一问题，有必要探讨足球俱乐部是如何产生与运用它们的收入的。

足球的收入来自哪里，又去向何方？

欧洲主要足球队收入来源各不相同，其根据就是球队是否有一个富有的赞助者比如切尔西、是否像国际米兰那么有名并且有众多忠实的球迷、电视转播合同金额大小及联赛的规模（比如，比利时联赛显然要比德甲和英超要小，所以收入也少）。即使被美国的 Glazer 家族收购，曼联的很大一部分债权还掌握在银行手中。而皇家马德里是一家由 5 万球迷持股的共同公司，所以无法以曼联的方式融资。球队有如下一些资金获取渠道：

1. 门票收入。这是最主要的收入，占俱乐部总收入的 10%～15%。
2. 转会费。大约占俱乐部总收入的 10%～40%。一些小的俱乐部通过卖球员而得以生存，甚至大的球队也从中受益匪浅。意大利尤文图斯 2001 年将 Zinedine Zidane 以 7000 万美元的价格卖给皇家马德里，并将 Filippo Inzaghi 以 2500 万美元的价格卖给 AC 米兰（这些钱很快就被用到拉齐奥的 Pavel，Parma 的 Lilian Thuram 和 Gianluigi Buffon 身上）。
3. 电视转播权。对于一流俱乐部来说，这一收入最多可占到总收入的 40%，BskyB 花了 18 亿美元购买英超 3 年的实况转播权（在没有降级的各球队中平均分配）。2001 年，意大利甲级联赛的转播权卖了 3 年 4.5 亿美元。有些评论家认为该项收入在未来会有所下降，但证据不足。相反，英超 2007 年的一项新的电视转播权给英超未来三年带来将近 20 亿美元的收入。这一融资方式正在扩张。
4. 经纪人和赞助。这一收入在很多俱乐部构成了 10%～20% 的收入来源。显然，最知名的俱乐部可以谈判获得大宗交易合同。
5. 富有的所有者。他们带来的收入最少是 0，最多可达收入的 80%。例如，Agnelli 家族（他们控制菲亚特汽车）近年来在尤文图斯身上的投资超过 1 亿美元，Mohamed Ai Fayed（伦敦 Harrods 百货商店的所有者）近年来在英超 Fulham 身上投资了 900 万美元。

这些钱花到哪里去了呢？除了行政管理之外，还有一些显而易见的成本，如足球训练费、医疗费与食宿费，也有一部分资金拿走用以发展比赛。但其中的大部分都成了球员的收入——例如，大卫·贝克汉姆 2002 年签订的合同规定了连续 3 年每年将近 700 万美元。对于拥有 40 余名球员的一流球队而言，球员轻而易举就花去了大部分甚至是全部收入。人们也许会认为贝克汉姆以及他的同僚们收入过高，但他们的收入可以通过经济租金这一概念得到解释（参见第 6 章）

战略会如何变化呢？

没有一成不变的战略，足球也如此。尤文图斯和皇家马德里

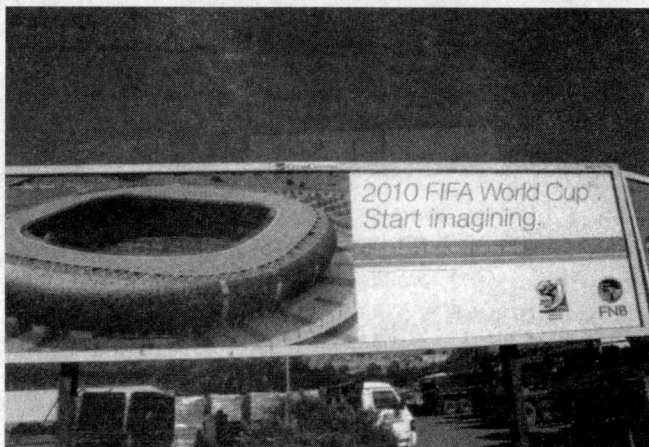

足球战略已经发生了革命，从电视转播权及全球足球推广中获得巨额资金，包括 2010 年南非世界杯。

---

* 北美和亚洲地区的读者需要了解，这里所说的足球（football）实际上是你们称之为 soccer 的足球。足球俱乐部和很多美洲的棒球队，比如说 Seatle Mariners、加拿大的 Toronto BlueJays，以及美国的橄榄球队比如 Pittsburgh Steelers 和 Miami Dolphins 有着同样类似的问题。例如，都是要支付给球星大笔年薪，俱乐部之间都要面临激烈的竞争，而且似乎资金永远都不够用。

已经在与个别广播公司谈判比赛的事项，而不是与他们国家的足联商谈。这说明，这些俱乐部在足联中比其他的俱乐部要挣钱，它们开始与其他俱乐部分开。到2005年，这两家俱乐部实际上比曼联还更挣钱。它们仍保留着英超集体电视合同的一部分。英超本身已经在谈判一项新的电视转播权，把切尔西以及利物浦看成世界级的品牌。英超甚至在考虑在英国之外举行一些比赛，来支持国外的球迷，但是，国际足联对此方案马上提出了谴责。

但是，问题仍然悬而未决。这些交易带来的收入会怎么用，这些收入会不会继续增加？欧洲足球正在进入一个新的时代，但一些基本的收入问题，如薪水结构及购买新球员的问题仍未解决。

案例问题

这是一个战略正确与否的问题吗——融资与成本基本上是合理的，但实施过程——球员的薪酬等问题——有待进一步调整？或者说，面对整个欧洲的基本问题，战略本身有待调整？

13.1　实施过程的本质及限制

13.1.1　实施过程中的基本要素

不管组织是否面临着欧洲足球那样的战略问题或者面临着互联网等新技术带来的机遇，它们都必须制定战略。事实上，以下问题必须引起重视：

- 为了达到共同认可的目标，应当采取一些什么行动？
- 实施这些计划需要多长的时间？
- 这一过程如何被管理与控制？

为了将总体性的战略转化为具体执行的计划，必须要涉及以下四个基本因素 [2]：

1. 确定总体战略目标——说明战略动机的总体结果；
2. 制订具体计划——着眼于总体目标，并将它们转化成具体任务与期限（这些往往相互作用）；
3. 资源分配与预算——这些计划的资金来自何方（量化计划，并允许职能之间交叉）；
4. 对活动的管理与控制——保证达到目标，使用获得核准的资源以及相关预算。重要的是，要观察战略基础的变化，例如，国家经济变革与竞争行为。

这些行为之间的关系如图13.2所示。

13.1.2　战略实施活动的基本类型

战略的实施会因组织面临的战略问题的性质而有所不同，这些问题涵盖面很广，从对变化的迫切需求（例如，行将破产的欧洲足球俱乐部）到佳能与雀巢的持续发展战略过程（将在本章后面的安全分析中提到）。造成实施战略活动不同的两个根本原因为 [3]：

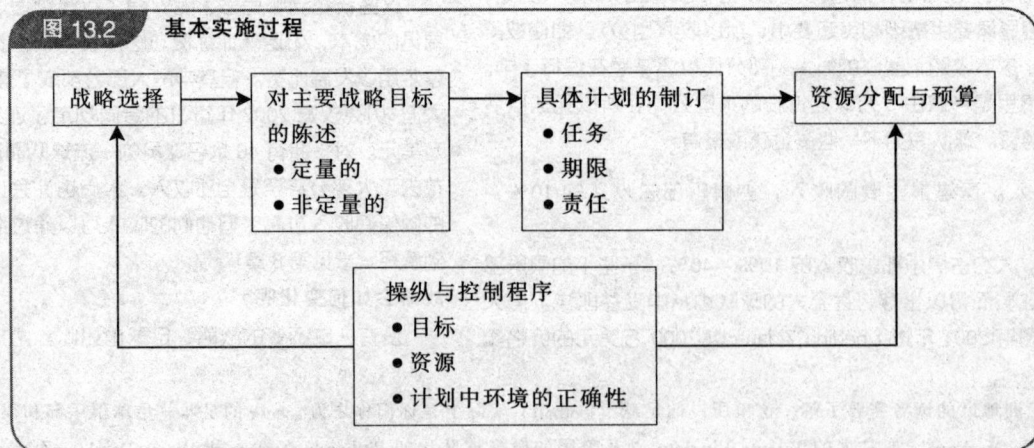

图 13.2　基本实施过程

1. 在预测环境变化时的不确定性程度；

2. 战略变革所需要的规模。

为了应对上述问题，我们实施的活动可以分为以下几种类型。在一种极端的情况下，战略指导发生根本性变化的时候进行的是全面实施过程。在另一种极端的情况下，进行的是渐进的实施过程，在这种情况下，战略总体指导的变化不大，时间跨度比较短。二者都存在自身的弱点，所以在实践中可选择折中实施过程：选择性实施过程。

- 全面实施过程。当组织进行锐意变革、在战略方向上进行重大变化时，多采用全面实施过程，如本章开篇处提及的欧洲足球俱乐部面临破产危机，其他原因还包括新的竞争或新的技术机遇。执行就变成了一个制定新战略的问题，而不仅是环境的变化以及环境对行为的影响。在组织内部紧密协调往往对成功很有帮助。
- 渐进实施过程。当环境中存在巨大的不确定性时，可以采用渐进的实施过程，例如，迅速变化的市场与结果的不确定，使得时间表、任务乃至目标都存在着变化的可能，这都有赖于当前行为的结果[4]。实际上，灵活的战略方法可以应对这种不确定性。
- 选择性实施过程。当上述两种方案都不能奏效的时候，可以选用选择性实施活动。全面实施过程蕴含着激进的变革，需要开展根本性的变革，因而可能遇到有力的抵制，如欧洲足球俱乐部的解体给球迷们带来巨大的负面效应。当必须要迈开大步并借此力完成重大变革时，渐进的实施过程是不适用的。选择性活动需要作出让步：主要在有选择的领域实施。

读者们会意识到以上两种极端与本书中所探讨的常规性和突发性战略是相联系的。

要决定所需要的实施活动的类型，我们可以采用以下三种标准：

1. 在某一领域是否有明晰的、实质性的益处，比如，投资于一种能变为竞争优势的新药；

2. 是否存在巨大的增长，而且这种增长无法被细分，例如，一家建设期很长的新厂；

3. 对未来可能采取的措施加以保护是非常重要的，但目前可能无法完全证实上述措施是正确的，例如，如果依照计划准备开展活动，就需要对新的分销渠道进行投资。

在许多组织中，清晰界定以下内容是必要的[5]：

- 具有高度确定性的、持续的、现有的活动，可预测到战略的变化以及巨大的阻力；
- 新的、具有高度不确定性的活动，可能会带来重大的战略变革。

13.1.3　在中小企业中的实施

实施过程的基本要素——对总体战略目标的认知、具体计划的制订、资源分配与预算、管理与控制活动——也同样适用于小型组织，所有的组织都需要详细阐述这些行将执行的任务及其监控过程。此外，根据问题的性质选择正确的活动方式——全面的、渐进的或是选择性的活动以及组织生存的特定的环境对于中小企业来说也是非常重要的。事实上，任何试图取得融资的新成立的中小企业，都必须按照要求提供上述这些基本信息。银行与其他金融机构已不再满足于含糊的承诺与美好的意图。

13.1.4　实施的限制：Pettigrew 和 Whipp 的实证研究

在 1985—1990 年间的一系列研究中，英国研究者 Pettigrew 与 Whipp 分析了战略变化是如何在英国行业的四个部门中发生的[6]。他们的数据仅仅来自英国，但其研究结果可以适用于其他地理区域。他们认为，战略转变应该被看做一个持续的过程，而不是有着明确区分的阶段，比如说制定战略，然后实施。他们认为，战略并非是一个有着明确阶段的线性运动，而是不断实验反复的过程，可能的结果都是不确定的。可能会迈出一小步，然后根据该行动的结果，战略本身得到调整。

评论

支持这一观点的实证性证据很明显。对这一连续过程的描述类似于第 13.1.2 节中逐步增长的实施过程，但并非与之完全相同。依据这一解释，在案例研究 13.1 中提到的濒临破产的欧洲足球俱乐部，如果采取一系列建立在经验基础上的独立的小行动，而不是重大的重组的话，可能会得到更好的结果。第 15 章将对 Pettigrew 与 Whipp 的研究进行进一步分析。

13.1.5　既定理性与最少干涉的概念

在探究管理层是如何制订他们的实施计划时，战略学家 Hrebiniak 与 Joyce[7] 指出实施过程受两个原则指引：既定理性与最少干涉。

1. 既定理性的概念来源于研究人员的研究工作。他们认为，实践中的管理者很难考虑所有可行的选择，所以他们将自己的逻辑选择减少到少量的既定选择。Hrebiniak 与 Joyce 也以类似的方式提出，实施也同样是有可能受到限制的：管理层将以一种理性的方式行动，但将减少整体工作至一系列小的步骤，以使得它们便于管理。于是战略目标及其实施可能被分解成一系列小的任务，这样便于处理但可能不是最佳。

此外，作者认为个人将会作出理性的选择，但他们会将自己的目标融入这一过程中。而他们自身的目标与组织目标并不一定是一致的，战略实施需要保证个人目标与组织目标存在一致性。

2. 作者将最少干涉概括如下：

在战略实施中，管理层应当只改变那些必要的、足以为所提到的战略问题获得确定性的解决方案的部分。

在实践中，管理者可能会从相当普通的句子中意识到这一基本原则：没坏就不要修。这句话的意思是，实施可能会受到这样的限制：需要考虑战略本身的影响。

13.1.6　对实施途径的进一步讨论

我们在第 7 章中已经探讨了 Quinn、赛恩泽以及其他学者战略的研究工作。他们阐明了战略实施不能被看做固定与严格计划下的一件简单的事情，而是一系列实施行为，其结果将塑造并指导战略。整个战略不会被预知，只会在实施过程中出现。

Pettigrew 与 Whipp[8] 补充并完善了这些观点。他们得出结论，认为战略转换存在三个相互联系的方面：

1. 分析方面。执行牵涉组织的许多方面，不同的模型架构中强调了这些领域。本书在第二部分与第三部分中对它们展开了探讨。
2. 教育方面。应当抓住在实施过程中获取的新知识与既定战略加深了解的机会，应在组织中对其加以保留与发扬 (Pettigrew 和 Whipp)。因此，执行不能被看做是不变的。组织将学习与执行它们的战略。
3. 政治方面。变化需要面对既成事实。制定与执行战略都会不可避免地引起公司内部的权力问题。如果不考虑到这些问题，它们就有可能阻碍变革。事实上，在 70 年代的 Jaguar 轿车的案例中，权力问题最后造成了报复性的混乱 (Pettigrew 和 Whipp)。这些重要问题将在研究战略变化的第 15 章中讨论。

13.1.7　战略执行的实用指导方针

在实践中，战略执行是战略发展的最重要部分。战略执行在本书中之所以单独成篇是因为需要将战略因素分成不同的课题和章节来讨论。此外，上述提及的限制因素会产生重要影响。例如，组织中的人员很难去应对很多的选择。同时，在这样的环境下，很难进行有效的沟通使组织往前发展。为此，文本框 13.1 针对战略执行列出了一些实用的指导方针。

文本框 13.1

战略执行过程的指导方针

1. KISS 原则：要简单易懂。这个词对于执行十分有效，因为在组织中存在沟通的困难。

2. 组织内要达成共识，包括目标如何衡量、里程碑如何设定、资源如何确定、会出现什么关键问题。

3. 明确角色、责任和时间：工作如何分配？时间怎么定？

4. 行动内容清晰：要用表示行动的词来表述，清晰无误地表达为完成目标要采取的方法以及对个人的要求。

5. 制定一个通用的规划框架：特别是在大型组织中，如果子公司能够参与的话，则能够更好地在不同的计划之间进行比较和选择。

6. 计划完善的例会：大家在会上可以交换观点，讨论进度，及时提出问题，这对战略执行有所帮助。

7. 战略执行管理有专人负责，也许是与组织中高层人员关系密切的人员。执行战略的大多数经理们还有其他工作职责，不可能对整个过程全部了解，他们需要协助。

8. 将战略执行与公司其他活动结合：预算、财务计划审查、人力资源考核与奖励，以及其他与战略执行相关的活动。

9. 仔细考虑战略的衡量方法：从数量和质量上进行衡量。记住，如果专注于一个目标，有可能就意味着其他的目标会被曲解或被抛弃。

10. 持久性和灵活性：在执行过程中，真正的危险是只专注于一个刻板的结果，而不顾环境的可行性有可能会改变。

天键战略原则

- 执行涵盖了组织需要开展的、用以将战略转化为现实的各项行为。该过程有几项基本要素：总体目标、具体计划、必要的融资以及管理与控制系统，以保障行为符合其要求。

- 在执行过程中，界定不同类型的执行过程是非常有用的，它有三种基本方式：全面性的、渐进的与选择性的。

- 在中小企业中实施战略也许不会那样精确，但需要遵守同样的总体原则。

- 根据 Pettigrew 和 Whipp 的观点，实施最好被看做是一个持续的过程，而不是一件形成战略之后发生的简单事件。

- Hrebiniak 和 Joyce 根据管理层理性分析选择能力为实施设置了边界，并据此分析实施对战略的冲击。

- 突发性战略方法表明，实施过程不应被看做是一件简单的事情，它是一系列行为，其结果在一定程度上能影响战略。

13.2 目标、任务设定与战略交流

在未来几年，欧洲主要的足球俱乐部将会有清晰的运动目标和商业目标，见案例研究 13.1。特别是对于收入很高的经理人，球队将会对他们有要求，并告知有什么资源，如新球员、训练设施等。事实上，为那些将要执行战略的人确定明确的指导方针是非常重要的。任务的设定与沟通涵盖了要做哪些事情、什么时候做以及使用哪些资源等内容。这是一个重要的实施过程，它包括五个基本问题，如文本框 13.2 所示。

在现实生活中，要回答这些问题主要取决于如何制定战略。在这一意义上，战略制定阶段与战略实施阶段存在着内在联系。

13.2.1 现在正在实施的战略是由谁设计的？

在过去，一些战略作家持有下面一种观点：

文本框 13.2

任务设定与战略交流中的基本问题

1. 现在正在实施的战略是由谁设计的?
2. 战略由谁来执行?
3. 它们需要实现什么样的目标与任务?
4. 如何在快速变化的环境中实现这些目标和任务?
5. 在实施过程中是如何进行沟通与协调的?

公司总部的大多数人在战略的成功实施中起到关键性的作用,但他们很有可能与战略的制定没有太大关系[9]。

如果这是事实,实施过程就与通过长时间讨论从而达成一致的战略模式有着很大的不同。在后者中,管理者知道他们将有可能会对几星期或几个月之前讨论过的事情负责。例如,如果战略的形成采取在案例研究13.2 中佳能公司的模式,由于大部分管理者都曾亲身参与战略的制定过程,他们会清楚地知道由谁做些什么。相形之下,那些不曾参与到战略制定中的管理者就只能拥有较少的信息,他们对战略的参与度也较低。

因此,强调谁来制定战略这一问题是非常重要的,其重要性远远高于谁来实施战略。战略是中心团体讨论的结果还是所有人都参与其中讨论形成的?这一问题的答案将决定实施过程。

13.2.2　战略由谁来执行?

该问题是非常重要的,它决定了执行战略的责任者。如果没有人负责战略实施,在后期对战略实施过程的回顾就会变得很困难。在许多小公司内,由于公司规模很小,许多管理人员都有可能加入到战略制定过程中。但在公司规模得到扩展时我们尤其需要仔细考察这一问题。

谁作出战略决策是一个关键的问题。由总部告知管理者?抑或这一问题本身就是开放性的,参与者可以对其畅所欲言?一般说来,本书赞成对战略决策进行讨论这一观点,从各方面看它都更能激励参与者,从而能带来更高的回报,但有时也会需要对参与者进行指导。

13.2.3　他们需要实现什么样的目标与任务?

在第 6 章中,我们探讨了目标层次(由上而下分别是公司目标、部门目标、功能性目标)这一概念。下面是实施过程中的主要目标与行动的一个例子。公司总体目标需要被分解成各领域的主要目标,然后这些目标将被分解成各项任务以及行动计划。

图 13.3 是一家功能性的公司如何分解其总体目标的范例。公司目标分解成功能性的目标,其中的每个目标都能对总体作出特定的贡献。这绝不是一项简单的工作,在达成满意的结果之前需要进行多次的调整。这些功能性的目标又被用来确定市场、运营以及其他任务。它们被分解成各项规划、时间安排以及用来实现目标的资源计划等。对于每一项特定的任务,人们往往会规定完成期限,即里程碑——计划的中期参数,这样才能使得那些观察事件能够在还有时间弥补行动的时候来重新评估实施情况。

实际上,在小公司中对于目标、任务和计划的定义可能要比在大公司容易一些。比如说,佳能公司准备了三套目标和计划:分别以六年、三年和一年为基准。这些计划的详细程度并不相同,但它们在整个公司都得到完整的协调。

13.2.4　如何在快速变化的环境中实现这些目标和任务

当环境在迅速变化时,要详细地、令人满意地描述目标和任务可能是非常困难的。当人们就此达成共识并开始交流时,环境可能已经发生变化了。变化发生时,既定目标可能会变得难于实现,也可能会变得轻而易举,这有赖于变化的性质。在这样的情况下,坚持早期确定的目标是没有任何意义的。我们可以应用以下三条原则:

图 13.3　在功能性组织中将公司目标转化成任务的一个范例

公司战略规划目标：
资本回报率在 3 年内从 10%
增加到 12%

转化成为

市场目标	经营目标	人力资源目标	财务目标	研究与发展
3 年中市场份额从 5%增长到 7%	3 年中制造成本下降 3%	为研发部门招聘与培训新的技术员工	3 年内采用新的现金管理体系使财务成本下降 2%	在 3 年内采用新的产品规划以提高质量并使成本下降 3%

转化成为　转化成为　转化成为　转化成为　转化成为

市场行动计划	经营行动计划	人力资源行动计划	财务行动计划	研发行动计划
● 期限 ● 里程碑 ● 资源 ● 等等	● 期限 ● 里程碑 ● 资源 ● 等等	● 期限 ● 里程碑 ● 资源 ● 等等	● 期限 ● 里程碑 ● 资源 ● 等等	● 期限 ● 里程碑 ● 资源 ● 等等

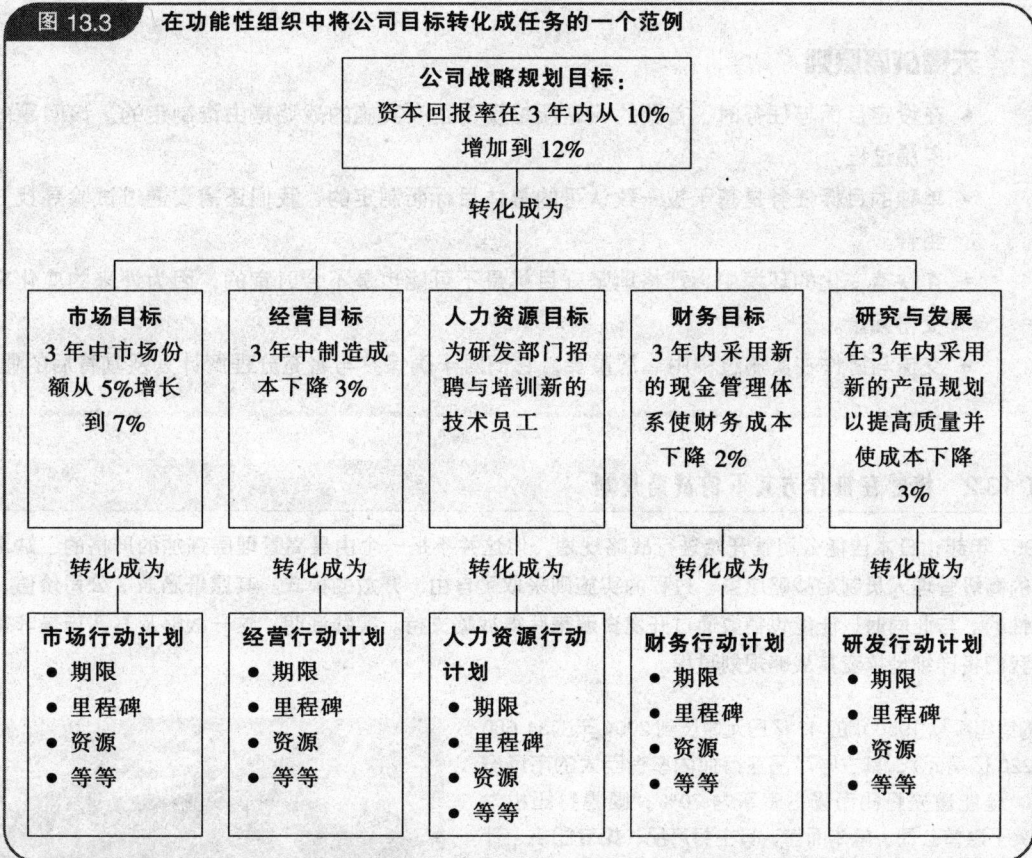

1. 在坚持一致认同的愿景的前提下，提高目标与任务的灵活性；
2. 授权给那些在工作中与环境变化最接近的人，以便尽快对变化作出反应；
3. 总部对各项事务的处理者进行审慎的监管。

这些监管的目的是用以保证实施的行为不至于使总部推行不必要的战略或陷入财务困境。这一点是非常关键的，如果公司不希望出现像 1995 年巴林银行那样的情况，即由于对快速变动的环境失控而不得不在 15 亿美元的债务重压下破产。

13.2.5　在实施过程中是如何进行交流与协调的

在小型组织中，对达成一致的战略进行详尽的交流可能是不必要的，那样会显得过于繁冗，也不合时宜。那些在战略的形成阶段共同制定战略的人会常常碰头，因此，在实施阶段不必花过多的时间特意进行交流。然而，在大公司中，出于以下四方面的原因，交流与协调显得非常重要：

1. 保证战略得到充分理解；
2. 澄清所有的疑问与模糊认识；
3. 就结论、假设或有事件，乃至在决策阶段作出的选择进行明晰的交流[10]；
4. 保证组织得到良好的协调。

最后一点尤其需要仔细的思考与缜密的行动，因为协调涵盖了两个主要战略领域：价值链连接与协同优势。

在第 4 章中，我们介绍了价值链及其在组织中传递唯一性连接关系的作用。这些连接关系旨在发展竞争优势，因为那些在发展历史、经营能力与资源占有上都非常接近的公司不可能照搬。如果在执行阶段缺乏协调，这一切可能将变得毫无意义。

关键战略原则

- 在设定目标与任务时，首要的问题便是现在正在实施的战略是由谁制定的。该问题的答案会影响到实施过程。
- 单独的目标任务是基于被一致认可的总体目标而制定的，我们还需要通过试验寻找任务之间的可选组合。
- 在快速变化的环境中，严格地坚守目标是不可能也是不合时宜的，因为外来的变化将会使某些目标变得冗余。
- 交流与协作在实施过程中非常重要，它们对于确保参与者充分理解计划及其背后的假设尤为重要。

案例研究 13.2　佳能在协作方式下的战略规划

自 1957 年起，日本佳能公司就开始进行战略规划，但这并不是一个由最高管理层强加的严格的、缺乏灵活性的过程。首先由佳能的高级管理人员制定战略愿景，过程的实施则采取了自由、开放的模式。其愿景涵盖了公司价值，其中设定的市场定位是长期性的。与此同时，佳能也需要通过开发资源来获得战略支持。实践证明，这一战略及其实施是非常成功的。在本案例分析中，我们将详细地核查其战略规划过程。

佳能的销售额从 1950 年的 42 亿日元增长到 2004 年的34 680 亿日元（220 亿美元），其主导产品在行业内享有巨大的市场份额。例如，佳能激光打印市场占有率为 70％，喷墨打印机为 40％，仅次于惠普公司。总体而言，其主打产品，如复印机、计算机与传真设备、照相机、摄像机与光学设备，在全球范围内都是非常有竞争力的。主要的业务领域如图 13.4 所示。从获利性角度看，佳能公司十年的表现十分优异，如图 13.5 所示。

下面我们将对其战略愿景进行简要回顾。早在 20 世纪 60 年代，佳能公司就认为世界复印机市场是一个具有成长性的市场。自 20 世纪 50 年代以来，美国施乐公司就凭借其独有的专利技术成了行业之首，但这并没有使佳能望而却步。在 1967 年，佳能公

多年来，佳能公司的微型光学专利技术作为公司的核心竞争力，有力地支持了公司的战略规划。

图 13.4　佳能业务的主要领域

(a) 2004 年按产品分类的收入

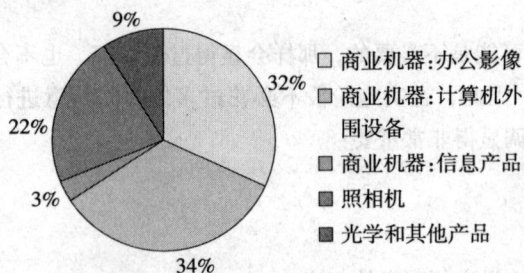

- □ 商业机器：办公影像 32%
- □ 商业机器：计算机外围设备 34%
- ■ 商业机器：信息产品 3%
- ■ 照相机 22%
- ■ 光学和其他产品 9%

(b) 2004 年按地区分类的收入

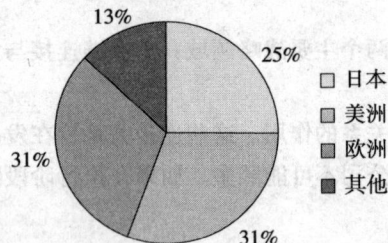

- □ 日本 25%
- □ 美洲 31%
- ■ 欧洲 31%
- ■ 其他 13%

资料来源：Annual Report and Accounts 2004。

图 13.5　佳能公司十年记录

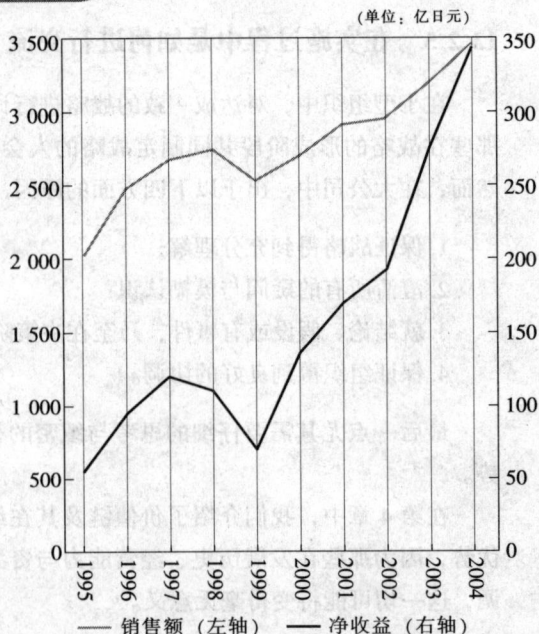

（单位：亿日元）

—— 销售额（左轴）　—— 净收益（右轴）

资料来源：Canon Annual Report and Accounts 2004。

表 13.1　佳能的核心竞争力和产品发展

	20 世纪 50 年代	60 年代	70 年代	80 年代	90 年代
核心竞争力	• 光学产品 • 精密仪器	• 电子产品 • 精密光学产品	• 打印机 • 材料技术 • 通信	• 与 70 年代相同，但取得了进一步发展	• 生物技术 • 能源节约
增加的新产品	• 静态照相 • 摄影机 • 镜头	• 反射式照相机 • 计算器	• 复印机 • 激光打印机 • 文字处理 • 传真	• 办公自动化 • 录像机 • 计算机	• 自动图文 • 能源节约 • 信息系统 • 医药设备

司宣称它要通过技术差异化来赶超施乐公司，并计划到 80 年代要占领 30% 市场份额。在 20 世纪六七十年代，佳能通过发展与施乐公司截然不同的技术并开发被施乐公司忽视的小复印机市场来力图实现自己的目标。今天，佳能已经是市场领导者，其核心竞争产品从复印机扩展到激光打印机、数码扫描仪、彩色喷墨打印机等产品。而在 20 世纪 90 年代，打印机只是佳能的优势领域之一（如表 13.1 所示）。

佳能的战略规划并不仅仅是愿景与对核心竞争力的认知，文本框 13.3 阐明了佳能战略规划的过程。这一规划建立在对顾客满意度的强烈认知之上。作为一家典型的日本大公司，佳能总部在"优秀的全球合作规划"的口号指导下制订了主要发展计划。虽然许多西方公司认为这一口号因为不够明确而缺乏商业指导性，但佳能的细节规划是非常明晰的，即致力于获得和维持最大的市场份额。佳能的市场份额最大化与经营赢利是并行的。换言之，佳能公司不会为了追逐市场份额而放弃利润。

这些要素常常出现在日本公司的战略规划中，它们被用以设计战略发展初期的规划，并与各项假设以及未来的目标一起出现在基本分析中（参见本书第二部分的分析）。佳能在发展长期规划的同时也不得不考虑到行业特征，正是以下这些特征决定了佳能公司战略规划过程的性质：

• 高度自动化的制造工厂，从设计、安装到满负荷开工需要数以年计的时间，与短期规划不同，这一战略规划的实施也需要很长的时间。人们还需要认识到新设计的实施需要加工方以及参与过程的各主体之间进一步的精诚协作。

• 高科技产品需要历经多年才能得以发展与完善，在发展过程中也不免经历挫折。因此，其研发规划过程往往是试验性的，该过程需要保持开放度，并且不应以成败论英雄。

• 协同和核心竞争力将与较多的产品领域相联系。这是一个耗费时间和精力的过程，它有赖于各部门之间的良好协作。战略规

文本框 13.3

佳能的战略规划过程

行为	内容	2004 年范例
基本假设、分析与预测 （由总部制定，但经过大众讨论）	• 佳能的优势与劣势 • 机会与威胁 • 商务理念	• 顾客满意 • 成本节约 • 竞争产品
长期战略：6 年 由总部决定，但是由分部组织讨论	• 愿景 • 长期目标 • 关键战略计划	• 保持世界第一的位置 • 世界级 • 发展全球市场 • 降低成本基础 • 数码相机 • 新型屏幕显示和投影仪
中期战略：3 年 （由分部发起，其后在总部合并）	• 佳能本身资源、文化等 • 环境：总体表现；竞争；假定发生重大转变时可能出现的情况 • 基本假定与预测 • 资源分配 • 目标与政策 • 或有事件 • 时间表	• 制定特定的量化目标 • 资源：包括资本计划、人力资源以及关键战略计划 • 投资于研发
短期规划：1 年 （分部制定）	• 预算：财务目标是重点 • 建立在中期规划基础上	

划在此成了协调工具，它指导各部门向既定目标努力。因此，在该过程中很容易形成中央集权。

尽管总部设计了长期战略，但各产品部门应在总部规定的范围内进行中期规划，并且对于可能发生的事件场景和偶然性在规划中也给予足够的重视，从而使得佳能公司不至于由于突发事件的发生，比如说日元的汇率风险而面临困境。尔后，总部再对这些中期规划加以考虑。

就短期规划而言，其财务收益是非常重要的。公司经常将它们看做中期计划的一部分并对其编制财务预算，总部再在部门预算的基础上加以汇总。在合并财务预算的基础上，公司总部再编制短期的人员规划、资本投资与现金流规划。这些数据也被用于编制资产预计负债表与损益表。

虽然这一切看起来是很官僚主义的，似乎也不能带来太高的产出，但事实上，佳能的运作过程是开放的、友好的，并且富于挑战性。雇员们受到鼓励，他们一起讨论问题、承担风险并且提出新的观点。战略规划被看做机会与挑战，而不是严格的公司规章所规定的繁杂事务。

最后，佳能还在网上——www.canon.com——公布了一些财务分析演示中最新公司计划的主要要素，也就是从 2001 年到 2005 年公司全球计划的目标：

1. 在所有佳能的核心业务领域中成为领头羊。
2. 发展研发能力，不断开拓新业务。
3. 构建坚实的财务结构。
4. 培养那些致力于实现理想和对工作感到自豪的员工。

案例问题

1. 像佳能这样的大公司在进行管理战略规划时主要会面临一些什么样的问题？
2. 佳能是如何成功地保持其创新能力的？它是否还能做得更好？为什么？

> **战略课题**
>
> 从战略的角度来说，随着 Hamel 和 Prahalad 的著作《为未来竞争》（Competing for the Future）的问世，佳能公司也随之闻名于世。在该著作中，作者把佳能作为一个重要的例子，研究了佳能公司如何把公司的核心竞争力用来开发新的产品领域。请跟进佳能公司的最新进展，看看该公司现在所采取的行动。佳能的网站将是十分有用的工具，上面有一些用于财务分析的演示，要比本文所述更为深入。还可以找到很多关于这个令人感兴趣并且很重要的公司的资料。

13.3 资源分配

大部分战略的成功实施都需要得到资源。佳能案例清晰地表明，公司需要在未来的几年中在一些领域里为新的战略方向寻找资源，正如佳能公司的研发工作以及聘用新的经理人的举措。在这一部分中，我们分析了资源分配的基本过程，并且讨论了影响资源分配的一些特殊情况 [12]。

13.3.1 资源分配过程

总体而言，在多元化经营的公司中，总部在由各个经营公司与分部提出的不同战略间进行资源分配 [13]。而在小型的公司中，类似的机制也在发挥作用，只是在形式上不会那么正规。不同的产品组合、业务组合与功能组合会为了实现它们自身的战略目标而争夺资源。

资源分配中可以采用以下三个标准。

1. 该资源对于实现组织的目标与任务的贡献。在公司总部，资源分配任务就是将资源从那些不能很好地实现公司目标的领域转向那些能很好地实现公司目标的领域。读者们会认识到这一描述类似于第 4 章中讨论资金运作时用到的波士顿产品组合矩阵中，现金被从"现金牛"类转向"明星"类等。在此处，其原则也是类似的，只是被应用到了总部而非分部的资金上。

2. 资源对于关键性战略的支持。在许多案例中，在资源分配中普遍存在的问题便是对资金的需求超过了资金的供给。所以我们需要更为深入的选择机制，该机制的功能应当不只是传达组织任务与目标。所以第二个标准是与第 6 章中提到的资源分析的两方面相联系的：

   - 在条件许可的情况下，支持核心竞争力的发展以发展竞争优势；
   - 在条件许可的情况下，发展价值链以支持那些能促成核心竞争力形成的行动。

     从长期来看，虽然这两者都将对组织目标的实现起到支持作用，但在资源分配中，它们可以被作为补充标准。

3. 特定目标的风险程度。显而易见，如果存在高风险，战略取得成功的可能性就不大。某些组织会比其他组织更勇于承担风险，所以在实践中，这一标准需要和组织承担风险的意愿联系起来考虑。

13.3.2 资源分配的特殊环境

特殊的环境会使得组织修订其用以分配资源的标准。在仍然要遵从争夺总部资金这一基本原则的基础上，一些公司还会考虑以下方式：

- 当重大战略转换不太可能发生时，资源可能按照惯例进行分配。例如，市场基金可能按照历史与经验的一定比例来进行分配。该方法的主要问题是过于武断，但它可能是解决问题的一条捷径。
- 当预期将发生重大战略转换时，为了推动战略进程或是响应竞争创新，往往需要追加资源。这两种情况都需要与总部进行特别商议，而不是坚持既定分配标准。
- 当资源在公司各分部之间共享时，公司往往会将自己放在资源分配者的地位上。这就需要进行协作并且针对存在争议的方面提出解决方案，这一方法也会存在相应的激励问题。

13.3.3 资源分配过程中的注意事项

Hamel 与 Prahalad 对整个资源分配过程都持保留意见[14]。他们认为这是错误的实现战略任务的思维方式，并认为它更多地关注目前对资源的分配，而不是如何站在战略的角度更有效地利用它。

> 如果高层管理者把更多的精力花在从资源分配方面衡量计划的战略可行性，而不是提高资源的利用效率上，他们只能取得有限的增值。

这是值得特别注意的一点。

关键战略原则

- 资源分配过程为既定的战略提供必要的资金。当资源有限时，总部往往运用各种不同的标准分配资金。
- 分配的标准包括组织的任务与目标与对核心竞争力、风险组合等关键战略的支持。一些特殊的情况，比如说环境的不寻常变化可能会引致其他分配标准的出现。
- 资源分配过程中存在着忽视资源的有效利用与战略性利用的风险。

案例研究 13.3　雀巢公司内非正式的战略控制

由于产品组合存在多样性，雀巢公司过去将战略集中于其主要经营领域，并由总部对此进行非正式的监管。本案例描述了战略制定的过程，也表明了当公司力图提高其经营业绩与运作效率时，它是如何变得越来越中央集权的。

瑞士雀巢公司的销售额高达 700 亿美元，是世界上最大的食品与消费品公司之一。其主要产品包括咖啡（雀巢咖啡）、牛奶、婴儿食品、糖果与冷冻食品。它通过一系列地区与产品战略业务单元在全球范围内开展运营。例如，糖果和冰激凌的产品战略业务单元设在第一地区欧洲，但其经营运作是全球性的。图 13.6 说明了该公司的全球经营的特质，以及主要产品领域。图 13.7 则说明了雀巢 2001—2004 年的年收入和赢利记录——有点不够协调，在收入和利润方面并没有显著的增长。

由于产品战略业务单元在产品组合上存在着很大的差异，雀巢公司将对运营的战略控制权交给了这些业务单元。每个业务单元都拥有其业务领域内的各种专家，包括市场专家、生产专家与研发专家等。然而，运营决策是在各地区以及其属下的国家公司进行的。过去，总部的任务是协调与分配资源。这一状况一直延续到现在，只是在原有基础上进行了一些修正。雀巢公司的具体

战略规划结构、预算与报告过程如图 13.8 所示。总部通过向产品战略业务单元传达下一个计划的指示，开始这一过程。然后，产品战略业务单元制定三年期的长期规划。每个产品战略业务单元每年都会制定一份长期规划，但事实上，其中的大部分只是对以前年度的更新。尔后，长期计划被广泛传播以促进业务单元与总部之间的战略讨论。计划包括这样一些领域，如品牌定位、市场份额、竞争行为、定价、资本建议与新产品发明。在 2000 年，总部又设立了一个新的管理机构，其职责是开展试验性的协调与控制，这将在 5 年左右的时间内得到贯彻。

由于公司在一个相对成熟的市场中运营，它能够在高速变化的市场环境，以及在对快速决策存在迫切需求的条件下，维持一个需要充分的核查与平衡的系统，并在总部与产品战略业务单元开展长时间的战略讨论。因此，依照年初制定的长期规划，雀巢的产品战略业务单元之间、地区与总部之间将在每年 4—6 月就战 ▶

图 13.6	雀巢在世界上的商务活动以及按产品分类的收入

(a) 2004 年雀巢收入的地区分布

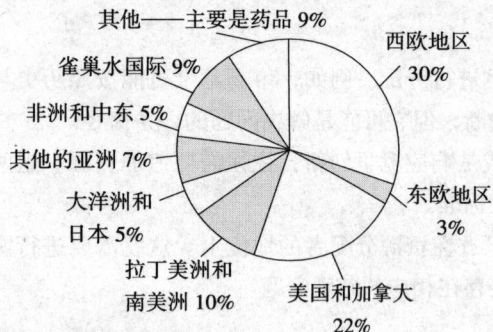

- 其他——主要是药品 9%
- 雀巢水国际 9%
- 非洲和中东 5%
- 其他的亚洲 7%
- 大洋洲和日本 5%
- 拉丁美洲和南美洲 10%
- 美国和加拿大 22%
- 东欧地区 3%
- 西欧地区 30%

(b) 2004 年雀巢收入产品分布

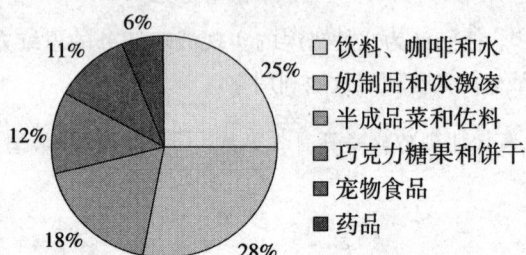

- 6%
- 11%
- 12%
- 18%
- 28%
- 25%

- □ 饮料、咖啡和水
- □ 奶制品和冰激凌
- □ 半成品菜和佐料
- □ 巧克力糖果和饼干
- □ 宠物食品
- □ 药品

图 13.7	雀巢 4 年收入和赢利记录

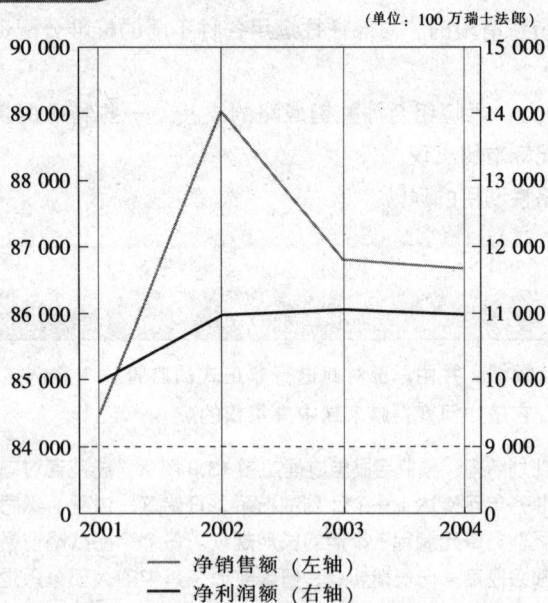

（单位：100 万瑞士法郎）

左轴 (净销售额)：2001: 85 000, 2002: 89 000, 2003: 约 87 000, 2004: 约 86 700
右轴 (净利润额)：2001: 约 9 500, 2002: 11 000, 2003: 11 000, 2004: 11 000

- —— 净销售额（左轴）
- —— 净利润额（右轴）

资料来源：Company Annual Report and Accounts 2004。

雀巢所生产的食品主要集中在两个领域：奶制品和雀巢速溶咖啡。公司的战略一直是以此为基础，通过谨慎规划的系列收购和内部技术开发来拓展到其他食品领域。

过品牌重新定位或改变媒体广告费用。但是如果你这样做了，总部产品组的负责人将很快获悉这一行为。该过程不是通过一份正式的报告达成的，而是通过总部与发生问题的国家之间非正式的联系实现的。"

类似地，虽然产品战略业务单元和地区与总部在决策标准上是分离的，但它们大部分位于同一个地理位置——在雀巢公司位于瑞士 Vevey 的总部。一位高级经理在谈到曾经位于英格兰约克的巧克力战略实施小组时是这样说的："我感到我不断地陷入 Vevey，因为我需要与不同的区域经理以及所有的公司职能与服务部门交谈……我不相信电信交流方式，在像雀巢这种规模的公司中，面对面的交谈是非常重要的。"在雀巢公司内，管理层鼓励这一直接的和非正式的联系方式，即使它使得许多管理者必须增加额外的旅行。它旨在形成一个一体化的团队，并维持雀巢公司在战略规划中的真正核查与平衡。

雀巢公司认为，总部这些非正式的规划与控制方法在指导战略管理发展中也是大有裨益的。与针对特定战略目标进行正式汇报相比，它们能达到同样的效果。达到战略目标所得到的经济回报并不是战略过程中最重要的方面。来自同行业竞争的压力、晋升与个人竞争力能形成更有力的激励，从而保证战略的实施。总部对管理业绩和能力进行长期考核，而不是就特定目标的达成与否进行短期考核。这反映了管理人员与公司之间存在着长期稳定的关系，他们往往会选择在多年内持续地为公司服务。

然而，在 2000 年，公司管理层认识到，将战略规划委任给业务单元这一方法使得公司不能充分地从全球化中获益——它们难以利用规模经济、分摊的研发成本等。因此，公司推行了新的"全球"规划，旨在"在全球范围内提高经营业绩与经营效率。在此过程中，我们将会重新审视我们所有的业务实践，来构建经营雀巢的新方式"。雀巢公司在全球范围内推行了对原材料、包装材料、产成品、顾客的统一编号。

"全球化"的目标在于促进信息联合，从而对公司的规模起到

略规划开展讨论，其结果将提交执行委员会以决定是否通过，此后再对投资预算与收益预算进行审核。在市场形势与竞争地位发生重要变化时，这些战略与行为都是可以改变的。

然而，在雀巢公司内，控制与平衡不仅采取了上述的官方委员会的形式，其作用方式是更为微妙的。雀巢公司的一位管理者是这样评价控制程序的："你应该通过战略分配达到你当月的预算目标，例如，通过战略分配达到你当月的预算目标；例如，通

图 13.8 雀巢的战略规划、预算编制和职能组织的机构

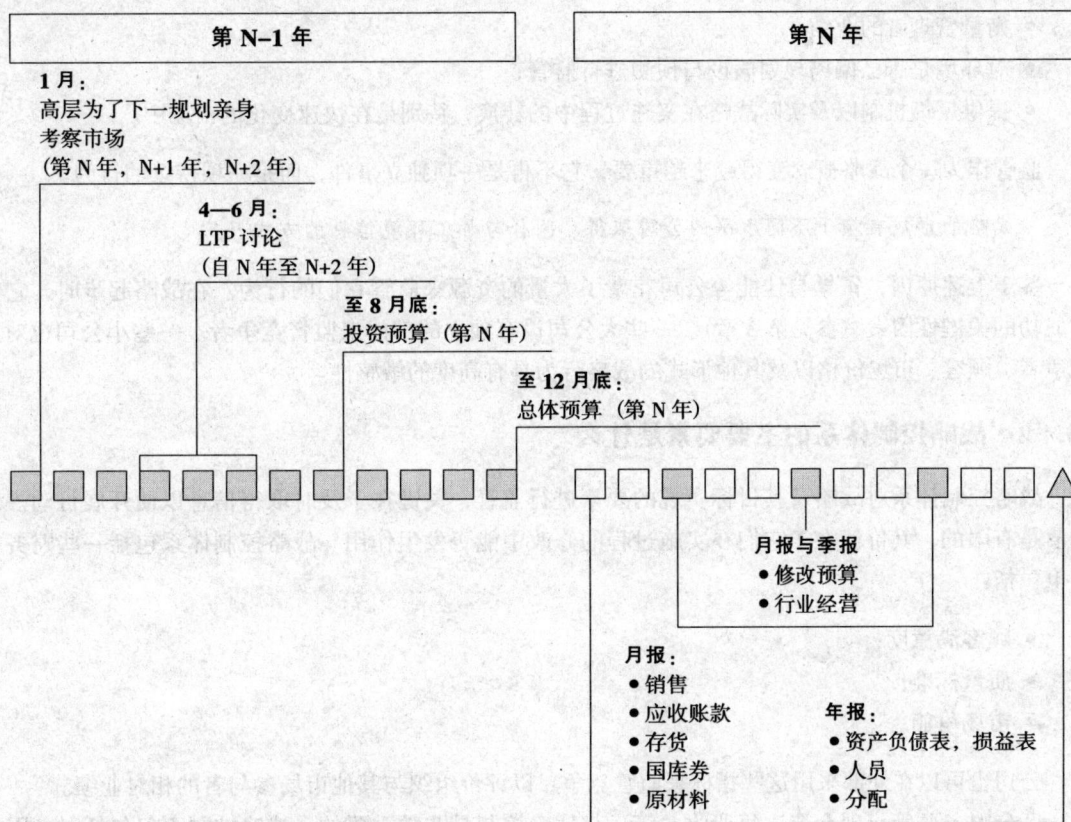

第 N–1 年	第 N 年

1月：
高层为了下一规划亲身
考察市场
（第 N 年，N+1 年，N+2 年）

4—6 月：
LTP 讨论
（自 N 年至 N+2 年）

至 8 月底：
投资预算（第 N 年）

至 12 月底：
总体预算（第 N 年）

月报与季报
● 修改预算
● 行业经营

月报：
● 销售
● 应收账款
● 存货
● 国库券
● 原材料

年报：
● 资产负债表，损益表
● 人员
● 分配

资料来源：After Goold, M and Quinn, JJ (1999) Stategic Control, Pitman Publishing. With permission from Pearson Education Ltd。

杠杆作用，并在世界范围内更好地进行交流。全球化还将通过发展公共信息系统来推进最佳实践模式及相关数据的交流。整个计划的预期成本是 19 亿美元，相当于推行该战略至 2006 年节约的管理成本。雀巢公司将从瑞士、南美洲的部分地区、马来西亚与新加坡开始一步一步地推进这一战略。新计划显然代表了现存体系中非正式性控制的转变，但新体系并没有产生取代这一途径的方法。到 2005 年，全球 IT 系统将在全球推行。

2004 年，雀巢决定进一步推进其地区以及协同行动。该公司认为一些产品组的真正优势并非在全球，而是在某一些地区，雀巢称之为大区。这样的业务可以进行某种程度上的全球管理，但如果以地区为基础进行管理可能会更好。在这里"地区"的意思是像西欧或者非洲这样意义上的地区。公司引入了新的被称之为"大区执行官"（ZEO）的经理人。ZEO 的职责是管理地区业务以及对雀巢某些部分业务进行全球管理。比如，案例 10.3 中雀巢对

于其冰激凌业务就有进军全球的野心，但也仅仅是在世界某些部分有一定优势。ZEO 对地区业务战略以及对该大区有影响的全球战略负有责任。该执行官有责任在特定区域制定更为广义上的公司政策。重要的是，ZEO 对于创新和"开发新的全球＼地区性产品＼技术＼品牌"负有责任。也就是说，大区执行官在特定部分扮演着广泛的管理角色。

ⓒ 理查德·林奇 2009 权所有。保留所有权利。本案例由理查德·林奇根据公开信息编写[15]。

案例问题

1. 雀巢公司的战略规划模式有什么特点？这一特点是如何影响其大规模、产品范围与全球扩张的？
2. 像雀巢公司这样的非正式战略控制模式会存在哪些风险？

13.4 信息、监管与控制[16]

13.4.1 为什么监管和控制如此重要

战略一旦开始实施，就需要开始监管和控制。监管和控制程序是实施过程的一个重要方面，因为信息可以被用于：

- 评价资源分配的各种选择；
- 监管实施过程；
- 衡量管理者的业绩；
- 对环境是否已偏离规划假设与预测进行监管；
- 提供反馈机制以及实际战略在实施过程中的转换，特别是在快速变化的市场中。

监管作为一个战略概念变得越来越重要，它不再是一项独立事件，而是一项持续的行为。

> 战略的形成有赖于不同水平的公司取得、阐释与加工环境信息的方式[17]。

鉴于上述原因，雀巢与佳能等公司花费了大量的资源来监管它们的行为。在战略起步时，它们会集中关注成功的关键性因素（参见第 3 章）。一些大公司设有独立的部门来监督竞争者。一些小公司也对它们当前的竞争者、顾客、市场价格以及其他形式的战略行为具有高度的敏感性。

13.4.2　战略控制体系的主要要素是什么

战略控制体系对战略及其目标实现的要素进行监管，关键在于及时取得信息以便开展行动。信息本身的价值是有限的，其价值在于它们在实施过程的修改中能否发生作用。战略控制体系包括一些财务方法，但同时也包括：

- 顾客满意度；
- 质量标准；
- 市场份额。

公司也可以在外部采用这些指标来监管竞争，以评价组织与其他市场参与者的相对业绩。

区分财务监管（现金流、每股收益等）与战略控制是非常重要的。战略控制不仅包括财务因素，还涵盖了更为广泛的方面。

13.4.3　战略控制如何得到提高[18]

这一问题在一定程度上很难得到令人满意的答案，除非精确的战略方式已经确立。但是，我们也可以通过下列原则来更好地利用战略控制：

- 集中关注关键业绩指标与成功因素，过多需要监管的因素会导致信息过量。
- 区分公司、业务以及经营层面的信息，只对那些相关信息进行监管。例如，并不是总部的每个人都需要知道某种无关紧要的产品是否达到了销售目标。同样地，一个分部对另一分部的市场份额的相关数据也许毫无兴趣，即使这些数据对总部而言是非常重要的。
- 避免对量化数据的过分依赖。数字往往是容易衡量的，但它们不可避免地会把事情简单化或产生误导。在服务等领域，难以量化的数据与战略监管具有更高的相关度。
- 当要控制的领域已经建立后，要考虑适当放松它们，因为它们可能干扰最为重要的任务，即清晰与长远的战略研究。例如，通用电气的杰克·韦尔奇就致力于减少控制，直至建立组织内部的原则。每个组织在控制得到放松之前，可能都要经历学习阶段。
- 将已经建立和升级的控制体系实用化。一些管理者认为战略控制只是在浪费时间。其原因是这将耗用大量时间却难于看到短期结果。这种反对的呼声不可避免地会出现。我们最好认识到经过改进的战略、资源及其结果所带来的益处不会那么快地体现出来。

13.4.4　战略控制、预算与成本会计

Bungay 与 Goold[19] 提出战略监管和预算过程的联系是至关重要的。他们认为，如果这两个过程被两个不同的部门控制，公司对短期预算的考虑可能会超过对重大长期战略决策的重视。这一点和 13.6.3 节中提到的财务控制相联系，这是事实，但也只是英裔美国人看待短期业务经营的方式。事实上，的确存在着将战略控制

与预算差异相混淆的可能性。预算会关注每月与每季度收入与成本计划目标的实现，战略则很少关注这些短期问题。

> **天键战略原则**
>
> - 监管与控制系统在评价战略实施与环境变化中的作用是非常重要的。
> - 信息与控制的重点在于在需要的地方，以充足的时间来取得信息以便采取行动。
> - 存在许多改进战略控制的方法。这些方法都取决于获得简单的、节约成本的、对于组织和组织相关环境有用的信息。
> - 有人认为，应当将战略控制与预算联系起来，但这一观点的支持者并不多，因为战略监管在更大程度上是与探究有关，而预算则更关注特定短期目标的实现。

13.5 平衡计分卡：卡普兰与诺顿的贡献

定义▶ 平衡记分卡采用战略和财务方法来衡量所选择战略的成果。这种理论承认各利益相关者期望的不同，并尝试以四个商业活动的主要领域为基础来衡量所选择战略的结果。

20 世纪 90 年代初期，在许多美国公司进行战略的研究与应用时，哈佛商学院的罗伯特·卡普兰教授（Robert Kaplan）与国际战略顾问大卫·诺顿（David Norton）发明了平衡计分卡。"平衡计分卡并不是制定战略的方法，它只是帮助理解与核查你在组织中做了些什么，从而推进战略得以实施。"[20]

平衡计分卡产生于认识到许多公司战略实施中两项重大的缺陷：

1. 计量差异。尽管大部分公司利用绩效比率、质量与产量指标来进行分析，但这些指标主要关注历史数据。例如，"与过去相比，我们今年干得怎么样？"这两位作者发现这些计量方法与未来的成功没有太大关系。此外，这些比率虽然非常重要，但它们并没有计量未来战略的其他方面，特别是那些难以量化的东西。例如，未来战略可能集中关注顾客满意度与忠诚度、雇员工作态度以及组织学习，但这其中没有一项是能够用传统指标来衡量的。
2. 总体计划与管理行为的战略差异。作者指出，许多公司纷纷开始实施新的重要战略，但这些战略往往都对组织没有什么影响。其原因在于，战略计划往往不曾得到合理的计量，管理层与雇员也就难以在日常生活中理解和应用它们。

卡普兰与诺顿尤其热衷于那些普通财务比率之外的数据，比如说投入回报率与每股收益。他们认为这些实质上是对职能的考核，而在战略实施中最重要的是过程，"过程取代了（或正在取代）部门与功能"[21]。以下三种主要过程被认为是非常重要的：

1. 管理——领导是如何管理组织的、决策是如何作出并得到执行的；
2. 商务——产品是如何设计的、订单是如何产生的、顾客需求是如何得到满足的，等等；
3. 业务——运营、购买、储藏制造是如何开展的，等等。

他们认为这些是对被认可战略的执行，但与回报率不同的是，市场份额、成长数据以及其他计量方法往往总结了战略管理的成果。

13.5.1 平衡计分卡的四项基本原则

卡普兰与诺顿发明了平衡计分卡来解决这些问题[22]。平衡计分卡将对既定战略的质的计量与量的计量结合在一起，它认识到不同股东的不同期望，并试图将计分卡的效绩计量与既定战略相联系。平衡计分卡有四项基本原则：

1. 通过取得与明晰化共同认知来阐释对未来的展望；

2. 通过设定目标以及对成功的嘉奖进行交流与联系；

3. 通过商务计划来定位目标、分配资源并设定里程碑；

4. 通过反馈与学习来获悉计划取得的业绩。

当认识到每一个战略都很独特的时候，他们也就认识到这四个战略目标需要体现在每一张平衡计分卡上。这些在文本框 13.4 中得到了总结。这四方面如下：

1. 财务目标。通过准确确定目标以及相应责任，从而把组织使命转化为行动。例如，如果企业生存是重要的，现金流就会在平衡计分卡上占据一个重要的位置。

2. 顾客目标。使命应该在以顾客为导向的战略环境中得以体现。这不仅仅包括市场份额数据，同时也涵盖了在第 5 章中探讨的内容，如保留顾客、顾客获利分析与顾客满意。例如，如果战略强调的是新产品的推介，平衡计分卡可能会不仅仅对销售与市场份额进行研究，而且会深层次地探究顾客满意度以及重复购买行为。

3. 内部目标。这主要指的是与生产、成本节约相比之下的资本投资、劳动生产率提高以及与其他表明公司内部推行新战略方式的因素相联系的内部效绩评价。这可能同样包括制定内部战略目标与树立战略实施的里程碑。例如，新的互联网址的发展不仅包括上文所提到的顾客满意度，还有网站的注册、设计与维护——所有这些因素都可能需要特别说明，并针对其日期和成本制定目标。

4. 创新与学习目标。这通过战略回顾与对事件结果的讨论评价提供反馈与学习，其作用在于强调沟通的重要性，以及为了达到所要求的业绩，通过教育、目标设定和回报将为同一个目标奋斗的人们联系起来的重要性。例如，实现市场份额的目标可能与这些方面相联系：哪些方面做得好以及哪些方面有待改进。

文本框 13.4

平衡计分卡：战略角度总结

战略目标	举例	计分卡计量举例——关键业绩表示指数（KPI）
财务角度	股东对业绩的认识	• 资本回报 • 经济附加值 • 销售增长 • 成本节约
顾客角度	顾客满意度	• 顾客满意度 • 顾客关系维持 • 获得新顾客
内部角度	评估员工和流程质量	• 生产成本 • 员工流动 • 产品质量 • 库存总量和库存管理
未来角度	检查组织如何学习和成长	• 新产品开发记录 • 研发核心竞争力 • 员工保持 • 员工获利能力

13.5.2　关键业绩指数

这四个战略层面可以用关键业绩指数来表示——简写为 KPI。文本框 13.4 的右栏说明了所有这些层面。KPI 是从某一特定方面表现出组织目标的数字化衡量方式。KPI 是四个步骤中的第二步，我们可以参考一家世界著名的英超俱乐部——曼彻斯特联队的例子来理解这一概念（案例 13.1）。其他国家的读者以及其他运动的爱好者也可以用他们自己喜欢的体育队和体育明星来代替这一例子。

1. 步骤 1：从曼联队的战略计划中找到一个战略目标——比如，我们假定战略目标之一是要提高俱乐部的赢利性。曼联队在 2005 年的赢利很低——该俱乐部花了大量金钱来购买天才球星鲁尼，并且在欧洲冠军杯赛上成绩并不理想。2005 年该俱乐部被 Glazer 家族接手，并迫切需要提高其赢利性。

2. 步骤 2：决定公司如何来衡量某一具体目标——比如，曼联的赢利性可以用俱乐部的资本收益超过资本成本的能力来衡量。需要找到一个具体的办法——这个办法就是平衡计分卡中的 KPI。注意，KPI 方式相对于平衡计分卡的财务部分来说是很简单的，但在其他领域中进行定义的时候会很困难——比如，你如何能定义出曼联俱乐部的顾客满意度或者创新过程的 KPI 呢？

3. 步骤 3：把这一具体的方式转变成一个战略计划的下一阶段具体的数字目标——比如，曼联并不会公布自己的资本成本，但我们假定目前这一数字是 7%。可能曼联可以达到 8% 的回报率。

4. 步骤 4：找到一些具体的方法来完成这一数字目标。

用这种方法及这些步骤可能会带来很多需要在实践中加以解决的问题。按照这些步骤，步骤 1 由于把战略目标和公司的实施活动联系了起来因此显得很有价值。但是，除了赢利目标之外还有很多其他目标，这需要在这些目标之间找到平衡。

步骤 2 所明确的 KPI 由于表明了步骤 1 是否完成所以显得十分重要。计分卡在整个战略规划过程中会多次使用到 KPI 来判断是否达到了目的。这里有很多问题：比如，可能有多个衡量目标的方式以及 KPI 本身可能会表明偏离了步骤 1 中的战略。因此需要仔细进行思考，但是 KPI 有一个很大的好处就是它把战略规划变成了能够被衡量和控制的领域。

步骤 3 采用 KPI 并把它转变成为战略规划中即将到来的阶段的目标。这样的目标要在实践中进行大量的判断，平衡计分卡在这里并不会提供太多的帮助——读者可以返回去看第 12 章中的这一复杂领域的讨论。

步骤 4 很容易总结，但由于以下两个原因很难达到。首先，并非所有的战略方法是成功的，因此需要进行判断。其次，每种方法可能都会有成本，这一成本需要根据成功的可能性和收益来决定。比如，曼联可能会选择通过复制曼联俱乐部在 2002—2004 年的战略来达到财务 KPI。这包括像切尔西的购买全世界专业的实力强劲的超级球星的方式。这当然会是一种办法，但是成本可能会超过曼联的财力范围。曼联并没有像切尔西所有者阿布那样的私人投资者，它已经成为严重负债的私营公司。另外，这样的方法可能会要承担曼联无法承受的风险，尤其是在这样一个充满不确定性的运动和足球世界。

重要的是，平衡计分卡并非就只有一个 KPI。一般来说，每个组织可能有 20 个 KPI 甚至更多。每个主要领域中的 KPI——财务、客户、内部和学习——都需要能够从战略角度来辨明、衡量、明确目标和方法。这是所有组织的基本任务，有些公司发现它能带来好处。

13.5.3 平衡计分卡的价值

平衡计分卡的真正价值是它将战略和执行结合了起来。卡普兰和诺顿认为，任何战略的财务目标都是要增加组织股东价值——这是第 8 章中所探讨的一种股东增值形式。两位作者把他们的观点采用同一种方式表达了出来，就是把所有的要素返回到"提升股东价值"上来——参看图 13.9。图 13.9 中把四个战略层面与某些领域中可能的例子联系在了一起，这些领域有可能会被选作某一公司的 KPI。

评论

参考图 13.9，一些战略学家仍然不同意对目标的定义主要是为了"提高股东价值"。另外，我们已经看到平衡计分卡很难掌握，一些 KPI 在实践中很难去定义。

上文提及的一些领域并没有太多新的内容，教育、获得反馈、树立目标与里程碑等内容多年以来就为人们所熟知。此外，就像诺顿认识到的那样，平衡计分卡的危险性就在于它非常强调那些可计量的指标，而不是取得承诺与开展行动，而这些指标对于战略来说并不一定是最重要的。平衡计分卡的应用在大公司中可能导致计量过度，从而将整个过程演变成官僚主义的梦魇。然而，平衡计分卡在下列两个领域中还是非常有用的：

图 13.9　平衡计分卡战略如何反过来与战略发展相关联

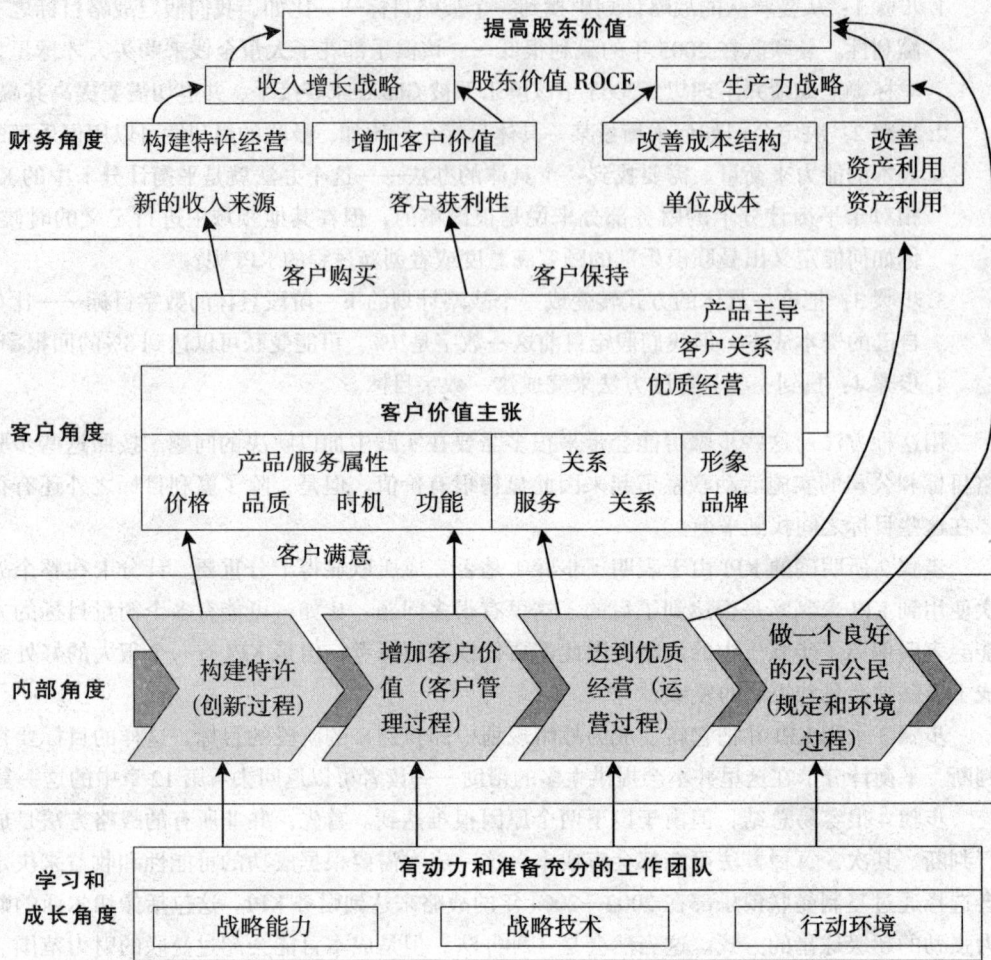

资料来源：Kaplan RS and Norton, D P(2001) The Strategy–focused Organisation, HBS Press, Boston, MA, P96. Reprinted with permission。

1. 将对战略目标的抽象构想转化为可行与有用的行为；
2. 将战略分析提升到一定地位，使其超越一些过于简单的方法，例如，每股收益与投入资本回报率。

因此，在很多组织中都有必要深入探讨这些问题。

关键战略原则

- 平衡计分卡将抽象战略转化为公司的特定行为，并协助战略得以执行。它将对选定战略的量的分析与质的分析相结合。它认识到不同的股东会有不同的期望，并试图在平衡计分卡的绩效计量与既定战略之间建立联系。
- 平衡计分卡有四个主要原则：通过达成并明晰共同认识来阐释对未来的展望；通过描绘目标以及对成功行为进行嘉奖来开展交流与联系；通过业务计划设定目标、分配资源并设立里程碑；通过反馈与学习来获悉计划所取得的业绩。
- 财务角度、顾客角度、内部角度与未来角度这四个方面在每张平衡计分卡上都会出现。
- 关注计分卡的主要意义在于通过平衡计分卡将战略转化为实施行为，并不仅仅关注财务计量目标的发展。

13.6 常规性战略规划

13.6.1 什么是常规性战略规划

定义► 　　**常规性战略是指正式的规划体系，制定和实施与组织目标和任务相关的战略。重要的是，它绝不是战略构思的替代，而仅仅是把公司的战略过程程序化。需要特别指出的是，它将整合组织行为，并将每个战略阶段的完成时间具体化。**

　　Geroge Day 提出 [23]，战略规划并不是将明确的抉择过程推向顶峰的独立事件。恰恰相反，它是一项持续的行为，并会自动地对各种事件的压力与时间安排作出反应。为保证组织的投入，战略规划必须得到组织中各阶层的参与。他们都将在战略形成过程中与保证公司的资源分配、战略、目标与行为计划的融合中起到独到的作用。

　　许多公司认为，在战略规划过程中首先需要建立背景假设与业务运作基础，这是战略取得成功的关键性因素（参见第 3 章），公司将以此为基础对长期愿景乃至更广泛的战略方向展开探究。该内容包括新技术和新观念的引入，这是在数年之后就能达到的。由于未来 2~3 年内，环境是相对稳定的，公司可以在这一范围内制定中期规划。短期的年度规划与预算应与中期规划取得一致，它们也能在此时形成。公司不应将这一过程看做依照一定顺序发生的事件，它们在每一阶段完成之前是迭代的、反复的。图 13.10 表明了这一基本过程。

　　有时公司每年都会重复这一过程——案例研究 13.3 描述了这一过程在雀巢公司中的实施。但是，这种调查可能非常复杂，需要耗用很长的时间。并不是每一类业务在每年都能依照长期目标进行重新审核，产品组合、特殊问题、核心竞争力通常被作为探究战略问题并进行长期回顾的起点。正如荷兰皇家壳牌公司的规划总监 Arie de Geus 所说 [24]：

　　有效规划的真正目的并不是形成规划，而是改变决策者头脑中的思维模式。

13.6.2 战略规划地位的变化

　　在 20 世纪 60 与 70 年代，人们曾认为战略规划可以提供很高的财务回报。但是这一切并没有成为现实，而不可预知的事件，如 70 年代的石油价格危机又使得规划变得毫无意义（我们从第 12 章中可以了解到对壳牌来说并非如此），于是战略规划陷入了混乱之中 [25]。有评论文章指出，战略规划在应用中变得非常的官僚主义与僵硬 [26]，在 90 年代还常常出现类似的评论 [27]。文本框 13.5 总结了评论界对战略规划的主要批判。我们应该注意到某些作者使用的战略规划的定义并不是本章中将其限定与形成过程的狭义定义。他们对战略规划的作用定义更为广泛，因此，在这里可能是不适用的。

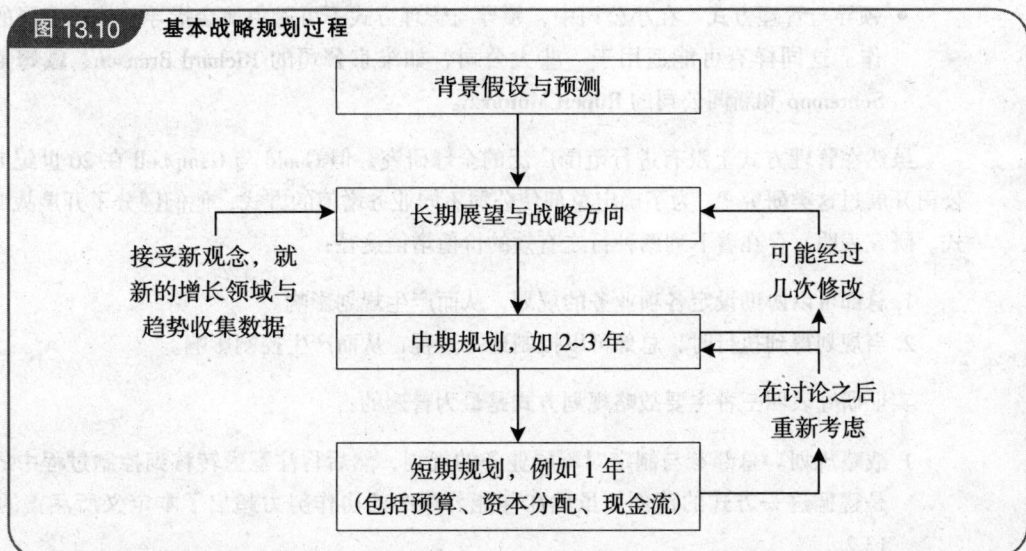

图 13.10　基本战略规划过程

```
          ┌─────────────────────┐
          │     背景假设与预测      │
          └──────────┬──────────┘
                     ↓
          ┌─────────────────────┐
   ┌─────→│    长期展望与战略方向    │←─────┐
   │      └──────────┬──────────┘      │
接受新观念，就           ↓            可能经过
新的增长领域与  ┌─────────────────────┐  几次修改
趋势收集数据   │   中期规划，如 2~3 年    │←─────┤
   │      └──────────┬──────────┘      │
   │                 ↓             在讨论之后
   │      ┌─────────────────────┐   重新考虑
   │      │   短期规划，例如 1 年     │──────┘
   │      │ （包括预算、资本分配、现金流）│
   │      └─────────────────────┘
```

文本框 13.5

某些形式的战略规划失败的主要原因 [28]

高层指导欠充分	需要更大的灵活性	政治上的困难	公司文化
• 在某些环境下规划取代了灵活性与不确定	• 年度预算优先	• 规划由几家控制，而非直接责任人	• 需要发展能应对不确定性的组织
• 深层战略思考被规划程式所取代	• 接受的现存行业界限	• 一些管理者的权力受到新程序的威胁	• 短期观点
• 过于关注短期利益与财务目标	• 过分关注程式化的东西	• 利益受损者拖延决策	• 过于强调财务结果
• 对关键问题缺乏讨论	• 测试资源与计划间的适合度却不寻求新资源		• 缺乏风险承担精神与企业家才能
• 用以开展规划的资源不足	• 最好采用升级的系统以增强灵活性而不是固守严格的计划		• 无法容忍偶尔的失败
• 资源分配的整个过程			

注：一些评论会被认为是针对所有形式的战略，而不只是战略规划。同时也注意文中基于研究证据的评论被用于支持一些评论。

鉴于以上所述的种种情况，人们可能会认为战略规划已经不再适合于战略过程的形成。然而，许多公司，尤其是那些投入周期很长的公司仍然需要认识到超越短期利益的东西，并以此协调它们的主要行为。本章引用的两个主要案例即雀巢公司和佳能公司都是成功开展战略规划的公司。这类公司的存在使得人们对战略规划的态度又开始改观，就连明茨伯格这样过去一度严厉批评战略规划人也承认，它在特定的限定条件下是能发挥作用的 [29]。

评论

明茨伯格强调对创新性思维的需求是正确的。创新性思维的确是不可能在非常官僚化的战略规划过程中实现的。从总体上说，本书采取了明茨伯格对战略规划角色的认识，并总结了其他公司将战略变得可行的各种决策。但战略规划在主要战略问题上绝不能成为严谨的创新性思维的替代品。

13.6.3 战略规划与规划方式

虽然许多公司都采用了很多某些形式的战略规划，但认识到它在实施中存在许多差异也是非常重要的。其原因包括：

- 环境。在稳定的环境中，战略规划很少需要应对市场环境的变动，如雀巢公司，它们应当采取更为集中的模式。
- 产品范围。随着产品的日渐多样化，公司要发展持续的核心竞争力、协同优势与价值链之间的联系就变得更加困难。于是规划方式的基础会从分部门的协作转向简单的财务联系，例如，第 9 章中所提到的通用电气公司。
- 领导与管理方式。在小公司中，领导与管理方式不可避免地会指导着战略发展的途径与公司内部的协作。这同样有可能适用于一些大公司，如维京公司的 Richard Branson、戴姆斯—克莱斯勒的 Jurgen Schrempp 和新闻公司的 Rupert Murdoch。

虽然在管理方式上没有进行范围广泛的全球研究，但 Goold 与 Campbell 在 20 世纪 80 年代曾对 16 家英国公司开展过这类研究 [30]。为了确定总部使公司不同业务增值的方式，他们区分了开展战略规划的几种不同的方式。研究表明，存在着下列两种行之有效的价值增值途径：

1. 总部可以协助设定各项业务的规划，从而产生规划影响。
2. 当规划得到执行时，总部可以控制这一过程，从而产生控制影响。

实证研究表明三种主要战略规划方式是最为普遍的：

1. 战略规划。总部参与制定对不同业务的规划，然后将注意力转移到控制过程中的长期目标。佳能公司是遵循这一方式的范例，虽然在佳能公司中的协作努力超出了本定义所涵盖的内容，参见案例研究 13.2。

2. 财务控制。总部推行有力的短期财务控制，否则业务就处于高度分权状态。各业务单元可以自行其是，业务单元可以根据自己的需要制定自身的长期规划。我们应当注意到在这样的模式下，公司间往往很少进行协调，因而难以产生协同效应、价值链联系与核心竞争力。新千年以来，严格按照这一方式进行运作的公司相对减少，但思科系统的财务控制仍然保有其一些特征，参见案例研究 9.1。

3. 战略控制。战略控制处于战略规划与财务控制之间。就规划而言，公司既不像战略规划的公司那样集权，也不像财务控制的公司那样分权。各项业务具有高度的自主性，控制依据是长期战略规划目标而非短期利润。除了总部高度参与战略发展过程的不同阶段之外，雀巢公司便是这一模式的一个范例，参见案例研究 13.3。

在研究中也发现了另外一种模式，即中央集权方式，但并没有对其展开深入的分析。在这一模式下，总部作出各项重大战略决策并将执行工作交给不同的业务部门。

若要论及广义的规划，则还存在深层次的差异。我们研究的目的并不是在各种不同的方式间作出选择，而是探究它们是如何作用于战略过程从而使战略取得成功的。研究者们得出了如下结论：

1. 采取的方式需要与商务环境，包括技术、产品范围、环境变化的速度、领导等相匹配。

2. 采取某些方式可能比采用其他方式更需要加深对业务的了解。例如，在财务控制方式下，总部要控制远距离子公司的财务业绩，就会迫切地需要对其战略控制方式展开讨论。

3. 成功的模式受益于其开放性，受益于公司内部参与者之间的相互尊重。总部与各业务单元之间的怀疑与互不信任将会引致棘手的问题。

4. 齐心协力实施战略是非常重要的。这需要有力的领导，也需要对战略目标的沟通。

评论

该研究阐明了一种有用并且独到的对战略规划的认识，但它将战略规划简单地划分为几类，而这仅仅是基于一个包含了 16 家公司的样本。事实上，战略规划还可能存在其他方式如企业家精神方式，这些并没有包含在样本中。此外，随着公司、环境与领导层的变化，规划方式也是会发生变化的。

文本框 13.6 列出了公共部门以及非营利部门可能采取的一些规划方式，这些部门也可能采用战略规划。

文本框 13.6

公共部门与非营利部门中可能的战略规划方式

1. 官僚化的体系（例如，民众服务部门）

- 清晰的目标；
- 高度依赖于规则；
- 依照标准的经营程序作出决定。

2. 混乱的组织（例如，某些慈善信托部门）

- 不清晰的目标，难于量化；
- 高度分权的组织；
- 特别决策；
- 对信息的取得和利用存在障碍；
- 决策与目标无关，而是与人事部门、问题与解决方法有关。

3. 政治权力（例如，大学）

- 整体目标与社会角色相一致，但在组织内是多元的；
- 利益冲突的转换；
- 无序的决定，但这种情况越来越少；
- 信息得到有效的持有和利用；
- 讨论决定各方向的利益分配。

13.6.4　小公司的战略规划

与大公司相比，小公司的产品范围也小得多，牵涉的问题也少得多。因此，它们对采取正式的规划过程与资源分配程序没有那么强烈的需求，它们的规划体系也较为简单与短暂。由于它们能够更快、更灵敏地作出反应，环境变化从规划的角度来说也不再是一个严重的问题。

此外，基本规划过程即背景评价、对未来的展望、长期目标以及中期与短期规划对于它们也是同样适用的，只是规划的方式可能不是那么非正式。它们对业务支持与扩展所需的外部融资也需要进行基本规划。正如在大公司内部一样，这些规划也需要同样的战略逻辑与证据支持。

关键战略原则

- 在某些组织中，战略规划指导着整个战略过程，它绝不是基本战略思维与创新性战略思维的替代。
- 基本战略规划过程包括背景假设、长期愿景、中期规划以及短期规划。随着过程中新观念的融入，对战略规划进行修正也是其重要的组成部分。
- 虽然战略规划被许多研究者们批判为官僚主义的僵硬的方法，但若采用对战略规划的狭义定义则并非如此。
- 实施这一过程存在许多不同的方式：例如，战略规划、战略控制与财务控制，如何选择取决于公司所处的环境。
- 小公司中正式的战略规划也是有益处的，特别是在寻求外部融资的时候。

思考

战略规划：在多大程度上需要它？

很多高级经理以及一些战略学家会认为，进行某些形式的战略规划对于一个组织来说是很重要的。这种规划可以帮助组织制定战略和财务目标，并会在企业的不同部分分配资金。比如在平衡计分卡上所显示出来的那些内容。另外，在对所要进行的战略规划进行修正和辩论中所采用的分析和逻辑对于组织是有利的，即使部分并没有最终被创新所采纳。

无论如何，本章表明在过去的十年中对于战略规划的必要性的确存在着质疑的声音。一些战略学家拒绝认同整个战略规划的定义。虽然这有一点反应过度，但的确引发了这样的问题，那就是，战略规划，尤其是在当前组织运作的不确定的环境中，制定战略规划究竟有何意义？战略规划的作用究竟有多大？这一过程受到哪些因素的限制？谁应对此负责？

小结

- 战略实施过程涵盖了将战略付诸实践的所有行为。这一过程的基本要素包括：总体目标、特定计划、需要的融资以及监管与控制体系来保证行为的一致性。
- 战略实施有三种主要方法：全面的、逐渐推进的与选择性的。在中小企业中，战略实施可能不会那么刻意，但需要遵循同样的原则。
- 根据 Pettigrew 和 Whipp 的理论，实施应当被看做一个持续发生的过程，而不是一个追随战略形成的过程。Hrebiniak 和 Joyce 依照管理者进行理性思考选择以及对战略本身带来的冲击，为战略实施设置了边界。实施战略的突发性方法意味着战略需要被当做一连串的行为，而不是一项单独的事情来考虑，其结果可能会在一定程度上改变战略。
- 在确定目标与任务时，首先应当明确将要被实施的战略是谁制定的，这将影响到实施过程。个人目标与任务应当服从于共同认可的总体目标，人们必须通过实践找出各项事件之间的最佳结合。在快速变化的环境中，外部事件往往会使严格的目标变得多余。交流与协调对于战略的实施是至关重要的，它们对于保证对规划及其假设的理解也是非常重要的。

- 资源分配过程为战略提供了必要的资金。在资源有限的情况下，资金的分配多是从组织总部开始的，其分配过程会运用不同的决策标准。这些标准包括是否传达了组织目标与任务、对核心战略的支持程度、组织的风险承担意愿和各种特殊情况，以及环境非同寻常的变化。资源分配过程也存在着忽视资源的有效利用与战略性利用的风险。

- 监管与控制体系在对战略执行与外部环境变化进行衡量时是非常重要的。公司需要具备充足的时间来收集信息并以此为基础采取行动。战略控制的改进存在多种方法，其选择有赖于收集与组织和环境相关的、具备成本效率的信息。有人认为，应当将战略控制与预算联系起来，但这一观点并没有广泛的市场，因为战略监管在更大程度上是与长期研究相联系的，而预算则更集中地关注特定短期目标的实现。

- 平衡计分卡将抽象战略转化为公司的特定行为，并协助战略得以执行。它将对选定战略的量的分析与质的分析相结合。它认识到不同的股东会有不同的期望，并试图在平衡计分卡的绩效计量与既定战略之间建立联系。

- 平衡计分卡有四个主要原则：通过明确和获得一致结果来实现愿景的转换；通过设立目标和进行成功奖励来进行沟通和联系；通过业务规划来统一目标、分配资源和设立里程碑；通过反馈和学习来观察业绩相对规划的结果。

- 在每一个平衡计分卡上都会出现的四个战略角度是财务、顾客、内部和未来。通过四个步骤实现：战略使命、设立目标、确立衡量原则和制定初始战略——也就是被称之为关键业绩参数的目标 KPI。

- 战略规划使得战略过程在一些公司中具备了可行性；但它绝不是基本创新战略思维的代替。战略规划的基本过程包括背景假设、长期愿景、中期规划与短期规划、新观念的引入与对过程的修正，这些都是其发展的重要因素。很多研究者都批判战略规划，认为这是官僚主义的僵化的方法，但随着战略规划狭义定义的采用，人们对它的态度也有所转变。

- 传达战略规划的方式有很多，包括战略规划、战略控制与财务控制。对这些方式的选择有赖于公司所处的环境。当小公司在寻求外部融资时，正式的战略规划也是有作用的。

问题

1. 将佳能公司与雀巢公司的战略规划方式进行比较，并讨论它们的不同。孰优孰劣？为什么？

2. 小公司需要进行正式战略规划吗？

3. 将图 13.1 中所示的基本实施过程应用于一个你所熟悉的公司当前的实施程序中。它们有什么异同？从中你又能得出什么结论？

4. 没有什么能比用于贯彻规划的知识更能锻炼规划者（这是 George Day 引用的 Gavin 总经理的一句话）。请应用实施过程来讨论这一评述。

5. 有限理性的含义是什么？战略过程中的最少干预指的是什么？

6. 目标与任务是如何在激励战略执行者的同时从高层管理者向下传达的？

7. 即使高层领导工作再努力，如果他们是从资源分配的角度而不是从增加资源效率的角度评价计划的战略可行性，取得的附加值也是有限的（Gery Hamel 教授与 C K Prahalad 教授）。请对这一评述开展讨论。

8. 为一个你熟悉的组织制定出战略规划，并找出在规划期间所要控制的主要因素。思考你自己是否能够为整个这样的规划负责，或者在实际当中，你是否应该和需要与他人沟通并获得他们对你的规划的赞同？

9. 简单解释为什么战略控制是必需的，它们如何得到改进？选取一个你所熟悉的公司并参考你的解释衡量其战略控制。

进一步阅读

Hrebiniak, L and Joyce, W (1984) *Implementing Strategy*, Macmillan, New York is worth reading. An abridged paperbased on this book appeared in the following: De Wit, B and Meyer, R (1994)*Strategy: Process, Content and Context*, West Publishing, MN, pp192-202. For a more recent review, see Miller, S, Wilson, D and Hickson, D (2004)'Beyond planning: strategies for successfully implementing strategic decisions', *Long Range Planning*, Vol 37, pp201-218. An interesting practical paper: Michael K Allio, 'A short practical guide to implementing strategy (2005) *Journal of Business Strategy*, Vol 26, No 4, pp12-21.

Kaplan, D and Norton, R (1996) *The Balanced Scorecard*, Harvard Business School Press, Boston, MA is important for this topic. See also Kaplan, D and Norton, R (2001) *The Strategy-focused Organisation*, Harvard Business School Press, Boston, MA. Also worth reading are Ahn, H (2001)'Applying the Balanced Scorecard concept: an experience report', *Long Range Planning*, Vol 34, Issue 4, pp441-62. Veen-Dirks, P and Wijn, M (2002) 'Strategic control: meshing the critical success factors with the Balanced Scorecard', *Long Range*

Planning, Vol 35, pp407-27. See also: Braam, G and Nijssen, E (2004) 'Performance effects of the balanced scorecard: a note on Dutch experience', *Long Range Planning*, Vol 37, No 4 pp335-50 and Papalexandris, A, Ioannou, G and Prastacos, G (2004) 'Implementing the Balanced Scorecard in Greece: a software firm's experience', *Long Range Planning*, Vol 37, No 4, pp351-66.

The classic study of different types of strategic planning is that by Goold, M and Campbell, A (1987) *Strategies and Styles*, Blackwell, Oxford and is well worth reading.

Arie de Geus wrote a useful article on strategic planning: (1988) 'Planning as learning', *Harvard Business Review*, Mar-Apr.

Professor H Mintzberg has changed his views on strategic planning: (1994) 'The fall and rise of strategic planning', *Harvard Business Review*, Jan-Feb, pp107-14. See also his book, Mintzberg, H (1994) *The Rise and Fall of Strategic Planning*, Prentice Hall, New York. Note that Professor Colin Egan provides a logical and well-argued critique of Mintzberg's work in Egan, C (1995) *Creating Organisation Advantage*, Butterworth-Heinemann, Oxford, Ch7.

注释和参考资料

1. Sources for this case are the author's life-long support for Portsmouth Football Club and *Financial Times*, 6 August 1998, p32; 11 March 1999, p25; 21 July 2001, p9; 22 July 2000, p13; 29 July 2000, p17; 18 August 2000, p13; 27 October 2000, p20; 29 March 2001, p14; 11 August 2001, p14; 24 August 2001, p9; 2 September 2001, p11; 6 October 2001, p16; 7 December 2001, p16; 23 February 2002, p13; 1 March 2002, pl5; 9 March 2002, pp12, 14. 3 May 2005, p4 of 'Creative Business' special supplement. Manchester United Annual Report and Accounts 2004 - available on the web at www.ir.manutd.com/manutd/findata/kfd.

2. Day, G S (1984) *Strategic Market Planning*, West Publishing, MN, Ch8.

3. Yavitz, B and Newman, W (1982) *Strategy in Action: The Execution, Politics and Payoff of Business Planning*, The Free Press, New York. It should be noted that Hrebiniak and Joyce (1984) also describe similar distinctions in *Implementing Strategy*, Macmillan, New York.

4. Day, G S (1984) Op. cit., Ch8.

5. Author's experience based on strategy development in fast-moving consumer goods, telecommunications and consultancy.

6. Pettigrew, A and Whipp, R (1991) *Managing Change for Competitive Success*, Blackwell, Oxford, pp26, 27.

7. Hrebiniak, L and Joyce, W (1984) Op. cit. An abridged paper based on this book appeared in: De Wit, B and Meyer, R (1994) *Strategy: Process, Content and Context*, West Publishing, MN, pp192-202.

8. Pettigrew, A and Whipp, R (1991) Op. cit., p176.

9. Hunger, J and Wheelen, T (1993) *Strategic Management*, 4th edn, Addison-Wesley, Reading, MA, p238.

10. Day, G S (1984) Op. cit., p186.

11. Harvard Business School Case (1983) *Canon Inc (B)*, reference number 9-384-151, and *Note on the World Copier Industry in 1983*, reference 9-386-106; Kono T (1992) *Long Range Planning of Japanese Corporations*, de Gruyter, Berlin; *Financial Times*, 16 Feb 1996, p31; *Canon Inc.*, Annual Report and Accounts 1994, 1998 and 2004 (English version); Hamel G and Prahalad C K (1994) *Competing for the Future*, Harvard Business School Press, Boston, MA.

12. Galbraith, J and Kazanjian, R (1986) *Strategy Implementation*, 2nd edn, West Publishing, MN, p98.

13. Goold, M and Campbell, A(1987) *Strategies and Styles*, Blackwell, Oxford, p21.

14. Hamel, G and Prahalad, C K (1994) *Competing for the Future*, Harvard Business School Press, Boston, MA, p159.

15. References for Nestlécase: *Financial Times*, 6 May 1992, p16; 15 May 1992, p13; 20 Apr 1994, p19. Goold, M and Quinn, J (1990) *Strategic Control*, Hutchinson Business Books, London, pp118-19. Nestlé Annual Report and Accounts 2004 available on the web at www.ir.nestle.com. The same website has a major power point presentation to investors on 15 June 2004, which detailed the latest Nestlé thinking on its global organisation and was used in the preparation of this case.

16. This section has benefited from Galbraith, J and Kazanjian, R (1986) Op. cit., pp85-7.

17. Pettigrew, A and Whipp, R (1991) Op. cit., p135.

18. This section has benefited from the paper by Bungay, S and Goold, M (1991) 'Creating a strategic control system', *Long Range Planning*, June, Pergamon Press, Oxford.

19. Bungay, S and Gootd, M (1991) Op. Cit.

20. Leadbeater, C.(1997)'Flyingwithaclearview', *Financial Times*, 1 April, p17. Direct quote from David Norton.

21. Kaplan, D and Norton, R (1996) *The Balanced Scorecard*, Harvard Business School Press, Boston, MA, p77.

22. Kaplan, D and Norton, R (1996) Ibid.

23. Day, G S (1984) Op. cit., p189.

24. De Geus, A(1988)'Planning as learning', *Harvard Business Review*, Mar-Apr.

25. Marx, T (1991)'Removing the obstacles to effective planning', *Long Range Planning*, Aug, Pergamon Press, Oxford.

26. Loasby, B (1967) 'Long range formal planning in perspective', *Journal of Management Studies*, October; Lenz, R and Lyles, M (1985)'Is your planning becoming too rational?', *Long Range Planning*, Aug, Pergamon Press, Oxford.

27. Hamel, G and Prahalad, C K (1994) Op. cit. p283

28. Exhibit 13.5 is developed from references 22, 23 and 24.

29. Mintzberg, H (1994) 'The fall and rise of strategic planning', *Harvard Business Review*, Jan-Feb, pp107-14. See also his book (1994) *The Rise and Fall of Strategic Planning*, Prentice Hall, New York. Note that Egan provides a logical and well-argued critique of Mintzberg's work in Egan, C (1995) *Creating Organisation Advantage*, Butterworth-Heinemann, Oxford, Ch7.

30. Goold, M and Campbell, A (1987) Op. cit.

第 *14* 章

制定与实施顾客驱动战略

Developing And Implementing Customer-driven Strategy

学习目标

在学完本章后，你应该能够：

- 概括顾客驱动战略的主要要素并解释其重要性；
- 了解顾客描述与持续竞争优势之间的关系；
- 分析市场细分战略的含义；
- 与竞争对手相比较定位产品或服务；
- 解释品牌和声誉的战略含义；
- 概括顾客沟通及其战略意义；
- 解释定价战略的主要要素；
- 明确顾客战略中主要的国际问题；
- 解释全面质量管理的主要内容。

引言

顾客是战略管理发展中的一个重要组成部分。从根本上说，顾客既为组织创造财富提供了收入来源，也是公共服务部门或慈善机构存在的原因。此外，战略管理过程的部分内容就是努力培养说服顾客的竞争优势，让顾客选择组织的产品或服务而不是购买竞争对手的产品或服务。由于这两个原因，战略分析需要研究顾客并以发展顾客驱动战略为目标。

本章把顾客分析过程作为战略发展的一部分内容。本章首先研究了为什么战略应该受顾客驱动。其次，我们会更深入地研究顾客组合和执行问题。接下来研究市场细分和竞争地位。然后我们来研究许多关键战略领域对组织的意义：品牌和声誉、顾客沟通以及定价。最后，通过一些理念，如全面质量管理，顾客驱动质量已经成为战略思考的重要内容。图 14.1 概括了顾客分析的主要流程。

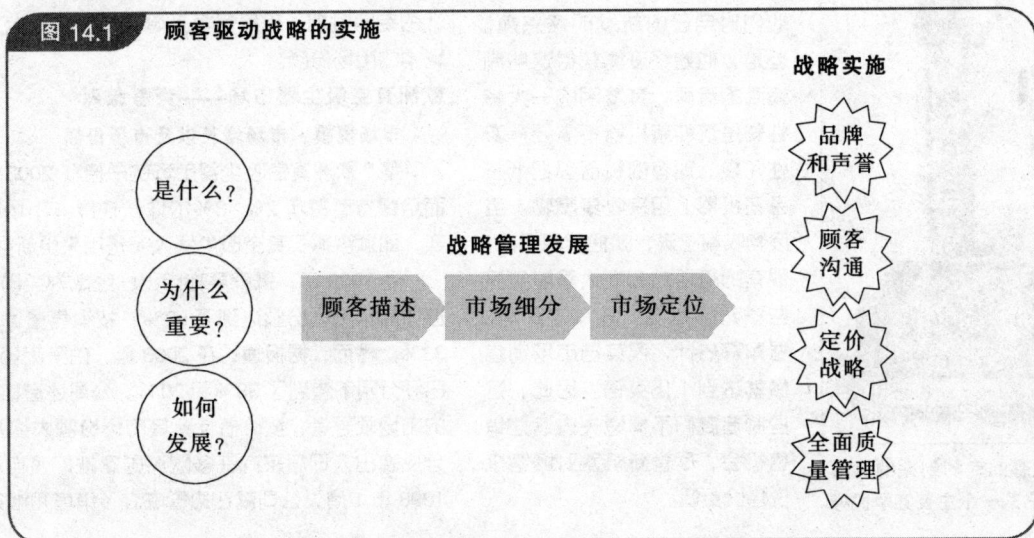

图 14.1　顾客驱动战略的实施

战略实施
- 品牌和声誉
- 顾客沟通
- 定价战略
- 全面质量管理

战略管理发展
顾客描述 → 市场细分 → 市场定位

- 是什么？
- 为什么重要？
- 如何发展？

案例研究 14.1　戴森现在的战略是什么？

　　经过仔细地研究顾客之后，詹姆斯·戴森(James Dyson)在 20 世纪 90 年代成功地发明了一种新型的家用真空吸尘器。然而，他的专利在 2002 年到期，公司经营面临很大压力。与此同时，他以同样的顾客战略又推出了一种新型的双滚筒洗衣机。这一战略在市场上以失败告终，于 2007 年放弃。这家公司仍然能获得成功吗？

　　20 世纪 90 年代，詹姆斯·戴森发明的具有革命性的双重螺旋吸尘器在全世界取得了非凡的成就。他的公司于 2000 年又推出了 Contrarotator 洗衣机。新机器的公司战略与真空吸尘器相类似：性能好、价格高并以高端细分市场为目标。但是，洗衣机没能获得成功，并于 2007 年放弃。虽然地板清洁器专利即将到期，公司面临来自现有制造商的新的重大竞争威胁，但戴森公司在地板清洁市场仍有一定的份额。

　　戴森决定采取强有力的战略来保持这来之不易的成功。本案例描述了这家公司在欧洲真空吸尘器市场上的战略以及它在欧洲洗衣机市场上的新战略。面对这些新的竞争压力，我们不禁要问戴森在未来 10 年内所需的战略是什么？

詹姆斯·戴森和他的公司

戴森的背景

　　詹姆斯·戴森是戴森家用电器有限公司的奠基人和首席执行官。这家公司以英格兰西部的威尔特郡为基地，2003 年的销售收入超过 5 亿英镑。公司的领导能力、设计技巧、产品的耐用性能以及独特的创意使得它成为世界领先的家用器具制造商，并且能够和美国的 Hoover、瑞典的伊莱克斯，以及意大利的 Merloni 相竞争。

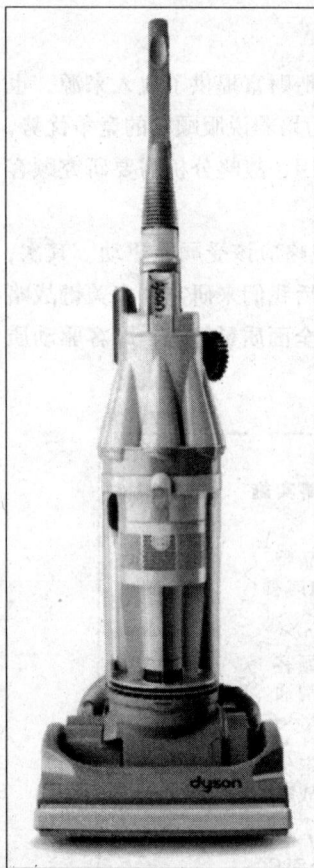

　　1978 年，詹姆斯·戴森偶然间发明了无兜真空地板吸尘器，从而革新了英格兰的西部市场。1979—1984 年，他做了 5000 多个模型，终于完成了一项发明。他称之为双重螺旋真空吸尘器，并为此发明申请了商标和许多专利。

戴森的新型真空吸尘器

　　1982—1984 年，詹姆斯·戴森访问了市场上许多领先的真空吸尘器制造商并试图说服他们对自己的新发明感兴趣。但是，他始终没能获得这些制造商的青睐，其发明的一大特性就是这种新机器不需要一次性兜袋。现有的机器都把纸袋系在机器上用来收集废物。当废物收集已满，就把它们扔掉。现有的机器制造商大量销售这些一次性兜袋，并从中获利。据戴森估计，仅英国市场销售额就达到 1 亿英镑。因此，这些制造商们不情愿失去这些销售机会，尽管新机器对顾客来说售价更低。

2002 年戴森的专利到期的时候，它失去了它的一个主要竞争优势。

戴森遭到这些领先制造商的拒绝之后作出的反应——自己推广新产品

　　詹姆斯·戴森于 1983 年生产出第一台真空地板清洁器样机。欧洲所有的制造商对此都不感兴趣，于是戴森去了日本。在那里他遇到一个西方物品进口商，该进口商对此产品有兴趣并愿意销售。到 1991 年，戴森已经取得了非凡的成就，可以说该产品在日本家庭中已经成为社会地位的象征。

　　受到日本市场成功的鼓舞，詹姆斯·戴森于是决定创建自己的公司来生产这种产品。他在英格兰西部创建了自己的工厂，并于 1993 年 5 月生产出第一种型号机器——DC01。到 1995 年，这种机器在英国市场上成为销售状况最好的真空吸尘器。公司于 1995 年又推出了一种改进型号——DC02。为了应对日益增长的需求量，公司还在同一地区创建了规模更大的新工厂以扩大生产。在同一年，公司开始向海外扩张，即在澳大利亚和法国进行销售并提供辅助性服务。在随后几年里，公司在欧洲其他一些国家以及亚太国家建立了办事处来支持销售扩张，其中包括于 1998 年在日本成立的办事处。2001 年，戴森害怕自己的劳动力成本太高，于是宣布生产活动转移到劳动力成本相对较低的马来西亚，其成本仅为英国的 75%。然而，大约雇用了 800 名员工的设计实验室仍然保留在英国。

　　除了创新性新技术，重要的是新机器还有另外两个特征：第一，戴森把艺术设计技巧应用于机器之上，例如差异化的色彩设计以及塑料素材。在 20 世纪 90 年代，他的机器设计方案在欧洲获得了一系列的奖项，而且他的机器因为魅力十足的流行设计方案而被保存在博物馆里。第二，戴森为其成本制定了高价格。例如在英国，性能优异的真空吸尘器在推出时价格达到了每台 150 英镑，更便宜的机器价格在 50~100 英镑。戴森把 DC01 型产品的价格定在 200 英镑，而且毫不犹豫地把之后的改进型号的价格定得更高，因为戴森为这些产品又添加了许多特性。

　　由于把工厂搬到了马来西亚，戴森的利润在 2003 年比上一年翻了一番，达到了 8 亿美元。但是由于 2002 年公司的"无兜"设计的专利过期，市场竞争开始更加激烈，公司失去了一些传统市场中的市场份额。

欧洲真空吸尘器市场——竞争激烈

市场规模、市场增长以及市场份额

　　整个欧洲真空吸尘器市场的总值在 2003 年大约为 40 亿美元，而且保持着每年 2%~3% 的增长速度。市场趋势反映了这样的事实，即顾客购买真空吸尘器大多是用来更新换代的。

　　到 1999 年，戴森声称自己已经成为英国市场的领导者。按价值计算其市场份额达到了 52%，按销售量计算其市场份额达到了 33%。然而，据报道，在 2003 年，由于市场激烈的竞争，该数字已经分别下滑到了 38% 和 20%。公司还宣称自己是整个欧洲大陆的市场领导者，按价值计算其市场份额大约为 20%，这个数字部分反映出公司后来向许多欧洲国家推广了自己的产品。例如，在 1998 年 1 月，公司就在德国成立了销售和服务办事处。　　▶

整个欧洲的市场竞争越来越激烈。公司的主要竞争对手有伊来克斯(总部在瑞典，但是它在整个欧洲进行生产制造)，其在欧洲的市场份额按价值来算大约为 20%；Hoover(为意大利公司 Candy 所有)，其在欧洲的市场份额按价值来算大约为 15%；Miele(德国)，其在欧洲的市场份额按价值来算大约为 7%。

竞争——戴森应对专利保护到期采取的战略

尽管詹姆斯·戴森曾经试图把自己的专利授权给现有的制造商，但是这些制造商都拒绝了他。后来这些制造商为此追悔不已，因为他们要面对这种新型双重螺旋吸尘器所带来的威胁。一旦戴森公司成立，他的专利在 20 世纪 90 年代可以为其提供保护屏障而免受其他竞争对手的冲击。

在认识到专利的重要价值之后，Hoover 试图避开戴森公司的专利障碍，转而在 2000 年自己发明、研究和推出新型机器——Hoover 三重螺旋吸尘器。在其新产品推出之后，戴森控告 Hoover 侵犯其专利，并向英国高级法院起诉。戴森于 2000 年末在法律诉讼中获胜。直到戴森的专利于 2001 年 6 月到期以后，Hoover 才能生产这种新机器。不管怎样，在戴森公司产品的专利过期之后，很多公司都开始在欧洲销售无兜设计产品。不可避免地，这对于戴森公司的销售额和市场份额都造成了一定的影响。

2003 年，戴森为在美国销售双重螺旋无兜产品而进行了重大的促销活动，以此来应对销售市场中的变化。该战略类似于公司在欧洲所采取的战略——高价并极力获得在一些顶级商店的销售渠道。实施该战略的初期，戴森在美国投入了 2000 万美元进行广告，主要通过口碑宣传而不是通过强大的媒体攻势来进行促销。"我们把我们资金的 10% 投入研发，1%~2% 进行广告宣传；而我们大多数的美国竞争对手则正相反。"戴森说。到 2005 年上半年，戴森称从 2004 年最后一个季度开始已经成为美国销售额最大的真空吸尘器公司。但是，美国市场的领头羊——Hoover 仍宣称 2004 年整年里其在数量和销售价值上都处于领先。但戴森的确给美国市场带来了重要的影响。

2005 年初，戴森公司在英国发布了一款名为 The Ball 的全新的专利双重螺旋真空吸尘器：这是一款被放在一个巨大的塑料球上的真空吸尘器。好处是这样的真空吸尘器要比其他的直立式的吸尘器没那么容易摇动。戴森对他的新机器寄予厚望："到现在为止真空吸尘器只能向两个方向移动。这款机器是能朝着你想要移动的方向移动的第一种型号，这样你就可以清扫一些角落而不用碰到你的家具。我们希望这款新机型能够在六个月内占领英国的半数销售市场。"不幸的是，这一战略没有成功，最终被放弃。

但是，虽然戴森继续生产现有的真空吸尘器，但不得不降低价格，与价格更便宜的产品竞争。但是，问题仍然存在：在这个巨大的成熟市场中，应该采取什么样的战略？

欧洲自动洗衣机市场——竞争同样激烈

市场规模、市场增长以及市场份额

整个欧洲洗衣机市场的总值在 1999 年大约为 53 亿美元，而且以每年 2%~3% 的速度增长。到 2003 年，市场价值大约 57 亿美元。和真空吸尘器一样，顾客购买的洗衣机大多是用来更新换代的。

到 2000 年 11 月为止，戴森都没有涉足这个市场。整个欧洲的竞争非常激烈。伊莱克斯在欧洲的许多市场上都是领导者，而 Merloni 位居第二。英国市场的领导者是 GDA 公司。它是一家合资公司，拥有美国和英国的专利，而且以非常著名的品牌 Hotooint 和 Creda 进行生产。按销售量和价值来算，这家公司均占有大约 35% 的英国市场份额。这家公司还以一些电子零售商的品牌生产产品，这些产品的市场份额大约为 4%。GDA 在欧洲其他国家的地位非常弱小。

戴森于 2000 年 11 月推出了新型 Contrarotator 洗衣机

戴森以新型自动洗衣机 Contrarotator 进入这个市场。Contrarotator 洗衣机与其他洗衣机相比，不同之处在于它有两个滚筒，而其他洗衣机只有一个滚筒。这种洗衣机的构造是一个滚筒嵌在另一个滚筒里面，并以相反的方向旋转运动，从而产生汹涌的洗衣动作：戴森声称这种洗衣机洗衣服时更像手洗动作。和他的真空吸尘器一样，新型戴森机器带有强烈的个性，并以高价格推向市场。例如这种新型的戴森机器在英国的代表性价格大约为 950 英镑，而一般的竞争对手定价为 250~500 英镑。

显然，这项举措使戴森公司的资源发挥到极限。刚开始，戴森在英国的很多家用电器商店为新产品获得了很好的销售渠道。但是戴森产品的优异表现并没有反映在销售额上。到了 2003 年下半年，戴森的 Contrarotator 洗衣机的市场份额仅占英国市场的不足 1%。这对英国的市场几乎没有任何影响，使得很多电器商场开始撤货。但在互联网上还是可以买到这款洗衣机。2007 年，因为销售量和利润都不理想，公司决定从市场上撤回这款产品。

案例问题

1. 戴森的战略是什么？戴森成功的主要原因是什么？

2. 他会继续取得成功吗？如果需要的话，他应该怎样改变自己的战略？

3. 其他创业者应该向戴森学习吗？如果应该，这个案例给了我们什么经验教训？

14.1 顾客和顾客驱动战略——Theodore Levitt 的贡献[2]

顾客购买组织生产的产品或接受组织提供的服务，通过这种方式公司实现了经营活动价值增值的目的。因此，顾客对于战略管理发展来说是至关重要的。实际上，非常著名的营销学作家、哈佛商学院的前任教授 Theodore Levitt 曾发表评论说："一个公司的目标就是开拓和留住顾客。"

定义▶　如果他是正确的，那么战略关注的核心应该是发展和留住顾客。**顾客驱动战略就是，公司的每个职能部门都要以客户满意为导向。**Levitt 在 20 世纪 60 年代早期清楚地论述了这个问题并提出了一些设想，而且还指出了顾客描述在战略管理发展中的作用。他非常欣喜地看到戴森选择生产无兜吸尘器，从而为顾客提供了一个新的利益点。

尽管如此，Levitt 还认为只要顾客有选择的余地，战略管理的发展就需要考虑顾客选择竞争的可能性。因此，顾客战略应当与竞争战略联系起来。通过分析组织所掌握的持续竞争优势就可以明确这一点。这些优势将会吸引顾客并留住顾客，而不是容许他们转向竞争对手——设计顾客驱动战略就是为了建立顾客忠诚和提高顾客满意度[3]。

14.1.1　定义顾客和竞争者

首要的任务就是识别谁是公司当前的顾客以及谁将成为公司将来的顾客。对于许多公司来说，这个问题可能是非常清楚的，但公司战略从来就没有清楚地表明这一点。Levitt 于 20 世纪 60 年代指出，北美一些大公司由于错误判断目标顾客而犯了一些重大的战略性错误。如果不能正确地识别顾客，那么公司在竞争分析中很有可能会遗漏与公司竞争同一顾客群的一些竞争对手。

在识别顾客时，一种广义的观点就是战略管理应当首先考虑"谁"。在明确了这个问题之后，就应当采用一种狭义的观点。Levitt[4] 以美国铁路行业为例，在 20 世纪 50 年代，该行业把市场定义为铁路运输。结果该行业中的每一家公司都发现自己所面临的竞争几乎都是各铁路公司内部之间的竞争。与此同时，广阔的北美地理区域以及日益廉价而又可靠的航空运输使得新一批航空公司迅速成长起来，最终损害了铁路行业的利益。最初铁路行业的战略都直接针对行业内部而忽视了来自空中运输的威胁。Levitt 认为铁路公司的战略不是以顾客为导向。

准确定义顾客的重要意义在于发展战略。这些战略要以顾客为目标并能正确地识别出竞争对手。最后，如果市场环境很难正确界定，那么竞争对手就可能偷偷地抢走公司的顾客。当公司发现时已经为时已晚。然而，Levitt 的方法存在一个重大问题，顾客定义的范围过于广泛可能会不切实际。例如，铁路与航空公司、公共汽车与轿车之间的确存在竞争，但这些竞争在实际中有多大的实际意义还不清楚，铁路公司应当购买航空航线吗？或者铁路公司应当购买汽车公司吗？

另外，Warwick 大学的 Peter Doyle 教授提出了一种分析顾客的更佳方式。这种方式有以下三个原则[5]。

1. 顾客细分：公司战略针对的细分市场的数量；
2. 顾客需求：公司应当满足需求的范围；
3. 技术：在争夺顾客时应当掌握什么技术。

他认为这三个原则将有助于缩小顾客定义的范围，因为这种分析方式是与战略发展相关的。

评论

这种分类方式在某些行业中是有用的，但在其他行业中可能是毫无意义的。Doyle 提出的三原则在国防工业的例子中是正确的，并且起了显著的作用。但它们在飞机行业中是否起作用根本不清楚。例如，该行业中顾客细分与顾客需求之间存在很多重叠之处，并且只有一项基本技能。实际上，在识别顾客时，组织必须自己去判断。

因此，第一步最好是把公司顾客定义得较宽泛一些，这样可以确保公司识别出所有的潜在竞争对手。然后就是重点关注公司的直接顾客，这样就能以可操作的方式形成公司的竞争优势，从而使自己的产品或服务超越竞争对手。

14.1.2　顾客驱动战略的主要要素是什么

在经过深思熟虑之后，一些组织的公司战略开始转向顾客驱动战略[6]。这种战略方法有三个特点：

1. 了解顾客；
2. 组织针对顾客需求作出积极反应；
3. 组织让顾客的钱花得值得。

这种战略方法的本质就是组织要超出自己的职责范围，即在传统上通过营销和销售与顾客发生直接关联。这个概念认为所有各方都要包括在内，例如财务和生产。文本框 14.1 总结了一些主要方面。

文本框 14.1

顾客驱动战略的一些例子

了解顾客
- 与顾客保持多层次直接联系
- 对关键顾客进行广泛研究，即顾客细分
- 了解顾客为何会选择公司的产品或服务组织

组织针对顾客需求作出积极反应
- 与竞争对手相比，要经常做一些顾客满意度调查
- 要积极应对顾客的抱怨和建议
- 要比竞争对手更有效地跟踪、调查关键顾客对公司的印象，实现货币的真正价值

组织让顾客的钱花得值得
- 监督市场上产品的质量
- 对有竞争力的价格和服务做比较性调查
- 组织内部的酬劳要以顾客业绩的好坏为标准

14.1.3 顾客驱动战略为何如此重要 [7]

实质上，顾客驱动战略关注的是满足组织当前顾客以及潜在顾客的需要，由此而形成了组织的目标，例如利润或公共服务组织提供的服务。顾客驱动观念认为，只有通过吸引和留住顾客才能获得长期的利润。引用 Doyle 教授的话，"利润、增长以及稳定都依赖于管理者领导组织满足顾客需要的能力……如果公司不能吸引并留住顾客，那么它将不会有长期获利的机会" [8]。

这种组织观点是非常重要的，因为它认为简单的衡量赢利能力的财务手段并不足以确保公司获得生存并持续增长：它们应当与顾客满意和顾客忠诚联系起来。大量的经验证据可以用来支持这个观点。

- 忠诚的顾客更加有利可图：在大多数公司里，大部分销售额都是由这些顾客创造的，他们的忠诚意味着他们对于价格的增长不太敏感，而且他们还可能会为公司介绍一些新的顾客。
- 吸引新顾客的成本大于留住忠诚顾客的成本：前者比后者的成本可能要多出 3~5 倍。
- 保留当前的顾客可以大幅度提高利润：每年大约有 10%的顾客会离开公司。然而，研究发现，多留住 5%的顾客就会为公司增加 85%的利润。

因此，组织可以指望使用顾客驱动战略来提高赢利能力和顾客满意；对于公共服务的组织来说，顾客满意可能尤其重要，所以它成了战略的一个重要组成部分。

14.1.4 如何发展和改进顾客驱动战略

突发性方法及常规性方法都可以应用于发展和改进顾客战略。

在组织未能满足顾客需要的情况下或在复杂的领域开展一般性营销研究时可能需要突发性的方法。它可能也需要确保顾客服务和质量持续地改进。这就需要采用第 7 章研究的创新性概念方法。

在其他情况下就要采用常规性方法，尤其当顾客在意价格时。如果顾客关心货币的价值，那么组织就有必要让顾客清楚地了解以此价格出售的产品或服务：反复实验在这里可能没有意义。所有这些都需要更加清晰和精确的常规性方法。

关键战略原则

- 顾客对于公司战略发展是至关重要的。如果可能的话，组织需要评估顾客的需求。为了识别出可能的竞争对手，组织需要从较广泛的层面出发来研究顾客的需求。然而，组织从狭义的层面出发可以识别出产品或服务的特征。这些特征会说服顾客选择某一个特定公司而不是竞争对手。
- 一些公司把顾客导向观念作为战略的一部分内容，这是一个长期的任务而不是短期劝说顾客。
- 顾客导向战略非常重要，因为它递送了组织的目标并有益于提高顾客忠诚度。
- 在顾客分析和战略发展中突发性方法和常规性方法都会用到。

14.2　顾客描述和持续竞争优势

14.2.1　顾客描述的重要性

定义▶　为了保证战略过程发展顺利，组织有必要去了解顾客以及他们选择特定产品和服务的原因。顾客描述提供了顾客以及他们如何作出购买决策的主要特征。**在公共服务领域和慈善机构中，即使顾客没有选择，但了解他们的需求将有利于更好地为其提供服务。**此外，这种分析将会解释顾客为何购买公司的产品或服务而不是竞争对手的产品或服务，这将有助于识别出公司具备的持续竞争优势。这就意味着需要利用第 3 章介绍的营销研究方法来描述顾客以及他们的购买决策。为了完成这项任务，有必要通过顾客描述来进一步研究顾客购买决策。

顾客描述提供了顾客以及他们如何作出购买决策的主要特征。文本框 14.2 提供了一些典型的顾客描述例子，它使用了营销研究中更加深层的信息。以下就是不同类别的主要特征：

- 家庭顾客为自己或他们的家庭购买产品或服务。之所以称之为基本需求，是因为这种需求不依赖于任何其他群体。基本需求主要受到行业自身因素的影响。顾客从他们的购买中追求直接满意度，例如吃冰激凌。这里有数量众多的顾客，而每一位顾客都做少量的购买，因此，他们的讨价还价能力就低。

文本框 14.2

典型顾客描述

	家庭消费者	大型行业	大型个人服务业	非营利慈善组织	公共服务	小公司	战略实施
例子	联合利华的冰激凌	空中客车的飞机	麦当劳的餐馆	联合国儿童基金会	健康服务、医院	理发师或当地建筑商	
需求性质	首要	派生或结合	首要	首要	首要	派生或结合	
销售信息	直接满意：地位很重要	经济和非经济需求	直接服务：品质是服务的组成部分	受慈善信念驱动私人服务	和私营行业一样，但受到为公众服务的指导约束	和大型工业相同，但更多强调私人服务	差别的重要领域，可能会需要行业层次的战略
顾客需求	根据相似的需求特征可以把顾客分成若干种类：细分	每一个顾客都是不同的	各地存在顾客群	为他人或自己购买	顾客可能是若干群体，但个人服务也很重要	顾客可能是若干群体，但个人服务也很重要	细分战略和个人购买者
购买动机	个人或家庭	公司购买	部分受地方风俗、时尚的影响	为他人或自己购买	为他人或自己购买	地方或国家服务	重要差异可能需要行业战略
产品	品牌，技术含量可能较低	技术可能比较成熟	提供的服务是产品的一部分	提供的服务是产品的一部分	提供的服务是产品的一部分，而且有技术含量	可能有技术含量，而且可能会很高但属于个人服务	在一些领域技术比较成熟，在其他一些领域需要服务

通常可以通过不同的生活方式或消费方式来区别顾客群，例如，散装冰激凌的家庭需求可以作为一个细分市场。通常可以通过定价、品牌、广告、质量和服务水平来说服家庭顾客购买产品，这些要素往往构成了公司持续竞争优势的基础。

- 大公司顾客的购买含有更多的理性因素和经济因素，例如，从空中客车公司购买飞机时会考虑其性能和成本以满足特定的运输要求和标准。每一个公司的顾客可能都有差异，例如，英国航空公司和汉莎航空公司(德国)有不同的需求。顾客不应当被划分成群体，常常是个别公司的订单量本身就很大，所以值得给予特别的关注。需求常常是一种衍生需求，即它依赖于另一个行业的需求。例如，对飞机的需求来自于对航空旅游的需求。衍生需求需要分析直接相关行业之外的因素。对于这类公司来说，持续竞争优势常常建立在价格、服务以及质量基础之上。

- 小公司顾客相对于大公司顾客来说拥有更多相同的特征。然而，它们的订单大小决定了程度不同的注意力。持续竞争优势可能是来自于规模较小的公司所能提供的水平更高以及更富有弹性的服务。

- 大型顾客服务组织通常面向直接消费的家庭顾客出售产品。这类组织包括办理零售业务的银行以及主要的酒店连锁等。重要的是，这类产品包括提供服务的人员、建筑物周围的环境、服务的地点以及服务流程，例如，一个友好的微笑。持续竞争优势通常与价格、服务质量和品牌有关。

- 公共服务顾客可能与大型顾客服务组织所面向的顾客有很多相似之处。然而，商业因素可能不太重要。如果服务是由一个垄断组织提供的，那么持续竞争优势也就变得不太重要。但这种组织更应当以较低的成本提供较好的服务。

- 非营利慈善机构的顾客也涉及服务，但可能更受一种强烈的信念驱使以及保持自愿者的兴趣。这可能使得慈善机构的战略变得更加具有合作性。除非是吸引捐献者，否则持续竞争优势可能就是一个不太合乎实际的概念。在这里，品牌、特定利益以及金钱价值可能是重要的。

在研究典型顾客描述的战略含义时，应当注意到一些行业领域比较特殊，无法归纳为以上这些类别当中。显而易见，顾客描述与组织的持续竞争优势有关，因为它有助于解释为何顾客选择某种产品或服务而不是另一种。例如顾客选择戴森真空吸尘器的关键原因在于它优越的产品性能——见案例研究 14.1。另外，顾客描述的其他三个方面对竞争优势也有帮助：

- 应当明确顾客的转移成本；
- 通过这个过程可以明确顾客的讨价还价能力；
- 应当识别出顾客合作。

14.2.2 探求未来需求以及突破性战略

除了基本的顾客描述之外，战略还需要识别出未来的机会。引用 Hamel 和 Prahalad 的话："除了满足公司当前顾客的明确需求之外，公司如果不能更进一步发展，那么它很快就会落伍。"然而，在混乱的市场上，研究未来的需求非常困难，如第六部分案例研究 12 中所描述的对发展迅速的宽带服务需求进行预测的困难。在这个案例中，战略应当遵循突发性方法并逐步向前发展，不能过高估计公司拥有的资源。

研究当前的产品要比对基本上不了解的产品采取措施容易得多。例如，对空中客车公司的新型 SuperJumbo A380 客机的顾客进行研究是十分困难的。因为该飞机的设计，它是不寻常的全新的双层客机——一个客舱在另一个之上，见案例 14.4。潜在顾客对这种完全新奇的设计是没有概念的。然而，顾客描述可能是至关重要的，因为这种创新产品可能会带来出现重大的、新颖的战略管理的突破点。

未能满足的顾客需要很难研究，这一领域要求技术人员和战略家之间的紧密合作。他们可能将从实验模型、结构化营销研究以及产品试用中受益。

14.2.3 顾客描述与战略发展之间的联系：顾客／竞争者矩阵

由于存在各种各样的顾客和竞争者，因此很难把顾客描述的所有战略含义结构化。然而，通过对顾客和

定义▶ 竞争者类型做一些简单的假设就可能找到战略结果。这可以用顾客／竞争者矩阵来表示。**顾客／竞争者矩阵将**

顾客的需求和竞争优势相联系，进而发现所需的战略。这种分析的目的就是要探求从顾客中出现的战略类型以及进入或留在这个行业所面临的困难。

简化的假设是：

- 顾客不仅都拥有同样的需求，而且需求总是无穷无尽的；
- 竞争者仅仅可以通过不同的规模经济以及产品差异这两方面进行区分。

从本章已经分析的问题来看，有证据表明这些都是有益而大胆的简化假设，它们既有优势，也有劣势。图 14.2 显示了有关的结论并综合了两个主要因素：

1. 顾客需求——产生竞争优势的根源。
   - 一些顾客拥有与其他顾客本质上相同的需要。例如，当顾客购买诸如糖、棉花或电时，因此，对于这些产品来说，竞争优势产生的根源是有限的，例如，棉花在质量和价格方面只存在很小的差异。
   - 一些顾客拥有的需求是无穷无尽的。例如，理发和战略咨询，从来就没有两个完全相同的工作。在这里，竞争优势产生的根源是多种多样的：服务类型、产品质量以及任务长度等。
2. 竞争者战略——基于经济规模和差异化。
   - 一些公司由于规模很小或者差异化优势很小，所以只具有很小的竞争优势。例如，煤炭业和一般的乡村旅馆都是极易模仿的例子。
   - 另一些公司由于经济规模比较大并且形成了明显的产品差异化优势，以至于竞争对手很难模仿，所以这些公司可能具有较大的竞争优势。例如，联合利华公司生产的品牌冰激凌以及波音公司制造的飞机。

从顾客竞争对手矩阵来看，有四种类型的战略。

1. 细分战略。顾客的需求是多种多样的，这也为竞争优势的形成提供了条件。但是这些优势极易被模仿，特色零售店、美容理发店以及其他类型的小公司都是这方面的例子。一些会计咨询公司也属于这一类型。然而，一些大型的跨国会计公司已经成功地打破了传统观念，并依靠其规模向多国顾客提供审计核查业务：这种类型的组织属于下面将要讨论的专有战略范围。
2. 专有战略。一些公司拥有特殊技术、专利和专有产品，并向有着多种多样需求的顾客出售这些产品，而且常常是大规模的出售。这方面的例子有一些主要的药品公司，它们往往有不同的目标市场、强有力的专利产品以及国际性的咨询公司。
3. 标准化战略。这些公司常常基于规模经济和品牌，但其产品基本上是出售给那些需要标准化产品的顾客，而且这些产品的差异化很小。这方面的例子包括品牌产品以及一些基本化学制品。越来越多的医院开始提供这种服务，例如标准化的手术和医疗检查。
4. 相持战略。这些产品极易模仿，而且顾客的大多数需求本质上都是相同的。由于顾客很容易在供应商之间转移，因此很难获得高附加值。这方面的例子包括一些食品原料以及其他类的商品。

图 14.2	顾客/竞争对手矩阵		
	多种多样的顾客需求，数量众多的竞争优势源	细分战略	专有战略
顾客需求	大致相同的顾客需求，数量稀少的竞争优势源	相持战略	标准化战略
		优势较小，容易模仿	优势较大，很难模仿
		竞争优势	

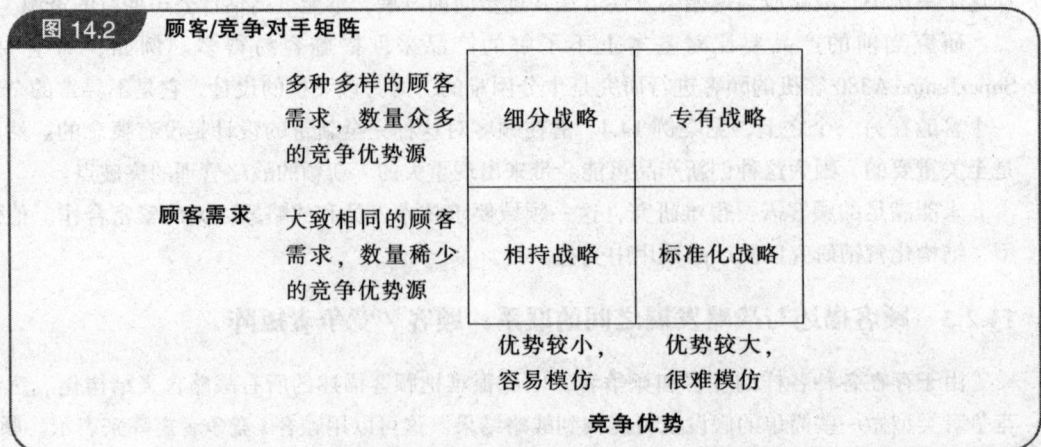

14.2.4　国际顾客分析

迪斯尼、贝纳通、索尼、喜力和阿迪达斯都是国际知名品牌，它们遍及世界上的许多国家。产品、口味和市场正在变得越来越国际化。从这种意义上看，顾客分析也需要采用更加国际化的方法。

关于战略发展的国际性方法最有名的文章可能就是 Theodore Levitt 在 1983 年发表的题为《市场全球化》的文章[10]。他认为世界各地在口味、文化以及语言方面存在着真正的差异，但是，他指出全球化的压力远胜于这些因素。每一个人都会逐渐形成一种全球化口味："世界大同主义不再为知识分子和休闲一族所独有；它成为世界上每一个地方的特色和特征。"

为了支持自己的观点，Levitt 引用了一个没有遵循全球化的洗衣机制造商的例子[11]。他还引用一些成功实现国际化的公司的简短例子，其主要观点总结在文本框 14.3 中。国际化分析中最重要的一点就是，寻求国家之间的相似性比寻求国家之间的差异性要重要得多；在 21 世纪这一点还是正确的。Levitt 还重点强调了能够真正导致价格降低的国际性规模经济，因此克服了各国在口味上存在的任何差异。

文本框 14.3

Levitt 所认为的提高国际化的主要原因

- 价格竞争很重要，对顾客也有说服力；
- 如果价格足够低，则有可能改变某一国家的国民口味；
- 全球化来自于产品和服务的标准化；
- 关税和配额无法保护本国工业不受全球化冲击；
- 规模经济将有可能实现，并会导致全球价格竞争越来越激烈；
- 品牌全球化意义重大，并对顾客充满吸引力。

评论

Levitt 的文章的确很有影响力，他的文章充满了激情。然而，文章所依据的事实似乎并不具有说服力，所作出的判断并不一定正确，而且他的观点在若干方面都存在问题。几年之后，Douglas 和 Wind 对此提出了一些正确而有益的批评[12]。他们强调对国内（或当地）顾客的差异作出积极反应的重要性，而且要寻求 Levitt 所提到的全球规模经济的好处。尽管如此，其中心论点是努力寻求各国之间相似性而不是差异性。这一点至今仍有价值。第 19 章将更深入地探讨这些问题。

关键战略原则

- 顾客描述为了解顾客提供了一个基础，而其对于战略发展又是至关重要的。特别是，它揭示了为什么顾客会选择这种产品或服务而不是另外一种，它有助于识别出组织拥有的持续竞争优势，还有助于组织在面对那些希望转而购买竞争对手产品的顾客时认清自己的优势。
- 更重要的是，顾客和他们未来的需求将为公司提供一个全新的战略机会。
- 顾客/竞争者矩阵把两个重要领域联系在一起：顾客需求的普遍性以及基于经济规模和差异化而在市场上实现竞争优势的可能性。矩阵明确了四个战略状况形式：细分、专有、标准化和相持。下面将逐一探讨它们的战略重要性。
- 许多公司所从事的活动越来越全球化。从国际视角进行顾客分析需要寻找国家之间的相似性而非差异性。然而，对国家之间的重大差异保持敏感性也是相当重要的。
- 国际化运作可以带来许多潜在的好处。然而，它们依赖于有关顾客的一些假设。这些假设的有效性在现实中需要认真地分析。

14.3 市场细分

对于许多市场来说，顾客分析不仅仅需要对市场基本情况进行研究，还要对市场的特殊领域进行研

定义▶ 究——市场细分，然后再分析组织在某一细分市场上的竞争地位——它们的市场定位。**市场定位的问题将在下一节中讨论。市场细分是识别出特定的顾客群(或部分)，即对公司竞争战略的反应与其他群体不同的顾客群**。图 14.3 显示了这种研究方法的基本顺序。为了研究各种要素，我们首先采用了常规性方法。实际上，这种顺序通常具有很大的随机性。从这种意义上说，我们常常要研究许多定位问题：这一点显示在图 14.4 中，在实践中我们也采用突发性方法。

常规性方法的三个阶段：

1. 识别细分市场。识别细分市场的特定需求将会有助于认清这些细分市场上的顾客特征。
2. 评估细分市场。一些细分市场通常比另一些更具吸引力，应当识别出这些细分市场，并作为目标市场。
3. 细分市场上定位。在细分市场上，公司需要建立超越竞争对手的差异化优势。

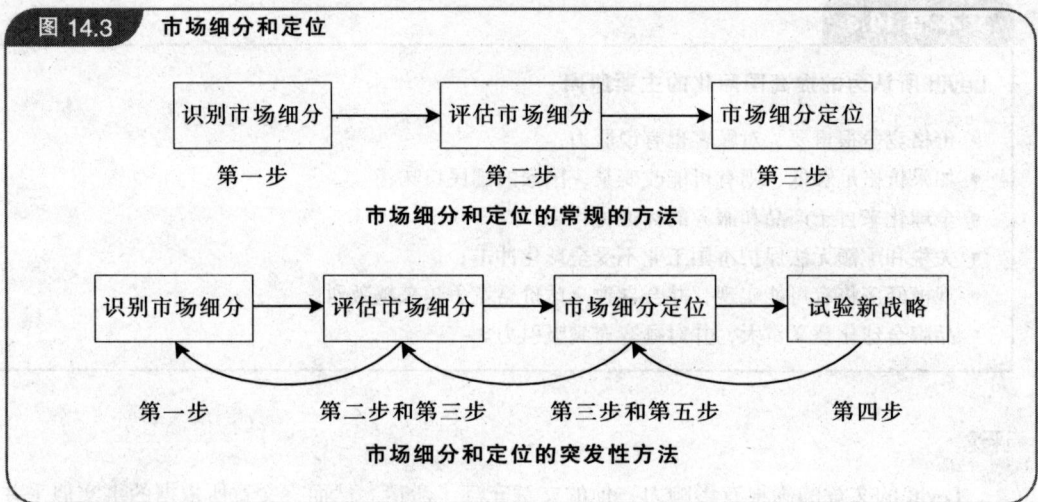

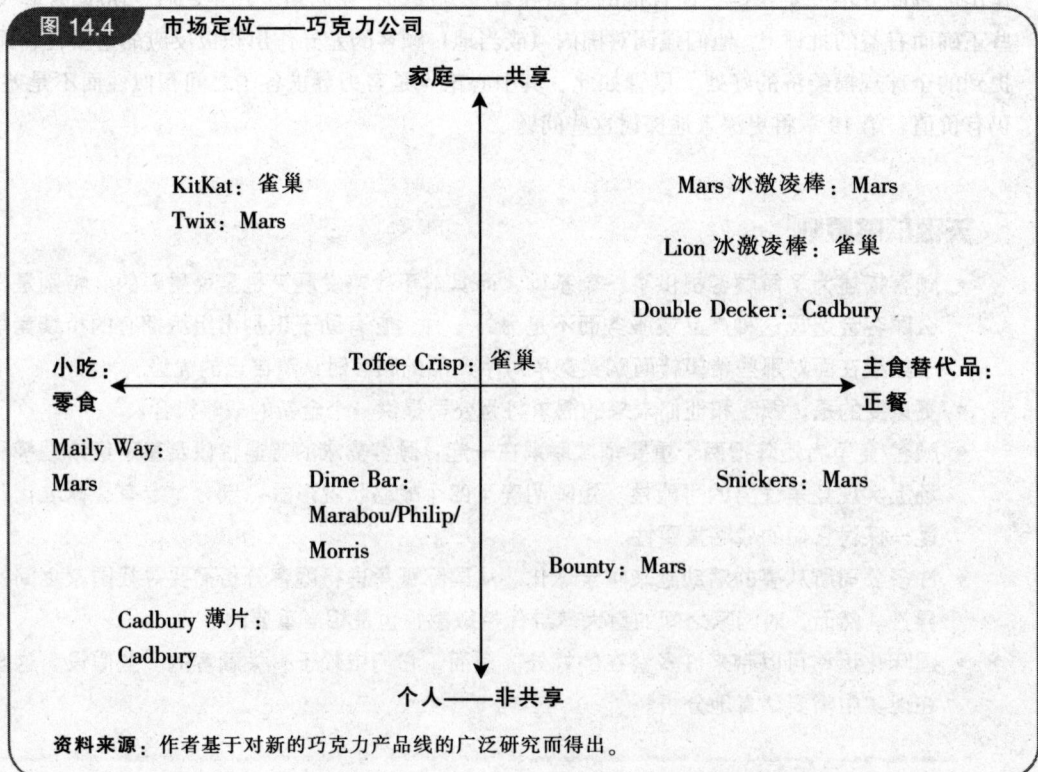

图 14.3	市场细分和定位

```
识别市场细分 ──▶ 评估市场细分 ──▶ 市场细分定位

   第一步          第二步          第三步
        市场细分和定位的常规的方法


识别市场细分 ──▶ 评估市场细分 ──▶ 市场细分定位 ──▶ 试验新战略
      ↖_____↗      ↖_____↗      ↖_____↗
   第一步      第二步和第三步    第三步和第五步    第四步
           市场细分和定位的突发性方法
```

图 14.4	市场定位——巧克力公司

```
                        家庭──共享
                           ▲
                           │
   KitKat：雀巢                          Mars 冰激凌棒：Mars
   Twix：Mars
                                        Lion 冰激凌棒：雀巢

                                     Double Decker：Cadbury

  小吃：        Toffee Crisp：雀巢                        主食替代品：
  零食  ◀──────────────────┼──────────────────▶          正餐

  Maily Way：
  Mars
              Dime Bar：                        Snickers：Mars
              Marabou/Philip/
              Morris
                          Bounty：Mars

  Cadbury 薄片：
  Cadbury
                           │
                           ▼
                        个人──非共享
```

资料来源：作者基于对新的巧克力产品线的广泛研究而得出。

在制定顾客战略时，顾客分析通常需要研究市场细分[13]。市场细分可以定义为识别出特定的顾客群(或部分)，即对公司竞争战略的反应与其他群体不同的顾客群。识别出一个细分市场的好处包括：

- 认清一个群体的实力(也可能是优势)，尽管整个市场规模很大。在某个群体上拥有更大的市场份额可能要比拥有一个广泛市场上较小的市场份额，收益要大。也就是在某个群体上竞争优势可能要比其在一个广泛市场上的要大。
- 通过定位目标市场把顾客需求与组织资源紧密地联系起来，这将提高公司的持续竞争优势。
- 由于公司的实力集中在一块较小的市场区域上，因此公司的资源可以得到更加有效的利用。

因此，从战略的观点来看，市场细分的关键优势可能就是主导一个细分市场的能力以及获得目标收益从而保持其地位。例如，戴森主导了高端真空吸尘器细分市场。

表 14.1 列出了消费品市场细分和工业品市场细分的基本根据。然而，市场可以按照任何适用的标准进行细分而并非必须要遵循这个表。

表 14.1　市场细分的基本根据

消费品市场	工业品市场
● 地理因素	● 地理因素
● 人口特征 (年龄、性别、教育程度等)	● 最终用途
● 社会经济和收入	● 顾客交易
● 道德团体	● 购买情况
● 追求利益	● 服务市场
● 使用频率和品牌忠诚	● 顾客附加值
● 态度	● 竞争优势来源 (价格、服务等)
● 生活方式	● 重视研发和技术革新
● 地点 (进行消费的场所)	● 专业合作关系

在细分市场之后，顾客战略分析就需要评估每个细分市场的价值，即图 14.3 所描述的第二步。只有一个差异化的细分市场是不够的，在顾客战略分析中任何有价值的细分市场都应当具有下述四个重要特征：

1. 可区别的。顾客必须是可以区分的，这样才可能按照某种标准对他们进行分类。
2. 与购买行为有关。区分标准必须与市场需求差异有关。例如，他们可能会为高质量的产品支付高价格。
3. 足够大的规模。如果这个细分市场规模很小，那么就不足以弥补占有这个市场所需要的资源。
4. 可进入的。公司战略必须能够针对这个细分市场。

评估细分市场的未来增长前景也是重要的。案例研究 14.2 研究了一个市场细分例子。

案例研究 14.2　在欧洲冰激凌市场上进行市场细分的两种方法

方法 I：购买目标

欧洲市场上购买冰激凌的行为可以分为冲动性购买和家庭消费性购买；前者是为了直接消费而后者通常是为了以后消费而大批购买。冲动性购买常常发生在小商店，如海滩售货亭或报刊亭，而家庭消费性购买通常是在百货店和超级市场。然而，如果严格区分这两个细分市场就错了：零售商购买大批量散装的冰激凌而满足冲动性购买者的需要；冲动性购买的商品如盒包装的巧克力棒也可能批量销售，而且它也可能拿回家以便以后消费。

实践中，可以找到一些国家的细分市场的详细数据，但整个欧洲并没有相关主题的研究。表 14.2 基于不同资料来源对欧洲一些领先的市场作出了极好的评估。

表 14.2 中的数据解释起来很复杂，因为这里有许多不同的因素在起作用。在法国，吃冰激凌有时被当做是奢侈的行为，因此需要认真考虑冰激凌的消费情况，而不仅仅是考虑冲动性购买。在意大利，冰激凌是由当地制造商生产的。由于它含有高档的原

表 14.2　按购买目标细分冰激凌顾客

类型	法国 (%)	意大利 (%)	英国 (%)	德国 (%)
冲动性购买	30	40	30	50
家庭消费性购买	70	60	70	50

资料来源：根据不同的行业文章，作者所作的估计。

在中国（如上图）或在欧洲，冰激凌公司，像联合利华和雀巢一般会开拓市场细分机会去寻求新战略机会

料以及独特的成分，所以被当做是昂贵的商品，更多地可以从咖啡店和冰糕店购买到。在英国，传统上冰激凌是由低品质的原料制作而成，例如，代替真正奶油的植物油。在 20 世纪 80 年代，欧洲市场上的经济型散包装家庭消费的冰激凌需求出现了大幅增长，而且最近那些价格更高、质量更好的散装冰激凌的需求也出现了大幅增长。在德国，传统上冰激凌的购买都属于冲动性的，直到最近家庭消费性冰激凌市场才有了很大程度的增长：这两种类型的细分市场对冰激凌的原料和口味都有着很高的期望。

在每一种购买目标下，确定个别产品或群体产品的竞争定位是可能的。例如，消费产品的竞争定位可以从廉价、家庭类包装的冰激凌——例如超级市场自己的品牌，到价格较贵的产品——

例如联合利华的 Carte d'Or。以同样的方式，冲动性购买的产品可能会定位于小孩或成年人。

方法 2：价格和质量

在 20 世纪 90 年代，由于使用了较贵的原料、较高的价格以及奇异的口味，欧洲冰激凌市场出现了惊人的增长：一些顾客(不是所有的顾客)在口味上变得更挑剔，对质量的要求更高。人们开始尝试重新定义价格和质量。表 14.3 显示了这方面内容。

分析表 14.3 的细分市场时需要非常谨慎：这里没有给出关于四个细分市场的详细信息。由于顾客从细分市场上购买商品取决于当时的环境，所以这些细分市场存在许多重叠之处。不管问题是否明确，上述提到的市场细分的规模非常大，足以采取不同的营销和分销措施。通过合适的媒体可以准确定位许多目标市场。例如，哈根达斯冰激凌使用高贵的、性感的青年人彩色画像来吸引潜在的顾客，或者利用电视广告把 Mars 品牌的冰激凌新产品介绍给更多的电视观众。因此，尽管精确地定义一些细分市场存在困难，但它们的确有市场潜力。

案例问题

1. 细分冰激凌市场还有其他方法吗？
2. 通过市场细分检验，你对上述提到的两种方法的实用性能得出什么结论？
3. 如果一个小型新进入者开发了一种新的冰激凌产品，你认为哪种细分市场对其最具有吸引力？

表 14.3 按价格和质量进行顾客细分			
细分市场	产品和品牌	定 价	2000 年的市场增长
超高价	高质量、风味独特，如哈根达斯的 Mint Chocolate Chip, Ben & Jerry 的 Fudge	单位价格很高：产品附加值很高	市场基数小，年增长率达到 6%
高价	原材料的质量很好，品牌也非常有名，如 Mars 和 Magnum	价格比正常的和经济实惠的产品要高，但不如超高价的价格高：高附加值	市场规模比超高价市场规模大，年增长率为 3%
正常	标准品质原料，统一使用制造商的品牌而不是使用产品单独的品牌，比如雀巢、Walls	标准化价格：足够的附加价值，市场规模较大	在发达国家的市场规模基数很大——在很多国家都可以买到，主要品牌在很多国家都可以买到
经济实惠	规模较小的制造商以标准品质原料制造，可能会使用零售商自己的品牌	较低的价格，价格非常具有竞争力：附加价值低，但是市场规模大	市场规模基数很大，尤其是在比如英国这样的国家——很多本土品牌

资料来源：作者根据贸易文章进行的估计。

关键战略原则

- 在建立市场细分和定位中有三个常规阶段：识别潜在细分市场、评估和选择细分市场以及细分市场定位。
- 市场细分是识别出特定的顾客群 (或部分)，即对公司竞争战略的反应与其他群体不同的顾客群。这些顾客群体在发展战略中是相当重要的，因为他们为公司占领市场的一部分提供了机会。
- 识别出细分市场之间的不同可能会带来新的战略机会。

14.4 竞争定位 [14]

定义▶ 尽管已经了解了有用的市场细分，但它本身并不能解决公司战略问题。接下来就需要研究在细分市场上的竞争地位，因为只有通过这个分析才能明白组织是如何在细分市场上竞争的。**竞争定位就是指组织对其拥有差异化优势的选择，以使其在市场上，或是细分市场上进行竞争并得以生存。** 例如，Mars 公司(美国)和雀巢(瑞士)都在巧克力产品市场上竞争。然而，Mars 的产品 Snickers 定位是"主食替代品"——这种产品可以代替主食，而雀巢的 KitKat 的产品定位是"小吃"——这种产品仅仅是一种休闲食品，但是不能用它代替主食。因此，竞争定位就是使自己的产品或服务与竞争对手相比具有差异化优势。可以分两个阶段来实现竞争定位：第一阶段找出市场细分的差异，第二阶段进行细分市场定位。

14.4.1 识别细分市场空隙及其对竞争定位的意义

从战略角度来看，最有价值的战略分析常常来自于行业细分市场的空隙研究：在一些研究者中，波特 [15] 和 Ohmae[16] 推崇这种方法。这种分析的出发点就是勾画出当前的细分市场状态，然后把公司及其产品放到这个细分市场当中，这时应该很清楚当前的产品没有涉足这些细分市场或者没有全力以赴地涉足这些细分市场。文本框 14.4 用欧洲冰激凌市场作为案例进行分析。

14.4.2 识别细分市场定位 [17]

从战略角度来看，某些细分市场的市场空隙可能会比其他细分市场的更具有吸引力。例如，这些市场上

文本框 14.4

新的或未充分开发的细分市场空隙：1998 年联合利华在欧洲冰激凌市场

可能存在的细分市场的市场基础

	购买者类型 1	购买者类型 2	购买者类型 3……
产品品种 1			
产品品种 2			
产品品种 3			
……			

步骤 1：联合利华在欧洲涉足的现有细分市场

	百货超级市场	小百货商店	饭店和打包消费	报刊亭和休闲设施
超高价	✓市场仅处于试验阶段			✓极少
高价	✓	✓		✓大部分
正常	✓			
经济实惠	✓	✓一些		

步骤 2：除了上述市场外，一些潜在的新型细分市场

	汽车修理厂	运动和文化项目临时设施	工厂小卖部和餐馆：按合同供应
超高价		✓	
高价	✓		
正常			✓
经济实惠			✓

注：为了清晰起见，以上只列出了联合利华的情况。此外，这个案例只是说明性的，并不代表联合利华各国子公司的真实行为。进一步的细分市场分析常常以地理区域等标准为基础，因为地理区域可能会提供一些有用的信息。

评论：证据表明，现有市场领域存在着许多空隙。上文给出的市场标准可以利用来评估是否值得填充这些市场空隙。联合利华可以采取行动的一个显著领域就是超高价市场。

可能只存在有限的竞争或只有质量较差的产品。另外，某些市场空隙在竞争定位上可能具有明显的优势，其他市场空隙可能就没有这些优势。为了研究市场定位，我们回过头来看看前面给出的雀巢和 Mars 两个竞争对手的案例。图 14.4 显示了这些产品系列的定位全貌。

巧克力竞争对手的定位过程如下。

1. 感知绘图：根据现有顾客和预期顾客在市场上作出决策的方式进行深入的定性研究，例如硬的与软的、便宜和昂贵、现代与传统。在巧克力的案例中，我们建立起主食/小吃和家庭/个人两个维度。

2. 定位：把品牌或产品置于该图上。图 14.4 绘出了现有结构。

3. 发展选项：把现有产品以及新产品置于图上，并根据它们现有的优势和弱势来确定图中的新位置。图 14.4 显示出了市场空隙，即一些公司和一些产品没有清晰的定位——如在作者进行调查时的 Toffee Chisp。

4. 测试：首先进行简单的顾客描述，然后再进行市场描述。证据表明，这是一个突发的而非常规的过程，涉及现有顾客和预期顾客的检验。

关键战略原则

- 竞争定位是指使产品或服务拥有强于竞争对手的差异化优势。
- 竞争定位有四步：感知绘图、定位、发展选项和测试。这个过程是突发性的而非常规性的。

案例研究 14.3 Bajaj 摩托车：是否应该进军汽车行业？

Bajaj 摩托车公司是印度最大的摩托车制造商之一。它面临着一项重大的战略抉择：是否要进军汽车行业。本案例将对此进行研究。

背景

在欧洲国家，摩托车是次要的交通工具，而在印度，交通工具市场占据主导地位的是摩托车、小型摩托车和三轮车。2007年，这些车的销售量大约有 7 百万辆。用国际标准来看，这些车的发动机相当小，印度的一般只有 120cc，而西方国家的则有 400cc。因此，印度的售价相对便宜，只有 2000 美元左右，而富裕的西方国家的售价为 8000 美元。此外，摩托车是印度家庭的必备交通工具：两个孩子坐在把手那里，母亲则坐在父亲的后面；而在西方，摩托车一般只乘坐一人。这表明，印度的家庭收入比西方要低得多。一般情况下，印度家庭的年收入为 5000 美元，而西方家庭为 25000~30000 美元。但是，印度一般消费者开始富了起来，中产阶级的收入也有了很大的提高。因此，家用小汽车的市场可能会出现。

Bajaj 摩托车公司的战略

1998 年，Bajaj 摩托车公司的销售量为 140 万辆，占了整个市场的 45%。Bajaj 早在 20 世纪 90 年代就与日本的摩托车公司川崎签订了使用 Kawasaki 技术的协议。

到 2007 年，Bajaj 汽车公司成立，成为印度主要的汽车制造商。它以 Pune 为基地，建了生产厂房。同时，它还建立了强大的分销服务网络和重要的研发中心，引入新的数字双点火技术。该公司成了亚洲地区主要的摩托车出口商，并正在谈判在印度尼西亚设立工厂的事宜。此外，公司还拥有重要的机动车生产线。Bajaj 是印度三轮车市场的领先者，并从中赢利。

然而，由于英雄本田的竞争，公司已经失去了市场的领导地位。Bajaj 的市场份额在 2007 年下降至 40%，而英雄本田的份额为 46%。有一部分原因是由于在迅速发展的印度豪华摩托车市场上，没能及时地推出新的车型，而本田成了这一领域的领导者。表 14.4 列举了 2007 年的车型和价格。

但是，Bajaj 公司于 2007 年开始反击，主要有三大战略。

1. 产品线中发展新的"豪华"摩托车。这是印度发展最为迅速的细分市场。公司在 Pune 设立了新的研发中心，研究新技术。更为重要的是，豪华摩托车能够带来更大的利润空间。

2. 降低成本。在早期，Bajaj 公司曾有 900 家供应商，供应摩托车

表 14.4	2007 年印度摩托车市场	
公司	型号	价格
英雄本田	CDDeLuxe(97cc), Splendor(125cc), Passion(125cc), Hunk,CBZ Xtreme	CDDeLuxe-US$3000 Hunk-US$3800
Bajaj	Platina (100cc), XCD, Pulsar (150 and 220cc), Discover	Pulsar 150-US$2800 Pulsar 200-US$3200
TVS	TVS Victor, Flame	
雅马哈	Gladiator (125cc)	Gladiator US$2000
其他制造商包括： 日本本田及日本铃木		

资料来源：作者在 2007 年 11 月到印度和 Nepali 摩托车商店的考察。 ▶

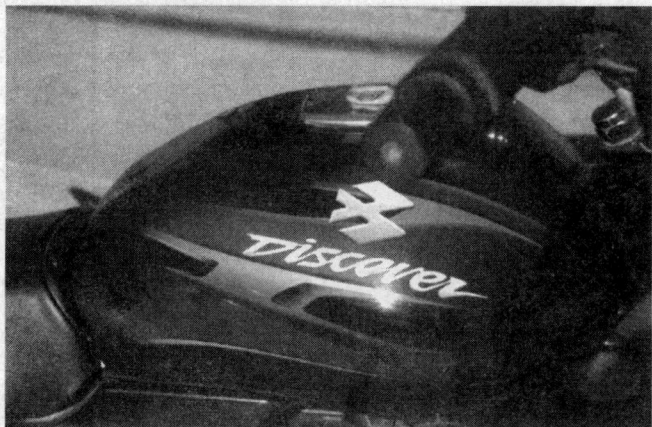

正如本书所强调的那样，Bajaj 宣布将在 2011 年推出一款低价位车型与 Nano 竞争。Bajaj 计划与 Renault 和 Nissan 一起建立一家合资企业研发新型车辆打进印度汽车市场。

的零部件。数量众多的供应商意味着供应商分散，在生产上不能形成真正的规模效益。因此，Bajaj 公司在 1998—2007 年的 10 年间，作出很大努力，将供应商的数量减为 80 个左右，同时，让供应商靠近生产装配线，类似第六部分案例研究 6 中提到的丰田公司的"即时供应"系统。低成本在小型摩托车市场中特别重要，因为价格竞争更为激烈，利润更低。

3. 出口及在国外生产。Bajaj 公司在海外大力推广其 Pune 工厂的产品。到 2008 年，公司在国外的年销售量超过 250000 台摩托车，这些国家包括斯里兰卡、尼泊尔、哥伦比亚、孟加拉、墨西哥、秘鲁和埃及。

十万的车：Bajaj 公司的新威胁？

直到 2008 年，印度汽车的市场仍比摩托车低很多。汽车的年销售为 200 万辆，而摩托车为 700 万辆。主要原因是汽车的价格一般都在 5000 美元以上，比摩托车的价格高出很多，只有比较富裕的中产家庭才买得起。

后来，印度最著名的公司 Tata 集团公司于 2008 年上市了轰动一时的新款车型。新款车的品牌叫 Nano，销售市场中称为"十万的车"，定价为 10 万印度卢比。Tata 在全球生产这种便宜的车型——十万卢相当于 2500 美元。公司花了数年设计一种更适用的新车型，将空间、经济和简约因素考虑在内。上路的零售价要高一些，大约为 13 万卢比，合 3250 美元左右，可以与豪华型摩托车形成竞争。它对 Bajaj 公司是新的威胁。

起初，Bajaj 公司计划于 2008 年 6 月开始用新的生产线生产样品，于 8 月正式投产。公司计划在第一年生产 25000 台 Nano 车，

在其后的几年内年产量达到 100 万台。对于新产品的反应是十分有利的。"Nano 将改变印度的汽车市场。它将满足印度中产阶级四口之家的需要，可以防雨、防风和防尘。给四口之家带来了自由，"印度汽车协会的 Dilip Chenoy 这样说。

甚至摩托车生产商也对此深有感慨："这车不错。作为一名印度人，我对此感到骄傲。我很喜欢这辆车，但我认为它对于两轮摩托车的影响不大。两轮摩托车的市场巨大，我们不担心有其他市场的渗透。"这是英雄本田的经营总监的观点。但是 Tata 却采取了不同的路线：它强调 Nano 更安全。如果能有 10% 的摩托车市场转到 Nano，那么 Tata 的年销售量将达到 700000 台。它将至少为印度车主降低 30% 的成本，让更多的人买得起。

Bajaj 公司战略的含义

短期来看，Nano 的销售对于摩托车市场不会马上产生很大影响。但是像 Bajaj 这样的公司，意识到汽车的竞争性价格与高利润的豪华型摩托车 Pulsar 的价格差不多。Pulsar 的一名用户对印度媒体说："如果 Nano 的价格我能承受，我一定会考虑，它至少有更大的好处。"

事实上，Bajaj 公司已经在与法国雷诺汽车公司商讨在印度成立合资公司的事宜。但有可能需要几年的时间，需要大量的投资而且也不一定能达成协议，特别是 Bajaj 公司需要为印度市场设计新的车型与 Nano 竞争，但雷诺 2008 年没有类似的车型。Tata 认识到它的 Nano 车对别的制造商有所帮助。Tata 集团董事长 Rajan Tata 在介绍 Nano 时说，"它不是上帝专赐给我们的领域，其他的制造商将会比我们更容易。"但是，即便如此，对 Bajaj 公司和其他公司来说，也并非易事。是否 Bajaj 公司应该专注于摩托车市场？

作者非常感谢尼泊尔加德满都的 Binod Rai 协助了解印度的机车市场。此案例中这一重要概念出自于同业人员对作者 2007 年 11 月份在德里所做演讲的短评。不幸的是，当他想声明这一概念来源时，发现当时并没有将教授的姓名记录下来。

案例问题

1. 为什么 Bajaj 摩托车公司会失去市场份额？它要如何应对？
2. 印度摩托车市场中利润最高的细分市场是什么？它们为什么会受到 Nano 的威胁？
3. Bajaj 公司是否应该进入汽车制造业？赞同和反对的观点是什么？你有什么建议？

14.5 战略含义：品牌和声誉分析

毫无疑问，顾客能意识到组织的品牌和声誉所具有的优势和劣势，这将使得顾客或多或少地忠诚于公司的产品。例如，Bajaj 摩托车品牌在南亚有很高的认知度，公司也因产品的性价比和服务获得很好的声誉。这些优势也是小公司应该拥有的，即品牌和声誉是拥有持续竞争力的决定因素。

定义▶ 明确区分品牌和声誉是重要的。**品牌是用来区分卖者产品或服务的特定名称或符号[19]**。它的作用就是使该公司的产品或服务比没有品牌的同类型产品或服务价格更高。从某种意义上讲，品牌为产品增加了价值。例

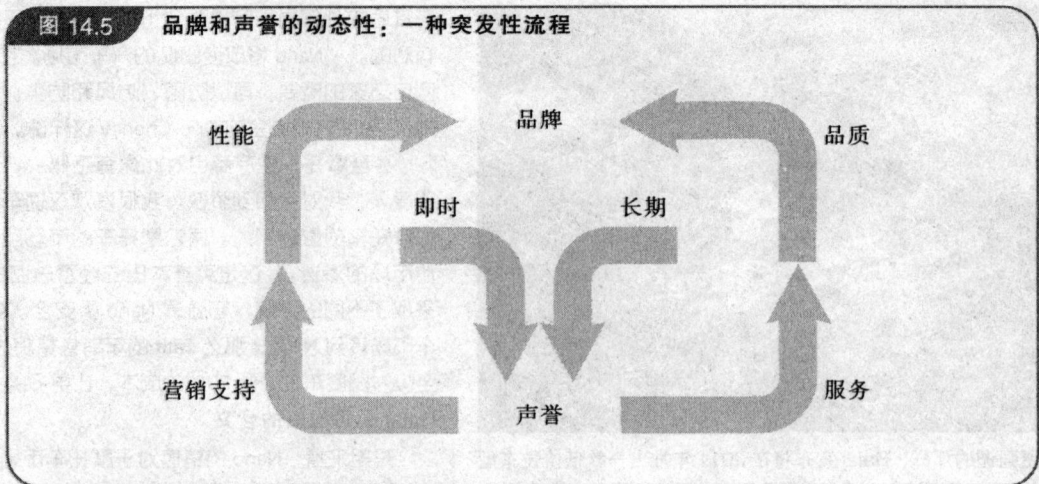

图 14.5 品牌和声誉的动态性：一种突发性流程

如，Magnum 冰激凌的售价要比没有品牌的同类型冰激凌高得多，而且也可能比使用超级市场自己品牌如 Sainbury 或家乐福的同类型冰激凌售价高得多。同样，Bajaj 摩托车品牌对于印度消费者来说也十分重要，见案例 14.3。

声誉是一个更广泛的概念，它是指顾客在一段时期内所积累的有关组织的认识总和，包括品牌以及其他一些方面。

- **产品性能**：顾客将根据自己的经验来对产品作出判断；
- **品质**：顾客将根据价格、定位、广告以及内在的性能水平而对产品产生特定期望；
- **服务**：组织可能会向顾客提供不同水平的运输、安装、建议以及其他形式的服务；
- **营销支持**：广告、包装以及促销活动。

声誉可能是上述所有因素或其中几个因素的一个直接的结果。例如，Bajaj 摩托车的声誉不仅是广告效应，也来自于印度各个城镇和其他国家为产品而设立的一系列服务中心。此外，时间的概念非常重要，因为声誉要在一段时期内逐渐发展起来，而且它还会受到短期事件的影响。图 14.5 从一个突发性角度总结了它们之间存在的所有联系——时间因素的重要性使常规性方法失去了价值。从战略的角度来看，在发展和保持持续性竞争优势过程中，声誉是非常重要的。例如，1998 年，当波音飞机由于在工厂制造过程中发生延误而未能及时满足飞机的需求时，波音公司的声誉受到了负面影响，这使得它在与空中客车的竞争中受到了明显的冲击。声誉也会使组织价值增值，因此，它也是一项重要的资产。

14.5.1 品牌分析和实施

了解了品牌在功能性产品增值中所扮演的角色以及含义之后，还需要分析下述五个方面[20]：

1. 建立产品的声誉（见图 14.5 中的循环性）。许多人都听说过迪斯尼这个品牌。
2. 保证产品的品质能够持续稳定。Big Mac 的品质在何时何地都是一样的。
3. 建立一种使竞争者很难模仿的差异化规则。索尼的特丽珑电视系统是受专利保护的。
4. 宣传公司在市场上具有的强大优势的定位。英特尔公司和微软公司分别在计算机硬件和软件市场上表现出了强大的优势。
5. 向顾客传递公司的相关信息。耐克和阿迪达斯都是运动鞋和服装类中的流行品牌。

不同的品牌将会涉及上述不同部分的内容。从战略的角度来看，这种分析需要关注竞争优势的程度以及品牌所提供的附加值。还应当注意，财务衡量指标和技术与这些内容的关联是有限的，因为它们不适合用于分析这些重要但模糊的概念。

14.5.2 声誉分析及实施

公司的声誉会因公司开展的各种活动（可能超出了顾客分析的范畴）而受益或损失：例如，卓越的产品设计以及制造技术使得许多日本的汽车公司在产品品质上获得了很高的声誉——见14.9关于质量的讨论。这些领域都超出了顾客分析的范围，因为它们有赖于组织所拥有的资源。本书有关章节对此进行了详细分析——见第4章有关资源的内容。

关键战略原则

- 品牌是用来区分产品或服务的一个特定的名称或符号。它为具备了基本功能的产品提供了附加价值以及持续竞争优势。
- 品牌分析需要考虑五项因素：声誉、持续稳定性、规则、实力和信息。
- 声誉是比品牌更广的概念，它是指顾客在一个时期内所掌握的有关组织的认识总和。声誉包括品牌以及其他因素，如品质和服务水平。它还带来了竞争优势，并且使顾客对组织产生良好的印象。

14.6 战略含义：与顾客和利益相关者沟通 [21]

组织与顾客进行沟通是为了：

- 向他们介绍公司的产品；
- 说服他们购买或继续购买公司的产品或服务；
- 建立和保护公司产品或服务的持续竞争优势。

在与顾客交流的过程中，公司还向公众和它的利益相关者（对组织感兴趣，进而想影响组织使命、目标和战略的个人或群体）传递大量的信息。这一群体包括公司的员工、股东、政府以及许多其他团体和顾客（见第6部分关于利益相关者的释义）。

14.6.1 沟通中的成本有效性

在大多数情况下，个人说服是最有效的交流方式，因为可以根据个别顾客的特殊情况传递相应的信息。然而，对于许多家庭消费类产品来说，在顾客每次购买冰激凌时都进行个人说服在成本上是不划算的。因而需要进行大众市场营销，包括广告、品牌以及促销。

衡量沟通战略的关键标准是成本的有效性，即获得与顾客有效沟通的成本，其效果通常用产品或服务的销售情况来测量。但是估算整个销售队伍的花销，或者电话服务小组的成本，或者电视促销的花销，或者新闻发布会的促销成本，常常要比衡量这些销售活动的效果容易得多。例如，即使销售有所增加，公司也无法肯定这就是某项沟通活动所导致的结果 [22]。

这里有衡量这些活动效果的量化指标。在某些领域它们非常有用，例如直接邮寄，也就是通过向个人邮寄信件进行促销。然而，这种方法在某些方面还不太完善，如广告和赞助活动，在完全认识到这些活动所产生的影响之前常常存在着时间滞后。这就意味着在投资决策中存在着判断成分，但这些活动通常不会妨碍公司投资于品牌、广告以及其他沟通领域的战略决策。

一些评论家还进行了进一步的讨论。尽管沟通对于战略管理来说是非常重要的，但是广告的效果实际上很难评估。正如 John Kay 教授所说的，"这导致我们得出这样的结论，即现代广告的有效性基本上是一种无法推理的现象" [23]。他接着阐述了广告在建立和保持公司声誉过程中的作用，但仍然认为广告的效果实际上是模糊并不可量化的。当然很难评估广告的有效性，但研究表明这方面的工作是可以做到的。沟通的其他一些领域在成本有效性上都可以准确地评估，例如直接邮寄和个人销售。

14.6.2　实现与顾客沟通的各种方式

在与顾客沟通的过程中，根据顾客本身的情况可以采用不同的沟通方式，如文本框 14.5 所示。

实质上，从战略管理的角度来看，沟通问题和组织说服顾客继续与之保持关系所采用的方法有关。它们可能包括：

* 品牌，即公司再次向顾客保证其所购买产品的内在价值。在大众消费品市场上，品牌可以作为保持顾客忠诚的一个有力的手段。
* 个人销售，即公司为购买产品的单个顾客所提供的专门信息以及所保持的个人关系。由于每一次的销售成本都非常昂贵，因此只有订单量足够大时才采取这种方式。
* 技术促销，即使用有关产品或服务的技术性数据向潜在的购买者介绍其优点。可以通过研究论文、杂志、技术性报告、展览会以及商业贸易会议进行技术促销。
* 顾客促销，即向顾客宣传产品但不与其建立任何基本关系。这种方法在顾客忠诚度很低或引进一种新产品时可能是有效的措施。
* 公共关系和赞助活动，即组织所发起的更普遍的活动。这些活动将会涉及顾客和其他利益相关者，这些活动还包括第 4 章所提到的政府以及其他公共机构的游说。它们可能还将涉及比公司目标更广的内容，例如对社区及慈善机构的支持。这已经超出了顾客沟通的范围。

区分沟通方法的关键是它们通常因顾客特征的不同而存在差异。

关键战略原则

* 组织与顾客沟通是为了向其宣传产品和服务的优点，这样做将有助于建立起产品的持续竞争优势。
* 成本有效性是评价沟通的主要标准。成本评估相对容易，但是一些促销活动的效果可能会很难评估。
* 不同类型的顾客需要采取不同形式的沟通。对于每一种类型来说沟通都会起作用，而且沟通可以使组织获得持续竞争优势。

文本框 14.5

不同的顾客需要不同类型的沟通

	家庭消费者	大型行业	大型个人服务业	非营利慈善组织	公共服务	小公司	战略含义
例子	联合利华的冰激凌	空中客车的飞机	麦当劳的餐馆	联合国儿童基金会	健康服务、医院	理发师或当地建筑商	
品牌和广告	是	通常会考虑技术因素	是	可能，但是怀疑其成本的有效性	可能，但也可能不	否，除了当地广告	大市场，效果分散但成本有效
个人销售	否，除了大型分销商	是，重要	是，在个人服务上	不可能，违反文化	引起个人注意，但没有实现真正销售	促销的重要部分	有目的和个性化，但常常代价昂贵
顾客促销	是	是，可能	是	邮件非常重要	不总是	通常只是不断试用成本有效性方法	大市场，但效果可以认真评估
技术促销和展览	否	是	否	否	否	是	有目的，但一些领域很难评估
赞助，公共关系以及其他第三方活动	是	是	是	对于募捐者是这样	可能	规模较小的公司如此	最大的困难之一就是很难评估效果，但很重要

14.7 战略含义：定价战略和货币价值

价格在短期内通常不会构成持续竞争优势，因为任何价格变化都可以为竞争对手迅速模仿。定价战略在长期内可以作为竞争优势形成的一个重要因素，因为它会改变公司之间的竞争的基础。因此，以下几个原因导致定价具有重要战略意义：

1. 价格变化时对赢利能力的影响。
2. 产品在市场上的定位。价格可以用来表示竞争优势的普遍模式，市场上没有便宜的劳斯莱斯或保时捷汽车。
3. 组织建立的货币价值形象。价格需要与质量、售后服务以及产品的其他方面联系起来。

14.7.1 定价决策：基本分析

作为顾客分析的一个出发点，定价决策可以当做是两个主要要素之间的平衡：

1. 成本。把市场价格定于边际成本之下肯定会使公司遭受损失。
2. 竞争。如果公司的产品市场价格定得远远超出竞争对手的产品价格，那么公司的产品销售量会很少，即使公司的产品与竞争对手的相比存在一定程度的差异化。

图 14.6 表示了如何平衡这些因素并以此来为定价决策提供一般性分析。除了这个基本的框架之外，影响价格的因素还包括：

- 价格弹性。销售量对价格变化的敏感程度。
- 产品生命周期阶段。产品生命周期的早期阶段可能需要一些特殊的定价战略。
- 价格的战略作用。

如果深入分析最后一项因素，我们将会从中受益。在某些产品种类以及竞争状态下，价格构成了整个公司战略的一个关键部分。例如：

- 价格折扣——公司可能会在长期内提供产品价格折扣，例如 Aldi（德国和荷兰）以及 Kwiksave（英国）百货零售店。
- 高价策略——公司把其产品长期定位于高价，例如 Yves St Laurent、Dunhill 和古琦。

在产品初期阶段采取这些基本的战略决策时需要进行仔细的分析，它们是本书第五部分战略选项中的部分内容。

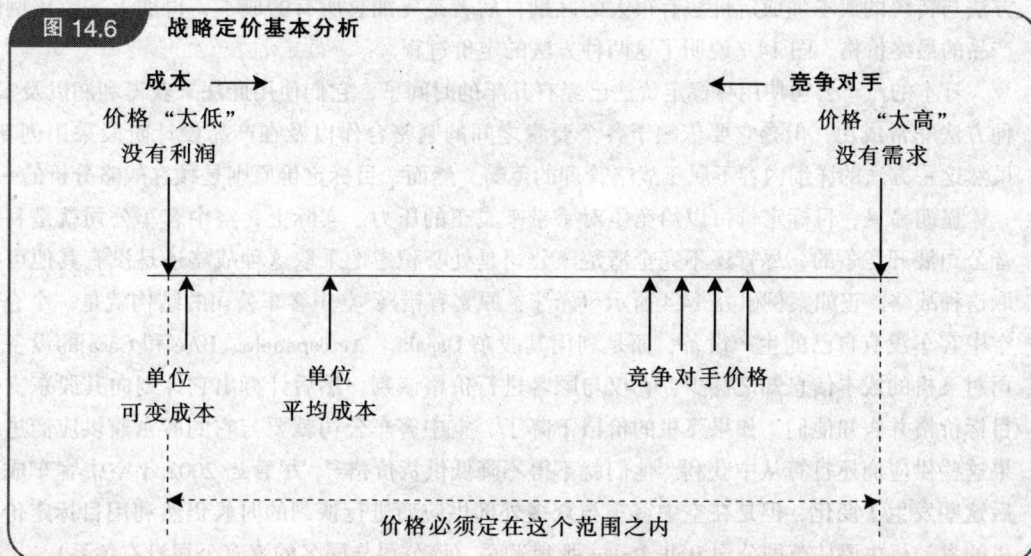

图 14.6　战略定价基本分析

14.7.2　货币价值

对于多数顾客来说，除了价格以外还要考虑许多其他因素，如品质、产品的库存量、产品性能、售后服务、品牌价值以及其他因素。例如，在购买一架飞机时，产品性能、特殊的付款条件以及现金交易都是公司需要着重考虑的问题。由于这些原因，包括这些因素的货币价值可能是价格分析更加合适的方法。

所有这些因素都使得简单的定价决策变得更加复杂。成本和价格的确定不是一门精确的科学，因此，在价格谈判之前都需要先解决一些实际问题，文本框 14.6 概括了这方面内容。

文本框 14.6

顾客战略：定价和货币价值分析

	家庭消费者	大型行业	大型个人服务业	非营利慈善组织	公共服务	小公司	战略含义
例子	联合利华的冰激凌	空中客车的飞机	麦当劳的餐馆	联合国儿童基金会	健康服务、医院	理发师或当地建筑商	
混乱的环境？	不总是：取决于产品	很可能	不总是	否	否	很可能	当环境混乱时，战略需要更富有弹性并对事件迅速作出反应
折扣和特殊交易？	否	是，许多	否	每年都接受特定的捐款	与资金提供者进行大量谈判	是，较多	折扣需要个别管理者采取较多的主动，集中定价较少
谈判	否	是	否	–	否	是	在谈判中讨价还价的能力非常重要
价格的战略作用	影响定位和竞争	技术性的和复杂的谈判	本土化	用于理顺一整年的收入的捐款	开销固定，但资金提供者可能需要有关货币价值	技术性和个人谈判	根据行业不同而不同且非常复杂

14.7.3　目标定价

一种重要的定价技巧——目标定价因其具有战略重要性而值得认真分析。目标定价是指基于公司的竞争地位而制定产品和服务的价格，几乎不考虑产品的制造成本。在确定目标价格之后，再设定工程师、生产工人、营销人员、设计师、供应商以及其他方面的目标成本，这样就可以实现公司预先设定的目标利润。这种方法与传统的成本加成定价法有很大的区别：后者是先加总所有的成本，再加上一定比例的利润从而确定了产品的最终价格。图 14.7 说明了这两种方法的定价过程。

日本的汽车公司使用目标定价法已经有几年的时间了，它们使用此法来获得利润以及实现营销目标[24]。这种方法非常成功，但是它要依赖于各个要素之间的紧密合作以及在产品设计阶段采用创新思想来降低成本。虽然这一方法的详细内容不属于战略管理的范畴，然而，目标定价原则是顾客战略分析的一个选择。

显而易见，目标定价可以给竞争对手带来真正的压力。实际上，空中客车公司就是利用这个策略来与波音公司展开竞争的，尽管还不完全清楚该公司是处心积虑地采取这种战略还是没有其他可行的选择而被迫采取这种战略。正如案例研究 14.4 所示（译注：原文有错），空中客车公司的结构就是一个企业集团。这意味着空中客车没有自己的生产设备，而是利用其股东 Dasahe、Aerospatiale、BAe 和 Casa 的设备。因而空中客车公司对飞机的成本信息知之甚少，它仅与顾客进行价格谈判，然后计算出它计划向其股东支付的飞机零部件的目标价格并告知他们。如果飞机的价格下降了，空中客车公司就要与它的股东兼供应商进行艰难的谈判。如果这些供应商还打算从中获利，他们就不得不降低供货价格[25]。尽管当 2002 年空中客车成为一家独立的公司后这些发生了变化，但是在空中客车与众多外部供应商进行谈判的时候仍然利用目标定价原理——比如，飞机的发动机主要从英国公司 Rolls Royce 那里购买（该公司与同名的汽车公司没有关系）。

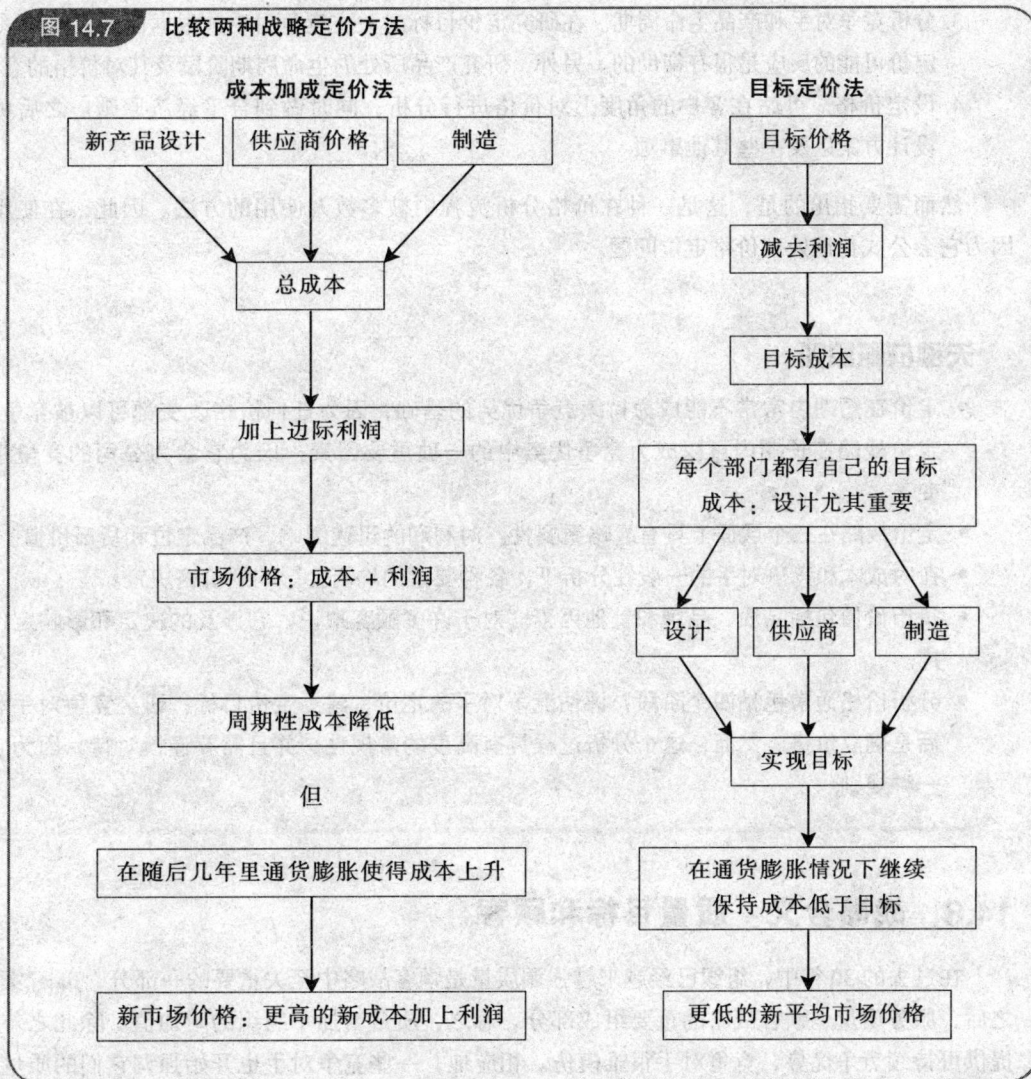

图 14.7　比较两种战略定价方法

14.7.4　定价战略分析——整个过程

在分析了定价的各个方面之后，现在有必要研究整个定价过程，如图 14.8 所示。在这里介绍了一种常规性方法，但应当注意的是，在实践中更有可能用到一种实验性、突发性的方法。

在价格分析中，常规性方法通常包括四个步骤：

1. 评估竞争对手的价格。很显然，首先需要列出竞争对手的价格。然而，除了价格之外，还要考虑到影响顾客购买行为的其他因素，例如品质、性能、服务水平。在定价上考虑这些因素与作出正确的判断有很大影响。

2. 建立定价目标。不同的产品需要不同的目标。这些内容可能包括：利用高价策略从成熟期产品中获取利润；利用低价策略来促进销售增长；利用高价策略来显示产品的高品质；为了保持行业中现有的均衡状态和防止竞争对手超越自己而以特定价格推出一种新产品。分析公司在特定环境中试图达到什么目的是非常重要的。

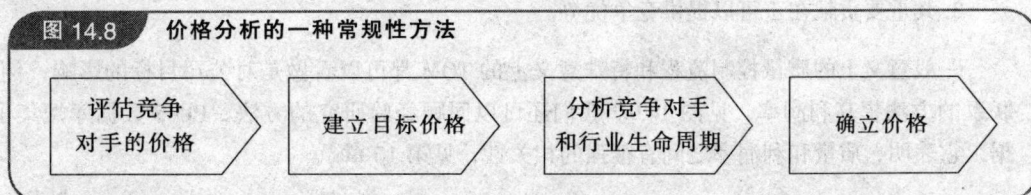

图 14.8　价格分析的一种常规性方法

评估竞争对手的价格　→　建立目标价格　→　分析竞争对手和行业生命周期　→　确立价格

3. 分析竞争对手和产品生命周期。在研究定价目标时关注竞争对手并根据他们以前所采取的行动分析其对定价可能的反应是很有帮助的。另外，研究产品所处的生命周期阶段及其对价格的意义也是很有用的。

4. 设定价格。可站在客户的角度上对价格进行分析，同时做到合乎经济原则。之后可能包括服务元素、设计方案以及一些其他事项。

然而需要指出的是，这是一种在价格分析流程中被多数人使用的方法。因此，在使用时需要格外注意，因为它会公式化地处理价格定位问题。

关键战略原则

- 定价在短期内常常不能成为持续竞争优势的基础，因为任何价格改变都可以被竞争对手轻易模仿。定价战略在长期内可以成为竞争优势中的一项重要因素，因为它会为公司的竞争基础带来巨大的变革。
- 定价战略在三个层面上具有战略重要性：对利润的迅速影响、产品定位和货币价值。
- 在对成本和竞争对手的一般性分析下，各种要素的均衡会影响到价格决策。
- 货币价值包括品质、品牌和其他因素。对于许多顾客来说，它涉及的决定和影响定价的因素范围更广。
- 分析价格通常包括四个阶段：评估竞争对手的定价；建立定价目标；研究竞争对手和生命周期；最后是确立价格。然而，这个分析过程具有高度的常规性，并且需要谨慎对待，因为它把定价当做是一种规则。

14.8　战略含义：质量目标和顾客

在过去的 30 年中，组织已经越来越强调质量是顾客战略中至关重要的一部分，Bajaj 案例说明了，在购买之后，服务质量是顾客战略的重要组成部分。总之，质量增加了组织的附加值。除此之外，质量可以向组织提供可持续竞争优势，竞争对手很难模仿。相应地，一些竞争对手也开始强调它们的质量，迫使其竞争对手采取追赶战略。例如，在过去 10 年中，日本的汽车公司就使其美国和欧洲的竞争对手制定提高质量的目标。实际上，为了强调质量的重要性，它已经成为许多领先公司使命和目标的一部分。

对大多数组织而言，质量非常重要，但是，对质量的说明需要考虑到客户对产品的期望、价格以及其他的因素。例如，对劳斯莱斯或奔驰来说，质量并不是同一回事，而是相对于市场交易而言。尽管它们都会向客户传达质量的信息，而且把它作为整体战略的一部分，但是并非所有的质量问题都具有战略高度。在大多数组织中，质量需要形成目标说明的一部分。因此，在制定战略的初期就要考虑到质量。

定义▶　**全面质量管理（TQM）是一种涉及整个组织的现代管理方法，它强调质量在满足客户需求和期望方面的作用**[26]。实际上就是把质量作为公司目标和组织战略的一部分。尽管现实中所有的组织都有一些质量控制手段，但不是每个组织都会进行全面质量管理。正规的检查产品和服务就能够保证组织满足一定的标准。质量控制涉及日复一日的细节，从本身来说，并不是一种战略的方法。

全面质量管理之所以具有战略性，是因为以下三个原因：

1. 它强调的是整个组织；
2. 它需要高层管理人员的行动支持；
3. 其重要贡献在于可以提供竞争优势。

一般意义上的质量控制流程和特殊意义上的 TQM 都可以看做是对公司目标的影响，例如通过一系列相互联系的方法提高利润率，见图 14.9。我们还可以回顾经验研究的方法，PIMS 数据库搜集了 3000 家公司的数据，它表明，质量和利润率之间有很强的相关性，见第 10 章[27]。

图 14.9 质量与利润的关系

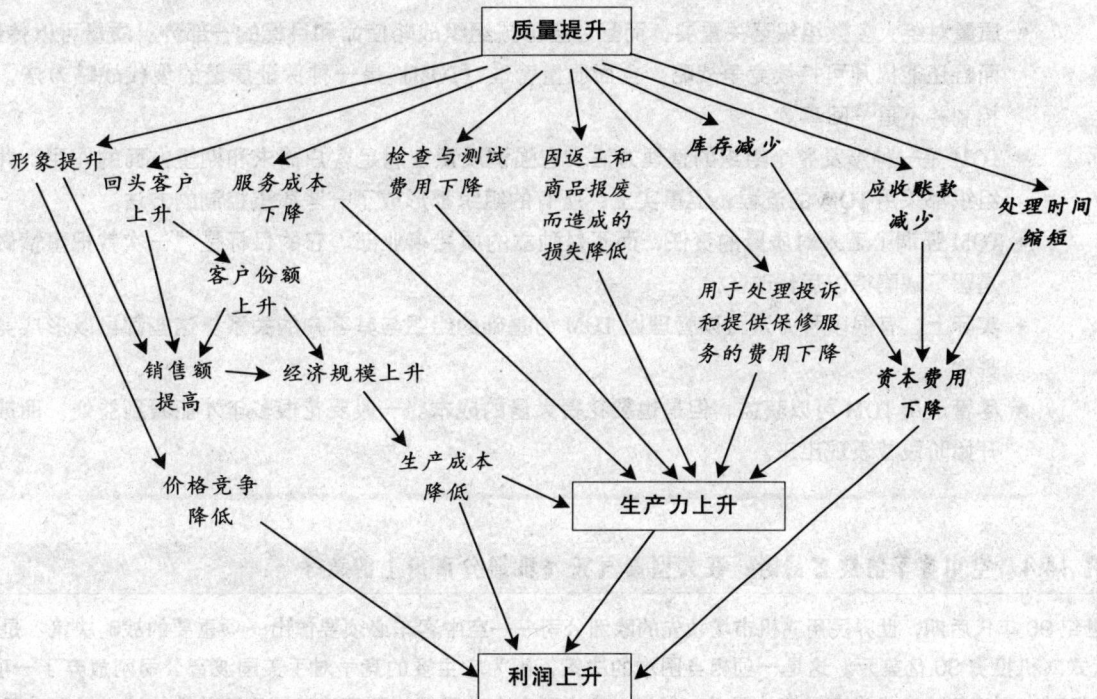

资料来源：'The triplets at play' from Gummesson, E(1998) 'Productivity, Quality and Relationship Marketing in Service Operations', International Journal of Contemporary Hospitality Management, Vol 10, No 1, pp4–15. Reproduced with permission.

TQM 可以发挥战略作用，因为一些公司成功地制定了质量目标，而且在现实中也将其作为全球市场上竞争的利器。因此，质量本身也成了可持续竞争优势。尽管人们开始考虑质量问题是在 20 世纪 50 年代的美国，但实际上，正是在 1955—1985 年这段时间内日本对其浓厚的兴趣和坚持，才使得该领域发扬光大。这一时期的探索性工作也基本上是在日本完成，包括戴明、朱兰、Ishikawa、Taguchi 和 Crosby[28]。

事实已经证明，在过去 30 多年中，日本公司缓慢而艰苦的完善流程的工作已经取得了成功，TQM 也被西方的公司所用[29]。这并不是说，西方公司在这段时期以前就没有质量控制流程——这些公司仅仅采用了非常有限的其他方法。由于强调质量带来的好处，一些人可能会指出西方的方法很难取得成功，但是这一点还没有得到证实。现在仍然有许多西方国家公司没有采用 TQM 的流程，但是在强调质量控制方面也获得了意义深远的成功。该领域的细节已经超出了本书的范围，也不具有战略性[30]。但以下两个方面和战略相关：

1. 管理方法的差异。TQM 的活动更注重协调，在风格上没有浓重的泰勒主义色彩。
2. 形成了客户和组织的关系。TQM 更有可能使组织和客户形成更深层次的、基础的联系。

这两个方面都可能形成竞争优势的基础。但是，TQM 并非不花费任何成本，也没有什么困难。日本公司，如本田、尼桑、丰田和松下进行 TQM 已经有 35 年的历史了。较早采用这种方法的西方国家公司包括摩托罗拉（美国）和得克萨斯仪表公司（美国），它们在 20 世纪 80 年代早期开始进行 TQM[31]。所有的公司（包括日本公司）都发现了一个重要的问题，就是 TQM 带来的收益要过一段时间才能出现，而成本从一开始就显而易见。也有一些例子中，收益在初期阶段很快出现，但是非常小，剩下的收益要经过很多年才能慢慢显现。在这种情况下，尽管一开始也需要进行清晰的决策，但 TQM 更有可能被看做是一种突发性的方法，而不是一种常规性的过程。

关键战略原则

- 质量对绝大多数组织至关重要，而且还会形成组织战略使命和目标的一部分。质量可以传递增加值，而且还能提升可持续竞争战略。全面质量管理（TQM）是一种保证质量的现代战略方法，它和质量控制并不是一回事。

- TQM 是一种涉及整个组织的管理方法，它强调质量在满足客户需求和期望方面的作用。并不是每个组织都采用 TQM 的流程，但事实上，所有的组织都形成了一些质量控制的方法。

- TQM 强调了工人对质量的责任，而不是独立的质量事业部。它的目标是"一次就把事情做好"而不是留下缺陷待以后修改。

- 实际上，有很多种方法可以管理以 TQM 为基础的组织与其客户的关系。这些都可以形成竞争优势的基础。

- 尽管运用 TQM 可以获益，但是也要花费大量的成本。一般要花很多年才能看到益处，而成本通常在开始阶段就表现出来。

案例研究 14.4　空中客车的顾客战略：在大型喷气式飞机细分市场上的竞争

20 世纪 90 年代后期，世界民用飞机市场领先的欧洲公司——空中客车必须要作出一项重要的战略决策：是否继续向新的大型喷气式飞机投资 80 亿美元。这是一项相当困难的决策，因为它主要的竞争对手美国波音公司刚放弃了一项同样的计划，并宣称市场对大型喷气式飞机没有足够的需求。但是，空中客车十分了解，顾客战略要比简单地估计市场需求复杂得多。

背景

成立于 1975 年的空中客车公司是一个特殊的联盟，被称作 Groupement d'Interet Economique（GIE）。它拥有一个顾问委员会以及自己的中央管理层。然而，实际上它由欧洲的四家飞机制造商构成，它们根据各自的股份分别承担相应的工作量并获取利润。这四家制造商是：

- Aerospatiale，法国：占 37.9% 的股份；
- Dasa，德国：占有 37.9% 的股份，它是 Daimler—Benx Aerospace 公司的一个分公司；
- British Aerospace：占有 20% 的股份；
- Casa，西班牙：占有 4% 的股份。

到 2003 年，空中客车公司在世界民用飞机市场上所占的份额已经超过了 50%。它的公司战略使得四家中等规模的欧洲生产商可以和多年来雄霸市场的美国公司波音在大型民用飞机市场上进行竞争。在 1997 年，波音公司收购了位于美国的世界第三大民航飞机制造公司麦克唐纳—道格拉斯，以巩固其市场领导者的地位。但是空中客车公司采用了新的飞机设计，价格极具竞争力，并且得到了欧洲政府资金的支持，所以波音公司的领导地位逐渐被空中客车所取代。根据欧盟的说法，波音公司同样也得到了美国政府的支持。

在公司成立早期，空中客车扮演的角色就是把由各个股东供应的零部件组合起来——各个持股公司从空中客车公司提取利润。因此，空中客车公司甚至都不知道 Aerospatiale、DASA、British Aerospace 以及 Casa 公司所能获得的利润是多少。尽管过去由于各种原因而采用了这种方式，但到 20 世纪 90 年代的确出现了真正的问题。空中客车公司不知道控股公司是否向它索要了过高的价格，而且它无法有效地控制成本。另外，该公司成本降低的空间和积极性都很小。因此，空中客车的合伙人同意在 2001 年改变公司运营模式并把其变为一个完全商业化的公司。空中客车从此成为一家独立的公司，其法国、德国和西班牙的母公司则拥有主要股份，英国的公司 BAE 占有 20% 的股份。空中客车的可持续性竞争优势在于其具有竞争力的价格、它的可靠的和现代的设计和技术，以及具有攻击力的营销团队。

竞争对手

从成立初期开始，空中客车公司一直非常成功地从其最大的竞争对手美国波音公司手中夺取了市场份额。例如，根据空中客车提供的数据，在 1997 年空中客车实际上赢得了与波音公司大体相当的销售订单量——空中客车为 438 份，波音为 432 份。然而，美国波音公司对此数据进行了反驳，它宣称自己的订单实际上为 502 份。空中客车对波音公司的计算依据提出了疑问。如此争论

空中客车 A380 最终于 2007 年升空，仅推迟了两年，但大大地超出了预算，见案例。

更说明竞争的激烈,而不是这些数字的精确性。到 2005 年,空中客车已经毫无争议地成为了市场的领头羊:六年中的五年里,它的销售量都比波音高。空中客车获得了 1500 架飞机订单,而波音是 1097 架。

空中客车的大容量中程飞机,如 A330 型和 A340 型尤其成功。波音公司在 1994—1995 年推出了新式 777 进行反击。但是空客现在试图在大型的远程飞机细分市场上扩张。自从波音 1974 年推出这种飞机开始,该公司就一直是该市场的垄断者。但是所有这些即将发生变化。

飞机市场细分

在民用飞机市场上,有三个重要的细分市场:

1. 单通道,短 / 中程飞机;
2. 双通道,短 / 中程飞机;
3. 远程飞机。

除了远程飞机市场之外,空中客车公司和波音公司在前两个市场上都进行着正面竞争,见图 14.10。在最后一个细分市场上,波音公司的 747-400 型飞机已经销售了许多年,这种飞机至少可以容纳 400 人,并且可以用于重要洲际航班飞行之中,如伦敦到新加坡、洛杉矶到东京。这种飞机是在 20 世纪 60 年代的小型客机原型上进一步拓展而成的。这就意味着它使用了老式技术,但在原来的基础上拓展而成的飞机成本相对较低。

相对而言,空中客车最大的飞机就是 A340-600 新型飞机:它是在以前设计基础上延伸出来的,仅能容纳 380 名乘客。它使用了更新的技术,包括遥控自动驾驶仪的水力学技术。但是,空中客车由于缺少真正的大型飞机而在两方面处于劣势:

1. 对于世界上领先的航空公司来说,如果它们能够使其超大型飞机满载乘客,那么远程航班能够获取更多的利润,如波音 747-400。空中客车还无法满足这部分客户的需要。
2. 一些航空公司发现,只从一个飞机制造商那里采购可以获得更多的利润。这种做法可以节约多余的配件、人员培训以及服务成本。此外,为了能够保持长期的合作关系,供应商也愿意给予特殊的价格,即所谓的"单供应商协议"。但这些航空公司都希望飞机制造商能够供应全系列飞机,包括最大型飞机。但是只有波音公司这样的飞机制造商能够做到这一点。

结果在 1997 年欧洲委员会采取了干预措施,即终止波音公司与世界最大的两家航空公司(美国航空公司和 Delta 航空公司)的单供应商协议。这就给了空中客车 A340-600 型飞机一个喘息的机会,但它仍然需要一种比波音 747-400 更好的大型喷气式飞机。困难的是,这样的设计会把空中客车的财务状况拖到极限,因此存在极大的风险。一种可能是说服波音公司,联合投资进行新型大型飞机的设计。

波音的大型喷气式飞机顾客战略

早在 1997 年,波音公司就宣布它对能够容纳 500~600 人的大型喷气式飞机的市场需求情况进行了长期的研究。它还考虑进一

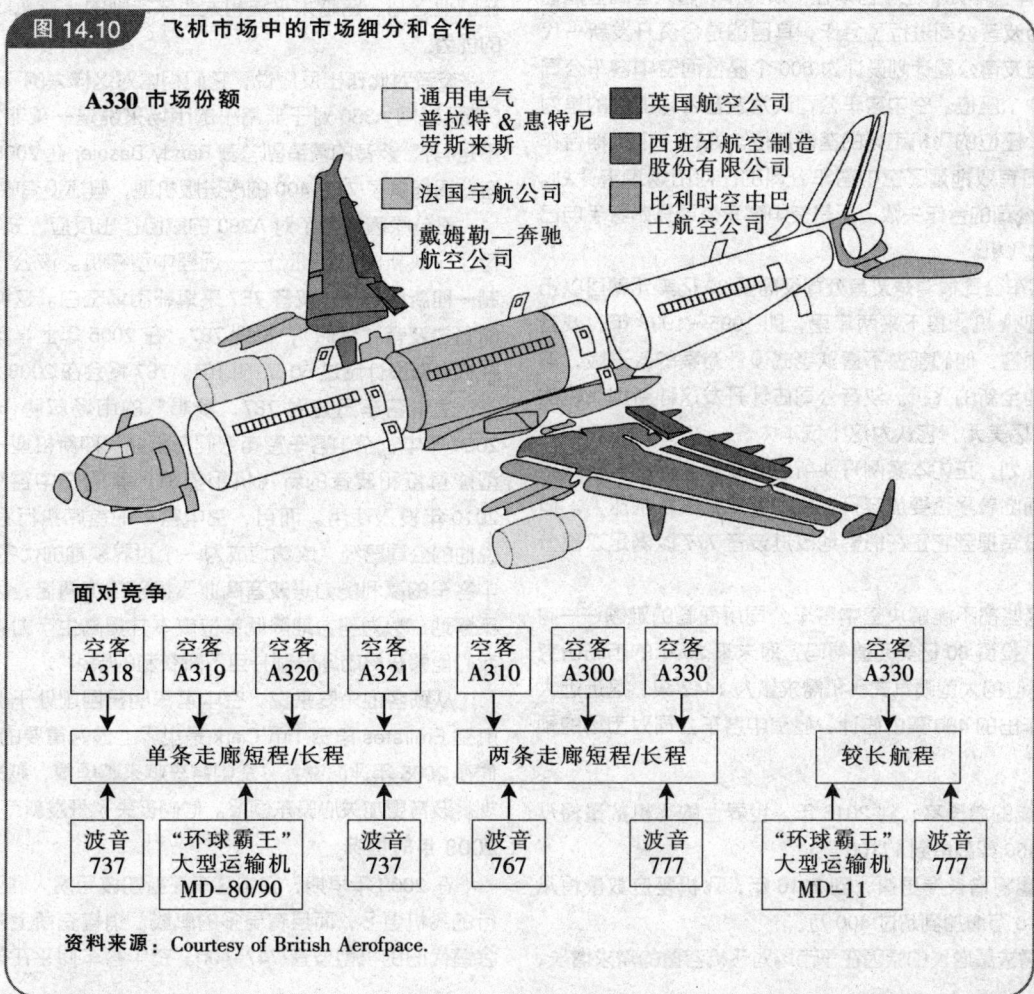

图 14.10 飞机市场中的市场细分和合作

A330 市场份额

- 通用电气 普拉特 & 惠特尼 劳斯来斯
- 法国宇航公司
- 戴姆勒—奔驰 航空公司
- 英国航空公司
- 西班牙航空制造 股份有限公司
- 比利时空中巴士航空公司

面对竞争

空客 A318	空客 A319	空客 A320	空客 A321	空客 A310	空客 A300	空客 A330		空客 A330

单条走廊短程/长程		两条走廊短程/长程		较长航程

波音 737	"环球霸王" 大型运输机 MD-80/90	波音 737	波音 767	波音 777	"环球霸王" 大型运输机 MD-11	波音 777

资料来源:Courtesy of British Aerofpace.

步拓展其 747-400 型飞机，但市场并没有"充足的顾客需求"来弥补 70 亿美元的投资。对主要航空公司的调查显示，在未来 20 年中仅能卖出 480 架大型喷气式飞机。因此，波音公司停止了进一步开发大型喷气式飞机。

甚至《金融时报》都接受了这样的估计，发表了题为《大型喷气式飞机之灭亡》的评论文章。文章认为空中客车的最佳策略就是拓展其 A340 型飞机而放弃开发新的大型飞机的雄心。根据空中客车的看法，该文章没有认识到目前制造更大的飞机不是波音公司的重点所在。波音公司在整个生产中出了问题，它试图整合其最近收购的美国竞争对手麦克唐纳一道格拉斯公司。

但波音公司的战略更具有竞争性。它已经使其竞争对手的市场潜力变得很小，因为它已经占据了大量市场份额，尽管其 747-400 型飞机已过时。此外，波音还知道其计划推出的改进版 777 型飞机在 2003 年以后将会获得巨大的市场需求：新型的 777-300 将能够承载 497 名乘客，但少耗 1/3 的燃料，而且维护成本将降低 40%。

空中客车公司的首席执行官 Jean Pierson 在 1997 年指出："波音的战略是不用花费太多的钱而保持其垄断（远程飞机市场）地位，一切就是这样简单。波音的战略就是'这是我的私家花园'"。M.Pierson 先生继续指出，如果在未来的几年内空中客车公司能够证明大型喷气式飞机存在需求，那么波音公司毫无疑问将会改变其观点，并迅速地发展它自己的喷气式飞机。

空中客车的大型喷气式飞机战略

20 世纪 90 年代早期，空中客车在一项称作"超大型商业运输机"的项目上与波音公司进行了合作，其目的是合资开发新一代的大型飞机。但波音公司计划设计为 600 个座位而空中客车公司主张设计为 500 个座位。空中客车公司认为波音公司的目的是为了保护其 400 个座位的飞机市场的垄断地位。通过一个长期合作计划，波音公司有效拖延了空中客车公司的任何市场攻击计划。到 1995 年两个公司的合作失败。于是空中客车公司开始着手自己开发大型喷气式飞机。

当时空中客车公司很清楚波音公司仅需要 20 亿美元就可以拓展其 747-400 型飞机。接下来两年里，即 1995—1997 年，波音公司调查了其顾客，他们都说不喜欢老式设计方案的改进版，航空公司需要一种全新的飞机。波音公司估计开发这种新型飞机的成本大约为 70 亿美元，它认为这个成本太高，以至于其在 1997 年放弃了这项计划，正如本案例开头所述。波音公司的声明导致空中客车公司面临着是否要放弃开发大型喷气式飞机的压力。但是波音公司并没有提到它正在悄悄地改进波音 777 以满足这部分需求。

但所有的这些都不能解决空中客车公司所面临的难题——向大型喷气式飞机投资 80 亿美元值得吗？对未来 20 年的市场研究表明，550 个座位的大型喷气式飞机需求量为 1442 架，这远远大于波音公司所作出的 480 架的估计，但空中客车公司对市场的预测基于以下分析：

- 基于当前航线的增长率，到 2016 年，世界上的飞机数量将从 1997 年的 9400 架翻番到 17100 架；
- 飞机座位总量将增长得更快，到 2016 年，飞机座位数量将从 1997 年的 170 万增加到超过 400 万；
- 座位数量的需求量增长的原因在于市场对飞机容量的需求增长，

这与许多国家政府反对继续建立新机场是相关联的。更好地利用现有机场的唯一途径就是增加降落在机场上的飞机容量。

空中客车公司认为大型喷气式飞机仅仅会应用于那些高密度、远程的航线上，但它还指出当前世界上只有 12 个机场使用了 747-400 型飞机。因此，该公司决定开始设计新的大型喷气式飞机。它还希望在新千年早期建造出第一架飞机："市场研究证明，顾客喜欢新的、先进的设计方案而不是当前型号的拓展飞机。"在 2001 年，空中客车公司决定开发大型喷气式飞机，并称之为 A380 型飞机。该飞机的开发成本将达 100 亿美元。

到 2005 年，该公司已经收到了 149 份订购此型号飞机的订单，预计第一架飞机将在 2006 年交付新加坡航空使用。到 2005 年为止，最终资金成本大约上升到了 180 亿美元，但所增加的大部分资金是因为美元和欧元之间汇率的变化（飞机用美元定价）。实际上，的确超出了部分预算，但是也很有可能在销售 260 架飞机的时候达到盈亏平衡。

新型飞机的设计堪称世界上最大的商务飞机。该飞机将会有两层乘客舱和一个供货物、乘务员休息室和可能娱乐的舱位。在座位的设置上至少有三大不同的设计使得飞机能够容纳 800 名乘客。试验设计包括一些新的设施，比如酒吧、娱乐场和免费商店。飞机仅仅会飞行于世界上最为繁忙的航线——比如伦敦、纽约、东京、新加坡、迪拜、巴黎、法兰克福、洛杉矶这些城市之间。更重要的是乘客们可能会因为价格上比现有的航班更为节省而受到吸引。"运营成本要比 B747-400 降低 15%，我们相信 A380 在欧亚之间、跨越太平洋和大西洋之间的长途航线服务上有很大的优势。"

波音对此作出反应说，它们相信对这样大的飞机的需求不足。"毫无疑问 A380 对于非常小的市场来说是一架非常昂贵的飞机，不是吗？"波音的营销副总裁 Randy Baseler 在 2005 年这样说。波音公司提供了 747-400 的改进版机型，但还没有收到订单。

部分原因是为了对 A380 的威胁作出反应，波音在 2004 年进行了一次新的市场细分——远程中型客机。该公司宣称它们在研制一种新机型——波音 7E7 来填补市场空白。这种新机型随后被命名为波音"梦想"，机型 787。在 2005 年上半年，波音宣称已经有对新设计超过 50 架的订单。787 将会在 2008 年投入使用。

空中客车迅速对 787"梦想"的市场威胁作出了反应。在 2004 年中，空中客车宣布它们在研制一种新机型——A350，该机型能直接和波音的新飞机相抗衡。新的空中客车 A350 将会在 2010 年投入使用。而且，空中客车的首席执行官 Noel Forgeard 说他的公司已经"成功地成为一个世界领袖的代名词"。他说，空中客车的赢利能力是波音商业飞机部门的两倍，因为他们"坚持不懈地、极力努力地降低单位成本并提高生产力：这就是为什么我们能够获得市场份额并且不断获利的原因"。

从顾客的角度来说，空中客车明显目前处于上升阶段。迪拜航空 Emirates 总裁 Tim Clark 是世界上最为重要的飞机顾客之一。他在 2005 年评论说："空中客车越来越勇敢，越来越勇于打破陈规。波音更加关心股东回报。他们丧失了开发新产品的勇气。"

2008 年的情况

在 2008 年早期，空中客车在新加坡与澳大利亚航线上固定飞行的飞机更多，而且有更多的航线。销售有所上升。波音证实不会替代旧的机型波音 747-400。空中客车似乎在未来会有更大的 ▶

市场份额。

不幸的是，由于供货推迟以及生产成本的增加，保本的数量由 250 架飞机升至 400 架。公司每月大概能生产 4 架 A380，也就是说到 2017 年这个项目才开始赢利。更为重要的是，航空公司对飞机很满意：更大的空间，更省油，也就是溢价。实质上，它的飞机的运营费用比同行的要低。公司宣称，新机型对环境的影响比现在的或未来的高性能飞机更低。空中客车的长期目标是总销量达到 1000 架。

但是波音并没有被打败。波音 787 在全球的销售大获成功。它有 857 架的预订，价值 1400 亿美元。在 2008 年末，试飞的第一架样机出现问题。Dreamliner 将采用全新的技术，设计中广泛采用碳纤技术以减轻重量，更高效地使用燃料。虽然有可能第一架商用飞机的供货时间要推迟，但波音公司在全球飞机市场上又打赢了一仗。

案例问题

1. 波音为什么要取消开发大型喷气式飞机的计划？为什么又变成了另外一种说法？
2. 空中客车在顾客战略上存在什么样的战略弱点？
3. 空中客车的战略是否是顾客驱动的？或者更多的是与波音竞争的战略？
4. 你在多大程度上能够接受空中客车的需求预计？顾客驱动战略的含义是什么？
5. 你是否会支持空中客车继续进行大型喷气式飞机的计划？

战略课题　大型喷气式飞机的未来？

波音现在认为生产比空中客车更小和更灵活的飞机是更好的战略。但是这是否意味着他们不会再升级 747-400？这是不是意味着，即使 A380 获得成功，他们也还是会忽略大部分的市场？飞机顾客们怎么说和在做什么？所有的顾客都会购买 A380 吗？如果不是，为什么？在这一市场中，飞机顾客们真正想要的是什么？油价上涨和环保问题带来的真正的压力是什么？这些是否会对未来产生影响？这里有些重要的战略问题值得研究。

思考

顾客还是对手？

本章主要讨论了顾客驱动战略和相关活动比如定位和定价。但是很多战略学家——比如那些分析市场的战略学家（第 3 章和第 4 章）以及那些关注分析竞争资源的战略学家，认为成功战略的基础是一个可持续的竞争优势。

也就是说，这样的战略把竞争对手放在顾客的前面，谁是正确的？

小结

- 顾客是战略管理发展的一个重要组成部分。顾客既为组织创造财富提供了收入来源，也是公共服务部门或慈善机构存在的前提。此外，战略管理过程的部分内容就是努力说服选择购买组织的具有竞争力的产品或服务，而不是竞争对手提供的类似产品或服务。由于这两个原因，战略分析需要研究顾客，从而建立起顾客驱动战略。

- 作为一个出发点，在任何可能的情况下都需要评估顾客需求。为了识别潜在的竞争对手，实际上可能需要从更广的角度研究需求水平。然而，狭义的观点认为应该识别出产品或服务的特征从而说服顾客选择某一个公司的产品或服务而不是竞争对手的。一些公司把建造顾客驱动型组织作为战略的一部分内容，这是一项长期的任务而不是仅在短期内劝说顾客。

- 顾客描述为了解顾客提供了基础，而这对于战略发展是至关重要的。特别地，它将会解释为何顾客选择这种产品或服务而不是另外一种，因此也就识别出了组织所具有的持续竞争优势。在面对那些希望转而购买竞争对手产品的顾客时，组织可以认清自身的优势。更重要的是，顾客及其未来需求将会为公司提供一个全新的战略机会。

- 顾客/竞争者矩阵把两个重要方面联系起来：顾客需求的普遍性以及基于规模经济和差异化在市场上获得竞争优势的可能性。该矩阵识别了四种战略情形：细分、专有、标准化以及相持，然后研究了每种类型的战略意义。

- 毫无疑问，公司变得越来越国际化。因此，顾客分析也要跟随这一趋势。人们认为，尽管各国在口味以及文化上存在差异，但重要的是寻求各国之间的相似之处而不是差异化。国际化运营所带来的巨大规模经济将会在价格降低上体现出来，这种优势有助于克服各国在口味上的差异问题。

- 市场细分就是识别出特定的顾客群。该顾客群对公司的竞争战略反应与其他顾客群不同。他们在战略发展中非常重要，因为他们为公司提供了主导部分市场的机会。

- 在进行市场细分和市场定位时有三个常规性阶段：识别潜在的细分市场、评估并选择细分市场以及在选定的细分市场上定位。在细分市场上识别出市场空隙为发掘新的战略机会打下了基础。

- 竞争定位就是使公司的产品或服务具有与竞争对手的产品或服务不同的优势。因此在战略管理中，市场细分的优势与发展持续竞争优势有关，而且还与目标产品在细分市场上的实力有关。

- 在研究顾客驱动战略的意义时，有三个主要方面需要注意：品牌和声誉、顾客沟通以及定价战略。品牌是用来区分产品或服务的一个特定名称或符号。它使具备了基本功能的产品的价值增值，并为公司提供了持续竞争优势。品牌分析涉及五项要素：声誉、持续稳定性、规则、实力以及信息。声誉是指顾客在一段时期内所了解的有关组织的知识总和。声誉还包括品牌，但可能还涉及一些其他方面，如品质和服务水平。它还会产生持续竞争优势，并使顾客对组织产生积极的印象。

- 为了使顾客了解产品或服务的性能，公司需要与顾客进行沟通。这有助于建立产品的持续竞争优势。成本有效性是判断沟通活动的主要标准。沟通成本相对容易衡量，但一些沟通活动的效果很难评估。

- 不同类型的顾客需要不同的沟通方式。每一种方式都要通过沟通进行，而且要保护组织的竞争优势。沟通策略在考虑公司的股东以及顾客时可能需要一种整合的方法。为了识别出竞争优势，公司有必要去关注竞争对手的活动。为了采用一种全新的方法并建立新的竞争优势，公司有必要采用创新性沟通方法。

- 由于价格的任何变化都会为竞争对手迅速模仿，因此，定价在短期内常常无法构成持续竞争优势。在长期内的定价策略可以作为建立竞争优势的重要因素，因为它将使得公司竞争的基础发生巨大变化。

- 定价战略在三个层面上具有战略意义：对赢利能力的迅速影响、产品的定位以及货币价值。在成本分析和竞争对手分析下的各要素之间的均衡将会决定价格决策。

- 货币价值包括品质、品牌和其他一些要素。对于许多顾客来说，它们是决定和影响定价的广义要素。目标定价非常注重竞争对手的价格，而且成了过去几年一些公司获得成功的重要方法。

- 质量对绝大多数组织至关重要，而且还会形成组织战略使命和目标的一部分。质量可以传递增加值，而且还能提升可持续竞争战略。全面质量管理（TQM）是一种保证质量的现代战略方法，它和质量控制并不是一回事。

- TQM 是一种涉及整个组织的管理方法，它强调质量在满足客户需求和期望方面的作用。并不是每个组织都采用 TQM 的流程，但事实上，所有的组织都形成了一些质量控制的方法。TQM 强调了工人对质量的责任，而不是独立的质量事业部。它的目标是"一次就把事情做好"而不是留下缺陷待以后修改。实际上，有很多种方法可以管理以 TQM 为基础的组织与其客户的关系。这些都可以形成竞争优势的基础。

问题

1. 以全球大型飞机市场为例，解释你认为空中客车公司制定公司战略时需要考虑哪些顾客分析相关因素。

2. 当市场处于混乱状态时，分析在多大程度上值得评估需求状况？这样做的原因以及面临的问题是什么？

3. 在顾客需求分析中，G.Hamel 教授和 C.K.Prahalad 教授认为："任何公司如果只满足当前顾客的现实需求而不能更进一步，那么它很快就会落伍。"简要地解释该观点，然后再评价其正确性。需求对战略发展来说非常重要吗？

4. 以你所熟悉的一个市场为例解释直接竞争对手和更广义的竞争对手之间的差异。你的答案对战略管理有何意义？

5. 比较下述三种公司的顾客购买行为、沟通策略以及定价策略：一个名牌早餐食品制造商、一个大型零售业务银行和一个国家慈善机构。

6. 与顾客进行沟通能降低成本吗？存在的困难是什么？依照你的观点，在联合利华的冰激凌和空中客车公司的大型喷气式飞机的沟通战略中应用此方法是否有效？它们的做法能否节约成本？

7. 论证空中客车公司在过去几年中所采取的赶超波音公司的战略。对于飞机制造公司来说，这是发展战略管理的最佳途径吗？或者说空中客车公司最好去寻求新的、未满足的顾客需求？

8. 目标定价可能存在的风险是什么？这值得吗？在什么情

况下，不能使用这种定价方法？

9. "一种强大的力量使得世界变小了。这种力量就是科学技术……市场全球化就发生在我们身边。" (Theodore Levitt 教授)讨论这种现象对战略管理的意义。

10. 识别下列哪些情况适合进行顾客／竞争者矩阵分析：一家大医院；一个重要的足球队如皇家马德里、尤文图斯或者曼彻斯特联队；福特汽车公司以及空中客车公司。这样做的战略意义是什么？

进一步阅读

There are two books that explore the subjects of this chapter in much greater detail: Philip Kotler , Veronica Wong, John Saunders and Gary Armstrong (2007) *Principles of Marketing*, 4th edn, FT/Prentice Hall, Harlow; and

Michael J Baker (2007) *Marketing Strategy and Management*, 4th edn, Macmillan, London.

注释和参考资料

1. *Irish Independent* 2 March 2005: advertisement with pricing for Dyson vacuum cleaners; *Financial Times* (the first references are for articles on Merloni and Electrolux): 17 February 1999, p23; $ February 2002, p30; 20 May 2001, p18; 19 June 2001, p20; S August 2002, p11; 14 November 2003, p13; 12 December 2003, pp1, 12; 8 March 2004, p23; 26 February 2005, p11; 15 March 2005, p3; Electrolux Annual Report and Accounts 2003.

2. Levitt, T (1960) 'Marketing myopia', *Harvard Business Review*, July–Aug, pp45–56. One of the classic marketing articles with important implications for strategy.

3. Note that loyalty and customer satisfaction are not necessarily the same thing. Piercy has argued convincingly that loyalty may be superficial and what is more fundamental for strategy development is long–term customer satisfaction: Piercy, N (1997) *Market –Led Strategic Change*, 2nd edn, Butterworth – Heinemann, Oxford, p40. See also Wirtz, B N and Lihotzky, N (2003) 'Customer retention management in the B2C electronic business', *Long Range Planning*, December, Vol 36, No 6, pp513–27.

4. Levitt, T (1960) Op. cit., p45.

5. Doyle, P (1997) *Marketing Management and Strategy*, 2nd edn, Prentice Hall Europe, Hemel Hempstead, p108.

6. Aaker, D (1992) *Strategic Marketing Management*, 3rd edn, Wiley, New York, p213.

7. This section is derived from Doyle, P (1997) Op. cit., Ch2.

8. Doyle, P (1997) Op. cit., p42.

9. Hamel, G and Prahalad, C K (1994) *Competing for the Future*, Harvard Business School Press, Cambridge, MA, p102.

10. Levitt, T (1983) 'The globalisation of markets', *Harvard Business Review*, May–June, pp92–102.

11. Readers may care to note that some of this evidence is reduced in the shortened version of this article that appears in books such as that by R De Wit and B Meyer (1994) *Strategy: Content, Context and Process*, West Publishing, St Paul, MN. It is a pity that the flimsy nature of the empirical evidence has not been presented in full.

12. Douglas, S and Wind, Y (1987) 'The myth of globalisation', *Columbia Journal of World Business*, Winter. This is also reprinted in De Wit, R and Meyer, B (1994) Op. cit.

13. Aaker, D (1992) Op. cit., p48.

14. It should be noted that, in theory at least, it is not necessary to segment a market before exploring its competitive positioning. However, it is usual and much easier to select part of a market before undertaking positioning. Many marketing strategy texts do not make this clear.

15. Porter, M E (1985) *Competitive Advantage*, The Free Press, New York, p233.

16. Ohmae, K (1983) *The Mind of the Strategist*, Penguin, Harmondsworth, p103.

17. Probably the best –known text exploring positioning issues in depth is: Hooley, G J and Saunders, J (1999) *Competitive Positioning*, Prentice Hall, Hemel Hempstead.

18. Sources for the Bajaj Case: *Financial Times*: 12 May 1999, p31; 4 September 2007, p14; 9 January 2008, p30. *DNA Money Mumbai*: 24 November 2007, p27; 26 November 2007, p25. *Econmist*, 10 Janauary 2008. *Economic Times* 11 Janauary 2008 – extracted from the *Times of India* website. Websites: www.bajaj.com and www.herohonda.com.

19. Doyle, P (1997) Op. cit., p166. See also Tollington, T (2001) 'UK brand asset recognition beyond "transactions and events"' *Long Range Planning*, Vol 34, No 4, pp463–88.

20. Kay, J (1994) *Foundations of Corporate Success*, Oxford University Press, Oxford, pp263–4.

21. This whole subject is relatively poorly discussed in corporate strategy literature. Professor J Kay is the only recent strategist to deal in any depth with the issues raised in this chapter: his *Foundations of Corporate Success* has two chapters but they treat the subject from an economics rather than a marketing perspective and are rather simplistic as a result.

22. Baker, M (1992) *Marketing Strategy and Management*, 2nd edn, Macmillan, London, Ch17.

23. Kay, J (1994) Op. cit., p252.

24. Cusumano, M A and Takeishi, A (1991) 'Supplier relations and management: a survey of Japanese, Japanese transplant and US Auto plants', *Strategic Management Journal*, 12, pp56–8.

25. Skapinker, M (1996) 'A struggle to fly to the top', *Financial Times*, 23 Feb, p15.

26. 44. Slack, N, Chambers, S, Harland C, Harrison, A and Johnston, R (1995) *Operations Management*, Pitman Publishing, London, p684.

27. Buzzell, R D and Gale, B T (1987) *The PIMS Principles*, The Free Press, New York, Ch6.

28. Slack, N et al. (1995) Op. cit., pp812–14.

29. *The Economist*, (1992) 'The cracks in quality', 18 Apr, p85.

30. Slack, N et al. (1995) Op. cit., p824.

31. *The Economist* (1992) Loc. cit., p86.

32. Airbus/Boeing Case: See *Financial Times*, 13 Sept 1990; 29 Jan 1993, p17; 3 Mar 1993, p19; 11 May 1994, p33; 19 Apr 1995, p17; 23 Feb 1996, plS; 14 Jan 1997, p17; 22 Jan 1997, pp1, 4, 21; 20 Feb 1997, p25; 7 Mar 1997, p6; 18 Apr 1997, p7; 14Jan 1998, p4; 10 Aug 1998, p9; 3 December 1998, p21; 8 December 1998, p8; 25 February 1999, p38; 17 March 1999, p7; 15 October 1999, p22; 10 December 1999, p20; 23 December 1999, p19; 3

January 2000, p11; 14 March 2000, p3; 28 June 2000, p17; 30 August 2000, p22; 2 November 2000, p28; 20 December 2000, pp12, 24; 8 January 2001, p6; 2 April 2001, p29; 10 April 2001, p15; 27 April 2001, p38; 23 June 2001, p13; 21 September 2001, p33; 18 January 2002, p24; 5 February 2002, p16; 7 February 2002, p29; 16 April 2002, p32; 21 February 2003, p23; 2 May 2003, p21; 21 October 2003, p16; 14 November 2003, p31; 19 November 2003, p24; 25 November 2003, p28; 28 November 2003, p17; 8 December 2003, p19; 10 December 2003, p23 (John Kay); 16 December 2003, p15; 10 April 2004, pM3 Money and Business Section; 27 April 2004, pp21, 29; 15 July 2004, p29; 8 October 2004, p17; 20 October 2004, p26; 11 December 2004, pM6; 12 January 2005, p26; 13 January 2005, p29; 17 January 2005, p15; 21 January 2005, p20; 22 January 2005, pM3; 29 January 2005, pM6. 30 May May 2005, p20; 16 November 2005, p29; 15 June 2006, p25; 3 July 2006, p23; 18 July 2006, p1 and 26; 2 October 2006, p26; 31 October 2006, p16; 14 November 2006, p17 (good annalysis of politics of Airbus); 23 Mach 2007, p26; 18 June 2007, p21; 17 July 2007, p22; 7 December 2007, p24; 8 February 2008, p27; 27 February 2008, p20 (Lex); 9 March 2008, p20. Company Annual Reports of British Aerospace, UK; Aerospatiale, France; EADS France; Boeing, USA.–for the websites, just do a Google search. *The Economist:* 13 October 2007, p79.

第 15 章

对战略变化的管理

Managing Strategic Change

学习目标

在学完本章后，你应该能够：

- 理解战略变化的特征及对战略发展的影响；
- 分析变化的原因；
- 列举战略性管理的方法；
- 将战略变化过程与所需的变化类型相联系；
- 得出适合战略任务的战略变化过程。

引言

战略管理不可避免地要涉及在组织中工作的员工。有时组织的员工会对此持抵抗态度，从而使得战略难以实施；有时他们又热衷于战略的实施，从而对战略发展作出了重要贡献。因此，理解并研究战略变化对人们的影响对战略实施而言也十分重要。

首先，我们有必要分析一下战略变化的原因。同时，理解战略会引起的变化的动态性也是十分重要的。理解了战略变化的原因和动态性就能够知晓如何从原则上对这一变化过程进行管理。最后，一个战略变化程序既可以一次性完成，也可以持续得到发展。本章的主要研究内容如图 15.1 所示。

图 15.1　对战略变化的管理

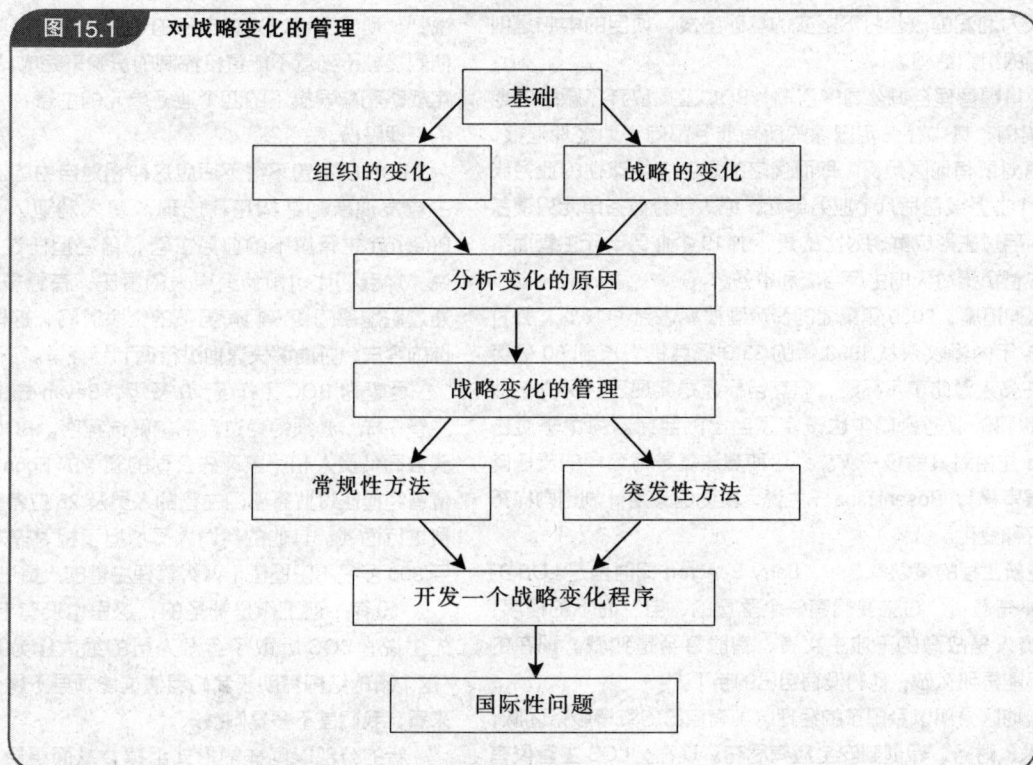

```
                        ┌──────┐
                        │ 基础 │
                        └──────┘
                  ┌────────┴────────┐
                  ▼                 ▼
          ┌────────────┐     ┌────────────┐
          │ 组织的变化 │     │ 战略的变化 │
          └────────────┘     └────────────┘
                  └────────┬────────┘
                           ▼
                  ┌────────────────┐
                  │ 分析变化的原因 │
                  └────────────────┘
                           ▼
                  ┌────────────────┐
                  │ 战略变化的管理 │
                  └────────────────┘
                  ┌────────┴────────┐
                  ▼                 ▼
          ┌────────────┐     ┌────────────┐
          │ 常规性方法 │     │ 突发性方法 │
          └────────────┘     └────────────┘
                  └────────┬────────┘
                           ▼
              ┌────────────────────────┐
              │ 开发一个战略变化程序   │
              └────────────────────────┘
                           ▼
                  ┌────────────┐
                  │ 国际性问题 │
                  └────────────┘
```

案例研究 15.1　BOC 公司令人震惊的策略

　　历经多年运作不佳之后，主导英国工业气体市场并具有广泛的全球市场兴趣的 BOC 公司被其新管理总裁勒令实施战略改变。

　　BOC 公司试图结束其黯淡的绩效运作的努力是从震撼其高层管理者开始的，随后他们进入了沉默状态。那是在 1998 年的 5 月，英国工业气体集团的大多数高层领导聚集在 Virginia 的 Chantilly 参加每年一度的聚会。"气氛没有往常那样轻松：关于'旅途愉快吗？'这样的谈话非常罕见。"公司首席执行官 Danny Resenkranz 回忆道："从各位的神态看，大家都很好，但我实在为他们着急。"

　　1999 年 3 月，当集团新结构的最后一部分即将投入实践的时候，被称为更新工程的进程进入了高潮。几周以前，Rosenkranz 先生已经与 19 名经理签署了运营合同，这些经理被抽选出来担任 BOC 公司主要的新业务部门的主管。在 10 个月的改革期间内，集团已经开始在集团内部及相关公司中实施金额达 1.2 亿英镑(合 1.8 亿美元)、涉及 5000 余人的成本削减计划；对全球业务而不是地区生产线进行重新组织；对几百个经理人员进行了艰难的筛选。

　　Rosenkranz 在总结了他几年前在同样的场合下没能准确传达自己的信息后，选择了"振荡策略"——他为在 Chantilly 的公开演讲配备的一个视频介绍。其内容主要是尖锐的城市分析家们对 BOC 公司绩效的指责。"我们曾经进行过很好的讨论，但每个人回家后就把它搁置脑后，没有人认真地听我的讲话"，他说："20 年前我们是一家 FTSE 100(Financial Times Stock Exchange 100，简称 FTSE 100)的公司，并且现在仍然是，许多人有种'我们就是 FTSE 100 企业'的心态。我们是那种典型的可能失去前进方向的企业。"

　　1996 年开始担任公司 CEO 的 Rosenkranz 已经把公司与竞争对手进行了对比，发现有一半的指标处于落后状态。他认为，企业的核心业务——气体业务也不像他想象的那么好。从瞄准整体销售的增长为利润的改善打下坚实的基础出发，项目的中心是创造一个透明的组织结构。

　　经由麦肯锡管理咨询公司的咨询，BOC 公司放弃了原来的地区性组织架构，其中在特定国家的所有业务都向当地经理汇报，首席执行官对所有地区负责。取而代之的是四个全球性的业务线(LOB)，每个业务线包括几个业务单元，绝大部分业务单元只覆盖一个区域。与过去形成鲜明对比的是，由 19 个业务单元主管而不是业务线主管负责每天的生产与赢利事务。

　　通过这种措施，2000 年集团的资产回报率达到了 16%，并打算争取在 5 年内将收入从 1998 年的 33.3 亿英镑增长到 50 亿英镑。尽管许多人对此表示怀疑，但其目标还是实现了。另外，业务主管在他们的业务合同中也设定了自己的目标。每个季度由 Rosenkranz 先生对其考核一次。"这种想法就是将公司的责任向公司的下层转移"，Rosenkranz 先生说，集团的激励计划也同样拓宽以反映这种变化。

　　作为更新工程的策划者之一，Barry Beecroft 同时也是 LOB 的主管，他补充道："过去我们有一个垂直的、自上而下的程序，各分部负责人是故意的干涉主义者，有时甚至是独裁。现在的 IOB 主管不能再那么做，他们没有自己的手下。"

　　其实，地区分部以及国家的经理以前有自己的支持服务团队，从信息技术、财务、保健到安全应有尽有。现在，LOB 主管仅有

英国工业气体集团一直处于战略变更时期，公司的战略使命就是要维持生存。

小部分人员，共享集团的服务中心。其中部分的冗余人员被任命为支持人员，比如，统一的 IT 系统取代了过去集团内各种类型的系统。Beecroft 先生过去担任过 BOC 欧洲气体公司的主管，他说："地区主管过去有自己的一班人马，有些突发性工作要利用他们接触不到或不能直接控制的资源来完成。"他的新角色就是制定战略和指导旗下的四个业务单元的主管："我们必须提高明天的管理股份。"

　　LOB 的主管不得不适应这种相对自由的工作模式，有些业务主管发现新的结构正在出现。澳大利亚人 John Bevan 是 LOB Beecroft 主管旗下的业务主管，曾经担任过 BOC 泰国主管。他说："我们比以前负有更大的责任，有更多的自由度和影响力。通过职能部门使人们有更多的空余时间，这样你就会有机会接近你的客户，并能够快速地进行调节与竞争。"

　　尽管为 BOC 工作了 20 多年，Bevan 先生像其他业务单元的主管一样，必须得通过严格的筛选程序。BOC 聘请了一位兼任猎头公司负责人和一家评估公司的领导的 Egon Zender 先生来与 45 位曾经担任过业务部门主管的人员及 25 位希望从事服务业务的人员进行面谈。其他的咨询人员承担了相对较为轻松的工作，他们与 300 多名希望担任下两级管理主管的人员进行了交谈

　　"没有一项工作是神圣的，这里也没有老资格"，Rosenkranz 先生说，BOC 听取了咨询人员的绝大部分意见，但不是全部。"这个新的结构有助于我们看清谁能领导下属公司。从管理的角度来看，我们差不多是同龄人。"

　　新的分部以同样的形式组建，从而更便于业务状况的比较。▶

"过去不同地区的部门有不同的组织结构，很难找到跟自己关注及责任相类似的人"，另一位新的业务主管 Jim Ford 先生说，"放眼全球能更容易地看出哪些是重要的合同，从而保证能够取得足够大的胜利"。

为了增加组织的透明度，Rosenkranz 先生也开发了一项被他称为并行工程的项目。把其部门主管分成许多小组，在全球范围内、部门之间通过视频互联实现会晤与交谈，达到共享思想、相互评估、交流最佳经验的目的。Rosenkranz 先生希望这个过程能占据参与者的 20%~25% 的时间。Ford 说："只要我们能及时地相互了解，这个过程将发挥巨大力量。我一直在期待有所收获，我们的兄弟集团也参与了决策的评估，这也是相互间竞争的一个因素。"

接下来会发生什么？

1999 年发生了两个重要的变化。首先，公司被两个国际竞争对手美国的 AirProducts 和法国的 AirLiquide 竞购。这两家公司联合出价 140 亿美元要收购 BOC，然后把公司在它们之间拆分。BOC 的股东们接受了这一出价，因为他们已经从持有的股票上赚得盆满钵满。但是，这次收购受到了工业天然气市场中严重的竞争限制。令人惊奇的是欧盟委员会很快扫平了这一障碍，但很快由于美国竞争主管当局的介入而再次出现问题。后者认为，此举会严重减少美国天然气价格上的竞争，因此是反竞争的。2000年，BOC 仍然是一家独立公司。

其次，Rosenkranz 在 1999 年离开了公司，也就是这次竞购期间。他离开的原因并不是很清楚，但是他在 BOC 与同事们相处并不愉快。另外，有可能进行的收购也使得这个职位变得不那么吸引人。该职位临时由托尼·伊萨克（Tonny Isaac）取代。新的首席执行官将会在竞争主管当局明确该次竞购之后，也就是 10 个月之后才能上任。与股东、顾客和员工保持沟通是非常重要的。"唯一能给人们带来动态性并在这样一个被收购的时期安抚人们的方法就是沟通。"伊萨克解释说。到了 2000 年 5 月，BOC 开始对竞争主管当局的进展表示关注："上个月，我开始更加担心到底在发生些什么，但是，到现在，很多人都认为最后期限 5 月 12 日还会再延期。

我开始想 5 月 12 日以后 BOC 还是存在的话应该做些什么。"

在竞购破裂后，BOC 不得不重新思考自己的战略。该公司开始面对为什么在 90 年代没有能够赢利的根本原因——Rosenkranz 是对的。因此 BOC 需要加强项目管理并努力重新夺回自己的位置。在中间的收购期间，很多员工都离开了公司。同样重要的是，BOC 无法再招募到新的员工——谁会愿意加入一家似乎要被卖掉的公司呢？

无论如何，收购给 BOC 带来了一个重要的好处。董事们和员工们都受到了重大的打击，但是他们还是保住了自己的工作。于是公司需要制定一个新的独立公司的战略。伊萨克说："我们要讨论为什么我们会沦落到要被收购的境地，为什么我们的董事会会接受这样的收购。"在之后的 5 年中，BOC 的董事们在各个不同的领域都制定出了新的战略。BOC 收购了公司、进入中国、开发了新的产品领域并加强对新项目的管理。

伊萨克在 2005 年的时候仍然是公司的首席执行官："当我再看看我们现在的样子，我相信我们是一个要比 5 年前更好更坚强的公司。我们再也不想要经历我们曾经经历的那段日子了。"图15.2 说明了 BOC 是如何设法度过了从不成功的竞标开始的那 5年时间的。但是，这并不是 BOC 这项交易的终结。2007 年德国的 Linde 公司收购了它，开始了新的战略时期……

本案例的最后一段由理查德·林奇改编自一篇 Virginia Marsh 发表在《金融时报》1999 年 4 月 29 日 22 页的文章。ⓒ金融时报版权。本案例的第二部分由理查德·林奇根据 BOC 的 BOVC 的年报和会计报表改写。ⓒ理查德·林奇，保留所有权利。本案例根据公开信息编写。参看参考文献[1]。

案例问题

1. 为什么 BOC 必须实施震撼策略？这种方式存在哪些问题？

2. BOC 变换程序有哪些主要元素？它们与本章的其他模型一致吗？

3. 从这个变换方法中，其他企业能从中学到什么经验教训吗？如果其他企业采用同样的步骤，你有哪些建议？

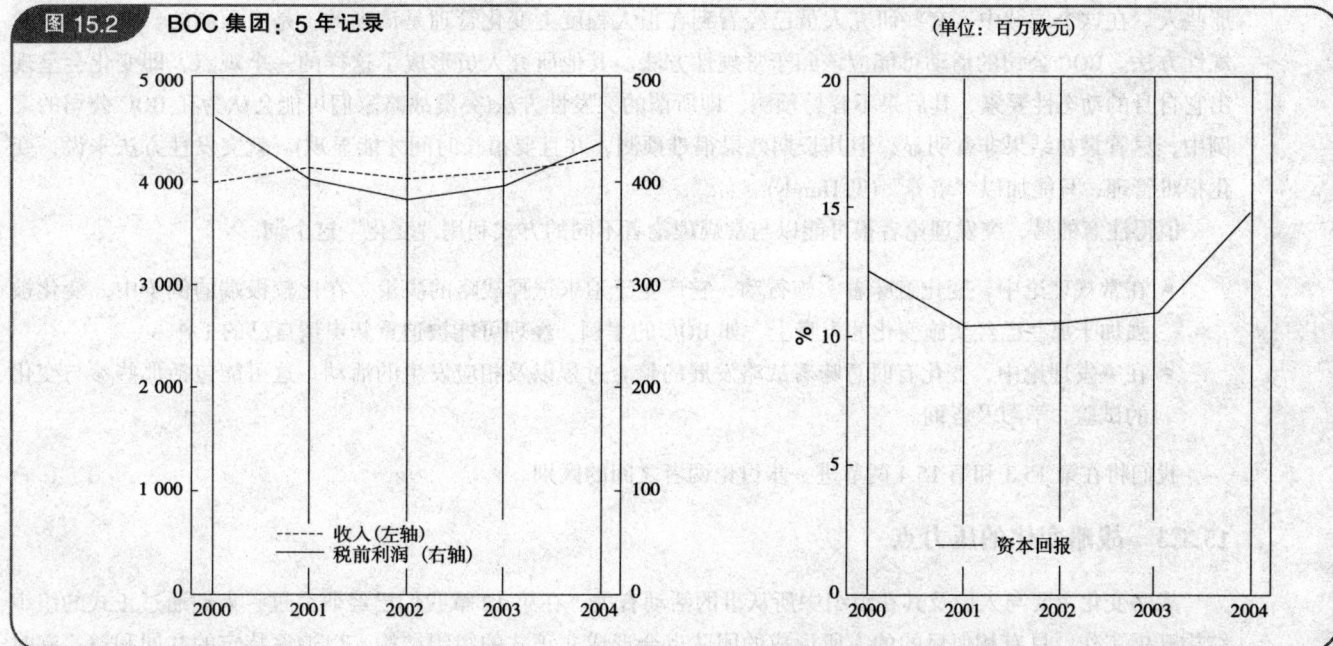

图 15.2　BOC 集团：5 年记录　（单位：百万欧元）

15.1 战略变化的基本概念

本节研究了战略变化的概念，对其在战略实施中的重要性进行了解释，对每个组织都可能发生的组织变化与可管理的战略变化进行了比较。

15.1.1 组织变化

在组织中，变化是时刻都在发生的。变化的步伐可以通过如下两个极端形式表示出来：

1. 缓慢的组织变化。它是指变化是逐步缓慢发生的，所遇到的抵抗较小，进展比较平稳，要求参与的人有较高的参与度。

2. 快速的组织变化。它是指变化是突然发生的，往往是一个战略构想的组成部分。即使经过了精心准备。也可能受到顽强抵抗。然而，有时这样的变化是不可避免的，如把关闭工厂作为削减成本项目的一部分。

组织一般会尽可能采用缓慢的变化，这样做的成本可能比较低。实际上，许多变化是沿着这条路线进行的，否则组织将处于永远的混乱当中。当然，也有快速的变化。但快速变化往往与战略变化一道进行，是有心理预期的。

15.1.2 什么是战略变化

定义▶　**战略变化就是指组织通过对变化进行预见，以实现明晰的战略目标**。一般可以采取常规性战略方法或突发性战略方法进行。"预见性"是指公司为管理新战略及其对组织内人员的影响而采取行动。

由于战略基本上与组织的发展相一致，就不可避免地出现组织内部人员的变动。然而战略变化不仅仅是在某段时间内出现的偶然性转换，而且还包括为每个人都必须采纳的新的工作方法进行前期的研究。因此，战略变化设计包括许多超出组织常规路线的子变化的新战略的实施。这些活动包括：

在大量人群细分中，对新的活动模式、信仰及态度的归纳[2]。

所以，BOC 公司的首席执行官改变了高级管理人员的职责和活动。之后在他的接任者上任的时候这些管理人员也发生了变化[3]。

许多研究人员和作者已经研究了组织变化这一重要主题，本章主要关注已经从战略角度研究这个概念的那些人。在这个领域中，有些研究人员已经看到在很大程度上变化管理是清晰的，是可预测的，即所谓的常规性方法。BOC 公司的活动可能应该归于常规性方法。其他研究人员形成了这样的一个观点，即变化会呈现出它自身的动态性要素，其后果不容易预测，即所谓的突发性方法(突发战略家们可能会认为在 BOC 公司的案例中，尽管最初结果非常明显，但其长期效果很难预测，并且要很长时间才能显现)。就突发性方法来说，变化很难管理，只能加以"培养"(见 Handy)[4]。

值得注意的是，突发理论者很可能以与常规理论者不同的方式利用"变化"这个词。

- 在常规理论中，变化意味着实施行动，它产生于追求选择战略的决策。在比较极端的例子中．变化被强加于那些已经实施变化的人身上，如 BOC 的案例，经理可能被迫重新申请自己的工作。

- 在突发理论中，变化有时意味着战略发展的整个过程以及相应发生的活动。这可能包括那些参与变化的试验、学习及咨询。

我们将在第 15.3 和第 15.4 两节进一步讨论两者之间的区别。

15.1.3 战略变化的压力点

战略变化主要与人们及其在组织中所从事的活动有关。在第 12 章我们已经研究过，人们通过正式的组织结构开展工作。具有相似目的的人所形成的团队也会形成非正式的组织结构，以追逐特定的共同利益：有时是社会团队，如体育俱乐部；有时是商业团体，如在工作实践中追寻细微变化的集团。所有这些团队都不可避免的会以正式或非正式的形式探讨影响它们生活的新发展，如有关战略变化的声明或流言。重要的是，这些非正式团队通过坚持阐明或改变战略实施过程的任何元素，这可能为团队带来好处。但如果团队不喜欢提出的战略，则它也能成为一系列问题的焦点。

无论组织是正式的还是非正式的，它们总会为高级管理者提供一个影响战略变化或被这些变化影响的那些事物所影响的机会。在 BOC 公司的案例中，当 Rosenkranz 先生引进并行工程时就是要致力于这项任务。该工程用视频会议鼓励高级经理在世界范围内交流观点，并共享最佳实践经验。

识别这些团队和个人就是在组织中进行影响着力点的分析(见图 15.3)。其着力点为基本战略变化过程和参与人之间建立了重要的联系。

更通俗地说，战略变化借助了大量的学术规律。但没有明确定义它们之间的界限[5]。基本问题已经在第 7 章列出。本章将研究战略变化的主要问题。

15.1.4　战略变化为什么重要

在许多案例中，战略变化都伴随着一定程度的风险与不确定性。虽然风险评估可以从企业的角度进行客观评估[6]，但不确定性不能以同样的方式在组织内进行客观评估。

在有些组织文化中，一些人不喜欢战略变化所产生的结果。他们设法寻找原因来抵制这样的提议，因为这些提议会为他们带来问题。战略变化可能使矛盾进一步扩大，从而难以实施。比如在 BOC 公司中，起初对改革的号召非常冷淡就是那些对战略变化不信服的人的典型反应。

在其他的一些组织文化中，学习与辩论已经成为管理过程的一部分。变化很受欢迎。然而，即使这样，变化也很费时间，需要经过精心的考虑。此外，在第 16 章中提到，即使像 ABB 这样传统的学习型组织中的一些经理也不喜欢变化。

为了克服伴随变化而来的抵制，战略变化往往以比较小的幅度进行。第 7 章中说过，"战略是可能的艺术"。在这样的环境中，伴随有更多的咨询、解释和监督。图 15.4 解释了成功实施战略所需的许多因素的现实性，如何使极其明显、简单的战略行动过程变得复杂。

图 15.3　影响战略变化的人员与压力点

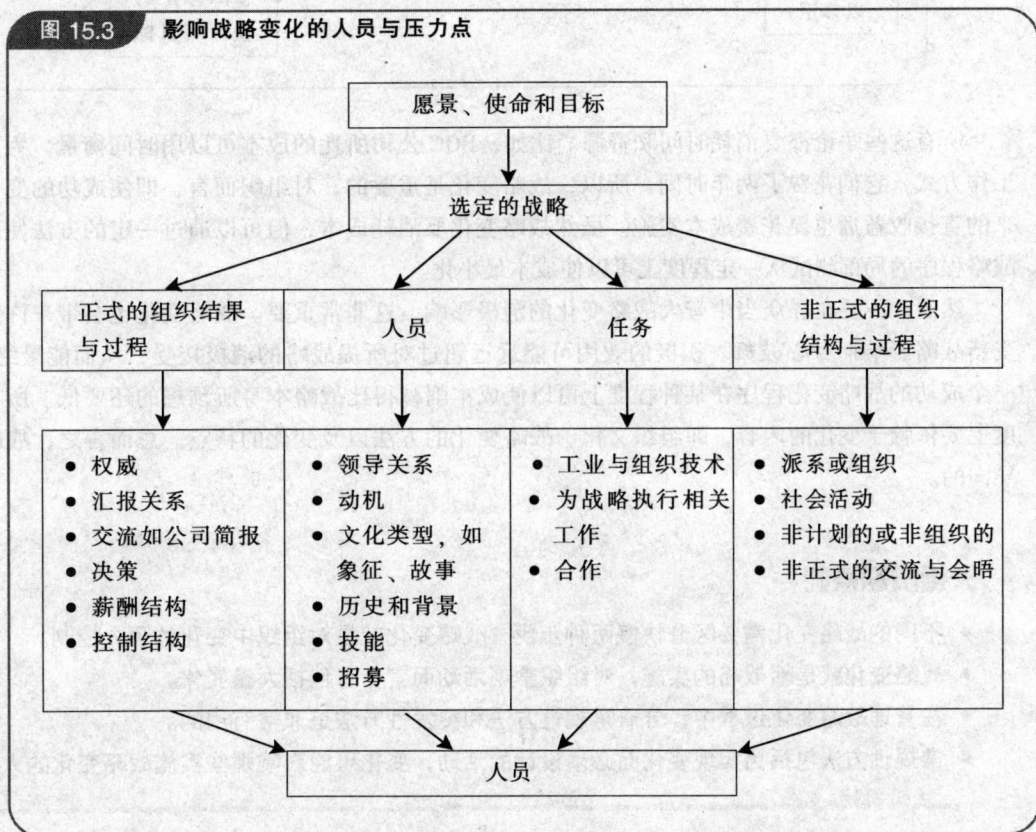

| 图 15.4 | 战略变化过程伴随的时间成本 |

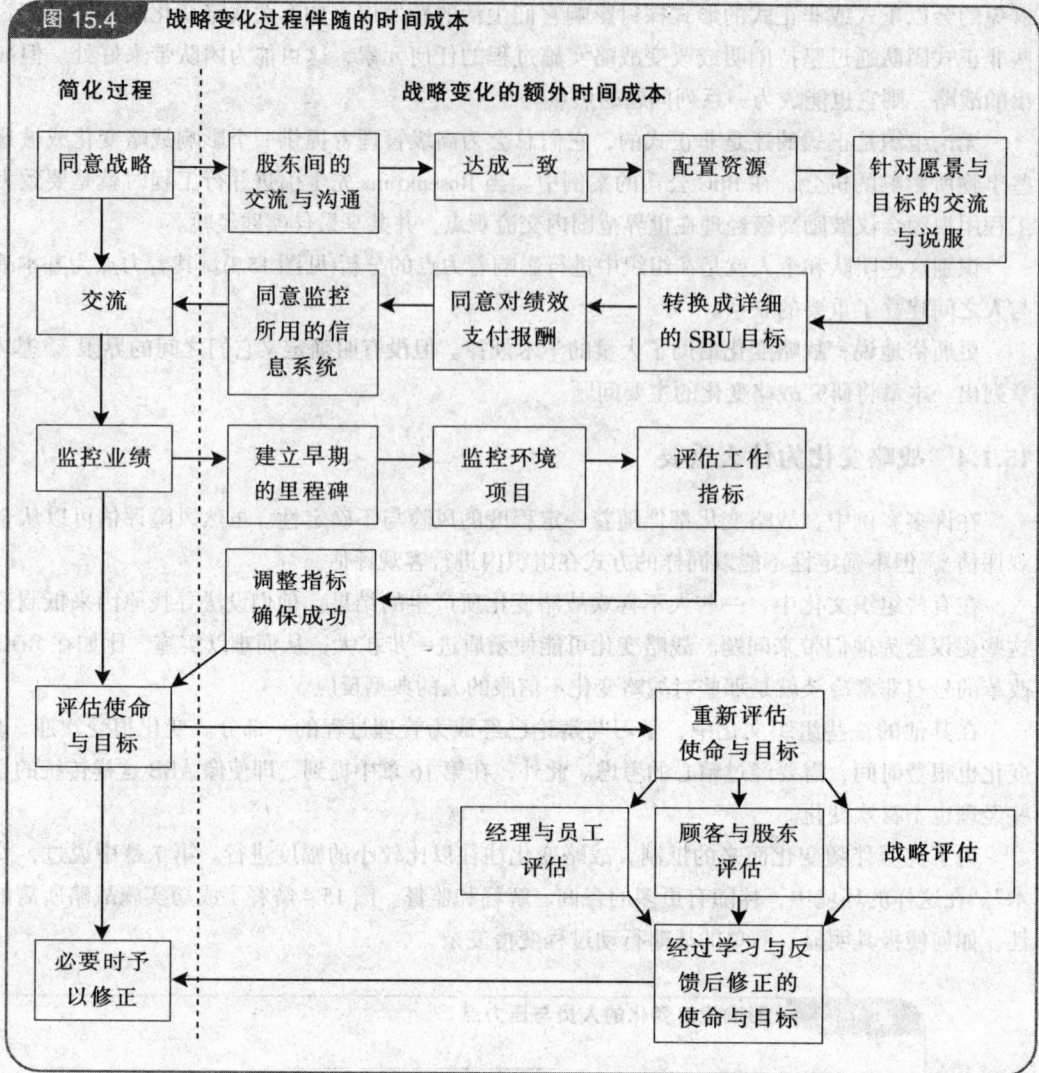

简化过程　　　　　　　　**战略变化的额外时间成本**

同意战略 → 股东间的交流与沟通 → 达成一致 → 配置资源 → 针对愿景与目标的交流与说服

交流 ← 同意监控所用的信息系统 ← 同意对绩效支付报酬 ← 转换成详细的SBU目标 ← （针对愿景与目标的交流与说服）

监控业绩 → 建立早期的里程碑 → 监控环境项目 → 评估工作指标

调整指标确保成功

评估使命与目标 → 重新评估使命与目标

经理与员工评估　　顾客与股东评估　　战略评估

经过学习与反馈后修正的使命与目标

必要时予以修正 ← （经过学习与反馈后修正的使命与目标）

所有这些争论都要消耗时间和资源。比如，BOC 公司所耗的成本可以用时间衡量，为了实施这种新型的工作方式，它们花费了两年时间。所以，战略变化是重要的，对组织而言，即使成功的变化在扣除新战略带来的直接收益后也要花费成本实施。虽然战略变化要消耗成本，但可以通过一定的方法使之减少。一项成功战略程序的局部测试从一定程度上可以使成本最小化。

然而，不要在群众当中夸大战略变化的消极影响，这非常重要。战略变化也会带来许多积极效应：人们受新战略影响而身心鼓舞。积极的效用可能远远超过对所提战略的消极接受，从而能最终降低成本。所以，一个成功的战略变化程序在某种程度上可以使成本削减得比战略本身所预想的还要低。所有这一切在某种程度上要依赖于变化的内容，即组织文化、战略变化的方法以及变化的特点。总而言之，战略变化是以背景为导向的。

关键战略原则

- 不同的战略变化需要区分快慢两种步伐，战略变化就是对组织中变化的预先控制。
- 战略变化就是新战略的实施，对组织常规活动而言，它包括大量变化。
- 在管理战略变化过程中，分清常规性方法和突发性方法是非常有用的。
- 常规性方法包括为实现变化而必须设计的活动，变化可能影响那些实施战略变化的人。

- 突发性方法包括开发战略的所有过程与实施阶段。该方法包括那些实施变化的人之间的相互咨询与讨论。
- 战略变化关注的是人与任务。它通过正式或非正式的组织结构去实施。如果这些变化有效的话,理解影响变化的压力点是非常重要的。
- 战略变化是十分重要的,因为它可能使组织失去相关功能,并可能受到相关人员的抵制。即使变化被轻易接受,也必须花费一定的时间和心血。战略变化伴随着许多隐性成本。

15.2 分析战略变化的原因

为了有效地管理战略变化,理解战略变化的原因是十分重要的。战略变化的起因我们已经在本书的第二部分和第三部分研究过。分析战略变化的特定起因是非常有用的,因为它为处理文化问题提了线索。变化的原因主要有如下两种:

1. Tichy 有关战略变化的四个主要原因;
2. Kanter、Stein 和 Jick 有关战略变化的三个动因。

15.2.1 战略变化的四个主要原因

Tichy[7] 识别出了战略变化的四个主要动因:

1. 环境。经济变化、竞争压力和相关法律的变化可能导致对重大战略变化的需求。
2. 业务关系。随着新的联盟、收购、伙伴及其他形式的业务关系的发展,为了充分利用这种新的配合、供应链关系或核心竞争力,需要组织结构实现巨大的变化。
3. 技术。技术的变化可能对工作内容甚至企业的生存产生巨大影响。
4. 人员。组织中的新人员可能有不同的教育与文化背景,他们需要变化。特别是组织的领导需要发生变化,这一点所起的作用尤其明显。

上述四点的含义需要在组织动态性和复杂结构中予以思考。Tichy 认为,变化不仅是必然的,而且可以通过管理产生积极的战略效果,这将在本章后面的章节中予以研究。

15.2.2 战略变化的三个动因

Kanter、Stein 和 Jick[8] 认识到了有关战略变化的三个原因,其中的一个原因与 Tichy 的观点相同。

1. 环境。相对于组织状态的环境变化可导致对战略变化的需求。
2. 生命周期的差异。当组织从其生命周期的一个阶段转化为另一个阶段时,组织的某个部门或某个部分发生变化是必要的,如通信产品生产商诺基亚。当网络通信进入一个更为成熟的市场阶段时,移动通信还需要继续发展。一方面,它可能导致产品本身的大小、形状、部件的变化;另一方面,它还可能引起相关的协作、资源分配等一系列变化。
3. 组织内部政治力量的变化。个人、团体或股东可能争夺组织的决策、利益分配等权力。比如,从面向产品到面向顾客的战略变化将会导致这两个功能部门权力的变化。

这些变化的描述意味着它们不仅与战略变化有关,而且也与其他的复杂因素有关,如人与团队之间的相互影响。研究人员认为,原因总是在变化的,只是快慢不同。实际上这些因素从不同角度促进了对战略变化的大量需求。

15.2.3 因果关系分析

实际上,我们需要对特定组织的战略变化原因进行更为精确的定义。上面的解释可能提供一般性观点,但是，当用于管理战略变化时。精确的定义更为有效。同样，上面所描述的原因也提出了有关战略变化如何发生的重要问题。本章的第 15.3 节和第 15.4 节将分别从常规性变化和突发性变化两方面对战略变化的起因进行研究。

关键战略原则

- 为了管理战略变化，理解推动这一进程的原因是十分重要的。有多种关于这些原因的分类，本节列举了其中的两种。
- Tichy 识别出了战略变化的四个主要动因，即环境、业务关系、技术及像新领导这种新加入组织的人员。
- Kanter、Stein 和 Jick 提出了有关战略变化的三个原因，即环境、组织部门的生命周期的差异和组织内部政治力量的变化。
- 为了有效管理战略变化的进程，精确识别变化的原因十分重要。

案例研究 15.2　指望卡莉：第 1 部分——首席执行官卡莉·费奥莉娜领导惠普进行战略革新

从 1999 年加入该公司任首席执行官开始，卡莉·费奥莉娜就致力于设定惠普新的战略方向。两年内，她调整了企业的组织结构，并重新定位了组织文化。本案例将分析她就任以来企业在组织文化和战略方面的变化。

本章第六部分案例研究 8 中将对此继续进行分析。最后 2005 年卡莉被迫离职。要知道其中的原因，我们必须先了解一下卡莉在任的前三年里发生的事情。

惠普之道：过时的组织文化？

1999 年卡莉·费奥莉娜一上任，她就向该公司的共同创始人比尔·休利特阐述了她的计划。此时，比尔因患癌症病入膏肓，只能坐在轮椅上。但是他仍然对他与其故合伙人戴维·帕卡德共同创立的世界上最大的电脑及办公设备公司之一的惠普甚为（也应当）骄傲。惠普年销售收入达 420 亿美元，并拥有 10 万员工。

以两位创始人名字命名的惠普，1939 年在加利福尼亚州巴洛阿图市的一个改建车库里成立，为华特·迪斯尼公司的电影《幻想曲》提供声频振荡器，同时还为美国硅谷提供科学仪器。该公司在 20 世纪 40 年代的战争年代里由于获得美国政府的合同而得到了不断的发展，并且在 20 世纪 50—60 年代开始进军商用和个人电子产品市场。表 15.1 详细地总结了该公司的一些发展历程。

公司的两位创始人都非常善于激励和支持技术精湛的员工开发新产品——从而公司相继进入了掌上计算器、商用及个人电脑、电子测量设备和打印机的市场领域。惠普的组织文化，即所谓的惠普之道在企业的快速增长过程中发挥了重要的作用。

依据创始人的原则，惠普之道鼓励并支持个人及小组主动的技术研究活动，从而为企业发展献策。公司的整体氛围是支持，并以新想法为导向的，然而这也会造成负面影响。戴维和比尔经常亲自到惠普的工厂及办公室里视察，他们称其为走动式管理。这令人感觉很人性化、亲切并拥有良好的公众形象。由惠普总结的正式说法见表 15.2。但是适当使用这一方法也很重要：有些活动也可以通过收购来实现，如前所示。在其收购公司贯彻"惠普之道"往往需要付出巨大的努力，这使惠普延迟获得所预计的并购收益。

虽然惠普之道始于 20 世纪 50 年代，但是依据惠普的首席执行官卡莉·费奥莉娜的说法，现今仍然很重要。在 2001 年惠普年度报告里，她写道："我们已经进入了一个计算机时代。所有的界限已经不存在。每件事物都可以和任何地方、任何时候的其他事物息息相通。"她还继续写道："从我进入惠普以来，我们就以这一变革为中心，设定目标重振我们的公司：重组并重新振兴我

在过去的几年里，没有几个公司的领导人能像惠普的卡莉·费奥莉娜那样能力非凡。

年代	公司简要的发展历程
表 15.1	惠普历程
1939	公司以 538 美元起家。比尔·休利特负责构思，戴维·帕卡德负责管理。两个人一致认为发现合适的人比发展市场机会更重要。
1940—1943	销售额从 3.4 万美元增长到 100 万美元。
1957	公司股票首次上市。
1957	比尔与戴维和一些高级管理人员在加利福尼亚州的一家名为"使命"的酒店里开会，并制定了塑造公司所需遵循的原则：惠普之道——见正文。
1959	在德国设立工厂，这是在美国以外的地方第一次建厂；在瑞典设立营销办公室。
1961	通过收购生产分析仪器的企业桑伯进入医学领域。
1965	惠普收购 F&M 科技公司，从而巩固了其在医学仪器领域里的地位。
1969—1971	戴维·帕卡德出任美国国防部副部长，任期两年。
1972	推出了世界上第一部掌上科学电子计算器。
70 年代	开始生产个人电脑、桌上大型主机和激光打印机：这些产品都比其竞争对手的产品耐用，当然价格也比更高。1978 年，两位创始人任命约翰·杨为惠普公司总裁。
1981—1986	投入 2.5 亿美元开发采用精减指令架构的惠普系列计算机，特别是商用计算机。
1987	比尔·休利特退休，比尔和戴维之子进入惠普董事会。两个家族仍是该公司持少数股份的重要股东。
1989	收购阿波罗电脑公司，成为工作站电脑市场的领导者。然而技术兼并使惠普损失了价值约 7.5 亿美元的业务。
1992	收购德州仪器的 Unix 电脑系列产品，通过采购来服务以商业导向的市场。
1992	推出了新的节约成本计划。
1992	前执行副总裁刘易斯·普莱特当选为惠普公司总裁及首席执行官。
1993	戴维·帕卡德退休，1996 年去世。
1995	惠普整合了包括个人及商用电脑在内计算机业务。
1996—1999	更换高级副总裁——见正文。
1999	惠普成立一家独立的科技测量公司——安捷轮：15%的股份当即向公众发行；剩余的股份也在 2000 年全部售出。从此惠普集中精力发展其计算机相关业务。这也是在表 21.3 里所示营业额及员工人数在这一年突降的原因。
1999	刘易斯·普莱特退休，卡莉·费奥莉娜从朗讯到惠普——见正文。
2001	惠普收购两家公司——应用服务器专业公司 Bluestone 和 StorageApps 从而使惠普更坚定地进入了商用计算机市场。
2001	惠普宣布裁员 6000 人。
2001	比尔·休利特去世。
2002	经过公司高层几个月的激烈讨论，最终决定收购康柏——见正文。
2003	公司合并后，裁员 15 000 人，以节省成本。
2005	卡莉·费奥莉娜离开惠普。新的首席执行官上任。

资料来源：公司的文件、媒体的报道及参考资料提到的公司相关的历史。

们的公司、重拾我们创新精神。这一精神是我们与生俱来的，并将用来满足我们客户的需求。如比尔和戴维所认为的，惠普之道真正的独到之处在于它以不断创新为基础，大胆变革，灵活地适应变革。他们所创造出的 7 个原则至今仍然引导着我们。"

尽管卡莉·费奥莉娜强调惠普仍然遵循"惠普之道"，然而仍在世的创始人比尔·休利特似乎并不相信她。新的竞争者和新的技术都在市场上不断涌现——复兴的 IBM、太阳微系统公司、戴尔、日本的佳能，惠普逐渐迷失。所以在 1999 年，病入膏肓的比尔·休利特对卡莉所做阐述的反映仅是生硬地对护士说："我要离开

这。"而这仅仅是卡莉与惠普守旧派较量的开始。

卡莉的早期影响：理顺组织结构的需要

1999 年初，卡莉·费奥莉娜刚刚加入惠普的时候，她就认定公司的组织结构存在着根本性问题。公司由一系列相对立的部门组成，虽然这样可以调动各部门充分的、各自的积极性，但是这也意味着极大的资源浪费。整个集团拥有 83 个产品部门，每个部门都由其总经理领导，从研发到营销全权负责各自的产品。更重要的是惠普的组织文化里到处都可以看到这种传统的自治。一般认为重复会提高成本，所以集权化管理可以降低成本，增加利润。

表 15.2　惠普之道的 7 大元素

1. 利润是衡量企业对社会所作贡献最好的方法，也是企业竞争力的最终来源。
2. 不断提高企业产品和服务的品质。
3. 不断地寻找企业新的增长点，但是要集中精力发展企业具有优势的领域。
4. 提供就业机会，并与员工分享企业的成功。
5. 不断营造企业自我激励、主动创新的组织环境。
6. 为社会作贡献，树立惠普良好的企业公民形象。
7. 强调只有不断地发展，才能生存。

卡莉·费奥莉娜说，"公司里的独奏过多，我们需要一个相互配合的乐队。"她提到过一个经典的例子，就是惠普有不少于 750 个员工内部培训网站，整体效率非常低。"我们为什么要建这些网站？"

公司很早就意识到其分权化组织结构所存在的重大弊端。在《惠普之道》里，戴维·帕卡德曾提到："在 20 世纪 70 年代里曾经出现过最高管理层无法理解的营运资金突然增加：事实上，一些大客户从惠普的不同实体购买产品，然后组合成为一个系统。通常它们只有在收到最后一件产品的时候才付款。为此我们变更了流程，使我们能够先将产品组合成一个系统，发货前做好检查工作。"尽管分权管理有助于推动企业家的创新活动，发展各自的独特优势，但这意味着企业内部相互之间的合作较差。此外，即使有明显的收益，企业内部也不会相互合作，例如，统一个人电脑部件（存储器、驱动和中央处理器）的生产。因此，即使简单的规模效应企业也很难达到，从而使惠普在成本方面处于不利的竞争地位上。

卡莉·费奥莉娜在任美国最大电话服务公司美国电话电报公司的一个生产电信设备的分公司——朗讯科技首席执行官的时候，就进行过彻底的组织重组，并因此赢得了很高的声誉，并在 1998 年被评为"美国商业最有影响力的女人"，荣登了《财富》杂志的封面。1999 年，她加入惠普，然而尽管她在市场营销方面所获得的赞誉很高，但这并不适合该公司。基本上，高级经理人都是工程师出身，倾向于以产品为导向来解决战略问题。在费奥莉娜刚上任时害怕被认为是善于"营销鼓吹"，而运营经验不足。事实上，随后她过人的营销策略就受到了好评；并且她将重要营销手段带到了一个以工程技术为傲的企业里。

她到惠普两年后，她将与朗讯相似的组织结构引入公司。她将不同的运营公司整合进一个非常简单的"前 / 后端"组织架构里——见图 15.5。前端将以客户为导向，主要分为企业和个人两个客户群体；另外还有一个售后服务部。后端根据产品种类进行组织划分，它包含了所有生产和研发部门。此外，还有一个单独的部门负责为一些购买产品的客户提供售后服务以及收费服务。进行这样组织重组的关键是将各个公司相关联，从而使前后端相互协调。惠普希望通过三种方法来解决这一问题：

1. 保持组织结构简单化，仅分成三个以客户为导向的业务部门。
2. 任命一批既向前端也向后端高层管理者报告的经理人。
3. 后端组织单位不可以直接向客户销售产品，保证它们不成为赢利中心。

必然有一些惠普的老员工对此并不能完全接受："这一政策使许多生产者感觉自己像舞狮的狮尾。"一些工程师还担心他们可能会失去与客户直接接触的机会。更重要的一点是，如一位企业管理学教授提到的："自治传统还根深蒂固的时候，他们就要达到部门间协同效应。"

即使完成了组织重组，企业的利润率也没有相应地提高，当然还存在着其他的原因，如市场正处在低谷。管理层认为如果不进行重组，企业的状况可能会更差。但是这并不足以说服抵制这一变革的人。很显然，卡莉正在与惠普固有的一些的观点进行较量，而且这场较量将继续升级。

未来五年的战略是什么？与惠普保守派新一轮的较量

虽然 2001 年组织重组商业逻辑很清晰，但是其本身并不能解决困扰世界上所有电脑及相关公司的利润压力。组织重整时，企业面临着以下三个外部因素，这使惠普经营更为困难。

- 从 2001 年开始，世界经济开始下滑。大小公司和客户都推迟对电脑、打印机及相关服务的投资。
- 互联网泡沫造成的影响。20 世纪 90 年代末到 2000 年初，互联网革命相关的企业都经历股票价格的剧增以及而后的骤降。这使大家意识到获得世界互联网所带来的收益需要一段更长的时间，而且它并不青睐小型的、新设立的网上公司。这使对电信产品，包括与电脑相关的设备的需求突降。
- 来自 IBM、戴尔和太阳微系统公司的激烈竞争。

从惠普 2001 年的财务结果中，我们可以看出这些压力：多年中利润最差的一年，见表 15.3。惠普必须立即制定出一个全新的战略。惠普内部两个集团开始较量：

图 15.5　惠普 2001 年的新的组织结构

前端

- 商业客户组织：向企业提供技术解决方案——2 万名员工
- 个人消费者业务组织：销售个人消费品——5000 名员工
- 惠普服务部：为顾客提供培训、咨询和外包服务——3 万名员工

后端

- 计算机系统：生产服务器、存储器，设计软件——1.3 万名员工
- 影像和打印系统：生产新的打印及影像产品——1.5 万名员工
- 嵌入式及个人系统：生产电器、个人电脑，并提供嵌入式解决方案——1450 名员工
- 惠普实验室：为惠普开发新技术，确保惠普的技术领先地位——850 名员工

一批既向前端也向后端高层管理者报告的经理人

表 15.3　惠普的长期视角——2001 年必须进行重大变革

	1987	1988	1989	1990	1991	1992	1993	1994	1995	1996	1997	1998	1999	2000	2001
销售额（百万美元）	8.1	9.8	11.9	13.2	14.5	16.4	20.3	25	31.5	38.4	42.9	47.1	42.3*	48.8	45.2
净收益（百万美元）	644	816	829	739	755	881	1,177	1,599	2,433	2,586	3,119	2,945	3,491*	3697	408
员工人数(千人)	82	87	95	92	89	93	96	98	102	112	122	125	84*	89	86

*安捷轮分立以后，见表 15.1。

资料来源：惠普财务报表及公司年度报告。

- 惠普的守旧派——惠普一些原有的经理人，及仍然拥有该公司的大部分股份、创建惠普的休利特和帕卡德的家族基金会。
- 惠普新派——以卡莉和她的直属同事为代表，认为不可能有容易的战略解决方案。

　2001 年惠普的新旧两派在惠普新的战略发展方向上产生了巨大的分歧。

资料来源：参看第六部分案例研究 8。

© 理查德·林奇 2009 版权所有。保留所有权利。本案例根据公开信息编写。

案例问题

1. 惠普所面临的主要问题是什么？请利用第 7 章的概念来分析企业文化和权力间的制衡。同时找到其他的业务问题：应该依据企业所面临的问题来看企业战略的变化。

2. 你如何对这里的战略分析进行分类？

3. 如果你是首席执行官，你将采取什么样的措施？

15.3　管理战略变化的常规性方法

　　在制定和实施战略的过程中，管理人员需要考虑如何管理这些变化的过程。比如，在惠普案例中很明显公司着手对 2001 年的重大的组织变革进行管理。特别是采取了如下一些行动：

- 通过谨慎的公告和解释安抚员工。
- 解释了重组组织结构使它更为顾客中心化的原因。
- 激励意愿强烈的经理而忽略那些反对这些变革的人。

　　本节研究了两种管理变化的常规性方法。在第 15.4 节给出了两种突发性方法。这两节的讨论主要围绕常规性变化和突发性变化的内容展开。

15.3.1　三阶段常规性方法

　　在 20 世纪 80 年代后期、90 年代初期这段时间内，Kanter 和她的同事研究了变化管理的三种主要形式[9]。她们把这三种形式与涉及变化过程的三类人相联系创造出管理变化的三阶段方法。

1. 对组织变化的识别。当环境变化时，组织自身要作出反应。比如，一国政府需要转变其政治姿态。其过程可能比较缓慢而不是较快，除非有政治变革或其他重大革命发生。

2. 当组织转到新的生命周期阶段时所出现的合作与转变问题。随着组织结构、年龄变得越来越大，组织内部的关系需要变化。无论特定事件发生与否，变化时一些团队和个人的影响是可以预测的。比如，众所周知，随着一个产品组快速发展壮大，可以将其内部的部门分离。建立一个独立部门的决策，将会产生有关变化的问题，但我们需要对其进行管理。

3. 对组织政治方面的控制。这直接产生于第 15.2.2 所列的政治压力。有时，普通的权力交替能导致剧烈的变化。比如，有关战略与结构的冲突而导致的主要负责人的离职[10]。

与变化过程相应的三类人员如下：

1. 变化战略家。他们负责这些组织中战略的改变。但可能不对具体的实施负责。

2. 变化的实施者。他们直接负责对变化的管理。

3. 变化的接纳者。他们接纳变化管理，他们对变化产生焦虑的程度取决于变化的本质及表达方式。他们对高层的决策感到无能为力。在极端的情况下。他们可能顽强地抵抗，就像惠普的一些经理那样。

研究者发现，实际上，在他们研究的案例中，管理变化是自上而下进行的常规性过程。突发性的战略家会指出这里存在的明显不足：收购之前缺乏相关知识与合作会导致焦虑与抵抗。而常规性战略家会对此作出反击，他们指出在收购发生之前，受变化影响，人们对收购持敌对态度，其困难性难以估计。他们可能会引用 1993 年的一个著名案例来证明他们的观点。在该案例中，公司在收购之前与未来的员工签订合同，结果却遭到员工的拒绝。沃尔沃汽车工人联合其瑞典管理部门和大部分的股东一起反对与法国汽车公司雷诺组建合资企业[11]。

评论

Kanter、Stein 和 Jick 为改变过程的构建和管理方面提供了一条途径。然而，在有关人员的分类时，如何管理其过程给出了有限指导，他们的模型比较适用于重大的战略变化，而不是一般性战略变化。

15.3.2 观点的冻结与解冻

在 20 世纪 50 年代，Lewin 开发出了一个三步骤模型以解释变化过程[12]：

1. 当前观点解冻。由于变化的发生，一些传统的行为因不能满足要求而停止。重要的是，这需要这些人或团队自身感受到这一点，使他们感觉这是合理的而不是强加的。这个过程需要通过泄漏相关信息或让他们直接面对所涉及的问题来实现。
2. 转移到一个新的水平。经过一段时间的研究，找到解决问题的办法。具体办法包括对各种替代措施的检验、新价值的挖掘、组织结构的变化等。要在信息方面进一步巩固目前的状态。
3. 在新的水平上的重新冻结。最后，一旦找到令人满意的状态，则要在这个水平上进行冻结。这需要积极加强与支持决策。比如，需要对有关新局面方面的好消息与有关状态变化、文化变化、投资决策的重组与确认等信息一起进行循环宣传。

评论

这个相对简单的模型被广泛地应用于分析和管理变化，它趋于把人看做是操纵目标的主体，没有让他们陷入变化的进程中。然而，在某些场合下，这个模型是有效的（比如图 15.6 中用 Lewin 模型对惠普案例进行了解释）。

表 15.6　惠普采用 Lewin 模型分析进行重组

组织中的典型活动	Lewin 模型	惠普案例研究
• 组织内部认识到需要变化 • "不是所有的都是好的"，来自高层管理的信号 (也许消息较为夸张) • 整个组织都知晓了关于问题的性质的数据	**当前观点的解冻**	• 有关收购后所有员工的状态的信息 • 发布关于生产效率和业绩下滑到令人难以承受的信息
• 在确定所需的前提下，明确发出变化的号召，并对各种可能方案评估 • 有关可能方案的信息、 • 关于倾向解决方案的信息 • 试验	**转移到一个新的水平** （变迁状态：所提方案的各方反应；组织辩论与讨论）	• 情绪反应 • 利润压力 • 采用软性管理接触、摸清感受 • 高级管理人员出席社会活动 • 分散化结构带来高成本和重复
• 公布 • 对受影响的相关人员作出保证 • 新闻宣传，显示新的解决方案在起作用	**在新的水平上的重新冻结**	• 引入顾客导向的组织 • 强调惠普的创新性 • 重新确认惠普方式的价值观

15.3.3 对常规性变化模型的评论

还有一个采用常规性方法分析组织变化的模型 [13]，我们已经在本书其他地方对其要点进行了研究。这里仅对与变化模式有关的问题作总结。

- 在常规性模型中，假设从一种状态到另一种状态的明显变化是可能的；如果环境自身发生激烈变化，新的目标状态变得不清晰，那么，这种明显变化可能就不会发生。
- 在新的局势下，需要学习新的方法或实质性的长期投资。当新的重新冻结状态已经达到时，其状态也有可能不清楚，情况可能是一种较为脆弱的冻结。
- 假设可能达成新的冻结状态。如果组织中的某些政治因素仍然不稳定，那么，重新冻结就不可能实现。因为常规性模型仅涉及有限的咨询，在以竞争和构建权力为特征的组织文化类型中，这种假设有它自身的不足。
- 这个模型依赖于所涉及的员工对变化的强迫接受。在某些环境下，这是必然的，如公司的关闭。但在需要所涉人员的合作或者一种合作的工作文化方面，常规性模型显得不太合适。

关键战略原则

- 存在许多管理常规性变化的方法，本节列举了其中的两种。
- Kanter、Stein 和 Jick 提出了三阶段方法，这涉及三种变化形式和变化中的三种人。实际上，这种方法以自上而下为主导，管理预计中的变化及其带来的新出现的后果。
- Lewin 开发了一个三阶段模型以解释变化过程：当前观点的解冻、转移到一个新的水平和在新的水平上的重新冻结。该模型被广泛应用于对变化的分析与管理。
- 常规性方法比较适用于明确从一种状态到另一种状态的变化工作。在快速变化、难以看清前景的情形下，该模型就不太适用。

案例研究 15.3 文化冲突席卷 StanChart

2001 年下半年总裁拉那·塔拉瓦（Rana Talwar）被夺权之后，StanChart 就变得岌岌可危并成为接管目标之一了。

Rudyard Kipling 曾经写道："东方是东方，西方是西方，是从来都没有交点的一对。"2001 年 12 月拉那·塔拉瓦被夺权，这位印度出生的 StanChart 总裁的遭遇证明了这位殖民作者的远见。那些了解 StanChart 历史的人已经预见到了这一天的到来：StanChart 向来是文化冲突不断的地方。

1968 年当非洲的 Standard 银行和其在印度和东亚的竞争对手 Chartered 银行合并的时候，两家银行在大多数基本方面并没有成功整合。StanChart 总裁会在东方式餐厅吃午餐，而他们的 Chartered 总裁会在西式餐厅吃。近年来，这种文化冲突层出不穷。伦敦市对此感到很惊奇，但内部员工对此习以为常。在 2001 年大部分时间 StanChart 主席帕提里克·基拉姆（Patrick Gillam）与拉那·塔拉瓦之间一直摩擦不断，并在 2001 年 4 月在一次薪酬委员会会议上冲突升级。两个人争吵到面红耳赤，使得其他的经理们相信他们之间的联系不会持续很久了。

但是 StanChart 继续维持着它对英国市场的占有。在 2001 年 11 月初，有谣言说英国知名银行 Barclays 在考虑收购 StanChart。不出意料，StanChart 坚持说："我们作为一个独立的银行，会有一个美好的未来。"但是，在幕后 StanChart 是很紧张的。此时，

帕提里克和塔拉瓦之间的关系变得日益紧张。在 2001 年 11 月的一个星期二晚上，由执行董事会成员财务总监 Nigel Kenny 陪同，塔拉瓦主持了一次鸡尾酒会进行商务分析。同时，另外一些董事会成员也聚集在 StanChart 静穆的伦敦市总部来决定塔拉瓦的命运。这次会议持续了一个半小时。"董事们很清楚地分成两派，执行委员会委员们认为帕提里克应该下台，非总裁委员们则在抱怨拉那的管理风格。"一位到场的董事会成员说。但是，帕提里克在这次董事会上并没有到场，他否认了这些。"非总裁成员意见一致，"他说。而且，他还否认了他和首席执行官之间的摩擦："塔拉瓦和他的银行同事之间存在着文化冲突。"

对塔拉瓦离开的反应

塔拉瓦的离开让一些 StanChart 最大的股东感到意外和愤怒。他是在严峻的竞争中在不到三年的时间里第二个离开的首席执行官。他的前任 Malcolm Williamson 在与 Barclays 的首席执行官 Martin Taylor 就关于一项帕提里克强烈反对的合并进行非正式讨论之后，突然离开了。"Malcolm 并没有被夺权。"帕提里克说，"他已经到了退休年龄，并且同意去 Visa。"市政当局知道了帕提里克的统治管理层的状况，但认为很难理解为什么会是塔拉瓦被 ▶

Standard Chartered 银行位于伦敦的金融街,并在这里拥有金融联系和知识的战略网络。所有这些都会影响到公司的决策。

要求离开。69 岁的帕提里克曾经宣布在 2003 年会退休。他毫不谦虚地声称他的管理方式从来没有任何疑问:"我可能老了,但是我并不是一个守旧的人。我是一个充满活力的现代的经理人,我会这么评价我自己。"

但是投资者和分析家们对于董事会所选择的继任者 Mervyn Davies 还是表示出了担忧。首先,他们说,从银行内部选人是否合适?其次,如果帕提里克不喜欢塔拉瓦的美国式的管理,那么为什么还要选择一个在塔拉瓦待了 30 多年的花旗银行任职过的人来担任执行官?"这在一个真正实行公司监督管理的地方是绝对不会发生的。"一位 StanChart 的大机构股东说。"帕提里克所做的就是任命一位唯命是从的总裁。"他补充说。实际上,这也是伦

敦市很多人的观点。塔拉瓦很明显曾经可能会担任主席。有人说他已经和帕提里克决裂,其他的老 StanChart 人接管了他的决策权来开展本地业务以及亚洲和亚太业务。元老们并不喜欢这些,他们希望任命一位在国外的首席执行官。

分析家们对于这些冲突还是很熟悉的。"拉那常常会告诉他们,如果他们用这么多的中年白人经营银行的话在亚洲是不会成功的。他是对的——讲英语的银行总裁如何在亚洲和汇丰或者花旗进行竞争呢?时代变了。"有人说。帕提里克拒绝承认这些,并引用了该银行的文化多样性来反驳:"我们有希腊、美国人来掌管阿拉伯、巴基斯坦和斯里兰卡,印度人掌管印度,新加坡人掌管新加坡业务,等等。"在帕提里克和塔拉瓦之间的文化冲突引起了银行的财务顾问 Dresdner Kleinwort Wasserstein 和 Goldman Sachs,以及他们的经纪人 Cazenove 和 UBS Warburg 的关注。

一些总裁对于以 13 亿美元收购 Grindlay's 银行并没有信心,这一收购是塔拉瓦提出来的。但是,由于 StanChart 所倚重的亚洲市场疲软,所以有必要进行扩张,找到一些新的增长机会。其他人则持保留态度,认为塔拉瓦 5 年内遭遇到第二次的经济衰退的打击有点倒霉。但是,如果经济条件恶化,股东们感受到了这种影响的话,那么他们的耐性就可能不会那么多了。在那种情况下,塔拉瓦的离开会迫使 StanChart 至少考虑接收的办法。尽管帕提里克想要保持其独立,但现在 StanChart 很有可能被其他公司收购。

ⓒ 金融时报。本文经理查德·林奇做部分删减,选自 "StanChart chief 1wept out by culture clash",《金融时报》2001 年 11 月 30 日,14 页,Lina Saigol。案例中的所有观点和结论都属于金融时报和编辑团队。

案例问题

1. 对于公司的文化和权力平衡上的变化进行分析。对于员工和管理层来说,会有什么样的影响?
2. 事后来说,你是否会作出与当时掌管该商业银行的高层们不同的选择?
3. 公司是否有可能会成功渡过变革时期,或者说是否会有一些持久性的问题存在?

15.4 管理变化的突发性方法

从第 15.3 节我们知道,在某些情况下,对于战略变化来说,常规性方法是有效的,通常用于应付大的战略变化的企业,如 Standard Chartered 公司这个案例。然而,人们对变化的抵抗及由此产生的后果带来了高昂的人员成本,于是突发性方法应运而生。

在突发理论中没有一个单一的方法,有些人强调对快速变化的世界的反应,有些人从长远的角度来研究集中于改变组织技能、风格及产生文化的长期需求。本章研究后一种理论,因为它与战略变化的关系更为密切。这里研究了两个为检验而选定的突发性领域:

1. 由赛恩泽以及其他人发展的学习理论 [14]。
2. Pettigrew 和 Whipp 发展的战略变化的五因素理论。

15.4.1 学习型理论

根据我们在第 11 章中关于在创新中学习的讨论 [15],学习型组织并不会突然地进行战略变化,而是坚持不懈地寻求战略变化。学习的过程是持续的:当学到了一个领域的知识时,大量新的试验和信息又会出现。另外,学习方法重点强调如下几个领域:

- 团队学习；
- 对观点及未来愿景的共享；
- 研究企业根深蒂固的习惯、一般性和公司性的解释，这两种解释可能已经毫不相关；
- 人的技能是组织最为珍贵也是最重要的财产；
- 系统思考——这个一体化的领域将全面支持上述四个方面，为环境评价提供基础。

很明显，在企业投入时间和资源的领域内，学习型方法将发挥作用。对组织的员工来说，其目标就是随时间的变化而逐渐塑造它的未来(在惠普公司案例中卡莉·费奥莉娜的话中就包含了学习方法的一些要素："我来到了惠普，那么我们的目标的核心就是这种变革")。

可以肯定的是，在战略方向发生突然变化的领域，学习并不那么有效。比如，惠普公司的重组。如果由于外部商业原因而把快速变化强加于组织，则员工对变化的逐步消化以及引导他们自身命运的能力就会非常有限。比如，对于惠普公司 2001 年的困境来说，学习方法似乎无能为力。

评论

学习型组织的原则似乎存在一个巨大的困难：准确地说，就是公司如何以及何时才能发展成为学习型组织 [16]。主要概念是足够清晰的，但如何获得学习的实践能力则比较模糊，缺乏操作细节。Egan 就学习的定义及其概念的模棱两可发表了如下的评论："它阻碍了人们对这种可能极其强大的思想的实际采纳。[17]" Garvin 企图通过研究这种新方法的管理与度量来回答这样的问题 [18]。他提出了一些可以开始这种进程的非常有效的第一步的建议，如在组织中组成学习研讨会或讨论小组来处理特定的变化。

15.4.2　战略变化的五因素理论

Pettigrew 和 Whipp[19]（见第 13 章）对四家公司的战略变化进行了一次深入的实证研究，这四家公司是 Jaguar 汽车公司、朗文出版公司、Hill Samuel 商业银行和 Prudential 人寿保险公司。同时，他们对这些工业领域进行了一次更为全面的调查。他们的结论就是五个相互影响的因素影响着战略变化管理的成功性（如图 15.7）。

1. 环境评价。不应该把环境评价看做一项独立的研究，而是一个独立的功能。组织的各个部分都应该经常对竞争进行评价，从这个过程可以不断涌现出战略性创造。
2. 领导变化。领导关系型仅可能通过参照组织的特定环境来予以评价，这里没有统一的"好领导"。最好的领导总是受到企业实际情况的限制。当他们以适当的步伐(大胆的行动往往适得其反)推动组织向前发展时，其效果最为明显。
3. 联系战略与实际操作的变化。对组织的某一特定战略而言，联系可能带有部分的常规性，如"这是我的决定"。它也就有部分的突发性，此时可以允许战略随时间而发生变化，如"在我们实施新战略时，它可能发生改变"。
4. 战略的人力资源管理——人力资源是财富也是债务。这些资源组成组织全部的知识、技能及态度。在管理人的方面有些人可能比另一些人做得更好，那是一项需要时间积累和学习方法的技能（见第 15.3.1 节）。长期的学习对组织开发其潜能是至关重要的。
5. 变化管理中的一致性。一致性是这五个因素中最为复杂的因素。它企图把上面的四个因素结合成一个有机整体，并通过四个补充支持机制予以强化：
   - 连贯性——组织目标之间不冲突；
   - 调和性——整个过程能很好地对环境作出反应；
   - 竞争优势——一致性必须能够在这个领域传递；
   - 灵活性——战略绝不能提出无法解决的问题。

注意这五个因素与整个发展过程有关，而不仅仅与实施过程有关。

总而言之，组织需要能够开发一个针对变化的平衡办法，对内部而言，它既集中又有效，而在外部发生

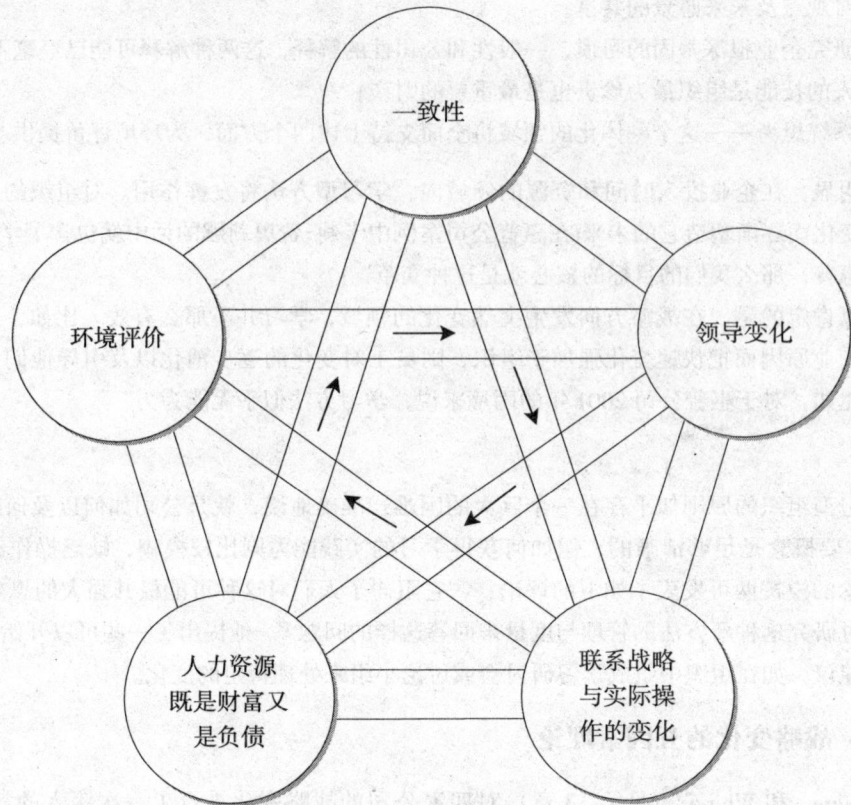

图 21.7　成功管理战略变化的 5 因素

资料来源：Pettigrew, A and Whipp, R(1991) Managing Change for Copetitive Success, Blackwell Publishing Ltd, p104. Reproduced with pemisxion.

变化时又能成功地适应。为了配合这个过程，研究人员为每个因素加了两个附加成分：

1. 初始条件特征；
2. 第二项行动与机制，只有在初始条件特征具备时才能发挥作用。

这些附加的成分如图 15.8 所示。

为了解释如何应用五因素，我们用该方法对惠普公司（见案例研究 15.2）进行了说明。其结果如表 15.4 所示。该模型提供了一个从战略变化局势中找到事实，并把它们组织起来以突出重要目标的途径。在变化的五要素之一的数据还没有收集的地方，该模型能够突出它的位置。为了理解组织变化的动态性，该模型同时也指出了需要研究的其他方面．特别是一致性方面。

评论

虽然该模型的全面性是其最主要的特点[20]，但它也有自身的弱点。有些因素表达了绝大多数人认同的事实。但它所包含的内容是如此通用，以至于它们针对战略变化中的困难问题仅能提供有限的指点。所以，对五要素中的某些要素需要小心处理。

- 环境评估是一个需要不断监控的因素。然而同本书第二部分比较，针对环境评估的评论越详细，它提供的指导越有限。
- 联系战略与实际操作的变化是一个重要的研究领域，但许多人把它看成是与其他作者讨论的和本书所研究的实施过程一样的问题。
- 许多年来，人们一直把领导变化及其复杂性看做变化的一个因素[21]。

然而，强调人力资源既是财富也是债务的观点在其他一些分析中也没有体现出来，如波特的一般战略或组合矩阵。此外，作为主要因素之一，对一致性的识别、定义与逻辑也比较有用。

| 图 15.8 | 5 个中心要素的特征 |

人力资源既是财富 也是债务

	环境评价	领导变化	联系战略与实际操作的变化	人力资源既是财富 也是债务	一致性
基本条件特征	1. 能找到关键人员 2. 组织的内部特征 3. 环境的压力及相关因素 4. 作为多职能活动的环境评价	1. 为变化构建可接受的内容：订立规则 2. 创造变化的能力 3. 构建变化的内容与方向	1. 调整其变化需求 2. 发展适当行动的能力 3. 提供必需的愿景、价值观和企业方向	1. 提高 HRM 意识 2. 采用高度具体化的附加特征为 HRM 活动创造积极的力量 3. 展示进行业务和人事变革的必要性	1. 连贯性 2. 调和性 3. 优势 4. 灵活性
第二项机制	5. 计划与市场角色 6. 与主要股东有关的沟通网络的构建 7. 对执行特殊任务专家的使用	4. 设立变化日程 5. 为在高级管理层中进行变化进行大量严格工作 6. 就变化及变化日程的详细需求进行沟通 7. 实现并巩固成功 8. 在持续性和变化之间找到平衡 9. 保持凝聚力	4. 将突发性战略分解成可执行的活动 5. 任命变化经理、建立相关结构和实际目标的任命 6. 对交流的再思考 7. 使用薪酬系统 8. 为目标建立起沟通谈判的氛围 9. 根据环境修正初始愿景 10. 监控与调整	4. 各种水平的特别的、积累的、支持的活动 5. 将 HRM 活动与业务对 HRM 需求相联系，将这作为一种方式而不是目的 6. 动员外部影响要素 7. 转移到生产线 8. 构建 HRM 活动和相互增强的制度	5. 领导 6. 忠诚的高级管理团队 7. 统一的意的向与实施 8. 开发适当的知识基础 9. 内部组织的一致性 10. 持续管理一系列内部相关的变革

资料来源：Pettigrew, A and Whipp, R(1991) Managing Change for Copetitive Success, Blackwell Publishing Ltd, p104. Reproduced with pemisxion.

| 表 15.4 | 应用变化五因素法分析惠普公司的案例 |

因素	惠普案例分析
一致性	• 通过重组进行定义 • 新主管上任 • 惠普方式价值观的统一
环境评价	• 识别"业务的驱动因素"——顾客等 • 强调面对顾客的员工的重要性以及要与后方员工谨慎合作
战略人力资源	• 对一些员工老式思维文化的清醒认识 • 强调交流，特别是核心信息的管理 • 谨慎向整个集团的员工进行展示
联系战略与实际操作的变化	• 前后方员工的联系 • 非正式部门高级经理的出席 • 激励和以顾客为中心
领导变化	• 个人负责：费奥莉娜的作用 • 高级经理的平易近人 • 关注成功的主要因素：顾客、更中央集权、新的创新

注：各因素按惠普公司重组所采取的顺序排列。

15.4.3 对变化的突发模型的评论

惠普和 StanChart 公司的案例说明了战略变化的突发性模型应用的困难。无论什么原因，两家公司发现自己被迫实施了一条与战略完全不同的方法：

- 惠普出于提高利润率的压力而提高了集权化程度；
- StanChart 为了变更战略方向而更换了首席执行官。

当然也可以说两家公司都要面对来自计算机市场和国际银行服务市场给股票交易和雇员所带来的困难。但是，战略变更的突发性模式，对于解读该时期所面对的困难并找到可能采取的措施方面却并无更多的方法。比如，通过对突发性模型进行变更，StanChart 的首席执行官突然辞职时情况得到了妥善的处理。相比之下，Lewin 常规性模型的三个阶段并没有提供一种解读变革事件及其意义的方法。比如，惠普公司获得新生来自于 Carly Fiorina 对于公司复兴的看法，对于分散化结构的各个方面提出质询来进入新的阶段，宣布结构重组结构的再次冻结。

战略变化的突发性模型还存在许多不足，这使得它们很难被采用[22]：

- 当一个企业面临不可预测的短期危机时，实施突发性战略所必需的 Pettigrew 和 Whipp[23] 长期学习方法是没有实际应用价值的，也无法保证所实施的学习会与产生的危机有关。学习的错误可能导致危机的部分上升。

- 在有些突发性模型中，假定环境不断波动是突发性战略的正当理由。这种环境的一般化需要实证证据，实际上许多环境的变化是可预测的。

- 对学习型文化的依赖可能对一些经理和员工产生消极的影响. 有些经理可能拒绝学习，因为他们意识到这种学习将削减他们的权力[24]。对有些员工的授权将意味着其他人权力的减少，进而可能遭到这部分人的拒绝。

总而言之，一些突发性战略家所提的方法经常能够满足尽早开始学习的需要，所以当变化到来时组织能够适应。当组织碰到突然变化时，这些学习也可能显得有些不够。

15.4.4　突发性战略变化与常规性战略变化的选择

突发性方法与常规性方法的选择与实际境况密切相关。从潜在性而言，组织希望选择突发性战略变化管理，原因是它的扰乱性不太强，因此，所需成本较少。然而，当战略环境导致常规性变化时，选择也就会出现不同情形。这时，其选择要依组织所面临的局势而定。

关键战略原则

- 应对战略变化的突发性方法有很多。本节的研究主要集中在变化的长期性和学习文化两个方面。
- 根据赛恩泽的理论，学习型组织不会突然采用战略变化，而是持续地进行战略变化。所以组织就是用学习、试验和交流来不断地更新自己。战略变化是一个持续的过程。
- 根据 Pettigrew 和 Whipp 的观点，他们通过对战略变化的实证研究识别出有关过程的成功管理的五个因素。这五个因素分别是环境评价、领导变化、联系战略与实际操作的变化、人力资源方面和过程管理的一致性。
- 战略变化的突发性模型是一个长期的方法，当组织面临短期战略危机时，其有效性十分有限。
- 突发性与常规性方法的选择依赖于组织当时所面临的局势。从理想的角度看，组织希望选择突发性变化，原因是它的扰乱性不太强，所需成本较少。而在实际生活中，常规性方法也是必要的。

案例研究 15.4　EMI 的战略变化是否风险太大？

当 Terra Firma 在 2007 年用 66 亿美元收购英国的唱片公司 EMI 时，公司宣布裁员三分之一。但是，如果提议的"重新冻结"经营战略不成功的话，会是什么结果？本案例将讨论该公司 2008 年早期的情况。

Terra Firma 面临的战略任务

经过几年为利润而挣扎之后，英国最著名的唱片公司 EMI 于 2007 年 11 月被一家私人股权集团 Terra Firma 收购，收购价格为 66 亿美元。有的战略家认为 EMI 长期处于战略困境，这个出价过高。例如，两家领先的唱片公司，EMI 和华纳多年来一直在为接

管彼此而竞争，目的是要削减共同运营领域里的管理费用。但是，当 Terra Firma 出现时，它提出了新的战略，这一战略对于唱片公司来说相当激进。

对于 Terra Firma 和公司的总裁 Guy Hands 来说，收购 EMI 经费是高额的杠杆交易。这也就是说，它主要依靠 2007 年以前与银 ▶

EMI 新主人，Guy Hands，开始在音乐界推广公司

行签订的贷款，因此财务的成本很高。Terra Firma 和 Guy Hands 的压力很大。批评家在《金融时报》上发表分析认为："Hands 先生是典型的私人股权投资热潮中热情过高，然后，当出现困境时，诉诸大规模削减成本。"

但是，Guy Hands 反击说："唱片行业为世界设定的模式已经改变，永不复返。"他为 EMI 在唱片行业中寻求更为激进的新战略。在解释他的新战略的背景时，他指出唱片行业存在的三大缺陷：

1. 行业中主要靠名列排行榜的前列来弥补其他方面的亏损。Hands 评论说 "300000 的销售是相当的成功。如果我们使用合理，并有创造性，那么就能挣钱"。

2. 每家公司的唱片品牌有很多，目的是产生规模经济，但是它的复杂性使规模经济不可能产生。Hands 进一步说："应对互联网的主要的标志性品牌是领导的巨大失败。他们失去地位的事例，可以成为商学院讨论谨慎性原则的案例。"

3. 针对特别的音乐形式的独立性推广（雷鬼、嘻哈等）宣称能够不顾消费的需求把产品推向消费者，已变得越来越丰富。"你不需要人们很有鉴赏力。人们将告诉你他们喜欢什么，这并不神奇。这叫市场研究。"

实质上，Hands 说 EMI 的文化必须从臃肿的官僚机构变成简约的顾客为导向。他是一个坦率的人。一个局外人说："Hands 先生把自己的风格说成'直率、直接、不老练。'"

当然，在未来的几年，Terra Firma 的许多重要业务还要重振。实际上，Terra Firma 战略是收购衰退的业务，让它赢利，然后把现在成功的业务进行出售来获得大量的资金。它这一战略成功地运用到对英国酒吧连锁、高速公路服务运营及废品处理业务上。但是，对于公司的唱片业务，Hands 承认有点棘手。Terra Firma 在收购 EMI 时已经预见了会出现困难。公司进行了分析后，看到这项业务在许多方面有很大的提高空间。文本框 15.1 对 EMI 的困难和唱片行业的普遍困难进行了小结。

EMI 的新战略

Guy Hands 在经过战略分析后，迅速宣布他将在 2008 年 6 月裁掉 EMI 三分之一的员工，即从 6000 名员工中裁掉 2000 人。但是他知道这还不够。他认为唱片行业总的说来，特别是 EMI 应该是有关人的业务。这项业务的核心应围绕着艺术家、他们的代理人以及娱乐业。与艺术家的关系是唱片音乐的关键。有些艺术家的经理人，像 Robbie Williams 的经理人表示出对 Hands 的不满。有可能在裁员的时候会同时将一些最优秀的经理人从这个有关人的业务中排除掉。Hands 反驳说，他要增加 A&R 经理人的数量，去寻找艺术家。

Hands 为 EMI 特别采取了以下三步战略。

1. 重新注重公司的 A&R 经理人：增加相应的人数，给予更大的空间去谈判和寻找新的艺术家。

2. 将多个功能部门集中化：销售、营销、生产、分销和数字运营部门不再有单独的品牌，组成一个新的"音乐服务"部。主要对这三个方面裁员，由一个新的执行部门来管理所有业务中的这些领域。但是，这意味着 A&R 的执行官们就得与艺术家们讨价还价，然后转交给组织中的另一个部门去达成最终的结果。在过去，A&R 执行官们的职责除了上述任务外，还要负责营销。

3. 为 EMI 的主要艺术家寻找合作赞助商：Hands 打算将个人品牌名称与著名的艺术家捆绑。这就像足球俱乐部的赞助形式，可以带来额外的收益。但是，有些音乐界专家对这一方法表示怀疑："将乐队、乐迷和品牌进行组合需要谨慎行事。"好在 Hands 提议的这个有可能会给 EMI 带来收入的方案还没有开始试行。

EMI 实施战略变化

很快，Terra Firma 和 Hands 宣布将大幅裁员以减轻财务压力。他们也将许多 Terra Firma 的员工调到 EMI 工作。公司有两项重要任命：

文本框 15.1

EMI 利润问题

- 从它管理的主要资产，艺术家和音乐团体，来说，音乐是一种"人"的业务。但是，EMI 只有 6% 的员工从事这一领域，即"A&R"。他们负责发掘新的人才，发展现有的艺术家。

- 只有大约 200 位艺术家带来 EMI 年销售的一半，而在册总人数为 14000 人。同样，EMI 的数字收入的 80% 来自 7% 的数字合同。

- EMI 30% 的艺术家从未出过一张音乐唱片。公司怀疑有的艺术家可能永远也出不了唱片。同样，85% 的新艺术家不能给他们所在的唱片公司带来利润，即使不把管理费用算在内。

- EMI 每年要花大约 1.4 亿美元补贴艺术家，而他们并不能给公司挣钱。此外，EMI 每年的营销费用要超预算 1.2 亿美元。

- EMI 每年销毁 20% 的 CD，而制造这些 CD 的年费用在 5000 万美元左右。

▶

1. Mike Calsper 被任命为新的音乐服务部的总经理。他之前是英国机场管理局的总裁，在 2006 年负责将其出售给西班牙公司。他的工作是为营销、生产和其他办公室服务而组建新的管理架构。

2. Pat O'Driscoll 被任命为 EMI 经理人总监，并在必要时为公司聘请新的经理人。她之前是方便餐生产企业——北方食品公司的总裁。在那家公司任职期间，她在辞退高级管理人员方面有丰富的经验

在留下来的中高层经理人中，有半数都被重新面试。这些人需要向 O'Driscoll 和她的小组证明他们"有能力，有决心，有道德和激情"去完成工作。

为了实施新的战略，Hands 于 2008 年 1 月初召开会议宣布裁员的决定。在开会之前，Hands 就新战略参加了财经媒体访谈，宣布了一些裁员的主要原则。他的办公室也制作了长达 50 页的小册子向员工解释。

Terra Firma 在对新战略作简要介绍时说，实施新战略的目的是为 EMI 设定远景目标，同时让变革更为合理。Hands 解释说："我们要做的事不只是修补……而是要做更为公平、更为客观……我们要改变组织……在理想的世界中，可以不必付出代价便可以有收获。不幸的是，我们并不是生活在理想的世界。"

案例问题

1. 在像唱片行业一样的与"人"有关的行业中，采取裁员再重新聘用的激进办法是否明智？有没有其他的方法？

2. 在宣布大量裁员的消息时，Terra Firma 强调其"解除限制"的态度。但是，是否需要明确下一阶段的"重新冻结"在战略方面的结果？在考虑这个问题的时候，你可以把 Terra Firma 将 A&R 与营销和货运分离的新战略在裁员时期并未试行考虑在内。

3. 显然，Terra Firma 和它的总裁 Guy Hands 在战略变化中有丰富的经验。其他的公司是否应该以它为榜样？

15.5 形成战略变化程序

任何一个战略变化程序的起始点都是弄清所需处理的变化。这与第 6 章所研究的组织目标有关，同时还包括一个试验性更强的因素。在案例研究 15.4 中，英国唱片公司 EMI 显然需要大幅削减成本。但是，这一战略的某些部分仍未得到实质性的证实。例如，EMI 的"音乐服务"部的 A&R 经理人与新组织的安排。战略变化方案可能也包括引入"学习文化"作为其发展的一部分。但是，EMI 并没有这样做，因为它需要更快的变化。

事实上，主要的问题是经理们会对变化抗拒，另一个问题是要说服大家来支持这些计划。从 EMI 案例中可以看到这两个因素。因此，在开始一项计划时，要认真考虑这些问题。变化性程序需要回答四个问题：

1. 变化的哪些方面是可行的？
2. 我们应该选择哪个方面的变化？为什么作出这样的选择？
3. 人们会抵制变化吗？如果是的话，如何克服？
4. 人们应该怎样利用一个组织的政治因素？

15.5.1 变化的哪些方面是可以利用的

在第 15.1 节，在谈到影响的着力点时，我们识别出了与人们活动相关的四个领域，即正式的组织结构、员工、任务和非正式的组织结构。它们与战略变化活动的 7 个领域 [26] 相匹配，形成了如图 15.9 所示的变化选择矩阵。实际上，每个实施变化的组织都需要在这些选项中选择相关活动。然而，对大部分组织而言，需要集中措施并监控其结果。所以，有必要关注并更紧密地指导组织活动：应该优先在这些选项中作出选择。

15.5.2 我们应该从变化选择矩阵中选择哪些领域？为什么作出这样的选择？

要对这些问题作出反应，必须依赖于组织、相应的文化及领导关系。比如，具有自上而下管理历史的组织可能从变化选择矩阵中选择那些与经营风格相匹配的目标，来进行工作的组织和权力的正式分配。然而那些选择开放型学习、合作风格的组织可能选择团队的建立、培训和教育作为它们的出发点。这明显意味着有必要回顾一下组织的文化分析：在第 16 章中介绍的 Johnson 的文化网络将提供有效的指导。

这里没有统一的答案。正如我们所看到的，近年来，有些研究人员对合作、学习型组织方法比较感兴趣。可是，必须认识到，这可能仅仅是世纪之交的一个潮流，只有时间能够说明一切。

无论选择什么路线，都需要对随之而来的问题给出一个更详细的答案。为了解释即将出现的问题，假设选择的是合作的、学习的方法。在这个方法中，Beer、Eisenhort 和 Spector[27] 就如何行动提出了一个详细的六点

| 图 15.9 | 变化选择矩阵 |

		人员的活动领域			
		正式的组织结构	员工	任务	非正式的组织结构
战略变化的三个主要领域	将要执行的战略带来的技术和工作上的变更	• 工作与汇报的组织 • 战略与结构	• 选择培训 • 技能与管理风格相匹配 • 路径	• 考虑环境、技术、学习竞争者的活动 • 学习和实施新的任务风格相匹配	• 理解与监督 • 灌输好的消息
	文化变革：公司风格、年龄等	• 管理风格 • 明茨伯格的子文化（第 15 章） • Handy 的文化（第 7 章）	• 个人与公司间价值的匹配 • 集团与团队的管理 • 领导的选择	• 象征、故事 • 解冻 • 制造主要人物的角色模型 • 阐明价值 • 新处方	• 奖品、象征 • 开发网络 • 鼓励有用的团队 • 发展社会活动
	政治变化组织内部的相互作用与权力	• 正式的权力分配 • 权力在各部门之间保持平衡	• 利用可以获得的技能和网络 • 与新战略相配合 • 激励和回报	• 游说 • 开发组织 • 影响正式和非正式团体	• 企图管理 • 接触 • 网络和循环

计划。首先要强调的是变化区域的选择不应由高级管理人员决定，而应该由参与实施过程的那些人来决定。这六点交叉的领域就是：

1. 通过对变化目标所引起的业务问题的联合诊断组成变化动员委员会。可能要组建 1~2 个任务小组，在组织中，他们一般应该代表所有股东，按照特定的变化目标指导行动。

2. 为了提高竞争力，建立一个有关如何组织与管理的共同愿景。高级管理层可以领导这个过程，但新角色的识别与责任由参与实施的人决定，一般来说由任务小组决定。

3. 培养新的愿景共识、实施的能力以及所有活动的一致性。本书已经研究了愿景、能力和一致性。其中关键的新词是共识，研究人员认为，共识的动态性主要来自高层的强力领导。可能需要建立新的能力，也可能出现阻力，有些人可能比另一些人更加乐于实施。可以通过团队以及对他们提供支持的培训来克服困难。然而，可能仍然需要领导。

4. 从高层开始自上而下地在所有的部门传播这种变化。变化在任务小组成员的主导下传播到各个部门。然而，这种变化不能强加于各个部门，必须给他们一些自由空间，他们可以在高级管理层的引导下实施变化。

5. 通过正式的政策、系统和结构制定变化。到目前这个阶段，该过程已经包含了一定的选择、试验和实践的自由度。现在是"解冻"的时候了，既要确保初衷和相互理解，又要为将来的监督与控制打下基础。

6. 对在变化过程中所出现的问题进行监督与调整。通过这个过程的学习，当环境继续发生变化时，组织应该能够重复这个过程，并对变化有进一步的认识。

强调联合项目组和从实践中学习的时候，有人会提出高级管理人员充当什么角色的问题。研究人员认为他们有 3 项基本职责：

1. 为变化创造基本条件，使人们认识到变化的必要性，设定标准并监督执行。惠普的高级管理人员就是很好的例子。

2. 明确那些曾经取得过成功变化的团队和组织单元，对他们进行表扬并把他们树立为其他人的榜样。对他们进行教育性的采访，并通过他们来培训其他人可能有助于最佳实践的传播。

3. 识别那些个人，并在领导变化的过程中为他们的成功创造基础。

最后，还要再次强调的是，这种方法比较适合于某些类型的组织，对其他类型的组织可能就不合适。

15.5.3　人们会抵制变化吗？我们该如何克服？

在实际工作中，抵制变化是成功实施战略变化的主要障碍。原因是多方面的，而克服这些问题有赖于环境。文本框 15.2 给出了一些较为普遍的抵制原因及相应的解决办法。

更为积极的是，如果变化需求是由参与变化过程的人发起而不是外部强加的，则受到的抵制相对来说会比较少。如果变化能够减少而不是增加所涉及人员的任务，并与他们持有的价值观一致的话，则变化将受到欢迎。另外，如果变化提供了一个有趣的挑战和一个出自现存路线的变化的话，则变化也易于被接受。重要的是，如果高层管理者能够真正认可变化的价值，并在变化过程中提供全身心的支持的话，变化就更有可能得到认可。

文本框 15.2

对变化的抵制

人们为什么抵制变化	克服抵制的方法
• 焦虑，如暴露出的弱点失去权力或职位 • 悲观 • 愤怒 • 缺乏兴趣 • 反对战略提议 • 有不同的个人野心	• 让人们参与自己所抵制的变化进程 • 建立支持网络 • 交流和讨论 • 利用管理的权威性 • 提供帮助 • 额外激励 • 鼓励并支持那些参与变化的人 • 用象征性手法表达未来的情景

15.5.4　人们应该怎样利用组织的政治

在战略变化理论中，政治性首先表现为说服人们接受新的战略。它不是处理公开抵制的问题，而是不同优先权、不同权力板块或对前景持不同观点的问题之一。第一步通常是建立组织的章程，也就是接受那些项目的各种标准，如最低利润水平等。

当提出了这些标准但仍然存在抵制的情形时，政治通常会表现出那更加困难的方面。于是政治便成了讨论、协商、诡诈和阴谋。现在，人们还记得意大利佛罗伦萨的著名外交家兼作家 Nicolo Machiavelli（1469—1527）对人们利用组织的政治牟取私利的方式的洞察力[28]。他的作品显得愤世嫉俗、迂回和自私，但他确实理解了管理政治最糟糕的一面：

对一个优秀的王子而言，不必拥有我所列举的所有品质。但假装具备这些品质是非常必要的。

一个关于变化的论断是：

没有比亲手引入和执行新秩序更困难、更危险和更无法确定其成功的可能性的了。

Machiavelli 没有看到除了可以作为一种规避改变的方式外，说服还有什么好处。不然的话，可能要直接使用武力并会树敌。他的态度是理性无法与权力相匹敌，最好把人类的本性当成可能最坏的动因。他一定会嘲笑这些沟通、讨论和授权的战略变化观点。

在有些组织中，Machiavelli 的思维依然存在。当然，如果组织遇到政治上强烈的阻碍，那么，在很大程度上就不可能实施战略变化。所以战略必须是熟练的，这些熟练不仅表现在设计提案上，还表现在通过组织政治结构为它们提供支持。所以，在组织中理解决策系统如何工作是非常重要的。它不仅包括一些最终的表述，还包括所进行的讨论、咨询和游说。听取那些具有这方面经验的人的建议是非常有用的。

实质上，一个组织的政治需要花费时间去领会。它包括其他人的活动以及在整个活动范围内与战略的相互作用。人们可能具有许多动机：有些是好的，有些则相对缺乏吸引力。他们可能采用许多很容易被当成政治的不同风格的活动。表 15.5 列出了一些被实践证明有重要作用的活动。

表 15.5　组织中的政治学 [29]		
目标	为实现而要实施的活动	支持者或反对者对活动的反应
抵制变化或抵制权威	• 破坏 • 反叛	• 抵抗 • 制定新的规则与秩序
获取权力	• 展示或捏造专长 • 与上级保持一致 • 与同伴建立联盟 • 召集下属：建立权威 • 控制资源	• 诈骗 • 寻找继承人 • 重新组织部门 • 宣布对资源的控制
打败对手	• 团队间的冲突 • 人员与生产线之间的冲突 • 暴露错误（我们每个人都会犯错）	• 好的领导关系应该提供平衡
实现战略、权威及领导关系的根本性变化	• 形成主要权力团队 • 与上面的内容进行综合 • 告知对手 • 将诽谤性的材料透露给公共媒体	• 智慧要素 • 认可并培养有影响力的人 • 挑出竞争对手 • 对自身的漏洞作出反应

通过定义可能看出，变化涉及脱离以前的战略，因而说服过程的起点就是对目前战略的攻击。然而，从政治角度讲，这种定义可能是一个错误。这可能迫使那些当初提出战略的人为他们的决策辩护，从而为新的提议增添了障碍，对新的战略持敌对态度的人就可能比较多，从而为提出原战略的那些人提供了支持。

除此以外，负责为新战略寻找一致意见的人需要实施许多重要的任务：

- 识别那些潜在的、有影响力的支持者，说服他们支持新战略；
- 找出那些潜在的反对者，使他们改变观点，起码使他们保持中立；
- 在任何正式的决策会议之前，为新提议达成最大可能的共识。

最后，从长远的角度看，保留政治问题非常重要。政治事务本身非常重要，但本书希望说明的是，战略并不都是在确定的情况下处理问题，它既是科学也是艺术。这就意味着，在达成决议的过程中允许存在不同观点的判断和辩论。战略是可能性艺术。

关键战略原则

- 变化选择矩阵给出了变化可能发生的主要领域。关注并选择这些选项是十分重要的。
- 最好在理解组织文化的基础上，从矩阵中进行选择；文化网络非常有用，见 16.3 节。然后为再实现改变设计一个由六个交叉领域提供起始点的更为详细的过程。
- 抵制变化可能是成功实施战略的主要障碍。如果战略不是外界强加的，则所受的阻力相对较小。
- 战略变化的政治因素是那些与采纳新战略建议相关的人的需要。此外，Machiavellian 的方法对确保实现所提议的变化是必要的。从广义上讲，战略变化活动可能包括识别支持者、尽力改变那些持不同意见人的观点，以及任何正式的决策会议之前，为新的提议达成最大的一致。

思考

公司进行战略变革的重要性？

从本章的例子中可以看出，对于公司很明显的一个问题就是，它们只是在被迫进行变革的时候才会进行变革。也许如果所有的组织都能经常进行某种程度上的突发性变革的话是否会更好？

这样会产生更好的战略吗？公司会变得更好吗？

小结

- 在战略变化管理中，需要区分快慢变化的步伐以及反映组织中变化管理的战略变化。战略变化就是新战略的实施，对组织的常规性活动而言，它包含大量变化。

- 在管理战略变化过程中，分清常规性方法及突发性方法是有用的。常规性方法包括实现变化所必需的计划性活动，常规性变化可能对那些实施战略变化的人产生影响。突发性方法包含开发战略的所有过程与实施阶段。该方法包括实施变化的人之间的相互咨询与讨论。

- 战略变化关注的是人与任务，它通过正式的组织结构与非正式的组织结构实施。如果变化有效的话，理解影响变化的压力是非常重要的。战略变化也是十分重要的，因为它能使组织失去相关功能，并可能受到相关人员的抵制。即使变化比较容易接受，也必须花费一定的时间和心血，战略变化伴随着许多隐性成本。

- 为了管理战略变化，理解这一进程的推动是十分重要的。战略变化的动态性有多种分类方法，本章列举了其中的两种：

  1. Tichy 识别出了战略变化的四个主要动因，即环境、业务关系、技术及诸如新领导这种新加入组织的人员。

  2. Kanter、Stein 和 Jick 提出了有关战略变化的三个动因，即环境、组织部门的生命周期的差异和组织内部政治力量的变化。为了有效地管理变化进程，准确识别变化的动因十分重要。

- 可以找到很多关于变革管理的常规性方式：

  1. Karter、Stein 和 Jick 提出了一个三阶段方法，涉及三种变化形式和变化中的三种人。从本质上讲，这种方法是一种自上而下的、管理计划的变化，其结果对整个组织都有影响。

  2. Lewin 开发出了一个解释常规性变化过程的三步骤模型：当前观点的解冻、转移到一个新的水平和在新的水平上的再冻结。该模型被广泛应用于变化的分析与管理。

- 常规性方法比较适用于从一种状态明确转换到另一种状态的地方。在快速变化时，很难发现这一明确的转变，该模型可能就不太适用。

- 对于战略的变革有很多突发性方法。本章主要研究了长期学习文化途径。根据赛恩泽的观点，学习型组织并不会采取突然变更战略的方式，而是会终身寻求变革。因此，学习型组织采取学习、实验和沟通来不断地更新自己。战略的变革在学习型组织中经常会发生。

- 根据 Pettigrew 和 Whipp 的观点，他们通过对战略变化的实证研究识别出有关过程的成功管理的五个因素。这五个因素分别是环境评价、领导变化、联系战略与实际操作的变化、人力资源方面和过程管理的一致性。突发性战略变化模式采取的是长期的方式，在组织面临短期战略危机的时候可能作用不大。

- 对突发性方法与常规性方法的选择依赖于组织当时所面临的局势。从理想的角度看，组织希望选择突发性变化，原因是它的干扰性较小，成本花费较少。而在实际生活中，常规性方法是必要的。

- 在开发一个变化程序中，变化选择矩阵给出了变化可能发生的主要区域，关注并从矩阵中选择这些选项是十分重要的。最好在理解组织文化的基础上从矩阵中实施选择，文化网络非常有用。

- 接下来就可以设计出一个实现变化的更详细的步骤，可以把 6 个交叉领域作为起始点。抵制变化可能是成功实施战略的主要障碍。如果战略不是外界强加的，则所受阻力相对较小。

- 战略变化的政治因素首先要说服与采纳新战略建议有关的那些人。此外，Machilavellian 的方法对确保预期改变的实现是非常必要的。从广义上讲，战略变化活动可能包括识别支持者、尽力改变那些持不同意见的人的观点，以及在任何正式的决策会议之前，为新的提议达成最大的一致。

问题

1. 在本章所列举的四个公司中，它们分别有什么样的战略变化特征?其战略变化是快还是慢?你该如何描述它们的战略管理过程?是常规性的还是突发性的?

2. "高级执行人员的双重任务就是挑战管理人员当中的误解，并培育支持，而不是约束变化的工作环境(Colin Egan 教授)。"请讨论这句话的含义。

3. 在一个你熟悉的组织中，找出影响战略变化的着力点。

4. 如果战略变化很重要，为什么还有那么多人接受战略变化? 这会对变化进程产生什么后果? 如何克服这些困难?

5. "令人悲哀的事实几乎普遍是，组织在必须作出改变时才作出些微的变化，而没有像它们应该变化的那样采取变革。"（Rosabeth MossKanter 教授）为什么会出现这种情形? 应该对其采取哪些措施?

6. 与常规性变化相关的问题为什么如此重要？怎样做才能使常规性变化变得容易？

7. 本章中的评论中谈到，有些突发性战略家提出的方法经常是为了尽早开始的需求，这是否意味着突发性方法已经失去了它的用处？

8. 回顾 2001 年惠普公司的案例(见案例研究 15.2)，用变化选择矩阵确定可以进行哪些领域的变革？你应该选择什么样的区域以推动所提议的变化？为什么？

9. 用你所熟悉的方法分析一个组织的政治因素。如果你正在寻找组织的重要战略变化，你会如何进行？

10. 对战略而言，领导关系也许是重要的，但这是主要的吗？

进一步阅读

Bernard Burnes (1996) *Managing Change*, 2nd edn, Pitman Publishing, London, has a most useful broad survey of the areas covered in this chapter. See also Goodman, P S and Rousseau, D M (2004) 'Organizational change that produces results: The linkage approach', *Academy of Management Executive*, Vol 18, No 3, pp7–21 and Mezias, J M Grinyer, P and Guth, W D (2001) 'Changing collective cognition: A process model for strategic change', *Long Range Planning*, Vol 34, pp71–95.

Professor Charles Handy (1993) *Understanding Organisations*, Penguin, Harmondsworth, is still one of the best available reviews of organisational change.

Kanter, R M, Stein, B and Jick, T (1992) *The Challenge of Organisational Change: How Companies Experience it and Leaders Guide it*, The Free Press, New York, has some thoughtful guidance on strategic change.

A most useful article is that by Garvin, D (1993) 'Building a learning organisation', *Harvard Business Review*, July–Aug, pp78–91.

Professors A Pettigrew and R Whipp (1991) *Managing Change for Competitive Success*, Blackwell, Oxford, has some important strategic evidence and insights.

注释和参考资料

1. Sources for second part of BOC case: BOC AnnualReport and Accounts 2004 available at www.boc.com. *Financial Times*: 9 May 2005, p26 interview with Tony Isaacs; 25 January 2006, p25; 7 March 2006, p22; 2 September 2006, p13–finalising the Linde takeover with Tony Isaac joining the Linde group board.

2. Schein, E H (1990) *Organisational Psychology*, 2nd edn,Prentice Hall, New York.3

3. Burnes, B (1996) *Managing Change*, 2nd edn, PitmanPublishing, London. Part 1 of this book presents a use–ful broad survey of this area.

4. Handy, C (1993) *Understanding Organisations*, Penguin,Harmondsworth, p292 (see Chapter 7 for further dis–cussion of Handy and note that his view is emergentrather than prescriptive).

5. Burnes, B (1996) Op. cit., p173.

6. Ansoff, I (1987) *Corporate Strategy*, 2nd edn, Penguin,Harmondsworth.

7. Tichy, N (1983) *Managing Strategic Change*, Wiley, NewYork, pp18–19.

8. Kanter, R M, Stein, B, Jick, T (1992) *The Challenge of Organizational Change: How Companies Experience it andLeaders Guide it*, The Free Press, New York.

9. Kanter, R M, Stein, B and Jick, T (1992) Op. cit.

10. *Financial Times* (1996) 24 Apr, p1.

11. *Financial Times* (1993) 1 Nov, p19; 6 Dec, p17.

12. Lewin, K (1952) *Field Theory in Social Science*, Tavistock,London.

13. Burnes, B (1996) Op. cit., pp179–86 has a usefulsummary.

14. For other writers, such as Levinthal and March, and awider review of the research, see the references on thelearning –based strategic route forward in Chapter 18.

15. Senge, P (1990) *The Fifth Discipline: the Art and Practiceof the Learning Organization*, Doubleday, New York.

16. Jones, A and Hendry, C (1994) 'The learning organisa–tion', *British Journal of Management*, 5, pp153–62.Egan, C (1995) *Creating Organizational Advantage*, Butterworth–Heinemann, Oxford, pp131–8, also has auseful critical discussion.

17. Egan, C (1995) Ibid, p135.

18. Garvin, D (1993) 'Building a learning organization',*Harvard Business Review*, July–Aug, pp78–91.

19. Pettigrew, A and Whipp, R (1991) *Managing Change for Competitive Success*, Blackwell, Oxford.

20. Egan, C (1995) Op. cit., p178.

21. See, for example, Handy, C (1993) Op. cit., Ch4.

22. Burns, B (1996) Op. cit., pp194–5.

23. Pettigrew, A and Whipp, R (1991) Op. cit., p237.

24. Whittington, R (1993) *What is Strategy and Does it Matter?*, Routledge, London, p30.

25. References for EMI Case: EMI Annual Report and Accounts 2007 available on the web –www.emi.com/investors. *Financial Times:* 14 January 2008, pp1 and 14; 15 January 2008, p23; 16 January 2008, p19; 19 January 2008, p9.

26. Tichy, N (1983) Op. cit., pp126, 135, 131.

27. Beer, M, Eisenhart, R and Spector, B (1990) 'Whychange management programs don't produce change',*Harvard Business Review*, Nov–Dec, pp158–66.

28. Machiavelli, N (1961) *The Prince*, Penguin, Harmonds–worth. There is a short article that summarises his work:Crainer, S (1994) *Financial Times*.

29. There are four sources for this table: Machiavelli, N (1961) Op. cit.; Mintzberg, H (1991) 'Politics and thepolitical organisation', Ch8 in Mintzberg, H and Quinn,J B (1991) *The Strategy Process*, 2nd edn, Prentice Hall,New York; Handy, C (1993) Op. cit., Ch10; and theauthor's own experience.

第五部分

不同战略的内容及
凝聚力战略的构建

正如我们在第 11 章所探讨的，战略在制定过程中其内涵对于战略的结果有深远的影响。本书的这一部分探讨战略受其内涵影响的诸多情况。我们特别研究领导者如何影响战略制定。然后，我们要研究企业家战略、公共事业战略以及国际和全球战略。最后，这一部分探讨如何将战略管理的各因素整合为凝聚力战略。

常规战略流程

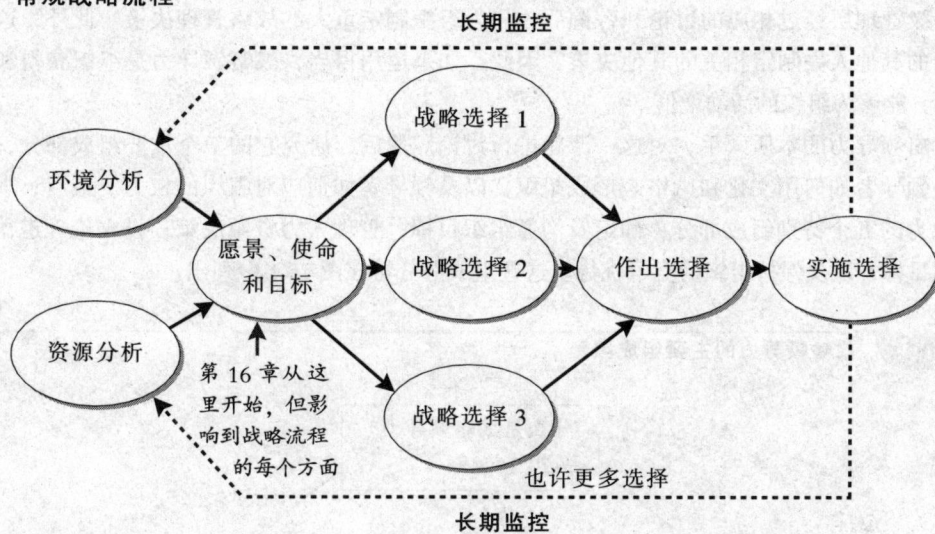

长期监控

环境分析

资源分析

愿景、使命和目标

第 16 章从这里开始，但影响到战略流程的每个方面

战略选择 1

战略选择 2

战略选择 3

也许更多选择

作出选择

实施选择

长期监控

第 18 章和第 19 章涉及常规和突发两种战略流程

突发战略流程

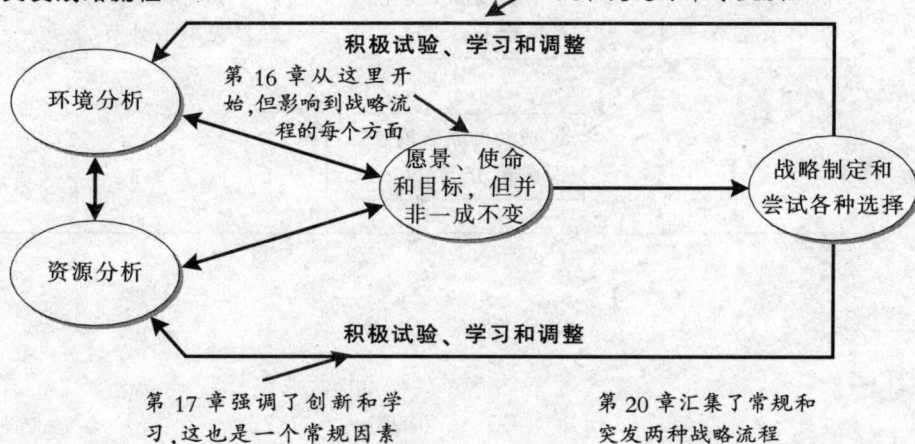

积极试验、学习和调整

环境分析

资源分析

第 16 章从这里开始，但影响到战略流程的每个方面

愿景、使命和目标，但并非一成不变

战略制定和尝试各种选择

积极试验、学习和调整

第 17 章强调了创新和学习，这也是一个常规因素

第 20 章汇集了常规和突发两种战略流程

战略领导力

Strategic Leadership

学习目标

在学完本章后，你应该能够：

- 概述战略领导力的主要因素；
- 讨论如何成为好领导；
- 说明领导者如何通过组织文化构建组织；
- 概述领导者的影响力以及如何应对组织的权力；
- 阐述成功的战略领导力的主要内容。

引言

组织中的高级管理层经过相应的讨论和咨询后，将为组织制定重大的战略管理决策。此外，这些人要领导和指导组织中的其他人去制定相关的其他决策。因此，如果运用得当，战略领导力是组织获得和保持竞争优势的关键因素，能够为组织的活动增值。

本章将从战略领导力的本质入手，对这一课题进行讨论。然后，研究它的三个重要组成部分，即如何成为一名好领导、领导者如何用文化和风格来形成组织，以及领导者如何应对组织的权力。最后，本章将列举成功的战略领导力的五个特别组成部分：确定及沟通组织目标；管理人力资源决策；设立伦理道德标准；向利益相关者传达目标，以及保持组织的竞争优势。这些组成部分将在图 16.1 中列出。

图 16.1　战略领导力的主要组成因素

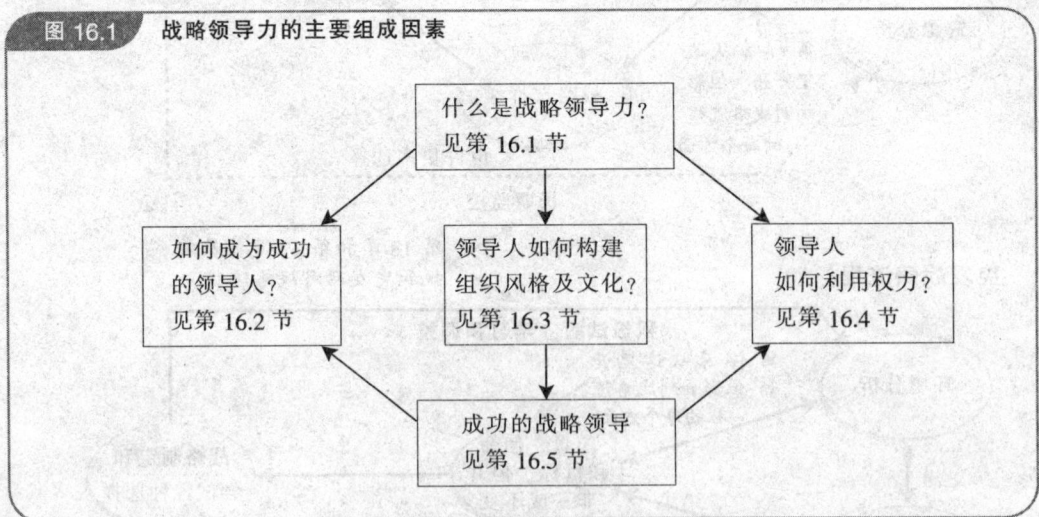

```
                   ┌──────────────────┐
                   │ 什么是战略领导力？ │
                   │   见第 16.1 节    │
                   └──────────────────┘
              ↙            ↓            ↘
┌──────────────┐  ┌──────────────┐  ┌──────────────┐
│ 如何成为成功  │  │ 领导人如何构建 │  │ 领导人        │
│ 的领导人？    │  │ 组织风格及文化？│  │ 如何利用权力？ │
│ 见第 16.2 节 │  │  见第 16.3 节  │  │ 见第 16.4 节  │
└──────────────┘  └──────────────┘  └──────────────┘
              ↖            ↓            ↗
                   ┌──────────────────┐
                   │   成功的战略领导   │
                   │   见第 16.5 节    │
                   └──────────────────┘
```

案例研究 16.1　Ann Mulcahy 是如何拯救施乐的？[1]

在过去的十年里，施乐欧洲公司缩减了员工数量，重组了运营公司，并引进了新型组织结构和文化。本案例主要探讨施乐总裁 Ann Mulcahy 在公司转折时所起的作用。

背景

30 年来，美国的施乐公司都在致力于同日本竞争对手，尤其是佳能公司和理光公司，打一场全球性的商战。自从施乐公司在 20 世纪 60 年代取得影印市场的主导地位后，其市场份额逐渐萎缩。但随着该市场的快速成长，施乐公司的销售额也有所上升。日本公司在各个方面都取得了领先地位，如新产品开发、高品质、易操作性以及免于维修的设备等。

2004 年，施乐公司的总销售额为 157 亿美元，净收益 85 900 万美元。2000 年公司损失 27 300 万美元。本案例研究了到 2004 年为止的这段时期里，公司的战略和组织变化。

市场、竞争对手和客户

当日本公司在 20 世纪 60 年代决定进入国际影印市场时，它们找到了一种能动摇施乐公司市场主导地位的方法。它们决定开辟新的细分市场：成为中小型公司的影印服务商，因为中小公司几乎不需要维护，也不需要定期的服务支持。施乐制定了一项政策，即把机器租赁出去，然后提供技术服务人员维护其正常运转：这一政策对于那些有大量复印需求的大公司非常有吸引力。但规模较小的公司很快发现日本公司的方案更合算。

到 2000 年，施乐公司在所有市场上的份额几乎都在下降，但仍然保持了高端细分市场上的领导地位，它的竞争优势仍在于为客户提供高水平服务的能力。而日本公司从未尝试在这一领域追赶上来，因为这一领域不仅需要承担高投资成本，而且获利也非常困难。施乐公司几次试图打入低端细分市场。最后一次尝试大约在 2000 年。然而，它的优势和成本结构在很大程度上只适合大型公司客户。

在 1993 年，它的欧洲子公司——施乐欧洲公司对客户影印需求进行了一次调查，结果显示，它们的客户将营业额的 8% 花费在公文书写和公文管理上，包括书写公文、打印公文、影印公文和将文件归档和记录等方面。该调查与这些公司将 3% 的营业额花费在信息技术上形成了对比。调查还显示，公司客户经常将多达 60% 的时间花费在与公文相关的各种活动上。2001 年，其母公司，施乐美国也进行了类似的研究，证明其客户仍然花费大量的时间和金钱在公文管理上，但其工作性质有所改变，与电子系统、网络和信息电子化更为相关。

2000 年的问题

对于像施乐这样一家拥有众多的强势产品和一些才华横溢员工的公司，在 2000 年所遇到的重大问题似乎很令人吃惊。主要有五个原因：

1. 来自日本和美国公司的更加激烈的竞争——复印和印刷业的竞争越来越激烈。
2. 其在美国销售部门重组的失败令其主要的领地上的客户感到不安。首席执行官希望施乐不仅仅是一家复印机生产公司。这意味着需要对公司进行重大的重组，并聘请各行业的专业人士。这还包括在施乐的办公中心大规模的裁员，从而降低成本。这引起了公司内部的混乱。
3. 在一些新兴市场上的问题——特别是在泰国和巴西。
4. 在墨西哥的账务问题。最后美国证券交易委员会对公司向该国出租设备的相关问题进行了调查。
5. 由于过度的借债而产生的高负债。

最后首席执行官 Rick Thoman 被迫辞职。施乐公司的董事会最后任命已经在公司服务了近 25 年的 Anne Mulcahy 为首席执行官。她的主要任务就是扭转施乐公司的局面，当然其面临的困难也是巨大的。在最初的 90 天里，她与员工和客户进行交流："公司的状况非常混乱且十分复杂。这使我很有可能浪费大量的时间，也不能找到真正症结所在。"

公司业务和组织文化在 2000 年的好转

Anne Mulchay 的转变计划本身非常简单：

- 公司必须减少 10 亿美元的管理费用。
- 结束一些没有利润的业务。
- 通过资产销售来降低公司的负债水平。

她与其同事们共同努力来实施这些战略。到了 2002 年，该公司裁员近 19 000 人，节约了 12 亿美元的成本。施乐整个小办公室 / 家庭部因为没有利润被取消。公司将其在富士施乐的一半股份卖给其日本的合作伙伴，富士公司进行融资。她还将其部分客户金融业务卖给了通用资本，这也是为了获得资金，减少负债。

施乐总裁，Anne Mulcahy，在过去的五年中改变了公司

▶

重要的是，Anne Mulchay 还开始着手改变公司的文化。公司处在困境中的现状对她可能是一个优势。这很容易让大家了解公司正处在危机中，需要作出一些艰难的决定。"我们恰好借机完成一些在公司业务正常的时候不能完成的任务。" Anne Mulchay 解释说。她利用这次危机进行了战略变革。

她的第二步是任命公司新的管理团队。幸运的是她对她的同事们非常地了解，并且尽可能地从公司内部进行选拔。她说："我想让员工在公司的每一项变革中拥有主人翁的意识。回顾一下过去，我们拥有许多精明的、出色的员工——优秀的演讲者和团队成员，但并不愿意承担他们所负的责任。"这意味着一些在其他的一些方面才华横溢的人并不适合现在所需的管理决策。

除了这些变革，她并没有改变公司最基本的委员会和业务结构。然而，她确实改变了公司的运行方式。她这样描述了一个执行委员会的会议："我们讨论客户的满意度，我认为我们必须在这方面进一步的提高。这方面的专家出色地介绍了这一流程。所有的人都表示赞同，我突然意识到这就是过去的施乐。我们都走进了会议室，我们都会表示同意……我只是坐在那里说：'时间结束'。如果我现在就从钱包里拿出钱放在桌子上，我可否认为这会产生非常不同的结果？答案是一分钱我也不会放在桌子上。会议看起来很好。很好的介绍，很好的流程。但是一直到结束，我们也不会遇到棘手的问题。我们不能让我们坐在那里，用这样的讨论来麻痹我们自己。"

Anne Mulcahy 想改变一下风格，并考虑施乐的流程。她不仅仅想在短期内扭转局面，而是要进行相应的战略变革。

公司基本战略的改变

考虑到客户花费在公文上的时间和公司自身在大客户服务方面的优势，施乐公司决定以此为基础，转移其基本业务战略中心。主要在三个方面进行改变：

1. 高端复印。公司将继续生产高端复印机、打印机和传真机。传统上，施乐在这一领域里就有优势，并拥有一个技巧高超的销售团队来完成这一任务。在这一市场上，它与惠普、佳能和理光进行竞争。

2. 高端生产型打印。这将扩展其大规模打印、印刷的业务，例如它将涉足杂志的印刷。在行业打印业务里，其主要的竞争对手是德国的海德堡。

3. 公文服务和解决方案。公司向客户公司提供咨询，以解决它们在存档、文件和打印方面的问题。公司会帮助这些公司迅速地使用数百万页的研发存档资料，或者将数百万的文件转移到公司内部的局域网上，以降低成本。一个新的组织——施乐全球服务诞生了。

这意味着公司将为客户在公文方面的需求提供更高水平的服务，不仅仅是影印方面。战略将从简单的影印服务转向提供一系列满足客户公文管理需求的产品和服务。当然，公司将继续为首选影印服务的客户提供此项服务。

在前些年里，施乐欧洲公司认为，客户需要一段时间才能意识到这种范围更广的服务的好处。应当注意的是，竞争对手很快就提出了类似的口号，例如，"公文管理"和"公文解决方案"。但是，公司确信自己的战略是合理的：它建立在公司的核心技能基础之上，并旨在提供更好的服务。当公司做得很好时，服务上的竞争优势是很难被竞争对手所超越的：因为服务是局域性的。然而，服务质量至关重要。

2007 年的施乐

到 2007 年，Anne Mulcahy 可以下这样的结论："公司已经到了一个完全不同的境地，已经卸掉了沉重的包袱，聚焦未来，形成了竞争力。""卸包袱"包括裁员 30000 人、将施乐的生产外包、与日本先进的富士公司成立合资公司并在技术和销售领域进行合作。这三个战略正被坚定地执行着。

那么，这位在高层供职达 6 年，有着 31 年工作经验的 Anne Mulcahy 又如何呢？"31 年是很长的时间。我已经超过了当今首席执行官的平均任期。我不会待得太久，但现在还不是离开的时候。"

到 2004 年，这个公司已经恢复了市场地位。新的战略开始奏效（见图 16.1）。显然，到 2007 年，Anne Mulcahy 让公司实现了实质性的转变。

表 16.1	施乐财务状况			（百万美元）	
	2000	2001	2002	2003	2004
总营业收入	18 751	17 008	15 849	15 701	15 722
净收入（亏损）	(273)	(94)	91	360	859
年末员工数	91 500	78 900	67 800	61 100	58 100

案例问题

1. 你如何总结施乐欧洲公司在面对强大的日本竞争对手时所采用了哪些战略？你认为这些战略会取得成功吗？

2. Anne Mulcahy 非常重视在组织文化方面的战略变革活动，会提出什么样的组织的、士气方面的和人力资源方面的问题？

3. 考虑到施乐公司在提高赢利性上的最终成功，其他公司可以从中吸取什么样的经验吗？如果其他公司想要取得类似的成功，那么它们需要采纳施乐公司的文化和战略方法吗？

16.1 什么是战略领导力

定义▷ **战略领导力是指形成组织决策和提供持久高价值的能力，这不仅仅包括个人的能力，也是激励和管理组织中其他人员的能力。**这样的领导力来自高级管理层，包括首席执行官、其他有领导地位的总监，以及在公司里的部门总经理[2]。例如，在案例 16.1 中的施乐公司，它就包括 Anne Mulcahy、她的几个主要总监，以及可以用来彻底的重新评估公司的不同级别的经理们。他们共同为施乐的产品线作出重大决定，每一个部门的总监要为他的部门负责并创造利润，而且还要在全球的工厂裁员以削减成本。这一切与佳能和理光的增加全球竞争力的做法不同。这些公司和其他公司一样要攻击施乐。2008 年，美国经济的衰退使施乐公司的战略领导人们要慎重考虑如何应对外在的压力，为施乐的利益相关者带来利益。

因此，战略领导力是许多因素的平衡。它包括战略压力以及组织外部环境的变化，参见第 3 章。同时，它使组织内的人力资源管理承担了重要职责，成为最为重要的战略手段[3]。领导不仅仅是指对外部负责，它还包括用清晰的未来的方向激励组织内的员工。这需要与组织内员工进行沟通，并听取他们的想法，目的是传播知识、创新思想和解决问题[4]。重要的是，领导力意味着发展组织未来的领导者要进行思考并采取行动[5]。

战略领导力的核心是发展和传达组织的目标（参见第 6 章和第 7 章）。领导者不是完全靠自己来完成这一任务，他们需要组织各个层面的人参与。领导者需要有能力将这些人进行组合和管理，使组织中的人感到他们是在为组织作贡献，同时，也愿意按照领导者确定的战略方向努力[6]。与这个复杂任务相关的有三个重要因素：

1. 如何引导才能使其他的人跟随（参见 16.2）。大多数情况下，如果决策是由上层强压下来的，领导者会发现经理们和员工们能更好地工作。
2. 如何形成组织的文化和风格（参见 16.3）。工作场所的气氛和决策对于结果很重要。
3. 如何构建和影响组织的决策（参见 16.4）。组织中不可避免地会有各种团体想获得权力，需要成功地管理这些团体。

关键战略原则

- 战略领导力是指形成组织决策和提供持久高价值的能力，这不仅仅包括个人的能力。领导不仅包括总裁也包括公司领导层的整个团队。
- 领导力是许多与战略相关的因素之间的平衡。它包括外部环境对组织的变化，从经济的变化到增加竞争力。同时，领导力也是指用清晰的未来方向激励组织内的员工。总之，娴熟的领导力意味着要识别和传达组织的目标。

16.2 如何成为成功的领导者

定义▶ 领导是一门影响并推动他人愿意并且积极朝向组织的目标前进的艺术或者过程。就像案例中描述的施乐公司的 Ann Mulcahy 那样，领导者对组织的目标会产生重要影响。但是，这一节要讨论的基本问题是领导者和目标之间的确切关系非常复杂，而且依赖于特定的环境。这表明，在两者的关系上，很难用一些常规性的一般原则加以说明。我们在这一节提供两种方法。一种方法的基础是，领导者需要避免和下属持续的冲突。另一种方法建议，领导者的特定风格有可能和形成目标的特定手段相联系。最后，我们提出，最佳领导者不是以冷酷、抽象的方式定义目标，而是向组织传达了一种信任、热情和承诺。

16.2.1 理解领导者的影响

戴姆勒—克莱斯勒的尤根·斯里穆普、米其林橡胶的弗朗西斯科·米其林、微软的比尔·盖茨，索尼的盛田以及菲亚特的 Gianni Agnelli 都是一些指导或制定公司方向的领导的例子。领导被定义为"影响，是一种影响人的艺术和过程，使人们充满希望和热情地努力完成组织的目标"[7]。

组织的目标和战略并没有脱离决策的过程，但是，它同时也可以是具有战略愿景的个人直接行动的结果。

远见卓识的领导触发了不可能事件：神话变成了现实[8]。

领导是形成组织目标和战略至关重要的因素，领导者影响整个公司方向的潜在力量尚需讨论。尽管认识到有时领导者周围都是些偶像（圣人）。传记非常重要，大量的逸闻趣事还是会支持这种现象——例如，案例 8.3 就采用了一种赞赏、权威的笔触描述了尤根·斯里穆普。尽管如此，在拟定目标和相关战略的过程中，认真考虑组织领导者或领导群体的个性、职责和权力等不失为明智之举。

假定领导者在制定公司的使命和战略时权力非常明显，注意到下述几个以研究为基础的内容就至关重要：

- 如果领导准备影响变革[9]，或者不打算被人领导，就应当在某种程度上反映下属的意见，在一些公司的文化中还需要良好的团队伙伴。
- 愿景会有些古怪、含糊不清，并没有很强的逻辑性[10]。
- 当一些公司政治天赋很强的人领导大型的、多元化集团时，个人的重要性经常被夸大[11]。

当然，在对公司战略进行现代、复杂的思考时，这些新出现的特征非常重要。像菲利普·莫里斯(美国)、荷兰皇家壳牌（英国、荷兰）和丰田（日本）等一些公司更喜欢循序渐进的领导者，而不是激进的革命家。在这种情况下，我们可能对那些管理救世主的崇拜产生怀疑，这些所谓的救世主曾经被认为利用愿景和目标挽救了濒临倒闭的公司。我们同样也可以在小型企业、非营利组织和政府组织中看到这些变化。在任何一种情况下，领导都能够对目标产生深远的影响。

16.2.2　在目标的背景下分析领导

为了理解目标、战略与领导的相互关系，分析领导角色显得十分必要。但是，尽管我们上溯到20世纪50年代那些深入的研究中，还是不能找到对领导分析的一般性共识[12]。下列是三种主流认识。

定义▶ 1. **特征理论。这种理论指出，可以从现实情况下愿意领导的那些人中确定具有某种个人特征。**根据所作的研究发现，这种个人特征可能是智慧、自信、能够看透问题的本质或出身于较高的社会经济群体。最近一段时间，这种理论又被重新提及，因为支持的依据前后矛盾，在阐述领导理论时不够充分。在这种理论中，目标在很大程度上是领导者个人的决定。

定义▶ 2. **风格理论。这种理论提出，根据个人拥有的领导风格是否适合组织就可以对个性作出判断。**例如，独裁和民主是两种相对的风格：前者把领导者的意愿强加于人，而后者允许在形成结论之前自由争论。根据研究，这项理论也有一定的合理性，但是领导行为远比简化的风格复杂。例如，领导行为可能会随不同的上下级关系、制定决策的政策以及组织文化而变化。因此，这种理论近年来也开始变得轻描淡写。在这种理论中，目标将由领导风格决定。

定义▶ 3. **权变理论。这种理论指出，应该在特定的时间和情况下，根据组织的需要提拔或聘请相应的领导。**在一定时间内，在组织面对的战略问题上，这种选择应该是权变的，当形势本身发生变化的时候，领导也需要更替。因此，应当把领导看做是和群体相关的人，他们愿意承担领导责任，而且任务的特征也需要他们。有些迹象可以支持这种方法，但是多少带点轶闻趣事的意味，而且过于简化了领导的工作。这种理论中，显然战略依赖于战略的局势及相关的环境。

从战略的角度来看，权变理论表现得最为成功，这主要有两个原因：第一，这个理论抓住了领导者与组织中其他人的关系；第二，在进行相关的领导分析时，该理论清晰地指出了战略形势的重要性。

在权变理论中，还有一个方法特别有用：这种方法被称为最适合（best-fit）的分析方法。该方法的基础是，如果打算成功地实现目标，领导者、下属和战略必须达成某种妥协。尽管他们的观点可能相差甚远，但是，根本的目标最好在他们的共识之上形成。这一点在组织战略中特别有用，因为在处理每种形势的时候都各不相同，同时，它还明确了下述三个关键的分析要素：

1. 首席执行官或领导者；
2. 完成任务的高级 / 中级管理人员；
3. 将要实施的战略或目标的本质。

每种要素的设计都会落在常规范围内，从严格(大量的构架)到宽松(或者支持性以及柔性)。接下来在这三个要素之间寻求最适合的方法，我们在图 16.2 中举例说明。结果不可避免会有些笼统，但可以向我们说明风格以及对人、战略和目标的影响之间的平衡。

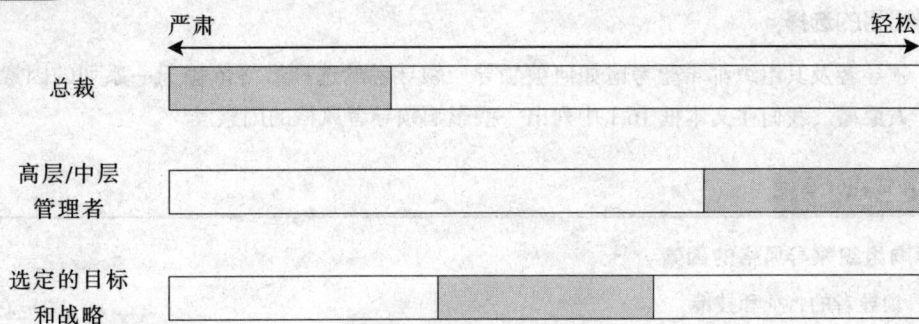

图 10.6　用最适应方法分析领导的例证

- 首席执行官位于结构顶部，甚至占有主导地位。
- 高级/中级管理人员能够得到更多的自主权，同时负有更多的责任。
- 在某些方面应严格执行所选择战略，但也允许存在少许的自主权利。
- 结论：在上述案例中，均不符合这三个标准——需要作出改变和妥协。如果以这种模式运作或与上述标准存在分歧，都可能导致无法达成目标。

16.2.3　成功的领导风格

领导风格可能千差万别，从 Senge 的共同愿景到个人独裁，如亨利·福特一世或 20 世纪 80 年代后期英国首相玛格丽特·撒切尔。每种风格都会影响目标的形成以及最终的结果。

共享愿景方法

Senge 有一个行之有效的方法处理组织及其领导的关系 [13]。组织的领导能够指明方向。但是，他也提出，在管理良好的情况下，整个组织都应该参与到战略和目标的制定当中去。组织发展的方式就是领导和战略的功能。但是，领导不能独裁，也不能为组织作决策，而是应该帮助组织形成未来的共同目标和达成目标所需要的变革。领导就是那些需要关注潜在的趋势、关注变革及其对组织的影响的人。为了解释他的观点，Senge 引用了一则古老的诗句来解释领导和组织之间的关系：

> 糟糕的领导是令人失望的；
>
> 优秀的领导是令人尊敬的；
>
> 那些伟大的领导是让人们说"我们自己能够解决"的人。
>
> Lao Tsu

因此，这里的目标应该由合作、讨论和广泛的共识形成。成果可能会比较缓慢、复杂，而且是一种妥协，但是，每一个人都很容易理解，并且在参与达成共识的人当中可以产生强烈的忠诚感。

独裁的方法

Lao Tsu 的话听起来不错，但是在一些战略形势下可能并不恰当。如果一家公司处于危机当中，那么它需要强大而且坚决的核心领导以保证公司生存。当公司处在发展的早期阶段，有一个关于未来的愿景，它可能会从强力且大胆的领导者那里受益，尽管这些领导者可能具有完全不同的风格和方法来处理目标。

在这种情况下，目标的形成主要是领导者及其直接下属的决策。在很大程度上，目标是强加给组织中其他人的，因此不可与忠诚同日而语。

两种基本方法的对比：其他类型的领导

在领导管理类型的描述中，最佳领导系统需要考虑到目标和战略的设计。如果领导者采取的是独裁方式，那么他/她应当较早地加入组织；而如果领导者是协商型的，那么早期的参与就要以更大程度的参与为基础。除此之外，领导者的类型可能会受到组织类型及文化的限制，制定目标和战略同样也需要考虑到流程设计。

为了突出主要因素，在研究目标中，上述的讨论以两种基本的领导风格为基础。我们也可以看到其他的一些类型——在文本框 12.7 中可以看到。

领导风格的选择

领导者及其组织都希望考虑如何被领导。领导者的选择最终依赖于一系列的因素，这些因素超越了个性和个人愿望。我们在文本框 16.1 中列出一些影响领导者风格的因素 [14]。

文本框 16.1

影响组织领导风格的因素
- 领导者的特征和技能
- 公司规模
- 地域分散程度
- 组织环境的稳定性
- 组织文化的当前管理风格
- 组织当前的利润率以及变革的愿望和需要

16.2.4 信任、热情和承诺的重要性——Bennis 和 Nanus 的贡献

成功的领导人对组织的许多方面都会有影响。因此，如果领导者要想取得成功，就不能摆出一副冷酷面孔，也不能过于绝对。领导者需在常规性目标的背景下为关键的组织成员创造信任、热情和忠诚的承诺。

在与组织任务相关的领导学研究中，Warren Bennis 和 Burt Nanus 是学说广为流传的两位学者。这两位美国学者研究了 20 世纪 80 年代美国组织的领导。他们得出结论，失败和成功相伴而行，并且写成了一本非常成功的书，书中充满了简短的逸闻趣事以及有关领导的经典结论，尤其是在人物方面非常成功 [15]。

他们对成功领导的结论如下：

- 在制定目标时，领导需要在战略流程和组织一般成员中创造并维持信任。
- 如果领导者创造并使用了组织中大多数人的智力资本，那么就应该发表更多鼓舞人心的言论。这表明，领导者已经开发了组织中位置在他之下的那些人的知识、兴趣和经历。
- 成功的领导者需要寻求并达到由流程确定的组织目标的激情和决心。

就像在案例 16.1 中施乐公司的 Ann Mulcahy 表现出的那样，成功的领导者并不只是以一种冷酷和抽象的方式对目标作出判断。领导者如果打算成功，就需要阐明组织的承诺，增强人们的理解，并激发人们对目标的热情。读者同样也可以参考在本章末尾描述的英特尔成功的（美国计算机芯片制造商）领导人 Andy Grove 的方法。在 20 世纪 90 年代几次生死攸关的转折点上，他在转变公司目标和战略时同样没有采用冷冰冰的、刻板定义的目标。

16.2.5 领导的常规性和突发性方法

机场的书店到处充斥着领导方面的书籍，这些书籍宣称能够判断怎样才算是优秀的领导，而且还能够阐明哪些是胜任这一角色的特征。这是一些非常有用的描述领导职责的方法，而且还提出，所有优秀的领导都有其独特的气质。但是，如果权变理论指出，领导有赖于组织当时的战略环境，那么在阅读这些书的时候就要注意，这并不是唯一的最佳途径。

另外，还有一个理由需要引起注意。作为制定战略最基本的原动力，确定领导的行动减少了其他重要的因素。例如，团队建设和家族控股可能也是某些类型的组织中相当重要的因素。

关键战略原则

- 领导人能够对使命和目标产生重大的影响。在组织面临新挑战的时候，他们的地位更加举足轻重。但是，在一些复杂的大型组织中，他们的角色更贴近于改良型，而不是革命家。

- 在如何分析领导方面，目前还没有形成一致意见。权变理论可能是最有用的方法。这种方法指出，领导的选择和风格在组织面临战略问题的关键时刻是权变的。

- 在权变理论中用到了最适合分析方法。因为它区别对待每种不同的情况，所以对战略非常有用。

- 领导风格各有不同，从共同愿景到个人独裁。风格需要改变，以便适应战略形势。其他类型的风格很可能要依赖于组织及其周围的环境。

- 关于目标，领导需要在战略流程中创造信任。他们需要吸收组织的智力资本，并要表现出激情和决心。

- 在一些情况下，让目标从有关战略任务的团体工作中产生的领导方式比较好，而不应该由领导者从中心开始强加于人。

案例研究 16.2 福特汽车：战略、领导和战略变化

福特在 1994 年向竞争对手提出挑战时，公布了基于其福特品牌的新的全球战略。到 1999 年，公司采用了不同的战略，收购了市场上一些重要品牌，如 Jaguar 和陆虎。2001 年公司解雇了其总裁，并回到了最根本的、利润较大的规模生产业务。到 2004 年，福特在世界汽车市场第二名的位置被丰田夺取。这个案例研究了所发生的一切，主要集中于"人"的问题。

福特的全球运作

福特建立于 20 世纪的美国。经历了本土迅速的革命性发展之后，公司的创立者亨利·福特于 20 世纪 20 年代末在英国建立了第一家海外工厂。70 年之后，公司主要的生产厂分布在英国、德国、比利时和西班牙。但是，这些生产都是欧洲事业部的一部分，它们是半独立于美国总部运作的。除此之外，福特在南美、印度和澳大利亚也有生产和营销事业部，它们也部分独立于美国。虽然中心也有一些控制，但是生产和模型设计在很大程度上受到特定地域的限制。其原因就是需要满足当地客户在风格、价格和性能方面的需求。以下回顾了福特的历史和战略。

从组织文化上来说，福特有几个很明显的特征。首先，该公司仍然受到公司在底特律的创始家族的控制。公司一直对市场采取主动，而且很多年来美国人更有可能被提升为高层。亨利·福特本人在 30 年代就反对工会。这一传统一直延续到 80 年代，这时工会的力量变得强大而且组织良好。白领员工对工作尽心尽力，从晋升和对工作职责来说公司的等级制度界限森严。公司是以结果论英雄，并会支持那些获得高业绩的人。在这种环境中，如同本案例后面所述，产生了围绕着公司高层的各种事件。本章文本框 16.2 研究了福特的组织文化。该文本框是本案例不可分割的一部分。

"福特 2000"——1994 年宣布的全球战略规划

多年以来，福特一直都被全球轿车的想法所深深吸引。有三个理由很好地解释了全球化所带来的好处：

1. 主要是规模经济和预期的产品范围。
2. 全球制造可以和世界所有的轿车配件生产资源谈判，这可以节约大量附加成本。
3. 对新模型的开发和研究一般会花费 80 亿美元。在更多的产品上分摊成本，可以使每部车的成本下降，同时也可以减少复制品的成本。

但是这需要大量的组织再造工作，需要福特在整个公司内协调，因此这不是一个可以轻易实施的战略。公司在 1994 年推出了一个名为"福特 2000"的全新规划。它的目标就是到 2000 年形成全球一体化的公司。到第一个 10 年末预计每年节约的成本在 20 亿~30 亿美元，这样公司会对福特的竞争者，像通用（美国）和丰田（日本），提出挑战。福特的计划在 1995 年初投入实施，它把所有的生产都集中到一家公司。为了达到节约成本的目的，核心工程和生产都被简化了。为节约资金，设计新车型来减少平台的数量。Jacques Nasser 先生掌管福特的全球汽车业务，实施变革。他成功地砍掉了不赢利的汽车类型，削减成本，对供应商和分销商施加压力要求更低的成本，因此被人们称为"杰克杀手"。但是他确实降低了大量成本，1999 年 Nasser 先生被推举为福特公司的 CEO。

亨利·福特是大规模汽车生产的创始人，现在的福特家族后代仍然控制着福特公司。

"福特 1999"——全球定位战略

Nasser 先生接着发现了公司战略面临的一个重要挑战——全球定位战略。他指出轿车需求已经从全球向细分的轿车市场转移。细分的市场包括四轮驱动机车、载人汽车、小型豪华城市用车、越野车等。而且这种汽车与福特传统的大规模生产汽车相比，利润率更高，如 Mondeo 和 Ka。"你所看到的正是细分的文化"，Nasser 先生解释说。客户的需求并不是一个能停能开、跟邻居汽车一样的轿车。对福特而言，客户需求多样性的新趋势是一个"绝妙的市场机遇"。

为了满足市场需求的多样性，公司至少开展了五个项目，这些项目甚至没有打出福特品牌的旗号。

1. 美洲虎轿车的收购和开发。在 20 世纪 80 年代末期，福特购买了一家豪华车公司，然后花费了数十亿美元开发新模型、整修工厂以及其他活动。为了强调不同的细分市场，它一直采用和"福特 2000"项目不同的型号。截止到 90 年代末期，美洲虎发布了一系列的车模，受到媒体的好评，同时吸引了一定的细分市场。在这些细分市场上，先前的福特很难得到任何地位，这些市场只是奔驰、劳斯莱斯和丰田雷克萨斯的高端市场。

2. 林肯的开发。福特在美国豪华车的细分市场上占有一席之地就是林肯的牌子。酝酿中的另一项计划就是把先进的林肯车介绍到世界上的其他地方。

3. 收购沃尔沃轿车。福特在 1999 年耗资 65 亿美元收购了这家瑞典公司，目的就是希望借此巩固其高端市场的地位，先前福特在这个领域只取得了部分成功。此举将抓住新的市场点，但是这部分的竞争对手十分强大——例如，宝马和奔驰汽车。但是在这场收购中，福特在采购和后勤方面也确实节约了大量的成本。

4. 收购陆虎。福特在 1999 年耗资 28 亿美元收购这家英国四轮驱动汽车公司，以在这个特殊的汽车领域获取利润。和上述其他的收购一样，福特将巨额资金投向了现有工厂的人员和设备，使工厂现代化，同时还致力于长期开发新模型。

5. 收购 KwikFit，同时合并控制赫兹（Hertz）。福特在 90 年代末花了 10 亿美元收购欧洲生产轮胎、电池和排气管接头的公司 KwikFit，目的就是为了向顾客提供一整套的服务。福特和汽车租赁公司赫兹的合作关系已经被延伸，福特实际上已经控制了该公司。

新的收购被组合到一起成为福特的一个单独部门，被称为"第一汽车集团"。预计上面的 5 个全球定位战略能够把福特的年销售量从 1998 年的 250 000 辆增加到 2000 年的 750 000 辆。新的集团预期到 2005 年为福特带来利润的三分之一。而且，这些销售的利润率要高于其汽车品种的数量。

实际上，这些目标几乎都没有达到。

- 美洲虎的扭亏为盈的时间要比预期长，并且还需要进一步的投资。另外，美洲虎车的政策并不十分成功，主要生产基地在英国。这意味着在美国的定价要承受英镑对美元的升值带来的后果。
- 公司并没有资源可以把林肯扩展到北美之外的地方。
- 沃尔沃在巨额投资后获得了成功，并且成为福特持续的国际业务的重要组成部分。
- 陆虎不断出现的质量问题、成本问题和管理层变动也一直在困扰着该公司：2003—2004 年福特被迫大幅度削减来恢复赢利能力。

"福特 2001"——"回归基础"战略

重要的是，"全球定位"战略把福特的战略重点从公司主要获得利润的活动——福特品牌的大众汽车移开。结果就是 2001 年的利润灾难——见表 16.2。尽管 Nasser 先生并不是唯一对战略负责的人，但是他为此付出了代价，在 2001 年末公司要求他立即离开。福特欧洲区前总裁兼新任首席运营官 Nick Scheele 先生说："董事会作出了结论。同时，为了得出这样一个结论，我们越早通知杰克（Nasser），情况就越好。我们需要重新回到基础上来。我们经历了非常痛苦的一年，各种环境变化莫测，但是我们必须继续前进。"

福特家族——在福特公司仍然是非常重要的大股东——已经从对战略的沉迷中逐渐清醒，因为原有的战略无法实现公司的目标。比尔·福特——公司创立者亨利·福特的孙子接手公司成为董事长，并担任福特的总裁。紧接着，他立刻在公司的各个部分进行大刀阔斧的成本削减活动。他主要专注于北美和欧洲的业务活动。

- 在北美的问题。2000 年一项削减成本的活动开始在北美展开以恢复公司在该地区的利润水平。事实上，公司砍掉了北美 5 家工厂和 22 000 个职位。福特同时还将缩减其他 11 家工厂的活动。此外，福特砍掉了 4 个利润较低的车模，卖掉了价值 10 亿美元的非核心资产，把公司股东红利减少了 1/3。新董事长比尔·福特在受益之后解释说："我们所追求的战略不是没有考虑充分，要不就是不够及时。我们爬到了山顶，却无法留在那里，这几乎把我们置于死地。"
- 欧洲的问题。尽管人们对新的全球战略寄予厚望，现实却是福特欧洲市场份额下降得令人担忧——从 1994 年的 12% 下降到 2000 年的 8.7%。再加上工厂生产的低效，公司 2000 年在欧洲损失了 10 亿美元。因此，公司采取了激进的行动，砍掉了部分生产线，关闭了英国、葡萄牙、波兰和比利时的工厂，同时福特绝大多数其他欧洲的工厂都减少了产量。全球战略似乎并不是造成欧洲减产的重要原因。

表 16.2 1999—2003 年福特的销售额和利润　　　　　　　　　　　　　　　　　　数据单位：百万美元

	2003	2002	2001	2000	1999
销售额	164 196	162 256	160 504	168 930	160 053
净收入/亏损*	495	(980)	(5 453)	3 467	7 237
总资产	315 920	295 222	276 543	283 390	270 249

注：*税后。

资料来源：Annual Report and Accounts.

而且，福特由于处理耐火石轮胎的彻底失败，几乎耗尽了所有的利润：一些福特轿车配套用的耐火石轮胎卷入一些事故，轮胎备受谴责：福特和耐火石都被告上了法庭。同时福特还卷入了有关它最根本的大众车的价格战，由于福特的成本基数过高，难以对价格战作出反应并获得利润。紧接着就是"9·11"事件和美国的经济衰退。在之后的几年内，福特还要面对来自美国的主要竞争对手通用和克莱斯勒（戴姆勒—克莱斯勒的一部分）的竞争。另外，在欧洲市场上，福特还要面对日本公司丰田在欧洲逐渐攫取市场份额的威胁。丰田的凯美瑞车型已经是美国销售量最大的车型。到2004年末，福特在世界汽车市场的第二名的排名已经让给了丰田——参看第六部分案例研究5。很明显这对这个组织文化和公司士气产生了重要影响。

© 理查德·林奇 2009 版权所有。保留所有权利。本案例根据公开信息编写 [16]。

案例问题

1. 对于福特过去十年的多元化战略方面存在哪些主要的争论？
2. 这些变化对于福特的人力资源有什么样的影响？
3. 当一家公司的战略发生重大的变化，比如在北美和欧洲的工厂倒闭，公司如何处理员工问题？比如，公司是否应该事先进行宣布，或者只是关闭工厂，然后坐等抗议？

16.3 领导者如何用文化和风格形成组织

领导者可以通过影响和引导组织内外人员的信念、风格和价值观来形成组织的文化。例如，福特汽车公司鼓励和奖励获得成果的员工和经理们。同样，福特公司对公司总裁 Jac Nasser 却很冷酷，因为他没能完成高价值的收购，没能解决团购汽车事业部的诸多问题。这些决定反映了公司的文化和价值观，随后马上出现了战略问题。为了形成组织，基本的一点就是理解组织现有的文化和风格。为此，本节第一部分将分析当下的形势，第二部分为领导者改变组织提供一些选择。

16.3.1 组织现有文化分析

定义▶ 组织文化是指组织的信仰、价值观和已学到的管理方式的集合。这些内容反映在组织的结构、系统和战略管理发展方法中。公司文化不仅来自于它的过去、现在，它的员工、技术和物质资源，也源于在组织中工作的员工的价值观、目的和目标。例如，福特汽车公司的人总会想起公司与贸易联盟之间的争斗，这已经成了公司历史的一部分。

因为每一个组织拥有上述各种要素的不同组合方式，因而每一个组织的文化都是独一无二的。组织文化影响着组织的方方面面，领导者需要知道变革从何入手，因此，对组织文化进行分析是十分重要的 [17]。特别是，在管理者与员工制定和执行其战略时，文化具有筛选和塑造的作用。由于上述原因，文化便成为影响公司战略发展的因素之一。

尽管组织文化是非常重要的，但在分析组织文化时会遇到一个重要问题。一些主要学者在文化的性质、结构及影响等问题上难以达成共识。作为一个起点，本书仅仅从战略角度探讨了这一问题。因此，本书对该问题的研究具有针对性 [18]。

图 16.3 显示了组织文化的主要要素。

组织外部有许多因素影响着组织的文化。这些因素包括社会上人们的价值观以及政治生活的改变、其他类似公司的企业文化以及组织必须面对的政府的就业政策。同时，如果组织在多个国家经营，也可能还有与文化相关的国际问题。

在组织内部，还有一系列的因素用来确定组织现有的文化。考虑下列因素将对领导者十分有价值。

历史与所有权结构

一个年轻公司可能由一个人发起，也可能由几个人共同发起。发起人在若干年内将会影响公司的发展。这种集中的所有权结构很明显将会导致集权，从而使得影响力和风格比较集中。家族公司与所有者占主导地位的公司往往有鲜明的组织文化。

规模

随着公司的扩张，所有权结构与控制结构将逐渐分散，从而使得其他一些因素将会影响组织的风格与文化。即使所有权结构仍然很集中，随着公司规模的变大，中央管理层对其的控制会变得更加困难。

图 16.3	组织文化的要素

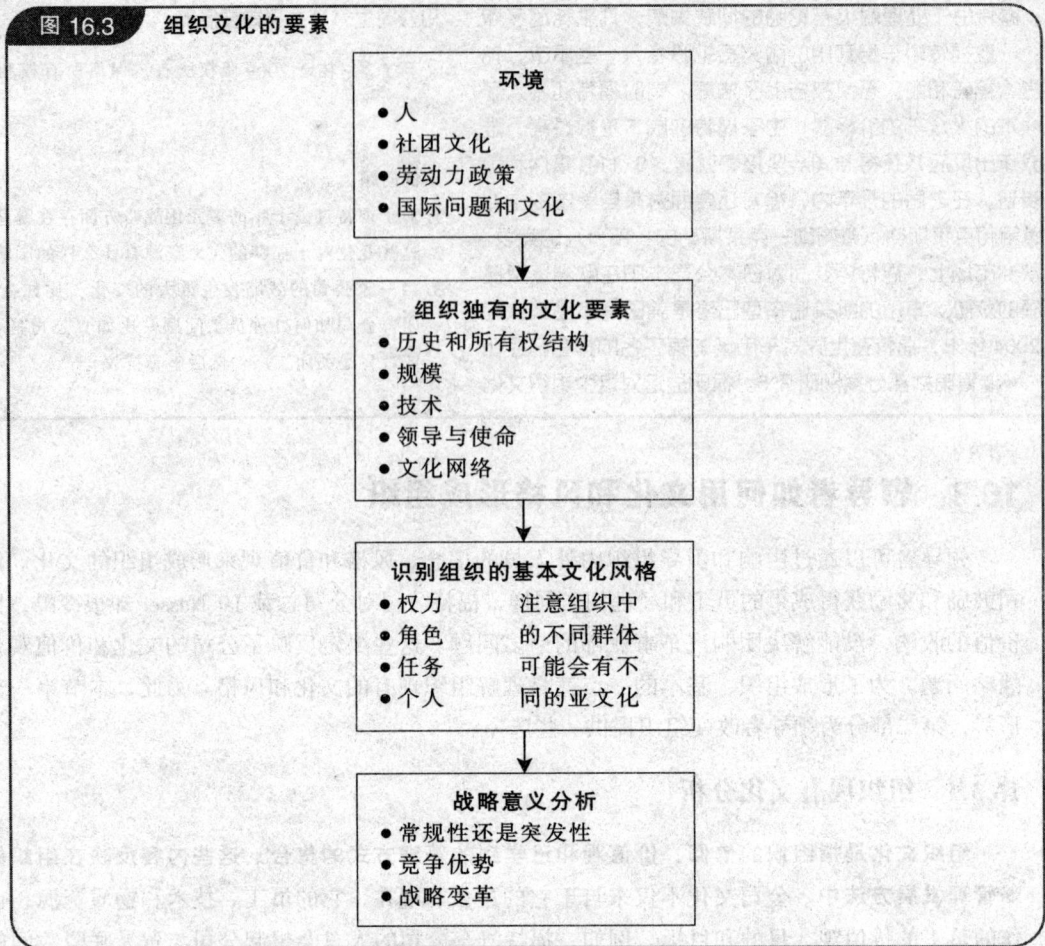

环境
- 人
- 社团文化
- 劳动力政策
- 国际问题和文化

↓

组织独有的文化要素
- 历史和所有权结构
- 规模
- 技术
- 领导与使命
- 文化网络

↓

识别组织的基本文化风格
- 权力　　注意组织中
- 角色　　的不同群体
- 任务　　可能会有不
- 个人　　同的亚文化

↓

战略意义分析
- 常规性还是突发性
- 竞争优势
- 战略变革

技术

技术会影响公司的文化，但它的影响效果常常难以预料[19]。一些技术或是要求经济规模，或是包含了高成本的昂贵机器。这些技术若想取得成功往往需要一种正式的、井然有序的公司文化，例如大规模的化学产品制造业和啤酒酿造业。相反，在技术快速变革的行业中，如电信业，可能会需要一种更加灵活的文化。

领导与使命

个人及其价值观在一段时期内将会反映并改变组织文化，尤其是首席执行官及其下级。这些问题对组织而言是至关重要的。

文化网络

定义▶ **文化网络是形成组织文化一些方面的特征的因素。在分析组织文化时，文化网络是一种能够综合各种有用的基本要素的好办法（见图 16.4）。**

文化网络的主要要素有：

- 经历。在组织中员工谈论些什么？组织中真正重要的是什么？什么导致了组织的成功与失败？
- 规范。公司做事情的一般方式是什么？一般程序是什么？（虽然有的没有成文规定）
- 惯例。除了标准规范以外，组织强调什么？例如，长期服务、销售业绩、创新还是质量标准？它是如何强调这些内容的？如何奖赏这些行为的？
- 地位象征。什么是办公室内的地位象征，办公室的大小，公司专车的档次，不同级别的管理者和员工出差时所住的宾馆档次，或者公司在这些方面根本就不存在差异？员工出差是以工作为主还是以观光旅游为主？
- 控制系统。公司的控制系统是官僚式吗？是不是有很好的成文规定？是以业绩为导向的吗？是正式的

図 16.4　发展文化网络

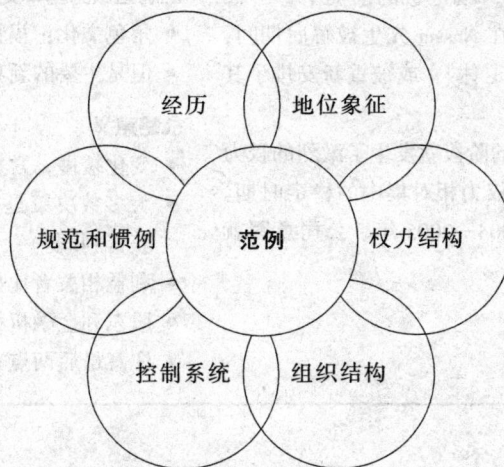

资料来源：Johnson, G(1992)"Managing strategic change:Strategy, culture and action", Long Range Planning, 1(25), pp28-36. Reproduced with permission.

还是非正式的，还是随意的？

- 组织结构。从正式程序来看，组织中谁应该向谁汇报？哪些员工之间存在非正式关系？
- 权力结构。谁作出决策？谁影响决策？如何影响以及何时影响？（见 7.3.4 节）

文化网络还可以区别组织中哪些是官方行为，如压力缓解和项目完成后的评估；哪些是非官方行为，如小道消息的传播、办公室社交、电子邮件等。

文化范例不仅将文化要素联系起来，还使得它们的状态保持下去，正如"我们的行为方式"。它概括了组织的文化。文本框 16.2 分析了福特汽车公司的文化网络。

文本框 16.2

福特在 2001 年"回归基础"时的企业文化：分析它的文化 [20]

环境

- 竞争高度激烈的世界市场。
- 美国的遗留问题，福特要处理对于前员工在医疗和养老方面的承诺——对公司的利润压力。
- 对于汽车尾气排放的环保问题。

组织具体的文化因素

- 历史和所有权关系：很重要——当代美国的奠基人之———仍然有明显的家族痕迹。
- 规模：世界性的，复杂，有很多内部相互关联的部分。
- 技术：老化但在发动机技术方面技术成熟。
- 领导和使命：对于未来有强烈的愿景，但是由于领导人离职和新总裁上任遭受挫折。
- 文化网络。
  - 经历：明确发展可能为时过早，新总裁比尔·福特缺乏经验，但得到来自欧洲首席运营官的支持，这位运营官就是有名的 Nick Scheele 先生。实际上解雇前总裁 Nasser 先生的故事已经在公司上上下下流传得有模有样了。就在他被解雇的前一周，已经有流言说，

Nasser 先生对他离职的报告置之不理："这就像有些人说你可能被换个地方，但是你自己根本不了解。"

- 规范：引入了新规范以改变经营状况——在总裁办公室里召开特殊会议，召集了所有高层管理人员。他们完全没有按照常规强调形势的严峻性。
- 惯例：在专门的员工会议上宣布了 Nasser 先生离职的消息。Ford 先生称"福特总部充满了员工起立的鼓掌和欢呼声"。
- 地位象征："回归基础福特战略"的会议室——被称为"能量室"——设计得并不舒适。高层管理者们指出，这个会议只通知少数人出席，而且程序也非常简单——"就是告诉我们如何削减成本"。
- 组织：整个新团队提出在 2001 年 11 月至 2002 年 1 月新战略宣布期间制定出修订的成本削减战略。这将减少数以千计的工作岗位，关闭 4 家美国汽车工厂，出售一些非核心业务，如 KwikFit。
- 控制：引入了一些新的监控系统，但是福特的系统中已经存在大量监控绩效的系统。

- 回报：在假定这实际上是一场危机的前提下，"回报"就是保住你的工作。在 Nasser 先生被解雇期间，20 位高层管理人员"决定退休"，或被重新安排了其他工作，或者被撤换。
- 权力：在准备解雇 Nasser 的阶段就发生了激烈的权力斗争。随即而来的是一段权力相对集中的稳定时期。因此，在未来 3 年，到 2004—2005 年，公司意图就会发生变革。

明确组织的基本文化风格

- 角色文化：福特公司的大规模使得这极为可能。
- 但是主要的新项目有时候采用任务文化。

战略意义

- 变化缓慢，常规性，并且很复杂。
- 大多数决策是在压力下作出的，因为该公司尝试能重新获得利润。
- 利益相关者比如经理、员工和工会代表都被考虑进去。
- 股东和金融机构希望采取短期行动来改善利润问题。
- 注意最后两点有冲突，即员工与金融机构问题。

16.3.2 形成组织未来的文化风格

尽管每一家公司都有其独特的文化，但 Handy[21] 根据 Harrison 的研究成果已证实：在进行上述分析时，主要分为四种类型。在建立公司文化的初始阶段，公司领导人可运用这些内容来确定使用方式，在此过程中尤其要考虑战略变化问题。四种类型均与快速战略变化能力或慢速战略变化能力相挂钩——领导人在建立公司文化的过程中应反映出两者之间的联系。

权力文化

这种类型的组织常常以一个人或一个小团体为中心，并受其支配。典型的例子是小型建筑公司；以前还有所有者占统治地位的一些报社。战略变化：战略变化的快慢取决于领导者的管理风格。

角色文化

这种类型的组织依赖于委员会、组织结构、逻辑思维及分析。最后的决策由一小撮高层管理者作出，但他们在决策过程中依靠常规性的程序、系统和明文规定的交流规则。例子：民政事务、银行零售业务。战略变化：可能比较缓慢，而且有条不紊。

任务文化

这种类型的组织致力于完成常规性的项目或任务。工作由弹性化的团队来完成，并解决常规性的问题。团队可能是由具有各种专长的成员组成，能够应付各种局面。例子：广告代理业、咨询业。战略变化：取决于外部环境，但在必要的时候也可以迅速改变。

个人文化

员工仅仅出于个人原因而工作并留在组织中。组织形成了特定结构，并塑造了特定环境来实现某种目的，但主要的利益相关者是个人。例子：合作社、公社、在大型组织中（如医疗机构）单独工作的专业人士（如建筑师或工程师）。战略变化：当员工从自身利益出发认为有必要采取行动时，可能会非常及时。

在考察组织文化的四种主要类型时，要注意三个重要的前提条件。

1. 组织随着时间发生变化。以权力文化为特征的创业型企业可能会逐渐成长为规模更大的、更为传统的公司。以角色文化为特征的官僚结构也可能逐渐演变成以更富有弹性的任务文化为特征的组织结构。因而，关于文化的分析在若干年后需要重新进行。

2. 几种不同类型的文化经常存在于同一组织中。在同一个组织中，可能既存在着一些开拓新业务和解决常规性任务的小团队，也可能存在着较大的官僚组织以更为正式的结构和风格完成大规模生产。公司战略甚至可能需要考虑是否应该在组织内部不同的部分发展不同的文化风格——例如，在一项激进的风险投资事业中发展团队文化，在引进专家意见建设新型计算机网络中需要个人文化。

3. 不同的文化均有可能占有优势，这取决于公司总部和所有权结构。Hofstede 的研究[22]表明，民族文化对公司文化同样会有影响并与上述基本的文化类型相互作用。

4. 组织文化变化缓慢 [23]。很重要的一点,就是领导者不能指望组织内的基本态度、信仰和行为方式会很快改变。

因为上述原因,需要以一种谨慎的态度来对待战略文化分析。然而,不论是大公司还是小公司,它们的文化都十分鲜明。只要你一踏进公司的大门便可以感受到其意境、风格和格调。组织总有一种主流文化,它会渗透到组织的业务经营当中去。这就是文化对竞争优势和战略变化的重要意义。

文本框 16.3 列举了分析组织内文化问题的 10 个指导方针。Brown[24] 和 Hardy[25] 提出比文本框中更长的问卷。

文本框 16.3

分析组织文化及其战略意义的十项方针

1. 组织的历史有多长?它所处的环境是稳定的还是快速变化的?

2. 谁拥有组织?组织的股权结构是什么样的?小公司是所有者经营吗?是政府持股吗?是大型公众公司吗?领导层的核心理念是什么?

3. 它有什么样的组织结构?是中央集权型还是分权的?公司高层有清晰的决策机制吗?组织结构是正式的还是非正式的?组织鼓励公司内部员工之间的竞争吗,还是认为相互合作更为重要?

4. 组织如何评估工作成果?是比较宽松呢还是十分严格?评估中要考虑哪些要素?公司注重的是过去的事件还是面向未来的战略?

5. 组织如何作出决策?是某一个人作出的还是集体一致作出的?组织中的权力是如何分配的?谁有能力阻止变革?谁又有能力推动变革?

6. 一名好老板需要具备哪些素质?一名好下属又需要具备哪些素质?

7. 员工的报酬和奖励是如何确定的?员工的服从是迫于威慑还是出于对组织的忠诚?一项完成得很好的工作能带来满足感吗?

8. 组织是如何控制群体和个人的?是采用人性化的控制模式还是非人性化的控制模式?员工对工作有激情和兴趣吗?或是采取不成文的规范与惯例?

9. 组织如何应对变化?容易还是困难?

10. 一般而言,员工工作采取团队模式还是个人模式?公司更赞成哪一种模式?

总原则:是否对整个组织进行了彻底分析或只对其中的一个进行了分析?

战略相关性检验可能包括以下方面:

- 风险。组织是否愿意改变风险承担水平?
- 报酬。报酬和工作满意度如何?
- 变革。组织需要大幅度变革还是轻微的改变?
- 成本削减。组织是否正在寻求大规模削减成本?
- 竞争优势。组织有可能或者说有必要建立重要的新竞争优势吗?

关键战略原则

- 要想改变组织的文化,领导人要从分析当前的文化入手。组织文化是控制组织行为的信仰、价值观和已学到的管理方式的集合,每一个组织的文化都是独特的。
- 文化影响着业绩和公司战略。在战略发展和实施中,战略具有筛选和塑造的作用。
- 组织内部影响文化的因素包括:历史与所有权关系、规模、技术、领导与使命以及组织的文化网络。
- 文化网络提供了一种概括组织内部文化影响的方法:经历、规范和惯例、地位象征、权力结构、组织结构、控制系统。
- 组织外部影响文化的因素包括:人、民族文化、社团文化环境、劳动力和雇佣政策。

- 在对组织文化的一般性分析中，文化有四种主要类型：权力文化、角色文化、任务文化和个人文化。有些类型比较容易应对和管理战略变革。那些希望改变战略的领导者可能会希望在一些特殊的战略方案中识别和使用这些类型。
- 分析组织文化可以遵循一些方针。为了发展战略，这种分析需要与特定的战略领域关联起来，例如对待风险的态度、变革、报酬、成本削减和竞争优势。

16.4 领导者如何应对权力

随着战略开始变化，组织的领导者们也必须应对对这一变化过程有兴趣的个人和团体。这些人可能是那些对组织会形成压力的人、竞争对手，有权势的大亨和经纪人、有影响的人、对组织有影响的人、争论者、胜利者和失败者等。有些争执可能是受偏见及利益的驱使。所有这些方面构成了组织的权力问题。因此，

定义▶ 权力是指组织中的权威、领导力和管理活动。战略变革不可能回避这些问题。

如果新的战略受到抵制，那么领导权力就需要对可能发生的实际情形而不是理想的状态有实际的判断。例如，尽管对于激进地改变企业结构的愿望很强，但是，即使领导层会采取一些强制性的方法，管理上的时间成本在某些情况下会过高。对组织权力状况的分析是制定战略的关键。在前面有关壳牌公司的案例中，皇家壳牌公司的新总裁在 2004 年要对公司进行激进的变革，把他偏爱的方式强行在组织中实施时，遇到了许多的困难。

16.4.1 组织内权力的组成

在战略发展的早期阶段，领导者首先要认识到想通过确定组织的前进方向来"管理变革"，并以此引导所有的人，有可能只是一厢情愿[26]。领导者会看到"孕育变革"更为现实，更有成效。研究表明，领导权力应该鼓励对变革的积极态度，加之以学习引导和说服。

在组织中，群体之间和个人之间的良性竞争并没有坏处。这有利于提高业绩，使群体变得更有凝聚力，它还可以帮助组织发现优秀的群体和个人。然而，当竞争引起了冲突和政治斗争时，问题就来了。组织的这种冲突源于两方面主要原因：

1. 不同的目标和理念。例如，组织内不同的群体或个人可能有不同的目标和不同的价值判断，并接受了不同且相互冲突的使命等。组织内可能缺乏清晰的目标与使命。在战略变革过程中，应该尽可能地确保这种冲突和目标混淆降至最低水平。
2. 领域威胁。例如，一些群体或个人在别人从事与之相同的工作时可能会觉得受到了威胁；如果从事与之相同工作的人被告知承担其他的责任，这些群体或个人可能会产生嫉妒等。在上述情况下可能就出现最大的战略问题。如果要想节约成本或提高业绩的话，那么必须接受冲突。

在谈论战略变革问题时，明茨伯格[27]认为组织内部的竞争有很多有利之处，它可以推动变革的实现。从这个意义上讲，战略变革将不可避免会涉及政治因素。组织需要接受政治并利用其取得最佳的战略变革成果。

16.4.2 领导者如何应对权力问题

在所有战略变革之初，领导者必须理清组织的目标以及变革对组织员工的重要意义。如果冲突确实源于组织目标的混淆，那么就有必要在其他问题出现之前彻底地审查这些目标。

此外，早期的分析还有五个方面的好处：

1. 组织在多大程度上发展了一种适应性文化或探索性文化。这方面的考察有助于组织日后实施常规性战略。
2. 识别组织中主要的权力群体或个人。这些群体或个人对任何重大战略变革的影响和支持都是至关重要的。
3. 在战略分析的过程中，强调协商的优点或必要性而不是强调对抗。

4. 组织中领导层的作用和惯例在多大程度上能够提高成功的可能性，并克服与战略变革相关的问题。

5. 组织所面临的外部压力的性质和范围。

这五个方面就像一个关系网，相互作用（参见图 16.5）。

图 16.5 组织的政治网络

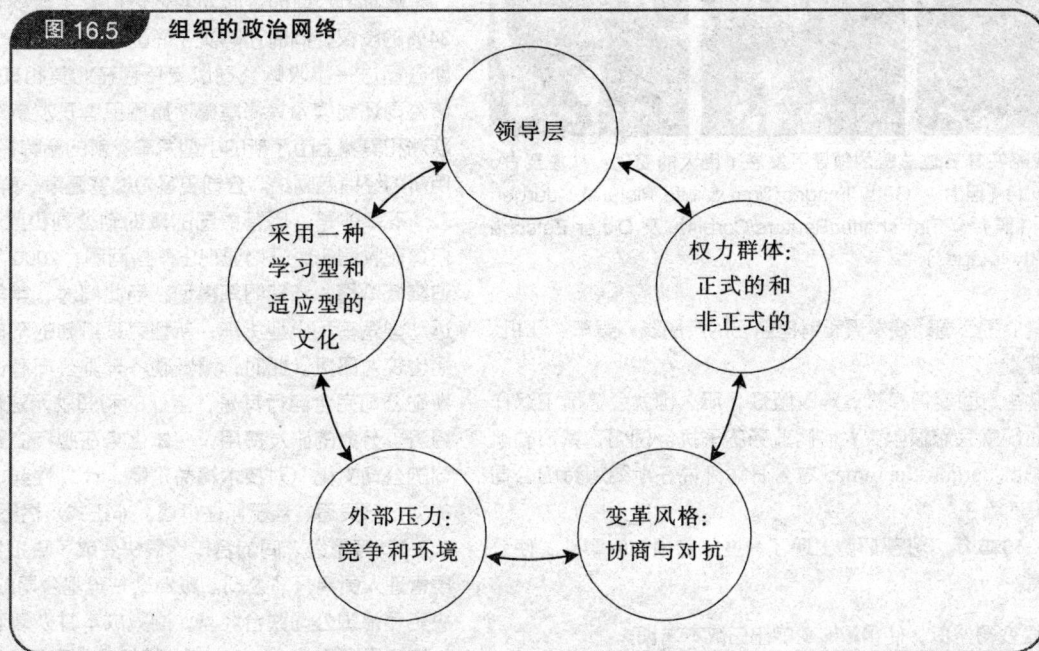

关键战略原则

- 领导者需要考虑战略变革中可能发生什么，而不仅是希望发生什么。
- 组织中的竞争是有益的，除非竞争演变为恶性竞争和政治冲突。
- 在考虑如何应对权力问题时，领导者需要研究权力群体、领导力、组织的变革风格、学习型和适应型文化的采用以及外部压力的性质和范围。

案例研究 16.3 戴姆勒：三位领导对战略的影响

1985 年，戴姆勒的新总裁 Edzard Reuter 为公司的未来制定了新的战略。10 年后，发现这一战略有问题。1995 年，戴姆勒的下一任新总裁 Jurgen Schrempp 对战略进行了修订。2005 年，该战略再一次被证实是失败的，Schrempp 辞职。2005 年，戴姆勒的新总裁 Dieter Zetsche 为公司制定了另一套战略。在 2008 年编写本书时，Zetsche 已经获得了一些成功……

1985—1995 年：戴姆勒的 Edzard Reuter 时代

当 Edzard Reuter 于 1985 年成为戴姆勒总裁时，他使该公司的产品多年来保持高品质。在强大的股东——德意志银行的支持下，Retuer 很快宣布了重大的战略变革。德姆勒公司要成为"技术一体化集团"。公司将用赢利较高的汽车和卡车业务去资助其他业务，进行战略变革。这些业务与汽车业的主要联系就是共享技术。

在四年里，公司花了 47 亿美元建成了工业集团，成为欧洲总销量第三大公司。它在三个领域收购了下列公司：

- 航空和国防：Meserschmitt-Bolkow-Blohm, Fokker, Dornier, Fokker，并在空中客车进行了投资。
- 电力工程、电子、铁路工程和家用电器：AEG。

- 金融服务和软件：Debis。

对战略进行变革根源于公司新的愿景。Reuter 决定与相当成功的日本和美国集团公司，如三菱和美国通用电子，进行竞争。戴姆勒公司迫切地想把这个德国企业建成全球有影响力的高科技公司，并改变它们认为能带来真正机会的航空工业。

要让戴姆勒公司在新领域进行发展是一个漫长的过程，这一过程需要在技术上相互支持。例如，随着欧洲城市的汽车污染和交通拥挤越来越严重，各大城市要寻找新的办法来平衡未来公共和私营交通。德姆勒—奔驰公司通过它的 Dornier 子公司为城市起草新的战略。它在 AEG 生产车厢，在德姆勒—奔驰公司生产公共汽车，在 AEG 和戴姆勒航空（Dasa）合资的 TEMIC 生产新的交通控制系统。这一方案需要不同的大型子公司之间进行精诚合作。 ▶

戴姆勒的战略在其三位总裁的领导下发展了巨大的变化：从左至右，Edzard Reuter（照片：Getty Images/Time & Life Picture）、Jurgen Schrempp（照片：Tim shaffer/Reuters/Corbis）及 Dieter Zetsche（照片：Getty Images）。

同时，每一个子公司还要发展和销售自己的产品线：汽车、飞机、电子产品等。

如果这些方面变得模糊，难以服众，那么也就会给员工这样的印象。他们就会怨恨中央对他们业务的干扰。例如，戴姆勒航空当时的总裁 Jurgen Schrempp 曾公开对外说在斯图加特的公司总部是"废话篓子"[28]。

1985—1995 年，外部环境出现了一些未曾预料的事件，使公司面临困境：

- 德国货币变得坚挺，使得戴姆勒的出口成本增长。
- 在戴姆勒开始投资航空和国防项目时，政治形势发生了改变。随着苏联和西方国家之间冷战的缓和，国防经费大量削减。
- 中期的飞机市场出现严重低迷，使收购 Dornier 的行为成为费用过高且判断失误的举措。

此外，在扩张期巨资收购的 AEG，出现了一些重大的困难。由于与公司的文化有冲突，AEG 很难融入到集团的文化当中。另外，产品线过长，需要更为集中。AEG 有多种产品，从核电站到冰箱和打字机。这样不能将优势集中在核心领域。结果，在 1990—1995 年期间，AEG 累计亏损 37 亿德国马克（合 20 亿美元）。

在 20 世纪 80 年代末和 90 年代初，德姆勒—奔驰的小汽车和卡车的大部分利润仍用来补贴上述业务。1995 年，形势很严峻，需要采取果断的行为。Edzard Deutz 从公司辞职。德姆勒—奔驰将 AEG 的一些资产有效地转移到了其他子公司，关闭了公司不重要的业务。同时，也从荷兰飞机制造商 Fokker 中撤资，这家公司被迫倒闭。公司开始制定新的战略，主要从事以交通为基础的制造业。新任命的董事长是来自 Dasa 的 Jurgen Schrempp。

1995—2005 年：Schrempp 领导下的德姆勒公司

当 Jurgen Schrempp 1995 年成为戴姆勒—奔驰公司的董事长的时候，该德国集团的战略缺乏集中度。集团主要得益于对奔驰轿车和卡车系列的重视，并从中获得丰厚的利润。但是，集团还拥有长期处于亏损状态的飞机制造分公司 Fokker，及大量生产一系列产品的其他子公司——从交通灯到冰箱的利润都非常低。Schrempp 通过向轿车和卡车行业集中，卖掉其他行业的方式拯救了集团。但是他的愿景并不仅仅局限于形成一个赢利的德国汽车制造商，他希望建立一家全球的轿车及卡车制造公司。

在考虑到各种可能性之后（包括收购轿车公司尼桑），Schrempp 先生在 1998 年进行了一笔大交易，用他的话来说就是"永久地改变了行业面貌"。戴姆勒耗资 380 亿美元购买了美国第三大公司——克莱斯勒。虽然有的评论家认为价格过高，但德姆勒—奔驰公司对这项在北美的收购价格还是很满意的。Schrempp 说："我们需要规模、利润以及超越对手。"

戴姆勒公司仍雄心勃勃地进行着全球梦想，购买了日本三菱 34% 的股权，同时还购买了韩国现代汽车公司 10% 的股权。戴姆勒公司进一步收购公司以支持它在北美和其他地区的卡车业务。该公司还继续为其梅塞德斯旗舰品牌开发新车型。最后，公司在欧洲和美洲上市了新的小型汽车，新的品牌名字叫 Smart，完全启用新的经销商网络。公司更名为梅塞德斯—奔驰公司。

不幸的是，尽管德国的戴姆勒公司仍然保持较高的利润率，但这起收购已经开始显现出一些问题，2000 年克莱斯勒公司也被迫降低价格，清理旧车模型；与此同时，竞争对手开始推出新的运动型汽车和小型货车；新型克莱斯勒的车模推出较晚，而且价格也较为昂贵。此时，戴姆勒—奔驰公司意识到，如果允许克莱斯勒公司完全自行其是，全球的利润就无法保证——更大的规模经济、分摊的研发费用，一体化势在必行。除此之外，德国母公司的公司文化（对技术精益求精、计划性强、精确）和克莱斯勒的文化（灵活、善于抓住机遇、非正式）格格不入。

"同等量级之间的合作"很快变成了直接接管，伊顿和其他高层管理人员离开了公司。戴姆勒—奔驰公司的高层管理团队进入，决定和德国公司联合经营，削减成本并恢复利润水平。母公司的一位高级经理 Dieter Zetsche 被任命为克莱斯勒的总经理。他决定将其所谓的"纪律性"文化引入克莱斯勒公司。他解释说，这一阶段主要要抓两件事情：德国人对于改善品质和降低成本的细节工作的关注，以及美国人在 90 年代克莱斯勒汽车的创新设计才能。这一新的方法并没有取得即时的成效——甚至在 2003 年，据报道说该公司由于新车型上市过晚以及竞争加剧，销售额降低了 12%，业务损失了 11 亿美元。

这个时期，戴姆勒开始对三菱表现出极大兴趣。在 90 年代后期，戴姆勒—克莱斯勒把三菱当做重要的全球战略合作伙伴，并以 30 亿美元购买了这家日本公司 37% 的股票。不幸的是，戴姆勒的这个合作伙伴之后就与日本当局和消费者之间麻烦不断。这包括警察突袭三菱总部、三菱公司对汽车的致命缺陷绝口不提，以及在北美市场中的重大坏账。2003—2004 年，三菱公司需要注入 60 亿美元才能继续生产。戴姆勒—克莱斯勒开始介入。在全盘考虑之后，戴姆勒决定终结与三菱的合作关系，尽管这样会使得德国公司的全球战略出现一个真空。按照戴姆勒的财务总监 Manfred Gentz 的说法，戴姆勒不再相信能够获得它所需要的回报。

在一个月之后，戴姆勒—克莱斯勒终结了与韩国的汽车制造商现代的广泛联盟。该德国公司在 2000 年曾经以 4 亿美元收购了这家韩国公司 10% 的股份。戴姆勒可以以 10 亿美元卖掉它的股份，所以赚了很多。问题是，现代和戴姆勒—克莱斯勒无法完成在韩国成立合资企业来完善商务轿车的计划。另外，现代对于中国市场有着强烈的野心，而这是和德国公司的计划相冲突的——实际上，它们在中国市场是竞争对手，而这对于戴姆勒来说是无法接受的。所以，这也意味着戴姆勒—克莱斯勒的全球战略的另外一部分的终结。

除了这些困难外，赢利最高的支柱性企业，德国的子公司戴姆勒—克莱斯勒也陷入了困境。简言之，问题体现在以下几个方面： ▶

- 德国的生产成本过高。
- 新款 Smart 汽车不能完成销售目标，不能赢利。
- 梅塞德斯的车型，尤其是 E-class，存在重大的质量问题。

Schrempp 在一次接受采访时表示，他对于最初与克莱斯勒的合并没有怀疑过："我仍然坚信我们的合并是了不起的……我们正在取得重大的进展。"虽然出现了许多困难，但这位总裁仍然得到了执行层的全力支持。2004 年，他还得到了他的顶头上司支持他的承诺，尽管亚洲战略遭遇了失败。2005 年，Schrempp 再次重申了他的全球战略思想。他指出该公司对于解决目前的困难有着清晰的计划。另外，他说公司的全球战略对于公司的母国德国来说是很好的选择："看一个人判断他经营公司的状况并不是唯一的标准……还要看他是否对社会作出了贡献。这一点更加符合我的观点。"

2005 至今：Dieter Zetsche 领导下的德姆勒公司

2005 年中，戴姆勒—克莱斯勒宣布 Schrempp 在 2005 年下半年将会辞去总裁职务——几乎提前了两年。他会被之前在美国克莱斯勒的扭亏为盈中起到关键作用的 Dieter Zetsche 取代。

就像前几任戴姆勒的领导者一样，Zetsche 也为公司制定了新战略。他认为公司应专注于高赢利的德国业务。因此，他开始与一系列商人银行谈判，出售美国克莱斯勒公司。戴姆勒仍保留美国公司的小部分股份，但克莱斯勒公司基本是独立公司。公司重新使用克莱斯勒的名字。

Reuter 的公司战略早已被人们遗忘，Schrempp 的战略最终被废止。戴姆勒由新的领导者，Dieter Zetsche 制定了新的战略，让戴姆勒在高品质、高利润回报的全球汽车细分市场上成为领先者。

案例问题

1. 戴姆勒领导者的三大战略是什么？每一个战略符合哪一个著名的战略理论，例如，竞争环境（见第 3 章）、资源为基础的观点（见第 4 章）、知识为基础的理论（见第 7 章）。
2. 新战略在多大程度上主要是来自于当时的领导者？用当时的战略逻辑该如何判断？
3. 有权威的领导者能够制定强有力的公司战略吗？

16.5 成功的战略领导

对于领导者来说，成功和高效的领导涉及 5 个主要领域（见图 16.6）。本节将逐一进行讨论。

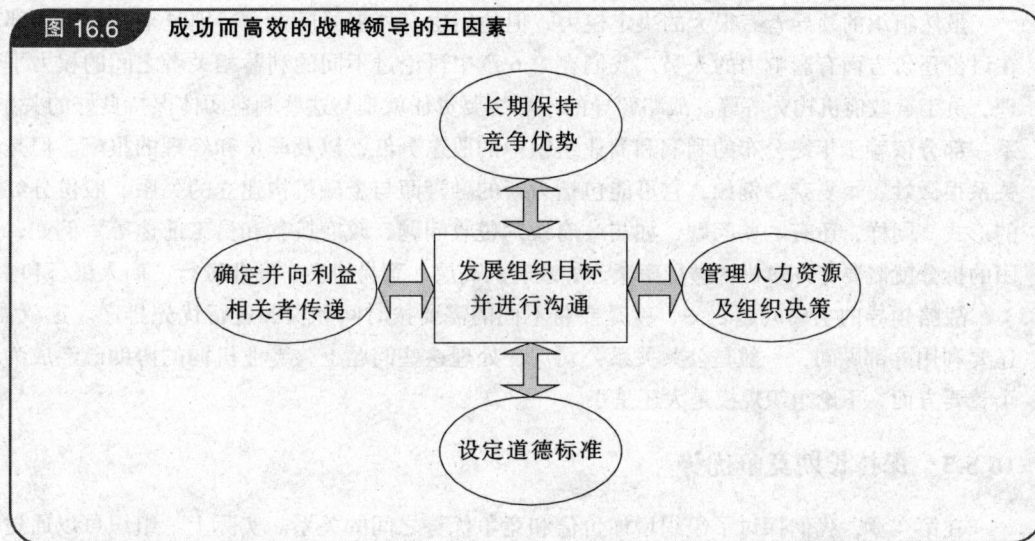

图 16.6　成功而高效的战略领导的五因素

16.5.1　制定和沟通组织目标

首先，战略领导者的任务应该是确定组织的目标，然后与组织各个部门去沟通。我们在第 6 章和第 7 章已经探讨了目标的内容。实际上，目标的内容是由组织的领导者来推动的 [30]。但是，他们往往不是自己一个来完成这项工作：他们要与组织中的许多经理进行广泛的咨询，并听取他们的意见。例如，戴姆勒—克莱斯勒公司在制定全球汽车行业领先者的目标及收购克莱斯勒的计划时就在公司内外进行了广泛的讨论。但是，在有的时候并不需要进行广泛的咨询。例如，在进行接管的投标或是公司处置时，金融市场使这种咨询变得不可能。

16.5.2　人力资源管理及组织决策

除了明确和制定目标，战略领导者需要动员及奖励经理人及员工去完成这项达成一致的目标。这就组成了公司人力资源决策的主要内容。

定义▶　**人力资源是指组织中所有有技术、才能和知识的人。** 战略领导者有一项特别的责任就是去引领、发展和培养组织中的员工。对于许多战略家来说，人力资源是公司的关键竞争优势[31]。这也就是说，领导重要的一方面就是寻找、遴选和保留员工[32]。例如，多年来，戴姆勒—克莱斯勒公司一直有着范围较广的管理发展计划。后来，公司从内部挖掘出了两个总裁，Jurgen Schrempp 和 Dieter Zetsche。此外，公司也将大量资源用于对组织各层人员的招聘、遴选和培训之中。这是一项持续的工作。

尽管有技术的人员是关键，领导者也需要认识到他们有责任去发展和保持组织的文化。我们在本章前面已经讨论了这个问题，认识到领导者在设定组织文化的风格、气氛和标准方面所起的作用。

最后，战略领导者需要参与汇报体系和组织结构的制定，将员工与组织结合起来[33]。这些问题在第12章中已经讨论过。它始终是领导者完成组织任务的核心。

16.5.3　设定伦理道德标准并确定组织中的企业社会责任[34]

虽然所有的员工都有责任在组织内讨论伦理道德和企业社会责任问题，但是它应由领导来设定标准并监督实施。如第6章所讨论的，这些关于价值的观点将指引组织各个层面的活动。因此，这些标准需要由上面来制定，然后与现有的伦理道德相结合。由领导者发起，组织内所有人员参与[35]。例如，戴姆勒—克莱斯勒公司在公众利益及劳工方面的关键问题一向有强烈的道德感。

16.5.4　确定利益相关者并传达信息

虽然组织的领导者有很大的决定权力，但他们也有外来的压力，特别是来自组织内部人员以及组织外部在讨价还价方面有影响力的人员。我们在第6章中讨论过不同的利益相关者之间的权力平衡，包括股东、经理、员工、政府机构，等等。战略领导的一项主要责任就是与这些利益团体保持良好的关系[36]。这种良好的关系一部分依赖于年终公布的利润和商业组织中的股东分红，以及职员和经理的报酬。但是，在实际上，这种关系很微妙、很复杂。例如，它可能包括为新的融资而与金融机构建立的关系、股份分红政策、收购和合作的形式。同样，还有一些问题，如与政府谈判税收问题、政府拨款和员工前途等。例如，克莱斯勒公司从集团的拆分就需要与许多机构进行商谈，如政府的高层、贸易协会、商业银行、商人银行和主要的股东。

战略领导的主要问题之一，就是要将不同的需要按时间和资源进行优先排序。这就需要判断力和经验，还要利用外部顾问，一般是公共关系公司。在处理这些问题上，专业机构的协助已经成为组织战略领导的一个重要方面，不论组织规模是大还是小。

16.5.5　保持长期竞争优势

在第4章，我们探讨了组织增加价值和竞争优势之间的关系。实际上，组织可以通过提高竞争优势来增加价值。因此，如果战略领导的一部分作用是提高组织长期价值，那么它也需要增加组织的竞争优势。保存和提高组织的竞争优势是组织领导人的职责[37]。

实际上，这也包括保持和提高产品或服务质量、提高组织声誉和投资新公司的战略等一系列活动[38]，还包括收购和办合资企业。但领导者在进入不能提高竞争优势的新领域时，需要谨慎行事。例如，有一点让人搞不清楚的是，处于高端的戴姆勒公司为什么要通过收购低档的克莱斯勒公司来提高集团的形象？这说明了领导的一项重要任务就是正确识别竞争优势，然后去进一步提高。

关键战略原则

- 首先，战略领导者的任务应该是确定组织的目标，然后与组织各个部门去沟通。

- 战略领导者有一项特别的责任就是去引领、发展和培养组织中的员工，特别是对组织来说的关键人物。战略领导者需要动员及奖励这些员工。此外，战略领导者也需要发展组织的文化，并架构汇报体系，将组织整合起来。

- 领导的一项主要任务是设定和监督组织的伦理道德和公司社会责任标准。这些价值需要自上而下执行。

- 战略领导的一项主要责任就是与组织内外的利益相关者保持良好关系。一般情况下，对于领导者的时间和资源有许多要求，因此领导者必须知道如何进行控制。利用外部顾问来帮助公司高层解决这些问题越来越常见。

- 组织领导者有责任去保持和提高组织的竞争优势。战略领导者需要识别和支持组织的竞争优势。

战略课题

新技术在过去的十年中给这样的公司的人力资源战略带来了巨大的影响。你可能想要对那些发生相似变化的公司进行考察——比如说柯达，该公司由于受到数码相机的影响所带来的胶卷业下滑而遭受重创。你可以考察全国电话公司由于移动电话的普及而面临的困难，比如中国和非洲的部分地区移动电话通信市场。你可以首先考察这些公司的利润表——通常可以在网上找到，然后考察公司在人事和管理上的公告和新闻报道。

思考

领导人员应从中心内容里读取到多少战略信息？

在本章的前面，曾引用 Lao Tsu 的话："伟大的领导是让人们说'我们自己能够解决'的人。"但是最优秀的领导者应该如何表现？他们是不是应该更有预见性？施乐和戴姆勒的案例表明领导者应从组织的中央来制定战略，而不是信赖组织的更低层来制订方案。显然，这个方法与 Lao Tsu 的观点相比优点更多。

也许领导者与下属之间需要平衡。但是有没有这方面的指导方针？是不是所有的问题一定要领导者来作最终的决定？如果由下属来作主要的战略决策，那么，"领导者"是指什么？

小结

- 战略领导力是指形成组织决策和提供持久高价值的能力，这不仅仅包括个人的能力。领导力不仅包括总裁也包括公司领导层的整个团队。

- 领导力是许多与战略相关的因素之间的平衡。它包括外部环境对组织的变化，从经济的变化到增加竞争力。同时，领导是指用清晰的未来的方向激励组织内的员工。总之，娴熟的领导力意味着要识别和传达组织的目标。

- 领导人能够对使命和目标产生重大的影响。在组织面临新挑战的时候，他们的地位更加举足轻重。但是，在一些复杂的大型组织中，他们的角色更贴近于改良型，而不是革命家。

- 在如何分析领导方面，目前还没有形成一致意见。权变理论可能是最有用的方法。这种方法指出，领导的选择和风格在组织面临战略问题的关键时刻是权变的。

- 在权变理论中用到了最适合分析方法。因为它区别对待每种不同的情况，所以对战略非常有用。

- 领导风格各有不同，从共同愿景到个人独裁。风格需要改变，以便适应战略形势。其他类型的风格很可能要依赖于组织及其周围的环境。

- 关于目标，领导需要在战略流程中创造信任。他们需要吸收组织的智力资本，并要表现出激情和决心。在一些情况下，让目标从有关战略任务的团体工作中产生的领导方式比较好，而不应该由领导者从中心开始强加于人。

- 要想改变组织的文化，领导人要从分析当前的文化入手。组织文化是控制组织行为的信仰、价值观和已学到的管理方式的集合，每一个组织的文化都是独特的。文化影响着业绩和公司战略。在战略发展和实施中，战略具有筛选和塑造的作用。

- 组织内部影响文化的因素包括：历史与所有权关系、规模、技术、领导与使命以及组织的文化网络。组织外部影响文化的因素包括：人、民族文化、社团文化环境、劳动力和雇佣政策。

- 在对组织文化的一般性分析中，文化有四种主要类型：权力文化、角色文化、任务文化和个人文化。有些类型比较容易应对和管理战略变革。那些希望改变战略的领导者可能会希望在一些特殊的战略方案中识别和使用这些类型。

- 分析组织文化可以遵循一些方针。为了发展战略，这种分析需要与特定的战略领域关联起来，例如对待风险的态度、变革、报酬、成本削减和竞争优势。

- 领导者需要考虑战略变革中可能发生什么，而不仅是希望发生什么。组织中的竞争是有益的，除非竞争演变为恶性竞争和政治冲突。

- 在考虑如何应对权力问题时，领导者需要研究权力群体、领导力、组织的变革风格、学习型和适应型文化的采用以及外部压力的性质和范围。

- 首先，战略领导者的任务应该是确定组织的目标，然后与组织各个部门去沟通。战略领导者有一项特别的责任就是去引领、发展和培养组织中的员工，特别是对组织来说的关键人物。战略领导者需要动员及奖励这些员工。此外，战略领导者也需要发展组织的文化，并架框汇报体系，将组织整合起来。

- 领导的一项主要任务是设定和监督组织的伦理道德和企业社会责任标准。这些价值需要自上而下执行。战略领导的一项主要责任就是与组织内外的利益相关者保持良好关系。一般情况下，对于领导者的时间和资源有许多要求，因此领导者必须知道如何进行控制。利用外部顾问来帮助公司高层解决这些问题越来越常见。

- 组织领导者有责任去保持和提高组织的竞争优势。战略领导者需要识别和支持组织的竞争优势。

问题

1. 找一个你熟悉的组织，说明领导者是如何影响组织的。领导者在多大程度上达到了组织成员的期望？领导人带领组织进入新的领域，在组织中发展员工的努力到什么程度？组织是否需要平衡领导力的这两个方面？如果是，如何去做？

2. 从权变理论的常规观点来分析戴姆勒公司的领导力。这样的理论是否能够为案例中所提到的重大变革作出合理的解释？

3. 组织文化如何与领导力相结合？请举例说明。

4. 利用施乐公司的案例材料，说明 Anne Mulcahy 的领导风格，分析她如何改变公司的文化。

5. 以福特汽车公司为例，解释它的三位领导人——Alex Trotman，Jacques Nasser 和 Bill Ford 是如何影响公司的发展方向的。他们对公司组织文化的影响有多大？是否在整个任期中没有变化？

6. 用图 16.3 的标准来确定下列四个组织的文化特点：跨国汽车公司、小型计算机软件公司、私营通信服务公司（如英国电信或德国电信）、当地警察局。一位"天生的领导者"能不能领导这些组织？

7. "有远见的领导者能够激发不可能的事情：虚构成了现实。"（Westley 和 Mintxberg）这一观点是否适用于所有的组织？或者只适用于某些组织？为什么？

8. 如果领导力很复杂，是各种不同因素之间的平衡，那么，图 16.6 中所列举的成功的领导人必备的五个素质怎么排序？请说出你的理由。

9. Lao Tsu 所说的"伟大的领导是让人们说'我们自己能够解决'的人"的观点是否正确？有的人可能认为它指的是懦弱的领导人，特别是在商业当中。说出你的观点和原因。

进一步阅读

On leadership: Bennis, W and Nanus, B (1997) *Leaders: Strategies for Taking Charge*, HarperCollins, New York is a readable text with some useful insights. See also the special issue of *Academy of Management Executive* (2004) Vol 18, No 3, pp118–42, on leadership including: Conger, J A, 'Developing leadership capability: What's inside the black box?'

The following leadership text is also worth consulting: Finkelstein, S and Hambrick, D C (1996) *Strategic Leadership: Top executives and their effects on organisations*, West Publishing, St Paul, MN.

For a well–developed exposition of culture: Brown, A (1995) *Organisational Culture*, Pitman Publishing, London. For some excellent and provocative reading on the relationship between human resources and strategy: Egan, C (1995) *Creating Organisational Advantage*, Butterworth–Heinemann, Oxford.

注释和参考资料

1. References for Xerox Case: *Financial Times*, 24 September 1991; 25 August 1992, p5; 13 January 1995, p19; 13 February 1995, p19; 28 April 1995, two-page advertisement; 7 Jaunuary 2008, p24; Lynch, R (1994) *European Business Strategies*, 2nd edn, Kogan Page, London, p87; Xerox *USA Annual Report 1992* and 2004.

2. Finkelstein, S and Hambrick, D C (1996) *Strategic Leadership: Top executives and their effects on organisations*, West Publishing, St Paul, MN.

3. Collins, J (2001) 'Level 5 Leadership: the triumph of humility and fierce resove', *Harvard Business Review*, Vol 79, No 1, pp66–76.

4. Teece, D J (2000) *Managing Intellectual Capital: Organisational, strategic and policy dimensions*, Oxford University Press, Oxford and New York.

5. Carey, D and Ogden, D (2000) *CEO Succession: A window on how boards can get it right when choosing a new chief executive*, Oxford University Press, New York.

6. Finkelstein, S and Hambrick, D C(1996) Ibid.

7. Weihrich, H and Koontz, H (1993) *Management: Global Perspective*, 10th edn, McGraw–Hill, New York, p490.

8. Westley, F and Mintzberg, H (1989) 'Visionary leadership and strategic management', *Strategic Management Journal*, 10, pp17–32.

9. Homans, G(1965) *The Human Group*, Routledge and Kegan Paul, London. Ch7 on the 'Norton Street Gang' is illuminating and reflects research by Whyte in 1943.

10. Whittington, R(1991)Op. cit., pp47–9.

11. Miles, R E and Snow, C C(1978) *Organisation Strategy, Structure and Process*, McGraw–Hill, New York.

12. Handy, C(1993)Op. cit., Ch4. This whole section has benefited from this excellent text.

13. Senge, P (1990) 'The leader's new work: building learning organisations', *Sloan Management Review*, Fall. Reprinted in De Wit, R and Meyer, R(1994) *Strategy: Process, Content*, Context, West Publishing, St Paul, MN, pp132–41.

14. Developed from the work of Bourgeois, L J and Brodwin, D (1983) 'Putting your strategy into action', *Strategic Management Planning*, Mar/May. The complete paper is reprinted in De Wit, B and Meyer, R (1998) Op. cit., pp682–90.

15. Bennis, W and Nanus, B (1997) Op. cit.

16. Sources for the Ford strategy case include: *Financial Times*, 22 April 1994 (reprinted in the first edition of this text); 16 November 1998, p12; 29 January 1999, p1; 3 March 1999, p14 (interesting article by Professor John Kay on globalisation in the car industry); 9 March 1999, p25; an interesting series reviewing the Ford dynasty appeared in the *Financial Times* 29 October 2007, p15 and succeeding dates.

17. Brown, A (1995) *Organisational Culture*, Pitman Publishing, London, p198.

18. Brown, A (1998) *Organisational Culture*, 2nd edn, Financial Times/Pitman Publishing, London.

19. Handy, C (1993) *Understanding Organisations*, 4th edn, Penguin, Harmondsworth, pp193–194.

20. *Financial Times*, 29 November 2001, and other articles in the same paper on 17 February 1992, p14; 29 March 1994, p30; 11 April 1994, p20; 23 April 1994, p11; 4 October1994, pVII; 2 December 1994, p17; 6 January 1995, p17; 23 January 1995, p10.

21. Handy, C (1993) Op. cit., p183. Handy uses the work of Harrison, R (1972) 'How to describe your organisation', *Harvard Business Review*, Sep –Oct. Handy uses Greek gods to typify the four cultural types: they make an interesting read, but mean rather less to those of us who studied *The Aeneid*.

22. Hofstede, G (1980) *Culture's Consequences: International Differences in Work–related Values*, Sage, Beverly Hills, CA.

23. Brown, A (1995) Op. cit., pp5.

24. Brown, A (1995) Op. cit., pp62–65.

25. Handy, C (1993) Op. cit., pp210–216.

26. Handy, C (1993) Op. cit., pp292.

27. Mintzberg, H (1991) 'The effective organisation: forces and forms', *Sloan Management Review*, Winter.

28. *Financial Times,* 11 July 1995, p24.

29. References for Daimler–Benz: DaimlerChrysler Annual Report and Accounts 2004 available on the web. *Economist* 27 Apr 1991, p87; 26 June 1993, p77; *Financial Times* 7 Apr 1993, p26; 23 Sept 1993, p24; 1 Dec 1993, p49; 16 Dec 1993, p21; 20 Dec 1993, p13; 21 Dec 1993, p3; 11 July 1995, p24; 8 Aug 1995, p13; 20 Dec 1995, p25; 18 Jan 1996, p27; 14 Feb 1996, p23; 7 Mar 1996, p28; 12 Apr 1996, p23; 4 May 1999, p26; 10 October 2000, p24; 30 October 2000, p26; 15 November 2000, p46; 24 January 2001, p37; 21 February 2001, p30; 27 February 2001, p20; 8 February 2002, p28; 22 May 2002, p16; 9 August 2002, p27; 17 March 2003, p28; 25 July 2003, p25; 3 September 2003, p31; 6 October 2003, p28; 12 December 2003, p30; 21 December 2003, p32; 24 March 2004, p26; 30 March 2004, p23; 6 April 2004, p21; 19 April 2004, p28; 23 April 2004, p19; 24 April 2004, pM1; 26 April 2004, pp18 (Editorial) and 26; 30 April 2004, 22 (Lex); 4 May 2004, p23; 11 May 2004, p26; 18 August 2004, p24; 29 October 2004, p1; 11 January 2005, p29; 3 March 2005, p21; 21 March 2005, p11; 1 April 2005, p21; 2 April 2005, ppM1 and M6; 4 April 2005, p26; 14 April 2005, p15.

30. Finkelstein, S and Hambrick, D C (1996) Ibid.

31. McWilliams, A, Van Fleet, D and Wright, P M (2001) 'Strategic management of human resources for global competitive advantage', *Journal of Business Strategies*, Vol 18, No 1, pp1–24.

32. Gratton L (2001) *Living Strategy: Putting people at the heart o corporate purpose*, Financial Times/Pretice Hall, London.

33. Lundy, O and Cowling, A (1996) *Strategic Human Ressource Mangement*, International Thomson Business Press, Londong.

34. Soule, E (2002) 'Managerial moral strategies – in search of a few good principles', *Academy of Management Review*, Vol 27, pp114–124.

35. Trevino, L K and Brown, M E(2004) 'Managing to be ethical: debunking five business ethics myths', *Academy of Management Executive*, Vol 18, No 2, pp69–81.

36. Hillman, A J and Keim, J D (2001) 'Shareholder value, stakeholder management and social issues: what's the bottom line?' *Strategic Mangement Journal*, Vol 22, pp125–139.

37. Hamel, G and Prahalad, C K (1994) *Competing for the Future*, Harvard Business School Press, Boston, MA.

38. Kay, J (1993) *Foundations of Corporate Success*, Oxford University Press, Oxford.

第 17 章

企业家战略

Entrepreneurial Strategy

学习目标

在学完本章后，你应该能够：

- 说明制定基本的企业家战略所运用的原理和实践活动；
- 识别企业家的主要特点、他们面对的风险以及识别机会的方法；
- 探讨企业家战略的四大主要驱动力：想象力、思想、发明和创新；
- 说明企业家战略中竞争优势和所有权的重要性；
- 概述实施企业家战略机会的步骤。

引言

在本章，我们将讨论企业家活动中的战略特点。企业家在投入到新的企业时，面临着重大赢利或是重大亏损的风险。因此，他们对战略有特殊的要求，而不仅仅是一些主要战略理论所涵盖的内容。这就是说，本书中有些概念需要因企业家战略而进行扩展，这也是本章的目的。

有观点认为企业家和战略这两个课题是平行的[1]。这不是本章讨论的内容。本章认为，企业家战略是战略的特殊领域，并非是完全不同的东西。本章从企业家战略的理论和实践着手，并用模型列出其主要因素。

然后，我们讨论个别企业家的角色以及战略发展的意义。这里强调的是个人在企业家战略发展中特别重要，而不像企业家战略的其他方面。它包括将影响到个人的企业家战略内在的高风险。所有的战略都有成功和失败的可能，在企业家战略里人的因素很重要。

然后，本章将回到贯穿本书的主题——创新过程，再讨论企业家战略的四个驱动力。我们将对它们一一进行识别和讨论。下一节研究与之相关的战略问题：企业家是如何去获取和把握竞争优势。这一重要的主题与企业家获得长久的成功并创造财富相关。

最后，本章要研究企业家战略的执行问题：能够提供企业家机会的商业模式由什么组成？图 17.1 对此作了小结。

图 17.1 探讨企业家战略

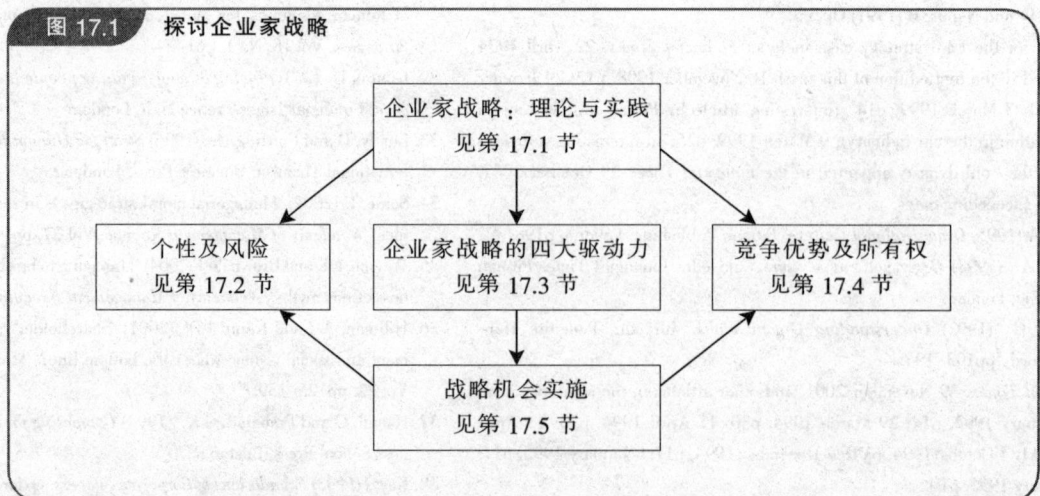

企业家战略：理论与实践
见第 17.1 节

个性及风险
见第 17.2 节

企业家战略的四大驱动力
见第 17.3 节

竞争优势及所有权
见第 17.4 节

战略机会实施
见第 17.5 节

案例研究 17.1　巧克力生产商品尝甜点

Mary–Ann O'Brien 的公司通过锁定比利时和瑞士"大而华贵"的巧克力市场而得到了发展。

Lindt 这个古老的巧克力生产商丝毫没有发现自己已经失去了一个重要的长期合同——向英国航空供应巧克力。输给比利时公司还有情可原，但不能输给这样一个小小的爱尔兰 Lily O'Brien 巧克力公司。这个公司仅仅成立于 5 年前，由一位女性掌管，她不久之前才在北美的跳蚤市场用 12 英镑购买了第一套巧克力模具。"哦，天哪，那真是太好了。你无法想象我的感觉。"玛丽安·奥布赖恩说。"这可是 Lindt，有快 150 岁了，是巧克力祖师爷啊，就是我，悄悄溜了进去从他们的眼皮底下拿走了合同。"

奥布赖恩在获得和 Aer Lingus 的合同之后，就一直在关注着航空业市场。"我想大概 Lindt 品牌累了吧，所以我就和英国航空公司接触，说这些产品有些过时了，希望他们尝试一下我们的新的更为激动人心的品种和设计。我要求我们的团队提供众多的包装精美的设计，于是我们的研发部门就设计出了一系列的'类似甜点'的口味。所有这些巧克力都包含天然的类似甜点的成分，有柠檬味，也有蓝莓味的。这些巧克力的味道棒极了，于是很快我们得到了更多的航空公司的订单。BA、Aer Lingus、维京、大陆航空、联合美国航空等都有订单。"

当航空业在 2001 年的"9·11"事件之后陷入萎靡状态开始削减开支的时候，奥布赖恩仍旧在坚持，她通过新的设计削减了成本，并最终仍然保持了大多数的订单。航空公司本身丧失了大量的业务，这会影响到它们的供应商，比如像奥布赖恩这样的公司。公司的回应是，开发了新的航空巧克力产品来替代那些昂贵的巧克力。这一创新为航空公司节省了资金，随后也获得了 Mercury 航空业节约成本创新奖。2004 年，Lily's O'Brien 的巧克力（用她的女儿名字命名）仅在飞机上就卖出了 800 万块。该公司在爱尔兰的 Co Kildare 的 Newbridge 有 100 多名员工，在 2004 年的营业额大约是 1000 万欧元（1100 万美元）。该公司开发过多个国家，但主要在那些喜欢甜甜口味的地方，如美国、英国、加拿大和澳大利亚销售。在该行业中，她的公司是属于"55%"派，也就是那些巧克力产品中可可含量最低是 55%的巧克力生产商，也就是

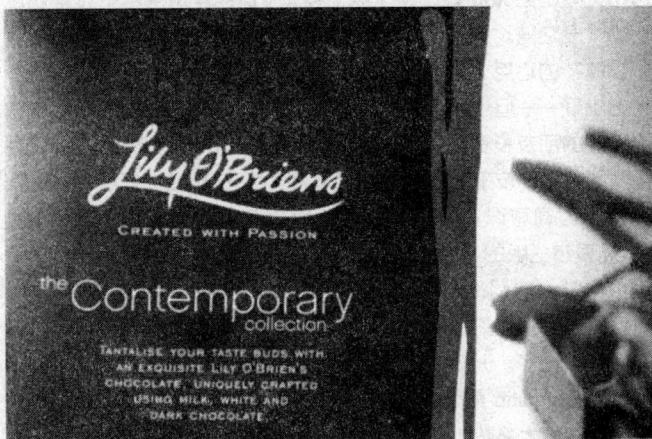

Lily O'Brien 的巧克力公司充分利用了互联网为小型企业提供的机会。

被称之为"奢侈"的生产商。文本框 17.1 总结了过去 12 年当中公司得到的教训。

公司最大的一个产品系列以奥布赖恩的巧克力脆心作为品牌，这也是她的第一款商用产品，后来增加了很多手工巧克力产品，有含奶油甜点、果仁糖、坚果等的各种奶油黑巧克力和白巧克力。"我们是高档巧克力生产商，但是我们的产品很多都是手工完成的。从数量上说，每星期可以生产 10~12 吨，订单多的话可以达到 25~30 吨。"订单一直就很多。所以在 2004 年，公司在厂房上增加了一层以增加产量满足大量的订单。

这些都远远超过了奥布赖恩最初的生产巧克力的经验。在 1992 年在南非度假的时候，她和酒店店主的女儿相处得很好。当时，她正在从脑脊髓炎的病痛中慢慢康复。一天下午，她在酒店的厨房，看到一位妇女在一个碗里慢慢地搅动着巧克力。她原来是在"调和"巧克力——把它冷却并去掉气泡——然后再放到巧克力模具里面成型。奥布赖恩愣住了，第二天她买了一套巧克力模具。回到爱尔兰以后，她尝试了很多种不同的配方看会产生什

文本框 17.1

吃掉 Lindt's 午餐的女人的智慧

玛丽安·奥布赖恩在她 12 年制造巧克力的生涯中学到了很多东西。以下是一些：

- 你和你的财务控制人员之间的关系非常重要。但是尝试避免他们"小处精明大处糊涂"。
- 把你的自负藏起来，不要让其他公司的人看到。太多的好公司被那些到处张扬的老板给毁了。
- 不要让你的恐惧战胜你。不论做什么，让恐惧帮助你。这是老生常谈，不过这是真理，恐惧常常会成为创造的动态性。Lily's 公司在 2001 年"9·11"之后认为自己行将破产的时候尤其发现了这一真理。公司开发了其他市场并最终找回了原有市场。
- 不要羞于面对。常常是你离开得越久情况就会变得越糟。但是绝不要对任何生意场上的人发怒，不论是供应商、雇员或者是客户。
- 紧密注视你的竞争对手，绝对不要自鸣得意。你对你自己满意的那一天就是你的竞争对手超越你的那一天。
- 旅行、不断旅行，尤其是在美国旅行。在那里可以找到很多灵感。
- 如果你不知道，不要害怕开口询问，不要害怕打破砂锅问到底。

▶

么样的效果。常常是那些比如理发师最后定下了口味，并做了她的第一个顾客。"最一开始，我只是在我们的公寓厨房里做巧克力，然后开车把这些巧克力送给顾客。"

她还到比利时参加了生产巧克力的课程，并逐渐对于决定成功和失败的细微制造过程了然于心——这种差别常常不过是温度上的 1 度之差。1993 年她借了 3 万英镑购买了她的第一台"工业化规模"的巧克力机，并搬进了一个食品生产间。慢慢地，生意开始出现——但也不过是一个小作坊式的生意。后来，一位做肉食生意的朋友投资了 4 万英镑，购买了公司较大份额的股权，并鼓励她"不要按千克而是要按吨来思考"。来自商业拓展计划的资金使得公司可以花费近 100 万英镑用来购买现代化的生产线。"我从爱尔兰版的 Waitrose，叫做 Superquinn 超市那里得到了第一笔大订单。他们说，'我们不会让你们生产我们的块巧克力的。比利时人会生产的，但你们可以生产我们的鳄鱼和猪形状的。'于是我那么做了。开始的时候订单很小，但是 1 年内，我就得到了整个 Superquinn 集团的订单，比利时人被挤走了。"Lily's 公司现在已经在给大多数比利时超市连锁店供货。

但是，奥布赖恩发现了自己局限性。她把自己首先视为一个销售人员。"午饭的时候，给我一杯伏特加，我会讲上一下午，这对于那些买家、公司来说并没有什么特别之处。"但是巧克力生产是一个科学的复杂的过程，几乎不需要什么言谈的东西。所以，她已经雇佣了她所能找到的最好的食品技术人员、设计师、经营、财务和开发人员。"他们，所有的人是一个整体团队。"她说。学

习曲线要来得更陡些，因为巧克力生产在爱尔兰还是个相对新的东西。公司已经从 Bord Bia（爱尔兰食品委员会）的经验中获益良多。他们帮助公司扩张海外市场，还帮助生产商调整产品以满足需求。Bord Bia 的早期的研究发现了一个还未被触及的被称之为"自宠"的那部分人的市场。也就是人们会想要购买一些豪华巧克力来宠爱一下自己，并且希望能有比 Cadbury's 更好的但不要像比利时顶级品牌那么昂贵的巧克力。

2004 年，该公司希望开一家 Lily O'Brien's 咖啡厅，卖一些自有品牌的咖啡以及其巧克力。"我想我们的品牌非常强大，可以在那个地区进行扩张。"奥布赖恩说。从她购买第一个巧克力模具开始她已经经历了很多。即使是 Lindt 也已经无法无视她的存在了。

本案例由理查德·林奇根据《金融时报》2004 年 4 月 20 日 13 页中 Eamonn Rafferty 编写的文章改写。感谢奥布赖恩纠正了某些数据并在本案例中增加了一些新的信息。ⓒ《金融时报》2004 版权所有。保留所有权利。经许可采用。

案例问题

1. 目标的变动、资源以及环境表明了公司所面临的哪些战略问题？
2. 奥布赖恩是否制定了一个战略计划？或者她只是让公司以一种更为实验性的方法发展？她的战略是常规性的还是突发性的？
3. 企业家能够从奥布赖恩的巧克力公司中学到什么？

17.1 企业家战略：理论与实践

如同玛丽安·奥布赖恩（Mary-Ann O'Brien）的例子那样，领导是个人生活的重要焦点。这会涉及寻求和发展机会——比如对高品质巧克力的需求——然后为它们找到分销渠道比如飞机。企业家经常会创造出机会——即使是像 Lily O'Brien 巧克力在最新的咖啡店概念下。另外，他们经常要承担风险。很明显奥布赖恩用了很多年来开发产品，而且一定有一段时期她会思考她的公司怎样才能生存下去——比如说在 2001 年 9 月 11 日之后的那段时期。在企业家行为中承担风险的关键是要按照你自己的意愿进行变化，在风险和潜在收益之间找到平衡[2]。

创业是一项重要的商业活动。该领域已经有了自己的研究和理论。我们从过程着手，研究企业家战略。Lily O'Brien 巧克力公司就是在实践的过程中发展起来的。也就是说，不仅要有理论也要有实践。

17.1.1 企业家战略理论

定义▶ 　创业是一种受到个人或者小团体的领导力驱动，为发现并利用商业机会而进行的思考、推理和行动。创业的主要元素有常规性和突发性元素，但是，创业行为的机会最可能在突发进程中体现出来。然而，企业家的机会是如何出现的呢？关于这一过程有许多理论，下面列举其中三种：

1. 创造性破坏理论；
2. 发现理论；
3. 创造理论。

创造性破坏理论

定义▶ 　创造破坏理论的前提是：通过竞争和技术，破坏之前的市场而提供创新机会。由于创新是企业家活动的主要方面，Hoseph Schumpeter 便把创新看成是"创造性的毁灭"，通过全新的竞争方法向竞争者进攻[3]。技术、政治和社会的巨大变化会马上带来市场机会，更能促使竞争局势的变化。以 Lily O'Brien 巧克力公司为例，瑞

士 Lindt 公司的高品质巧克力占了主导地位，却被这个爱尔兰公司通过利用新市场，如航空公司，获得了新的销售机会。

对于企业家战略来说，创造性破坏方法的意义在于它集中于现有的客户需求，推动企业家进入新的领域，从而更有效地满足这种需求或者以比现有公司更高水准的服务让客户满意。创造性破坏理论的另一层意思是指企业家不能停滞不前，因为，从本质上来说，企业家的任何创新都有可能被其他代替。

发现理论

定义 ➤ 　　　**发现理论的前提是：新的机会已经存在于现有的市场中，等待企业家们去发现**[4]。这些机会有时候会在竞争中发生巨大的变化。万维网就是一个明显的例子，它改变了我们做生意的方式。但是，即使没有这些快的变化，研究市场的人也会认识到，最基本的方法是及时识别顾客未得到满足的需求，然后用新的企业产品去满足他们。

与创造性破坏理论不同的是，发现理论不涉及对现状的破坏。实际上，它是寻找顾客新需求的过程。例如，在 Lily O'Brien 巧克力公司，它所发展的是新的高品质产品线，用来提供专门的销售机会。

创造理论

定义 ➤ 　　　**创造理论的前提是：企业家可以通过试验，去创造新的前所未有的市场需求，从而创造新的机会**。创造过程中需要试验，包括尝试新方法，获得人们对产品和服务的反应。企业家是开发这些机会的关键因素。我们中许多人都认识到，这样的方法常常与企业家的性格有关。Lily O'Brien 在她的厨房里发明了巧克力新配方，以及新造型，见案例 17.1。

理论和实践

那么，企业家战略是指什么呢？首先，没有单一的理论可以说明企业家战略的发展过程。其次，每一种理论都有可能与这一理论相关。根据我们现有的知识，企业家战略将继续借鉴这三个领域及其他领域的内容。

17.1.2　企业家战略的实践：发展模式

大多数小公司终究还是小公司[6]，能够创造真正财富获得高成长的公司还是很少见[7]。尽管这有点让人沮丧，但很多人都知道有一些人从领导行为中创造出了巨大财富。本书对此已经有了一些论述——维京的理查德·布赖恩以及新闻公司集团的默多克。这些小公司的企业家们为了发展成大公司，需要一种发展模式来通过机会进行扩张。

在企业发展过程中，首要的是商业机会。这个机会可能来自外部，如，对于 Lily O'Brien 公司的高档的、手工制作的巧克力的需求肯定是来自公司的顾客。还有，谷歌公司的搜索引擎的技术需求也是如此。同样，机会也可能来自内部。如，可以商业化的新技术发明。因此，在构建结构时，首先要考虑的是能够帮助识别商业机会的内部和外部的推动力。

识别商业机会的方法有很多[8]。个人以前的经验使他们更愿意去寻找新的领域。但是，这与 Lily O'Brien 公司的情况不同。这家公司没有巧克力生产的经验。另一条线路是与大学联系，以寻找机会，这对于实现技术上的突破特别重要。例如，有些大学有"科技园"，里面是大学的校园，存在商业化的发展机会。思想资源包括以前的知识，也许是从在公司的工作中获得的，称作"经验式方法"。还有一个机会可能存在于对一些想法的尝试，去发明一些前所未有的东西。实际上，它们都是商业机会的具体化，是企业家战略的核心。图 17.2 列举了这些重要因素。

根据 McGrath[9] 的理论，下一步就是成立一家公司来利用这种商业机会。通常情况下，会有小规模人员形成的核心，它构成了内部团队。发展这个团队去成功利用机会十分重要，但任务十分艰巨。如案例 17.1 中，显然 Mary-Ann O'Brien 需要建立一个团队去进行巧克力的生产和销售。在几年的时间里，这支队伍在内部已经有 140 人，里面还有一些公司外部的技术专家。在谈到她的经验和教训时，O'Brien 几次提到团队建设相关的内容，如，团队成员的选择、紧张关系的处理，等等。

更普遍的情况是，大多数小公司的组织内部人员不足。因此，就需要如图 17.2 中发展模型里的独立"外部资源"。例如，O'Brien 显然是利用了外部的爱尔兰政府组织 Board Bia 来帮助其识别新的缝隙市场。这些资源

图 17.2　企业业务流程模式

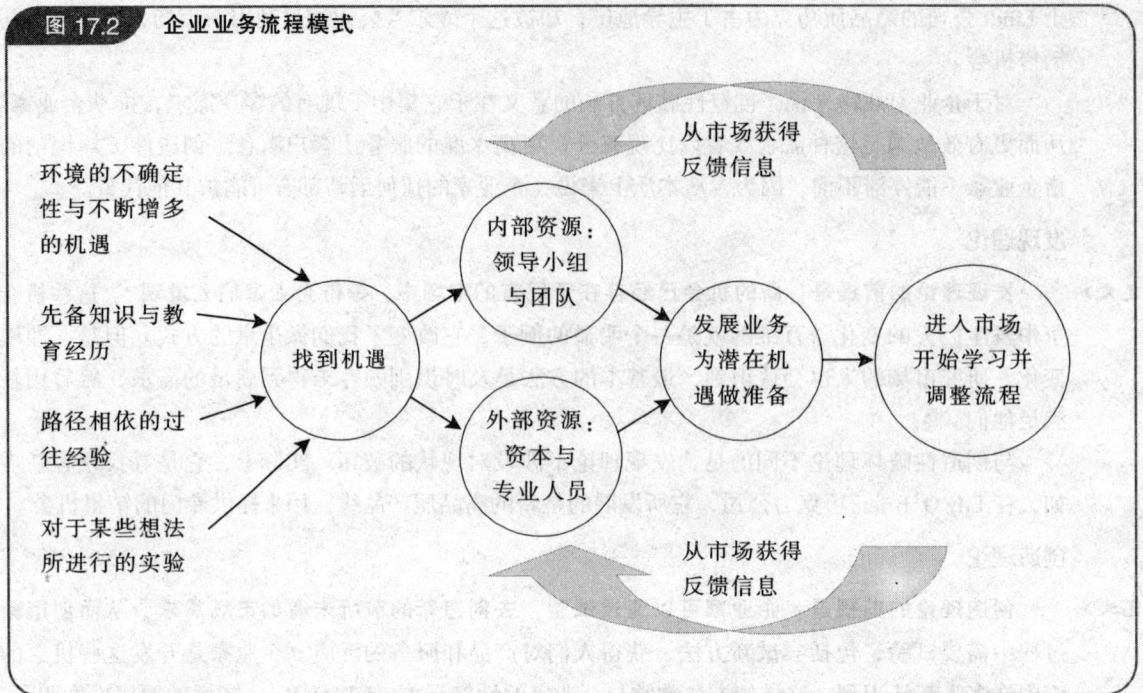

往往存在于专家领域以及提供发展机会的新资本之中。

在汇集了资源后，通常需要建立一个独立的有限公司来利用这个机会，见图17.2。这项工作完成后，下一步就是如何让产品或服务走向市场。市场中的顾客、分销商、供应商和其他利益相关者有所反应，市场因此会发展和形成下一步的商业机会。这些因素构成了图17.2模型中的后一部分。

在现代企业家战略理论中[10]，模型中从左到右的直线型关系阐述得不多。这个流程更具实验性和创造性，具有很强的突发性，在各个点都会有反馈。在其他的模型中，参与者，特别是那些拥有专有知识或技术的企业，它们的竞争资源对于全面发展和成功利用商业机会至关重要[11]。

有一个领域未列入图17.2中，它就是无法赢利的商业行为。最后一个方面常常由于对企业领导行为的热衷而被忽略。但商界人士学会了如何远离失败，以及如果必要的话成立一个全新的商业公司是十分重要的[12]。但是，从企业家战略发展的观点来看，这种可能性只会在以后发生。因此，这一模式需要从关注战略环境下的商业机会入手。

关键战略原则

- 创业是一种受到个人或者小团体的领导力驱动，为发现并利用商业机会而进行的思考、推理和行动。
- 关于企业机会至少出现了三种理论。创造破坏理论认为通过竞争和技术破坏之前的市场能够提供创新机会。发现理论的前提是新机会已经存在于现有的市场中，等着企业家们去发现。创造理论的前提是企业家可能通过试验，去创造新的前所未有的市场需求。
- 实际上，有可能建立一个企业家进程的模型。这一模型的前面部分是对机会来说有价值的外部和内部资源。下一步，则是为利用机会去招募团队，寻找外部资源。业务建立了起来，产品或服务投放到市场。模型的最后一步是市场的反馈机制，可以进一步改变或发展机会。

17.2　企业家战略：个性及风险

在制定企业家战略时，有一个因素在某些情况下更为突出和独特，即企业家战略的个人性格。从定义上看，它与企业家有关，因为企业家个人要参与商业机会的设计与战略的实施。根据这一观点，下列三个问题对战略发展十分重要：

1. 制定战略时，企业家的个性；

2. 企业家如何发展战略机会；

3. 与企业家相关的风险程度及回报。

17.2.1 制定战略过程中企业家的个性

虽然企业家的性格特点没有共性[13]，但是企业家的个人背景及动机十分重要，关乎战略的发展。研究表明，有些企业家有技术和创新的背景；有些有商业经验，能识别机会；有些有金融方面的背景，目标是将机会进行整合[14]。其他的企业家会有不同的背景和建立新企业的其他动机。

更普遍的情况是，企业家和他们的活动在规模更大的组织中也十分重要。他们能够为这些组织的发展作出贡献，活跃公司内的组织文化。高层经理、中层经理以及职员们都可能要担任这一角色。研究表明，大多数成功的经理熟知业务及其技术，对于业务有真正的激情，愿意承担可估量和能承受的风险[15]。除了动机和个人背景外，还需要研究部门去识别成功的企业家的特点[16]。研究认为，品格中包括了"勤奋"、"自信"和"接受新思路"等。我们将在本章后面有关执行的章节中讨论这一节提到的战略发展。

在企业家的个人能力中，有一项特别重要，就是在业务中传输知识的能力。不论企业是大是小，这一点都是基本的。如果知识能够传输给企业的所有相关人员，而不仅仅是掌握在企业个别人手里，企业的能力就能得到提高。在第 7 章里，我们讨论过组织内知识的转移随着组织规模的扩大会变得困难。但是，经理们已经有了解决办法：他们发现与现有的知识相关的新知识比较容易吸收[17]。但是，企业家可能需要仔细考虑如何在组织内奠定知识基础。他们可能需要建立正式的知识共享系统，如公司内部网站就能起到重要作用，但前提是经理们会积极地使用它。

总之，企业家的个人性格特点也十分重要，因为它们可以显示出企业家需要发展、规范和交流的方面。对于个人的分析也可以用来识别战略企业家资源的弱点，例如，在研究型人员外，还需要增加商业专家。这些特点需要在企业家的个人业务战略中得以体现，而不仅仅是对最初机会的识别，如图 17.2 模型中的后面部分所示。

17.2.2 企业家如何学习和发展机会

除了前面一节中概述的有关外部和内部的理论外，还有许多关于企业家如何发展机会的理论，方法不一。但是，由 Kolb 和 Fry 设计的经验式学习环提供了很有价值的起点，参见图 17.3[18]。这一假设的基础是大多数的

定义▶ 企业家都会进行商业机会的学习。**经验式学习环有四个组成部分：经验、观察和反馈、从观察中形成抽象概念，以及在新的形势下试用这些概念。**

这一过程基本上是循环的，可以从任何一个环节开始。利用以前的知识，如技术突破（图 17.3 中的第一个环节），是很有价值的。利用这些知识，可以对新机会进行尝试，然后去观察结果（图 17.3 中的第二个环节）。下一步就是考虑前面的步骤是否可以形成一般性原则。例如，商业机会是否有真正的潜力。如果有，它主要由哪些部分组成（图 17.3 中的第三个环节）。第四步是在新形势中进行试验。例如，进一步发展商业机会（图 17.3 中的第四个环节）。

在这个特殊的模型中，企业家个人的经验是发展商业机会的根本。更为重要的是，这一模型对企业家的个人水平有要求。这样的企业家需要有一些特别的技能，如：

- 构成商业机会基础的某些特殊经验或技能；
- 能够观察到对机会的反应，不会因过度兴奋而曲解主要的利益和问题；
- 将商业机会的主要因素进行概念化；
- 通过主动验证去完善商业计划；
- 将所掌握的知识传输给其他人的能力，如前一节所述。

图 17.3	经验式学习环

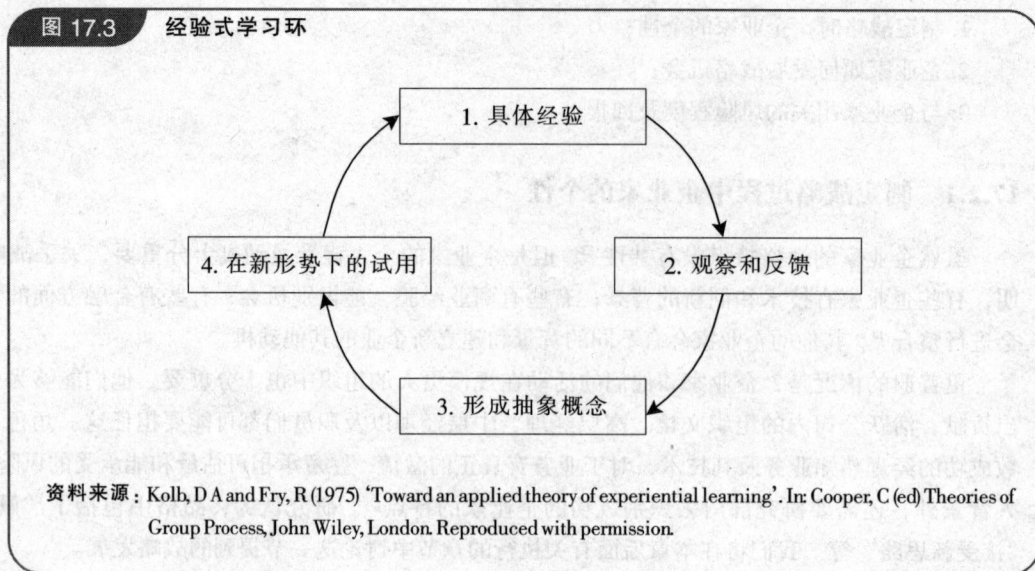

```
        ┌──────────────┐
        │  1. 具体经验   │
        └──────────────┘
   ┌───────────────┐    ┌──────────────┐
   │ 4. 在新形势下的试用 │    │ 2. 观察和反馈  │
   └───────────────┘    └──────────────┘
        ┌──────────────┐
        │ 3. 形成抽象概念 │
        └──────────────┘
```

资料来源：Kolb, D A and Fry, R (1975) 'Toward an applied theory of experiential learning'. In: Cooper, C (ed) Theories of Group Process, John Wiley, London. Reproduced with permission.

17.2.3　风险、回报和不确定因素

著名的《战略企业家杂志》主编 Dan Schendel 和 Michael Hitt[19] 说："风险与创业并存。"但是，一般认为只有在风险变得合理并有高回报时才会有足够的吸引力。"合理"在这里是指由个人根据他的资源和生活经验所作出的判断。要对这些问题进行概括很难，有时根本没有可能，特别是对于单个企业机会来说。

除了对风险进行价值判断，还要区分企业家承担风险过程的两个方面，即风险和不确定性。

定义▶　**风险是指与商业行为结果的已知可能性相关的可衡量的输入和输出**[20]。这也就是说能够运用各种分析工具对风险进行统计分析。

定义▶　**不确定性是指特别的输入，但结果不能完全预知，甚至在事后也不能确定。**因为有不确定性，所以不可能在统计分析的基础上预知可能的结果。

一般来说，在为特别的商业机会制订商业计划时需要考虑风险和不确定性，并提供给外部机构。如提供给银行以便融资。这个计划书包括承担此项商业风险后，所带来的预计的销售、利润和成本。这些数字应该是合理决策后得出来的，可以进行统计风险分析。此外，同样的这些数据除了有风险，也有高度不确定性，有可能没有报告中的价值高。

在实践中，可以采取一些步骤去降低新机会的风险，如进一步的研究，让产品进行市场测试以及其他类似的活动。当已经稳定的业务想参与企业活动时，会出现与这种降低风险的形式相关的主要问题。引用McGrath 的话说："对于新企业来说，在已稳定的组织中降低不确定性的过程通常都会有冲突，因为将资源分配给某一个设想，以降低其不确定性，也就意味着其他的设想和已经稳定的组织业务得不到资源。"[21] 实际上，McGrath 要说明的是，为降低风险而做进一步的研究要花费时间和资金。她同时指出，降低风险也会减少多产品业务中其他部门的资源，因为大多数的公司没有无限量的资源。如果用进一步的投资来降低某一个企业项目的风险，那么资金就可能会从其他新的想法和现有的业务中抽走。这势必带来组织内部这些部门之间的紧张关系。投资用来降低风险，而其他部门跟着遭殃。

总之，企业家活动从本质上比其他形式的战略发展活动风险更大。保证这些活动的关键就是要有灵活性，这样企业家就能够从市场中学习。因此，图 17.2 列示了强大的商业"资源"反馈机制，以便于采取行动，降低风险和不确定性。

关键战略原则

- 虽然企业家的性格特点没有共性，但是企业家的个人背景及动机十分重要，关乎战略发展。成功的企业家"勤奋"、"自信"、"接受新思路"。有一项特别重要的技能就是在组织中传输知识。

- 关于如何发展机会的理论有许多。有一个理论就是经验式学习环。它由四个因素组成：经验、观察和反馈、从观察中形成抽象概念，以及在新的形势下试用这些概念。实际上，这一理论的基础是企业家通过市场学习来发展新的机会。它意味着企业家需要在学习的过程中发展特殊的技能。

- 风险与企业并存，但个人的价值判断和期望最为重要。在考虑企业风险时，区分不确定性十分重要。风险是可衡量的，但不确定性却不能确定。进一步研究可以降低风险。但是，它也可能会引起公司内的紧张关系，因为进行风险研究的资源可能来自组织其他部门，因此也就减少了其他方面的机会。

案例研究 17.2   三大企业家的战略教训——比尔·盖茨、Luke Johnson 和 John Caudwell

在过去的十年中，本案例所描述的三大企业家确定了财富地位和声望，但是他们并不一直都是成功的，特别是在早期。本案例研究了他们的经历和企业家战略中的一些教训。

比尔·盖茨：微软总裁，个人电脑软件的世界领导人

当比尔·盖茨在 20 世纪 70 年代后期成立了世界最领先的计算机软件公司——微软公司。当时，他那个小小的团队都没想到 30 年后公司会发展成什么样子。比尔·盖茨本人也在抱怨竞争者在复制他早期的一些设想[22]。其实，当时公司和竞争对手相比没有什么竞争优势。

在 20 世纪 70 年代后期，美国的计算机软件市场长势强劲。但是，对于所有的主要供应商来说商业机会相等。也许微软的机会稍好一些。计算机主机的主导公司 IBM 决定不再为自己的新个人电脑自行开发软件，而是利用外部公司。此外，IBM 公司决定它不再将软件供应与一家公司捆绑，见案例 1.2。这给微软带来了机会：

> 软件业以美国为主。这项技术最初是从美国发展起来的。这里的气氛适合它的发展。这就是为什么最初的顾客，包括 IBM 在内，能够开放思想去购买华盛顿这个 25 岁的小伙子的公司的产品。当时，有人可能会认为这个举动有点不可思议，但是他们说，"他懂软件，他懂的可能还要更多。"
>
> 引自比尔·盖茨，《Money》杂志，1986 年 7 月刊。[23]

但是，以上的评论并不能解释为什么微软视窗能够统领个人电脑软件市场。这个发展过程开始于 1981 年 IBM 在个人电脑中采用微软的 MS-DOS 操作系统，并将其作为行业标准。IBM 没能阻止微软将 MS-DOS 系统传播到其他个人电脑上。这个行业技术标准的发展已经在战略上被看做了重要的竞争优势。

在获得这些初步的成功后，微软又迈进了一步，于 20 世纪 80 年代末成功地阻止了苹果电脑的侵权行为，捍卫了微软格式。微软强调说视窗的概念起源于施乐 Palo Alto 实验室，而不是苹果。微软将其视窗软件供应给许多计算机生产商。这个战略与苹果的战略完全不同。苹果不允许其他公司使用其软件。这使得倾向于使用者的视窗格式能够在早期广被采用的 MS-DOS 的基础上获得成功。因此，微软利用其在计算机软件上的统治地位进入到许多其他领域，但视窗仍是其主要的竞争优势。

总之，比尔·盖茨和他的同事们把一个基于商业机会的公司发

三大企业家，从左至右，比尔·盖茨、Luke Johnson 及 John Caudwell，他们的生意大获成取。他们成功的秘密是什么？

展成为一个集机会、领导力和精明的战略远见于一体的具有真正竞争力的公司。更为重要的是，微软愿意借助其他公司的思路，这是生意上合法的做法。

Luke Johnson——英国主要的地面电视台频道四总裁

在牛津大学机械专业毕业后，Luke Johnson 加入了广告代理公司，后来在伦敦的金融区成为一名财务分析师。1989 年，他收购了一家舞台布景公司，开始了他的生意，"我浪费了三年的时间，没挣到钱。这个经历惨痛，但能从挫折中学到东西。"

1993 年，Luke Johnson 和合伙人，Hugh Osmond 发现他们可以从英国人不断变化的口味中获利，特别是英国人对意大利食物的喜爱。他们看好了一家中等规模的比萨饼连锁店，Pizza Express，大胆地接管了它。这个风险得到了回报，他们建了新的连锁店，20 世纪 90 年代末的销售给两位合伙人带来了几百万美元的净利。在回顾过去的经历时，Johnson 说，"我认为是意愿打破了规则（但不是违背法律），（对于一个企业家来说）是痴心妄想。"他认为企业家需要享受冒险所带来的刺激，磨炼自己去适应不可避免的失败。他指出企业家更愿意去建立公司，通过保证持续的销售来积累真正的财富，，而不是靠在建立公司的过程中去拿高薪和费用。

John Caudwell——欧洲最大移动电话经营商 Caudwell Group 前总裁

当 John Caudwelld 2006 年出售他的移动电话业务时，公司价 ▶

值 32 亿美元。但是，Caudwell 的企业生涯并不是从出售移动电话开始。他实际上是从 Belstaff 摩托车服开始企业生涯的。他通过定价比竞争对手低而获得利润。竞争对手们为此向生产商 Belstaff 投诉。生产商认为 Caudwell 损坏了整个市场的利益，不再向他供货。在经过几次艰难的谈判后，Caudwell 被许可售完库存，但要另外择业。他开始卖汽车。

虽然 John Caudwell 在汽车行业也大获成功，但他还在寻找新的机会。20 世纪 80 年代后期，他开始销售移动电话，作为汽车销售的副业。在 1987 年的前 8 个月，他仅销售了 26 部电话，但他一直坚持着。他试验如何成功地向顾客销售电话，因为他看到了它的潜力。在最初的两年里，他的移动电话的销售在亏损，但是，他坚信这项业务未来有前途。1989 年，他完全放弃汽车业务，集中销售移动电话，并建立了一个团队来推动这项业务。

在谈到他的经营哲学时，Caudwell 说，"我很激进。如果谁想阻止我，我一定会把障碍扫除，不论它是个人还是物。但必须是我所认为的公平和道德的方式。如果大公司想阻挠我，破坏我的生意，这种情况也经常发生，我就会用各种战略去战胜这些困难。"

一般情况下，John Caudwell 认为企业家在经营时需要能够接受碰壁和从头再来。还有一点很重要，就是能够认识到发展机会并去尝试。此外，他强调说，做业务很重要的一点就是要有能力去领导一个团队，这个团队里有各个领域的专家。最后，"不要只关注商业思路。要分析自己，去看自己是否具备一些个人品质，如激情、推动力和领导力。"

案例问题

1. 三个企业家的共同教训是什么？他们的方法有什么不同？
2. 在三个公司当中，创新在企业家战略中的重要性有多大？这些创新是如何实现的？是靠技术领先吗？是靠复制其他公司吗？还是靠学习战略？
3. 其他的企业家从这三位企业家身上主要能学到什么？

17.3　企业家战略的四大驱动力：想象力、设想、发明和创新

如案例 17.2 中的三位企业家所说，企业家战略有四点要素：想象力、设想、发明和创新。这三位生意人在一生中很多时候都在专心致志地去推进这些企业家战略的核心领域。这四个驱动力集中在发现或创造新事物，通过新的价值主张来更好地服务于社会需求，或整个社会 [25]。这三位企业家都能够为社会创造新事物并满足社会的某种需求，有个人电脑软件、移动电话服务和比萨饼。问题是，如何去做？

为了发展这四个要素，有三种主要方法：技术、创新和新产品或服务开发。我们在本书的第 7 章已经讨论了其中的两部分内容——技术和创新。因此，我们在本章中将集中研究最后一个要素：新产品或服务开发。此外，本节还将讨论在小型和大型公司中这个要素有什么不同，因为在大型公司中这一过程更为复杂。

17.3.1　理念的产生：新产品和服务开发

在案例 17.2 中，企业家 John Caudwell 的事例说明，要想开始创业必须有一系列的设想去创业。他从销售摩托车服开始，然后卖汽车，最后移动电话使他发迹。这里的关键就是他开始就有一系列的设想，然后在产品或服务推向市场前，这些设想因一系列的商业标准而减少，如下所述。

设想可以来自各个方面，但是，有两个技巧对这一进程有所帮助：

定义▶　● 头脑风暴：由一群人，通常是由许多背景不同的人，无限制地产生新设想。

定义▶　● 焦点小组：由从相关领域挑选出来的 5~8 人组成。一般情况下，会组织几个类似的小组去代表具体目标群体。最后的结果是探索定性而非定量的问题。

头脑风暴具有想象力、原创性和积极性的优势。重要的是不可以进行批评，甚至不可以有表示不同意的表情。原因很显然，任何批评性的评论会让人感到威胁，因此，就不会有思路出现。如果会议能鼓励与会人员去将思路汇集起来，即使他的想法与其他人的相去甚远，都会有价值的。

焦点小组用于各种市场研究之中。小组由一个受过训练的研究人员主持，会用一些诸如现有的产品概念的简单研究材料进行刺激。他们可能开始的时候就某一广泛的领域进行一般性讨论，从中激发思路，寻找反对意见。在寻找反对意见的过程中，小组一般可能会去检视某一特别的方案或设想，给出自己的观点和评价。

除了这两种激发思路和反应的方法外，企业家们经常有自己的方法去创造新的商业机会。他们可以看到顾客未能满足的需求，观察到供应问题，发现互联网上之前所没有的服务，他们在访问其他国家时会有新的服务理念，等等。企业家战略阶段的思想需要开放，不能受到限制。

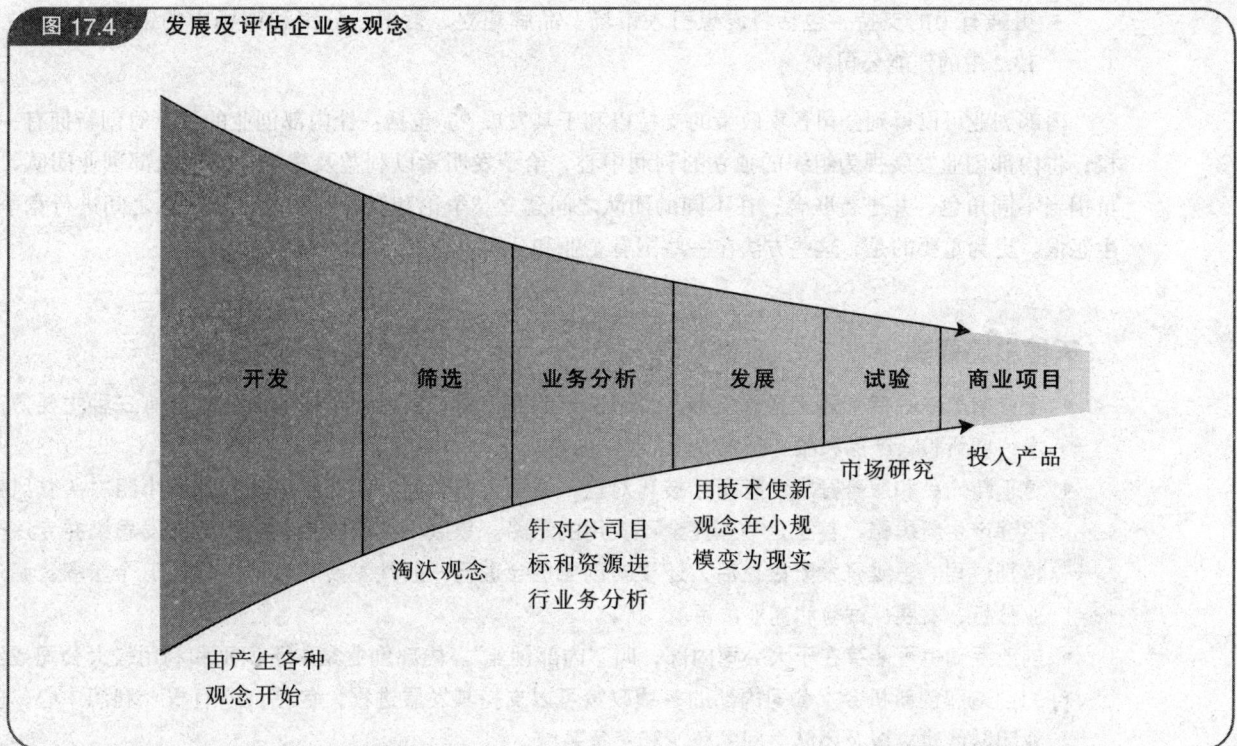

图17.4 发展及评估企业家观念

开发 | 筛选 | 业务分析 | 发展 | 试验 | 商业项目

由产生各种观念开始

淘汰观念

针对公司目标和资源进行业务分析

用技术使新观念在小规模变为现实

市场研究

投入产品

在思维开发阶段后，还许多其他步骤，各个公司情况有所不同。图17.4列出了一个中型公司的一般性步骤。

- 筛选：淘汰掉没有价值的设想。
- 商业分析：对所有与公司目标不一致的其他设想进行审核。通常，有些主意很好，但是对于公司目标来说并不能带来足够的利益。
- 发展：留下来的设想需要进一步发展，用来试验产品或服务。同样，有些设想会失败，因为最初的想法证明了在实践中无法实现。
- 试验：在开发出一些真实的产品后，这些产品需要针对顾客进行在小范围的试验。一般是在家里或办公室。
- 商业项目：最后，这些经证实对顾客确有吸引力的产品投放到市场中。

当然，设想的发展过程中也会有许多变数。第7章的案例中列举了发展的其他路线：例如，3M路线，鼓励员工去花时间产生自己的想法，然后与组织中其他人去讨论。更为重要的是，公司的企业文化支持开放思想：员工不会因失败而受到指责。四大驱动力——想象力、设想、发明和创新是企业在这一阶段的最重要的起点。

17.3.2 现有企业内部的创业发展：内部创业

如本节开始所述，在公司内部的创造性发展过程会更加困难。有很多原因，也许是因为公司过去的历史（"我们两年前就试过了"），也许是因为个人或有不赞成的意见（"没有可能"），也许是因为公司的汇报体制（"董事会从来都不会同意的"）[26]。有研究证明，有些公司，虽然不是全部，会阻碍思想的进程，第12章对此有更为全面的阐述[27]。但是，我们也看到，有些公司十分支持新设想和创新。

定义▶ 内部创业集中于识别和利用较大公司或组织中的创造和创新机会。在某种程度上，这一过程与创业相似，但是，因其是在现有组织内部，所以组织的各种限制成为其劣势。但是，在现有组织内运营也有优势：

- 在技术和研究设施方面有更多的资源，如案例4.1中的GSK的药物研究。
- 更多的人际关系，可以进行更多的思想交流，如第11章里3M案例。

● 更强有力的支持，包括将设想引入市场、品牌建立、营销、分销和市场中的销售结构建立，如案例 13.2 中的佳能公司。

内部创业可以得到公司各项政策的支持以利于其发展[28]。包括：让内部创业的员工对创新拥有一定的所有权；将内部创业发展视为组织的独立的利润中心，给予发明者以利益及赞誉；发展内部创业团队，允许其成员担当不同角色，并进行联合；在不同的团队之间建立"争论和竞争"系统，让团队之间进行竞争，但不产生怨恨。更为重要的是，这些方法在一些国有企业和公司企业文化中更为有效。

天键战略原则

● 企业家战略的四个要素是想象力、设想、发明和创新。创造一个新的商业机会有三种主要方法：技术、创新和新产品和服务开发。

● 对于新产品和服务开发，有两个技巧对这一进程有所帮助，即头脑风暴和焦点小组。头脑风暴往往能够产生新思路，甚至是一些完全不实用的思路。焦点小组能够更有组织地激发思维并专注于某一特别过程。思维开发阶段之后，还要对创业机会进行一般性发展和评估，包括五个步骤：筛选、商业分析、发展、试验和商业项目。

● 创业活动也可能存在于大公司内部，叫"内部创业"。内部创业集中于识别和利用较大公司或组织中的创造和创新机会。公司内部的各项政策可以支持其发展进程，包括：所有权、利润中心、内部企业团队的建立以及团队之间的争论和竞争系统。

17.4 企业家战略：竞争优势及所有权

不幸的是，对于企业家来说，光开发和利用新的商业机会是不够的。竞争者有可能会进行模仿，加入一些东西，从而破坏企业家的生意。这也就是说，企业家需要寻找一些保护其竞争优势的办法。有两个重要的方法可以达到这一目的：发展持续竞争优势和确保法定所有权。

17.4.1 发展持续竞争优势

1987 年，John Caudwell 在他的汽车展销厅里，8 个月的时间只卖了 26 部移动电话。但到了 20 世纪 90 年代后期，他拥有西欧最大的独立移动电话业务，见案例 17.2。同时，其他公司也开始纷纷介入欧洲大陆移动电话市场。市场得到了增长，竞争更加激烈。像 Caudwell 这样的企业家如何去建立和保持重要的市场地位呢？答案是，他认识到自己的长期竞争优势并全力去保持它。

从第 4 章关于竞争资源的内容中，我们知道没有特别的方法去识别和发展竞争优势。我们也知道这是一个渐进的过程。这个过程可能会由于思路的完善和成熟导向另一个方向。从企业家的观点来看，更为重要的是要不断地去尝试并观察顾客对产品和服务的反应，同时，要对竞争活动进行监测并反应。

尽管如此，在企业家战略中，竞争优势体现在各个方面：

● 声誉及品牌。即使是在小规模的市场中，企业也可因产品的性价比、卓越的服务等获得好的声誉[29]。Caudwell 开始的时候并不是欧洲最大的移动电话供应商。他从小规模做起，提供优质的服务。当业务开始发展后，他开始树立品牌，除了本土业务外，扩张更大的销售渠道。这些活动从根本上发展了其竞争优势，使潜在的竞争者较困难（但不是不可能）与他抗衡。

● 拥有知识。技术创新和知识来自于组织内部，得到专利保护，见下一节。但是，它们也可以通过许可或其他方法从其它公司或其他国家获得[30]。即使是一些相对小的公司也发现这里有商机。例如，在交易会上与海外急于进入另一个国家市场的专利所有人去接触，可以成立新的合资企业，或许也可以通过互联网上的产品或服务得到启发。

● 核心竞争力。企业家会有一些专业技术知识可以利用，但是需要不断提高[31]。"技术进步是大多数创新的基础，反过来它又成为变革的主要驱动力 [32]。"关键是要保持这些优势，可以通过专利权。但是，企业家需要认识到，经过一段时间后，竞争者最终也会找到替代性的新技术 [33]。也就是说，优势不太可能保持很多年，也许越重大的优势，越容易被复制。

- 其他独特的资源。还有一些资源很难被其他竞争者复制。最强的资源就是创新人员团队和地区优势。紧密工作的团队通常会有隐性知识，见第 7 章。竞争者会发现很难长期与之抗衡。例如，第六部分案例研究 6 中的独特的工作方式。地区优势是指公司所具有特别的地理位置，如 Savoy 饭店在伦敦的位置、Tesco 和 Wal-Mart 大型超市位于繁忙的高速路结合处。竞争者要复制这一优势的代价很高。

但是，如果 Hoseph Schumeter 是正确的，那么所有的优势都属于本章前面所描述的创造性破坏理论的范畴。在本质上，Schumpeter 认为竞争优势都是不能持续的。但是，其他战略理论提出需要找出保持竞争优势的替代性方法，如通过合法持有专利所有权。

17.4.2 保护合法权利

定义▶

除了以上所述，还有四种方法可以为企业创新和相关业务长期保持竞争优势 [34]。其基本原则就叫做知识产权保护。**知识产权就是指在市场上有价值的所有无形的智力产品。**它被叫做知识产权是因为它拥有 7.3 节中所描述的四大推动要素。

保护知识产权主要有四个方法：

1. 专利。即授予发明人所有权的合法登记文件。专利申请是一个费时而且费用较高的法律程序，一般是由政府的特别部门办理。如果要正式提出专利申请，一般需要特别的法律事务所，即专利事务所提供技术协助。这项费用很高，特别是全球性的专利。大多数国家有自己的专利事务办事处，专利申请需要逐一办理。

2. 商标。它可以是字、符号或是其他用来识别产品或服务的工具。商标一般需要按政府部门的要求登记。大多数国家都有商标法用来保护企业，以防仿制。

3. 版权。这种保护形式是用来保护出版物的所有人拥有合法权利决定作品如何使用，并从使用中得到版税。出版物必须是有形的，如书籍和杂志上的文章。思想是不能有版权的。

4. 商业秘密。是指与所有人竞争优势信息有关的配方、式样、实体装置或方法。它包括营销方案、财务预测和技术信息。与上述方法不同的是，没有法律框架或机构为此提供保护。如果国家有保密法，则可进行追究。

实际上。这些保护方法的根本一点是会产生较大的法律费用和昂贵的专业咨询费，不论是在初期申请保护进行登记的时候，还是在后期追究竞争者侵权的时候。但是，它们很有价值，值得去做，包括在开发和登记时付出管理时间成本。

关键战略原则

- 由于新机会有可能被仿制，企业家需要保护新企业。有两个主要的保护方法：发展持续竞争优势和保护合法权利。
- 持续竞争优势没有规则。但是，企业家战略中有不同的竞争优势，包括声誉和品牌，拥有知识、核心竞争力以及其他独特的资源。从保护合法权利的角度来说，有四个主要方法：专利、商标、版权和保护商业秘密。它们可以为有价值的新机会提供保护。

案例研究 17.3　eBay 公司——跨越全世界的拍卖市场　　FT

尽管许多公司遭受了"dot.com 灾难",但起码有一家电子网络公司是赢利的,那就是 eBay 公司,一家可以通过拍卖或以固定的价格购买你所需要商品的网站。本案例主要研究该公司的战略,包括它把商机传递给中小企业的能力。

eBay 公司最初是一家 1997 年创办、坐落于加利福尼亚的小型网络公司,当同伴们都在遭受"煎熬"的时候,这家位于硅谷的公司已经获得赢利,它是世界上最为成功的网络集团,2004 年有 7000 万顾客通过该网站进行交易,交易额达 342 亿美元。虽然该公司的利润不到 10%,但其潜在的收益巨大,原因就是 eBay 公司几乎没有商品成本,无需仓储,市场成本较低且没有大的资金支出。它仅通过计算机网络给买卖双方提供中介,见表 17.1(注:原文有误)。

据 1998 年担任 eBay 公司 CEO 的 Meg Whitman 介绍,342 亿美元的交易额也只是个开始。在 2002 年,她预计到 2005 年其交易额将达到 350 亿美元,而 eBay 的收入也将达到 30 亿美元。她对收入的预测是对的,但是对交易额的测算有小误差。见表 17.1。这就意味着,到那时,eBay 与美国最大的零售商 JC Penney 公司和 Kmart 公司具有相同的收益,这两家公司在 2001 年的收益分别为 33 亿美元和 37 亿美元。

但对 Meg Whitman 而言,她也面临着巨大的挑战。为了实现这样的目标,她必须对 eBay 进行改革;必须进一步扩大公司服务的顾客数量,进入到像汽车这样平均销售价格更高的产业领域;必须提高服务范围,在不疏远老客户的基础上,快速地从拍卖向固定价格销售转变。同时,她也需要吸收更多的销售商,特别是大型公司。在做到这些的同时,还必须不让像 Yahoo、Amazon 这样的竞争对手有扩展市场份额的机会。最终,她必须让 eBany 成为国际型销售公司。

eBay 从一家给加利福尼亚人交换和销售自己不再想要的物品提供机会的小网站起家。其企业文化就是信誉,这就要求公司建立相应的反馈系统,其目的就是让买卖双方之间保持忠诚与相互信任,每一个卖家对所从事的交易都有积极的、中性的或消极的反馈及详细的评论。eBay 的首席财务运营官 Rdiv Dutta 解释道:"这个系统真是强大,如果你看到了在这个商场购买商品的每一个顾客的评论,它就会完全改变你的购买方式。"

作为一家在 eBay 销售电脑及 IT 设备的小型公司的代表 Geoff Giglio 解释说,其他的网站没有这种适当的销售模式或感觉。"其他公司想象不出这种模式。我也试过 Yahoo 和 Amazon 网站,但

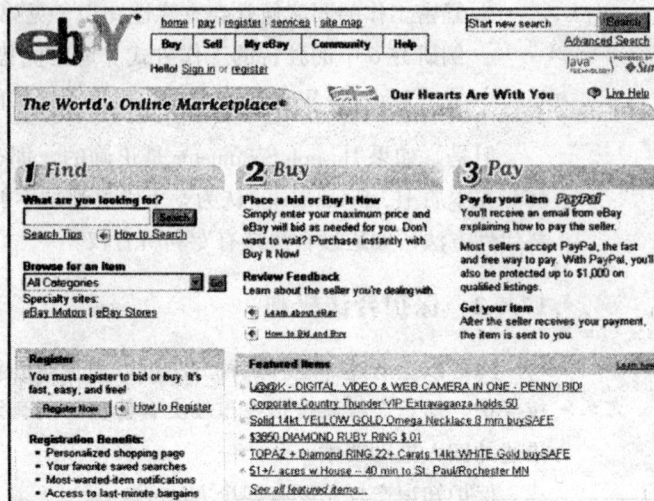

eBay 通过其网络社区成功地建立起了新的买卖产品的方式。创新战略还将会给该公司带来大幅增长。

这些材料经 eBay 公司准许转摘。

没有卖出一件商品"。实际上,eBay 已经为中小企业销售它们的商品提供了一条重要途径,从漆好的家具到婴儿衣的任何商品。但这既是网站的强项,同时也是它的弱项。很难使具备这种局部关系的 eBay 转变为新型的、更具创新意义的新的 eBay。一名网站的忠诚顾客 Patti Waldmeir 于 2002 年 5 月评论道:

"在过去的几年内,eBay 已经快速成长为这个行业的领袖之一,它一直监控着拍卖可能出现的欺诈行为。现在,eBay 的居民(顾客)也必须实施全国范围的识别卡……谨以此文纪念 eBay 即将逝去的文明。"

毫无疑问,eBay 已经从一个过去从事 300 多种商品拍卖的网站转变为全球性公司,涉足 18 个国家,提供 16 000 多种商品。这个旅程真是不容易——可能最坏的时刻就是 1999 年 6 月网站关闭的那 22 小时——没有网站,没有收入。但是扩展业务的提议在两个方面存在较大风险:

1. 吸引诸如 IBM 这样的大型供应商的战略已经引起了小型的、传统顾客的担忧。这种意图会触犯许多有力的销售商,它们是 eBay 的忠诚拥护者,已经形成了销售商的基础,通过网站贸易得以谋生。
2. 存在像 Yahoo、Amazon 这样的竞争对手,它们充分利用 eBay 内部的不稳定而乘机扩大份额。尤其是 Yahoo,它特别激进,一直跟随着 eBay,并占有 23% 的边际收益。Yahoo 公司声称,它正在密切关注销售商的声音,并在价格上给 eBay 予以打击。Amazon 也尽力在 2300 万名顾客的基础上扩展一对一销售的这一充满诱惑的领域。

目前,竞争的威胁还很有限。没有企业能和 eBay 的购买者数量相媲美。一个外部评论者说道:"我不介意竞争对手尽力降低 eBay 交易价格。"购买者想上拥有最多的销售商的网站。规模经济将确保交易的竞争力和更高的平均销售价格,因此,即使手续 ▶

表 17.1　eBay 的经营结果:5 年中迅速成长

	1999 年	2000 年	2001 年	2002 年	2003 年	2004 年
总交易额 (10 亿美元)	2.8	5.4	9.3	14.9	23.8	34.2
公司净收入 (百万美元)	225	431	749	1214	2165	3271
营运利润率	3%	11%	24%	24%	32%	35%

注:"总交易额"指的是 eBay 在该年中经手的交易。大多数都是买卖双方之间发生的。"公司净收入"指的是 eBay 对于在该公司网站上发生的交易中所抽取的佣金:这是该公司的真实的"收入"。

资料来源:公司年报和财务报表——可以在公司网站 www.investor.ebay.com 上找到。

费有所提高，它们也将获得比补偿更多的收益。所以，如果 eBay 的 CEO Meg Whitman 能够继续保证它们的用户，她肯定能够达到她即使更具野心的宏伟目标。

下一步会如何？

实际上，eBay 已经没有发展了。早在 2008 年，Meg Whitman 就说过："我们在过去的几年中对 eBay 进行了多次重组，这是我们必须要做的最大的重组。"她解释说，她将在 10 年后从公司高层退出。"网络变化太快。竞争地位在不断地改变。这个行业在不断地发展，你必须跟上。"她选定了接班人 John Donahoe。分析家们都在等着看他是否能给公司带来新的活力。

ⓒ《金融时报》版权所有。本案例由理查德·林奇根据保罗·亚伯拉罕（Paul Abraham）和特罗德·巴克尔（Thorold Barker）在 2002 年 1 月 11 日发表在《金融时报》24 页的文章改编、重新组织和补充。同时引用了帕蒂·沃德米尔（Patti Waldmeir）在 2002 年 5 月 16 日发表在《金融时报》第 15 页关于 eBay 的文章。对两篇文章的引用和改编都得到了许可。2008 年的引用来自《金融时报》，2008 年 1 月 25 日，第 24 页。

可以参看网站 www.eBay.com 以及其竞争对手 Amazon.com 和 Yahoo.com 的网站。

案例问题

1. 这家公司的利润是怎样产生的？环境是怎样变化的？
2. eBay 是否仍属于创新企业？它是否已成为另一类大型企业？
3. 这个案例对其他力图开发创业机会的公司有什么启示？

17.5 企业家战略的实施

识别机会只是制定企业家战略的一部分。实施阶段也同样具有挑战性。Dan Schenedel 说，"看到机会是一回事，但利用机会是另一回事[35]。"eBay 的成功来自它实施了最初的想法——创建一个顾客社区，让所有 eBay 的顾客可以有信心地分享产品和服务。这一节将分成三部分讨论实施问题：个人特点、实施资源和起草商业计划。

17.5.1 企业家战略的个人特点

由于企业家战略有个人因素，我们首先要提醒自己，企业家的个人要求以及个人的性格对于实施企业家战略十分重要。文本框 17.2 对此作了小结。

个人性格中有一个特点值得进一步探讨，即选择和领导团队。实际上，每一个企业家都不可能靠自己一个人来实施战略，他们必须和其他人一起行动。在发现机会后，最重要和最困难的工作就是选择和发展团队去利用这个机会。企业家战略的这个特点在某些文献中被忽视了，它要求企业家有特殊的能力。

如案例 17.1 中，Mary-Ann O'Brien 显然需要建立一个团队去进行巧克力的生产和销售。在几年的时间里，这支队伍发展到 140 人。在谈到她的经验和教训时，O'Brien 几次提到团队建设相关的内容，如，团队成员的选择、紧张关系的处理，等等。此外，大多数小公司自身可能永远都不可有所有的资源，因此，需要的独立的"外部资源"。文本框 17.2 说明了构成企业家战略的过程的模式。例如，O'Brien 使用了外部政府资源 Board Bia 找到了新的市场缝隙。

文本框 17.2

成功的企业家有什么特点？

- 有专注于任务和机会的能力
- 能够长时间努力工作
- 在没有支持的情况下，能主动去开创
- 能承受可能出现的挫折
- 在制订方案时，自信果断
- 能够从其他人身上寻找信息，并渴望从那些有价值的人身上学习
- 总是在寻找商机
- 接受技术和其他方面的变革，以及顾客的转移和供应的要求
- 建立团队并在团队内对他人的承诺
- 对于获得的初期成功能应付自如

来源：摘自 P Wickham（2006）《战略企业家》第四版，Pearson Education[36]。

17.5.2 开发资源，利用商业机会

除了建立团队的需要，实施企业家战略还需要很多其他重要资源。如前面所述，许多创业公司都是从技术开始的。许多新公司不可能有所有的知识和专长，完全靠自己去利用这样的机会。因此，许多这样的公司会寻找合伙人，或合资或联合。合资企业的优点是它有法律框架保护，但缺点是需要与合伙人分利润。联盟是一种失败者的安排，会有分裂的风险，当要与合伙人分享专有技术时就变得特别痛苦。

除了与其他公司的联系外，大多数新的创业公司都需要资金投资。通常，资金来自银行或是投资公司。这些公司对于商业机会都会审查很严。但是他们的审查也会考虑经营的人员、经营范围、竞争态势以及发展潜力。投资人一般都希望看到正式的商业计划书，内容包括主要方面，其中有详细的财务规划。案例 10.4 中说明了 Eurofreeze 公司的 10 年财务规划。希望得到外部支持的企业家必须制定这样的规划，即使他们对于销售和赢利情况并不确定。为新企业的成本制定精确和完善的计划书是必须要的。银行家要寻找的是现实的产物，规划书不能太过乐观，但要有企业对未来成功的热情[37]。

17.5.3 制订现实商业目标和商业计划

一旦初步的资源准备就绪，就需要制订商业计划。关键是要确保这样的计划书能有弹性，能够从市场变化中学习。因此，企业家战略早期的模式（如图 17.2）有一个强大的反馈机制去应对"环境"，特别关注下列两点：

1. 可能带来或破坏机会的外部事件；
2. 采用学习型方法去服务和开发商业机会。如案例 17.1 中的 O'Brien 公司，顾客对于任何机会都是至关重要的。

在制订商业计划时，可采用本书前面章节所使用的概念。图 17.5 列举了 10 个主要组织因素以及常规模型，以满足外部投资的需要。他们一般需要一些特别的计划，如前一节所述。

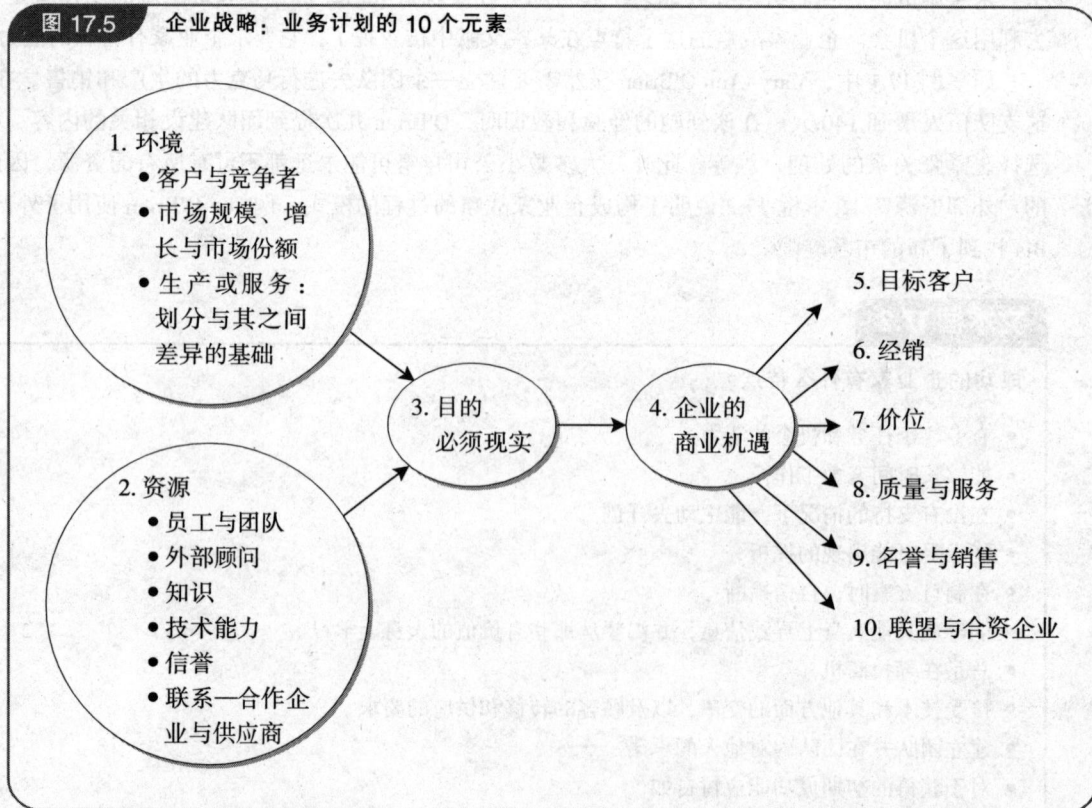

图 17.5　企业战略：业务计划的 10 个元素

1. 环境
   - 客户与竞争者
   - 市场规模、增长与市场份额
   - 生产或服务：划分与其之间差异的基础

2. 资源
   - 员工与团队
   - 外部顾问
   - 知识
   - 技术能力
   - 信誉
   - 联系—合作企业与供应商

3. 目的必须现实

4. 企业的商业机遇

5. 目标客户
6. 经销
7. 价位
8. 质量与服务
9. 名誉与销售
10. 联盟与合资企业

从本章前面所概述的论点以及本书其他部分的内容中可以看出，创业商业计划书的大部分内容，如对环境和资源的分析，都要很清晰。但是，缺乏战略选择的情况下，需要采用常规的模型。有些模型可以采用，但是主要的任务是确定商业机会并专心致志地去运作。实施包括六个方面：目标客户、分销、定价、品质和服务、声誉和营销、联合和合资。它们需要去研究。这些内容在本章前部分已经讨论过，这里不再赘述。

关键战略原则

- 实施企业家战略有三个主要问题：个人特点、实施资源和起草商业计划。对于大多数企业家来说，需要有一项重要的个人能力就是建立团队。在大多数情况下，企业家需要其他的人来帮助实施新的商业机会。

- 在实施阶段，创业型企业需要重要的资源。技术资源很关键，它需要聘请专家或是采用合资企业或联盟来从其他公司获取这些资源。除了技术，通常还需要银行或类似机构的资金支持。在向这样的新企业提供资金之前，银行会要求提供清晰有说服力的计划书，包括详细和完善的财务规划。银行家要寻找的是现实的产物，规划书不能太过乐观，但要有企业对未来成功的热情。

- 在制定新的创业型企业的商业计划书时，可使用常规性方法，因为需要说服外部银行家和投资者来支持这个机会。但是，常规模式需要用来代替战略选择。有些模型可以采用，但是主要的任务是确定商业机会并专心致志地去运作。这样的计划书包括十个组成部分：环境、资源、目标、创业机会、目标客户、分销、定价、品质和服务、声誉和营销，以及联合和合资。

思考

企业领导行为是否是必需的？

一些战略学家认为，企业领导行为需要找到市场机会。这就意味着企业领导行为主要是非结构性的和机会主义的。但是，当筹集资金的时候，很多银行和其他机构坚持它们需要在把资金注入这些企业之前得到一个常规性计划。究竟谁是对的？是否不需要企业领导行为？

小结

- 创业是一种受到个人或者小团体的领导力驱动，为发现并利用商业机会而进行的思考、推理和行动。

- 关于企业机会至少出现了三种理论。创造破坏理论认为通过竞争和技术破坏之前的市场能够提供创新机会。发现理论的前提是新机会已经存在于现有的市场中，等着企业家们去发现。创造理论的前提是企业家可能通过试验，去创造新的前所未有的市场需求。

- 实际上，有可能建立一个企业家进程的模型。这一模型的前面部分是对机会有价值的外部和内部资源。下一步，则是为利用机会去招募团队，寻找外部资源。业务建立了起来，产品或服务投放到市场。模型的最后一步是市场的反馈机制，可以进一步改变或发展机会。

- 虽然企业家的性格特点没有共性，但是企业家的个人背景及动机十分重要，关乎战略发展。成功的企业家"勤奋"、"自信"、"接受新思路"。有一项特别重要的技能就是在组织中传输知识。

- 关于如何发展机会的理论有许多。有一个理论就是经验式学习环。它由四个因素组成：经验、观察和反馈、从观察中形成抽象概念、在新的形势下试用这些概念。实际上，这一理论的基础是企业家通过市场学习来发展新的机会。它意味着企业家需要在学习的过程中发展特殊的技能。

- 风险与企业并存，但个人的价值判断和期望最为重要。在考虑企业风险时，区分不确定性十分重要。风险是可衡量的，但不确定性却不能确定。进一步研究可以降低风险。但是，它也可能会引起公司内的紧张关系，因为进行风险研究的资源可能来自组织其他部门，因此也就减少了其他地方的机会。

- 企业家战略的四个要素是想象力、设想、发明和创新。创造一个新的商业机会有三种主要方法：技术、创新和新产品和服务开发。

- 对于新产品和服务开发，有两个技巧对这一进程有所帮助，即头脑风暴和焦点小组。头脑风暴往往能够产生新思路，甚至是一些完全不实用的思路。焦点小组能够更有组织和激发思维并专注于某一特别过程。思维开发阶段之后，还要对创业机会进行一般性发展和评估，包括五个步骤：筛选、商业分析、发展、试验和商业项目。

- 创业活动也可能存在于大公司内部，叫"内部创业"。内部创业集中于识别和利用较大公司或组织中的创造和创新机会。公司内部的各项政策可以支持其发展进程，包括：所有权、利润中心、内部企业团队的建立以及团队之间的争论和竞争系统。

- 由于新机会有可能被仿制，企业家需要保护新企业。有两个主要的保护方法：发展持续竞争优势和保护合法权利。

- 持续竞争优势没有规则。但是，企业家战略中有不同的竞争优势，包括声誉和品牌，拥有知识、核心竞争力以及其他独特的资源。从保护合法权利的角度来说，有四个主要方法：专利、商标、版权和保护商业秘密。它们可以为有价值的新机会提供保护。

- 实施企业家战略有三个主要问题：个人特点、实施资源和起草商业计划。对于大多数企业家来说，需要有一项重要的个人能力就是建立团队。在大多数情况下，企业家需要其他的人来帮助实施新的商业机会。

- 在实施阶段，创业型企业需要重要的资源。技术资源很关键，它需要聘请专家或是采用合资企业或联盟来从其他公司获取这些资源。除了技术，通常还需要银行或类似机构的资金支持。在向这样的新企业提供资金之前，银行会要求提供清晰有说服力的计划书，包括详细和完善的财务规划。银行家要寻找的是现实的产物，规划书不能太过乐观，但能激发企业未来成功的热情。

- 在制定新的创业型企业的商业计划书时，可使用常规性方法，因为需要说服外部银行家和投资者来支持这个机会。但是，常规模式需要用来代替战略选择。有些模型可以采用，但是主要的任务是确定商业机会并专心致志地去运作。这样的计划书包括十个组成部分：环境、资源、目标、创业机会、目标客户、分销、定价、品质和服务、声誉和营销，以及联合和合资。

问题

1. 参照 17.1 中 Lily O'Brien 巧克力案例，三种创业机会理论中哪一种是对其业务发展最好的解释？有没有可能使用一种以上的理论来解释这家公司的发展？

2. 以一个你所熟悉的小公司为例，可以是学生会或是你的工作，说明你看到的发展机会。如果有这样的机会，如何从常规的战略环境和资源角度进行分析？组织如何进一步地加以利用？

3. 利用经验式学习环说明，小的互联网公司如何利用这种方法去发展？发展的步骤是什么？会出现什么问题？

4. 对照文本框 17.2，你认为对于企业家来说什么特点最为重要？如果有些特点企业家没有，是不是就会失败？它是不是只是一种最理想的"愿望清单"，而并不实际？

4. 如果你是一个银行家，你在审查创业的新企业的计划书时，你会不会更在意申请人的热情？你如何评估计划书中的风险和不确定性？

6. 评论创业活动。Luke Hohnson 说："我认为是意愿打破了规则（但不是违背法律），（对于一个企业家来说）痴心妄想很重要"，你是同意这些观点？"打破规则"有什么好处和问题？你是否真的需要痴心妄想，例如，为了获得成功夸大你现有的成绩和资源。

7. 以正在寻找创新的市场为例，如通过万维网提供服务，研究可能有助于进入该市场的战略。如果有的话，识别那些可能带来可持续竞争优势的战略。

8. 对于那些互联网企业市场上，小企业可以采取哪些战略来获得市场份额和附加值（见案例研究 17.1 和 17.2）？你认为这些企业是否应该对所有这些可行的战略机遇进行研究。

9. 思考小企业的商业机会——也许是一个你所知道的企业或者是你想要继续发展的企业——思考你可能会采取的发展该企业的方式。利用图 17.4 和 17.5 来说明这一过程。

进一步阅读

For a more detailed review of entrepreneurship, two books are recommended: Phil Wickham´s textbook, *Strategic Entrepreneurship*, 4th edition, Prentice Hall, has a UK/European perspective. Bruce Barringer´s book co-authored with Duane Ireland: *Entrepreneurship–Successfully Launching New Ventures*, Prentice Hall, New Jersey, forcuses mainly on American examples and is packed with useful insights.

Rita McGrath´s chapter – McGrath, R G (2002) ´Entrepreneurship, small firms and wealth creation´ in Pettigrew, A, Thomas H and Whittington, R, *Handbook of Strategy and Management*, Sage, London – provides a useful structure on entrepreneurship.

For a more academic approach, Volume 1 of the new research journal, *Strategic Entrepreneurship Journal*, published by John Wiley, has many useful papers and a fundamental review of the relationship between strategy and entrrepreneurship. Well worth dipping into. Within Volume 1, there are two double issues – Numbers 1–2 and Numbers 3–4.

注释和参考资料

1. Schendel, D and Hitt, M A (2007) ´Strategy and entrepreneurship are independent constructs...´, Introduction to Volume 1, *Strategic Entrepreneurship Journal*, Vol 1, p3.

2. Timmons, J A (1999) *New Venture Creation – Entrepreneurship for the 21st Century*, 5th edn, McGraw Hill, Boston, MA, p27.

3. Schumpeter, J A (1934) *The Theory of Economic Development*, Harvard University Press, Cambridge, MA.

4. Alvarez, S A and Barney, J B (2007) ´Discovery and creation: theories of entrepreneurial action´, *Strategic Entrepreneurship Journal*, Vol 1, pp1–26. This is readable paper with a much more extensive review of the foundations of this theory and also that of the creative theory.

5. Alvarez, S A and Barney, J B (2007) Ibid., p14.

6. Adrich, H (1999) *Organizations Evolving*, Sage, Newbury Park, CA.

7. McGrath, R G (2002) ´Entrepreneuship, small firms and wealth creation,´ in Pettigrew, A, Thomas H and Whittington, R, *Handbook of Strategy and Mangement*, Sage, London.

8. Shah, S K and Tripsas, M (2007) ´The accidental entrepreneur: the emergent and collective process of user entrepreneurship´, *Strategic Entrepreneurship Journal*, Vol 1, pp123–140.

9. McGrath, R G (2002) Op. Cit. Table 14.1, p301.

10. See, for example, Alvarez and Barney (2007) Op cit. And Shah and Tripsas (2007) Op. Cit.

11. Helfat, C E, Finkelstein, S, Mitchell, S, Peteraft, M A, Singh, H, Teece, D J and Winter, S (2007) *Dynamic Capabilities: Strategic Change in Organisations*, Blackwell, Oxford.

12. Sarkar, M B, Echambadi, R, Agarwal, R and Sen, B (2006) ´The effect of the innovative environment on exit of entrepreneurial firms´, *Strateic Management Journal*, Vol 27, pp519–539.

13. Wickham P A (2006) *Strategic Entrepreneurship*, Pearson Education, Harlow, Ch3.

14. Jones–Evans, D (1995) ´A typology of technology based entrepreneurs´, *International Journal of Entrepreneurial Research and Behaviour*, Vol 1, No 1, pp26–47.

15. Erickson T (2002) ´Entrepreneurial capital: the emerging venture´s most important asset and competitive advantage´, *Journal of Business Ventruing*, Vol 1, pp275–290.

16. Wickham, P A (2006) Op. Cit., Ch5.

17. Hitt, M, Bierman, L, Shimizu, K and Kochar R (2001) ´Direct and moderating effects of human capital on strategy and performance in professional service firms: a resource–based perspective´, *Academy of Management Journal*, Vol 44, pp13–28.

18. Kolb, D A and Fry, R (1975) ´Toward and applied theory of experiential learning´ in Cooper, C (ed) *Theories of Group Process*, John Wiley, London. The author acknowledges the organisers, the Entrepreneurial Education Seminar, held over one day at the Academy of Mangement Annual Conference, Atlanta, 2006, where this theory was presented.

19. Schendel, D and Hitt, M (2007) Op. Cit., p3.

20. Schendel, D (2007) ´Moderator´s comments on risk and uncertianty´, *Strategic Entrepreneurship Journal*, Vol 1, p53.

21. McGrath, R G (2002) Op. Cit. p310.

22. Ichbiah, D and Knepper, S L (1993) *Making of Microsoft: how Bill Gates and his team created the world´s most successful software company*, Prima Publishing, Rocklin, CA, p93.

23. Ichbiah, D and Knepper, S L Ibid., p67.

24. Other sources for the three entrepreneurs case: www.microsoft.com – corporate relations; interviews with Luke Johnson and John Caudwell, *Later* Magazine, September 2000, London; BBC website: bbc.co.uk/toke/2006/08/07john caudwell biog; www.lukejohnson.org accessed 2 February 2008.

25. Schendel, D and Hitt, M (2007) Op. Cit. P1.

26. Allthe quotes are taken from the personal experience of the author in his 20 years in various companies. He suspects that this anecdotal evidence is not untrypical in certain large companies.

27. See, for example, Henry Mintzberg (1991) ´The innovative organisation´, Ch13 in Mintzberg, H and Quinn, (1985) *The Changemasters*, Unwin, London. Both worth reading for concepts and ideas in this area.

28. These ideas have been taken from the Wikipedia section on ´Intrapreneurship´ which summarises material from a number of sources – searched January 2008.

29. Kay, J (1993) Op. Cit.

30. Leonard, D (1998) *Wellsprings of Knowledge*, Harvard Business School Press, Boston, MA; Nonaka, I and Takeuchi, H (1995) *The Knowledge –Creating Company*, Oxford University Press, Oxford.

31. Hamel, G and Prahalad, H K (1994) *Competing for the Future*, Harvard Business Scholl Press, Boston, MA, Chs9 and 10.

32. Schendel, D and Hitt, M (2007) Op. cit., p4.

33. This is the creative destruction theory explored earlier in the chapter of Joseph Schumeter (1934) *The Theory of Economic Development*, Harvard University Press, Cambridge, MA.

34. This section has benefited from Chapter 12, Barringer, B R and Ireland, R D (2008) *Entreprenerurship: Successfully Launching New Ventures*, Pearson Prentice Hall, Upper Saddle, NJ.

35. Schendel, D (2007) Op. cit.,, p53.

36. Wickha, P (2006) Op. cit., Ch5, pp97–99.

37. Timmons, J A (1999) Op. cit., Ch20.

第 18 章

政府、公共事业和非营利机构战略

Government, Public Sector And Not-for-profit Strategies

学习目标

在学完本章后，你应该能够：

- 解释为什么公共事业机构的战略会不同，为什么战略是重要的；
- 概述两种主要的公共事业模式并解释公共价值的概念；
- 分析公共事业环境；
- 分析公共事业机构的资源；
- 解释公共事业机构的目标是如何制定和定义的；
- 从环境、内容和过程方面概述公共事业机构战略的制定；
- 制定实施所选择战略的计划或者实施突发性战略的渐进方式。

引言

本章主要介绍了在政府、公共事业机构和非营利性行业适用的战略。"政府"的意思是那些比如国防和司法这样的国家职权机构。"公共事业"指的是医疗、运输、紧急救援和其他国家职权服务机构，或者是那些也许由于政府的政治需要而被私营化了的机构。"非营利性"机构指的是那些为普通大众的利益服务，但又独立于政府机构之外的——比如，慈善机构、基金和类似的机构。为了避免在本章出现不必要的重复，这些机构被简称为"公共事业"机构，它们的战略被称之为公共战略，以把它们和商业企业的"私营"战略相区分。三种不同的公共事业机构之间的区别将在相应的地方进行讨论。

为什么这些公共事业战略需要用一个单独的章节进行讨论呢？有两个主要原因。其一是因为公共事业机构在世界上任何一个国家都是重要的。即使是在高收入国家比如美国，尽管很多服务都被纳入私营行业的范畴，但在公共事业上的开销仍然占到了国民生产总值的 34%[1]。也就是说，每个国家在他们的公共事业上都要花费巨资。因此公共事业机构的战略非常重要，并且需要进行深度探讨。

第二个把这一课题放入单独章节进行讨论的原因更为复杂，并且涉及私营行业中所没有的因素[2]。比如，像凯洛格和 Cereal Partners 公司是在早餐麦片市场这样的私营行业进行竞争的公司。衡量它们是否成功的办法是看它们为股东所传递的利润，以及为顾客的金钱提供产品价值的能力。但是在公共事业中比如本地或者全国的警察机构，就不存在为警备预算传递"利润"和"金钱价值"的问题，如果能找出此类意义的话，那么警备服务就恐怕要做出极多的解释了[3]。

如果说公共事业机构战略如此不同，那么也就是说本书其他部分所探讨的商业战略并不适用于公共事业机构战略。比如，第 4 章探讨了对主要竞争者实施的"勇往直前"（head-on）和"侧击"（flanking）战略。这对于政府经营的垄断企业比如防御或者警察力量来说都没有什么意义[4]。因此，我们需要重新考虑在公共事业环境中的经营战略要素。

经营战略家们在定义公共事业机构的概念上还要面临其他困难。在公共行业管理方面的理论要比商业战略方面有着更为悠久的历史[5]。也就是说，在重新审视经营战略的时候需要考虑到另外一套不同的思想体系。在一个章节中不可能探讨所有公共事业管理理论。本章的方式是仅仅集中讨论那些本书其他部分没有直接联系的部分。但是，本章节还附有大量的参考文献以方便读者对感兴趣的领域进行更为深入的研究。有趣的是，在过去的 20 多年中，对公共事业管理领域的理论越来越向私营行业的观念靠拢——我们会在本章后部分探讨新型公共管理中看到[6]。

我们会按照本书中探讨商业企业战略时的基本结构探讨公共事业战略。首先，分析公共事业战略运作所处的环境，以及公用事业组织所利用的资源。之后，会探讨公共事业战略的目标，然后采用三个基本的战略概念，也就是，公共事业机构所采用战略的环境、内容和过程，来探讨战略发展。最后，我们会探讨公共事业战略的实施。图 18.1 描述了这一研究方式。

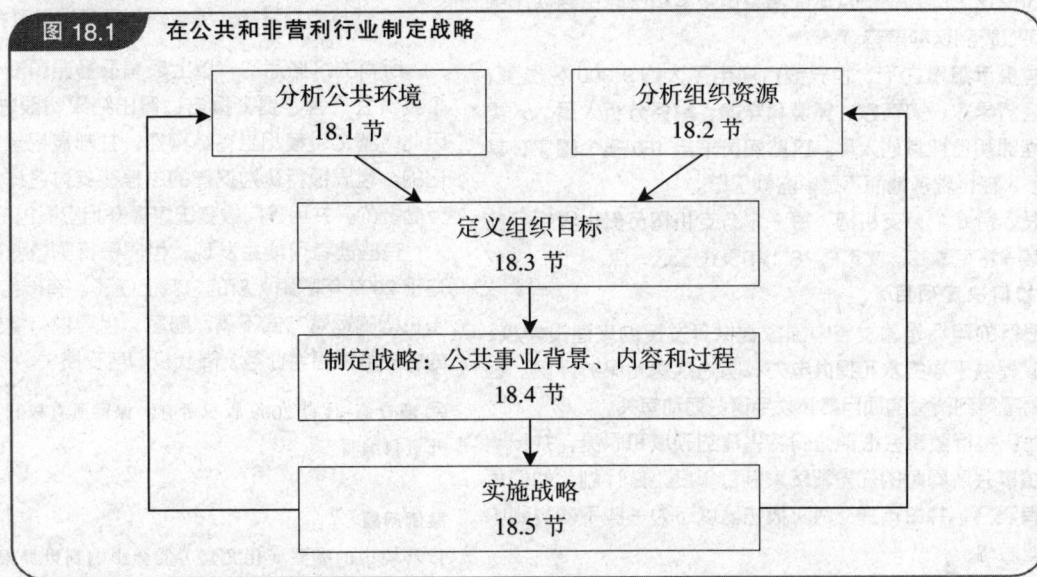

图 18.1 在公共和非营利行业制定战略

```
┌─────────────────────┐        ┌─────────────────────┐
│   分析公共环境        │        │   分析组织资源        │
│   18.1 节            │        │   18.2 节            │
└─────────────────────┘        └─────────────────────┘
            │                              │
            └──────────┐      ┌────────────┘
                       ▼      ▼
              ┌─────────────────────┐
              │   定义组织目标        │
              │   18.3 节            │
              └─────────────────────┘
                       │
                       ▼
              ┌─────────────────────────────────┐
              │ 制定战略：公共事业背景、内容和过程   │
              │ 18.4 节                          │
              └─────────────────────────────────┘
                       │
                       ▼
              ┌─────────────────────┐
              │   实施战略            │
              │   18.5 节            │
              └─────────────────────┘
```

案例研究 18.1　世界银行：玩转战略环境

世界银行是世界上开发援助资金来源之一。世界银行在 2004 年为发展中国家的 245 个项目提供了超过 200 亿美元的资金。它是联合国的组成部分，并"属于"其 184 个成员国家所有。本案例探讨了这一复杂的公共机构如何应付各种压力并取得成果。

世界银行这一资金来源

从为个人和企业提供资金和进行信贷交易的意义上说，世界银行并非是一家"银行"。它是坐落于华盛顿、距离白宫仅仅几个街区的联合国的特殊机构。世界银行的成员是组成总部位于纽约的联合国的独立主权国家。世界银行成立的目的是为了在世界上的穷国和富国之间架起一条沟通的桥梁。实际上，世界上 40 个最富有的国家每 4 年会向中心基金提供资金。比如，2002 年富国向该基金提供了 90 亿美元的资金，另外，世界银行从其他的银行获得了 66 亿美元资金。因此，这样的资金的多少取决于富国本身提供资金的政治意愿，同时也取决于世界银行从其他来源取得额外资金支援的能力。世界银行必须与之保持良好关系。

除了获得拨款，世界银行还可以从世界资本市场中筹措贷款。比如，世界银行在 2004 年以极低的利息获得了 130 亿美元的贷款，因为世界银行被认为是具有较高信用——AAA 级信用等级的机构。重要的是，世界银行的信用等级要比一些发展中国家高得多。这就意味着世界银行能够获得以比这些国家更低的成本筹措资金。但是，这也意味着世界银行的信贷系统要受到货币市场汇率和所能获得资金能力的影响。

简言之，世界银行能够获得用于各种项目的直接拨款，以及需要偿还但利率很低的贷款。

世界银行是如何进行组织的？

世界银行的运转就如同作为股东的 184 个国家协同合作。每

个成员所持有的股票的数量大体上是以该国的经济规模为基础。因此，美国拥有 16.4% 的投票权，日本 7.87%，德国 4.49%，英国 4.31%，法国 4.31%。其余在各成员之间按比例分配。

股东由政府董事会代表执行——实际上通常是每个国家的财政部长——该董事会每年开会一次。其余时间，世界银行由永久

紧邻位于华盛顿国际货币基金大厦的世界银行是开发援助资金的主要来源。

驻在华盛顿的执行董事委员会经营。该委员会有 24 个董事，5 名来自于上述国家，19 名代表其余国家。世界银行的总裁来自美国，由美国政府指定，任期 5 年。通常，世界银行的官僚组织结构决定了对于银行内部的领导职位，非官方的合约以及官方的流程都是重要的。

（一些反全球化的观点认为美国政府不恰当地影响着世界银行。他们认为，世界银行在"用债务奴役穷国"。本文由于篇幅有限，暂不讨论这个问题，但从那些希望重新架构国际贸易秩序的人中常常可以听到这种声音。）

在这些执行董事之下，世界银行雇用了大约 9 300 名员工，其中包括经济学家、教育家、环境科学家、财务分析人员、人类学家、工程师和各种其他人员。这些雇员来自 160 多个国家，其中 3 000 多人在世界各地而不是华盛顿工作。

世界银行有 5 个分支机构，每一个分支机构负责世界银行整体目标中某一特定领域。文本框 18.1 中表述了这一点。

世界银行如何决定项目？

世界银行的目标是为发展中国家提供开发援助来建设学校、医疗中心，提供干净的水和提供电力，防治疾病和保护环境。因此，所有希望得到资金的项目都必须与这些活动有关。

实际上，执行董事会根据他们感兴趣的领域和职责，并按照每年政府董事会所同意的优先领域来制订年度工作计划。他们每个星期都有照会，并每年提交两次报告。以下为一些不同类别中的一些典型活动：

投资环境领域

- 进行商业项目
- 全球开发金融
- 全球经济前景

贸易领域

- 在世界棉花市场进行的开发
- 推动开发贸易
- 促进多哈世界贸易谈判

艾滋病

- 关键性进展的报告
- 为全球抗击艾滋病、结核病和疟疾提供资金

所有的这些活动（以上还有很多课题没有包括在内）都有一个委员会开会、提交报告、得出结果和跟进活动的规定时间表。因此，整个过程相当有结构性，并都被记录在案，也是相当官方化的。世界银行认为这样的过程在支付这样大笔的资金方面是十分必要的，并且是向拨款国家提交相应报告的需要。

有些读者可能会发现，世界银行的总裁因其不明智的行动被迫于 2007 年辞职，新的总裁上任了。有传言说世界银行的员工对于机构的运营方式不满。随后，世界银行继续由位于华盛顿特区的总部管理日常业务，降低机构所受损失。

案例问题

1. 环境中的哪些变化尤其可能会影响到世界银行的工作？利用 18.1 节中的战略环境分析结构探讨这一问题。

2. 世界银行的战略是由股东们官方决定的：这样的一个体制是否合适和必要？该系统是否过于复杂？是否有别的办法？

3. 在世界银行是谁来决定"公共利益"的问题？这样的决定是如何作出的？这是否也是其他地方典型的做法？

4. 世界银行运转的方式是否可以给公共组织带来启发？如果有，是什么？

文本框 18.1

世界银行的 5 个主要代表机构	
代表机构	**作用**
国际重建和开发银行	从 1945 年成立以来，已经累计借出 3940 亿美元来减少贫困。该机构由一个 24 个成员的监督董事会代表着 184 个国家。有 5 个常任理事和 19 个选举理事来代表这些国家。该组织通过贷款和非借款分析以及咨询服务促进了众多的开发建设。
国际开发联合会	向穷国提供免息资金，每年数额大约为 90 亿美元。该组织主要关注那些没有或者几乎没有能力从资本市场中借钱的国家。资金被用来在一些重要地区用于降低该地区贫困，比如提高生产力、改善投资环境和医疗以及教育。
国际金融公司	IFC 和在发展中国家进行投资的生意伙伴不同。该机构在那些由于风险过高很难独自营运的地区提供基金、贷款和其他金融工具。2004 年资助活动金额达到 50 亿美元。
多边投资担保机构（MIGA）	该机构协助进行外国直接投资（参看第 19 章），为货币以及其他非商业风险提供担保这点上类似于保险公司。2004 年担保金额 11 亿美元。
解决投资纠纷国际中心	提供国际贸易中发生的不可避免的争吵和误解的解决机构。2004 年该机构登记有 30 个诉讼。

资料来源：The World Bank, www.worldbank.org. Reproduced with permission.

18.1 公共事业战略的战略环境分析

对公共事业战略的战略环境进行分析要比在私营行业中的分析更为复杂。主要的原因是公共事业战略涉**定义▶** 及的范围广泛并且很难定义"公共利益"：**公共利益涉及制定和执行公共决策的目标和机构。**在公共事业战略这一基本概念中有两个要素："公共"指的是普通大众，"利益"指的是公众[8]的单个[9]意愿。公共利益与一个公司在竞争市场中的运作极为不同。比如，世界银行的案例表明，公共利益——由国家政府和各种不同的国际机构代表其民众的意愿——是相当重要的，与一家公司在市场中销售产品完全不同。需要对 4 个主要的环境因素进行分析：

1. 市场机制在公共服务中的存在程度
2. 公共价值的概念
3. 利益相关者的能量和复杂性
4. 在非营利性组织中的特殊问题

在探讨这些要素之后，本章后部分还分析了公共事业环境。

18.1.1 市场机制在公共服务中的存在程度

我们可以从三个方面来探讨这个问题：

1. 公共事业中存在市场机制的益处
2. 公共事业中存在市场机制的成本
3. 政府在放任和干预政策之间的平衡

公共事业中存在市场机制的益处

按照公共事业管理理论，政府应该代表所有的公民，而不是部分公民来作出决策。比如，世界银行的资金应该对所有的与相关公民开放申请：每个人都可能获得拨款。如果公共财务和服务必须要使所有人都能够得到，那么公共事业理论认为，通过政府进行集中决策是最有效率和效果的[10]。比如，管理警备服务的机构。在公共管理理论中，中央决策被认为是有益的。

代表所有公民进行决策，与在私营市场中的"买方"可以选择是否从"卖方"那里购买产品有着极大的不同。在公共事业理论中，公民并没有这样的选择权利，而在市场理论中，中央集权化的警察机构实际上是一个垄断者。很多经济学家认为，在提供服务方面垄断行业反应迟钝、效率低下。因此集权化的决策并没有什么好处。因此，在公共管理理论和市场经济理论之间关于公共服务存在着一个基本的冲突[11]。在过去的 20 多年中，在一些国家这种观点逐渐向引入市场力量来减少公共产品的成本靠拢。因此对于这些国家来说，公共管理理论正在向市场经济理论靠拢。

公共事业领域中伴随着向市场力量倾斜的趋势而来的就是，政府不再是这类公共产品的垄断供应者，而是转变成为多家公司彼此在市场中在价格上和服务水平上进行竞争。竞争有可能会减少之前的垄断国有企业成本，因此也会减少消费者所支付的价格：实际上这就是对从前的国有垄断企业进行的私营化。即使是在具有强大的社会主义传统的国家比如中国，都已经出现了把国有垄断企业私营化的举措，比如民用航空业。私营化的重要原理是市场竞争——常常被称之为市场机制——在管理国有资源上要比垄断更有效率。

在一些国家，这种以市场为基础的方式出现了另外一种模式：公共利益和私营企业之间的合作——被称之为"公私合作"——私人投资和管理，之后经营公共服务业。比如，私人资金建立起公共事业中的新的国家医院，然后指定一家公司代表民众对所有医院提供的服务管理一段时间。这种合作的方式仍然是很矛盾的——尤其是管理合同中所规定的高费用，但这仍是公共事业中市场机制的一个例子。

公共事业中存在的市场机制的成本

在公共事业战略中除了存在基于市场的益处之外，还有与此相关的成本。这主要有两个方面：首先，在市场方式能够走多远方面很明显存在限制。市场理论认为，如果产品不能够满足需要的话就会从市场上消失。

因此，从原则上说也就意味着，任何公共事业机构都要承受市场压力，如果没有能达到公共事业的目的就应该被关闭。尽管这对于一家行将倒闭的学校来说也许是正确的，因为还可能存在很多其他学校，但对于一家拥有众多专家和设备的大型地区性医院来说要倒闭很明显是不可能的。如果没有市场压力，从效率上来说，要维持这样的机构存在着一定的成本。

第二个问题与引入市场机制有关——进行私营化的"交易成本"。要想给予从前的垄断者自由提供公共服务，就需要设立标准、监督进程、评估结果以及进行的相关活动。如果没有这些，那么这样的组织可能就无法达到由垄断者所提供的服务的水平：市场机制是强大的，它可能会扭曲组织的表现。设立这样的标准和监督结果主要有两种成本：

1. 公共监督组织需要对新近私营化的公用事业组织进行监督，并确保它们能够继续承担公共事业服务的义务。
2. 新近私营化的组织的日常成本应该包括提供其日常表现以及相关活动的数据。

理论上，市场机制的好处应该会超过上面所列出的两种成本。实际上，对此仍然存在一些争议。重要的是，在公共事业战略中要仔细地监督整个体系、业绩目标和制定战略时相关的成本。建立起在监督过程中涉及的那些公共规则制定者们的联系网络，并与之讨论可能的战略变化。

政府在放任和管制之间的平衡

定义➤ 在公共事业政策中，**市场机制是政府利用供应商之间的竞争、市场定价和类似的市场机制来决定之前由政府垄断的商品的供需关系**。在欧盟和美国，对于政府应该在多大程度上参与市场这一问题存在着不同的观点。在法国、意大利和希腊，一直以来国有公司和政府介入都是国家经济中重要的组成部分。在英国、新西兰和美国，情况却恰恰相反。采取什么样的方式主要取决于执政者的政治选择。两种方式——通常被称之为放任和管制——在表18.1中做了简要介绍。亚当·斯密、卡尔·马克思和很多政治人物对此问题都有着重要的政治性的探讨。表18.1简要概括了与公共事业的战略管理最为相关的内容。

实际上，表18.1所列出的区别是很粗略的。某些国家在某些领域会在支持性的政策上进行平衡。例如，教育，扶持行业（如新加坡），道路、电力和水力的建设等。然后，将这些领域与自由市场相结合，如将国家垄断进行私有化，或降低进入门槛以鼓励跨国公司进行投资（MENs）（MENs是指大型的全球性公司，如福特、麦当劳和联合利华）。每一个国家都有自己的方法，因此所有的公共事业环境分析需要因国而论。

表 18.1 公共事业环境的两种模式

自由放任：自由市场模式	国家干预：中央管制模式
● 低进入壁垒	● 高进入壁垒
● 鼓励竞争	● 国营企业反对国际竞争
● 政府对行业支持很少或者没有	● 在重要行业采用国有形式
● 自我利益激发创造财富	● 利润并非重要动机，即使需要很多代价
● 较高的失业率	● 市场机制的失败尤其会影响到穷人，只能通过政府介入得到修正
● 高效生产和高品质的动机基础是利润	● 需要对私营公司控制的垄断进行修正

18.1.2 公共价值的概念

定义➤ 公共价值指的是拥有和控制某种产品和服务给整个国家所带来的好处。比如，国家防御系统和警察力量，这些对于一个国家所有的公民很明显都有益处。政府代表整个国家对于哪些公共产品和服务应该受到国家控制和哪些服务应该由企业私营作出决策。实际上，在很多国家有很多既不是完全由政府控制，也不是完全私营的灰色地带；因此公共价值也是模糊不清的。图18.2给出了一些例子。

给出了公共价值的定义之后，对公共事业的战略进行分析就会得出三个方面的重要影响：

1. 与私营行业中提供一辆汽车或者是一个酒店房间不同，为防御系统或者洁净空气提供公共服务需要有彼此相关联的集体的决策才会有效。公共事业战略需要在法律框架和相关法律的支持和执行下才能够

图 18.2 在公共事业领域公共价值是最高价值

公共事业领域 　　　　混合　　　　 私营领域

- 干净的空气
- 国防
- 警察

- 教育
- 废品收集

- 巧克力吧
- iPod
- 课本

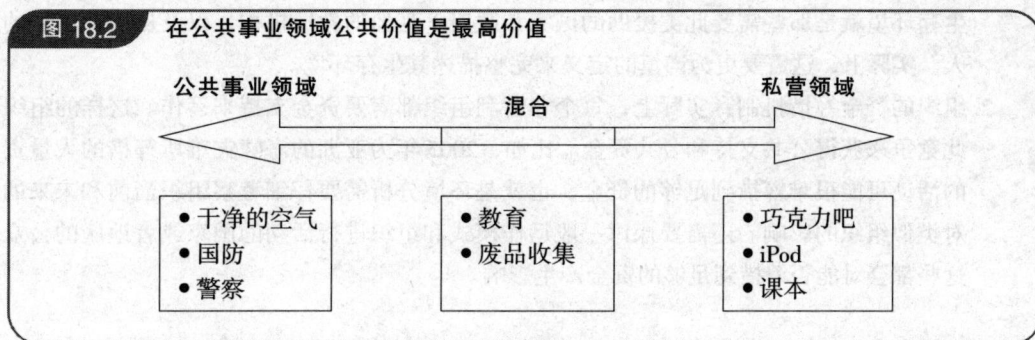

控制和传递公共价值。需要对此法律框架进行分析。

2. 需要确保公共价值从根本上来说对所有公民开放，每个人都有平等的权利或者一个平等的机会——也就是"平等"的概念。这与私营企业战略有着根本的不同。在发展公共事业战略中需要分析公共平等的程度和状况。

3. 有时候，需要针对公共价值的传递中出现的问题进行修正：市场机制在私有化之后可能会失效。市场的失败会有很多种形式，比如，新近私有化的公司可能会尝试控制市场并人为地保持高价。政府可能会因此指定独立公共监管机构或者人员来监督私有化的成果，并确保由于私有化所带来的公共价值的利益能够得到完整和公平的分配。这对于公共价值和私人财产混合在一起的地方尤为重要，比如在一个私有化了的电信公司。因此需要对确保公共价值能够被公平分配的机制进行分析。

我们可以以世界银行为例来看看上述各方面所带来的影响。法律框架的环境分析将会涵盖与成立世界银行、董事会成员以及其责任各方面相关的法律条文。"平等分析"将需要讨论由世界银行实际进行分配的方式，以及确保所有公民一律平等的机制。在世界银行的案例中，公共管制方可能是完全无关的，因为在资金分配中不存在很多的竞争因素，而世界银行的董事们也有义务确保这种公平性。

18.1.3 利益相关力量和复杂性

在公共事业领域，那些能够影响政府决策的公民拥有话语权。实际上，这种话语权通常通过民主选举产生，通常会出现政府人员的更迭带来由政府提供的服务的巨大变化。但是，这也可能会通过其他的并非民主的政府机构的形式来实现。问题是，所有的这些变更都有可能是短期的，并会带来公共事业战略方面大量和无法预知的变化。在分析制定公共事业战略时应对这种不确定性进行分析。

另外，对公民施加影响还有其他的方式——施压集团、运动甚至是暴乱和暴动。在世界银行，每年的会议都会带来变化的压力，但是各种观点更有可能是通过委员会和类似的会议来表达。这是十分重要的，因为这表明了公共机构是如何可以被游说并对决策施加压力。可以对利益相关力量进行分析——参看第 6 章——但这也仅仅表明利益相关者要比那些理论上指挥公共服务的政客们更有权力。我们会在 18.3 节中就其权力和民主方面继续讨论。

18.1.4 非营利组织中的特殊问题

非营利组织的定义十分广泛，包括慈善机构、志愿机构和其他的不属于国家所有的公共利益团体。这样的组织并不涉及向所有公民平等传递公共价值。另外，非营利组织和政府机构在资金来源上有很大的不同。公共事业政府机构从来自所有公民的税收中获得收入。非营利组织则从各种不同的私人、自愿人员和各种来源筹措资金。一个例子就是案例 18.2 中所描述的奥林匹克运动机构。该机构并不属于任何政府，它的存在是为了"通过运动来教育年轻一代，建设一个和平和更加美好的世界"，该机构需要不通过任何政府而维持自己的生存。

对这样的组织进行环境分析需要探讨两个主要领域。

1. 此类组织的准确的作用和目的：作用将会定义非营利组织生存和发展所处的环境。比如，国际红十字组织（在伊斯兰国家被称之为"红新月"）的作用就是减轻世界各地的穷困并带去人文关怀。因此它的生存环境就是那些需要此类援助的国家和政府、其他的救援机构，以及从这种组织的工作中获益的个人。实际上，这需要更为谨慎的定义来完整描述其生存环境。

2. 组织的资金筹措机制：实际上，每个非营利组织都需要资金支持来运作。这样的组织甚至可能需要彼此竞争来获得公共支持和公共资金。比如，2005 年为亚洲的海啸灾难所筹措的大量资金意味着，其他的活动可能很难筹措到足够的资金。也就是环境分析需要仔细考察组织当前和未来的资金来源，以及对类似组织的影响。还需要探讨一般运作模式和组织进行活动的国家或者地区的公众接受程度，因为这些都会对能否筹措到足够的资金产生影响。

18.1.5　分析公共事业战略环境

利用第 3 章的内容我们就可以对以上所述内容进行基本的战略环境分析，并分析其对公共事业领域的含义。如表 18.2 所示。

表 18.2　分析公共事业战略环境 [12]

阶段	商业战略技术	是否能应用于公共事业
1. 环境基础——开放式评估环境基本特性的定义和探讨（参看 3.2 节）	估计环境中的基本要素 • 市场定义和规模 • 市场成长 • 市场份额	可能是但需要重新定义： • 对公共服务的需求 • 提供公共服务的政治意愿 • 提供服务的相关资金筹措和成本
2. 考虑对环境影响的程度（参看 3.3 节）	一般性思考： • 变化：快还是慢？ • 未来是重复现在还是令人惊奇？ • 可预测还是不可预测？ • 对于组织的影响是复杂的还是简单的？	是，但是也许不容易进行分析。需要进行判断，尤其是要对政治和压力集团的影响进行判断 • 是否环境过于混乱而无法进行有效的预测？ • 对于组织来说有什么样的机遇和威胁？
3. 影响竞争环境的背景因素（参看 3.4 节）	PESTEL 分析和假定	绝对是 • 如果可能，进行预测 • 了解事件之间的内在联系
4. 分析市场成长阶段（参看 3.5 节）	行业生命周期	可能，但对这会在国家发生特殊变化时是什么样无法明确。
5. 行业具体要素：什么带来成功？（参看 3.6 节）	成功分析的关键要素	是，因为 KFS 会对成功的公共事业战略需要的优先权方面有所帮助
6. 行业中竞争力量平衡的具体要素（参看 3.7 节）	5 个力量分析	• 对"顾客"甚至"竞争者"来说可能（很多公共事业机构为了获得资金而彼此竞争） • "供应者"分析也是相关的，因为政府也会是有力的购买者 • 但是在一个垄断行业中很难看到合理数量的"替代者"和"新入者"
7. 行业中合作的具体要素（参看 3.8 节）	4 链分析	• 绝对需要进行这种分析——世界银行的例子说明了此重要性 • 网络分析也是十分必要的
8. 直接竞争者的具体要素（参看 3.9 节）	竞争分析和产品组合分析	• 这里很难找到任何显著的益处
9. 顾客分析（参看 3.10 节）	市场和细分研究	顾客分析是必要的，但需要在比公共价值和在公共世界中进行选择更为广义的概念下进行分析

关键战略原则

- 在公共事业战略中，对战略环境的分析要比在私营行业中进行分析复杂得多。主要原因就是公共事业战略涉及了范围广并且很难定义的课题——公共利益：公共利益涉及指定和实施公共决策的目标和机构。主要有两种公共事业模式——中央集权（管制）和自由市场（放任）。

- 政府利用市场定价和类似市场机制，通过市场机制来决定之前由国家垄断的商品的供求关系。实际上，在过去的 20 多年中，很多政府已经通过对国有企业私有化来从更大程度上利用市场。每个国家在利用市场机制的问题上都有各自的方式。任何对公共事业环境进行分析都必须要以各个国家为基础。与市场机制相关的还有两个方面的成本：首先是由于无法关闭一些效率低下的服务而带来的成本，因为这些企业提供重要的公共服务；其次就是为了确保市场机制能够为既定公共目标服务而进行监督的成本。

- 公共价值指的是由于拥有和控制某些产品和服务而给整个国家带来的好处。但是这样的价值需要在限制和监管价值的法律框架下评估。另外，公共价值需要平等来确保这种价值被传递给所有的公民。在一些环境中，公共价值需要一个监管者来处理市场中的不和谐。

- 在公共事业中，那些能够影响政府决策的公民拥有话语权。这种话语权可能会通过民主选举的形式表达出来，但是这会导致战略决策中的短视。这种话语权还可能通过一些压力集团和其他形式的利益团体表达出来。需要对这种话语权进行分析。

- 在非营利性行业中进行环境分析需要考虑组织的作用和目的。还需要找出资金的实际和潜在来源。这样的组织不能够依靠税收来维持它们的各种活动，并且需要获得各种资源的捐助，而这些受到众多因素的影响。

- 在商业企业战略中行业环境分析的九个阶段也可以在公共事业战略分析中采用，尽管需要谨慎应用。

18.2　分析公共事业和非营利行业的资源

如同我们在第 4 章所看到的，在商业战略中，可持续竞争优势概念十分强调以资源为基础进行分析。但是，公共事业一直以来被认为是非竞争性活动的——比如，公共消防和救援服务就是非竞争性的。如果在公共事业中不存在竞争，那么这里的资源分析就与商业战略中的分析完全不同。因此，第一个问题就是在公共事业中可持续性竞争优势是否还有意义呢？如果不存在"竞争"，那么资源要采取什么样的形式呢？

关于公共事业资源的第二个问题就是，此类资源不涉及竞争，与商业资源相比具有更广义上的种类。这里的种类指的是公共事业战略所能获得的资源的种类和与公共事业资源相关的成本。第三个问题是找到进行这些工作的工具。

18.2.1　可持续性竞争优势在公共事业中是否还有意义

世界银行的案例中，世界银行是独一无二的，并没有其他机构与之竞争。但是，如果世界银行的表现不尽如人意，那么各国政府可以拒绝拨款，因此从某种程度上说，世界银行不得不为得到资金而进行竞争。本章后面的奥林匹克运动的案例探讨了 5 个城市为获得 2012 年的夏季奥林匹克运动会的举办权进行竞争。该案例探讨了 5 个国家争夺举办权，这表明，公共组织也可以竞争——参看案例研究 18.2。不过这是否只是一个特例？是否大多数的公共事业机构与政府垄断类似很少参与竞争？答案取决于该国所采取的公共管理模式——公共事业管理模式。要进行资源分析，首先要找出政府采用的是哪种模式。

定义▶　很多年来，**公共事业管理模式就是组织进行其政治管理的模式**[13]。**在这种模式中，专业市政服务机构要扮演政府立法者的角色，并代表政府管理国家。公共事业还包括公共事业企业，比如电力或者电信，公众需要为这些垄断服务支付费用**[14]。在这样的机制中，竞争所起到的作用很小：比如，一家地区的警察力量通常并不会与其他的警察力量竞争来逮捕犯人。但是，警察力量的年度预算可能要与其他的公共服务比如国防力量竞争政府预算。从这种意义上说，存在着竞争的因素。重要的是，对于这些警察服务来说，警察们几乎并没有降低成本提高效率的动机，因为他们的服务主要还是垄断性质的[15]。一般来说，这样的警察力量模式的决策并不需要竞争优势残酷经济逻辑的介入。

在过去的20多年中，对于世界上很多国家政府来说，以上所描述的模式已经发生了变化，这种模式至少**定义▶** 在部分程度上已经被新型公共管理模式（NPM）所代替[16]。**新型公共管理是一种公共事业决策模式。在这种模式中，专业的市政服务需要面对更多的市场竞争，前国有企业被分割并彼此竞争以从市民那里获得更多业务。但是，国家某些领域仍然要处于政府的控制之下，比如国防。**新的模式提出了一种以市场竞争下获得更高效率为基础来运转政府的思想[17]。NPM[18]有6个核心问题——生产率、市场经济化、服务导向、分权化、政策和责任。但从战略的角度来说，关键的问题是这里要探讨的市场经济化。也就是说，本节并不会完整地讨论NPM的其他方面，这些可以在本章节后面所列出的书籍中找到。

NPM是以两个主要假定为基础的[19]。首先，是对政府服务的需求可以与服务供应无关。其次是可以把竞争引入到这些服务供应中去。我们可以通过考察那些把前国有行业卖给私营行业的国家中所发生的现象来进行讨论。这样的例子包括发电和电信服务。在私营化之后，对这些服务的需求并没有发生重大变化，所以就可以假定供应与需求无关的假定是正确的。而且，私营化是通过把垄断企业分为几个竞争性公司来把竞争引入到供应中去的。

从资源分析的角度来说，如果一个国家采取了NPM政策，那么其中就会存在竞争。由于篇幅有限，本书中不可能列出所有的证据，但很多公共事业管理[20]公共事业战略实施方面[21]的研究都支持这种结论。这就是说，对公共事业中以资源为基础的竞争进行分析是必要的。在公共事业领域中可以找到所有这些有形或者无形资源的竞争优势、核心竞争力、架构、声誉、创新能力和知识。读者可以回过头再看看第4章来获得更加全面的认识。同样，SWOT分析也可以用来概括这样的问题——第13章给出了主要内容[22]。

尽管以上的讨论主要还是集中于政府机构，但同样的基本原理也可以应用于非营利性组织当中。本章后面的奥林匹克的案例就表明了这种可能性。在18.2.3小节中对此有更为完整的阐述。

18.2.2 公共事业资源的特殊性质

除了竞争优势之外，公共事业资源分析还需要探讨公共事业资源的4个特殊性质：

1. 足够的适当的特定资源；
2. 公众力量作为一种资源；
3. 公共资源的成本和效益；
4. 劝导和教育作为公共资源。

足够的适当的特定资源

如同我们看到的，公共事业的某些部分主要是垄断性质的，比如国防、消防和救援服务，因此它们内部之间并不会彼此竞争。不管怎样，这类服务需要以"合理"水平的成本（"合理"水平通常是由该国进行管理的政客们制定）来提供其国家和政客们所规定的服务。无论如何，现在很多国家政府开始要以更高效率、更高水平服务并且更低成本来实现同种服务[23]——波利特（Pollitt）和博卡尔特（Bouckaert）把这些称之为"交易与平衡"。

定义▶ 为了达到这样的目的，**公共事业资源分析需要估计是否能够获得足够和适当的资源来达到政府所指定的目标。**所以分析资源的第一步就是要考察政府所设定的目标——比如，如果一家公共救护车需要在15分钟之内对紧急事件作出反应，就需要有适当数量的救护车和素质良好的医护人员。那么公共事业资源分析需要设定服务水平以及该国对可得资源的其他要求[24]。在商业战略区分竞争优势和类似的概念中并没有这样的资源分析方式。

在分析为了达到公共事业目标所需要的资源的时候，一个主要困难就是很难定义"足够和恰当"。原因是很多国家机构可能会有更多的资源。仔细研究所定义的目的以及要执行的任务，并和过去的经历和其他领域类似活动相比较，也许有助于克服这一困难。实际上，一个主要的决策要素之一就是，政府在以公共监管机构的政治判断为基础来决定"交易和平衡"方面的政策决策。本章后面关于帝王剧院（Kings Theatre）简要介绍了其中的尴尬两难境地以及所需要的政策决策：公共事业专门知识、对于重新选举的政治压力和本地的施压集团。资源分析需要考虑很多这样复杂的层面。

公众力量作为一种资源

在战略管理中，对资源的分析会集中在经济力量上，并会把现金和赢利性作为支配性结果。甚至是在领导和知识方面的人力资源分配也常常会根据它们能够带来的利润，或者是给员工或者管理增加价值来进行衡量。相比之下，公共资源则完全不同。

从定义上看，国家有着各企业所缺少的巨大权力。一个国家拥有三个独立但彼此影响的系统，而企业中并没有这些。这三个系统是：政治、市场经济以及公共管理和法律系统[25]。每个系统都是在更大的该国的人文社会环境中设立的——参看图 18.3 该国的公民参与并评判社会和机构的立法——民主并非必要条件。

从公共战略的角度上看，这种国家观点意味着公民认可或者默许了政府的作为以及决策。从这种意义上说，公民把他们的权力授予了公众的仆人——比如说，授予国防包围国家的权力，授予警察和法庭维持法律的权力。这种权力可以经过多次修正并构成公共事业战略的重要组成部分[26]。比如，政府可以决定采用单个企业无法做到的方式对环保问题给以更多的重视。**公众力量是国家政府所拥有的一个资源，包括源自政府的协同决策。对公众力量进行分析在指定公共事业战略时是非常重要的一方面。**

定义 ➤

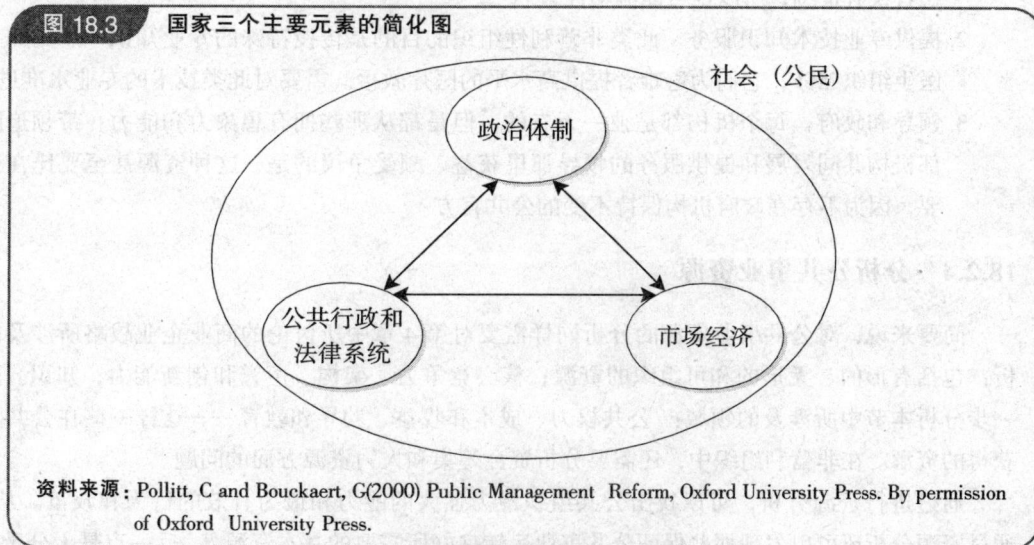

图 18.3　国家三个主要元素的简化图

资料来源：Pollitt, C and Bouckaert, G(2000) Public Management Reform, Oxford University Press. By permission of Oxford University Press.

公共资源的成本和效益

与政府拥有的权力相对应的还有成本。政府开展其政务，对国防、立法机构和其他政府活动领域进行投资都会产生成本[27]。这些成本还包括与滥用权力和非故意的政治决策的副作用[28]等——比如，为了给后代留下一个良好的环境，回收利用成了政府政策的一部分，分拣废品会产生较高的成本。重要的是，由于税收的限制，政府无法给这样的活动提供无限的资金。

定义 ➤　**为了能够以最小成本传递最大效益，就必须对公共资源进行分析。"效益"这里是指比在私营行业简单地为股东传递利润更为广义上的社会定义**——比如，与提供公共卫生水平相关的社会效益。这就意味着，公共事业管理者们的任务与私营行业中的管理者们有一些类似，但远为简洁并会带来深远影响。在实践中，公共事业可能会通过把资源投资在节省资源成本和改善结果之间作出战略选择。有人认为如果政府系统中存在节约空间，或者可以利用新技术来提高效率的话，这一问题就能够得到解决[29]。以其他资源为基础的解决方案，还包括之前讨论过的私有化和设立公共事业服务品质、服务标准来对部分公共事业作出比较——也许是对国家不同地区的医疗进行比较。

劝导和教育作为公共资源

与私人企业不同，政府可以通过劝导和教育来帮助个人和团体改善他们的生活[30]。比如，政府可以设立公

共教育计划向公民演示如何防火。这可能会和消防服务本身一样有用和富有成效。政府的作用意味着一个公
定义▶ 共事业资源并不能对每个企业开放，需要在以资源为基础对公共事业活动的分析中考虑。**因此，对公共事业
资源进行分析就需要考虑到，政府的劝导和教育是否也可能是资源，如果是，那么它们如何和在什么地方被
使用。**

18.2.3　在非营利行业中资源的一些特殊性质

与公共事业不同，非营利行业的资源需要得到来自于非税收方面的资金：它们需要从私人来源筹措资金。
大部分此类机构需要依靠公共捐款和某种商业支持。不可避免地，这就产生了为了获得资金而进行的竞争，
尽管这对于那些参与此类活动的人来说也许是个灾难。为此类机构筹措资金已经成为需要谨慎分析的重要的
资源领域——这些分析涵盖了承包网络、品牌和声誉、激励组织支持者们的组织能力，很多支持者可能是志
愿者。

采用这种方式说明资源涉及了在非营利行业中尤为重要的资源分析的另外一个层面：人力资源。通常有
三种相关资源[31]：

1. 自愿协助筹措资金并提供服务。这样的帮助者会极为认真，是组织的真正力量所在。但由于他们是志
   愿者没有报酬，所以也可能流动性大。
2. 提供专业技术知识服务。此类非营利性组织的目的是传授特殊的专业知识——比如备受尊敬的无国界
   医生组织 MSF，它们为避难者提供高水平的医疗救援。需要对此类技术的专业水准进行资源分析。
3. 领导和政府。每个机构都是独一无二的，但是都从那些拥有想象力和能力，带领追随者、支持者和外
   部机构共同发展和提供服务的领导那里获益。颇受争议的是，这种资源甚至要比在公共事业中更为重
   要，因为不存在政府机构保持不变的公共官方。

18.2.4　分析公共事业资源

简要来说，对公共事业资源的分析同样需要对第4章中所讨论的商业企业战略所涉及的主要领域进行分
析：包括有形的、无形的和可组织的资源；核心竞争力、架构、声誉和创新能力；知识。另外，还需要更进
一步分析本节中所涉及的领域：公共权力、成本和收益、劝导和教育——这样一些在公共事业领域中所能够
获得的资源。在非营利组织中，还需要分析资金筹集和人力资源方面的问题。

通过进行资源分析，可以找出公共组织最为强大的能力和最为有效的行为和政策。从管理的观点来说，
通过资源分析还可以发现那些保证公共事业运转良好所需的基本资源[32]。后一点是十分重要的，因为公共事
业常常要涉及对一些日常工作进行高效率管理，以及一些私营行业的活动中所涉及不到的法律框架。

公共事业资源分析中最后需要强调的一点是：为了传递组织使命所必需的资源。我们将在下一节中探讨
这一问题。

关键战略原则

- 对公共事业的资源进行分析需要从两种分析公共事业模型开始，也就是，国家政府所采用的公共事
  业管理或者说新型公共管理。公共事业管理模型包括专业的公众服务机构，该机构代表政府以及为
  公民提供垄断服务，执行政府立法和监督政府行为。新型公共管理模型是一个公共事业决策模型，
  在这种模型中，公民服务职能中增加了更多的市场竞争，从前的国家垄断行业被分为若干部分，彼
  此进行竞争。但是，国家某些领域仍然处于国家控制之下，比如国防。
- 前者中并不支持竞争优势，而后者在前政府垄断行业中强调市场竞争的概念。对公共事业的第二种
  方式进行资源分析应包含与商业企业战略中类似的概念——有形的、无形的和可组织的资源，等等。
- 对公共事业资源进行分析还需要考虑另外四个因素：合理的和足够的目标资源；公共权力资源；公
  共资源的成本和收益；劝导和教育作为公共资源。

- 对公共事业资源进行分析需要对是否能够获得足够和合适的资源来达成国家目标和目的进行评估。这就意味着，对资源进行分析需要明了公共目标，然后才能对所要求资源进行分析。
- 公共权力是国家政府所拥有的一种资源，包括从政府处获得的进行集体决策的权力。对这样的资源进行分析在分析公共事业战略中是相当重要的。
- 对于公共事业资源的成本和收益来说，公共事业管理者的任务常常是以最小的成本获得最大的收益。这里的"收益"比私营行业中的简单地为股东获得利润有着更为广泛的社会意义。在公共事业中进行资源分析需要考虑这样的平衡。
- 公共事业资源分析还需要考虑劝导和教育是否会成为国家的可能资源，如果是，那么这些资源是如何和在哪里应用的。
- 如果是非营利性组织，那么就需要对组织的筹集资金的资源进行分析。另外，还特别需要对此类组织人力资源的三个方面进行分析：志愿协助、专业技术知识以及领导和监督。
- 通过进行资源分析，可以发现公共组织最为强大的能力以及最为有效的行为和政策。从管理的观点来说，通过资源分析还可以发现那些保证公共事业运转良好所需要的基本资源。

案例研究 18.2 2012 奥林匹克运动会：五大城市争夺举办权

奥林匹克是一个每 4 年举办一次奥林匹克运动会的公共组织。有 5 个城市竞争举办 2012 年的奥林匹克运动会。本案例探讨了 5 个城市为了争夺举办权而进行的激烈竞争。

背景

根据皮埃尔·德·顾拜旦（Pierre de Coubertin）所制定的奥林匹克章程，奥林匹克运动的目的是"通过运动教育年轻人来建设一个和平和更加美好的世界"。奥林匹克运动由国际奥委会（IOC）选择运动会城市，并需要各国奥委会以及组织国际性体育活动的国际性团体和机构的参与。

奥运会给举办国和 IOC 带来的收益

奥林匹克运动会为举办城市带来几个方面的收益。就积极方面来说，奥林匹克运动会会给举办城市带来国际声誉和上百万的与会者和游客，比如 1992 年的巴塞罗那、2000 年的悉尼、2004 年的雅典。举办国也可以从对交通、场馆和酒店方面的几十亿美元的新投资中获益。上百万的游客涌入举办城市，并会在他们逗留期间花掉大量的金钱，而且电视会在全球进行转播。从多方面来说，奥林匹克运动会的收益实际上是一种能让城市在世界上获得国际声誉的方式：2008 年的北京将是下一个受益者。

但是，奥林匹克运动会的发展历程并非是一帆风顺的。早期的奥林匹克运动会并不能够完全弥补其成本。奥林匹克运动会还会受到一些其他因素，比如冷战和运动中使用兴奋剂的问题。雅典运动会一直以来就备受关注，因为该城市兴建体育场馆的动作一直滞后，并且还很有可能超出预算。尽管存在诸多问题，但 5 个申办城市仍然坚信它们能够赢利。

除了给举办城市和国家带来的收益之外，奥林匹克运动会还会给奥林匹克运动本身带来好处。在 2001—2004 年期间，夏季和冬季奥运会为支持该活动提供了 42 亿美元的资金。奥运会最大的收入来自转播权——参看图 18.4——多年以来 IOC 已经对转播权

伦敦与其他四个城市本着竞争精神申办奥林匹克运动会。这种竞争精神对于任何企业来说都是有益的。

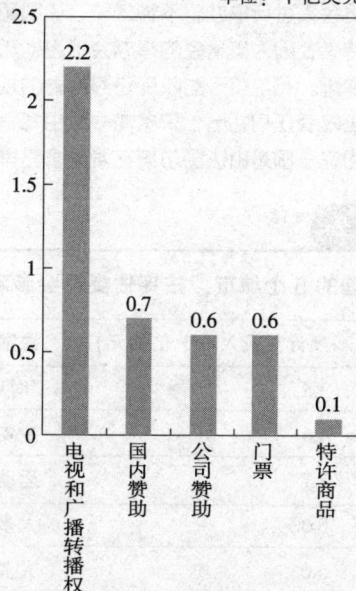

图 18.4	奥林匹克运动的收入
	单位：十亿美元

电视和广播转播权 2.2
国内赞助 0.7
公司赞助 0.6
门票 0.6
特许商品 0.1

收费的谈判驾轻就熟。1984 年，当时的 IOC 主席萨马兰奇（Juan Samaranch）开始第一次就此问题，也就是在卡尔加里（Calgary）进行的冬奥会的转播权进行讨论还价。由于一些西方国家联合抵制莫斯科奥运会，该行动遭遇了一些阻力。萨马兰奇着手对奥运会进行改造，以便让奥运会变得更能适应媒体的要求——比如，奥运会的举办时间包括两个周末——这样就可以吸引到美国电视网购买转播权进而改善奥林匹克的经济状况。萨马兰奇获得了成功，至此奥林匹克运动会开始执行以转播为主导的营销战略。只要与其使命不发生冲突，公共事业机构就会积极从商业机构寻求资金支持。

奥林匹克申办过程

在经过对申办城市的初步选择过程之后，IOC 会邀请所选择的城市提供详细的申办申请，对它们将会如何举办奥运会进行详细的解释。IOC 有一整套在多个领域的详细标准来决定举办地，比如政府支持、公众看法、基础设施、安全、场馆、住宿和到各场地的交通等。申办城市会指定详细的计划，代表 IOC 的评估委员会会对此进行考察。这些考察人员会对每个申办城市的具体情况提供相近的报告，但并没有最终决定权。就 2012 年的奥运会来说，报告在 2005 年 6 月提交给 IOC，2005 年 7 月在新加坡所有的 IOC 成员共同决定最终举办城市。

在评估期间，申办城市不允许接近 IOC 成员，否则将废除其申办权利。但是，一些 IOC 对于这种不得接触的政策颇有微词。一些评论表明，一些申办城市的代表在各场合"碰巧碰到"了 IOC 代表。这一严格规定出台的原因是因为一些代表受到指控在盐湖城申办 1992 年的冬奥会过程中收受了大额贿赂。还有很多坊间版本：一位代表向酒店服务台抱怨说他无法进入房间，因为房间里塞满了申办城市送来的礼物；另外一位代表据说收到了一只纯种宠物狗，因为有谣传说她喜欢小狗；还有人说性贿赂也是存在的。所有这些都使得 IOC 禁止任何会影响评估的尝试手段，从而保证对所有申办城市的独立审查过程。

获得 2012 年的申办权

所有的申办城市在 2005 年的 3 月和 4 月向评估委员会做申办展示。文本框 18.2 所示为 5 个申办城市。需要注意的是，并非由国家或者当地政府，而是由当地政府和社会团体的代表所组成的一个独立的委员会来进行申办。不管怎样，该国和当地政府都是申办的坚定支持者，因为奥运会的举办会给当地和国家的基础设施带来巨大的变化。和之前不能收受任何好处的规定一样，评估委员会也被禁止收受任何礼品，只参加一个由每个申办城市举办的招待会：比如在法国是由法国总统在爱丽舍宫举办，在英国是

由英国女王在白金汉宫举行的招待会。

因此多年以来，获得举办权受到诸多限制。无论如何，多年积累的人际关系网络对于赢得举办权是十分重要的。法国在这方面就存在着一定的优势，因为法国的申办团队在 2008 年奥运会申办过程中与有关方面进行了大量的接触，虽然最终没有成功。而且法国的很多场馆也十分先进。一些委员比较青睐伦敦和马德里，因为它们兴建了更多的基本运动设施，而最终评估的标准之一就是新兴建的场馆和设施在举办奥运会之后还能给当地带来更多的好处。纽约的申办包括很多优秀的场馆提案，包括使用 Yankee 体育馆、Giants 体育馆和 Flushing Meadow。但在某个新场馆的计划许可上存在问题。莫斯科的申办提案中，会使用多个为了之前的体育运动会而兴建的场馆，并在交通设施和体育设施方面更为完整。

在新加坡举行的实际申办过程中，在每一轮都会淘汰掉一个城市。最后的胜者是伦敦。尽管 IOC 并没有给出他们的理由，但很有可能是因为他们的提案符合 IOC 所提出的，要有一个新的并且更能持续使用的重建项目。还有可能是因为伦敦的申办团队对 IOC 成员的密集游说，要比法国的谨慎的说服更为有效。

案例问题

1. 采用以资源为基础的战略发展观点来分析奥林匹克运动会的申办过程。
2. 公共事业机构为了利益而讨价还价是否合适？
3. 从奥林匹克运动中，就公共事业战略方面，能够得到什么样的经验教训？

战略课题　苹果和国际音乐工业

奥林匹克运动会在刚开始时只不过是举办由业余体育爱好者参加的小型运动的国际组织。该组织是友好的、支持性的和非商业性的。现在，奥运会已经成为一个大型的全球企业，并涉及了众多的体育组织、城市、政府和其他机构。该运动完全依靠电视转播权以及其他形式的商业赞助获得了 2001—2004 年期间的 40 亿美元的活动经费——每年大约 10 亿美元。业余运动员现在已经被专业运动员所取代。

奥运会是否已经变得过于商业化？如果是，那么如何对此进行改造？你会采取什么样的战略？你会如何来说服奥林匹克运动的各方——包括获得金牌的国家和运动员——你的提议在哪些方面要优于现有的奥运会？

文本框 18.2

2012 年候选的 5 个城市，按评估委员会参观顺序

候选城市	预计总投入（十亿美元）	提案场馆
马德里	3.5	"对项目的所有方面所作的环境监管值得敬佩"。主要场馆彼此很近，离市中心也很近
伦敦	4.6	主要场馆位于东伦敦的重建场地，在市中心的著名的比赛地点也有一些赛事
纽约	2.7	运动员村位于西曼哈顿的体育馆 East River，哈德森河上有船只通行
巴黎	5.0	大多数场馆已经建好，80% 距离奥林匹克村仅 10 分钟
莫斯科	5.0	大多数场馆位于莫斯科河边的 5 个场所——71% 已经完工

18.3 公共和非营利组织的使命

公用事业组织要面对一个商业组织并不会遇到的困难。公用事业组织至少在部分程度上要受到那些政治人物的指挥，而这些政治人物是需要进行重新选举的——而商业组织就不需要。这就意味着，公共事业机构的目标有的时候在选举过后会发生重大的变化。这也意味着在公共事业中要制定和执行长期的战略会很困难。因此，奥林匹克举办城市的选择标准之———参见案例 18.2——就是，所有的政治党派都应该支持申办，这样才能确保奥运会不会受到政治变动的影响。

非营利性组织由于要依靠志愿者通常是无偿的帮助，这些常常相对来说是不可预测的：由于各种原因，这种帮助甚至会毫无警示地被撤销。而且，与商业组织不同的是，很多公用事业组织并没有那些希望能从投资中获得收益的股东。在非营利性机构中，它们的目标可能会没有增加股东价值这样的目标这么精确。它们的目标可能会很难衡量，甚至，它们的衡量标准也可能是不恰当的：比如，很多志愿团体帮助那些病人和病危者，这些当然要比一系列的统计数字更有价值。那么，公共组织如何来确定它们的目标？我们会从三个方面来讨论：

1. 利益相关力量和公众的意愿；
2. 探讨和重申目标；
3. 困境和冲突。

18.3.1 利益相关力量和公众的意愿

在制定公用事业组织目标的过程中，"对于公共和非营利性组织（以及社团）来说关键是获得重要的利益相关力量的满意"[35]。要探讨公用事业组织的目标，就要从探讨利益相关者的观点、看法和判断开始。在第12 章我们讨论了利益相关者的概念，并强调了分析利益相关力量的影响的必要性。因此，读者可以参看前面的章节来加深对该课题的理解。

除了利益相关者理论之外，公共事业还有赖于那些把它们的观点传达给政治人物的公众，这种传达是通过公共选举中的选票来进行的。这通常适用于政府组织，但并不适用于非营利性机构。卢梭（Rouseau）[36] 和约翰·斯图亚特·穆勒（John Stuart Mill）[37] 的关于确定公众意愿的主要原则中对此有所论述。但是，正如诺贝尔·森（Nobel Laureate Amartya Sen）[38] 所指出的，类似的思想还可以从其他非西方的国家，包括印度和日本的领导者，以及其他的穆斯林思想家那里发现。他说："民主可以被看做是参与论证和公共决策的机会——就像政府通过讨论所做到的那样。"从这一定义来说，民主远远不止是几年一次的全国选举那么简单。

由于一些战略决策是复杂的并且要依赖于专业知识，所以在制定公共事业战略上存在着问题。有时候公众对这样的事情无法完全知情，即使他们能够参与到上面所说的"参与论证"的过程中[39]。所以在公众知情权和公共事业的成果之间不可避免地存在着一定的张力关系。也就是，公众的论证和决策需要是成熟的和富有远见的，同时还应该允许公众表达他们的观点甚至进行投票来表达，即使他们是无知的[40]。英国前首相温斯顿·丘吉尔认为"民主是最糟糕的政府形式"就准确地表达了这种困难。

在制定公共事业战略的时候，有时候忽略公众的意愿会带来很多问题。因此，在制定公共事业战略目标的时候尝试理解公众的观点是相当重要的。但是，鼓励和代表公众观点的方式有很多种[41]。丘吉尔关于民主的观点可以被延伸为：在决定公共事业战略目标的时候需要有多种方法来确定公众的意愿。

18.3.2 探讨和重申目标

要想对战略目标进行定义，首先就必须了解公用事业组织的基本权力——到底组织要做什么？组织要为谁服务？组织必须要能够满足特定的社会或者政治需要。如果有必要的话，这必须要通过那些基本的正式的章程或者其他法律、宪法来确定。这样，根据第 6 章中的基本原则，组织的使命需要明确地被表示出来。探讨组织在某一时期的运作战略环境能够显示出它的目标。比如，世界银行的目标是要减轻世界公众的痛苦，在非洲艾滋病肆虐的环境导致世界银行重新定义了其在该地区提供经济援助方面的目标。

对于很多公共和非营利组织来说，其使命可能还需要考虑利益相关力量的最终导致成立该组织的那些初始动机。对于某些志愿者组织来说，这可能就是推动它们前进的力量[42]。这样的目标有时需要在制定战略的时候得到重申。

18.3.3　困境和冲突

公共事业目标中存在的一个问题是，很多表述必须要考虑相冲突的目标[43]。比如，世界银行一直急需找到更多的资金来支持一些国家的发展，同时，世界银行本身对于这些国家支配世行资金的方式颇有微词[44]。更一般来说，我们可以定义出影响制定公共事业战略的两个困境。

1. 掌舵与划桨[45]：一些评论认为，如果政府能够集中注意力在掌舵——也就是制定政策、为相关公共机构提供合适的资金支持并评估其业绩，而不是划桨——也就是提供服务上，那么政府就能够在制定政府战略目标的问题上做得更好。这里我们不会做进一步探讨，但应该认识到，这种对政府职能的相互冲突的观点会直接影响到定义战略目标。
2. 改善公共事业表现和节约成本：对于这两个彼此矛盾的领域存在着各种看法[46]。要想适应社会、新文化和技术发展变化的需要，就要从改善公共事业表现开始。而强调减少政府对公共服务的干预并让市场来决定到底什么才是真正的需要，带来了节约成本观点的出现。同样，我们在这里并不需要做进一步的探讨，但应该认识到，需要清楚这些冲突，并且在目标环境中应该对此进行研究。

实际上，这些和其他冲突会随战略环境和利益相关者的观点不同而不同。应该认识到并讨论这些状况。由于存在大量的不确定因素，如果这些问题没有得到解决，那么将很难定义出战略目标。

天键战略原则

- 在决定公用事业组织战略目标的时候，对于公共和非营利性组织来说，关键是让主要的利益相关者满意。对利益相关力量进行分析，并遵循主要利益相关者的意见十分重要。
- 除了利益相关者理论之外，制定公共事业目标还需要反映公众的普遍意愿。因此需要辨明和探讨公众的观点。对于普通公众来说，有时对于复杂的问题很难作出明智的选择，但需要认识并克服这些困难。
- 要想对公共事业战略目标进行定义就必须清楚公用事业组织的基本力量、其作用以及存在的原因。明白了这些，就会认识到组织的使命，并会定义出组织在当时面临问题的环境中的目标。
- 很多公用事业组织会有一些相互矛盾的目标。如果要成功地定义组织的目标并制定战略，就需要解决这些问题。

18.4　公共事业战略环境、内容和过程

辨明和定义了公用事业组织目标之后，现在我们需要制定战略来达到所制定的目标。采用常规性模式，比如第 13 章和第 14 章中的基于资源的战略选择[47]。所制定出来的战略，尽管会有些变化，但基本和前面章节中所探讨的，以及下面在"内容"章节中所描述的类似。但是，由于我们主要研究的是公共事业战略，所以就需要避免重复之前所说明的领域。本章主要侧重于和商业企业战略所不同的地方。我们按三个常见的战略主题——内容、环境和过程来进行研究。

18.4.1　战略环境

通过对环境和资源进行分析，我们发现了公共事业和私营企业战略之间战略环境的不同：

- 过去 20 年中，从公共事业战略的公众管理模式到现在很多国家实行的市场驱动模式；
- 在公共事业中在不同的政策方向中经常存在的困境和冲突；
- 政治环境的短期性和不断变化的性质；

- 在部分非营利性组织中，资金筹集困难和对志愿者方面的依赖性很强。

在公共事业中，减少所用资源数量的压力、对国有垄断企业进行私有化以及降低成本的政策，这些都与战略环境有关。在政治、道德和社会问题上公众态度的改变可能会决定非营利性组织的环境。在分析公共事业战略环境的时候，除了这些问题可能还会涉及世界环境更为根本的变化。比如，全球变暖、贫穷和疾病、战争和冲突、互联网日益强大以及生态平衡所引起的伦理道德问题，所有这些都可能会是公共事业所要面对的重要挑战。每一个公用事业组织都有影响其制定战略的众多因素。关键是，由于政府和非营利性机构的作用和影响要比企业更为广泛，所以公共事业的战略环境可能更为复杂。但在公共事业中存在着战略环境变得过于复杂的风险。可以从三个方面来注意这个问题。

- 在战略目标上制定一些优先：可以通过团体会议找出那些会对目标和战略产生重大影响的要素。
- 利用情景假定来找到那些重要的战略环境问题可能会带来的后果。这会有助于评估某些状况可能的后果。
- 保持战略环境分析的简洁。复杂和精细的过程更有可能会让人困惑，而不是发展制定出可行战略。

18.4.2　战略内容

如同在商业企业战略中一样，分析公共事业的内容同样也可以利用常规性战略概念[48]。布来森（Bryson）建议人们应该采取找到达成组织战略目标的"可行办法与梦想"的观点[49]。他认为，要找出影响获得成果的壁垒和克服这些壁垒的办法是非常有用的过程。最后，所作出的选择会逐渐变成具体的提案。这样的方式与商业企业战略中的方法并没有太多的不同，尽管在后者中并没有"梦想"这样的字眼。

在进行战略抉择的时候会出现这样的问题：第 8 章中所概括的商业企业战略抉择是否可以应用于公共事业中呢？这种抉择与两个泾渭分明的领域有关：与战略环境有关的抉择——比如波特（Poter）的一般战略，和与战略资源有关的抉择——比如降低成本和以资源为基础的抉择。公共事业战略中也可以采用这样的战略吗？

首先我们探讨以环境为基础的抉择，波特是这一领域的主流战略家。商业企业战略环境抉择不可能被应用于公共事业战略中。引用伦敦大学的爱文·佛利（Ewen Ferlie）的话："由于把注意力主要集中在市场、获利性和竞争力上，（波特）模式很难真正得到完全执行，就像价格、市场和利润在公共事业领域中都不够发达一样。"[50] 不管怎样，佛利得出结论，由于把以市场为基础的概念引入到了公共事业中，波特方式还是有一定道理的，"Porterian 的模式对于公共事业的监管者和买家来说是非常重要的，该模式会引导他们完成市场开发的任务。"[51] 所以，这些方式可能在公共事业战略的新型公共管理中更为合适。另外，如果能找出在资金和人员环境中所可能发生的竞争将有利于制定非营利性事业中的战略。

以资源为基础进行战略抉择，就可以把注意力集中于某些竞争资源，这些资源可以帮助一些公共事业团体为他人提供优质公共服务[52]。可以再次引用佛利教授的话："以资源为基础的模式可以被应用于公用事业组织，因为它们的无形资产肯定与它们在重要的比如战略变化的管理任务上的变化有关。"[53] 因此，基于公共事业资源分析而作出的抉择是有一定道理的，其中包括必要的降低成本。

下一节我们会探讨进行抉择时的突发性战略。

18.4.3　战略过程

由于公共事业中的一些不确定性——在政治层面上的政权更迭以及在一般意义上的不可预见的灾难——一些公共事业战略家更青睐第 7 章和第 12 章 Quinn 的受控制的混乱或者逻辑渐进主义[54]。这包括在组织整体目标内的一系列小决策，而每一步的结果都会决定下一步，也就是说，战略发展的突发过程。除了这一概念之外，第 11 章的"以学习为基础的战略推进途径"几乎没有得到深入的探讨。无论如何，被称之为"椭圆形定位过程"似乎从以学习为基础的方法中借鉴了很多。该理论是斯特拉思克来德大学（Strathclyde University）的科林·伊登（Colin Eden）以及布来森和其他教授共同发展的[55]。

另外一个被一些公共事业战略家们[56]所青睐的观点是林德布罗姆（Lindblom）的理性渐进主义。他在大约

50年前完成了一篇名为《边际调试科学》（Science Of Muddling Through）的论文，该观点至今仍被人们赞同并引用[57]。重要的是，林德布罗姆认为在公共事业战略中分析所有可能的选择是完全不可能的：因为这涉及了太多的因素，从经济施压影响的政治观点，到社会的趋势。他着手制定了另外一个战略过程，该过程更为现实，并把注意力更为集中在小规模的和渐进的决策。这种观点与理性渐进观点的差别就在于，林德布罗姆并没有提到利用一个阶段的成果来决定下一个行动。"边际调试"从这方面上来说更为基础性。布来森认为林德布罗姆的观点在某些环境下是真正有益的：它可以降低风险，把一个项目分为若干个可以完成的小步骤，轻松实施，快速做出真正的改变，提供反应迅速的回报和收入[58]。

波利特和博卡尔特（Pollitt 和 Bouchaer）采用类似的办法对公共事业进行了分析，他们认为在很多情况下要通过采取小步骤来获得大的变化。

为了发起、维护和实施一个复杂的战略来进行改革需要有特定的前提条件，而这种前提条件在公共管理改革的现实世界中很少能够得到满足……因此，提到"战略"常常是一种对某一套过程的理想化或者是一种后设理性。这种过程常常是具有局限性、反应性并且具有不稳定的优先性[59]。

所有的这些观点都认同公共事业战略发展过程的小规模、递增过程的现实主义。

评论

由于各种原因公共事业战略的战略环境相对来说是不够确定并且很复杂的。很难评估是否公共事业战略要比商业企业战略更为复杂。关键是，公共事业战略的发展有很多方面，这使得很难对它进行管理。这表明，需要谨慎对待公共事业战略的根本变化——只有具备了非常清晰的远见、强有力的领导能力和大量的资源才能做到[60]。在很多情况下，在公共事业战略中采用渐进主义可能会是更好的选择。

关键战略原则

- 由于各种原因，公共事业战略的战略环境要比商业企业战略中的环境更为广义一些。但也存在着战略环境过于复杂而难以把握的风险。三种方法可以简化这一过程：优先、场景预演和简化。
- 公共事业战略的内容同样遵循在一些商业企业战略中通常会采用的选择路线。但是，这些选择常常会与战略环境有关。由于很多公共事业机构中仍然缺少市场机制，所以要谨慎地处理战略环境。不管怎样，可以运用以资源为基础的分析中的观点。
- 关于战略过程，公共事业的不确定性使得把"理性渐进主义"作为一种进程更为受欢迎。另外一种方式就是"边际调试"。这种方式尝试把公共事业战略分解为一系列的小决策。
- 重要的是，很多战略学家认为，公共事业战略中的战略决策常常会需要在资源和领导力方面承担众多义务。这样的一种方式在实践中并非易事。

18.5　公共事业战略的实施[61]

和商业企业战略一样，有效地实施所制定的公共事业战略是相当重要的。这需要仔细筹划，并且被迅速和顺畅地得到执行。另外，执行的形式有赖于计划变革的规模。

- 在战略方向上的重大变化：这需要有一个强有力的支持者和实施者的团队、对所要求变革的清晰了解，对于变革的主要元素相当理解，并且拥有执行任务所需要的足够资源。
- 战略方向上的渐进变化：这是在一些受到影响的方面有所保留——甚至反对进行战略变革的情况下比较好的选择。可以进行小规模的计划实验、采用以学习为基础的方式，并且宣传初始行动的结果，这样其他人可以分析其最终后果并作出调整。

除了这些基本要素之外，公共事业战略的执行还需要制定出某些特定领域具体的、可评估的计划。

- 评估和了解所增加的价值：如果成功的战略会增加价值，如同本书所说，那么那些执行战略的人必须要了解所增加的这些价值、组织目标和所要采取的战略。因此需要有一个教育和解释的阶段。为了能够克服执行战略中的障碍，相关各方有必要达成一致。

- 克服困难：在大多数的战略执行过程中都会出现问题。认清这些问题是十分重要的。这就意味着要建立起相应的监督机制并设立进程标尺。

- 简要评估：应找出是否达到了战略目标。战略进程中应包含这种评估。布来森对此过程的两个方面有一个很清楚的区分：一个是输出，也就是执行战略中所采取的行动；另一个是结果，这些变化所带来的更广义的后果——尤其是那些所发生的标志性的变化[62]。他认为，要作这样的评估可能会很困难并且很耗费时间，但是明白是否新的战略能够获得更好的结果是非常重要的。最近这也被用来衡量那些很少对战略变革的成果进行评估的众多管理者——很明显这对于过于官僚主义的管理来说是一剂良药[63]。

- 新的组织和文化：有必要重新组织现有的公共事业领域，招募新员工或者重新定义管理职能。为了确保变革的长期性有时候甚至有必要重新定义组织文化。从一开始整体的计划中就需要包括这些部分，但也应该认识到可能要花费数年来完成这些。英国的某些公共事业战略忽略了这里所存在的困难[64]。在公共事业和商业领域中，人们需要时间去学习、调整和适应新的情况。第15章解释了这里所涉及的原则。

- 认识到灵活性的必要：几乎不存在只有一个单一的清楚结果的公共事业战略。很多战略会受到质疑，还有一些需要在周围战略环境发生变动——包括政治变动——的时候进行调整。因此，在执行战略过程中应对这些问题保持警觉，并且当事件发生的时候尽快作出反应。

在公共事业中，某一段时期中预算的分配也常常会成为影响战略执行的重要因素——"没有钱，就不会有战略"。问题在于，这样的预算要受到政治压力的限制，并且常常是短期的、渐进性的和反应性的。要克服这一问题并不存在简单的方法，但最好在制定预算之前进行战略规划。另外，认识到在制定战略中领导的重要性也是很重要的——对战略达成一致和拥有战略决策权都是非常重要的因素，而这些并不仅仅局限于"实施阶段"。从这种意义上来说，整个战略的执行应该重新被定义为一个更为广泛意义上的正在进行中的战略发展过程中的一部分，而不是在战略制定完成之后的一个附加进程。

评论

应该注意到，公众的仆人要参与到制定战略，他们对于战略的制定有着重要的责任。引用 Robert Reich 的话说：

> 那些制定公共政策的人——选举出来的官员、公务员、政策分析家——的核心责任只不过是尽可能找到人们想要什么，并确定和实施最好的方式来满足这些需要。他们的责任还有为公众提供可能的服务的多种选择，去启发人们的认可、激发对于价值和假定的再审视，因此来扩大潜在的反应并深化公众对社会本身的理解[65]。

关键战略原则

- 需要仔细地计划才能够迅速和顺利地执行公共事业战略。

- 战略执行的形式取决于所提出战略的规模。重大的变革需要大量的支持。小一些的变革可能最好以渐进的形式来处理。

- 在执行公共事业战略的过程中，明确所增加的价值并向那些执行战略过程中所涉及的人员进行说明是十分重要的。同时还有必要找到克服新战略实施过程中不可避免出现的困难的办法。

- 在战略被执行之后应进行简要的评估，以认清是否获得了计划中的改善。但是，这一过程可能颇费时间，并且可能会过于官僚主义。

- 一些新战略可能会需要新的组织结构和文化。从开始阶段就把这些包含在战略执行当中可能要耗费很多时间。但这一过程绝不应被忽视，尽管这一过程可能会需要几年来完成。在环境发生变化的时候，战略执行过程需要有一定程度的灵活性。

- 对于新的战略来说，制定预算也是相当重要的，最好在制定战略之后进行。重要的是，这只不过是一个涉及范围更为广泛的执行过程的一部分，这一执行过程需要得到关键决策者的赞同。整个战略的执行应该重新被定义为一个更为广泛意义上的、正在进行中的战略发展过程中的一部分，而不是在战略制定完成之后的一个附加进程。

案例研究 18.3 "我们是否要关闭帝王剧院？"——朴次茅斯市市议会艰难的战略选择

2003 年 7 月，朴次茅斯市市议员面临着一个艰难的战略选择：是否要停止对该市帝王剧院的财政支持？

帝王剧院，在 2001 年才重新开业，2003 年初该剧院所属的商业运营公司因负债 20 多万英镑而宣布破产。剧院停业可能会引起民众的强烈不满，而且与该市"两个剧院"战略相悖。可是继续营业将会引起重重的财务问题，并且风险很大。本案例主要对该市的可做战略选择进行探讨。

市议会并不是营利机构。市议会对选民们负有更广泛的职责——它要提供一系列的与教育、社会福利、艺术和体育等相关的服务。中央政府对一些必须由当地政府提供的服务，如教育和社会福利，有严格的限制规定。在一些服务上，如对当地图书馆和体育活动支持的力度上，市议会有一定的选择权。市议会的难题是如何利用有限的预算兼顾各方面的需求。如果资金投入不足，或者是牵扯到当地人民的自豪感和热情的时候，就更难作出选择。作为政治家，市议员们当然都希望重新获选。本案例将利用这一棘手的案例分析一下典型的战略决策组合——深受民众喜爱的剧院即将关闭，并被一家全国性啤酒连锁店收购，改建成酒馆。

> "作为一个热衷于文化事业的城市，我们必须迎接挑战，对我们的剧院采取必要的行动。"
>
> ——前市议会主席 弗兰克·沃利奇，2003 年 4 月

朴次茅斯市拥有 17 万多人口；每年的财政预算大约在 2 亿多英镑。因而我们很自然地认为该市是进行现场戏剧演出的好地方。该市是旅游胜地，并且当地企业，如 IBM 欧洲总部以及小型的制造企业，为当地提供良好的就业环境。但是剧院的发展受朴次茅斯市的历史影响很大。在 20 世纪 50 年代，该市拥有 4 家剧院，并且总是座无虚席。而到了 20 世纪 90 年代末，仅有两家大剧院幸存——帝王剧院和新皇家剧院；此外还有一家小型的、经常上演一些实验戏剧的艺术剧院，然而该剧院为了节省开支，在 2003

年中迁址。

我们不难发现造成剧院不景气的原因：众多电视节目、私家车的普及使人们可以选择到更远的地方观看表演，及民众对夜总会或其他更暧昧的娱乐活动的需求。这些趋势在朴次茅斯市，乃至整个英国都很普遍。许多地区剧院靠当地市议会的财务补贴而得以生存。然而，事实上大多数朴次茅斯市市民已经不再经常光顾戏院，因而戏剧市场需求有限。此外，仅存的一些观众也是为了一些搞笑表演，而不是为了观看严肃的现场演出，如歌剧、大型戏剧和芭蕾等而光顾剧院。

剧院停业与该市于 1999 年起草的"朴市，两个剧院"的战略背道而驰——见文本框 18.3。该战略的想法是一家剧院，即拥有大约 1500 个座席的帝王剧院，进行大型的流行音乐剧、娱乐节目和戏剧节目的演出；一家剧院，即拥有大约 500 个座席的新皇家

受到彻底停业威胁的朴次茅斯市帝王剧院已经成为备受关注的政治焦点。

文本框 18.3

帝王剧院——"朴市，两个剧院"战略

帝王剧院

- 1 500 个坐席，主要用于需要较大表演场地的大型巡演团和当地业余团体的演出。
- 20 世纪最美丽建筑，从来没有进行过现代化改造，停车场较差，远离市中心。
- 作为一个非营利的戏剧基金会，由市议会于 2001 年重新组织开业。
- 基金会在 2001 年成立了有限责任公司，并任命了新的经理和负责人，2003 年初因负债 20 多万英镑宣布破产，公司因此被清算。
- 最少需要投入 750 万英镑进行现代化改造。可能需要大约 1 300 万英镑的投入才能达到其竞争对手南安普顿五月花剧院的水平。

新皇家剧院

- 500 个坐席，主要作为小型的巡演团、当地戏剧教育活动和朴次茅斯大学戏剧和音乐表演用地。
- 20 世纪最美丽建筑——从来没有进行过现代化改造，部分被烧毁，所以不能进行大型表演，位于市中心，停车环境好。
- 最少需要投入 500 万英镑来进行现代化改造，及建造更灵活的演出空间。

▶

剧院，进行小型实验戏剧和音乐会的演出。此外，在城市的另一地点还有一家仅拥有 100 个座席的小型剧院，进行业余的戏剧表演和朗诵会。但是这并不是该战略的主要部分。因此"两个剧院"战略的目标就是保证每周观众达到 2000 人次，但是它并没有指出特定的观众群。虽然在朴次茅斯地区有一批忠实热情的戏剧爱好者，但是这一群体太小，还不足以达到这一目标。

"两个剧院"战略主要是依据两大剧院、两类不同的观众群的想法。这一想法目的是大型英国巡演在帝王剧院进行，小型演出在较小的新皇家剧院进行。这一战略本身就增加了市议会在两家剧院的预算。文本框 18.3 总结了这一战略的要点。然而英格兰艺术协会认为这两家剧院顾客需求不足，因而并不赞同这一战略。他们还指出这两家剧院并不能吸引特定的有待开发的缝隙戏剧市场。

> "一个研究表明朴次茅斯市的观众量并不需要两家剧院，所以我们一直支持新皇家剧院……新皇家剧院位于市中心，且与帝王剧院一样美丽，具有发展潜力。"
>
> 理查德·拉塞尔，英格兰艺术协会东南区
> 对外关系和发展负责人，2003 年 4 月

如文本框 18.3 所示，因为这两个古旧的剧场从未进行过现代化改造，使该市"两个剧院"战略实施起来非常困难。朴次茅斯是唯一一个拥有两座由伟大剧院设计师——弗兰克·马特汉姆——设计的古老而美丽的剧院的城市。到 2003 年为止，整个英国仅存了 23 座由弗兰克设计的剧院。但是这两座古老的剧院同时也给该市造成了巨大的经济负担。对此中央政府并未给予任何支持。国家文化遗产彩票基金会可能会对屋顶、墙壁的修缮和其他石灰修补给予财务支持，但是该基金并不能对相关的重大支出给予支持，例如废旧设备的更换和现代照明系统的引进等。这意味着如果文化遗产彩票基金会提供 300 万~400 万英镑修缮帝王剧院的建筑本身，那么朴次茅斯市就要相应地出资 300 万~400 万英镑来更换旧设备、安装新的电路和照明设施，以及新的音响系统。

另一个资金来源是英格兰艺术协会（ACE）。该基金不是为了保护建筑遗产而设立的，它主要对各地的艺术活动予以支持。例如，ACE 会对教育性舞蹈、戏剧节目和试验戏剧等提供资金支持。ACE 对帝王剧院的商业戏剧活动并不感兴趣。相反它看好新皇家剧院过去的教育倡议活动。它原本可以提供几百万英镑的拨款。然而实际上 ACE 并未对朴次茅斯市的两家剧院提供任何的财务支持。

市议会必须承担两家剧院翻新所急需费用的一部分。但是该市的康乐基金还要满足其他方面的需求，例如修建大型的游泳池和更换市博物馆档案处的办公室。五年内，可能会需要 1300 万英镑的投入。在分析是否要关闭帝王剧院时，我们也必须将这些问题考虑在内。因为剧院停业将会节省大量的资金用于其他文化建设活动。在对资金的不同需求之间，市议会需要进行复杂的战略均衡。

另外值得一提的是，各界对于翻新帝王剧院所需的费用存有争议。帝王剧院东海岸管理有限公司 2001 年起负责管理运作帝王剧院，并于 2003 年破产（有关该事件的详细信息见下文）。该公司的负责人戴维·里克森认为翻新需要约 300 万英镑。市议会在 2003 年 5 月收到的另一估算是 750 万英镑。一家愿意接管剧院，并将它完全用于其他商业活动的公司认为这需要 1300 万英镑。对帝王剧院作出任何决定都不能忽略剧院翻新所需的大笔资金。除

了翻新所需资金外，十年内市议会每年还需向其提供大额补贴。

在"两个剧院"的战略中，更大一些的帝王剧院将成为该市主要的商业性剧院，并希望它能够吸引全国性的巡演团来演出。然而 2003 年 7 月里，由于设备古旧，且急需大量资金投入，帝王剧院并未吸引到任何这样的巡演团来演出——见文本框 18.4。更重要的是，帝王剧院的两个主要竞争对手，南安普顿的五月花剧院和奇切斯特的节日剧院在 20 世纪 80 年代已经投入大量资金完成了现代化改造，成为现代化剧院。与朴次茅斯的两家剧院相比，它可以为巡演团提供更好的舞台设施及后台设备。帝王剧院仍用麻绳来拉开剧幕，而这在五月花剧院已经完全自动化。新皇家剧院由于在 20 世纪 70 年代学生纵火事件这一设备被烧毁，到现在也没有重新安装。

除了来自南安普顿和奇切斯特的直接竞争以外，帝王剧院还要面对来自朴次茅斯市其他各式娱乐活动地点的竞争——众多的喜剧俱乐部、夜总会和运动场所，以及位于市中心的市政府所属的音乐会馆等。甚至到伦敦市中心形式多样的知名剧院去看戏乘火车也只要 2 个小时。

由于拥有更现代化的建筑和舞台设施，在南安普顿和奇切斯特的竞争对手能够上演一些更吸引人的流行剧目。这也意味着其票价要高出帝王剧院——一般情况下，每一张票剧院能够获得 12~14 英镑的利润，而帝王剧院每张票仅能获得 6~10 英镑。这些竞争对手多年来已经拥有了一批来自不同地区的忠实观众。即使帝王剧院翻新后，也同样面临着激烈的竞争。

> "在现有情况下，如果得到政府不断的补贴，帝王剧院能够清偿债务，正常运营。"
>
> 萨姆·施罗德，剧院顾问，2003 年 4 月
> 完成对帝王公司破产案的研究后

由于竞争的存在，将来市议会将面临着一个重要的问题——帝王剧院是否能够达到其每年的财务目标。2001 重新开业，又于 2003 年破产，这使帝王剧院更难以实现其目标。这意味着即使每年从市议会得到 13.5 万英镑的补贴，剧院的收支平衡也不可能实现。

文本框 18.4

朴次茅斯帝王剧院——竞争对手

南安普顿的五月花剧院

- 1800 个座席，经过几年的发展，已经拥有了许多忠实的观众。
- 与帝王剧院相比，完全现代化的剧院。帝王剧院仍在使用 100 年前安装的设备拉开剧幕。
- 伦敦音乐剧首届一指，帝王剧院无法与其媲美。
- 位于市中心，停车条件好，而帝王剧院远离朴次茅斯市市中心，且停车条件较差。

奇切斯特的节日剧院，以及周边的小型实验剧院

- 1600 个座席，经过几年的经营，拥有众多当地观众。
- 现代化剧院，并制作自己的戏剧作品，一些还在伦敦上演。
- 紧靠市中心处，拥有自己的场地，且停车条件良好。

朴次茅斯音乐会馆、朴次茅斯的夜总会、喜剧俱乐部，以及其他小镇的，如费勒姆和哈文特的娱乐场所。

▶

作为"两个剧院"战略的一部分，朴茨茅斯市于 2001 年决定重开帝王剧院。该剧院原为汉普夏县议会所有，租借给了两个朴茨茅斯市市民。这两位市民最大程度上保护了剧院的完好。汉普夏以 1 英镑的价格将帝王剧院卖给朴茨茅斯市，并赠予了 15 万英镑"嫁妆"。而后该市投入约 30 万英镑作为紧急基金，并每年拨出 13.5 万英镑补贴剧院。该市认为剧院需要一定的时间来探索什么样的戏剧节目更适合其发展。

2001 年，市议会将帝王剧院租给一家基金会，该基金会又委托一家商业有限公司——六点制作来经营剧院。该公司的执行官戴维·里克森拥有一定的省级剧院管理经验。管理者在剧院战略发展方面起着非常重要的作用。因为他必须对什么剧目以何种条件进驻剧院进行演出作出正确的判断。戴维随后成立了帝王剧院东海岸有限公司，瓦尼萨·福特任戏剧制作人，戴维自己任执行总裁。如上文提到的，该公司于 2003 年破产。

发展一家新剧院通常都很困难，帝王剧院重新开业的前几年里进行试验性运营是可以被接受的。因此，2001—2003 年，里克森可以在一定的限度内，探索当地顾客的需求。然而，没有人预料到剧院会在 2003 年 3 月停业，而里克森也因病离职。

为了了解该公司破产的原因，以及破产可能对王剧院的造成的长期影响，我们有必要了解一下英国省级剧院是如何获取利润的。我们没有精确的数值，但是帝王剧院每年大约有 55 万英镑的营业收入。剧院并不是每周都营业，一年大约营业 30 周。有时因为当地的业余戏剧团或者巡演的歌剧/戏剧团的演出，剧院一周内都有表演活动。有时一周内只有一天或两天有知名的喜剧演员或歌手表演。执行总裁，即里克森，必须与巡演团和艺术家们商定演出条款。在现代剧院里，巡演团一般情况下将获得 7 成或更多的当期收入——见图 18.5。

为了吸引不同的演出团体，执行总裁有时需要作出一些具有风险的决定——例如，如果表演精彩，观众可能很多的情况下，剧院仅拿收入的 1 成。偶尔执行官可能还会与演出单位签订收入保证书——不管在当周票房收入多少。这样的保证书风险很大。因为它可能涉及一周 3 万英镑的收入，而市议会每年才提供 13.5 万英镑的补贴。所以一周就可能损失一个季度的补贴。

朴茨茅斯市重开帝王剧院时，给该剧院的基金会，进而是里克森的有限责任公司设定了 3 个主要目标，即：

1. 从当地民众中募集 15 万英镑作为对再生基金的捐款，同样也可以看出当地民众对帝王剧院活动的支持程度。这一目标于 2002年末实现。

2. 达到由公司自己制定的几项商业运营目标。六个月营业，六个月歇业，上座率达到 70%。当然市议会每年提供 13.5 万英镑的补贴。然而这些目标并没有实现——该剧院于 2003 年初破产。

3. 在 2002 年末，争取到彩票基金会 300 万英镑的投资，用于改善剧院设施。但是在剧院破产时，该目标也没有实现。即使剧院没有破产，这一目标也不太可能实现。

从 2001 年末到 2003 年初 18 个月的运营中，帝王剧院共进行了 350 场表演，售出门票 20 多万张。这一期间的经营状况比较令人满意。2003 年 3 月运营公司的破产使这一目标没有能够实现。我们还不清楚这 18 个月的运营中具体发生了什么事情导致了该公司的破产。可能是与一些演出单位签订了收入保证书——很明显就其营业收入和从市议会得到补贴来说，这样的保证风险过高。此外，剧院有时并不能保证 70% 的上座率。年平均上座率只能接近 50%。

另外，也有人认为公司的管理层并没有有效地控制成本。例如，2002 年 12 月到 2003 年 1 月，帝王剧院的年度童话剧演出亏损。一般情况下，省级剧院会利用其推出的年度活动来获取利润，并以此来为一年内的其他活动提供资金。所以这种亏损是很不正常的。然而，童话剧的亏损也可能是由于上座率不高导致的。我们还无法确定后者是否是事实。但是这一点很重要，因为缺乏有效的市场需求可能意味着该市并不需要两家剧院，即需要关闭一家剧院。

2003 年 3 月，有限公司倒闭以后，帝王剧院基金会聘请独立戏剧专家，萨姆·施罗德对此行调查。萨姆认为帝王剧院在市议会原有补贴的基础上是可以成功运作的。但是仍需聘请一位新的剧院总经理，而修缮剧院所需的大笔资金问题也仍然没有得到解决。

"如果只能保留一家剧院，我们建议保留帝王剧院。因为它设施更完善，有后台和飞塔。化妆室也凝聚了志愿者们的艰辛的劳作。如果废弃它的话，真是暴殄天物。"

培迪·特鲁里，帝王剧院运动的领导人

毫无疑问，如果帝王剧院倒闭的话，对于当地和全国的戏剧协会的一些成员来说是一件令人扼腕的事。一位知名的戏剧学家在关闭剧院问题上曾说"除非我死了"。2006 年，民众怀着极大的热情来募集资金庆祝剧院建造 100 周年。更重要的一点是，只

图 18.5　帝王剧院——各地议会拥有的剧院如何完成其财务目标

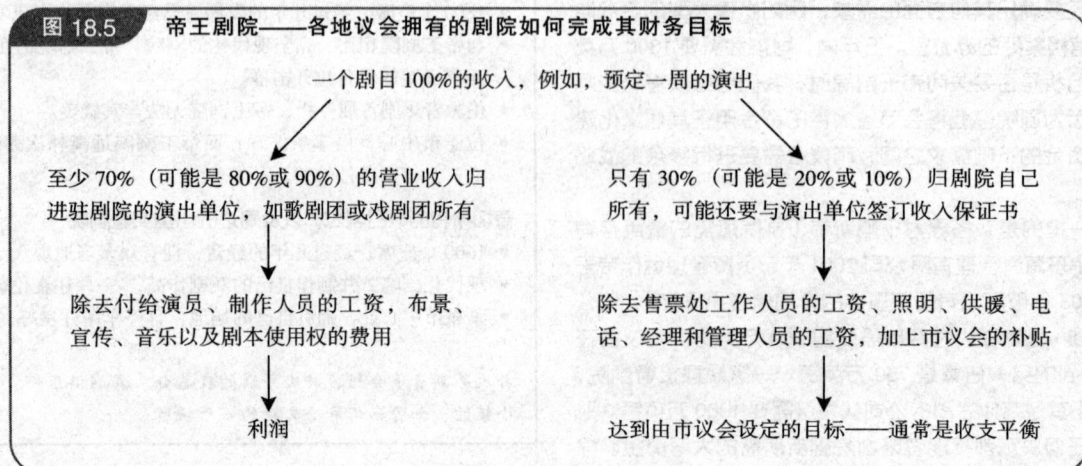

一个剧目 100% 的收入，例如，预定一周的演出

至少 70%（可能是 80% 或 90%）的营业收入归进驻剧院的演出单位，如歌剧团或戏剧团所有　　只有 30%（可能是 20% 或 10%）归剧院自己所有，可能还要与演出单位签订收入保证书

除去付给演员、制作人员的工资，布景、宣传、音乐以及剧本使用权的费用　　除去售票处工作人员的工资、照明、供暖、电话、经理和管理人员的工资，加上市议会的补贴

利润　　达到由市议会设定的目标——通常是收支平衡

有帝王剧院拥有完整的许多戏剧表演所必须的舞台设施——飞塔和后台。如果帝王剧院关闭，除非重新建造，该城将不会再有这样的设施。可能经过几年的一再延期，新皇家剧院才会有这样的设施。而该剧院的现有改造计划中并不包括飞塔。

该剧院还可以辟为它用。早在1999年，一个英国酒吧连锁公司——J D Wetherspoon曾表示有意向向汉普夏县议会购买帝王剧院，改做酒吧。据说它将保留剧院的外观，并投资进行内部修整，充分尊重其二级建筑的地位。重要的是，该公司在保护其购得的历史建筑方面一直都很受赞誉。但是，将不会再有现场戏剧表演。

在当地一家有影响力的报纸——《新闻》非常赞同这一方案：

> "这是一个痛苦的选择。这形同分开一对连体婴儿。牺牲一个，来拯救另外一个。尽管朴次茅斯市拥有两座建筑瑰宝，但其在戏剧方面一直落后于南安普顿和奇切斯特。所以停止对帝王剧院的支持可能是一个明智的选择，情况可能会有所改观。"

英格兰艺术协会也赞同这一选择。该协会的观点值得重视，因为该协会的观点可能会影响大量赞助资金的分配。该协会支持各地的艺术活动。

朴次茅斯市市议会还要面对当地持相反观点的支持保留剧院的游说团体。一位观察家总结当地的政治压力时说："任何一个政党都不想由自己来关闭剧院。"在市议会中任何政党都不占多数席位，三个政党拥有几乎相同的席位。在这种情况下，所面临压力将更大。如果由一个政党作决定，很容易受到另两政党的攻击。

当帝王剧院被关闭的可能性越来越大时，帝王剧院基金会也给出了自己的方案。一定程度上保留帝王剧院，剧院只上演本地制作的剧目——如当地业余戏剧协会的作品。该计划为期3年，每年需大约13万英镑的市议会补贴。实际上，这样剧院将不会与南安普顿和奇切斯特的剧院竞争。3年后，市议会再作进一步的决定。

帝王剧院可以作的战略选择已经很清楚：

- 获得大笔的资金支持，聘请新的执行总裁，作为一个商业性剧院继续运行。
- 将该剧院售给其他感兴趣的公司，并将市议会的有限资金投给新皇家剧院。
- 3年内，仅对当地开放，这需要每年13万英镑的市议会补贴。

重要的是，这三个选择都有重大的政治意义，且都是充分借鉴了当地人们意见所作出的判断。经过审慎的考虑，市议会里负责休闲娱乐的官员戴维·奈特建议关闭帝王剧院，并对其进行拍卖。他认为市议会的有限资金用来发展新皇家剧院。这一政策很可能会得到艺术协会的支持。

朴次茅斯市市议会就戴维的报告于2003年7月22日召开大型会议进行讨论。许多市议员深受帝王戏剧基金会的影响，而支持保留剧院的群众还进行了游行活动。经过长时间的激烈争论，市议会决定采纳第三个建议，即三年内，在一定基础上帝王剧院继续营业，每年市议会给予一定的财务补贴。议会认为尽管帝王剧院缺乏明显的客户需求，且会对新皇家剧院的发展造成影响，但是在一定基础上保有帝王剧院仍是最佳的选择。

2008年的形势

在2007年夏季的近三个月时间里，帝王剧院因进行内部修缮而基本关闭。这个项目一部分由市议会资助。剧院于2007年9月30日重新开业，上演了Gala百年音乐会。所有节目，包括戏剧、音乐和喜剧一直演到2008年。

同时，新皇家剧院也开始活跃起来。但是，由于指挥于2007年辞职，人们对剧院的前景表示疑虑。不过，试验剧院的所有剧目将得到朴次茅斯大学的赞助。

朴次茅斯剧院再现生机。

案例问题

1. 本案例的主要战略问题是什么？政治压力还是地方的决策问题？顾客需求？剧院利用有限的资金进行创新经营？你可以利用战略背景、内容以及决策过程的相关概念来组织你的答案。

2. 帝王剧院可持续性的竞争优势是什么？这些优势强还是弱？你可以利用有关战略的概念，如信誉和核心竞争力来组织答案。

3. 你会向市议会提出什么样建议？你选择了哪种方案？为什么？

4. 选择了一种方案后，应该采用什么样的战略性流程来实现这一方案？你要回答市议会需要与那些关键性人物进行商谈？需要制订怎么样的行动计划？

思考

公共事业战略：增加服务还是降低成本？

近年来公共事业战略中一个内在的主题是要把努力集中在哪里。一些人认为，对于公共事业来说要提高为公众提供服务的质量。另一些人认为，公共事业已经变得过于庞大，需要变小，即是要减少为公众所提供的服务。如果要制定战略就需要解决这样的冲突。所以要找到这一问题的答案。你站在哪一方？你的观点如何？

小结

- 在公共事业战略的战略环境进行分析要比在私营行业中的分析更为复杂。主要的原因是，公共事业战略要涉及范围广泛并且很难定义的"公共利益"：公共利益涉及制定和执行公共决策的目标和机构。有两种主要模式：中央集权和自由市场机制。市场机制的意思是政府利用市场定价和准市场机制来决定那些从前由国有垄断企业提供的商品的供求。实际上，在过去的20多年中，很多政府已经通过对国有企业私有化来更大程度上利用市场。每个国家在利用市场机制的问题上都有各自的方式。任何对公共事业环境进行分析都必须要以各个国家为基础。与市场机制相关的还有两个方面的成本：首先是由于无法关闭一些效率低下的服务而带来的成本，因为这些企业提供重要的公共服务；其次是为了确保市场机制能够为既定公共目标服务而进行监督的成本。

- 公共价值指的是由于拥有和控制某些产品和服务而给整个国家带来的好处。但是这样的价值需要在限制和监管价值的法律框架下评估。另外，公共价值需要平等来确保这种价值被传递给所有的公民。在一些环境中，公共价值需要一个监管者来处理市场中的不和谐。

- 在公共事业中，那些能够影响政府决策的公民拥有话语权。这种话语权可能会通过民主选举的形式表达出来，但是这会导致在战略决策中的短视。这种话语权还可能通过一些压力集团和其他形式的利益团体表达出来。需要对这种话语权进行分析。

- 在非营利性行业中进行环境分析需要考虑组织的作用和目的，还需要找出资金的实际和潜在来源。这样的组织不能依靠税收来维持他们的各种活动，并且需要获得各种资源的捐助，而这些受到众多因素的影响。

- 在商业企业战略中进行环境分析的九个阶段也可以在公共事业战略分析中采用，尽管需要谨慎应用。

- 对公共事业的资源进行分析需要从分析公共事业模型开始，也就是，国家政府所采用的公共事业管理或者说新型公共管理。公共事业管理模型包括专业的公众服务机构，该机构代表政府以及为公民提供垄断服务机构执行政府立法和监督政府行为。新型公共管理模型是一个公共事业决策模型，在这种模型中，公民服务职能中增加了更多的市场竞争，从前的国家垄断行业被分为若干部分，彼此进行竞争。但是，国家某些领域仍然处于国家控制之下，比如国防。

- 前者中并不支持竞争优势，而后者在前政府垄断行业中强调市场竞争的概念。对公共事业的第二种方式进行资源分析应包含与商业企业战略中类似的概念——有形的、无形的和可组织的资源，等等。

- 对公共事业资源进行分析还需要考虑另外四个因素：合理的和足够的目标资源；公共权力资源；公共资源的成本和收益；劝导和教育作为公共资源。对公共事业资源进行分析需要对是否能够获得足够和合适的资源来达成国家目标和目的来进行评估。这就意味着，对资源进行分析需要明了公共目标，然后才能对所要求资源进行分析。

- 公共权力是国家政府所拥有的一种资源，包括从政府处获得的进行集体决策的权力。对这样的资源进行分析在分析公共事业战略中是相当重要的。对于公共事业资源的成本和收益来说，公共事业管理者的任务常常是以最小的成本获得最大的收益。这里的"收益"比私营行业中的简单地为股东获得利润有着更为广泛的社会意义。在公共事业中进行资源分析需要考虑这样的平衡。公共事业资源分析还需要考虑说服力和教育是否会成为国家的可能资源，如果是，那么这些资源是如何和在哪里应用的。

- 如果是非营利组织，那么就需要对组织的筹集资金的资源进行分析。另外，还特别需要对此类人力资源的三个方面进行分析：志愿协助、专业技术知识以及领导和监督。

- 通过进行资源分析，可以发现公共组织最为强大的能力以及最为有效的行为和政策。从管理的观点来说，通过资源分析还可以发现那些保证公共事业运转良好所需要的基本资源。

- 在决定公用事业组织战略目标的时候，对于公共和非营利性组织来说，关键是让主要的利益相关者满意。对利益相关力量进行分析，并遵循主要利益相关者的意见十分重要。除了利益相关者理论之外，制定公共事业目标还需要反映公众的普遍意愿。因此需要辨明和探讨公众的观点。对于普通公众来说，有时对于复杂的问题很难作出明智的选择，但需要认识并克服这些困难。

- 要想对公共事业战略目标进行定义就必须从清楚公用事业组织的基本力量、其作用以及存在的原因。明白了这些，就会认识到组织的使命，并会定义出组织在当时面临问题的环境中的目标。很多公用事业组织会有一些相互矛盾的目标。如果要成功地定义组织的目标并制定战略，就需要解决这些问题。

- 由于各种原因，公共事业战略的战略环境要比商业企业战略中的环境更为广义一些。但也存在着战略环境过于复杂而难以把握的风险。三种方法可以简化这一过程：优先、场景预演和简化。

- 公共事业战略的战略内容同样遵循在一些商业企业战略中通常会采用的选择路线。但是，这些选择常常会与战略环境有关。由于很多公共事业机构中仍然缺少市场机制，所以要谨慎地处理战略环境。不管怎样，可以运用从以资源为基础的分析中得来的观点。

- 关于战略过程，公共事业的不确定性使得把"理性渐进主义"作为一种进程更为受欢迎。另外一种方式就是"边际调试"。这种方式尝试把公共事业战略分解为一系列的小决策。重要的是，很多战略学家认为，公共事业战略中的战略决策常常会需要在资源和领导力方面承担众多义务。这样的一种方式在实践中并非易事。

- 需要仔细地计划才能够迅速和顺利地执行公共事业战略。战略执行的形式取决于所提出战略的规模。重大的变革需要大量的支持。小一些的变革可能最好以渐进的形式来处理。

- 在执行公共事业战略的过程中，明确所增加的价值并向那些执行战略过程中所涉及的人员进行说明是十分重要的。同时还有必要找到克服新战略实施过程中不可避免出现的困难的办法。

- 在战略被执行之后应进行简要的评估，以认清是否获得了计划中的改善。但是，这一过程可能颇费时间，并且可能会过于官僚主义。

- 一些新战略可能会需要新的组织结构和文化。从开始阶段就把这些包含在战略执行当中可能要耗费很多时间。但这一过程绝不应被忽视，尽管这一过程可能会需要几年来完成。在环境发生变化的时候，战略执行过程需要有一定程度的灵活性。

- 对于新的战略来说，制定预算也是相当重要的，最好在制定战略之后进行。重要的是，这只不过是一个涉及范围更为广泛的执行过程的一部分，这一执行过程需要得到关键决策者的赞同。整个战略的执行应该重新被定义为一个更为广泛意义上的、正在进行中的战略发展过程中的一部分，而不是在战略制定完成之后的一个附加进程。

问题

1. 以你自己所在国家为例，分析公共事业中所采用的放任和集权政策。与其他国家比较。

2. 你认为以下的组织应采用什么样的公共事业战略？
   I. 一个小城镇的图书馆；
   II. 一个志愿者团体，志愿者会拜访孤寡老人；
   III. 有 10 万居民的繁华的城镇，拥有大量的从生产到休闲的众多工业活动；
   IV. 国家某地区的警察力量。

3. "改善服务质量的需要和品质一直是很多公共事业组织和那些资助者的重要任务。"（Exploring Pubic Sector Strategy, p250）以一个你所熟悉的组织为例思考这一观点：这一观点对于你所选择的组织来说是否正确的？该组织是如何对待这一问题的？应该如何处理？

4. 如果你被要求促使世界银行对世界压力承担更大的责任，你会如何去做？参考该机构现有的结构回答这个问题。

5. 温森特·S.丘吉尔说："民主是最糟糕的管理形式。"（参看 18.3 节）。这句话对吗？对于公共事业战略来说这句话有什么含义？

6. 选择一个公共事业组织进行利益相关者分析：可以是一个像学生社团或者俱乐部这样的自愿组织。这样的分析对于制定该组织的战略来说有什么意义？

7. 为什么在公共事业战略中很难应用波特的基于市场的概念？这一概念是否能应用于市消防和救援服务机构？

8. 一位非营利性重病患者服务慈善组织的首席执行官一直在担心收入不断下降，他认为那些能够更多地出现在公众视野中的组织已经夺走了很多资源。他向你求助。你会给出什么样的建议？

9. "要想发动、维持和实施一个全面的改革战略要求具备一定的条件，而这些条件在公共管理改革的现实世界很难得到满足。"
   这是 Pollitt 和 Bouckaert 的观点——参看 18.4 节。他们对于公共事业战略的根本性改革的前景是否过于悲观？这是否意味着在公共事业中进行重大的改革几乎肯定要遭遇失败？

进一步阅读

Bryson, J M (1998) *Strategic Planning for Public and Non Profit Organisations*, Jossey Bass, San Francisco, CA is one of the leading texts in this area and has strong, practical advice.

Two books on public administration are Lane, J-E (2000) *The Public Sector: Concepts, Models and Approaches*, 3rd edn, Sage, London and Frederickson, H G and Smith, K B (2003) *The Public Administration Theory Primer*, Westview, Oxford. Both provide useful summaries of the basics of theories that follow a completely different academic tradition from strategic management.

A text with substantial cross-country empirical comparisons and interesting comment is Pollitt, C and Bouckaert, G (2000) *Public Management Reform: A Comparative Analysis*, Oxford University Press, Oxford, which is well written and thought-provoking.

Three recommended texts on strategic management in the public sector are: Joyce, P (1999) *Strategic Management for the Public Services*, Open University Press, Buckingham; Bovaird, T and Loffier, E (eds) (2003) *Public Management and Governance* Routledge, London; Johnson, G and Scholes, K (eds) (2001) *Exploring Public Sector Strategy*, Pearson Education, Harlow.

注释和参考资料

1. Ferlie, E (2002) Quasi strategy: Strategic management in the contemporary public sector, in Pettigrew, A, Thomas, H and Whittington, R (eds) *Handbook of Strategy and Management*, Sage, London.

2. Lane, J-E (2000) *The Public Sector: Concepts, Models and Approaches*, 3rd edn, Sage, London.

3. Frederickson, H G and Smith, K B (2003) *The Public Administration Theory Primer*, Westview, Oxford.

4. Reference Lane, J-E (2000) Op. cit.

5. Reference Lane, J-E (2000), Op. cit; Frederickson, H G and Smith, K B (2003) Op. cit. and many other public strategy texts.

6. See many reviews. For example: Hood, C (1987) 'British administrative trends and the public choice revolution', in Lane, J-E (1987) (ed) *Bureaucracy and Public Choice*, Sage, London; Joyce, P (1999) *Strategic Management for the Public Services*, Open University Press, Buckingham; Pollitt, C (1990) *The New Managerialism and the Public Services: The Anglo-American Experience*, Basil Blackwell, Oxford; PoUitt, C (1993) *Managerialism in the Public Services*, 2nd edn, Blackwell, Oxford; Boyne, G A (2002) 'Public and private management: What's the difference?', *Journal of Management Studies*, Vol 39, No 1, pp97–122.

7. Sources for World Bank Case: The information for this case is mainly taken from the World Bank website which contains much material on the principle of open access information.

8. Some readers will detect a contradiction here but that is beyond the scope of this strategy text. You can explore it in: Lane, J-E (2000) Op. cit.

9. Lane, J-E (2000) Op. cit., p6.

10. Frederickson, H G and Smith, K B (2003) Op. cit., p193.

11. Back in the 1950s, Charles Tiebout attempted to resolve this problem by arguing that a theoretical competitive market could be created in a nation. It would need citizens to be mobile and different levels of public service to be offered in different parts of their country. If such citizens were able to shop around between local government arees for their preferred package of services and pay the taxes related to the choice that best suited their preferences, then such mobility would deliver 'the local public goods counterpart to the private market's shopping trip'. In essence, he was proposing a theoretical market in public services. Tiebold's hypothesis was that it was more efficient to have alternative government agencies competing rather than a centralised bureaucracy. For a fuller treatment, see Frederickson, H G and Smith, K B (2003) Op. cit., pages 193–4.

12. Bryson, J M (1998) *Strategic Planning for Public and Non Profit Organisations*, Jossey Bass, San Francisco, CA.

13. Frederickson, H G and Smith, K B (2003) Op. cit., p113, Lane, J-E (2000) Op. cit., p2.

14. Lane, J-E (2000) Op. cit., p305.

15. Lane, J-E (2000) Op. cit., p304.

16. Pollitt, C and Bouckaert, G (2000) *Public Management Reform: A Comparative Analysis*, Oxford University Press, Oxford.

17. Frederickson, H G and Smith, K B (2003) Op. cit. has a comparison of the two systems on p113.

18. Kettl, D (2000) *The Global Public Management Revolution: A Report on the Transformation of Governance*, Brookings Institute, Washington, D.C.

19. Lane, J-E (2000) Op. cit., p307.

20. See extensive reviews in Lane, J-E (2000) Op. cit. and Pollitt and Bouckaert (2000) Op. cit.

21. See for example, Ferlie, E (2002) 'Quasi strategy: strategic management in the contemporary public sector', in Pettigrew, A, Thomas, H and Whittington, R (eds) *Handbook of Strategy and Management*, Sage, London; Bryson, J M (1998) Op. cit.; Bovaird, T (2003) 'Strategic management in public sector organizations', in Bovaird, T and Loffier, E (eds), *Public Management and Governance*, Routledge, London.

22. Bryson, J M (1998) Op. cit. uses SWOT extensively with many examples in both the public and non-profit sectors in his text.

23. Pollitt, C and Bouckaert, G (2000) Op. cit. Ch7.

24. Brygon, J M (1998) Op. cit., Ch5.

25. Pollitt, C and Bouckaert, G (2000) Op. cit. p173.

26. See, for example, Hood, C (1983) *The Tools of Goverment*, Macmillan, London; Heymann, P (1987) *The Politics of Public Management*, Yale University Press, CT; Moore, M (1995) *Creating Public Value: Strategic Management in Government*, Harvard University Press, Cambridge, MA.

27. Lane, J-E (2000) Op. cit.

28. *See* for example, Bardach, E and Kagan, R (1982) *Going by the Book: The Problem of Regulatory Unreasonableness*, Temple University Press, PH; Wolf, C (1988) *Markets or Governments*, MIT Press, Cambridge, MA.

29. Pollit, C and Bouckaert, G (2000) Op. cit. p170.

30. Osborne, D and Gaebler, T (1992) *Reinventing Government: How the Entrepreneurial Spirit is Transforming the Public Sector*, Plume, NY; Alford, J (1998) 'Corporate Management', in Shafritz, J *International Encyclopedia of Public Policy and Administration*, Vol 1, Westview Press, Boulder, CO.

31. Readers may care to note that this area remains somewhat under-researched. The author has therefore developed these comments from personal observation with the usual words of caution that derive from such an approach – partial, incomplete and a biased sample.

32. Bryson, J M (1998) Op. cit., p30.

33. Bryson, J M (1998) Op. cit., Ch5.

34. Sources for Olympics bidding case: International Olympic Committee website – www.olympic.org; BBC website: news.bbc.co.uk?sport/hi/other_sport/Olympics; *Financial Times* editorial 19 February 2005, p10; Michael Payne (2005) *Olympic Turnaround*, London Business Press, London.

35. Bryson, J M (1998) Op. cit., p27.

36. Cranston, M (1968) (Trans and ed) *Jean–Jacques Rousseau – The Social Contract*, Penguin, Harmondsworth.

37. Mill, J S (1962) *Utilitarianism*–Edited with an Introduction by Mary Warnock, Collins/Fontana, London.

38. Sen, A (2005) 'The diverse ancestry of democracy', *Financial Times*, 13 June, p19.

39. Lynch, R (2004) When majority opinion conflicts with expert judgment – the case of the Kings Theatre', *British Academy of Management Conference Paper*, St Andrews.

40. Lynch, R (2004) Loc. cit.

41. Wolf, M (2005) 'A more efficient Union will be less democratic, *Financial Times*, 15 June, p19. This has an informed, if complex, discussion on such issues in the European Union. According to this argument, 'democracy' is more than just voting for European politicians every few years.

42. Bryson, J M (1998) Op. cit., p27.

43. Pollit, C and Bouckaert, G (2000) Op. cit. Ch7 has a long and interesting list of such conflicts and dilemmas which they discuss in detail.

44. World Bank (2000) *World Development Report 2000*, Oxford University Press, NY.

45. Osborne, D and Gaebler, T (1992) *Re–inventing Government*, Addison Wesley, Reading, MA.

46. Bryson, J M (1998) Op. cit., p.159.

47. Bryson, J M (1998) Op. cit. Ch7 provides a long and useful description in this area.

48. Bryson, J M (1998) Op. cit., p33.

49. Bryson, J M (1998) Op. cit., p33.

50. Ferlie, E (2002) Op. cit., p289.

51. Ferlie, E (2002) Op. cit., p289.

52. Bryson, J M (1998) Op. cit., Ch5.

53. Ferlie, E (2002) Op. cit., p289.

54. See, for example, Bryson, J M (1998) Op. cit., Ch7.

55. Outlined in some depth with extensive references in Bryson, J M (1998) Op. cit.; Bryson, J M, Ackermann, F, Eden, C, Finn, C B, 'Resource C – Using the *Oval Mapping Process* to Identify Strategic Issues and Formulate Effective Strategies', pp257–275.

56. See, for example, Bryson, J M (1998) Op. cit., p147 and Pollit, C and Bouckaert, G (2000) Op. cit., pp183–7.

57. Lindblom, C (1959) 'The science of muddling through,' *Public Administration Review*, Vol 19, No 2, pp79–88.

58. Bryson, J M (1998) Op. cit., p147.

59. Pollitt, C and Bouckaert, G (2000) Op. cit., p185.

60. Several research studies have shown that while the Margaret Thatcher privatisation reforms of the 1980s may have been presented as radical change, in practice, they were much more gradual and incremental, with the final outcomes being unknown at the start of the process. Quoted and referenced in Pollit, C and Bouckaert, G (2000) Op. cit.

61. This section of the chapter has benefited particularly from Ch9 of Bryson, J M (1998) Op. cit.

62. Bryson, J M (1998) Op. cit., p167.

63. One inevitable consequence of the introduction of the market mechanism into the public sector is the pressure for public servants to be accountable. This can 'distort priorities, consume time and effort in form–filling and produce changes locally that make no sense' – *Financial Times Editorial*, 31 January 2005, p18. But, as the FT goes on to argue, there is good evidence that they have their uses and what is the alternative?

64. As one example, see Timmings, N (2005) 'Flagship hospital hit by barrage of changes', *Financial Times*, 31 January 2005, p8.

65. Reich, R (1988) (ed) *The Power of Public Ideas*, Ballinger, Cambridge, MA. Quoted in: Alford, J. (2001) 'The implications of "publicness" for strategic management theory', Ch1 of Johnson, G and Scholes, K (eds) *Exploring Public Sector Strategy*, Pearson Education, Harlow. More generally, Ch18 of *Strategic Management, 5th Edition* has benefited from Alford's introductory chapter to this edited book. It has also gained from the contributions of the other authors and the editors of this text.

66. Sources for the Kings Theatre Case: The author, Professor Richard Lynch, has known the theatres of Portsmouth all his life. He declares an interest in the Kings Theatre, having made a small donation to its renovation fund in 2002. Other sources – *The News*, Portsmouth: 17 April 2003, p5; 24 April 2003, pp6, 8–9; 25 April 2003, p22; 28 April 2003, p5; 30 April 2003, p6; May 9 2003, p11; 26 June 2003, p6; 27 June 2003, p10; 1 July 2003, p6; 3July 2003, p5; 7July 2003, p5; 10 July 2003, pp8 and 9; 10 July 2003, p6; 11 September 2003, p22; 21 February, 2004, p7. Interviews as outlined in the acknowledgements at the end of the case.

第 19 章

国际扩张与全球化战略

International Expansion And Globalisation Strategies

学习目标

在学完本章后，你应该能够：

- 解释全球化的含义并能把它与国际扩张区分开来；
- 概述国际贸易的主要理论，解释它们与战略管理的相关性；
- 识别国际贸易及国际投资所涉及的主要制度、规则以及这些制度对公司战略的影响；
- 解释贸易区域的重要性及其与公司战略部署的关系；
- 研究全球化战略的主要利益和问题，正确评价全球化理论；
- 了解成功实施全球战略所必需的主要组织结构；
- 概述全球扩张的主要发展路径和方法。

引言

对于一些公司来说，国际扩张和全球化已经成为其制定和实施战略的一个重要方面。国际扩张和全球化能够提供可产生值得研究的额外附加价值的新机会，同时它们也可能使企业遭受更多的竞争威胁：国际扩张可以使一家公司面对新的、更强大的竞争对手。但国际化战略和全球战略也不尽相同，因而我们首先要探讨

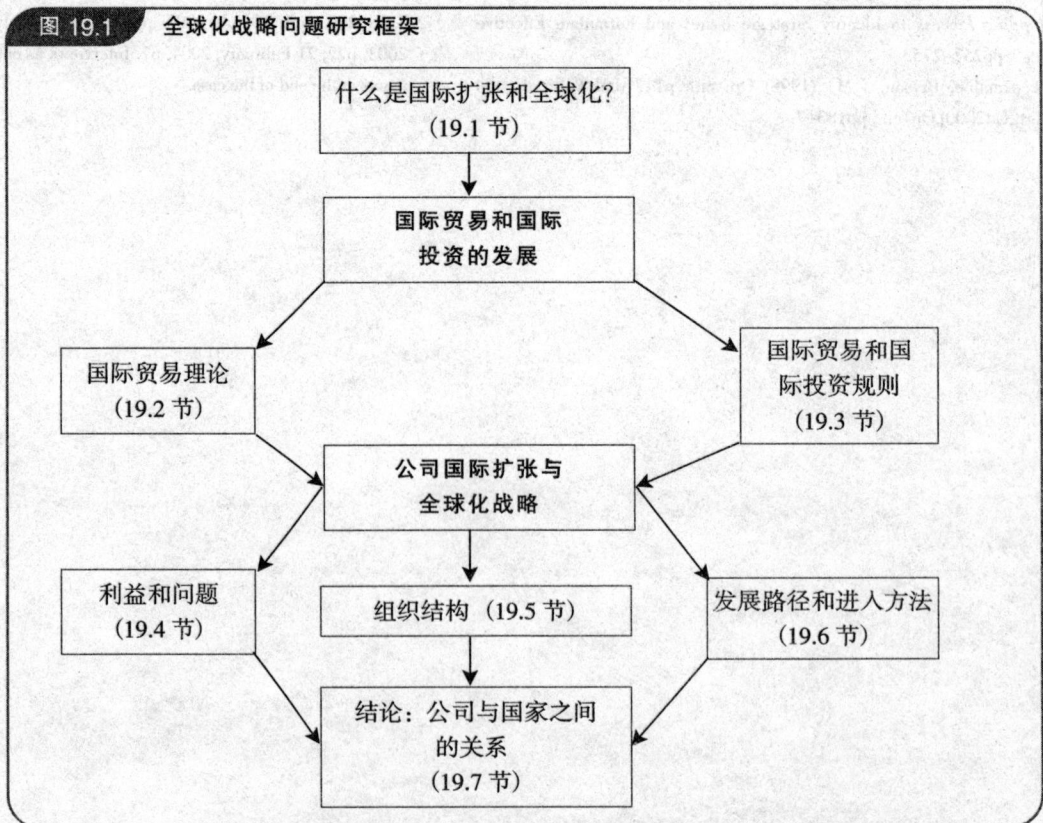

图 19.1　全球化战略问题研究框架

- 什么是国际扩张和全球化？（19.1 节）
- 国际贸易和国际投资的发展
- 国际贸易理论（19.2 节）
- 国际贸易和国际投资规则（19.3 节）
- 公司国际扩张与全球化战略
- 利益和问题（19.4 节）
- 组织结构（19.5 节）
- 发展路径和进入方法（19.6 节）
- 结论：公司与国家之间的关系（19.7 节）

两者的含义各是什么。

要理解全球扩张，需要仔细研究一下在若干年内企业的国际贸易和投资规划。这就涉及国际贸易理论以及约束这些行为的规章制度。

在国外贸易和投资的关系中，需要研究国际战略和全球化战略。这些战略如果要取得成功，就需要理解其利益和存在的问题。由于增加了国际经营的业务，组织结构问题变得特别重要。另外，国际化发展的路线也需要仔细研究，因为它们可能因市场的不同和国家的不同而有所变化。最后，需要对正在探索全球战略的公司以及提供市场的主权国家进行仔细研究，因为它们之间是相互依赖的关系。本章结构如图 19.1 所示。

国际贸易有其惯用的国际经济学的起源和理论基础，因而有些国际化战略寻求惯用的解决方法。一些国际化战略的新兴领域已经采用了更现实的路径，它们很自然地更能适合一些突然出现的战略前景。因此，在本章的开始部分——关于公司的贸易发展——说明得越明确，随后有关公司国际扩张的突发性方法就越适合。

案例研究 19.1　MTV：本地化大于全球化？

根据其美国母公司 Viacom 所说，全世界每天有 10 亿人在看 MTV。尽管还有很多其他的卫视节目，比如 Madonna 和 Eminem，但 MTV 主要通过 40 多个国家或者地区的音乐频道进行广播，每一个都有自己的节目表。本案例探讨了 MTV 的战略中为什么本土化要比全球化更多一些。

节目内容

在 MTV1981 年开播的时候，它主要是面向美国本土的观众，节目内容也主要是音乐电视。到 2005 年，美国仍然是 MTV 最大和最为赢利的市场。但是节目已经从简单的音乐转变成了包括真人秀电视节目，比如 Osbournes 以及整人节目 Punk'd。但不管怎样，音乐仍然是主题，MTV 年度音乐盛典也仍然能够不时地引起争议。

MTV 在 1992 年开始尝试真人秀的电视形式，播出了《真实世界》（The Real World）。这是一个关于生活在纽约的一座公寓里的一群年轻人的故事。最一开始原本计划要用演员，但是公司没有足够的预算，所以就用零成本的真人代替。2005 年公司文化就是同样的低成本、自由导向文化——除了每月支付给 Osbournes 摄像跟踪他们的大笔费用之外。这也是公司始终保持创造性，并与目标的年轻观众保持接触的一种方式。

MTV 是全球性媒体公司 Viacom 的重要组成部分之一，并且受到要增加利润的压力。MTV 网络 45 岁的总裁汤姆·富来斯顿（Tom Freston）明白使 MTV 远离大型全球性公司的压力的必要性：“庞大这件事情一直是个问题。这不会使你创作出更好的唱片，或者提供更好的电视节目。大规模常常意味着人们循规蹈矩，或者很多的人会不得不同意一些事情。”重要的是，这种放松的方式使得 MTV 能够更为灵活，并能够雇用那些年龄上更为接近目标观众的员工，而不是那些跟母公司的经理们一样大的人：“问题是，我们如何才能追随那些专业团队？实际上重点就在于那种联系，以及我们如何来补偿我们是一个大公司这样的事实。”

成长战略

由于美国有更多的电视台并且广告增长变得迟缓，MTV 开始寻求全球商机。到 2005 年，MTV 的国际观众占了 80%，但是国际收入只占到 15%。但随着公司开始进入高速增长的市场比如印度和中国，国际活动意味着公司的未来。2005 年，MTV 发布了自己的第一个非洲频道，MTV Base。MTV 国际总裁比尔·罗依迪（Bill Roedy）的主要任务就是把高增长转变为高利润。“我们希望非洲能贡献更多的利润。人们关注非洲并看到了问题，但是我们也看到了积极的地方。非洲的 GDP 增长是全世界第二高的，仅次于东亚。”

中国和印度同样也代表了重要的机遇。“地震中心正在转向远东和印度。”罗伊迪说，“这些都是令人吃惊的市场，但是重要的是不要对数字过于兴奋。”

竞争

从互联网上下载音乐成为一个重要的威胁：苹果已经可以为上百万的顾客提供合法的音乐网站下载服务。另外，已经可以利用宽带电信技术把音乐下载到视频和手机上。因此，MTV 需要提供比简单的音乐视频更多的东西。另外，MTV 还需要考虑新的传递其产品的方式。日本的顾客已经能够更加频繁地通过手机看到 MTV。同样，在韩国，大多数家庭都有宽带，可以很快速地合法地下载视频。

因此，MTV 继续在改变其节目内容，提供一些非音乐类节目比如 Jackass 和 Dirty Sanchez，所有的这些要通过新的媒体频道才能看到。但是公司还要面对这样的问题，就是很多这些内容主要还是美国式的幽默和风格。它的目标观众可能是年轻的和国际

mtv: local. worldwide

MTV 的全球品牌已经被每一个国家或地区采用，以实施全球愿景下的本地化战略。

化的，但是他们主要仍然会听本国的艺术家的作品——因此需要在全球 MTV 品牌下有更多的本土化的内容。

ⓒ 理查德·林奇 2009 版权所有。保留所有权利。本案例根据公开资源编写[1]。有关 MTV 公司的战略、愿景和定位的最新信息，请参照 www.viacom.com 上的公司年度报告。

案例问题

1. 执行全球媒体战略的好处是什么？困难是什么？

2. 未来可能会给 MTV 的经营带来困难的市场趋势是什么？

3. MTV 是否应该提供像 Jackass 这样更为国际化的作品，或者还是几乎不提供全球性的内容而提供更多的本土节目？

19.1　国际扩张和全球化的意义和重要性

由于我们在后面要探讨的一系列结构性的原因，在过去 50 多年里国际贸易活动——国家的进口和出口——持续增加。另外，公司除了贸易，在其母国以外的国家也有大量投资用于建造工厂和其他机构。世界变得越来越国际化，这对公司战略产生了重大影响。国际扩张和全球化问题是影响 21 世纪公司战略演进的诸多环境因素中最重要的因素。

MTV 的案例表明，国际扩张不只是像福特汽车公司（美国）和可口可乐公司（美国）这样的巨型跨国公司（经常缩写为 MNEs）的事。国际扩张也可以是国际贸易中许多小型公司的事。在国际援助机构的工作和国际营救等非营利性活动中，国际扩张也变得越来越重要。可是，由于篇幅的原因，本章主要讨论商业性活动。

作为我们理解全球化的背景知识，在本节的第一部分我们首先讨论世界贸易活动近来的发展趋势，然后用这个战略性的概念来研究全球化的意义。在研究战略问题时，"全球化（gobalisation）"和"国际化（internationalization）"这两个单词是可以相互替换的，但它们的确有所不同。二者之间的区别非常重要，因为二者可能导致不同的战略行为。最后，全球化的主要战略含义将在国家及企业的行为中得到检验。

19.1.1　世界贸易和投资的重要性：战略背景

定义▶　1994 年的世界商品贸易量达到 40 000 亿美元，比上年上涨了 9%[2]：**对外贸易就是世界范围内的国家或企业的进出口活动**。同时，世界商品输出量增加了 35%：**产出量就是全世界的公司及公共组织所生产的商品的产量总和**。实际上，如表 19.1 所示，1970—1990 年间的世界商品贸易量超过了世界商品总产出量[3]。各个国家彼此之间正在进行的贸易量比它们的产出量增长得要多而且快，这为公司战略的发展提供了持续的机会。

世界贸易大量增加的原因如文本框 19.1 所示。

文本框 19.1

世界贸易大量增加的原因

- 在过去 20 年间形成了许多新的或增强的贸易区域，如 1986 年的《单一欧洲法案》的确鼓励和支持了跨欧盟贸易。由于兼顾了各方利益，东盟协定已经得到了扩展。新的贸易协议应该会在以后几年内保持这一要素。下面是最近的几个例子：

  1. 1993 年 12 月签署的关贸总协定（简称 GATT）的乌拉圭回合。希望到 2002 年使全球福利增加 2130 亿 ~2740 亿美元（以 1992 年美元为基准）[4]。

  2. 《Mercosur 协议》已经把南美洲的巴西、阿根廷、巴拉圭、乌拉圭联合到一起形成了一个新的贸易区域。

  3. 1994 年下半年签订的《北美自由贸易协议》（简称 NAFTA）增加了美国、墨西哥和加拿大的贸易量。

- 世界和区域贸易组织现在正在进行自我加强和重组，例如，欧洲建设发展银行（简称 EBRD）经过开始的一段困难时期后已经得到恢复，现在开始为东欧的发展提供大量基金。世界贸易组织（WTO）、世界银行和国际货币基金组织（IFM）也已经得到加强。这些机构将在第 19.3 节中进行详细讨论。

- 跨国公司已经成为国际销售和投资的一种重要途径。根据联合国估计[5]，1992 年通过跨国公司实现的国外销售达到了 550 000 亿美元。这些公司已经聚集了 20 000 亿美元的对外投资价值。

- 新技术使电信、旅游、传媒和所有国际性通信变得更加容易。这使世界各国走到一起，并对它们制定政治和经济决断产生影响。

表 19.1	世界出口量和世界制造业工业增加值对比		
	1960—1970 年	1970—1980 年	1980—1990 年
世界贸易年增长	9.2%	20.3%	6.0%
制造业工业增加值年增长	n.a.	3.1%	2.1%
（以 1990 年为基准，用美元衡量）			

资料来源：UNIDO[6].

在许多方面，世界商品贸易已经成为世界各国经济增长的一个重要驱动力。在经济增长中，公司战略扮演了一个重要角色，同时也从经济增长中受益。我们已经注意到国际市场和产业结构与国际公司行为之间相互作用的方式。有些产业没有海外贸易就不能生存：例如，航空航天和国防企业，如波音（美国）、Aerospatiale（法国）和英国航空（英国）需要在它们母国以外地区进行销售以谋取利益。如案例研究 19.1 中的 MTV 由于在美国的本土市场已经成熟，就需要进行国际性销售。其他的一些产业也是因其能够国际性地销售其产品或服务才能获取利益。

19.1.2　海外贸易与海外直接投资之间的区别

除了从事贸易活动，企业还可以从事海外直接投资（简称 FDI）。区分海外贸易与海外直接投资之间的不同是非常重要的：

1. 贸易活动：某一特定国家或地区的进出口活动，如 MTV 从美国出口 the Osbournes 电视节目。

定义▶ 2. **对外直接投资：一个公司利用其在另一个国家的子公司进行的技术、管理技巧、品牌及有形资产方面的长期投资。**这种投资有一半用于在那个国家进行销售，很可能替代本土的出口——例如，MTV 在南部非洲的海外直接投资活动。

对于许多公司来说，海外贸易和海外直接投资的角色已经大大改变，并且已经成为公司战略的一个重要组成部分。但是，国际活动的增加与国际化的增加也不尽相同。

19.1.3　定义和探究国际扩张的不同类型

在分析国际性公司行为时，Bartlett 和 Ghoshal 将其分成三种不同的类型[7]：

定义▶ 1. **国际性的——当一个组织的绝大部分活动在本土以外时，就称其为国际性组织，它会把自己的海外活动当做一个独立的部分加以管理。**例如，根据定义，一家在本土以外从事产品出口的小公司就应该是国际性的。这种商业活动的关键点在于企业的本土活动对于其国际性活动来说是附属性的、第二位的。

定义▶ 2. **跨国性的——当一家公司在许多国家开展活动时就称其为跨国性公司，尽管可能它还保留着本土根据地。**此类活动的目的是适应当地的需要。例如，MTV 音乐电视公司为了适应三种不同的音乐传统，进行各种商业行为，但这些活动都以在美国的活动为基础。此类商业活动的关键点在于一系列半自由活动，可能是在一个像 MTV 这样的全球性品牌下进行操作。——参见案例 19.1。

定义▶ 3. **全球性的——当一个公司把整个世界当做一个销售市场和一个采购市场时，就把它称为全球性公司。**这种公司仅仅对当地的需求作出反应——如劳力士手表公司或迪斯尼公司。这种商业活动的关键点在于一个全球市场，并且每项运作只对该活动负责。

区分它们之间的差异是非常重要的，因为不同的活动会有不同的战略影响：

- 对于国际性活动，主要战略驱动力是本土市场和本土市场所带来的竞争优势，而国际销售仅仅是附属活动。
- 对于跨国商业活动，竞争性优势分别由组织所参与的各个不同国家或地区的市场来决定。
- 对于全球性商业战略，竞争优势通常来自于统一的全球品牌和集中的生产活动，这样做的目的是为了获取规模经济和资源。为了适应当地的需求，企业的生产和服务可能要做些调整，但在世界各地的生产和服务必须相同。整个世界被当做一个市场。

除了上面提到的公司行为，"全球化"这一词也在下面三个典型领域中使用[8]：

1. 经济、贸易活动及制定规程的政权的全球化。国际经济慢慢联合到一起，贸易壁垒逐渐降低。我们在下面的第 19.2 节和第 19.3 节还会研究这个问题。

2. 工业的全球化。像汽车工业、航空工业、纸及纸浆工业等整个工业开始作为一个市场而不是一系列区域市场开展贸易。我们将在下面的第 19.4 节和第 19.5 节讨论这个问题。

3. 全球化的道德问题。许多评论家已经指出，全球化过程已经导致一些企业掠夺环境，破坏生态，而不是像它们许诺的那样让穷人富起来等问题[9]。这些是超出本书范围的重要议题。可是，本书的根本原则是公司应该对社会财富负责，那些组织的拥有者也是如此。这些问题应该引起我们认真注意。

评论

那些不能区分国际化和全球战略的组织没有能够把握战略发展的重要因素。根据上面所列的几方面来衡量，许多声称是"全球性"的公司其实并不是全球性的——它们仅仅是在世界的某些地区销售产品。这意味着这些公司是国际性的或跨国性的，但这并不意味着它们具有全球性。实际上，就像我们后面所介绍的，这些领域的区别并不像上面所描述的那么清晰，但它们在研究全球化中可以作为一个有用的开端。

19.1.4 国际扩张和全球化：C—C—B 模式

为了研究公司与它们所开展活动的一些国家之间的关系，识别几个必要因素是非常有用的，这些因素在图 19.2 所示的 C—C—B 模式中非常明确。C—C—B 模式是由国际经济学家 John Dunning 教授的一个早期模式发展而来，但已经就公司战略方面做了充分的改变[10]。该模式的主要要素是：

- C—C—B 这是指模式的三个必要组成部分：公司、公司活动所在国家，以及公司和国家之间将要进行的协商。
- 模式的基本假设。不同的公司从不同的国家可以获得不同的利益，这些利益之间的冲突要通过两者之间的协商来解决。主要利益可以通过研究竞争优势的概念得到解释——见第 6 章中的公司和第 19.2 节中的国家。
- 公司。由于占有特殊的资源，任何公司都可以拥有可持续的竞争优势。例如，捷安特自行车公司在自

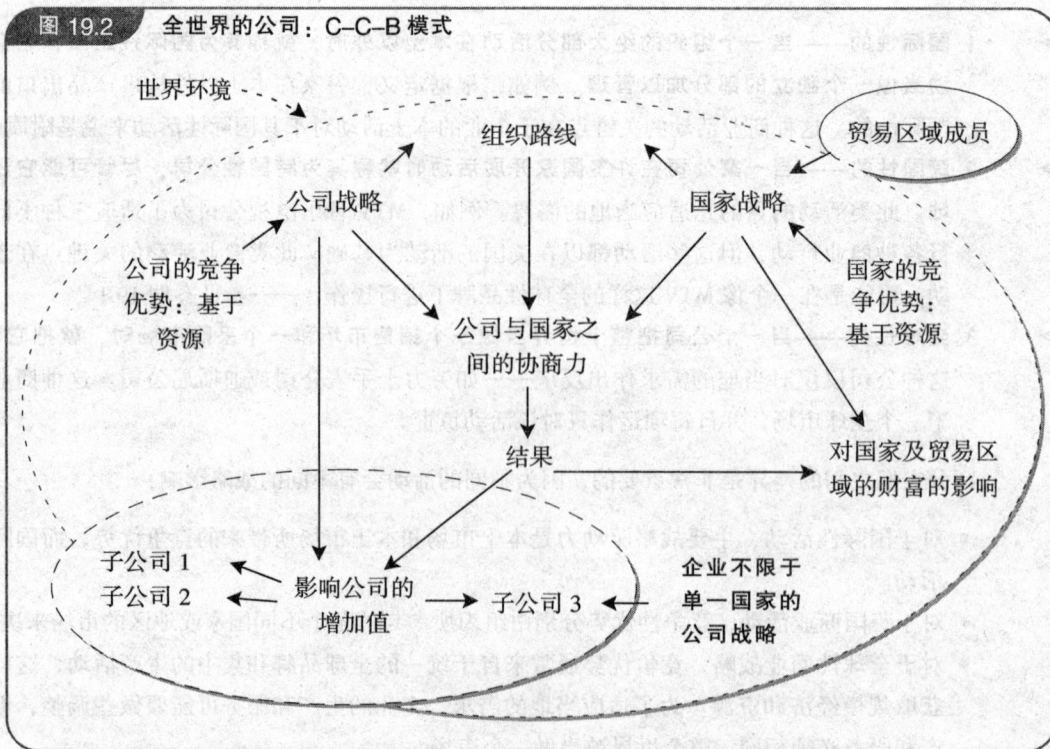

图 19.2 全世界的公司：C–C–B 模式

行车设计、制造及其品牌名称方面是专家。在国际市场上销售产品时，这些优势就会体现出来。

- 国家。每个国家由于其所占有的资源也会具有其竞争优势。例如，国家的地理位置。新加坡在欧洲和亚洲之间的航线方面具有地理优势。另外，资源也包括国家在教育方面的投资，如新加坡在过去 20 年间在教育方面的持续投资；资源还包括国家的技术知识，如新加坡在此期间发展的金融知识和电子学技术。

- 谈判力。公司和国家就基本的顾客市场规模、投资需求、投资诱因的有效性、国家的基础设施等方面进行谈判。

- 结果。协商的结果将在贸易和所接受的外国直接投资方面为国家带来财富，并且给公司带来工业增加值。

- 公司的工业增加值。协商所涉及的可能不只是企业的一个子公司；而且，一些子公司之间可能还有其他关系，并不总是在该国内的子公司。另外，公司的股东可能也不在这个国家。结果是企业的公司战略没有必要只和哪一个国家结盟。

我们将在本章的其他部分进一步研究这些因素。

19.1.5 公司战略和国际扩张——包括全球化

为了获得附加价值和可持续竞争优势，公司战略可以从国际扩张中寻找两种主要机会：

1. 在许多国家，市场机会可以带来新销售额，特别是在过去的 50 年贸易壁垒已经降低的条件下。
2. 在一些国家，由于其特殊的资源，如廉价的劳动力、特殊的技巧以及自然资源（如石油），生产和资源机会会增加。

结果是形成了新的国际商业格局，这包括各种主要的商业因素：贸易、服务（如广告和技术）、人才（如那些管理当地商务所必需的人才）、生产要素应付款（如利润、应付利息、许可证交易），还有上面提到的国外直接投资。在某种意义上，无论是在一个国家还是在全球范围内，公司战略的原则都是一样的。从另一种意义上说，还有一些来自全球竞争的额外因素和个别国家或国家的某些区域的影响。在本章下面的二节中，我们开始通过研究国家问题来研究这些额外因素，然后在最后三节我们转向研究公司问题。

关键战略原则

- 在 21 世纪的商业环境中，国际扩张和全球化是最重要的战略效应。
- 国际扩张已经成为国家经济增长的一个重要驱动力。公司为国家经济增长作出贡献，同时也从中受益。
- 区分海外贸易（进出口）和海外直接投资是非常重要的——对其他国家当地的资产、工厂和人才进行投资。
- 区分三种类型的国际扩张和全球扩张也是重要的：国际性的——组织活动的绝大部分在其母国市场上发生，它还把国内市场作为其战略的主要焦点；跨国性的——一家公司在许多国家经营，在各个国家有不同的战略；全球性的——一家公司把整个世界作为一个市场。
- 非常重要的是，上面提到的三个方面反映不同的国际扩张战略。
- C-C-B 模式研究公司和其所生存的国家之间的资源关系以及二者之间所进行的协商。这种协商的目的是使公司获得增加的附加价值，使国家增加财富。

案例研究 19.2　Tate&Lyle 股份有限公司：为了改善利润水平而实行全球化

作为世界上最大的甜味剂和淀粉生产商之一，英国 Tate&Lyle 公司应该是以全球化经营来获取利润的最好的例子。然而，当它的全球化程度加大时，它的利润率却降低了。这个案例研究了国际扩张中的某些问题，包括最近的一个新的转折点。

全球化规模越大，利润越低

在 1988—1997 年这段时间内，Tate&Lyle 公司从一家英国的／欧洲的食品公司成长为世界上最大的甜味剂和淀粉生产商之一。扩张来自两次大型收购——1988 年收购美国的 Staley Industries 公司，1991 年收购澳大利亚的 Bundaberg 公司——以及一系列较小规模的购买、合资和在世界的许多地方的其他合作交易。例如，1998 年 5 月，Tate&Lyle 公司以 2.19 亿美元（1.3 亿英镑）购买了著名的柠檬酸生产企业———家来自德国化学巨头拜耳公司的 Haarman&hamer 公司。

尽管采用了这种重要的扩张手段，Tate&Lyle 公司并没有能够获得相应的利润增长。表 19.2 将它 1991 年、1994 年和 1997 年的营业额和利润进行了对比。在此期间，Tate & Lyle 公司获得了 14 亿英镑的外部营业额，大部分都是在欧洲以外的市场获得的；但是利润不到 6000 万英镑。

产品：全球性但低附加值

Tate & Lyle 公司主要在两类国际市场上经营：

1. 营养甜味剂的国际市场。这个市场主要涉及农作物，如甘蔗和糖用甜菜，但也包括由玉米和小麦等谷物制成的甜味剂。甜味剂被广泛应用在各种各样的食用产品中，包括饮料、蛋糕和烹饪配料。欧洲和美国对这些基本的食用产品的消费几乎占世界消费量的 20%。这个市场是成熟的，每年只有大约 2% 的成长。
2. 淀粉产品市场。淀粉产品主要用谷物制成，但也用土豆做原料。淀粉是许多加工食品的一种原材料和通用配料。欧洲和美国对该类产品的消费量占世界总消费量的 40%；这个比例高于糖，因为淀粉产品更适合西方的口味，也因为它们更多地在西方国家销售的大量加工食品中使用。欧洲和美国的市场是成熟的，大约每年有 3% 的成长，但是这个成长率比世界其他地区大约要高 5%。

从本质上讲，以上说明了 Tate&Lyle 公司的主要业务是购买农作物并把它们加工成上面所列的甜味剂和淀粉。这就意味着 Tate&Lyle 公司要增加那些农作物商品的价值，而这要受价格浮

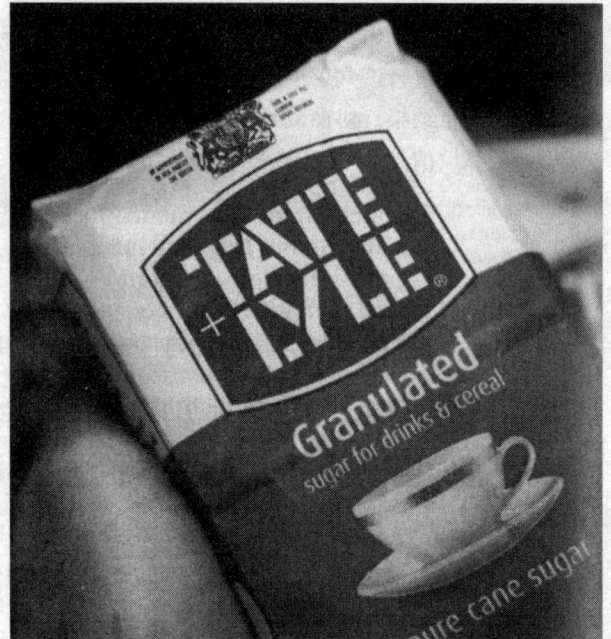

Tate & Lyle 的全球战略被证明是不成功的，它后来放弃了糖类产品进入到新技术含量的甜味剂，见案例。

动、自然灾害和许多流通问题的影响，这些都是超出公司控制的问题。例如，1997 年，该公司报告说它在英国的利润由于欧盟／绿色英镑的兑换下降了 1600 万英镑，同时由于世界其他地方的货币兑换，利润又下降了 2500 万英镑。另外，在美国的某些产品的利润率也存在着没有量化的竞争压力。在澳大利亚蔗糖价格的降低以及其他的几个困难也使企业的利润下降了。

全球化战略：分散衰退的风险，转向更高附加值的产品

Tate&Lyle 公司的战略是扩大它在全世界范围内的经营，其目的主要有两点：

1. 降低个别地方市场的影响；
2. 用在其他国际市场的价格和成长的良好运作来平衡某些市场的衰退。

结果就是如表 19.3 所示的过去 10 年的大幅度全球扩张。

尽管在更大范围内进行扩张，这些活动的多数仍局限在利润率已经很低的产品类别上。正是因为这些原因，Tate&Lyle 公司也在有更高附加值的新产品方面进行投资，例如，最近它对一种新型的低热量甜味剂、糖精铵盐上的开发。在 1998 年年初，这种甜味剂得到了美国食品药品监督管理局的批准，可以在 15 种食品和饮料中使用。这种产品比其他随着时间的推移或在高温下使用会失去其甜性的甜味剂更稳定。在早些年，Tate&Lyle 公司已开发了其他几种可以获得更高价格的新产品，这些产品可以增加公司的竞争优势。实施这样一种专业化战略的困难是获得成功所需的时间长、投资高。另外，这些活动经常也只能对公司大量生产的大多数基本商品产生有限的影响，公司也需要低成本战略。

表 19.2　Tate&Lyle 公司：较高的营业额，令人遗憾的利润

营业额（百万英镑）	1991 年	1994 年	1997 年
英国	790	828	772
欧洲的其他地区	690	905	931
美国	1358	1648	1863
世界的其他地区	424	840	1085
合计	3262	4221	4651
税前利润（百万英镑）			
英国	48	71	24
欧洲的其他地区	58	64	30
美国	154	147	127
世界的其他地区	20	31	39
合计	280	313	220

表 19.3	Tate&Lyle 公司的全球化战略：大范围扩张活动的例子
欧洲	• 英国：Tate & Lyle 公司 • 比利时、荷兰、法国：Amylum • 西班牙：Alcantara • 俄罗斯：T&LInternational • 匈牙利：Kaba • 斯洛伐克：Juhocukor
中北美洲	• 美国；Staley • 美国：Donino • 加拿大：Redpath • 墨西哥：Occidente
非洲和中东	• 赞比亚；ZSR • 南非：Booker Tate • 沙特阿拉伯：United SUgarn
澳大利亚和太平洋地区	• 澳大利亚：Bundaberg • 越南：Nghe T&L • 泰国：UFOC Group • 中国：T&LSwire

注：上面的一些企业是与当地或该地区企业合资的合资企业。这些资料来自于该公司多年的年报汇总。

全球战略：降低制造成本并展开价格方面的竞争

由于农产品市场的波动，像许多公司一样，Tate&Lyle 公司很难控制它的原材料成本。另外，这些企业很难形成竞争优势，而且市场的成长率也很低。这就意味着增加利润的唯一办法就是降低生产基本产品的工艺成本并展开价格方面的竞争。Tate&Lyle 公司在过去十几年内坚持不懈地推行了这一战略。例如，1997 年其采取的活动：

• 它对比利时 Amylum 公司（拥有 66％的股权）新厂的总投资超过 5 亿英镑的持续投资过程；

• 在北美椎动商业项目的成本为 8 200 万英镑，这个项目把 5 份独立的业务联合起来节约了管理成本；

• 在印度、匈牙利和捷克斯洛伐克共和国的新项目的总投资为 4 500 万英镑；

• 在澳大利亚昆士兰第一个有 70 年经营权的新蔗糖加工厂的工程。

推行这一战略的困难是竞争对手也进行了类似的投资。同时还有新的进入者不断进入这个市场。另外，只有当公司把老的、效率低下的企业驱逐出市场时，新的生产能力才能发挥真正的效应。这是要花时间的，同时意味着在过渡时期的市场上经常存在过剩的生产能力，这本身就会使价格降低。另外，在新厂的试运转期间还存在许多不确定因素，这也经常意味着要获得更低的成本，就要花大量时间：在最近几年里，这要对 Tate&Lyle 公司产生很大的影响。一个相关的困难是，生产线需要建在离谷物较近的地方。因此，要获得集中的规模经济以及与其他全球性产业中能够降低成本的产品源完全一致的经济是不可能的。这就意味着对于 Tate&Lyle 公司这样的企业来说，要降低制造成本是非常艰巨的。

除了生产问题之外，在食品工业还存在顾客方面的困难。这些顾客经常是老练的、好胜的、全球性的名牌食品和软饮料制造

表 19.4	Tate&Lyle 公司利润率的降低				
税前资本收益率 (%)	1993 年	1994 年	1995 年	1996 年	1997 年
甜味剂和淀粉					
• 北美	14.9	20.3	20.7	12.9	14.5
• 欧洲	25.8	23.5	24.5	20.9	9.3
• 世界的其他地方	15.2	14.8	11.3	11.7	(0.8)
动物饲料和大量贮存	27.4	26.0	23.6	22.0	6.9
合计	18.1	20.1	20.5	16.1	10.5

资料来源：Author, calculated from Annual Report and Accounts.

商。这些顾客能够压低价格，而且会设法保证这样的价格绝不可能完全恢复。例如，1997 年 Tate&Lyle 公司的报告显示，顾客的压力已经冲击了它在美国的 HFCS 的生意。在 20 世纪 90 年代初，HFCS 对美国分公司 Staley Industries 的总利润的贡献率是 75％。可是到 1997 年，来自顾客的压力在某种程度上降低了产品的价格，结果 HFCS 业务的贡献不到公司总利润的 10％。

因此，就全球战略来说，低成本加工和定价是存在重大问题的。这样一个投资循环、竞争压力和不稳定的产品价格的综合结果就是 Tate&Lyle 公司利润率的下降，如表 19.4 所示。

全球战略：复兴和复苏

上面所列的活动之后的几年时间，由于不可预测的事件，企业的利润率持续下降。例如 Staley 分公司的淀粉利润在 1998 年有所提高，但是美国的业务受到了甜菜收成灾害的冲击。在 2002 年美国的业务卖给了本地的一家农业集团，Tate&Lyle 公司在很大程度上撤出了北美市场。在比利时的 Amylum 分公司的大多数新厂的试运转过程中也存在额外的成本，并且世界各地的其他工厂也有这种情况。这使得公司在 2000 年采取新的管理手段时放弃了它的全球战略——在欧洲以外的许多业务现在都被出售或关闭了。例如，在澳大利亚的投资公司 Bundaberg 于 2001 年被出售了。

全球战略在 Tate&Lyle 似乎已经没有出路。之后突然对于甜味剂的需求开始快速升温，尤其是在北美地区，在那里甜味剂被认为是味道比糖精要好的替代品。即使是可口可乐也准备开始销售甜味剂产品。而 Tate&Lyle 有一款受到专利保护的产品——至少会有一段时间。世界需求开始增加——也许是重新开始考虑全球战略的时候了。

© Financial Times Business Limited 1998. 本案例根据理查德·林奇 1998 年为 Financial Times Food Business 撰写的论文编写。之后他编写更新了本文中的后面部分。

案例研究

1. Tate&Lyle 公司在哪些方面符合 Levitt 所勾勒的全球优势？

2. 在蔗糖和淀粉这样的特殊商品市场上，企业的困难程度如何？其他产业的企业也有类似的困难经历吗？如果有，对于一个全球化战略的影响怎样？

3. 现在你应该给这家企业推荐什么样的战略？这一战略还会使公司延续它目前的运行轨道吗？还是要重新考虑它的国际定位？

19.2 企业的国际贸易和国际扩张战略

为了理解企业国际扩张和全球化的基础，很有必要研究在过去50年间国内市场是如何日益全球化的。1950—1996年，商品国际贸易增加了1500%。重要的是，所有这些增加的活动都是通过企业所从事的国际性活动来实现的。因此，全球化能够为多数企业带来战略机会。

可是，全球化也要取决于国家的政府策略。例如，如果没有森林和造纸资源的某国政府未得到从斯堪的纳维亚半岛及北美进口和在该地生产这些产品的许可，世界造纸和纸浆工业的全球化就根本不可能发生。从本节开始我们研究世界贸易理论，国际贸易理论主要是在国家层面上而不是公司层面上讨论的。在陈述了国际贸易的历史背景后，我们挑选一些著名的理论，然后研究它们的战略含义。

直到最近，世界贸易还是以农产品这样的商品为主[11]。20世纪30年代，当世界各国开始尽力保护它们的新的产业投资时，国际贸易开始下滑。从20世纪40年代晚期开始，当世界各国已经降低了贸易壁垒，并且发展鼓励国际贸易的制度的时候，世界贸易开始巨幅上升。这一上升的原因明显与公司战略有关，但又非常复杂，很难解决。

在过去的200年间，特别是经济学家，已经在发展理论来解释国际贸易成长和利益。他们已经根据事实经验研究了国际贸易的利益和问题，表明国际贸易的增加对那些从事该贸易的国家有利[12]。这些理论对于公司战略的重要性有三点：

1. 这些理论解释了在与那些打算进行国际扩张的企业谈判中，政府如何定位的问题。
2. 这些理论提供了一个公司战略的框架，这一框架可以用来分析国际机会和威胁有关问题。
3. 这些理论明确了某些国家的可持续性竞争优势，分析了这些国家被那些想要进行国际战略的公司所选中的原因。

在国际经济成长理论中，有三个理论在识别和比较它们对公司战略的影响时是非常有用的，在下一节中我们将研究这些理论。在有关"正确的"理论方面，经济学家们并没有达成一致意见：它们都有一些价值，但都没能捕捉到整个国际战略内涵的复杂性。

19.2.1 基于国家资源的贸易理论

定义▶ 国家竞争优势包括了国家所拥有的资源，这些资源赋予了该国超越他国的竞争优势。在从19世纪到目前的理论中，一些经济学家已经提出了国与国之间的自由贸易会带来财富的增加。支持这一论点的早期理论是以国与国之间劳动成本的比较优势这一简单观点为根据的。近些年来的理论将焦点聚集在规模经济上，认为当某国的企业以较大的规模进行生产时，它们的生产成本就会降低，此时的规模经济就会增加。在这两种情况下，这些理论都取决于国家的资源——如可利用的原材料和能源——以及该国的个别企业和产业的资源状况。这些理论没有一个能够对世界贸易成长的复杂原因给出一个全面的解释[13]。

无论什么原因，1965—1995年间消除某些贸易壁垒的影响的证据都是来自东亚的经历[14]。新加坡、中国香港，后来还有韩国、中国台湾降低了某些贸易壁垒而不是保护本土的工业。这四个新兴的亚洲工业化国家和地区将它们的人均实际收入从占那些高收入国家1965年的20%（如美国和欧盟）增加到1995年的70%。在朝鲜和韩国、中国大陆和中国香港、东德和西德之间进行了对比。从20世纪80年代中期开始，中国大陆在取得了一些成功的效果之后，特别是在上海和广东省的成功经验之后，开始走一条完全不同的道路。到20世纪90年代末，即使像印度这样担心贸易自由化会对他们自己的国家工业产生影响的国家也开始考虑自由贸易。

从一个公司战略的角度考虑，基于国家资源的贸易理论的重要性在于，它表明了在一个国家内部，把这个国家或地区的资源作为发展国际战略的一部分来看待的重要意义。

19.2.2 关于国家竞争优势的"菱形"理论——波特

定义▶ 波特关于国际竞争优势的菱形理论找到了帮助一个国家在国际市场内更具竞争力的四个菱形相关方面，这四个领域是要素条件、该国的竞争公司、该国支持行业和国内需求。在20世纪80年代末，迈克尔·波特对

10 个国家和世界上 4 个主要产业进行了一项重要的试验研究，目的就是要找出那些能够使一个国家在国际市场上取得成功的因素。他所研究的国家是：丹麦、意大利、日本、新加坡、韩国、瑞典、瑞士、英国、美国和联邦德国。他所选取的产业是：联邦德国的出版印刷业、美国的医疗监控设备产业、意大利的瓷砖工业和日本的机器人工业。结果由四个相互联系的因素组成的菱形理论形成了，如图 19.3 所示。

这四个因素分别是：

1. 要素条件。波特强调，竞争力不只是一种竞争优势。资源也可以是"自产的"，并且可以专业化。因而，提供教育、大学、先进的电信是超出自然资源的资源，而且在提高国家竞争力方面可以起到辅助作用。像新加坡、马来西亚这些国家的成功是依靠或者在一定程度上依靠本国政府在这些领域长期投资的意愿。

2. 相关及支持性产业。具有国际竞争力的供应商和其他相关产业是国际化成功的一种重要资源。有一系列这样的产业，每个产业都能提供专业的、具有国际水平的服务是非常重要的。例如，美国好莱坞的国际性成功就是依靠大量的其他相关公司，如电影拷贝、电子、设计和音乐公司，而不仅仅是依靠电影工作室。

3. 企业策略、结构和竞争。富有竞争意识的民族性的竞争可以推动创新，降低成本，开发新的竞争手段，这些可以在与同类型的企业的国际性竞争中加以应用。例如，波特认为，像三菱、日立等日本的消费类电子公司的全球竞争力就是和在本国市场上针对这些产品的激烈竞争的能力直接相关的。

4. 需求条件。在一个国家的本土市场上拥有成熟的、需求强烈的消费者能推动创新和质量的提高。波特指出，日本照相机（如佳能）的成熟、德国汽车的质量（如宝马）就是本国消费者强烈需求的结果。

另外，波特还指出了其他两个重要因素：

1. 政府的角色。政府可以通过补助金、法规和在教育方面的投资等来对上面的四个因素中的任何一个起作用。

2. 偶然性事件的角色。偶然性事件可以用不可预见的方式转变竞争优势，如战争、重大发明、石油价格上涨等。

从一个公司战略的角度考虑，这一重要理论可以帮助识别和选择要进行生产投资的国家。它也能够提供这些国家的消费者和竞争者状况的资料。重要的是，它提出一个市场的特点要比市场的规模重要。

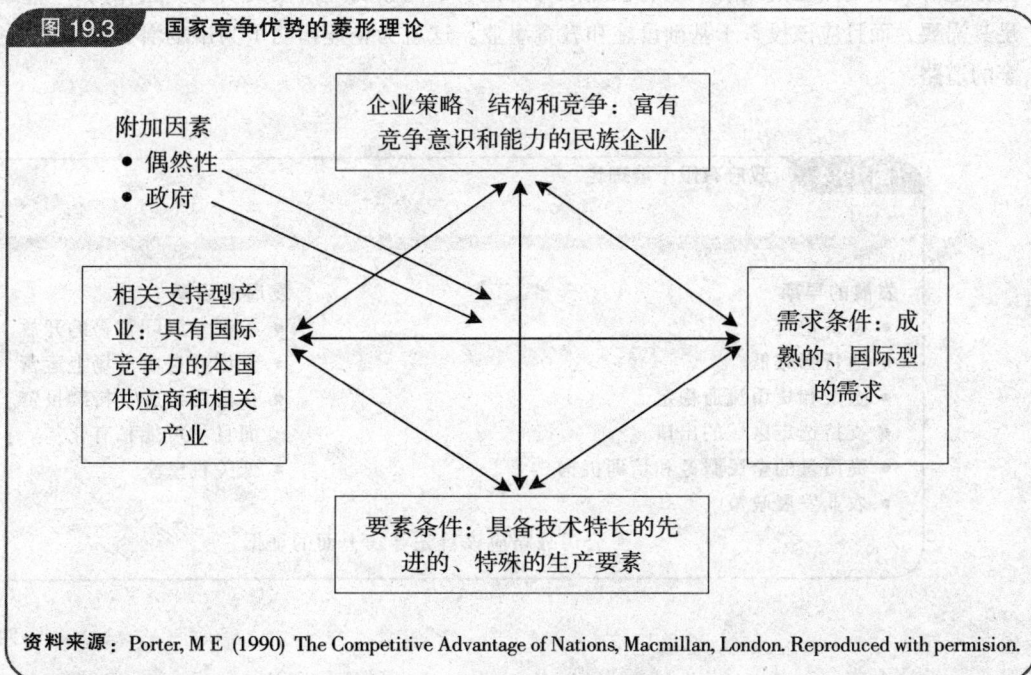

图 19.3 国家竞争优势的菱形理论

资料来源：Porter, M E (1990) The Competitive Advantage of Nations, Macmillan, London. Reproduced with permission.

评论

尽管波特理论非常贴切地解释了国际化战略和全球战略的发展，但还是存在许多难题[15]:

- 样本。读者可以找出哪些国家和产业被遗漏了，以及这对结论意味着什么。
- 政府。政府没有包括在波特的菱形理论之中，但它的许多因素是非常重要的，如国家竞争性政策。
- 机会。这似乎是对许多可能非常重要的事件的唯一解释。
- 企业竞争，而不是国家竞争。波特把它的着眼点放在国际市场上的国家竞争这一概念上。这会产生误导，因为参与竞争的是企业，如瑞典和芬兰没有参加造纸和纸浆工业的竞争，但 SCA 和 Stora Enso 这样的公司参加了竞争。
- 跨国性影响。波特完全忽视了著名的跨国公司，然而它们恰恰是海外贸易和海外直接投资的主要贡献者。Dunning 指出，跨国公司（MNEs）在 20 世纪 80 年代中期对经济的贡献占国际市场经济 GDP 的 25%~30%。跨国公司参与了 3/4 的世界商品贸易以及 4/5 的技术贸易和管理技巧贸易[16]。
- 母国优势。对于一些跨国公司来说，它们母国的所在地与其全球战略根本就不相关。实际上，ABB 公司——见案例研究 12.3——本部在瑞士，瑞典和它的全球战略几乎没有关系．这意味着波特学说的基础——"本土的"优势（如日本消费类电子产品的本土优势）——和这些公司无关。

许多评论家认为波特的菱形理论只是揭示了复杂问题的一部分。不过，菱形理论也提醒企业要重视它们将要考虑进入的国家存在的问题。

19.2.3 政府有限干涉理论——以世界银行为依据

在过去几年内，对发展中国家的支持性投资的工作，使得世界银行有机会对于可以使国家财富取得实际增长的投资领域问题进行研究。世界银行从没有把它的研究结果作为一个"理论"出版过，但是其工作成果可以在它的年报中找到。我们可以将其研究成果总结为政府有限干涉理论，如图 19.4 所示。

定义➤ 重要的是，这一理论表明，企业在发展初期可以从该国政府在电信和公路等此类领域的投资中获益。但是，当国家变得更加富裕时，政府应该撤销它的支持，并允许企业在自由市场的压力下运作。这意味着如果企业愿意参与国际竞争，政府就应该减少对在国内成长起来的产业的支持。

从一个公司战略的角度考虑，这些发现表明了企业对政府干预应该持有的态度。他们认为，企业应该警惕拒绝开放市场路径的政府。政府也应该努力把一个国家的经济及其货币流通作为一个政治事件来考虑并满足其需要，而且应该投资于基础设施和教育事业。这就为企业指明了为市场潜力和生产工厂的位置来选择国家的道路。

图 19.4	政府有限干涉理论

发展的早期
- 经济稳定
- 通货膨胀低
- 金融和货币流通稳定
- 支持选定区域的出口
- 高质量的全民服务和培训机构
- 农业发展政策

发展的后期
- 控制对国际贸易的开放
- 允许在自由市场上运营
- 在公用设施上持续投资，而且尽可能私有化
- 低关税壁垒

公司战略应该首先寻找上面的证据

19.2.4 国际贸易理论对公司战略的影响

总起来说，这些理论指出了几个领域中政府政策的重要角色：

- 发展基础设施。基础设施包括这样一些方面：供水系统、电信和交通。如果政府不愿在这些领域投资，那么企业的公司战略很难在这个国家取得进展。

- 培训和教育质量。这两点也非常重要。由于企业需要录用和培训本地人员为其工作，因而人力资本结构对于企业的新投资的发展也是一个重要因素。在选择一个要进行国际战略发展的国家时，培训和教育质量可能是一个主要因素。

- 鼓励出口的产业和经济稳定。如果一个国家具有较低的通货膨胀、经济稳定的话，大多数组织能够较好地开展工作。有些证据表明，在特定产业的发展初期，政府可以用出口补贴的办法来刺激该产业的早期成长，从而有效地支持该产业。

- 充满竞争力的、开放的国内市场。虽然大型国际公司进入某国市场，该国产业可能面临颠覆的威胁；但实际上这种事情是不会发生的。当某国市场开放时，会刺激新的进入者开设工厂、创造工作机会，因而创造财富。例如，许多年来，印度的本国市场一直对国际贸易实施偏激的关闭政策。新加坡和马来西亚已经开放了它们的市场，并从中受益。因此，索尼公司（日本）和飞利浦公司（荷兰）在新加坡和马来西亚这样的国家投资。

特别是从一个公司的观点来看，研究那些著名的壁垒的范围和属性是非常重要的，因为这里可能存在着和自由贸易有关的机会：这些问题在文本框 19.2 中被详细列出来了。就眼前来说，有些壁垒可能很小，并且在公司战略的基本范畴之内。但是从更深的层次看，这些壁垒可能是公司生存和发展的基本障碍。例如，20 世纪 80 和 90 年代日本汽车生产企业尼桑、丰田和本田在欧盟投资建立的生产工厂就是直接地，至少是部分地针对这个领域的贸易壁垒和欧盟在这些领域的敏感性而采取的战略反应。

文本框 19.2

主要贸易壁垒

- 关税：对进口产品征收的税费。关税不会阻止进口，但会降低进口产品的竞争力。
- 配额：某一时期可以进口某种货物的最大量。
- 非关税或技术壁垒：当地政府利用一地的法律或其他技术因素给进口产品进入该国制造困难。
- 对本国生产者的财政补贴。
- 外汇管理：政府对其公民获取外汇的控制，以增加其购买进口产品的困难。

关键战略原则

- 国际贸易的早期理论关注的主要是国家的资源。在解释过去 50 年中的国际贸易成长时，它们认为关税壁垒的降低一般伴随着企业可获取有效的规模经济。

- 波特关于国家竞争优势的菱形理论确认了四个本国因素，解释了一些国家取得特别的国际性成功的原因：要素条件、相关支持性产业、企业策略、结构和竞争以及需求条件。另外还确认了两个外部因素——政府政策和偶然性——这也很重要。

- 政府有限干涉理论是根据世界银行提出的，它确认了政府在经济成长的不同阶段所扮演的角色。当国家变得更加富裕时，政府应该开放自由市场。

- 国际贸易理论确认了政府在鼓励国际投资中的角色，它们也可以帮助企业识别哪些国家能够提供最好的国际前景。

19.3 国际贸易所涉及的制度的影响

在发展任何国际化战略和全球化战略中,掌握一些其所涉及的主要制度的知识,了解它们在发展过程中的作用是非常有用的。公司战略家们可能会直接遇到这些问题,而且在制定政策时会随时直接遇到这些问题。值得注意的是,下面没有把联合国单独区分出来。可是,在教育、健康和农业等领域,是应该有一个重要的政策角色的时候了,这些领域与发起特定产品战略会有一定的关系。

19.3.1 三种国际贸易制度

在 20 世纪 30 年代的危机之后,为了推进自由贸易,西方主要国家在 20 世纪 40 年代意识到,它们需要新的体制来监督国际贸易。它们尝试着建立了三个与参与国际贸易的企业有直接关系的国际组织:

1. 国际货币基金组织(简称 IMF)。国际货币基金组织的目的是监督国际货币支付。自 1973 年开始,它也为货币流通规则提供了论坛。
2. 国际重建与发展银行。这个组织也经常被称为世界银行。它的建立是为国家的经济发展提供长期资金援助——每年大概 100 亿美元。同时本着促进长期增长的目的,它也为基础设施、旅游观光事业和其他项目提供贷款。参看案例 18.1。
3. 国际贸易组织(简称 ITO)。国际贸易组织的建立是为了规范贸易活动,整顿贸易争执;贸易争执在 1918—1939 年间的损失非常惨重。直到它的继任者——1995 年成立的世界贸易组织,国际贸易组织都没有真正发挥作用。

国际货币基金组织和世界银行创办都非常成功,并持续运行到现在。不幸的是,美国并不认可 1948 年国际贸易组织所提出的条约。GATT 全称为关税与贸易总协定(GeneralAgreement on Tariffs and Trade,简称 GATT)。这一协定是国家之间签署的,目的是通过提供一整套的贸易规则和这些规定的调整标准来鼓励和支持世界贸易。作为一个过渡性的组织,关税和贸易总协定于 1947 年由 23 个国家共同签订。这个总协定作为保证自由贸易的主要机制一直持续到 1995 年。文本框 19.3 列出了关贸总协定的主要原则。到 20 世纪 90 年代末,由于明显的有利效果,有 140 多个国家签署了关贸总协定。

文本框 19.3

关贸总协定的主要原则

关贸总协定有三个主要原则:

1. 非歧视原则。每个国家给所有其他国家相同的进口所得税税率。给一个国家多少就给所有其他签署国多少(被称为最惠国待遇)。
2. 协商。当冲突上升时,关贸总协定将冲突各方聚到一起鼓励相互妥协,而不是像 20 世纪 30 年代那样的争吵。
3. 对违反协定的制裁。当妥协变得不可能时,世界贸易组织(WTO)得到授权进行政议,并强加一个解决方案。世界贸易组织拥有半裁决地位。

自 1947 年开始,关贸总协定已经发起了 8 次重要的关税和其他降低贸易壁垒的圆桌会议来鼓励国际贸易(贸易壁垒将在下一节介绍)。每次谈判的圆桌会议就以举办它的国家或城市命名。最近的一次圆桌会议是 1986 年开始并于 1993 年签署协定的乌拉圭回合[17]。

世界贸易组织(WTO)于 1995 年成立,作为国际贸易组织(ITO)的一部分用来正式执行管理关贸总协定(GATT)的职能[18]。它已经成为促进国际贸易持续发展的主要推动者,对那些开展国际公司战略的企业非常有利。例如,1998—1999 年发生的美国和欧盟之间的"香蕉之战"就是在关贸总协定的规则下最终裁定的。WTO 判定美国有权完成它的香蕉出口,如果这些香蕉的进入遭到拒绝,美国可以对欧盟的一系列企业加以制裁。大多数企业,包括那些没有参与香蕉生意的企业的公司战略都受到了这次事件的影响。

19.3.2 第三世界的国家与关贸总协定

虽然当比较贫穷和弱小的国家降低它们对强大的合作伙伴的壁垒时，关贸总协定会对这些国家提供重点保护，但是，这些国家仍然感觉自己只是受援助的工业化国家。它们指出了这样的事实，就是它们在世界贸易中的份额正在下降。因此，它们倡议联合国组成联合国贸易与发展会议（简称 UNCTAD）。这个机构因突出发展中国家的贸易问题而得到关注，它在战略管理的发展中的重要性更加有限。

19.3.3 与货币流通规则有关的制度

1945 年，人们关注的主要领域除了贸易之外，还有国与国之间的货币兑换汇率：如果不考虑关税的话，固定一种货币的价格是不可能的，如果固定价格，固定货币价格的国家经济就会崩溃。很明显，这会对企业的利益造成即时影响。在 20 世纪 30 年代的国际贸易中，在货币兑换汇率中就出现过现实问题。1944 年一个大幅度固定汇率的体系得到了国际社会的许可，即"布雷顿森林"协议。成立的国际货币基金组织（IMF）用于监督固定汇率系统，但是，当固定汇率系统中断时，国际货币基金组织仍然存在。今天的国际货币基金组织有了比其历史角色更多的功能。国际货币基金组织贷款给那些有支付困难的国家，以解决其支付问题，并且通过合作和讨论方式来帮助支持国际贸易问题。

19.3.4 贸易区域的重要性

为了推行国际化战略，企业通常需要和国家的政府进行谈判，这意味着企业至少需要了解该国政府的政治态度——见第 3 章。本节仅仅关注国际化程度问题。

定义▶ 除了独立的国家，世界各地还形成了各种各样的贸易区域。**贸易区域是由同意提供有限的国际贸易权利的国家组成的一个群体**。根据贸易壁垒和规模经济有关理论，一个贸易区域的目的是在其成员国之间鼓励开展贸易。由于贸易区域对自由贸易有指导作用，这样的一个区域也可以帮助一个国家稳定政治和经济环境。

我们已经提到过一些贸易区域，其中最著名的一个是欧盟。其他著名的贸易区域还有东南亚国家联盟（简称 ASEAN）和北美自由贸易协定（简称 NAFTA）。每个区域都有其自己的规则约束，例如，欧盟有一系列严密的规则和相对紧密的合作度，而东南亚国家联盟是一个松散的国家群体，每个国家有更大的自由度。

对于参与国际扩张的企业来说，主要的任务就是找到特定的国家及这些国家所属的贸易区域中存在的机会。

19.3.5 战略管理的结论

进一步来说，在著名的跨国公司和上面提到的主要组织机构之间存在着越来越多的联系。对于较小的企业来说，说服其获取利益和让其作出有影响的决定总是可能的。例如，世界上的知名银行通常都会出席每年两次的国际货币基金组织的会议，而各个企业也会派代表参加世界贸易组织的会议。这些对于任何企业的高级官员都是产生战略影响的重要领域。

关键战略原则

- 三个主要的国际组织对国际贸易具有重大影响：国际货币基金组织（IMF）监管国际支付；世界银行提供长期的资金援助；世界贸易组织（WTO）规范贸易活动并解决国家之间的贸易争端。
- 关税和贸易总协定（GATT）是关于世界上许多国家之间的贸易活动的总协议。关税和贸易总协定已经倡导了各种有关削减关税的圆桌会议。在过去的 50 年中，这些协定在国际市场上已得到落实并大大增加了国际贸易量。
- 联合国贸易与发展会议（UNCTAD）在国际谈判中代表第三世界国家的利益。
- 贸易区域包括那些同意给彼此有限贸易权的国家。公司战略需要考虑这些区域及其对贸易的影响。

案例研究 19.3　Cadbury 能在全球口香糖市场赢得领导地位吗？

在过去的几年里，世界最大的甜食公司之一，Cadbury，致力于为其口香糖业务制定全球性战略。但是，面对快速增长的全球甜食细分市场，要想成功需要长期努力和巨大的投资。本案例概述了 Cadbury 的全球战略，提出下列问题：它是否可以替代美国的 Wrigley 公司成为世界市场的领导者，特别是 Wrigley 在 2008 年有了强大的新合伙人之后？本案例将对此进行讨论。

Cadbury 进军全球口香糖市场

Cadbury 公司全球口香糖运营总监 Jim Cali 在 2007 年时说，"我们对口香糖很有兴趣。"公司当时首次将口香糖产品引入英国市场。本案例研究 Cadbury 如何开始制定新的全球战略进军全球甜食市场的口香糖细分市场，探讨 Cadbury 在这一细分市场进行国际扩张的背后的理论，并概述公司所使用的战略。本案例分为四部分：

1. 全球甜食市场及其关键成功因素；
2. 全球口香糖市场的竞争和机会；
3. Cadbury 的全球口香糖战略到目前的进展；
4. 2008 年 Cadbury 面临的全球竞争新威胁。

全球甜食市场及其关键成功因素

2007 年，全球甜食的销售额按照生产销售价（MSP）计算达到了 970 亿美元。MSP 就是指生产商，像 Cadbury 和 Mars，将产品销售给零售商，像 Wal-Mart、Carrefour 和 Tesco。它们再根据自己的利润和政府的税收制定零售价格。也说是 2007 年，全球甜食市场按零售价的销售额达到了 1 400 亿美元。本案例使用 MSP，是因为这个价格与案例所研究的财务年报等有直接关系。在阅读甜食业的研究报告时，对它们进行区别十分重要，如 Mintel、Euromonitor 等，它们多用零售数据。本案例中所有的数据均指价值，而不是指量。

在 2007 年，全球甜食市场的年增长率为 5% 左右，比其他包装食品的增长率高许多。这使得这一市场对许多寻找新机会的制造商具有吸引力，显然全球的顾客都喜欢甜食。

全球糖果市场主要有三个细分市场。

- 巧克力和巧克力覆盖产品。例如，纯巧克力如 Mars 的德芙和 Galaxy，Cadbury 的 Daily Milk；巧克力覆盖产品，如雀巢的 Kit Kat，Mars 的 Bounty 外面包着巧克力，里面有其他成分。这一细分市场在 2007 年占全球甜食销售额的 55%。这一细分市场

Cadbury 于 2007 年，以 Trident 进入英国口香糖市场。如果这一产品要取代竞争产品 Wrigley 的市场统治地位，则需要 Cadbury 强有力的战略核心资源和能力。

比糖类甜食的利润要高，至少有三个原因：品牌增加值、自有品牌零售额降低、在人均收入较高的更发达国家的销售额更高。巧克力市场在发达国家，如德国和美国，增长率远远低于 3%；但在新兴市场，像巴西和印度，增长率超过 10%。实际上，巧克力产品有很多，每一种产品定位在不同的细分市场上。见图 14.4。

- 糖类甜食：例如，硬糖、太妃糖和果冻。这一细分市场占了全球甜食销售的 31%。但是，在发展中国家，这个市场的增长基本是静止的，年增长率不足 1%。但在新兴市场，它的年增长率达到 8% 左右。新兴市场的增长因人口增长及产品的影响力而受到刺激。虽然糖类甜食的产品很多，但是细分市场产品的基本定位比巧克力类产品要低。注意，糖类甜食在某些战略研究指的是"糖果"。

- 口香糖：例如，软的口香糖棒和口香糖豆。这一细分市场占了全球甜食销售的 14%。虽然这是最小的细分市场，但它发展的最快。在发达市场，年增长率超过 5%，而新兴市场中的增长超过 12%（虽然基数较小）。这一细分市场的高增长率的原因将在本案例的下一部分进行阐述。较高的利润率的形成原因也会在案例的后边讨论。口香糖市场的次细分市场的依据是口味、成分如"无糖"，和功能如"洁齿"。品种的多样化给新的进入者，如 Cadbury，提供了战略机会。

表 19.5 列举了全球领先的甜食公司。从战略视角来看，重要的是全球市场由 5 家大公司瓜分，占全球市场的 40%。前 10 家企业占了将近 50%。有许多公司在一个国家或地区之所以获得了成功，一方面是因为历史原因，另一方面是因为甜食市场成功的主要因素的性质，见下文。

世界主要的两家公司，Mars 和 Ferrero 是私营的家族企业，很少有财务数据公开。Mars 在巧克力和相关产品较有优势，多年来在世界上许多国家有一系列世界领先的品牌。该公司的主要竞争对手是美国的 Hershey。后来，Hershey 占了上风。Ferrero 开发了一系列独具特色、高品质和创新的产品。

雀巢在甜食产品方面的份额相对较小。但在 20 世纪 70 年代，它收购了英国公司 Rowntree，购买了 Kit Kat 和 After Eight 品牌。甜食业务在雀巢的多产品线中发展相对较慢，第 10 章关于冰激凌的案例对这家公司有更多的信息。

Hershey 由创始人家族成立的托拉斯控制，是美国具有统治地位的巧克力和糖果公司，占美国市场的 50%。Hershey 的国际业务不多，近年来发展较慢。2002 年，Wrigley、雀巢和 Cadbury 试图收购公司，但是 Hershey 的美国工人们抗议，这使得有控制权的托拉斯不能够将其出售。这一重大的战略问题在编写本案例时仍未能解决。要接管 Hershey 或建立合资企业仍需要很长时间。

本案例下一部分别讨论 Cadbury 和 Wrigley 公司。

要在全球甜食业获得成功的主要因素如下。

- 分销：大多数甜食都是低价位产品，主要靠购买冲动。因此，▶

公司	母国	2007 年全球市场份额（按价值）	所拥有品牌	备注
吉百利（Cadbury）	英国	10.5%	Cadbury's Dairy Milk, Flake, Creme Eggs, Green and Black's Organic, Trebor, Maynards, Bassets, Trident, Stimorol and other gum brands	在巧克力细分市场中仅列第 5，但在糖果细分市场是领导者，并参与了三大主要细分市场
Mars	美国	9%	Mars, Snickers, Bounty, Twix, Milky Way, Dove, M&Ms	全球巧克力细分市场领导者
雀巢（Nestlé）	瑞士	8.5%	Kit Kat, Crunchy, Rolo, After Eight	在巧克力细分市场仅次于 Mars，列第二位
箭牌（Wrigley）	美国	5.9%	Juicy Fruits, Double Mint, Orbit and other gum brands	为口香糖市场的全球领导者
好时（Hershey）	美国	5.3%	Hershey, Reese's, Kisses, Skor, plus Cadbury, Rolo and Kit Kat brands in the USA only	在美国的销售将近 90%，统治了美洲市场
费列罗（Ferrero）	意大利	4.8%	Ferrero Rocher, Kinder Surprise and related products, Nutella, Mon Cheri, Giotto	有一系列的特殊产品和全球战略，适应当地需求
卡夫（Kraft）	美国	4.5%	Suchard, Marabou, Daim	在欧洲的某些国家的巧克力市场方面特别强大

表 19.5　全球甜食市场：2007 年市场领先企业

注意：

1. "甜食"包括全球三大细分市场：巧克力、糖果和口香糖。

2. Mars、Nestle 和 Kraft 的份额仅指其甜食业务。这三家公司在其他领域的市场的销售额巨大。

3. 主要的巧克力制造商 Barry Callebaut 不在上述公司之列。因为该公司 2007 年 39 亿美元的销售额中有超过 50%销售给其他食品制造商，用作其他食品的成分，如巧克力涂层饼干。

资料来源：Author based mainly on company annual report and accounts—see references at end of chapter.

需要有产品进店和展示。大公司都会在组织销售队伍投入很多，并开展促销。一旦产品上架，就成为了公司的主要竞争优势。

- 品牌：许多产品依赖于品牌效应来吸引顾客，不论它是儿童还是成人产品。因此，为品牌进行的营销活动和开支是最基本的。即使国家性品牌也需要依赖于品牌优势带来的顾客认可和忠诚。

- 经济规模和范围：在高度竞争的市场，零售价格成为主要因素。反过来，这也意味着许多公司需要大量投资于现代化的工厂和包装机械。高价位的手工制作甜食在市场的缝隙很小，所有的主要制造商依赖于规模经济和范围所带来的低价格来保持竞争和利润。

从全球战略的角度来看，这些主要的成功因素使得要成为全球领先企业、开展国际业务的成本很高。因此，一个国家一个国家地去进行详细的活动去分销和建立品牌变得十分重要。经济规模和范围主要集中在一两个地方生产。例如，西欧的 Mars 只在荷兰和英国有两个主要工厂生产所有产品线。同样，Cadbury 只在英国的一个厂生产欧洲市场所有的 Creme Eggs。

全球口香糖市场的竞争和机会

2007 年全球口香糖总值 135 亿美元，比其他甜食的细分市场发展得更快。在发展中国家，这个市场的年增长率 5%，而在新兴市场，年增长率为 12%左右。这个市场的规模和增长情况吸引企业的进入。

为什么口香糖与其他甜食业务相比会有这么快的发展？主要有三个原因。

- 创新。有观点认为，在过去几年里，这类产品比其他糖果业务有更多的产品，并在包装上有更多的创新。因此，我们有了夹心和硬皮口香糖、健康口香糖等新口味。Cadbury 的首席执行官 David Macnair 说，"口香糖是一个充满创新的敏感的产品类别。它有各种口味组合和体系。"

- 健康意识。在发达国家，对低糖和无糖产品的需求在增加。这对于口香糖来说容易做到，但是，对于其他甜食却不容易做到，这些食品的口感很重要。口香糖在健康方面带来的其他好处就是清新口气和洁白牙齿。但是，这些新产品在发展中国家，如中国和印度，销售却有限，因为这里的人均收入较低，健康意识较弱。

- 发展中的市场的现有人均消费量低。在 2005 年，中国的年人均消费仅为 15 条口香糖，而美国的为 196 条。但是中国和印度人有一个长期以来的习惯，就是口香糖用来嚼着玩或是为其他目的。

多年来，世界口香糖的主导人物，Wm Wrigley Jr. 发起了多项运动。Wrigley 是一家经营得很好的公司，有很好的赢利。例如，它的利润达 22%，是甜食业利润率最高的。该公司于 19 世纪末起步于美国芝加哥，是一个家族企业。从公司的网站 www.wrigley.com 可以有所了解。在 21 世纪早期，公司仍由最初的家庭成员拥有部分股权，尽管它从外部聘请了首席执行官。Wrigley 在 1910 年开办了美国之外的第一家工厂。2005 年的一项财务分析认为："人们有点怕 Wrigley，因为它要占领全球的口香糖市场。"

Wrigley 占有世界市场份额的 35%，仍是口香糖市场的主导者。它有强大的品牌效应、高效的生产工厂和分销系统，使之能够在中国的小售货亭中获得赢利。2008 年，Wrigley 公司采用了一项重大的战略行动，在本案例后面会有介绍。表 19.6 中列示了 2008 年以前年度的市场份额和领先公司的品牌。

虽然 Cadbury 从事甜食销售达两百多年，但是，它只是在 2003 年用 46 亿美元收购了美国口香糖公司 Adams 后，才开始利用其全球性资源。此前，Cadbury 在巧克力甜食方面有很强的地位，如 Dairy Milk 巧克力棒和其他巧克力涂层的 Flake 和 Creme Eggs，特别是在英国和亚非部分地区。此外，Cadbury 通过 20 世纪 80 和 90 年代收购了一系列的英国公司，像 Trebor Sharp、Bassets 和 Maynards，使之在糖类甜食拥有众多业务。但是，公司在 20 世纪 70 年代发现 Cadbury 品牌在美国很弱，美国当时的主导产品是美国的 Hershey，很快将 Cadbury 从北美的市场挤了出去。

除了巧克力和糖业的战略外，Cadbury 也看到了口香糖的战略潜力，特别是在欧洲。它于 1999 年收购了法国的主导品牌 Hollywood 的 Kraft，在 2002 年收购了荷兰的市场领导者、拥有 Stimorol 和 Dentyne 品牌的 Dandy 公司。但是，在 2003 年，Cadbury 从药品公司收购了甜食公司 Admas 后，它的兴趣转向了口香糖。Adams 运营着两个主要品牌：Halls medicated sweets 和 Trident 口香糖，这两个品牌被 Pfizer 忽视了，因为它们不是药品公司的主营业务。

在 Cadbuty 收购 Adams 时，它在美国口香糖市场的份额为 27% 左右。这为公司在 2007 年将 Admas 的市场份额提高到 35% 奠定了坚实的基础，抢占了 Wrigley 的市场。Wrigley 在美国市场的份额从 20 世纪 90 年代的近 70% 下降到 2007 年的 59%。Cadbury 所采用的战略将在下一节中讨论。

更为重要的，与世界甜食业其他部门不同，Wrigley 和 Cadbury 是全球口香糖主要的两家公司。Cadbury 全球口香糖总经理，Jim Cali 说，"我们有活跃的竞争对手 Wrigley，但是，好的竞争者可以推动和扩张产品的种类。"像亚洲的 Lotte 公司和南美的 Arcor 公司，它们有地域的重要性，但是两个公司的战略竞争也代表了这个巨大的正在成长的主要活动领域。这就是为什么 Cadbury 战略在近年来开始影响 Wrigley。

Cadbury 的全球口香糖战略——迄今为止的进展

Cadbury 在口香糖业务上有六个主要的全球性战略，它们用于世界不同国家，分量有所不同，是全球/地域战略发展的一部分：

产品创新。新口味，如莓子味和桃子味、夹心产品加上新包装一直以来被用来诱惑现有的和新顾客去尝试 Cadbury 新产品。Cadbury 英国公司的 Kate Harding 说，"我们看到新增长的主要驱动力就是将新顾客带入到这个领域中来。有些顾客先购买他们常买的口香糖，然后再买新产品。33% 的 Trident 购买者完全是第一次购买口香糖。"在市场开发创新产品时，及时的投资使这些优势得到利用。

收购。Cadbury 在几年的时间收购了一系列的口香糖公司，包括在法国、荷兰、土耳其、日本、波兰、南美、美国和巴西等地。这一战略使得公司无论是在数量还是在国际影响上得到迅速提升。但是，它也有一个不足之处，就是 Cadbury 收购的这些品牌都是当地知名品牌，没有国际影响力。

品牌投资。除了收购战略，Cadbury 在新品牌上斥以巨资，2006 年为 Trident 在美国投资 5 000 万美元，2007 年在英国投资

表 19.6	**2007 年全球口香糖业的领先企业**			
公司	母国	2007 年全球市场份额（按价值）	所拥有品牌	备注
箭牌（Wrigley）	美国	35.0%	Spearmint, Juicy Fruit, Freedent, Double Mint	为美国、德国、英国、中国和部分东欧国家的市场领先者
吉百利（Cadbury）	英国	27.5%	Trident, Stimorol, Bubbaloo, Dentyne, Clorets, Hollywood	是法国、西班牙、土耳其、日本、南非的市场领先者，在美国列第二位
乐天（Lotte）	韩国	7.0%	Lotte	是韩国和部分亚太国家的市场领导者
意大利/荷兰（Perfetti Van Melle）	意大利/荷兰	6.5%	Mentos（曼妥斯）, Happy Dent, Fruitella, Chupa Chaps	在西欧国家有巨大的市场份额，但在糖类甜食中更有优势
雅可（Arcor）	阿根廷	2.5%	Topline, Menthplus	是部分南美国家的市场领先者
Haribo	德国	1.5%	Gold Bears, Starmix	主要的儿童食品，包括果冻

资料来源：Author from company annual report and accounts-see references at end of chapter.

2 000 万美元。这些投资降低了这些品牌在这些国家的短期赢利。显然，从全球的观点来看，全球的每一个国家类似的投资规模的费用都很高。即使随便选出一个国家，也需要巨大的投资。如，在编写本案例时，Cadbury 在德国、意大利和中国的口香糖业务就没有大的影响力。

集中于有限的市场。由于需要巨大的投资（如上所述），Cadbury 选择了几个国家，数量有限。在口香糖业务中，Cadbury 选择集中在美国、英国、墨西哥、俄罗斯、印度、中国、巴西、法国和日本。这些"领先"市场成为进入邻国的基地。这在扩展 Cadbury 资源的同时，也带来了一个问题：公司使其业务全球化的时间表。

低生产成本。Cadbury 关闭了现有工厂，搬迁至低劳动成本的国家。例如，英国的口香糖产品是在土耳其工厂生产的，那里的劳动力成本比英国低。此外，公司进行了重组，决定集中采购原料和其他相关物质。公司试图从规模经济中获利。但这种方法带来的问题是降低了对当地需求的敏感性、生产周期的弹性以及对低运输成本的依赖性。

选择零售连锁和贸易集中。Cadbury 在其 2007 年年报中写道："甜食主要集中在七大零售连锁店和三家贸易渠道。这七大零售连锁店占了 2007 年甜食收入的 10%，而且每年的收入增长为 12%。我们相信 Cadbury 的甜食业会支持这些客户，因为它是唯一的主要甜食集团，在三大甜食类食品中具有巨大的影响力。而且，在最大的三家零售商中，在甜食的主要市场上，我们总体的领导地位比我们的竞争者要高。"

竞争对手，如 Mars 和雀巢在其选择的产品中都有很强大的地位，它们分别有 Mars Bars 和 Kit Kat，是对 Cadbury 的挑战。

Cadbury 所选择的零售战略也与 Wrigley 的高效运输和分销系统形成对比。Wrigley 的系统的目标是为每一个能够销售口香糖的店送货。

2008 年 Cadbury 面临的全球竞争新威胁

2008 年 3 月，家族企业 Mars 同意以 230 亿美元的价格收购 Wrigley。合并后的公司占了 14.9% 的市场份额，取代 Cadbury 成为甜食市场的领先者。Mars 将它的糖类甜食品牌，Skittles 和 Starburst 让给了 Wrigley。Wrigley 仍保持独立经营，总部仍在芝加哥。对于 Mars 来说，吸引它的是它能够在第一时间进入到快速增长的口香糖市场，从而能够向零售商提供全系列的巧克力、糖和甜食，正如上面提到的 Cadbury 的战略。对于 Mars 来说，问题是交易安排将 Wrigley 的管理交由原先的总部，也就是说不太可能通过总部的合并来减少全球性开支。

从 Cadbury 的口香糖业务来看，Mars/Wrigley 的扩张显然使之成为一个劲敌。它给 Cadbury 带来一个难题：是否要获得全球口香糖市场的领导者地位？

案例问题

1. 利用本章中关于全球战略的好处的概述，分析 Cadbury 如何加以利用这些好处？Cadbury 如何与竞争者竞争？
2. Cadbury 在制定全球战略时存在哪些问题？是否可以克服？如何克服？
3. Cadbury 能够成为口香糖市场的领先者吗？为什么？如何做到？

19.4 国际化和全球扩张战略：企业愿景

现在我们从与国家竞争优势有关的问题转向公司层面。本节探讨了围绕着国际和全球战略有关的基本问题：基本商业情形、全球战略情形、全球与当地战略情形以及一些其他的国际因素。以下两节主要探讨了组织结构以及具体的进入途径和问题。

19.4.1 国际扩张的基本商业情形

探讨国际扩张的时候，要从战略企业和任何形式的国际扩张的重要形式对公司的影响开始。

海默的贡献

尽管一些基本用品已经在全世界销售了几个世纪 [20]，但国际扩展的商业逻辑主要依赖于两个主要观点 [21]：

1. 一个成熟的国内市场意味着在国外可能会获得更高的成长；
2. 在国外可能会获得更高的回报率。

要获得这两种好处同时要考虑额外的风险和进入国际市场的成本——货币风险、政治风险、经济风险，等等。多年来大多数经济学家认为正平衡——国际扩张的回报率要大于风险和成本——是公司进行国际扩张的原因 [22]。海默（Hymer）认为，公司在某一国家投资来进行国际扩张的原因其实很微妙。他指出，一些公司选择进行国际扩张并不是简单地采取从母国出口这样的低风险做法。为什么它们要冒风险到其他国家进行直接投资呢？就是为了利用公司那些可以被用于其他国家的一些很难被复制的竞争优势：品牌、技术、专利、规模效应等。理查德·卡福斯（Richard Caves）认为这些可以帮助公司利用占领国内市场的同样的方式来占领国外市场。他还进一步发展了这一观点，但是基本的思想仍来自于海默 [23]。如果一个公司具有某种竞争优势，它就有可能从国际竞争中获益[24]。

19.4.2 全球战略——格史郝的贡献[25]

全球战略意味着把整个世界当做一个市场以及一个彼此内在相关联的供应源。一些市场可能是地区性的而不是全球性的。比如，丰田就把欧洲的汽车市场当做一个与北美市场的顾客有着不同品味的市场——参看案例19.4。公司需要利用商业情形来帮助自己在一个全球市场的运作。格史郝（Ghoshal）制定了一个用来研究企业全球战略的框架。他认为采取全球战略有可能会带来三个主要的潜在竞争优势。

- 利用国家的竞争优势：在本章前面的19.2.1中对此有所论述。
- 规模经济的发展：随着公司规模的扩大，就有可能会改善边际成本。
- 获得规模经济：通过从一个公司向另外一个公司传递技能会节约成本。

他认为，可以从全球战略中获得三个主要的成果。

1. 从低成本的领导和差异化中提高效益——最小化输入，最大化经济输出。
2. 更好地管理风险——通过与多方进行业务可以抵消在一个国家投资的风险，这样可以从经济和政治上获益。通过采用全球战略也有可能减轻一些竞争和资源上的风险——比如，从多个国家进行采购供应的话，那么就可以减轻某个国家出现问题所带来的风险。
3. 通过分享知识、思想和观点可能会促进创新和学习。

然后他把所有这些综合成为一个矩阵，如文本框19.4所示。在采取全球战略的背后一定有着一些逻辑原因，但是这种简单的说法并非企业进入全球市场的原因。应该把全球战略视为一个思考的框架，而不是一个具体的指南。

文本框 19.4

全球战略——原则背后的逻辑

		全球战略的竞争优势		
		国家竞争优势	规模经济	范围经济
全球战略的战略成果	现有业务效益提高	从国家之间工资和资本成本的差异中获益	在商业的每一个方面发展规模经济	在产品和子公司之间分担活动和成本
	更好的风险管理	管理不同国家的竞争优势的变化而带来的风险	平衡战略和业务的灵活性以及规模优势	产品组合多样化，分散选择风险
	促进创新和学习	从世界不同的地方、不同组织和管理系统中学习	从成本的降低和创新中获益	在不同的市场和企业中分享学习和知识

资料来源：Based on the late Professor Sumanthra Ghoshal's 1987 paper on global strategy "Global Strategy: an organizing framework"，Strategy Management Journal, Vol 8，pp425–440.

评论

一些战略学家，尤其是Ghemawat、Rugman和Verbeke认为，要想真正地实施全球战略会存在一定的困难[26]。他们认为所需要的投资、对顺应当地顾客品味的需要以及与全球化战略相关的组织和合作上的困难表明，这样的战略可能会被"半全球化"的战略所取代。有迹象证实了这种观点，尤其在那些更为成熟的产品领域，比如食品和饮料[27]。我们会在后面的19.4.5节继续探讨这一课题。

如同以上所解释的，Theodore Levitt认为全球战略可以带来额外的增值以及可持续性的竞争优势。判定全球战略的时候，需要注意两个主要因素[28]：

1. 资源。以国际为基础的话，可能资源的生产和采购能够更为经济[29]。主要是那些消费电子行业会利用这样的资源，通过在一些国家，主要是亚洲国家利用高效生产设备和低人工成本来生产劳动密集型的产品，就会同时带来规模经济和大量的成本的节约。一些像索尼（日本）和飞利浦（荷兰）这样的公司都以这种方式进行运作。

2. 客户需求。这实际上对一些产品来说是相同的。一些像古琦（意大利，实际上由法国公司所有）、劳斯莱斯（英国，尽管实际上归德国公司所有）以及耐克（美国）实际上在世界上所有国家采用同样的品牌方式。如果出现一些差异的话，因为从全球进行生产所带来的规模经济，消费者也愿意作出妥协。第 14 章中探讨了这一问题。

George Yip 在全球化方面讲得更透彻[30]。他认为，一些组织可能会担心被落在后面。而且，采用"西方式"的价值和客户关系由于促进了普通消费者需求，因而促进了全球化。他还尤其强调了全球生产对在更多国家分摊数额巨大的研发成本上所起到的作用。例如，第 4 章提到的药物开发的成本。

从根本上来说，Yip 认为全球化能够增强一个公司的竞争优势，比如，由于获得范围经济可以增强企业的竞争优势。这很明显是通过在全球范围内增大产品的竞争优势。但这也同样给那些真正全球化的市场提出了一个问题：即使麦当劳也必须要调整其部分菜单来适应本地口味。劳力士手表和路易威登服饰都是全球化的，它们的很多产品也必须要适应当地需求。

19.4.3　一个全球化／本土化战略的案例

在讨论全球化战略时，Levitt 教授的论断主要停留在上面提到的两个问题。可是，对于许多组织来说，考虑全球化问题的同时也不得不考虑对不同的本地需求作出反应，而全球化／本土化战略这一问题有时可以总结为一句话："按全球化战略思考，按本土化战略实施。"

大约在 Levitt 教授完成有关全球化的论文后 3 年，Susan Douglas 教授和 Yoram Wind 对他的观点进行了适当却坚定的回应[31]。对于大多数企业来说，很有必要对不同的地区采取不同的本土化战略：恐怕即使像耐克公司这样的全球化企业——见第 7 章——也需要有各种本土化战略，这是因为在不同的国家企业的规模不同。

本土化响应力很明显和全球化活动的动力方向相反，有四点主要原因证明这一点：

1. 不同国家的消费者品位和使用条件可能是不同的。这在第 14 章已经解释过了。

2. 可能还要关注国家的政府部门，因为该国的利益可以通过某些对该国来说是特别的变化得到更好体现。这在本章的前面已经讨论过了。

3. 技术标准、法规和其他社会因素的不同，可能会使得为一个特定的国家生产特定的产品变得非常重要。例如，为具体的欧盟国家生产地方性的插头和插座是非常有必要的，因为每个国家的电力线路（双头或三头）有所不同。

4. 在各个市场上，不同国家的竞争对手可能使提供完全相同的竞争优势变得非常困难。例如，英国巧克力公司 Cadbury 很难在法国和西班牙销售某些巧克力，因为在这些市场上面对着比在英国本土市场上更强大的来自 Kraft Jacobs Suchard 公司的竞争，见案例 19.3。

如果需要本地响应，那么，本地响应就会稀释本可以通过全球化的规模利益扩大的附加价值。可是有些企业已经发现，这种本土化问题可以在全球扩张中得到解决。

因此，现实生活中的许多全球化先锋也需要重视适应当地的响应性，即使像可口可乐、迪斯尼和麦当劳这样的公司也分别在口味、语言或菜单方面做些本土化的变化。战略选择的困难经常是找到全球扩张和本土响应之间的平衡点。全球／国家的平衡如表 19.7 所示。

19.4.4　国际化扩张的四个常规性战略选择

在考虑上面研究的问题时，企业至少有四个国际化扩张选项要考虑[32]。这四个选项主要都是常规性的，起源于要从两个要素获得利益，这两个要素是：全球战略需求和国家（或区域）战略需求。

1. 有些企业可以决定实施纯粹的全球扩张，比方说古琦公司或劳斯莱斯汽车公司。

2. 有些企业在一个全球化战略和国家响应性间进行选择，如丰田汽车公司和惠普打印机公司。

表 19.7　**全球扩张和国家响应之间的平衡**

全球战略的压力 *	国际战略所带来的压力，但仍依据国家多样性的不同而不同 *
• 全球或跨国的竞争	• 根据国家或地区区分消费者或消费群
• 高水平的投资或者技术，这些都需要有大量的销售来平衡，比如生产、品牌以及研发方面的投入。	• 为了满足国家的需要来大幅度地调整产品
• 生产和采购中的规模经济	• 处在生命周期不同阶段的产品
• 在营销和品牌设计上的大量投资	• 在某国相对较高的技术水平上能够生产适合该国所需的产品
• 消费者对一个全球化"概念"的渴望	• 设计不同的使用条件，比如说气候
• 通过寻找廉价劳动资源获得成本降低的需要	• 来自政府对国际活动上的限制，比如对各国实行的关税或配额
• 原材料或能源的全球采购	• 对重要销售品的国家采购

* These are not mutually exclusive.

3. 有些企业可能需要更多地对国家需求作出反应，而很少能从任何类型的全球化活动中获益，如 Bata 鞋业公司。

4. 有些企业可能没有面临这些压力，而且还看到了全球范围内销售它们的产品或服务的机会，比方说任何打算出口某些产品的国内企业。

我们为这四类战略命名，并显示在图 19.5 中。可是，必须注意的是，选择了一种战略并不排斥后来选择另一种战略。例如，Yip 教授认为企业不会立即对全球化战略作出选择[33]。全球化过程需要经历三个阶段，花费很长时间，并且有些企业在开始的两个阶段不会改变战略。Yip 的三阶段全球化过程是：

- 第一阶段：制定核心战略——这是竞争优势的基础。这种战略经常首先在本国实施。
- 第二阶段：使核心战略国际化——通过在许多国家推广它来实现。
- 第三阶段：使战略全球化——通过寻找来自拥有一个全球性市场的综合利益来实现。

实际上，我们已经找到了其他各种国际化战略，可以用下面的说明来为它们命名：

- 跨国战略。跨国战略根据不同国家的消费潜力和竞争者现状选定特定的几个国家或国家群，从一个国家到另一个国家之间的扩张过程之后就是国际协调过程。例如，Danone 公司（法国）就是根据当地的扩张机会来在欧洲销售它的饼干的，而不是用一个泛欧洲的品牌。
- 全球的低成本战略。全球的低成本战略是指在成本最低的地方生产产品，然后在全球范围内进行销售。例如，飞利浦公司（荷兰）在中国香港生产无线电接收设备，而在欧洲销售。
- 全球细分战略。在世界各国相同的市场细分内销售同样的产品。例如，Dunhill 公司（英国）和 Yves St Laurent 公司（法国）的产品在所有国家有同样的高级时装款式。
- 国际性地区战略。在世界的不同地区有自己的产品，而在产品的生产和销售方面可能有些区域性的或国家性的变化，但是战略的全球基础是明确的。例如，大多数汽车公司，如丰田公司（日本）和通用汽车公司（美国）实施的就是这种战略。

图 19.5　**国际扩张的四个常规性选择**

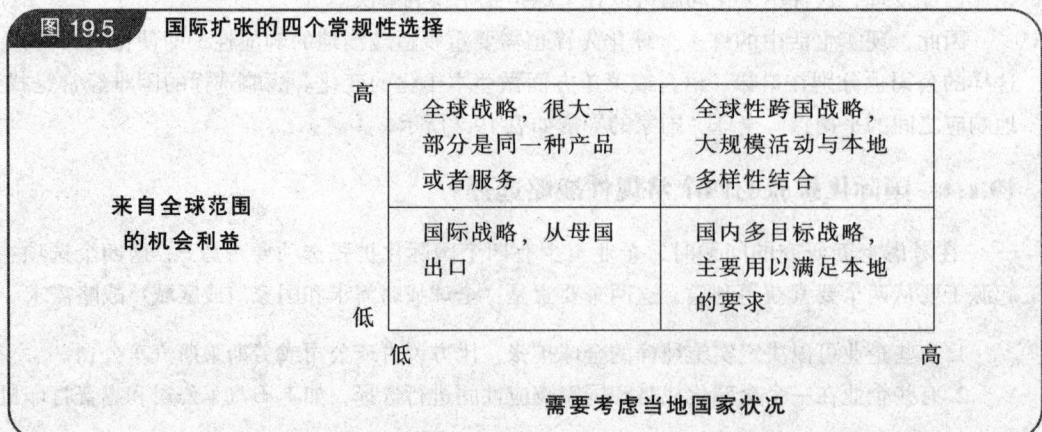

	低	高
来自全球范围的机会利益（高）	全球战略，很大一部分是同一种产品或者服务	全球性跨国战略，大规模活动与本地多样性结合
来自全球范围的机会利益（低）	国际战略，从母国出口	国内多目标战略，主要用以满足本地的要求

需要考虑当地国家状况

还有一些其他的战略形式可以选择。对于生产集体和组织而言，最后的决定将是独特的，但表 19.7 所汇总的结论也许是有所助益的。

19.4.5　全球和国际战略思想上的最新发展

如 19.4.2 节所示，一些战略学家开始怀疑全球战略的简单收益。这些发展还有待于被证实，但都基于这样的事实：很多行业既不是完全本土化也不是完全的全球化。因此，一些战略学家现在开始采用一些更为细致的国际化扩张方式。方式之一就是把公司分为四个门类：以国家为重心、地理插空、国际机会和大陆领先[34]。前两种主要是采取一种防御的姿态，而后两者或者是暂时或者是在长期基础上选择利用全球机会的战略。

19.4.6　国际扩张和全球战略的一些其他思想

全球化或者本土化并非是唯一指导国际扩张的方针。以下章节将会从两个主要方面来进行探讨：组织结构和进入方式。但是，有三个方面需要注意：竞争、分销渠道和政府。图 19.6 概括了这些。以下可能都是重要的：

- 竞争。全球扩张必须要考虑竞争对手的活动、本公司的资源和目标市场的地位。
- 分销渠道。这些对于产品或者服务的成功来说至关重要。这些要被作为制定相关战略的基本部分。
- 政府。政策可能会产生额外的壁垒或者其他障碍。即使是能够获利，但也有可能要承担巨额赋税，以至于无法把剩余利润传递给母国。还有可能存在对于技术交易的限制和匮乏的基础设施的限制——参看前文。

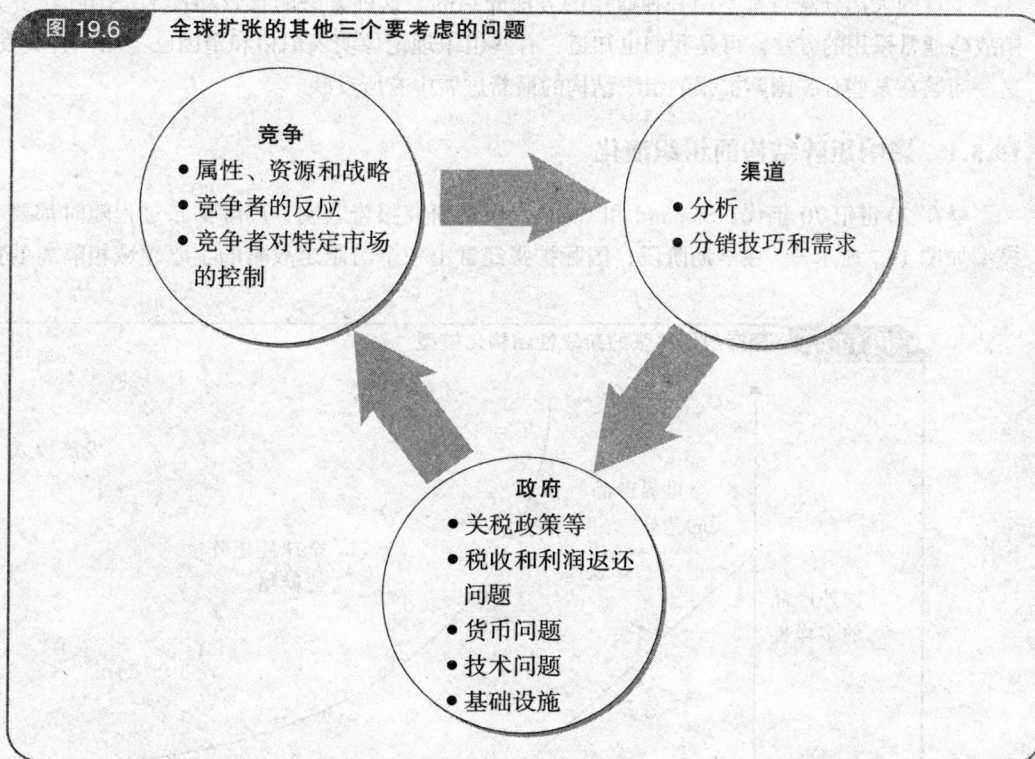

图 19.6　全球扩张的其他三个要考虑的问题

竞争
- 属性、资源和战略
- 竞争者的反应
- 竞争者对特定市场的控制

渠道
- 分析
- 分销技巧和需求

政府
- 关税政策等
- 税收和利润返还问题
- 货币问题
- 技术问题
- 基础设施

关键战略原则

- 国际战略扩张会遵照战略发展的基本原则进行。可是由于国际战略扩张的复杂性和不确定性，可能要采取一个阶段性的发展程序，而且选择的过程也更加复杂。首先要明确国际扩张的目标和原因。
- 还需要考虑经常以母国的高级管理为基础的组织历史和文化。
- 一个全球化战略主要停留在两个主要因素上：可以在全球范围内更加经济地获取和加工资源。另外，世界范围内的消费者需求可能在本质上是相同的，因此允许把世界当成一个市场来处理。
- 一个既是全球化又要本土化的战略是以获取全球市场的利益的需要为基础的，同时还要考虑对不同国家市场需要的反应。可以把不同的本土化战略当成是不同的消费者需求和使用条件、国家政府、不同的技术标准和不同的国家竞争者造成的结果。
- 实际上，在实施战略过程中经常要平衡全球化问题和本土化问题。
- 至少有四种常规性战略是基于这样的考虑：全球化、国际化、跨国性和国家的响应性。实际上还发展了一些其他的国际扩张战略。
- 有关国际扩张的其他要考虑的问题包括对竞争对手的仔细研究、对分销渠道的调查研究和对一国政府限制和需求的全面分析。

19.5　国际化和全球扩张战略：组织结构

本章的大部分观点都是用一种通用的方法介绍的。这种方法的背景和技术是国际经济分析和制定市场营销战略通常采用的方法。可是我们也知道，有些组织理论像明茨伯格和奎因已经用一种突发性角度制定战略。这一问题在某些有关国际扩张的组织结构的最新进展中有所反映。

19.5.1　影响矩阵结构的组织演化

早在20世纪70年代，Stopford 和 Wells 出版的研究报告表明，国际扩张过程随时都要考虑组织结构，其模型如图 19.7 所示[35]。在早期阶段，国际扩张经常由一个与制定战略的主要领域相隔离的独立的国际子公司

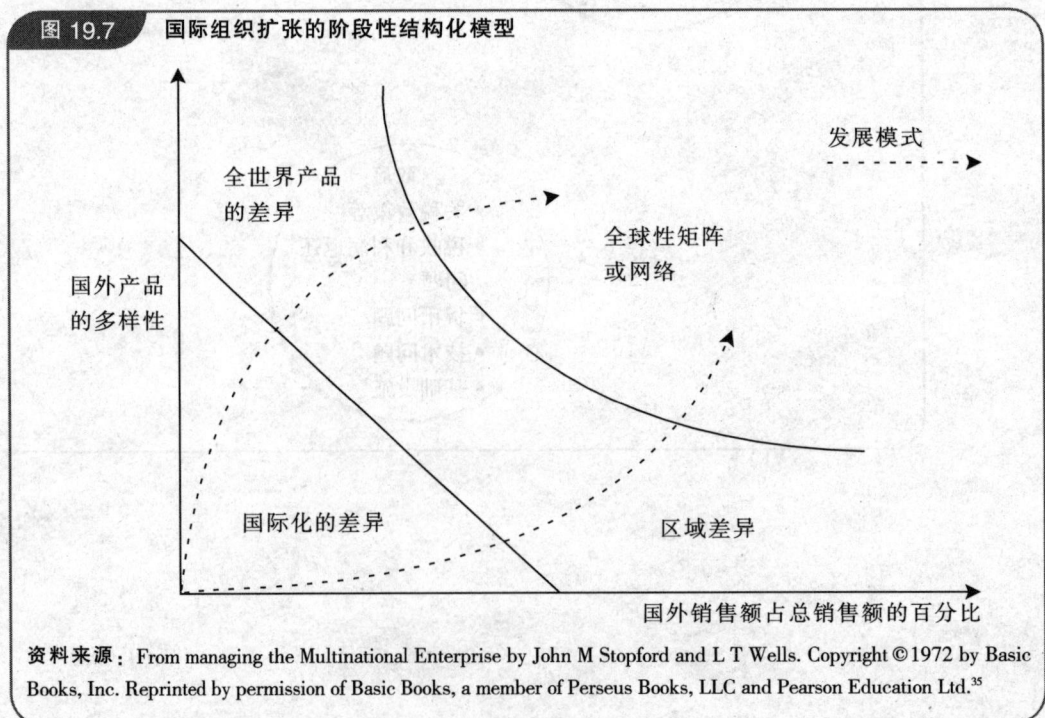

图 19.7　国际组织扩张的阶段性结构化模型

资料来源：From managing the Multinational Enterprise by John M Stopford and L T Wells. Copyright © 1972 by Basic Books, Inc. Reprinted by permission of Basic Books, a member of Perseus Books, LLC and Pearson Education Ltd.[35]

来控制。当国际销售和商务活动持续成长时，组织结构就会发生改变。下一步行动要取决于占支配地位的战略问题是否是以下问题之一：

- 跨越世界不同的地理位置的组织，由此制定出区域分公司结构；
- 产品组越来越多地分化的组织，由此制定出世界范围产品组的结构。

发展到 20 世纪 80 年代，全球化／本土化的争论在前面研究的基础上展开，从而产生了一种新的组织结构：矩阵结构，它主要研究地域分割和产品类别 [36]。这种组织结构形式在第 12 章进行了讨论——所作的评论也在此列出：

- 双重责任很难控制，如地区和产品。
- 矩阵通过一条指令链把前景与利润的不同强制性放大了。
- 管理变得更慢、更节约；甚至可能更加严厉。

结果是，有些大企业，如联合利华尝试了矩阵结构，然后又放弃了。在 20 世纪 80 年代末，接着出现了一种新的组织解决方案——"超越国界的结构"。应该注意的是，这不是一种新的组织形式，而是一个大的国际组织的商业经营方法。

19.5.2　组织结构：超越国界解决方案

20 世纪 80 年代末，Bartlett 和 Ghoshal 出版了一份对 9 家跨国公司的研究结果，他们主要研究了这些企业经营业务的方式以及它们的全球化和本土反应的能力。他们特别强调创新和技术开发的重要性，创新和技术可以在企业内快速扩散 [37]。这 9 家企业按照其所生产的产品被分成 3 组：

1. 有商标的包装商品：联合利华公司（英国／荷兰）、花王公司（日本）和宝洁公司（美国）；
2. 消费类电子产品：飞利浦公司（荷兰）、Matsushita 公司（日本）和通用电气公司（美国）；
3. 电用设备交换机：ITT 公司（美国）、NEC 公司（日本）和爱立信公司（瑞典）。

从对这些业务的战略需求和每类业务控制其主要资源的方式的广泛研究中，两位作者确定了其中存在的问题以及这些企业克服它们的方法。

根据 Bartlett 和 Ghoshal 的研究成果，矩阵结构的基本问题是它只关注一种变化——外在的结构——而没有抓住国际化战略任务的复杂性。他们把这种任务定义为改造核心决策系统和大型跨国公司的管理过程：它们的管理系统、沟通渠道以及人际关系。作者提出，在复杂的、快速变化的国际商业环境中，很难根据钱德勒提议的方法在战略和结构之间使用一种简单的"结构形式——见第 12 章。在战略和组织弹性之间需要什么呢？他们设计了具有下列特征的超国界的形式。

- 资产和负债：分散的、相互依靠的、在不同的领域有不同的组织特性。因而，一个国家／企业可以在一种产品中获得领导权，而另一个国家／企业在另一种产品中有领导权，但是所有的国家／企业都应该是完全平等、相互合作的。
- 跨国经营的使命：在一个完整的世界结构中，每个国家或每类产品都应该作出不同的贡献。
- 知识的发展和扩散：知识应该在世界范围内发展和共享。第 7 章解释了这一概念。

两位作者指出"超越国界的形式"，"不是一种组织形式，而是一种管理理念" [38]。他们根据自己的经验提出决定形成的轨迹可能是这样的：

- 跨财政和市场营销这样的功能（有些可能需要比其他的功能投入更多的注意）。
- 跨不同的产品类别（有些可能比其他的产品类别更具全球性）。图 19.8 解释了这个过程。

Kogut 后来给跨国界的结构加了一个重要的警示语：在跨国公司中，形成新的组织结构要比技术创新花费更长的时间 [39]。这就暗示了跨国界的结构不能很快地就在一家企业简单应用，它需要花费几年时间来发展。近年来，互联网的发展带动了这种发展，并带来了"网络特许"这样的形式，也就是公司创造出的一个国际规

图 19.8　跨国性组织：一个案例

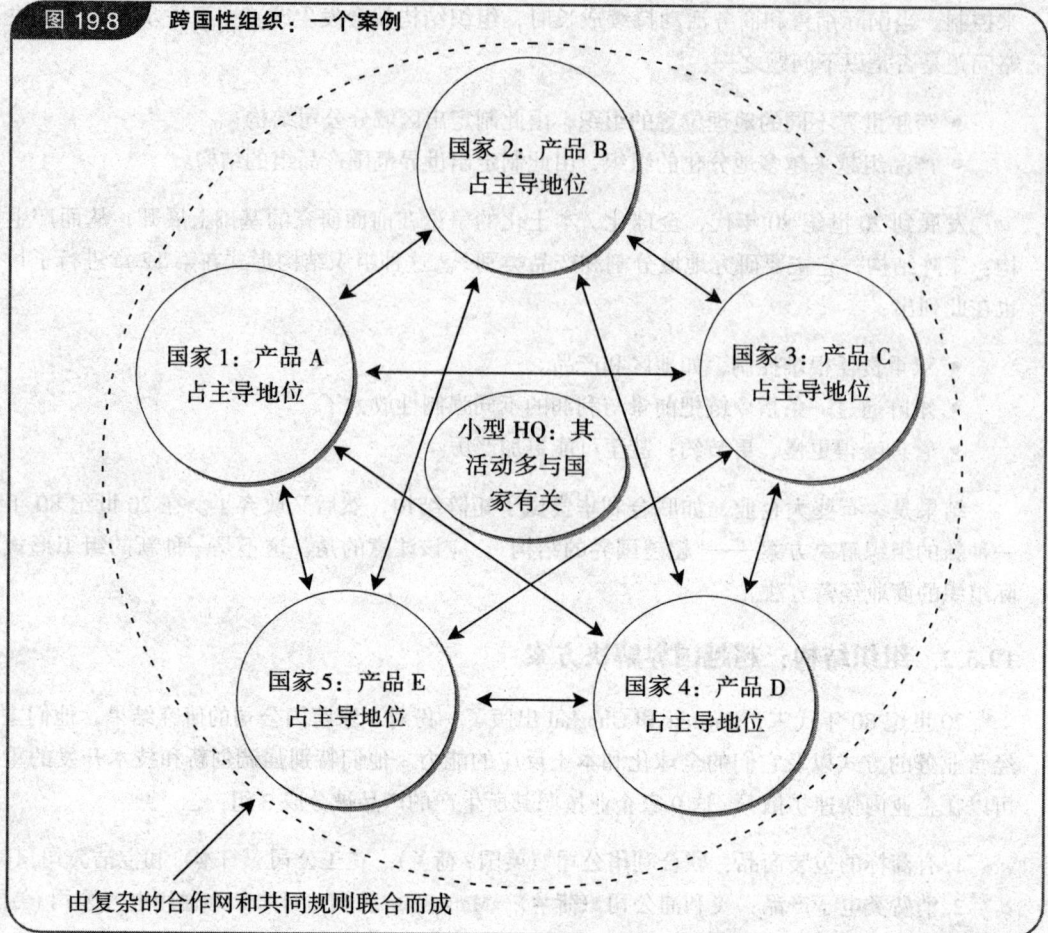

图 19.8　跨国性组织：一个案例

国家 2：产品 B 占主导地位

国家 1：产品 A 占主导地位

国家 3：产品 C 占主导地位

小型 **HQ**：其活动多与国家有关

国家 5：产品 E 占主导地位

国家 4：产品 D 占主导地位

由复杂的合作网和共同规则联合而成

模的高度关联的相关业务网络[40]。这样的网络联系可以被用来建设国际研发中心，以此来交换各种条件下的相关知识[41]。

评论

　　本研究在经营风格方面对很多大型的跨国公司都很有影响。实际上，从方式上来讲它是突发性的，并以一种其他模式中所没有的方式强调了组织发展中的知识和学习的层面。然而这也不过是从对仅仅 9 家公司的观察中得来的。而且，这一观点对于一些紧迫的问题，比如本土公司和产品组合的相对作用的问题都还很模糊，没有一个清晰的方向。联合利华在 90 年代后期所进行的重组——参看案例 9.2——很明显从该方法中有所借鉴，但是也并不能很清楚地说明公司如何来平衡其各种利益要素。

19.5.3　组织历史和文化

　　麦肯锡在日本的前管理顾问总裁 Kenichi Ohmae 曾经令人信服地说道，公司文化在制定组织结构的时候，也是一个很重要的方面[42]。简言之，在制定组织结构的时候应该考虑到组织的文化。比如，

- 一家收购了国外公司的公司可能会需要继续满足新购买的公司本地管理的需要，因此要给它的新分公司一定的本土自治权。
- 相比之下，一开始就进行海外运作的公司可能已经花费了更多的时间，但由于一直以来就可以按照自己的方式进行招募、培训和员工发展，而不存在任何历史遗留问题，因此更容易建立起一个整合结构。

　　在一些文献中，几乎对组织由于受到公司历史和文化的影响而要真正面对的战略困境都没有探讨。这可能会对组织的战略选择和发展带来很大的影响。比如，即使是在国际化大公司比如沃特·迪斯尼动画和雷诺汽车，他们的高层分别主要都是北美和法国人。最近一些作者[43]对此进行了大量的分析。所得到的一般结论是，

即使需要作出国际性反应，很多重要的战略抉择仍然要以母国为中心。在设计组织结构的时候有必要把这些都考虑进去。

> **关键战略原则**
>
> - 对进行国际扩张的组织进行结构设计通常要从建立起一个负责国际活动的单独的部门开始。随着这些部门越来越重要，这些活动可能会被重组进入一个地理区域，或者是产品部门。这可能会导致组织遭遇很多困难。
> - 很多国际组织采用跨国结构解决方案。这可能会涉及要把分散的和各自独立的公司整合进一个世界性的业务范畴之内。
> - 组织文化和组织历史也是一个需要考虑的重要因素。

19.6 国际化和全球扩张战略：发展国际关系

一些参与国际扩张的企业已经重新考虑了自己和其他企业、消费者、供应商和合作伙伴的关系。外部关系可能有些不同之处——第 13 章说明了一些主要的不同点。本节主要研究两种外部关系，因为这两种外部关系与国际化扩张有特别的联系：合资和联盟。文本框 19.5 列出了在这两种外部关系中需要解释的一些基本问题。

> **文本框 19.5**
>
> 国际关系的一些基本问题
>
> - 性质：和谁？
> - 目的：为了什么？
> - 战略：如何与 MNE 的目标和战略相契合？
> - 话语权：在谁手里？
> - 纵向：如何分担风险？
> - 行为：政府对此合资企业的期望怎样？
>
> 资料来源：Dunning, JH (1993)：Multinational Enterprises and the Golobal Economy, Addison Welsley, Wokingham, p240.

19.6.1 外部关系的基本形式

在许多情况下，企业会确信国际扩张最好与其他企业发展某些形式的外部关系。一种外部关系意思就是在母公司和国外的一个当地企业之间发展的联系。重要的是，母公司对自己国际战略的某些方面不再有全球的所有权。发展外部关系的目的主要有三个：

1. 学习——有关这个国家及其文化、母公司和当地企业的技术水平以及其新的东道国企业的组织和资源状况；
2. 成本最小化和风险降低——例如，廉价的生产资料、廉价的研发、不同的法规体系和项目经济性；
3. 市场因素——国际市场入口和分销、竞争地位、消费者服务。

在决定一项新的投资是否成功时，很明显的，关系的种类是非常重要的：所有权是一个重要的开始点。能够拥有对新投资的全部所有权，然后在价值链的其他环节应用外部关系吗？例如，供应商和分销商。这是一家母公司和当地企业共同投资的合资企业吗？还只是一种没有股权的联合或其他某种更弱的合作形式？这些问题的答案将因各个公司及其战略条件的不同而不同。可是，还可以提供一些会对外部关系的成功性有决

文本框 19.6

决定外部关系能否成功的因素

- 互补性能。参与者会为这种关系带来不同的资源。
- 一致的目标。如果不能达到共同的目标，那么很难建立这种关系。
- 协调的策略和文化。它们的策略和文化不一定相同，但应该有某种程度的共识。
- 不要放开关键资源或核心能力。本国的参与者必须保持对重要战略因素的控制。
- 股权协议。在股权协议中必须没有冲突。
- 东道主企业成为一个竞争对手的风险很小。在与东道主企业的竞争中，获得一个强大地位的情况是非常偶然的。

定意义的一项建议——如文本框 19.6 所示。

19.6.2　合资企业 [44]

定义▶　　一家合资企业会涉及两个或者多个公司创立起一个法律上独立的公司，以发展竞争优势为目的，分享母公司的资源。联合投资可以有多种形式，最明显的一种形式就是在一个合资企业中双方各占 50% 的股份。最近成功运作的几个例子就是 Cereal Partners 联合投资公司。这是一个由跨国食品企业雀巢（瑞士）和 General Mill（美国）联合成立的一家合资企业——见第 2 章。合作双方分别拥有合资企业 50% 的股份。成立这家合资企业的目的是为了冲击北美之外其他地方的早餐谷物市场，而且取得了巨大成功。在一个有不同的战略资源和竞争对手的战略背景下，这样一种股权分配可能并不合适。对市场和候选的合作伙伴的研究是非常重要的。

一家大型跨国公司和一家当地企业联合的主要利益有：

- 通过分享项目降低风险；
- 快速的市场销路和迅速的利润；
- 当地企业的参与和联系可以使跨国公司更容易地融入当地社会，更容易被接受。

可是这种联合投资也可能带来问题：

- 由于当地市场由当地的合作企业控制，结果跨国公司仍然不能和当地消费者建立直接的联系；
- 由于组织文化、信任和国家文化等原因不能与当地合作企业一起工作；
- 跨国公司的全球目标可能与当地合作企业的国家的目标有些冲突。

没有一种简单的办法能确定联合投资的长期成功。Dunning 提出警告，研究一个有那么多差异的联合投资非常困难 [45]。Kogut 则更加悲观，他认为，在一个成熟的市场上的联合投资可能成功，但在一个快速成长的市场上成功的几率则很小。存在问题的原因是高成长性通常伴随着对外币快速投入的需求，至少是一个合作企业经常有与这种需求有关的问题 [46]。Tomlinson 的观点可能是正确的，他强调了一项联合投资的合作关系本性 [47]。他认为，合资必然涉及一个对双方都有利的机会。另外，双方需要相互信任和包容，以利于共同工作，这最终意味着共同的目标，也可能暗示着对资产所有权和所需负责的特殊领域的一个明确的定义，以便使合作双方明确它们应该贡献的资源。

19.6.3　战略性商业联盟 [48]

定义▶　　一个战略商业联盟（SBA）是一些合同关系形式，其目的是为了保证一项国际投资不涉及股权。近年来 SBA 获得了很大的发展，其原因如下：首先，越来越高的研发成本使得企业要承担该成本压力；其次，SBA 可以通过规模经济和范围经济降低企业成本；最后，由于 SBA 的伙伴精于其自身业务，还可以节约企业其他成本。Dunning 的结论是"战略性商业联盟就是为提高参与企业的可持续的竞争优势而特别设计的" [49]。以下是一些 SBA 的例子：

- 欧洲和北美的制药企业正在进行战略性商业联盟，以便在销售新药时能够节省建立新的市场营销网络的费用。
- 电信企业也正在建立世界范围内的战略性商业联盟，以便为世界各地的主要跨国企业客户提供无缝连接的电话服务，而不用在每个国家都提供服务——见案例研究 11.2。
- 各国家航空运输公司也已经同意建立战略性商业联盟，以便为它们各大洲的客户提供无缝衔接的票务服务，而不用在每个机场都开设办公室。

实际上，这种关系的显著特性表明，建立战略性商业联盟有许多理由。文本框 19.7 对战略性商业联盟的主要原因进行了汇总。

文本框 19.7

国际战略性商业联盟的原因

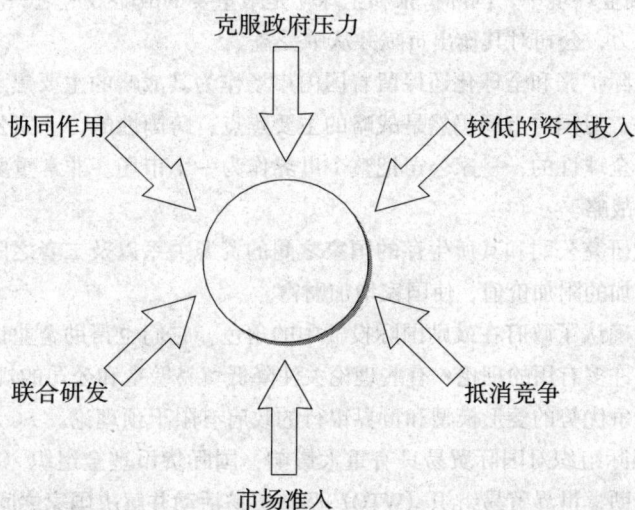

克服政府压力

协同作用　　　　　较低的资本投入

联合研发　　　　　抵消竞争

市场准入

在 20 世纪 90 年代初，INSEAD 的 Yves Doz 教授和伦敦工商学院的 Guy Hamel 教授对联合关系进行了调查研究 [50]。他们得出结论：当每个合作者都清楚其他企业的意图，并且能够接受这种关系长期存在的可能性时，这种联盟更有可能成功。他们还提出，如果双方在这次联盟中与政府的关系比较相似的话就更好了，因为这能够避免目标冲突。把国家或组织的任何文化差异都当做战略性商业联盟的一部分也是非常重要的。他们还发现，参与者最好能够用合作之外的利益来平衡它们在战略性商业联盟中的需求。

虽然上面的结论是很有用的，但是战略性商业联盟还是很难研究的，因此国际战略发展中战略性商业联盟的长期成功问题值得注意。

关键战略原则

- 在发展和其他企业的国际关系过程中，需要研究所有权问题。联合投资所表现的国际合作的紧密程度不同。
- 一家跨国公司和一家当地企业的一项合资可以加快市场准入，并尽快融入当市场。但是，两个合作伙伴的不同目标可能带来问题。
- 战略性商业联盟关系不涉及相对的股权。战略性商业联盟的利益有节约成和市场准入，但是其连接非常脆弱，并且可能无法长期存在。

思考

全球战略：它足够诱人吗？

全球化动辄需要几百万美元的投资，通常只有大型企业才能尝试。为满足不同市场需求而作出相应的产品调整会使全球战略的收益受到影响，失去一些全球战略会带来的规模收益。

同时，一些企业又必须有其全球战略。例如，如果研发费用仅从全球一小部分市场收回，可能许多公司会对开发新药望而却步。同样，沃特·迪斯尼和可口可乐等公司由于它们的全球战略而得到了不断发展。

关于制定全球战略存在许多争议。但是这适合大部分公司吗？或者它们更应该选择一些国与国之间或多国间的战略？

小结

- 在 21 世纪的商业环境中，国际扩张和全球化是最重要的战略效应之一。国际扩张已经成为国家经济增长的一个重要驱动力，公司对其作出贡献并从中受益。

- 三种类型的国际扩张和全球化还保留着国内市场作为其战略的主要焦点：国际性的，组织活动的很大一部分发生在国外，但国内市场仍然是战略的主要焦点；跨国性的，一家公司在许多国家经营，在各个国家有不同的战略；全球性的，一家公司把整个世界作为一个市场。非常重要的是，上面提到的三个方面反映不同的国际扩张战略。

- C—C—B 模式研究公司和其所生存的国家之间的资源关系以及二者之间所进行的协商。这种协商的目的是使公司获得增加的附加价值，使国家增加财富。

- 国际贸易理论确认了政府在鼓励国际投资中的角色，它们也帮助企业识别哪些国家能够提供最好的国际前景。可以确定许多有用的理论：有些理论关注降低贸易壁垒和公司的规模经济。这两个理论是非常有用的：波特的国家竞争优势的菱形模型和世界银行的政府有限干预理论。

- 三个主要的国际组织对国际贸易具有重大影响：国际货币基金组织（IMF）监管国际支付；世界银行提供长期的资金援助；世界贸易组织（WTO）调整贸易活动并解决国家之间的贸易争端。

- 贸易区域是那些同意给彼此有限贸易权的国家的集合。有些贸易区域比其他的区域有更强的连接，这些贸易区域都影响着贸易的发展。

- 一个全球化战略主要停留在两个主要因素上：可以在全球范围内更加经济地获取和加工资源。另外，世界范围内的消费者需求可能在本质上是相同的，因此允许把世界当成一个市场来处理。一个既要全球化又要本土化的战略是以获取全球市场的利益的需要为基础的，同时还要考虑对不同国家市场需要的反应。可以把不同的本土化战略当成是不同的消费者需求和使用条件、国家的政府、不同的技术标准和不同的国家竞争者造成的结果。实际上，在战略实施过程中经常要平衡全球化问题和本土化问题。

- 为了开展国际化活动，国际扩张的组织结构经常首先建立一个独立的分公司。当它们取得了重大成长时，那么，这种活动就可能被重新组织成一个地理区域型结构或一个以产品差异为基础的结构，然后可能会带着它的所有困难形成一个矩阵结构。国际组织的跨国界解决方案已经被某些企业所采用。它包括被综合成一个在全世界范围内运营的许多分散但又相互依赖的分公司。

- 在发展和其他企业的国际关系过程中，需要研究所有权问题。合资企业和联盟所表现的国际合作的紧密程度不同。

问题

1. 如果国际扩张是 21 世纪最重要的战略趋势，所有的组织，甚至最小的单位都要发展国际化战略吗？如果是，那么：（a）一家主体在世界的某一地区（如欧洲）的中等规模的工程公司；（b）一家主要在一个国家销售产品的食品杂货店，应该采用什么样的战略？

2. 在战略发展过程中，国际化的、跨国的和全球的分别暗示着什么样的国际扩张战略呢？请举例说明。

3. 国际贸易理论是怎样解释像 MTV、通用公司和 Tate&Lyle 公司这样的企业为什么以及怎样进行国际化发展的呢？

4. 主要的世界贸易机构是如何影响战略发展的？

5. 举出两种贸易区域，并说明每种贸易区域是如何影响国际贸易发展的，特别要识别与美中贸易区域相对应的所有因素。

6. 波特的国家竞争优势的菱形模型对于一家公司发展商业战略有什么作用？

7. "对于全世界的管理者来说，是否要全球化以及怎样进行全球化已经成为两个最热点的战略问题。"（George Yip 教授）对于这种普遍化在制定国际企业战略的时候的作用严格进行评论。

8. "跨国界组织"是多数企业在组织它们的国际业务时所面对的困难的解决方案吗？

9. 在国际化战略中使用联合和合资的方式有什么问题？企业如何来克服这些困难？

10. "不应该把采纳一个全球化的观点当成是一个有关全球性产品和品牌的战略。对于大多数公司来说，这种观点说明了考虑很多种战略选项中的哪种标准化战略是唯一的。"（Susan Douglas 和 Yoram Wind）

你会同意这些评论吗？如果同意，国际商业战略的含意是什么？

进一步阅读

Kogut, B (2002) 'International management and strategy', Ch12 in Pettigrew, A, Thomas, H and Whittington, R (eds) *Handbook of Management and Strategy*, Sage, London is very readable and has a useful summary of global strategic thinking.

Professor Alan Rugman's text–Rugman, A M (2000) *The End of Globalization*, Random House, London–provides a more sceptical view of globalisation in his usual lively style. Read also the papers by Professor Ghemawat listed in the references below (note 26).

Dunning, J (1993) *Multinational Enterprises and the Global Economy*, Addison Wesley, Wokingham has a very strong academic foundation and is a top–quality text if you are an economist.

Robock, S H and Simmonds, K (1989) *International Business and Multinational Enterprises*, Irwin, Homewood, IL is now out of print but is strong readable account of the main issues.

For a different approach to organisational issues on a global scale: see Saunders, C, Van Slyke, C and Vogel, D R (2004) 'My time or yours? Managing time visions in global virtual teams', *Academy of Management Executive*, Vol 18, No 1, pp19–26.

Jones, G (1996) *Evolution of International Business*, Routledge/International Thompson, London is an excellent text for providing a historical context.

注释和参考资料

1. References for the MTV Case: Viacom and MTV websites. *Financial Times*: 10 October 2003, p12. Times OnLine site www.timesonline.co.uk–15 April 2005–'MTV grows into far more than music television.'

2. United Nations Industrial Development Organisation(UNIDO)(1993) *Industry and Development Global Report 1993/94*, Vienna, p81. Interesting and thoughtful material with additional references useful for essays and assignments.

3. Williams, F (1995) *Financial Times*, 4 Apr, p3.

4. Woolf, M (1993) *Financial Times*, 16 Dec, p19.

5. UNIDO (1993) Op. cit., p81.

6. UNIDO (1993) Op. cit., pp88, 89.

7. These are based on Bartlett, C A and Ghoshal, S (1989) *Managing Across Borders: The Transnational Solution*, Century Business, London, Ch3.

8. I am grateful to one of the anonymous reviewers of the second edition of this text for prompting these important distinctions.

9. Harding, J(2001)'Globalisation's children strike back', *Financial Times*, 11 September, p14.

10. Dunning, J H (1993) *Multinational Enterprises and the Global Economy*, Addison Wesley, Wokingham. See also: Dunning, J H(1995) 'Re–appraising the electic paradigm in an age of alliance capitalism', *Journal of International Business*, 3rd Quarter, pp461–91.

11. One of the best books at tracking these developments is Kennedy, P (1992) *The Rise and Fall of the Great Powers*, Fontana Press, London.

12. Kennedy, P (1992) Op. cit., Ch7.

13. Jepma, C J, Jager, H and Kamphnis, E (1996) *Introduction to International Economics*, Netherlands Open University/Longman, London, Ch3.

14. World Bank(1993) *The East Asian Miracle*, Oxford University Press, New York.

15. Useful critiques are contained in Rugman, A and Hodgetts, R(1995) *International Business*, McGraw-Hill, New York, Ch10; Dunning, J H (1995) *The Globalization of Business*, Routledge, London, Ch5.

16. Dunning, J H (1993) Op. cit., p14.

17. *See Financial Times*, 16 Dec 1993, for a summary of the new Uruguay Round deal that had been negotiated over many months.

18. A useful short history of the WTO was published by the *Financial Times* as a supplement on the WTO's 50th birthday in 1998: 'The World Trade System at 50', *Financial Times*, 18 May 1998.

19. Sources for Cadbury Case: web pages for company annual reports 2007 as follows: www.cadbury.com/investors; www.draft.com; www.nestle.com; www.wrigley.cm; www.hershey.com; www.barry-calledbaut.com; www.perfettivanmelle.com; www.arcor.com; www.haribo.com; you can search for the Mars and

Ferrero websites but they only ahve limited data – private family companies away little: ICCO Annual Report 2006/7; www.convernience-store.co.uk/articles/51241; *The Independent* 22 April 2002; *Guardian* 31 October 2006; *International Business Times* 7 March 2007; *Telegraph* UK 26 March 2007; *Reuters* 29 April 2008 'Cadbury eyes Hershey as Mars chews up Wrigley; 29 May 2008 'Cadbury brabs US gum share from Wriley', *Timesonline* 11 February 2007; *DNA Money Mumbai* 24 November 2007, p32; *Financial Times*: 19 September 2000, p29; 3 September 2002, p26; 2 September 2000, p29; 3 September 2002, p26; 2 September 2005, p17; 11 September 2002, p29; 19 October 2005, p17; 22 February 2006, p22; 2 March 2006, p19; 4 March 2006, p16; 24 April 2006, p22; 9 May 2006, p27; 14 March 2007, p20; 16 March 2007, p18; 1 June 2007, p29; 20 June 2007, p22; 11 October 2007, p21; 14 March 2007, p22; 11 October 2007, p21; 12 December 2007, p23; 20 February 2008, p21; 29 April 2008, p24; 1 May 2008, p27. Brenner, J G (2000), *The Chocolate Wars – Inside the secret worlds of Mars and Hershey*, Haper-CollinsBusiness, London. Note: The author spent five years as Marketing Director of a UK confectionery company so has detailed back of a UK confectionery company so has detailed background knowledge of confectionery markets – albeit from the 1980s.

20. Kennedy, P (1992) Op. cit.

21. Chandler, A(1986)'The evolution of modern global competition', in Porter, M E (ed) *Competition in Global Industries*, Harvard Business School Press, Boston, Mass.

22. Kogut, B (2002)'International management and strategy', Chl2 in Pettigrew, A, Thomas, H and Whittington, R (eds) *Handbook of Management and Strategy*, Sage, London.

23. Caves, R E(1971)'International corporations: the industrial economics of foreign investment', *Economica*, Vol 38, pp1–27.

24. For more recent work, see the special issue of *Long Range Planning*, October 2000, Vol 33 No 5, pp619–754.

25. Ghoshal, S (1987) 'Global strategy: an organising framework', *Strategic Management Journal*, Vol 8, pp425–40. This paper is often difficult to access because it is more than ten years old and not always archived in libraries. However, it was reprinted in: Segal-Horn, S (1998) *The Strategy Reader*, Blackwell Business, Oxford.

26. Ghemawat, P (2003) 'Semiglobalization and international business strategy', *Journal of International Business Studies*, Vol 34, pp138–52. Ghemawat, P and Ghadar, F (2000) 'The dubious logic of global megamergers', *Harvard Business Review*, July/August, Vol 78, Issue 4. Rugman, A M (2000)*The End of Globalization*, Random House, London. Rugman, A M and Verbeke, A(1992) 'A note on the transnational solution and the transaction cost theory of multinational strategic management', *Journal of International Business Studies*, Vol 23, No 4, pp761–77. Rugman, A M and Verbeke, A (2003a)'Regional multinationals: the location-bound drivers of global strategy', in Burkinshaw, J, Ghoshal, S, Markides, C, Stopford, J, Yip, G, (eds) *The Future of the Multinational Company*, Wiley, Chichester.

27. Lynch, R (2003) 'Glitches in global strategy? Some evidence from the food and drink industry', *Paper presented at the Academy of Management*, Seattle, August.

28. Levitt, T (1983) 'The globalization of markets', *Harvard Business Review*, May–June.

29. This argument is also supported by Hout, T, Porter, M E and Rudden, E (1982)

'How global companies win out', *Harvard Business Review*, Sept–Oct, p98; Hamel, G and Prahalad, C K (1985) 'Do you really have a global strategy?', *Harvard Business Review*, July–Aug, p139.

30. Yip, G S (1989) 'Global strategy—In a world of nations?', *Sloan Management Review*, Fall, pp29–41. This article represents the clearest exposition of globalisation.

31. Douglas, S and Wind, Y(1987)'The myth of globalization', *Columbia Journal of World Business*, Winter.

32. Prahalad, C K and Doz, Y (1986)*The Multinational Mission: Balancing Local Demands and Global Vision*, The Free Press, New York.

33. Yip, G S(1989)Op. cit., p29.

34. Calori, R, Atamer, T and Nunes, P (2000)*The Dynamics of International Competition*, Sage, London. See also the paper by Leknes, H M and Cart, C. (2004) 'Globalisation, international configurations, and strategic Implications: The case of retailing', *Long Range Planning*, Vol 37, pp29–49. This latter paper provides interesting empirical evidence to explore these issues.

35. Stopford, J M and Wells, L M (1972)*Managing the Multinational Enterprise: Organization of the Firm and Ownership of Subsidiaries*, Basic Books, New York.

36. For an extended discussion of this trend, *see* Turner, I and Henry, I (1994)Op. cit., pp417–31.

37. Bartlett, C A and Ghoshal, S (1989)*Managing Across Borders: The Transnational Solution*, Century Business, London.

38. Bartlett, C A and Ghoshal, S(1989)Op. cit., p17.

39. Kogut, B (1990) 'The permeability of borders and the speed of learning amongst countries', *Globalization of Firms and the Competitiveness of Nations, Crafoord Lectures, University of Lund, Lund*. Quoted in Dunning, J H(1993)Op. cit., Ch8.

40. Morrison, A, Bouquet, C, Beck, J (2004)'Netchising: the next global wave?', *Long Range Planning*, Vol 37, No 1, pp11–28.

41. Burkinshaw, J (2002)'Managing internal R&D networks in global firms', *Long Range Planning*, Vol 35, pp245–67.

42. Ohmae, K(1990)*The Borderless World: Power and Strategy in the Interlinked Economy*, Collins, London, Ch6.

43. *See* Bartlett, C and Ghoshal, S (1989)*Managing across Borders: The Transnational Corporation*, Harvard Business School Press, Boston, MA. *See* also Turner, I and Henry, I(1994)'Managing international organisations: Lessons from the field', *European Management Journal*, 12(4), p417.

44. Dunning, J H (1993) Op. cit., Ch9, has a comprehensive survey of joint venture research. *See* also Kogut, B (1997)'Globalization and alliances in high technology industries', *Financial Times Mastering Management*, Pitman Publishing, London, pp491–4.

45. Dunning, J H (1993) Op. cit., p245.

46. Kogut, B(1997)Op. cit., p493.

47. Tomlinson, J W L(1970) *The Joint Venture Process in International Business*, MIT Press, Cambridge, MA.

48. Dunning, J H (1993)Op. cit., Ch9, also has a useful survey of alliances. For a more recent review, see the three papers in *Long Range Planning*, Vol 36, No 6, pages 533–78.

49. Dunning, J H(1993)Op. cit., p250.

50. Doz, Y and Hamel, G(1993)*The Competitive Logics of Strategic Alliances*, The Free Press, New York.

第 20 章

构建一个具有凝聚性的战略

Building a Cohesive Strategy

学习目标

在学完本章后，你应该能够：

- 解释突发性方法与常规性方法是怎样成为一个具有凝聚性的公司战略过程的一部分的；
- 理解组织的各种元素怎样组合才能形成组织的公司战略；
- 对所有公司的战略情形而言，是否存在一个优秀的评价标准；
- 检验矛盾与紧张有助于公司战略过程这个观点；
- 关注长期战略问题，包括目标、增值和可持续竞争优势。

引言

虽然已经把公司战略作为一系列独立元素进行了研究——如基于资源的战略发展观点和基于学习的战略路径，但整个主题也需要作为一个整体予以考虑。本章的目的就是把这些独立元素组合起来建立一个具有凝聚性的战略。

我们先讨论本书中的两个主要概念：常规性战略过程和突发性战略过程，研究如何将它们结合起来成为组织战略。然后，我们通过案例研究如何将战略的不同因素组合成一个具有凝聚性的战略。

除了制定具有凝聚性的战略，组织经常需要寻找一个方案将能够带来利润的方法进行汇总，这就是组织的"商业模式"。在公共和非营利性组织中有相同的基本方案。但是，在这些机构中，这些方案更多的是要增加价值，而不是赢利。这就叫"公共事业模型"。因此，下一节中，将讨论如何在公共事业中建立相同类型的商业模式。

最后，本章通过强调一些长期性战略问题，如目标、增值和可持续竞争优势来对战略管理进行讨论。本章结构如图 20.1 所示。

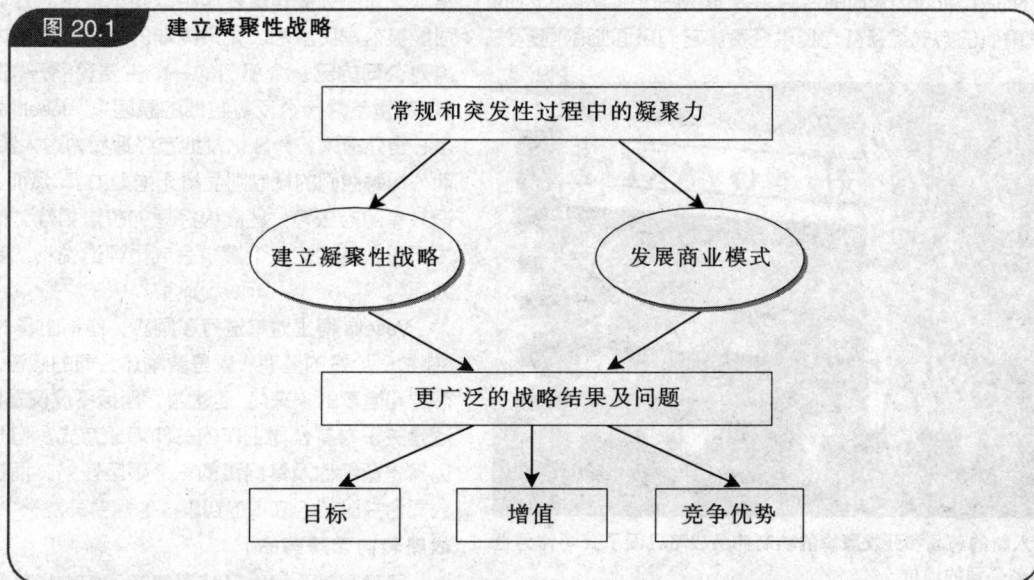

图 20.1　建立凝聚性战略

```
        常规和突发性过程中的凝聚力
              ↙          ↘
    建立凝聚性战略        发展商业模式
              ↘          ↙
          更广泛的战略结果及问题
           ↙        ↓        ↘
        目标      增值      竞争优势
```

案例研究 20.1　Novartis 公司的下一步战略

1996 年 3 月，两家著名的瑞士公司 Ciba 和 Sandoz 合并形成名为 Novartis 的新公司。这种快速合并是比较成功的，但公司面临着开发下一阶段战略的挑战。

背景

Ciba 公司是全球市场上的一家制药与农用化学品的中型企业，其 1995 年的销售额为 260 亿美元。同年，Sandoz 公司的销售收入达到 180 亿美元，它主要从事制药业务，许多产品与 Ciba 存在互补关系。合并后，这两家公司形成了世界上第二大药品企业，世界市场份额达 4%，只有葛兰素威康公司比它稍大，市场份额为 4.7%。随后，Novartis 进行了一系列的合并，其排名下滑至第六，市场份额降至 3.9%。因为 Ciba 和 Sandoz 的非药品业务之后被剥离了，结果 Novartis 成为一家制药与农业公司。

在合并中这两家企业追随制药工业的发展趋势，在过去的 5 年内，该行业已经实施了一些全球性合并：如 Smilh Kline(US)与 Beecham (UK)、葛兰素公司 (UK) 与威康 (UK)，以及后来的 SmithKlein–Beecham (见第 6 章) 和 Pharmacia (Sweden) 与 Upjohn (US)。这种战略就是为了建立企业规模，以便摊薄沉重的 R&D 成本，通过扩大产品范围而拓宽市场。同时，该战略也是为了抵制日益强大的分销商以及与政府卫生部门的谈判能力。然而一些领先的企业对该方法不赞同，并把对特定药物的主导权及大众的反应看得更为重要。

不是所有的合并都是成功的：葛兰素公司与 SmithKline 合并在第二次的尝试过程中进展顺利，但是 Pharmacia 与 Upjohn 的兼并则被看成一场灾难，因为这两家公司的组织文化是如此不同，以至于不能在两家公司中找到一个主导者，使其中的一家依附于另一家。

Novartis 公司的合并过程

新合并的公司同它的两家母公司一样，坐落于瑞士的 Basle，在接下来的两年中，130 000 名员工中的 10 000 名将失去工作。这主要发生在 Basle，但同时也发生于美国的新泽西州。两家公司在美国均没设总部。重组花费的成本为 25 亿美元，但预计每年可节省开支 22 亿美元。在接下来的几年内果然如此。

Ciba 公司和 Sandoz 公司的合并主要通过股份的互换，从而避免了以举重债的方式给新公司提供经费，它们所面临的问题就

Novartis 进入新的药品和开发廉价的仿制药品战略巩固了公司作为世界领先的制药公司的地位。

是人员方面的处理。虽然它们在瑞士的总部同处一个城市，但其背景不同。Sandoz 是一家成长相对较快的公司，其多数产品集中于药品。Ciba 公司的销售增长较慢，在低速增长的化学品方面具有较大份额。过去这两家公司不是直接的竞争对手，但在文化和当地的市民自豪感方面一直存在竞争。

然而，合并最终被证明是成功的。据新的 Novartis 公司的首席执行官 Daniel Vasella 博士介绍，其秘密就在于速度和焦点方面。在 Shabby 宾馆的谈判快速且不动声色，就连公司在制药方面的主要竞争对手 Roche 也对它们是如何完成交易的感到疑惑。我们知道，如果市场出现谣言的话，这种交易就会瓦解。所以，两家公司在宣布合并之前，已经就合并事宜列出了各方面的细节。它们非常幸运，因为它们在真正问题所在——新组建的公司的目的与目标方面达成了一致。"在合并中的共同目标和共同战略方面也达成了完全一致的意见，如果你不得不在后来的阶段挑起纷争，那将变得极度困难。"

新的战略任务：成长

经过短暂的合并期后，新公司的销售增长强劲，但在接下来的几年内出现了一些问题。公司需要新药以恢复其产品组合。公司决定每年投入 23 亿瑞士法郎(约合 16 亿美元)用于研究与开发，这在制药行业是巨大的一笔预算。公司有大量的医药产品，但没有能够使公司长期领先的真正的拳头产品。比如，公司 2001 年 2 月有 5 种新药上市，但许多都没有达到预期。2001 年 8 月又有药品获得批准，使得公司销售额的两位数增长起码能够再持续一年。后来的几年里的持续增长中，有新的药品，如治疗高血压的 Diovan、心血管病的 Lotrel 以及治疗白血病的 Glivec。公司的资料参见图 20.2，销售情况参见图 20.3。

组织与目标

据 Vasella 博士说，对增长起重要作用的另一个方面就是组织与目标。他认为，药品公司在许多国家和分支结构进行的研究经常缺乏对新突破有重要作用的知识共享。公司里的一个小的进展可能被公司所忽略。如果同样的发展在集团内，得以共事，则可能对公司的另一个部门的一个主要药品开发起到决定性的作用。"这就是我为什么反对封地的原因"，Vasell 说，"封地对公司而言，害处极大，分散化及地方经理权力过大都会给公司带来危险，而公司对他们的抵制则显得无能为力。"然而，这种集中合作和知识共享的方法与一些高级经理的想法相悖，他们感觉公司集中化太严重，其中的一个董事会成员评论说："我有时感觉被控制得太死"。

Vasella 博士对其进行了回应，他指出了 Novartis 的发展目标。"作为一个好的经理，就是要阐述公司的想法，描绘一个人们可以想象和信奉的未来"。他认为，目标不仅仅是销售额和利润，而且还是关于为新公司工作的一种沟通方式。但开发一个可变性战略仍然是留给他及其同事的一个艰巨任务，而这个可变战略超出了公司合并时节约成本的初衷。他需要开发一个成长型战略。

战略转向无牌药品

尽管医药公司为了获得新药品的增长率费尽力气，但在过去 ▶

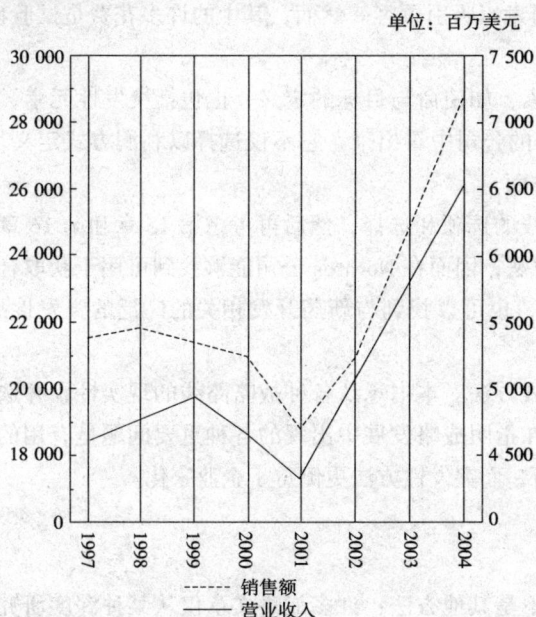

图 20.2 Novartis 公司合并后的表现

单位：百万美元

资料来源：Novartis Annual Report and Accounts 2004. 可以登录公司网站 www.novartis.com 查阅。Annual Accounts 第 133 页。在网站上很难找到这些。

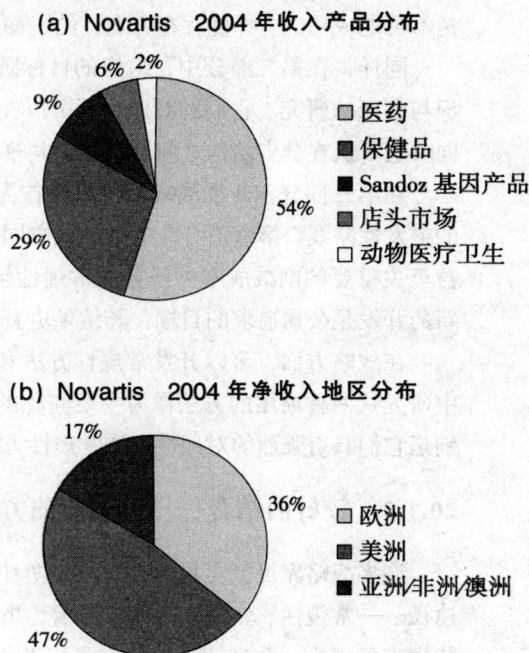

图 20.3 Novartis 的业务领域

(a) Novartis 2004 年收入产品分布

- 医药
- 保健品
- Sandoz 基因产品
- 店头市场
- 动物医疗卫生

(b) Novartis 2004 年净收入地区分布

- 欧洲
- 美洲
- 亚洲/非洲/澳洲

的 10 年中有一个重要的领域一直在保持增长——无牌药品。无牌药品是在至少 10 年以前发明并获得了专利然后专利过期的药品。这些药品在专利过期之后会比原先便宜 80%，而且任何公司都可以生产。实际上，一些专业的医药公司一直在生产和销售这样的产品。无牌药品的市场每年增长了 20%。到 2009 年，大约有 690 亿美元的专利药品将会失去保护。

对于大型的药品生产商来说，困难在于无牌药品要比原先便宜 80%，也就是说利润会出现大幅度的下滑。无牌药品不过是那种依靠低成本高品质的生产技术生产出来的商品。它们所需要的核心竞争力不同于那些为了开发一种新的药品进入市场要花费 8 亿美元的医药公司。好处是会有大量的顾客——大型医院和医疗卫生供应商——他们都在寻求降低价格因此愿意购买这样的药品。

那么这些为什么会和 Novartis 有关呢？实际上，因为 Novartis 与大多数其他主要的医药公司不同，它在几年前就已经制定战略要进入无牌药品市场。该公司利用 Sandoz 品牌为其活动的基础，2002 年收购了两家公司，总价值为 83 亿美元。这项交易使

Novartis 成为世界上最大的仿制药品公司。

注意：本案例的 Novartis 的瑞士竞争者 Roche 将在本章后面讨论。

© 理查德·林奇 2009 版权所有。保留所有权利。本案例根据公开信息编写[1]。

案例问题

1. Vasella 博士用一种超出利润回报的方法为公司目标下了定义。你同意这种方法吗？利润是最重要的因素吗？
2. Vasella 博士也把公司组建的方式看做是公司新战略的核心。这种方式是否存在问题？如果有的话，该怎么解决？
3. 一个强有力的 R&D 足以支撑公司的成长吗？公司是否需要考虑其他方面的战略，如知识、基于资源的观点以及基于学习的战略发展？如果需要，该怎么办？
4. 通过对成长的研究，其他公司是否能从 Novartis 公司的经验中学到什么？

20.1 常规性过程和突发性过程中的凝聚性

在本书中已经应用过常规性过程和突发性过程来研究各种战略问题。同时，需要指出的是，这两个词语是不同的战略家所喜欢使用的一系列战略方法的缩写。提出这两种独特的方法就是因为它们具有广泛代表性，同时在处理战略内容、过程及相关问题上提供了一个极为便利的对照。

本书研究到此可以考虑，对于战略发展来说，是否真的存在很多不同的方式，或者是否把这些方式看做是同一战略发展任务的众多方面更为合适？

20.1.1 两个对比性的方法？

在第二部分、第三部分中，常规性方法和突发性方法在发展公司战略方面都有多次应用。比如，在案例

研究 20.1 中，Novartis 公司的环境与资源可以用常规性方法予以分析，这样的分析能显示出市场竞争正变得越来越激烈。同时，公司被迫投入大量资金用于新产品的研发以吸引顾客。然而，其中的许多花费是试验性的，是不可能成功的。择优存在突发性的一面。

同样，在第二部分中，组织的目标既包括常规性元素，如使命与目标的定义，也包括突发性元素，如知识与创新的研究。它们的对照关系可以在像 Novartis 这样的公司中看出来。它不仅选择以利润方式定义目标，同时也承认在分支结构之间进行知识共享等目标的其他方面。

在第三部分，开发战略的过程要首先考虑常规性路线的选项和选择，然后再考虑第 15 章和第 16 章所提的突发性路线。第六部分在适当的地方同时使用这两种方法，因而在 Novartis 公司能够找到可用于获取合并收益至关重要的削减成本的任务的常规性解决办法。然而，也可以找到与新药开发相关的广泛的突发性战略。新药开发是公司追求的目标，其结果更具有试验性。

在战略方面，可以开发常规性方法和突发性战略发展方法。本书承认各种战略路线的现实性，并选择集中研究这两种通用的方法作为主要问题的研究工具。这在指明战略发展中出现的各种重要问题是有用的，特别是它们具有强烈的对照性，如常规性方法更侧重于分析，而突发性方法更侧重于企业家化。

20.1.2　较好的结合：一种多面的方法

许多战略家可能会推荐公司战略集中于某一方法而不是其他方法：许多战略文章仅从某种深度研究一种途径——常规性。然而本书已经显示，折中法更有效，常规性路径和突发性路径各有所长：一个是逻辑性的，依据市场事实、金融评价和特定目标进行；而另一个更加具有创造性、开放性和试验性。在许多方面，这两种路线反映了在考虑理性方法和现代方法时，科学发展的现代趋势。

仅仅专注于一种方法就会忽视另一方法的重要元素。本书采取这样的观点，即有一个至少具有两个侧面的公司战略过程：常规性和突发性。

实际上，战略内容、过程和环境有许多侧面：基于知识、学习、谈判等，具体见第 7 章、第 11 章。实质上，将不同战略程序相结合而不是只专注于其中的某一个程序将有助于公司战略的发展。

20.1.3　构建具有凝聚性战略的其他方法

由于本书重点讨论的是关于战略发展的最新思想，特别是关于常规性过程和突发性战略[2]的现代定义，所以不必摒弃构建凝聚性战略的其他方法。以下两种方法很重要。

1. 7S 框架法。这一模型最初是由著名的咨询公司麦肯锡公司开发出来的[3]。该模型的目的是指出公司战略各个不同方面之间的内部关系。这个模型由 7 个因素组成：战略、结构、系统、技能、风格、员工及高级目标之间的联系。这一将战略因素联结起来的早期模型中缺少现代发展出来的一些因素，如知识、创新和常规资源。但是它为这一课题提供了另一种常规方法。

2. 矛盾和紧张法。这一用来制定凝聚性战略的方法由两位负责 7S 框架的麦肯锡公司的顾问开发。他们认为有必要让任何凝聚性战略具有更大的动态性。他们的模型由四部分组成[4]：配合、分裂、争斗和超越。所有这些因素都与战略需要面对和解决的组织内无法避免的冲突有关。

关键战略原则

- 虽然常规性和突发性程序是本书的主要论题之一，但它们已经被看做一系列战略发展方法的缩写。
- 可以从常规性和突发性角度分析许多战略任务。在强调战略发展中出现的各种重要问题，特别是分析性与介绍性的比较时特别有用。
- 本书已经显示折中法更加有效，它研究了可以用多种战略方法的组合来表达战略问题的不同方面。
- 战略过程有许多超出了常规性方法和突发性方法的侧面。所有这些为公司战略开发提供了洞察力和指导。
- 除了常规性和突发性方法，还有一些构建凝聚性战略的其他的早期模型。例如，7S 框架及矛盾和紧张法。它们有价值但并不反应最新的战略发展。

20.2 构建凝聚性战略——实用范例

为了研究构建凝聚性战略的实用性，我们将谷物早餐食品市场战略设为一个实用的案例。本节将使用本书案例 2.1 中所使用的资料。但是，这并不说明在阅读本书前要先看案例。

实际上，我们的案例讨论的是一家叫 Cereal Partners 的合资公司。这家由雀巢和通用磨坊公司合资的公司向克洛格公司发起进攻。克洛格公司当时是全球谷物早餐食品市场的统治者。我们重点讨论从 1988 年到 1992 年间的早期情况，当时 Cereal Partners 的目标是建立其在欧洲的地位。本书网站的视频中有更为详细的内容。读者可能会觉得在网站上浏览（www.pearsoned.co.uk/lynch）视频更有价值。但是，为了探讨如何构建凝聚性战略，本节讨论了其所有主要因素。

20.2.1 Cereal Partners 战略发展的背景

1990 年，Cereal Partners 准备将谷物早餐食品投放欧洲市场。公司知道它面临着一个强大而信誉卓著的美国公司。这家公司早在 20 世纪初就引领着市场。此外，欧洲许多连锁食品超市对这一特殊市场也感兴趣，因为它发展很快，利润很高。对于这些超市集团来说，这意味着克洛格如果拒绝供货，他们要就建立自己的品牌："如果包装上没写，那里面的东西也就不是克洛格的"。在这一背景下，我们要为 Cereal Partners 制定将谷物早餐食品投放欧洲市场的战略，先是常规性战略，然后是突发性战略。

重要提示：后面的谷物早餐食品战略只是为了进行说明。本书中大部分事例是正确的，对于战略的解释来自本书的作者，理查德·林奇。这就是说，实用案例并不代表 Cereal Partners 公司的实际发展战略。另外，里面的材料并不说明在案例中公司的战略对错与否。

20.2.2 Cereal Partners 的常规性战略

为了将 Cereal Partner 战略的各环节进行组合，我们要使用本书中的一些基本的常规性模型。实际上，我们会将欧洲谷物早餐食品市场的各种战略因素放入模型中，见图 20.4。为了给 Cereal Partners（CP）设定凝聚性战略的各个环节，我们需要根据模型按照指引将各个因素进行编号。此外，在本书的网站上，你可以进一步研究 CP 的常规性战略。

对 CP 环境的分析

在第 3 章中，我们从一开始就分析了战略环境，见图 20.4 中编号 1。我们先从市场、规模、发展和市场份额开始。欧洲 1990 年的市场巨大，有 30 亿美元，年增长率为 10% 左右。因此，CP 想进入这个巨大的市场，进行更大的发展，也就是不通过占用克洛格的市场份额，是相当困难。但是，英国市场的发展相对缓慢，所以值得采用不同的进入战略进入这一市场。在市场份额方面，主要公司克洛格占了约 50%，使得新进入者进入市场很困难。我们在后面讨论战略选择时会进一步研究。

虽然在图 20.4 中没有提到对环境的分析，但用 PESTEL 分析法可以看到健康问题。但是，没有必要说明整个分析——记住，PESTEL 分析法只是一张没有逻辑性的检查清单。

从波特的五种力量分析中，我们可以看到超市的力量——真正的"顾客"——因为要卖谷物早餐食品就必须靠它们。四种联系分析表明 1990 年的合作领域很少。

对 CP 竞争资源的分析

在第 4 章中，我们分析了 CP 的竞争优势，见图 20.4 中的编号 2。事实上，CP 能够调动它的两家母公司——雀巢和通用磨坊公司。我们知道了声誉和架构是资源的两个重要领域。在这个案例中，雀巢的品牌能带来强大的声誉，因为它在全球比通用磨坊的名气更大。雀巢在欧洲也有强大的食品分销渠道，因此，知道食品超市的顾客在哪里，这也构成了架构的一部分。通用磨坊公司也给 CP 带来了创新能力和核心竞争力两项竞争资源。它在欧洲有一系列的创新资源，它的核心竞争力包括能够高品质、高效率地生产谷物早餐食品。这四个方面形成了 CP 的竞争资源。

图 20.4 欧洲早餐谷物市场：Cereal Partners——常规战略方法

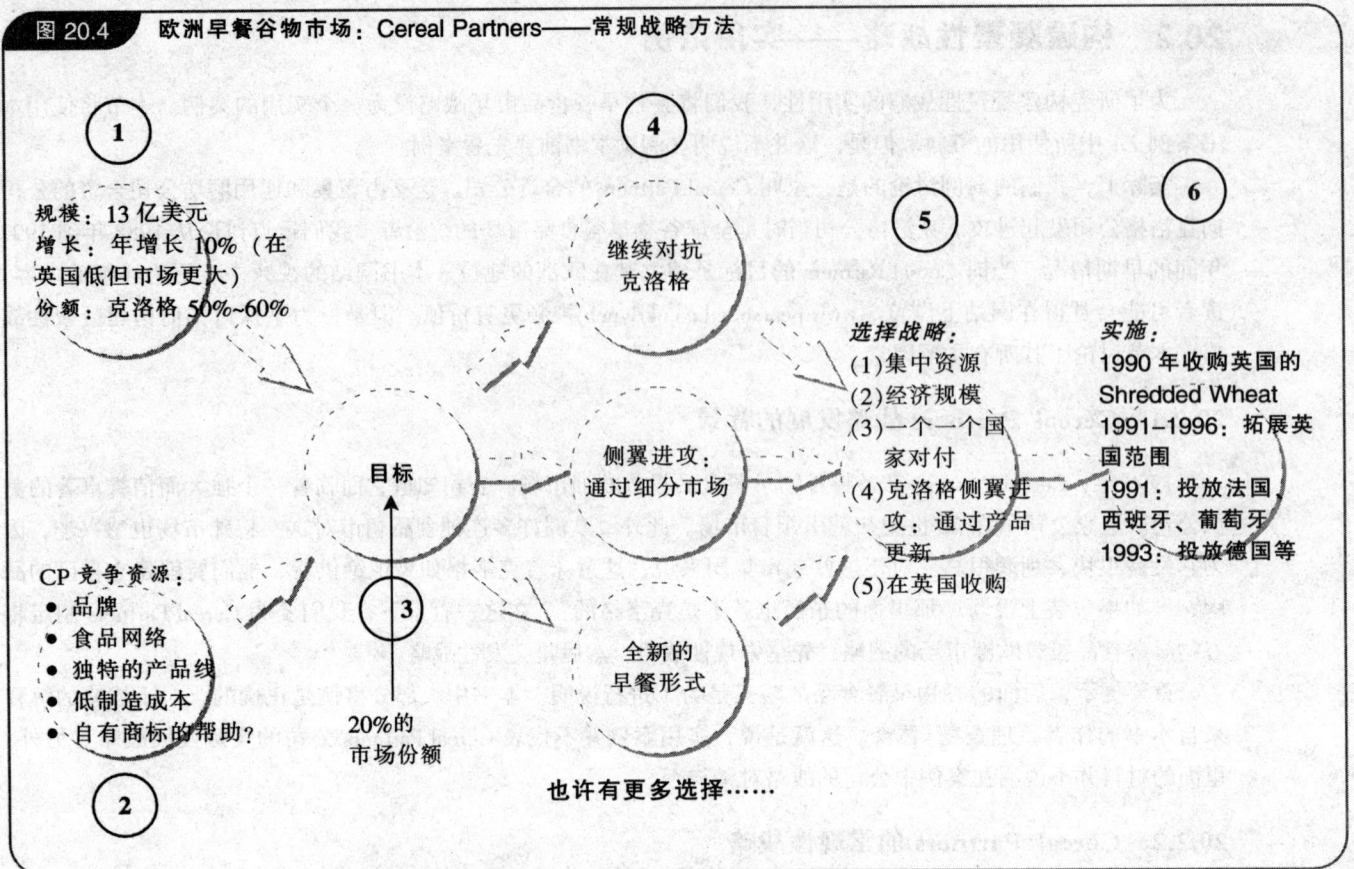

①

规模：13 亿美元
增长：年增长 10%（在英国低但市场更大）
份额：克洛格 50%~60%

② CP 竞争资源：
- 品牌
- 食品网络
- 独特的产品线
- 低制造成本
- 自有商标的帮助？

③ 目标

20% 的市场份额

④
继续对抗克洛格

侧翼进攻：通过细分市场

全新的早餐形式

也许有更多选择……

⑤ 选择战略：
(1) 集中资源
(2) 经济规模
(3) 一个一个国家对付
(4) 克洛格侧翼进攻：通过产品更新
(5) 在英国收购

⑥ 实施：
1990 年收购英国的 Shredded Wheat
1991-1996：拓展英国范围
1991：投放法国、西班牙、葡萄牙
1993：投放德国等

目标

在第 6 章，我们研究了常规目标，见图 20.4 中编号 3。在这个案例中，我们仅简单地用 CP 进行描述。事实上，竞争资源的其他方面也有讨论，即第 4 章中所提及的知识、地理位置和其他方面。

达到目标的战略

为此，我们要用第 8 章开头讲的 SWOT 分析法对 CP 进行分析。在我们开始为 CP 的目标制定战略方案时，这种方法有助于对战略地位进行小结，见图 20.4 编号 4。然后，我们用第 8 章中的概念来发现某些战略机会。我们也可采用第 5 章中关于战略进攻性选择的一些思想。例如，第 5.6 节中的"进攻性竞争战略"。这些概念说明了至少有三种选择，如图 20.4。更为重要的是，英国谷物早餐食品市场不同的规模和发展速度（别忘了它的规模更大、更为成熟）代表着在这个国家要采取不同的战略。

常规性机会的选择

图 20.4 中编号 5 对理论进行了汇总。从战略角度来看，CP 针对克洛格的"正面"进攻不太可能成功，除非它更强。CP 在技术上与克洛格相比没有优势，而且资金也少，因此，可以得出结论：放弃"正面"进攻。可以靠开发细分市场产品，从而占领细分市场进行"侧面"进攻。CP 有许多选择，因为它可以利用美国通用磨坊公司的产品开发资源，去获得新产品创意或简单地照搬美国的产品。事实上，它同时采取了这两条路线。

第三个选择就是可以采用全新市场方案，用全新的早餐谷物棒的形式，但需要许多年才能实现 CP 的目标，这样一来，在基本谷物生产上就不再使用美国通用磨坊公司的资源性优势。因此，最后的这个选择被放弃。但是，特别是从突发性观点看，它后来也被采用了。本书中更为详细地阐述了 CP 在这方面的选择。CP 比本案例的范围更广，它有其他的原则，如"集中资源"以及"选择国家"。

在进行选择时（见图 20.4 编号 5），CP 的第一个选择是进行侧面进攻。这意味着要选择早餐谷物细分市场，然后进入。CP 更详细地知道选择什么细分市场、用什么产品进入。

另一个常规性的战略选择就是要区别对待英国市场，因为这个市场更大、更为成熟。英国市场的特点意谓要建立 CP 品牌和产品线的时间要更长、成本要更高。此外，还可能要收购英国著名的谷物早餐公司——Shredded Wheat 公司。CP 于 1989 年末收购了这家公司，包括它的工厂和品牌。这次收购给 CP 带来了额外的优势：它使得公司能够生产超市自己的品牌产品。因此，CP 和超市签订合同，为它们生产这些产品，扩大了 CP 的经济规模，降低了制造成本。虽然超市用的是自己的品牌，但也给 CP 带来了好处，虽然它的利润率比生产 CP 自己的品牌产品要低。

实施选择的机会

第 13 章中描述了如何为选择进行计划和实施，见图 20.4。在网站上有更为详细的包括时间和步骤的选择。

评论

虽然建立常规性战略有一些基本步骤，但这些步骤太过简化，在实践中需要更为广泛的讨论和研究。但是，基本理论是清晰的。

20.2.3 从 Cereal Partners 的常规性角度看突发性战略

为了制定凝聚性的突发性战略，我们要再一次使用本书采用的突发性战略基本模型。见图 20.5，上面的编号代表着这个过程的不同组成部分。在本书的网站中，关于 CP 的突发性战略有更为详细的介绍。但是，并不需要先看网站再来阅读本节内容。

环境及竞争资源分析

实际上，这两个因素（见图 20.5 中的编号 1 和 2）在常规进程中是相同的。但是，它们之间有更多的交替的情形，而且更强调新的和实验性机会。例如，有可能检测市场未来可能的趋势，为小型公司提供实验性产品以及探索其他国家的早餐食品。

此外，还要对第 5 章所述的市场动态性进行更为广泛的研究。研究的内容包括预测克洛格对于 CP 上市产品的反应。网站中举了一些实际的例子，克洛格的基本立场是不会对 CP 坐视不管的。

目标

关于突发性战略，第 7 章中论述了目标与不同的战略选择之间的紧密关系，见图 20.5 编号 3。CP 的突发性目标可以用第 7 章的概念来概括：创新、知识和技术。在这个案例中，谷物早餐市场中的技术相对成熟和稳定，克洛格生产这些产品已经有许多年了。但是，产品创新也是有可能的，而且可以用通用磨坊公司的美国产品线的一些产品理念，比如，美国的 Golden Grahams。网站上有更为详细的介绍，但是这里要讲的是寻找创新思想的基本原则，它影响了目标。

战略发展和实施

突发性战略与不同的战略选择和结果之间的关系更为紧密，更有流动性，这与生存和学习的概念相关。所有这些领域在第 11 章中进行了讨论，见图 20.5 编号 4。基本上，CP 采取的是在市场中投放多个产品，从结果中去学习，见第 11 章中的以学习为基础的线路。

实际上，CP 要占有 20% 欧洲市场的目标，并没能在所在欧洲国家得以实现。特别是，它于 1992 年针对儿童细分市场上市的产品，Lucky Charms，失败了。这个产品于 1994 年退出市场。从突发性战略的角度来看，这十分重要。目标没有实现，但产品做了一个实验，对于突发性战略来说，失败是其中的一个部分。这是第 11 章关于以学习为基础的线路的一个很好的例子。

市场动态性和趋势

突发性战略更强调市场的动态性和趋势，第 5 章和第 11 章曾对此进行过探讨。在 20 世纪 90 年代，CP 有两个主要趋势，见图 20.5 编号 5 和 6。第一个趋势就是更注重健康的早餐食品，要低糖、更多的天然成分、更低的含盐量，等等。CP 在那个时期的实验性产品中采信了这个市场趋势。自然，市场领先者克洛格也会跟随这一趋势，也在努力针对这些变化上市自己的产品。

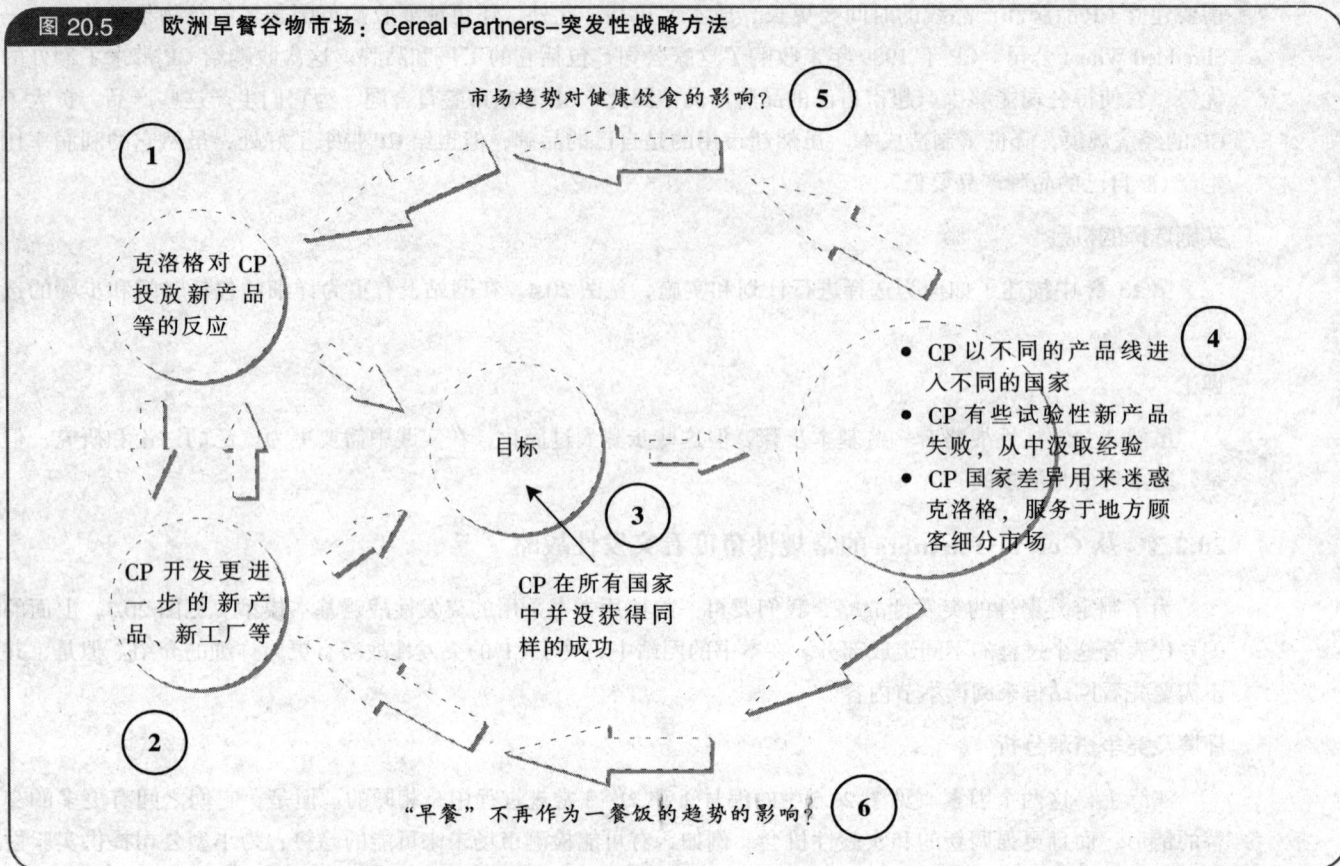

图 20.5　欧洲早餐谷物市场：Cereal Partners–突发性战略方法

第二个趋势就是少花时间。有些消费者希望的是不必正式地坐下来就可以吃完早餐，然后直接出门。几年中，CP 和克洛格都看到了这种饮食习惯的改变，并通过上市"谷物早餐棒"获得了成功。网站上关于这一趋势以及上面提到的趋势有更全面的阐述，但基本的战略要点就是有些实验性产品的结果并不明确，因此目标要一定时间后才能显现。

评论

这里关于突发性战略的总结比现实要简单得多，但它为从突发性视角制定凝聚性战略提供了方法。

20.2.4　将常规性战略和突发性战略结合

事实上，CP 和克洛格的战略中都有常规性和突发性的特点。CP 只有一种战略：在战略发展中，对两条主要线路采用常规性战略。

关键战略原则

- 运用本书中的常规性框架，有可能列出公司战略的主要组成部分。更为重要的是，这些组成部分需要从特定公司的常规角度出发，与竞争对手进行比较。此外，进行战略选择时需要考虑公司的所有资源。要根据资金能力和承受风险的能力进行选择。

- 在突发性战略中，对环境和竞争资源的分析基本是相同的。但是，在战略过程中更强调市场趋势和未来的技术发展。此外，目标更开放、更有弹性。在战略进程中，应更强调实验，虽然结果如何、失败风险有多大并不清楚。

案例研究 20.2　Tesco 的两种商业模式

2008 年，当英国最大的连锁超市在美国开办第一家合资企业时，它运用的商业模式与它在英国的成功的商业模式非常不同。为什么？

Tesco 的扩张战略

在市场影响力方面，没有几家连锁超市可以占到本土市场的 32%。但英国的超市连锁零售商 Tesco 却做到了这一点。这家公司统治了英国的零售市场，有众多的商店遍布全国。有些店的规模很大，购物面积超过 50000 平方英尺。产品品种丰富，有食品、家电、服装，甚至有金融和保险产品。Tesco 的其他商店相对较小，主要出售当地产品。Tesco 的所有商店都有复杂的供应链，通过计算机结算终端将销售数据传入中央储运部门，产品一天之内就可以配送。

因为 Tesco 的规模太大，它发现它在英国已经没有发展机会了。一部分原因是因为它的市场统治地位使英国的竞争管理当局迫切地想要零售市场保持竞争、保持低价。近年来，Tesco 不得不寻找国外的扩张机会。因此，Tesco 的战略就是到波兰和捷克开大型超市。

为了这一国际扩张战略，Tesco 集团 2007 年的开支大约有 80% 用在了国外。例如，它正稳步地进军中国。它在中国已经有了 50 家大型超级商场，并在本地合伙企业 Tin Cao 中控股。在编写本案例时，Tesco 正在计划进一步发展大型超级商场。同时，Tesco 准备在中国的主要城市开办新的小型便利连锁店。这些便利店产品品种较少，离"购物者"的家更近，所以叫"便利"店。

Tesco 的美国战略

虽然美国是世界最大的零售市场，但英国零售公司在美国成功的不多。两家主要的英国零售公司 Sainsbury 和马莎百货在 20 世纪 90 年代把美国的店出售了。这至少说明这些店没有利润，因为美国的零售市场竞争太激烈。美国成功的零售商可能只有沃尔玛，这家公司经营着大规模、高效率、低价格的商店，地点靠近大型商场，需要开车前往。沃尔玛已在国外扩张，进入了中国和英国市场，拥有自己的 ASDA 连锁超市。

虽然竞争激烈，Tesco 认为美国仍是一个可进入的市场。但是，它需要找到一个赢利的策略与像沃尔码这样的公司竞争。Tesco 认为它的英国超市策略不适合与沃尔码抗衡。这家美国公司的效率太高、价格太低，而且地位牢固，Tesco 不适合与之正面交锋。因此，Tesco 需要不同的战略。

在研究了各种可能性后，Tesco 决定模仿它在英国的两个竞争者的战略，德国零售商 Aldi 和 Lidl。当这两个零售商在 20 世纪 90 年代决定进入英国市场时，它们要面对大型连锁超市，像 Tesco 和 ASDA 等。为了使自己与众不同，Aldi 和 Lidl 将德国的零售战略运用到英国市场，即 5~10000 平方英尺的小店，没有多少装饰或展示，主要品牌产品不多，价格便宜。他们用被称为"折扣商店"的零售店概念经营。事实上，这两家连锁店给英国购买者带来了物有所值的新理念。尽管要与主要的英国零售商，像 Tesco，进行竞争，但这两家连锁店获得了真正的成功。

鉴于这种成功模式，Tesco 决定在美国运用"折扣商店"概念。2008 年初，它开始在美国加州推出最初的 50 家"新鲜便利"店。Tesco 宣布，它将在 2009 年底前投资 5 亿美元，开办 250 家连锁店。Tesco 北美总裁把它称为公司"转换"的时刻。他说，"显然，要有规模，但是，除非你向股东证实它行之有效，否则你是无法推行的。我们要在触礁之前解决。"整体计划为开办 1000 家店，每家规模 5000 平方英尺左右。

为了保持低价，Fresh & Easy 商店主要销售没有品牌的商品。有无收银员的自助结账和自助包装出口，目的是减少店内职员人数。只有一个项目是没有模仿 Aldi 和 Lidl，那就是 Fresh & Easy 出售新鲜的快餐。Tesco 的经营不同的是，公司在加州建工厂来加工快餐。此外，这一战略还注重降低成本。Fresh & Easy 的首席商务官，John Burry，说"如果我们请我们在英国的供应商过来，他们会欣然接受，但我们觉得我们可以自己来做。我们在这一领域有丰富的经验，这个领域的利润较好。为什么要让别人来做呢？"方便食品的形势很好，在最初的几个星期里出现了供不应求的情况。

© 理查德·林奇 2009 版权所有。保留所有权利。本案例所有数据均来源于已公开的数据[5]。

世界领先的零售企业之一，英国公司 Tesco，开拓了一项全新的业务，定位在高度竞争的美国市场

案例问题
1. 本案例中，Tesco 采用的两种主要商业模式是什么？为什么公司要在美国采用新模式？
2. 确定商业模式有什么好处？问题是什么？

20.3 构建商业模式

定义▶ 　　**商业模式就是对战略的基本因素进行组合的模式，它能够在特定的战略背景下为公司带来利润。**它的好处就是它能够将战略的主要因素进行集中，并能够在组织内进行沟通和讨论。例如，Tesco零售店案例表明公司至少运用了两种模式：一种是产品丰富的大型稳定的英国商店；另一种是在北美的新公司。这家公司还处于发展之中，要与现在强大的超市竞争。Tesco需要找到差异化去吸引顾客，并为公司带来赢利。本节讨论如何发展商业模式。

　　如本章开头所述，公共事业和非营利组织希望发展类似的模式，即"公共事业模式"，重点是增加价值而不是赢利。它的基本任务与经营是相似的。公共事业组织也需要有差异化并为公众提供服务。因为篇幅有限，本节不重复讨论公共事业模型。

　　虽然在财经媒体中，"商业模式"这个词被广泛运用，但是，在过去几年中，著名的战略月刊中很少有关于这一概念的研究。但是，在从业人员商业媒体中[6]，会定期发表有关文章和论文。此外，关于企业家战略[7]的含义也有一些研究，但是，对这一领域的研究还不够。

　　实际上，商业模式的组成因素包括了我们本书所研究的内容。图20.6中列举了4个主要的领域。

1. 核心战略：组织的目标、主要产品或服务以及差异化的主要领域，见第6章和第3章；
2. 战略资源：组织的主要竞争战略和其他主要资产，见第4章和第7章；
3. 伙伴网络：供应商和其他公司会根据其他主要关系构成模式的部分内容。例如，管理市场的政府体制，见第5章。
4. 顾客层面：目标客户、沟通和服务战略以及定价策略，见第3章和第14章。

　　再回头看Tesco案例，我们可以看到两种模式中的商业模式因素。例如，"Tesco超市"的核心战略模式就是用大量的产品线和服务提供"一站式"购物体验。而Fresh & Easy的模式则是提供小范围的食品，其差异化的重点是在较小的便利店提供新鲜和方便的食品。

　　显然，商业模式基本是常规性的。它主要是要在可预见的市场中寻求差异化。而对于本书所探讨的突发性战略过程中的动态性竞争、不断变动的环境和创新结构、思想和学习的关注较少。这些不会影响商业模式的概念，但也表明要针对它的劣势找到它的优势，即战略总结和沟通，如对创新和学习的强调不够。

图 20.6　　商业模式的组成

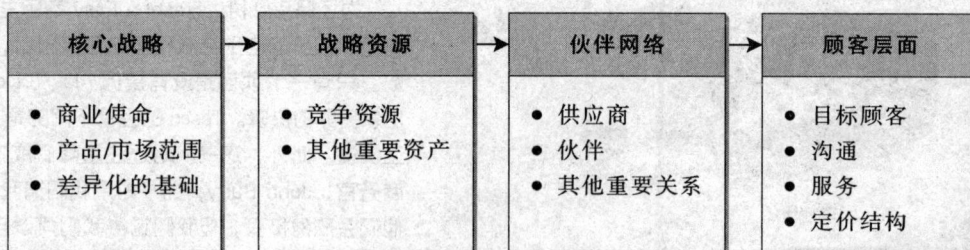

核心战略	战略资源	伙伴网络	顾客层面
● 商业使命 ● 产品/市场范围 ● 差异化的基础	● 竞争资源 ● 其他重要资产	● 供应商 ● 伙伴 ● 其他重要关系	● 目标顾客 ● 沟通 ● 服务 ● 定价结构

资料来源：编写自 Barringer, B R 及 Ireland, R D　(2006)　Entrepreneurship, Prentice Hall. 获得改编许可

关键战略原则

- 商业模式就是对战略的基本因素进行组合的模式。它能够在特定的战略背景下为公司带来利润。它的好处就是能够将战略的主要因素进行集中，并能够在组织内进行沟通和讨论。
- 制定商业模式有4个主要步骤，即核心战略、战略资源、伙伴网络以及顾客层面。每一个组成部分都是以战略原则为基础的战略发展的一部分，即使组织在市场上有差异化的顾客、竞争者及资源。商业模式基本是常规性的。对于总结战略有价值，但是在战略的创新方面较弱。

20.4 长期战略问题

20.4.1 实施

正如第 1 章所指出的，区分常规性战略的分析、备选、选择和实施是有用的，但没有真正抓住通常占据组织大量时间的多数战略工作。即使有重大变化发生，如 Novartis 的诞生，投资的成功要依赖于如何在相对较短的时间内实施战略。这些问题是组织长期战略任务的一部分。

一般而言，考察实施问题需要建立里程碑和控制。

- 里程碑在某些瞬时点精确衡量战略离最终实施目标的进展程度。里程碑很重要，因为在进展过程中，只有通过评价活动，有用的正确的活动才能得以实施。
- 控制用来确保财务、人力资源及其他指导方针在实施过程中不出现问题。比如，控制可以包括现金流、相对于预算的成本费用、培训成果、工厂安装过程及其他任务。与里程碑不同，控制更加详细，它是正在进行的，而且功能特殊。

有关实施问题的其他的一些指导方针如文本框 20.1 所示。

文本框 20.1

有关战略实施与控制的一些主要指导方针

成功实施的问题一般集中在组织汇报的结果好坏与否。

问题出现：

- 从什么地方实施可以跨越传统的组织单元而走捷径？
- 何时信息监督会比较差？
- 组织何时会抵制变化？
- 何时用过去的绩效而不是将来的行动来额定薪酬？

要成功地实施应该：

- 分清责任和义务；
- 追求有限数量的战略；
- 识别所需行为并从实施这些战略的人们那里获取认同；
- 建立里程碑，从而可以更早地发现实施活动是否偏离了轨道，而不是事后才发现；
- 最重要的是，确保活动得到首席执行官的支持。

20.4.2 重新审视未来环境

在开发一个凝聚性战略时，组织可能会认为识别在接下来的几年内可能对其产生影响的主要趋势是有用的。Novartis 和其他的制药公司都已清楚地发现有必要把重新审视未来的制药市场作为发展战略的一部分。

然而，一位最受人尊敬的管理作家彼得·德鲁克提醒要警惕这种预测：

> 预测未来并不难，只是没有意义。一些未来学家通常有很高的获胜机会——他们用于自我衡量同时也是被衡量的方法。他们对未来工作的预测做得很好，但更为重要的是所发生的基本变化，虽然没有人能够或可能预测这些变化[8]。

一般而言，在预测未来方面还存在许多实际问题。但不可否认预测未来的重要性，甚至有人讨论战略就是试图塑造未来[9]。一些突发性战略家认为预测简直就是浪费时间（见第 2 章）。对那些相信预测的人而言，一个可能有用的方法就是采用像荷兰皇家壳牌公司那样的建立情景的方法。然而，这又让人回想起建立情景的部分原因不是预测而是预防不可预测事件发生。

20.4.3 重新审视组织及其目标

就像重新审视环境一样，组织需要重新思考其愿景、目标及使命。组织很少是静止不变的：有的发展很快，就像 Xbox 的制造商和其他计算机游戏那样；有些发展较慢，就像某些跨国公司，除非它们采取了重大战略转移，如 Novartis 公司。一系列的原因使有些组织衰落，而有些组织正在发生超出所有人意料的变化。Novartis 公司的案例就是一个很好的例子。

发生的变化带来了有关组织目标的一个基本问题。这在第 6 章到第 7 章中已经研究过了。但在这里两次提出这一问题是因为它们是长期实施过程的一部分，组织目标变成了公司下一轮战略的出发点。需要重新审视的领域包括以下四个方面：

1. 组织目标。如果我们衰退了，组织目标真的能起作用吗？它对实现我们的阶段性增长目标有多大的作用？这些问题的答案与组织的价值以及相应的管理、员工和股东相关。
2. 可持续竞争优势。我们应该怎样以及在什么地方保持或发展可持续竞争优势？这对组织资源而言意味着什么？
3. 组织的文化与风格。我们怎样执行我们的工作？我们愿意采取什么样的风格？尽管它们已经超出立即实施的问题，但确实是有关业务哲学的基本问题。
4. 价值与伦理道德标准。我们持有什么样的价值观？为什么？我们希望怎样进行自我管理？我们怎样衡量这些想法？当组织已经进入新千年时，以前所提的一些问题仍需继续讨论，如环境可持续问题、少数民族平等问题、政治从属关系问题等。这些都是组织立法方面的问题，应该重新进行审视。

本书已经讨论了有关顾客驱动的质量、革新及学习型组织等方面的问题，同时本书把目标简化成增值，把战略简化成可持续竞争优势。这种考虑必须对所有组织都适合，但不管是哪种观点，都需要决定其长远的目标。

20.4.4 有关公司战略问题的结论

环境和组织都伴随着变化。公司战略本身不断有新的问题出现。本书所引用的研究论文、著作、期刊和杂志都提供有关当前研究主题的指导[10]。这些主题使公司战略动态化、逼真、富有争论性，并与我们的将来密切相关。

最后，不要忘记的是，尽管所有公司战略都试图指导和处理未来，但总是存在不可预测的因素，它们已超出战略理论。用德国化学公司 Henkel 的话说，就是"要使业务成功，你需要技巧、耐心、金钱，还有一点运气"[11]。

关键战略原则

- 在实施公司战略时，识别将要执行的任务是有用的。包括设定里程碑去衡量实际的进程，需要进行控制，以在实施过程中确保财务及其他资源指标不会出现超标。
- 许多组织尽力重新审视未来的环境。然而，最重要的元素可能难以预测，一个有效的方法可能就是构建情景，但构建情景的部分原因不是为了预测而是对可能发生的不确定问题的一种准备。
- 组织很少是一成不变的，还要适当地重新审视组织的愿景、目标、使命以及文化和风格。价值和伦理道德标准也理应得到重新评价，还要检验与股东的关系。
- 在公司战略中，总存在一些偶然性因素，运气可能对发展有效的提议很有帮助。

案例研究 20.3　年龄的副作用给 Roche 带来动荡

当 105 岁的瑞士制药集团发现 Novartis 购买了它 1/5 有表决权的股票时，它已经是一家不断出现问题的公司。从中也可以看到曾经非常卓越的一家大公司的衰弱过程。

Franz Humer 把电话听筒缓缓地放回原处，当他尽力感受刚才所听到的话时，Roche 公司的这位主席仍处于震惊的状态之中。Humer 先生现年 54 岁，刚刚接到一个电话，这个电话是他的对手、年轻的 Novartis 公司的 Daniel Vasella 打来的。Novartis 是一家医药集团，位于瑞士的 Basel，与 Roche 公司在 Rhine 两边隔街相望。Vasella 先生告诉他，Novartis 这家仅有 5 年历史的公司刚刚完成有关办理购买 Roche 这家具有 105 年历史的公司 1/5 表决权的股票的最后接触。Roche 公司的一部分已经落到竞争对手的手中。

Vasella 先生的电话本不该在这个糟糕的时间打来，Roche 公司正处于混乱之中。Humer 的两名高级副职官员，包括美国分部的领导者辞职了。几天前，Humer 刚刚取代 Fritz Gerber 成为 Roche 公司的主席，但 Gerber 仍然发挥着很大作用，他既是董事会的成员，也是控制 Roche 公司的 Hoffmann 家族的发言人。Humer 已经同另一个高级执行官 Anton Affentrager（他刚被指定为财务主管）争吵得热火朝天。Affentrager 一周内将遭受解雇，这是个好的消息。

萎靡不振

人员问题是一个具有更深层次不安的征兆。Martin Ebner 这个瑞士公司的袭击者把他的股份卖给了 Novartis，他已经针对 Roche 陈旧的股份结构抱怨多年。高级执行人员曾警告制药分部缺乏明确的战略，需要采取迅速的、决策性的行动。2001 年 3 月 Roche 公布了一系列令人可怕的结果。虽然诊断试剂业务运行得很好，作为旗帜的制药分部却是一个灾难。处方药的销售已经降低了两个百分点，业绩非常不好，因为制药行业的增长速度达两位数才是正常。Roche 销售量最大的 3 种药品面市都将近 20 年了，已经快要达到寿命期限了，在其他公司没有这种事情发生。更加糟糕的是，Xenical 这种曾经让 Humer 成名的减肥药丸仅在它面市的第 3 年就停止了销售。

就在 Vasella 打来电话的时候，Humer 刚刚完成削减成本的演习，那将削减制药分部的 3000 名员工。Roche 的美国分部亏损更

正如其他药品公司一样，领先的瑞士公司 Roche 在这个高度竞争的行业中，要想保持其增长势头也面临许多实际的战略问题。

为严重，美国所有的制药公司均在疯狂地扩张。但不得不面对的事实是，Roche 已经不是 5 年前的那家公司，当时它还同美国的默克竞争整个行业的头把交椅，而现在已经滑落到第 11 位。到底哪里出错了？就像大多数公司的故事一样——特别是制药行业，在这个领域里，发明一种新药一般需要花费 10 年的时间——有长远战略和短期战略的两种答案。

长期战略问题

回到 1985 年，Roche 公司面临一个重大问题，1985 年的药品专利期满，而是 Valium 这种药及其先驱药品 Librium 使得 Roche 变得强大。Librium 在 20 世纪 60 年代刚面市时曾轰动一时，因为它可以用来驯服狮子和老虎。Valium 迅速成为那个时期销售量最大的药品。当专利保护期满时，公司开始修正它的战略，剥离非核心资产，重新组建形成 4 个分部。1985 年，在著名的 R&D 主管 Jurgen Drews 的带领下，Roche 公司投资数十亿美元开始进行下一代主打产品的开发。但 15 年后一事无成，当然也就没有研制出能与 Valium 相媲美的药品。

取而代之的是，公司进行了一项为期 10 年的收购狂潮，它收购了 Genentech 公司（一家旧金山生物技术先锋）以及 Syntex 公司（另一家在加利福尼亚创办的公司）。1997 年，它斥资 102 亿美元收购了一家诊断试剂公司 Boehringer Mannheim。要是没有这些收购，2001 年 Roche 公司的资本组合实际上就会成为空白。但是，就像这些狡猾的交易一样，公司正在取代自我发展的成长模式。"一旦你走上收购之路，作为一家公司，你就会失去灵魂。"一个竞争对手的首席执行官说，"你必须购买某物，除去成本，再购买下一个。最终，你将筋疲力尽。"

绝大多数的收购是由 Henri Meier 策划的。他是一位有才气的金融主管，拥有补偿制药分部不足的能力。在他的运作下，Roche 公司得到了如此神话般的收益，以至于 Roche 以作为一家银行闻名于世，而其制药业务却变成了附属产业：以 2000 年为例，其金融方面的收入几乎占整个集团利润的 30%。

Roche 变得如此倚重于收购和金融魔棒的一个原因是基于其陈旧的股本机构，其陈旧的股本结构阻止了它全面参与 20 世纪 90 年代的产业改革与重组。该公司 1896 年由 Fritz Hoffmann 创办，到目前为止仍由他的子孙以 10% 的资金控制着 50.1% 表决权的股份。因此，当由一些小的竞争对手组合而成诸如 Novartis 这样的公司时，Roche 公司的股东由于害怕失去对联合集团的控制权而不愿参与整合。

20 世纪 90 年代后期 Roche 短期战略

1996 年，Humer 先生成为 Roche 公司的 CEO，1995 年他从葛兰素来到这里，已经见证了公司怎样通过对主管市场的开拓而不断壮大的情形，把治疗哮喘、高血压及其他慢性病药直接出售给医生，他认为，Roche 公司需要搭乘这班充满利润的火车。Humer 先生的团队重新起用了 Roche 研制药物的实验室。他们发现了两种药物：

一种是 Posicor——治高血压的药物，可以发展成专用药。Rocher 的新团队认为 Posicor 可以成为临床用药。一个员工指出，▶

唯一的问题就是如果该药同其他药一起服用的话，可能产生危险的副作用，这是大众药品市场的最大缺陷。1998 年 6 月 Posicor 在面市不到一年即撤出了市场。

另一种可能成为拳头产品的是 Xenical。Humer 的团队挽救了这种减肥药，该药已经在实验室里封存了多年。肥胖是一个大的问题，这种药是否能够支持起 Roche 的未来呢？经过一些小的挫折，该药于 1999 年面市。在 Viagra，Pfizer 的一种治疗阳痿的药物为生活药创造了狂潮之后，Xenical 也在后来的几个月引起了极大轰动。Xenical 开始动身起飞，在第一年，其销售额就达到了 9.4 亿瑞士法郎，但很快又停止了。其主要问题在于药物的副作用，即公司所指的直肠渗漏。人们在使用 Xenical 几个月之后就放弃了。同时，Roche 的市场战略也不够清楚。一方面，Roche 说 Xenical 应该作为一种有益于身体健康的药物继续保留，而不再是瘦身的专用药；另一方面，公司把几百万美元的巨资投到了美国的电视促销活动，从而降低了其副作用的不良影响。

Roche 的其他问题

随着 Xenical 的问题逐渐变得明朗，Roche 再一次遭受了重创。1999 年 5 月，美国 trust-busters 对 Roche 维生素分部处以 5 亿美元的罚款，原因是该分部组织了一个限定价格的企业联盟。Roche 的一名前执行官被监禁，公司为这项诉讼花费了 24 亿瑞士法郎。当制药分部处在不稳定时期时，这对提高士气过程是一个不幸的插曲。不少于 9 种药物在最后的阻碍前倒塌，这样的失败率令全行业的人都大为震惊。由于 Xenical 令人失望的表现，公司

已经没有其他的新药来取代这个"现金牛"类业务了。这令 Humer 无计可施，只得削减成本——Humer 先生于 2001 年采取了削减成本这一措施。

但是公司其他的一些执行官，包括离职的 Affentrager 先生认为，公司还需要更大的变革。在 Novartis 持股的情况下，有关公司将来的行动，包括收购和兼并的风声可能更紧。重要的是，最终权力还在 Fritz Hoffmann 这位瑞士的亿万富翁神秘的后代手中，该家族已随 Roch 沉浮了 100 年。Humer 需要付出一切代价获得他们的支持。

本案例由理查德·林奇根据 David Pilling 的一篇文章，以及 William Hall 发表在《金融时报》的报告改编。© 2001《金融时报》版权所有。获准进行改编。

案例问题

1. Roche 的主要战略问题是什么？你会怎样克服这些问题？
2. 答案是不是又是收购？你是否接受文中评论员的观点？
3. 其他公司能从 Roche 的困境中学到哪些教训？

战略课题

以制药行业的变化为参照，本章的案例说明了战略发展的范围。在公司战略网站上有这个行业企业基本数据的文章。

思考

运气的重要性？

在本章要结束的时候，引用了德国 Henkel 公司的话："企业要想获得成功就必须要有技能、耐心、资金……以及一点点运气。"如果运气也是要素之一，那么这是否会否定本书所讨论的战略内容和过程的价值？你的经验呢？是否运气是很重要的？你对于制定公司战略有什么看法？

小结

- 虽然常规性和突发性程序是本书的主要论题之一，但它们已经被看做一系列战略发展方法的缩写。可以从常规性和突发性角度分析许多战略任务。在强调战略发展中出现的各种重要问题，特别是分析性与介绍性的比较时特别有用。

- 本书已经显示折中法更加有效，它研究了可以用多种战略方法的组合来表达战略问题的不同方面。战略过程有许多超出了常规性方法和突发性方法的侧面。所有这些为公司战略开发提供了洞察力和指导。

- 除了常规性和突发性方法，还有一些构建凝聚性战略的其他的早期模型。例如，7S 框架及矛盾和紧张法。它们有价值但并不反应最新的战略发展。

- 运用本书中的常规性框架，有可能列出公司战略的主要组成部分。更为重要的是，这些组成部分需要从特定公司的常规角度出发，与竞争对手进行比较。此外，进行战略选择时需要考虑公司的所有资源。要根据资金能力和承受风险的能力进行选择。

- 在突发性战略中，对环境和竞争资源的分析基本是相同的。但是，进行时更强调市场趋势和未来的技术发展。此外，目标更开放、更有弹性。在战略进程中，应更强调实验，虽然结果如何、失败风险有多大并不清楚。

- 商业模式就是对战略的基本因素进行组合的模式，它能够在特定的战略背景下为公司带来利润。它的好处就是它能够将战略的主要因素进行集中，并能够在组织内进行沟通和讨论。
- 制定商业模式有 4 个主要步骤，即核心战略、战略资源、伙伴网络以及顾客层面。每一个组成部分都是以战略原则为基础的战略发展的一部分，即使组织在市场上有差异化的顾客、竞争者及资源。商业模式基本是常规性的。对于总结战略有价值，但是在战略的创新方面较弱。
- 在实施公司战略时，识别将要执行的任务是有用的，包括设定里程碑去衡量实施的进程，公司需要建立控制，以在实施过程中确保财务及其他资源指标不会超标。
- 许多组织应尽力重新审视未来环境。然而，最重要的元素可能难以预测，一种有效的方法可能就是构建情景，但构建情景的部分原因不是为了预测而是对可能发生的不确定问题的一种准备。
- 组织很少是一成不变的，也要适当的重新审视组织的愿景、目标、使命以及文化和风格。价值和伦理道德标准也应得到重新的评价，还应该检验与股东的关系。在公司战略中总存在一些偶然因素，运气可能对形成有效的提议很有帮助。本书的最后结论是，在公司战略发展中，要同时应用常规性方法和突发性方法。

问题

1. 使用本书中的常规性模式分析向 Novartis 提议的变化。
2. 当进行业绩比较时，是否存在卓越企业？
3. 用一个例子，制定一个商业模式来对它的战略进行总结。这一模式的优势和劣势是什么？
4. 检验一个你熟悉的战略决策，使用本书所提供的诸如常规性、基于学习、知识等战略方法对其进行研究。勾画出决策方法并对每个过程进行评论。
5. 本书强调顾客驱动的质量、创新和学习机制，它们对公司战略发展有重要作用。这里是否还有你想选择的其他领域？如果有，它们是哪些？你为什么选择它们？

进一步阅读

It is worth examining Peters, T and Waterman, R (1982) *In Search of Excellence*, Harper Collins, New York. The main argument was reprinted in De Wit, R and Meyer, B (1994) *Strategy: Process, Content and Context*, West Publishing, St Paul, MN, pp176–82. Any of Tom Peters' books also repays examination. Try Peters, T (1992) *Liberation Management*, Macmillan, London.

To look into the strategic future, you might read Hamel, G and Prahalad, C K (1994) 'Strategy as a field of study: why search for new paradigms?', *Strategic Management Journal*, Special Issue, 15, pp5–16. The 'Special Issue' of *Long Range Planning*, April 1996, also has a most interesting review of this area. For a more recent perspective: Cummings, S and Angwin, D (2004) 'The future shape of strategy: Lemmings or chimeras?', *Academy of Management Executive*, Vol 18, No 2, pp21–28, which contains some interesting ideas and comparison between the 'old' and the 'new.'

Finally, for an approachable comparison between the resource-based view, hypercompetition and complexity see Lengnick-Hall, C and Wolff, J (1999) 'Similarities and contradictions in the core logic of three strategy research streams', *Strategic Management Journal*, Vol 20, pp1109–32.

注释和参考资料

1. References for Novartis case: Novartis Annual Report and Accounts 2004–available on the web at www.novartis.com; *Financial Times*, 8 Mar 1996, pp1, 17, 28; 19 Mar 1996, p25; 11 Apr 1996, p18 (Dr Haken Mogren's comments); 12 Oct 1998, pl5; 16 July 1999, p27; 18 February 2000, p26; 11 July 2000, p34; 16 February 2001, p25; 8 May 2001, p19; 14 May 2001, p27; 22 August 2001, p20; 28 November 2001, p23; 21 January 2004, p12; 22 February 2005, pp1, 28. See also Lynch, R (1994) *European Business Strategies*, 2nd edn, Kogan Page, London, pp31–2, for an earlier exploration of global strategies in the drugs industry.
2. Nag, R, Hambrick, D C and Chen, M–J (2007) 'What is strategic management really? Inductive derivation of a consensus definition of the field', *Strategic Management Journal*, Vol 28, pp935–955.
3. Pascale, R, Athos, T Peters, T and Waterman, R (1980) 'The Seven S Framework', *McKinsey Quarterly*, Summer. The model was then reprinted with one revision in the famous text by Peters, T and Waterman, R (1982) *In Search of Excellence*, HarperCollins, New York, p9.
4. Pascale, R (1990) *Managing on the Edge*, Viking Penguin, London, ppl6, 17.
5. Sources for the Tesco case: www.tesco.com; *Financial Times*: 3 December 2007, pp21 and 22; 28 January 2008, p15.
6. See, for example, Gottfredson, M, Schaubert, S and Saenz, H (2008) 'The new leader's guide to diagnosing the business', *Harvard Business Review*, February, pp63–73.
7. Barninger, B and Ireland, D (2006) *Entrepreneruship – Successfully Launching New Ventures*, Prentice Hall, NJ.
8. Drucker, P (1995) *Managing in a Time of Great Change*, Butterworth-Heinemann, Oxford, pvii.
9. Whitehill, M (1996) 'Introduction to foresight: exploring and creating the future', *Long Range Planning*, Apr, p146. This issue has a range of articles that tackle this subject from a number of perspectives, including those that believe it is a waste of time.
10. See, for example, Hamel, G and Prahalad, C K (1994) 'Strategy as a field of study: why search for new paradigms?', *Strategic Management Journal*, Special Issue, 15, pp5–16. See also *LongRange Planning*, Apr 1996.
11. Henkel, A G, Annual Report and Accounts: 1987.

案例研究

如何分析和准备战略案例

除了本书中已列举的案例，我们在后面还准备了一些范围更广的案例。案例是对战略情形的描述。它通常用来研究某一个时期的真实组织的情况，并描述当时或是将要出现的战略问题，也就是说组织也许并没完全意识到自己的战略形势。

分析案例的目的是：

- 运用本书中的理论和概念。重要的是，你在回答案例问题时不需要详细讲述理论，你可假设读者（或口头报告的听众）懂理论。
- 考虑影响经营的一系列因素的真实的复杂性，而不是针对个别章节中的某一个案例的个别方面。大多数战略问题会有多个方面，而不只涉及一章的内容。
- 识别战略问题并提出建议。

虽然你可以经常运用案例的资料，但案例不需要完整。此外，有些案例的数据可能并不相关。在现实生活中，经理们需要挑选数据来解决战略问题。

尽管案例的结尾都会提出问题，但这些问题并不代表案例存在的真正问题。例如，有的问题是关于竞争资源或组织能力的。但是，你可能想研究组织的竞争环境，然后再去研究竞争资源，因为环境会影响资源。例如，一个品牌的竞争资源需要把市场中的许多品牌考虑在内。

但是，对于学术研究来说，重要的案例后边的所有问题都要做出适当的回答。评分表记录的是获得的分数，如果没有回答就不得分。例如，如果要求你提建议，那么你就必须给出建议。

以下步骤对准备案例是有价值的：

- 快速阅读案例。
- 再读一遍，这一次要针对问题做一些记号。
- 对案例中的组织作 SWOT 分析，即使没有这个要求。做 SWOT 分析的过程有助于理解案例的结构以及可以利用的数据。
- 列出主要问题，可以采用本书中的常规性或是突发性模式。事实上，如果市场处于非常不确定时，你需要在两种方法之中进行选择。你可以用 3.3 节关于市场紊乱程度的内容来帮你作选择；
  - 如果紊乱程度高，就更需要采用突发性方法；
  - 如果紊乱程度低，则较适合采用常规性方法。

    重要的是，即使紊乱程度低，你也要需要在战略中加入创新和试验的内容。在案例中，你也许会选择突发性方法，或两者兼而有之。
- 按常规性的方法，可以设立以下结构：
  - 环境。从文本框 3.1 中进行选择。只选择对你有价值的内容。影响组织的主要因素是什么？谁是顾客？谁是竞争者？市场的规模、份额及增长如何？等等。
  - 竞争资源。从图 4.12 中进行选择。只选择对你有价值的内容。主要的有形和无形资源是什么？组织的能力是什么？核心竞争力是什么？等等。
  - 目标。目标是什么？如果目标没有陈述清楚，那么你来设定一个目标，但你必须在报告中清楚地予以说明。你也可以对组织陈述的目标进行批判，也许它不够道德，或对于"绿色"环境问题关注不够或目标太模糊。然后，你可以在你的报告中将公司的陈述与你修订的部分进行区分。

- 战略机会。你可以提出其他的基本战略概念。例如，利用削减成本方法或波特的通用战略。一般情况下，如果运用了战略概念可以得到更高的分数。但是，好的报告对于这些概念的运用都较为谨慎，而且会指明在现实中使用时的缺点。
- 战略选择。你可能通过建议一些战略、利用理论来强调你的方法。你的战略选择必须是清晰而有说服力的，也就是说，你需要将你的理由运用数据对你的选择与其他的机会进行比较。
- 实施。你可以设定一个时间表，讨论战略变革问题，或是对需要的主要资源进行预测。记住，你的所有建议必须考虑战略变革的相关成本，包括那些你不容易量化的成本。

你也许会认为突发性方法更有用。在这种情况下，你也可能采取上述步骤。但是，你的目标将更有实验性，因此你的建议需与市场测试相结合。也许你有许多的战略机会，但你没有进行选择，只是建议对各种可能性进行尝试。突发性方法可能对于你展示逻辑性和说服力的机会要少些，因为你要提供的建议不止一个。你在准备报告时要记住这一点。比如，在讲述突发性战略时，指出其他方面的逻辑性或对其采用某种形式的常规性分析。

以下是一些指导：

- 记住，制定有效的战略是没有一个"方程式"可用的；
- 不用写太长的案例介绍，案例中已经有的资料不必作内容太长的分析；
- 要切合实际，要考虑组织的资源、预算和时间限制；
- 给出假设，既要合理也要易被接受；
- 建议要具体；
- 许多大学要求你报告中的案例资料恰当详细，请与指导教师确认；
- 回答问题。

总之，案例的目的是给你一个机会把学习的理论运用在实践中。因此，你的分数应该来自于对理论的运用，而不是重复案例资料或是描述理论。案例中的事例、逻辑的运用以及理论性原则是构成好的案例分析及报告的基础。

案例研究 1 欧洲领先航空公司面临的威胁和机会

在政府于 20 世纪 90 年撤销交通管制，并于 2007 年与美国签署"开放天空"的协议后，欧洲的领先航空公司面临着新的竞争威胁和机会，只有少数公司能够生存和发展。谁能够成功？要用什么战略？

2000 年，领先的廉价航空公司 Rynanair 的首执行官 Michael L'Leary 说，"我们通过降低票价来挣钱。再通过提高票价来赚取大量的金钱，这引起了其他公司的恐慌。"与此相对照的是欧洲的三大国有航空公司：瑞士航空；比利时航空 Sabena，于 2001 年破产；意大利航空，虽然有政府支持，但只支撑到 2007 年。有些低成本的廉价航空公司也在过去的几年消失了，像 Air Madrid，Buzz Air 和 Air Polonia。本案例研究国际航空市场，特别是欧洲市场，所存在的战略问题。亚洲的情况将在后面的案例中讨论。本案例先从战略变革的三大驱动因素入手，即：撤销交通管制及"开放天空"；不同的航空赢利模式；市场压力和机会。然后，介绍欧洲航空市场的一些基本背景情况。最后，研究航空公司的下一步对策。

撤销交通管制及"开放天空"带来的威胁和机会

1993—1997 年，政府一步步解除了对欧洲航空市场的管制，包括竞争、定价以及服务。这使得一些所谓的低价位航空公司可以向欧洲提供新的服务。它们利用这个机会，将价格定得比当时的国有航空公司的价格低得多。这样一来，大大刺激了需求。比如，周末去布拉格和都柏林休息的航班突然之间使很多人可能付得起。

虽然领先的航空公司没有被这种新的竞争所影响，但它们也要努力保持足够的利润。传统上，这些航空公司主要靠长途航线挣钱，如从阿姆斯特丹到纽约或是伦敦到新加坡。它们的短途航线，如国内航线或欧洲联盟境内航线，利润较低，经常会亏损。长途航线对于一些航空公司来说特别重要，见表 1。对于短途航线市场占主要份额的航空公司，如汉莎公司、英国航空以及法国航空，它们可以靠这样的运营来获得大量的利润。而像利比里亚航空公司、北欧航空公司和意大利航空公司，它们在长途航线的营业收入较少。比如，很少会有人愿意从斯德哥尔摩飞到纽约，他们更愿意从法兰克福飞到纽约。因此，小型航空公司不能够获得与长途航线同等的利润。

在长途航线中，主要的航空公司可以把价格定高，因为欧盟

表 1 长途航线对于领先航空公司的重要性

航空公司	国家	长途航线占总营业收入百分比 (%)	短途航线占总营业收入百分比 (%)
英国航空	英国	63	37
法国航空	法国	57	43
汉莎航空	德国	48	52
意大利航空	意大利	35	65
利比里亚航空	西班牙	32	68
SAS	瑞典荷兰及挪威	15	85

资料来源：Derived from Annual Report and Accounts – note that figures are only approximate.

的成员国分别与其他国家，如美国，达成了协议。事实上，这种协议是政府在 20 世纪 90 年代末签订的。它们瓜分了国内长途航线市场，比如从德国到美国，但是，参与的航空公司数量有限，并把可能会带来更多竞争的其他欧洲和国外的航空公司排除在外。此外，每一个欧洲国家都会控制主要机场，给自己国家的飞机提供特权，像英国的英国航空、法国的法国航空和荷兰的 KLM 等，以此来降低竞争，提高价格。

2002 年，欧洲委员会代表欧盟对这些协议提出抗议，强调说它违反了 2007 年欧盟罗马协议中关于公开竞争的规定。2007 年，欧盟与美国达成了一项全新的协议，即在 2009 年前要向欧洲航空公司和美国的领先航空公司开放欧洲所有的主要机场。对于跨大西洋长途航班，竞争会更激烈。英国航空因其计划在欧洲大陆和美国之间飞行，而不降落在英国机场而受到指控。甚至有些所谓的低价的欧洲廉价航空公司也在考虑进入长途航线市场。

航空公司两种不同的赢利模式：中枢—辐射与低价格

除了控制长途航线的价格外，主要的国家航空公司还靠其他的方式赢利。这些公司采用了与低价的廉价航空公司差异很大的模式来赢利。表 2 对这两种赢利战略进行了比较，有个别的航空公司有变动，但是这张表对主要的差异进行了小结。

采用"中枢—辐射"战略的主要国际公司，主要是通过满载产生的规模经济获利。但是，它对于主要的国际性中枢也有好处，像巴黎、法兰克福和伦敦，因而只能为在这些机场运营的航空公司降低成本。此外，要利用转运系统把行李和旅客从中枢转向其他地区很复杂，而且费用高。较高的固定成本意味着"中枢—辐射"模式对于小型的国际航班来说没有多大的吸引力。这就是一些航空公司，如瑞士航空公司和比利时航空公司破产的原因之一。苏黎世和布拉格都不是主要的中枢。

通常，主要的国际航空公司战略的实际成本很高。机上用餐以及其他服务，管理起来很复杂，费用也高。对于飞行常客奖励计划、代码共享以及不同等级座位都会带来更高的管理成本。高成本意味着航空公司要提高每一次航班的座位利用率。用航空术语来说，这就是"载客率"。事实上，载客率更为复杂。表 3 列举了主要航空公司的数据。注意，低价的廉价航空公司通常要比这些领先的"中枢—辐射"航空公司更依赖较高的载客率。

这就使得高成本模式仅对于大型国际航空公司来说有可能赢利，小型的国际航空公司需要进行合并并获得同样的利润。因此，在 2004 年，法国航空和 KLM 开始了合并战略。有观点认为，应该在不同的大洲之间进行合并，如欧洲和美国。21 世纪初，英国航空与美国的大型航空公司，美国航空公司，达成了初步协议。不幸的是，它们的合作并不成功，因为美国对于国外（即非美国的）的所有权及合作有严格的限制。此外，欧盟也阻止了这项协议，因为它会大大降低伦敦希斯罗与美国大城市之间的竞争，如纽约和华盛顿特区。欧盟希望这些线路上有更多的航班，不能通过合并使它减少。

低价的廉价航空战略的利润情况简单明了。在许多年间，欧洲有些低价格的航班，如节日包机，使用特殊的专用飞机航班在

| 表 2 | 航空公司赢利的主要战略 |

主要国际航空公司，如法国航空、汉莎航空及英国航空公司

- 飞行"中枢—辐射"：将乘客用大型飞机从长途航线带到主要的机场中枢，如法兰克福或伦敦。然后辐射到目的地，如从法兰克福到慕尼黑或维也纳，或从伦敦到爱丁堡和巴黎。
- 与其他国际航空公司达成"通用条例"，即将航线连结起来，使订位可以完全衔接，共同分担：德国、Continental、南非航空及 SAS 斯堪的纳维亚之间的"星级联盟"就是一个例了。这三家大型航空公司网络的作用是不可低估的，成员会比其他航空公司获得更大价值。如，汉莎是星级联盟的中心，其节点的位置，特别是相关的业务如维修（Lufthansa Technik）、餐饮（skychefs）以及市场调查/商务咨询（Lufthansa Consulting），为它带来了巨大的营业收入（及利润）。
- 飞行积分俱乐部给那些经常旅行、乘坐同一航班者以奖励：有用，但管理成本高。
- 以更高的价格和利润运营范围较广的商务级别设施。
- 对于长途和短途航线用不同的飞机：管理费用更高，因为设计、服务和维护都不能标准化。
- 对某些线路利用政府保护和限制：如上所述。

低成本、廉价航空公司，如 Ryanair、easyJet 及 Air Berlin

- 在单程的基础上，简单的票价结构：通过互联网订票和定价简便，更便宜，且可以通过最后的几个座位提高定价获得更大的营业收入。
- 只有点对点飞行：没有转机相接。这意味着廉价航空公司避免因转机造成延误，可免除行李托运管理费用，无须因转机带来的更复杂的航线结构等。
- 机场的快速流转，一般为 25 分钟，原则是，飞机在飞行的时候是赢利的，但在地面停留的时间是带来费用的。
- 飞行的频率靠其可靠性：准时，很少取消航班，很少丢失行李，比长途航线更容易追踪记录。
- 利用动态定价来达到满员：早订便宜，快满时全价。注意，大多数航空公司，包括国际航空公司现在也采用这个策略。
- 重点国家——通过以一个国家为基地建几条航线，然后转往另一个国家来获利。
- 使用低着陆费用的机场——即使这个机场的位置离人口中心较远。注意，并非所有成本较低的航空公司都一直采用这一策略。
- 不提供食物或其他舱内服务——除非在飞机上付费。清洁食物和废纸会延迟流转时间。
- 对于非基本服务，如地面控制和经常性维护进行分包。
- 对整个航行队用统一的机型以减少培训费用及备件的成本等。
- 较低的职务限制，奖励高效工作——理论上，飞行员也可以帮助运行李。
- 高度密集的座位，如，据称，Ryanair 取消了舱中间的洗手间，加进了座位。

需要注意的是，低成本廉价航空公司并不会降低安全标准，像 Ayanair 和 easyJet 均有非常不错的安全记录。

假期组织旅行团。但是，这些航班在固定时间对一般顾客却没有特价。这种情况也随着欧洲航空在 20 世纪 90 年代的解禁而改变。例如，2001 年 10 月，在从伦敦 Gatwick 到阿姆斯特丹的固定航班中就有一种经济型机票，英国航空的票价是 250 美元，easyJet 的票价是 170 美元（请参看本节后面的评论）。英国航空和其他领先的欧洲航空公司所面临的困境是，它们不能够与廉价航空公司的低价竞争，还要保持利润，所以只能取消报纸和咖啡。

对于廉价航空公司来说，低价并不足以形成竞争优势。但是，

2008 年 5 月，英国航空公司向 6 月底某一天早晚往返于伦敦希斯罗和米兰马尔本萨机场之间的往返机票收 148 英镑。而同一天 Ryanair 对于从伦敦斯坦斯特德到米兰贝加莫 的价格，包括优先登机及信用卡费用，仅收取 51 英镑。

表3　欧洲航空公司比较——乘坐廉价航空的旅客人数正在赶上领先航空公司的人数

航空公司	国家	2006 年营业收入（百万美元）	座位利用率（%）	乘客（百万）	战略评价
法国航空/KLM	法国	30750	不详	73	与 KLM 荷兰航空公司的合并提高了效率。但是巴黎/奥利基地受到了来自廉价航空公司的威胁（如 easyJet 和 Vueling）
汉莎	德国	25450	75.2	53	采取廉价航空公司的战略——灵活的付费、转向互联网售票等。2006 年收购瑞士国际
英国航空	英国	16670	76.2	36	将地方航空公司 BA Connect 给 Flybe
SAS	瑞典、荷兰及挪威	8870	74.4	25	有来自挪威、Ryanair 及 easyJet 在荷兰和瑞典新终点站的竞争
利比里亚	西班牙	7050	79.8	28	Vueling、easyJet 和 Ryanair 向西班牙终点站提供廉价航班
意大利航空	意大利	6230	73.6	24	有几年处于严重的财务压力之下，获政府资助；见表尾部分
澳大利亚航空	澳大利亚	3430	74.5	11	2003 年差点破产。2004—2006 年的新战略集中于向东欧目的地提供服务，如匈牙利等。与汉莎的关系结束
瑞士国际	瑞士	3400	79.8	10	2004 年破产，由汉莎收购
土耳其航空	土耳其	2830	68.7	17	
俄罗斯航空	俄罗斯	2770	70.1	7	受政府的保护
芬兰航空公司	芬兰	2570	75.2	9	剧烈的北欧竞争
部分领先的廉价航空公司					
easyJet	英国	3070	81.5	34	与它的对手 Ryanair 相比，更注重主要机场
Ryanair	爱尔兰	2990	83.0	40	截至 2007 年中，总旅客流量超过 4500 万。但这一数据包括了仅向政府付税，但不需支付机票款的人数等
Air Berlin	德国	2070	79.5	15	不是"真正"的廉价航空公司，座位可以预订，有免费餐饮等
Martinair	荷兰	1520	90.0	1.7	超过 50% 的营业收入来自高效的货运
Air One	意大利	790	57.3	6	意大利处于生死边缘的航空公司之一
Transavia	荷兰	750	84.0	5	法国/KLM 下属的廉价航空公司
Germanwings	德国	730	不详	7	与汉莎相关联的廉价航空公司
Norwegian	挪威	450	79.0	5	
Vueling	西班牙	310	70.0	3.5	

注：在本书将付印时，有消息宣布意大利航空将被法国航空/KLM 收购，有待进一步观察。

资料来源：Company Annual Reports and Accounts plus press reports.

与竞争者相比，如果能保持较低的成本倒是一种优势。它们的困难是，这样的路线所带来的优势是众所周知的。例如，Ryanair 最初是模仿了美国西南航空 20 世纪 90 年代初的方式。Ryanair 总裁 Michael O'Leary 说："我们学习西南航空公司的做法。它就像一条通往大马士革之路。这对于 Ryanair 来说行得通。"

虽然低价策略有吸引力，但是也要看到欧洲廉价航空公司的服务水平令一些乘客不满。此外，有些欧洲机场离游客及商业区较远。但是，easyJet 和柏林航空公司制定了飞往主要机场的方案，虽然降落的成本较高。这样做的目的是吸引更多的商务乘客，特别是那些想省钱的小公司经理和企业家。此外，廉价航空公司经常会给不好卖的座位提供特别优惠，比如节假日的最后时间。也许除此之外，对领先的欧洲航空公司来说就没有太大的竞争优势。

市场压力和机会

　　在某种程度上，世界航空市场巨大，总的营业额超过 6500 亿 ▶

美元。但是，这也会令人在战略上产生误解，因为大多数的航空公司只是在某一个地区获得赢利，比如跨大西洋航班，还有就是美国或欧洲境内的航班。过去，"开放天空"协议支持了许多国际市场由一些小型航空公司的寡头控制。通过与一些主要航线合作，航空公司能够通过政府协议保持价位，并挡住外来者的进入。美国境内的美国航空公司受到了较好的保护。美国政府规定只有美国国内的航空公司可以在境内的目的地之间飞行，这样阻挡了其他航空公司，包括上述欧洲航空公司和世界其他主要航空公司，如日本航空和新加坡航空。

除了这些协议带来的优势，航空公司没有其他更重要的竞争优势。他们向世界各地运送旅客，用更好的机上用餐及娱乐、更宽敞的座位等去竞争。这些所谓的"优势"很容易被模仿，无法保持。此外，这些优势在欧洲境内无法利用，因为这些航线太短。欧洲的廉价航空公司决定采取低价策略，因为顾客真正在乎的是票价。

近年来，旅客数量减少主要有三个原因：

1. 全球经济衰退以及电话会议的发展，导致商务舱旅客减少。商务舱旅客是主要的利润来源，因为他们愿意为了稍微舒适一点而比经济舱客人多付钱。
2. 2001 年 "9·11" 惨案，使人们及公司在没有必要的情况下，不愿意坐飞机。
3. 油价上涨。由于多方原因，航空燃油的成本大幅上涨，导致票价上涨。但是，燃油成本的增加主要影响了利润率低的航空公司，它们不能够将增加的成本转移到旅客身上。

虽然有这些不利因素，但是许多人还是要乘飞机，而且在过去几年中呈稳定上涨趋势。此外，一些重要的航空公司开始寻求可以更高效运送旅客的新机型以及新航线，为公司带来更多的利润。这才是航空公司增长的真正机会。

但是，这种增长需要应付那些因环境问题提出限制空中旅行的政客。全球气候变暖已经成为影响航空战略发展的重要因素。像 Ryanair 公司所提到的，空中旅行并非是全球污染和气候变暖的主因，汽车和工业污染的作用更大。但是，有些政治团体强烈表示，空中旅行只能运送小量旅客，效率不高，不如火车带来的用处大。今后几年，这些观点会给航空公司及其赢利情况带来压力。

欧洲航空市场：顾客及市场细分

欧洲航空市场大致分为两个主要细分市场——商务旅客以及休闲／国内旅客。大约 80% 的旅客属于后一类，他们是去度假，或是有家庭事务，如学习或访友。他们占了大部分的座位，但是，并不是航空市场中最有利润的部分。用 Ryanair 公司 O'Leary 的话来说，"在商务旅客方面，低成本带来了利润。90% 的旅客希望价格更便宜。他们不需要机上提供杂志或质量更好的咖啡。品牌？无所谓。只要安全、及时、便宜就好。这是公共交通服务，为了交通而已。"

其他的 20% 是商务旅客。他们由公司出钱，去参加商务活动。这些人会付全额票价，希望在旅途中更舒服。对于航空公司来说，商务旅客带来的利润最大。最近，有证据表明，公司对商务旅客的压力越来越大，要求他们乘坐廉价航班。但有一个困难就是有些廉价航班的机场离目的地较远。比如，Ryanair 从伦敦 Stansted 至法兰克福 Hahn 的德国机场，它离法兰克福的主要商业区有 96 公里。

欧洲航空市场的最重要的战略特点也许应该是除了上述两个细分市场外，没有很强的细分市场。这使得用缝隙战略，即靠低价、服务及相关活动来经营这些细分市场变得困难。缺乏这样的细分市场使得廉价航空公司较容易向领先的欧洲公司进攻。

面对廉价航空公司的战略回应

面对这些针对欧洲航线的巨大的威胁，领先的欧洲航空公司的回应却不一样。比如，英国航空于 1999 年决定设立它自己的低价位航空公司——Go。这家公司于 2000 年成立。在 2001 年，英国航空公司决定，它的新战略从低价转向商务旅客。公司于 2001 年把 Go 全盘出售。2001 年末，英国航空宣布一项新战略。它重组了其在欧洲的低价策略航线，不再开辟独立航线。英国航空的前总裁 Rod Eddington 说，"我们不会成为廉价航空公司，也不会再有这样的航班。"但是，英国航空要降低飞行成本，降低经济舱的服务，认为商务舱旅客还是会继续付全价的。

最初，汉莎公司的回应是不同的，但也属于防守型的。它立即宣布降低国内航线票价，来应对低价位的竞争者之一，Germania。Ryanair 登陆德国，公开与汉莎公司展开竞争。但德国竞争办公厅警告了汉莎公司，因为它的一些座位票价低于成本。2001 年底，因竞争过于激烈，汉莎公司撤出了部分英国／德国航线。2002 年，Ryanair 运送了 150 万名德国旅客，预计到 2008 年这个数字可以达到 1000 万。最后，应德国市场的需要，汉莎成立了一家低价位子公司，Germanwings，拥有部分股权。

荷兰的航空公司针对廉价航空公司的挑战，设立了自己的低价航空公司——Buzz。随后，在 2004 年，它将公司出售给了Ryanair。Ryanair 关闭了一些航线，把另一些进行了合并。同时，KLM 也支持本国另两家低价航空公司——Martinair 和 Transavia。但是，欧盟对于这样的做法不太高兴，因为这样有可能会降低竞争（在编写本案例时，这一问题尚未解决）。

在这个时期，KLM 将它的主要公司与法国航空进行合并，以节省管理费用。但是，这种合并很复杂，只在 2007 年刚开始合并时带来了明显好处。法国航空在它的法国竞争者——Air Lib——倒闭后，要开始考虑自己的问题。它开放了巴黎奥利机场的空中着陆权。easyJet 试图得到所有的起降权，但只获得了一部分。斯堪的那维亚航空公司与低价的竞争对手，荷兰的 Maersk 和瑞典的Skyways 达成协议。但是，这些安排破坏了欧盟的规定，要重新协商。因而，欧洲许多领先航空公司无法在各方面应付廉价航空公司带来的战略性挑战。

2002 年 3 月，欧洲领先航空公司联合起来，建立了一个共同的网站 www.opodo.co.uk 便宜出售最后的票。这使主要航空公司降低了订票成本，在订票方面大获成功。此外，所有的航空公司都拥有了自己的网上订票服务。真正获利的是普通顾客，有损失的是订票中介公司。但是，航空公司本身从中并没有获得竞争优势，因为所有航空公司都推出了相同的服务。

结论

2001 年，Ryanair 和 easyJet 分别运送了 740 万和 710 万旅客。当时，Ryanair 计划在 2007——2008 年，每年运送 4000 万旅客。事实上，在 2006 年，这两家航空公司分别运送了 4000 万和 3400 万，获得了可观的利润，均超过了原先的目标。同样，其他低价航空公司也设立了颇有野心的目标。这段时间，市场有所发展，但是，这些颇有野心的目标有一部分是靠抢夺欧洲现有的主要航空公司的顾客获得的。

▶

此外，美国和欧盟签订的新的"开放天空"协议为欧洲领先航空公司带来了新的机会。为什么英国航空就不能从巴黎飞到纽约？汉莎不能从巴黎飞往洛杉矶？据说 Ryanair 也要考虑修订模式，这样公司航班可以飞越大西洋，单程票价为 15 美元左右！

ⓒ 理查德·林奇 2009 版权所有。保留所有权利。本案例由理查德·林奇根据公开的资料编写。＊作者在此对 Cranfield 大学的 Thomas Lawthon 教授表示感谢，感谢他对本案例以前版本的评论。

案例问题

1. 为什么战略管理发展对于欧洲主要航空公司很重要？
2. 运用战略管理的三个主要阶段的概念，说明低成本航空公司战略规划的主要因素。

3. 欧洲领先航空公司所拥有的持续竞争优势是什么？
4. 欧洲主要的航空公司需要用什么战略去生存？

关于本案例的小结的视频可在 www.pearsoned.co.uk/lynch 上看到。

战略课题

有些国际性航空公司面临着严重的财务问题。例如，在编写本案例时，联合航空公司及意大利航空公司就如此。但是，其他的航空公司成功地应对了这些问题，如新加坡航空及阿联酋航空公司。为什么有些航空公司能够更为成功？它们采用的是什么战略？它们的外部环境是如何起到帮助作用的？你可以通过浏览主要航空公司的网站获取信息。运用本案例中的问题去研究航空旅客的趋势、政府对竞争的态度以及燃油价格的压力。

注：

本案例由作者根据各方资料编写。包括：The Economist, Special Survey, 12 June 1993; Annual Report and Accounts of Ryanair, Easyjet, British Airways, Lufthansa, 等。另选用了金融时报的部分文章，如：8 December 1998; 11 November 2000, pp14, 20; 6 August 2001, p24; 11 August 2001, p11; 23 October 2001, p20; 31 October 2001, p14; 23 November 2001, p25; 23 January 2002, p29; 30 January 2002, p23; 1 February 2001, pp8, 24; 7 February 2002, p24; 8 February 2002, p26; 14 February 2002, p22, 15 February 2002, p26; 20 February 2002, p30; 17 May 2002, p32; 17 June 2002, p18 (Letter); 19 June 2002, p4; 1 October 2003, p28; 8 October 2003, p14; 29 Jauary 2004, p27; 4 Many 2004, p28; 8 May 2004, pM3; 2 June 2004, p26; 15 June 2004, p21; 28 June 2004, p26; November 2004, p24; 5 January 2005, p11; 21 Janaury 2005, p20; 1 February 2005, p22; 29 July 2005, p29; 15 September 2005, p30; 8 June 2006, p28; 19 May 2007, p14; 25 May 2007, p20; September 2007, p23; 21 September 2007, p24; 7 December 2007, p24; 21 January 2008, p25; The Times 13 April 2007, p48.

案例研究 2　SABMiller：南非悄悄开始国际化

在过去的 15 年里，南非啤酒公司（South African Breweries，SAB）已经从一个南非本土控股的公司转变成为世界上第二大啤酒生产商。本案例研究该公司是如何走向国际化，在国际化的过程中遇到了哪些问题。

世界啤酒市场概览——规模、增长以及份额

2007 年世界啤酒市场规模大约是 19000 亿升。图 1 给出了规模最大的一些市场。很明显，世界上最大的啤酒生产商在过去的 5 年都把目标对准了中国市场。

近年来，各国和各地区的啤酒销量都有所不同：

- 在成熟的北美、澳大利亚 / 新西兰和西欧市场增长较小（每年 1%~3%）。
- 中国口其他亚洲和中欧市场增长较大（5%~15%）。非洲市场增长不一，一些相当成熟，比如南非和尼日利亚；一些正逐步复苏，比如安哥拉；印度是一个在增长但受管制的市场。
- 南美市场相对比较成熟（每年 3%~7% 的增长率）。
- 考虑到穆斯林对于酒精和非酒精啤酒的消费习惯，中东市场比较特殊。

就 2000 年的市场份额来说，世界上 5 大啤酒生产商占据了世界啤酒销售额的 19%。到 2006 年，据估计世界 5 大啤酒生产商占据了世界啤酒销量的 38%，预计在 2010 年将会上升到 60%。啤酒生产商正通过并购不断进行联合。从 2001 年到 2006 年的 5 年间，完成了 280 项合并，成交额达 800 亿美元。表 1 列出了最为活跃的厂商：

- InBev——由欧洲啤酒生产商 InterBrew 和南美的 AmBev 联合而成。InterBrew 通过 20 世纪 90 年代一系列的收购，拥有 Stella Artois（比利时）口 Labatts（加拿大）口 Beck's（德国）以及 Whitbread（英国）。巴西的 AmBev——南美市场的领头羊——占据了巴西市场，并且在其他的南美市场也同样强大；其主品牌是 Brahma。Brahma 已经通过合并成为世界级的公司，其品牌也成为主要品牌，带来高品质和高赢利。本节后面将会研究这次合并所带来的财务上的收益。
- SABMiller——本案例中较为详尽地描述了它们的一系列商业活动。近年来，三大买家改变了集团：2002 年，美国的 Miller Brewing；2005 年拉美的 Grupo Empresarial Bavaria 以及 2008 年荷兰的 Grolsch。但是，美国的利益较难保证，它受到了 Anheuser-Busch 的强有力的竞争。本案例将进一步探讨。

从南非的 Castle Lager 开始，SABMiller 在过去的 10 年里建立了一系列全球性品牌。

- Anheuser-Busch——美国生产商，也是 2000 年世界上最大的啤酒生产商。美国本土的销量占到总销售额的 90%。目前该公司通过一系列的收购，野心勃勃地把触角伸到了中国。百威（Budweiser）是其主品牌。公司对于 SABMiller 收购美国的 Miller 啤酒公司反应激烈，见后面的分析。
- 喜力——是一家游刃于世界舞台的来自荷兰的家族公司。它们的主品牌是喜力和 Amstel。现在它们开始尝试把这些品牌塑造成为世界一流品牌。它们的活动将在别的案例中讨论。
- 嘉士伯——由丹麦信托基金控股，在收购方面也同样十分活跃。该公司对于一些西欧国家，尤其是斯堪的纳维亚地区的公司十分感兴趣。它们还尝试收购东欧国家的一些公司。它们同样也是通过收购来完成其销售增长的。

就某种程度上说，公司规模对于啤酒生产商来说至关重要。这样在生产和销售的时候就可以获得规模效益。建立和巩固一个全球性的品牌会带来规模效应，尤其是对那些定位于高价产品的厂商来说——高利润率，以及顾客忠诚度。像喜力、嘉士伯和 Anheurser-Bushch（A-H），它们在努力发展全球性品牌。世界最著名的品牌是百威，它在美国本土有最大的销售商，在全球其他地区的销售量也很大（但还不算统治了市场）。

但是，啤酒还是相当有地方性的。比如，世界各地对啤酒的口味不同；不同的政府对于酒精消费有不同的法律；有些国家的分销要通过协会，而有些国家则主要通过食品超市。用 SABMiller 集团总裁的话说，"啤酒很有地方性。它是本地化产业，品牌是本地的，分销系统也是本地的，消费者也是本地的，所以我们不会从伦敦总部去盯着每个公司的日常经营。"

虽然他是这么看，但是 InterBrew 和 AmBev 在 2004 年合并成立的 InBev，会给它们带来巨大的收益。合并后的公司将能够每年通过"技术、采购上的联合，以及其他的一般行政费用上的节约，每年总共可以产生 3.5 亿美元的收益"。通过以下两种方式还可以每年产生大约 1.75 亿美元的联合收益：其一，"把 AmBev 的最 ▶

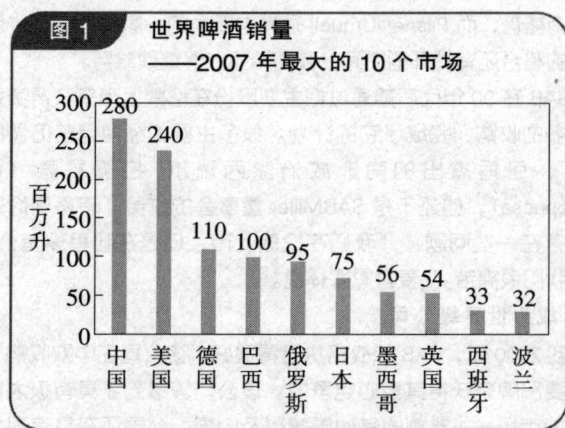

图 1　世界啤酒销量——2007 年最大的 10 个市场

百万升（纵轴）

市场	百万升
中国	280
美国	240
德国	110
巴西	100
俄罗斯	95
日本	75
墨西哥	56
英国	54
西班牙	33
波兰	32

表1		2000 年和 2006 年世界知名啤酒商年销售量			
公司	母国	2000 年全球啤酒销售量(百万百升)	公司	2006 年全球啤酒销售量(百万百升)	
Anheuser Busch	美国	120	InBev	190	
Interbrew	比利时	76	SABMiller	136	
喜力	荷兰	74	Anheuser–Busch	132	
南非啤酒	南非	56	喜力	122	
AmBev	巴西	56	Carlsberg	92	
Miller Brewing	美国	54	Scottish & Newcastle	50	
Carlsberg	丹麦	47	Asahi	35	
Scottish&Newcastle	英国	36	Kirin	33	
Asahi	日本	35			
Kirin	日本	33			

资料来源：作者根据估计以及公司年报。

好的经营方式与 InterBrew 的运营管理联合起来，尤其是在发展中市场"；其二，"通过在巴西和阿根廷交叉特许 Beck's 和 Stella Artois，以及通过 InterBrew 现有的平台在印度进行特许经营"，在其后的三年中，InBev 有了巨大的收益和发展。

也许因为地方性战略，在过去的几年中，出现了一系列合并和收购。上述的 InBev 就是一个合并的例子。2007 年，嘉士伯和喜力成功竞标了一家大的酿酒公司，英国的 Scottish and Newcastle (S&N)。这两个投标人将公司一分为二，嘉士伯收购了 S&N 中的俄罗斯股份，而喜力得到了英国股份，同时收购了 S&N 在印度的酿酒公司 United Breweries 和中国的啤酒品牌重庆啤酒。SABMiller 自己也进行了多项合并，我们将在下一个案例中说明。

SABMiller 的诞生：South American Breweries 的背景

在种族隔离年代，政治上的制裁政策使得到国外经营对于 South American Breweries (SAB)变得很重要，尽管该公司在国内占据了统治地位并从中获取了大量利润。因此 SAB 尝试进行了大量业务：服装口零售口纺织口厚玻璃板口果汁等都是其投资目标。在制裁被解除之后，该公司开始进军海外市场。为了进行以下所述的海外扩张，2001 年 SAB 实际上卖掉了几乎所有的非啤酒的南美业务。

甚至早在 90 年代，SAB 作出了重要的战略决定，那就是它们需要从它们所知道的最好的方式起步——也就是酿造啤酒。该公司已经通过 Castle Lager 品牌占有了主要的国内份额。该公司 1895 年以酿造起家，是南美知名公司之一。该公司不仅仅知道如何酿造啤酒，而且对于在酿造业的酿造口装瓶和销售方面如何取得大量的规模效应颇有心得。SAB 也是可口可乐在南美的汽水饮料最大的灌装和销售商。在 90 年代早期，SAB 的触角几乎不可能伸到太大的范围，但该公司仍然看到了世界上酿酒业不很发达的地区的机会。

SAB：迈向国际化

1993 年，SAB 进行了它的首次国际收购。该品牌是匈牙利最大的酿酒商 Dreher。当时中欧国家正逐步摆脱俄罗斯并开始对前国有企业进行私有化。于是 SAB 就有了夺取市场的机会并利用预留收益进行投资。随后 SAB 承认它们从这次收购中得到了一些教训。"我们第一次涉足这个领域的时候犯下了一些错误。应该说我们在欧洲，也就是在匈牙利的第一次收购中犯下了一些错误。现在我们已经修正了当时犯下的一些错误，并且知道了我们应该采取什么样的方法，应该持有什么样的期望，有哪些事情是应该

马上去做和如何区分出优先次序。"SAB 总裁格拉汉姆·麦肯恩(Graham Mackay)一些年以后评论说。

按照公司的规划，SAB 在 1994 年采取的下一个步骤是到中国与一家国有啤酒酿造公司合资成立了一家公司。SAB 占 49％的份额，并在它成为西方公司的目标之前很久就开始谨慎而且悄悄地占领了这个重要市场的份额。同年，SAB 利用其在非洲的地区力量和网络关系开始进军坦桑尼亚口莫桑比克和赞比亚。所有的这些活动都是相对温和的，并主要通过预留收益来进行投资。

尽管在匈牙利早期曾经遭遇到了一些问题，SAB 看到了在中欧的更多机会。在 1995—1999 年期间，该公司收购了波兰口罗马尼亚口斯洛文尼亚以及俄罗斯的知名啤酒商。到 1999 年末，SAB 的运气来了。知名投资银行 Nomura 曾经收购了捷克的一家啤酒品牌 Pilsner Urquell，该项收购是在当时的捷克斯洛伐克的私有化过程中进行的一揽子交易中的一部分。Nomura 决定拍卖它的啤酒品牌。Pilsner Urquell 占据了捷克市场 44％的市场份额，并且在中欧地区享有盛誉。该拍卖引起了美国的 Anheuser–Busch口比利时的 InterBrew（现在合并成立为 InBev）以及荷兰的喜力的兴趣。但是 SAB 出价最高——6.29 亿美元——并获得成功。该项出价由 SAB 自行出资——通过预留收益和贷款。真正的问题是捷克的啤酒制造商在 1998 年的收益只有 1720 万美元。如此低的收益如果不采取强硬的行动将无法回收收购价格。SAB 计划重新创造 Pilsner Urquell 在中欧的辉煌。该公司计划把工厂进行现代化改造并把啤酒价格定位为一流啤酒，并利用捷克在欧洲中心的地理位置，把它作为整个欧洲业务的跳板。"这是一个正确的战略，"格拉汉姆·麦肯恩说。"但这些还不够。捷克的酿酒业在东欧和中欧都享有盛誉，而 Pilsner Urquell 是其中最大的一家酿酒公司。但酿酒业的整合还有提升的空间，我们希望能够继续参与。"

SAB 在 90 年代后期通过把主要股份在伦敦上市来获得资金进行更多的收购，完成了它的计划。很多主要的经理目前仍然待在南非，包括杰出的南非政治家西瑞尔·拉莫发萨（Cyril Ramophosa），他还不是 SABMiller 董事会的成员。转移到伦敦同样也存在一些问题："我们在伦敦上市，但是在那里没有公司，这让我们很痛苦。"麦肯恩解释说。

SAB 成为世界级公司

到 2000 年，SAB 的战略执行得很好。该公司在中欧收购了几个主要品牌来获得其核心竞争力。该公司转移到了具有极大增长潜力的市场——非洲的其他国家以及中国。公司还在具有极大长

期潜力的国家印度收购了当地的一家啤酒商。SAB 收购了 Narang 啤酒，尽管他们认为印度的市场受到极大的限制，还不成熟。到本文截稿为止，SABMiller 正在与当地的印度公司 Shaw Wallace 啤酒接洽。未来的合资企业将会是印度市场仅次于喜力的第二大公司。

尽管 SAB 为未来的发展做好了种种准备，但其实现全球野心的过程中仍困难重重。它的竞争对手——Heineken、InterBrew、Carlsberg——占据着西欧的很大份额。Anheuser–Busch 的百威品牌正在稳步地全球扩张。于是，SAB 在 2001—2003 年做出了三个重大的战略举动：

1. 中美洲。2001 年该公司以 5 亿美元收购了洪都拉斯和萨尔瓦多的啤酒商 58% 的股份。

2. 北美洲。公司在 2002 年花费 56 亿美元从 Altria（前飞利浦·莫里斯烟草集团）那里收购了美国啤酒商 Miller。Miller 是美国第二大啤酒品牌。但是它的市场份额只有 17%，而最大的啤酒品牌百威占据了 49%。啤酒市场被描述被"拥挤和低增长"，Miller 品牌被认为"状况不佳"。SAB 的收购并不成功。

3. 西欧。SAB 花费了 2.7 亿美元收购了意大利啤酒公司 Peroni。这使 SAB 进入较为成熟的西欧市场。

SAB 最大的收购是购买 Miller。SAB 对公司进行了重组，把名称改为 SABMiller。SAB 收购 Miller 部分原因是想要进入世界上最大的啤酒市场美国。但是，公司在 6 个月后不得不承认问题要比它们在收购时预计的严重。当时应允可以留下来的 Miller 总裁被解雇，SAB 总裁介入。"我们带着警惕性进入 Miller。这将会是一个长期的过程，但我们坚信我们会克服困难，"麦肯恩 1 年之后说。但是，到 2008 年，SABMiller 的这项收购仍有问题，我们在后面会进行讨论。

对 Miller 的收购是公司第一次采用股份来支持投资。Miller 前持有者阿尔特亚（Altria）公司得到了这些股份。阿尔特亚是一家美国公司，也许它生产万宝路的烟草公司飞利浦·莫里斯更为著名。阿尔特亚当时拥有 SABMiller 23% 的股份，是该公司最大的单一股东。SAB 是否为 Miller 支付了太多？该公司总裁格拉汉姆·麦肯恩认为："这是一个无聊的话题……我认为在中远期我们可以与资本成本持平。这个项目已经从战略上改变了我们的公司，我认为这本身就会带来价值。"

表 2 说明了 SABMiller 向全球性公司转变而执行的战略决策的结果。该公司执行其战略的成果是，税前营业额增长了 1 倍多，利润增长了将近 1 倍。但是，有些重大问题开始显现。

SABMiller 在北美的问题

2004 年，SABMiller 宣布了它对新的北美 Miller 公司的兴趣。但是到 2008 年，它仍存在困难。有一部分原因是领先的美国公司

Anheuser–Busch 把 SABMiller 看成重要的战略威胁，开始在全美实施降价，所有公司的利润也因此降低了。SABMiller 的总裁说，"当 Anheuser–Busch 受到攻击时，虽然并非价格方面，但它首先开始价格战，这种反应是很不寻常的。"但是，SABMiller 在美国的利润问题还是没能得到解决。

此外，美国人饮酒习惯转向喝葡萄酒。这意味着啤酒市场在衰退，会对利润产生影响。啤酒的生产和销售需要规模。市场领先者 Anheuser–Busch（A-H 有专有批发分销商，但第二大和第三大公司，SABMiller 和 Coors 依靠的是共享渠道，同时销售 SABMiller 和 Coors 品牌，利润要低一些。此外 A-H 的年生产量是它的两个竞争对手的两倍左右，因此有更大的经济规模。这一切说明，A-H 的利润空间在 2007 是它的对手的两倍，约 17.3%，而对手 Miller 为 9.3%，Coors 是 8.9%）。

SABMiller 需要为它的美国经营制定新的战略。2007 年，它与 Coors 在美国成立合资公司，使得新公司的规模可以与 A-H 抗衡。新的合资公司由 Coors 领导，目标是年收益达 5 亿美元。但是，在编写本案例时，新的战略是否有效还不能确定。

SABMiller 悄悄进入全球市场

在其他地方，SABMiller 的南非酒业及软饮料的收益是其利润的主要来源，也是其国际扩张的重要资金来源，参见图 2。虽然在美国的经营出现了问题，但是公司还在继续国际化，继续将它的品牌战略运用到世界其他地方。

SABMiller 全球战略最引人注目的是它与两个家族企业，哥伦比亚的 Grupo Empresarial Bavaria 和荷兰的 Grolsch 商谈收购事宜，让两家企业成为其国际化的一部分。由于家族企业的特点，这类收购只能悄悄地进行，而且要全面考虑家族的利益。此外，SABMiller 的竞争者们有可能也在与这两家著名的有丰富资源的公司接触。

表 2	SABMiller5 年全球扩张成果			单位：百万美元	
	2002	2003	2004	2005	2006
总销售额	4 363	8 984	12 645	14 543	17 081
当年利润	293	296	645	1 141	1 440
总资产	5 691	12 250	13 799	15 228	26 776
每股收益（美分）（调节后）	48.7	54.0	77.6	103.2	109.1

资料来源：2004 年年报及账目。

图 2　SABMiller 2007 年对销售和业务收益的贡献

(a) 2006 年营业额分布

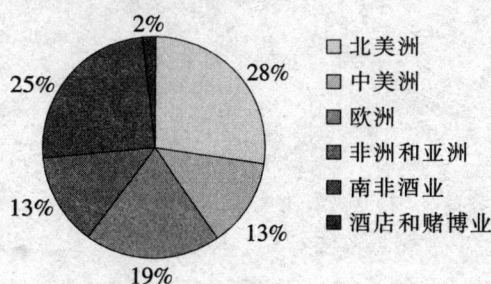

- 北美洲 28%
- 中美洲 13%
- 欧洲 19%
- 非洲和亚洲 13%
- 南非酒业 25%
- 酒店和赌博业 2%

(b) 2006 年营业利润分布

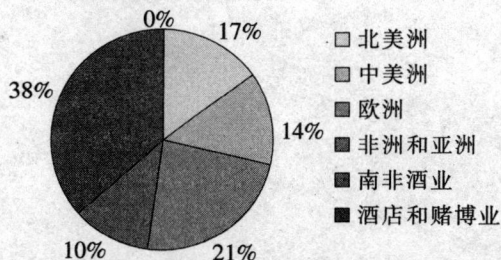

- 北美洲 17%
- 中美洲 14%
- 欧洲 21%
- 非洲和亚洲 10%
- 南非酒业 38%
- 酒店和赌博业 0%

2005 年，SABMiller 完成了与哥伦比亚最大的酿酒商 Grupo Empresarial Bavaria 的谈判，价格是 78 亿美元。Bavaria 不仅在哥伦比亚，而且在秘鲁和巴拿马也占据了市场的重要份额。哥伦比亚公司认为，这个合并是有利的。"Bavaria 同时还在积极进行全球化和重组，"一位 Bavaria 的发言人说。"我们仍在继续巩固我们的力量，面向未来，并遵循这个行业的商业周期。"

2008 年，SABMiller 完成了另一项国际性收购，以 12 亿美元收购了荷兰的酿酒公司 Grolach。SABMiller 解释说，这项收购让公司能够将荷兰啤酒归入门下，作为主要品牌开始向南美和非洲市场推广。

SABMiller 其他业务也进展顺利，销售额大量增长，尤其是利润率最高的一线品牌。"最后将会只有 3~4 家全球公司能够存活下来。我的野心是通过收购成为其中之一，并获得卓越成长。我们从来没有为了追求规模而追求规模。"麦肯恩说。但是，即使是现在，对于 15 年来 SABMiller 从南非本地的一家控股公司成长为世界重要的啤酒商，应该足以让他感到满意了。

案例问题

1. 过去几年中 SABMiller 主要执行的是什么战略？它们背后的理论是什么？你认为是常规性战略还是突发性战略？？

2. 为什么进入美国市场会有这么多问题？公司采取了什么对策？为了全球一线品牌战略，公司采取了什么对策？你认为主要的竞争者，Anheuser Bushch，将如何应对这家新的北美合资公司？SABMiller 是否应该继续在美国经营？

3. 从 SAB 的增长战略中可以学到什么教训？

关于本案例的小结的视频可在 www.pearsoned.co.uk/lych 上看到。

战略课题

本案例主要集中研究了 SABMiller。从战略角度上看，其他的知名公司也适合作类似的研究。可以从浏览各公司网站开始。比较各知名公司国际增长战略也会是一个比较有趣的办法——比如，较晚进入的 Anheuser-Busch（它们为什么会迟到？）；喜力早期的收购，最近转而进行品牌建设（为什么会发生变化？）；一家公司似乎已经被远远落下——Scottish & Newcastle（为什么？）。国际啤酒业有很多令人感兴趣的研究课题。

注：

* 本案例由作者根据各方资料编写。包括：SABMiller Annual REport and Accounts 2004 and 2007; InBev Annual Report and Accounts 2004 and 2007; Anheuser-Busch Annual REport and Accounts 2004 and 2007; Heineken Annual Report and Accounts 2004 and 2007; Carlsberg Annual Report and Accounts 2004 and 2007; Scottish and Newcastle Annual Report and Accounts 2004 and 2007. 这些公司均有网站可以通过搜索引擎找到。《金融时报》：8 October 1999, p26; 31 May 2002, p27; 15 May 2003, p23; 21 November 2003, p25; 7 October 2003, p6 Sepecial REport on Investing in Sough Africa; 4 May 2004, p23; 5 May 2004, p21; 21 January 2005.《金融时报》还有关于酿酒业及其竞争的新闻：21 June 1999, p23; 27 September 2000, p31; 9 November 2000, p33; 4 January 2001, p22; 23 June 2001, p18; 29 November 2001, p26; 15 Beb 2002, p20; 15 Beb 2002, p26; 28 Feb 2002, p30; 8 July 2002, p4; 12 July 2002, p3; 13 May 2002, p31; 9 July 2003, p29; 23 September 2003, p37; 2 December 2003, p25; 13 December 2003, pM12; 9 January 2004, p33; 4 March 2004, p27; 5 March 2004, p25 (advertisement announcing InBev); 21 July 2004, p15; 28 August 2004, pM5; 4 January 2005, p20; 15 June 2005, p29; 19 July 2005, p21; 20 July 2005, p28; 25 July 2005, p24; 6 March 2006, p25; 30 March 2006, p29; 10 October 2007, p25; 22 October 2007, p14; 18 February 2008, p30.

案例研究 3 喜力 (Heineken)：最好的战略是什么？是树立品牌还是收购公司？

在过去的 20 多年中，荷兰的酿酒公司喜力利用两种差异很大的战略在世界上的很多国家成为市场中的佼佼者。哪一种更好？

通过收购和品牌建设进行全球扩张

近年来荷兰的家族企业喜力公司通过公司收购在世界的 170 多个国家获得了显著的成绩。在过去的两年中，该公司开始采用品牌建设来对此战略进行补充。本案例描述了目前该公司的状况并研究了其收购战略和品牌建设。

喜力有三个全球品牌：喜力啤酒本身、Amstel 啤酒和 Murphy 的爱尔兰烈性啤酒。该公司还有很多地区性品牌，比如：Buckler（西欧）、Paulaner Weiss（德国）、Tiger（亚洲）、Cruzampo（西班牙）。2008 年，它成功收购了英国酿酒公司 Scottish & Newcastle 的部分股权，购买了著名的英国啤酒品牌 Newcastle Brown。同时，它还收购了重要的酿酒公司，印度的 United Breweries 和中国的重庆啤酒。

从啤酒销售总量来说，该公司在西欧和东欧尤为强大。它是美国第二大进口啤酒商，也就是说，总销售额要小于美国最大的啤酒商百威、Miller 和 Cooors。它在非洲的很多国家拥有重要的市场份额——比如是尼尔吉利亚市场的领头羊，参看表 1 所示的啤酒销售量。

喜力是世界上第四大啤酒商——本章后面的案例更为深入地探讨了这一问题。该公司在欧洲尤为强大——公司三分之二的销售来自于东欧和西欧。公司通过收购当地公司逐步树立起了自己的地位，因此拥有众多的当地品牌。这就说明了为什么该公司的旗舰全球品牌喜力的销售量不到公司总销售量的 20%。在进一步研究喜力的战略之前，有必要对公司如何获得现在的市场地位进行研究。

喜力的收购战略

成立于 19 世纪的喜力公司很早就把触角伸出了荷兰国土之外。早在 20 世纪 80 年代，公司当时的掌权人物弗莱迪（Alfred Freddy）认为欧洲市场在随后 20 年中会不断整合统一。他把德国

在过去 5 年里，竞争对手，如 InBev 和 SABMiller 通过收购战略，比喜力的增长更快。喜力集中于品牌建设，但是现在也开始收购竞争性公司，如 Scottish & Newcastle。

排除在此之外，因为德国的市场受到一系列严格保护德国啤酒商的法规的限制——尽管在欧盟这被视为非法（他是对的：在 21 世纪德国市场才开始对非德国啤酒商开放）。弗莱迪和他的同事认为如果公司不迅速投入到世界一体化的进程中去的话就会被很多市场排除在外。因此喜力在 80 年代就制定出战略要进行扩张，主要是通过进行收购，因为要进行品牌建设的话其发展速度会很慢。

在 80 和 90 年代，喜力主要在欧盟国家进行收购。在 90 年代早期，该公司开始进入中欧和东欧市场——波兰、匈牙利、俄罗斯，等等。由于该公司的这些举措要早于它的很多竞争对手，所以就建立起了自己的市场地位并保持至今。同时，该公司还开始开拓美国市场，收购了一些小型的美洲地区性啤酒公司。喜力公司还首次进入亚洲、非洲和其他的比如黎巴嫩和埃及这样的国家，在那里生产非酒精啤酒给穆斯林顾客。国际化扩张的成果可以从销售和利润上看出来，公司的销售和利润在 10 年内几乎翻了两倍还多——参看表 2。

喜力的品牌战略

从战略的角度来说，进行收购的困难在于短期的高整合成本以及长期的"遗留"问题。喜力并没有公布在整合新公司所花费的成本。但是，在这一过程中公司仍然保持赢利，这说明整合的成本被酿酒和分销上所获得的规模效应所平衡并且赢利超过了这些成本。

表 1　2004 年喜力世界销售来源

	喜力的总啤酒销售量（百万百升）	喜力品牌的啤酒销售总量（百万百升）
西欧	43.5	11.0
美洲	23.7	7.2
非洲和中东	13.5	0.9
中欧和西欧	31.6	0.9
亚太	9.5	2.8
总计	121.8	22.8

资料来源：Annual Report and Accounts 2004。

表 2　喜力的赢利及销售表现

	1998	1999	2000	2001	2002	2003	2004	2005	2006	2007
净收入	5 347	5 973	6 766	7 637	8 482	9 255	10 005	10 796	11 829	12 564
营业利润（EBIT）	659	799	921	1 125	1 282	1 222	1 248	1 249	1 832	1 528
营业利润占总资产的百分比	12.4%	13.3%	14.6%	15.6%	16.4%	12.2%	12.8%	10.8%	14.1%	14.0%

注意：2004 年的记账原则有一点小的变动。但是，从战略的常规角度来看，没有实质性的影响。详见 www.heinekeninternational.com/key/figures。

资料来源：公司 2007 年账目。

"遗留"问题仍然有待解决。"遗留"在这里的意思是喜力收购了众多的有价值的当地品牌,但是这并不直接用来特许采用全球品牌喜力。因此,在 2004 年该公司制定了新的投资战略,把喜力品牌定位为高档(高价)啤酒。公司甚至还在 2003 年从英国撤回了喜力品牌,然后在 2004 年重新把该品牌作为新的高档品牌进行发售。有讽刺意味的是,2005 年唯一一个喜力仍然作为非高档品牌进行销售的地方就是该公司的母国荷兰。

也许喜力品牌战略的真正问题,是它需要时间和投资来建立全球性品牌。但是,这是常规性的,需要的时间很长,也是公司实力的体现,由喜力家族控制。这就是说,它可以采取长期的战略决策,而不需要太过关注直接股东的收益。这一战略与它的主要国际竞争对手,InBev 和 SABMiller,相比是有所不同的。这两家公司需要在国家级或区域性品牌方面投资较大。

到 2008 年,喜力改变了对公司收购的观念。如前所述,喜力收购了英国酿酒公司 Scottish & Newcastle,也在印度和中国有收购行为。

案例问题

1. 喜力公司的战略的本质是什么?是收购还是品牌建设?这种方法的理论是什么?

2. 在进行全球化时,收购有什么好处?存在什么问题?

3. 你建议采用喜力的战略还是竞争对手的战略?

关于本案例的小结的视频可在 www.pearsoned.co.uk/lych 上看到。

注:

* 本案例由作者根据各方资料编写,包括 SABMiller 及喜力公司的网站资料。喜力公司网站资料内有公司历史介绍,网址 www.heineken.com。
《金融时报》:16 April 1999, p19; 30 November 1999, p34; 11 December 2000, p28; 14 December 2000, p30; 27 April 2001, p33; 5 January 2002, p15; 28 February 2003, p30; 9 July 2003, p29; 18 January 2008, p19.

案例研究4　全球汽车——成熟市场的战略

本案例将对这一全球性行业的背景进行分析。特别是要研究一下在世界许多地区市场增长放慢的情况下，战略调整的方式。

全球汽车市场的竞争

世界上最大的汽车生产商是美国的通用汽车（GM）。该公司在 2003 年共生产汽车 850 万辆，拥有全球 15% 的市场份额。日本汽车公司丰田是世界第二大汽车生产商，2003 年共生产汽车近 700 万辆，拥有全球 12% 的市场份额。接下来的两家公司均为德国公司——大众和戴姆勒—克莱斯勒。从表 1 中，我们可以看出丰田在近几年给这两家公司造成了很大的压力。通用汽车的首席财务执行官约翰·迪瓦恩说："我是第一个承认现在我们所面临的环境很艰难，所幸天并没有塌下来。我们比 20 世纪 90 年代初更强大了。"

许多年来，美国生产商一直致力于通过将工厂现代化、节省配件成本和不断推出新车型来与日本企业竞争。当然日本公司也没有坐以待毙。丰田的总裁张富士夫说："通用汽车、福特和克莱斯勒正在赶超我们。我们必须回到新车的本源——质量上来，

全球汽车市场成熟且竞争激烈。像 BMW 这样的公司也需要强有力的出口战略来赢得成功。它正在美国推广小型的 Mini 车型。

努力提高产品的性能。"

除了前五大汽车公司外，下一群体的生产商之间竞争也相当激烈。下一群体包括：

- 意大利汽车公司——菲亚特（通用汽车拥有其 20% 的股份）；
- 两家法国汽车公司——PSA 标致雪铁龙和雷诺；
- 两家日本汽车公司——本田和尼桑（雷诺拥有尼桑 38% 的股份，并与其在汽车设计和零件共享方面紧密合作）；
- 韩国汽车公司——现代。

这一集团还包括其他一些著名的品牌，见表 2。

这里列出的许多公司在世界的不同地区、不同方面占有优势，例如大众、菲亚特和雷诺在其各自的母国市场上——德国、意大利和法国都占有重要地位。大众在整个欧盟地区销售量第一。然

表 1　年度汽车、卡车及巴士汽车的全球销售量——通用汽车仍是行业的领导者

单位：百万

年度	通用汽车	丰田	福特	大众	戴姆勒—克莱斯勒
2001	8.60	5.28	7.01	5.08	4.48
2002	8.58	6.17	6.97	4.98	4.54
2003	8.52*	6.78	6.72	4.85*	4.60*

* 作者的估计数据。

注：以上数据不包括企业持有少数股份的其他公司所生产的汽车。例如，福特的数据不包括日本企业马自达每年销售的近 100 万辆汽车。因为福特仅拥有该公司 30% 的股份，并与其合作生产汽车零件。

资料来源：Company accounts。

表 2　一些国际领先的汽车公司的品牌名称和车型

按 2002 年销售概算销售总量排序

公司	母国	汽车总销售量*	品牌名称及车型
通用汽车	美国	8.6	欧宝、沃克斯豪尔、萨伯
福特汽车公司	美国	7.0	阿斯顿·马丁、捷豹、路虎、沃尔沃
丰田	日本	5.7	大发、雷克萨斯
大众	德国	5.0	奥迪、兰博基尼、宾利、斯柯达、西亚特
戴姆勒—克莱斯勒	德国	4.5	福莱纳（卡车）、奔驰、西特（卡车）、斯特林（卡车）、西星（卡车）、汤玛士（巴士）
标致雪铁龙集团	法国	2.7	标致、雪铁龙
菲亚特	意大利	2.6	阿尔法·罗密欧、法拉利、依维柯（卡车）、蓝旗亚、玛莎拉蒂
现代	韩国	2.5	起亚
尼桑	日本，但雷诺拥有其实际控制权	2.4	英菲尼迪
本田	日本	2.4	讴歌
雷诺	法国	2.4	达西亚、马克（卡车）
三菱	日本	1.0	
马自达	日本	1.0	（福特拥有其 30% 的股份）
宝马	德国	1.0	MINI、劳斯莱斯

*本表的概算数据以百万位单位，来自各公司的年度报告。

而，需要指出的是市场占有量大并不代表利润率也高。在大众汽车市场上，销售量可能很大，但是往往利润比较低，如在小型轿车市场上的俪人行和嘉年华。而在大型豪华轿车市场上，虽然销售量较小，但是利润丰厚，如宝马和梅赛德斯的豪华房车。

全球轿车、卡车和商用车市场

在分析世界汽车市场的时候，数据经常让人迷惑。一些公司，如雷诺，所公布的销售量和市场份额是基于小轿车的数据。其他的公司，如通用汽车，在定义市场的时候将卡车、巴士和重型货车等商业用车也涵盖在内。所以在对比各家公司数据时，容易让人费解。例如，2002 年世界小型轿车市场达到 3.7 亿辆，但是所有机动车的市场就超过了 5.7 亿辆。尽管商用车的客户群体不同，分销的方式不同，但是世界上大多数汽车公司都既生产小轿车，也生产商业用车。因为它们的技术及生产工艺相似。因而本案例所定义的市场是指包含巴士和卡车在内的所有汽车。

从全球来看，北美仍是全球最大的汽车销售市场，见表 3。西欧位居第二，日本第三。这三个地区的汽车销售量占全球总销量的 80% 以上。重要的是在 2000—2003 年，许多市场几乎没有扩大。在未来几年内，也不会有大幅的增长。然而在亚太地区，特别是在中国，情况就大不相同了。尽管在 2004 年中国汽车销售量

较小，但是生产商们对该国经济增长速度、人口总量以及其对公路建设的投资都非常关注。所有的汽车公司都认为在未来几年里，中国的汽车销售量将大幅增长，因而都加大对中国的投资力度。

生产战略：生产效率和质量

从战略角度来看，汽车行业大概有每年 7 亿~8 亿辆汽车的生产能力。实际上，大多数公司都按其当年的销售量来生产。但是也有一些公司在需求量较低的时候仍然继续生产。因为汽车公司主要是依靠规模和范围经济来获取利润，所以该行业的闲置生产能力对企业来说很重要。

对采用及时生产、持续改进和改善与供应商的关系策略的公司来说，提高劳动生产率是最常见的降低成本的方法——见案例研究 9.2 丰田公司的例子。日本公司，如本田、尼桑和丰田在这一方面经验丰富，因而它们通常拥有最低的生产成本、最高的生产效率。表 4 对一些欧洲公司的生产率进行了一下对比。

生产效率并不是唯一重要的生产战略。在过去 20 多年里，提高产品质量也同样重要。三家最大的日本公司，丰田、本田和尼桑在这方面是全球的领导者。它们在这方面已经具有竞争优势，并领先于其美国竞争对手通用汽车和福特。投资新建新厂生产高性能的汽车，通常需要几年的时间。而改进常规的工作方法提高

表 3　各地区汽车销售量　　　　　　　　　　　　　　　　　　　　单位：千辆

	2002	2000	评论
北美自由贸易区	20 118	20 595	三个老牌公司，通用汽车、福特和克莱斯勒占有重要地位。1998 年克莱斯勒被戴姆勒—奔驰收购，见案例 10.1。
欧洲（包括东欧）	19 172	20 158	除福特和通用外，大众、菲亚特和 PSA 标致雪铁龙以及雷诺也占重要地位。菲亚特统治了意大利市场，但在 2000—2003 年一直亏损。
南美及拉丁美洲，非洲和中东地区	3 673	3 664	几个主要生产商都在该地区拥有生产设备，例如福特在墨西哥、大众在巴西。
亚太地区 （包括日本和韩国）	14 373	12 880	丰田占其本土最大的市场份额，本田第二。现代是韩国市场的领导者。

资料来源：GM and industry estimates by the author.

表 4　2003 年欧洲的汽车公司按其主要生产厂的生产效率排序

汽车生产率是指"该厂每人平均生产的汽车数量"

2003 年排名	生产商	工厂	工厂所在国家	工厂所生产汽车的型号
1	尼桑	桑德兰	英国	Primera、Almera、Micra
2	雷诺	华拉度列	西班牙	Clio
3	丰田	瓦朗榭纳	法国	Yaris
4	福特	萨尔路易县	德国	Focus
5	通用汽车	安特卫普	比利时	Astra
6	本田	斯温顿	美国	Civic 、CR-V，Accord
7	标致雪铁龙	奥勒奈	英国	1063，Saxo， C3
8	菲亚特	梅尔菲	意大利	Punto，Ypsilon
9	大众	潘普洛纳	西班牙	Polo
10	戴姆勒·克莱斯勒	拉施塔特	德国	A-Class

注：伦敦的世界市场研究中心给出了更好、更为完整的名单。详见 www.wmrc.com。例如，从这一报告中，我们可以了解到在 2002 年大众潘普洛纳工厂生产率的实际排名是 27。还有许多其他生产商工厂的生产率高于大众的工厂。与此相似，戴姆勒—克莱斯勒在拉施塔特的工厂实际排名是 34。这样这些公司的利润率低就不令人吃惊了。然而，这些数据在理解本案例时并不必要，所以未引用。

资料来源：Based on data and comment in company Annual Reports。

质量往往需要更长的时间。就是说这种优势是可持续的。更重要的一点，企业在提高质量的同时，也会降低生产成本，因为工厂会降低资源浪费和减少返工产品的产生。

劳动生产率还与企业在工厂新生产设备和其他工艺设计方面的资本投入密切相关——新的设备可以提高工人的效率。然而许多研究也表明，如何雇佣和管理员工对生产率也很重要，例如，第9章介绍的丰田生产体系。其他公司已经开始采纳这些方法，并投入大量资金建造新厂、提高生产率。

在生产战略上，与供应商的关系也很重要。每家公司仅生产汽车的部分配件，例如，没有大型的汽车生产商会自己生产轮胎和电瓶。如果外部供应商所需的成本很高，就会相应地增加汽车公司的生产成本。丰田公司历来与其他的制造商不同，因为它从其他公司购进大量的配件；而福特则自己生产大部分配件。

虽然并不是严格意义上的生产战略，研发在汽车公司战略上也同样重要。虽然汽油发动机和汽车技术已经发展得相对成熟，但是创新仍可以形成竞争优势。零件设计创新所节省的成本比在车间寻求降低成本的方法要有效得多。

最近，在汽车研发方面取得的进步多来自新电子设备——电子自动诊断系统、电子传感器等的应用。此外，其他更大的创新也正在不断出现。例如，丰田开发了一种全新车型——新的普锐斯（Prius，该词是"超前"的意思）。这是一种混合动力汽车，将两种技术形式结合在了一个引擎上。适用于城镇低速行驶的高效汽油发动机与适用于高速公路高速行驶的零尾气排放量电动发动机相结合而成的一款发动机。本田也在开发类似的发动机。据报道其他的汽车公司，如通用汽车和福特，在得到丰田的授权后，已经开始使用这一专利技术。未来几年里，环境保护主义者将对汽车尾气排放和能源利用给予更大的关注，这样的技术开发具有重要意义。

顾客、市场细分和品牌战略

由于全球的大部分汽车在世界上三个最富有的地区销售，即北美、西欧和日本，所以市场活动多集中在这些地区进行。虽然各企业有其不同的、复杂的市场划分方式，但是基本上汽车市场可以根据定价不同划分为表5所示的几大类。近几年的汽车行业重大发展可以分成两部分：

1. 新的专业汽车市场的发展——例如运动型多用汽车、大型客车以及四轮驱动越野客车。这些市场往往意味高价位和高利润。

2. 质量不断提高，一些附加设备如电子警报、电动摇窗设备，以及附加的安全杠和防撞板等已经成为汽车必备品。如本田等生产成本较低的公司，这样的汽车与它竞争对手的汽车价位相同，但是它们的性价比更高。

尽管汽车制造商努力在世界某一地区统一它们的品牌，然而在其他市场上它们仍使用不同的品牌名称。例如，丰田在欧洲市场上有Yaris、Corolla和Avensis，但是它在日本市场上所使用的五个品牌就并不为欧洲人熟悉，如ist(sic)、Noah、Vitz、Estima和Alphard。同样的，福特汽车在北美所使用的品牌名称也不为欧洲人所熟悉，如Lincoln Navitagtor、Mercury Monterey和Marauder。

只有豪华汽车这部分市场上的品牌是全世界通用的。像劳斯莱斯（现为宝马所有）、宾利（现为大众所有）、奔驰（戴姆勒—克莱斯勒的一部分）、雷克萨斯（丰田的分公司）等知名品牌通过独家特许经营，在全世界销售。这些车质量上乘、做工精细、利润率很高。近几年来，由于采用了新的战略——豪华车型利用总公司其他廉价汽车的标准配件，从而形成规模效应，提高利润率。有时，这些配件可能会显得并不合适。例如，2004年推出的价值11万英镑的宾利Continental车型所使用的塑料打火钥匙与价值仅1.2万英镑的大众高尔夫所使用的钥匙相同。尽管豪华车的销量不大，但是其对一些汽车公司仍很重要。例如，奔驰系列轿车是其母公司戴姆勒—克莱斯勒的重要利润来源。戴姆勒—克莱斯勒正为其在北美克莱斯勒轿车和卡车不赢利的状况而头疼。

在品牌推广方面，所有的大型汽车公司都投入重金用于广告以及其他形式的媒体宣传营销活动。例如，在英国五大汽车公司，福特、雷诺、通用汽车（在英国使用沃克斯豪尔）、大众和丰田，都在2003年20家最大广告主的排名里。这五家公司在2003年投入了3亿英镑（4.5亿美元）用于媒体广告。此外，它们还在邮件广告、促销活动以及赞助方面投入了大笔资金。

服务战略和分销渠道

备件的售后服务、汽车的定期保养也是企业战略中非常重要的一部分。这有两点原因：第一是这可以使公司控制产品价格，推广其产品；第二，高价位的零件和服务同时也是公司持续的利润增长点。车主们不得不继续接受各分销商服务，否则可能会使新车的保修条款无效。主要汽车生产商都拥有其庞大的分销网络来提供相应的服务。表6以福特汽车公司为例归纳了几点主要因素。

表5　市场细分——2004年福特和丰田在英国的轿车市场上　　　　单位：英镑

	丰田		福特	
	车型	按规格的价格分类	车型	最低价格——规格不同价格可能会高一些
小型轿车市场	Yaris	6 900~126 000	Ka 嘉年华	6 775 8 415
中型轿车市场	Corolla	10 800~16 100	Focus	10 995
大型轿车市场	Avensis	14 200~22 700	蒙迪欧	14 995
越野、4轮驱动、运动车型专业汽车市场	RAV-4 MR2 路虎	17 000~18 500 17 000~18 500 24 300~37 200	Maverick Galaxy	18 000 19 460
豪华汽车市场	雷克萨斯	35 000以上	捷豹	35 000

资料来源：Author from company websites 2004。

表6	2003 年福特汽车分销网络							
	福特	林肯	水星	马自达*	阿斯顿马丁	捷豹	沃尔沃	路虎
全球服务市场	137	38	15	145	25	66	100	142
全球分销商的数量	13 000	1 561	2 141	6 131	100	787	2 500	1 808

*马自达与福特进行了一些合作，但美国公司仅持少数的股份。

资料来源：Ford Company Annual Report 2002。

未来趋势

作为一个全球性行业，我们很难预计其全球的发展趋势。一些地区可能会更易受到影响。然而，总体上有三个相关的普遍趋势：

1. 油价增高。过去几年里油价的大幅增高将会促使主要汽车制造商研制生产节能汽车。同样的价格，顾客可能会选择节能车。即使那些开大型美国运动型多功能车和卡车的顾客同样选择节能车。

2. 全球变暖。尽管一些国家仍旧认为这是其他国家的问题，甚至有的国家根本没有认识到这一问题的严重性，然而，至少在欧洲，人们已经开始意识到向大气排放过量机动车尾气将会造成的影响。这可能会引起汽车发动机的重新设计。

3. 在美国、日本和西欧三地区的经济增长放缓。2002—2005 年，作为汽车主要销售地的这三个地区，市场并没有增长。这将对销售额和利润率造成很大的影响。

案例问题

1. 汽车行业里，全球战略的收益和代价各是什么？该行业的成熟性对其全球战略有什么影响？

2. 鉴于该行业的成熟性以及未来的发展趋势，你建议主要的汽车公司在未来的五年里采取什么样的战略？

关于本案例的小结的视频可在 www.pearsoned.co.uk/lych 上看到。

注：

* Sources for Cases on global cars and he battle between GM, Ford and Toyota: General Motors, Ford and Toyota Annual Report and Accounts 2004. Financial Times: 8 May 1998, p23; 19 March 2003, p14; 15 April 2003, p15; 9 June 2003, p19; 29 December 2003, p20; 5 January 2004, p13; 8 January 2004, p6; 14 January 2004, p29; 28 January 2004, p22; 2 February 2004, p9; 4 February 2004, p32; 16 February 2004, p10; 19 February 2004, p18; 20 February 2004, p26; 2 March 2004, pp12, 30; 9 March 2004, p19; 25 March 2005, p19; 29 March 2005, p6; Special Report 4 March 2008, p1 (useful data and trends on more recent global market). See also 222.gom.com; www.ford.com; www.toyota.com.

案例研究 5　全球汽车——福特与丰田之战

2004 年 3 月，日本汽车公司丰田宣布其 2003 年全球销量达 67.8 亿辆。其总销售量比福特高出了 6 万辆。这是丰田第一次战胜福特，成为销量仅次于通用汽车的第二大汽车生产商。

本案例主要探讨全球汽车市场上的竞争。本案例需与前面关于全球汽车业的案例结合来理解。

丰田战略——独树一帜

在 2000 年左右，丰田确立的企业目标是在 2010 年取得全球汽车市场的领导地位，即其所谓的"2010 全球远景战略"。在 20 世纪 80 和 90 年代，丰田将北美市场作为其战略重心。丰田与本田一起推出了一系列与其北美竞争对手相比，质量更优而制造成本更低的轿车。由于日本和欧洲汽车的竞争，1991—2002 年，三家主要的美国汽车公司——通用汽车、福特和戴姆勒—克莱斯勒丢掉了大约 21% 的美国汽车市场份额。仅在 1991 年这三家汽车公司就一共损失了 75 亿美元的收入。三个变化使这一状况得到了缓解。

1. 三家汽车公司都推出了专业汽车车型，如运动型多功能汽车、小型面包车和轻型货车。
2. 日本经济严重的衰退使丰田在本国市场上发展困难。
3. 日元大幅升值，使日本对美国的出口利润降低。

巴伯·鲁兹，通用汽车副总裁曾解释说："从所占市场份额来看，我们在轻型卡车业务上取得了巨大的成功。在传统的轿车市场上，欧洲和日本企业在这方面具有很强的优势，所以我们在逐渐地失去所占的市场份额。"2003 年在北美市场上，丰田汽车一款新车型——佳美热销。丰田的许多基本车型已在北美本地生产，从而其销量不再受日元浮动的影响。现在，丰田在北美拥有 6 家生产厂，每年生产 175 多万辆汽车。同时丰田还于 2005 年和 2006 年分别在墨西哥和得克萨斯建厂。该公司为北美提供了大量的就业机会，并不仅仅是将工作外包给日本。

在 20 世纪 90 年代，丰田决定进攻世界第二大汽车市场——西欧市场。虽然丰田一直在欧洲市场上销售汽车，但是直到 1995 年该公司才决定在英国的伯纳斯顿设立其在欧洲的第一家工厂。随后，90 年代末，丰田在法国也设立了工厂和设计室。丰田对欧洲市场多年的谨慎态度主要是因为：第一，欧洲的汽车市场受到贸易壁垒的保护。第二，丰田也受由日本汽车公司共同制定的限制欧洲市场销售的自愿协议的限制。然而，在 90 年代中，欧盟取消了贸易壁垒的限制。丰田迅速进入这一地区。丰田所占全球市场份额的不断增大，很大一部分源于其在欧洲的扩张（见上文的表 19.5）。一位评论家说道："其成功的主要原因是丰田成为欧洲市场主要竞争者的决策。在此之前，丰田一直将美国市场放在首位，欧洲第二。"

全球汽车市场上，汽车公司的一个战略是依靠规模经济降低成本。但是汽车市场已经成熟，标准车型已经供大于求。剩余汽车都停放在停车场里待售。因而可能需要制定出新的全球战略。

早期，丰田主要向欧洲市场销售耐用，但外观可能不佳，甚至有可能很平常的汽车。然而，大众等欧洲汽车生产商可以很快地也拥有其在质量方面的竞争优势。近几年，丰田汽车开始推出专为欧洲市场设计的汽车。丰田欧盟运营负责人解释说："在欧洲，对款式和性能的要求普遍很高。欧洲人比美国人更善于享受开车。1999 年，我们推出了 Yaris。这是一款专为欧洲市场设计的汽车。直到那个时候，虽然我们努力开发适合欧洲市场的汽车，但是我们主要的目标市场仍不是欧洲。"

但是丰田在欧洲的战略并不尽如人意。它的工厂并没有尼桑的工厂生产效率高，详见下文。消费者并没有将丰田，而仍旧将大众视为性能最好的汽车品牌。而且，其在欧洲市场业务的利润率比较低。但是它与 PSA 雪铁龙合作在劳动成本较低的捷克设立了一家工厂，生产 Yaris 汽车。

1999—2003 年，尽管遇上了这些困难，丰田在欧洲的销售量和利润都在大幅增加。其市场份额、总资产和其在全球的影响力都冲击了其他公司，同时企业也得到了显著的增长——主要数据见表 1。除了与其竞争对手的一些生产合作外，如它与通用汽车公司在北美共同建厂，在捷克与 PSA 标致雪铁龙建厂，丰田从来都没有在日本以外的其他地方收购公司，也不与其他公司合作。这与福特的战略截然不同，见下文。

表 1　丰田汽车集团的赢利分析——包括一些其他的小型业务活动，如建筑，但是主要是汽车业务

	2003 年比较（亿美元）	丰田 1999—2003 年成果（亿日元）				
	2003	2003	2002	2001	2000	1999
净销售收入	1 340	160 540	151 060	134 240	128 800	127 490
净收益	80	9 450	6 150	4 710	4 070	3 560
总资产	1 730	20 742	198 890	175 190	164 690	145 330

资料来源：公司账目——在财务账目里，丰田没有将汽车贸易分离出来，也没有将金融活动从汽车贸易里分离出来。

更重要的是，丰田一直对单一的全球战略持一定的怀疑态度。虽然它用基本的车型来生产大众汽车，但是在主要汽车销售市场都分别推出特别设计的轿车，例如，2002 年推出的 Yaris 小型轿车就是为欧洲市场专门设计的。丰田并不计划向全球推出统一的车型。

通用汽车战略：建立同盟，确保市场份额

福特在北美主要的敌手通用汽车一直都遵循的一个战略是在北美和欧洲市场以外建立同盟、持少数股或设立合资公司。最近几年，它一直试图通过降低价格来保有市场份额，特别是在美国市场的份额。我们首先阐述一下它的同盟战略，而后分析一下其市场份额战略。

通用汽车的同盟战略

通用汽车的母国是美国。美国拥有许多知名品牌，如别克、卡迪拉克、雪弗莱和庞蒂亚克。通用汽车在北美拥有 100 家左右的制造、装配和仓储汽车的工厂。它在欧洲地区也经营了很多年。其品牌有欧宝（德国）、沃克斯豪尔（英国）和萨伯。它在欧洲七个国家设有 10 个生产和装配厂。

除了对其现有工厂的投资以外，通用汽车还持有世界上许多汽车公司的少数股票，但是不再购买更多的股份。例如，它拥有富士重工 20％的股份，其品牌有斯巴鲁。它还拥有意大利菲亚特公司 10％的股份。通用汽车唯一全资收购的汽车公司是瑞士的萨伯。2001—2004 年通用汽车共斥资 47 亿美元收购其他公司的少数股票。

基本上，通用汽车通过建立一系列的同盟关系，持有一些公司的少数股票，进而与它们进行合作，降低采购成本。它通过与五十铃和菲亚特的合作关系在柴油发动机方面获益匪浅。它还通过与五十铃的合作，在日本市场上销售雪弗莱汽车。在欧洲市场上它还将由五十铃设计的一款汽车以自己的品牌来销售。"我们本可以全资收购某些企业，但是这样资本并不能得到合理的利用。"通用汽车总裁兼首席执行官瑞克·瓦格纳说："我已经成功地从协同效应中获得收益。如果我们取得控制权，能获得更多收益吗？可能会，但是请注意这样所需要的资本投入。"本质上，这一战略是由于其对汽车行业里的并购收益所持的怀疑态度。福特和戴姆勒—克莱斯勒就因全资收购而运营困难。

通用汽车的这种合作关系的一个缺点是往往是较小的合作伙伴从中获益最大。由于通用的规模和谈判能力，它们在合作中收益很大，而与它们的合作并不会对通用的整个购买力产生太大的影响。例如，五十铃仅有 5％的采购活动是通过通用汽车的全球采购网络来进行的，这对通用是微不足道的。五十铃以通用的价格为基准在自己的供应网络里，通常是通用较弱的日本本土上，寻找更优惠的价格。

此外，一些合作关系很难管理。一个投资银行家曾说："该战略好的一面是通用汽车无需大规模的投资，并且也不会遇到戴姆勒—克莱斯勒整合的问题（即戴姆和克莱斯勒两公司的整合）。不足之处是管理这些同盟关系极度复杂。所以尽管协同效应较大，但是也很有限。"

通用汽车的市场份额战略：降低价格

在 2004 年，通用汽车投资 65 亿美元用于轿车和卡车的研发，以改变其质量差、设计趋同的市场形象。通用汽车的平均销售价格是 18 891 美元，比 2003 年的价格降低 1 美元。也就是说，通用在研发投资不断增加的同时，还在降低产品的价格。并且它还

向现款购买者提供 1400 美元的折扣。该公司 2004 年销售量比 2003 年少 5 万辆。也就是说，通用汽车奉行通过低价位来保持其市场份额的战略。该公司拒绝采用降低非生产费用的战略，而更倾向于以市场为导向的战略方法。

通用的"遗留成本"问题

同时，通用汽车和福特还要面临着丰田没有的问题——它们还必须为职工支付医疗保险和养老保险计划所需费用，这笔费用每年高达 60 亿美元，并且以每年 5 亿美元的速度递增。其中三分之二的费用甚至不是为其在职员工支付的，而是为其前雇员支付的。前雇员与在职员工的比例已达到了 2.5：1。这就是所谓的遗留成本问题，这与美国薪资支付方式，包括离退休员工的薪资支付方式有关。没有一家企业的首席执行官愿意否认其前雇员的权利。但是通用汽车的这一战略可能会使现有员工和相关利益人的权利受到侵害。在 2005 年初，通用汽车在金融市场的债券已经降到了垃圾等级。

福特战略：首先是全球战略，而后是收购，以及后来的"回归本源"战略

全球战略

许多年里，福特一直是北美和欧洲市场的领先者。在 90 年代，福特一直推行全球战略，并从中获益。1995—1998 年，福特致力于整合、统一其全球业务。与其他部门、汽车平台整合在一起，核心工程技术和生产业务被简化了，而且还与其他部分统一进行外部采购。这一战略主要想通过规模效应每年节省大约 420 亿美元的成本，并且通过在更多国家的销售分摊个别车型的开发费用。通过这一战略福特的确节省了很多费用，且利润也得到了不断的提高。表 2 给出了 1998 年的数据。

收购战略

随着其全球战略的成功，福特又提出了所谓的"全球机会战略"。福特认为世界市场的需求正在转向新型汽车，如越野车、小型载人轿车。这意味着公司需要加大在这方面的投入。福特斥巨资收购其他汽车公司专业车型品牌，如捷豹轿车、林肯豪华轿车、沃尔沃轿车、路虎、阿斯顿·马丁运动型轿车。在某些收购中，收购竞争对手的战略有时也会存在很大的风险，使福特很难获得足够的经济收益来弥补其收购溢价。

收购战略的另一个风险是公司如何整合收购的公司。1999—2001 年，福特对其基本车型，如其在欧洲的蒙迪欧和嘉年华都投资不足，从而失去了这一领域的领先地位；并使福特 2001 年的利润受到了巨大的冲击，详见表 2。

回到基本战略

福特意识到其全球机会市场收购战略失败后，当时在任的首席执行官贾克·纳赛尔被迫离职。随后在福特家族成员之一的比尔·福特的领导下，福特公司推出了全新的战略：回到本源的战略。福特力图不断地推出新的基本车型，致力于提高产品质量和降低成本。该公司还不断的改进灵活制造系统。这意味着该公司可以利用同一生产线装配不同的车型，且无需昂贵的设备和机器人的调整。此外，福特进行了一系列生产工艺的改进，使其可以利用一个基本的汽车模板生产不同车型的汽车，跨车型生产节省了费用。通用汽车、克莱斯勒和丰田也开始采用这样的生产系统，并且丰田在这方面这些年也已经取得了一定的成果。

福特不断地重新设计其中型轿车，提高产品质量，并装配一些更豪华车型才采用的特殊设备，如更高的驾驶位、更大的存储 ▶

表2 福特汽车公司利润表——然而该公司的利润真的比其他汽车公司差很多吗？				单位：百万美元
	2002	2001	2000	1999	1998
福特汽车部——制造和销售轿车和卡车					
销售	134 425	130 827	140 777	135 029	118 017
税前收益/亏损	(1 156)	(8 862)	5 323	7 292	5 842
总资产	107 790	88 319	94 312	99 201	83 911
福特金融服务部——为轿车和卡车的购买者提供融资服务					
收入	28 161	29 927	28 314	25 162	25 011
税前收益/亏损	2 109	1 440	2 976	2 565	2 460
总资产	187 432	188 224	189 078	171 048	148 801
福特整体数据，包括汽车部和金融服务部					
税后、计息后净收益	(980)	(5 453)	3 467	7 237	22 071
总资产	295 222	276 543	283 390	270 249	232 712

注：1998 年的税后利润的剧增包括分公司成功分立而获得 159.55 亿美元的"非现金收益"。这一账目里并未指出这家公司的名字，但可能是由于售出伟世通的汽车零件业务而获得的利润。

资料来源：Company accounts.

空间等。福特产品创新副总裁菲尔·马汀说："重新定义北美轿车是件难事，但是这是我们决心要做的事情。"依据这一战略，2004 年初福特汽车重新推出了一些美国车型，并且计划在随后的几年推出更多的产品。在这一时期，福特在欧洲也进行了类似的活动。在随后的几年里，福特将推出更多的车型以重新取得原有市场地位。

和其主要的美国竞争对手相同，福特也同样面临着"遗留成本"问题。福特还试图在美国市场通过降低价格来保护其所占的市场份额。福特和通用汽车都面临着丰田等对手的激烈竞争。

© 理查德·林奇 2009 版权所有。保留所有权利。本案例所有数据均来源于已公开的数据*。

案例问题

1. 这三家公司，哪一家拥有真正的全球战略？你认为在全球汽车行业里，全球战略对企业的重要性有多大？

2. 对于丰田的 "2010 全球远景战略"，你会建议通用汽车和福特采取什么样的措施来回应？

3. 从全球战略的好处和劣势来看，其他企业应该从中吸取怎样的教训？

关于本案例的小结的视频可在 www.pearsoned.co.uk/lych 上看到。

战略课题

你可以继续追踪这三个汽车行业的市场领导者之间的战略竞争，关注发展动态。通用汽车和福特这些年一直致力于赶超丰田。在这些公司自己的网站上，你可以找到很多相关数据。该案例的索引将为你提供更多的网站，获得更多的数据来分析这三家公司过去所采取的战略。同样也可以了解它们现在所取得的成就。

注：

* Sources for Cases on global cars and he battle between GM, Ford and Toyota: General Motors, Ford and Toyota Annual Report and Accounts 2004. Financial Times: 8 May 1998, p23; 19 March 2003, p14; 15 April 2003, p15; 9 June 2003, p19; 29 December 2003, p20; 5 January 2004, p13; 8 January 2004, p6; 14 January 2004, p29; 28 January 2004, p22; 2 February 2004, p9; 4 February 2004, p32; 16 February 2004, p10; 19 February 2004, p18; 20 February 2004, p26; 2 March 2004, pp12, 30; 9 March 2004, p19; 25 March 2005, p19; 29 March 2005, p6; Special Report 4 March 2008, p1 (useful data and trends on more recent global market). See also 222.gom.com; www.ford.com; www.toyota.com.

案例研究 6　丰田领先世界的战略是什么？

在过去的 30 年中，丰田汽车公司成为全球最大的 3 家汽车公司之一，与通用汽车公司（美国）和福特公司（美国）并驾齐驱。它的成功依赖于运营与营销两个方面相辅相成的战略。本案例研究主要围绕丰田公司运营上的成功经验，但也会简单地提及一些营销上的内容。因为两者是相互关联的。丰田公司的运营战略为世界很多公司竞相模仿，尽管几乎没有一家能够取得同样的成功。

背景

截至 2004 年 6 月底，丰田公司在世界各地售出了 650 多万辆汽车[1]。该公司从 20 世纪 30 年代才开始生产汽车。甚至到 20 世纪 50 年代早期，丰田公司的平均年产量也只有 18000 辆[2]。无论以何种标准衡量。1950—2004 年，公司在生产和营销上都取得了非凡的成就——图 1 显示了 2004 年的最新数据。丰田公司的战略问题在于它是一家小公司，面对着强大的竞争对手。公司生存的唯一方法就是找到适合于较小型公司的新颖、灵活的生产方式。丰田公司的生产体系最早是用来实现以小规模产量实现大规模生产的效率（1998 年丰田年度报告及财务报表）。重要的是，即使在 2004 年，丰田的主要生产地仍然在日本——从战略角度来看，就产生一个很重要的问题，其在日本的工厂作为低成本生产中心的状况还能维持多久？

1950—1980 年，丰田公司把在生产上的许多成功经验都归结于丰田生产体系以及当时的首席工程师 Taiichi Ohno。他在 20 世纪 40 年代开始改进生产。但真正发展成为下面所描述的体系（如 kaizen 系统和看板系统）则花费了许多年时间。即使到了 20 世纪 90 年代，丰田公司仍在进行试验和变革以改进生产。从定义上看，这种变革是生产改进的整个过程的一部分：它被称之为"持续改进"[3]，在日本则被称之为 kaizen。

同时，丰田公司设立了一家独立的营销公司来销售其产品。该公司由 Shotaro Kimaya 领导。在第二次世界大战后，他受过美国营销方法的培训。在 20 世纪 60 和 70 年代，Shotaro Kimaya 因为进行了许多营销方面的创新而声名远播。他逐渐把丰田公司发

丰田在过去的 20 年当中在执行创新战略上在世界领先，这一战略给公司带来了显著的成绩。

展成为日本汽车业的领导者，并占领了超过 40% 的市场份额。在其他创新方面，他建立了分销商网络、低档车客户融资方式以及一支强大、专业的销售队伍。他还推动了丰田产品的出口。在 20 世纪 70 年代，丰田公司 40% 的产品都出口到国外，尤其是美国[4]。现在丰田佳美在美国是最畅销的一种车型。

1950—1980 年，丰田的运营革新

在这一期间，丰田引入了一整套的运营机制来改善轿车和卡车的生产，尤其是在重复性大规模制造流程方面。新工艺的设计基于三个主要目标：

1. 削减成本；
2. 提高质量；
3. 更严格地控制生产流程、降低投入和提高公司对市场需求变化的反应速度。

前两个方面对工厂的价值增值有直接的影响，第三个方面对价值增值的影响则是间接的。为了实现这些目标，丰田公司推行了一系列重要的运营战略；

- 设计。运营的设计阶段可以比其他阶段带来更多的成本节约。例如，丰田公司一直在进行研发，以便于各种产品配件组合在一起，只需经过一条流程而不是两条就能够把产品生产出来。
- Kaizen。这意味着对产品的各个方面进行持续的改进，丰田的工程师们在运营战略[5]发明了这一方法。它是丰田在每一个细节上追求卓越的体现[6]。图 2 显示了 kaizen 中的一个阶段。
- 看板系统。这种系统起先是在厂房地面上放置一套彩色的卡板，用于显示生产过程中现有的存货数量，以便提醒何时需要补充供货。这是一种简单但十分有效的视觉系统。它向工作人员显示何时应该补货、如何进行存货控制以及何时存货到了底线。
- 生产布局。丰田没有采用细长、线形的生产线布局结构，而是 ▶

图 1　丰田公司 2004 年产量和销售额

(a) 2004 年汽车按地区汽车产量，单位千辆

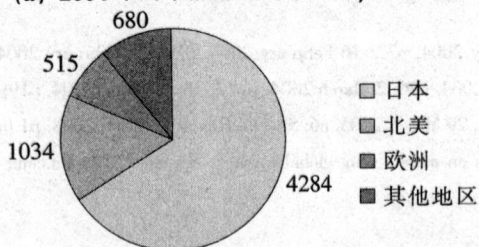

- 日本：4284
- 北美：1034
- 欧洲：515
- 其他地区：680

(b) 2004 年汽车按地区汽车销售量，单位千辆

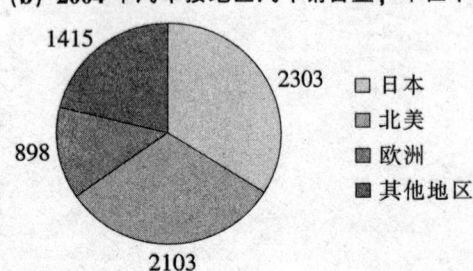

- 日本：2303
- 北美：2103
- 欧洲：898
- 其他地区：1415

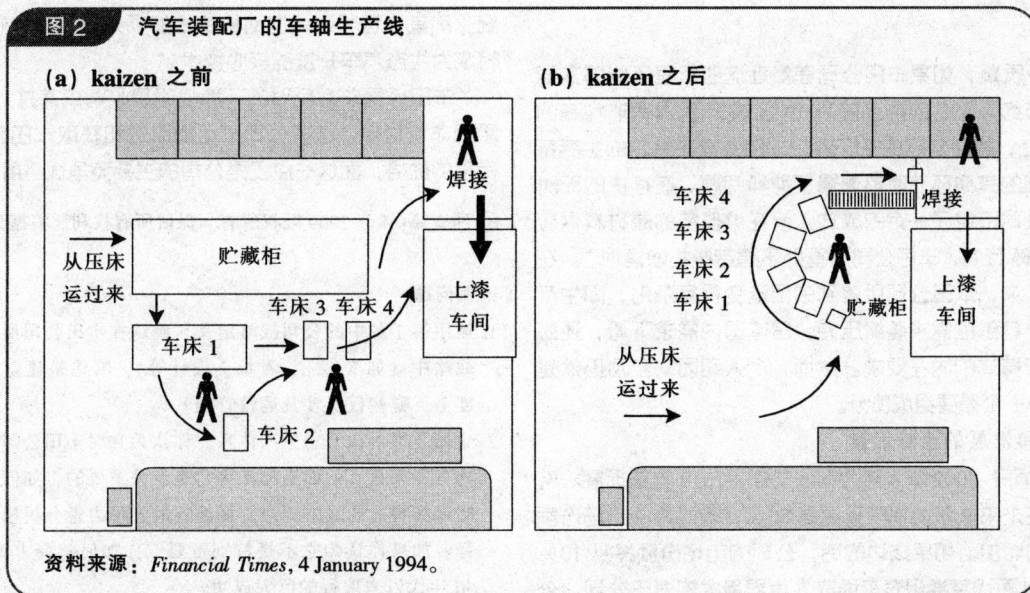

图 2　汽车装配厂的车轴生产线

(a) kaizen 之前　　　　(b) kaizen 之后

资料来源：*Financial Times*, 4 January 1994。

以一种多点分布的方式安排其机器和设备。这使得员工们可以操纵各种不同的机器设备，能够以一个团队开展工作并更有效率地提供相互支持。丰田要求这些团队必须具有柔性，能够按目标操纵活动范围内的任何机器，并在接受严格的训练后能够完成各种不同性质的任务。一些其他的日本公司，如日产公司，在模仿这一做法时就遇到了困难[7]，可能是因为该系统的运行非常复杂。

- 供应商关系。丰田与少数主要的供应商保持着密切的合作关系。这种关系有助于联合削减成本并可以使丰田采购到质量更高的部件。这对丰田公司的价值增值至关重要，因为与主要国际竞争对手相比，丰田从供应商采购汽车部件的量更大。这一做法广泛应用到日本的其他一些公司，当丰田设立了海外分厂时，如 1993 年丰田在英国的 Burnasten 设立了一家汽车制造厂，该方法就在全世界推行开来[8]。

- 即时生产系统。丰田公司首先实现了从供应商那里直接提取存货的做法。当工厂的存货降低时，丰田不是自己建立库存来供货，而是通过与供应商直接联系的计算机系统那里迅速地获得补充。进货频率常常是一天一次甚至一天数次——这就是即时生产系统。对于丰田这类公司而言，这样做的明显优势是，公司使得存货的资本投资持续保持在一个较低的水平。利用这种系统的公司并不止丰田公司一家。

每一次改进对丰田公司来说都非常重要，它们都从总体上提高了公司的生产效率。

在 20 世纪 80 年代早期，丰田生产体系被归纳总结出来，并被推荐给西方公司学习[9]。日本国内的竞争对手，如尼桑公司和本田公司也试图引进同样或类似的体系。在 20 世纪 90 年代，与北美糟糕的汽车制造厂相比，丰田公司在日本高岗的汽车厂被当做了生产模式的典范[10]。丰田公司成为美国公司变革的学习榜样。然而，由于存在文化和产业结构方面的问题，完全采用丰田公司生产体系是有困难的：例如，相对于西方文化而言，日本社会风格更适合团队工作和柔性生产[11]。丰田公司将自己发展的这套生产技巧看做一系列不断优化的生产战略的集合，永远没有最完美的解决方案——这就是 kaizen 生产系统[12]。

新千年丰田公司的生产

在最近的十年里，由于宏观环境的变化，丰田公司遇到了真正的挑战。这些挑战主要是：

- 世界范围内小汽车需求量下降，包括在日本市场上，需求量也首次呈减少趋势；
- 日元币值大幅升值使得出口成本高昂。

这些变化促使公司从根本上重新评价自己的生产方式并加倍努力，以实现更低的成本。因此，包括丰田公司在内的所有的日本汽车制造商都被迫改变其运营战略的重点，从追求迅速变化的车型转向降低成本[13]。丰田公司为此建立了一套成本削减计划。

在 1994 年，丰田公司声称已经找出每年成本降低 15 亿美元的办法[14]。但是这仍然无法尽如人意。到 2004 年为止，这已经提高到了 24 亿美元[15]。丰田生产战略的最近的两个例子是：

- 在 2001 年，丰田公司宣布了一项全新的计划——"21 世纪的成本竞争力建设"，或简称 CCC21。无情的压力促使公司持续改进，公司重新审视设计、制造、采购和固定成本的方方面面。这样做的目的是提高制造设备的利用率，减少人力资本开支。但这并不是意味着要裁员，因为裁员不符合丰田公司的传统风格。这也意味着一些与公司签订了临时合同的工人不会再续签合同，但是公司会尽可能避免这样做。

- 2004 年，丰田开始新的 UMR 战略（单元、材料、制造改革）。丰田声称"创造制定这一战略的目的是在以前的基础上达到一个完全不同数量级上的生产工程目标"。公司还介绍了在生产零件时更为简化的模具。所有的汽车生产都以模具为中心——拉模制造模具、锻造模具、塑胶注入模具等。如果可以简化这些模制的过程，就可以简化整个生产过程。丰田能够重新设计它的模制技术，从而模具的大小降到了其原有大小的三分之一到十分之一。UMR 还用来缩短丰田一些发动机的车床加工和组装线。UMR 对其海外制造厂也有益处。"通过 UMR，我们为海外工厂创造一个统一的生产系统，从而克服由于经验、地点和语言而造成的差异，同时也确保了世界各地所生产的内部部件都是具有相同的高质量。通过贯彻 UMR，我们想提高我们在全球的竞争力。"

有人也许会质疑，如果丰田公司在最近这些年里还能够实现如此大的成本节约，怎么能说它在 20 世纪 90 年代具有非常高的效率呢？实际上，除了自己的工厂外，丰田公司在将它的生产系统推行到价值链的其他环节时都遭遇了种种问题。在存货的即时供应上，丰田公司取得了一定的成功。但在价值链的原材料供应商和营销/销售环节上，丰田公司一直处于痛苦挣扎的境地[16]。在 20 世纪 90 年代末，丰田公司所遇到的困难变得复杂化，即生产体系遭遇了世界范围的需求萎缩压力，日本国内需求下滑，还必须满足原有生产模式的内在要求。然而，个人和团队激励仍然是丰田公司系统的一个重要组成部分。

丰田汽车生产和发展的全球远景

根据丰田公司于 2002 年 4 月公布的文件《2010 全球远景》[17]，公司的目标是在未来 9 年内把产量提高 50%，同时希望市场份额也得到同比例的增加。如果成功的话，公司的市场份额将从 10% 提高到 15%，从而代替通用汽车而成为世界最大的汽车公司。公司会着重在北美寻求市场份额增长，而在日本本国则力求保持主导地位。公司还寻求在印度和中国通过合资的形式出现大幅增长。它已经和竞争对手，如 PSA Peugeot Citroen 结成技术合作联盟，在捷克生产一种小型轿车。在中国，还与 FAW 集团公司在轿车方面上，与广州汽车在汽车发动机方面达成了类似的协议[18]。

2005 年，丰田的总裁开始担心："我们并没有完全理解 2010 全球远景的真正意义。我设定 15% 的目标是想以此来团结世界各地的员工共同努力完成这一雄伟计划，激励他们在残酷的市场竞争中取胜。从我个人观点来看，许多公司由于增长的停滞，而失去了斗志。"[19]

丰田的一个生产和营销战略是开发更为环保的车型。近几年里，其混合型汽车战略的实施最终产生了普锐斯——第一辆可以根据路况在汽油和电力之间转换的汽车。1998 年，公司就售出了 50 000 辆。到 2004 年，已经增加到了 300 000 辆每年，销售额在持续的增长。为了鼓励大家广泛使用这种技术（可能会成为一个行业标准），丰田向其竞争对手提供了这种专利保护的混合系

统，称其为世界环保发动机技术的领先者："我们确信混合技术将成为生态汽车开发的核心技术。"

丰田公司非常反对的一种战略是收购或兼并竞争对手公司[20]。原因非常简单：这些公司不可能引进和获取丰田公司生产体系所带来的优势，而这一点正是公司的主要竞争优势所在。

案例问题

1. 运用第 1 章中的公司战略定义，确认在丰田公司所开展的各项运营战略中（如 Kaizen、看板、设计等），哪些是建立在公司战略的高度上，哪些仅仅涉及运营管理？

2. 全面考察丰田公司生产体系，你认为它对丰田公司取得战略上的成功有多大意义？如果你认为它是至关重要的，如何运用强调公司战略市场特征的战略理论（如波特的五种力量分析模型）对其加以解释？如果你认为它不是特别重要，你如何解释丰田公司自 20 世纪 50 年代以来取得的巨大成功？

3. 一些评论家认为，像丰田公司这类市场领导者，相对而言，比较容易通过机器设备投资和实施培训计划来实现战略成功；而一些较小的公司则困难得多。丰田公司存在值得小公司学习的地方吗？如果有，哪些地方值得学习？

4. 案例描述了丰田公司保持着到 2010 年成为全世界的市场领导者的进取心。你相信到那时丰田公司真的会超过福特公司和通用汽车公司吗？

关于本案例的小结的视频可在 www.pearsoned.co.uk/lych 上看到。

> **战略课题**
>
> 尽管丰田处于领先位置，但其他汽车生产商紧随其后。丰田是欧洲效率最高的生产商——这一荣誉在英国应该给予尼桑在 Sunderland 的生产车间。你可以按照这种思路研究尼桑是为什么和如何在英国获得成功的。与本案例相关的网址在前两个案例中已列出。

注：

1. Three useful articles here from Tim Burt and David Ibison on Toyota, Parts 1, 2 and 3: Financial Times, 12 December 2001, p16, 13 December 2001, p13 and 14 December 2001, p15. The 2004 data on car production is taken from the Toyota Annual Report and Accounts 2004 published in English.

2. Williams, K, Haslam, C, Johal, S and Williams, J (1994) Cars: Analysis, History and Cases, Berghahn, Providence, RI, p108. See also the graphic account of the early Toyota years in Womack, J P and Jones, D T (1996) Lean Thinking, Simon & Schuster, New York, Ch10. Riveting story, well told.

3. Toyota (1994) Annual Report and Accounts, p11 (English language version).

4. Williams, K et al (1994) Op. cit., p118.

5. Gourlay, J (1994) 'Back to basics on the factory floor', Financial Times, 4 Jan, p7.

6. Griffiths, J (1993) 'Driving out the old regime', Financial Times, 20 Aug, p8.

7. Williams, K et al (1994) Op. cit., p115.

8. Griffiths, J (1995) '£200m Toyota expansion may create 3,000 jobs', Financial Times, 17 Mar, p9.

9. Hartley, J (1981) The Management of Vehicle Production, Butterworth, London.

10. Womack, J, Jones, D and Roos, D (1990) The Machine that Changed the World, Rawson Associates, New York.

11. Williams, K et al (1994) Op. cit., p115.

12. Sobek, D K, Liker, J K and Ward, A K (1998) 'Another look at how Toyota integrates product development', Harvard Business Review, July–Aug, pp36–50. A good description of the importance of management and human resource strengths that make Toyota so difficult for other companies to copy.

13. Butler, S (1992) 'Driven back to basics', Financial Times, 16 July, p16.

14. Toyota (1994) Annual Report and Accounts, p1 (English language

version).

15. Toyota (2004) Annual Report and Accounts, p27 (English language version)

16. Womack, J P and Jones, D T (1996) Op. cit., p241.

17. Ibison, D (2002), 'Toyota plans to challenge US dominance', Financial Times, 2 April, p24.

18. Burt, T and Ibison, D (2001) 'PSA welcomes Toyota as latest co-driver', Financial Times, 9 July, p29. Toyota (2004) Annual Report and Accounts, pp29 and 119.

19. Toyota (2004) Annual Report and Accounts, p13.

20. Burt, T (2001) 'A pace-setter gears up for growth', Financial Times, 24 September, p15. Interview with Toyota company chairman, Hiroshi Okuda.

案例研究 7　公司可以从"电锯艾尔"中学到什么？

艾尔·邓拉普先生因其只采用一种进攻性的战略而出名，这个战略就是大幅降低成本。他的大刀阔斧的行为，使他获得了一个外号"Chainsaw Al"（电锯艾尔）。虽然他的战略选择很有限，但他总是能得到结果。本案例要研究的，是其他公司从这一战略发展的方法中可以学到什么。

1998 年 6 月，艾尔·邓拉普先生被要求离职。公司宣布他离开的消息令许多人很高兴。这则关于 Sunbeam 美国公司总裁、大幅削减管理模式的风头人物"电锯艾尔"把自己绊倒的消息，却让全球的业务看到了曙光。就像一场电视角斗的场面，一个蒙面恶棍在半小时前还在无情地向人攻击、废话连篇，却突然开始受到惩罚。你知道这不是真的，但是你还是跟着喝彩。邓拉普先生在 Sunbeam 数百万美元的股票期权给了他很大的补偿。

关于他的管理风格，他在自己的书《Mean Business》进行了描述。这本书就像是一本手册。他上过西点军校，当过伞兵，后来成为负责核导弹安装的官员。他写道，"我所从事的工作别人不喜欢，我也不喜欢，但我们要成功。如果你想交朋友，就去找条狗。我不是去找机会，我找到了两条狗。"有些人认为，在 20 世纪 90 年代富有人性的时期，"电锯艾尔"的管理方法却是裁减上千名工人，还有那些达不到他的要求的管理人员，他就像是一条霸王龙。他们可能错了。相反，他垮台的原因缘于三个致命的错误。

首先，他对于自己的公众形象过于自信。在他的职业生涯中，他大部分时间是被 James Goldsmith 及 Kerry Packer 雇来当"猎狗"去处理棘手的工作，然后再回来享用胜利果实——几百万美元。Scotter Paper 的营业额是他一个人的功劳，他大获成功，公司以很高的价格出售，他得到了 1 亿美元。他在 Sunbeam 如法炮

艾尔·邓拉普因其激进的降低成本战略而获得了"电剧艾尔"的外号。

制，但结果却大相径庭。邓拉普宿命是，如果经营问题不能在 12 个月内解决，就解决不了了。他后来加入了美国的家电企业，继续他的削减工作。在他的书出新版时，他说："当时公司（Sunbeam）是个烂摊子，我们在 7 个月时间内进行了重组。也许应该有人买这本书送给 CEO 和董事们，用来制定三年重建规划。"

他于 1997 年有机会能够像英雄一样离开，当时公司正被别的公司列入收购名单中。但是，股票升值太快，吓跑了潜在的购买者。结果证明，公司的问题不可能一夜之间全部解决。他解聘了一半员工。虽然他很努力，但是 Sunbeam 在他入主两年后仍处境困难。

他的第二个错误是忽视了他的规则："如果你要做生意，你就要明白，最重要的是你的目标就是为公司所有人挣钱。"但他没有实现他的承诺。1998 年 3 月，股价为 53 美元，到 6 月份，跌到了 15 美元。压力越来越大，他与华尔街的分析师们发生争执。据说，他有一次说："你们这些混蛋。如果你们整我，我会加倍报复的。"

但是，问题渐渐明朗。1998 年春天，美国金融家 Ronald Perelman 把他在野营装备公司的股份卖给了 Sunbeam，在较高价位时购买了 Sunbem 的股份。据说，后来他持有的 Sunbeam 股份随后跌了几千万美元，他对此十分不满。邓拉普先生要求外部董事们大量持有公司股份，然后用股票的形式支付年息。他们也对这样的操作也十分不悦。

第三个错误就是没有意识到时代已经改变了。1998 年，股市在经过历史上最长时间增长后，美国人开始意识到分享胜利果实的范围不够。美国最大的长途电话公司，AT&T，就是一个例子。1998 年，公司新任董事长 Micharl Armstrong 有一次在纽约说，14000 名经理人申请提前退休，还会有更多的人在申请。他的讲话热切而真诚。这些经理人将有尊严地离开，而且很高兴能有机会开始新生活。在这种情况下，电锯艾尔越来越不合时宜了。

美国今天在经济上的成功自然要归功于邓拉普和他过去 15 年的工作。高级经理人们被无情地踢开，公司削减了成本，集中于基本业务。在经历了许多阵痛和混乱后，美国的业务重新获得竞争能力，开始为全球服务。其他落在后面的国家需要这种方式。为了全球经济，最好将邓拉普这种人现在就送到布拉格的欧洲议会去。有人认为最好让电锯艾尔经营欧洲的欧洲议会。

案例问题

1. 邓拉普先生战略发展方法的主要特点是什么？
2. 邓拉普先生战略发展方法的结果是什么？他是不是真的有超越削减成本的战略？
3. 其他公司可以从邓拉普的方法中学到什么？你会雇佣他吗？

案例研究 8　惠普首席执行官卡莉·费奥莉娜的起落

在与惠普守旧派的先前的争执后，首席执行官卡莉·费奥莉娜急需制定出公司未来五年的发展战略。本案例将列出主要的市场数据，以及分析惠普最后所作的选择。最后将讲述一下 2005 年卡莉·费奥莉娜是怎样被迫离开公司的。

2001 年，惠普所面临的战略选择：新老经理人之间所争论的战略内容

要了解 2001 年惠普对未来战略方向的争执，我们必须首先了解那时公司可以做的战略选择都是什么。下文介绍的多个战略选择并不是细分计算机和打印机市场的唯一方式，但是它代表了惠普是如何看待这些战略选择的。下文将按其财务报表及公司年度报告里的叙述方式，来阐述这四种选择，见表 1。只有一个例外，"计算机系统"分成了两个部分——个人电脑和计算机服务器。这是因为两部分的客户群存在很大的差异。因为我们利用的是该公司现有的市场划分方法，所以我们只阐述了惠普可做的四个选择，这可能会忽略其他的可能性。更激进一些的战略选择需要对原有市场彻底重新划分，当然也可能会带来更大的收益。

1. 影像和打印系统：惠普的竞争优势？

打印机市场基本已经成熟。一般它可以分为：

- 低端、低价位的喷墨打印机。这一市场的领导者是爱普生和佳能；为此惠普在 20 世纪 90 年代推出了一系列新产品。
- 中间市场，惠普是这一领域的领导者。
- 高端的、高效打印机。惠普、兄弟和佳能等互相竞争。

打印机中间市场占整个市场的份额最大，见表 2，既有家庭用户，也有商业用户。销售方式多样，从电话直销、零售店销售到在独立办公用品商店销售。惠普的产品质量好、性能高，是这些领域里的代表。在 20 世纪 70—80 年代惠普投入了 2.5 亿多美元

表 1	惠普市场细分——打印机系统是该公司最重要的利润来源		单位：十亿美元
	2001	**2000**	**1999**
净收入			
影像和打印系统	19.4	20.5	18.6
计算机系统，如家用和商用电脑	17.8	20.6	17.4
信息技术服务，如咨询	7.6	7.1	6.3
其他	1.0	1.6	1.3
调整	(0.6)	(1.0)	(1.1)
惠普总体综合收入	45.2	48.8	42.4
非常损益前的净收益			
影像和打印系统	1.8	2.7	2.4
计算机系统，如家用和商用电脑	(0.4)	1.0	1.0
信息技术服务，如咨询	0.3	0.5	0.5
其他	(0.3)	(0.1)	(0.1)
企业调整，含税	(1.0)	(1.6)	(1.6)
惠普总体综合收益	0.6	3.6	3.1

资料来源：惠普财务报表和年度报告，数据经过四舍五入，因而总计数字可能会有些微差异。

开发生产第一代激光打印机，从而取得这一市场统治地位。近几年，惠普在打印、扫描和复印一体机方面的发展仍然继续引导市场革新。由于数码照相机的不断发展，惠普开始关注照片冲洗替代品的生产。新的数码照相机已经不再使用胶卷，也不用冲洗，而是可以直接连到计算机上打印。这给像惠普这样的打印机生产商提供了另一发展机会。惠普守旧派认为继续致力于计算机打印机市场的开发一个战略十分可行。

2. 低端家用小型办公用个人电脑市场：惠普仅是这一领域众多竞争者的一员

尽管这一市场较大，并且在不断增长，然而现在这一市场已趋于成熟。明显的技术优势已经基本不存在，产品的增值多来自品牌效应，以及电脑芯片和软件供应商——英特尔和微软的相关战略，见第 1 章和表 3。在 20 世纪 70 年代，惠普是个人电脑的先锋，且是最早生产台式电脑的公司之一。到了 2000 年，降低成本已经成为各大个人电脑生产商们的主要生存战略。戴尔通过电话直销的方式，获得分销商的利润，节约了成本。随后，戴尔还提出了降低生产成本的战略——及时和弹性生产程序，根据实际订货生产产品，而不积累库存——见后面关于戴尔计算公司的案例。个人电脑用户的产品价值意识越来越强。尽管在公众的心目中惠普的产品设计和性能都很好，但是其并不明显优于其他产品。

惠普的一种战略选择是通过收购其他生产商，形成规模经济而降低生产成本。为了得到相关的战略收益，惠普必须整合其原有的和购进企业所属的产品线和生产活动。例如，康柏在 20 世纪 90 年代收购两家较小的电脑生产企业——天腾和 DEC 时，就采用了这一战略。然而，康柏发现这一整合战略的实施耗时很长，往往会使企业在降低成本的同时，也失去了市场契机。因此，2000 年，市场上就有人抱怨康柏的产品种类过多。而康柏在计算机服务器的产品系列就整合得很好。尽管这一政策实施起来很困难，但是很受惠普新派的青睐。

3. 高端计算机服务器市场：尽管惠普在这一部分所占份额很大，但明显弱于这一市场的领导者 IBM

大型企业和政府部门等大客户对计算机设备需求很大，大型电脑可以满足其中的一部分需求。但是计算机服务器也非常重要：它将数据在公司内部或公司之间相互传递；它可以处理数据；它可以使公司内部和外部网络系统运作。此外，这些网络系统往往需要特别的设计、安装和维护咨询，从而到达理想的效果。这些大客户给价很高，当然对产品性能的要求也很高。因而高端计算机服务器市场往往与信息技术咨询市场是相结合的。两个市场的结合使企业在销售服务器设备的同时，也会提供持续的技术支持：复杂、多面的特性使我们很难确定这一市场的规模。表 4 主要介绍了计算机服务器市场。

计算机服务器市场上，另一重要的、复杂的因素与用户所购买产品的类型相关：专属，还是开放式服务器。原本 IBM 和太阳计算机公司所出售的产品只采用完全由自己公司研制的电脑芯片和软件——专属系统。这样的系统显然使相关的公司具有很强的竞争优势。因为如果系统运行良好，那么系统的任何升级都必须 ▶

表 2 收购康柏前的世界计算机用打印机市场：惠普在数码影像迅速增长的中间市场上具有绝对优势

	全球的打印机和影像市场	市场潜力
市场总规模	500 亿美元	800 亿美元（替代照片冲洗，扩大打印机的使用范围）
市场增长	2%但是影像市场增长将更为迅速	在现有用途上，打印机市场已经成熟；15%影像市场增长率；长期潜力：可能进入商业打印市场；6000 亿美元：由其他相关技术贡献
影像市场	180 亿美元（包含在以上的市场总规模内）	惠普与其他竞争对手同步发展
低成本打印机市场	60 亿美元（包含在以上的市场总规模内）	佳能、爱普生在这一市场上占有重要地位
中间市场	260 亿美元	惠普占有绝对优势
市场份额		
惠普	43%	
爱普生	14%	
利盟	9%	
佳能	9%	
施乐	8%	施乐已经退出初级打印机市场，集中精力在"办公服务"领域发展
其他，如兄弟、IBM、理光、美能达	17%	2001 年，IBM 打印机产品业务开始亏损。戴尔并不销售自己生产的打印机

资料来源：见本案例索引。

表 3 收购康柏前的世界个人电脑市场：市场已经成熟，惠普所占比重较小

	2001 年世界个人电脑市场	评论
市场总规模	大约 1200 亿美元	
与 2000 年相比，市场的增长	+3%	在 20 世纪 90 年代市场的年增长率逐年下降
市场份额		
康柏	12%	在 20 世纪 90 年代由于收购了天腾和 DEC，康柏的市场份额扩大
IBM	9%	
戴尔	6%	戴尔提出了通过新的生产工艺降低成本的战略，见案例 9.1。企业迅速增长
惠普	5%	惠普曾经一直是市场上的跟随者
其他	68%	剩余市场被其他企业瓜分

注：个人电脑生产商已经成为计算机零件和软件的装配者，大部分产品增值已转给了英特尔和微软。
资料来源：见本案例索引。

表 4 收购康柏前的高端计算机服务器市场：惠普已经占有了很大的市场份额

	2001 年计算机服务器和信息咨询市场	评论
市场规模	470 亿美元	
市场增长	+5%	2000 年由于世界经济发展缓慢，互联网泡沫破灭，市场增长放缓。
市场份额		
IBM	29%	领导整个市场——使用专属和公共系统
Sun 微系统公司	23%	在专属系统领域占有重要地位，见正文
康柏	15%	1995 年收购 DEC，提高了其市场份额
惠普	6%	一直在市场上占有一定的份额——采用公共系统，而不是专用系统
戴尔	5%	采用质优价廉的开放源码系统

资料来源：见本案例索引。

图 1 **可提供给部分计算机服务器生产商的选择**

	专属式	开放式，如微软和 Linux
专属式	太阳 IBM	IBM 康柏 （过去为惠普）
开放式，如英特尔和 AMD	IBM 康柏 （过去为惠普）	IBM 惠普 戴尔 康柏

服务器的芯片

服务器的软件

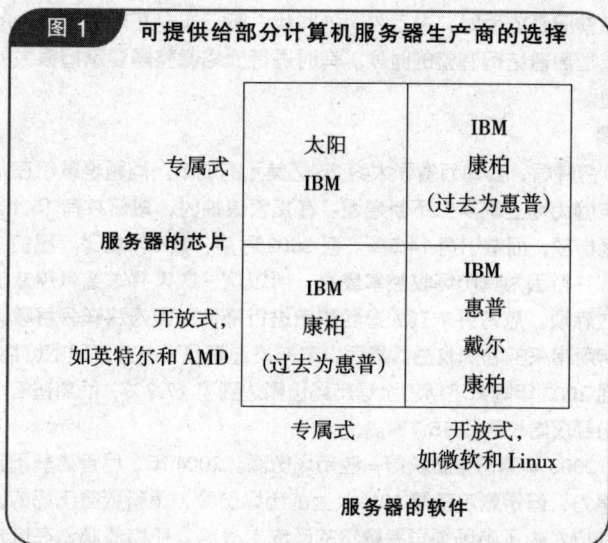

依赖该生产商。尽管像太阳这样的公司通过这一途径取得了竞争优势，但其也必须付出相应的代价：需要不断地投入资金研制新的芯片和软件，一般每三年都要 2.5 亿美元的投入。一些评论家认为这样的投资可能会提高，从而专属系统将会逐渐失去吸引力。图 1 对这一选择进行了分析。

近几年里，一些计算机软件的开发商（和最近的一些公司）认为这一市场上需要更多开放式的竞争。因而，它们研发一些可以与其他公司共享的系统：开放系统。可能最有名的系统就是 Linux 系统，世界上主要的软件开发商都可以使用。Linux 系统的主要竞争对手是微软开发的 Windows NT。我们要看到研制开放产品的部分原因是由于软件开发商普遍认为微软在市场上地位过于强大和限制过多。当然微软否认这一观点，力图保住其现有地位。

到了 2001 年，共享软件没有成功主要是由于两个商业原因。第一个原因是所有的软件都在互联网上公开共享，使其价格过低。第二个原因是 IBM 乐于投入大量资源（超过 10 亿美元和该公司的软件设计人员）来进行相关的研发，并建立起相关的系统。这让人有些费解，IBM 的这一举动会削弱其自身的竞争优势。但实际上 IBM 并不需要这一竞争优势，因为它自身还有其他优势，反而它对开放式系统的支持会削弱其他主要竞争者如太阳在服务器方面和如微软在软件方面的优势。市场上另一个重要的公司康柏尽管其部分产品还在使用一些专属系统，也开始倾向于开放式系统。

惠普在开放式和封闭式系统问题上的策略是什么呢？近几年里，惠普一直支持开放系统。作为市场上一个相对较小的参与者，惠普没有别的选择，只能使用公共系统，吸引没有被其他专属系统所束缚的消费者。这一政策意味着惠普必须与英特尔和微软等这样的公司紧密合作，开发适当的产品。对于惠普的新派来说，收购一家电脑公司，从而扩大惠普在服务器和信息技术产业上的规模的战略非常具有吸引力。

4. 计算机信息技术咨询市场：IBM 拥有绝对的竞争优势

有关市场规模和增长情况的数据并不是实时的。然而 2001 年这一市场大约有 1000 亿美元，年增长在 5％ 左右。IBM 一直都是信息服务和服务器市场的领导者。IBM 的规模大，研究设施齐全，拥有众多的技术熟练、知识丰富的员工以及齐全的产品种类。2002 年，该公司以 35 亿美元收购了普华永道（PwC）的咨询业务，从而提高了其在信息咨询市场上的地位。IBM 在这一部分原有 15 万员工，收购普华永道又有 3 万咨询师加入。惠普曾经试图收购普华永道，但是最终未能达成协议。如表 5 所示，信息咨询服务已经成为 IBM 获利最多的部门。虽然惠普收购普华永道失败，但是惠普新派仍在寻找机会，扩大其信息咨询业务。

惠普在这些战略选择之间所作的抉择及战略变化产生的结果：收购康柏

惠普认为其规模不如竞争对手，所以需要进行一次大型收购活动。这样会吸引需要单一供应商提供综合性技术系统和咨询的大客户。此外，预计这一行业的市场增长将放缓，所以节约成本，而不是推出新技术，会成为企业的战略重心。惠普所收购的目标必须具有一定的规模，且在为主要客户提供信息技术服务方面资深。卡莉解释说："这一行业将会进一步整合和需要可持续的企业发展模式。"

经过调查研究，惠普认为康柏是较合适的选择。康柏的规模与惠普相差无几，将使惠普的咨询服务提升到一个新的层面。康柏在服务器、个人电脑及相关服务方面都具有优势。因而，卡莉·费奥莉娜在 2001 年末出价 210 亿美元收购康柏。

2002 年初，经过一系列的讨论，康柏的管理层和股东们决定接受惠普的收购。卡莉·费奥莉娜的阻力来自于惠普内部，特别是休利特和帕卡德的家族成员，他们反对这一议案。在比尔的儿子华尔·休利特的带领下，他们进行数月的反对收购议案的活动。反对者共提供了三份反对收购康柏报告，其中包括一份特别委托调查。这份调查表明大型计算机公司的并购都以失败告终。休利特说："在其他公司都失败的情况下，惠普竟乐观地认为其并购可以成功。在对信息技术投资的鼎盛时期，电脑公司的并购都没有成功，而现在对技术的支出严重衰退的时候，进行全球性的整合所面临的风险将更大。"然而，我们不应该将这简单地看做是惠普新旧两派的个人之争：我们应该认真理解一些这些战略问题的争论。

表 5 IBM 细分信息——信息技术服务的重要性　　　　单位：百万美元

	2000	2001	1999
外部收入			
全球服务/信息技术	34 956	33 152	32 172
硬件，包括服务器和打印机	33 695	37 811	37 453
软件	12 939	12 598	12 662
全球金融服务 [a]	3 407	3 500	3 219
企业部	1 118	1 369	1 651
投资/其他 [b]			
总计	86 115	88 430	87 157
税前收益/（损失）			
全球服务/信息技术	5 161	4 517	4 464
硬件	1 303	2 702	2 058
软件	3 168	2 793	3 099
全球金融服务 [a]	1 143	1 176	1 047
事业部	(317)	(297)	(697)
投资/其他 [b]			
总计	10 458	10 891	9 971

a. 二手计算机设备的销售和融资租赁业务；

b. 其他与 IBM 主营业务不相关的经营活动。

资料来源：2001 IBM 财务报表和年度报告，p102.

经过长时间的争论以后，2002 年 5 月卡莉获得了 51% 的股东支持，惠普将收购康柏。但是这仅仅是战略改革，以期通过并购康柏获益的开始："尽管卡莉获胜，但是她将面临更大的挑战。"英国《金融时报》这样总结这一收购案。惠普用了数月来组织并购后的组织结构，以使其更有效率。首先，集团的新的股东会成立，其中许多成员来自康柏，且包括康柏的首席执行官迈克尔·堪培拉斯。与五年前相比，这一战略变化是显著的。惠普各部门新任负责人上任，只有两个高级主管没有更换，见表 6。

高级经理上任后，面临的任务就是企业如何从并购中获益。在争论中，华尔·休利特不断地强调技术并购通常都很难实施，这一并购的实施必然引起混乱，且必然会大幅度裁员。此外，计算机行业的下滑将使这一并购案更难进行。

惠普前期收购战略以客户为重心：它希望在并购后，客户收入流失低于 5%。惠普很快公布了合并后公司的产品种类、品牌策略、网站设置和安抚原有客户的方案。惠普需在保证原有客户不流失情况下，处理产品种类重复等问题。最后，新惠普需要作为一个市场领导者服务，特别是服务大客户所需的产品种类、规模和相关的服务。在写该案例时，这一过程仍在进行当中。

为了从收购中获益，并购后的公司宣布需裁员 1.5 万人，大约占总人数的 10%。惠普计划在 2002 年末完成这一任务，计划每年节约成本 25 亿美元。惠普进行组织重组必然会遇到很多阻力——劳动法规、软件系统的不兼容和税收问题，都使其难以很快达到降低成本的目的。例如，一些国家的劳动法律规定裁员前必须进行磋商。有时这意味着并购完成前，康柏和惠普的销售部门彼此仍存在竞争关系。总的来说，这样节约成本的方式和变革很可能会影响公司的整体士气。惠普计划快速行动，以减少这些问题的产生，但是由于计算机行业不景气，这至少需要几年的时间。

《金融时报》引用了一位与惠普有密切关系的人士的评论：这一场收购实施会遇到很多困难，但是卡莉得到惠普新派的全力支持。改变企业根深蒂固的文化都会遇到阻力，且遭到一部分人的谴责。董事会是否会继续支持卡莉，取决于她在并购中给公司带来的收益。事实上，卡莉已经有两次险些失去工作，第一次是不顾惠普旧派的反对，进行收购的时候；第二次是在新的、更大的流线型惠普结构调整的时候。有时进行战略调整需要承担很大的风险。

后续

合并后，公司节省了大约 25 亿美元的成本。问题是戴尔在个人电脑市场上的实力不断增强。在接管康柏时，惠普共有 15.1% 市场份额，而戴尔有 14.5%。在 2002 后期，戴尔降低了产品的价格，并且因为其市场收益率最高，所以这一政策并未给戴尔造成什么麻烦。惠普并未立即追随戴尔进行降价。因为这样会吞噬其并购所带来的利润收益。最后，惠普被迫降低了一些产品的价格。从而 2003 年间戴尔所占全球市场份额达到了 17.2%，而惠普的市场份额仅增长到了 15.7%。

2003 年惠普重新获得一些市场份额。2004 年，尽管惠普不断地努力，但是戴尔获得 18% 以上的市场份额，重新取得市场的领导地位。由于市场领导者戴尔的低成本战略，使惠普必然在价格敏感商品市场上处于不利地位。然而，惠普打印机业务运行良好。同时惠普还得益于康柏的服务器业务，填补了产品种类的空白。但是惠普在正在兴起的信息技术服务和咨询服务方面规模仍然较小。在 2004 年，惠普遇到了战略性难题。

2005 年初，惠普总部的董事会成员变动很大。1999 年支持卡莉的人相继辞职，而新上任的领导们对这一战略都持怀疑态度。对卡莉的工作进行重新评估只是时间的问题。2005 年 2 月 10 日，如大家所预料的，惠普宣布：卡莉被解职。

伦敦的《金融时报》评论说："惠普解聘卡莉的决定使企业界失去了一位极具领导力的、立场鲜明的资深女执行官。尽管如此，这仍然是个正确的决定，而且董事会应该更早地作出这一决定。卡莉的战略也被迫停止。"但是这并不是惠普董事会的看法——他们仍旧认为基本的战略是正确的。惠普急需一名新的首席执行官来推动公司发展：来自美国 NCR 的马克·赫德在 2005 年 4 月 1 日被任命为惠普新任首席执行官。他后来因卡莉时期所做的改革而受益。惠普在个人电脑领域战胜了戴尔，重新占到了市场领先者的地位，惠普的计算机服务运作开始带来真正的利润。也许惠普解聘卡莉是个错误。

表6 惠普的高级主管：1996 年和 2001 年的变化

1996		2001 （并购康柏以后）	
董事会主席、总裁和首席执行官 总裁	刘易斯·普莱特 55 岁	董事会主席和首席执行官 总裁	卡莉·菲奥莉娜 47 岁 迈克尔·堪培拉斯 47 岁 （来自康柏，见正文）
财务管理执行副总裁	罗伯特·韦曼 51 岁	财务管理执行副总裁	罗伯特·韦曼 56 岁
人力资源执行副总裁	苏珊·鲍威克 49 岁	人力资源执行副总裁	苏珊·鲍威克 53 岁
计算机部执行副总裁	理查德·贝鲁佐 43 岁	企业系统部门副总裁	彼得·布莱克摩尔 54 岁
测试和测量部执行副总裁	爱德华·巴恩霍特 53 岁	影像和打印部执行副总裁	韦摩西·约什 47 岁
研发高级副总裁	乔伊·伯恩鲍姆 59 岁	个人系统集团执行副总裁	杜亚尼·吉特纳 54 岁
行政常务高级副总裁	杰克·百翰 57 岁	惠普服务集团执行副总裁	安·利沃莫尔 43 岁
测量系统部门高级副总裁	道格拉斯·卡纳汉 55 岁	全球业务部门执行副总裁	迈克尔·温克勒 56 岁
欧洲战略活动高级副总裁	弗朗戈·马里奥蒂	信息技术高级副总裁	罗伯特·纳皮尔 55 岁
互联网项目高级副总裁	威廉·墨菲	战略与技术高级副总裁	谢恩·罗比森 48 岁

资料来源：V.P.＝Vice President。

案例问题

1. 卡莉所做的主要变革是什么？请利用本章介绍的模型和案例 21.2 分析这些变革。

2. 如果你被任命为惠普的首席执行官，你现在需要采取怎样的行动？

关于本案例的小结的视频可在 www.pearsoned.co.uk/lych 上看到。

战略课题

　　本章所描述的不断变化的惠普战略，其后在什么时候又发生怎样的变化？结果如何？在管理风格上，有重大变化吗？

注：

* 本案例由作者根据各方资料编写，包括：Company Annual Report and Accounts of Hewlett-Packard, Compaq, IBM, Dell, Sun, Microsoft and Intel. Financial Times: 28 March 1996, p6; 14 November 1997, p12; 21 January 1998, p1; 9 November 1998, p13; 13 April 1999, p20; 20 July 1999, p24; 16 November 1999, p35; 7 December 1999, p36; 1 December 2000, p22; 19 April 2001, p26; 9 May 2001, p29; 22 August 2001, p10; 9 January 2002, p28; 31 January 2002; p31; 1 February 2002, p12; 21 March 2002, p20 and 28; 9 May 2002, p27; 3 September 2002, p28; 10 September 2002, p27; 17 September 2002, p28; 12 November 2002, p27; 22 November 2002, p32; 19 December 2002, p12; 10 February 2003, p9; 11 March 2003, p28; 8 June 2004, p29; 13 August 2004, p12; 15 January 2005, pM5; 18 January 2005, p31; 9 February 2005, p24; 10 February 2005, p16 and 26; 11 February 2005, p15; 30 March 2005, p27, 29; 11 January 2008, p26.

案例研究 9　IBM 的灾难和复兴：IBM 的创新思考

经历了 1991—1993 年的灾难之后，世界上最大的计算机公司 IBM 成功地复苏起来。公司的战略是大力发挥优势，考虑如何利用优势进入新的领域。但是，在其后的几年里，IBM 仍然要面对众多的战略挑战。

从 1991—1993 年，IBM 的亏损达到了 160 亿美元（参看案例研究 1.2）。之后的几年里，公司开始逐渐复苏。这一过程要分为两个阶段：1995—1999 年和 2000—2004 年。这段时期的大部分时间里，公司都是由新任领导人路易斯·格斯特纳（Lou Gerstner）领导。2002 年他把领导职位让给了萨姆·帕米萨摩（Sam Palmisamo）。前一阶段的显著特征就是削减成本和重新建构 IBM 的计算机服务的产品组合。后一阶段继续延续同一路线，但包含了更多的收购和新的仍有待证实的公司战略愿景。以下章节研究了该公司是如何发展和如何来应对全球计算机和服务市场上的挑战和机遇的。

背景——20 世纪 90 年代

20 世纪 90 年代，随着对小型个人计算机、网络计算机和大型主机的需求增加，计算机市场持续而迅速地增长。尽管 IBM 公司出现了种种问题，但是 IBM 公司并没有丧失在全球大型计算机市场上的领导者地位。它仍然生产各种各样的产品，提供众多的服务，这包括计算机半导体的生产以及客户计算机网络的设计和运行的咨询服务。幸运的是，互联网在那时迅速发展起来，因而在该公司在承受个人电脑业务所造成的压力的时候，公司的主要获利产品——大型主机和计算机服务，获得了迅速的发展。在第 1 章 IBM 公司的案例中研究了这些问题。因此，本案例接着第 1 章的案例研究继续讲述 IBM 公司遇到重大困难之后所发生的事情。

背景——21 世纪

在 90 年代后期，互联网热潮开始急转直下（参看案例 4.2），很多计算机服务公司破产倒闭。但是即使是在新千年，计算机咨询公司还是能够获得持续的赢利增长，互联网本身也开始复苏。计算机以及软件从技术上说开始变得更为复杂。并且出现了外包的趋势，也就是，公司从外部购买产品，而不是从公司内部来生产或者自己提供服务支持。从一般公司的角度来说，像计算机服务这样的领域对于外包尤为具有吸引力，因为这些常常需要一些专业技能，而且技术变化非常迅速，对公司现有的业务来说又十分重要。从重要的计算机供应商比如 IBM 的角度来说，生产计算机的成本在不断降低，而且要面对日益激烈的竞争。同时，顾客越来越愿意为计算机服务的外包付钱。实际上，出现了价值增值从计算机生产向计算机服务转移的趋势。

IBM 公司的新型领导者：路易斯·格斯特纳先生，1993—2002

IBM 公司的前任首席执行官 John Akers 于 1993 年下台之后，路易斯·格斯特纳先生成为继任者。路易斯·格斯特纳先生来自于食品行业，擅长于削减成本。当时他对计算机几乎一无所知，但他认为这不是问题。然而，随后他承认，缺乏这方面的知识的确是一个劣势。对于 IBM 公司来说更加重要的事是，这是第一次从公司外部聘任领导者。这对于在组织内部工作的领导层来说是一次沉痛的教训。

格斯特纳先生花费了几个月的时间来研究公司的情况，并且还与 IBM 公司的客户进行了交流。他打算制定一个客户导向型的战略（见第 5 章），并把自己大部分的时间用于向别人解释自己的想法。他认为，IBM 在人力和专业技能方面都有着强大的优势，但是过于拘泥于自己的方式。比如，他第一次参加 IBM 的会议的时候，穿着一件蓝色的衬衫，但是发现他所有的新同事都穿着白色的衬衫。为什么？他的同事认为白衬衫是 IBM 的传统。他们已经忘记了 IBM 最开始的指导，就是穿和你的客户同样颜色的衬衫，而客户是在很多年以前才穿白衬衫的。顾客在进步，但是 IBM 却没有。格斯特纳很快就赢得了直言不讳的甚至急脾气的名声。

格斯特纳在 1993 年有一个很著名的言论："现在 IBM 最不需要的就是愿景。"如果想要成功地复苏的话，IBM 需要更为基本的东西。到了第二年，他与他的同事们作出了三个重要的战略决策。

1. IBM 公司仍然是一个完整的公司。大客户倾向于使用整合技术方案来解决问题，IBM 公司在这个领域拥有持续竞争优势。随着技术在不断前进，会出现更多的供应商和更多复杂的产品，客户会越来越喜欢迎像 IBM 这样的专业化公司整合所有的这些产品提供一个客户化的解决方案。因此，它不会被解体，IBM 公司将会保留其主营业务。

2. IBM 公司的战略将会重新关注客户。IBM 公司不再需要复杂的公司战略，而是只强调满足客户的需求，如满足客户对技术的需求以及在适当的时候和合适的地点开展新的研发项目和新的收购项目。IBM 公司希望自己能贴近主导潮流的消费者的需求，甚至还要接手一些类似于数据处理和通信网络的工作，而这些工作以前都是由客户自己完成的。

3. IBM 公司要求所有的高层管理者在新的战略重点和组织结构下积极努力地工作。格斯特纳说一些经理似乎在阻碍战略的执行，而这些战略对公司的持续生存至关重要，他称之为"推卸责任"。实际上，在 1993—1994 年间他开除了许多高层管理者。

IBM 公司在 1991 年已经意识到有必要向主要客户提供一站式计算机服务方案；案例研究 1.2 描述的行业解决单位(ISUs)就是为解决这个问题而设立的。为了建立向许多大公司提供一站式技术解决方案的优势，格斯特纳认为 ISUs 将会是主要的组织结构，尽管他们的整合解决方案可能更适合于 IBM 公司较大型的客户。ISUs 不会再容忍推卸责任的现象。

伴随着新战略而出现的新组织文化和组织结构是 IBM 在随后几年里能够获得复苏的重要因素之一。新的领导层带来了新的战略。如图 1 所示，IBM 在 90 年代后期开始扭转自己的命运。但是，当时计算机业中的一些附加价值正在开始不可逆转地流入到了微软和英特尔手中——如第 1 章中案例 1.2 所示。尽管 IBM 需要制定促进增长的进一步的战略，但公司在 1993—1997 年中重新获得赢利的战略是一个不错的开始。

除了建立 ISUs 之外，IBM 公司从灾难中获得重生还得益于以下六个主要的战略。

1. 新的公司文化。更虚心、更积极、更喜欢学习。

2. 成本削减。在 1993—1995 年期间，IBM 公司从 215 000 名员工中裁减了 86 000 名，研发预算也大大降低，尤其在更加高科技的产品和一些大型机的开发上。公司的销售额表明存在削减一些工种的必要性，而不是完全彻底的裁员。

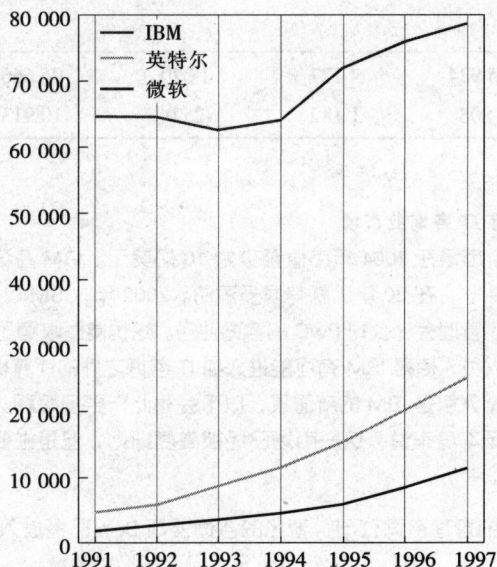

图1 IBM 的低迷及英特尔和微软的增长

（单位：100 万美元）

(a) 年收入

IBM｜英特尔｜微软

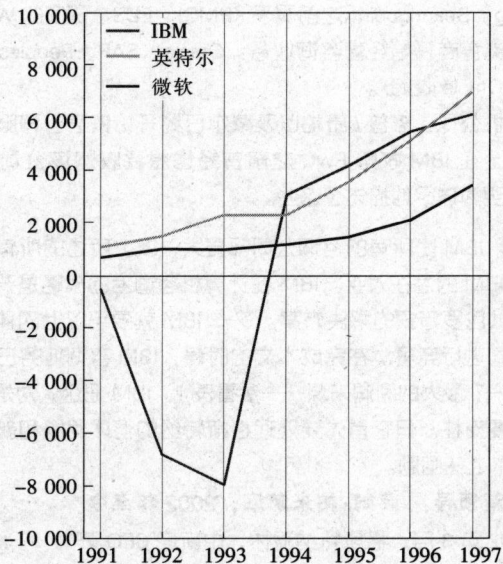

(b) 净收入

IBM｜英特尔｜微软

资料来源：Company accounts。

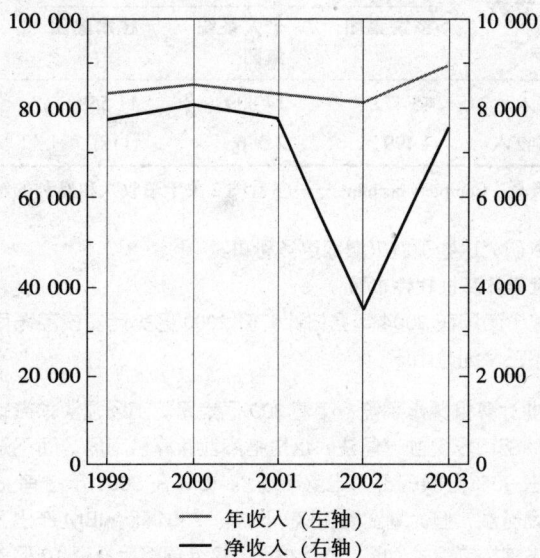

图2 IBM 的集团赢利状况 1999—2003

（单位：100 万美元）

年收入（左轴）｜净收入（右轴）

注：本图和表 1 中 2003 年的数据按照年收入和净收入来
说存在一定的差异。这是因为内部和第三方销售数
据的不同引起的。本图说明了集团的整体数据。表 1
表明的是集团内的活动收支表，但强调整体结果。
表 1 可以用来理解 IBM 哪一部分产生利润，但是最
终的结果在本图当中更为准确一些。

3. 卖出一些外国设备公司或实施管理层收购。例如，硬盘驱动器
和计算机打印机外围设备。
4. 把以国家为基础的公司进行重建，形成了全球性产品组合。超
越国家界限在全世界范围内建立产品组合以获取规模经济。
5. 收购在计算机行业快速成长的细分市场上的公司。例如，在
1995 年，IBM 公司以 32.5 亿美元的价格收购了唯一独立的软
件公司——Louts Development 公司。
6. 在计算机外包服务行业快速增长的细分市场上投资。作为计算
机服务主要供应商的 IBM 公司继续投资于该领域，来为非计算
机公司提供这方面的服务——例如，接管并负责一个主要银行
的计算机服务并按合同收费，这种服务就叫做外包。

IBM 战略小结：1998—2004

　　到了 90 年代后期，IBM 涉足了所有的计算机和相关市场。公

司有软件——操作系统、数据库、协议工具和中间设备，还有硬
件——从大型主机到小的个人电脑和笔记本。最后，IBM 还有计
算机应用的微处理器的设计和生产以及 IT 咨询服务。新的产品种
类和服务的业绩可以从 1999—2003 年公司的财务报表中看到。图
2 说明了这些业绩。图表表明 IBM 仍然存在一些薄弱的领域。

　　IBM 的业务在 1998—2004 年基本保持长期稳定。但是，很多
因素影响着公司无法获得业务的增长：个人电脑业务无法获得足
够的利润；计算机芯片生产设备也面临着激烈的竞争在亏损。表 1
为 IBM 的主要业务活动。IBM 不得不处理其业务不佳的生产业
务。2002 年，IBM 与日本的日立公司谈判商讨把驱动装置业务并
入与日立的合资企业中。2004 年 12 月，该公司原则上同意把个
人电脑生产业务以 17.5 亿美元卖给中国的联想。但是，在本文完
成的时候，该交易还没有完全完成。美国政府对于这样的交易是
否会把国家安全技术泄露给中国，并因此使美国的利益受到损失
很是关注。另外，IBM 在芯片生产方面也表现不佳。但是要为这
些资产找到一个买主并不是一件容易的事情——这可能在你读到
本案例的时候事情已经会有一些进展。IBM 并无意于退出主流计
算机生产、咨询和相关领域：IBM 认为这些对于公司的未来愿景
来说仍然是相当重要的。

　　尽管很明显，价值增值开始从 IBM 向芯片生产商英特尔和软
件公司微软转移——参看图 1，但格斯特纳（以及他 2002 年的继
任者 Palmisano）和他的同事认识到，该行业正在发生更为深刻的
变革。价值增值正在从计算机生产转移向两个和计算机相关的领
域——软件和信息技术咨询。计算机硬件随着价值增值向计算机
服务领域转移，而变得赢利不高——这可以从表 1 中 2003 年 IBM
个不同部分的利润数字中看得出来。IBM 已经涉足软件和信息技
术咨询领域。IBM 决定，为了获得更多的利润，公司要进一步通　▶

表1 2003 年 IBM 业务活动的细目分类　　　　　　　　　　　　　　　　　　　　　（单位：百万美元）

商业活动	全球服务——咨询			计算机硬件	计算机软件	全球金融	企业投资	集团总计
	系统集团	个人系统集团	技术集团					
年收入	45 472	14 839	11 558	3 676	15 924	4 127	1 070	96 666
税前收入	4 499	2 046	(118)	(252)	3 808	1 182	(252)	10 913

资料来源：Company accounts——参看图 2 关于总收入和赢利的解释。

过深入研究这些领域来攫取更多利润。

世界计算机软件市场

整个市场在 2004 年据估计价值 2000 亿美元。该市场可以分为以下三个细分市场。

1. 商业计算机操作系统：市值 300 亿美元。市场领头羊微软占有 42％的市场份额（备注：这是指商业计算机市场，而不是指微软占 90％份额的个人电脑市场）。IBM 在 2003 年占有 8％的市场份额，但计划要增加这一份额。2004 年，IBM 作出了一项对微软构成重大战略挑战的举动。该公司将会投资 10 亿美元来吸引软件开发人员与 IBM 在开发各种软件上进行合作——联合市场合约、免费软件、低成本开发工具，触及大量的客户。IBM 以 JAVA 和免费的 Linux 系统为基础来进行开发——这对于微软的收费软件系统是一个直接的打击。

2. 中间设备市场的操作系统：2003 年市值为 720 美元。IBM 拥有 17％的市场份额，已经是市场的领头羊。Oracle 占市场份额的 8％，微软占 6％。中间设备帮助公司把公司内部各种不同的商务应用连接在一起，比如财务系统、通信系统，等等。如果 IBM 能在这方面获得更多的优势，那么就可以利用这一点来销售其他的垂直整合的产品和服务。

3. 应用操作系统：2003 年市值为 1 000 亿美元。微软是该市场的领头羊，占 11％左右的份额，SAP（德国）位居第二，占 5％份额。IBM 在 90 年代后期因为这一领域过于复杂和专业，而从该市场中退出。IBM 在 2004 年并没有要回到这一市场的打算。除了这些市场的领头羊，这一市场被细分化了。

因此 IBM 从 2002 年开始的战略就是要攻击这一市场的各个细分部分。IBM 忽略了应用层面的细分市场，但以商务计算机和中间设备细分为目标市场。在本文完成的时候，IBM 的战略的效果还有待于进一步的观察，但是前期数据还是令人鼓舞的。

2004 年，IBM 将它的 "Touchpad" 笔记本电脑产品线出售给中国联想公司。IBM 的战略是降低其在这个细分市场的亏损。

世界 IT 咨询业市场

整个市场在 2004 年市值至少为 10 亿美元。IBM 在该领域是市场领头羊，在 90 年代就有很多活动。2002 年，IBM 以 35 亿美元收购了管理会计公司 PwC 的咨询业务。这也同时收购了 30 000 名咨询人员，使得 IBM 有可能进入纯 IT 咨询之外的计算机服务外包领域：外包是 IBM 的新愿景，以下会对此作更多解释。对于 IT 咨询市场本身来说，这一市场已经被高度细化，但是主要有以下几个竞争者。

1. 主流的管理咨询公司：著名的咨询公司 Bain 已经进入 IT 咨询领域。

2. 具有咨询开发能力的外包公司：埃森哲、Cap Gemini Ernst 和 Young，Bearingpoint(之前属于 KPMG)、EDS、印度的 Wipro。

3. 软件销售商开始经营咨询业务：Oracle、SAP、Peoplesoft（后来被 Oracle 收购）。

4. 计算机公司：惠普 / 康柏以及戴尔已经开始销售咨询服务。惠普甚至在 IBM 收购 PwC 之前曾经也想要收购该公司。案例 21.4 更为详尽地描述了这些。

由于 IBM 比所有的咨询公司都要大，以上所述的所有咨询公司都是 IBM 的潜在对手。IBM 在计算机咨询上的战略是要为商业客户提供包罗万象的解决方案。这样 IBM 就要与以上四种类型的所有公司进行竞争。在完成本文的时候，IBM 咨询业务已经成为公司的一个最大的利润来源——参看表 1。IBM 把这认为是未来发展的重要支柱。但它首先要处理格斯特纳的退休问题和新的首席执行官的上任问题。

IBM 的新领导：萨姆·帕米萨摩，2002 年至今

2002 年 3 月，格斯特纳退休，由新任 CEO 萨姆·帕米萨摩接任。这是一个令人惊奇的任命，因为之前 IBM 的企业文化看起来相当内敛，而新的领导者已经在该公司服务了 30 多年。实际上对于一个庞大而复杂的组织来说从外面招聘一个新总裁是相当困难的。帕米萨摩很快地作出了自己的决定。他解散了 12 人的管理委员会，这一团队一直在指挥着 IBM，并且为了给高层管理人员带来更多的收益而自愿放弃自己的红利。他的管理风格要比格斯特纳更为温和。之后他为 IBM 制定了一个今后十年的愿景，但是也没有放弃他的前任的战略。下面解释了他的战略愿景。这一愿景是以 IBM 了解现在计算机市场的主导力量和趋势为基础的。

IBM 2003 年的新愿景

2003 年，萨姆·帕米萨摩宣布了 IBM 的新愿景。这是以公司的竞争优势为基础制定的——也就是对计算机领域的各种活动领域进行整合以及公司在计算机咨询方面的优势。IBM 的愿景是要把现有的咨询技能和技术领先整合进一套完全新的计算机上。公司会尝试开发与大型网络相连的系统，希望这种计算机系统能够像获得水和电的服务那样个人和企业可以各取所需。这一愿景是 ▶

表2	IBM 的目标和战略如何发生转变	
时期	**公司总体目标**	**战略举例**
早期到20世纪80年代中期	成长并保持市场占有	• 品牌投资 • 加强服务 • 经常性的产品更新
80年代晚期到90年代早期	在竞争威胁中生存下来	• 大幅削减成本 • 分离外围部分
90年代中期以后	重新成长	• 收购新公司 • 对于软件和计算机服务细分市场进一步投资
90年代晚期到21世纪初期	根据需求，发展计算机各部分的新的愿景	• 发展新科技以实现愿景 • 一站式计算机服务 • 发展联盟和合资企业 • 收购服务公司 • 分离业绩不佳的制造部门

要向全世界提供 24/7 的计算机服务。

实际上，IBM 也是计算机服务的外包提供商。比如，IBM 在 2003 年与宝洁公司签订了一份价值 4 亿美元的合同，可以追踪全世界的托盘和货柜来帮助宝洁改善它的服务并减少一些主要的杂货超市的顾客的成本。宝洁公司把所有的这些活动都外包给了 IBM，并为此支付费用。新的 Imbed 愿景实际上意义非常深刻：这一愿景把 IBM 的竞争优势构建在主要的咨询和技术提供上，并且成为 21 世纪所有计算机服务形式外包的主要供应商。

到 2007 年，对这样包罗万象的计算机服务的需求还不是很明显。还有另外一个问题，就是在 2003 年是否顾客本身可以接受这样的概念。"按需服务的概念最终将会变得非常重要。问题是我并不认为大多数具有 IT 架构的公司成熟到可以利用它们的资源。"马萨诸塞大学信息系统研究技术中心的 Jeanne Ross 说。另外，一些评论认为，IBM 愿景中的各取所需的计算机服务就 IBM 本身来说也无法完全做到。最后，IBM 的竞争对手也不会袖手旁观的：竞争对手也在不断扩展它们的咨询服务。

IBM 战略结果

到目前为止，新战略实施的结果是成功的，在赢利能力方面，该公司从 20 世纪 90 年代的困境中走了出来。为了能在 21 世纪有进一步的发展，它还制定好了新的增长战略。但是我们还不清楚它是否能够实现其新的愿景。

表 2 概述了从 20 世纪 80 年代早期到 21 世纪初中期的形势发展情况。它说明了 IBM 公司的目标是如何变化以及为实现目标是如何制定新战略的，在如此长的时间内，两者都发生了重大变化。尽管这些战略是对某一时点的静态描述，但在当时它们更富有变化性和实验性。

案例问题

1. 你对 IBM 的新战略如何评价？是常规性的还是突发性的？在这一战略中，哪一种理论最能够解释公司的发展？

2. 公司的新愿景的风险和好处是什么？依赖于垂直整合的竞争优势会有什么样的风险？该公司能否成功？

3. 还可以从 IBM 尝试提供行业解决方案的做法中得到什么样一般性的经验教训？或者，这只是一个适用于行业内非常庞大的公司的战略？

关于本案例的小结的视频可在 www.pearsoned.co.uk/lych 上看到。

战略课题

IBM 要面对来自软件和硬件公司的日益激烈的竞争压力。你可以找出一些这样的领先的小一点的公司，比如微软、戴尔或者惠普。然后你可以设想假如你是这些公司领导人之一的话，会如何袭击 IBM？你可以选择某一细分市场，但是请解释是哪一个细分市场，为什么选择它？

注：

* 本案例由作者根据各方资料编写，包括：Heller, R (1994) The Fate of IBM, Warner Books, London (easy to read and accurate); Carroll, P (1993) The Unmaking of IBM, Crown, London (rather one-sided); Financial Times, 7 Dec 1990, p14; 5 June 1991, article by Alan Cane; 8 Nov 1991, article by Alan Cane and Louise Kehoe; 5 May 1993, p17; 29 July 1993, p17; 14 Mar 1994, p17; 26 Mar 1994, p8; 28 Mar 1994, p15; 31 May 94, p21; 4 Oct 1994, p16; 10 Oct 1994, p23; 25 Oct 1994, p18; 12 Jan 1995, p22; S June 1995, p1S; 6 June 1995, p21; 13 June 1995, p21; 26 June 1995, p1S; 29 Sept 1995, p21; 14 Dec 1996, p9; 18 Feb 1997, p4; 22 Nov 1997, p17; 5 Mar 1998, p17; The Economist, 16 Jan 1993, p23; 14 Dec 1996, pp102–3; Business Age, Apr 1994, p76; 30 January 2002, pp21, 31; 1 February 2002, p30, 14 February 2002, p31; 12 April 2002, p31; 11 April 2003, p26; 9 July 2003, p13; 25 September 2003, p32; 10 October 2003, p17; 1 December 2003, p21; 2 March 2004, p29; 17 March 2004, p13; 4 May 2004, p28; 6 December 2004, p28; 9 December 2004, p26; 25 February 2005, p26.

案例研究 10　戴尔计算机公司——通过低制造成本和分销获得竞争优势

当迈克尔·戴尔于 1987 年在得克萨斯州大学的学生宿舍里最初想到要通过邮购的方式销售电脑时，他不可能预料到未来的发展前景。今天，戴尔计算机公司已经成为世界个人计算机市场上的领导者，实现了大约 410 亿美元的销售额。迈克尔·戴尔只有 40 岁，是美国 18 位最富有的人之一。公司的主要竞争优势在于比竞争对手的制造成本更低——本案例还描述对这一地位的一个新的威胁。

戴尔的历史

当迈克尔·戴尔起初想到通过邮购的方式削减个人计算机销售成本时，他只有 19 岁。这种销售方式不需要向分销商支付费用，也不需要为客户的未来需求储存货物，而且每一个国家或地区可以建立一个非常集中的客户供货平台。在两年之内，他就把事业发展到了欧洲。"已经有 22 名新闻记者报道了我们的经营行为，但是其中的 21 名新闻记者都说这是一个荒唐的想法"。戴尔先生说，"这没有任何意义。它是一个美国概念。我遭受了人们的藐视、否定等负面态度，每当我们在全世界设立一些新的办公室时，人们都会说这种经营方式不会成功。"

也许新闻记者能把握住客户的需求。即使在今天，欧洲个人计算机市场 60% 的份额都是通过商店和其他分销渠道销售的。只有 40% 是通过邮购，尽管这个比例在美国更高一些，达到了 50%。然而，个人计算机通过邮购销售可以比店铺销售的售价更低。而且，对于戴尔公司来说，更低的价格来自于戴尔公司的更低的制造成本。

戴尔的竞争优势

戴尔的优势不仅仅来自于邮购实现的成本节约：一些竞争对手，像 Gateway 计算机公司一样，也用这种方式销售计算机。戴尔的制造体系使得它与众不同。一些领先的竞争对手，像惠普／康柏公司和 IBM 公司，把个人计算机的制造设在了低劳动成本的国家或地区，如中国台湾。戴尔事实上是自己制造个人计算机，因此留存了所有的制造利润，而且戴尔宣称自己的制造成本是全世界最低的。

戴尔公司是如何实现如此低的制造成本的——通过借用并严格遵守汽车行业的制造概念以及严格的监测结果。

近十年里，在个人计算机行业里戴尔的低成本领导战略很大程度上依赖于其运营和制造技术。

戴尔价值链

不像竞争对手那样储备 4 个星期的零部件供应存货量，戴尔只有两个小时的存货供应量。它使用了及时供货制度来减少大量存货，保有的少量存货都存放在得克萨斯州的 Round Rock 工厂里：这些存货的成本为供应商所分摊，而不是戴尔公司承担。它在欧洲爱尔兰 Limerick 的主要工厂也使用了相似的制度。这意味着，供应商，如英特尔如果开发一种新的芯片，戴尔就不会存有很多旧的芯片。戴尔可以迅速地引进新的芯片，并将改进的产品传递给客户。

零部件进入工厂后装配起来以满足顾客的实际订购——公司不会为存货而生产个人计算机，因此，公司也就没有存货成本。详细的客户订单——如内存条的大小、硬盘的容量、光驱的规格等——都记录在条形码标记中；然后每一个标记再经过扫描，公司就会自动挑选相关零部件并把它们装入一个盒子里。接着工人们就开始装配这些零部件，他们常常使用夹子来固定这些零部件而不是螺丝钉，因为这样速度可以更快。在许多情况下，零部件会根据个人计算机的结构标有彩色条码。这样可以使工人便于确认如何装配这些零部件。这一精细的设计保证了工厂高效生产出优质产品。

然后把个人计算机装到盒子里，并标注姓名、地址后，以便于直接送到客户手里。接下来就是客户支付货款。可以通过直接电话和计算机跟踪来处理客户订单和查询工厂车间。经过所有程序后，最后就是向客户递送个人计算机。

戴尔的监测

重要的是，这一系统可以让公司持续而详细地检测接收的订单、供应商供货、工厂生产、客户送货等。这种分析方法意味着每一个员工都有详细的目标，这些目标包括高层管理者的销售目标和赢利目标以及销售人员的订单接收目标。在每一个季度，都会根据赢利、成本、质量和生产率目标来评估各个员工。

这首先意味着戴尔公司可以知道年度计划的完成进度，但是这也使得戴尔公司在需求下降的情况下迅速解雇一批员工——例如，在 2001 年 IT 行业消费下降的情况下，公司解雇了 6000 名员工。这也意味着如果供应商，像英特尔公司，降低了计算机芯片的价格，那么戴尔公司可以迅速降低其个人计算机的价格，并在网上宣布这一消息。戴尔公司在美国有 50% 的订单都是从互联网上接收的，而且能够发现客户在作决定之前会进行价格比较。

戴尔的竞争优势——结果

在 2001 年，戴尔公司公布其运营费用占销售额的 10.2%。而与此同时，康柏公司运营费用占销售额的 18.3%，惠普公司为 20.6%。最近几年，戴尔一直保持着这样良好的业绩。戴尔公司开发了一种节约制造系统——见 9.4.7 节。它注重以标准化技术实现高额产量，并不注重产品创新。John Mendica 以前在苹果电脑公司工作，现任戴尔公司客户产品部的副总监，他指出，"在苹果电脑公司，需求是通过创新性产品创造出来的。在戴尔公司，▶

图1　戴尔计算机公司：赢利增长的10年

（单位：100万美元）

—— 销售额（左轴）
—— 净利润（右轴）

资料来源：Dell Annual Report and Accounts。

图2　2005年戴尔的营业额和利润来源

(a) 戴尔：2005年总收入份额

11%
22%
67%

□ 美国
□ 欧洲
□ 亚太、日本

(b) 戴尔：2005年营运收入份额

11%
19%
70%

□ 美国
□ 欧洲
□ 亚太、日本

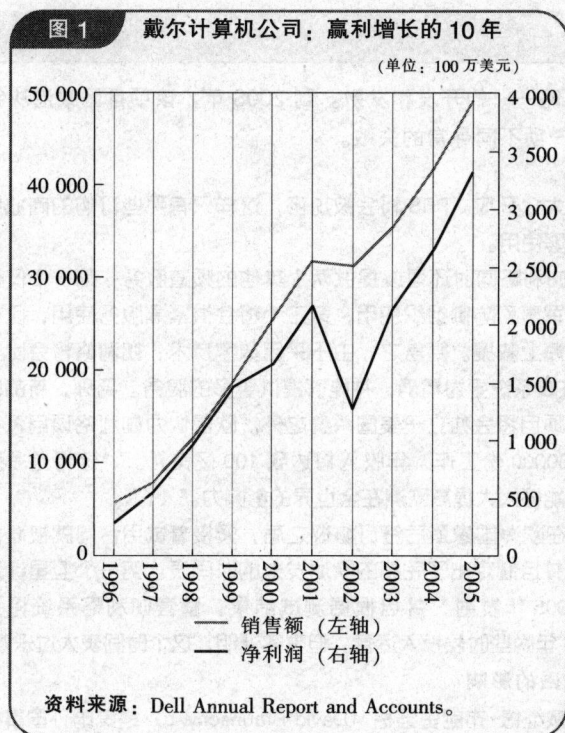

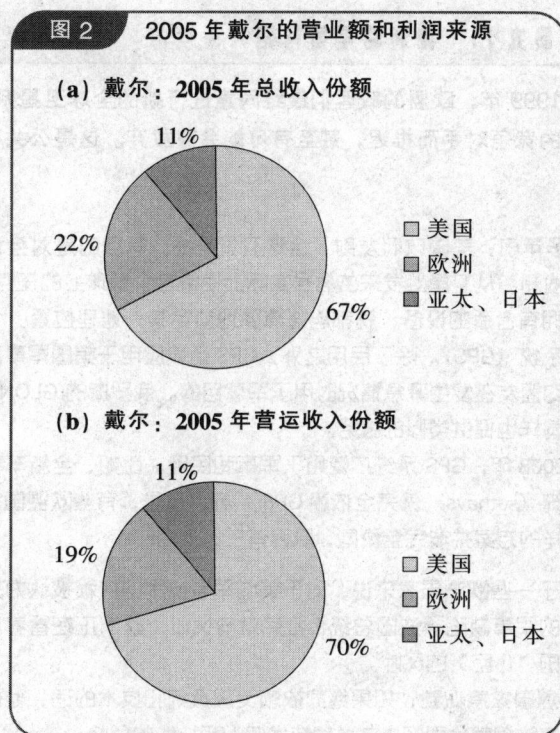

我们的创新是基于公司的生产模式。"

在2004年，世界个人计算机市场以大约14%的速度增长。然而，戴尔公司的销售额却增长了21%。戴尔公司的市场份额连续十年都在不断增长，到了2004年达到了17.8%。由于惠普和康柏的合并，戴尔失去了市场的领导地位——见惠普案例。实质上，个人计算机市场的价格敏感度很高。戴尔能够削减价格，完全是因为它的制造成本比竞争对手低。因此，戴尔公司能够给客户带来更高的价值，能够为股东提供更丰厚的利润——见图1。

戴尔面临的新的竞争威胁

2004年，戴尔的主要业务仍然集中在美洲地区，特别是美国，和欧洲地区。这两个地区的销售额和利润占其总销售额和利润的80%以上——见图2。然而，未来戴尔可能会面临着一个问题，已经有证据表明其在亚太地区的成功是有限的。戴尔在日本市场上排名仅为第四，而在其他地区则面临着更多的困难，如中国。公司被迫停止了一些低端个人电脑在中国的销售。原因是戴尔在中国当地市场的成本和价格不能与中国个人电脑制造商更低的成本和价格相竞争。一些评论家很好奇，如果中国公司开始在世界上销售其产品，会产生什么样的后果。一位分析员说："这打破

了戴尔（可能的最低成本）的无敌神话，即没有公司可以比戴尔的价格更低。"2005年，一家名为联想的中国公司正在努力购买IBM个人电脑的品牌，从而冲出中国——见案例研究9。

案例问题

1. 戴尔计算机公司的竞争优势是什么？它具有持续性吗？如果有，那么如何实现持续竞争优势？

2. 戴尔个人计算机的竞争对手拥有哪些竞争优势？他们可以模仿戴尔公司的模式吗？为什么他们到目前为止都不愿意这么做？你会建议诸如康柏和惠普之类的公司模仿戴尔公司的模式吗？如果是，那么问题何在？

3. 新技术以何种方式给戴尔公司带来风险？它是主要风险吗？如果可能的话，如何克服这些风险？（如果你想进一步了解这个问题的意义的话，参见9.2.2节）

关于本案例的小结的视频可在 www.pearsoned.co.uk/lych 上看到。

注：

* 本案例由作者根据各方资料编写，包括：Dell Computer Company Annual Report and Accounts 2004 and previous data all on the Dell website–www.dell.com and look up the 'investors' drop-down menu; Financial Times, 16 February 2001, p13; 2 April 2002, p22; 20 March 2003, p14; 9 October 2003, p34; 5 March 2004, p33; 1 June 2004, p10; 17 August 2004, p25; 19 October 2004, p29.

案例研究 11　伽利略是如何陷入困境的

1999 年，欧盟的政客们最终同意进行新的全球卫星系统——伽利略——的开发和发射。到 2008 年，该项目因政治决策及欧洲的竞争对手而推迟，甚至有可能会被放弃。这是公共事业战略的一项不同寻常的失败。

背景

多年前，美国政府发射了全球卫星网络，其目的是对全世界进行检测。从卫星上发来的信号实际上使得这个星球上的任何人，只要拥有合适的设备，就都能够精确地锁定某一地理位置：全球定位系统（GPS）。除了民用之外，GPS 还被应用于美国军事部门和北约盟友在发生紧急情况时用于军事目的。俄罗斯的 GLONASS 系统同样也提供类似的服务。

2008 年，GPS 系统广泛用于军事和民用。比如，全新车载导航系统（satnavs）就完全依赖 GPS 系统。但是，有些欧盟国家对于这样的方案并非完全赞同，原因有三：

1. 对于一些欧洲国家来说，对于美国军事技术的依赖被认为是严重的军事缺陷。法国总统希拉克就曾说过，欧洲正在冒着成为美国"仆臣"的风险。

2. 欧洲国家意识到，如果继续依赖美国系统和技术的话，他们的国家防御就会面临失去关键技术知识和技能的危机。

3. 一些欧洲国家同时还意识到了销售卫星接收器和其他相关服务的世界性的商业服务机会。根据一些预测，到 2020 年为止，对于接收器的市场需求可能达到 30 亿套，总额达到 2500 亿美元。

这一问题对于单个欧洲国家和／或公司来说都是一笔巨大的投资成本，因为这要求相应的卫星系统投入高达 35 亿美元。这一数字远远超出了大多数欧洲国家的承受能力。

伽利略联合项目

1999 年，欧盟 15 个国家（现在有 25 个）同意联合发展泛欧洲的卫星系统——伽利略。欧盟委员会——欧盟的核心机构——从国际电讯协会那里获得了一个新的频率计划供伽利略卫星系统使用。几乎在同时，欧盟国家就它们各自所承担的资金和设计达成协议。重要的是，伽利略将会采用更为复杂的新型数字技术来传递定位信号。这就意味着，除了像美国 GPS 系统那样的开放信号，还将会提供被称之为公共管制的服务（PRS）：后者将不会对

欧洲的新伽利略卫星将直接与美国 GPS 卫星系统竞争。

普通大众开放。PRS 将会被加密，这样只有那些订购的商业组织才能够使用。

伽利略同时还可以提供两个其他的频道服务：第一个仅供欧洲的军事和防御组织使用；第二个将会供紧急服务使用，比如警察和海上救援。简言之，由于采用数字技术，伽利略将会比美国的 GPS 系统更为精确，并能够提供更多的服务。另外，新的欧洲合作项目将会独立于美国系统之外。欧盟认为伽利略项目将会带来 150000 份工作，年收入将达到 100 亿美元。"这将是一张王牌，能够大大提高欧洲在全世界的影响力。"

在欧洲国家最后签订协议之后，紧接着试用合同就被准备出来，并且制定出了完整的欧洲发射的时间表。第一个卫星计划已于 2005 年发射，并且根据测试结果，整套伽利略系统将会在 2006 年晚些时候投入运营。但事实证明，这个时间表太过乐观。

对美国的影响

戴维德·布朗史维格（David Braunschwig）是美国外国事务理事会的高级委员，他说："我相信伽利略是欧洲防御与安全的一张牌。来自伽利略的挑战使得美国继续在提供定位、定时和导航方面制定全球标准的统治地位产生了动摇。这就是为什么五角大楼如此紧张的原因。"而且美国政府还在 2003 年寻求在发生重大冲突的时候挤进伽利略系统。美国认为伽利略系统是否足够安全还存在争议，并且到 2012 年之前美国还可以通过计划中的系统升级干扰该系统。

不过欧洲人有他们自己的看法。欧盟一位高级外交官认为，"这并非是欧洲和美国之间竞争的问题。这是欧洲人为了在某种程度上与美国平等而进行的尝试，这样我们也可以影响和决定国际事务。"无论如何，欧盟都已经在努力向美国作出保证，该系统并不会干扰到美国的系统。欧洲人还利用他们的技术专家向美国表示，尽管伽利略与美国的扩张计划有所重叠，但是两个系统可以共同工作。

事实上，由于伽利略要比 GPS 系统更为精确，两个系统彼此合作将会是一件互惠的事情。在 2006 年，普遍的观点认为，欧洲和美国将会同意进行合作。事实上，美国人不需要担心，因为伽利略系统会推迟，最后可能会彻底取消。

对于中国、印度和其他国家的意义

中国幅员辽阔，部分地区在技术和通信上仍属于未开发地区。2004 年，中国接触欧盟，并提出愿意在伽利略项目上进行合作，甚至愿意在该项目上投资 30 亿美元。2005 年 1 月，三位中国官员加入了管理该项目的伽利略合作执行委员会。另外，一家中国的卫星公司是进行伽利略系统合同投标的弗朗戈——德国公司（Franco German）EADS 的小成员之一。美国对于中国加入该计划提出了安全问题上的抗议，但是欧盟解释说，与中国的合作明确地不包括任何会影响到西方安全的机密信号。合作的目的是为了给中国提供仅限于民用的更为精确的系统。中国政府在 2007 年改变了主意，决定继续开发自己的系统，计划于 2012 年完成。也许它看到了欧盟将会出问题。

对于伽利略系统来说，很重要的一点是，欧盟还积极寻求与 ▶

其他国家的合作。尤其是与另外一个能够从新的卫星系统中获益的幅员辽阔的国家印度进行合作。欧盟希望与印度达成超过40亿美元的投资合作。这会使印度超过中国成为一个重要的合作伙伴。以色列、乌克兰、俄罗斯也积极投入到谈判当中寻求在伽利略项目中的可能合作。

所有的这些谈判的基础都是伽利略系统的进展。不幸的是，项目的进展开始变得糟糕。

伽利略的危机

2007年5月，德国交通部长Wfgang Tiefensee说伽利略项目出现了"很严重的危机。我们走进了死胡同"。主要问题的根源两年前就出现了。一开始，欧盟希望私营企业能够提供大部分的资金——大约40亿美元，这样可以承担大部分因失败带来的风险。这一原则是一些欧盟国家，特别是英国所认可的。他们对伽利略项目持怀疑态度，认为宁愿由私营企业而不用公共事业部门来承担太多的责任。

除了承担风险的问题，私营企业投资的最大好处在于可以进行公开竞争。刚开始，有两家私营集团竞标伽利略项目，它们希望通过这项业务降低成本。集团的成员均为欧洲国家从事卫星或通信业的企业。不幸的是，政治因素破坏了这一进程。欧盟的授标当局无法在两者之间进行取舍，因为害怕会得罪这些公司背后的政府。结果两家集团合并成一家。合并后的公司由欧洲市场最强大的公司组成，有法国和德国主要的航天公司EADS、法国的Thales和Alcatel-Lucent、英国的Inmarsat、意大利的Finmeccanica、西班牙的AENA和Hispasat以及以德国最大的通信公司德国电信为首的集团公司TeleOp。

欧盟的授标当局仍在决策中出现漏洞。当局对于如何分配合同从不作决定。也就是说，"如果公司不能得到它想要的，他们就各回各家，"一名了解谈判的匿名人士说。

经过更进一步的谈判，合同基本按照政治原则而不是商业的原则进行了分配。比如，总部放在法国的Toulouse，运营在英国的伦敦，德国和意大利负责中央控制，而西班牙负责备份。

下一步如何？

伽利略卫星的第一次试验于2005年开始，2006年进行了第二次。据非正式渠道说，西班牙"认为它应与意大利和德国有一样分量，这是荣誉问题"。然后，又进行了18个月的谈判。

最后，欧盟给集团的最后期限为2007年5月。集团的成员要求欧盟给予新的商业条件，包括保证项目赢利，并对伽利略卫星可能的灾难性失败进行特殊保险等。欧盟处于弱势，因为它只有一家竞标者。结果，在写本案例时，欧盟政府被要求至少额外支付2.5亿美元来保证项目在短期内走入正轨。长期来说，欧盟政府除了各国政府已经同意的16亿美元外，还要增加32亿。这就是说，欧盟的公共事业将要支付卫星系统总费用的90%。

总之，伽利略系统的完成时间已经从2006年推到了2011年。欧洲国家仍对它持乐观态度，它有许多潜在的用途，比如对作物绘图、跟踪货运、预测海岸侵蚀现象等。欧盟认为GPS系统是有真正的市场潜力的，市场规模大约在8000亿美元，年增长高达25%。"这是很了不起的项目，但已经浪费了太多不该浪费的时间，"前欧盟交通公使Karel van Miert说。但是，对于这个项目能否如期完成还存有很多疑虑。

案例问题

1. 伽利略卫星系统的主要好处和问题是什么？欧盟的主要错误是什么？你认为利大于弊吗？

2. 欧盟内部可预见的政治困难有多大？如果你是欧盟的公共事业部官员，你如何处理这些问题？你会改变战略吗？如果会，怎么改变？

3. 伽利略的经历中，关于公共事业战略的教训是什么？

关于本案例的小结的视频可在 www.pearsoned.co.uk/lych 上看到。

注：
* 本案例由作者根据各方资料编写，包括：The European Union has an extensive website devoted to the basic details of the project at http://europa.eu.int/comm/ dgs/energy_transport/galileo/index_en.htm. Financial Times: 18 September 2003, p24; 24 January 2005, p20; 18 April 2005, p28; 12 October 2006, p9; 14 October, 2006, p6; 5 February 2007, p6; 4 May 2007, p7; 10 May 2007, p13; 3 October, 2007, p26.

案例研究 12　突发性战略：谁能阻止苹果成为音乐传送业的统治者？

当苹果的 iTune 于 2002 年上市后，它成了世界上许多国家音乐传送业的主宰者。唱片公司也开始发现向苹果让出了太多的市场。新的公司正在进入市场，其中，有传言说谷歌也将提供这种新服务。谁能阻止苹果成为统治者？代价会是什么？

国内新闻和娱乐的主要变化

在过去的几百年间，家庭音乐经历了几项重大变革。首先是家庭留声机，然后是收音机和电视广播。最近，又出现了个人家庭电脑和便携式音乐设备，如 iPod，使从网上收听音乐成为可能。现在，许多国家出现了宽带革新，使通信变得更强更快。

面对这三个方面的巨大变化，全世界录制音乐和音乐传送公司重新考虑各自的经营战略。本案例有三个主要部分：

1. 来自传统唱片公司的唱片音乐；
2. 移动电话带来音乐传送新革命；
3. 宽带和网络是否会成为音乐传送的新方式？

什么样的战略才最容易成功？我们从以往的发展中可以学到什么？包括宽带在内的新技术能够为音乐公司带来什么？

来自传统唱片公司的唱片音乐

2007 年，有四家领先的唱片制造商统治着全球的唱片业。它们占据了 75% 的市场，价值约 200 亿美元。但是，虽然它们的市场规模很大，但它们仍在亏损的边缘挣扎。它们主要销售流行音乐，但也有许多其他的音乐市场，如古典音乐、爵士乐、乡村音乐和西方音乐，等等。流行音乐本身也有许多细分市场。主要公司见表 1。

如果从音乐市场的规模和领先企业所占的巨大的市场份额来看，这些企业的利润问题就有点让人奇怪了。主要原因之一是因特网的销售不足以弥补 CD 销售的急速下滑。另一个原因是，通过因特网进行的非法音乐共享。但是，这些并不是利润低的唯一原因。

在过去的几年中，唱片公司与成千上万的艺术家签约，但只有几个人能真正带来利润。例如，2007 年，EMI 在册的艺术家有 14000 人，但只有大约 200 位艺术家带来 EMI 大部分的年收入。

表 1	2006 年全球知名唱片生产商	
公司	市场份额	评价
维旺迪环球	25	被法国 Vivendi 公司于 2002 年出售给独立集团公司，但 Vivendi 仍保留部分股份
索尼/BMG	22	一部分属于索尼多媒体王国，一部分属于德国媒体集团 Bertelsmann
华纳	12	AOL 时代华纳的一部分——在过去的几年中，华纳多次试图收购 EMI，而 EMI 也多次打算收购华纳
EMI	12	以英国为基地的集团公司——由英国私人股份公司于 2007 年收购，见案例 16.3
其他	29	有许多专业人士的小型集团

资料来源：作者根据商业资讯编写。

大约 85% 的艺术家给 EMI 带来亏损。公司解释说，它每年要花 1.4 亿美元去补贴 15% 的艺术家，而他们从没出过一张唱片。为什么唱片公司要在这些低价值的人身上花这么多钱？当然，像麦当娜和艾尔顿·约翰，他们本身就是品牌，要有特殊待遇。那么，战略上的困难就是，"乐队、乐迷以及品牌的组合方法是有影响的，要谨慎对待，"一名领先行业专家说道。换句话说，唱片艺术家们认为一定程度的保护有利于发挥他们的创造力。

四大公司的竞争优势体现在三个相关的领域：

1. 签约。大多数世界顶级艺术家都会与领先的唱片公司签约。例如，艾尔顿·约翰、雪儿、麦克尔·杰克逊和麦当娜签了独家合约，为他们的唱片公司赢得了竞争优势。乔治·迈克尔与他的唱片公司之间的争执引起了对这个行业内的控制权问题的关注。
2. 较高的推广障碍。对于新的艺术家来说，进入门槛很高，因为需要很大一笔营销资金才能成为国际明星，见上述 EMI 的数据。此外，还有许多专家和网络来推广和分销唱片。
3. 通过零售店进行唱片销售。大部分的销售是通过一些主要的唱片音乐零售店来实现的。对于小型公司来说，唱片上货架是一道门槛，也是成为大公司的机会，因为大公司才有资格与这些主要的零售店进行讨价还价。

此外，大多数唱片公司还有其他渠道使价值增值。比如，许多唱片公司有音乐出版公司和利润较高的重播费。到目前为止，唱片公司还没有参与其他相关的音乐商务活动，如音乐会推广。对于著名艺术家，像 Kylie Minogue 和 Take That，唱片公司正在与他们除了 CD 外，进行范围更广的推广交易的谈判。比如，Robbie Williams 在过去的五年里花了 1.2 亿美元达成了一笔交易，不仅包括音乐，还包括音乐会、商品和其他品牌相关的收费。事实上，这也意味着唱片制作商正在将音乐的价值链从单纯的录制拓展到音乐工业的其他方面：表演、旅游推广及艺术家代理人。

虽然现有的唱片公司主宰着传统的分销渠道，但因特网已经在过去的几年中与它抗衡。在线音乐传送可以有许多方式，包括：

- 合法的音乐网址，出售 CD 和磁带，与街头零售店竞争。这些网址由四大公司提供。事实上，有几家唱片公司自己也有，或正在设立自己的网址。但有一个风险是，它们这样做会让传统的零售店不满。
- 由小型独立音乐公司，像 IUMA 和 MP3.com，经营的数字点唱机。此外，这些点唱机特别用来传送那些不能与四大唱片公司签约的新团队的音乐。每一个音乐团队只要付 250 美元就可以把唱片登上。顾客可免费欣赏，仅付 99 美分便可下载。到 2005 年，IUMA 将活动基地从美国拓展到了英国和亚洲。
- 地下因特网网址非法传送四大唱片公司的音乐，但不付版税。这使得有人可以下载，不用花钱去买。Napster 最为出名，但是其中的一家。在过去的四年中，唱片公司慢慢关闭了大多数的网站，因为合法的活动十分活跃。

在过去的 10 年中，非法下载路线引起了四大唱片公司的警 ▶

音乐传送正在迅速变化，但企业还没有意识到如何应对。实验性战略将对这一充满不确定性而又令人兴奋的市场十分重要。

觉。它们开发了新的防盗互联网系统来传送自己的音乐，叫做数字版权管理（DRM）。但是在开发了五年后，DRM 在某些方面成了障碍，因为它把乐迷们推向下载非法复制品，而且这个软件很难在个人音响设备上安装。2002 年，当苹果的 iTune 与所有领先唱片公司达成协议时，这一问题得到突破，给唱片工业带来了变革。从此，可以付费后进行合法下载音乐，而不会出现 DRM 的问题。到 2008 年，苹果每年的合法下载市场价值 1.2 亿美元，苹果占了 80％的市场份额。虽然有些非法下载仍在进行，但是它们不再成为唱片公司的主要威胁。

到 2007 年，唱片公司意识到苹果公司已经统治了在线传送业，而且控制了唱片公司的价格。结果，唱片公司决定完全停用 DRM，并鼓励其他的传送公司加入。它们需要有些公司与苹果竞争。有两家新公司受到鼓励，开始挑战。一家是主要的手机制造商诺基亚公司，另一家是图书和音乐在线购买的市场领导者亚马逊。在编写本案例时，两家公司刚开始开发这项服务。诺基亚将免费提供一年的音乐下载，此后可免费保存。亚马逊的服务内容尚未公开。

此外，移动电话服务公司也开始在移动音乐服务上投资。

移动电话——音乐传送的新革命

2008 年，移动公司也开始传送音乐，包括服务公司（像沃达丰、Orange 和 T-Mobile）以及制造商（像诺基亚、摩托罗拉和三星）。这一新发展是很正常的，因为移动市场的语音服务已经变得成熟。因此，移动电话服务公司和它们的制造商开始寻找新的收入来源，比如说音乐，可以通过电话传送来收费。

虽然大多数移动电话服务提供音乐，但在 2008 年前很少有影响的公司。对于这种情况，一家电话公司总裁说："到目前为止（2008 年初），我们还没有看到有什么设备可以战胜 iPod。"那个时候，苹果的这种音乐设备卖了 1.2 亿美元。对于移动电话在音乐方面的发展，音乐总裁的评论是："就算你有极好的服务和网上商店，但如果你没有工具战略，你也会失败。"这位总裁所说的"工具战略"，是指向潜在顾客传送音乐的方法。除了工具，顾客还希望使用便捷、价格有竞争力，这也是苹果 iTune 的优势之一。

但是，对其他音乐传送公司造成竞争威胁的不只是 iPod 和 iTune，也有其他的伙伴——2007 年上市的 iPhone。苹果的新款移动电话很贵（要 499 美元，而一般的电话只要 199 美元左右）。但是，iPhone 很受欢迎，它有典型的苹果风格，配合了苹果清晰而简单的音乐下载业务。

为了回应苹果对音乐下载的统治，四大唱片公司决定第一步战略是放弃 CRM。这样做的目的是为了让其他的设备公司，比如，移动电话公司，开展音乐传送业务。特别是，这一变化意味着用新的工具下载音乐可以在多种机器上使用，从 MP3 播放器到个人电脑。这与苹果下载音乐不同——它只能用在苹果的机器上。亚马逊的数字音乐总监，Pete Baltaxe，在对外宣布公司的新服务时说，"顾客希望他们购买的音乐可以在所有工具上播放"。

除了亚马逊公司外，所有的移动电话公司也开始提供音乐服务。世界最大的移动服务运营商，沃达丰公司的内容与产品经理 Paul Kenny 说，"我们当然希望给 iTunes 资金运行。我们认为将沃达丰的品牌贴在我们的音乐服务上很重要。我们认为，在某些方面，我们可以参与竞争。"所有的移动电话服务运营商都提供这样的音乐服务。但是，到 2008 年，这些业务对于大多数运营商来说，业务量太少了。价格较高，付费较复杂，但有音乐功能的手机不多，这些便是其中的原因。

虽然移动电话公司和其他公司提供音乐服务，但低水平的音乐业务是不正常的，因为公司花费了很多资金来设立这样的服务。"需要投入大量的技术、经营时间来支持（移动）音乐服务，特别是在多个地区，"一名专家说，"小型运营商，有的将音乐作为战略的主要部分，大量投资，像英国的 3（移动电话服务），美国的 Hello 和 Amp'd。如果它对于它们来说不重要，它们就会与著名的音乐专家合作。"

实际上，数字音乐市场发展迅速，但市场仍未统一。苹果的 iTune 成为市场的主导，但市场的渗透率还很低，其他移动电话用户不愿费事用手机听音乐。沃达丰的肯尼先生说，"还有很大的机会去获得市场地位。"

宽带和万维网——新的音乐传送机遇？

2008 年，对于唱片公司和苹果的 iTunes 来说，至少还有两项潜在威胁，即宽带和万维网。多年来，因特网使得绕开传统唱片公司更加容易。广泛运用的宽带技术加快了传送的速度，使下载一整张 CD 只需要 3 分钟。更为重要的是，家用宽带的普及给某些国家带来了更大的影响。比如，韩国的宽带比欧洲的用途更广，它可用来传输游戏，用以前的因特网技术太糟。同样，因特网还可以利用宽带技术进行电影和电视节目的转换和购买。主要的广播公司，如 BBC 和新闻集团都投资了这项全新的业务。即使是移动电话公司也开始利用 3G 技术朝这个方向发展。宽带使录制音乐更容易获得，但是现在还不清楚到底这一技术能不能改变市场。

在编写本案例时，社会网络的互联网网站 MySpace 宣布它与四大唱片公司中的三家已基本达成协议，合作创立在线音乐服务。MySpace 期待索尼 BMG、华纳音乐以及 EMI 能够同意这一交易，这样 MySpace 就可以在 2008 年年底投放在线音乐服务。在编写本案例时，只有最大的录制公司，环球音乐，没有达成协议。原因是环球与 MySpace 就有关版权的问题没谈妥。环球希望在进行任何在线音乐交易前解决这一问题。

这些谈判将会推动 MySpace 的竞争对手 Facebook 也开始进行音乐服务的谈判。据媒体报道，Facebook 在听说 MySpace 谈判的消息后，很快就与唱片公司接触。两家公司均认为音乐是吸引年青听众使用它们网站的重要因素。2008 年，MySpace 在全球有 1.1 亿用户，Facebook 有大约 6600 万，见表 2。

除了这些方面的发展，据说谷歌也决定与移动电话公司竞争。▶

表2 截至2008年1月，有社会性互联网网络

英国网民	独一访客浏览总人数(百万)	英国网民	独一访客浏览总人数(百万)
Facebook	12.8	MySpace	61.8
Bebo	11.4	Facebook	31.2
MySpace	8.8	Flickr	13.0
Flickr	2.7	Classmates	12.1
Friends Reunited	2.4	Reunion	6.0
Piczo	2.3	Buzznet	0.6
Hi5	1.5	Imeem	4.1
Faceparty	1.3	Bebo	3.9
Imeem	0.8	Linkedin	3.5

注意：独一访客是指15岁以上浏览人士，不包括公共计算机如网吧或通过移动电话接入的浏览。

资料来源：ComScore。获得复制许可。

"我认为最根本的问题是我们在美国市场没有创新，特别是移动电话，"谷歌的创始人之一，Sergey Brin 说。谷歌有可能会竞标新的移动无线领域，而且有可能会投放新的软件—服务平台。"对于谷歌来说，有许多工具可供选择十分重要，网络是开放的。"观察家们认为，这意味着谷歌可能正在寻找机会进入移动网络，获得更多的流量，包括音乐。

虽然乔治想推动这个行业的改变，但是，这不是他一个人做得了的。它需要行业里现有公司的合作，但这一变化对于音乐的传送有着深远的影响。

案例问题

1. 因特网对四大唱片公司的威胁有什么特点？它们如何回应这些威胁的？为什么它们的回应带来了更大的战略问题？

2. 运用突发性战略的理论，你建议在音乐传送和范围更广的音乐工业中，主要的录制音乐公司用什么战略？

3. 你对于谷歌进入传送业所带来的威胁如何回应？

4. 在本案例中，战略发展动态性中新技术带来了机会，你得到的教训是什么？

关于本案例的小结的视频可在 www.pearsoned.co.uk/lych 上看到。

注：

* 本案例由作者根据各方资料编写，包括：Ghosh, S (1998) 'Making business sense of the Internet', Harvard Business Review, Mar–Apr, p180. Also Financial Times, 25 June 1996, p17; 24 May 1997, p7; 23 Aug 1997, p2; 15 May 1998, p28; 2 June 1998, p22; 19 Nov 1998, p8; 27 Nov 1998, p6; 13 Jan 1999, p18; 8 Apr 1999, p34; 16 September 2003, p27; 23 September 2004, p21; 16 February 2005, p27; 28 February 2005, p1; 8 March 2005, p4. 14 July 2006, p22; 11 April 2007, p10; 9 May 2007, p28; 3 July 2007, p22; 7 August 2007, p16; 29 October 2007, p28; 5 December 2007, p28; 16 January 2008, p11; 10 March 2008, p23; 10 March 2008, p23; 14 March 2008, p30.

术语

Glossary

附加价值：组织产品的市场价值与投入成本之间的差额。

结构：组织内外的关系网。

对利益相关者的吸引力：战略评估标准，与战略对那些公司需要满足的人群的吸引力大小有关。

后向整合：组织获得原材料的过程，比如生产者收购原材料供应商的过程。

平衡记分卡：采用战略和金融方法来评估所选择战略的成果。承认利益相关者期望的不同，尝试采用以四个商业活动主要阶段为基础来衡量所选用战略的结果。

基准：与其他组织的实践进行比较，从而确定自己应该完善的部分。请注意，这种比较并非必须是同一产业内的其他组织，只要该组织在运行的某一个方面做得较好即可。

有限理性：管理者减少工作任务的原则，包括对某一个较小步骤的执行。即使这会过于简化总体形势，也可能并非是处理问题的最佳方法。

头脑风暴：通过小组迅速产生思路，通常成员有不同的背景，对于思路不进行评估。

品牌：消费者购买的商品内在价值以外的，包括商标名称和声誉的额外保证。用来区别销售方产品或者服务的特定名称或者标志。

收支平衡：新战略花费的成本等于该战略带来的总收入的点。

布雷顿森林协定：世界上最主要的工业化国家之间达成的基本固定的汇率体系，该协定从1944年起开始生效，至1973年废止。

商业道德：见道德。

商业模式：就是对战略的基本因素进行组合的模式，它能够在特殊的战略环境下为公司带来利润。

业务流程再造：行政任务人员被技术所取代，通常会有去层和其他的组织变革。参见去层。

效能资源：不仅包括核心能力和关键资源，还覆盖整个价值链资源。

利用能力：任何时候的工厂运作水平，通常以该工厂整体生产能力的百分比来表示。

现金牛：在低成长市场中具有相对较高市场份额的产品。参看组合矩阵。

变化选择矩阵：这个矩阵建立了人力资源活动因素和战略变化的三个领域（业务改变、文化改变和政策改变）。

环境可变性：环境能够变化的程度。

渠道战略：参看分销战略。

紧密相关多元化：集团内部的多个不同公司可能会有多种不同的产品或者服务，但有着某种形式的密切关系，比如共同的顾客、共同的供应商，或者共同的一般开支。

同谋联盟：公司为了减少竞争或者是提高价格与其他公司分享信息的公司战略。在很多国家这是非法的。

国家竞争优势：包括一个国家所拥有的会产生对其他国家竞争优势的资源。参看菱形理论。

竞争优势：一个组织超过其竞争对手的主要优势。竞争优势使该组织在同一市场上比其竞争对手能够获得更多的附加价值。

竞争对手剖析：指通过分析对手的资源、过去的业绩、当前的产品和战略来研究一个或两个主要竞争对手。

相辅相成者：那些为基础组织的产品增加的价值要比它们自己生产的产品中获得的价值更高的公司。比如，微软的软件就极大地增加了惠普个人电脑的价值。

完全竞争模型：向顾客提供货币价值并为自己提供竞争优势的商业模型。

集中度：指一个产业的工业增加值或效益主要集中在少数几家公司手中的程度，可以用来衡量公司在某一行业中的地位。

一致性：与达到组织目标程度相关的战略评估标准。

抗争：有些战略家认为这是每个组织所必须具备的结构性冲突。

战略管理的内容：公司战略的主要活动。

战略管理的环境及背景：公司战略实施与发展的环境。

领导的权变理论：根据组织在特定时间、特定地点的需要招聘或选拔领导人的理论。请参照风格和特质论。

控制机制：指在战略活动的实施或进行阶段，在不违背财务资源、人力资源和其他方针的前提下，为保证战略目标的实现而实施的过程。控制机制是在战略实施过程中控制选定计划并根据情况做必要调整的过程。

合作：就是把组织联合到一起，以便提高它们在市场上的竞争能力。请参照增值公司。

合作博弈：指参与各方都能获得报酬增加。

合作战略：至少有两个竞争公司或者其他相关公司共同合作来达成共同目标或者共同受益的战略。

战略管理的核心领域：战略分析、战略制定、战略实施的常规性观点。突发性战略学家认为，核心领域包括知识、创新、技术、战略动态性以及相关的课题。

核心能力：能够使一个组织为顾客提供特殊利益，并产生竞争优势的一组与众不同的技术和技巧。综合到一起，这些技术和技巧就能形成使组织区别于其他竞争对手的关键资源。

核心资源和能力：组织的重要战略资源，通常包括组织的有形和无形资源，以及组织运用和共享这些资源的能力。

公司管理：股东对组织的战略方向，尤其是对执行总裁和高级官员等的控制。

公司层面战略：从字面上看，有两层意思。首先，公司层面战略是指使公司从某一商业领域业务转向其他相关或不相关的商业领域的战略决策。其次，公司层面战略是指多元化产品集团的公司总部在引导和影响战略方面的角色。

公司使命：多元公司集团中心总部的使命和意义。

公司社会责任：组织在处理组织和外部环境时所采取的标准和行为。参见道德。

公司战略：这至少有三个定义。首先，找到组织的使命和完成这些使命的计划和行为。其次，找到市场机会，并积累经验和发展竞争优势。最后，达到主要目标、目的、使命的方式以及主要政策或者是达到这些目标的计划。

成本/收益分析：评估战略方案，特别是站在公众的角度评估战略方案，这里可能不仅涉及商业利润，可能还要涉及无法量化的公共服务。成本收益分析试图对特定战略所获得的更为广泛意义上的社会收益进行量化。

资本成本：组织所消耗的资本的成本，通常采用在组织外部进行无风险投资证券的成本，加上投资在组织本身的一些额外的风险因素得出。

成本加成定价法：在成本外加一定费用的定价，主要根据总成本并加上一定比例的利润率来设定商品或服务的价格。请参照目标定价法。

创造性破坏理论：其基本概念是，创新机会来自对以往市场的竞争和技术的破坏。

创造理论：前提是企业家能够通过实验或创造新的前所未有的市场需求带来创新机会。

文化网络：能够用来描述一个组织的文化特征的因素，通常是指组织的事迹、标识、力量结构、组织的结构、控制系统、办事程序和惯例。

文化：请参照组织文化和国际文化。区分该主体的两个十分不同的领域是非常重要的。

消费者—竞争者矩阵：该矩阵把消费者一般的需求范围，和竞争者通过诸如独特性和规模经济等就能够获得竞争优势的领域联系在一起。

顾客驱动战略：一种组织战略，每个功能都直接以令客户满意为方向。它不仅仅包括如销售与市场这样只跟顾客有传统形式接触的职能。

客户剖析：描述顾客的主要特征及顾客如何进行购买决策。

周期性波动：成熟市场的上升与下降的周期性波动。

去层：在组织结构中去除中间管理层。

合并：企业解散将组织分拆，其中的某些部门可能出售给外部投资者。

派生需求：指顾客根据经济实力产生的对商品和服务的需求。请参照基本需求。

国际竞争优势的菱形理论：明确帮助一个国家在国际市场中更具竞争力的四个相关领域的"菱形"。这四个领域是：要素条件、国内竞争公司、国家支持行业和国内需求。参看国家竞争优势。

多样化：某一产品或者服务独特的属性或者优点使得它对于整体市场中的某一部分具有吸引力。组织的产品比其他产品能更好地满足需要，所以可以索取高价（参看一般战略）。

自由政策：政府主要通过中央集权的政府导向活动来管理经济。参看自由政策。

不连续性：根本的、突然的和大量无法预料到的环境变化。

发现理论：前提是市场中已经存在新的机会，等待企业家去发现。

按现值计算的现金流量（DCF）：从未来战略角度映射的现金流量总和。对每个现金流元素以目前的价值予以重新评估。

旧品创新：利用现有市场、利用现有技术来提供比目前更为简单和更为便宜的产品和服务。参看创新。

远相关多元化：集团内部不同公司会有相当不同的产品和服务，有可能会采用完全不同的技术，提供不同的产品或者服务。但是，它们有可能是分享相同的内在核心竞争力，或者所采用的技术或者服务可以通过同一个中心总部合作，从而获益。

分销或者渠道战略：在分销产品或者服务的时候所采取的战略。

多元化战略：组织从一个单一产品或主要领域进入到其他商业领域，该领域与以前的业务相关也可能不相关。

多元化产品组合：公司为有不同市场的众多顾客服务的产品线。

事业部：多产品公司的一个为产品系列承担利润的独立部分。每个事业部通常有其主要的职能部门，如财务部、生产部及市场部等。

瘦狗：在低成长市场中拥有相对较低市场份额的产品。参看组合矩阵。

主要逻辑：管理者对企业概念化和进行重要资源分配决策的方式。

双环学习：第一个循环依据希望值检查学习的效果，对必要的部分作出调整。第二个循环就是一个检验是否达到希望要求的再评价过程。参看基于学习的战略。

经济租金：一个因素在保持其目前使用状态所需的最小值的基础上获得的额外收入。

规模经济：当生产量提高使产品单元成本下降时所获得的额外成本结余。比如，一家大型的新的生产厂生产出了同等数量的产品，但工序更少，因此可节约单位成本。看看范围经济。

范围经济：各种产品因分享某些设施，或者由于从组织某一部分向另外一部分传递技能或者能力，而获得的额外成本结余。参看规模经济。

突发变化：开发一个战略的全部过程，其结果只有在战略实施中才出现。在战略出现之前，没有预定好的行动实施计划。请参照常规性变化。

突发性战略管理：一种最终目标不清晰、其元素在其生命过程中不断发展的战略。请参照常规性战略管理。

授权：把权力及相关的决策权下放到组织的更低层次。

企业领导：企业领导是一种受到广义的个人或者小团体的领导驱动，致力于发现并利用商业机会的思考、综合和行动的方式。

环境：组织外的所有东西和人，如竞争者、顾客、政府等。请注意，绿色环境问题仅仅是其定义的一部分。请参照环境可变性和环境常规性。

道德：处理组织内部以及外部环境事务有关标准和行为的法则。参看公司社会责任。

扩张方法矩阵：以结构化的方式研究战略选项，及可能获得的市场机会关系的方法。

经验曲线：描述产品单位成本与生产数量关系的图形。请注意，生产数量应该从第一天生产的量开始累计。

实验学习环：由四个因素组成：(1) 固有的经验或知识；(2) 观察或反思；(3) 通过观察形成抽象概念；(4) 在新的环境下试验这些概念。

可行性：与战略是否可以实施有关的战略评估标准。

配合：组织的系统性、一致性和相合性。

浮动汇率与固定汇率：所谓浮动汇率就是指依据市场需求的变化由市场决定的兑换率——如美国的美元与德国马克之间的兑换率。当某些国家政府（或它们的相关国家银行）根据国际协议确定兑换率，然后在国际市场上固定并保持该兑换率就称为固定汇率。

集中小组：由 4~8 名经过挑选出来的、与课题相关的人员组成的研究讨论小组。

集中战略：企业集中于某一具体的细分市场并提供为该具体市场特别生产的产品。请参照一般战略。

外贸：国家和公司在世界各地进口和出口的活动。

外国直接投资：某一公司在技术、管理技能、品牌和资产方面通过在另外国家设立子公司的形式进行长期投资。

正式的组织结构：组织以汇报关系、职责和任务等形式所定义的正式的结构。请参照非正式组织结构。

前向整合：是指一个组织获得与其产品有关的活动，比如说，制造商进行分销或运输活动。

特许：公司制定出某一商业概念，然后以合同关系的形式，准许其他人（受特许方）采用这一商业概念的合作战略形式。典型地，受特许方会获得一个经过测试的商业形式，条件是把销售额的一定比例返还给特许方，并同意接受在产品范围、定价等方面受到特许方的严格控制。

职能型组织结构：一种组织结构，按职能的形式如财务部门、生产部门等向首席执行官汇报工作，往往适用于产品范围较小的组织。

战略博弈论：主要关注组织自身及竞争对手的有关决策战略，博弈是指所采取的两种战略之间的相互作用。

博弈论：顾客、供应商及相关人员之间在组织内外讨价还价的结构化方法。这样的结构化常常会涉及在每个战略决策进程中的每个阶段可能的结果的数量化。

资产负债率：就是借入资本与总资本的比率。

关贸总协定（GATT）：鼓励和支持世界贸易的国际性协定，用来处理贸易纠纷和支持世界贸易。

一般行业环境：对那些与某一市场或者竞争环境尤为相关的战略的研究。

一般战略：任何企业均可采用的三种战略，即成本领先战略、差异化战略和集中战略。

全球与国家反应矩阵：全球活动需求的程度与组织对国家或地区变化的反应需求之间的联系。这两个领域可能存在重叠。

全球性生产公司：这通常包括对制造过程和一个国际普通品牌的全球整合，仅存在有限的国家因素。请参照跨国生产公司。

全球战略：公司把整个全球作为一个整体来进行营销和供应源。参看国际战略和跨国战略。

股权增长矩阵：请参照组合矩阵。

资源层级：组织的整个资源分成四个层级，其特征就是层级的高低程度与可持续竞争优势成正比。

历史：请参照战略的历史性。

控股型企业组织结构：（有时简化为 H 型结构）适用于有多种产品系列和分享关系的组织。总部仅充当投资公司和每个企业的股东的角色。绝大部分的战略由下属的单个企业决定。

横向整合：组织收购其竞争对手或通过其他形式形成近相关的形式。

人力资源核算：对组织的员工、员工的技能、背景及相互关系的一种检查。

基于人力资源的战略理论：强调人的因素在战略发展中的重要性。请参照突发型公司战略、基于谈判的战略路线和基于学习的战略路线。

实施：组织所选战略的执行过程。

非正式组织结构：通常不是那些书面上的结构，由组织的历史、文化和个体形成。组织建立起非正式组织结构以便于信息的流动及在组织结构中分配权力。请参照正式的组织结构。

创新：新观点的生成与开发。它能推动产品、服务、人员、资本资源、市场和生产过程超越当前的边界与能力。参见旧品创新。

基于创新和知识的理论：在制定战略中产生新的创意和分享这些创意是最为重要的一方面。

创新组织结构：以创造性、较少正式的汇报关系和非正式性为特征。

创新能力：一些组织所拥有的开发和利用创新思想的专业能力。

无形资产：组织中没有实物形式但对组织有用的资产，如品牌、技术知识等。请参照有形资产和组织能力。

组织的智能资本：它是指一般组织财务报告中所描述的特征更深、更广、更人性的方式表现的将来的赢利能力。

知识产权：任何在市场上有价值的人类的无形智力产品，对于公司来说具有法律含义。

国际文化：能把一群人与另一群人区分开来的集体思维方式。区别于组织文化。

国际货币基金组织（IMF）：一个国际化的组织，其职能就是给国际上处于困难的国家提供贷款，并通过合作与讨论来促进贸易稳定。

国际战略：组织的活动很大一部分是在母国之外进行，并且作为单独领域来进行管理的战略。参看跨国战略和全球战略。

内部创业：将重点放在识别和利用大型企业或组织内部的创新机会。

合资企业：两个或者更多的企业共同合作建立起一个共同所有的子公司来进行合作的战略。

即时系统：一种只有在有需求时才要求供应方那里提供的、没有库存的系统。

Kaizen：（日本语）指对生产和增值的各个方面进行连续改善的过程。

Kanban：看板，（日本语）生产车间保证生产活动的系统。

成功的关键因素（有时称为重要的成功因素）：对保证市场成功起实质性作用的有关组织中的资源、技能和属性。请注意强调的是在某一行业中所有的公司（成功的关键要素并非指的是某一个公司的成功的关键要素）。

知识：由经验、价值、背景信息及专家观点组成的流动混合体。知识评估组织经过时间积累的生存和在市场中竞争的能力。注意它不是数据，也不是信息。

创造知识：在组织内发展和传播新知识。

知识管理：组织中有关知识的保存、研究和共享，能促进组织保持竞争优势。

自由放任政策：政府采用非干预的政策。由市场力量主导形式管理国家经济的政策。请参照政府干预政策。

领导能力：影响他人的艺术或过程，使他们自愿、热心地完成组织使命。

学习：通过手艺、试验和反馈开发战略的战略过程。请注意，这里的学习不是指死记硬背或记忆的学习。

基于学习的战略性前进路线：强调把学习和技能作为成功发展公司战略的重要方面。请参照基于人力资源的战略理论。

租用：组织在某一时期使用某一资产的形式，有可能会在该时期结束后可以进行购买。

杠杆作用：研究组织的现存资产对组织整体的作用。

生命周期：指生产年销售额与时间的变化关系。它经常被分成几个不同阶段，即导入期、成长期、成熟期和衰退期。每个阶段应有对应的战略。

合理的渐进决策法：通过小的、渐进的、合乎逻辑的步伐开发一个战略的过程。该词首先由 J B Quinn 教授使用。

物流：指存储、传递和为客户服务的行业。

长期负债：长于一年偿还的借债。参看短期债务。

松紧原理：在定好的管理框架内，允许个人或运营分部自治和独立，而总部实施紧密的集中控制的需求的概念。

行业中低成本领先者：在该行业中已经建立起的，并可以持续在该行业中获得最低成本的工厂、设备、工人成本和工作流程。

宏观经济条件：在国家或国际经济层面上的经济活动。

市场均衡：在允许竞争者有可行的、稳定的市场份额的同时获得足额利润的状态。

市场机制：政府采用市场定价和半市场机制来决定商品需求的方式，之前这些商品是由政府采用公共事业战略进行垄断的。

市场选择矩阵：识别对组织有效的产品与市场，包括撤退甚至进入不相关领域的可能性。

市场细分：辨认顾客中的特定群体，他们与其他群体对竞争战略有不同的反应。请参照市场定位。

市场定位：对组织所具有的各种优势的选择，从而使它能够在市场中处于竞争或存活状态。通常情况下，它主要保证在市场的特定部分保持其竞争或存活状态。见市场细分。

大规模产品市场：一种产品销售给各种人群。

矩阵式组织结构：为了取代基于产品的多职能结构，一些组织采用两种存在重叠的结构。一种可能是典型的基于产品的结构，另一种平行结构可能是基于像地理区域这样元素的结构，这两种元素就形成了矩阵关系。战略需要得到矩阵所有部门的同意。请参照多事业的组织结构。

里程碑：在战略的各个实施阶段所设定的进程内部指标。

最小干预：对实施战略的管理人员只有在完全必要的情形下才可作出改变的原则。

宗旨：概括了组织应该和会遵循的一般方针，并简要归纳了组织内在的逻辑和价值观。参看目标。

宗旨声明：针对股东的价值和期望，组织所作出的有关业务的定义。

垄断租金：组织操作的市场的经济租金。这样的租金与某一公司在市场中使得它能够按照自己的利益导向来影响市场价格的能力有关。请参照经济租金。

多事业部的组织结构：当组织的产品范围越来越多时，将那些相似的产品归类到事业部中。每个事业部有其自身的职能管理团队，有一定程度的收益和向总部报告的义务，总部保持发展业务战略的重要角色。有时简称为M型结构。请参照矩阵组织结构。

跨国公司：指在全世界许多国家从事活动的全球性公司。如福特、麦当劳和联合利华。

跨国战略：公司在很多国家开展业务，尽管在母国仍然会有基地。参看国际战略和全球战略。

负和博弈：对自己及对手平均产生破坏作用的行为。

基于谈判的战略路线：包含人力资源和博弈论因素。人力资源是为了建立最优战略强调与员工谈判的重要性。博弈论研究在谈判中的权力平衡后果。

净现金流：税前利润总和加折旧减去执行该项目所要求的实际资本投资的金额。

基于网络的战略：发展在相关组织和行业中的合作程度和关系。强调合作程度。

网络合作：组织在组织内部和外部与其他组织的增值关系。

网络外部化：在其他组织加入该网络的时候，允许那些属于该网络的相关方获得更多收益的网络的整体标准。

新型公共管理模式：包括在那些专业公众服务中引进了更多市场竞争，前国有垄断企业被分开来对争取民众业务进行竞争的公共事业决策模式。参看公共事业管理模式。

补缺营销：集中于一个小的市场片断，争取达到控制这部分市场的目标。

目标：把宗旨的实质具体化到具体的任务。它对于实现什么、什么时间实现等问题比使命说得更加精确。目标可以被量化。参看宗旨。

垄断：被少数几家公司占领的市场。

组织的能力：组织的技能、路线、管理和领导关系。请参照有形资源和无形资源。

组织文化：支配和塑造组织人员关系的风格和学术方法。应注意把它和国家文化区分开来。

外包：组织决定从外部购买产品或服务，而不是在自己的组织内部生产。

范式：把有关理论的组成元素联系起来，可能情况下给出这种关系本质的处方或模式。

母子公司关系：公司的各种集团总部追求的特殊关系与战略。

回收期：收回初始投资的时间，通常按年计算。

结果：博弈结果。参看博弈理论、零和博弈、合作博弈、负和博弈。

PESTEL 分析：有关政治、经济、社会文化、技术、环境的合法方面的核对表。

计划：从战略中得出的特定行为，往往是逐步的顺序和时间表。

政策：与当局、领导者和组织管理有关。

组合矩阵：以相对市场份额和市场增长速度这两个准则分析组织所拥有的产品范围，有时称为增长—份额矩阵。

权威性：战略领导力的一个方面，是指组织权力的运用、领导能力及管理。

环境预测能力：所能预测的环境变化程度。

常规性变化：在战略选择基础上所实施的行动，一旦战略被选择，就要给出活动列表。请参照突发变化。

常规性战略管理：在战略开始之前已经给出了发展的主要元素，目标也已经定义。请参照突发型公司战略，它在战略发展中元素是变化的，预先也没有确立目标。

影响压力点：对组织方向有重大影响的团队或个人，特别是有关战略变化方面的内容。请注意，它们也许没有正式的权益和责任。

基本需求：来自顾客自己或其家庭的需求，请参照派生需求。

问题孩童：在高成长市场中拥有相对较低份额的产品。参照组合矩阵。

战略管理过程：战略实施时怎样把公司战略活动联系到一起或使它们相互作用。

战略的利益最大化理论：强调市场和产生利润的重要性。参看常规性公司战略。

获利性：从战略中获得的利润与在战略中所利用的资本的比率。清楚地定义出等式中的各个要素是十分重要的，比如利润是采用税前还是税后的利润，以及采用的是支付利息前还是之后的利润。这常被称之为资本回报率，简写为ROCE。

公共利益：主要与在公共事业战略中制定和执行公共决策的机构的目标有关。

公共力量：由国家政府所拥有的资源，包括政府所授予的决策权力。

公共事业管理模式：包括专业的公民服务机构、监督立法和监督代表政府的机构以及那些为公民提供服务的国有垄断企业所进行的各种活动。

公共事业资源分析：对于是否能够获得足够和适当的资源来达成政府所设定的目标进行评估。

公共价值：公共事业战略中国家整体从拥有和控制某种产品和服务中所能获得的利益。

配额：在一个时期内，一个国家从另一个国家进口货物的最大数量，它主要针对特定产品种类。

声誉：组织在顾客和其他的利益相关者眼中的战略地位。是长时间以来顾客所形成的对组织的认识的累积，这些认识包括品牌和其他因素。

资源分配：在竞争战略之间，组织根据它们的价值对资源分配的过程。

基于资源的战略：强调组织拥有某些能够在竞争中带来竞争优势的资源的重要性。

基于资源的观点：强调资源在传递组织竞争优势的重要性，常常缩写为RBV。请参照常规性公司战略。

存留利润：仍存留在组织中而没有分配给股东的那部分利润。这些可以用来支持新的战略。

所用资本回报：定义为新战略中所获得利润除以投入资金的比值。

回报：成功战略的结果，给组织和个人增加的价值。

回报系统：为组织增加与目标相一致的价值的个人和团体给予结构性利益。

李嘉图租金：由组织的资源延伸而来的经济租金。这些经济租金来源于组织拥有的那些能带来真正竞争力的资源，这些资源使得组织可以获得额外的收益。请参照经济租金。

风险：与战略有关的、不会使组织处于一个不必要的风险或者不合理程度的危险的战略。参见评估标准。

ROCE：见收益率。

景象：指一个组织可能的未来环境的模式，可以用来研究战略内涵。

熊彼特租金：由新的、创新的产品和服务延伸而来的经济租金，组织可以用来支付以上产品的成本。请参照经济租金。

7S 框架：高级目标的 7 个元素：战略、结构、系统、技能、风格、人员和共有价值。

股权问题：组织中的新股权可以发行给当前或新的股东，从而为新的战略筹集资本。有时用"产权"这个词替代"股权"，这一过程被称之为"股权融资"。

股东增值：资本收益与资本成本之差与股东投资额的乘积。

短期债务：少于 1 年偿还的债务。参看长期债务。

小组织结构：包括拥有者以及围绕着此人的小团队。

战略的社会文化理论：在发展企业战略时注重社会与文化。请参照常规型公司战略。

拆分：大型组织使用各种技术以发展和维持其自治性和多样性。

利益相关者：与组织利益攸关的个人或团体，他们希望影响使命、目标和战略的各个方面。

星星：在高成长市场中拥有相对较高份额的产品。参看组合矩阵。

战略联盟：合作战略，组织联合或者分享它们的资源，而不涉及股份交易或者是其他形式的联合所有。

战略业务单元 (SBU)：制定战略时业务单元中的层级，这些层级决定了该单元的战略。并非特指公司分部：一方面，分部内部可能包含多个 SBU；另一方面，一个 SBU 可能横跨多个分部。

战略变化：组织为了获得明确定义的战略目标所进行的对变化的预先管理。请参照常规变化和突发变化。

战略环境：组织外部的所有人和物：竞争对手、政府等。

战略配合：战略与组织结构的匹配过程。

战略团体：行业中的企业团队，它们采用同一战略或相似内容的战略进行竞争。

战略领导力：不仅通过自身，而且也能激励和管理组织中的其它人形成组织决策，提供长期高价值的能力。

战略管理：至少有三种定义。第一，识别组织的目标、规划以及实现目标的行为。第二，识别市场机会以及进行实验，并开发长期竞争优势。第三，主要目的、目标的特点以及实现这些目标的基本政策或规划。

战略计划：为组织在发展和实施与使命和目标相关的战略所服务的正式的计划系统，它不能取代战略思考。

战略空间：找出某行业中代表战略市场机会的差距。

战略：表示如何使组织在一定时间内实现主要目标的原则。通常仅局限于实现目标的一般逻辑。

战略的历史性：一种必须或至少部分地把战略看成组织目前资源、过去历史及未来演变结果的观点。

领导风格理论：认为可以找到那些适合某种组织的一般领导风格的人。请参照领导权变理论和领导特质理论。

合理性：战略评估标准，与所实施的战略是否与组织的内外部环境相适应有关。

基于生存的战略理论：将在市场中的生存作为公司战略的主要出发点。参见突发型公司战略。

可持续竞争优势：一种超过竞争者的、不会轻易丢失的优势。这种优势能够比竞争者产生更多的价值。

SWOT 分析：表达组织内部的强项和弱点所面临的机遇与威胁的一种分析方法。

协同：一项业务各部分的组合，其总体效果大于单个部分单独作用的效果之和，即所谓的"2+2=5"的效应。

有形资源：组织的物质资源，如厂房、设备等。请参照有形资源和组织能力。

目标定价：商品和服务的价格依据组织的竞争定位、期望的边际利润及需要实现的目标成本而定。

目标营销：见市场细分。

关税：一个国家对进口货物应征收的税收。它不是禁止货物的进口，而是使它们变得更加的昂贵。

泰勒主义：以 F.W.泰勒 (1856—1915) 的名字命名。把工作分解成可衡量的部分，以使在公司管理和工人操作可以实现的情况下，制定新的工作绩效标准。在 20 世纪初，用这一方法研究工人时曾遭受很大争议。泰勒总是认为这并非他的本意。

动态性战略的 3S 结构：有 3 个主要组成部分：(1) 感知变化；(2) 抓住机会；(3) 调查结果和反应。

"老虎"经济：在过去的 20 年，东南亚国家或地区的经济获得强劲的增长，它们是新加坡、马来西亚、香港、泰国和韩国。

总体品质管理 (TQM)：强调在公司的所有阶段在全公司对品质管理的重要性。

贸易壁垒：某国政府为保护本国工业而设置的障碍。

贸易区：一些国家为鼓励相互的贸易，阻止其他国家进入这些国家而达成的协议。

领导特质理论：具有可被识别的某种特征的人，在任何情况下，他们都能够发挥实际领导能力。请参照领导权变理论和领导风格理论。

交易连续性：根据多元化集团的所有权原则，交易连续性代表了一系列可供集团拥有或控制的选择，一方面是通过收购拥有百分百的所有权，另一方面则通过出售不再有所有权。

超越：在公司战略不可避免的复杂条件下，一些战略家认为，每个组织都需要一种能够超越这些问题并能克服这些困难的管理方法。

转让价格：在多部门的组织中，一个部门的产品卖给另一个部门的价格。

跨国产品公司：通常包括一些生产的全球整合，以配合对国家和地区的顾客需求变动作出全球性的反应。请参照全球性生产公司。

不确定性：涉及特别的情况，但是结果并不能提前完全明确，甚至事先也不清楚。参见风险。

基于不确定性的战略理论：认为对环境的变化作出预测没有价值，从而认为长远计划也没有价值。请参照突发性公司战略。

不相关多元化：集团内的多家不同公司彼此的产品、顾客和技术上几乎没有任何联系。但是，它们都从集团总部的低成本融资、高质量的管理或者其他相关事宜中获益。

联合国贸易发展会议：关注全世界的发展中国家贸易，并促进它们利益的贸易组织。

可行性：战略评估标准之一，与相关的理由充分的计算和假定有关。

价值链：将组织的主要部门连接成流程，以识别其增值部分。主要用来确定组织的竞争优势，因为对任何组织而言，其价值链都是独一无二的。

价值系统：在更广范围内使行业的供应商、分销商及顾客增值的路径。它将行业价值链与其他行业连接起来，可以用来发展竞争优势。

垂直一体化：指向后收购原材料供应商或向前收购分销商。

愿景：对一个组织将来的角色和目标进行超出目前的环境和竞争位置的、富有挑战性和想象力的描述。这往往与组织的杰出领导联系在一起。

资本加权平均成本：债务成本与在组织资本结构中成比例的股本权益的组合。请参照资本成本。

零和博弈：没有回报，因为一方的收益会被另一方的损失所抵消。